U1052145

CMP BOOKS
机工汽车

中国智能网联汽车产业发展年鉴 2022

CHINA INTELLIGENT AND CONNECTED VEHICLE INDUSTRY DEVELOPMENT ALMANAC 2022

中国汽车工程研究院股份有限公司
中国汽车信息化推进产业联盟
西部科学城智能网联汽车创新中心（重庆）有限公司
北京中汽智联科技有限公司
◎ 编

机械工业出版社
CHINA MACHINE PRESS

本书是中国汽车工程研究院股份有限公司等在持续进行智能网联汽车产业研究的基础上推出的产业研究专著，在本书的编制过程中获得了来自高校、行业机构、智能网联汽车整车企业以及相关单位专业人士的大力支持。

本书从科学角度，对我国智能网联汽车产业发展情况进行了全面系统的梳理和分析，作为产业的观察者持续紧跟产业发展节奏，密切关注产业发展态势，既从受众的角度让广大读者了解中国智能网联汽车产业发展的现况和趋势，又从专业角度客观评价智能网联汽车创新技术和产品。该书有助于地方政府、汽车行业相关企业、研究机构、社会公众等了解中国智能网联汽车产业发展的最新动态，意在为政府部门出台智能网联汽车产业相关政策法规和企业制定相关战略规划提供必要的借鉴和参考。

图书在版编目（CIP）数据

中国智能网联汽车产业发展年鉴．2022 / 中国汽车工程研究院股份有限公司等编．—北京：机械工业出版社，2023.5

ISBN 978-7-111-73157-3

Ⅰ．①中…　Ⅱ．①中…　Ⅲ．①汽车－智能通信网－产业发展－中国－2022－年鉴　Ⅳ．①F426.471-54

中国国家版本馆 CIP 数据核字（2023）第 081949 号

机械工业出版社（北京市百万庄大街 22 号　邮政编码 100037）
策划编辑：何士娟　　　　责任编辑：何士娟
责任校对：梁　园　徐　霆　　责任印制：郜　敏
北京富资园科技发展有限公司印刷
2023 年 6 月第 1 版第 1 次印刷
210mm×285mm ·41 印张·4 插页·1352 千字
标准书号：ISBN 978-7-111-73157-3
定价：699.00 元

电话服务　　　　　　　　网络服务
客服电话：010-88361066　机　工　官　网：www.cmpbook.com
　　　　　010-88379833　机　工　官　博：weibo.com/cmp1952
　　　　　010-68326294　金　　书　　网：www.golden-book.com
封底无防伪标均为盗版　机工教育服务网：www.cmpedu.com

《中国智能网联汽车产业发展年鉴 2022》
编审委员会

主任专家（以姓氏笔画为序）

马　健　长安大学原校长
王震坡　北京理工大学教授、电动车辆国家工程实验室主任
公维洁　中国汽车工程学会副秘书长
石晓辉　重庆理工大学原校长
叶盛基　中国汽车工业协会副秘书长
朱西产　同济大学教授、汽车安全技术研究所所长
刘　英　中国电子商会副秘书长、中国汽车信息化推进产业联盟副理事长兼副秘书长
许书权　交通部公路院汽研中心主任
李开国　中国汽车工程研究院股份有限公司原董事长
李克强　中国工程院院士、国家智能网联汽车创新中心首席科学家
李海生　中国环境科学研究院院长
杨世春　北京航空航天大学交通科学与工程学院院长
陈　涛　中国汽车工程研究院股份有限公司副总经理
邵毅明　重庆交通大学交通运输学院院长
赵福全　清华大学车辆与运载学院教授、博士生导师，汽车产业与技术战略研究院（TASRI）院长，世界汽车工程师学会联合会终身名誉主席
谢　飞　中国通用技术（集团）控股有限责任公司装备制造事业部副总经理
褚文博　西部科学城智能网联汽车创新中心（重庆）有限公司总经理

副主任专家（以姓氏笔画为序）

王占春　一汽解放汽车有限公司智能网联车开发部部长
古惠南　广汽埃安新能源汽车股份有限公司总经理
吕济明　上海测迅汽车科技有限公司首席技术官
江　睿　高德软件有限公司汽车业务中心总经理
吴　波　成都卫士通信息产业股份有限公司系统总体与方案中心总经理
何逸波　上汽通用五菱汽车股份有限公司技术中心副总经理
沈　斌　西部科学城智能网联汽车创新中心（重庆）有限公司副总经理
宋德王　北京百度智行科技有限公司智能网联资深专家
张然懋　联通智网科技股份有限公司总经理
陈君毅　同济大学汽车学院博士
陈海波　深兰科技（上海）有限公司创始人
欧鹏飞　北京车和家信息技术有限公司政策研究院总监

周时莹　中国第一汽车集团有限公司研发总院代理副院长兼智能网联开发院院长
周智民　长沙智能驾驶研究院有限公司网联交通事业部总经理
赵起超　北京津发科技股份有限公司董事长
高博麟　清华大学车辆与运载学院副研究员
唐如意　重庆赛力斯新能源汽车设计院有限公司科技中心总经理助理、软件中心总监
曹立波　湖南大学教授
梁伟强　广州汽车集团股份有限公司汽车工程研究院副院长、智能网联技术研发中心主任

委员专家（以姓氏笔画为序）

马千军　武汉理工大学重庆研究院执行院长
丰志飞　EMQ 杭州映云科技有限公司车联网技术总监
王　飞　北奔重汽（北京）汽车研发有限公司执行董事、经理
王　强　京东集团副总裁、京东物流供应链解决方案部、X 研究部负责人
王世玮　探维科技（北京）有限公司 CEO& 创始人
朱丽敏　上汽大众智能网联研发高级总监
刘　航　中电车联信安科技有限公司副总经理
刘　煜　上海于万科技有限公司 CEO
刘大鹏　绿盟科技集团股份有限公司总监
孙　宁　北京车网科技发展有限公司总经理
李　谦　华人运通（上海）云计算科技有限公司 VP、整车智能副总裁
李凯东　东风悦享科技有限公司 CEO
杨　震　北京赛目科技股份有限公司总监
杨冬生　比亚迪集团副总裁兼产品规划及汽车新技术研究院院长
吴国庆　车路通科技（成都）有限公司总经理
吴振波　美格智能技术股份有限公司企划部经理
余　波　深圳安智杰科技有限公司营销中心总经理
张　晗　智达信科技术股份有限公司高级咨询顾问
张在雄　青岛硕索福特科技有限公司总经理
张安春　北京五一视界数字孪生科技股份有限公司车 BU 研发副总经理
陈宇峰　湖北汽车工业学院电气与信息工程学院二级学院院长
陈典全　厦门雅迅网络股份有限公司首席专家
陈春毅　采埃孚（中国）投资有限公司商用车解决方案事业部亚太区车辆动态控制产品线负责人
陈振斌　海南大学机电工程学院副院长
陈蜀杰　南京芯驰半导体科技有限公司副总裁兼首席品牌官
邵嘉平　北京一径科技有限公司销售市场副总裁
罗　沄　大陆集团自动驾驶及出行事业群中国区负责人
罗燕京　北京信长城科技发展有限公司 CEO
金　鹭　博世汽车部件（苏州）有限公司智能驾驶与控制事业部中国区市场经理
胡小波　深圳市镭神智能系统有限公司董事长 &CEO
倪　俊　北京理工大学机械与车辆学院党委副书记、副院长，重庆创新中心先进车辆技术实验室主任
唐　帅　清智汽车科技（苏州）有限公司研发工程师

唐帮备　重庆交互科技有限公司总经理
黄　亮　彩虹无线（北京）新技术有限公司董事长
鹿淑煜　三未信安科技股份有限公司中心总经理
密叶舟　中智行科技有限公司副总裁
董渊文　BlackBerry QNX 大中华区总经理
惠志峰　上海利氪科技有限公司创始人兼总裁
程加钢　深圳市集和诚科技开发有限公司交通行业产品总监

特约委员（以姓氏笔画为序）

于宗元　安富科技股份有限公司 CEO
马文峰　一汽奔腾轿车有限公司智能网联开发院院长
马雍钧　山东浩睿智能科技有限公司研发中心主任
王　卫　北京木牛领航科技有限公司 COO
王　庚　长城汽车股份有限公司高级总监
王　莹　北京酷我科技有限公司酷我音乐 IoT 事业部总经理
王　鲲　北京趋动科技有限公司创始人兼 CEO
王永亮　重庆梧桐车联科技有限公司 CTO
王诗鹏　浙江长三角车联网安全技术有限公司董事长
邓鹏毅　西华大学汽车与交通学院国家质检总局特聘专家
卢升艳　南京世博电控技术有限公司项目工程师
田端祥　智能网联汽车（山东）协同创新研究院有限公司院长常务助理
皮　聃　成都易控智联汽车电子有限公司副总经理
吕　迅　纵目科技（上海）股份有限公司市场品牌 VP、董事长（CEO）助理
朱　捷　上海丙寅电子有限公司技术总监
朱　磊　蘑菇车联信息科技有限公司创始人兼 CEO
朱全文　北京迪路科技有限公司 CEO
任学锋　华砺智行科技有限公司副总裁
向　苗　轩辕智驾科技（深圳）有限公司副总经理
刘　晟　南京智慧交通信息股份有限公司董事长
刘　斌　北京顺创智能网联科技发展有限公司副总经理
刘永峰　山东泽鹿安全技术有限公司副总经理
刘传富　矩阵数据科技（上海）有限公司董事长
刘志杰　斯润天朗（北京）科技有限公司联合创始人
刘明敏　新石器慧通（北京）科技有限公司市场副总裁
江文杰　厦门金龙旅行车有限公司技术中心主任
安宏伟　苏州智行众维智能科技有限公司联合创始人、CEO
许长勇　南通智行未来车联网创新中心有限公司总经理
许琳华　图达通智能科技（苏州）有限公司市场部负责人
李　军　天翼交通科技有限公司副总经理
李庆建　国汽大有时空科技（安庆）有限公司副总裁
李晓祎　北京魔门塔科技有限公司政府事务总监

杨　扬　上海伯镭智能科技有限公司 CTO
杨　政　杭州飞步科技有限公司联合创始人兼 CTO
吴　涛　山东豪驰智能汽车有限公司总裁
吴征明　广州市智能网联汽车示范区运营中心主任
邹　燃　江苏大块头智驾科技有限公司董事长
张　伟　苏州清研微视电子科技有限公司董事长
张　放　北京智行者科技股份有限公司研发中心副总经理
张乃锋　北京大椽科技有限公司副总经理
张士普　齐齐哈尔璞世科技有限公司董事长
张炳力　合肥工业大学车辆工程系主任、安徽省智能汽车工程实验室主任
罗青松　普华基础软件股份有限公司市场与生态中心总经理
郑悦军　阿尔卑斯（中国）有限公司上海分公司部长
赵苗苗　扬州亚星客车股份有限公司技术开发部副部长
贺文涛　珠海英搏尔电气股份有限公司总经理
骆振城　深圳市航顺芯片技术研发有限公司市场总监
袁　静　上海智能网联汽车技术中心有限公司标准化工程师
徐倩倩　上海睿赛德电子科技有限公司生态总监
郭恩庆　上海智驾汽车科技有限公司 VP&CTO
郭竞勇　牡丹江拜特智联科技有限公司营销副总裁
展　新　东风柳州汽车有限公司总经理助理兼商用车技术中心主任
戚　湧　南京理工大学国家“万人计划”领军人才、主任、教授、博士生导师
商云鹏　福建瑶光智能科技有限公司总经理
喻坤明　上海泽尔汽车科技有限公司总经理
舒　强　上海同驭汽车科技有限公司董事长兼总经理
楼狄明　南昌智能新能源汽车研究院院长
霍　向　北京洛必德科技有限公司首席信息官

《中国智能网联汽车产业发展年鉴 2022》
办公室

名誉主任　李开国

主　　任　陈　涛

副 主 任　刘　英　刘　明

执行主任　冯　兵

成　　员　金　陵　王　涛　刘宏刚　刘　洋　肖　静
　　　　　覃文明　韩亚鹏　杨　丹　曾望云　李　可
　　　　　李珂欣　谢龙江　郭俊男　龚大苗　唐　琳
　　　　　杨　柳　唐　敏　张　蕾　郑　研　曾小松
　　　　　陈　莹　邢　月　吴　莹

广告编辑　李晓羽

编辑说明

一、《中国智能网联汽车产业发展年鉴》由中国汽车工程研究院股份有限公司、中国汽车信息化推进产业联盟、西部科学城智能网联汽车创新中心（重庆）有限公司、北京中汽智联科技有限公司共同主办，是目前首部专业针对智能网联汽车行业的大型综合性年鉴，每年编辑出版一册。旨在逐年记述、反映上一年度全国智能网联汽车的发展情况，展示中国智能网联汽车产业的伟大发展历程，为各级领导了解产业发展现状、实施科学决策，为各行各业及有关单位查寻资料、获取信息，为国内外各界人士认识中国智能网联汽车、熟悉中国智能网联汽车产业提供服务的大型综合性年刊，同时，也是中国汽车行业的权威读物和重要参考资料。

二、《中国智能网联汽车产业发展年鉴 2022》的编纂工作，以进一步促进我国智能网联汽车改革发展，交流彼此研究成果，熟悉掌握各项研究成果、政策标准、技术应用为中心，力求突出中国智能网联汽车产业发展的优势和特点，全面地反映 2022 年中国智能网联汽车产业各方面的发展情况。

三、本年鉴包含 2021—2022 年智能网联汽车发展概述、智能网联汽车政策动态研究、智能网联汽车标准动态研究、中国智能网联汽车产业发展态势、智能网联汽车产业热点领域研究、行业观点、主要汽车企业集团发展概况、主要汽车企业集团智能网联汽车技术研究创新成果、重点非整车企业智能网联汽车发展概况、重点非整车企业智能网联汽车技术创新成果及相关附录。

四、本年鉴的原始材料由各级政府、智能网联示范区、主要汽车集团、分领域配套单位、高等院校、科研院所及有关单位提供，部分稿件由中国汽车工程研究院股份有限公司撰写。所用数据主要参照《中国智能网联汽车产业发展年鉴 2022》办公室的统计资料，但因个别供稿单位统计口径不同等原因，有的数据在不同条目中不尽一致，使用时请注意出处。资料截止时间为 2022 年 12 月 30 日。

五、为方便读者查阅，我们编制了年鉴目录，置于卷首。

六、本年鉴的编辑、出版承蒙各有关部门（单位）大力支持，在此谨表诚恳谢意。书中纰漏、错误之处，恳请读者指教。

《中国智能网联汽车产业发展年鉴 2022》办公室

2022 年 12 月

目　　录

第8章 115

主要汽车企业集团智能网联汽车技术研究创新成果

第 9 章 重点非整车企业智能网联汽车发展概况 177

第 10 章 257
重点非整车企业智能网联汽车技术创新成果

CHAPTER 01

第 1 章
2021—2022 年
智能网联汽车发展概述

回顾过往，智能网联汽车产业在“喜忧参半”中奋力前行。一方面在政府、行业、企业多方共同推动下，政策法规不断突破、市场规模继续攀升、渗透率快速提升、应用场景不断丰富、测试示范区域不断扩大，指引行业健康有序发展。另一方面部分关键核心技术尚未突破、技术落地仍较为缓慢、资本投入盈利仍难、商业化闭环还未形成，行业整体在各种阻碍中突破发展。

1. 政策法规取得突破

1）多项国家战略规划引领发展。《“十四五”现代综合交通运输体系发展规划》要求：推广无人车、无人机运输等应用场景，稳妥发展自动驾驶和车路协同等出行服务；《“十四五”数字经济发展规划》提出：稳步推进自动驾驶、无人配送、智能停车等应用；《“十四五”住房和城乡建设科技发展规划》提出：推动智慧城市与智能网联汽车协同发展，开发智能网联汽车在公交、旅游、特种作业、物流运输等多场景应用技术及装备；《交通领域科技创新中长期发展规划纲要（2021—2035 年）》提出：促进道路自动驾驶技术研发与应用，推动自动驾驶、辅助驾驶在道路货运、城市配送、城市公交的推广应用。

2）部分城市立法取得重大突破。《深圳经济特区智能网联汽车管理条例》首次对智能网联汽车的道路测试和示范应用、准入和登记、使用管理等进行了全面规定，填补了国内智能网联汽车的法律空白；《无锡市车联网发展促进条例（草案）》，以立法保障车联网和智能网联汽车适应新技术新模式新业态发展；《上海市浦东新区促进无驾驶人智能网联汽车创新应用规定》进一步规范和促进智能网联汽车发展，标志着上海在推进高阶自动驾驶落地方面迈出了关键一步。

3）各地政府布局明显加快。目前，全国已有 10 余个城市允许自动驾驶汽车在特定区域、特定时段从事出租汽车、城市公共汽（电）车等商业化试运营，应用规模不断扩大。

2. 发展路径愈发清晰

在智能网联汽车发展道路上，单车智能的技术瓶颈仍未突破，更注重协同发展的“中国方案”价值凸显。利用中国特有的优势，走中国式智能网联汽车发展道路已经成为行业共识。我国主导的 C-V2X 蜂窝车联网已经成为全球车联网通信技术的主流，并且我国在 5G 网络、北斗、城市感知体系、数字基础设施等多方面优势可以为“中国方案”提供重要支撑。我国还在加快制定“中国标准”，到 2030 年前将新增 100 余项智能网联汽车标准。由我国牵头制定的首个自动驾驶测试场景领域国际标准 ISO 34501《道路车辆自动驾驶系统测试场景词汇》的发布，代表着我国自动驾驶发展已处于国际领先水平。同时，随着智慧城市基础设施与智能网联汽车协同发展试点建设进入高速发展阶段，16 个“双智试点”城市加快智能基础设施建设和产业布局，在实践中推动“中国方案”的内涵不断拓展。

3. 企业策略更加务实

2021—2022 年，多家车企宣布放弃 L4~L5 级自动驾驶，转向打造 L2~L3 级智能驾驶系统，并且不再追求全栈自研，而是积极寻求对外合作。Cruise 调整发展目标从 L4 级 Robotaxi 商业化运营，转变为为其股东通用汽车打造 L2~L3 级智能驾驶系统；苹果被传已放弃生产“L5 级”全自动驾驶汽车，只支持高速公路上的完全自动驾驶功能；福特在放弃 Argo AI 后表示，开发强大且具有差异化能力的 L2+ 和 L3 级自动驾驶系统；Waymo 曝出与丰田、沃尔沃等车企联合开发 L3 级自动驾驶；文远知行已与博世达成深度合作，预计 2023 年规模化量产 L2/L3 级高阶智能驾驶产品。在技术、法规、用户尚未成熟的情况下，部分企业已开始调整发展路线，“脚踏实地”地从技术与市场需求出发，循序渐进地推进商业化落地。

4. 资本力量看向中国

一方面智能网联汽车领域投资热度有所缩减。据统计，2022 年全球自动驾驶相关投融资事件共发生 189 起，累计披露的投融资金额超过 75 亿美元，投融资数量较 2021 年减少近 30 起，累计披露投融资金额不足 2021 年的 1/3。特斯拉、小马智行、Motional 先后被曝自动驾驶业务缩编，大规模裁员；图森未来、Embark 等自动驾驶公司的股价一度暴跌 80% 以上；英特尔旗下自动驾驶子公司 Mobileye 估值缩水 50%；背靠福特、大众两大车企的 L4 级自动驾驶公司 Argo AI 于 10 月宣布解散。另一方面，我国与美国在资本市场之间的差距明显缩小。据统计，2022 年我国自动驾驶公司共完成 159 次融资，累计融资金额为 40 亿美元；美国自动驾驶公司共完成 18 次融资，累计融资金额为 43 亿美元。横向对比中美投融资市场来看，我国自动驾驶投融资呈现频次高、活跃度高的态势，美国则加速向头部企业集中。

5. 数据监管力度加大

世界各国均在加大对智能网联汽车数据安全、信息安全的监管力度。我国工业和信息化部、公安部等 5 部门联合发布了《关于进一步加强新能源汽车企业安全体系建设的指导意见》，要求企业切实履行数据安全保护义务，建立健全全流程数据安全管理制度；国家互联网信息办公室公布《数据出境安全评估办法》，规定了数据出境安全评估的范围、条件和程序，明确了应当申报数据出境安全评估的情形，提出了数据出境安全评估的具体要求；《中共中央国务院关于构建数据基础制度更好发挥数据要素作用的意见》正式对外发布，以数据产权、流通交易、收益分配、安全治理为重点，初步搭建我国数据基础制度体系。同时，其他国家也高度重视数据跨境流动管理。欧盟通过了《数据法案》，进一步对数据跨境流动进行严格限制，强化其跨境数据流动保护体系；俄罗斯对《联邦个人数据法》进行了修改，增加了通报作为个人数据跨境传输的前置程序。

展望未来，随着国内智能化路侧基础设施建设不断加快、路网覆盖率稳步提升、应用场景不断拓展、关键技术不断突破，消费者用车体验将进一步增强，智能网联汽车市场规模、技术进展有望再创新高。同时，智能网联汽车行业的竞争也将更加激烈，L2~L3 级智能驾驶量产方案将成为新一轮竞争核心，企业将进一步优胜劣汰。另外，在智能网联政策法规不断完善、技术日趋成熟、无人化试点不断放开、应用范围持续扩大的背景下，智能网联汽车的商业化闭环运营时期或将到来。

CHAPTER 02

第 2 章 智能网联汽车政策动态研究

随着新一轮科技革命和产业变革深刻演进，智能网联汽车成为汽车产业转型升级的重要战略方向。全球主要汽车强国在抢占未来汽车产业制高点的进程中，围绕当前智能网联汽车发展所呈现出的核心技术加速突破、基础支撑加速发展、产业生态加速成熟等特点，聚焦战略规划、规范标准、法规创新等领域，不断完善政策体系以引领智能网联汽车行业持续健康发展。

2.1 国际智能网联汽车政策动态

1）美国政府聚焦核心技术攻关，通过战略规划、法规创新等措施引导和促进产业发展。2021 年 1 月 11 日，美国交通部发布《自动驾驶汽车综合计划》报告（简称《综合计划》），明确提出了建立促进行业协作和信息透明的机制、优化交通监管环境、筹建适合自动驾驶的交通系统三大目标；明确低速无人小货车、低级别自动驾驶乘用车、高级别自动驾驶乘用车、高速公路长途自动驾驶货车、低速接驳班车五大优先发展领域；介绍了美国联邦政府建立的交通领域公共云服务平台——卡马系统（CARMA）、支持车路协同的研发 - 测试平台、交通安全数据信息的共享共用系统三类公共应用平台。《综合计划》是美国“自动驾驶 4.0”国家计划的延伸和落实，旨在确保其自动驾驶的全球领先地位，进一步明确美国智能网联汽车产业三大目标、五大优先领域及三类公共应用平台的主要政策主张。

2）欧盟通过完善优化法规支撑高级别自动驾驶示范，推动产业商业化发展。欧盟在探索智能网联汽车发展过程中坚持政策创新驱动，新欧盟车辆通用安全法规（Vehicle General Safety Regulation）于 2022 年 7 月 6 日正式实施，该法规规定新车上牌自 2024 年 7 月开始，需强制配备 6 个 ADAS 的功能以提高道路安全性，即行驶区域信息提示系统（MOIS）、盲点信息提示系统（BSIS）、倒车信息提示系统（REIS）、智能车速辅助系统（ISA）、驾驶员疲劳预警系统（DDAW）、胎压监测系统（TPMS）。随着新版欧盟汽车通用安全法规的生效，欧盟委员会将有权完成智能网联汽车的法律框架，并已于 2022 年 8 月发布应用于无人驾驶车辆的认证技术法规，进一步提高欧洲汽车业的竞争力。欧洲各国加速完善法律法规环境，支撑 L3、L4 级智能网联汽车的商业化应用。

3）日本以 L3 级量产应用和 L4 级特定场景应用为目标，系统谋划法律法规修改。2022 年 1 月，日本国土交通省汽车局就汽车的安全和环境标准等问题开展国际性调整，修改《道路运送车辆保安基准》，依次进行扩充。2022 年 3 月，由警察厅提案，日本内阁通过一项新的《道路交通法》修正案，该法案允许特定条件下 L4 级自动驾驶车辆上路，以及无人配送机器人在人行道行驶。日本“自动驾驶商务研讨会”于 2022 年 3 月 25 日发布了汇总 2021 年开展活动及今后方针的《报告书草案 Ver.6.0》，报告内容针对未来社会交通运输愿景及自动驾驶可实现的功能，包括无人自动驾驶运输服务、高级干线物流系统、私家车 AD/ADAS 等主要领域的活动及方向，加快推动“RoAD to the L4”项目进展，以推动无人驾驶应用、Maas 服务的实用化和社会应用。

国际智能网联汽车重要政策见表 2.1。

表 2.1　国际智能网联汽车重要政策

国家和地区	年份	法规	内容简介
美国	2021 年	自动驾驶汽车综合计划	美国交通部（USDOT）发布《自动驾驶汽车综合计划》，旨在建立促进行业协作和信息透明的机制、优化交通监管环境、筹建适合自动驾驶的交通系统三大目标；明确低速无人小货车、低级别自动驾驶乘用车、高级别自动驾驶乘用车、高速公路长途自动驾驶货车、低速接驳班车五大优先发展领域；介绍了交通领域公共云服务平台——卡马系统（CARMA）、支持车路协同的研发 - 测试平台、交通安全数据信息的共享共用系统三类公共应用平台
	2021 年	自动驾驶车辆安全指南	美国网络安全与基础设施安全局（CISA）发布了《自动驾驶车辆安全指南》（Autonomous Ground Vehicle Security Guide: Transportation Systems Sector），详细介绍了企业应如何根据特定攻击活动的相关向量、目标、后果等，准确识别出自动驾驶车辆风险。此外，指南还为概念化攻击序列和预测攻击效果制定了基线

（续）

国家和地区	年份	法规	内容简介
美国	2022年	无人驾驶汽车乘客保护标准	美国国家公路交通安全管理局（NHTSA）发布《无人驾驶汽车乘客保护标准》（Occupant Protection Safety Standards for Vehicles Without Driving Controls），是首个针对无人驾驶车辆的乘客安全保护技术标准，明确了完全自动驾驶汽车不再需要配备传统的方向盘、制动踏板或加速踏板等人工控制装置来满足碰撞中的乘员安全保护标准
	2022年	美国数据隐私和保护法	美国众议院和参议院商务委员会的主要成员联合发布的该草案是第一个获得两党两院支持的美国联邦全面隐私保护提案。草案通过建立强有力的国家框架，明确规定数据处理者在收集、处理和传输消费者个人数据时，应当履行的责任和义务，最大限度地保护消费者数据隐私和安全
	2022年	参议院965号法案	美国宾夕法尼亚州参议院交通委员会主席与宾夕法尼亚州运输部部长共同提交参议院965号法案，旨在为宾夕法尼亚州的高级别自动驾驶车辆（HAV）的测试和商业部署制定路线图
欧洲	2021年	自动驾驶法令2021-873	2021年7月，法国颁布自动驾驶法令2021-873，为自动驾驶汽车部署建立完整监管框架，以便通过立法来规范无人驾驶车辆上路运行
	2022年	自动驾驶车辆批准和运营条例	德国联邦内阁通过该条例对《自动驾驶法》上路管理流程做出了详细规定，同时明确自动驾驶汽车的技术要求以及监管机构和汽车制造商等行业内各方的义务，强调了对自动驾驶车辆的数据安全保护
	2022年	公路法	2022年4月，英国交通部再次提出拟修改《公路法》，当车辆满足保持在一条车道上且行驶速度低于60km/h、驾驶员可在需要时收回对车辆的控制权两个条件时，车辆开启自动驾驶模式后，驾驶员可以在汽车内置屏幕上观看电视或电影等
	2022年	新版欧盟汽车通用安全法规	《新版欧盟汽车通用安全法规》规定新车上牌自2024年7月开始，需强制配备六个ADAS的功能以提高道路安全性：行驶区域信息提示系统（MOIS）、盲点信息提示系统（BSIS）、倒车信息提示系统（REIS）、智能车速辅助系统（ISA）、驾驶员疲劳预警系统（DDAW）、胎压监测系统（TPMS）
	2022年	自动驾驶车辆的型式认证法规Reg.（EU）2022/1426	该法规涉及欧盟委员会关于机动车辆安全的工作，包括自动/联网车辆（安全/网络安全），覆盖轻型车辆（客车和货车）和重型车辆（公共汽车、客车和货车）。这项立法将修改欧盟国家批准汽车销售的方式，是对汽车安全标准“通用安全法规”（GSR）进行更广泛修订的一部分，是世界上首个允许成员国批准注册和销售高级别自动驾驶技术汽车的法规。下一阶段欧盟委员会将在2024年7月前进一步制定并通过欧盟对无限制批量生产的全自动车辆进行整车型式认证的必要要求
日本	2022年	道路交通法	2022年3月，由警察厅提案，日本内阁通过一项新的《道路交通法》修正案，该法案允许特定条件下L4级自动驾驶车辆上路，以及无人配送机器人在人行道行驶
	2022年	道路运送车辆保安基准	日本国土交通省汽车局就汽车的安全和环境标准等问题开展国际性调整，修改《道路运送车辆保安基准》，依次进行扩充
	2022年	报告书草案Ver.6.0	《报告书草案Ver.6.0》针对未来社会交通运输愿景及自动驾驶可实现的功能，包括无人自动驾驶运输服务、高级干线物流系统、私家车AD/ADAS等主要领域的活动及方向，加快推动“RoAD to the L4”项目进展，以推动无人驾驶应用、Maas服务的实用化和社会应用

2.2 国内智能网联汽车政策动态

我国智能网联汽车产业呈现强劲发展势头。我国陆续推动修订交通管理、地图、保险、金融等法律法规，推动计算平台、操作系统、数据和网络安全等前沿共性关键技术突破，加快车规级芯片、关键零部件的研发应用，加大“单车智能 + 网联赋能”的“车路云”融合发展路径，推动智能网联汽车高质量发展。

2022 年 2 月，交通运输部印发《关于积极扩大交通运输有效投资的通知》，要求各地紧紧围绕“十四五”系列规划目标任务、重点工程等，适度超前开展基础设施投资，提出开展自动驾驶、智能航运先导应用试点。

2022 年 2 月，《上海市智能网联汽车测试与应用管理办法》实施，明确管理办法适用于 L3 级及以上智能网联汽车的测试与应用活动，完善了测试与应用流程，提出加强道路交通安全管理，强化网络与数据保护，同时明确浦东新区可以根据有关授权规定先行制定完全自动驾驶相关管理措施。

2022 年 3 月，交通运输部、科学技术部联合印发《交通领域科技创新中长期发展规划纲要（2021—2035 年）》，明确自动驾驶和车路协同部署主要任务，包括大力推动深度融合的智慧交通建设、推进一体化协同化的平安交通建设、提升新时期交通运输科技创新能力、提升交通装备关键技术自主化水平、推进运输服务与组织智能高效发展等，引领和推动全国范围内开展智能化路侧基础设施建设。

2022 年 3 月，工业和信息化部办公厅印发《车联网网络安全和数据安全标准体系建设指南的通知》，明确到 2023 年底，初步构建起车联网网络安全和数据安全标准体系；到 2025 年，形成较为完善的车联网网络安全和数据安全标准体系。

2022 年 4 月，交通运输部、科学技术部联合印发《“十四五”交通领域科技创新规划》，对接《交通领域科技创新中长期发展规划纲要（2021—2035 年）》，从基础设施、交通装备、运输服务三个要素维度和智慧、安全、绿色三个价值维度，布局重点研发方向，提出交通基础设施数字化工程、交通运输装备关键核心技术攻坚工程、智能交通先导应用试点工程等多项科技工程，以推动智能交通系统建设。

2022 年 4 月，工业和信息化部装备工业发展中心发布《关于开展汽车软件在线升级备案的通知》，明确企业实施 OTA 升级活动，应当确保汽车产品符合国家法律法规、技术标准及技术规范等相关要求，保障汽车产品生产一致性。

2022 年 4 月，工业和信息化部、公安部、交通运输部、应急管理部、市场监管总局联合发布《关于进一步加强新能源汽车企业安全体系建设的指导意见》，要求企业切实履行数据安全保护义务，建立健全全流程数据安全管理制度。

2022 年 5 月，交通运输部办公厅发布《扎实推动“十四五”规划交通运输重大工程项目实施的工作方案》，明确提出实施交通运输新基建赋能工程，以数字化、网络化、智能化为主线，推动感知、传输、计算等设施与交通运输基础设施协同高效建设。要求各地区积极争取中央预算内资金、地方财政资金、债券资金等支持，规范推广政府和社会资本合作模式，撬动更多社会投资。

2022 年 6 月，财政部、税务总局发布《关于减征部分乘用车车辆购置税的公告》，对购置日期在 2022 年 6 月 1 日至 2022 年 12 月 31 日期间内且单车价格（不含增值税）不超过 30 万元的 2.0L 及以下排量乘用车，减半征收车辆购置税。

2022 年 6 月，《广州市南沙区智能网联汽车混行试点区及特殊运营场景混行试点总体方案》正式通过，南沙区成为广州市首个智能网联汽车混行试点区。

2022 年 7 月，国家互联网信息办公室印发《数据出境安全评估办法》，规范数据出境活动，保护个人信息权益，维护国家安全和社会公共利益，促进数据跨境安全、自由流动。

2022 年 7 月，自然资源部印发《关于做好智能网联汽车高精度地图应用试点有关工作的通知》，在北京、上海、广州、深圳、杭州、重庆 6 个城市开展智能网联汽车高精度地图应用试点。明确鼓励管理创新、技术创新和服务业态创新，支持不同类型地图面向自动驾驶应用多元化路径探索，支持不同主体就不同技术路线、不同应用场景开展测试验证和应用推广，支持试点城市根据产业实际需求，开展高级辅助驾驶地图城市普通道路、高精度位置导航应用等先行先试和示范应用。

2022 年 8 月，深圳市发布国内首部关于智能网联汽车管理的《深圳经济特区智能网联汽车管理条例》，对智能网联汽车的道路测试和示范应用、准入和登记、使用管理、车路协同基础设施、网络安全和数据保护、交通违法和事故处理、法律责任 7 个方向做了全面规定。

2022 年 11 月，工业和信息化部会同公安部组织起草了《关于开展智能网联汽车准入和上路通行试点工作的通知（征求意见稿）》，旨在通过开展试点工作，在保障安全的前提下，促进智能网联汽车产品的功能、性能提升和产业生态的迭代优化。基于试点实证积累管理经验，支撑相关法律法规、技术标准制修订，推进健全完善智能网联汽车生产准入管理体系和道路交通安全管理体系。

国内网联汽车重要政策见表 2.2。

表 2.2　国内网联汽车重要政策

时间	政策条款	简介
2022.2	《关于积极扩大交通运输有效投资的通知》	交通运输部印发《关于积极扩大交通运输有效投资的通知》，要求各地紧紧围绕“十四五”系列规划目标任务、重点工程等，适度超前开展基础设施投资，提出开展自动驾驶、智能航运先导应用试点
2022.02	《上海市智能网联汽车测试与应用管理办法》	《上海市智能网联汽车测试与应用管理办法》明确管理办法适用于 L3 级及以上智能网联汽车的测试与应用活动，完善了测试与应用流程，提出加强道路交通安全管理，强化网络与数据保护，同时明确浦东新区可以根据有关授权规定先行制定完全自动驾驶相关管理措施
2022.03	《交通领域科技创新中长期发展规划纲要（2021—2035 年）》	交通运输部、科学技术部联合印发《交通领域科技创新中长期发展规划纲要（2021—2035 年）》，明确自动驾驶和车路协同部署主要任务，包括大力推动深度融合的智慧交通建设、推进一体化协同化的平安交通建设、提升新时期交通运输科技创新能力、提升交通装备关键技术自主化水平、推进运输服务与组织智能高效发展等，引领和推动全国范围内开展智能化路侧基础设施建设
2022.03	《车联网网络安全和数据安全标准体系建设指南的通知》	工业和信息化部办公厅印发《车联网网络安全和数据安全标准体系建设指南的通知》，明确到 2023 年底，初步构建起车联网网络安全和数据安全标准体系，到 2025 年，形成较为完善的车联网网络安全和数据安全标准体系
2022.04	《“十四五”交通领域科技创新规划》	交通运输部、科学技术部联合印发《“十四五”交通领域科技创新规划》，对接《交通领域科技创新中长期发展规划纲要（2021—2035 年）》，从基础设施、交通装备、运输服务三个要素维度和智慧、安全、绿色三个价值维度，布局重点研发方向，提出交通基础设施数字化工程、交通运输装备关键核心技术攻坚工程、智能交通先导应用试点工程等多项科技工程，以推动智能交通系统建设
2022.04	《关于开展汽车软件在线升级备案的通知》	工业和信息化部装备工业发展中心发布《关于开展汽车软件在线升级备案的通知》明确企业实施 OTA 升级活动，应当确保汽车产品符合国家法律法规、技术标准及技术规范等相关要求，保障汽车产品生产一致性
2022.04	《关于进一步加强新能源汽车企业安全体系建设的指导意见》	工业和信息化部、公安部、交通运输部、应急管理部、市场监管总局联合发布《关于进一步加强新能源汽车企业安全体系建设的指导意见》要求企业切实履行数据安全保护义务，建立健全全流程数据安全管理制度
2022.05	《扎实推动“十四五”规划交通运输重大工程项目实施的工作方案》	交通运输部办公厅发布《扎实推动“十四五”规划交通运输重大工程项目实施的工作方案》，明确提出实施交通运输新基建赋能工程，以数字化、网络化、智能化为主线，推动感知、传输、计算等设施与交通运输基础设施协同高效建设。要求各地区积极争取中央预算内资金、地方财政资金、债券资金等支持，规范推广政府和社会资本合作模式，撬动更多社会投资
2022.06	《关于减征部分乘用车车辆购置税的公告》	财政部、税务总局发布《关于减征部分乘用车车辆购置税的公告》，对购置日期在 2022 年 6 月 1 日至 2022 年 12 月 31 日期间内且单车价格（不含增值税）不超过 30 万元的 2.0L 及以下排量乘用车，减半征收车辆购置税

（续）

时间	政策条款	简介
2022.07	《数据出境安全评估办法》	国家互联网信息办公室印发《数据出境安全评估办法》，规范数据出境活动，保护个人信息权益，维护国家安全和社会公共利益，促进数据跨境安全、自由流动
2022.07	《关于做好智能网联汽车高精度地图应用试点有关工作的通知》	自然资源部印发《关于做好智能网联汽车高精度地图应用试点有关工作的通知》，在北京、上海、广州、深圳、杭州、重庆 6 个城市开展智能网联汽车高精度地图应用试点。明确鼓励管理创新、技术创新和服务业态创新，支持不同类型地图面向自动驾驶应用多元化路径探索，支持不同主体就不同技术路线、不同应用场景开展测试验证和应用推广，支持试点城市根据产业实际需求，开展高级辅助驾驶地图城市普通道路、高精度位置导航应用等先行先试和示范应用
2022.08	《深圳经济特区智能网联汽车管理条例》	深圳市发布国内首部关于智能网联汽车管理的《深圳经济特区智能网联汽车管理条例》，对智能网联汽车的道路测试和示范应用、准入和登记、使用管理、车路协同基础设施、网络安全和数据保护、交通违法和事故处理、法律责任 7 个方向做了全面规定
2022.11	《关于开展智能网联汽车准入和上路通行试点工作的通知（征求意见稿）》	工业和信息化部会同公安部组织起草了《关于开展智能网联汽车准入和上路通行试点工作的通知（征求意见稿）》，旨在通过开展试点工作，在保障安全的前提下，促进智能网联汽车产品的功能、性能提升和产业生态的迭代优化。基于试点实证积累管理经验，支撑相关法律法规、技术标准制修订，推进健全完善智能网联汽车生产准入管理体系和道路交通安全管理体系

2.3 2021—2022 年智能网联汽车重要政策解读

2.3.1 国际重要政策解读

1. 美国：《自动驾驶汽车综合计划》

谷歌 Waymo、通用 Cruise 等企业已经获得完全无人驾驶牌照，美国自动驾驶汽车产业开始从量的积累迈向质的飞跃。美国政府认为要保持自动驾驶领域的全球优势地位，就要在安全优先、确保隐私和数据安全等十大原则基础上加强创新。

《自动驾驶汽车综合计划》进一步明确了美国自动驾驶汽车产业发展的三大目标、五大优先领域以及三类公共应用平台。

（1）三大目标

1）建立促进行业协作和信息透明的机制。建立行业联盟，以追踪自动驾驶汽车产业发展的新技术和新趋势；发布国家层面的政策指引，以引导行业和企业发展方向；举办行业研讨会，以促进信息共享；公布自动驾驶车辆测试信息、自动驾驶货车落实情况，以提高公众意识和信息透明程度。

2）优化交通监管环境。首先简化行政豁免程序。交通部门通过授权等形式，推动自动驾驶技术的测试和试点示范。例如，在技术可靠条件下，允许不符合现行汽车安全标准的车辆上路行驶，可在一定范围内进行自动驾驶商业化部署；授予低速无人小货车临时豁免权；修改现有法规。大力支持创新，包括允许自动驾驶车辆可选装或改装制动、方向盘等车辆部件，研究车辆安全条例等法规，对有碍自动驾驶发展的条款进行修订，加快促进自动驾驶车辆的测试、商业化应用。

3）筹建适合自动驾驶的交通系统。改造现有交通系统，开展商用自动汽车评估、交通法规与自动驾驶技术适用性分析、港口自动驾驶重卡等领域研究。

（2）五大优先领域

1）低速无人小货车。在限定区域内实现高级别（L4 级以上）自动驾驶的低速小型货车（时速小于 40km，总车重小于 1360kg）。

2）低级别自动驾驶乘用车。在城市通勤等低风险驾驶环境，开展自动驾驶级别为 L3 的乘用车应用。

3）高级别自动驾驶乘用车。在高速公路等限制区域，开展自动驾驶级别为 L4 的乘用车应用。

4）高速公路长途自动驾驶货车。可在高速公路出、入匝道自行变道的 L4 级自动驾驶车辆，尤其适合跨州长途运输。

5）低速接驳班车。针对居民出行“最后一公里”的公交接驳需求，开发 L4 级的自动驾驶低速车辆（时速不超过 40km）。

（3）三类公共应用平台

1）美国联邦政府建立的交通领域公共云服务平台——卡马系统（CRAMA），通过使用开源软件，实现车路协同，通过云服务提供实时车辆信息。

2）车路协同的研发 - 测试平台。可在保护开发者知识产权的条件下，通过分布式虚拟形势，吸引科研院所、企业协同创新开展原型化开发和测试。

3）交通安全数据信息共享平台。通过此平台共享共用系统，用以分析自动驾驶车辆的安全性。

2. 欧盟：《新版欧盟汽车通用安全法规（Vehicle General Safety Regulation）》

欧盟制定政策法规的时间比较早，早在 2018 年欧盟已经发布了整个欧洲的智能网联汽车发展战略，而且欧盟智能网联汽车发展不单以汽车工业为基础，它建立在整个欧盟的数字经济基础上的概念，在推动人工智能的大背景下推出了欧盟的智能网联汽车发展战略。总体来看，欧盟智能网联水平从数据流动、数据保护再到自动驾驶的型式核准在全世界都是比较领先的。

2022 年 7 月，《新版欧盟汽车通用安全法规（Vehicle General Safety Regulation）》（以下称《安全法规》）生效。它引入了一系列强制性的高级驾驶员辅助系统，以提高道路安全，并建立了在欧盟认证 L3 级及以上（automated and fully driverless vehicles）车辆的法律框架。新的安全措施将有助于更好地保护欧盟各地的乘客、行人和骑行者。根据《安全法规》对商用车的要求，新车公告自 2022 年 7 月开始，新车上牌自 2024 年 7 月开始，需强制配备六个 ADAS 的功能，即行驶区域信息提示系统（MOIS）、盲点信息提示系统（BSIS）、倒车信息提示系统（REIS）、智能车速辅助系统（ISA）、驾驶员疲劳预警系统（DDAW）、胎压监测系统（TPMS）。

1）行驶区域信息提示系统（MOIS）：即行人与骑车人移动监测系统，也称起步信息系统。其主要作用是当有行人或骑行者等出现在车辆前方盲区位置时，基于实时物体识别的移动信息系统会及时向驾驶员发出警报，以保护易受伤害的道路交通参与者。

2）盲点信息提示系统（BSIS）：该系统用于监测并提醒驾驶员在车辆转弯时右侧盲区存在的碰撞风险。例如当有自行车或行人靠近侧面盲区时，该系统会向驾驶员发出警告，以提高道路安全。

3）倒车信息提示系统（REIS）：倒车出库时，识别来自左右的车辆并报警，以辅助倒车。倒车影像和倒车雷达的组合，是安全驾驶的双重保障。倒车雷达可以更远、更准确地监测障碍物，配合实时的倒车影像画面，避免不必要的碰撞。

4）智能车速辅助系统（ISA）：用于在车辆超速时，警告驾驶员并指示驾驶员降低行驶速度。按照法规要求，智能车速辅助系统应在人机界面提供限速信息功能（SLIF）、限速警告功能（SLWF）或集成速度控制功能（SCF，将车速降低到限速范围内）到整车。这有助于预防交通事故、减少超速罚款，提高行车安全。

5）驾驶员疲劳预警系统（DDAW）：通过车辆系统分析来评估驾驶员的警觉性，并在需要时向驾驶员提供包括视觉和声音警告。当驾驶员由于疲劳而表现出警惕性降低的驾驶动作或出现异常转向模式时，DDAW 必须检测或识别出，并通过车辆的人机界面提醒驾驶员。

6）胎压监测系统（TPMS）：通过在每个车轮上安装传感器芯片的发射器对轮胎进行实时自动监控，及时发现胎压异常情况，防止出现爆胎事故，以便驾驶员能够及时处理车胎异常。

随着《新版欧盟汽车通用安全法规》生效，欧盟委员会将有权完成智能网联汽车的法律框架，并已于 2022 年 8 月发布应用于无人驾驶车辆的认证技术法规，进一步提高欧洲汽车业的竞争力。

3. 日本:《道路交通法》修正案

日本自动驾驶汽车领域的相关政府部门、企业、科研院所合作推进自动驾驶技术商业化，以 L3 级量产应用和 L4 级特定场景应用为目标，系统谋划法律法规制修订，营造良好的产业发展环境。

2022 年 1 月，日本国土交通省汽车局就汽车的安全和环境标准等问题开展国际性调整，修改《道路运送车辆保安基准》，依次进行扩充。本次修订要求在驾驶员无反应的状况下，具备自动停车或变换车道的能力。针对客车，要追加在该功能启动时对乘员进行听觉和视觉上提醒的功能。本次修订适用日期为新车型 2023 年 9 月 1 日，继续生产车型 2027 年 9 月 1 日。根据国土交通省提供的动作范例来看，系统监视驾驶员的状态，确认驾驶员是否处于不能驾驶的异常状态。可通过手动方式开启该功能。

2022 年 3 月，由警察厅提案，日本内阁通过一项新的《道路交通法》修正案，在新的《道路交通法》中，其对 L4 级自动驾驶的定义是“特定条件下实现完全自动化驾驶”，这意味着其并非完全实现自动化驾驶，当然这与国际上对于 L4 级自动驾驶的标准和定义相符，与能够完全实现自动驾驶的 L5 级仍有着很大的差别。日本政府称，为了确认安全运行和在发生事故时做出应对等，必须配置在车辆内或远程监控的“特定自动运行监督人”，而为了降低成本，在人口稀少地区可以远程方式对车辆进行监控。

此外，日本政府还提出，到 2025 年度将此应用场景扩大到全国 40 个地区，但相关运营商必须先向日本都道府县公安委员会提交运行计划，并在获得批准后在相关地区提供出行服务。

2.3.2 国内重要政策解读

1.《关于进一步加强新能源汽车企业安全体系建设的指导意见》

为进一步压实新能源汽车企业主体责任，指导企业建立健全安全保障体系，工业和信息化部、公安部、交通运输部、应急管理部、国家市场监督管理总局五部门联合制定发布了《关于进一步加强新能源汽车企业安全体系建设的指导意见》(以下简称《意见》)。《意见》统筹发展和安全，包括八个部分，二十二条以及一个附件，为企业加快构建系统、科学、规范的安全体系，全面增强汽车企业的安全保障能力，切实提升产品安全水平，推动产业高质量发展指明了方向。

(1) 明确《意见》的定位

《意见》坚持以习近平新时代中国特色社会主义思想为指导，统筹发展和安全，指导企业加快构建系统、科学、规范的安全体系，切实提升产品安全水平，推动产业高质量发展。

(2) 完善安全管理机制

从组织保障、安全教育培训方面提出意见。企业要明确安全管理的负责部门，统筹推进安全体系建设。完善安全管理制度规范，定期组织开展安全教育培训，提高工作人员安全意识和相关技能。

(3) 保障产品质量安全

从产品设计、供应商管理、生产质量管控、动力电池安全方面提出意见。企业要制定并持续完善产品安全性设计指导文件，加强产品在线和下线检测，强化供应商管理并鼓励其积极配合开放必要的数据协议，与电池供应商开展设计协同。

(4) 提高监测平台效能

从运行监测、数据挖掘、隐患排查方面提出意见。企业要按照相关标准要求对车辆运行安全状态进行监测。鼓励企业加强对运行数据的分析挖掘，强化车辆安全隐患排查并妥善处理。

(5) 优化售后服务能力

从服务网点建设、维保服务、消费者使用方面提出意见。企业要合理布局并确保各网点具备必要的售后服务和应急处理能力，公开有关维修技术信息。鼓励企业细化产品维保项目，开展隐患抽样检测，引导消费者培养良好的用车养车习惯。

(6) 加强事故响应处置

从应急响应、事故调查、问题分析、召回方面提出意见。企业要建立完善不同车型及不同场景的安全事故应急处置方法和预案，加强事故报告和调查分析，并采取相应改进措施。企业要切实履行召回法定义务。

（7）健全网络安全保障体系

从网络安全、数据安全、个人信息防护方面提出意见。企业要建立健全相关管理制度和操作规程，提高安全防护能力，依法依规进行车辆网络安全状态监测、数据处理、个人信息处理等。

（8）组织实施

分别对企业、有关部门、行业组织提出组织实施意见。新能源汽车企业要加快建立健全安全体系，各零部件供应商、售后服务等相关企业要协同配合。五部门会同有关部门形成工作合力，加强信息共享和事中事后监管，地方有关部门依法依规加强日常监督检查。行业组织充分发挥行业自律和技术支撑作用。

1）完善培训与监测制度。对于“速度”与“安全”并重的新能源汽车产业来说，安全教育培训建设不容小觑。《意见》中提到，企业要明确新能源汽车安全管理的负责部门，统筹推进本企业安全体系建设，包括网络安全方面的安全管理制度规范。同时，企业应建立完善的安全教育培训制度，定期组织开展质量安全、网络安全的教育培训。企业还应建立监测平台，建立健全工作流程、值班制度、平台定期巡检制度、网络安全和数据安全管理制度、安全教育培训制度等。

2）保障产品质量安全。随着汽车产业与 ICT 的深度融合，汽车从传统的出行工具已逐渐演变为新一代移动数据中心及互联网服务创新的重点平台。与此同时，智能网联汽车面临的安全风险也在加剧。在车联网产业打开新一级成长空间的关键期，应从产品研发设计源头规范和支持产业安全建设。《意见》中指出，企业要制定产品安全性设计指导文件，并根据已销售车辆暴露的安全问题持续修订完善，其中包括网络安全。同时企业还应依法落实汽车产品安全漏洞管理要求，对车辆网络安全状态进行监测。

3）提高监测平台效能。新能源汽车有别于传统燃油汽车，极端自然环境、复杂道路条件、异常交通状态等因素都可能对新能源汽车运行安全提出挑战，因此除对其规范生产外，加强运行监测是筑牢新能源汽车安全围栏的另一项重要举措。《意见》要求，企业建立新能源汽车产品运行安全状态监测平台。对已销售的新能源汽车产品的运行安全状态进行监测，并按照相关标准要求上传监测数据，确保上传数据安全。

4）加强网络安全、数据安全建设。数字化赋能背景下，汽车智能化、网联化水平高速发展，车联网安全已经成为智能网联汽车快速健康发展的基石。加强智能网联汽车网络安全防护与数据安全保护体系建设是保障车联网安全的重中之重。《意见》中要求，企业要依法落实关键信息基础设施安全保护、网络安全等级保护，要切实履行数据安全保护义务，建立健全全流程数据安全管理制度，采取相应的技术措施，保障数据安全。同时，企业监测平台应具有容量预警机制和弹性扩容、车辆全生命周期运行数据存储、数据备份和数据恢复能力，以及网络安全、数据安全防护能力和完整的安全访问日志记录、预警、审计等功能。

2.《数据出境安全评估办法》

随着全球化与数字经济的发展，数据作为具有极大经济价值的生产要素，在国际间的流动越来越频繁，而且数量呈逐年增长趋势。但数据跨境的无序流动会给数据主体和数据安全带来风险，关乎国家安全和社会公共利益。为防范数据跨境流动中存在的各种风险，我国自 2022 年 9 月 1 日实施《数据出境安全评估办法》（以下简称《办法》）。

《办法》明确数据处理者向境外提供在中华人民共和国境内运营中收集和产生的重要数据和个人信息的安全评估适用本办法。提出数据出境安全评估坚持事前评估和持续监督相结合、风险自评估与安全评估相结合等原则。为数据出境安全评估工作提供了具体指引，将事前评估和持续监督相结合、风险自评估与安全评估相结合，防范数据出境安全风险，保障数据依法有序自由流动，体现了监管有度、规则合理透明的特点。

《办法》明确了 4 种应当申报数据出境安全评估的情形：一是数据处理者向境外提供重要数据；二是关键信息基础设施运营者和处理 100 万人以上个人信息的数据处理者向境外提供个人信息；三是自上年 1 月 1 日起累计向境外提供 10 万人个人信息或者 1 万人敏感个人信息的数据处理者向境外提供个人信息；四是国家网信部门规定的其他需要申报数据出境安全评估的情形。

《办法》提出了数据出境安全评估的具体要求，规定数据处理者在申报数据出境安全评估前应当开展数据出境风险自评估并明确了重点评估事项。规定数据处理者在与境外接收方订立的法律文件中明确约定数据安全保护责任义务，在数据出境安全评估有效期内发生影响数据出境安全的情形应当重新申报评估。此外，还明确了数据出境安全评估程序、监督管理制度、法律责任以及合规整改要求等。

《办法》的正式出台和实施，将为国家数据安全工作筑牢“防线”，经过多年酝酿和公开讨论的《办法》，在充分平衡各方利益的基础上对数据出境安全管理做出新探索，既着力于维护国家安全、公共利益和个人与组织合法权益，也为全球数字经济健康发展提供了中国方案。

3.《交通领域科技创新中长期发展规划纲要（2021—2035 年）》

《交通领域科技创新中长期发展规划纲要（2021—2035 年）》（以下简称《纲要》）明确了未来十五年我国交通运输科技创新工作的指导思想、基本原则、发展目标和主要任务。

《纲要》从交通基础设施、交通装备、运输服务三个要素维度和智慧、安全、绿色三个价值维度布局六方面研发任务，并对新时期交通运输科技创新能力建设进行了部署。

1）提升基础设施高质量建养技术水平。围绕支撑构建更安全、更耐久、更智能的综合立体交通网，布局了强化综合交通运输理论研究，提升国家重大战略通道建设技术水平，加强交通基础设施长期性能科学观测，推动基础设施数字化升级等任务。

2）提升交通装备关键技术自主化水平。围绕促进我国交通装备和关键核心零部件自立自强，布局了加快载运装备技术升级，强化工程和应急救援专用保障装备研发，突破核心零部件关键核心技术等。同时还部署了超高速商用飞机、超高速列车、飞行汽车等新型载运工具研发，以抢占前沿装备先机。

3）推进运输服务与组织智能高效发展。围绕构建“全国 123 出行交通圈”和“全球 123 快货物流圈”，加快新一代信息技术在综合运输服务领域的融合创新应用，提升旅客便捷顺畅联程运输和货物经济高效多式联运水平，增强城市交通拥堵综合治理技术能力。

4）大力推动深度融合的智慧交通建设。围绕全面提升智慧交通发展水平，集中攻克交通运输专业软件、专用系统等关键核心技术，加快新一代信息技术及空天信息技术与交通运输融合创新应用，加快发展交通运输新型基础设施。

5）推进一体化协同化的平安交通建设。围绕交通运输服务安全应急保障新趋势新要求，从路网风险管控、港航安全应急、轨道交通主动安全以及综合交通应急等领域，布局了智能安全保障、风险智能管控、快速应急处置及重大疫情应急保障、关键岗位人员状态监测评估等技术研发。

6）构建全寿命周期绿色交通技术体系。围绕落实国家碳达峰碳中和部署要求，布局了基础设施绿色建养、绿色环保运输服务、低碳交通技术等研发应用，全面提升交通运输可持续发展水平。

7）提升新时期交通运输科技创新能力。聚焦基本建成适应交通强国需要的科技创新体系，从体制机制改革创新、科技创新平台体系完善、高水平科技人才队伍培育、国际交流合作、成果转化应用、标准法规体系建设和科普能力提升等方面部署任务。

《纲要》实施，要突出重点，分清轻重缓急。一要建立健全部门协同、部省联动、政企合作的协同推进机制，深化“科交协同”，完善交通运输技术创新联席会议制度；二要争取中央财政科技研发资金支持，推动设立交通领域国家基础研究联合基金，加大工程建设项目研究试验费对科技研发和成果推广的支持力度，鼓励企业建立科技投入稳定增长机制，强化科技金融创新，完善多元化投入机制；三要大力弘扬新时代科学家精神，加强知识产权保护，加快科研诚信建设，建设全国交通运输新闻宣传信息共享云平台，充分调动公众广泛参与和支持科技创新的积极性。

4.《关于开展智能网联汽车准入和上路通行试点工作的通知（征求意见稿）》

《关于开展智能网联汽车准入和上路通行试点工作的通知（征求意见稿）》（以下称《征求意见稿》）旨在通过开展试点工作，在保障安全的前提下，促进智能网联汽车产品的功能、性能提升和产业生态的迭代优化。《征求意见稿》从试点内容和目标、试点申报条件、组织实施、保障措施四个方面试点实证积累管理经验，支撑相关法律法规、技术标准制修订，推进健全完善智能网联汽车生产准入管理体系和道路交通安全管理体系。

1）试点内容。在全国智能网联汽车道路测试与示范应用工作基础上，遴选符合条件的道路机动车辆生产企业和具备量产条件的搭载自动驾驶功能的智能网联汽车产品，开展准入试点；对通过准入试点的智能网联汽车产品，在试点城市的限定公共道路区域内开展上路通行试点。

2）试点目标。通过开展试点工作，引导智能网联汽车生产企业和车辆使用主体加强能力建设，在保障安全的前提下，促进智能网联汽车产品的功能、性能提升和产业生态的迭代优化。基于试点实证积累管理经验，支撑相关法律法规、技术标准制修订，推进健全完善智能网联汽车生产准入管理体系和道路交通安全管理体系。

3）试点城市条件。试点城市应当具备支持开展智能网联汽车准入和上路通行试点的地方性法规或管理政策、组织协调机制等政策保障条件；具备与申报试点的智能网联汽车自动驾驶功能设计运行条件和道路交通管理实际相适应的公共道路、交通基础设施、通信基础设施、高精度地图等必要的基础设施条件等。

4）试点汽车生产企业条件。试点汽车生产企业应当是取得道路机动车辆生产企业准入的汽车整车生产企业，具备搭载自动驾驶功能的汽车产品的设计验证能力；具备汽车功能安全、预期功能安全、网络安全、数据安全、软件升级、风险与突发事件等安全保障能力。

5）试点产品条件。试点产品应当符合相关道路机动车辆产品准入要求，符合功能安全、预期功能安全、网络安全和数据安全等产品过程保障要求，符合模拟仿真、封闭场地、实际道路、网络安全和数据安全、软件升级、数据记录等测试要求。确保试点产品符合自动驾驶功能产品技术要求和道路交通法律法规相关通行规定，保障准入和上路通行试点过程中的安全性。

6）试点使用主体条件。试点使用主体条件方面，《征求意见稿》要求，设置试点车辆运行安全保障机构，建立运行安全保障、风险与突发事件管理制度。同时，具备试点车辆运行安全监测平台，配备与试点车辆运行管理相匹配的管理人员及运行安全保障人员，对试点车辆运行安全、网络安全、数据安全具备全流程保障能力。

在组织实施环节，《征求意见稿》要求，试点汽车生产企业应当细化完善自动驾驶功能产品的准入测试和安全评估方案，并报工信部、公安部。在实际道路测试过程中，试点汽车生产企业应按照监测要求将车辆接入工信部试点管理系统。

保障措施方面，加强组织领导，落实各方责任，营造良好环境，做好总结推广，共同推动智能网联汽车产业发展。

此次的《征求意见稿》将首次为智能网联汽车准入和上路通行试点工作提供政策依据，同时也将促进智能网联汽车产业向着L3级和L4级自动驾驶发展迈出坚实步伐。通过开展试点工作，引导智能网联汽车生产企业和车辆使用主体加强能力建设，这也有助于企业在市场最前沿进一步理清思路、优化布局，在保障安全的前提下企业的探索将有利于促进智能网联汽车产品的功能、性能提升和产业生态的迭代优化，这对推动智能网联汽车上路并进一步提高安全性、助力相关产业健康发展具有重要意义，进一步促进我国智能网联汽车产业在全球市场的持续领跑，实现碳达峰与经济高质量发展协调统一。

CHAPTER 03

第 3 章
智能网联汽车标准动态研究

随着智能网联汽车产业的高速发展，国内外专项工作组纷纷开展一系列智能网联汽车标准制定工作。国际上主要是国际标准化组织（ISO）和欧洲经济委员会（UNECE）以及智能网联汽车工作组（GRVA）参与研究制定及发布智能网联汽车相关标准，同时美国、欧洲和日韩也参与研究以及发布智能网联汽车相关标准，先后对智能网联汽车、信息安全、软件升级、自动驾驶等领域进行相关标准制定，促进了全球智能网联汽车、自动驾驶汽车的发展。国内主要是全国汽车标准化技术委员会智能网联汽车分技术委员会围绕安全性、舒适性、能效性、智能度等评价维度，集成测试场景 - 测试平台 - 测试技术，基于虚拟仿真和实车测试完成构建，基于测试评价体系，制定出相关适用于智能网联汽车上路测试许可及产品准入认证的测试评价标准，以支撑和引领智能网联汽车产业落地。

3.1 国际智能网联汽车标准动态

3.1.1 国际标准化组织（ISO）

截至 2022 年 11 月底，ISO 及其工作组制定的智能交通、智能运输相关标准约 20 条，见表 3.1。

表 3.1 ISO 及其工作组制定的智能交通、智能运输相关标准

标准号	标准名称
ISO/SAE 21434:2021	道路车辆 - 网络安全工程
ISO/FDIS 23150	道路车辆 - 自动驾驶功能的传感器和数据融合单元之间的数据通信
ISO/TS 4398:2022	智能交通系统 - 引导交通服务规划数据交换
ISO 21734-1:2022	智能交通系统 - 公共交通中自动驾驶公交车连接和安全功能的性能测试 第 1 部分：一般框架
ISO 13111-2:2022	智能交通系统 - 使用 ITS 基站为旅行者提供 ITS 服务 第 2 部分：ITS 基站之间数据交换的一般要求
ISO/TR 4286:2021	智能交通系统 - 探测数据共享用例
ISO 18561-1:2020	智能交通系统 - 通过绿色交通管理移动设备的城市移动应用 第 1 部分：ITS 之间数据交换的一般要求
ISO 20529-2:2021	智能交通系统 - 绿色 ITS（G-ITS）标准框架 第 2 部分：综合移动服务应用
ISO 23376:2021	智能交通系统 -V2V 交叉口碰撞预警系统（VVICW）性能要求和试验程序
ISO 13185-4:2020	智能交通系统 -ITS 服务提供和支持车辆接口 第 4 部分：车辆接口协议（UVIP）一致性测试规范
ISO/TR 9241-810:2020	人机交互工效学 第 810 部分：智能和自主系统
ISO 34502:2022	道路车辆 - 自动驾驶系统的试验场景：基于场景的安全评估框架
ISO 4513:2022	道路车辆 - 能见度 - 驾驶员眼睛位置的活动范围建立方法
ISO 22733-1:2022	道路车辆 - 评价自动紧急制动系统性能的试验方法 第 1 部分：车对车
ISO/TS 5255-1:2022	智能交通系统 - 低速自动驾驶系统（LSADS）服务 第 1 部分：作用和功能模型
ISO/TR 7872:2022	智能交通系统 - 移动集成 - 城市 ITS 服务应用的数字基础设施服务角色与功能模型
ISO 17572-1:2022	智能交通系统 - 地理数据库的位置参考 第 1 部分：一般要求和概念模型
ISO/TS 4398:2022	智能交通系统 - 引导交通服务规划数据交换
ISO 22085-3:2022	智能交通系统 - 微型移动设备服务平台 第 1 部分：数据结构和数据交换过程

数据来源：ISO。

3.1.2 智能网联汽车工作组（GRVA）

2022 年，智能网联汽车工作组以及美国、欧盟、日本、韩国等主要发达国家先后对智能网联汽车、信息安全、软件升级、自动驾驶等领域进行相关标准制定和完善，见表 3.2。

表 3.2 2022 年智能网联汽车工作组及主要发达国家修改发布的重要法规

发布机构或国家	文件名称	时间	主要内容
联合国欧洲经济委员会（UNECE）	《“自动车道保持系统（ALKS）”的联合国第 157 号法规修正案》	2022.06	该修正案草案由自动驾驶和联合国智能网联汽车工作组（GRVA）制定，基于各国在 2020 年 6 月世界车辆法规协调论坛通过全球范围内首个对 SAE L3 级自动驾驶车辆具有约束力的国际法规《联合国自动车道保持系统条例》（ALKS）实施后的实践经验，将特定交通环境中的自动驾驶系统（ADS）车速上限从当前的 60km/h 限制扩展到 130km/h
美国	《自动驾驶系统和 2 级高级驾驶员辅助系统》	2021 年 6 月	美国国家公路交通安全管理局（NHTSA）颁布法令，要求配备 L2 级辅助驾驶系统、L3 ~ L5 级自动驾驶系统的整车厂、软件提供商和运营商报告自动驾驶系统的事故情况，除运行数据外，还需要提供人员受伤情况、车辆受损情况等信息
	《无人驾驶汽车乘客保护标准》	2022 年 3 月	美国国家公路交通安全管理局（NHTSA）发布首个针对无人驾驶车辆的乘客安全保护技术标准，明确了完全自动驾驶汽车不再需要配备传统的方向盘、制动或加速踏板等人工控制装置来满足碰撞中的乘员安全保护标准
德国	《自动驾驶车辆批准和运营条例》	2022 年 2 月	德国联邦内阁通过《自动驾驶车辆批准和运营条例》，该条例对《自动驾驶法》上路管理流程做出了详细规定，同时明确自动驾驶汽车技术要求以及监管机构和汽车制造商等行业内各方的义务，强调了对自动驾驶车辆的数据安全保护
英国	《公路法》修订	2022 年 4 月	英国交通部再次提出拟修改《公路法》，当车辆满足保持在一条车道上且行驶速度低于 60km /h、驾驶员可在需要时收回对车辆的控制权两个条件时，车辆开启自动驾驶模式后，驾驶员可以在汽车内置屏幕上观看电视或电影等
欧盟	《新版欧盟汽车通用安全法规》	2022 年 6 月	《新版欧盟汽车通用安全法规》规定新车上牌自 2024 年 7 月开始，需强制配备六个 ADAS 的功能以提高道路安全性：行驶区域信息提示系统（MOIS）、盲点信息提示系统（BSIS）、倒车信息提示系统（REIS）、智能车速辅助系统（ISA）、驾驶员疲劳预警系统（DDAW）、胎压监测系统（TPMS）
日本	《道路运送车辆保安基准》	2022 年 1 月	日本国土交通省汽车局就汽车的安全和环境标准等问题开展国际性调整，修改《道路运送车辆保安基准》。本次修订要求在驾驶员无反应的状况下，具备自动停车或变换车道的能力。针对客车，要追加在该功能启动时对乘员进行听觉和视觉上提醒的功能。本次修订适用日期为新车型 2023 年 9 月 1 日，继续生产的车型 2027 年 9 月 1 日。根据国土交通省提供的动作范例来看，系统监视驾驶员的状态，确认驾驶员是否处于不能驾驶的异常状态。可通过手动方式开启该功能
	《道路交通法》修正案	2022 年 3 月	该法案允许特定条件下 L4 级自动驾驶车辆上路，以及无人配送机器人在人行道行驶。要求服务的经营者有义务配置“特定自动运行负责人”。负责人可以乘车监控运行，或者远程监控运行，可以一人运行多台车辆。事故发生时，负责人承担和驾驶员同样的救护义务，违反的话将成为处罚的对象。在 L4 级自动驾驶车辆车造成人员伤亡的情况下，不按驾驶致死伤罪处罚，但经营者和责任人有可能按业务过失致死伤罪处罚

（续）

发布机构或国家	文件名称	时间	主要内容
韩国	RoboRide	2022 年 6 月	韩国国土部与首尔市政府共同宣布，自动驾驶汽车 RoboRide 出租车服务正式启动，此举旨在验证韩国汽车企业自主研发的 L4 级自动驾驶技术，进而实现无人驾驶技术升级

数据来源：公开资料整理。

2022 年 6 月 21—24 日，联合国世界车辆法规协调论坛（WP.29）第 187 次全体会议以线上与线下相结合的形式召开。会议审议通过了《第二版自动驾驶新评估 / 测试方法 - 主文件》建议案、《验证自动驾驶系统的自动驾驶新评估 / 测试方法指南》建议案及《适用于 <1958 年协定书 > 和 <1998 年协定书 > 缔约方的关于网络安全和软件更新的统一规定》建议案。全体代表还就 WP.29 工作计划、型式批准数据交换系统（DETA）、智能交通系统（ITS）、WP.29 与 WP.1 就自动驾驶相关领域协调工作等重点议题充分交换意见。

3.2 国内智能网联汽车标准动态

智能网联汽车（ICV）是中国特有的称谓和术语，由于 ICV 涉及汽车、通信、电子、信息和交通等行业，所以围绕 ICV 标准制定的组织较常规的汽车标准组织多，政府提出的标准化的工作方向是建立国家标准、行业标准和团体标准协同配套新型标准体系，促进智能网联汽车技术快速发展和应用。从标准组织制定机构来看，国家标准和行业标准多以各行业标准化机构为主导，团体标准以联盟，协会和企业为主导。

中国 ICV 产业标准体系见图 3.1。

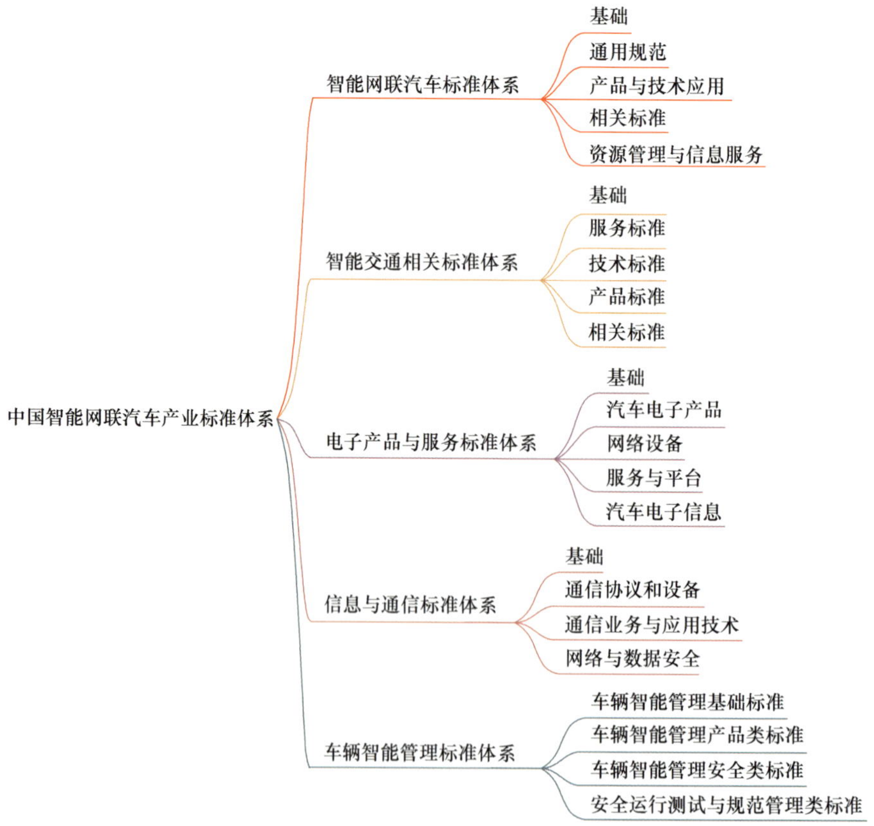

图 3.1 中国 ICV 产业标准体系（根据工信部发布的《国家车联网产业标准体系建设指南》）

按照我国汽车标准化委员会介绍以及工信部的相关政策，计划在 2025 年发布近百项技术标准，实现支撑高级别自动驾驶的目标。我们统计了已发布的重要的技术标准，观察到自动驾驶相关标准从 2021 年之后逐渐加速发布，2022 年呈迅猛发展态势，见表 3.3。

表 3.3 自动驾驶相关国家标准

标准号	标准名称	采用的标准	实施日期
GB/T 40857—2021	汽车网关信息安全技术要求及试验方法	—	2022-05-01
GB/T 40856—2021	车载信息交互系统信息安全技术要求及试验方法	—	2022-05-01
GB/T 41588.1—2022	道路车辆 控制器局域网（CAN）第 1 部分：数据链路层和物理信令	—	2023-02-01
GB/T 41588.2—2022	道路车辆 控制器局域网（CAN）第 2 部分：高速媒介访问单元	—	2023-02-01
GB/T 41588.3—2022	道路车辆 控制器局域网（CAN）第 3 部分：低速容错、媒介相关接口	—	2023-02-01
GB/T 41588.4—2022	道路车辆 控制器局域网（CAN）第 4 部分：时间触发通信	—	2023-02-01
GB/T 41600—2022	汽车直线行驶稳定性试验方法	—	2022-11-01
GB/T 41630—2022	智能泊车辅助系统性能要求及试验方法	—	2023-02-01
GB/T 41578—2022	电动汽车充电系统信息安全技术要求及试验方法	—	2023-02-01
GB/T 41901.1—2022	道路车辆 网联车辆方法论 第 1 部分：通用信息	—	2023-05-01
GB/T 41901.2—2022	道路车辆 网联车辆方法论 第 2 部分：设计导则	—	2023-05-01
GB/T 41797—2022	驾驶员注意力监测系统性能要求及试验方法	—	2023-05-01
GB/T 41796—2022	商用车辆车道保持辅助系统性能要求及试验方法	—	2023-05-01
GB/T 41798—2022	智能网联汽车 自动驾驶功能场地试验方法及要求	—	2023-05-01

资料来源：NTCAS。

2021—2022 年，工业和信息化部、公安部、交通运输部、国家标准化管理委员会等先后发布了智能网联汽车相关规定及标准，见表 3.4。

表 3.4 国内智能网联汽车领域重要标准

时间	文件名称	发布单位	主要内容
2021.08	《汽车驾驶自动化分级》	工业和信息化部	《汽车驾驶自动化分级》是中国智能网联汽车标准体系的基础类标准之一，并为中国后续自动驾驶相关法律、法规、强制性标准的出台提供支撑。其中包括对驾驶自动化的定义、驾驶自动化分级原则、驾驶自动化等级划分要素、驾驶自动化各等级定义、驾驶自动化等级划分流程及判定方法、驾驶自动化各等级技术要求等
2022.06	公开征求《汽车软件升级通用技术要求》等九项强制性国家标准的意见	工业和信息化部	这九项强制性国家标准中，有七项为乘用车强制性国家标准，其中包括《汽车软件升级通用技术要求》《汽车防盗装置》《机动车儿童乘员用约束系统》《乘用车前后端保护装置》《乘用车顶部抗压强度》《机动车乘员用安全带和约束系统》《机动车乘员用安全带和约束系统安装固定点》，剩余两项是《重型商用车燃料消耗量限值》《专用校车学生座椅系统及其车辆固定件的强度》
2022.07	《智能网联汽车自动泊车系统性能要求与试验方法》等 29 项推荐性国家标准制修订计划（征求意见稿）	工业和信息化部	本次征求意见的推荐性国家标准项目包括《工业互联网平台云边协同通用要求》《智能网联汽车自动泊车系统性能要求与试验方法》《车联网安全管理接口规范》《车联网服务平台网络安全防护要求》《车联网在线升级（OTA）安全技术要求与测试方法》等
2022.08	《面向边缘计算的 5G 核心网增强技术要求》等 490 项行业标准制修订计划（征求意见稿）	工业和信息化部	申请立项的《面向边缘计算的 5G 核心网增强技术要求》等 490 项行业标准和《智能网联汽车自动泊车系统性能要求与试验方法》等 29 项推荐性国家标准计划项目予以公示
2022.08	《自动驾驶汽车运输安全服务指南（试行）》（征求意见稿）	交通运输部	《自动驾驶汽车运输安全服务指南（试行）》（征求意见稿）的主要内容包括目的依据、适用范围、基本原则、发展导向、运输经营者要求、车辆要求、人员要求、安全保障、监督管理共九个方面

（续）

时间	文件名称	发布单位	主要内容
2022.08	《智能网联汽车组合驾驶辅助系统技术要求及试验方法 第1部分：单车道行驶控制》	全国汽车标准化技术委员会智能网联汽车分会	《智能网联汽车组合驾驶辅助系统技术要求及试验方法 第1部分：单车道行驶控制》（征求意见稿）的主要内容除前言外包括范围、规范性引用文件、术语和定义、一般要求、性能要求、试验方法共六章，以及附录A（规范性）功能安全要求。本文件规定了单车道行驶控制系统的一般要求、性能要求及试验方法。本文件适用于安装有单车道行驶控制系统的M类、N类汽车
2022.09	《国家车联网产业标准体系建设指南（智能网联汽车）（2022年版）（征求意见稿）》	工业和信息化部	总结第一阶段标准体系建设情况，深入分析智能网联汽车产业新需求和新趋势，按照“三横两纵”的核心技术逻辑架构，确定了今后一段时期智能网联汽车标准体系建设新的原则、目标和发展愿景。到2025年，将系统形成能够支撑组合驾驶辅助和自动驾驶通用功能的智能网联汽车标准体系；到2030年，将全面形成能够支撑实现单车智能和网联赋能协同发展的智能网联汽车标准体系。这对于推动国内车联网标准日渐完善、促进我国车路云融合智能网联汽车发展具有重要意义
2022.10	《关于征集工业和信息化领域商用密码典型应用方案的通知》	工业和信息化部 国家密码管理局	面向通信基础设施的密码应用，包括但不限于基础信息网络、第五代移动通信（5G）、下一代互联（IPv6），以及电信和互联网设备等的密码应用和解决方案；面向智能装备与控制系统的密码应用，包括但不限于智能船舶、智能网联汽车、数控系统、工控系统等的密码应用和解决方案；面向网络应用与服务的密码应用，包括但不限于网络实体鉴别、网络域名、智能终端中个人信息和数字资产保护等的密码应用和解决方案；面向新技术新应用的密码应用，包括但不限于工业互联网、大数据、云计算、区块链、人工智能等新技术新应用中的密码应用和解决方案；面向基础软硬件的密码应用，包括但不限于通用处理器、操作系统、工业软件等基础软硬件产品中的密码应用和解决方案
2022.11	《交通运输智慧物流标准体系建设指南》	交通运输部 国家标准化管理委员会	交通运输智慧物流标准体系包括交通运输业中与智慧物流相关的国家标准和行业标准，按照交通运输智慧物流的应用特点和技术需求，将标准体系主要划分为基础通用标准、设施设备标准、系统平台与数据单证标准、服务与管理标准四个方面，纳入标准明细表的主要标准共计三大类72项，其中，现行有效标准28项，在研标准9项，待制定标准35项
2022.11	《关于开展智能网联汽车准入和上路通行试点工作的通知（征求意见稿）》	工业和信息化部、公安部	工业和信息化部、公安部将遴选符合条件的道路机动车辆生产企业和具备量产条件的搭载自动驾驶功能（自动驾驶功能是指国家标准《汽车驾驶自动化分级》定义的3级驾驶自动化和4级驾驶自动化功能）的智能网联汽车产品，开展准入试点；对通过准入试点的智能网联汽车产品，在试点城市的限定公共道路区域内开展上路通行试点。通过开展试点工作，促进智能网联汽车产品的功能、性能提升和产业生态的迭代优化。同时，支撑相关法律法规、技术标准制修订，推进健全完善智能网联汽车生产准入管理体系和道路交通安全管理体系
2022.11	《智能网联汽车（驾驶自动化分级）分类统计指南》（团体标准）	中国汽车工业协会	本文件规定了智能网联汽车各驾驶自动化功能的统计工作的一般要求、统计原则及分类统计方法。适用于M类、N类的智能网联汽车产销量数据统计工作

数据来源：公开资料整理。

3.3　2021—2022 年智能网联汽车重要标准解读

3.3.1　国际重要标准解读

1. 有关“自动车道保持系统（ALKS）”的联合国第 157 号法规修正案

UNECE 于 2022 年 6 月 22 日批准了有关“自动车道保持系统（ALKS）”的联合国第 157 号法规修正案，将特定交通环境中的自动驾驶系统（ADS）车速上限从当前的 60km /h 限制扩展到 130km /h，并允许自动变道等处理。本次修正案于 2023 年 1 月在决定适用它的缔约方中生效。

该修正案草案由自动驾驶和联网汽车工作组制定提出，基于各国在 2020 年 6 月世界车辆法规协调论坛通过全球范围内首个对 SAE L3 级自动驾驶车辆具有约束力的国际法规《自动车道保持系统条例》（ALKS）实施后的实践经验。

修正案中部分关键修订内容包括最高车速提升至 130km/h、适用车型扩大至 M 类及 N 类全范围、功能定义、探测距离、测试方法等。

旧版 1、范围和目的 1.1：本法规适用于 M1 类车辆自动车道保持系统的型式认证。

新版 1、范围和目的 1.1：本法规适用于与自动车道保持系统有关的 M 和 N 类车辆的型式认证。

（1）UN-R157 法规中 ALKS 定义

旧版定义：ALKS（Automated Lane Keeping System）在不需要驾驶员控制的情况下，可以长时间自动控制车辆的横向和纵向移动。可以在某些条件下在禁止行人和骑自行车的道路上激活，并有双向通行的物理（隔离墩）分隔，同时第一阶段最大运行速度为限制在 60km /h 且对象为乘用车（M1 车辆）。

新版定义：ALKS 是一种由驾驶员激活的系统，通过长时间控制车辆的横向和纵向运动，使车辆保持在其车道内，行驶速度为 130 km/h 或以下，无需驾驶员进一步输入。

（2）最高车速

旧版 5.2.3.1：系统允许运行的最大速度为 60km/h。

新版 5.2.3.1：制造商应根据第 7.1.1 段中所述系统的前向检测范围宣布规定的最大速度。系统允许运行的最大速度为 130km /h。仅当 ALKS 能够根据第 5.2.6 段进行 MRM 换道时，才允许规定的最大速度超过 60km/h。

（3）前向检测距离

旧版 7.1.1：制造商应声明从车辆最前端点测量的前向检测范围。该声明值应至少为 46m。技术服务机构应验证车辆传感系统在附件 5 中的相关试验期间检测到道路使用者的距离等于或大于声明值。

新版 7.1.1：制造商应声明从车辆最前端点测量的前向检测范围。当规定的最大速度为 60 km/h 时，该声明值应至少为 46m。制造商只有在声明的前向检测范围满足表 3.5 中基于 $5m/s^2$ 减速度的相应最小值的条件下，才能声明高于 60km/h 的规定最大速度。最小前向检测距离和 $5m/s^2$ 车辆减速度并不能在所有条件下（例如在湿滑的道路上）均实现。系统应实施控制策略以调节实际检测范围和实际减速能力下的最大速度，以符合第 5.2.4 段的要求。

表 3.5　车速 60~130km/h 下，对应的最小前方检测距离

车速 /（km/h）	60	70	80	90	100	110	120	130
最小前方检测距离 /m	46	50	60	75	90	110	130	150

《自动车道保持系统条例》（ALKS）是交通中自动驾驶系统（定义见 ECE/TRANS/WP.29/1140）的首个监管步骤，它提供了旨在解决与系统安全性评估相关的复杂的创新规定。该法规规定了明确的基于性能的要求，汽车制造商必须遵守这些要求，才能在实施该法规的国家内销售配备的车辆。这些要求包括关于型式认证、技术要求、审计和报告的规定，以及在测试场和真实条件下的测试。ALKS 法规于 2021 年 1 月 22 日生效，日本本田限量版 Legend 是首个适用 L3 级自动驾驶的车型，奔驰则成为欧洲首个真正被允

许量产上市 L3 级自动驾驶新车的车企。

2. 美国《无人驾驶汽车乘客保护标准》

2022 年 3 月 10 日，美国交通运输部（DOT）下的美国国家公路交通安全管理局（NHTSA）发布了《无人驾驶汽车乘客保护标准》（Occupant Protection Safety Standards for Vehicles Without Driving Controls）的最终规则版本（以下简称《最终规则》）。

《最终规则》为首个针对无人驾驶车辆的乘客安全技术规定，是对现行的 FMVSS——美国《联邦机动车安全标准》（Federal Motor Vehicle Safety Standards）的修订和补充。《最终规则》强调自动驾驶车辆必须提供与人类驾驶传统车辆同等水平的乘员保护，明确完全自动驾驶汽车可不再需要配备传统的方向盘、制动或加速踏板等人工控制装置。

经《最终规则》修订和补充后的 FMVSS 于 2022 年 9 月 26 日正式生效。现行的 FMVSS 以传统机动车为对象，规定了机动车辆的设计、构造、性能和耐撞性的要求，并规定了与汽车安全相关的组件、系统和设计功能的技术安全标准，以最大限度地减少车辆碰撞以及碰撞事故造成的死亡和伤害为目标，来保护公众安全。

《最终规则》中对 FMVSS 修订的内容要点包括：

一是针对自动驾驶汽车的特殊情况，对 FMVSS 中相关传统汽车的装置术语及其定义进行修订，扩大 FMVSS 的适用范围。《最终规则》在术语方面一些重要的变化包括：

1）将“方向盘”更改为“转向控制”。

2）将“驾驶员座椅位置”的措辞更改为“指定驾驶员座椅位置”，同时将其定义范围扩大，修改为“可提供立即访问手动操作驾驶控制装置的指定座位”；将“乘客座椅位置”的定义更改为除驾驶员指定座位以外的其他“指定座椅位置”，而当车辆设计的手动控制装置处于收起状态时，“乘客座椅位置”包括“指定驾驶员座椅位置”。

3）根据座椅位置的定义，修改了对应“驾驶员安全气囊”“驾驶员测试假人”的定义，并明确安全气囊、测试假人不再仅仅局限于传统汽车驾驶员位置的安装、使用，而是扩展到指定座椅位置也需安装或使用相应的安全气囊、测试假人。

二是针对新型设计，要求自动驾驶车辆配备额外的安全保障措施，以达到与传统车辆同一水准的安全保障能力。以自动驾驶车辆中儿童乘客安全问题为例，《最终规则》对 FMVSS 第 208 号（乘员碰撞保护）进行了重大更改。传统车辆中，并不会存在儿童占据所谓“驾驶员”位置的可能，该位置（即前排外侧座椅）的初始设计就是在碰撞中无法保护儿童；在未配备传统人工控制装置的自动驾驶车辆中，存在儿童作为“乘客”占据前排外侧座位的可能性。

因此，对于取消传统人工控制装置（如方向盘）的自动驾驶车辆，安全标准要求所有前排外侧乘客座椅需配备高级别的安全气囊，同时，每个前排外侧乘客座椅安全气囊都需要一个单独的信号装置，以便在该座椅上的乘客知道他们的安全气囊是否正确接合。

三是针对特殊类型车辆，设置了排除性条款。针对运输货物并不是以运送乘客为目的的“无乘员自动驾驶车辆”（Occupant-less Automated Vehicle），例如无人驾驶货车，《最终规则》补充了相应的 FMVSS 规定，明确表示此类自动驾驶系统车辆可不适用“乘客安全标准”。

安全问题一直是自动驾驶商业化难以落地的难题，《最终规则》发布的主要目的在于为乘坐自动驾驶汽车的乘客提供针对性的安全保护标准。虽然本次发布的安全标准的技术性极强，但也体现了美国自动驾驶立法及监管的意志和思路——设计之初自动驾驶制造商就应当将安全作为其研发的核心要素。

《最终规则》的发布将为实现自动驾驶车辆商业化量产打下基础。FMVSS 作为车辆进入美国市场允许销售的准入条件之一，经过本次更新后，从法律层面对取消传统操作控制装置的自动驾驶车辆进行认定，在促进自动驾驶技术创新的基础上，将促进对各国道路交通安全法等法律法规的修订和更新，为最终实现自动驾驶规模化量产打下基础。

3. 日本《道路交通法》修正案

日本警察厅表示，《道路交通法》修正案预定于 2023 年 4 月 1 日施行，如果该法开始实施，将意味着日本允许 L4 级自动驾驶汽车上路。

在新的《道路交通法》中，其对 L4 级自动驾驶的定义是“特定条件下实现完全自动化驾驶”，这意味着其并非完全可实现自动化驾驶，这与国际上对 L4 级自动驾驶的标准和定义相符，与能够完全实现自动驾驶的 L5 级仍有着很大的差别。为确认安全运行和在发生事故时做出应对等，《道路交通法》规定必须配置在车辆内或远程监控的“特定自动运行监督人”，而为了降低成本，在人口稀少地区可以远程方式对车辆进行监控。

3.3.2 国内重要标准解读

1.《国家车联网产业标准体系建设指南（智能网络汽车）（2022 年版）（征求意见稿）》

《国家车联网产业标准体系建设指南（智能网联汽车）（2022 年版）（征求意见稿）》（以下简称《征求意见稿》）是对 2017 年发布的《国家车联网产业标准体系建设指南（智能网联汽车）》进行了修改完善。新版《征求意见稿》的主要内容除前言外，包括基本要求、建设思路、建设内容、组织实施共四个方面。详细客观总结了第一阶段标准体系建设情况，结合智能网联汽车产业新需求和新趋势，按照“三横两纵”的核心技术逻辑架构，确定了今后一段时期智能网联汽车标准体系建设新的原则、目标和发展愿景，提出了体系框架、整体内容及具体标准项目，明确了各项标准在智能网联汽车产业技术体系中的地位和作用。

《征求意见稿》中，智能网联汽车标准体系主要包括基础标准、通用规范标准、产品与技术应用标准三个一级分类、14 个二级分类和 23 个三级分类，共有标准项目 137 个。

根据智能网联汽车技术现状、产业需要及未来发展趋势，确定分阶段建立适应我国国情并与国际接轨的智能网联汽车标准体系：第一阶段到 2020 年（已完成）；到 2025 年，将系统形成能够支撑组合驾驶辅助和自动驾驶通用功能的智能网联汽车标准体系；到 2030 年，将全面形成能够支撑实现单车智能和网联赋能协同发展的智能网联汽车标准体系。这对于推动国内车联网标准日渐完善、促进我国智能网联汽车发展具有重要意义。

1）“三横两纵”的核心技术架构（图 3.2）：智能网联汽车标准体系横向以智能感知与信息通信层、决策控制与执行层、资源管理与应用层三个层次为基础，纵向以功能安全和预期功能安全、网络安全和数据安全通用规范技术为支撑，形成“三横两纵”的核心技术架构，完整呈现标准体系的技术逻辑，明确各项标准在智能网联汽车产业技术体系中的地位和作用。同时结合智能网联汽车与移动终端、基础设施、智慧城市、出行服务等相关要素的技术关联性，体现跨行业协同特点，共同构建以智能网联汽车为核心的协同发展有机整体，更好地发挥智能网联汽车标准体系的顶层设计和指导作用。

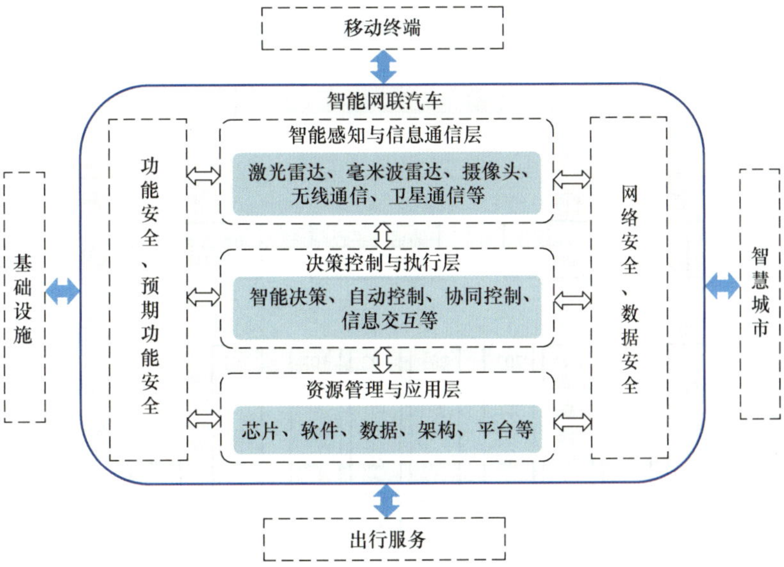

图 3.2 智能网联汽车标准体系技术逻辑框架

2）内容变化要点包括：一是提出了 2025 年和 2030 年两个阶段的标准体系建设具体规划；二是构建了横向以智能感知与信息通信层、决策控制与执行层、资源管理与应用层三个层次为基础，纵向以功能安全和预期功能安全、网络安全和数据安全等通用规范技术为支撑的“三横两纵”核心技术架构；三是标准数量由 99 项增加至 137 项，涉及基础、通用规范、产品与技术应用等方面；四是加数据安全、评价体系及工具等板块；产品及技术应用类细分为信息融合与感知、先进驾驶辅助、自动驾驶、网联功能与应用、资源管理与应用等。

与《国家车联网产业标准体系建设指南（智能网联汽车）（2017 年）》相比，《征求意见稿》通用规范类项目增加了数据安全、评价体系及工具等板块；产品及技术应用类项目细分为信息融合与感知、先进驾驶辅助、自动驾驶、网联功能与应用、资源管理与应用等板块，覆盖平台架构、数据应用、车用操作系统软件和芯片等关键共性技术，框架更加完善，内容更加全面，逻辑更加清晰，更加符合我国智能网联汽车产业发展的切实需要。

2.《交通运输智慧物流标准体系建设指南》

近年来，国家标准委非常重视智慧物流相关国家标准的制修订工作。2021 年修订发布的《物流术语》国家标准（GB/T 18354—2021）首次对“智慧物流”给出了明确定义，推动建立社会共识。《智慧物流服务指南》国家标准（GB/T 41834—2022）进一步明确了智慧物流服务的特征和关键要素、服务能力保障、服务提供、服务评价与改进等内容，对于提高智慧物流服务水平，促进现代物流业高质量发展具有指导作用。

按照《交通强国建设纲要》《国家综合立体交通网规划纲要》《国家标准化发展纲要》等总体部署，工信部联合国家标准化管理委员会印发了《交通运输智慧物流标准体系建设指南》，系统构建交通运输领域智慧物流标准体系框架，指导下一步标准制修订工作。《交通运输智慧物流标准体系建设指南》明确提出了到 2025 年这一领域标准化工作的目标，聚焦基础设施、运载装备、系统平台、电子单证、数据交互与共享、运行服务与管理等领域，完成 30 项以上重点标准制修订工作，形成结构合理、层次清晰、系统全面、先进适用、国际兼容的交通运输智慧物流标准体系，打造一批标准实施应用典型项目，持续提升智慧物流标准化水平。同时将持续完善物流行业基础通用国家标准，抓好物流仓储、包装等其他与智慧物流密切相关领域的国家标准制修订工作，与交通运输智慧物流标准衔接配套，整体提升我国智慧物流标准化水平。

交通运输智慧物流标准体系（图 3.3）的范围包括交通运输业中与智慧物流相关的国家标准和行业标准，不包括市场主体自主制定的团体标准和企业标准。在结构设计上，根据《标准体系构建原则和要求》（GB/T 13016—2018），按照交通运输智慧物流的应用特点和技术需求，将标准体系主要划分为基础通用标准、设施设备标准、系统平台与数据单证标准、服务与管理标准四个方面。

1）基础通用标准：是交通运输智慧物流的总体性、基础性、通用性标准和规范，包括术语、编码与标识、数据资源等。

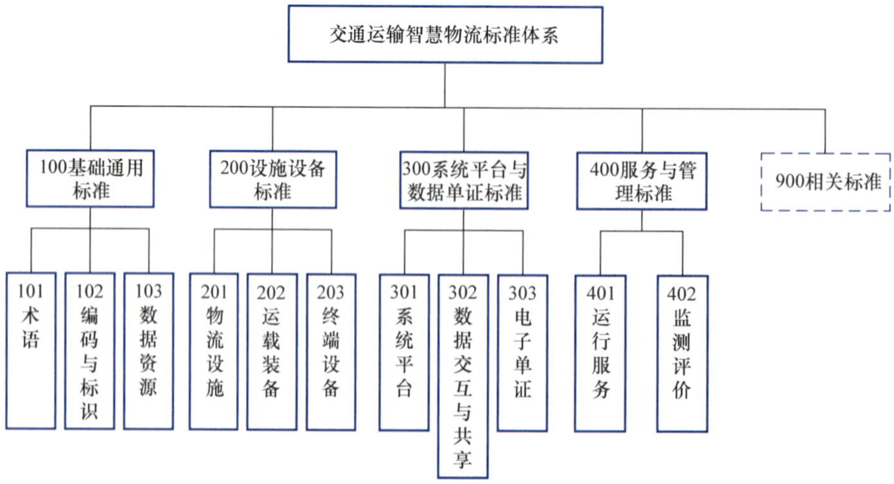

图 3.3　交通运输智慧物流标准体系结构图

2）设施设备标准：是交通运输智慧物流基础设施和设备相关标准规范，包括物流设施、运载装备和终端设备等。

3）系统平台与数据单证标准：是交通运输智慧物流体系中信息平台、系统软件标准，以及数据传输与交换、信息互联、开放共享标准，包括系统平台、数据交互与共享、电子单证等。

4）服务与管理标准：是适用于交通运输智慧物流领域的作业流程、运营服务、监测管理、质量评价等相关标准规范，包括运行服务、监测评价等。

对应交通运输智慧物流标准体系结构，纳入标准明细表的主要标准共计三大类 72 项，其中，现行有效标准 28 项、在研标准 9 项、待制定标准 35 项。

3.《智能网联汽车（驾驶自动化分级）分类统计指南》（团体标准）

该标准根据 GB/T 1.1—2020《标准化工作导则　第 1 部分：标准化文件的结构和起草规则》的规定起草，充分考虑国内外现有相关标准的统一和协调及国内当前的行业技术水平，规定了智能网联汽车各驾驶自动化功能的统计工作的一般要求、统计原则、分类统计方法及数据报送要求。《智能网联汽车（驾驶自动化分级）分类统计指南》以“术语—分类原则—统计方法—报送要求”为标准框架，标准适用范围包括 M 类、N 类的智能网联汽车产销量数据统计工作，现阶段驾驶自动化等级统计范围为 L0~L2。

《智能网联汽车（驾驶自动化分级）分类统计指南》主要内容除前言外包括范围、规范性引用文件、术语和定义、数据分类原则、数据统计方法、数据报送要求共六章，参考相关标准对智能网联汽车、驾驶自动化系统、智能网联汽车统计标准做了准确定义。

该标准规范是对现有标准的补充。一是对于单辆车辆搭载了多个级别驾驶自动化功能的智能网联汽车，以车辆搭载最高等级驾驶自动化功能为统计数据源；二是针对进入公告目录的车型进行统计，不统计进行示范应用的智能网联汽车；三是汽车整车企业生产的非完整车辆不在统计范围内；四是参考 GB/T 39263—2020《道路车辆　先进驾驶辅助系统（ADAS）术语及定义》内自动驾驶功能及工作组企业提供的自动驾驶功能，将各功能进行定级。该标准的制定和实施，将为行业管理部门提供技术支撑，指导行业开展相关产业统计工作，更好地服务国家智能网联汽车产业政策的研究和制定。

4.《车联网网络安全和数据安全标准体系建设指南》

《车联网网络安全和数据安全标准体系建设指南》（以下简称《指南》）提出了车联网网络安全和数据安全标准体系 2023 年和 2025 年建设目标，并列出标准体系建设框架的六大重点领域及方向：总体与基础共性、终端与设施网络安全、网联通信安全、数据安全、应用服务安全、安全保障与支撑。

1）总体与基础共性。这部分内容是车联网网络安全和数据安全的总体性、通用性和指导性标准，包括战略目标、组织架构、制度体系、密码应用等标准，为其他标准的制定提供依据。

2）终端与设施网络安全。该部分标准主要规范车联网终端和基础设施等相关网络安全要求，包括车端网络安全、路侧通信设备网络安全、车载设备网络安全、网络设施与系统安全 4 类标准。车端网络安全标准用于规范整车网络安全架构设计，提供车内系统通信安全保障，强化安全认证、分域隔离以及其他车内总线架构、系统架构等安全防护与检测要求，从而保障车辆安全，稳定、可靠运行；路侧通信设备网络安全标准规范了路侧单元（RSU）、摄像机、线图传感器、雷达、边缘计算节点、气象设备等路侧设备的数据安全和传输安全；车载设备网络安全标准主要规范智能网联汽车关键智能设备和组件的安全防护与检测要求，包括车载智能终端（T-BOX）、电子控制单元、车载计算平台、车载信息娱乐系统（IVI）、车用安全芯片、车载智能网关、车载单元（OBU）、车联网智能通信终端等，以保护传输信息的机密性、可用性及完整性；网络设施与系统安全标准提出了网络安全分级保护，网络设施和网络系统资产管理、网络安全域划分及网络边界安全防护等要求。

3）网联通信安全。该部分标准规范了车联网通信网络安全、身份认证等相关安全要求，包括通信安全、身份认证 2 类标准。通信安全标准主要规范“车 - 车通信”“车 - 云通信”“车 - 路通信”“车 - 人通信”的通信要求，涉及蜂窝车联网（C-V2X）、蜂窝移动通信（4G/5G）、卫星通信、无线射频识别、车内无线局域网、蓝牙低能耗（BLE）、紫蜂（Zigbee）、超宽带（UWB）等安全防护与检测要求。身份认证标准提出了车联网数字身份认证相关的证书应用接口、证书管理系统、安全认证技术及测试方法、关键部件轻量级认证等技术要求。而证书管理系统安全保障、云平台安全保障及终端安全保障又是车联网通信网络安全及身份认证的底层安全保障。

4）数据安全。聚焦整体要求、分类分级、出境安全、个人信息保护及应用数据安全 5 类标准，以对车载应用服务数据和个人隐私数据进行保护。《指南》在关注车联网场景下个人信息和重要数据的全生命周期保护要求的同时，也点名了车联网平台、网约车、车载应用程序等的数据安全，规范车联网相关应用开展的数据采集和处理使用等活动。数据安全领域整体要求企业建立数据安全管理制度、明确负责部门及责任人、建立数据安全应急响应及实践报告机制、规范数据开发利用和共享使用。分类分级要求企业建立数据资产管理台账，定义适合本身的数据分类分级标准。而在数据出境安全方面，《指南》提出企业需开展数据出境风险评估，积极落实数据出境报备工作。个人信息保护安全标准旨在建立车联网个人信息保护机制，明确用户敏感数据和个人信息保护的场景、规则、技术方法，包括匿名化、去标识化、数据脱敏、异常行为识别等安全要求。应用数据安全标准定义车联网相关应用数据安全标准，包括车联网平台、网约车、车载影音程序等数据安全防护要求。

5）应用服务安全。规范车联网服务平台和应用程序的安全要求，以及典型业务应用服务场景下的安全要求，包括平台安全、应用程序及服务安全、服务安全 3 类标准。应用程序及服务安全规范典型业务场景下的安全要求，包括但不限于：汽车远程诊断、高级辅助驾驶、车路协同等。平台安全规范车联网相关平台的安全防护与检测要求，如在线升级（OTA）服务安全，要求企业在进行 OTA 升级前，开展安全影响评估并测试，告知用户升级目的、内容、时长、注意事项等。升级完成后对软件版本进行管理，记录并保存初始软件版本和历次软件升级相关信息。而服务安全标准主要规范车联网典型业务服务场景下的安全要求，包括汽车远程诊断、高级辅助驾驶、车路协同等服务安全要求等。

6）安全保障与支撑。主要规范车联网网络安全管理与支撑相关的安全要求，包括风险评估、安全监测与应急管理和安全能力评估 3 类标准。企业需建立风险评估体系，自行或者委托检测机构依据车联网网络安全风险分类与安全等级划分要求，明确安全风险评估流程和方法，定期开展网络安全符合性评测和风险评估，切实提高风险管理水平。安全监测与应急管理标准要求企业建立网络安全监测预警机制和技术手段，开展网络安全相关监测，及时发现网络安全事件或异常行为；建立网络安全应急响应机制，制定网络安全事件应急预案，定期开展应急演练，及时处置安全威胁、网络攻击、网络侵入等网络安全风险。基于网络安全成熟度模型、数据安全成熟度模型、安全能力成熟度评价准则等要求，企业需开展网络安全能力评估，基于安全能力评估结果，持续跟进改进评估模型。

CHAPTER 04

第 4 章 中国智能网联汽车产业发展态势

4.1 智能网联汽车市场分析

1）全球智能网联汽车发展进入新阶段。智能网联汽车是全球汽车产业转型升级的战略方向，美、德、日等汽车强国纷纷加快战略布局，争取在未来竞争中抢占优势。美国将智能网联汽车作为发展重点，开始关注车路云的协同发展，通过驾驶员、智能网联汽车系统、智能网联道路系统和云平台的多维度信息组合来覆盖更多道路情况形成交通围栏；日本从创新体制机制、加强顶层设计、完善法律法规、设立重大研发专项、支持示范应用等多方面营造良好的发展环境，为全球智能网联汽车产业发展贡献智慧和力量；欧洲通过顶层规划和实践应用持续推进智能网联汽车智能交通发展，依托重大研究项目开展大量测试示范活动，探索融合技术应用，为汽车、交通、出行、城市融合发展提供实现路径。

2）中国智能网联汽车产业规模继续高速增长。面对科技革命和产业变革机遇，自主高端品牌及造车新势力企业纷纷布局智能网联汽车业务，已在产业链多个环节完成布局，部分车型已全系标配 L2 级智能驾驶辅助功能，智能网联汽车在全国多地实现常态化载人载物的测试和示范应用，产业规模高速增长。如图 4.1 所示，2019—2021 年我国智能网联汽车产业规模继续高速增长，2021 年产业规模增长至 4005.3 亿元，同比增长 53.1%。

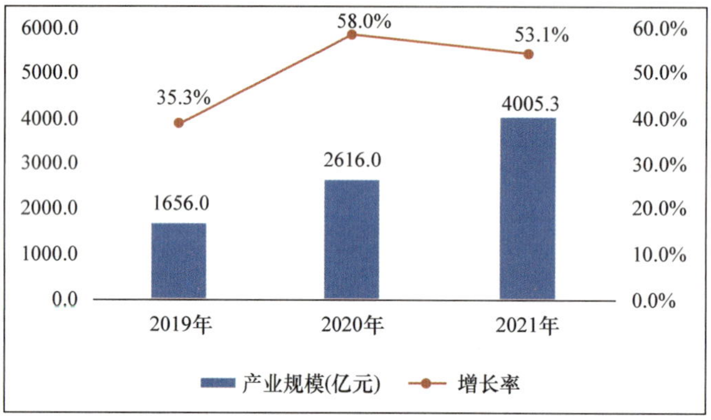

图 4.1　2019—2021 年我国智能网联汽车产业规模及增长率

数据来源：赛迪顾问。

3）L1~L2 级辅助驾驶仍是市场主流。根据目前市场情况来看，L2 级辅助驾驶已经开始大规模普及，L3 级及以上辅助驾驶落地速度仍然较慢，并且受到政策以及用户信赖等问题影响，智能辅助驾驶系统的发展仍然需要较长的时间。当前已有华为等本土厂商推出智能网联汽车不可或缺的车规级 AI 计算芯片，在芯片算力、能效比等方面，逐步赶超进口芯片产品，并已开始在长城、长安、北汽、理想、上汽等车企多车型上实现搭载应用。如图 4.2 所示，2021 年我国新车辅助驾驶渗透率（L1+L2）约为 39%，L1、L2 级新车占比分别约为 15% 和 24%。

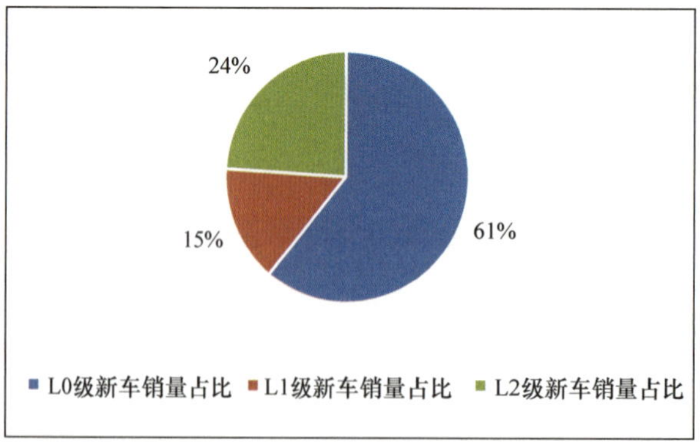

图 4.2　2021 年我国智能网联汽车新车渗透率

数据来源：中国智能网联汽车产业创新联盟。

4）L2 级智能网联汽车渗透率不断升高，智能网联乘用车销量快速增长。2021 年，智能网联乘用车（L2 级）终端总销量为 476.65 万辆，占乘用车总销量的 23.5%。2022 年 1—8 月，L2 级乘用车终端销量累计 410.61 万辆，同比增长 49.3%，占乘用车总销量的 33.0%，见图 4.3 和图 4.4。

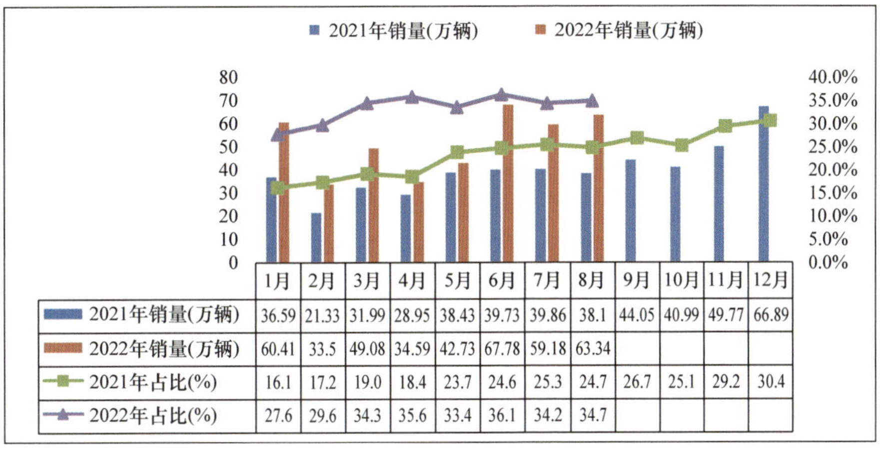

图 4.3　2021 年及 2022 年 1—8 月我国智能网联乘用车（L2 级）销量情况

数据来源：中国智能网联汽车产业创新联盟。

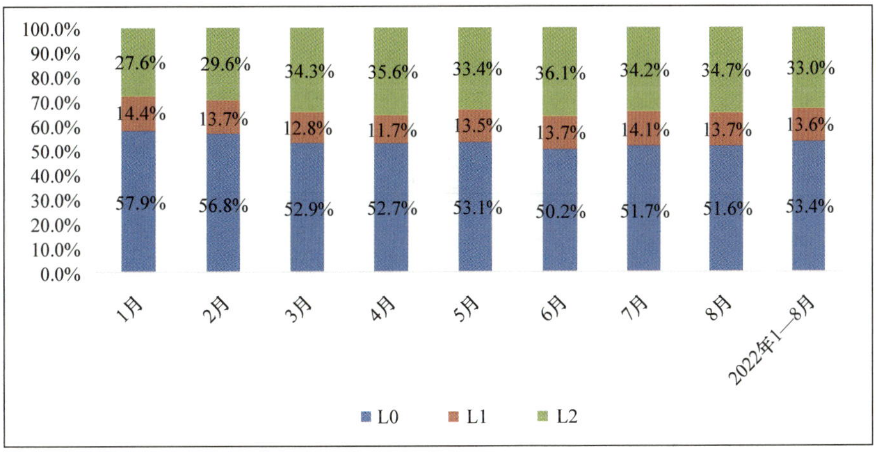

图 4.4　2022 年 1—8 月我国乘用车市场智能网联汽车各等级占比

数据来源：中国智能网联汽车产业创新联盟。

从乘用车类别来看，MPV 类型 L2 级辅助驾驶的渗透率最高，其次为 SUV、轿车。其中 Model Y、卡罗拉、赛那分别为三种类型车辆 L2 级渗透率主要贡献者，见表 4.1。

表 4.1　2022 年 1—8 月不同车型销售情况

车辆类别	1—8 月累计总量 / 万辆	1—8 月累计 L2 级销量 / 万辆	L2 渗透率
SUV	559.83	217.25	38.8%
轿车	615.97	175.72	28.5%
MPV	43.39	17.70	40.8%
车型		1—8 月累计 L2 级销量 / 万辆	
SUV 车型排名 TOP5			
Model Y		17.38	
宋 PLUS 新能源		13.07	
本田 CR-V		9.97	
理想 ONE		7.54	
坦克 300		6.75	

（续）

车型	1—8 月累计 L2 级销量 / 万辆
轿车车型排名 TOP5	
卡罗拉	15.74
汉	13.28
凯美瑞	12.58
雷凌	11.06
雅阁	10.15
MPV 车型排名 TOP5	
赛那 Sienna	4.76
别克 GL8	4.10
奥德赛	2.40
艾力绅	2.27
现代 CUSTO	0.87

数据来源：中国智能网联汽车产业创新联盟。

从车辆系别来看，2022 年 1—8 月，自主车型 L2 级销量快速增长，前 8 个月累计销售 160.32 万辆，上险量最高；日系车型搭载 L2 级辅助驾驶功能最多，渗透率为 48.6%，美系车型紧随其后；德系 L2 级渗透率增长最快，主要原因是宝马、奔驰、大众等车企持续加强 L2 级配置，见图 4.5。

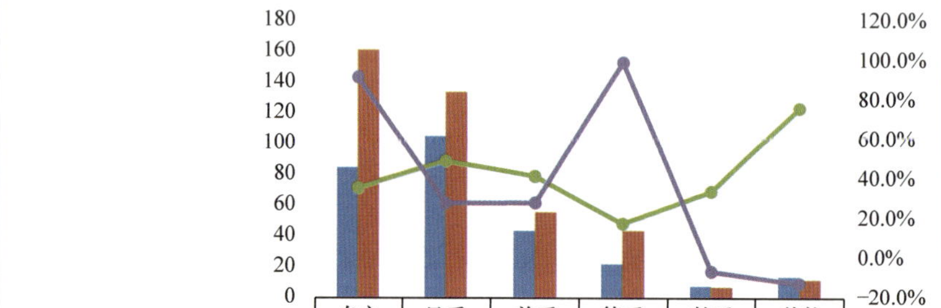

	自主	日系	美系	德系	韩系	其他
2021年1—8月L2级上险量	83.99	104.41	43.23	21.84	7.5	13.58
2022年1—8月L2级上险量	160.32	133	55.22	43.33	6.98	11.81
L2级渗透率(%)	35.2	48.6	40.8	17.0	33.1	75.1
L2级增长率(%)	90.9	27.4	27.7	98.4	−6.8	−13.0

图 4.5　2022 年 1—8 月我国乘用车 L2 级分系别上险量情况

数据来源：中国智能网联汽车产业创新联盟，中国汽研整理。

4.2　关键技术进展

智能网联汽车技术体系涉及信息通信、智能交通、汽车、地图定位等多个领域，以安全为支撑，对车、路、云端产生的信息流进行融合感知、计算、决策与信息下发，具体技术架构可分为“三横两纵”，见图 4.6。

1）从车辆关键技术看，激光雷达、控制决策、算法、AI 芯片、智能座舱等关键技术自主研发均取得突破，部分产品已经实现前装量产应用，有力地支撑我国智能网联汽车发展。

目前车规级高性能激光雷达形成量产前装，小鹏 P5、北汽极狐阿尔法 S、蔚来 ET7 等新车型明确搭载激光雷达，分别搭载大疆、华为、图达通等国内供应商产品。自主 4D 毫米波雷达即将形成量产，华为已经发布高分辨率 4D 成像毫米波雷达，楚航科技、恒润经纬、华域汽车、森思泰克等自主企业也纷纷开始布局 4D 毫米波雷达，预计将在未来几年形成多款自主产品解决方案。

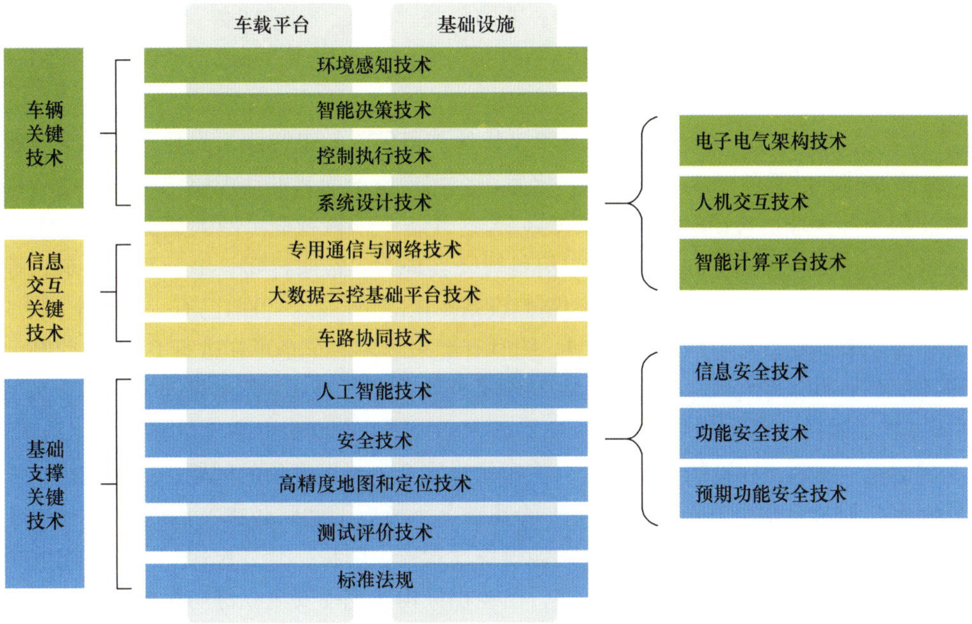

图 4.6 智能网联汽车“三横两纵”技术架构

资料来源：《智能网联汽车技术路线图 2.0》。

我国自动驾驶芯片产业仍处在发展初期，英伟达、Mobileye、高通在自动驾驶 SoC 领域处于领跑的位置。蔚来 ET7、智几 L7 等多款智能车型都搭载了 100TOPS 级别芯片英伟达 Orin X；国内首款可量产的 100TOPS 级大算力 AI 芯片征程 5，与比亚迪、上汽集团、一汽红旗等多家主流车企达成量产合作，2022 年 9 月理想汽车推出理想 L8 和理想 L7 两款新车，其中 Pro 版本搭载了地平线征程 5 芯片。国内外主流自动驾驶芯片见表 4.2。

表 4.2 国内外主流自动驾驶芯片

公司	产品	AI 算力 /TOPS	发布时间
英伟达	Orin	254	2019.12
	Thor	2000	2022.09
高通	Ride 平台	10~700	2020.01
Mobileye	EyeQ6H	34	2022.01
	EyeQ6L	5	2022.01
	EyeQ Ultra	176	2022.01
华为	昇腾 310	16	2018.10
地平线	征程 3	5	2020.09
	征程 5	最高 128	2021.07
黑芝麻	A1000	58	2020.06
	A1000 Pro	最高 196	2021.04

数据来源：官网、盖世汽车。

近年来大部分新上市的智能车型中，高算力智能座舱芯片的提供方多来自于高通，包括奔驰、奥迪、本田、吉利、长城、比亚迪、小鹏、理想等在内的国内外主流车企中约 30 款车型均已宣布搭载骁龙汽车数字座舱平台。国内厂商也在不断深入智能座舱领域，华为针对汽车推出的麒麟 990A 芯片采用 A76 核心架构，已搭载于阿尔法 S、问界 M5、阿维塔 11 等车型；芯擎科技、芯驰、四维图新、瑞芯微等相继推出了面向中高端市场的智能座舱芯片，其中吉利旗下芯擎科技发布首款国产车规级 7nm 芯片“龙鹰一号”，即将实现量产，大算力智能座舱硬件将进一步普及。

2）从信息交互关键技术看，随着汽车与电子、软件、通信、人工智能、大数据等多个产业的跨界融合和协同创新，车路协同辅助驾驶形成技术突破，多家车企实现量产前装推动规模化应用落地。

宸芯科技、华为等企业已经研制出车规级 C-V2X 芯片，中信科智联（原大唐高鸿智联）、移远、中兴、华为等企业已提供基于 C-V2X 芯片的模组，中信科智联、华为、希迪智驾、星云互联、东软等厂商已经可以提供面向商用的 C-V2X 车载设备（OBU）和路侧设备（RSU）产品。目前已有一汽、上汽、广汽、长城、比亚迪、蔚来等多家车企发布 C-V2X 前装车型，同时有越来越多的车企正在进行 C-V2X 前装上车预研以及量产研发。经过车企与供应商的不断努力，C-V2X 车载前装已经开始从技术验证走向商业化部署。

3）从基础支持关键技术看，整车信息安全防护技术实现从边界防御向主动纵深防御体系跃升。

随着汽车智能化、网联化程度的不断提升，汽车信息安全面临很多新的问题，纵深防护技术在原有网联防御（仅在外网接口处加入信息安全防护模块）的基础上，形成了网联防御、内网防御、ECU 防御的多层防御体系，在车型正向开发过程中即在各层级功能模块设置安全防护，全方位保护车辆信息安全。当前，一汽、东风、长安、广汽、北汽、蔚来等主机厂商，已经积极构建主动安全纵深防御体系，形成基于车型正向开发的信息安全防护能力。

4）从整车集成关键技术看，量产车型自动驾驶技术已达到 L2+ 级水平。

目前大部分车企的量产车型已实现 L2 级功能，且呈现价格下探、功能增多两大特征。L2 级智能辅助驾驶方面，主要车企已基本做到覆盖大部分场景，自适应巡航、车道保持、自动泊车等功能已经成为众多主流车型的标配。L2+ 级智能辅助驾驶落地，其中领航辅助驾驶功能已被特斯拉、蔚来、小鹏、理想、长城、广汽埃安等企业应用，主要用于高速公路的点到点辅助驾驶。一汽、长城、吉利、小鹏等车企所发布车型功能应用基本均覆盖高速 / 快速路、城市道路、低速封闭环境的停车场（库）三大场景，体验感不断提升，接近 L3 级自动驾驶功能。

4.3 典型产品进展

经过多年的发展，我国已形成市场规模为引领、技术水平不断迭代、产品功能不断创新的智能网联汽车发展新业态，整车企业不断加快产品迭代，陆续推出众多智能化、网联化代表车型。典型车企量产的智能网联汽车情况见表 4.3。

表 4.3　典型车企量产的智能网联汽车情况

典型车企	自动驾驶目标等级	代表车型	量产年份
小鹏	L3~L4	G9	2022
蔚来	L3~L4	ES7	2022
理想	L3~L4	L9	2022
赛力斯	L3~L4	问界 M5	2022
长安	L3~L4	阿维塔 11	2022
比亚迪	L3~L4	汉	2022
威马	L3~L4	EX5	2022
长城	L3~L4	坦克 300	2022
集度	L3~L4	ROBO-01	2023 年年初

数据来源：公开数据整理。

1. 小鹏汽车

小鹏汽车具有全栈自研能力，目前推出了高速自主导航驾驶（NGP）、车道居中控制（LCC）、自适应巡航控制（ACC）、智能辅助变道（ALC）、自动泊车辅助（APA）和记忆泊车（VPA）等产品功能，技术实力主要体现在自动驾驶和智能座舱上，分别对应其开发的 XPILOT 与 Xmart OS 两套系统。2022 年推出的 XPILOT 4.0 系统，搭载两颗算力高达 508TOPS 的英伟达 Orin 芯片，依托强大的芯片和算法，实现全场景辅助驾驶。Xmart OS 3.0 系统搭载了高通骁龙 SA8155P 芯片，车机系统实现了流畅顺滑的操作体验。

2022 年 9 月小鹏 G9 正式上市，搭载 2 颗英伟达 DRIVE Orin 芯片和 7nm 制程的 8 核高通骁龙 SA8155P 芯片，共 31 个感知元器件，包括 2 个激光雷达、12 个摄像头、5 个毫米波雷达、12 个超声波传感器，能够实现从起点停车位到终点停车位的全场景辅助驾驶。

2. 蔚来汽车

蔚来智能驾驶采用平台化方式更新迭代，软件从合作走向自研。智驾技术平台升级换代到 NT2.0，具备自动驾驶系统量产能力。基于新的平台，蔚来建立了包含感知算法、地图定位、控制策略和底层系统在内的全栈自动驾驶技术能力。

目前蔚来的二代平台新品 ET7、ES7、ET5 已全系标配了 Aquila 蔚来超感系统和 Adam 蔚来超算平台。Aquila 蔚来超感系统配备 33 个高性能感知硬件，其中包括 1 个超远距高精度激光雷达、7 个 800 万像素高清摄像头、4 个 300 万像素高感光环视专用摄像头等；Adam 蔚来超算平台是目前量产车上综合算力最高的计算平台，搭载了 4 颗英伟达 Orin X 芯片，拥有 48 个 CPU 内核、256 个矩阵运算单元，总算力高达 1016 TOPS，ISP 每秒可处理 64 亿像素，还拥有每秒 32GB 的超高带宽数据网络以及独立完整的冗余备份芯片。

3. 理想汽车

目前理想汽车在售所有车型均为增程式电动汽车，搭载理想 AD 智能辅助驾驶系统。2022 年理想汽车分别发布了全自研的智能驾驶系统理想 AD Max 和理想 AD Pro，理想 AD Max 搭载双英伟达 Orin X 芯片，总算力达到 508TOPS，并配备激光雷达，可实现全场景的智能辅助驾驶功能。而理想 AD Pro 采用 1 颗地平线征程 5 芯片，算力 128TOPS，采用纯视觉方案，感知、决策、控制和算法全部自主研发，支持高速 NOA 导航辅助驾驶功能。

2022 年理想发布三款新车 L9、L8 和 L7，新车型将过去理想 ONE 的四屏二维交互升级到了当前的五屏三维交互，并实现了语音 + 手势的多模态交互方式。同时新车标配了自研的 L4 级自动驾驶兼容的必要硬件，并规划 2023 年通过 OTA 实现理想 L9 城市 NGP 功能。

4. 长安汽车 / 赛力斯汽车

2021 年长安汽车联合华为、宁德时代三方打造高端智能电动品牌阿维塔，其开创的全新一代智能电动汽车技术平台 CHN 采用六层架构分布，分别是机械层、能源层、电子电气架构层、整车操作系统层、整车功能应用层、云端大数据层。2022 年推出阿维塔 11，在业内率先应用 750V 高压充电系统，搭载 34 颗智驾传感器，包括 3 颗激光雷达、6 颗毫米波雷达、12 颗超声波传感器、13 颗摄像头；搭载了华为 MDC 计算平台，算力达到 400TOPS，可实现面向城区复杂路况的高阶智能驾驶。

2022 年赛力斯汽车与华为合力打造的问界 M5 和 M7 上市，车型搭载原生鸿蒙 Harmony OS 车机，依托 Harmony OS 全场景、分布式的特点，能够实现和手机、其他 IoT 设备的多端互联。硬件方面，搭载华为自研的麒麟 990A，具有 3.5TOPS 算力。2023 年第一季度华为将向问界全系车型推送 Harmony OS 3.0 版本，新版本将在设备数量、智联便捷性、流畅性、隐私安全等方面进行多项提升。

从产品自主研发角度来看，国内新势力逐步针对核心硬件和软件开始自研。当前自动驾驶芯片市场中，面向 L4 级别的车型大多采用的是英伟达、高通等国外芯片，随着业内对“高算力”“计算效率”的关注度日益提升，国内自动驾驶芯片商开始异军突围，更多的车企选择华为、地平线等国内自动驾驶芯片。在激光雷达领域，以速腾聚创、禾赛科技等企业为代表的国产企业，在国内自动驾驶领域市场份额持续增加，同时大疆、华为等大型 IT 公司也加入战局。作为汽车新晋供应商，华为通过聚焦 ICT，定位智能汽车增量零部件供应商，布局了包括电池管理系统、电机、电控、智能座舱、智能驾驶系统以及各种智能驾驶零部件。典型车企关键软硬件合作情况见表 4.4。

表 4.4 典型车企关键软硬件合作情况

部件	具体零部件	小鹏合作方	蔚来合作方	理想合作方	长安合作方（阿维塔）	赛力斯合作方（问界）
感知层	摄像头	德赛西威	德赛西威、舜宇	欧菲光、舜宇、纵目科技	华为	欧菲光、纵目科技、舜宇
	激光雷达	速腾聚创	图达通（蔚来资本投资）	禾赛科技	华为	华为（2023 年上市）
	毫米波雷达	博世	安波福、博士	博世	华为	华为
	超声波传感器	—	—	博世	华为	华为
架构设计	电子电气架构	自研	自研	自研	自研	自研
决策层	AI 芯片	英伟达	英伟达	地平线、英伟达	华为	华为
	智能座舱芯片	高通	高通	高通、地平线	华为	华为
	自动驾驶域控制器	德赛西威	自研	德赛西威	华为	华为
	智能座舱域控制器	德赛西威	自研	德赛西威	华为	华为
	操作系统	自研	自研	自研	华为	华为
	中间件	自研	自研	自研	自研	自研
	算法（自动驾驶算法）	自研感知 + 决策 + 执行算法	自研决策 + 控制算法	自研感知 + 决策 + 控制算法	自研感知 + 决策 + 控制算法	自研感知 + 决策 + 控制算法
地图	高精地图	高德	百度	高德	华为	华为
	导航地图	高德	百度	高德	高德	华为地图 Petal maps
关键硬件	转向	博世	采埃孚	博世	—	博世
	制动	采埃孚	布雷博	博世	布雷博	博世

数据来源：公司官网、盖世汽车、公开数据整理。

4.4 应用示范进展

目前，全国已建设 17 个国家级智能网联汽车测试示范区，地方性的测试场有 20 多个；已批复建设江苏无锡、天津西青、湖南长沙和重庆两江四个国家级车联网先导区，基本覆盖全部的一线和中东部二线城市。全国开放各级测试公路超过 5000km，公开报道的自动驾驶车辆道路测试里程累积超过千万千米，自动驾驶出租车、无人巴士、自主代客泊车、干线物流以及无人配送等多场景示范应用有序开展，各地政府和企业正合力助推智能网联汽车产业进入快车道。

1）全国首个智能网联汽车创新应用示范区。在 2022 年互联网岳麓峰会上，《湖南湘江新区智能网联汽车创新应用示范区行动方案（2022—2025）》（以下简称《行动方案》）正式发布，长沙以湖南湘江新区为核心，构建国内首个智能网联汽车创新应用示范区。目前，湖南湘江新区已开放 317km 测试道路，后续根据应用场景需求，逐步拓展至新区全域 1200km^2、1712km 道路里程，届时长沙将成为全国测试道路里程最长、区域最大的城市，同时也将打造国内运营范围最广、应用场景最丰富的功能型无人车应用示范城市。智能驾驶测试路段见图 4.7。

在鼓励智能网联汽车规模化应用及商业运营方面，《行动方案》明确提出，支持全无人自动驾驶出租车商业运营，鼓励在园区、景区、商区、机场、高铁站、地铁站等特定区域开展点对点的商业运营服务，打造国内规模最大的全无人、全天候示范应用和商业化运营城市。同时，新区将持续开展智慧公交智能网联基础设施建设，打造全国最大规模智能网联公交车路云一体化应用场景。推动智慧公交落地，完成公交车智能网联化升级 2072 台，在主动安全、准点率、驾驶员监管、交通信号优先等方面创新应用，行程时间平均缩短 13.3%，高峰准点率达 80%，巴士运营效率提高 25%。场景展示见图 4.8。

图 4.7　智能驾驶测试路段

图 4.8　场景展示

2）全国首个智能网联汽车全域测试示范城市。2022 年 9 月，无锡市政府发布新版《无锡市智能网联汽车道路测试与示范应用管理实施细则》（以下简称《实施细则》)，配备驾驶员的智能网联汽车道路测试、示范应用、示范运营的范围扩大到全市；不配备驾驶员的智能网联汽车，在特定的区域开展道路测试、示范应用和示范运营活动，覆盖无锡市的锡山、惠山、滨湖、新吴、经开等重点板块，以及综合保税区等特色场景，见图 4.9。

图 4.9　无锡市划定可进行无人智能网联汽车测试的区域

无锡市作为全国首个国家级车联网先导区和首批智慧城市基础设施与智能网联汽车协同发展“双智”试点城市，近年来在车联网发展上做了许多积极探索。自试行《实施细则》以来，无锡市智能网联汽车道路测试与示范应用有序开展，已累计开放 177km 公共测试道路，车联网基础设施已覆盖 450km^2、856 个点段。新版《实施细则》秉持创新与规范、开放与合作、发展与安全“三并重”原则，在智能网联汽车道路测试与示范应用前中后三个阶段做出具体规范。《实施细则》明确了智能网联汽车道路测试、示范应用、示范运营的管理机制；明确了开展智能网联汽车测试与示范的主体、驾驶员及车辆需要具备的条件；明确了智能网联汽车申请道路测试、示范应用、示范运营的条件和流程；延续了车路协同测试无锡特色；明确了测试与示范过程中的相关交通违法和事故处理方法。

3）全国首个智能网联汽车预期功能安全测试基地。2022 年 7 月，全国首个智能网联汽车预期功能安全测试基地在位于湖南湘江新区的国家智能网联汽车（长沙）测试区正式启用。预期功能安全可在运营场景中解决系统非故障原因造成的危害，是目前智能汽车研发与商业化面临的最大难题。新测试场景构建了具备雨、雾、光、尘等可满足毫米波雷达、激光雷达等传感器可复现的复合式测试场景，搭建了国内唯一可实现全天候柔性搭建的雨中泊车场景。目前，新测试场景不仅构建了完善的智能网联汽车虚拟仿真、封闭场地和开放道路测试能力，搭建了面向高级别自动驾驶的预期功能安全和信息安全验证能力，还构建了包括整车图像在环实验室、智能汽车虚拟仿真实验室、DMS 疲劳驾驶监测实验室在内的 8 个智能网联汽车实验室，可为企业提供智能网联汽车全领域研发验证测试。场景展示见图 4.10。

图 4.10　场景展示

4）国内首条中心城区自动驾驶开放测试道路（图 4.11）。2022 年 8 月 31 日，金桥智能网联汽车测试示范区正式启动。测试示范区第一批开放测试道路 12 条共计 29.3km，有 57 个信控路口，是国内首条中心城区自动驾驶开放测试道路，也是目前上海风险等级最高的开放测试道路（总体被评为 3 级，最高 4 级）。今后，测试示范区将发挥浦东新区引领区智能网联汽车立法优势，全力推进更大区域开放测试道路、地下空间自动驾驶微循环路线、园区无人配送以及地面道路与地下车库联动的自主泊车等高级别自动驾驶应用场景发展，推动无人驾驶商业模式落地，先行先试。同时，发挥国内首个特大型城市中心城区的场景优势，着力建设面向未来城市立体空间的自动驾驶云控平台；发挥雄厚的汽车制造及信息通信产业优势，倾力培育未来车全新的产业生态体系。

图 4.11　国内首条中心城区自动驾驶开放测试道路

5）自动驾驶商用车市场规模不断扩大。由慧拓打造的云锡集团华联锌铟矿区项目是在滇南地区夏季多雨、道路泥泞，冬季多雾气候条件下实现的安全员下车的完全无人化重载拉运测试，通过有色金属行业高海拔地区潮湿雨雪复杂环境下的无人示范，成为世界范围内有色行业首个实现矿卡全无人编组运行的项目。项目自 2020 年 9 月启动建设以来，完成多项里程碑建设，实现无人驾驶技术和线控技术的全覆盖。2020 年 11 月，项目完成两台 TR50 和一台挖机的线控改造工作；2021 年 1 月，进入试运行阶段；2021 年 7 月，实现安全员下车的全无人空载测试；2022 年 1 月，实现安全员下车的全无人重载作业；同月，实现安全员下车的完全无人化重载拉运测试。云锡集团华联锌铟无人驾驶矿卡见图 4.12。

图 4.12　云锡集团华联锌铟无人驾驶矿卡

2022 年 1 月，全国首个传统码头全流程智能化改造项目迎来试投产。厦门港海润码头因智能化改造需要，应用自动驾驶水平运输设备（Intelligent Guided Vehicle，IGV）对海润码头所有桥吊、轮胎式龙门吊进行智能化改造升级，实现了船舶装卸智能化、堆场作业自动化，构建新一代堆场平行布局、轮胎龙门吊侧边装卸的集装箱码头全智能化作业工艺。其中，IGV 可通过 5G 网络通信定位，实时接收并精准执行运输指令，同时根据周边环境自动做出微调、避让等动作，安全穿行于码头堆场之中。厦门港海润集装箱码头现场见图 4.13。

图 4.13　厦门港海润集装箱码头现场

CHAPTER 05

第5章
智能网联汽车产业热点领域研究

5.1 驾驶辅助系统

5.1.1 产业概述

高级驾驶辅助系统（ADAS）是利用安装在车上的各式各样传感器（毫米波雷达、激光雷达、单双目摄像头以及卫星导航），在汽车行驶过程中随时感应周围的环境，收集数据，进行静态、动态物体的辨识、侦测与追踪，并结合导航地图数据，进行系统的运算与分析，从而预先让驾驶者察觉到可能发生的危险，有效增加汽车驾驶的舒适性和安全性。近年来 ADAS 在市场中的运用越来越广泛，以前只用于高端汽车产品中，现在向中端汽车产品逐渐转移，还有部分低技术产品应用在普通乘用车上。技术的不断革新，使得 ADAS 的适用范围变得更加广泛。

根据工信部发布的《汽车驾驶自动化分级》，自动驾驶分为 0~5 级（表 5.1），高级驾驶辅助系统处于 L0~L2 级的范围，自动驾驶则实现了 L4~L5 级的自动化。当前市场仍以 L1~L2 级辅助驾驶为主导。ADAS 主要由三部分构成，分别为信息采集、信息处理、执行动作。信息采集系统主要由雷达、摄像头、温度传感器等构成；信息处理部分主要由 DSP 系统和影像处理器构成；执行动作主要由执行器部分构成。

高级驾驶辅助系统主要包含三个方面：车辆本身、内部硬件（包括传感器、摄像头、计算机系统等部件）、自动驾驶软件（用于做出驾驶决策）。

表 5.1 驾驶自动化等级与划分要素的关系

<table>
<tr><th>等级</th><th>名称</th><th>持续的车辆横向和纵向运动控制</th><th>目标和事件探测与响应</th><th>动态驾驶任务后援</th><th>设计运行范围</th><th>功能实现</th><th>硬件配置要求</th></tr>
<tr><td>0 级</td><td>应急辅助</td><td>驾驶员</td><td>驾驶员及系统</td><td>驾驶员</td><td>有限制</td><td>交通信号灯识别
夜视系统
盲点监测
车道偏离预警
360° 全景影像</td><td rowspan="2">摄像头
毫米波雷达</td></tr>
<tr><td>1 级</td><td>部分驾驶辅助</td><td>驾驶员和系统</td><td>驾驶员及系统</td><td>驾驶员</td><td>有限制</td><td>自适应巡航
自动紧急制动
车道保持
泊车辅助</td></tr>
<tr><td>2 级</td><td>组合驾驶辅助</td><td>系统</td><td>驾驶员及系统</td><td>驾驶员</td><td>有限制</td><td>车道内自动驾驶
换道辅助
自动泊车</td><td>摄像头
毫米波雷达
部分 V2X</td></tr>
<tr><td>3 级</td><td>有条件自动驾驶</td><td>系统</td><td>系统</td><td>动态驾驶任务后援用户（执行接管后成为驾驶员）</td><td>有限制</td><td>高速自动驾驶
城郊公路驾驶
编队行驶
交叉路口通过</td><td rowspan="3">摄像头
毫米波雷达
激光雷达
完整 V2X</td></tr>
<tr><td>4 级</td><td>高度自动驾驶</td><td>系统</td><td>系统</td><td>系统</td><td>有限制</td><td rowspan="2">车路协同
城市自动驾驶</td></tr>
<tr><td>5 级</td><td>完全自动驾驶</td><td>系统</td><td>系统</td><td>系统</td><td>无限制</td></tr>
</table>

数据来源：公开资料整理。

根据全国汽车标准化技术委员会出台的《道路车辆先进驾驶辅助系统（ADAS）术语及定义》，可以将高级驾驶辅助系统分为信息辅助类和控制辅助类两大类别，见表 5.2。

表 5.2 高级驾驶辅助系统类别

信息辅助类	控制辅助类
• 盲区监测系统 • 变道辅助系统 • 驾驶员疲劳预警 • 泊车辅助系统 • 交通标志识别 • 夜视系统 • 360° 全景影像系统 • 车道偏离警示系统 • 前向碰撞预警系统	• 车道保持系统 • 交通拥堵辅助系统 • 交叉路口自动制动系统 • 预碰撞系统 • 增强型行人检测系统 • 智能车速控制 • 自动泊车系统 • 自适应巡航系统 • 自动紧急制动

数据来源：公开资料整理。

5.1.2 市场发展现状

1. 行业现状

相比于传统汽车，应用高级驾驶辅助系统的汽车可以进一步提高驾驶时的安全性、舒适性，极大地规避可能发生的风险。从国家部委出台的政策来看，我国对于高级辅助驾驶系统行业所制定的相关政策，大部分倾向于扶持政策。2022 年 3 月，国家发展改革委出台《“十四五”现代流通体系建设规划》，明确指出要加大北斗卫星导航系统推广，提高车路协同信息服务能力，探索发展自动驾驶货运服务。2022 年 4 月，交通部发布《“十四五”交通领域科技创新规划》，指出要推动智能汽车技术、智慧道路技术和车路协同技术融合发展，提升自动驾驶车辆运行与网络安全保障能力，探索形成自动驾驶技术规模化应用方案。2021 年以来我国高级驾驶辅助系统国家部委政策见表 5.3。

表 5.3 2021 年以来我国高级驾驶辅助系统国家部委政策

发布时间	发布部门	文件名称	政策内容
2022 年 4 月	交通运输部	《“十四五”交通领域科技创新规划》	推动智能汽车技术、智慧道路技术和车路协同技术融合发展，提升自动驾驶车辆运行与网络安全保障能力，探索形成自动驾驶技术规模化应用方案
2022 年 3 月	国家发展改革委	《“十四五”现代流通体系建设规划》	加大北斗卫星导航系统推广，提高车路协同信息服务能力，探索发展自动驾驶货运服务
2022 年 1 月	国务院	《“十四五”数字经济发展规划》	明确提出“鼓励发展智能经济，稳步推进自动驾驶”
2022 年 1 月	交通运输部	《公路“十四五”发展规划》	促进道路交通自动驾驶技术发展和先导应用示范，支持开展自动驾驶载货运输服务，稳步推动自动驾驶客运出行服务
2021 年 12 月	国务院	《“十四五”现代综合交通运输体系发展规划》	完善综合交通运输信息平台监管服务功能，推动部分地区建设自动驾驶监管平台；稳妥发展自动驾驶和车路协同等出行服务
2021 年 12 月	工信部	《汽车雷达无线电管理暂行规定》	规定汽车雷达的使用频率、主要使用场景，明确汽车雷达无线电的管理方式，明确汽车雷达使用和干扰协调要求
2021 年 11 月	交通运输部	《综合运输服务“十四五”发展规划》	研究构建车路协同安全体系，加快高级辅助驾驶技术、自动驾驶技术在营运车辆上推广使用，提升车辆主动安全性能
2021 年 10 月	交通运输部	《数字交通“十四五”发展规划》	推动建设自动驾驶测试基地、先导应用试点，推动车用无线通信技术应用；推动车路协同及自动驾驶标准制定，统筹通信接口和协议
2021 年 8 月	工信部	《关于加强智能网联汽车生产企业及产品准入管理意见》	加强智能网联汽车生产企业及产品准入管理，明确汽车数据安全、网络安全、在线升级等管理要求

（续）

发布时间	发布部门	文件名称	政策内容
2021 年 5 月	住房和城乡建设部、工信部	《智慧城市基础设施与智能网联汽车协同发展第一批试点城市的通知》	确定北京、上海、广州、武汉、长沙、无锡 6 个城市定位智慧城市基础设施与智能网联汽车协同发展第一批试点城市
2021 年 3 月	公安部	《道路交通安全法（修订建议稿）》	首次在法律层面明确具有自动驾驶功能的汽车进行道路测试和通行的相关要求，确认自动驾驶的分类、违法和事故责任分担规定
2021 年 3 月	国务院	《“十四五”规划和 2035 年远景目标纲要》	探索建立无人驾驶、在线医疗、金融科技、智能配送等监管框架，完善相关法律法规和伦理审查规则

2021 年以来我国高级驾驶辅助系统各省区政策见表 5.4。

表 5.4　2021 年以来我国高级驾驶辅助系统各省区政策

发布省区	文件名称	政策内容
天津市	《天津市综合交通运输“十四五”规划》	打造 5G 技术应用和港口自动驾驶示范区，研发无人驾驶集装箱货车控制系统，2025 年无人驾驶集装箱货车规模应用达到 50 辆以上
重庆市	《重庆市制造业高质量发展“十四五”规划（2021—2025）》	加快车用传感器、车规级芯片、车用操作系统等关键零部件及系统开发，次第形成 L2~L5 级本地提供能力并在整车产品中实现更大规模应用
河北省	《河北省综合立体交通网规划纲要》	提高智慧交通水平，支持自动驾驶技术、交通运输行业研发中心等创新平台建设
甘肃省	《甘肃省国民经济和社会发展第十四个五年规划和 2035 年远景目标纲要》	成立甘肃智慧交通实验室，加强智慧交通、车路协同、自动驾驶等方面的科学研究和技术开发
宁夏回族自治区	《宁夏回族自治区现代物流发展“十四五”规划》	推动货运载运工具预装北斗定位系统，探索无人驾驶技术装备在货运领域的应用
湖北省	《关于武汉市开展内陆开放综合运输大通道建设等交通强国建设试点工作的意见》	推动智能网联汽车商业化应用，拓展智能公交、自动驾驶出租车、无人物流等应用场景
福建省	《国家数字经济创新发展试验区（福建）工作方案》	开展自动驾驶公交、共享出租车、环卫作业车、物流车等智能网联汽车商业示范应用，促进汽车产业与 ICT 产业深度融合发展
江苏省	《江苏省“十四五”制造业高质量发展规划》	推动自动驾驶技术发展和商业模式探索，建设国家级质量检验监督机构，完善和提升智能网联汽车测试验证能力
北京市	《北京市“十四五”时期高精尖产业发展规划》	坚持网联式自动驾驶技术路线，推动车端智能、路端智慧和出行革命，加速传统汽车智能化网联化转型
上海市	《上海市加快新能源汽车产业发展实施计划（2021—2025）》	推进高度自动驾驶（L3+ 级以上）示范区建设，打造国家级智能汽车创新发展平台；加快推动自动驾驶集装箱货车、自动驾驶出行服务等典型场景示范项目落地
浙江省	《浙江省高端装备制造业发展“十四五”规划》	突破下一代智能汽车的单车智能控制和多车协同控制技术；推进测试平台建设，开展自动驾驶示范应用
湖南省	《湖南省“十四五”战略性新兴产业发展规划》	重点发展驾驶辅助级别智能汽车、部分或高度自动驾驶级别智能汽车、完全自动驾驶级别智能汽车、智慧出行用车等产品
辽宁省	《沈阳市国民经济和社会发展第十四个五年规划和 2035 年远景目标纲要》	开展 5G-V2X、复杂环境感知、人机智能交互、自动驾驶等技术攻关，支持整车企业研发生产各种自动驾驶与无人运载产品
安徽省	《支持中国声谷创新发展若干政策》《中国声谷创新发展三年行动计划（2021—2023 年）》	创新开发智能办公电脑、智能自动驾驶汽车等特色优势主要产品，着力打造国内最具优势的国产化智能软硬件产业基地

智能网联汽车是在原有汽车的基础上，搭载加装了驾驶辅助系统，可以帮助驾驶者对周边路况进行实时反馈，具有部分或完全自动驾驶功能，是由单纯交通运输工具逐步向智能移动空间转变的新一代汽车。在 2017—2021 年期间，中国智能汽车数量持续呈现上涨的趋势，2021 年达 1512 万辆（图 5.1）。智能汽车数量的迅速增长，可以看出市场对于安全性、舒适性更具优势的汽车需求大大增加，未来高级驾驶辅助系统的发

展前景十分广阔。

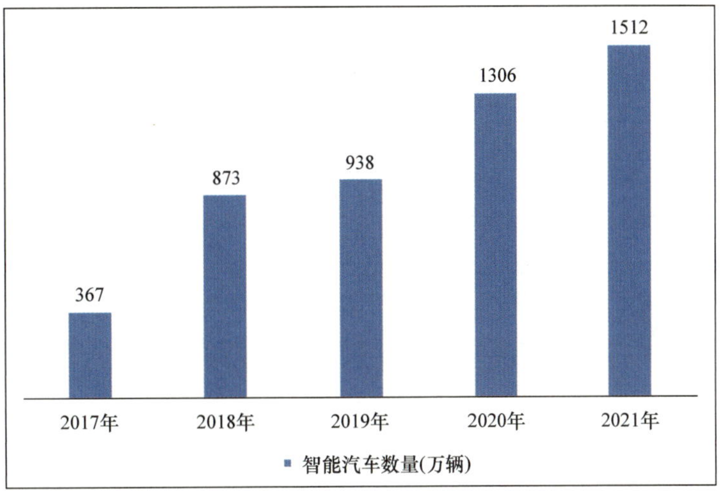

图 5.1 2017—2021 年我国智能汽车数量

数据来源：国家工业信息安全发展研究中心，中国汽研整理。

2017—2021 年以来，我国自动驾驶方面专利的申请量呈现出上涨的趋势，虽然增速逐年放缓，但仍旧呈现出正增长的态势，2022 年 1—9 月我国自动驾驶专利申请量为 3169 个（图 5.2）。

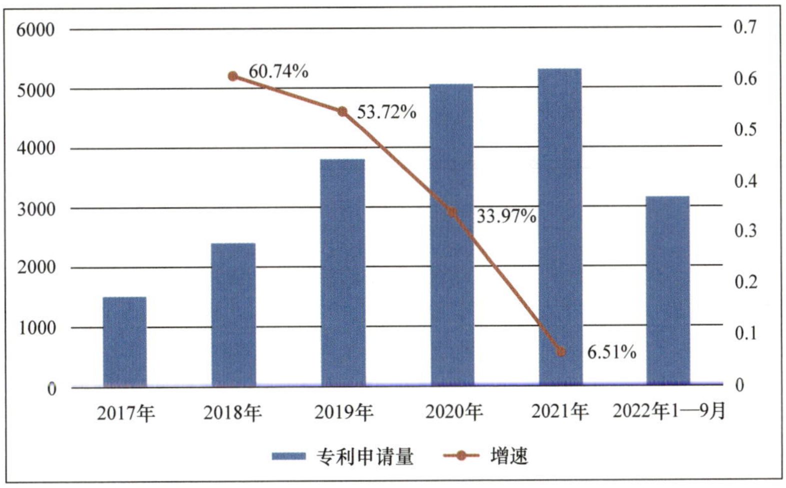

图 5.2 2017—2022 年 9 月我国自动驾驶专利申请量

数据来源：中国汽研整理。

2017—2022 年 9 月以来，我国对于高级驾驶辅助系统一直在持续投入研发，其中 2017—2020 年我国高级驾驶辅助系统专利申请量呈现出正增长的趋势，其中 2020 年专利申请量共计 148 个（图 5.3）。2021 年专利量减少，增速同比下降了 30.41%，2022 年 1—9 月我国高级驾驶辅助系统专利申请量为 33 个。

2. 市场规模

以智能驾驶为核心，汽车智能化正在引领发展方向。按照 SAE 的分级，ADAS 更接近自动驾驶的 L2 级，核心是对驾驶环境的感知，以完成辅助驾驶的任务。根据 RolandBerger，到 2025 年，全球 L1+L2 级智能驾驶功能的渗透率将达到 76%，其中 L2 级功能参透率将达到 36%。L1+L2 级智能驾驶功能参透率的快速提升带动全球 ADAS 市场相比 2020 年极大提升。从市场规模来看，全球 ADAS 行业市场规模逐年增长，且增速较快。据 Statista 数据，2020 年全球 ADAS 市场规模达到 175.7 亿美元，同比增长 20.10%；2022 年全球 ADAS 市场规模有望达到 259.7 亿美元；2023 年将同比增长 20.2%，达到 319.5 亿美元。

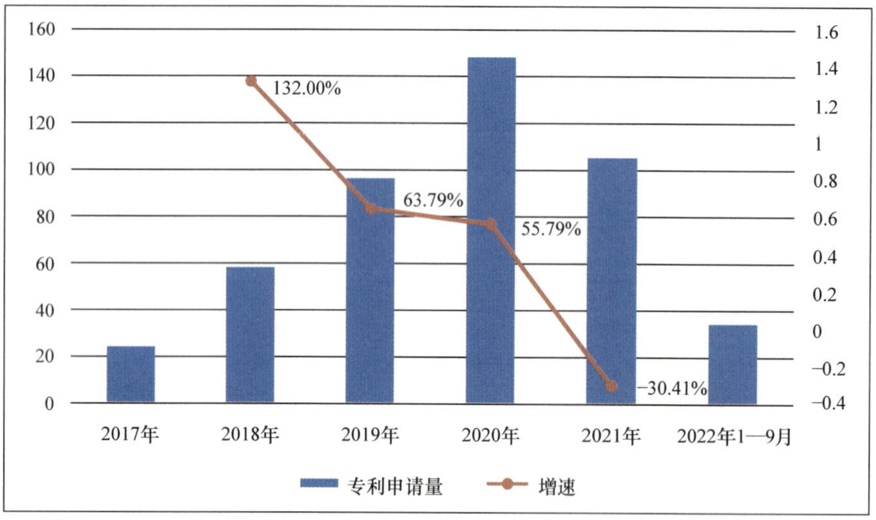

图 5.3 2017—2022 年 9 月我国高级驾驶辅助系统专利申请量

数据来源：中国汽研整理。

从国内 ADAS 市场规模情况来看，据统计，2020 年，我国乘用车新车前视系统（即 ADAS 产品）装配率为 26.4%，相比 2019 年全年上升 10.9pct。随着前视系统算力提高以及功能的不断增加，到 2025 年，我国乘用车前视系统装配率将达到 65%。根据中汽协数据，2020 年我国 ADAS 主要功能市场规模达到 844 亿元，同比增长 19.3%，伴随渗透率的持续提升，到 2025 年我国 ADAS 行业市场规模将达到 2250 亿元。随着无人驾驶汽车相关法律法规的放宽以及主要车企及科技公司自动驾驶技术及产品的不断落地，我国 ADAS 市场有望高速发展。根据数据显示，2020 年我国 ADAS 市场规模有望突破 846 亿元，到 2023 年，我国 ADAS 市场规模将达到 1325 亿元，CAGR 达到 27.5%。在 ADAS 系统渗透率方面，目前，我国 ADAS 系统渗透率不高，市场成长空间广阔。

3. 竞争格局

从全球市场竞争格局来看，高技术壁垒决定高集中度，Tier1 巨头和芯片龙头占据领先地位。ADAS 执行任务由感知、决策、执行三个环节组成，单车智能主要依赖传感器技术（雷达和摄像头）、芯片和算法。①传感器主要由安波福、博世、电装、大陆、法雷奥、Veoneer 等垄断；②算法和芯片主要由 Mobileye，英伟达、高通、Renesas、Infineon 等垄断；③线控制动方面博世、大陆、天合等占主导地位，国内伯特利、联创电子等企业在赶追。

从国内前装 ADAS 市场份额占比情况来看，博世、电装、大陆、采埃孚四家市场份额占比较多，2021 年各自市场占比分别为 27.53%、15.40%、14.46%、12.63%。

我国政府正大力推动社会资本进入 ADAS 行业，ADAS 行业产品需求被迅速拉动，需求量呈现上升趋势，ADAS 行业企业进军国民经济大产业的战略窗口期已经来临，ADAS 行业各业态企业竞争激烈。当前，市场上 50% 以上的 ADAS 行业企业有外资介入，包括中外独（合）资、台港澳与境内合资、外商独资等，纯内资本土 ADAS 行业企业数量较少，约占 ADAS 行业企业总数的 25%。此外，商业银行逐步进入 ADAS 行业，兴业银行、中信银行、民生银行等先后成立金融公司，涉足设备融资租赁业务，本土 ADAS 行业企业根据租赁公司股东背景及运营机制的不同又可以划分为厂商系、独立系和银行系三类。

三类 ADAS 行业企业各有优劣势：①厂商系 ADAS 行业企业具有设备技术优势，主要与母公司设备销售联动，以设备、耗材的销售利润覆盖融资租赁成本；②独立系 ADAS 行业企业产业化程度高，易形成差异化商业模式，提供专业化的融资租赁服务；③银行系 ADAS 行业企业背靠银行股东，能够以较低成本获取资金，且在渠道体系等方面具备一定优势。

4. 产业链分析

（1）产业链上游

ADAS 行业上游龙头企业已开始对产业链进行延伸，逐渐进军原材料生产领域，以规避高额进口原料的成本支出，攫取上游毛利。此外，伴随着上游原料生产企业的重组进程加快以及我国市场参与者技术水平的提高，ADAS 行业上游原材料供应有望朝着专业化和规模化的方向继续发展，逐渐抢夺外资企业在行业内的话语权。

（2）产业链中游

ADAS 行业中游企业原材料大部分依靠进口，主要原因是下游消费终端为保障科研成果，对行业产品的质量稳定性要求较高，因此，中游科研用制备厂商更倾向于选择仪器先进、供应链稳定的进口原材料供应商。企业产品价格主要受市场供求关系的影响。由于 ADAS 企业的产品毛利较高，原材料价格波动不会对企业的盈利能力产生重大影响。

（3）产业链下游

ADAS 行业下游企业市场空间广阔，有着销售范围广、用户分散、单批数量少、销售单价高等特点。随着全球范围内 ADAS 行业研究的深入及产业化程度的提升，我国 ADAS 行业产品种类进一步丰富，应用领域持续增加，个性化、高端化的产品将逐渐获得更广调的应用空间。

5.1.3 国内企业发展现状

1. 总体情况

自动驾驶技术已成为人工智能和汽车行业的双重趋势，但仍处于发展初期。当前自动驾驶级别主要集中在 L1 和 L2 级，并处于由 L2 级向 L2+ 级进阶的过程中。目前主要车企由“整体外采软硬件方案”走向“外采硬件 + 自研软件”，建立全栈式自研能力是未来发展趋势。在辅助驾驶领域，以小鹏为首的造车新势力，通过灵活快速的迭代能力，在自主研发方面相对领先。传统汽车厂商中长城、吉利、上汽、长安、广汽等争抢智能辅助驾驶领域赛道。

2. 典型车企驾驶辅助功能对比

从整车企业预埋的硬件支持的功能上限来看，理想 L9、蔚来 ET7、小鹏 P5、极氪 001 和广汽 AION LX PLUS 相对领先。从已向用户开放的辅助驾驶功能进度来看，小鹏 P5 和广汽 AION LX PLUS 配置水平最高，已实现 L2+ 级主要功能的基本覆盖。新造车势力中，小鹏 P5 在智驾功能开放进程上处于领先位置，蔚来和理想除记忆泊车功能（VPA）外，其余功能配置和小鹏并驾齐驱。6 家传统车企也均已实现 L2 级智驾功能的开放落地。从硬件支持的功能配置上限来看，广汽、极氪、上汽和长城目前处于相对领先的位置。主机厂当前智能驾驶进程对比见表 5.5。

表 5.5 主机厂当前智能驾驶进程对比

级别	L1			L2					L2+			
实行功能	自动紧急制动（AEB）	自适应巡航（ACC）	车道保持辅助（LKA）	全自动泊车（APA）	集成式巡航辅助（ICA）	交通拥堵辅助（TJA）	自动变道辅助（ALC）	高速公路辅助（HWA）	高速公路领航（HWP）	交通拥堵领航（TJP）	记忆泊车（VPA）	部分场景城市领航（C Pilot）
理想（理想 L9）	√	√	√	√	√	√	√	√	√	√	○	○
蔚来（蔚来 ET7）	√	√	√	√	√	√	√	√	√	√	○	○
小鹏（小鹏 P5）	√	√	√	√	√	√	√	√	√	√	√	○

（续）

级别	L1			L2					L2+			
实行功能	自动紧急制动（AEB）	自适应巡航（ACC）	车道保持辅助（LKA）	全自动泊车（APA）	集成式巡航辅助（ICA）	交通拥堵辅助（TJA）	自动变道辅助（ALC）	高速公路辅助（HWA）	高速公路领航（HWP）	交通拥堵领航（TJP）	记忆泊车（VPA）	部分场景城市领航（C Pilot）
比亚迪（汉 DMi）	√	√	√	√	√	√	√	√				
长城（坦克 500）	√	√	√	√	√	√	√	√	√	○	○	
极氪（极氪 001）	√	√	√	√	√	√	○	○	○	○	○	○
吉利（星越 L）	√	√	√	√	√	√	√	√				
长安（UNI-V）	√	√	√	√	√	√	√	√				
广汽（AION LX PLUS）	√	√	√	√	√	√	√	√	√	√	√	
上汽（智己 L7）	√	√	√	√	√	√	√	√	√	√	○	○

注：打√部分表示已开放功能，画 ○ 部分表示其预埋硬件可支持功能。

数据来源：中国汽研整理。

3. 典型企业进展

（1）理想汽车

理想 ONE 2019 款搭载 Moblieye EyeQ4（2.5TOPS）芯片，采用 Moblieye 解决方案，可实现全自动泊车（APA）、集成式巡航辅助（ICA）、自动变道辅助（ALC）、交通拥堵辅助（TJA）和高速公路辅助（HWA）等 L2 级智能辅助驾驶功能。

理想 ONE 2021 款升级为 OTA3.0，使用地平线征程 3 芯片，搭载自研的 AD 智能辅助驾驶系统，新增的智能辅助驾驶功能可以实现 L2+ 级的高速公路领航（HWP）和交通拥堵领航（TJP）功能。

理想 L9 高配版采用英伟达 Orin（254TOPS）芯片，可以实现 L2+ 级的部分场景城市领航（C Pilot）等功能。

（2）蔚来汽车

蔚来 ES8 搭载 Moblieye EyeQ4 芯片，采用 Moblieye 解决方案。通过 OTA 升级到 NIO OS 2.0.0 版本后可实现全自动泊车（APA）、交通拥堵辅助（TJA）和高速公路辅助（HWA）等功能，实现了 L2 级的智能辅助驾驶功能落地应用。

NIO OS 升级新增自动辅助导航驾驶功能（NOP）。NIO OS 2.7.0 新增的自动辅助驾驶功能可以实现 L2+ 级的高速公路领航（HWP）和交通拥堵领航（TJP）功能，通过升级到 NIO OS 2.9.0 对上述功能进行了优化。蔚来 ET7 采用英伟达 Orin（254TOPS）芯片，搭载蔚来自研的 NAD 智能辅助驾驶系统，后续或将通过 OTA 逐步开放 L2+ 级的记忆泊车（VPA）和部分场景城市领航（C Pilot）等功能。

（3）小鹏汽车

小鹏 G3 搭载 Moblieye EyeQ4（2.5TOPS）芯片，采用 Moblieye 解决方案，可实现自动紧急制动（AEB）、自适应巡航（ACC）和车道保持辅助（LKA）等功能。通过 OTA 升级到 Xpilot2.5 后，小鹏 G3 新增自动变道辅助（ALC）、交通拥堵辅助（TJA）功能，实现了 L2 级的智能辅助驾驶功能落地应用。

小鹏 P7 采用英伟达 Xavier（30TOPS）芯片，搭载 Xpilot3.0 系统，可以实现高速公路领航（HWP）、交通拥堵领航（TJP）、记忆泊车（VPA）等 L2+ 级的智能辅助驾驶功能。小鹏 P5（搭载 Xpilot3.5 版本）通过后续 OTA 升级后，或将成为中国品牌首款具备部分场景城市领航（C Pilot）功能的汽车。小鹏 G9 采用英伟达 Orin（254TOPS）芯片，搭载 Xpilot4.0，或将实现全场景城市领航功能。

（4）比亚迪

比亚迪汉 EV 2020 款搭载 DiPilot 系统，可实现交通拥堵辅助（TJA）、集成式巡航辅助（ICA）、全自动泊车（APA）等 L2 级智能辅助驾驶功能。比亚迪汉 DMi 新增高速公路辅助（HWA）功能。

（5）长城

魏牌 VV7 科技版可实现交通拥堵辅助（TJA）等 L2 级智能辅助驾驶功能。魏牌摩卡全系搭载毫末智行 HPilot 1.0 辅助驾驶系统，使用 Moblieye EyeQ4（2.5TOPS）芯片，可实现集成式巡航辅助（ICA）、自动变道辅助（ALC）和高速公路辅助（HWA）等 L2 级智能辅助驾驶功能。摩卡通过 FOTA 升级，实现高速 NOH 量产。坦克 500 搭载毫末智行 HPilot 2.0 辅助驾驶系统，加入了"行泊一体"行车与泊车智能场景一体解决方案。

长城在 2022 年内上市的新车型将采用华为芯片，自动驾驶系统采用华为 MDC610，传感器为 4 个激光雷达 +7 个 800 万摄像头，在实现 L2+ 级功能的基础上，实现全域基于导航的辅助驾驶，泊车领域可实现记忆泊车功能。

（6）吉利

极氪 001 搭载 ZAD 系统，搭载两枚 Moblieye EyeQ5H（24TOPS）芯片，使用 Mobieye SuperVison 解决方案。极氪 001 通过 OTA 升级到 ZEEKR OS 2.0 Beta 可实现交通拥堵辅助（TJA）和集成式巡航辅助（ICA）等功能，后续通过 OTA 可逐步开放实现高速公路辅助（HWA）、自动变道辅助（ALC）等功能。

选装 ZAD 完全自动辅助驾驶系统的极氪 001，后续通过 OTA 升级预计可实现高速公路领航（HWP）、交通拥堵领航（TJP）、部分场景城市领航（C Pilot）等 L2+ 级智能辅助驾驶功能。

（7）长安

UNI-T 搭载地平线征程 2（4TOPS）芯片，可实现全自动泊车（APA）、集成式巡航辅助（ICA）、交通拥堵辅助（TJA）等 L2 级智能辅助驾驶功能。UNI-V 搭载 NAD1.0 智能驾驶辅助系统，采用地平线征程 2（4TOPS）芯片，可实现自动变道辅助（ALC）、高速公路辅助（HWA）等 L2 级功能。

（8）广汽

AION S 搭载 ADiGO 2.0 系统，可实现全自动泊车（APA）、集成式巡航辅助（ICA）、交通拥堵辅助（TJA）等 L2 级智能辅助驾驶功能。AION LX 搭载 ADiGO 2.5 智能驾驶辅助系统，采用 Moblieye EyeQ4 芯片和安波福智能驾驶解决方案，可实现自动变道辅助（ALC）。AION V 搭载 ADiGO 3.0 智能驾驶辅助系统，采用 Moblieye EyeQ4 芯片和博世智能驾驶解决方案，可实现高速公路辅助（HWA）功能。

AION V PLUS 搭载 ADiGO 3.0 智能驾驶辅助系统，采用 Moblieye EyeQ4 芯片和博世智能驾驶解决方案，可实现记忆泊车（VPA）功能。AION LX PLUS 搭载 ADiGO 4.0 系统，采用自研软件算法，可实现 L2+ 级的交通拥堵领航（TJP）、高速公路领航（HWP）功能。

（9）上汽

MARVEL X 搭载 Ai Pilot 智能驾驶辅助系统，采用 Moblieye EyeQ4 芯片和 Moblieye 智能驾驶解决方案，可实现全自动泊车（APA）、集成式巡航辅助（ICA）、交通拥堵辅助（TJA）等 L2 级智能辅助驾驶功能。MARVEL R 搭载 R Pilot 智能驾驶辅助系统，采用 Moblieye EyeQ4 芯片和 Moblieye 智能驾驶解决方案，可实现自动变道辅助（ALC）、高速公路辅助（HWA）功能。

智己 L7 搭载 IM AD 智能驾驶辅助系统，量产版本采用英伟达 Orin 芯片和自研智能驾驶解决方案，可实现交通拥堵领航（TJP）、高速公路领航（HWP）和部分场景城市领航（C Pilot）等 L2+ 级功能。

5.1.4 产业发展趋势

1）ADAS 市场规模可期。根据测算，2021 年，我国 ADAS 市场规模达到约 985 亿元，随着 5G 逐步落地，主机厂纷纷推出搭载 ADAS 功能的新车型，ADAS 各功能渗透率加速提升，到 2025 年，ADAS 市场规模将达到 1600 亿元。截至 2021 年底，主流 ADAS 系统渗透率区间在 30%~40% 区间内。目前 ADAS 在盲区检测的应用较多，随着市场需求多元化发展，ADAS 将逐渐向自动泊车、全景泊车等场景扩展。我国政府十分重视 ADAS 产业发展，近年来出台了一系列政策推动 ADAS 产业快速发展，在国家政策持续利好的背景下，我国 ADAS 市场渗透率将进一步提升。

2）ADAS 正在从单个技术独立发展转变为整合式主动安全系统的开发。消费者对汽车安全性的重视度越来越高，因而先进驾驶辅助系统在未来很长一段时间内必将保持持续发展的趋势。同时，先进驾驶辅助系统正在从单个技术独立发展转变为整合式主动安全系统的开发，多项技术可以共用传感器、控制系统等平台，一旦车辆装备了基础的 ESP、ACC 等技术，便可以方便地并以较低的成本添加其他安全驾驶辅助技术，从而将进一步推动先进驾驶辅助系统技术在汽车上的应用。

3）ADAS 在低端市场的普及率将稳步提升。一些相对较为低端且实用性强的先进驾驶辅助系统技术，如胎压监测系统、电子稳定系统（ESP）等已经得到了市场的充分认可，在强烈的需求驱动下，其在低端市场的普及率将稳步提升。我国消费者对于避险辅助类、视野改善类技术表现出明显的关注度与需求度，必将成为下一阶段该领域内的主要增长点。

4）多传感器融合是未来发展趋势。随着自动驾驶从 L2 级向 L3 级转变，为提高自动驾驶的安全性和智能化，汽车开始增加传感器（激光雷达、摄像头、毫米波雷达等）来实现对路况和环境信息的更全面收集，这对车载芯片对数据处理的实时性、复杂性和准确性要求不断提高，车载算力的需求也将会出现指数型增长。通过增加传感器的数量，并让多个传感器融合来提高自动驾驶能力。多个同类或不同类传感器分别获得不同局部和类别的信息，这些信息之间可能相互补充，也可能存在冗余和矛盾，而控制中心最终只能下达唯一正确的指令，这就要求控制中心必须对多个传感器所得到的信息进行融合，综合判断。在使用多个传感器的情况下，要想保证安全性，就必须对传感器进行信息融合。多传感器融合可显著提高系统的冗余度和容错性，从而保证决策的快速性和正确性，是自动驾驶未来发展趋势。

5.2 汽车软件

5.2.1 概述

汽车软件指依附并驱动汽车电子系统工作的程序集合。在信息技术发展的推动下，原来以机械定义为主导的传统汽车逐渐向以软件定义为主导的智能网联汽车发展，汽车软件已经重塑了汽车产业价值链和商业模式。

为实现汽车软件定义，汽车软件架构由“面向信号”迈向“面向服务（SOA）”，整个汽车软件架构包含系统软件、功能软件和应用软件等。功能软件、应用软件和具体硬件与服务直接关联。

5.2.2 细分领域进展

1. 电子电气架构与计算平台

为顺应软件定义汽车的发展，当前汽车电子电气架构从传统分布式架构正在向域架构转变，最终实现中央计算架构及云计算架构。车内控制系统趋于形成统一的架构标准及通用的软硬件平台，各类控制功能逐渐演变为统一平台下的各类应用。其技术演进有四个关键趋势：计算集中化、软硬件解耦化、平台标准化以及功能开发生态化。智能化与网联化为汽车电子电气架构变革提供了技术基础：一是车内网络拓扑的优化和实时、高速网络的启用；二是电子控制单元（ECU）技术发展使得其功能可以进一步集成到域控制器，最终集成至中央计算单元。车载计算平台目前整体的技术发展趋势为软件可升级、硬件可扩展。软件可以做到跨车型、跨软件，跨车企的复用；硬件可做到更换和即插即用。

2. 软件架构

集中化电子电气架构是实现软件定义汽车的硬件基础，SOA 软件架构则是实现软件定义汽车的软件基础。SOA 软件架构不是一种软件产品，而是一种软件架构设计理念，核心思想是把每个 ECU 功能以“服务”的形式进行封装，每个功能对应一个服务，每个服务对应一个软件组件，从而实现应用软件对功能的调用和随意组合。在 SOA 软件架构设计理念下，汽车软件走向分层化、模块化，使得应用层功能可以在不同车型、硬件平台、操作系统上运行，并可实现各种功能的迭代升级，见图 5.4。

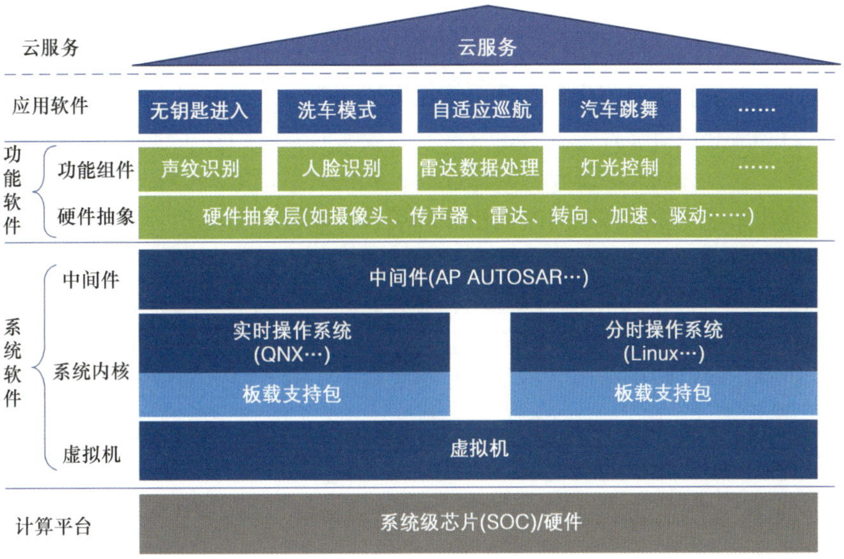

图 5.4　SOA 软件架构

3. 虚拟机

虚拟机技术是实现软件定义汽车的关键（图 5.5）。随着电子电气架构逐渐向域融合、中央计算平台发展，单个系统级芯片（SOC）算力可以承担原有多个域控制器的任务。在计算平台域集中、中央化时，底层各类硬件资源需要打破传统的基于总线和网关的物理隔离，使得不同功能的硬件共享同一个计算平台。虚拟机（Hypervisor）技术就是保障各类应用系统互不干扰地运行在同一计算平台上的技术，虚拟机技术是软件定义汽车的重要支撑技术。比如，在域控制或中央计算平台条件下，驾驶系和娱乐系共用同一控制器，由于安全需求不同，需要运行不同操作系统，虚拟机可以让多种不同类型的操作系统共享同一控制器。

目前达到车规级且实现量产的虚拟机产品包括 QNX Hypervisor、瑞萨 COQOS Hypervisor 等，主流商业化应用的 QNX Hypervisor 是全球首款通过 ASIL D 认证的商用虚拟机，能够支持在 QNX、Linux、Android 等多个操作系统运行在同一个芯片上。

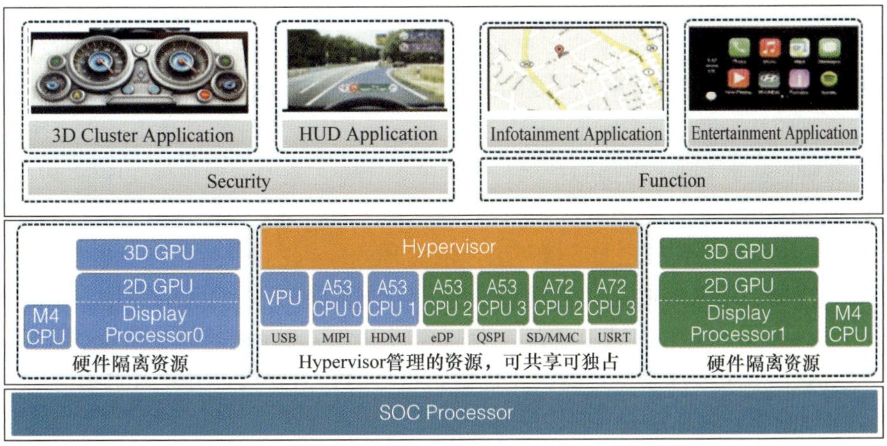

图 5.5　虚拟机技术

4. 系统内核

系统内核主要指操作系统，是系统软件的核心部分，负责管理系统的各种资源，是应用程序和硬件设备的桥梁。系统内核是操作系统的核心，具有很高的技术壁垒。汽车用操作系统在类型上可分为实时操作系统、分时操作系统，在操作系统设计上可分为微内核和宏内核。

（1）实时操作系统与分时操作系统

实时操作系统是指当外界事件或数据产生时，能够接收信息并以足够快的速度予以处理，其处理的结果又能在规定的时间之内控制生产过程或对处理系统做出快速响应，并控制所有实时任务协调一致运行的操作系统。其特点是及时响应和高可靠性。实时系统又分为硬实时系统和软实时系统。硬实时系统要求在规定的时间内必须完成操作，这是在操作系统设计时保证的；软实时系统则只要按照任务的优先级，尽可能快地完成操作即可。实时操作系统主要应用于对时间敏感的场合，如辅助驾驶等。汽车中常见的实时操作系统有 VxWorks、QNX、AliOS、FreeRTOS 等。

分时操作系统是指使一台计算机采用时间片轮转的方式同时为几个、几十个甚至几百个用户服务的一种操作系统，它把计算机与许多终端用户连接起来。分时操作系统将系统处理时间与内存空间按一定的时间间隔，轮流地切换给各终端用户的程序使用。由于时间间隔很短，每个用户的感觉就像他独占计算机一样。分时操作系统的特点是可有效增加资源的使用率。分时操作系统主要用于对时间不敏感的场合，如智能座舱等。汽车中常见的分时操作系统有 Andriod、Linux 等。

（2）宏内核和微内核

内核是一个操作系统的核心。是基于硬件的第一层软件扩充，它提供操作系统最基本的功能，是操作系统工作的基础，负责管理系统的进程、内存、设备驱动程序、文件和网络系统，决定着系统的性能和稳定性。

宏内核架构在计算机和通信领域是应用最为广泛的一类操作系统架构，其相关产品的生态也最为完善，目前常见的 Windows、Unix、Linux、Android、iOS 均是基于宏内核架构。宏内核的特点是将所有传统的操作系统服务全部运行在内核，能够直接操控硬件，系统服务间的内部调用效率相对较高。在硬件能力的支撑下，宏内核可以实现用户程序和内核的安全隔离保护，采用合适的进程调度机制（优先级抢占式）时也能够满足车用领域的硬实时性任务要求，并能支持虚拟化等新技术来满足汽车电子电气（E/E）架构向集中式架构演进的需求。

微内核系统和宏内核系统并无本质差异，只是采用了不同的内核架构设计思路。由于宏内核架构系统将所有的服务都运行在内核，任何一个模块出现错误或者被攻击就有可能引发内核的崩溃，从而影响到整个系统的稳定性。而且随着内核代码量越来越大，这种概率还会提高。为了保证内核的稳定性，微内核架构主张将宏内核的功能进行解耦，将某些功能从内核中剥离出来作为独立服务，并挪到用户态去运行（比如文件系统、设备驱动）。内核为这些剥离到用户态的服务提供各种通信机制，以保证这些服务能够相互协作，这样即使单个服务出错或者被攻破也不会导致内核崩溃或者出现系统安全问题。目前微内核架构系统在汽车、工业等高实时、高可靠和高安全领域得到了广泛应用。主要的微内核操作系统有 QNX、VxWorks、FreeRTOS 等。

系统内核具有很高的技术壁垒，目前看 QNX 系统和基于 Linux 系统的产品市场占有率很高，QNX 微内核主要应用在车控领域，基于 Linux 内核的系统，由于生态完备，主要应用在智能座舱领域。

（3）板载支持包（BSP）

BSP 是位于操作系统内核与硬件之间的接口层，包括 Bootloader、HAL 代码、驱动程序与配置文件，起到封装与硬件相关的代码、向上提供虚拟的硬件平台、与操作系统进行交互的作用。BSP 大多由软件企业（操作系统企业、中间件企业）提供，或与芯片企业联合研发。软件企业与芯片企业深度绑定后，为芯片企业提供或共同开发 BSP，后续域控制器厂商在交付给主机厂时，需要负责 BSP 中操作系统访问硬件时的相关驱动程序，以及与硬件访问直接相关的软件。

5. 中间件

中间件是介于应用软件和操作系统之间的一类软件，它可以使不同的应用软件共享使用信息和资源，并没有很严格的定义。汽车领域使用较多的中间件有 AP AUTOSAR、OSEK、QNX 等。其中 AP AUTOSAR 应用最广泛，已有众多软件商基于其提供各种具有差异化的中间件解决方案。

AUTOSAR 经典平台（CP）是以面向信号的软件架构，它解决了嵌入式 ECU 应用程序和底层软件强耦合的问题，降低了应用程序的开发成本。但是各个 ECU 的信号和路由信息已经被预设，无法大幅修改和升级。因此，AUTOSAR 又制定了第二个软件平台，即 AUTOSAR 自适应平台（AP）。AP 主要提供高性能计算和通信机制，并提供灵活的软件配置，例如支持无线软件更新。AP 遵循面向服务的架构（SOA），不会取代 CP 或非 AUTOSAR 平台。相反，它将与这些平台和外部后端系统进行交互，以形成一个集成系统。AUTOSAR CP、AP 对比见表 5.6。

表 5.6 AUTOSAR CP、AP 对比

项目	AUTOSAR CP	AUTOSAR AP
语言	C	C++
时限	硬实时	软实时
使用场景	传统 ECU	域控、中央控制
升级	开发后固定	可灵活升级
安全等级	ASIL D	ASIL B
应用架构	FOA	SOA
通信方式	CAN、LIN	SOME、IP
操作系统	AUTOSAR OS（OSEK OS）	POSIX OS（Linux、QNX）

5.2.3 相关标准进展

为适应软件定义汽车的发展，相关标准也在不断地发展完善。目前主要有 ISO 26262《道路车辆功能安全》、ISO 21448《道路车辆预期功能安全》、ISO 21434《道路车辆信息安全工程》等。

（1）ISO 26262《道路车辆功能安全》标准

ISO 26262《道路车辆功能安全》国际标准是针对总重不超过 3.5t 的 8 座以下乘用车，以安全相关电子电气系统的特点所制定的功能安全标准，它是第一个适用于大批量量产产品的功能安全标准。ISO 26262 仅针对安全相关电子电气系统，包含电机、电子与软件零件，不应用于非电子电气系统。

ISO 26262 为汽车安全提供了一个生命周期（管理、开发、生产、经营、服务、报废）理念，并在这些生命周期阶段中提供必要的支持。该标准涵盖功能安全方面的整体开发过程（包括需求规划、设计、实施、集成、验证、确认和配置）。

ISO 26262 标准根据安全风险程度对系统或系统某组成部分划分由 A 到 D 的安全需求等级（汽车安全完整性等级，Automotive Safety Integrity Level，ASIL），其中 D 级为最高等级，满足最苛刻的安全需求。

（2）ISO 21448《道路车辆预期功能安全》标准

ISO 21448 是汽车预期功能安全标准，是 ISO 26262 的补充，它填补了老标准中的空缺，内容主要围绕自动驾驶车辆的功能局限性（含设计不足和性能局限），在复杂环境影响和人员合理误用的情况下，避免或降低车辆潜在的安全风险。

（3）ISO 21434《道路车辆信息安全工程》标准

ISO 21434《道路车辆信息安全工程》标准是规范车辆开发过程中有效控制网络干扰和攻击的标准，该标准与 ISO 26262 在定义和过程均相互关联和相互引用。

ISO 21434 针对道路车辆及其部件、接口等提出网络安全风险管理的要求，定义了车辆生命周期包括车辆工程、生产、操作、维护和退役相关等各阶段的要求，提供了在产品、项目和组织层面减少网络安全风险的指导方针。

ISO 21448、ISO 26262、ISO 21434 适用范围简表见表 5.7。

表 5.7　ISO 21448、ISO 26262、ISO 21434 适用范围简表

来源	危险事件	适用范围
系统	E/E 系统故障	ISO 26262
	规范不足、性能限制或态势感知不足、有或没有可合理预见的误用	ISO 21448
	不正确和不充分的人机界面设计	ISO 21448
外界因素	合理可预见的应用	ISO 21448
	利用车辆安全漏洞的攻击	ISO 21434
	主动基础设施和 / 或车辆对车辆通信和外部系统的影响	ISO 21448 ISO 26262
	车辆周围环境的影响	ISO 21448 ISO 26262

5.2.4　主要量产软件方案

1. QNX

QNX 是全球市场份额最高的车载底层操作系统，尤其是在安全性要求较高的数字仪表和辅助驾驶领域，几乎都采用 QNX 内核或者完整系统。QNX 发展至今已 40 多年，在嵌入式操作系统方面有着深厚的积累，尤其在车载系统方面，始终契合着汽车变革的步伐，在中控屏、车联网、数字仪表盘、ADAS、域控制器等热点方向都有部署。

QNX 最大的特点是安全性强、实时性高。其内核代码量少，只包含最少的内核操作组件，协议栈和驱动都放在内核之外，保证了非常快的启动速度；错误只会影响所在组件，而且可以动态恢复，不会造成整个系统死机，安全性和稳定性得到保证。QNX 微内核架构见图 5.6。

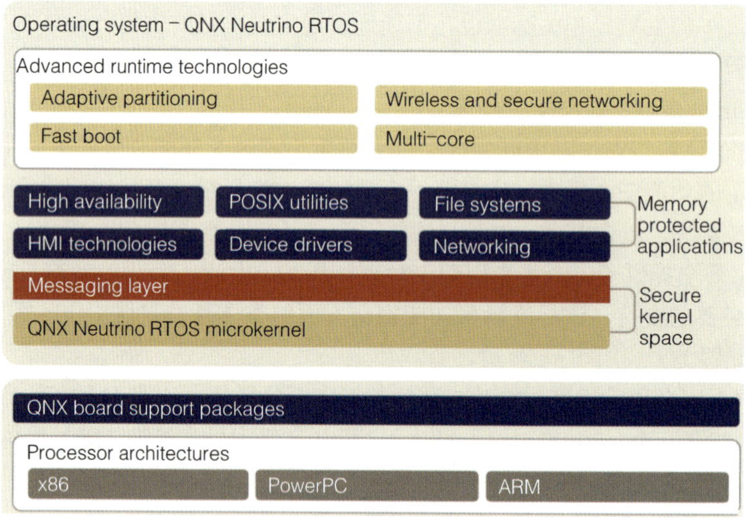

图 5.6　QNX 微内核架构

2. Linux

Linux 是一款开源、高效、灵活的 OS，与 QNX 相比最大优势在于其为开源软件，具备很大的定制开发灵活度，升级相对容易，而且免费。相较而言，Linux 内核较为紧凑高效，可以充分发挥硬件的性能，适合应用于中控屏。OEM 和供应商一般会选择一个相对固定和可靠的版本进行开发。其中，华为、特斯拉、阿里等在基于或者兼容 Linux 开发中控操作系统。

2014 年，Linux 基金会发布了开源 AGL（Automotive Grade Linux）项目，提供一系列可定制、开源的软件开发工具包，允许汽车制造商和供应商重复使用相同的代码库，通过完全开放的车载软件平台将汽车制

造商、供应商和技术公司结合起来（图 5.7）。在 AGL 的基础之上，汽车厂商能够将自己的研发能力发挥到极致，同时又可以结合自身优势，打造丰富而具有差异化的自主操作系统。

目前，AGL 联盟有上百家注册会员单位，世界主要整车企业以及零部件制造商均为其会员单位，部分会员单位已经量产使用 AGL 系统，如特斯拉、丰田等。

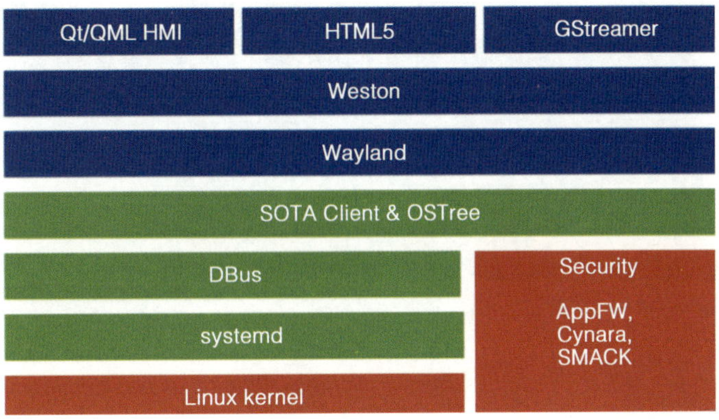

图 5.7　AGL 技术架构

3. 特斯拉 Version

特斯拉的操作系统 Version 基于 Linux 内核深度改造而成，支持 PyTorch 深度学习框架，基于 Kafka 实时数据处理平台，支持信息娱乐系统（IVI）和驾驶辅助系统（ADAS）等（图 5.8）。

特斯拉选择 Linux 以避免受制于操作系统厂商，自主设计可以依托自有硬件精简系统，充分发挥硬件性能的优点，满足了特斯拉对汽车性能的要求。

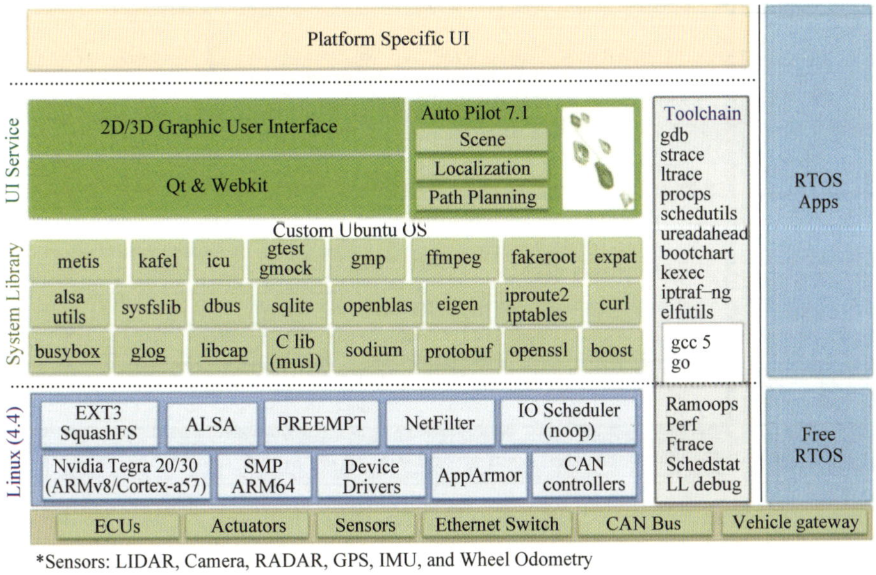

图 5.8　Version 技术架构

4. 大众 VW.OS

大众于 2021 年 3 月成立软件公司 CARIAD，整合了大众旗下各品牌（大众、奥迪、保时捷等）约 15 家软件公司和集团内部顶尖工程师，重金投入软件研发。CARIAD 业务规划主要包含电子电气架构（E3）、大众汽车操作系统（VW.OS）、大众汽车云（VW.AC）、关键应用等。VW.OS 已经在 ID.3 车型上使用。

大众 VW.OS 车载操作系统基于 AUTOSAR、域集成 E/E 架构，促进传感器与 ECU、ECU 与 ECU 之间的高效连通，实现分布式处理向集中式处理方式的转换，将 ECU 功能集成，最终达到核心架构减少到三个车载中央处理器（图 5.9）。

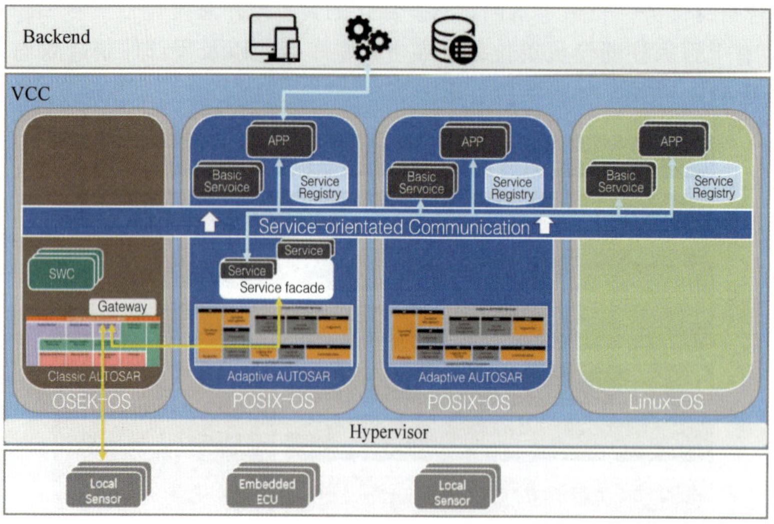

图 5.9　VW.OS 技术架构

5. 华为鸿蒙 OS

2020 年 8 月，华为发布鸿蒙车载系统。华为汽车解决方案采用的是“分布式网关 + 域控制器”的模式，重点打造了座舱（CDC）、整车控制（VDC）和智能驾驶（MDC）三大平台，对应的操作系统是鸿蒙座舱操作系统（HOS）、智能车控操作系统（VOS）和智能驾驶操作系统（AOS）（图 5.10）。

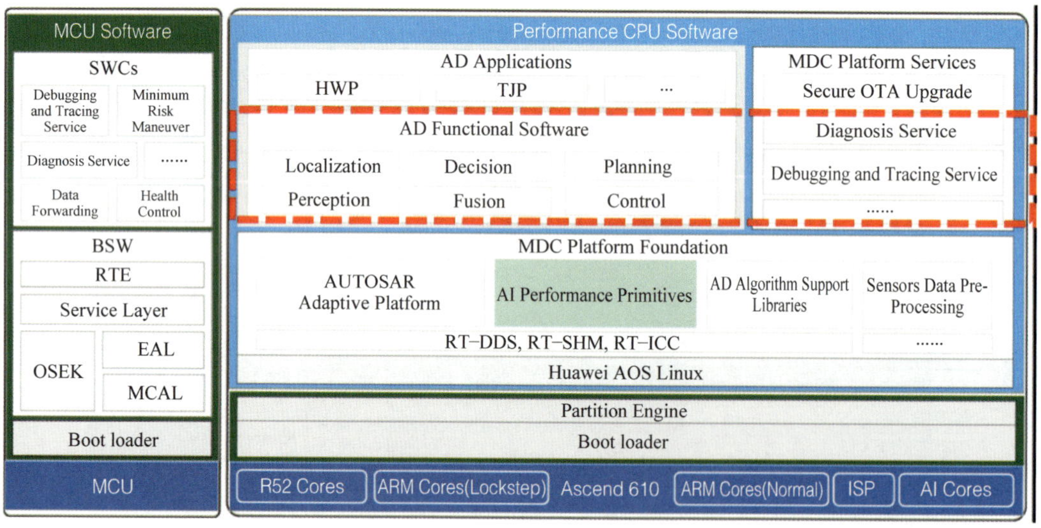

图 5.10　鸿蒙 OS 架构

6. AliOS

斑马智行由阿里巴巴和上汽集团共同投资设立，是阿里进行汽车业务布局的重要组成部分。斑马智行的 AliOS 是基于 Linux 内核深度定制的国产车载操作系统，基于云的应用框架和先进的安全机制，是包含云端服务的可支撑人机交互和车联网数据交换的平台（图 5.11）。

2020 年初斑马智行就提出了 AliOS 操作系统演进三部曲战略，即智能车机操作系统、智能座舱操作系统、智能整车操作系统。当前斑马智行已经进入到了座舱 OS 阶段，下一阶段将重点布局智能整车 OS，以“OS+AI+ 芯片”为智能汽车决策核心，在操作系统层面推进汽车分布式智能向整车智能逐渐迈进。

2021 杭州云栖大会上，斑马智行正式发布 AliOS 智能驾驶系统内核，该内核是微内核架构，融入 SOA

跨域融合理念，执行最高功能安全 ASIL-D 产品认证标准。

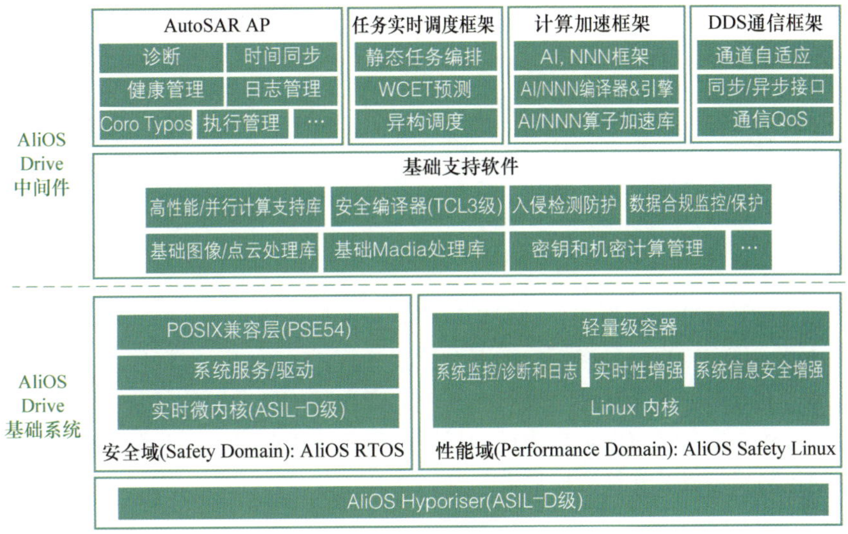

图 5.11　AliOS 架构

7. 东软睿驰 NeuSAR

东软睿驰系统软件解决方案 NeuSAR 为混合型车辆软件架构，该技术方案适用于车企完成从传统分布式架构朝向域架构、中央计算架构转变的过渡期中的软件开发工作（图 5.12）。NeuSAR 在传统基于 AUTOSAR Classic 的架构中保留原有功能，将新引入功能主要通过 AUTOSAR Adaptive 中基于服务的方式进行相应的开发。Classic 的保留可以让整车厂在引入大量先进技术的同时，最大程度兼容现有传统控制器，通过渐进的方式逐步过渡到未来更新的架构中去，在降低成本的同时也大大降低了新技术引入带来的风险。而 Adaptive 平台的引入可以让整车厂将新技术基于服务去构建，进而为新技术引入提供了更好的技术支撑。Adaptive 平台集成了东软自主研发的车联网 S-Car 防护技术。以上这些新技术又是现在汽车的核心产品竞争力，所以 Adaptive 平台的引入可以大大加强汽车产品竞争力。

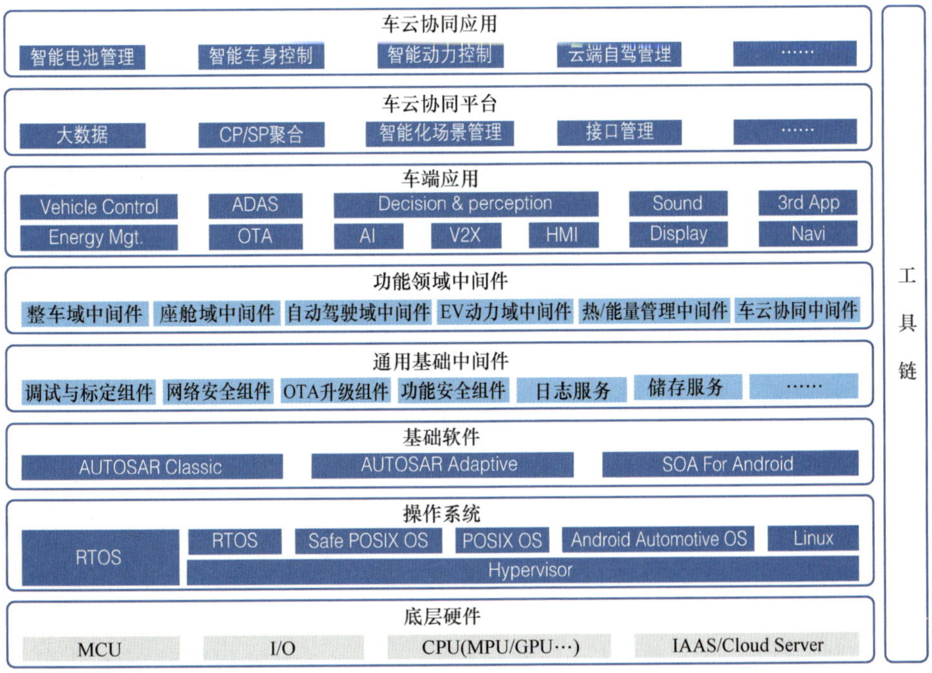

图 5.12　NeuSAR 架构

5.3 信息安全

5.3.1 基本概念

1. 常见信息安全属性

汽车的信息安全包括几个重要的安全属性，包括机密性、完整性、可用性和不可抵赖性，每个属性的主要表现均不相同。

（1）机密性

机密性指的是对信息开放范围的控制，确保信息没有非授权的泄露，不被非授权的个人、组织和程序使用。需要保密的信息可以是车辆自身的密钥、证书、配置参数，也可以是车辆使用者的相关隐私，包括用户密码、定位轨迹、消费记录等，甚至包括车外行人车辆的音视频信息。保护机密性取决于信息定义和实施适当的访问级别，这种做法常常涉及将信息分为访问权限和机密等级分级。一些最常用的手段包括文件权限设置、通信加密、访问控制列表以及文件数据加密等。

（2）完整性

该属性的关键是保护数据不被未授权方修改或删除，防止由于如通信或者固件被篡改导致的黑客利用。具体需要重点防护的数据包括车辆控制器内关键的配置参数、固件、操作系统、个人资料、通信报文信息等。常用于完整性保护的技术手段包括消息校验码、数字签名、安全启动等。

（3）可用性

可用性是在某个考察时间，系统能够正常运行的概率或时间占有率期望值。为保证可用性，可以采用冗余的方式进行，包括报文信号的冗余、传感器 / 控制器 / 执行器的冗余、控制信号通道的冗余以及供电等基础设施的冗余等。

（4）不可抵赖性

该属性主要应用在电子商务领域，如移动支付等场景，保证用户对自己行为的不可抵赖及对行为发生时间的不可抵赖。通过进行身份认证和数字签名可以避免对交易行为的抵赖，通过数字时间戳可以避免对行为发生的抵赖。

2. 信息安全的风险来源

智能网联汽车面临的信息安全风险主要来自云平台、网络传输、车辆以及相关联的外部设备。

（1）车辆安全风险

车辆的信息安全风险主要包括三个方面：一是系统安全。一方面是软件系统安全，随着软件在汽车占比的逐步提升，软件安全面临较大的风险挑战，如主机厂将软件安装包开放下载，容易受到黑客攻击；另一方面是硬件系统安全，对于自动驾驶和自动巡航系统，通过伪造障碍物，干扰毫米波雷达判断，从而逼停车辆或干扰车辆前进，或控制超声波设备发送与汽车相同周期和频率的超声波干扰汽车等，一旦被攻击，将存在车辆安全事故风险。二是密钥安全。通常采用数据加密的方式实现保护数据隐私，一旦密钥被泄露，加密数据的安全性将荡然无存。三是架构安全。汽车内部相对封闭的网络环境也存在可被攻击的缺口，对于外部攻击的防御能力较弱，如车载诊断系统接口、面向媒体的系统传输总线、控制器局域网络总线、串行通信网络总线、胎压监测系统等。

（2）云平台安全风险

云平台是智能网联汽车系统的重要组成部分，实现的功能日益丰富，从监督管理、提供娱乐服务、远程诊断故障到远程控制车辆、空中下载技术（OTA）升级等，由提供信息服务逐渐向车辆底层控制深入。云平台的安全主要包括物理环境、设备主机、接口、数据库、应用程序安全等。云平台面临着多种恶意威胁，既有病毒防护、访问控制防护等，更有数据安全防护，尤其是防止云端数据（特别是隐私数据）的丢失和被窃取。目前大部分车联网数据使用分布式技术进行存储，主要面临的安全威胁包括黑客对数据恶意窃取和篡改、敏感数据被非法访问等。未来，通过云平台将可以实现多种形式的云服务，如跟踪和管理整个车队的车辆等。随着智能网联汽车持续发展，数据安全、访问控制等方面的威胁也会逐步增多，云平台安全风险要予以足够的重视。

（3）网络传输安全风险

网络传输存在三大安全风险：一是认证风险，通过身份伪造、动态劫持等方式冒充验证者的身份信息；二是传输风险，车辆的传输信息在没有加密或强度不够的情况下，容易遭受攻击；三是协议风险，通信流程把一种协议伪装成另一种协议。

（4）外部链接设备安全风险

随着智能网联汽车承载的功能逐步增多，操控App、充电桩等外部生态组件频繁接入车辆将带来新的安全风险。消费者在购买和安装车辆的外部链接产品时，将带来外部病毒入侵攻击的风险。首先，便携设备掺杂着大量仿制、山寨产品或恶意代码应用程序等，这些外联设备组件获取成本低且安全防护能力不足。其次，新能源汽车的充电桩存在安全风险，如充电桩控制模块通过以太网与管理系统连接，网络内部没有防护，可通过互联网入侵桩联网，控制充电电压、篡改充电金额等。同时，充电App与移动支付相关，通过在手机内植入木马等方式可进行信息窃取、恶意吸费等攻击。最后，现有汽车的后装产品信息安全面临较大风险挑战，就本身而言，现有车辆设计对信息安全的考虑不足，例如后装市场的OBD盒子、车机等具有潜在风险。

5.3.2 必要性分析

1. 信息安全是国家安全的重要防线

统筹安全与发展是新时期我国经济社会发展的指导思想，而网络空间安全已上升至国家安全战略层面。不但汽车的研发设计、生产制造及流通使用各个环节集成了大量影响国家安全的重要敏感信息，而且车辆的互联互通也使得其行驶中的控制权和决策权更多地依赖于路边基础设施及云平台并易受攻击，本产业的重要战略意义上升到保障我国能源安全、实现碳达峰、碳中和、建设交通强国、拉动国民经济增长领域。

2. 信息安全保障全行业可持续健康发展

智能网联汽车是传统汽车工业与大数据、人工智能、信息通信等新兴技术融合的最佳载体。智能网联汽车信息安全产业具有链条长、层级深、技术融合复杂且市场空间巨大等新兴产业特征。智能网联汽车信息安全产业的发展，能够促进包括基础科学、前沿技术、应用技术等在内的多层次自主科技创新能力提升。同时，信息安全产品的市场化推广、服务的商业化落地，将加速推动传统汽车工业技术与互联网信息技术的融合应用，吸引跨界和新兴主体入局，促进产业链、价值链重构，进而为产业转型升级与高质量发展提供动力。同时，通过参与信息安全技术相关的国际标准的制定工作，我国智能网联汽车产业在全球范围内的主导权和话语权逐渐增强。

3. 信息安全与个人隐私保护息息相关

智能网联汽车所产生的数据既涵盖与车辆信息安全运行关联的数据，也包括用户数据、汽车应用服务相关数据。这些数据使用户的线上和线下信息相结合，因此一旦其出现泄露情况，汽车用户的个人隐私将难以得到保障。同时，智能网联汽车或TSP云平台一旦遭受非法入侵和攻击，将导致车辆被远程解锁以及起动，甚至其动力系统和转向系统都可能会被恶意控制，从而造成车辆行驶安全事故或车辆被窃取的严重后果。

4. 汽车产业面临的各类风险问题亟待解决

在智能移动终端时代，汽车产品形态全面革新，边界不断延展，汽车成为万物互联的节点。安全风险既涉及车辆零部件、总线，又涉及无线通信、软件，还包括交通路侧设备、云管理平台、物联网终端等。智能网联汽车的信息安全风险主要包括车外网络安全风险（包括短距离无线网络、远距离移动网络、V2X网络、OBD、TSP云平台、App等安全风险）、车内网络安全风险（包括CAN总线、T-BOX、IVI、OTA等安全风险）和其他网络安全风险（包括车辆数据安全风险、充电桩安全风险）。

5.3.3 信息安全事件聚焦

整个车联网信息安全问题主要萦绕在“云、管、端”三个层面。从车端来看，智能驾驶系统、动力系统、车身控制系统以及信息娱乐系统都是智能网联汽车被攻击的对象。随着智能网联和数字化程度越来越高，汽车将集成大量的摄像头、雷达、测速仪、导航仪等各类传感器，导致以往智能终端存在的远程控制、数据窃取、信息欺骗等安全问题将再次出现在智能网联汽车之上。

智能网联汽车网络安全是一个复杂系统的安全问题，既包括硬件安全、固件安全、操作系统安全、应用安全、通信安全、云端安全等传统安全问题，还包括数据安全、人工智能算法安全、供应链安全等新型安全问题。随着智能汽车的逐渐普及，智能汽车的数据安全、人工智能算法安全和供应链安全问题日益凸显，正引起全社会的关注。车联网以“两端一云”为主体，路基设施为补充，包括智能网联汽车、移动智能终端、车联网服务平台等对象，涉及车 - 云通信、车 - 车通信、车 - 人通信、车 - 路通信、车内通信五个通信场景。

随着互联车辆的数量不断增加，伴随 V2X 技术的应用，增加了黑客漏洞利用入口点。传统形式的网络威胁，如勒索软件，更多针对远程信息服务、车辆组件和车辆本身的汽车特定威胁，导致针对汽车行业的网络攻击数量增加。国内 25 家车企的 53 款在售智能网联汽车中，共计发现漏洞 1600 余个，其中云端漏洞 1000 余个，可导致攻击者远程批量控制该品牌所有的智能网联汽车（见图 5.13）；车端漏洞 600 余个，可导致攻击者近距离非接触式控制汽车，如开关车门、起动发动机等（见图 5.14）。据移动技术公司 Upstream 数据显示，2010—2018 年针对智能汽车的攻击数量激增了 6 倍。工信部车联网动态监测情况显示，2020 年整车企业、车联网信息服务提供商等相关企业和平台遭到的恶意攻击次数已达到 280 余万次。具相关机构统计，在过去 5 年时间里，智能网联汽车被黑客攻击的次数增长了 20 倍。

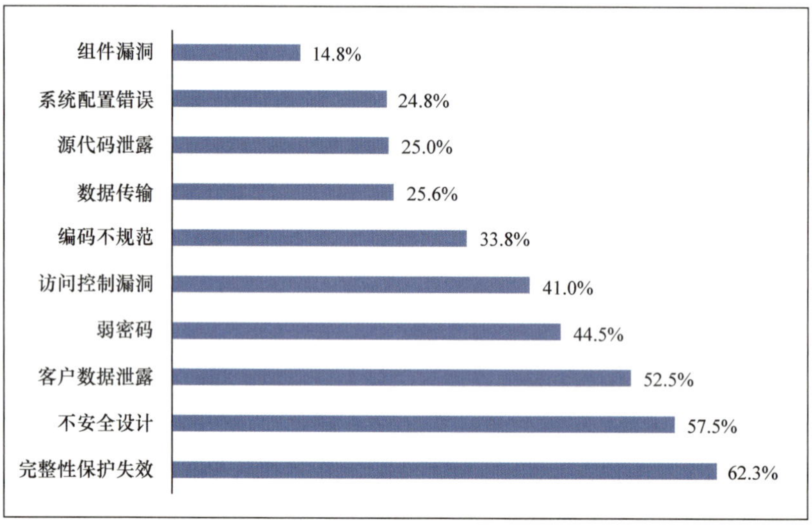

图 5.13 车联网云端主要漏洞发现频率

数据来源：360 车联网安全实验室、中国汽研整理。

不断增长的网络威胁态势在持续发展，根据 AV-TEST 研究所的数据，在过去十年中，恶意程序的数量急剧增加，从 2011 年大约 6500 万个，到 2021 年最后一个季度，则有 11 亿个，这可以从注册的 CVE 数量上看出来，在 2021 年，NIST 国家漏洞数据库中注册数量已超过 18000 个 CVE。

汽车数据安全问题，也是行业面临的一个重大挑战。据统计，车辆每行驶 8h 就会产生和消耗大约 40TB 的数据，尽管数据给汽车行业带来了好处和改进，但其增长会给黑客创造一个针对联网汽车的动机。美国联邦调查局的声明指出，汽车行业将来可能会面临广泛的网络威胁和恶意活动，因为互联网连接车辆和自动驾驶车辆收集的大量数据成为有经济动机的行为者高度重视的目标。数据安全在 UNECE WP.29 R155、GDPR、《中华人民共和国数据安全法》等一系列法规的落地之后成为车联网安全的一个极为重要的方面。针对数据的保护不仅是针对黑客的防御手段，更是合规的硬性要求。

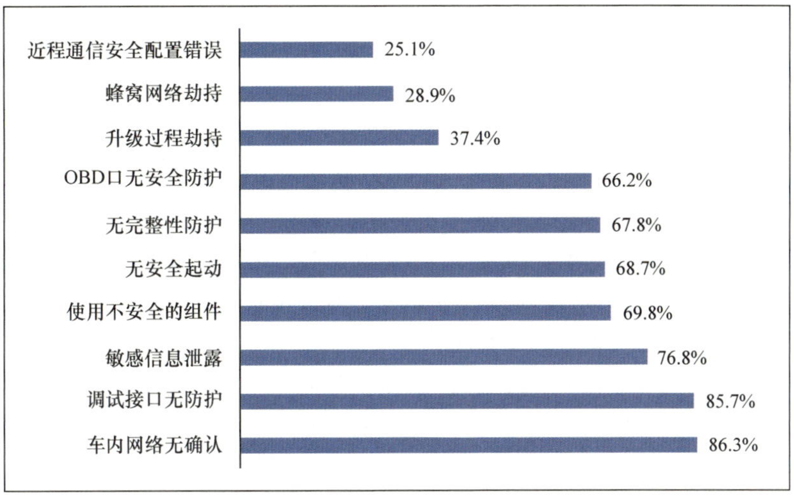

图 5.14 车联网车端主要漏洞发现频率

数据来源：360 车联网安全实验室、中国汽研整理。

车联网网络安全涉及产业链广、终端硬件多、体系复杂，面临威胁面较大。如何建立适应车联网场景的综合防护体系，成为行业发展必须重视的问题。对于车联网信息安全问题，可以依据不同的威胁对象，针对车联网网络安全防护，主要从智能汽车安全防护、通信安全防护、车联网服务平台安全防护、移动应用安全防护等方面，构建全链条的综合立体防御体系。

5.3.4 相关法规及标准现状

近年来，我国以《网络安全法》《数据安全法》《个人信息保护法》等法律为基本原则，发布人机交互、自动驾驶、车路协同、地图测绘等方面的法规、规范性文件及标准化指引，细化多项安全管理要求。同时，智能网联汽车作为我国数据安全的“强监管”领域，相关行业、地方主管部门也相继推动合规自查、信息报送等管理工作，逐步加强行政执法力度，督促行业安全整改。

1. 相关法律法规持续完善

近些年，我国《网络安全法》《数据安全法》《个人信息保护法》等法律相继颁布，建立了较为完善的数据安全法律体系，确定了数据安全管理要求和严格的法律责任。同时，各行业主管部门也下发多个针对汽车数据安全管理的法规、规定，不断申明数据安全保护原则，减少对汽车数据的无序收集和违规滥用，以充分保护个人信息安全和合法权益，加强重要数据存储监管，从而使得智能网联汽车数据安全得到有力保障。

2021 年 10 月 1 日，国家网信办、工信部等五部委联合发布的《汽车数据安全管理若干规定（试行）》（以下简称《规定》）正式施行，作为行业垂直监管的典型，该《规定》聚焦汽车领域个人信息和重要数据的安全风险，从汽车重要数据定义、收集原则、定期报送制度等方面，配套落实《数据安全法》等上位法律原则在汽车数据领域的具体规范。同时，该《规定》强调了国家加强智能网联汽车网络平台的建设，开展智能网联汽车运行和安全保证服务等，并协同汽车数据处理者加强智能网联汽车网络和数据安全防护。

2021 年 8 月 12 日，工信部发布《关于加强智能网联汽车生产企业及产品准入管理的意见》，强调了对智能网联汽车生产企业的网络安全和数据安全要求，加强数据和网络安全管理、规范软件在线升级、加强产品管理，并明确实施数据分类分级管理、制定重要数据目录、数据境内存储等规定。同时，针对配备自动驾驶功能的智能网联汽车，提出应建立事件数据记录系统，记录车辆及系统基本信息、车辆状态及动态信息、自动驾驶系统运行信息、行车环境信息、驾乘员操作及状态信息、故障信息等。

此外，《关于促进智能网联汽车发展维护测绘地理信息安全的通知》《公路水路关键信息基础设施安全保护管理办法（征求意见稿）》《智能网联汽车道路测试与示范应用管理规范（试行）》《车联网（智能网联汽车）直连通信使用 5905~5925MHz 频段管理规定（暂行）》等部门规范性文件也从地理信息、CII 安全、道路测试、网络安全等多个维度提出具体管理要求，保障智能网联汽车产业健康发展。

2. 标准工作持续推进

在标准指引性文件方面，多项国家标准、行业标准及技术指南共同形成对法律法规的落地支撑。2017 年 12 月，工信部和国家标准化管理委员会联合发布《国家车联网产业标准体系建设指南（智能网联汽车）》，提出建设能够支撑高级别自动驾驶的智能网联汽车标准体系的目标。2022 年 3 月，工信部印发《车联网网络安全和数据安全标准体系建设指南》，指出到 2025 年，在基础共性、终端与设施网络安全、网联通信安全、数据安全、应用服务安全、安全保障与支撑等方向，形成较为完善的车联网网络安全和数据安全标准体系。

GB/T 41871—2022《信息安全技术　汽车数据处理安全要求》、行业标准 YD/T 3751—2020《车联网信息服务　数据安全技术要求》以及全国信息安全标准化技术委员会（TC260）发布的技术文件《汽车采集数据处理安全指南》规定了汽车采集、使用、存储和出境等处理活动的安全要求，网联汽车相关的通用技术规范、车外数据、座舱数据、车联网信息服务等多方面均应参照适用。YD/T 3746—2020《车联网信息服务　用户个人信息保护要求》将智能网联汽车用户个人信息进行分类分级整理，对相关汽车厂商、零部件供应商、软件供应商等运营者的个人信息保护工作提出参考细则。

同时，随着 GB 39732—2020《汽车事件数据记录系统》、GB/T 40429—2021《汽车驾驶自动化分级》、GB/T 38628—2020《信息安全技术　汽车电子系统网络安全指南》、《智能网联汽车数据安全评估指南（征求意见稿）》、YD/T 3750—2020《车联网无线通信安全技术指南》等一系列标准性文件的制定和推广，我国针对智能网联汽车的各工况场景下的数据安全标准进一步完善。

深圳、上海等地陆续出台了关于智能网联汽车的管理条例或办法，对可以由自动驾驶系统替代人的操作在道路上安全行驶的汽车进行了地域性管理规定。同时，北京、上海、江苏、重庆、浙江等地相继出台了关于智能网联汽车自动驾驶道路测试的地方规定，并陆续发放了道路测试牌照。

5.3.5　典型技术研究

1. 数据加密技术

加密和认证被广泛应用于通信信道的安全领域，这一技术也被大量应用于车载网络环境，其中 MAC 技术已经被纳入 AUTOSAR 协议规范。传统的消息加密与认证技术在车载网络环境下，面临着体系结构异构、带宽和计算资源受限等问题。因此为减少加密运算带来的额外时间开销，车载网络中消息认证和加密通常采用轻量化、硬件加速等方式。

针对车载网络环境中计算资源紧张和消息加密对网络通信带来的额外时间开销的问题，采用添加硬件模块的方式来解决加密算法计算时间的问题，有效降低了消息加密对网络性能的影响，其缺点是会增加硬件部署的成本。为应对多种车载 EC 的漏洞和攻击模型，一种基于硬件的安全可信框架，在车载 CAN 上实现了基于轻量级物理不可克隆函数的双向认证和在非安全通信信道上的安全加密，实验结果表明，在 1Mbit/s 的车载 CAN 发送一个加密数据帧的时间开销为 108μs。

2. 基于特征的检测技术

通过对车载网络体系结构及网络协议的分析发现，可用于入侵检测观察的网络特征主要有设备指纹（通过时域和频域信息提取）、时钟偏移、频率观察、远程帧等。近年来，利用 ECU 电气特征的唯一性建立设备指纹信息成为一种热门车载网络攻击溯源方法，被广泛用于车载网络入侵检测研究。

基于特征观察的检测方法针对特定攻击模型往往能够取得高的检测精度，具有响应时间短、网络带宽开销小的特点。然而考虑到汽车长生命周期、网络环境动态变化的特点，现有研究中主要存在 3 个方面的问题。一是检测方法往往对应特定的攻击模型；二是检测效果的稳健性不强；三是缺乏对检测响应时间的评估及对功能安全保障的影响。考虑到 ACPS 功能安全关键属性，亟待通过入侵检测模型和算法的优化研究来解决上诉问题，以避免因网络安全问题导致严重的智能网联汽车车功能安全危机。

3. 基于信息理论和统计分析的检测技术

近年来，利用信息理论的方法针对车载网络异常检测有一系列研究工作，首先通过理论分析及实验表明了使用信息熵的车载 CAN 总线网络异常检测方法对重放、泛洪等攻击检测的有效性。在此基础上还提出一种基于随机森林模型的 CAN 报文异常检测方法，并利用真实车辆采集的大量数据在构造随机森林分类算法时进行了多次调整。实验表明，合适的网络特征参数对提高车载网络异常的检测有效性具有显著影响。现有基于信息理论的车载网络入侵检测方法研究往往忽略了汽车不同状态带来的车载网络信息熵抖动对检测结果的影响，其检测模型在有限的汽车状态下具有较高的检测精度，但对不同汽车状态的稳健性有待提高。这些问题导致此类方法无法满足当前汽车安全完整性等级（Automotive Safety Integration Level，ASIL）中的高等级安全要求。

4. 基于机器学习的检测技术

机器学习、神经网络等理论也已成为研究车载网络入侵检测技术的热门方向。国内外专家学者使用理论方法展开了各类研究，使用具有径向基函数内核的一类支持向量机来学习基线正常行为，并将偏差归类为异常，生成的分类器适用于消息时间序列；一种使用深度神经网络的车载网入侵检测技术，通过训练 ECU 之间交换的车载网分组消息以提取低维特征并用于区分正常和黑客分组；采用贝叶斯网络方法来快速识别 CAN 上的恶意消息攻击，利用汽车城市驾驶环境模拟器来模拟真实汽车各种运行状态下的 CAN 消息，存在的不足在于其检测精度无法满足功能安全等级保障要求。以上各个方法的实验结果表明，机器学习对于车载网络未知攻击模型的入侵检测具有较好的效果。然而在车载网中，由于计算、存储和通信带宽资源的限制，现有基于机器学习的入侵检测方法在如何降低计算复杂度和对车载网络通信带宽的消耗上是一个有待进一步解决的问题，同时提高检测精度、降低误报率、缩短响应时间和提高稳健性也是该类方法需要进一步改善的方向。

5.3.6 行业发展建议

智能网联汽车信息安全的重要性，已成为行业企业共识。在产业端，其能力建设已经成为产业的核心竞争力之一。

1）行业须加大标准法规建设。结合我国国情统一制定针对智能网联汽车信息安全的规范指引就显得很有必要。通过有效的统筹管理和规范指引，可以规范企业行为，促进市场发展。汽车智能化已经成为消费者购买的重要考量因素，但规范市场的标准发展进程却滞后于市场的发展。尽管目前国家出台了智能网联汽车标准体系，但很多关键标准尚在研究和待发布，一些已经发布的标准在实施过程中也遇到了一些问题，需要对标准进行修订和更新。

2）企业须加大信息安全能力建设。对于车企而言，安全监测与运营是一个系统工程。首先需要解读与汽车安全监测要求相关的法规标准，转化为落地安全措施，降低合规风险。然后需要在车端和云端集成安全监测产品，提升发现威胁和漏洞的能力。通过建设监测、响应和处置安全事件平台，提升安全事件预警、监测、响应和处置能力。在企业内部还应建立安全运营制度，完善安全运营流程，规范安全监测运营工作。

3）加大关键共性技术研究力度。关键共性基础技术成为智能网联汽车信息安全产业发展的基础支撑，如安全通信技术、安全检测技术、安全认证技术、安全芯片技术等。行业内相关企业根据自身优势，充分理解智能网联汽车应用场景及发展趋势，共同攻关关键共性基础技术。加大对车载智能操作系统、云计算平台、5G 网络的研究投入，促进代码校验、数据容错防护、传输校验以及安全“写保护”等核心技术领域的蓬勃发展，加强对网络加密技术、可信计算技术、终端设备认证技术的研究，保证终端设备的可信度，防止非认证终端接入汽车。提升智能网联汽车在遇到重大信息安全事件时的应急处理能力。

4）信息安全体系构建需多方共同发力。智能网联汽车的信息安全是涵盖了个人信息数据、车辆运行数据、各级别的自动 / 辅助驾驶数据、高精地图信息等在内的广义的信息安全。为应对智能网联汽车信息安全的复杂性，需要以关键技术为基础，以平台组件库为核心，建立技术平台，同时以安全应用为需求的思路，构建全面科学完善的信息安全防护体系。车企要与汽车研发、通信、安全监管、信息化等各领域主管部门和业内优质企业相互协同、标准化、系统化构筑安全体系。

CHAPTER 06

第 6 章 行业观点

王占春：持续深耕自主核心技术，助力商用车智能网联发展

王占春，一汽解放智能网联车开发部部长，高级工程师，具有20余年汽车研发领域工作经验，先后担任整车设计室主任、自卸车设计室主任、中重型车开发一部部长、智能网联车开发部部长。作为项目主设计师，完成J6全系列产品开发，产品累计销量超过100万辆；作为项目经理和技术负责人，完成出口车产品开发、解放JH6全系产品开发；带领团队完成解放智能车线控平台开发，实现高速场景及港口场景无人驾驶产品商业化落地，打造开放、先进的车联网平台，为一汽解放智能网联奠定了产品和技术基础。此外，在智能网联项目管理、体系建设、战略规划、技术开发及应用、对外合作、生态地图构建等工作中均取得了较好的成效。

1. 贡献和成就

（1）以场景应用为导向，打造专属智能车平台

为确保解放智能车产品持续领航，深度挖掘智能驾驶产品价值特性，完善系列化产品及场景解决方案，做到了早布局、早落地，打造13款智能驾驶车型并实现国内销量第一。以安全提升、能耗降低为切入点，首发量产L2、L3高速公路智能牵引车；以生态构建为切入点，首创商用车线控平台，助力商用车智能驾驶行业技术成熟；以人力替代、效率提升为切入点，首创基于5G-V2X的L4级自动驾驶城市环卫产品，率先在苏州高铁新城示范运营；落地整体解决方案，首创“车、港、云”三位一体无人驾驶港口车运营系统，率先在唐山港、日照港、大连港商业运营。

（2）以用户需求为导向，打造先进车联网大数据服务

针对车联网大数据业务深入快速梳理，以用户为中心，建立“车端、云端、生态端”架构体系，以车端为基础，以云端为核心，赋能生态端，先后突破TBOX、OTA、数字钥匙、信息安全、智能诊修等关键核心产品应用及技术开发；建立车联网大数据平台，实现产品研发、后市场服务等多场景应用，支撑精准研发和市场问题快速解决。

2. 中国智能网联汽车产业发展的现状及前景分析

伴随着新一轮科技革命和产业变革，智能网联汽车已成为全球汽车产业发展的战略方向。同时汽车工业也在向“新四化”方向发展，市场消费需求不断升级，汽车成为串联信息的关键纽带，整个互联网时代也将从移动互联网正式迈向产业互联网。在我国，智能网联汽车的发展也被提升至国家战略高度，并设定了时间表和路线图。2020年，国家发展改革委等十一部委联合印发《智能汽车创新发展战略》，包含发展态势、总体要求、主要任务、保障措施四个部分，战略愿景中提出到2025年，中国标准智能汽车的技术创新、产业生态、基础措施、法规标准、产品监管和网络安全体系基本形成。2021年，工业和信息化部、公安部、交通运输部联合发布《智能网联汽车道路测试与示范应用管理规范（试行）》，规定道路测试与示范应用相关内容，加快了智能网联汽车示范运行的步伐。这些政策法规的发布不仅从国家政策法规层面上为行业的发展指明了方向，同时也强化了我国汽车行业智能化、网联化发展的必要性和紧迫性。

对于商用车领域，智能驾驶应用是其未来发展的必然趋势。从商用车智能驾驶需求来看，在我国经济快速发展的大背景下，公路物流行业正处在快速发展阶段，物流企业要进一步降本增效、保障生命安全，这种现状使得物流行业对智能驾驶商用车的需求非常迫切。另外，城市的快速发展对智能商用车的需求也越来越迫切，无人城市清扫车、无人接驳车、无人快递车等智能商用车势必会成为将来智慧城市的标配。同时智慧矿山、港口、机场等特定封闭场景的商用车智能驾驶正在加速落地进程、逐步实现商业运营。

对于商用车领域而言，车联网大数据应用同样也是其未来发展的必然趋势。商用车的生产资料属性，决定了其使用者对信息和物流的要求很高。而车联网在商用车的远程管理和调配方面，具有提高使用效率、节约成本等优点，这使得车联网在商用车上的应用成为行业关注的焦点。目前，商用车利润来源将不断向后市

场转移，相比乘用车，商用车车联网盈利模式更为清晰，从商用车的全生命周期管理角度来看，车联网对总拥有成本（Total Coast of Ownership，TCO）优化空间巨大，潜在市场价值可达万亿。

未来，商用车以提升运输效率为核心需求，以低碳化、高可靠为核心技术，同时智能网联技术正逐步颠覆行业运营模式。面对国际化竞争的不断加剧，如何在此关键转型阶段通过核心技术自主创新保持国内市场优势地位，同时具备参与国际竞争的基础和优势，是国家建设交通强国、制造强国的重大需求。

古惠南：致力打造高端智能电动车，引领绿色智慧出行新方式

古惠南现任广汽埃安新能源汽车有限公司总经理。从事汽车行业 35 年，先后在广州标致、东风本田发动机、广汽丰田发动机、广汽乘用车等企业工作。作为汽车行业的资深专家和企业家，其在整车和动力总成制造技术、企业管理等方面具有丰富的经验，拥有多项发明专利，曾获得“中国汽车工业科学技术奖”“中国汽车工业科技进步奖”“广东省科技进步奖”等奖项。

1. 贡献和成就

2007 年始，开始参与广汽自主品牌项目建设，现正带领广汽埃安新能源汽车团队，致力打造高端智能电动车品牌，为用户提供世界级智能纯电动车产品和服务，引领绿色智慧出行新方式。自 2017 年成立以来，广汽埃安始终坚持科技创新，持续保持高质量发展步伐，销量连年翻倍增长，迅速跻身为新能源车行业头部车企。

2. 中国智能网联汽车产业发展的现状及前景分析

（1）国家产业政策明确新能源汽车未来发展方向

1）新能源汽车产业从 2009 年开始起步，在“十二五”国家战略性新兴产业发展规划中被列为七大战略性新兴产业之一。

2）新能源汽车行业存在不同路径：纯电动汽车（EV）、插电式混合动力汽车（PHEV）、混合动力电动汽车（HEV）、燃料电池电动汽车（FCV）。对比来看，EV 发展优势明显，且中国技术自主、电池产业优势明显，利于“换道超车”。FCV 仍然存在许多产业化课题，适合商用车领域。

3）2012 年 6 月 28 日，国务院印发关于《节能与新能源汽车产业发展规划（2012—2020 年）》，强调了我国的技术路线以纯电为主要战略方向。

4）2021 年国家发布《新能源汽车产业发展规划（2021—2035）》，提出 2025 目标：新能源汽车新车销量占比达 20%，纯电动乘用车新车平均电耗降至 12kW·h/100km。2035 年节能汽车与新能源汽车销量各占一半，其中节能汽车 100% 为混合动力，新能源汽车 95% 为纯电动汽车。

5）双积分、双碳：2018 年开始实施双积分管理办法，通过市场化的方式推动新能源汽车产业可持续发展。国务院《2030 年前碳达峰行动方案》，提出到 2030 年，当年新增新能源、清洁能源动力的交通工具比例达到 40% 左右。

6）得益于国家政策的大力支持，新能源汽车产业发展取得了巨大成就，产业技术水平显著提升，产业体系日趋完善，企业竞争力大幅增强。2015 年以来，中国新能源汽车产销量、保有量连续七年居世界首位。

（2）新能源汽车发展进入快车道

我国新能源汽车进入高速发展期，渗透率快速提升。2022 年我国新能源汽车持续爆发式增长，产销分别完成 705.8 万辆和 688.7 万辆，同比分别增长 96.9% 和 93.4%，连续 8 年保持全球第一。市场规模全球领先。

吕济明：测试验证智能汽车，搭建完善的评价体系

吕济明　上海测迅汽车科技有限公司首席技术官，四川省“千人计划”特聘专家，成都市人大代表。2008 年毕业于吉林大学，工学博士，师从中国工程院院士郭孔辉教授，具有丰富的车辆动力学性能开发及相关测试设备开发的成功经验。2017 年作为联合创始人创立上海测迅汽车科技有限公司并担任首席技术官，专注智能网联汽车的安全性能测试及评价技术、模拟测试环境构建技术和车辆交通在环测试平台关键技术的研发和应用创新。致力于将测迅发展成为智能驾驶安全性测试技术引领者。

1. 贡献和成就

2017 年联合创立上海测迅汽车科技有限公司，面向汽车智能辅助驾驶及无人驾驶汽车提供性能测试验证解决方案与服务，致力于通过创新的测试技术及高性能的测试工具来支持智能汽车产品的研发，为整车研发机构及智能驾驶科技公司提供完善的测试验证解决方案。组建研发团队，研制出适用于中国道路场景的智能网联汽车测试场景数据库，并基于场景参数自动迭代组合的仿真试验与实车道路测试，搭建完善智能网联汽车的驾驶技能及安全性评价体系。测迅针对测试工具装备、测试评价方法及测试分析软件申请了国际国内专利及软件著作权，目前已经申报近 20 项专利及软件著作权，其中的 4 个发明专利领先国际。

围绕智能汽车驾驶场景数据库，设计了覆盖国内大多数城市及高速公路等交通场景的封闭试验场地，涵盖常见城市道路、高速公路、施工道路、特殊道路标志、雨雪等特殊天气条件等场景；开发与之配套的智能汽车系统安全测试验证平台、模拟交通参与者、交通标志及其承载系统等测试设备。测迅成为中国智能网联汽车产业创新联盟 - 预期功能安全工作组的核心工作组成员、标准发起单位之一，参与并支持了工作组有关预期功能安全标准建设中场景库建设及测试评价体系研究工作。

2. 中国智能网联汽车性能安全测试发展现状及前景分析

智能汽车及其关键技术研发方兴未艾，大量的企业、高校和科研院所朝着智能驾驶的愿景“减少交通事故，减少交通拥堵，提高交通效率”投入大量的人力和物力。然而，智能汽车自动化程度越高，其系统承担的驾驶任务越重；高级别自动驾驶系统涵盖低级别系统功能并对其进行增强、扩展，随之引入新的子系统和控制策略；低级别系统所做的测试和验证，高级别系统同样需要进行，性能指标应该要求更高；高级别系统扩展了新能力，也引入了新的不确定性风险；低级别的智能汽车的责任主体仍然是驾驶员，而高级别智能汽车的责任主体则是具有完全决策和执行能力的自动驾驶汽车……以上诸多问题考验着智能汽车研发和测试工程师的智慧，需要投入大量的精力来反复测试验证以保证智能汽车达到预期的愿景。

智能汽车主要通过 GPS、高精度地图、摄像头、毫米波雷达、激光雷达等传感器感知自身位姿及周围交通环境。由于智能汽车感知预测、决策执行等系统的局限性和复杂性，智能汽车除了考虑传统汽车必须考虑的功能安全之外，还必须考虑整车和各子系统的预期功能安全问题，即关注系统部件无故障情况下，由于感知及执行不符合预期、乘员误用、环境干扰而产生的危害。为满足功能安全和预期功能安全的需求，SAE 建议通过对智能驾驶系统架构中与安全性有关的功能进行分级，再逐层设置如何执行安全性规避策略。目前，国内外仅对 L2 及以下的辅助驾驶功能安全评价制定了一些标准和体系，针对更高层次的智能驾驶的标准和体系尚处于空白。另一方面，智能汽车将主要运载乘员，乘坐的主观感受同样是决定智能驾驶水平的重要方面，因此，还要对智能汽车的驾驶技能水平建立相应的测试评价体系。

智能汽车整个开发过程，测试验证是至关重要的安全保证，其中必不可少的环节包括：驾驶场景数据库、仿真测试软件、测试设备、测试评价体系及相关法律法规。目前，国内诸多领域都需要填补空白，道阻且长。

江睿：推动车机导航科技进步，引领高精地图发展

35 岁的江睿，毕业于英国诺丁汉大学电气与电子工程专业。2016 年加入高德，凭借其多元的知识结构，开阔的宏观视野和敏锐的商业洞察与判断力，在关键时刻对行业趋势、市场走向做出了精准判断，是高德地图汽车业务中心的战略规划者。在一次次跨越职能和赛道的挑战下，江睿拥抱变化，激流勇进，不断开拓创新，带领团队披荆斩棘，助力实现了高德车载导航今日的行业领先地位，也为中国汽车智能化演进做出了突出贡献，展现出他远超同龄人的智慧、果敢与成熟。

1. 拥抱变化，不惧挑战，助力公司业务高速发展

江睿学成毕业后在广告行业摸爬滚打了几年，始终觉得自己的工作无法带来推动社会进步的价值，于是毅然决然回到祖国怀抱，投身于时下火热的产业互联网，进入高德。彼时的出行行业，正面临一场巨大变革，无论国内国外，大家都在思考下一代智能化出行如何实现。这是一条充满未知和荆棘的探索之路，但江睿则视之为找到了自己愿意为之全力奋斗的事业。因为这一次，他坚信可以凭借自身努力推动车机导航领域的科技进步，提升人们生活的幸福感。

当然，不出意外地，看似轻松的转型背后，要克服择业和社会融入的海归青年“水土不服”之痛，是走出舒适区向未知领域的重新摸索，是从广告领域到出行领域的巨大跨越，但面对一次次变化与挑战，江睿总是笑着说：“如果不难，要我干什么？”

正是这股韧劲，当他被委派至高德汽车业务中心担任汽车业务商务负责人，面对全新的车机业务领域，他从容不迫，凭借超强的学习能力，快速完成了业务切换的过渡；并基于对汽车厂商在地图导航领域真实需求的深入剖析和独到见解，成功获得数个重点车厂项目标的，为高德赢得更多车厂客户。

当他升任汽车业务中心商务 / 产品 / 项目负责人时，面对不同工种，江睿快速了解各职类同事的工作内容、卡点及个人发展诉求，识别到资源配置和组织方式问题，随即深入拆解、分析，发起了“专项战役”项目，改进资源配置和组织方式，将商务产品项目人员拧成业务铁三角和虚拟战队，打造了一支“招之即来，来之能战，战则必胜”的业务团队，高效地为行业客户提供专业的整体解决方案，大大加速了汽车产业座舱智能化进程，助力公司业务的高速发展。

2. 不破不立，改变行业格局，让民族自信展现在更大舞台

肩负着高德汽车业务在下一代导航无人区持续探索重任的江睿，从不是只看眼前。他深知，只有获得国际厂商的认可，才有可能带领中国制造走向世界，实现他心中的理想。

为了给不同品牌汽车的用户打造个性化导航体验，江睿立足出行行业格局，打破原有行业服务观念，让导航服务提供商从单纯的乙方供应商转变为车厂的长期合作伙伴。他制定了客户分级业务战略并创新服务理念，面向国际化大厂，不卑不亢，带领团队一家一家死磕。终于获得奔驰、奥迪等老牌整车厂认可。个性化导航的理念、产品、技术也被国内外众多车企广泛采用，改变了行业格局，带动了车载导航行业的快速发展，同时，更让我们国产导航产品在国际汽车行业竞争中占据重要位置。

3. 脚踏实地，运筹帷幄，精准判断，行稳致远

随着汽车“新四化”的演进，各车厂也开始顺应时代趋势，在高级辅助驾驶领域发力。江睿通过对该领域技术方面的深层挖掘，敏锐地意识到自动驾驶在中国因为各种复杂条件的限制，短时间内并无法落地。作为汽车中心的指挥官，江睿不断推演、思考，如何能够帮助中国的汽车行业更快地走在高级辅助驾驶能力发展的前列，随后得出了：地图导航需要既支持供用户使用，也支持供车载辅助驾驶系统使用的产品判断，进而推演出“人车共导”、“双域联动”的基本判断，为高德汽车业务下一阶段的核心战略指明方向，也为行业高级辅助驾驶到自动驾驶过渡阶段的智能驾驶形态及导航形态指明方向。如今，越来越多车厂，包括新势力的蔚来、小鹏、理想、吉利、长安等都进入了“人车共导”的行列。事实一次次地证明江睿的判断是正

确的。

4. 引领高精地图发展，带动国内新势力技术创新，助力“中国制造”领先世界

基于“人车共导”核心战略，江睿还主导了高德第三代车载导航——车道级导航0到1的创新突破，在精度、鲜度、准度方面远超以往的路径级导航，并联动国产造车新势力品牌小鹏汽车，率先投入研发量产。

小鹏副总裁吴新宙表示：“在这款产品中，我们完成了高级辅助驾驶和高精地图真正的配合。这种配合不光是硬核的感知和地图、规划和地图的配合，而且也是在用户交互层面的配合。”这一创举实现了中国企业在导航领域的世界级产品及技术创新，推进了中国本土造车新势力车企在高级辅助驾驶领域走在了世界前沿，实现弯道超车、全球领先。

时至今日，高德汽车业务在江睿的带领下，广泛深入地与各汽车品牌深度合作。作为行业表率，在高级辅助驾驶技术和新能源技术的发展浪潮中，江睿带领团队依旧在坚持不懈地进行产品和技术的创新研究，积极推动汽车行业的健康有序发展，立志为行业、为用户提供智能化汽车座舱，更为推动中国汽车行业走向世界前沿而拼搏奋斗！

吴波：数据安全第三方服务模式，降本增效保障智能网联汽车个人信息安全

吴波，成都卫士通信息产业股份有限公司系统总体与方案中心总经理，长期参与智能网联汽车安全、车载安全芯片领域工作，专注交通、能源、金融、军工、党政等行业领域网络安全和信息化方向，主持多项重点专项课题，参与国内多个行业领域关键信息基础设施网络安全体系设计与落地。在数据安全技术与运行管理、密码技术与应用、风险管理与政策合规、工业互联网安全等方向打造解决方案，推进产业生态持续融合。

1. 贡献和成就

长期参与智能网联汽车安全、车载安全芯片工作，打造车联网整体安全解决方案，构建“1 中心、3 体系、1 服务”车联网安全体系。通过车联网安全密码基础设施和车联网安全运营服务，推进车联网安全解决方案从车联网先导区到智慧城市建设项目中落地。

主持多项数据安全、密码总体设计工作，围绕商用密码技术行业应用、关基网络安全体系设计、商业秘密保护、各行业个人信息保护方面，制定标准、主持规划、推动国内多个大型专项工程落地。

2. 核心观点

智能网联汽车运行过程中，云网边端将产生、采集大量个人信息数据。对于智能网联汽车所承载的个人信息的分类分级、应用确权、安全保护、共享交换，需要体系化的保障能力。基于云网边端架构的智能网联汽车，以云端为抓手，采用第三方保障模式，可以实现集约化安全能力、体系化保障机制、标准化运行模型，有效提升个人信息保护的安全性，确保数据得到安全高效合规应用。

考虑到第三方保障模式如何与智能网联汽车技术体系、管理体系、合规运行体系对接，建议从以下三点开展相关工作。

（1）从端到云，“全密态”，个人信息安全采集

个人信息由智能网联汽车端侧产生，通过与边缘侧、云侧的交互，形成信息流转。为了确保个人信息得到有效保护，需要从采集环节开始嵌入“全密态”保护机制，并通过第三方平台提供全域的密钥管理、策略管理能力，从而实现对个人信息保护的全面覆盖。

（2）从芯到数，“溯可信”，个人信息保护基础

对于个人信息数据的保护需要底层承载机制。结合智能网联汽车环境的复杂性，应当从车端、云端双侧提供相应能力。车端边缘侧采用安全芯片、内部采用嵌入式安全单元，云端采用平台化、服务化计算能力，可有效提供密码支撑，并实现安全计算环境与应用场景之间的平衡。

（3）以服代管，“融流程”，个保合规工作抓手

通过第三方保障平台，嵌入智能网联汽车管理流程，从车端、云端、业务流程几个层面，对标个人信息保护法及相关法律法规要求，提供全生命周期的个保管理机制。通过以服代管的模式，将个人信息保护的整体成本降低，使得个人信息运营主体在安全合规层面得到有力支撑。

何逸波：直面用户，创建“场景画像”，形成实用化的解决方案是推动行业发展的关键

何逸波博士，上汽通用五菱汽车股份有限公司，技术中心副总经理，GSEV平台VLE及上汽通用五菱场景驾驶部总监，2016年起负责新能源汽车技术研究，目前负责技术中心运营管理及新能源汽车平台技术管理工作。带领团队参与全线控电动汽车平台关键技术，包括微小型纯电动汽车驱动系统、电机系统、集成开发及商业运营，获得中国汽车工业技术发明奖二等奖；负责新能源汽车智能化驾驶及其电控系统的开发与应用；负责智慧无人物流项目，完成上汽通用五菱全链路智慧无人物流建设，加速5G云控物流应用实践和无人物流嵌入式架构开发，获得汽车物流行业创新奖、上海市技术发明奖一等奖、东盟数字创新大赛二等奖和第四届“绽放杯”5G应用征集大赛广西区一等奖。

聚焦用户体验，用“场景”定义产品

上汽通用五菱创造了基于“场景”的全球小型电动车平台（GSEV），聚焦用户体验，提出场景定义产品的理念。通过大数据分析，解析用户场景，对用户体验进行多维度量化，精准识别产品的场景化功能和特性，使最终产品可以精准满足用户需求，实现用户体验，做到“经济、好用”。同时，通过技术创新和场景约束，使产品告别盲目的“参数比拼”，而转向对用户体验的“精准打击”，不但降低了产品的成本，也在用户体验上实现了聚焦和优化。基于共性技术，在如工业自动化、物流等多个领域形成应用场景，形成以解决具体问题为目的和抓手的开发模式，用功能拆解、性能降维的方法实现独立自主的产品开发。在场景中定义产品，在场景中验证产品，在场景中迭代产品。

褚文博：推动车路云一体化产业化实践迈向纵深

褚文博，西部科学城智能网联汽车创新中心总经理；博士，中共党员，正高级工程师，研究员，本科和博士毕业于清华大学，硕士毕业于德国亚琛工业大学；北京市青联委员，重庆市政协委员，国家智能网联汽车创新中心首席技术专家。曾获首都劳动奖章、北京市科技新星人才、“亦麒麟”领军人才、北京市青年骨干人才、西部（重庆）科学城“金凤凰”杰出人才等称号。

1. 主要成就

长期从事智能网联汽车、新能源汽车、车辆动力学领域关键技术研究，先后牵头并主持 10 余项国家和省部级项目，牵头组织行业多方力量编制发布智能网联汽车领域标准 10 余项；在德国 Springer 出版社公开出版并发行学术专著 1 部；在 SCI、EI 期刊发表学术论文 40 余篇、申获国家发明专利 60 余项。

在国家智能网联汽车创新中心工作期间，先后孵化了系列国家级智能网联汽车基础平台公司。在重庆工作期间，孵化培育了多个智能网联汽车上下游产业化公司。

2. 中国智能网联汽车产业发展的现状及前景分析

当前，全球汽车产业迎来前所未有的大变局，发展智能网联新能源汽车产业既是推动未来汽车产业高质量发展的主要方向，也是完善汽车产业移动出行及其社会生态系统建设的关键任务。发挥超大规模市场优势，夯实产业基础，以智能网联汽车增强未来汽车产业核心竞争力，可为中国式现代化提供有力支撑。

车路云一体化符合智能网联汽车技术趋势，更是具有中国特色的发展路径，融合了我国在新能源、计算机、通信、互联网等领域的优势，将助力我国汽车产业抢占技术制高点。

作为一种跨技术、跨产业领域的新兴汽车体系，智能网联汽车的发展须突破“车、路、云、网、图”融合推进过程中的种种关键共性技术。要着力解决行业关键共性技术问题和攻克产业“卡脖子”技术难题，始终围绕智能网联汽车重点发展的技术链、产业链和价值链开展科研攻关，为行业、产业发展强力赋能。

中国作为世界上最大的汽车生产和消费国，对智能网联汽车产业高度重视，并制定了一系列政策规划和战略措施，以推动产业创新发展。《“十三五”国家科技创新规划》《“十四五”国家科技创新规划》《智能汽车创新发展战略》《新能源汽车产业发展规划（2021—2035 年）》等文件都将智能网联汽车作为重点领域进行部署。同时，各地区也积极响应国家号召，出台了各自的地方规划和支持政策，建立了一批智能网联汽车示范区和试点城市，为产业发展提供了良好的环境。

在政策引导下，中国智能网联汽车产业呈现出蓬勃发展的态势，已经成为全球最大的智能网联汽车市场，并在部分领域取得了领先优势。在自动驾驶方面，中国道路测试里程、测试牌照数量、测试场景覆盖等方面均位居世界前列；在通信方面，中国已经建成了全球最大的 5G 网络，在 C-V2X（基于蜂窝网络的车辆通信）技术标准制定和应用推广方面处于领先地位；在高精度地图方面，中国已经形成了完整的地图生产链条，在数据采集、处理和更新等方面具有明显优势。

推动智能网联汽车产业高质量发展，需要加快标准规范建设，参与国际标准制定，推动国内外标准的对接和互认，形成统一的技术要求和评价体系，促进产业的规范化和协同化发展。要注重强化安全保障措施，建立健全的安全管理机制和法律责任制度，完善安全测试验证方法和工具链，加强安全监测预警和应急处置能力，提高系统的可靠性和稳定性。着力加大核心技术研发投入，加强跨领域、跨层次、跨行业的协同创新机制建设，突破关键共性技术难题；同时，要加强人才培养引进机制建设，培养造就一批高水平的创新人才队伍。

宋德王：自动驾驶产业将向以乘坐体验为核心的服务导向型行业过渡

宋德王，百度智能驾驶事业群组智能网联资深专家。

1. 成就与贡献

1）2017 年加入百度智能驾驶事业群组，先后负责自动驾驶国家新一代人工智能开放创新平台方案编制、科技部 2030 人工智能创新平台研发项目，参与国家《智能汽车创新发展战略》和《关于促进道路交通自动驾驶技术发展和应用的指导意见》等顶层设计工作，参与国内自动驾驶相关测试产业政策工作，参与编制了《百度 Apollo 智能交通白皮书》《中国自动驾驶安全读本》《中国智能网联汽车产业发展报告（2019）》《自动驾驶汽车交通安全白皮书》等行业报告。

2）2017 年起，先后参与制定北京、上海、广州、深圳、重庆、武汉、成都等多个城市自动驾驶相关测试管理办法。

3）2014—2017 年，在工信部电子信息司与中国电子信息产业发展研究院工作期间，参与建设了 5 个国家级“基于宽带移动互联网的智能汽车与智慧交通应用示范区”。

2. 中国智能网联汽车产业发展的现状及前景分析

经过多年的探索，目前，自动驾驶汽车已从研究阶段加速进入商业部署和应用阶段。在未来出行趋势下，自动驾驶的商业模式将迎来创新发展。业内普遍认为，自动驾驶汽车将在 2025 年前后迎来一轮爆发式增长；到 2035 年，道路上行驶的车辆中将有一半实现自动驾驶。在汽车智能化进程快速推动、互联网造车企业快速兴起和共享经济市场蓬勃发展的背景下，自动驾驶产业将不再是单纯以产品销售为主导的传统制造业，而是向以乘坐体验为核心的服务导向型行业过渡，将逐步形成跨界合作模式、“互联网 +”模式、共享出行模式和服务主导模式等主要商业模式。

陈海波：自主研发车辆智能驾驶，实现 AI 功能

陈海波博士，深兰科技创始人及深兰科学院创始院长，中国管理科学院学术委员，国家智慧城市工作委员会副秘书长，东华大学人工智能学院副院长，江苏理工计算机学院特聘教授，南京工业大学、重庆交通大学客座教授。此外，还担任清华大学—深兰机器视觉联合研究中心管委会主任，上海交通大学—深兰人工智能联合实验室管委会主任，中南大学深兰人工智能研究院创始院长暨第一届专家委员会委员，上海长宁区现届政协委员，浙江衢州市第七届政协委员，新沪商联合会现任轮值主席。曾获 IEEEISI world cup 2019 很好导师、第四届上海市工商业领军人物、2018 上海领军人才、苏州"金鸡湖人才计划"科技领军人才、2018 硬科技行业风云人物奖、中国智能制造风云人物、2018ECI 年度创新影响力人物、2019 中国人工智能杰出人物等荣誉。

贡献和成就

深耕人工智能行业十余年，在人工智能及自动驾驶技术领域具有深刻的认知和理解，创建的深兰科技公司先后完成熊猫智能公交车、熊猫智能扫路王、熊猫物流车、井工自动驾驶胶轮车和井工智能装载机等大型智能化 / 无人化商用和各种装备车辆（见图 1）。

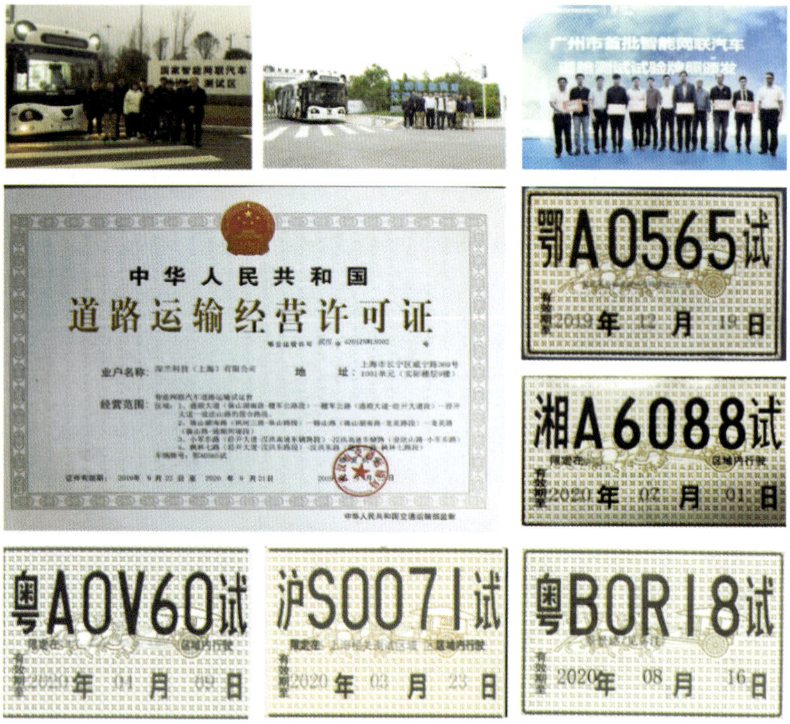

图 1　深兰自动驾驶测试牌照

2018 年 6 月，深兰发布了具有自动驾驶功能智能移动零售商用车，同年 12 月，推出了一款移动餐车—熊猫餐车，有多种外观可选，搭载计算机视觉、生物智能、智能语音等多种人工智能技术，新能源动力系统以及智能厨房和送餐管理服务生态，便于移动且更加低碳环保。经过几年的技术积累和迭代，深兰于 2019 年 1 月推出全新正向设计的自动驾驶商用车——熊猫智能公交车，在 AI 闪耀一带一路新一代人工智能未来发展峰会上公开发布，并举行了多城启动仪式，交付并落地了包括天津、长沙、武汉、上海、广州、深圳、衢州、鞍山、襄阳等多个城市。

随着产品的不断应用和数据的不断积累，公司逐步完善了自动驾驶技术平台和体系结构，已先后获得广

州、上海、武汉、长沙、深圳的智能网联客车道路测试牌照（见图1），并在武汉获得自动驾驶车辆的道路运输经营许可证。需要强调的是，上述测试牌照在多地属于首张、首批或唯一发放。

值得一提的是，熊猫公交还融合了多项深兰自主研发的技术，包括视觉感知、生物识别、语音语义等，旨在以智能化方式提供更高效、安全舒适的乘车体验，同时瞄准用户乘车的黄金时间段，提供更多的价值转化能力和较新的商业探索方式，其搭载的深兰科技第三代智能客舱AI系统由车载边缘云基础架构系统、手脉识别扣费系统、眼控计时广告系统、乘客异常行为分析系统和语音交互系统组成。车载边缘云基础架构系统为整车智能客舱AI系统提供一套完整的边缘云计算基础架构，与传统客车及行业伙伴相比，车辆搭载的智能驾驶及AI功能使其在安全、效益、服务等方面有了重大升级和变革。

周时莹：核心算力稳步提升，人机交互向场景化、内容级交互快速发展

周时莹，女，中国第一汽车集团有限公司研发总院代理副院长兼智能网联开发院院长，工学博士，研究员级高级工程师；现任中国科协第十届全国委员、工业与信息化部车辆产品技术委员会智能网联汽车分委会委员、吉林省汽车电子协会理事长。享受国务院特殊津贴，本人获得全国五一劳动奖章、全国巾帼建功标兵、吉林省长白山青年拔尖人才、吉林省优秀共产党员、吉林省五一劳动奖章、吉林省 B 类人才、中国汽车工业优秀青年科技人才奖、长春青年榜样、长春市杰出女性等荣誉；所带领团队先后获得吉林省“黄大年式科研团队”和“中央企业先进集体”称号。发表学术论文 12 篇（SCI/EI 检索 5 篇），授权专利 18 项。

1. 对推动智能网联汽车产业发展做出的主要成就和贡献

作为红旗品牌智能网联领域技术带头人，全面主持技术与产品的规划、研发及育成等工作。建立一汽新一代基于 SOA 的 EE 架构平台，打造智控、智驾、智享三大产品集群，处于国内先进水平。突破虚拟仿真测试、自动驾驶技术、发动机控制技术、智能座舱等关键核心技术，建立安全融合设计的体系能力，承担工信部工业强基和高质量再造项目，努力推动民族汽车品牌跃迁向上。作为主要完成者获得吉林省、中国汽车行业等多项省部级科技创新进步奖项：“红旗车云一体化网络关键技术创新及应用”项目在第二十五届全国发明展览会上荣获发明创业奖项目奖金奖（2021）；“多域融合全链路整车 EE 平台关键技术创新及产业化”项目获得中国汽车工业科学技术进步奖三等奖（2021）；“双离合器自动变速器电控系统平台产品开发与技术创新”项目获得吉林省科学技术奖二等奖（2019）。

红旗智能网联二大产品集群，为红旗品牌注入了时尚、智能、科技的基因，树立起中国式豪华汽车的全新标杆。红旗智能网联产业化结构培育了集团内外稳定的合作资源，引领自主技术创新，建立了传感器、控制器、软件、AI 算法多方面融合的稳定供应链路，拉动了智能网联产业链、培育了自主核心零部件供应商体系。参与国家标准建设 42 项，以及工信部智能网联汽车准入、信息安全认证、软件备案等工作；有力支持国家智能网联汽车战略的实施落地。

2. 中国智能网联汽车产业发展的现状及前景分析

1）基于 SOA 的新型电子电气架构逐步落地；从行业现状来看，目前国内外各主机厂均在积极进行新一代集中式 SOA 架构的开发，是主机厂把原属于供应商的软硬一体部件中的控制功能提取出来收归、融合于自身的过程，汽车软件所有权逐渐收归主机厂，并基于核心软件自研和迭代为主机厂带来新的效益增长点。接下来架构的革新将会进一步集中算力到一个“车脑”并与“云脑”实时协同，以支撑更灵活的软件迭代和更复杂的软件算法运行，通过硬件预埋及可插拔 + 用户付费解锁服务，主机厂可在保有车辆上实现软件、内容盈利变现，亦增强品牌的用户黏性。智能网联汽车将进一步演变成为高附加值、高体验的移动出行互联终端，成为智慧城市、智慧社会的重要组成部分。

2）硬件算力不断提高，并向舱驾融合、集中方向发展，随着汽车智能化进程不断深入，计算平台的核心算力在稳步提升，主要体现在智能驾驶等级提升，以及座舱与智驾集成、共享算力两个方面。智能汽车的自动驾驶等级逐步提高将带来硬件算力指数级的需求。当前，全功能 L3 智能驾驶典型算力需求已大于 300Tops，预计全功能 L4 的算力需求将大于 1000Tops 以上；智能座舱引入元宇宙、数字孪生等最新体验，并与智驾域融合，导致芯片的集成度不断提高，进一步提升了硬件算力的指标。

3）人机交互正在向场景化、内容级交互快速发展，3D 场景化交互将成为未来几年视觉交互的重要表现形式；以内容容量、逻辑深度为目标的交互将通过互联网生态和大数据算法向更多维、更智能、更主动的方向发展；高度的模块化解耦将成为重要课题，以实现由点到面再到系统层面联动机制，让汽车人机交互系统可以不依赖于当前硬软件条件和生态资源，能够无界自然变幻，无限迭代生长。

周智民：车路协同是实现智慧城市发展路径的“火车头”

周智民，长沙智能驾驶研究院网联交通事业部总经理，长期从事智能车路协同（V2X）领域解决方案应用推广，对国内智能网联汽车市场及环境有较深的认识，具有丰富的项目实施经验，深度参与了多个国家级车联网先导区的建设。

中国智能网联汽车产业发展的现状及前景分析

车路协同是实现智慧城市的“火车头”，实现车路协同的重要一步，就是路侧基础设施的智能化改造。只有路端的设施跟上智能化的脚步，才能做到车路“同频”，携手并进。而路端设施的改造，也恰恰是智慧城市中重要的一环。车路协同是实现智慧城市发展路径的“火车头”，以交通基础设施改造为第一步，逐步实现更大范围、整个城市的智能化、智慧化提升。以智能网联汽车为牵引，部署智能基础设施，优先建设公交专用、出租专用、环卫物流专用等使用频次最高、应用需求最迫切的重点交通场景，以便未来城市基础设施可以复用，提高利用率。

在“双碳”目标驱动下，车路协同是重要的战略方向。一方面，通过建设精密、专业的城市智能基础设施，可以实现精准采集碳排放数据和排放信息可视化，服务于政府部门检测和管理；另一方面，通过发展智能网联汽车，可以推动以新能源汽车为代表的绿色低碳产业与大数据、人工智能、5G等新兴技术深度融合，加速产业结构深度调整。

赵起超："人－信息－物理"系统将快速发展

赵起超，北京津发科技股份有限公司董事长，北京人因智能工程技术研究院执行院长，目前兼任北京大学、北京理工大学、哈尔滨工业大学特聘校外导师；教育部"人因与工效学"产教融合/就业育人项目发起人、国际奖IEA/Kingfar Award人因与工效学研究奖发起人、广东省市场监管局人因工效学标准化组委员、《国防科技工业》全国理事会副理事长、中国人类工效学学会常务理事兼副秘书长＆智能穿戴与服装人因工程分会副主任兼秘书长、中国用户体验联盟副理事长、中国工业设计协会用户体验产业分会副理事长、中国系统工程学会人-机-环境系统工程专委会副主任。获省部级科技奖励多项、参编多项国家标准、已授权国家发明专利40余项；参与国家重点研发计划、工信部高质量发展专项、国家自然科学基金等多项。

1. 贡献和成就

北京津发科技股份有限公司自主研发的人因工程平台填补国内空白，达到国内领先国际先进水平；获多项省部级科技奖、参编多项国家标准、参与军队重大科研项目、国家重点研发计划、工信部高质量发展专项、国家自然科学基金等多项；已授权国家发明专利30多项。

2. 中国智能网联汽车产业发展的现状及前景分析

人因工程是关于通过理解人与系统其他各元素之间交互的科学规律，并在设计中应用专业理论、原则、数据、方法实现人与整个系统效能的科学学科。人因工程是随着科技进步与工业化水平的提升而快速发展的一门综合性交叉学科，它倡导"以人为中心"的设计理念，在包括汽车在内多个领域和产业都发挥着重要作用，包括航空航天、装备测评、医疗卫生、建筑设计、产品设计等。人因工程具有交叉学科的特点，它综合运用生理学、心理学、人体测量学、生物力学、计算机科学、系统科学等多学科的研究方法和手段，致力于研究人、机器、环境之间的相互关系和影响，最终实现提高系统性能，确保人的安全、健康和舒适等目标。近年来，随着互联网、云计算、大数据等信息技术的飞速发展，各种先进技术相互融合，世界从原来的"人－物理"二元空间向"人－信息－物理"三元空间发展。"人－信息－物理"系统是以人为中心，由人、信息系统和物理系统有机集成的综合系统。21世纪以来，新一代人工智能技术的发展和应用，呈现出深度学习、跨界融合、人机协同、群体智能等新特征，信息系统被赋予了感知、学习、决策、控制等能力，人工智能及智能技术从学术牵引转向需求牵引，催生出许多基于智能技术的新产品、新模式、新业态，人和智能系统间的交互研究也成为人因工程新的热点研究方向之一。重视人的因素和用户体验是面向用户的智能系统成功的关键因素，智能系统也给人因工程的研究和应用带来了许多新的机遇和挑战。

以智能座舱人因工程研究为例，由于新技术的发展与应用，汽车的概念也从交通工具向智能终端演变。HMI是智能座舱中的关键部分，也是汽车车载系统和人员之间进行信息交换的媒介。由于智能技术与汽车产业的结合，当前智能座舱的功能、形态和交互等与传统座舱相比发生了显著变化，比如在输入方式上，物理按键、旋钮简化，触屏交互得到发展，语音交互被广泛应用，手势交互、面部识别等输入和控制方式被初步尝试；在输出方式上，HMI显示向大屏化、多屏化、便捷化的方向发展，多种反馈方式得到应用。除此之外，自动驾驶也改变了人、车、环境间的交互，比如驾驶员转变为"乘员"，进行非驾驶相关任务等。在这样的背景下，智能座舱HMI作为车辆与驾驶员和乘员沟通的媒介，对于提高系统的安全性、舒适性等就显得尤为重要。对于智能座舱HMI设计，非常需要有意义的人在环测试，从用户的角度出发进行HMI设计、测评与优化。

唐如意：孪生技术融合应用，依靠云、图、AI 等技术能力构建坚实的数字底座

唐如意，赛力斯科技中心总经理助理、软件中心总监；2006 年 7 月毕业于东北大学信息学院电子信息工程，拥有 17 年汽车软件与汽车电子行业工作经历，在工作中负责过多款燃油车、纯电动汽车与混动汽车的整车软件、智能化系统与电子电气架构的设计开发工作；组建过多个汽车软件与智能化研发团队。

2018 年 3 月至今，在赛力斯工作期间负责组建了智能开发部、整车控制策略部两个部门，先后担任智能开发部部长与整车控制策略部部长职位，协助兄弟部门成立了整车测试与验证中心，有力地保障了问界系列车型的上市。同时担任问界系列车型的软件代开发代表、智能化开发代表等职务，带领团队负责了整个车型的电子电气架构设计、网络开发、策略开发、子系统功能开发、整车 EMC、整车 OTA 等开发工作。

2022 年 3 月受公司任命为赛力斯科技中心总经理助理与赛力斯软件中心总监，负责从零开始组建与运作赛力斯集团软件研发中心，打造赛力斯集团在高端智能汽车的全栈软件开发与电子电气架构设计能力。

1. 成就和贡献

（1）整车电子电气架构设计的奠基者——实现高端智能汽车电子电气架构自主知识产权

作为赛力斯 EEA 架构的负责人，带领团队设计了针对 2025+ 的整车电子电气架构平台，该平台具有国际一流水平，完整的融合了中央计算平台，区域控制，整车功能安全与信息安全等技术，可以支持 L3+、5G+V2X+UWB 等功能，整车线束可以节约 30% 以上的线束，该平台可以支撑多种混合动力车型与纯电车型，通过平台化的设计，有效控制了设计成本，并可以提供行业内一流的性能，打造超级竞争力，产生 2000 项以上的发明专利。该平台的所有硬件软件技术，全部自主设计，自主掌握。可以对汽车行业的伙伴进行能力输出，进一步推动智能新能源汽车行业技术的发展。

（2）OTA 共栈式解决方案的引领者——实现高端智能汽车系统常用常新共栈升级

作为 OTA 共栈式解决方案的引领者，以 FOTA+SOTA+DOTA 技术为基础，通过面向车辆功能的 OTA 和面向车主服务的 OTA 的研发和应用，逐步实现了面向产业链的 OTA 升级服务，打造了赛力斯汽车软件生命周期管理、车企设计 / 研发 / 生产 / 制造 / 销售 / 售后全链路串联、场景驱动、功能可售、软件可售、诊断服务、空中 4S 店等 OTA 共栈式解决平台。通过 OTA 共栈式解决方案，提升了 ECU 平均响应时间以及错误率降低等关键的系统性能指标，以及增加了 OTA 的可扩展性。

（3）融合 V2X 的自动驾驶方案的开拓者——实现融合 V2X 的自动驾驶国内先例

作为融合 V2X 的自动驾驶方案的开拓者，主导赛力斯自研 5G 智能通信终端产品，实现了 5G+V2X 的 14 个 DAY1 场景应用，以及 4 个 DAY2 场景应用，并创新性的将 5G 智能通信终端产品中 V2X 的场景，以 SOA 服务化的方式与自动驾驶方案融合。通过搭载到赛力斯相关车型验证的方式，解决了多项 V2X 与自动驾驶融合的难题，为自动驾驶提供更可靠、更强大的非视距数据，为用户带来更智能、更安全、更便捷的驾乘服务。

2. 中国智能网联汽车产业发展的现状及前景分析

随着汽车智能化、网联化、电动化的进程加速，百年传统汽车产业迎来了大变革，“软件定义汽车”的时代已经悄然来临。车联网作为信息化与工业化深度融合的重要领域，是 5G 垂直应用落地的重点方向，未来具有巨大的产业发展潜力和应用市场空间，对于带动传统汽车行业、交通行业和电子信息行业的产业转型升级、系统创新和融合发展具有深远的意义。

摩根士丹利研究中心的数据显示，到 2020 年，车辆的硬件价值占车身本来价格的比例为 40%，软件占

40%，车辆提供的内容价值占 20%。业内人士普遍认为，软件是实现汽车网联化、智能化、电动化和共享化等技术创新的核心推动要素。通过软件开发整合互联网优质的内容和服务，改善驾驶体验。

2020 年，车联网作为“新基建”的重要板块被提出，其涉及的相关智能硬件需求也将迎来新一波增势，包含通信模组、T-Box、RSU、智能中控仪表、雷达、智能摄像头等，尤其具有核心竞争力和科技含量的 AI 芯片迎来新一轮发展机遇。

为加快推动车联网和智能网联汽车创新融合发展，发挥标准在产业发展中的引领和支撑作用，《国家车联网产业标准体系建设指南》指出，为贯彻落实《中国制造 2025》战略部署，发挥标准的基础性和引导性作用，促进智能网联汽车技术和产业发展，实现工业化和信息化的高度融合，以满足研发、测试、示范、运行等需求，推动汽车技术创新发展和产业转型升级，带动电子、信息、通信等相关产业协调发展，建设安全、高效、健康、智慧运行的未来汽车社会，建立跨行业、跨领域、适应我国技术和产业发展需要的智能网联汽车标准体系。

此外，在汽车产业“新四化”加速变革的大背景下，数字孪生正以前所未有的速度走进汽车及零部件企业。几乎所有汽车及零部件企业都在逐步应用数字孪生技术提升研发效率、产品制造水平并实现成本节约。

除了对孪生技术的融合应用外，依靠云、图、AI 等技术能力构建坚实的数字底座，也是推进智能汽车、智慧城市等发展的重要手段。目前，聚焦双碳背景下未来智能网联行业发展，我国先发优势明显，已形成了涵盖“车 - 路 - 云 - 网 - 图”的智能城市交通和智慧城市的生态系统。对此，中国汽车工程学会副秘书长闫建来表示：智能网联智能化实际上解决的是“车路云网图”的问题，即聪明的车、智慧的路、实时服务的云、可靠不间断的网、精密支撑的图。这构成了“车 - 路 - 云 - 网 - 图”方案，同时相比单车智能也是一个可实现的目标。只有“车、路、云、网、图”五大要素一体协同前进，无人驾驶才能成为未来可靠的现实。

未来，智能网联汽车作为智慧交通重要组成部分，将人、车、生活各种场景连接到一起，通过大数据、AI、车路协调、软件升级等技术，为用户带来更加智能、舒适、安全、节能的个性化出行服务，全面实现智能出行的驾乘体验。

曹立波：加强场地测试技术和测试设备研发，保障智能驾驶安全

曹立波，湖南大学教授，博士生导师。曾留学德国、美国，一直从事汽车安全性、智能驾驶等方面的研究工作。曾任湖南大学汽车车身先进设计制造国家重点实验室副主任、湖南大学车辆结构研究所所长、中国汽车工程学会安全分会副主任委员、中国汽车工程学会车身分会秘书长，全国汽车专业教学指导委员会委员、中国标准化委员会客车分会委员。担任《汽车工程》《汽车工程学报》等杂志编委，是《机械工程学报》《中国机械工程》《中国公路学报》等众多杂志的审稿人，也是国家自然科学基金、国家科技进步奖及多省科技进步奖的评委。创办了长沙立中汽车设计开发股份有限公司、湖南赛孚汽车科技股份有限公司等企业，任董事长、总经理等职位。

1. 贡献和成就

系统研究了汽车主、被动安全集成设计方法，自主开发了多类汽车主被动安全装置与技术，“汽车主被动安全”系列技术实现了在长沙立中汽车设计开发股份有限公司的成果转化。

开发了系列汽车碰撞试验假人，基于中国人体的安全保护技术，推动符合中国人体特征的碰撞安全检测体系及法规标准建设，主持制定了“力学损伤测试用中国假人设计原则”国家标准。突破了假人开发中的多项关键技术，打破了国外技术垄断，并在湖南赛孚汽车科技股份有限公司实现了成果转化，成果服务于国内外 70 余家汽车企业，并首次在我国高铁和战车开发中获得应用。

在国内率先开发了智能驾驶测试工具链，实现了驾驶机器人、超平承载机器人、AEB 车辆及 AEB 行人整套测试装置的国产化，并成功推广应用到国内外 50 余家汽车整车及零部件企业、研发机构、高等院校等，打破了国外在该领域的垄断，可以为国内企业和检测机构节约大量费用。其中的关键测试设备超平承载机器人具备高温不宕机、超低雷达反射特性、道路适应性强、场景设置快速、维修成本低廉等众多优异性能，大大提高了用户的智能驾驶测试能力。

2. 中国智能网联汽车产业发展的现状及前景分析

受政策和市场需求的推动，中国的智能网联汽车发展迅速。各地政府和企业都不断加大在智能网联汽车产业方面的投资力度，政府投资建各种产业园区和道路基础设施，开放更多的智能驾驶测试道路；企业投入更多的人力、物力、财力加快研发进展，并不断有新技术、新车型推向市场，呈现出一片欣欣向荣的局面。

在智能驾驶测试方面，仿真测试技术及各种软硬件在环的测试技术得到了快速发展并日益成熟，为智能驾驶技术的发展奠定了很好的基础。然而，由于相关标准、法规和规程以及测试工具的不完善，智能驾驶场地测试一直还是薄弱环节，标准、法规和规程要求的场地测试过于简单，不能很好地考验智能驾驶车辆对于复杂道路条件的适应能力，致使现在许多智能驾驶车辆并没有通过严苛的场地测试就直接上路测试，这将会为道路交通安全留下隐患。因此，加强智能驾驶场地测试技术的研发，进一步完善相关标准、法规和规程的建立，提供更多质优价廉的测试设备，将是智能网联汽车技术的重要发展方向之一。

梁伟强：我国自主新能源智能网联汽车大放异彩

梁伟强，男，中共党员，研究生学历，高级工程师，现担任广汽研究院副院长、智能网联技术研发中心主任。

1. 成就与贡献

2006 年毕业后加入广汽研究院，一直从事汽车电子电器系统、智能网联技术和新能源系统的研发工作，具备丰富的汽车设计和管理相关的工作经验。担任电子电器部副部长期间，组织和参与了传祺首款轿车 GA5 和中型 SUVGS5 电子电器系统开发、建立了国内领先、国际先进的电子电器平台架构、主持了 A/A0 和 B/C 平台电子电器跨平台模块化的方案设计。担任车型总监主持了传祺 GM8、GS8 等多个整车的研发工作，其中 GM8 车型是广汽自主研发的首款豪华商务 MPV，也是广汽迄今体量最大、技术难度最高的车型之一，上市后打破了中国品牌中大型商务车的价格天花板，作为国内自主豪华 MPV 引领者，GM8 连续两年销量冠军。

目前担任广汽研究院副院长、智能网联中心主任，负责组织和统筹智能网联领域的相关技术研究和产品开发工作，包括智能驾驶、电子电气架构、大数据、软件定义汽车、汽车电子等。任广汽新一代电子电气架构项目（EEA3.0）总监，带领团队完成广汽电子电气架构平台的搭建，各项技术路线、标准、流程体系和关键零部件系统的自主研发，形成平台化技术方案并在广汽自主车型上量产落地。

获中国汽车工业科学技术进步二等奖 2 次、广东省科学技术奖一等奖 1 次、广东省科学技术奖二等奖 2 次、广州市科学技术奖一等奖 3 次。主持研发“智能化整车电子电器平台开发与应用”项目获得中国汽车工业科学技术二等奖；主持研发“智能车联网系统及其核心技术的自主廾发与应用”项目获得广东省科学进步二等奖；作为车型总监负责的 M8 车型上市后，已连续 25 个月蝉联中国品牌 20 万价位 MPV 市场的销量冠军，成为自主品牌豪华大型 MPV 的标杆。

发表 EI 核心期刊论文《一种新型的增程式电动汽车驱动系统》《跨平台的整车电子电器架构的分析与设计》，个人已获发明授权专利 16 件（其中发明专利 8 件），核心期刊发表论文 5 篇，并于 2018 年荣获“番禺区产业高端人才”称号和 2021 年荣获“广州市高层次人才青年后备人才”称号，是广汽研究院优秀科技人才的突出代表。

被聘任为新能源汽车国家大数据联盟副理事长、中国专业标准化技术委员会委员、国汽智联技术委员会委员、广州市智能网联汽车专家等。

2. 中国智能网联汽车产业发展的现状及前景分析

当今世界正经历百年未有之大变局，新一轮科技革命和产业变革方兴未艾，智能汽车已成为全球汽车产业发展的战略方向。智能网联汽车领域正成为我国新一轮科技革命和产业革命的战略高地，我国智能网联汽车行业正迎来发展黄金期。

从发展现状看，我国智能网联汽车发展已由起步期进入到了快速发展期，智能网联汽车及相关细分领域的市场规模正在不断扩大，相关技术研发和产业化应用取得了阶段性成果。主流车企已实现乘用车 L2 智能驾驶大规模商业化应用，覆盖高速快速路、城市道路、低速封闭环境的停车场（库）三大场景的自动驾驶功能开始在量产车上集中搭载，高等级智能驾驶开始逐步有序进入市场。车载感知定位、车载计算芯片、线控底盘等多种关键零部件取得突破，逐步形成与国际并跑趋势，系统产品的自主化比例稳步提升。V2X 车路云一体化融合的智能网联汽车中国方案快速发展，产业体系全球领先。基础平台打通原始创新、应用研究、成果转化与产业化应用全链条。总体来看，我国智能网联汽车无论是技术水平还是产业发展都有了长足进步，逐步从全面落后和追赶态势，发展为与欧、美、日等汽车强国并跑，部分领域领跑的态势。

从发展前景看，当前我国汽车产业体系完善，品牌质量逐步提升，关键技术不断突破，发展基础较为扎实。中国自主品牌销量及市占率快速提升，品牌影响力、外观设计、产品质量以及性能水平等不断提高，自主新能源智能网联汽车大放异彩。互联网、信息通信、人工智能等领域涌现一批知名企业，网络通信实力雄厚，自主创新能力强。路网规模、5G 通信、北斗卫星导航定位系统水平国际领先，基础设施保障有力。汽车总销量位居世界首位，新型城镇化建设快速推进，市场需求前景广阔。我国拥有智能网联汽车发展的战略优势，发展前景可期。

CHAPTER 07

第 7 章 主要汽车企业集团发展概况

一汽解放汽车有限公司

1. 发展概况

一汽解放汽车有限公司（简称一汽解放）是中国第一汽车股份有限公司旗下一汽解放集团股份有限公司（深交所上市，股票代码 000800）的全资子公司，成立于 2003 年 1 月 18 日，是中、重、轻型货车及客车制造企业，整车年生产能力 39.3 万辆。

一汽解放以“技术领先、首创体验、集成创新、强化应用、协同高效”为指引，构建了从前瞻技术、发动机、变速器、车桥到整车的中国最为强大和完整的自主研发体系，形成了一支超过 3000 人的高效协同研发团队。公司设有国家重点实验室、院士、博士后工作站，拥有技术创新、性能开发、精益设计、试验试制、试验认证五大核心能力，打造了节能环保、安全舒适、可靠耐久、电控智能、材料工艺五大技术平台，具有体系节油、长换油、轻量化、自主大总成、自主电控、自主后处理、新能源、智能驾驶、长保用、免维护十大核心产品技术优势，在激烈的市场竞争中，始终保持行业领先地位。

2. 生产经营

2021 年，一汽解放实现整车销售近 44 万辆，其中，中重卡车销售 37.34 万辆，份额 23.7%。实现中重卡销量全球“五连冠”、重卡销量全球“六连冠”、牵引车销量连续 16 年行业绝对领先，“解放”品牌价值为 1077.82 亿元，连续 11 年领跑中国商用车货车品牌。

3. 技术进展及研发能力

一汽解放以长春基地为战略牵引，以苏州挚途为支撑，确保自主掌控核心技术；打造了智能驾驶系统六大核心技术平台（见图 1），包含领先的安全技术平台、先进的基础软件平台、基于 AI 的感知融合技术平台、高效的决策规划技术平台、精准的车辆控制技术平台、全链条的测试技术平台；重点突破了全域长距三维场景感知、多目标约束规划技术、多参数在线辨识自适应控制、非结构化道路环境识别等关键核心技术，保证智能驾驶产品高自主、高安全、低能耗、高可靠优势。为确保技术持续领先，需进一步挖掘前瞻性技术储备，完善核心技术布局。

图 1　一汽解放智能化关键技术研发方向

一汽解放围绕内外部用户需求，以车联网基础平台为基础，搭建网联化技术平台架构（见图 2），基于解放核心技术能力，自主攻关车联网平台、智能终端、大数据应用、信息安全、网联测试等关键技术，联合行业生态资源，快速实现网联化产业落地目标。一汽解放链接生态和渠道 2 种伙伴，通过 4 大 AI 算法系统，为内部用户提供 4 项智能化管理服务，为外部用户提供 10 种核心平台服务和 4 大触点。

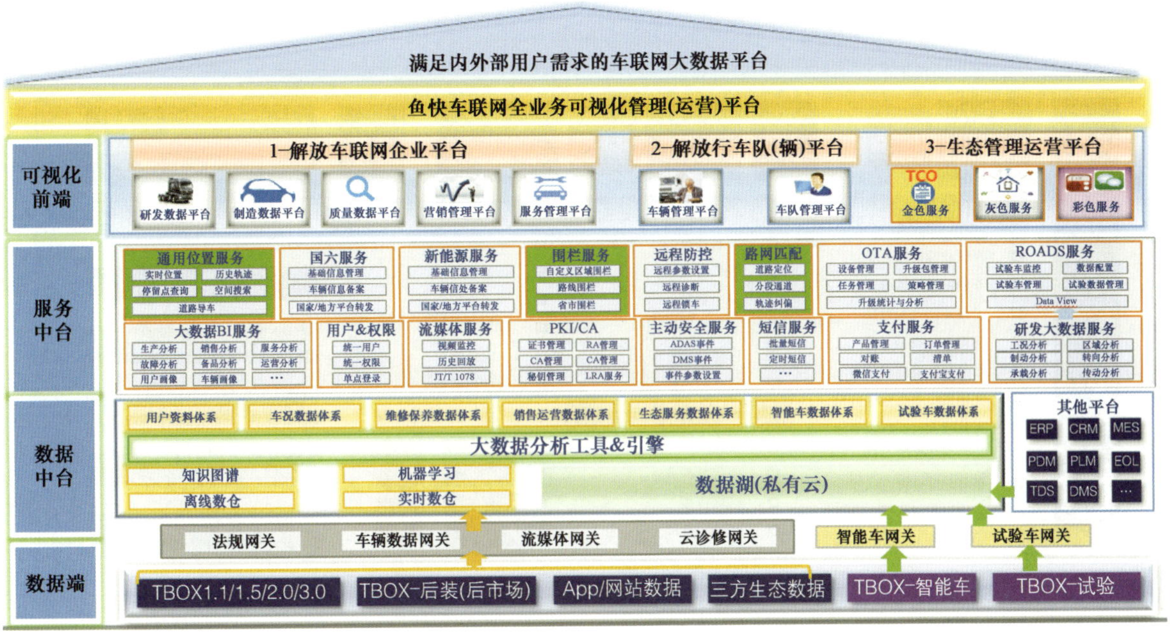

图 2 一汽解放网联化关键技术研发方向

4. 主要产品与服务

一汽解放始终秉持客户至上的原则，致力于成为“中国第一、世界一流”的智慧交通运输解决方案提供者；聚焦关键运营场景打造 13 款智能驾驶车型并实现国内销量第一。一汽解放以安全提升、能耗降低为切入点，首发量产 L2、L3 高速公路智能牵引车；以生态构建为切入点，首创商用车线控平台，助力商用车智能驾驶行业技术成熟；以人力替代、效率提升为切入点，首创基于 5G-V2X 的 L4 级自动驾驶城市环卫产品，率先在苏州高铁新城示范运营；落地整体解决方案，首创车、港、云三位一体无人驾驶港口车运营系统，率先在唐山港、日照港、大连港商业运营。为确保产品持续领航，需继续深挖智能驾驶产品价值特性，完善系列化产品及场景解决方案（见图 3）。

图 3 智能驾驶产品

解放全系车型标配车联网，累计联网车辆数 152 万，注册用户数 210 万，累计行驶里程 2740 亿 km；面向 4 类用户定制化开发应用了 4 个小程序、11 个管理平台和 1 个大屏，实现不同端用户的促活和流量变现。解放车联网整合业务前端界面，实现一个前端，千人千面的效果目标。基于用户的需求和痛点制定外部用户产品的功能规划，规划金色服务、灰色服务和彩色服务三大服务，解决用户对安全、节油和高效运营的诉求，为用户提供有针对性的服务。基于客户用车 / 行车 / 生活 / 娱乐四大场景，布局十余项生态服务，直击客户痛点（见图 4）。

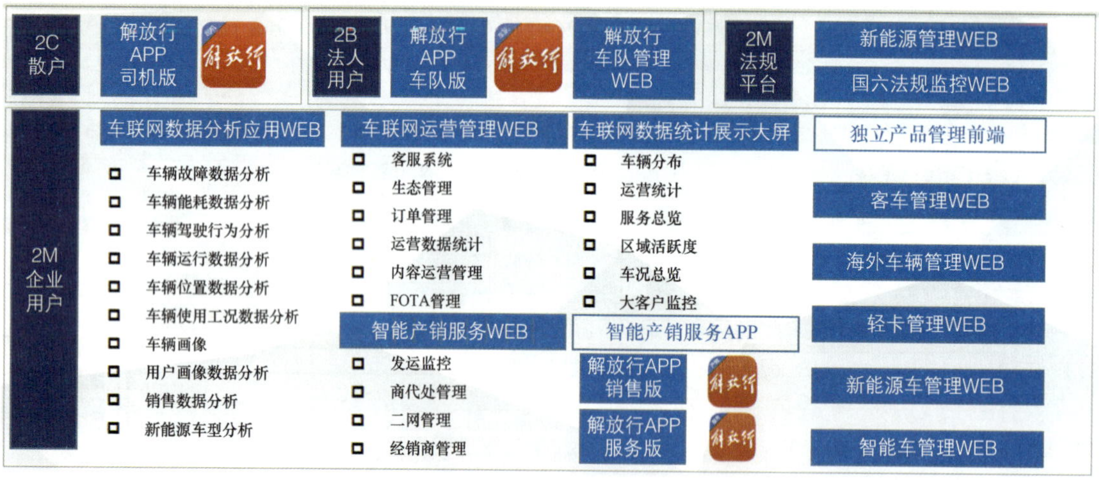

图 4　车联网产品

5. 发展规划

基于国家战略和市场需求，解放于 2016 年开始布局全新企业战略，从“单一的商用车制造企业”向“智能交通运输方案提供者”迅速转型。基于全新战略，解放在国内率先提出“智慧通全球”理念，发布智能网联生态品牌“哥伦布”。

一汽解放全面聚焦 9 大应用场景，布局各大场景需求市场智能驾驶解决方案（见图 5），以联合合作伙伴完成全场景产品布局，实现智能车份额保持中国第一为战略目标；在产品成熟期，完成 L2+~L4 级产品开发，专精公路、港口、环卫场景，选取典型客户开展示范运营；在战略扩张期，结合标准法规，在大连港等地实现场景复制，全面推广商业落地；在卓越运营期，启动平台换新，完成面向未来的新平台产品开发。

图 5　一汽解放智能化产业产品布局

一汽解放通过车端、云端和生态服务构建解放车联网，构建全场景车联网大数据平台生态，为用户创造价值，推动企业技术、产品、商业升级（见图 6）。在 1.0 阶段，聚焦车联网基础平台的搭建，推进车联网生态业务快速落地；在 2.0 阶段，聚焦生态服务拓展和运营，构建车联网全场景生态，实现全业务平台和用户平台运营；在 3.0 阶段，聚焦智能车领域，构建面向场景的一体化解决方案，重构车联网商业模式。

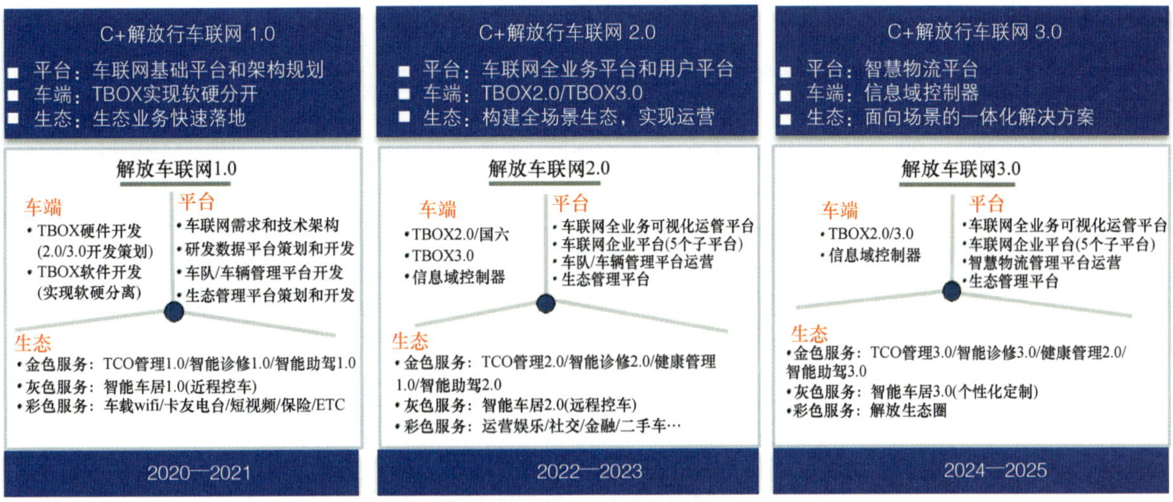

图 6　一汽解放车联网平台布局

广汽埃安新能源汽车股份有限公司

1. 发展概况

广汽埃安新能源汽车股份有限公司（简称广汽埃安）成立于 2017 年 7 月 28 日，是广汽集团发展智能网联新能源汽车的战略核心载体。成立以来，广汽埃安秉承“成为世界领先和社会信赖的绿色智慧移动价值创造者”的企业愿景，确立了“EV（纯电动）+ICV（智能网联）”的技术路线，实施了引领产业变革的发展战略，形成了“先进、新潮、好玩、高品质”的品牌基因，致力于为用户带来先人一步的科技享受。

广汽埃安于 2018 年底建成了国内第一家智能生态纯电工厂，汽车行业首次实现大规模定制化生产；2022 年 2 月一厂二期扩建，实现 20 万辆产能；第二智造中心于 2022 年 10 月投产，总产能扩充到 40 万辆。

广汽埃安坚持创新引领，EV 方面，广汽埃安电池、电机、电控核心技术达到了世界领先水平，初步形成自主可控的研发体系布局和产业化能力；ICV 方面，广汽埃安跻身世界先进行列，形成一定先发优势；推出了四款世界级智能纯电车型，其中 AION S/V/Y 已成为细分市场销冠，AION LX 树立了自主高端智能电动车标杆，并实现了向广汽本田、广汽丰田、广汽菲克等合资企业反向输出产品、技术先河；打造了线上、线下充分融合的营销服务新生态，搭建“线上 + 线下”“车城 + 商超”“直营 + 经销”渠道框架，逐步构建起世界领先的核心竞争体系。

广汽埃安目前拥有两大研发体系。广汽研究院负责整车开发，研发人员总计 4300 人，其中博士 110 人，总计专利数 1.01 万件，累计研发投入达 350 亿元。广汽埃安负责 EV 三电领域，以及 ICV 需求定义、应用层开发，内部研发团队 895 人，上下游软件研发团队超 2000 人，专利数量 919 件，后续研发投入 50 亿元。

经过五年的发展，广汽埃安已成为全球新能源汽车头部企业。2017 年至今，年均复合增长率超 120%，行业排名由第 16 名提升至当前的第 3 名。2021 年累计终端销售 12.3 万辆；2022 年 1—10 月累计销售 21.2 万辆，提前超额完成年度 20 万辆目标，全年挑战 28 万辆。2022 年 9 月 6 日，埃安召开创立大会，完成股份制改革，构建了面向资本市场的研产供销一体化的体制机制。

面向未来，广汽埃安将聚焦 EV+ICV 技术路线，围绕研发、产业链、智造与质量、营销服务与组织文化五大领域，全面提升品牌价值，争取 2025 年成为世界一流高端智能电动车品牌，2035 年成为全球高端智能电动车领导者。

2. 主要产品与服务

广汽埃安是目前唯一具有完整系统布局的新能源品牌，主要产品有 AION LX Plus、AION Y Plus、AION S Plus、AION V Plus（见图 1），其中三款产品位居细分市场冠军。未来将推出高端产品体系 Hyper 昊铂系列，首款车型为 100 万级别的智能超跑 Hyper SSR，未来将陆续推出轿跑、SUV、MPV 等品类车型，全面提升高端产品竞争力。

图 1　埃安目前全系在售车型

埃安一直坚持以科技创新探索营销服务新生态。为了不断跟进用户需求，埃安推出了营销新生态 3.0，首次在国内实现线上 + 线下、车城 + 商超、直营 + 经销双轨变革，并在全新 LOGO 和渠道形象、渠道统一标准化、App 为核心用户运营以及打造新媒体 / 新生态运营等多方面进行了升级服务。

1）目前埃安 App 已累计 190 万用户，日活 20 万 +，汽车行业 App 排行前二。

2）截止到 2022 年 10 月，埃安已拥有 919 家网点，其中体验中心 336 家，展示中心 129 家，商超 454 家；B 端的超级服务中心，截至目前为 32 家。

为了给用户带来方便快捷的充电体验，埃安努力推动超充技术的标准制定和统一，让超充体验惠及更多的消费者，并计划在全国范围快速布局建设品牌超充站（见图 2）。目前，埃安已在广州天河区东宏国际广场建成了首个 A480 超充站。预计到 2025 年，埃安将会在全国 300 个城市建设 2000 座超充站，渗透至地级市，实现全覆盖。

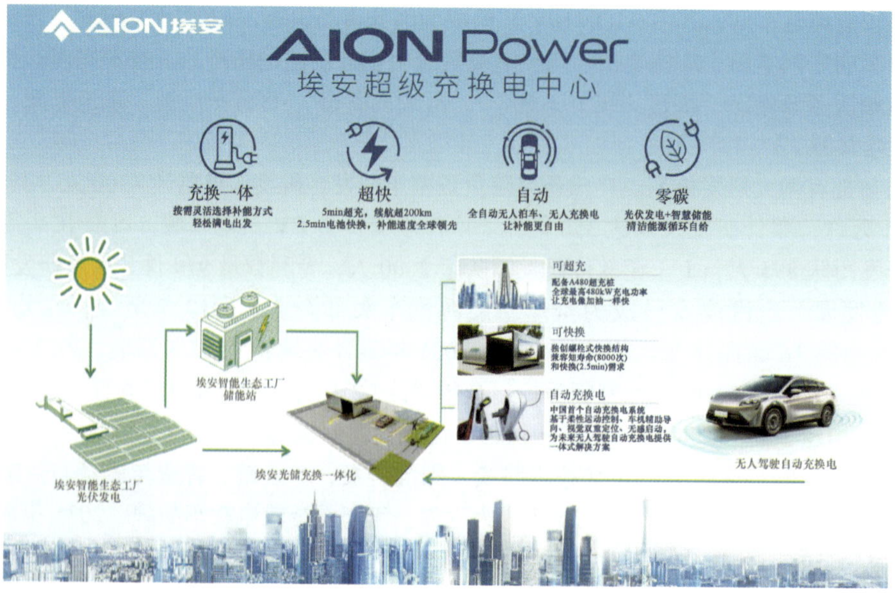

图 2　通过埃安超级充换电中心构建光储充换能源补给网络体系

3. 发展规划

埃安一直致力于成为世界领先和社会信赖的绿色智慧移动价值创造者。经过 5 年的发展，埃安已跻身全球科技创新的先进行列，将持续以打破边界的极致创新打造世界级的产品和服务。埃安正在以成为世界一流的高端智能电动车品牌为目标，并于 2023 年正式进军海外市场，努力在 2025 年前实现 100 万辆的销量目标；计划到 2030 年，销量规模达到 200 万辆，成为全球高端智能电动汽车领导者。

上汽通用五菱汽车股份有限公司

1. 发展概况

上汽通用五菱汽车股份有限公司（简称上汽通用五菱）于 2002 年 11 月 18 日正式挂牌成立，是由上海汽车集团股份有限公司（50.1%）、通用汽车（中国）投资有限公司（44%）、广西汽车集团（5.9%）三方共同组建的国内第一家国企混合所有制改革中形成的中外合资企业。

上汽通用五菱的企业愿景为“成为全球创新、跨界、体验的标杆公司”，企业精神是“艰苦创业、自强不息、创新创造、卓越执行”。其拥有五菱和新宝骏两个高价值汽车品牌：五菱品牌以“人民需要什么，五菱就造什么”为品牌精神，持续深耕人民需求；新宝骏品牌以“智能网联、智能驾控、跨界融合”为标签，致力于成为“智慧汽车先导者”。

2. 生产经营

上汽通用五菱连续 13 年保持国内单一车企销量冠军，总销量突破 2500 万辆，是拥有最多用户的中国汽车企业。合资以来，其累计利税超过 1200 亿元，同时也是广西首家年销售收入超千亿的制造企业。2021 年是国家“十四五”规划开局之年，上汽通用五菱生产汽车 167 万辆，同比增长 7.52%；销售汽车 176 万辆，同比增长 3.76%，出口汽车 14.5 万台 / 套，同步增长 88%，创历史新高。其实现了国内国外双循环同步发展，为公司全年发展开创了良好局面。2022 年是五菱全面向新的一年，截至 2022 年 8 月，五菱新能源销量突破 100 万辆，成为全球最快达成新能源销量百万辆的车企。基于对百万用户需求的精准洞察和实践，中国五菱提出“一二五”工程，旨在以一个开放包容的政产学研用协同创新平台（即广西新能源汽车实验室）为策源地，带动构建纯电、混动两个百万级产品群和电池、电控、电驱、机器人和商贸服务五个百亿级产业群，实现产业链向新、技术向新、产品向新、服务向新，为推动全球新能源汽车普及、双碳目标的实现贡献力量。2022 年 11 月 18 日，上汽通用五菱合资二十周年，这二十年来，五菱坚持“不求拥有，但求所在”“合资留自主，合资留品牌”，既跨界融合，也不忘初心使命。辉煌二十载，奋进新时代，上汽通用五菱站在新的历史起点，在高质量发展的轨道上奋勇向前。

3. 主要产品与服务

上汽通用五菱打造了全球小型电动架构（GSEV）和柔性驱动架构（FDEV）作为电动化核心构架，主导 GSEV 和 FDEV 架构的新技术、新规范、新标准，已经成为全球微小型电动汽车领域的领导者、标准制定者。GSEV 累计销量达 117.4 万辆，成为中国纯电动车汽车销量冠军。五菱宏光 MINI EV 连续 26 个月蝉联中国新能源单一车型销量冠军，7 度问鼎全球新能源单一车型销量冠军。FDEV 以 HEV 为重点，共享 GSEV 产业链，打造传统车电动化升级的柔性驱动平台，兼容 HEV/PHEV/EV，发挥平台最大化优势。公司积极构建新的生态圈，进行技术跨界、商业模式跨界和生态跨界，与华为、大疆、中车、博泰、小米、苏宁、地平线等行业外技术、业态、商业思维的融合，创造出了与众不同的智能技术、网联技术、全新商业模式，赋能于新宝骏汽车，让新宝骏汽车形成了与众不同的用户体验。

上汽通用五菱在生产制造方面拥有柳州河西总部、柳州宝骏基地、青岛分公司和重庆分公司四大制造基地，在国内形成了南北联动、东西呼应的发展格局。上汽通用五菱在国内拥有 2800 家销售网点，覆盖 98% 地级市和 79% 县级市，网络覆盖率行业第一。同时，上汽通用五菱积极响应国家“一带一路”号召，于 2017 年 7 月 11 日在印尼成立上汽通用五菱印尼汽车有限公司，成为国内首家在印尼投资建厂的中国汽车企业，也是中国汽车品牌首次在海外投入设备及资源独立建厂，输出品牌及产品并形成完整供应链、制造、销售、服务体系的范例，实现了中国汽车企业知识产权、品牌与产品、人力资源与团队、业务运营与模式等全方位海外输出。

4. 发展规划

上汽通用五菱的研发体系是国内唯一“合资留自主、合资留品牌”的汽车企业，并且向通用汽车、上汽集团输出产品和技术。在研发体系上，上汽通用五菱拥有 4000 余研发人员，含博士 109 人、硕士 823 人、外籍专家 129 人。2021 年企业研发投入 26.8 亿元，占营业收入的 3.67%。截至 2022 年 8 月，公司申请专利 7795 件；其中发明专利 2271 件。曾先后获得广西壮族自治区院士工作站、企业博士后科研工作站、国家认定企业技术中心、国家级工业设计中心、国家知识产权示范企业、国家技术创新示范企业等荣誉称号。公司先后 3 次获得国家级科技进步奖、1 次国家科技进步一等奖、2 次国家科技进步二等奖、31 次省部级科学技术奖、15 次行业级科学技术奖等荣誉。公司投资 40 亿元建设占地面积为 2000 亩（1 亩 =666.6m^2）的研发与实验认证中心，涵盖 14 个国际及国内领先的整车及零部件实验室，并且公司完全具备自主乘用车整车、动力总成开发能力，是国内第一家主导国际汽车标准制定和向海外输出知识产权的汽车企业。

北京车和家信息技术有限公司

1. 发展概况

理想汽车成立于 2015 年，总部位于北京。2020 年 7 月 30 日，理想汽车在美国纳斯达克证券市场正式挂牌上市；2021 年 8 月 12 日，在香港交易所主板上市，完成两地双重上市。旗下公司主要包括研发类、销售类、生产制造类主体。

理想汽车是中国领先的新能源智能汽车制造商，设计、研发、制造和销售豪华智能电动汽车。理想汽车的品牌使命是“创造移动的家，创造幸福的家”，致力于为家庭打造更安全、更便捷、更舒适的智能电动车。

在中国，理想汽车是成功将增程式电动汽车商业化的先驱，开创了三维空间交互体验，坚持把智能驾驶软硬件作为标配的智能电动车品牌；坚持自建智能制造基地，并自建供应链体系，保障核心零部件供应。

2. 生产经营

2022 年 1—12 月，理想汽车总计交付 133246 辆，同比增长 47.2%。截止到 2022 年 12 月 31 日，理想汽车累计交付量为 257334 辆。

3. 技术进展及研发能力

（1）产品序列更加清晰、产品矩阵更加完善

2022 年，理想汽车建立了更加完整清晰的产品序列，相继发布了多款新车型。2022 年 6 月 21 日，其发布了家庭六座旗舰 SUV 车型——理想 L9，并在首月交付破万，创造了中国自主品牌 40 万元以上单一车型的交付纪录；2022 年 9 月 30 日，其发布了理想 ONE 的全新换代车型，家庭六座豪华 SUV——理想 L8，还亮相了家庭五座旗舰 SUV——理想 L7；2023 年，理想汽车将继续发布新车型，完善产品矩阵，进一步巩固理想汽车在 30~50 万元价格区间的市场地位。

（2）交付量大幅增长

理想汽车 2022 年总计交付 13.3 万辆，同比增长 47.2%。其中 12 月单月交付 2.12 万辆，同比增长

50.7%，再次创下单月最高交付纪录，在新势力品牌中最快达到月交付超过 2 万辆。截至 2022 年底，累计交付量已达 25.7 万辆。

公司销售服务体系建设继续发力，有效支撑了交付量的快速攀升。截至 2022 年底，理想汽车在全国已有 288 家零售中心，覆盖 121 个城市；售后维修中心及授权钣喷中心 318 家，覆盖 223 个城市。

（3）营业收入及税收贡献持续增长

伴随交付量大幅增长，公司营业收入也实现快速提升。2022 年前三季度营收 276 亿元，全年营收约为 350 亿元。截至 2022 年 9 月 30 日，公司现金储备达 558.3 亿元，为技术研发、供应链和智能制造提供有力支持。

（4）人才基础建设不断强化

为实现公司核心技术自研、用户服务闭环的战略，公司持续加强研发高端人才引入和人才梯队建设。到 2022 年底，理想汽车全国员工总数超过 1.9 万人；北京总部员工超过 5700 人，其中研发人员超过 4800 人，硕士博士超过 3000 人。

（5）研发投入强度持续提高

2022 年前三季度研发投入 47 亿元，全年研发投入超 60 亿元。公司 2022 年获得的专利总数 822，含发明 112 项、实用新型 635 项、外观设计 75 项。截至 2022 年底，累计获得的专利总数 2027，含发明 280 项、实用新型 1382 项、外观设计 365 项。目前，公司高压纯电动汽车技术、4C 电芯、自动驾驶技术、第三代功率半导体、车规级操作系统、芯片国产化替代及未来车型的研发正在稳步推进。

4. 发展规划

理想汽车未来在技术上将采用增程和高压纯电平台两条路线并行的发展战略，在充分发掘增程电动技术在能源使用效率方面潜力的同时，大力发展超级快充的高压纯电平台。在满足用户多元化的能源补给需求的同时，逐步减少对石油资源的依赖，尽可能提升出行过程中的电力使用比例。通过开发自有的 Li OS 操作系统，在智能化上掌握核心科技实力，通过 4G/5G 技术在车辆端的普及和推广，以及车辆 OTA 的常态化，使所有车辆都可以享受不断迭代的智能化体验，保证车型常用常新，保证持久的智能化竞争力。将辅助驾驶和自动驾驶功能普惠到普通消费者，降低拥有和使用的门槛，提升驾驶安全，降低事故率。通过数据驱动功能的不断完善，逐步提升辅助驾驶的使用率，并在技术成熟时提供有限场景自动驾驶服务。

中国第一汽车集团有限公司研发总院

1. 发展概况

2017 年，对于一汽来说是意义非凡的一年，作为新中国第一台汽车的诞生地，经过几代一汽人的不懈努力，一汽见证了新中国发展壮大的历史时刻。一汽的振兴、红旗的复兴，不仅是老一辈一汽人的梦想，更是中国人的梦想。为此，一汽集团的管理者抓住全球汽车产业变革和新时期全面深化国有企业改革的机会，对集团进行了大刀阔斧的改革，将自主品牌“红旗”由集团直接运营，坚决做到扛红旗、抓自主、强合作、狠创新、快布局、勇改革，努力实现“打造中国第一、世界一流的出行服务公司”的新要求。

2018 年，红旗品牌发布了围绕五化的 R.Flag“阡旗”技术品牌，打造面向未来的超级绿色智能汽车技术平台，将一汽智能汽车发展规划推向了新的高度。R.Flag“阡旗”技术品牌战略是由红旗 i.RFlag“旗偲计划”、红旗 e.RFlag“旗羿计划”、红旗 5f.RFlag“红旗五觉体验”及红旗 m.RFlag“旗麟计划”四大技术规划组成的。其中，“旗偲计划”是红旗在智能网联化领域的技术品牌，旨在为用户提供智能的驾乘安全、极致的人机交互、伴侣式舒适体验，不断推出更加智能化、高度自动化、完全自动化驾驶的新红旗产品。一汽红旗以旗偲·微笑技术战略为指引，以坚持自主开发不动摇为首要原则，加大力度打造核心技术平台，实现可持续的、迭代升级的创新发展。自此，一汽迈入布局腾飞新阶段。

2019 年，红旗坚决贯彻旗偲·微笑技术发展战略，明确打造中国领先、世界一流的智能网联全场景平台架构的整体愿景，致力于打造“智驾”“智享”“智控”三大产品集群，逐步形成人才、生态、产业联盟三大资源优势，持续为业务赋能。

2020 年，中国一汽不断加大智能网联技术的研发投入，先后成立了一汽（南京）科技开发有限公司和北京旗偲智能科技有限公司。一汽南京公司承载一汽集团三国五地重要布局，立志成为“中国第一、世界一流”的人工智能研发中心，打造 AI 与汽车相结合的产业格局，聚焦智能驾驶、大数据、智能交互、智慧出行、智能制造、智慧物流六大业务板块，助力集团战略转型。北京旗偲公司作为一汽集团“旗偲·微笑”智能网联技术战略实施的重要载体，聚焦汽车智能座舱、车联网的产品服务研发，打造座舱域控制器、旗偲 OS、旗偲云、TBOX、自动驾驶域控制器等产品，持续为红旗用户提供中国第一的数字化智能体验。一汽南京公司和北京旗偲公司与长春总部能力互补、高效协同，赋能一汽智能网联汽车产品研发。

2020 年 7 月 23 日，习近平总书记考察一汽，肯定了一汽技术创新和自主品牌建设成果，并且强调一定要把关键核心技术掌握在自己手里。一汽红旗牢记总书记嘱托，坚持以客户为中心、以产品创新为主线，深度布局“智驾”“智享”“智控”三大产品集群，成功自主研发并量产智能驾驶 L3 及以下功能 40 余项、网联服务功能 186 项和九屏联动的智能座舱 3.0 系列产品，为红旗 H9、E-HS9 等爆款、经典量产车型提供强大的科技支撑。

2021 年，红旗继续完善并深化“阴旗”战略布局。在“智驾”“智享”“智控”三大产品集群持续发力，提升了高精定位感知、V2X 车路协同、人工智能、SOA 架构与软件等在内的 12 项核心技术指标，夯实架构、通信、硬件、AI、数据应用、测试验证等 10 项设计域试验关键能力，最大限度地发挥产品开发、技术预研、生态构建、体系联动、人才互补等优势，各领域均取得较大突破。

2022 年，红旗继续强化“智驾”“智享”“智控”三大产品集群，为新产品和经典量产车型持续提供强大科技支撑。智驾产品开发方面，基于 100° 水平视场角视场摄像头的第三代驾驶辅助产品平台全面量产落地；智能泊车产品开发方面，优化全景影像 UI，增加窄道通行自启动场景，提升用户体验。智享产品开发方面，旗偲 1.0 落地 E-HS9、H9 和全新红旗 H5 车型并发布；HQ9 首发搭载可运动式扶手屏，实现同级首创一键场景模式；HQ9 和全新红旗 H5 首次搭载丹拿品牌音响量产，给用户带来高保真的听音体验。智控产品开发方面，自主开发了二代 DCT 电控系统技术平台，填补一汽产品与技术空白。

2. 生产经营

中国第一汽车集团有限公司（简称中国一汽）是国有特大型汽车企业集团。经过六十多年的发展，建立了东北、华北、华东、华南、西南共五大生产基地，构建了全球化研发布局，拥有红旗、解放、奔腾等自主品牌和大众、奥迪、丰田等合资品牌，累计产销汽车超过 5200 万辆，销量规模位列中国汽车行业第一阵营。截至 2022 年 6 月，中国一汽员工总数 12.8 万人，资产总额 6224.1 亿元，连续 13 年在国资委央企经营业绩考核中获得 A 级，2021 年位居《财富》世界 500 强第 66 位。

2022 年，中国一汽整车销量 320 万辆、营业收入 6300 亿元、利润超过 490 亿元；红旗品牌实现销量 31 万辆，同比增长 3%。

3. 技术进展及研发能力

中国一汽始终坚持以用户体验为本，全面布局“十四五”战略发展规划，以行业内全面领先为目标，全力打造智控、智驾、智享三大产品集群，建设具有世界一流水平的智能网联研发能力和人才团队。

（1）智控产品集群

全新一代“飞刃平台”架构完成预研并进入生产验证阶段，开发了整车控制、座舱控制、自动驾驶等三大域控制器，体现了 SOA 的要求，使功能架构、物理软件架构得到有机融合。在域控制器硬件开发方面，开发基于国产芯片的控制器硬件，完成车规级 MCU 芯片和以太网交换芯片的应用和评价工作，成功应用于整车控制器和网关控制器的硬件开发，提炼出芯片评价方法，并总结出一套并行部分开发工作以节省开发周期的工作方法，完成科技部重大专项“新能源汽车核心芯片攻关”项目验收。创新研发的V型发动机电控系统，通过定制化开发结合实时高精度进气计算、精益燃烧控制等技术，实现了核心关键技术的自主掌控。

（2）智驾产品集群

基于120°HFOV视场角800万像素摄像头的新一代智能辅助驾驶系统开发，提升视觉感知精度，全方位提高智能辅助驾驶系统功能性能指标；实现模拟高清环视摄像头和超声波传感一体化集成方案，在全新H5和HQ9车上实现自动泊车量产；首次采用大算力芯片、集中式计算和液冷方案，实现L2++及以上高阶智能驾驶功能。

（3）智享产品集群

智慧灯光战略持续发力，极具红旗创新的灯光仪式感设计逐渐成为红旗的灯光基因；全新一代红旗智联产品旗偲1.0平台围绕情感化、场景化、智能化，完成地图、语音、智能推荐场景等核心功能的全面优化升级；“简而美”全新HMI设计理念完美呈现；定制大尺寸竖屏，界面扁平化设计，实现可操作状态栏、黑白界面等可自动切换、大尺寸导航投屏等诸多亮点功能，随量产的全新H5、HQ9等车型首发。

4. 主要产品与服务

红旗是由中国第一汽车集团公司直接运营的高端汽车品牌。新红旗家族将包括四大系列产品：

1）L系列——新高尚红旗至尊车。

2）S系列——新高尚红旗轿跑车。

3）H系列——新高尚红旗主流车。

4）Q系列——新高尚红旗商务出行车。

新红旗战略目标旨在把新红旗打造成为“中国第一、世界著名”的“新高尚品牌”，满足消费者对新时代“美好生活、美妙出行”的追求，肩负起历史赋予的强大中国汽车产业的重任，不断秉持着打造“红旗心服务体系”的服务理念，建立红旗线下体验中心、数字体验中心、旗仕团，践行红旗共享出行和终身免费（保修、救援、取送）的红旗服务承诺。

5. 发展规划

一汽力争用5年左右的时间在智能网联领域全面引领，实现从单车智能到车路协同智能以及智慧出行的全面提升，联合产业资源，共同搭建智能网联产业生态，构建智驾、智控、智享三大技术集群。其中，智驾平台聚焦于感知融合、规划决策、协同控制、动态定位领域，智控平台聚焦于EE架构、超算平台、信息安全、功能安全等领域，智享平台聚焦于人机交互、智能语音、数据挖掘、V2X等领域，力求实现行业领先、核心技术自主可控的目标。在2025年前后完成L4自动驾驶车辆的示范验证；打造以“数字生态+融合空间”的智能座舱，构建更丰富、更多元的出行模式及生活方式。一汽将继续秉承开放、合作、共享、共赢的原则，携手产业伙伴共建智能网联产业生态，共同推动智联网联行业发展。

赛力斯集团股份有限公司

1. 发展概况

赛力斯集团股份有限公司（简称赛力斯）始创于1986年，是一家以新能源汽车为核心业务的科技型制造企业；现有员工1万余人，是A股上市公司，中国企业500强之一。

业务涉及新能源汽车及核心三电（电池、电驱、电控）、传统汽车及核心部件总成的研发、制造、销售及服务。

赛力斯始终坚持创新驱动，坚持长期主义，坚持商业成功，致力于将汽车核心技术及关键零部件掌握在自己手里。秉承“推动汽车能源变革，创享智慧移动生活”的使命，集团每年创新研发投入超过销售收入的10%，中美两地建立研发中心同步研发，培育并形成了具有自主知识产权的行业领先的超级电驱智能技术平台（DE-i），推出了行业领先的智慧汽车及三电产品。由传统汽车向智能汽车、由传统制造向智能制造转型升级，追求高质量发展。

赛力斯代表车型包括赛力斯 AITO 高端智慧汽车等，集团拥有领先的智能制造能力，在重庆等地建设了多个工业 4.0 标准智慧工厂。

2021 年，集团与全球 ICT 领先企业华为开创了联合业务深度跨界融合的先河，双方充分发挥各自优势，在核心技术、产品及渠道方面进行深入合作，共创中国智能电动汽车头部品牌，双方共同打造的赛力斯 AITO 及赛力斯华为智选车型，深受市场和用户欢迎。同时，集团与全球领先的新能源创新科技公司宁德时代建立了长期战略合作关系，为公司新能源汽车交付提供有力保障。

赛力斯深刻践行“一切为了用户，超级奋斗，拥抱改变，诚信可靠，价值共享”的核心价值观，以“新能源技术自持者”为定位，大力进行研发投入，布局全球领先研发基地，超 3000 人的技术研发团队，是为数不多自主掌握核心三电技术的企业，已拥有超 1000 项新能源相关核心专利。以超级电驱智能技术平台为核心，落地纯电、增程等多技术路径的新能源整车解决方案，助力“双碳”目标实现。

2. 生产经营

2022 年 1—9 月，赛力斯实现营业收入 231.23 亿元，同比增长 101.96%；得益于高端新能源汽车销量持续上升，赛力斯前三季度经营活动产生的现金流量净额为 11.97 亿元。赛力斯前三季度新能源汽车累计产销量分别为 94600 辆和 91153 辆，较去年分别同比增长 274.52% 和 254.36%，数据增幅远超行业平均水平，作为公司核心增长引擎的新能源汽车业务发展强劲。

3. 技术进展及研发能力

（1）智能网联

运用高速通信、大数据分析、云计算等网联技术，融合整车电子电气架构，搭建车、云一体化架构。研究构建车辆实时在线虚拟化平台，研究车、云高效协作计算和 OTA 技术，为车辆和用户提供 AI 功能操控、智能设置、智慧保养、智能信息等更智能、更精准的个性化服务。

采用业界成熟的 5G 模组硬件平台，提供高带宽、低时延数据传输能力和更优质的联网性能。借助车外通信、高精图像和探距等多种传感设备，研究 V2X 全场景技术应用及关键多传感融合技术。

建设账号体系中心和车辆档案，实现账号分享、车辆共享、车辆克隆、换车信息同步，同时建立车辆与家居、穿戴设备等外部生态无缝连接能力，打造人、车、路、家全场景网联应用，给用户提供便捷的互联汽车生活。

率先搭建车辆健康管理系统，实现在线故障模拟、问题分析和故障诊断，同时可基于数据分析提前进行安全预警、故障预测，为用户用车实时保驾护航。

（2）智能座舱

基于赛力斯领先整车域控架构，选用华为麒麟模组，开发高算力、可拓展、即插即用的中央域控硬件平台，中央智慧屏搭载 LTPS 模组及 In-Cell 技术，支持 HDR、智能调光护眼，触控体验及显示效果均对标旗舰手机。具备多通道 19 个及以上高保真音响单元构建的整车立体环绕系统，HUAWEI SOUND 音频技术的加持，对全链路专业声学进行优化，提供身临其境的音场效果。整车搭载的 3D 摄像头、近千万像素的车内外摄像头配合 AI 算法，在识别精确度、安全性上均处于行业领先地位（见图 1）。

软件上率先搭载了华为开发的鸿蒙操作系统，具备全场景智慧互联能力，可独立实现诸多功能，用户可直接进入鸿蒙应用市场下载 App，根据个性化需求进行多种定制。鸿蒙系统的分布式能力，可以实现多终端信息无缝流转，同时打通了车家智慧互联能力，且操作系统的统一化让不同产品间的互联更加便利，彼此支持。智能座舱将我们的智能电动汽车融入了更为广阔的生态圈，全面触及生活的各个场景。

车内摄像头可以实时感知驾驶员的行为，在监测到驾驶员打电话、未佩戴安全带、疲劳驾驶等异常行为时进行提醒，进一步保障驾驶安全。

图1 智能座舱

四区定位的智慧语音系统可实现全流程精准语音操控。赛力斯正在研究视觉辅助语音算法，车内遗留儿童、电子设备识别算法，眼球追踪算法等AI能力将进一步读懂用户，智能协助用户降低驾驶难度，提高用车、离车安全。

4. 主要产品与服务

赛力斯自成立以来，就一直以“新能源技术自持者”作为自身的定位，是国内率先掌握核心三电技术、获得生产销售双资质的企业，在新能源汽车领域有着超过1000项的专利技术。高端品牌AITO目前共推出三款车型，可以为更多用户提供多场景出行体验，打造差异化的高端智慧产品矩阵。

（1）AITO问界M5

该车型定位为智能豪华电驱SUV，拥有兼具超长续驶里程及卓越的性能表现，同时还完美诠释了豪华感与科技感的极致设计。华为赋能HarmonyOS智能座舱为用户提供轻松便捷、体验丰富、智能生态的智慧出行解决方案。问界M5前桥搭载异步交流电机，后桥搭载永磁同步电机组成双电机四驱方案，WLTC工况续驶里程超1100km，百公里加速达到4s级（见图2）。

图2 AITO问界M5

（2）AITO问界M7

该车型定位为智慧豪华大型电动SUV，是AITO旗下的第二款车型，集极致设计、舒适空间、智能化、卓越性能、超长续驶里程、豪华配置等于一身，赛力斯汽车与华为核心科技深度赋能，是最适合家庭和商务出行的六座豪华SUV，为用户提供轻松便捷、体验丰富、智能方便的沉浸式驾乘体验（见图3）。

图 3 AITO 问界 M7

（3）AITO 问界 M5 EV

该车型定位为智慧豪华纯电 SUV，经过全新视觉设计，赋予新时代电动汽车更为极致的设计、科技与豪华，同时搭载赛力斯汽车与华为联合研发的 DATS 系统，赋能纯电 SUV 极致操控感和舒适乘坐感。在多重赋能下，问界 M5 EV 以更高的姿态站位豪华纯电 SUV 市场，将为用户带来兼具极致智能、极致性能、越级豪华的智慧出行新体验（见图 4）。

图 4 AITO 问界 M5 EV

三款产品源自超级电驱智能技术平台（DE-i），该平台以全程电机驱动为核心，通过智能控制系统调配，可实现纯电、增程等多技术路径的新能源整车解决方案，超级电驱智能技术平台（DE-i）是产品高端化、智慧化、精品化、集成化的基础。

（4）无忧服务

赛力斯汽车和华为创新性地采用渠道融合模式，开创渠道 3.0 时代，以体验中心 + 用户中心相结合的模式，来满足消费者更具体验感的服务需求。在渠道层面，AITO 品牌在全国城市的主要商圈、商场已经建立了零售体系和服务网络。其中，体验中心的主要功能就是做展示、试驾体验和接单；与此同时，同步建设用户中心，进行交付、售后服务一体化，以提升用户体验。接下来，赛力斯还将着手用户中心数量和质量的双重提升。在渠道数量上，2022 年 11 月，AITO 已经覆盖超过 200 座城市，体验中心和用户中心（见图 5）超千家；接下来，赛力斯将加快渠道建设，方便全国主要城市用户购车、交车。

图5 AITO用户中心

围绕“以用户为中心”这一核心理念，目前，赛力斯正在搭建全新的服务体系建设，通过流程标准、保障体系、服务产品、数字化服务、极致体验等方面的升级，全面提升服务质量，深化豪华品牌的市场定位，同时不断为用户带来愉悦的服务体验、提升用户满意度。

基于对新能源车用户需求的深入领会做出的提升，赛力斯以“信赖、温度、智能”的服务理念，通过硬件配套与服务体系的双重路径，围绕“看车、选车、购车、用车、养车”全过程，构建全生命周期的用户服务体验。

与此同时，赛力斯汽车提出了全新的“无忧服务”理念，网络能力与服务能力是“无忧服务”的一体两面，也是赛力斯汽车开创的全新服务模式。

5. 发展规划

赛力斯从成立之初，就坚定了走技术自主研发的道路，每年坚持研发投入，未来，赛力斯汽车还将不断通过技术突破带来产品和用户体验上的升级。

同时，赛力斯汽车将一直积极投身新能源汽车的发展，大力开发视觉辅助语音算法，车内遗留儿童、电子设备识别算法，眼球追踪算法等AI能力。

此外，赛力斯汽车致力于打造具有思维与自主学习能力的智慧汽车。通过万物互联的力量，将智慧生态注入汽车，为产品赋予可感知、可分享、可互动的特质。未来，我们希望以深厚技术与制造实力，携手合作伙伴构建万物互联的汽车生态体系，共同打造高性能、智能化、高品质的移动出行体验。

广州汽车集团股份有限公司汽车工程研究院

1. 发展概况

广汽研究院（GAC R&D CENTER）成立于2006年，作为广汽集团的技术管理部门和研发体系枢纽，核心职责包括自主产品开发、自主技术规划制定与实施，以及统筹集团技术管理工作；已构建以广州总部为中心，以美国研发中心、上海前瞻设计工作室为支撑，并聚合全球优势供应商和研发机构资源的广汽全球研发网；始终坚持自主正向开发，围绕用户需求，构建了涵盖软件、硬件的V模型产品开发流程，拥有完善的企业技术标准体系，具备CMA、CNAS等验证资质，构建了涵盖新能源/智能网联验证能力的、国内最全面的整车与零部件试验验证体系，具备较为完整的整车（含常规车、新能源车）和核心系统部件开发能力，整体水平处于自主品牌前列。

2. 生产经营

广汽集团持续加大自主研发投入，广汽研究院累计研发投入超 300 亿元，“十三五”期间研发投入强度 7.5%，“十四五”期间研发投入将超 250 亿元；已打造一支来自全球 15 个国家和地区、超 5000 人的国际化研发人才队伍，其中不乏享有“中国汽车工业优秀科技人才奖”称号的技术精英。

广汽研究院始终坚持自主正向开发，具备完整的整车和核心系统部件开发能力，整体水平处于自主品牌前列。在产品开发方面，基于广汽全球平台模块化架构 GPMA、广汽纯电专属平台 GEP 开发了 30 余款整车产品，包括为广汽传祺品牌打造了 GS4、GS8、M8、M6、影豹、影酷等车型，为广汽埃安品牌打造了 AION S、AION LX、AION V、AION Y 等新能源车型，为广汽丰田、广汽本田、广汽三菱、广汽菲克、广汽日野等开发多款新能源车、商用车；以及自主研发了 20 余款发动机、变速器，涵盖常规高效节能、混合动力等多种技术路线。在技术创新方面，聚焦智联化、低碳化、数字化重点突破，持续加大技术创新投入，支撑产品技术竞争力达到国内领先水平。

3. 技术进展及研发能力

持续加大技术创新投入，聚焦“智联化、低碳化、数字化”重点突破，加快推进科技转型，系列技术成果逐步落地。智联化方面，以车云一体化集中式电子电气架构为基础，通过云平台和大数据的赋能，突破智能驾驶、智慧座舱等应用技术，并积极研究信息安全、车载软件、系统安全、电子工程等共性技术，打造广汽智联汽车生态，引领行业智能网联技术发展。低碳化方面，聚焦国家“双碳”战略，开发低碳动力总成技术，推动形成绿色低碳的出行生活方式，以 EMB 钜浪混动模块化架构为基础，混动发动机（E）、机电耦合系统（M）和动力电池（B）采用平台化、模块化设计，兼容性强、通用性高，可衍生出 N 个动力总成组合，适配所有 HEV、PHEV 和 REEV 等 XEV 车型。同时开展碳中和相关基础性研究，探索应用氢能动力在内的灵活燃料减碳车型及技术，如氢燃料电池汽车、氢发动机等。数字化方面，结合云计算、大数据、虚拟仿真等技术，全面推进产品开发数字化、研发业务数字化，为用户提供极致体验的数字化智能产品和服务。

拥有国家认定企业技术中心、海外高层次人才创新创业基地、国家引才引智示范基地、博士后科研工作站、国家级工业设计中心等创新平台，与国内外知名院校和科研机构开展产学研合作，推进在研项目数十个，吸纳海内外人才创新资源。累计有效专利申请超 12000 件，其中发明专利占比超 40%，国外专利申请约 270 件，已授权 89 件，荣获“中国外观设计专利金奖”“广东省专利金奖”等奖项，广汽获“国家知识产权示范企业”荣誉。累计获得 40 余项行业、省、市科技奖励，包括中国汽车工业科学技术一等奖、广东省科学技术一等奖等。承担国家、省、市各类科技项目 130 余项，累计获得资金超 7 亿元。其中，承担国家级重点研发项目 40 项、资金约 3.5 亿元，省市级重点研发项目 90 余项、资金超 4 亿元，为推动中国自主品牌发展、共建大湾区国际科技创新中心贡献广汽力量。总体研发能力快速提升，在 2019 年国家认定企业技术中心评价中名列全国第六、汽车行业第一。

4. 主要产品与服务

2014 年自主开发广汽跨平台模块化架构（G-CPMA），荣获“中国汽车工业科学技术奖一等奖”，2019 年开发了第二代广汽全球平台模块化架构 GPMA、广汽纯电专属平台 GEP，对平台架构进行全面技术升级，提升用户体验、支撑电动化发展。基于自主平台开发了一列自主品牌产品，包括两大系列 30 余款整车，以及 20 余款发动机、变速器等。

常规车方面，打造了传祺 GS4、GS8、M8、M6、GS3 等明星产品，传祺 GS4 累计销量超 120 万辆，连续两年在中国 SUV 市场排名第二，荣获 2018 年“中国汽车工业科学技术奖一等奖”；传祺 GS8 月销多次超越合资品牌，登大 7 座 SUV 榜首，代表自主乘用车首次突破 20 万元价格天花板；传祺 MPV 家族（M8、M6）月销超 1.1 万辆，销量增速强劲，传祺 M8 打破国产 MPV 20 万元价格天花板，2020 年获得同级别自主豪华 MPV 销量冠军；运动轿车影豹 EMPOW 月销过万辆，深受市场欢迎。

新能源车方面，已掌握纯电动、混动产品开发技术，累计有 9 款新能源产品上市，GE3、Aion S、Aion LX、Aion V、AionY 等车型广受消费者欢迎。纯电 SUV 车型 GE3 斩获“广东省科学技术奖一等奖”、第五届轩辕奖“新能源奖”；智能纯电轿车 AION S 销量稳居 15 万元级别纯电汽车第一；智能纯电超跑 SU-VAION LX，搭载全新广汽 ADiGO（智驾互联）生态系统，销量稳居细分市场前二；智能纯电 SUV AION V，采用 GEP2.0 全铝纯电专属平台，A+ 级纯电 SUV 细分市场销量冠军；都市潮玩智能纯电 SUV AION Y，搭载埃安弹匣电池，全球首次实现三元锂电池整包针刺不起火，全球首创 5G 抖拍，A 级纯电 SUV 细分市场销量冠军。为广汽三菱、广汽丰田、广汽本田、广汽菲克等开发新能源车，首次实现向合资品牌输出自主技术的历史突破。

动力总成方面，具备完整的传统和混动系统动力总成产品开发能力，打造广汽全新动力总成平台品牌“钜浪动力”，技术水平比肩国际水平。其中，广汽第三代增压直喷发动机 1.5TGDI、2.0TGDI 及第四代阿特金森发动机 2.0ATK 热效率均超过 40%，获中汽中心“能效之星”认证，其中 2.0ATK 热效率达 42.1%，达到国际领先水平；广汽自研混动专用变速器 GMC1.0、广汽首款自研 7 速湿式双离合自动变速器 7WDCT 分别荣获第二届、第三届“世界十佳变速器”称号。

5. 发展规划

践行“务实、敬业、开放、创新”企业文化精神，聚焦“产品开发、技术创新、运营管理、人才优化”4 大战略，实现“低碳化、智联化、数字化、国际化”4 个提升，实现总体研发能力达到自主品牌前三，支撑广汽集团“十四五”目标实现。

北奔重汽（北京）汽车研发有限公司

1. 发展概况

北奔重汽（北京）汽车研发有限公司（简称北研公司），隶属于中国兵器工业集团商用车制造企业北奔重型汽车集团有限公司（简称北奔集团），是其投资的全资子公司，注册成立于 2009 年 7 月，注册资本为 300 万元。北研公司总部位于北京市门头沟区，在“长三角”和“珠三角”地区设立科创基地，在内蒙古自治区包头市设立控制器生产基地；是“国家高新技术企业”、北京市“中关村高新技术企业”。

北研公司深知“关键核心技术是要不来，买不来，讨不来的”，紧紧围绕动力电动化、能源低碳化、系统智能化发展方向，积极践行关键核心技术自主开发，构建了“政、产、学、研、用”一体化的发展模式，研究和探索重卡产业和技术发展方向，为北奔集团的发展提供信息支撑；围绕车辆电控化、智能化、无人化发展方向，履行自主开发关键核心技术并产业化的责任和使命，为北奔集团提供车辆电子电气架构智能化发展的综合解决方案；依托区域优势，发挥“雷达”积聚效应，形成人才中心和创新高地，建设北奔集团高质量发展高端人才队伍基地，打造北奔集团重大项目及关键技术攻关集散地和创新平台的发展定位。

北研公司全力推进车辆智能化技术发展，加快资源整合力度，深度融入汽车产业科研发展的生态中，加快构建基于关键核心控制单元，软硬件同步驱动的，实现预研一代、研制一代、销售一代的车辆电子电气架构技术发展路线，为可持续发展提供总体规划。

北研公司坚持“开发协同、生态共享、合作共赢”的经营理念，坚持“小核心、大协作、高动态、专业化”科研模式；研究和开发整车控制器、车身控制器、门控制模块、中央网关、新能源整车控制器、多合一控制器、三代高机动平台系列关键核心控制器、EOL 下线检测及诊断仪等技术，实现核心关键技术自主，达到进度、成本和性能可控的目标，并在相关领域形成产品，实现可持续发展目标。

北研公司在坚持整车关键核心电控技术和产品自主可控的前提下，持续迭代车身控制向车身域发展，整车控制向整车域发展，智能驾驶向线控自主和算法集成技术发展的三大关键核心技术的研究与开发；成功研发了封闭场景下 L4 高度自动驾驶，为陆路口岸提供智能无人驾驶解决方案；填补了内蒙古自治区智慧通关集卡需求的空白。

北研公司积极响应国家“3060”发展战略，持续在车辆电动化、智能化、低碳化等方面研究与开发关键核心控制技术，并进行成果转化，在国家构建低碳绿色、智慧生态的新发展阶段做出应有的贡献。北研公司当前发展历程见图 1。

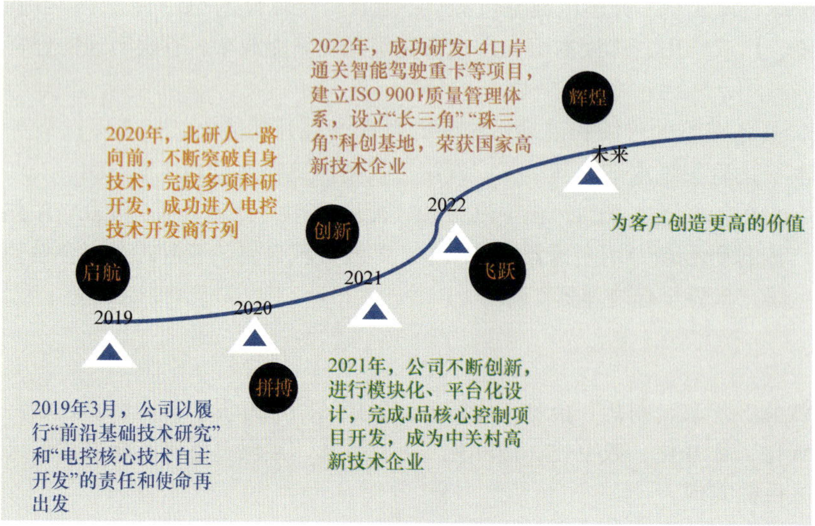

图 1　当前发展历程

2. 生产经营

北研公司主要从事汽车技术开发、服务、推广、咨询，并销售汽车配件。北研公司已完成门控制模块（DCM）、车身控制（BCM）、整车控制器（VCU）、特种车辆系列核心控制器（BCM、DGM、RCM）、环视系统、EOL 下线检测设备及售后诊断仪科研开发，正在进行批量生产、装车。完成完全自主知识产权的线控底盘开发，并在此基础上 L4 口岸通关智能驾驶重卡（见图 2）。

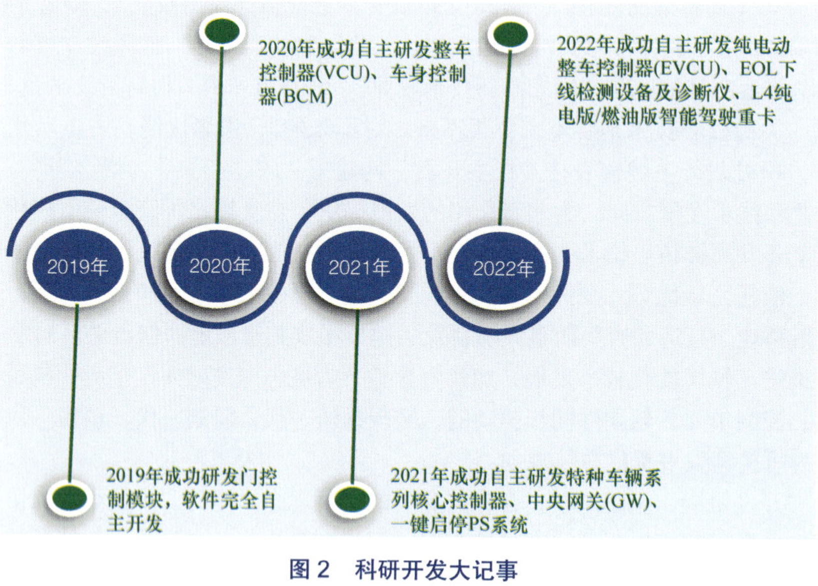

图 2　科研开发大记事

3. 技术进展及研发能力

北研公司以市场需求为导向，以项目为载体，自主开发整车控制器、车身控制器、门控制模块、中央网关、新能源整车控制器及多合一控制器高机动平台核心控制器、EOL 下线检测及诊断仪等研究和开发（见图 3），实现核心关键技术自主，达到进度、成本和性能可控的目标，并在相关领域形成产品，实现可持续发展目标。

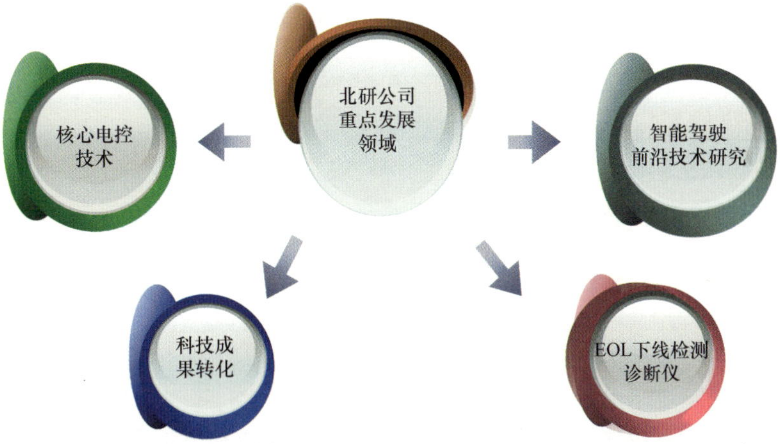

图3 北研公司科研开发领域

（1）电控系统开发流程

北研公司建立了基于SPC560B64x系列、TC27x系列芯片软件开发能力，建立了基于MBD模型的MATLAB Simulink电控系统“V”型开发流程，建立BYGS_车辆控制器应用层软件开发、BYGS_车辆控制器应用层软件MIL测试、BYGS_整车CAN总线网络系统开发、BYGS_整车EEA架构开发流程，BYGS_基于UDS的PROF程序刷写规范，BYGS_Bootloader需求规范，BYGS_J1939通信需求规范等14项科研开发流程、规范（见图4）。

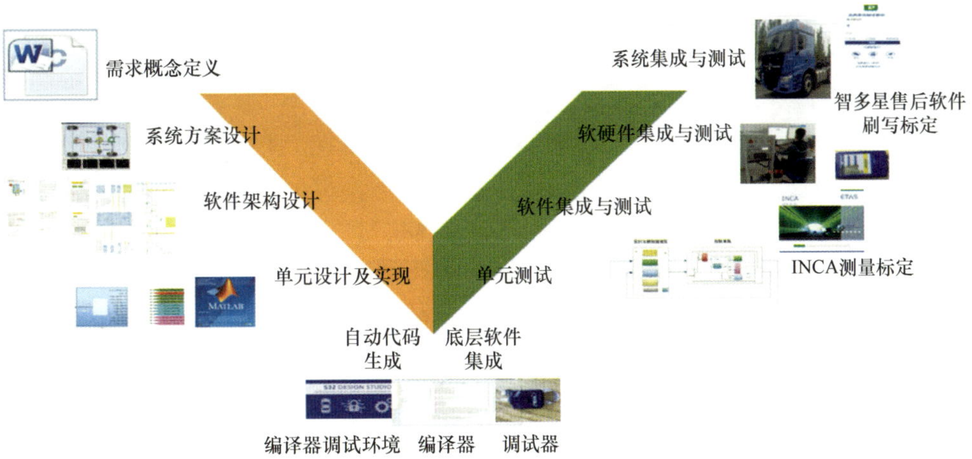

图4 电控系统开发流程

（2）电控软件开发能力

控制软件贯彻基于AutoSAR CP架构基础标准（见图5），构建北研公司“1个体系能力+5个软件基础能力+1个平台能力+*N*个应用对象”的软件开发系统框架，贯彻软硬解耦设计、软硬融合集成的技术路线；贯彻GJB5000B及CMMI软件成熟度模型要求；贯彻可靠性、可移植性、可维护性、可测试性、可重用性、可扩展性、可读性、软件安全属性（见图6）。

（3）测试标定能力

北研公司建立了单元台架测试能力、半实物电环境仿真测试能力、硬件在环（HIL）测试能力；具备了三级测试环境条件；同时在包头建立了实车测试环境，具备了测试的完整工具链和实操能力（见图7）。

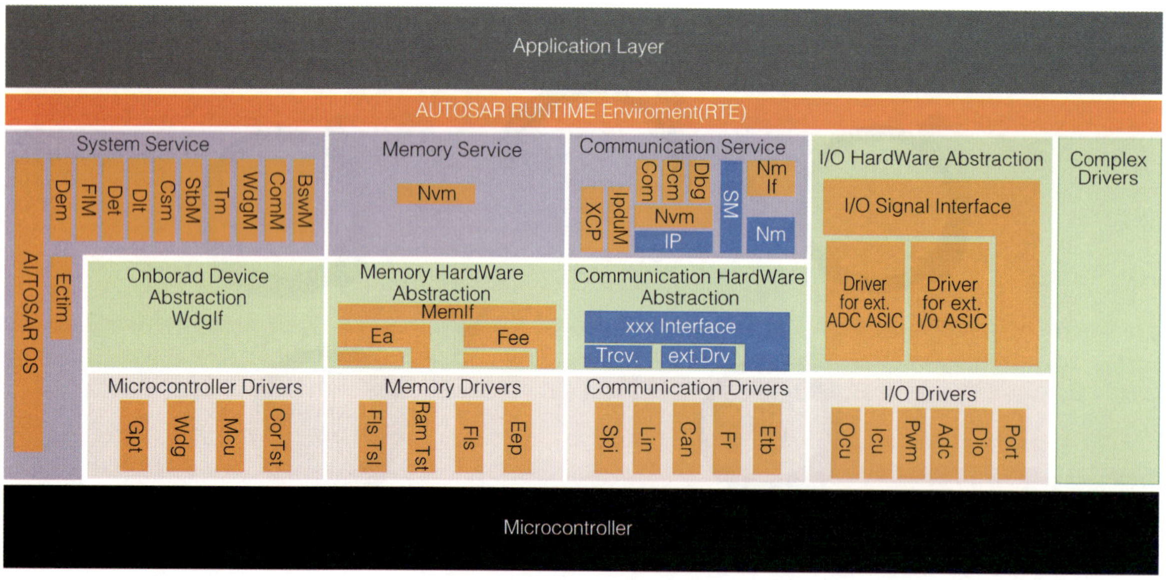

图 5　AutoSAR CP 架构

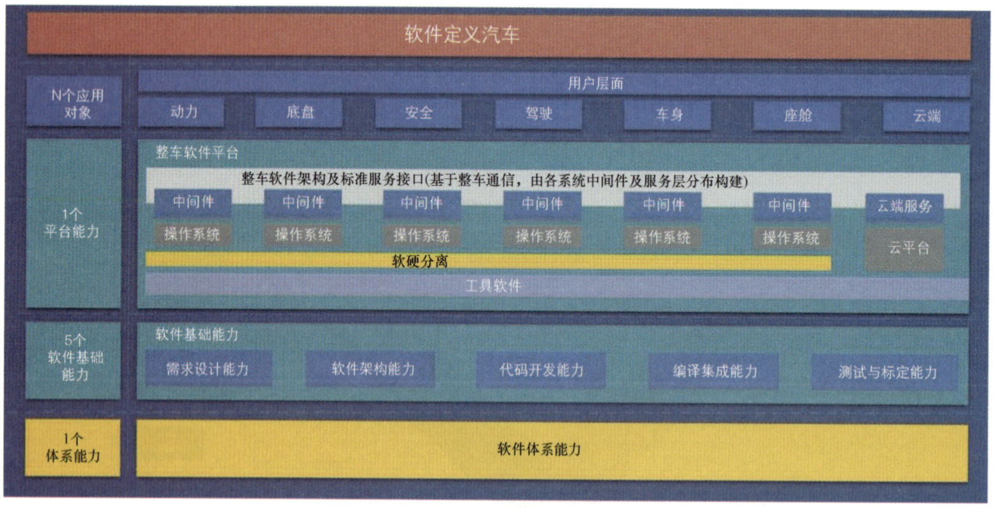

图 6　软件系统开发框架

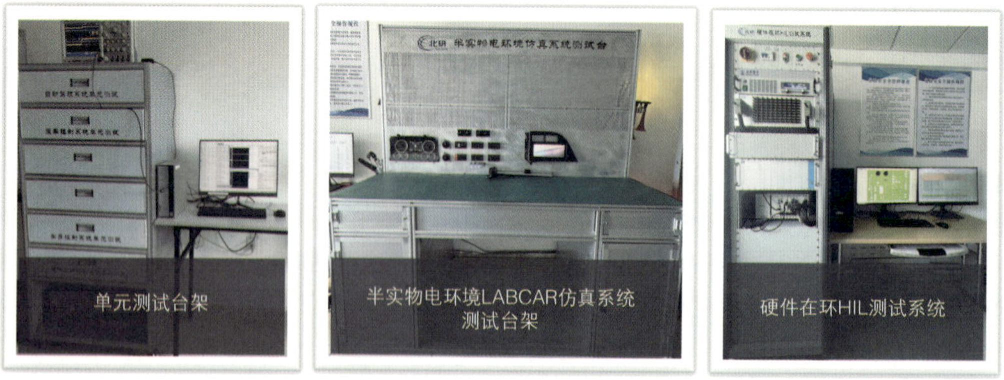

图 7　实验设备

（4）科研成果转化能力

北研公司建立了软件刷写中心（见图 8），实现了科研成果的落地转化；依据 GB/T 19001—2016《质量

管理体系　要求》建立质量体系认证，过程管控严格执行北奔重汽相关管理流程及制度。

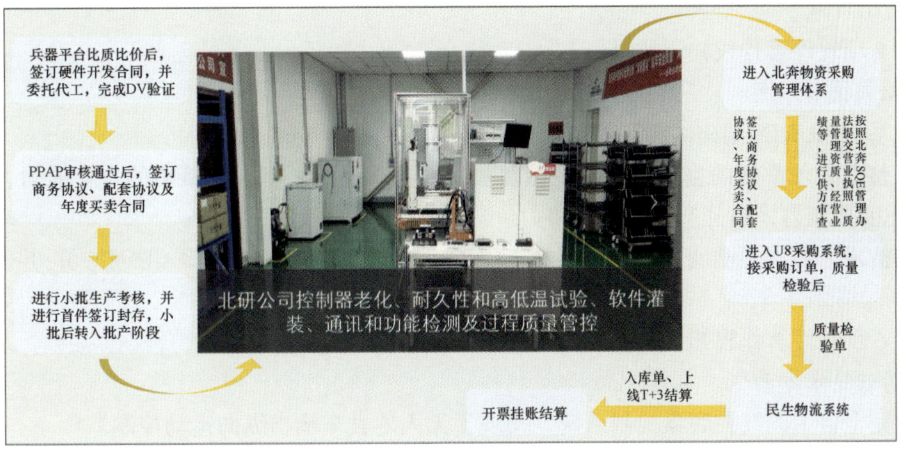

图 8　软件刷写中心

（5）知识产权

北研公司成功申请知识产权 37 项，其中发明专利 3 项，使用新型专利 16 项，软件著作权 18 项（见图 9）。

图 9　知识产权

4. 主要产品与服务

北研公司紧紧围绕动力电动化、能源低碳化、系统智能化发展方向，持续进行关键电控技术自主研究与开发、科研成果转化、实现可持续发展目标；达到掌握车辆关键核心技术、降本增效、优化控制策略、差异化变更、提升产品核心竞争力。在车身控制技术、整车控制技术、自动驾驶集成技术方面形成了一批关键技术和科研成果，形成了基于 MBD 模型的软件开发能力，构筑了单元、系统和实车三级测试流程和验证能力。

北研公司构建了“1 个关键领域 +3 个研究方向 +1 个服务体系 +*N* 个应用成果”技术研究架构（见图 10）；在智能化技术领域深耕细作，在 3 个研究方向及 1 个服务体系方面持续发力，实现 *N* 个应用的目标。

（1）车身控制技术方面

1）形成了基于 PowerPC 架构的车身控制软件平台化开发能力。

2）实现了整车必须掌握的车身核心电控技术能力，达到差异化变更能力、降本增效、优质可靠、提升产品核心竞争力。

3）基于该控制技术，成功研制了车身控制器（批产）、门控制模块（批产）、中央网关（样车试装）、一键启动系统（样车试装）、车身及网关控制器（J 品批产）、底盘动力网关（J 品批产）、后部控制模块（J 品批产）和底盘信息采集盒（J 品批产）。

4）达到自主可控的目的，实现了芯片资源紧张的市场环境下，快速推出多方案并实施，为满足保供和整车交付目标做出贡献。

5）形成了 8 项软件著作权知识成果。

（2）整车控制技术方面

1）形成了基于 AURIX 架构的整车控制软件平台化开发能力。

2）实现了整车必须掌握的整车核心电控控制技术能力，达到整车控制策略的优化能力、节能增效、优质可靠、差异化变更能力，提升产品核心竞争力。

3）基于该技术，形成了燃油版整车控制器（CVCU）、纯电动整车控制器（EVCU），并成功在自动驾驶车辆进行应用。

4）形成了 6 项软件著作权知识成果。

（3）自动驾驶技术方面

1）研制了完全自主的线控底盘控制系统，实现了无人驾驶车辆横纵向运动控制。

2）构建了多重感知融合、高精定位的无人驾驶系统，达到了前向 150m，左右侧 50m，覆盖整车 360°视场角的全域感知能力。

3）基于全球定位、GNSS、惯导和多传感器融合的定位，定位精度达到 ±5cm；基于高算力平台，处理速度系统响应时间≤ 200ms，延迟时间≤ 50ms。

4）该自动驾驶技术所形成的无人驾驶集卡具备规定的道路行驶、自动避障、变道、跟随、紧急制动、精准停车等功能。

5）该自动驾驶技术实现封闭场景下 L2 辅助驾驶 +L4 高阶高度自动驾驶，为口岸、港口、码头、园区、矿山提供智能无人驾驶解决方案；填补了自治区智慧通关集卡需求的空白。

6）形成了 2 项软件著作权知识成果。

（4）整车下线检测 EOL 及售后服务方面

1）研制了整车 EOL 下线检测平台和售后服务诊断平台，统一了基于 OBD 接口协议和工具。

2）将生产任务下发，进行车辆检测、检测过程跟踪、检测结果统计分析，实现所有车型纳入平台统一管理。

3）建立单车档案，与追溯系统深入对接，覆盖该车从研发、生产、售后等所有数据，为车辆检测、维修、后期历史查询提供支持。

4）售后诊断仪提供维修指导界面，根据当前故障码，进行维修指导信息推送，解决售后市场电气类故障维修困难的现状。

5）实现科研、生产、服务各阶段的数据可存储和追溯，通过平台数据库反哺科研开发。

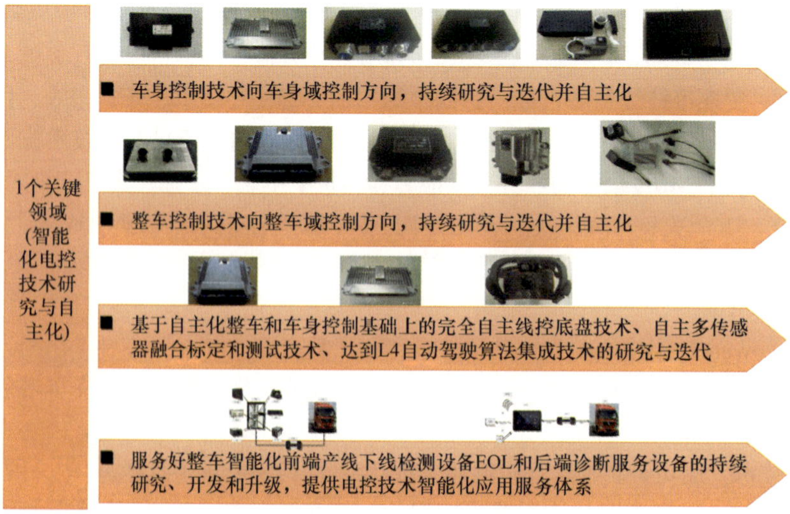

图 10 “1+3+1”科研产品发展架构

5. 发展规划

北研公司坚持动力电动化、能源低碳化、系统智能化原则，坚持技术定义平台、场景定义产品，服务创造价值。

行业逐步形成大联合、大协同格局；聚焦客户需求，把握行业发展趋势；研究智能网联技术，紧跟传统汽车电子产业快速向新兴汽车电子产业转型的速度；解析好汽车电子发展更趋专业化、分工更具创新驱动性，驱动主机厂对整车关键核心技术的自主化开发能力。

推动北研公司围绕智能化、无人化、电控化发展的过程中，逐步成为北奔重汽的关键控制技术主要解决者和北奔重汽的一级供应商。

同步推动人才队伍激励机制的创新，向核心人员持股的方向深度改革，切实从根源上留住人才，用好人才，让育人和引人相结合，打好人才第一资源这个硬仗。

上汽大众

1. 发展概况

上汽大众智能网联研发中心于 2022 年 5 月正式成立，下属部门包括用户体验设计中心、项目与体系管理部门、座舱机电系统部门、娱乐系统部门、移动互联与在线服务部门、架构与系统部门、系统集成部门，以及数据驱动的全栈软件开发团队。智能网联研发中心负责的产品覆盖整车中的娱乐主机系统、移动互联与在线服务端到端系统、交互组件系统、音响系统、架构核心系统等，产品集成于大众汽车中，致力于提高大众车的智能网联服务水平和多维度的产品力提升，通过开展基于产品全生命周期的用户体验研究，多维度获取用户反馈，深入挖掘用户的真实需求。

2. 生产经营

智能网联产品方面，上汽大众智能网联研发中心主导制定创新技术路线，实现了多个模块的投产，完善了包括在线语音、导航、远程车控、充电、生态应用及支付等智能车联网服务，致力于为用户打造智能出行生活；落实覆盖各平台的网络安全和数据安全法规要求相关技术方案，实现了全功能产品设计与开发；聚焦面向用户的体验升级，完成了试验性小范围产品远程升级推送。未来，上汽大众智能网联研发中心将进一步推进创新技术路线的决策实施，同时推进各个平台面向用户的远程升级活动、更多生态应用上架和新一代智能服务创新与落地。

娱乐系统产品方面，智能网联研发中心立足于中国市场需求，引领制定了中国区大众品牌娱乐系统在不同电器架构平台上的产品战略方向。通过车机系统 Linux 与 AliOS 双系统架构，引入国内应用广泛、符合中国用户习惯的斑马生态。

系统集成方面，智能网联研发中心聚焦用户体验密切相关的娱乐系统和智能互联问题，有针对性地制定了中国特殊功能的软件集成测试策略，完成系统测试和集成测试，不断推进测试策略的优化和测试自动化工作，不断提升测试质量和效率，并有效支持和推动了问题发现与解决，提升了产品质量。

数据应用方面，智能网联研发中心深知大数据是智能化的基础，致力于车辆和行为数据的闭环设计能力，包括车辆数据的采集方案、用户埋点数据采集方案、数据清洗、数据标签、大数据数据分析、数据应用挖掘等。目前已经完成各个项目的数据采集上线和优化，以及基于采集数据的在线服务，同时开展针对优化功能设计的“用户使用行为”数据分析。研发中心的数据团队将不断提升数据采集的可靠性和合规性，并会同整车各研发部门，挖掘更多的基于大数据分析的服务产品，提升产品开发质量。

在车身电子方面，智能网联研发中心和德国大众一起开发了基于 MCU+SOC 硬件架构的多系统车身域控制器。在网络安全方面，建立了网络安全产品开发流程，建立了网络安全测试实验室，积极参与行业相关研讨，为相关国家和地方标准的制定建言献策。在诊断刷新方面，建立了完整的诊断开发和协议测试能力。

软件开发方面，研发中心承担智能网联相关的软件开发工作，尤其在座舱系统、网联功能、应用软件等领域。面向汽车软件行业，团队职能覆盖嵌入式 Linux、车载 Android 等操作系统，AUTOSAR 软件开发，Android/iOS App 等方面。开发智能以太网网关和座舱域控制器，并完成多个面向用户的创新项目开发，包括联合开发自动驾驶控制系统、数字助理系统集成、FCEV 燃料电池系统集成、AR 眼镜无感接入系统、ID4.X 线控控制系统升级、边缘计算平台、基于虚实结合的 V2X 座舱系统等。

华人运通（上海）云计算科技有限公司

1. 发展概况

华人运通是一家专注于未来出行体验的创新型科技公司。在智能汽车、智捷交通和智慧城市“三智战略”下，将传统汽车产业精华与互联网、信息通信和人工智能跨界融合，打造了源自中国的高端新能源智能汽车品牌高合 HiPhi。可进化超跑 SUV 高合 HiPhi X 与大型豪华纯电四门轿跑高合 HiPhi Z 形成双旗舰的高端智能电动车——用突破性的“场景定义设计”“软件定义汽车”“共创定义价值”三大理念自主开发，为用户带来科技豪华的智能化体验。HiPhi X 交付一年多来，始终领跑 50 万元以上豪华电动车销量榜，HiPhi Z 于 2022 年 8 月正式上市，年底量产交付。

2. 生产经营

2019 年，华人运通发布公司旗下豪华智能汽车品牌“高合”，高度融合，以“探索、自由、创造”为精神，以“想往更高”为追求，为不断突破局限、打败上一秒自己的用户所打造。通过与用户持续共创的方式，高合汽车以突破性的科技重新定义未来智能出行的豪华体验，以“场景定义设计，软件定义汽车，共创定义价值”的“三定义”创新理念开发产品，成为中国定位最高的智能电动车品牌。

2020 年 9 月，旗下全球首款可进化超跑 SUV 高合 HiPhi X 发布，其集领先的软硬件技术于一体，是全新一代新能源智能汽车，是代表中国汽车产业从传统燃油车走向新造车、自主品牌走向科技豪华的跨时代产品。HiPhi Z 是高合汽车以未来时尚、电子时代的操控，融入数字生命的理念而打造的一款科技豪华智能轿跑。

HiPhi X 作为国内首个冲击高端豪华市场的车型，填补了中国品牌在该细分市场长久以来的空白。2021 年 9 月，HiPhi X 在 50 万元以上豪华品牌电动车的月销榜上首次登顶榜首，这也是中国本土研发的汽车首次在 50 万元以上豪华电动车月度销量上获得榜首。2021 年下半年和 2022 年上半年，成功斩获 50 万元以上豪华电动车销量冠军，领跑细分市场，充分证明华人运通高合汽车深受市场认可，已成为越来越多用户在高端豪华电动汽车品牌中的选择。

高合 HiPhi X 已经先后获得国家知识产权局中国专利奖外观设计金奖，并获得中汽研 CCRT（中国汽车消费者研究与评价规程）有史以来最好成绩、C-NCAP 五星碰撞安全佳绩、2022 年度“十佳车身”荣誉，还收获美国 IDA、德国红点奖国际设计等大奖，中国汽车行业最高级别专业奖项“轩辕奖”和“寰球汽车”的年度车型大奖，得到行业内外的高度认可。

高合 HiPhi Z 不仅与 HiPhi X 双双获得 MUSE 设计奖的最高奖项——“铂金奖”，还获得 2022 年度中国“十佳底盘荣誉”。目前，其搭载的全息幻彩真皮获得了 2022 国际 CMF 设计奖材料金奖。

3. 技术进展及研发能力

（1）自主研发，科技实力

华人运通成建制地传承中国汽车产业 30 年发展积淀的团队、体系、经验、知识积累，又融合互联网、通信、消费电子等中国强势产业人才和实践的跨界创新企业，覆盖自动驾驶、智能座舱、“三电技术”等先进技术研发、造型设计、整车工程开发/试制/试验、供应链和制造工艺开发等业务链条，同时形成了在整车零售和售后服务、智能交通技术开发和示范项目运营等前后端各个领域的布局与业务开展能力。

截至2022年10月，华人运通累计申请专利1620件，近50%为发明专利，人均专利申请量显著高于业界平均水平；累计获得专利授权近800件。此外，华人运通还积极在欧、美、日等国家和地区布局海外专利，目前已申请了200项国际申请。

（2）智能架构，场景体验

高合量产的开放式H-SOA超体电子电气架构搭载了六大计算平台和千兆以太网，开发了软件中间件，实现软硬件解耦，进行功能重组和调动，通过四大域控制器，实现高性能、可进化的软件定义硬件的微服务化智能平台，从而可以创造出更多的车辆智能应用，适应更多的使用场景，甚至不断创造出全新的使用场景。

华人运通高合汽车与全球知名游戏公司Epic Games进行深度合作，基于高合H-SOA电子电气架构，首次将虚幻引擎（Unreal Engine）应用于高合HiPhi Z车机系统，打造“真3D”数字座舱，实现更智能与拟真的人机交互体验，彰显“数字生命”特征。

HiPhi Z搭载了高通新一代车载芯片骁龙8155；基于AI图像识别算法，结合视线、头部姿态及面部识别技术，实时检测驾驶员是否处于疲劳/分神的状态，当出现异常情况时通过HUD、中控屏等提醒用户，保障行车安全；支持用户通过简易手势对车机下达指令，使用户在不操作屏幕或使用语音的情况下也可以完成车控或多媒体调节，提升了观影等场景下的便捷性，并凸显整车的科技感；基于AI图像识别算法，当用户离车锁车后，实时检测车内宠物、儿童的滞留情况，及时通过车外灯光、手机App消息等形式提醒用户，并可以由用户远程开启空调通风。

从“场景定义设计，软件定义汽车，共创定义价值”三大定义出发，华人运通高合汽车突破单体智能的局限，打造出更人性化的场景智能。相比单体智能而言，场景智能是将多个功能联动，一键触发，实现多步直达，最大限度地开放用户共创的自定义权限，从而满足用户所有的用车场景。2022年3月，高合发布了基于H-SOA开放架构打造的HiPhi Play场景共创平台，并在9月的2022世界人工智能大会（WAIC）上发布了全球首个可自定义组合车辆各项能力的场景编程平台——HiPhi Developer，也是目前行业中开放程度最高的场景智能共创平台。

4. 发展规划

华人运通自创立之初，就提出从人出发，考虑人性化的需求，通过人性化的智慧科技，以智能汽车、智捷交通、智慧城市的三智战略，推动整个出行从单体智能向混合智能转变，最终实现群体智能。通过拓展智能电动汽车的外延，使之与智慧能源、智能交通、智慧城市深度融合，并且最大化协同效益，将汽车、能源、交通、城市高效安全地相互连接，从而重新定义未来出行形态。

作为车路城一体化探索的先行者。华人运通携5G+V2X车路协同车型高合HiPhi X多次参与国家“新四跨”暨大规模先导应用示范活动并圆满完成相关测试，进一步助推车路协同智能驾驶的规模化商业落地。在2022年工信部信通院的IMT-2020（5G）推进组蜂窝车联工作组（C-V2X工作组）的第十七次结题会议上，经专家评审，华人运通高合汽车的HVP整车自动下线系统通过“MEC+C-V2X融合测试床项目”结项验收。

华人运通将持续把未来车辆的研发，放在整体城市发展和道路发展的维度讨论，秉持“一次开放，多点利用”技术战略，以智能汽车为起点，通过技术的共用，推进车路协同延展到智捷交通和智慧城市。一方面，持续自研高阶智能驾驶辅助系统，通过搭载更多更好的传感器，不断提升算法来实现单车智能的增强；另一方面，持续推进车路协同的技术积累和业务拓展。

同时，随着车辆从简单的交通工具演变成为城市中移动的最大智能终端、计算平台和服务平台，智能汽车作为一个移动的空间、移动的智能终端，将通过高效可靠的通信方式，连接更广阔的互联网和物联网生态。我们相信，基于智能汽车作为智能终端和数据节点，元宇宙未来一定会结合到智慧出行中，成就更广的应用生态。

目前，华人运通已与全球知名游戏公司 Epic Games 进行深度合作，基于高合 H-SOA 电子电气架构，首次将虚幻引擎（Unreal Engine）应用于高合 HiPhi Z 车机系统，打造“真 3D”数字座舱，实现更智能与拟真的人机交互体验，彰显“数字生命”特征。华人运通将持续尝试通过实时渲染技术实现对周围环境的实时感知，以“一镜到底”和“数字孪生”的特点实现人机自由交互，模拟人类对于从认知到重建的过程，使用实时渲染技术构建一个可自由交互的 3D 空间，以“数字生命”回答人们对未来 HMI 的畅想。

比亚迪股份有限公司

1. 发展概况

比亚迪股份有限公司（简称比亚迪）成立于 1995 年 2 月，经过 20 多年的发展，已成长为在全球六大洲实现战略布局的高新技术企业。比亚迪是中国香港和深圳上市公司，营业额和总市值均超过千亿元，业务布局涵盖汽车、轨道交通、新能源和电子等领域，从能源的获取、存储，再到应用，全方位构建零排放的新能源整体解决方案。

比亚迪始终坚持“技术为王，创新为本”的发展理念，凭借强大的研发实力和创新的发展模式，获得了全面的发展，并在汽车、轨道交通、新能源和电子等多个领域发挥着举足轻重的作用。

2. 生产经营

汽车、轨道交通、新能源和电子。

3. 技术进展及研发能力

在汽车领域，凭借雄厚的技术研发和创新实力，比亚迪已经掌握 IGBT 芯片、电池、电机、电控等新能源车核心技术。目前，比亚迪新能源车已经形成乘用车、商用车和叉车三大产品系列，涵盖七大常规领域和四大特殊领域（即“7+4”战略，其中“7”为私家车、出租车、城市公交、道路客运、城市商品物流、城市建筑物流、环卫车；“4”为仓储、港口、机场、矿山专用车辆），实现全领域覆盖。

在轨道交通领域，为解决城市交通拥堵问题，比亚迪历时 5 年研发了中运量跨座式单轨“云轨”，历时 7 年研发了小运量胶轮有轨电车“云巴”。“云轨”和“云巴”均搭载无人驾驶系统、多功能深度集成的综合调度系统、人脸识别等高科技配置，具有高安全、高智能、高适应、高颜值、建设成本低、建造周期短等优势，能为乘客提供更加智能、便捷的出行体验，助力城市交通新升级。

在新能源领域，比亚迪拥有电池、太阳能、储能等丰富的产品。比亚迪具备 100% 自主研发、设计和生产电池的能力，凭借 20 多年的不断创新，产品已经覆盖消费类 3C 电池、动力电池（如磷酸铁锂电池和三元电池）以及储能电池等领域，并形成了完整（原材料、研发、设计、制造、应用以及回收）的电池产业链。

在电子领域，比亚迪电子（国际）有限公司于 2007 年在中国香港联合交易所主板独立上市，是全球领先的智能产品解决方案提供商。经过 20 多年的发展，比亚迪电子业务目前涵盖智能手机和笔记本计算机、汽车智能系统，以及新型智能产品三大领域。比亚迪电子是全球唯一一家能够大规模提供精密金属、玻璃、陶瓷、塑胶等全系列结构件及整机设计制造解决方案的公司，凭借丰富的国际化合作经验、卓越的产品及服务品质、强大的材料研发能力、行业领先的精密制造能力，为全球顶级智能产品客户提供研发、设计、制造、供应链管理等全方位服务。

4. 主要产品与服务

在乘用车市场，比亚迪涉及燃油车和新能源车两大领域。自 2008 年推出全球首款量产的插电式混合动力车型以来，比亚迪陆续推出 e6、秦、唐、宋、元等多款新能源车型，并获得市场的极大认可，助力公司连续六年位居全国新能源乘用车销量第一。2022 年，比亚迪全系乘用车共计销售 1868543 辆，全年同比增长 152.5%。2022 年 11 月 16 日，比亚迪第 300 万辆新能源汽车下线发布在比亚迪全球总部举行，标志着比亚迪成为首个达成这一里程碑的中国品牌。从“第 1 辆新能源汽车到第 100 万辆新能源汽车”用时 13 年、从“100 万辆到 200 万辆”用时 1 年，从“200 万辆到 300 万辆”仅用时半年，比亚迪在新能源赛道上演全新“加速度”，推动中国汽车的崛起与全球绿色出行的加速变革。

在商用车市场，比亚迪拥有丰富的纯电动巴士、纯电动货车产品线。2010 年，比亚迪发布“城市公交电动化”解决方案，随后上升为中国国家战略。比亚迪 K9 是全球首款集欧、美、日等多项权威认证于一身的纯电动巴士，早在 2011 年就陆续在深圳投入商业运营。比亚迪各类纯电动商用车获得包括深圳巴士集团、伦敦交通局、洛杉矶大都会交通局、悉尼机场、斯坦福大学、Facebook 等国内外顶级客户的高度认可，足迹遍布包含中国、美国、英国、日本、澳大利亚、法国在内的数十个国家和地区，并屡次创造行业纪录。比亚迪已累计向全球合作伙伴交付超过 5.5 万辆纯电动巴士，并占据英国 60% 以上的纯电动巴士市场份额。

2016 年 10 月，比亚迪发布“云轨”，正式宣告进军轨道交通领域。2017 年 8 月，全球首条跨座式单轨“云轨”线路在银川投入运行。比亚迪“云轨”和“云巴”受邀亮相 2019 年春节联欢晚会，向全球展示中国科技成果和“未来城市”的发展趋势。

在新能源领域，比亚迪拥有电池、太阳能、储能等丰富的产品。

5. 发展规划

乘用车方面，随着前奥迪设计总监 Wolfgang Egger、前法拉利外饰设计总监 JuanMa Lopez、前奔驰内饰设计总监 Michele Jauch-Paganetti、原奔驰底盘调校专家 Heinz Keck 等全球顶级人才的加盟，比亚迪已迈入“造车新时代”。

商用车方面，随着全球各地订单的爆发，比亚迪正逐步完善研发和生产布局，已于中国、美国、匈牙利和法国等国家设立纯电动商用车工厂。

轨道交通方面，比亚迪已经与国内外多个城市就“云轨”“云巴”达成战略合作，发展前景广阔。

秉承“用技术创新，满足人们对美好生活的向往”的品牌使命，比亚迪通过强有力的市场布局，以及坚定推动全球可持续发展的战略举措，赢得了《财富》杂志“改变世界的 52 家公司”“扎耶德未来能源奖”，以及“联合国特别能源奖”等一系列赞誉。

CHAPTER 08

第 8 章 主要汽车企业集团智能网联汽车技术研究创新成果

一汽解放智能网联自主创新成果

一汽解放汽车股份有限公司

作者：王占春

中重型商用车高级别自动驾驶技术创新

针对中重型商用车高级别自动驾驶产业化难题，围绕安全、节能、舒适目标，一汽解放首次提出以深度学习和多目视觉为核心的全域长距三维场景感知理论，独创基于时序深度卷积预测的安全、节油、舒适多约束规划体系，突破重型商用车基于多参数在线辨识的自适应控制关键技术，实现全球首款高级别自动驾驶重型商用车自主研发和量产，填补了我国在高级别自动驾驶量产产品上的空白，核心指标国际领先。

（1）全域长距三维场景感知技术

针对远距离、高抖动的自动驾驶重型商用车感知难题，一汽解放提出了以深度学习和多目视觉为核心的全域长距三维场景感知系统解决方案。高级别自动驾驶重型商用车受自重及行驶速度影响，为实现全工况下安全制动及预见节油的功能，所需的感知距离远超乘用车（已量产）。同时，由于重型商用车车体抖动大，导致传感器物理振动大，对感知成像质量产生极大影响。目前，行业普遍采用的单目视觉、小基线双目视觉的感知方案，无法支持重型商用车远距离小目标的稳定和有效感知需求，严重限制了高级别自动驾驶商用车的量产进程。

针对感知的识别，一汽解放创新性地提出了基于对抗式场景扩展的实时深度学习感知模型，突破了一般深度学习算法兼顾远、近物体识别（体现在图像上是近大远小）的高算力要求，以 1/10 的算力实现最小 3 个像素高度的远距离（超过 350m）物体及近处障碍物的有效检测，满足在车规级算力平台上的高频运行。

针对感知的测距，一汽解放开创了业界最长基线（1.2m）双目与单目结合的立体视觉感知方案，独创全生命周期无靶标自适应补偿算法（见图 1），突破了单目视觉方案中平面假设和目标大小先验假设的限制，规避了测距不稳和不准的固有缺陷，并突破了小基线双目视觉方案的感知距离，实现了 350m 以上的准确测距。针对传统方案在视点差异大、移动快等恶劣环境下的误匹配和无匹配问题，提出融合光流和深度卷积特征的视差匹配算法，实现准确的视差求取和三维重建，达到在道路弯曲起伏和车体抖动等场景下的稳定感知。

上述感知方案已通过各种复杂场景下的仿真测试，经受住了覆盖全国五横三纵主流运输干道的全天候的百万千米道路测试，为实现高级别自动驾驶商用车率先量产提供了有力支撑。

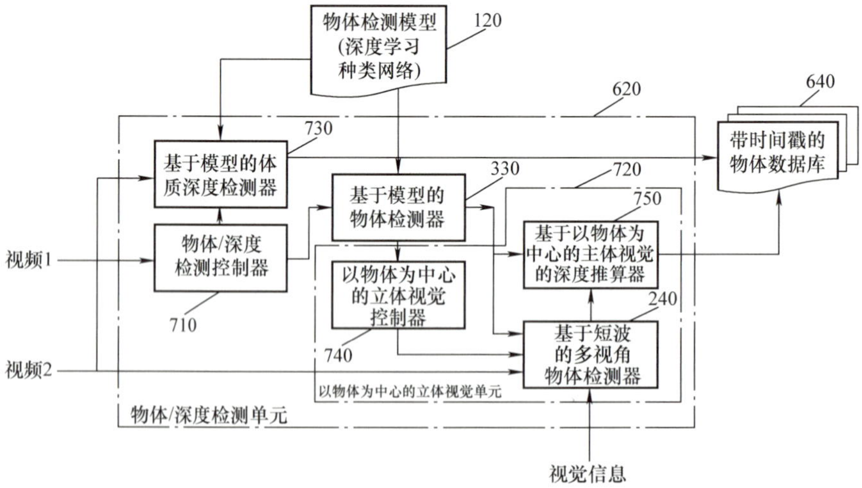

a)

图 1　基于立体视觉和深度学习的三维感知算法

b)

图 1　基于立体视觉和深度学习的三维感知算法（续）

（2）基于时序深度卷积预测的多约束规划技术

针对多目标、强实时自动驾驶重型商用车规划难题，一汽解放独创基于时序深度卷积预测的安全、节油、舒适多约束规划体系。高级别自动驾驶商用车要兼顾安全、节能和舒适等多个相互冲突的开发目标，开发过程中存在人工接管率高、通行效率低的难题，行业正在探索的行为预测模型正处于试验阶段，预测准确率较低，无法支持产品量产。针对此难题，一汽解放发明了大数据驱动的时序深度卷积两阶段预测模型（见图 2），在拥堵、汇入和超车等复杂场景下，实现了比其余道路交通参与者快 5s、精度达 98% 的行为意图预测和轨迹预测；同时，依托解放整车体系节油的固有优势，全新开发基于地理、实时交通流交互和车辆物理特性的三层架构规划算法，并开发结合动态规划和二次规划的优化算法实现实时求解（见图 3），在安全舒适的前提下实现了节油效能比熟练驾驶员高 10%。

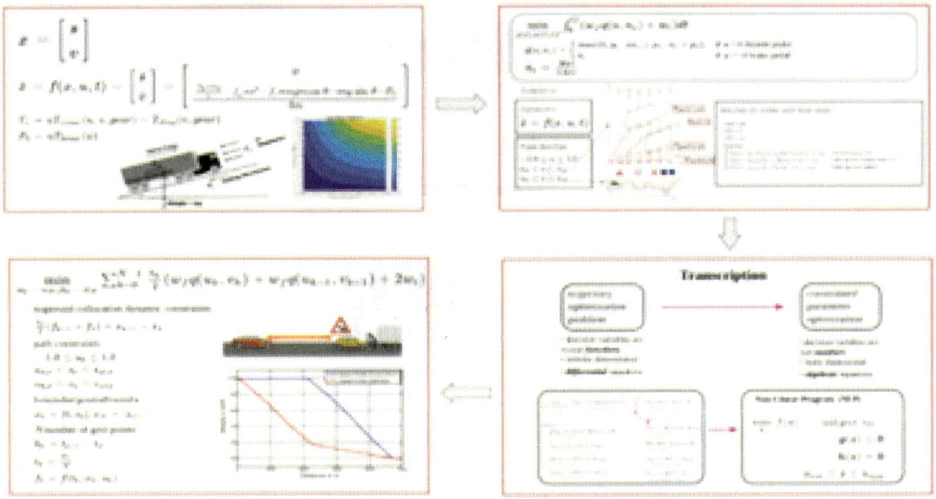

图 2　基于时序卷积神经网络的车辆意图预测

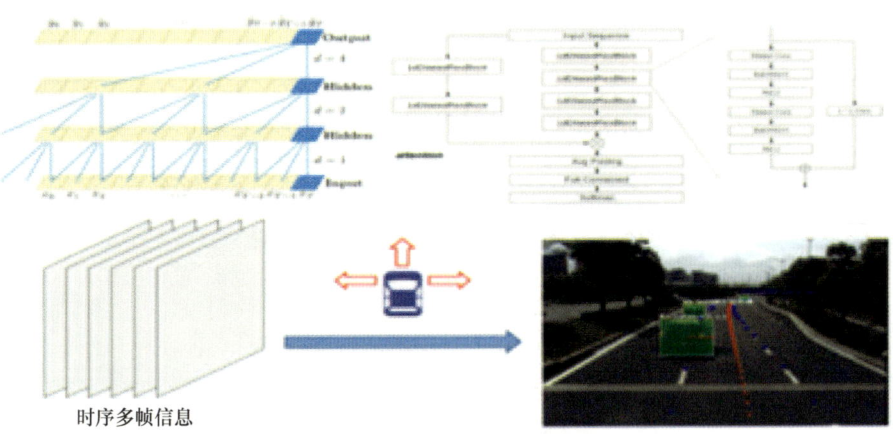

图 3　基于直接配点法的节油型速度规划算法

（3）基于多参数在线辨识的自适应控制技术

针对变载荷、非线性自动驾驶重型商用车控制难题，一汽解放首创高基于多参数在线辨识的自适应控制关键技术。重型商用车具有复杂的动力学特性，体现在主车与挂车非刚性连接、载荷频变、重心较高等方面。自动驾驶控制对车辆自身特性依赖度高，实现全生命周期内各种复杂工况控制响应一致性、车辆动态变化下的横纵向精准控制，是行业公认的难题，也是制约重型商用车高级别自动驾驶实现量产的关键因素。

针对上述挑战，一汽解放基于重型商用车高精度动力学模型，首创高精度底盘线控平台（见图 4），实现底盘驱动、制动、转向各系统协同控制（转矩控制偏差小于 1‰，多工况车速控制偏差 ± 0.3m/s、自动转向响应时间 < 200ms，转向控制误差 < 1°，制动系统响应时间 < 200ms），率先开发了多参数在线辨识技术，提出带遗忘因子的自适应车辆质量估计算法，针对负载、天气、路面附着等多个耦合多变的实际运营条件，实现实时质量估计误差 <15%；同时，基于前述关键参数在线辨识，发明了自适应预瞄控制算法（见图 5），基于曲率的前馈和坡度的反馈，根据规划轨迹输出合适的运动控制信号，从而实现非线性运动系统下，控制指令到车辆执行的一致性、精确性与稳定性。

图 4　高精度底盘线控平台

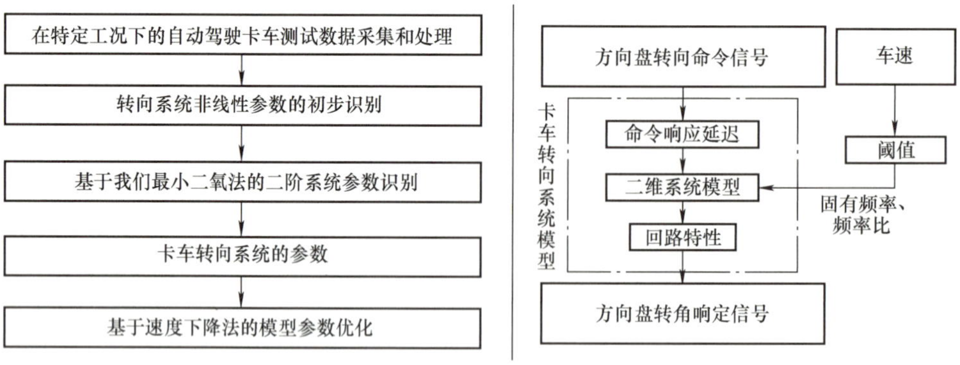

$$ml_z u\omega_R - [m(a^2k_1+b^2k_2)+l_2(k_1+k_2)]\omega_r + \left[mu(ak_1+bk_2) - \frac{(a^2k_1-bk_2)^2}{u} + \frac{(k_1+k_2)(a^2k_1+b^2k_2)}{u}\right]\omega_r = -muakak_1\delta + Lk_1k_2\delta$$

图 5　自适应预瞄控制算法

科技创新推动智能电动车二次革命

广汽埃安新能源汽车有限公司

1. 弹匣电池

弹匣电池（见图 1）直面三元锂电池的安全性问题，其本身是一个从电芯本征安全提升、整包被动安全强化，再到主动安全防控的一整套技术，它可以配合不同的电池技术使用（如磷酸铁锂电池、海绵硅负极片电池等）。弹匣电池在针刺实验下无明火产生，且 48h 后也无起火和爆炸现象。自面世应用以来，使用弹匣电池的车型没有发生过自燃现象，目前 AION Y Plus、AION S Plus 等主销车型均有搭载。

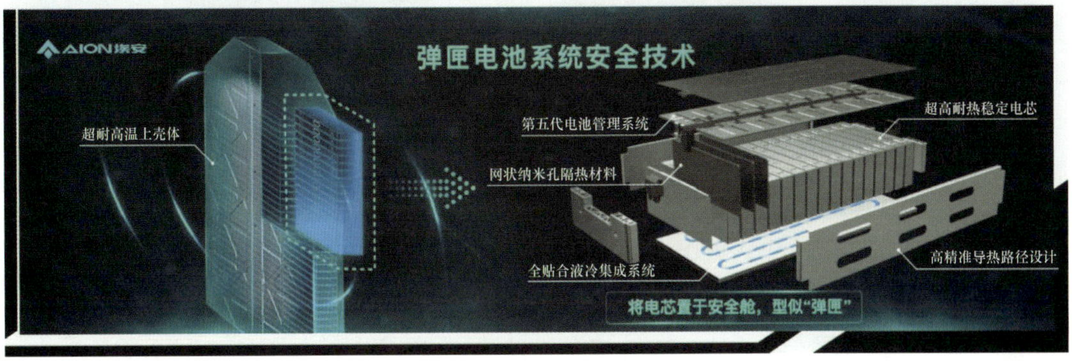

图 1　弹匣电池技术架构

2. 两档四合一高性能电驱技术

两档四合一电驱系统（见图 2）由永磁同步电机、两档减速器、电机控制器、差速器高度集成而来。相比同级别动力单元，四合一电驱系统在体积上减少 30%，重量减轻 25%，电机驱动效率高达 90%，系统最高输出功率 340kW，轮端转矩高达 6100N·m。目前该技术已在 AION LX Plus 上使用，可实现 2.9s 完成 0—100km/h 加速。

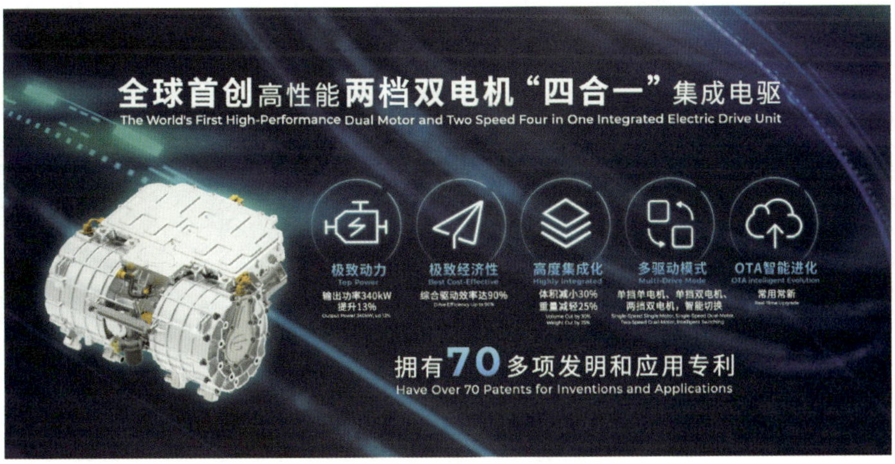

图 2　两档四合一电驱系统技术特点

3. 海绵硅负极片电池

海绵硅负极片电池可实现更高的能量密度。为解决锂电池中硅负极材料膨胀率过高的问题，埃安利用纳米复合硅、自修复黏结剂、梯度复合涂布等技术，让硅负极片呈海绵状，在避免材料膨胀破坏的同时，也能储存更多的锂离子。埃安在 AION LX Plus 上应用了海绵硅负极片电池后，车辆的综合续驶里程可突破

1000km（见图 3）。

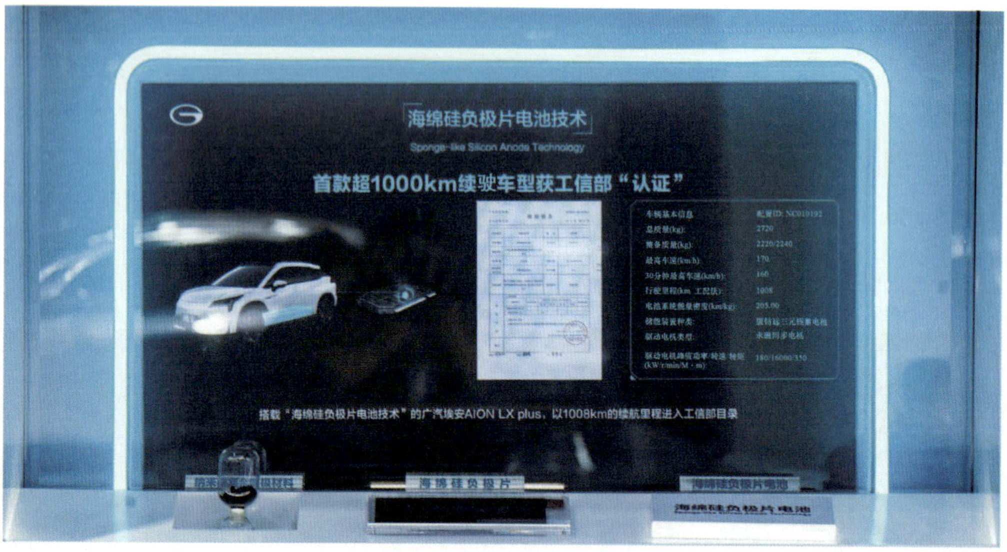

图 3　AION LX Plus 续驶里程测试获工信部认证

4. AEP 3.0 纯电专属平台

埃安所开发的 AEP 3.0 纯电专属平台（见图 4）是在埃安原有 AEP 2.0 大空间、长续驶里程、高安全等领先优势的基础上，针对驾控乐趣进行了深度打磨。通过引入超跑级电驱技术，AEP 3.0 平台可实现最快 1.9s 的零百加速表现；同时，通过借鉴超跑低重心布局，配合独创的 AICS 智能底盘系统，AEP 3.0 平台可进行多系统动态匹配控制，并在转向半径、转向精度和灵敏度、过弯侧倾、制动距离等操控数据方面有显著提升，让用户尽享赛道级超感驾驭，将首发于 Hyper 序列全新车型上。

图 4　AEP 3.0 纯电专属平台部分技术参数

5. 星灵架构

星灵架构基于集中式布局打造，是埃安以安全为优先开发目标，所推出的全新一代电子电气架构。星灵架构配备了多融合智驾感知系统，可通过风云三号红外遥感技术和 3 颗第二代可变焦激光雷达，实现全方位感知（见图 5）。此外，埃安还在星灵架构中创新应用了航天级星基融合定位技术，结合高精地图和惯导单元，可实现全域厘米级的车辆定位。多融合智驾感知系统与星基融合定位技术相互配合，让用户体验全天候的安全智驾。该架构将首发于 Hyper 序列全新车型上。

图 5　星灵架构多融合智驾感知系统的技术优势

场景定义产品，网联开启未来

上汽通用五菱汽车股份有限公司

1. 发布“灵犀智驾系统”

2022 年 8 月，上汽通用五菱与大疆车载全球首款战略合作车型——2023 款 KiWi EV 发布（见图 1）。作为全球首款搭载“灵犀智驾系统”的量产车型，2023 款 KiWi EV 提供便捷智能的城市出行解决方案，为时尚出行注入智能科技内核，满足用户从上车到驾车，再到停车过程中全场景的智能驾驶需求，特别是常见的城市快速路场景、城区非结构化道路场景、差异化停车环境等驾车停车场景，让更安全、更便捷、更惬意的城市出行生活成为可能。行车场景实现了任意类别障碍物识别与应对、近距离加塞应对、车道线混乱及车道线数量变化的汇入应对、拨杆变道、弯道智能调速等智能功能。泊车场景实现了多状态车位识别、车位障碍物智能识别、360° 无死角泊车、车内外随心泊车、全方位智能出库等智能功能。

图 1　2023 款 KiWi EV

“灵犀智驾系统”以双目视觉融合毫米波方案，实现了任意类别障碍物智能避障、跟车距离自适应巡航、高级车道保持、拨杆变道、跟车启停、近距离加塞应对等亮点辅助驾驶功能。配合超声波传感器系统，系统可实现路径无限制、场景更丰富的智能泊车辅助，并提供标配的核心主动安全功能以及预警降级策略，功能覆盖绝大部分城区行车与泊车场景，保证智能驾驶体验的连续性。

“灵犀智驾系统”独到的惯导双目方案，具备在线强局部感知和在线自标定技术能力。视觉惯导融合定位、双目 BEV 车道线检测及融合、双目 3D 物体检测及融合等技术，可覆盖多种复杂场景。立体双目实时生成稠密点云，以几何信息实现对驾驶安全有威胁的场景随机障碍物（如绿化带、静止异形车、车祸场景、施工场景等）避障。

此外，大规模、自动化的数据闭环基础设施具备处理海量数据的能力，可以实现自动化数据标注、自动化模型训练、自动化测试验证，保障智能驾驶系统可以不断学习覆盖长尾问题，并支持高级别智能驾驶功能的持续升级解锁，真正做到“开得越久越舒适”的智驾体验。在全闭环虚拟仿真测试平台，已通过 2 万种用户使用场景测试验证。实车测试方面，针对丰富的行车和泊车场景，已累计完成覆盖全国 20 个省份、100 多个城市，超 1000 万 km、超 100 万次智能功能测试验证。

在 2022 年 6 月 25 日举行的 2022 世界智能驾驶挑战赛中，2023 款 KiWi EV 凭借强大的智能化辅助能力，斩获 2022WIDC 世界智能驾驶挑战赛——双智融合挑战赛项目的“智能泊车金奖”与“智能行车金奖”（见图 2 和图 3）。同年 12 月，2023 款 KiWi EV 荣获由中国汽车工程研究院股份有限公司负责测试评估的先进驾驶辅助系统企业标准“领跑者”称号，成为国内首批荣获先进驾驶辅助系统企业标准“领跑者”的车型（见图 4）。

图 2　智能泊车金奖

图 3　智能行车金奖

图 4　先进驾驶辅助系统企业标准“领跑者”

2. 国产单目摄像头落地凯捷混动版

2022 年 12 月，五菱全球旗舰车型——凯捷混动铂金版正式量产上市。作为五菱全球旗舰车型，凯捷混动铂金版以更高规格的工艺标准，呈现更加优雅、高级的银标质感，以满足人民对于更高品质出行的不懈追求。

在智能化配置方面，基于国产芯片单目摄像头方案实现 L2 级辅助驾驶，是国内首个基于该技术实现量产的车型。凯捷混动铂金版采用一颗前视摄像头 FVC2 可实现全系列 L2 ADAS 智能驾驶系统功能，包括 ACC、AEB、LDW、FCW、LKA、ELK、TJA、TSR、IHBA 等，为舒适安全出行保驾护航（见图 5）。凯捷混动铂金版搭载了基于征程 2 芯片的 ADAS 解决方案，打通从感知、预测、规划、控制执行、整车和台架全场景测试链路，实现单摄像头国产化 SOCL2 级 ADAS 量产从 0 到 1 的突破。

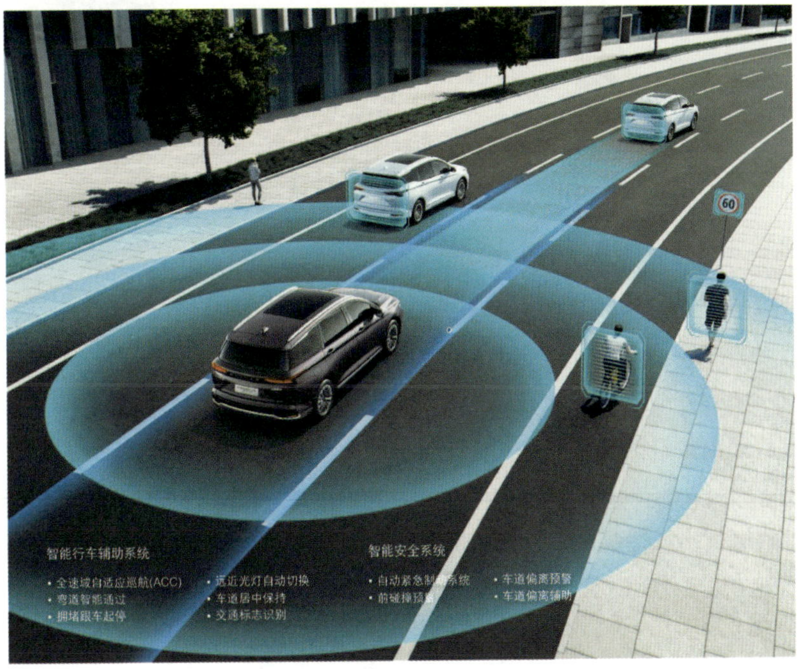

图 5　国产单目摄像头场景功能

得益于坚持自主渐进式和全栈自研发展路线，系统具备成规模、高质量数据迭代能力，并掌握自动驾驶的核心竞争力。基于单目前视一体机打造的开发及测试平台，已通过台架、整车、路试、诊断法规 4000 种用户使用场景测试验证。实车测试方面，针对丰富的行车场景，已累计完成覆盖全国 25 个省份、200 多个城市超 50 万 km 全功能、全场景测试验证。

基于国产芯片的单目前视一体机（FVC2），其在视觉感知算法与摄像头规格上得到大幅度提升，视场角升级至 100°，感光芯片可支持最高 300 万像素，最远探测距离达到 150m。性能方面满足 C-NCAP-2021 版 ADAS 五星 + 得分，AEB 对目标最高制动停止速度提高到 60km /h，并支持夜间行人和横穿两轮车检测，可做到特殊场景无 AEB 误触发。得益于水平 100° 视场角，该车 ACC 识别目标稳定，近距离低速切入加塞识别大幅提前，能更好地应对近距离加塞场景，对静止目标制动停止的最大自车速度为 80km/h。同时视场角的提升，可以支持 TJA 通过更小的弯道，最小半径可达 100m。软硬件相结合大幅提升了驾乘人员和外部交通参与者的乘车安全性及舒适性。

同时，FVC2 仍可支持更高性能的融合方案，为驾驶提供更安全的保障；其硬件升级版本可扩展 1V5R 架构和车身备份的 4 路 CAN（FD）通信，实现 L2.5 级 ADAS 功能。基于对用户安全需求的洞察，未来上汽通用五菱的更多车型将搭载可升级迭代的 L2 级 ADAS 方案，为用户的驾驶安全保驾护航。

3. 测试验证体系和场景数据库搭建初步完成

上汽通用五菱紧密关注智能网联汽车准入管理政策，加快搭建测试验证体系，目前已初步建成由模拟仿真测试、封闭场地测试、实际道路测试组成的“三支柱”测试验证方法，形成了自然驾驶数据、标准法规数据、交通事故数据、功能失效数据、功能安全和预期功能安全数据构成的多源智能驾驶场景数据库，案例共计超过 2 万例（见图 6）。

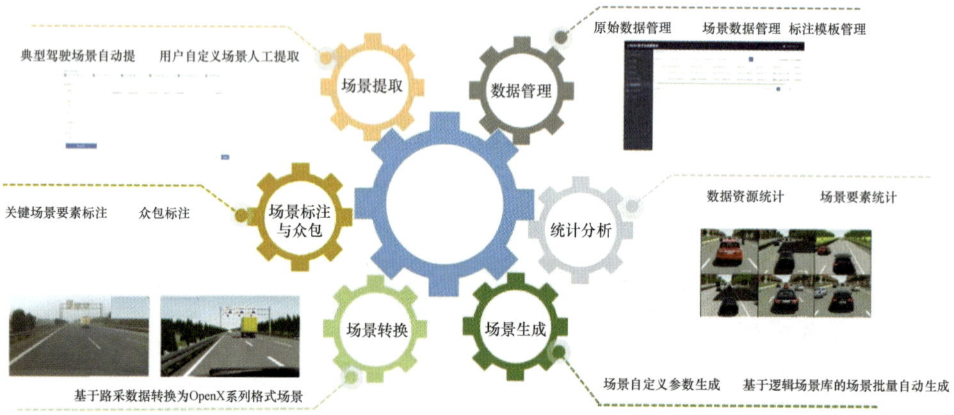

图 6　场景数据库云平台框架图

2021 年开始引进的国内外先进水平的假人假车目标物、自主驱动平台、高精度组合惯导系统等专业测试设备，实现公司在智能驾驶封闭场地测试能力从 0 到 1 的突破。2022 年，场地测试工作已结合量产项目常态化运行，场地测试全年共 32 次，节省 1100 万元，涉及 9 个车型项目，出具场地测试报告 20 余份，解决问题超过 120 个。

4. 功能安全流程获最高等级国际认证

上汽通用五菱 2022 年建立了与企业流程相适应的功能安全流程体系，经过雅析安全系统（上海）有限公司审核认证，美国国家标准学会授权，获得 ISO 26262：2018 汽车功能安全 ASIL D 流程（最高级别）的认证，是公司首张功能安全证书，满足《新能源汽车企业安全体系评价规程》及《智能网联汽车生产企业及产品准入管理指南（试行）》，满足生产和销售高级智能系统车辆的要求（见图 7）。

图 7　功能安全 ASIL D 流程认证证书

5. 智慧无人物流应用

上汽通用五菱不断拓展汽车智能化边界，依托全球小型电动平台强大的整车集成能力，联合产业链供应商，不断突破与创新，先后实现无人物流底盘线控的开发与联调、智控传感器安装与标定、无人物流智能控制系统开发与优化、物流配送场景测试与验证、云端系统监控与调度等完整链路的核心技术突破。2020年已建成国内第一条无人驾驶物流路线，并正式接入整车生产的物流配送环节，开启智慧工厂无人物流配送新篇章。

智慧无人物流系统搭载在专用的新能源车辆底盘上，配备有激光雷达、摄像头、组合惯导等核心传感器；支持车道保持、自主巡航、变道绕行、在线变更配送路线等核心配送功能。智慧无人物流项目组不断创新与创造，在全球小型电动车乘用车底盘的基础上，充分考虑无人物流配送场景，优先考虑控制精确性、稳定性等任务特性，新增适配多款电机型号，形成系列化的动力矩阵，完成底盘执行器协同交互逻辑开发。面对疫情和缺芯缺件的困难，项目组协调多方资源，经过多轮联调试验与迭代，最终打造了满足无人物流应用的极具性价比的系列化无人物流新底盘。

智慧无人物流智能驾控系统以激光雷达为主实现高精度的感知和定位，辅助视觉感知和定位作为冗余和补盲，再结合组合惯导进行定位约束，通过多传感器融合提升感知与定位系统的鲁棒性。面向场景，无人物流项目组深度梳理物流应用场景，决策模块的开发工作与场景深度绑定，实现多线整合配送，关联不同车道类型对车辆决策与路径规划进行深度定制。通过双闭环控制方法开发，融合多种自适应执行器补偿技术与各工况下实车标定，实现高精度的车辆控制。无人物流云端调度系统接收无人物流车辆系统状态，同时接收生产端其他移动设备信号，结合APP的输入指令进行多移动端协同交互决策控制、状态监控、数据回传与软件更新等服务任务。项目组开发人员、调试人员与应用人员齐力奋进，不断迭代优化，智慧无人物流系统实现了持续稳定的真无人化物流配送。

上汽通用五菱智慧无人物流项目面向厂区无人化配送场景，经过众多路线细分场景应用与系统迭代优化，搭建“车-路-云-端”协同全无人化链路，形成制造与物流高度协同的双循环效应。智慧无人物流系统可根据各类需要的物流运送货场景提供不间断运输服务，适用零部件入厂、物流集配中心收发、厂内运输等任务环节，覆盖白天、黑夜、雨雾天气、厂房内外、不同道路类型等典型工厂场景。上汽通用五菱的无人物流全链路应用场景方案投入使用持续运营至今，截至2022年12月28日，车辆数量超400台，订单运输次数超146.3万次，无安全员自动驾驶里程突破133万km；补充人力缺口71人，节约物流车辆52辆，年运行成本节约1534万元/年，在制造及服务业领域处于领先地位（见图8）。

图8 智慧无人物流车辆在厂区运行

6. 网联协同自动驾驶开始示范应用

上汽通用五菱自2021年开始探索5G+智慧工厂及网联协同技术商业化实践场景，5G云控物流运输线路在上汽通用五菱河西基地及宝骏基地已成功启动运行。目前已投入生产运营云控物流车辆15台，运营路线超过5条，截至2022年12月28日，厂内运行总里程5002.8km（见图9）。

5G云控物流应用实践利用5G网络，感知路侧设备信息，融合云端决策控制，可实现车辆在特定区域内大运力需求的自动驾驶。如对外提供运力服务，每条线路年收益预计为1700万元（注：以一条10km、100t/趟运力需求的路线为例）。

图 9　5G 云控物流车辆在厂区内运行

基于此经验积累，上汽通用五菱依托柳州市车联网先导区部署的 C-V2X 网络及路侧设备在公共道路网联协同领域再次进行创新突破。利用 5G 和 C-V2X 网络，接收智慧路口实时信息数据，融合云端决策控制，现已实现上汽通用五菱宝骏基地到柳州赛克科技发展有限公司两个厂区之间物流运输路线的自动驾驶（见图 10）。

图 10　5G 云控物流车辆在公共道路运行

结合柳州市车联网先导区一期 1 阶段场景建设及示范应用的要求，上汽通用五菱投放了 10 辆 5G 云控物流车辆进行公共道路物流场景无人化运行测试及示范应用。智能网联汽车公共道路（场外环线物流）示范应用路线位于柳州市车联网先导区，全程约 13km（见图 11）。2021 年 12 月公司获得柳州市智能网联公开道路（场外物流环线）测试牌照 10 张，2022 年 6 月获得示范应用牌照 10 张，厂外运行总里程 7928.2km。

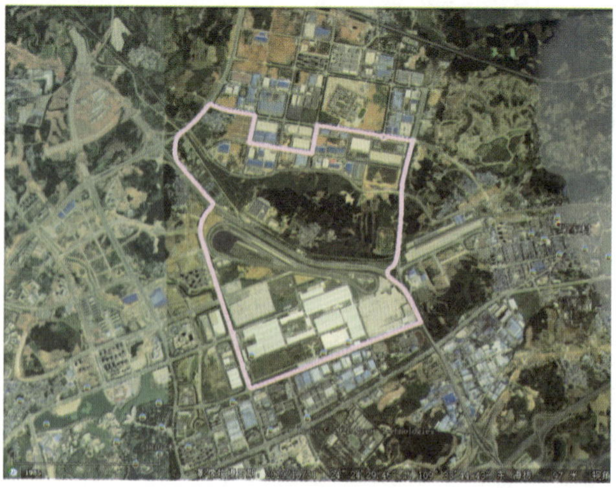

图 11　智能网联汽车公共道路（场外环线物流）示范应用路线示意图

2022 年 8 月，上汽通用五菱智能网联车参加北京 2022 年“智行杯”智能网联汽车 C-V2X 应用示范活动，实现柳州云控北京车，引发行业高度关注（见图 12 和图 13）。

图 12 参加 2022 年“智行杯”智能网联汽车 C-V2X 应用示范活动

图 13 5G 云控物流车辆在北京示范区公开道路运行

2022 年 5 月，《智慧移动机器人开发应用》项目获柳州市首届职工技术创新成果一等奖；6 月，在中国智能网联汽车创新成果大会（CICVIAC2 022）上，上汽通用五菱荣获中国智能网联汽车优秀企业；智慧工厂无人物流全链路场景应用、5G 云控智慧无人物流技术成果荣获中国智能网联汽车创新成果。

理想汽车在智能网联领域的创新与应用案例

北京车和家信息技术有限公司

当前，新一代科技革命驱动汽车从交通工具向智能终端转变，全球汽车产业正加速向新能源化、智能网联化、高端化、绿色化发展，由此带来产业形态、能源消费结构、交通出行模式和社会运行方式的深刻变革。智能网联新能源汽车成为新的产业方向和行业风口，世界主要汽车工业国家和地区大力发展智能网联新能源汽车，理想汽车作为中国领先的新能源智能汽车制造商，设计、研发、制造和销售豪华智能电动汽车，品牌使命是“创造移动的家，创造幸福的家”。理想汽车致力于为家庭打造更安全、更便捷、更舒适的智能电动车。在中国，理想汽车是成功将增程式电动汽车商业化的先驱，开创了三维空间交互体验，坚持把智能驾驶软硬件作为标配的智能电动车品牌。

1. 全自研智能驾驶算法

理想汽车坚持在智能驾驶上的全栈自研，围绕自动驾驶最前沿的 BEV 算法重点开发了三大能力：动态障碍物复杂环境感知能力、静态世界道路结构感知能力、复杂道路交通参与者的行为预测能力。理想汽车在业内率先提出“3D 假设、2D 确认”的理念，将其拓展到了激光雷达等传感器，成为世界上第一个提出并量产了视觉与激光雷达前融合 BEV 算法的车企。通过以上自研能力，理想的 NOA 导航辅助驾驶为用户提供了极佳的使用体验，日均使用率突破 50%，我们会始终坚持将智能驾驶作为每一辆理想汽车的标配，普惠到每一位用户，就像每一栋房子都配备电梯一样。让每一个家庭的出行更安全、更便捷、更舒适。

理想 L9 研发的一个基本原则就是“一切为了安全”，如果在这个基础上加一个定语，就是“符合中国路况环境的要求”。中国路况有几种相对特殊的状况：其一是常见道路施工；其二是加塞；第三是道路上偶尔会有静止车辆。针对这些问题，L9 的理想 AD Max 智能驾驶采用的是“BEV 融合算法”，你也许听说过“BEV 框架模型”，简单来说，它是利用“纯视觉”进行运动感知预测，也就是几乎只依靠摄像头采集的图像进行分析。其好处是功能上限非常高，因为摄像头和“人”本身是类似的工作流程，当然了，它也存在问题，比如图像分析是没有测距能力的，和人一样，系统首先需要“认识”某样物体，然后通过物体在视野中的大小变化来“估测”其运动轨迹以及实时距离。

但想象一下，如果系统不认识路上的某个物体，这就有些麻烦了，举个例子，几乎所有的辅助驾驶系统都认识“车屁股”，所以基本的自适应巡航跟车或遭遇前车意外制动需要紧急制动等情况下，系统都可以做出正确的反应。但是，如果是一辆车侧翻在路上或是有其他事故发生，车的姿势可能就千奇百怪了，无论车损坏成什么样子，人基本都是可以轻易辨认的，但现阶段的智能系统就未见得能准确判断了。

此外，在遭遇强光或黑暗环境时，摄像头的能力也会大打折扣。为了应对这些情况，在 BEV 视觉信息为主的基础上，理想 AD Max 增加了激光雷达和高精地图的信息输入作为辅助，独创了 BEV 融合算法。为了进一步加强安全性，还加入了视觉安全模块和激光雷达安全模块，与 BEV 框架模型互为冗余，能在极限环境下为安全提供多一层保障。

背后的算法其实真正决定了理想 L9 需要哪些感知硬件，智能驾驶硬件不是“军备竞赛”，每一种硬件都应该有它不可替代的实际价值。理想 L9 是采用高性能摄像头作为主要感知来源的，硬件包括 6 颗 800 万像素摄像头和 5 颗 200 万像素摄像头，能实现对车身周围及远距离的 360° 全方位感知。

正前方的两颗 800 万像素摄像头组合，可实现对 120° 广角范围及最远 550m 内车辆、行人及锥桶等物体的识别。理想 L9 的车头上方配备了车规级激光雷达，内有 128 个激光器，全局分辨率为 1200 × 128，在已经量产的车规级激光雷达中是综合性能最强的。

在暗光、正对强光等摄像头受限的场景下，激光雷达受影响较小，可以确保系统对环境感知的准确性；此外能帮助车辆提升对静止及异形障碍物的识别，例如高速公路上的事故静止车辆、施工路障物体等，让系统对环境感知更准确。

感知硬件的背后，为大量的数据分析提供保障的是理想 L9 的智能驾驶算力平台，其中包含了两颗英伟达 Orin-X 处理器，总算力达到 508TOPS，双处理器互为算力冗余，也使智能驾驶系统运行更稳定。理想汽车全栈自研的智能驾驶算法，目前已经在国际上斩获多个权威奖项（见图 1）。

这些算法成果也都将在理想 L9 上得以应用，使其拥有更强的城市复杂路口危险检测能力。激光雷达和视觉双重融合算法对安全性有质的提升，在很远距离就能识别到危险信息，并进行相对舒适的制动停车动作。理想汽车将会开源 AEB 源代码，供行业内使用，为广大消费者的出行安全贡献力量。

除了安全这个基本原则，作为一辆家庭智能旗舰 SUV，理想 L9 AD Max 的另一项追求是极致的舒适，这特别体现在当你开启导航辅助驾驶功能后。导航辅助驾驶目前主要提供以下几个功能：①根据导航路线自动提前变道以及上下匝道。②在前方车流缓慢时向快车道变道超车，自动执行并线动作。③自动按照当前路段限速行驶，道路限速改变时，车辆限速也会随之调整。

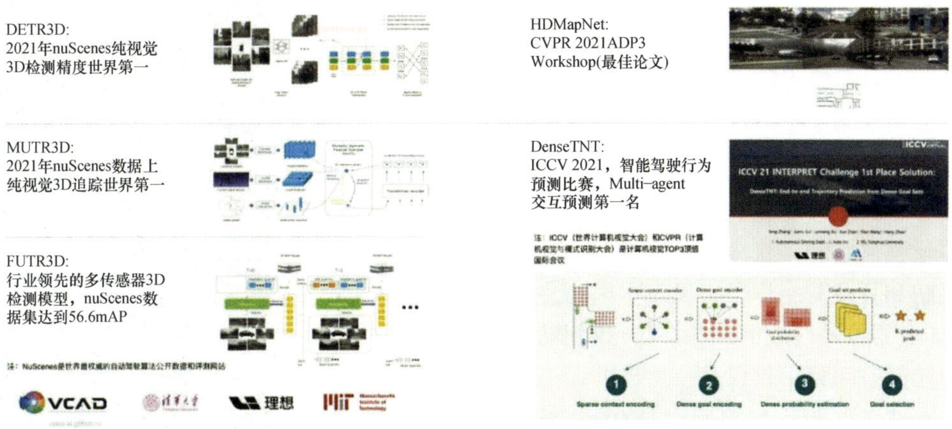

图 1　理想汽车全栈自研的智能驾驶算法奖项

过去在理想 ONE 上，我们说“用 5 度转向是理想 ONE 的浪漫”，理想 L9 继续秉承了这一思路，特别是在开启导航辅助驾驶后，在精准把握时机、保障安全的情况下，还要让车内的乘客感觉舒适，不晕车。理想 AD Max 的舒适加减速的 COST 预测模型能在不同的道路环境下，根据周围车辆动作主动进行安全且平缓舒适的加减速操作。

通过监测多条车道的车流速度等信息，理想 L9 还能够主动选择加速变道或减速变道，变道灵活性得到提升。在需要进入匝道时，通过高精度地图及定位，理想 L9 可以实时规划判断变道和进入匝道的时机，并提前识别匝道内分路的路型，超视距动态规划车辆路径。并且在进入匝道后，理想 L9 还有着出色的规划轨迹跟随能力，控制算法把轨迹跟随能力从行业平均的 20cm 误差，提高到了 10cm，在诸如遇到大曲率弯道这样的情况时，可通过性和舒适度都有了显著提升。

2. 追求极致的人机共驾

在智能驾驶的基础上要确保车主能够便捷且正确地使用理想 AD Max。深入挖掘这个需求，其实主要就是两点——仪表屏能直接、清晰地展示必要信息，驾驶员能简单便捷地控制信息显示和行车相关功能。为此，理想 L9 独创了智能驾驶交互系统，其中包括一块显示面积为 13.35in 的大尺寸平视显示（HUD）系统，显示面积较大且不遮挡视线，动画流畅美观，且不像传统 HUD 那样只能显示简单的数字图标。

HUD 最大的价值就是能让驾驶员在不转移视线（低头或扭头）的前提下查看行驶相关的必要信息，能更好地保障行车安全。此外，采用 Mini-LED 和多点触控技术的安全驾驶交互屏幕则解决了过去 HUD 难以操作的问题，让“仪表屏”实现了触控式交互，让驾驶者能够安全便捷地控制包括驾驶模式选择在内的相关功能。全新电容式感应方向盘、注意力提醒系统，也可以辅助保障驾驶员处于正确使用智能驾驶功能的状态。

而得益于高性能摄像头、激光雷达和强大的图像处理能力，中控屏的智能驾驶信息显示也变得更加丰富和准确。理想汽车致力于传达正确使用智能驾驶系统的观念，也乐于告诉每一位用户现阶段智能驾驶的能力所在和局限性。理想 L9 全自研的 AD Max 智能驾驶系统，其目的是为家庭提供安全、舒适的辅助驾驶体验，让一家人的远行免于路途的疲惫，能更好地享受路上的每一分时光。

2022 年 12 月 16 日，理想 L9 荣获第十届轩辕奖“中国年度汽车”的终极大奖（见图 2）。此外，理想 L9 还荣获年度十佳汽车，入选智驾排行榜 Top10、行车辅助 Top10、智驾交互 Top10。“轩辕奖”是由《汽车商业评论》杂志联合奥地利 EFS 汽车企业咨询公司共同打造的世界级中国汽车产业年度贡献奖，被誉为中国汽车界“奥斯卡”。

“这款大型 SUV，无论从驾控到乘坐均带给用户完美舒服的体验，并且罕见实现了每个座位平权。它的 HUD+ 两联屏 + 后排娱乐屏构成的全车交互系统，配合能力提升的高阶辅助驾驶能力，产品细节拿捏准确，体验连贯，流畅。它是中国智造从产品思维向用户思维、场景思维的代表之作。它将全车每一处细节和体验均打造完美，同级产品无出其右。”——2022“轩辕奖”。

3. 智能空间：从二维走向三维

在智能空间方面，为了更好地服务全家人，理想汽车独创了基于五屏三维交互的智能座舱，让车与全家人的交互方式从二维升级到了三维。以分布式六硅麦和 IR+3D ToF 传感器作为硬件基础，配合六音区人声增强网络和多目多视角视觉融合网络，理想汽车可以像人类的“眼睛和耳朵”一样，实现对车内信息的三维感知。通过过去几年对 AI 底层技术研发的“恶补”，我们已经取得了初步性的进步。一个智能的空间绝不仅仅是一块屏幕、一套音响和语音系统的堆砌，而是通过空间智能 AI 将座舱内的能力连接在一起，将车内的家人连接在一起，用户们在接下来的时间里将会见证理想汽车智能空间的快速成长。

图 2　理想汽车获第十届轩辕奖“中国年度汽车”大奖

四屏交互系统一直是在理想 ONE 上最受好评的功能之一，理想 L9 则是又一次首创了“五屏三维空间交互”。在过去的几年里，人在座舱里的操控都以二维平面为主，简单来说就是屏幕触控，触控由于只在平面维度，缺失了大量信息，也永远无法达到人与人之间的三维交互体验。于是，人们期望着一个全新的三维交互技术出现。如果把交互分成三个环节，便是感知、理解和表达。

在感知层面，理想 L9 在 IR 传感器的基础上新增了 3D ToF 传感器，能感知毫米级的深度信息，可在不触及车内隐私的情况下识别手势甚至表情信息，在触控的二维基础上补足了三维空间的最后一个维度。视觉感知的融合算法最终会将信息汇总成一张“3D 大图”，一切的功能都基于此实现。例如在理想 L9 上，后舱娱乐屏可以通过手势直接控制；当我们指一指天窗，并跟理想同学说“打开这个”的时候，理想同学也能够理解你并帮你控制遮阳帘开闭。

声音信息的接收和理解则依靠自研的 MIMO_NET 算法，在消除回声以及针对多音区进行增强后，音区定位准确率提升了 20%，多人讲话时，主音区识别错误率下降了 30%。且视觉与听觉会相互补偿，当视觉发现只有主驾驶有人时，语音系统的收音就会定位到主驾驶位置，使识别正确率更高。在表达上，基于全景声音响系统，理想同学的声音也将拥有位置感，它可以近，可以远，可以在前排或是第二排、第三排。3D 视觉配合六音区传声器，让理想 L9 能够接收人类感知物理世界信息的 95%，是二维交互信息量的近 100 倍。在百倍的信息量下，过去智能系统的理解体系也随之土崩瓦解，理想 L9 重新构建了一套符合三维需求的认知图谱、逻辑推理和用户画像。

这将对人和车辆的交互产生革命性的改变，人工智能在二维时代发展极慢，是因为感知和表达能力都很差，例如 Siri 等类似的语音助手几乎没人使用，但当交互由二维升级到三维，人工智能也将迎来快速的进化。在新的认知图谱、逻辑推理和用户画像架构下，人工智能也将拥有类似的强智能认知，基于问题和对象，做出不一样的回答，并在未来拥有逻辑推理和人格化的能力。在三维空间交互的时代，这一天也许会很快到来。

“阖家智行，理想 L9 聚焦家庭场景，满足家庭每一个人的需求”——2022“华舆奖”。理想 L9 创新的五屏三维空间交互，把智能的驾驶、视听、娱乐体验提升到一个全新的高度。在“华舆奖”2022 中国年度典范智能座舱评选中，理想 L9 从 60 余款热门车型中脱颖而出，斩获“年度智能座舱典范”大奖（见图 3）。理想 L9 创新的五屏三维空间交互智能座舱，标配 7.3.4 杜比全景声，音响系统 2160W，4D 座椅，行业顶级的 OLED 屏幕 + 双 8155 芯片，具备强大的娱乐扩展性，一线直连 AR/VR、所有次世代游戏机，为全家出行带来天花板级别的智能座舱体验。

主驾标配 HUD 和安全驾驶交互屏，13.35in 高清 HUD，智能驾驶和行车信息直接投射到眼前，保障行车安全。16:9 的副驾屏追剧效果更好，15.7in 的后舱娱乐屏成为哄娃神器，还可通过手势轻松对后舱娱乐屏进行控制，更可三屏同步全家欢乐共享。

图3 理想汽车在2022“华舆奖”中获得“年度智能座舱典范”大奖

中国一汽智能化、网联化自主创新成果

中国第一汽车集团有限公司研发总院

作者：周时莹，高长胜，赵朋刚，赵默涵，谭明伟，于丁一，于继成，杨杰，尹光雨

中国第一汽车股份有限公司智能网联开发院深入贯彻习近平总书记视察一汽重要讲话精神，切实落实总书记关于“关键核心技术要掌握在自己手里”的殷切期望，坚决打赢关键核心技术攻坚战。2022年，一汽集团智能网联院各部所顺应汽车“新四化”发展趋势，以提升中国第一汽车集团有限公司自主品牌新一代乘用车智能网联系统为目标，通过自身解决关键问题、突破各项技术难关，实现多角度、多方面的自主创新，自主创新案例及产品数不胜数。

1. 智能驾驶应用案例

（1）智能感知的地形识别与风格识别

为实现智能驾驶控制执行的自主化、白盒化，建立自主开发应用层软件V流程的关键能力，智能驾驶团队突破路面信息预测识别技术，引入视觉信息，智能预识别与反馈修正相融合，解决识别滞后问题，首创智能全地形控制系统，打破传统手动调节整车模式的现状，在不增加传感器等硬件成本的基础上，为驾驶员打造人车合一的智能操控体验，实现整车驾驶模式智能匹配驾驶员风格，打造车随人适驾乘体验。

（2）功能安全与预期功能安全

智能网联车辆自动驾驶系统功能安全关键技术中，提出从整个自动驾驶系统开展安全设计的方法，基于系统承载的自动驾驶功能开展对传感器、控制器、执行器整个系统链路全面无死角的安全分析、设计、验证实践，最终形成AD/ADAS完整的功能安全需求和安全架构。预期功能安全设计技术方面，在SOTIF安全分析活动中，创新性地使用基于三个层级结构的STPA架构设计思路并基于STPA Loss scenario分析已知和未知场景，将场景视为控制结构中与战术层相互作用的 Control process 的一部分，从而开展正向的安全分析；提出应用 STPA 方法开发 SOTIF 测试场景，将 Loss scenario 和真实环境的场景进行分析和结合，专注于 SOTIF 的 Area2 和 Area3 情景，降低了测试场景的数量。

2. 智能座舱应用案例

红旗智联 3.0Plus 产品：交互设计方面，红旗智联在行业内率先建立横、竖屏统一的中控屏交互框架，以 12.3in 屏幕交互为基础，向 16.2in 横屏交互扩展，实现多屏联动，为用户提供多屏车载影院效果的视频服务、跨屏联动控制服务和辅助驾驶的导航路线分享服务；智能语音采用“端 - 云一体化”设计，引入边缘计算，部分算力下沉至终端，自建红旗语义理解模型，打造语音交互卡片、情感化 TTS。导航深度定制优化，结合出行服务场景的 CP 融合，以及图层的自定义设计，最终形成符合红旗调性的导航产品；品质音频娱乐方面，打造红旗音乐、红旗电台的专属品牌音频内容；聚合音乐、电台、广播、收音机的红旗“听”产品，贯通手机和车机账户体系，实现音乐、电台内容手机车机无缝衔接；全自主开发端 - 云一体化智能推荐引擎，构建推荐场景全流程开发平台，支撑个性化推荐产品持续创新、迭代；重点围绕通勤、充电、疲劳驾驶、道路拥堵、行为推荐等用车痛点场景，实现服务找人。

3. 车端网联应用案例

（1）车联网云控平台

车联网云控平台突破 5G 云控技术，实现云端路径规划、目标预测等功能，开发了 5G 遥控驾驶和 5G 平行泊车 2 个云控应用，解决用户远程挪车、泊车等痛点问题；致力于自主掌握生态聚合、智能语音、智能推荐等核心关键技术，持续打造服务智能化、生态多样化的云服务平台，支撑智能座舱及便携终端从用户主动式交互向车辆主动式服务发展。车联网云控平台平行泊车示意见图 1。

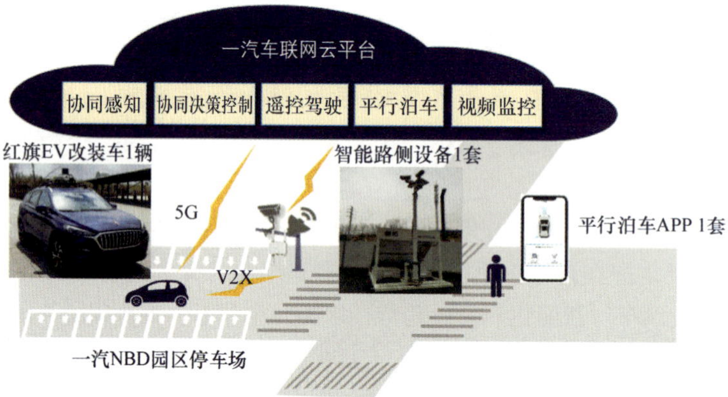

图 1 车联网云控平台平行泊车示意图

（2）车辆态势感知入侵检测平台

智能网联车辆安全态势感知方面，建设车企侧车联网安全监测与态势感知平台，通过探针部署、数据采集等方式收集车辆和平台安全事件信息，基于信息安全分析、态势感知处理，形成资产识别、威胁信息监测等车联网安全态势感知能力，同时能支持接入国家态势感知平台，满足国家对智能网联汽车信息安全问题监控需求。

（3）搭建基于国产商用密码的安全信息编码算法应用体系

为推进国产商用密码算法在智能网联汽车领域的应用，解决“云 - 管 - 端”智能网联场景下国产商用密码算法应用技术难题，打造基于国密算法的自主信息安全体系，一汽解决了基于国产商用密码算法的密钥和证书管理、身份认证、授权管理、访问控制、安全审计、安全传输等技术难点，在国内首轮实现国产商用密码算法在量产车辆的应用，满足了国家对政务用车的高安全要求，同时形成了可在乘用车推广的完整解决方案。其中，安全信息编码算法应用体系构建方面，创新形成基于安全信息编码算法的应用体系架构设计，构建产品信息安全、数据安全标准体系，满足合规准入要求。体系架构模型见图 2。

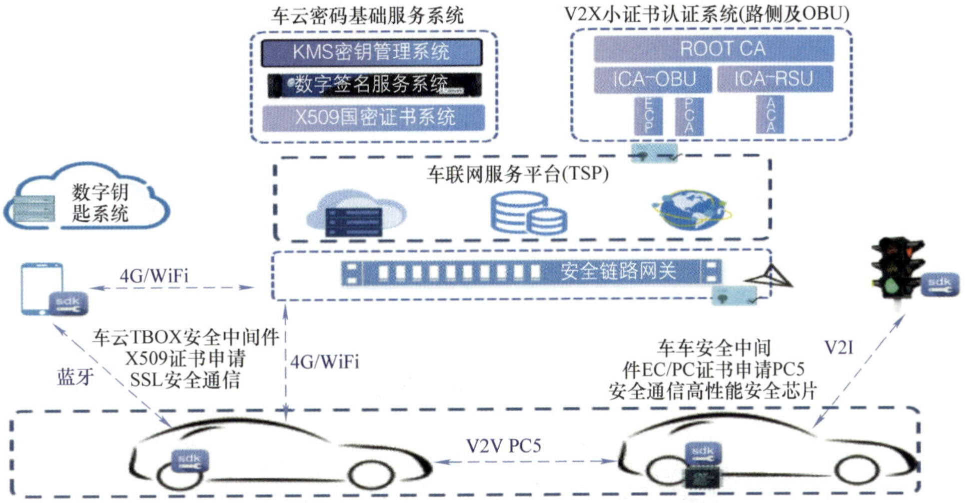

图 2　安全信息编码算法体系架构

接下来，一汽集团智能网联开发院将持续秉承聚力原创性、引领性科技攻关，强化科技力量，充分落实二十大精神，坚持守正创新，坚持问题导向，坚持系统观念，努力打造“以人为中心”的全场景智联服务产品，力争用优质产品满足用户对美妙出行体验的追求。

坚持技术创新研发，打造高端智慧汽车生态

重庆赛力斯新能源汽车设计院有限公司

作者：唐如意

自 2019 年，赛力斯便开展了智能网联技术的自主研发，在 2019—2021 年期间，首次确立了赛力斯智能网联车云一体化解决方案，完成了网联产品 4GTBOX、云平台、赛力斯 APP、OTA、VHR 等的开发，并搭载到赛力斯 SF5 车型上。其中 4GTBOX 是赛力斯车联网系统中的关键零部件之一，提供 4G、蓝牙、WiFi 等基础通信功能，集成 UDS、OTA、VHR、TSP、ECALL 等服务功能；云平台是赛力斯车联网系统中数字分析的“大脑”，提供数据管理、远程控制、远程诊断、车辆健康分析、远程升级等功能，支撑了赛力斯汽车全生命周期运营服务；赛力斯 APP 是赛力斯车联网系统中的用户服务软件，在车辆控制方面，支持手机远程控车，如远程解闭锁、远程车窗控制、远程空调、寻车、远程遥控等功能，在用车服务方面，在行业内率先实现空中 4S 店。通过在智能网联车云一体化解决方案的创新和应用，赛力斯 SF5 车型深受用户喜爱（见图 1）。

图 1　赛力斯华为智选 SF5 车型

2021—2022 年，赛力斯智能网联团队再接再厉，基于 4GTBOX、云平台、赛力斯 APP、OTA、VHR 等网联产品的成功经验，制定了赛力斯车辆数字孪生方案计划，成功开发了云端大数据平台、3D 图网、AI 引擎，以及车端信息服务化功能，并成功搭载到问界 M5 车型上（见图 2）。通过车辆数字化建立云端车辆的数字化模型后，可以直观看到车辆内部的所有元器件状况，通过电池大数据的云端监测，实现了问界车辆的“零”自燃记录。电池大数据平台创新性地实现了电池故障诊断、电池性能分析、电池自放电异常告警、电池参数优化以及智能运维等功能。智能网联通信终端在 4GTBOX 的基础上，启动了 5G 智能终端平台化研发，实现一平台涵盖高中低端车型适配要求，集成了蓝牙、UWB、WiFi6、V2X 等基础功能，创新性地实现了双卡双待的通信能力以及 ALLinONE 智能天线，打造了赛力斯智能网联 5G 新体验。

图 2　AITO 问界 M5 车型

2022 年，赛力斯智能网联团队基于 5G 智能终端平台化方案，制定 OTA 共栈式解决方案的研发策略，将车端 FOTA、SOTA、DOTA 业务整合为一个升级线程，并可根据 EE 架构动态调整升级和诊断策略，通过将 DOCAN、DOIP 多升级通道整合进行实时动态升级调度，可根据各 ECU 升级策略，动态执行 OTA 并行刷写，实现了国内首个常用常新共栈升级，并搭载到 AITO 问界 M7 车型上。基于 5G 智能终端平台化方案，赛力斯智能网联团队打造了 C-V2X 与自动驾驶的融合方案，通过在赛力斯 M7 车型上搭载，将 14 个 DAY1 应用场景，以及 4 个 DAY2 应用场景进行了充分的验证，解决了通信时延、通信安全等多个行业中难题。同时将 C-V2X 以原子服务化的方式，与自动驾驶近端雷达数据结合，研制出了视距内和超视距范围的自动驾驶场景解决方案。赛力斯汽车旗下 AITO 问界 M7 车型见图 3。

图 3　AITO 问界 M7 车型

广汽研究院加快推进智能网联前沿技术的研发

广州汽车集团股份有限公司汽车工程研究院

作者：江政，徐友彬

广汽研究院秉承广汽集团“e-TIME 行动”和“1615 战略”，2022 年持续加大智能网联领域的研发投入，稳步推进各项前沿智能网联技术的研发，并在操作系统、智能驾驶、智能座舱等方面取得了阶段性的进展。

1. 普赛操作系统

2022 年广汽科技日上，广汽正式发布了广汽星灵架构下的广汽普赛 OS（见图 1）。普赛 OS 是自主研发且行业首创的，面向全车的、跨域的标准化操作系统，包含 SOA 跨域服务引擎、高性能中间件引擎、车云镜像引擎和异构执行调度引擎，可使三大核心计算机在软件层面有机融合，让电子电气架构的运行效率大幅提升。

普赛 OS 是广汽星灵架构“面向未来”的核心，它具备高效协同、极简复用、车云统一的特点，有效提升软件的兼容性和复用性，大大提升了软件开发的效率，使软件迭代从以月为单位变成以分钟为单位，给消费者带来前所未有的体验。

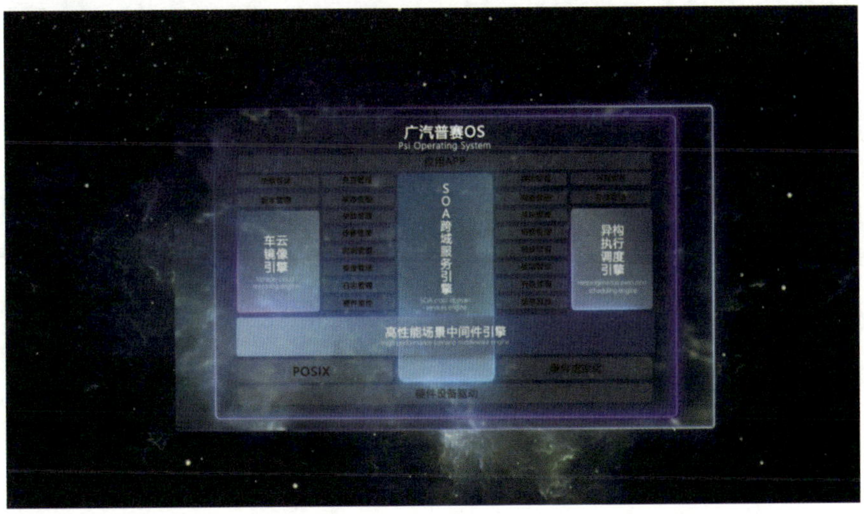

图 1 广汽普赛 OS

2. 智能驾驶

在智能驾驶方面，广汽推出了全新的 ADiGO PILOT 智能驾驶系统。系统配备业内先进的 39 个高性能传感器，可 360°、200m 内实现无死角覆盖；配备业内领先的 8 大系统冗余（见图 2），当出现故障时，冗余系统能及时介入，全方位保障驾驶的安全。ADiGO PILOT 的高性能计算平台达到了行业最高的功能安全等级 ASIL D。

ADiGO PILOT 包含 NDA 高级辅助驾驶、超级泊车、无人驾驶三大应用领域，真正从用户体验出发，打造人机共驾全旅程，实现全场景智能出行。

其中，ADiGO PILOT NDA 实现了行业内功能场景最全的高级智能驾驶（见图 3），可按照导航路径，实现自动上下匝道、自动换道、自动超车、自动避障等功能，目前已覆盖全国所有高速公路，以及核心城市的快速路。

ADiGO PILOT 超级泊车以解决泊车痛点为目标，聚焦实现“最后一公里”的智能驾驶，支持超过 50 种复杂的泊车场景（见图 4），除了自主代客泊车、跨层泊车、记忆泊车等功能外，行业首创了极限位置泊入功能，不仅支持 15cm 间距的极小车位，还能支持墙角车位的全自动泊入，给用户带来“招之即来、挥之即去”的极致体验。

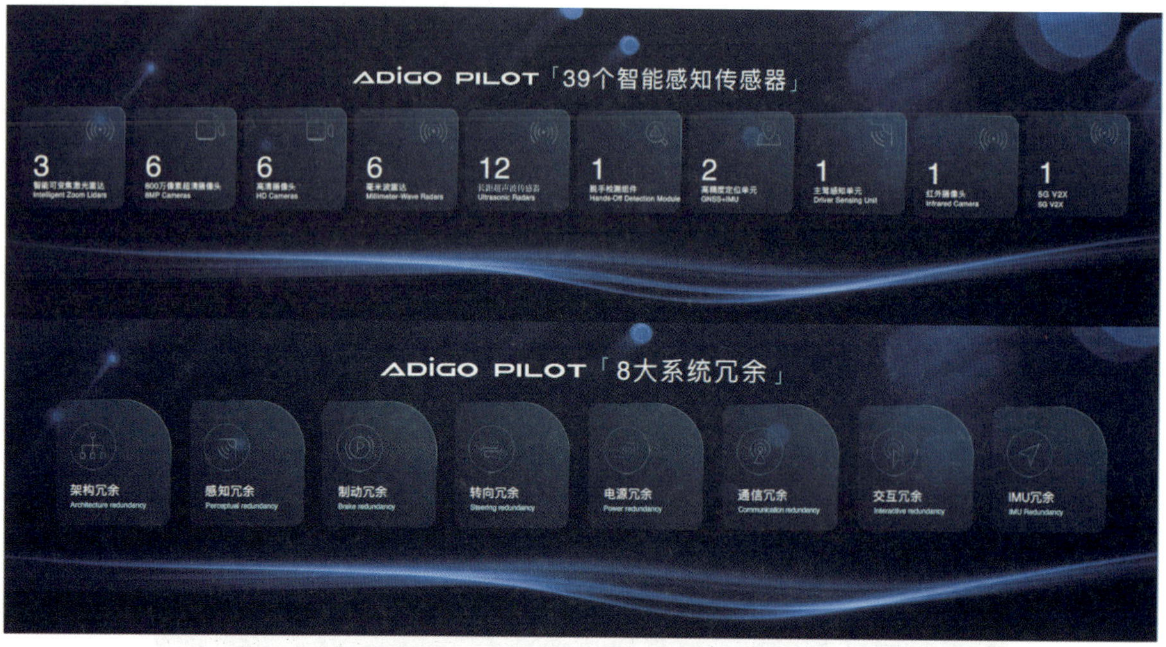

图 2　ADiGO PILOT 智能驾驶具备 39 个传感器和 8 大系统冗余

图 3　广汽 NDA 智能领航辅助

图 4　广汽 ADiGO PILOT 超级泊车

在无人驾驶领域，广汽坚持前瞻技术攻关，并积极推进商业化落地。ADiGO PILOT 无人驾驶是面向 Robotaxi 场景的解决方案，它具备超高的 AI 计算能力，在业内首次采用可量产的车规级嵌入式计算平台，支持车路协同和 5G 远程接管，能支撑完全无人化的移动出行。基于该平台的广汽 Robotaxi 已在广州开展常态化的示范运行，并在如祺出行平台上启动商业化运营，开启无人驾驶商业化新征程（见图 5）。

图 5　广汽 L4 Robotaxi 车队

3. 智能座舱

在智能驾驶方面，广汽研究院与星河智联联合开发的智能座舱解决方案，已经进入 2.0 时代，并以用户需求为导向，以体验与情感为中心，打造“更懂用户的智能座舱”——ADiGO SPACE。随着虚拟现实、智能硬件、云计算等新技术的逐渐成熟，广汽推出了两项颠覆性的座舱新技术——行业首个高性能沉浸式汽车座舱 ADiGO PARK 元宇宙及行业首个高品质全场景声音交互生态 ADiGO SOUND 原景声。

ADiGO PARK 基于超显算力平台与 XR 头显外设，联动智能汽车全域核心系统，实现沉浸式的出行体验，不仅可以将汽车变成移动的娱乐空间（巨幕影视、数万部电影和海量视频资源），还支持包含动作、竞速、益智等多类型数千款电子游戏，让游戏体验与真实路况深度交融（见图 6），在有限的座舱空间内展开无限的元宇宙，以真实环境为基础，在 ADiGO PARK 中搭建了一个信息更丰富、更有趣的虚拟世界，可通过动态的行驶数据，实时渲染周边环境，让用户能在千变万化的异次元空间中穿行。

图 6　ADiGO PARK 元宇宙可实时渲染周边环境

ADiGO SOUND 原景声搭载超过 40 个扬声器，采用 7.3.2x 的领先声场布局，行业首创“天际声道”，车顶双侧采用 7+7 扬声器阵列，前排 2 个独立重低音发声单元，匹配后方低音炮，形成 2+1 的重低音矩阵（见图 7）；上线全行业首个车载音效共创平台，开放用户音效上传与音效师认证，让每一位用户都可分享自己的独特听觉品味；聚合生态资源，拥有超过 6000 万首版权音乐和超过 3.4 亿本有声书，上百个不同类型的场景标签覆盖全场景声音内容诉求，形成内容上的行业壁垒。

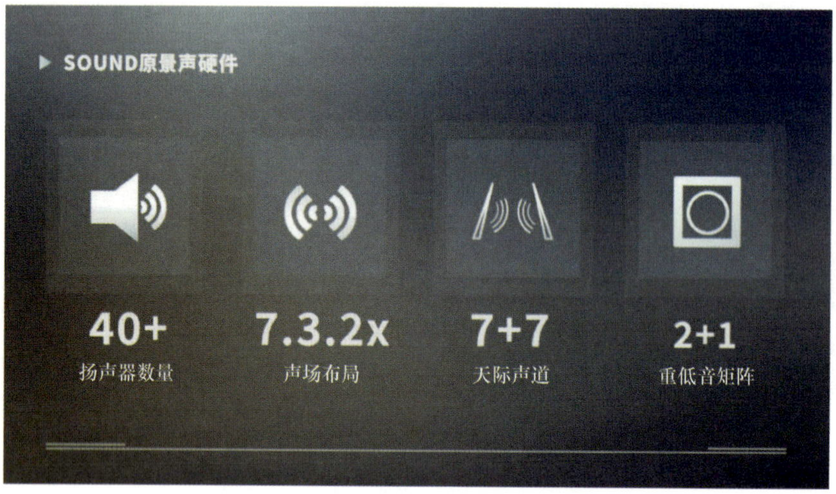

图 7　ADiGO SOUND 原景声硬件配置

基于整车控制器 / 车身控制器智能网联技术的陆路口岸智能驾驶重卡

北奔重汽（北京）汽车研发有限公司
作者：王飞，杜云杰，刘桢

北研公司以市场需求为导向，以项目为载体，致力打造基于整车控制器（VCU）和车身控制器（BCM）的北奔自主关键控制技术和线控底盘技术，除传统运动控制技术外，还实现了车辆纵向运动控制、横向运动控制、横纵向协同控制，通过智能网联技术的引入，成功完成了 L4 级中蒙口岸智能驾驶智慧通关项目，使北奔重汽成功开发了线控底盘电控技术、智能驾驶开发技术。

北研公司通过跨界协同和不同体系融合实现决策、规划和远程调度的自动驾驶模式和可控目标，践行“商用车将是自动驾驶率先落地的‘先行者’和‘实践者’，也必将是最后实现未来货运方面最主要的贡献者。”单车智能是商业化落地的重点，也是作为商用车自动驾驶核心的载体。北研公司基于市场需求和行业发展方向，做好单车智能技术实现自主线控底盘，实现 L4 级不同场景自动驾驶重卡的自动驾驶技术研究和产品应用，满足 500km + 陆路口岸自动驾驶重卡的市场需求，提升自主知识产权的价值水平，提高整车获利能力和产品核心竞争力。

北研公司基于车身控制器（BCM）、整车控制器（VCU）核心电控技术构建 L4 级智能驾驶重卡电子电气架构，以满足智能驾驶环境感知系统、定位导航系统、路径规划系统、车辆控制系统和辅助驾驶及故障诊断系统需求。系统组成见图 1。

L4 级智能驾驶重卡具备多传感器融合定位，全天时、全天候高精定位，多传感器融合检测，全天时、全天候动态感知，高精度横向和纵向车辆控制，参数自适应、鲁棒性强等技术特点。智能驾驶系统架构见图 2。

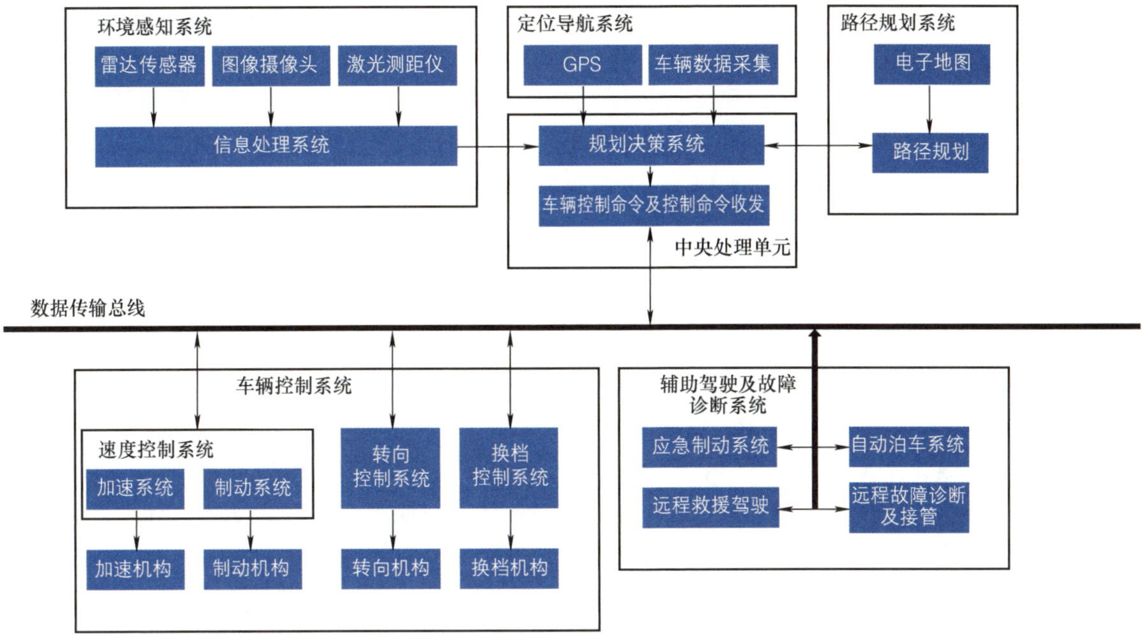

图 1　智能驾驶控制系统组成

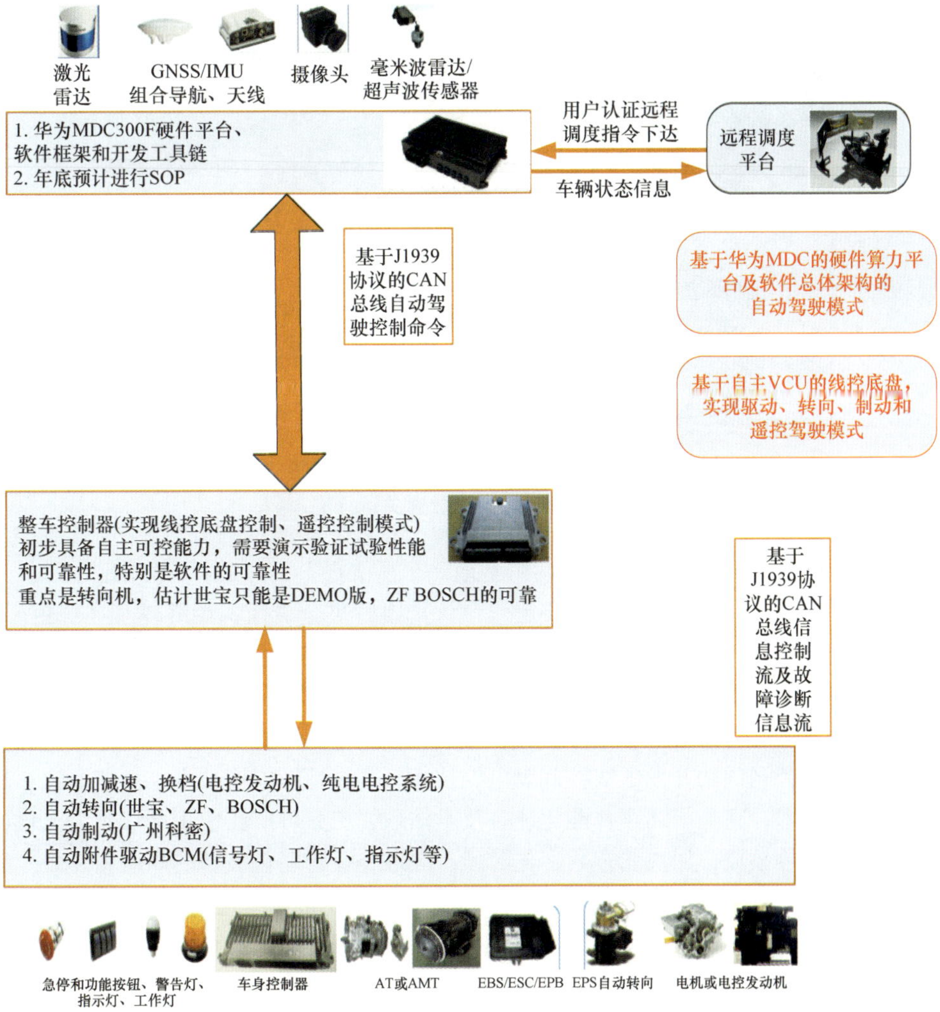

图 2　基于车身控制器 / 整车控制器的智能驾驶系统架构

基于整车控制器（VCU）设计调节车辆纵向运动状态的控制策略，实现车辆纵向距离保持和加减速功能。整车控制器（VCU）输入期望距离或速度，输出期望制动力或加速踏板开度，实现期望的控制结果。车辆在行驶过程中，考虑节能性，整车控制器（VCU）会自动修正加速踏板开度，避免驾驶者深踩加速踏板带来的高能耗，以达到降低能耗的目的。由于车辆控制系统的非线性和不确定性，设计横向控制策略。考虑车辆横摆稳定性，设计开发了整车控制器（VCU）特殊道路、冰雪等极限工况下的车辆稳定性转矩协调控制系统，提高了整车不同工况的适应性。

L4 级智能驾驶重卡车辆横纵向动力学存在耦合关联特性，整车控制器（VCU）设计需综合考虑横纵向协同控制，将复杂的控制系统先解耦再进行车辆横纵向控制；将复杂问题简单化，再通过模型预测控制考虑横向和纵向之间的耦合关系，更能适应复杂路况。

基于车身控制器（BCM）、整车控制器（VCU）强大的通信能力，设计开发数据过滤系统，通过对传递数据的甄别，确保控制系统数据传递的可靠性，进而提高智能驾驶的安全性。控制策略模型。

2022 年 3 月 20 日，北奔重汽举办了中蒙口岸智慧通关无人驾驶车辆演示活动。北奔重汽 L4 级无人驾驶集卡顺利完成模拟口岸场景全无人驾驶演示，同时亮相的还有一款 4×2 纯电动无人驾驶平板运输车，专为包钢和包铝的厂内物流转运而研发。包头市、达茂旗政府领导及满都拉口岸、二连浩特口岸、策克口岸、甘其毛都口岸的部分负责人现场观摩项目演示，并给予了高度评价。口岸自动驾驶试运行见图 3。

图 3　口岸无人驾驶通关运行图

北奔重汽践行自治区加快建设“两个屏障两个基地一个桥头堡”的“221”战略定位和包头市围绕打造“四基地两中心一高地一体系”的“4211”发展定位，认真履行央企责任，始终体现“红色、强军、创新、担当”四种特质，通过传承人民兵工的红色基因，秉承奔驰技术的蓝色血液，承载绿色发展的核心使命，坚持打造“三色”北奔，同时主动担当作为，将自身定位为智慧绿色运输一体化解决方案的提供商，为“打造我国向北开放的重要桥头堡”贡献兵器工业智慧和力量。

通过项目研发，北研公司成功开发了线控底盘电控技术、高精地图应用技术、新能源汽车环保技术、车队管理技术等关键核心技术，完善了北奔智能化装备技术体系，产品可广泛应用于口岸无人化通关、无人港口、智慧园区、智慧物流等领域，加快北奔数字化转型，促进企业智能化装备的高质量发展。后续，北奔重汽将深入挖掘自身产业优势，以北奔重汽为核心，联合行业内领先企业组建“智能装备技术创新联盟”，重点为客户提供智慧物流运输整体解决方案，逐步提升运输装备技术升级，实现企业高质量发展目标，通过打造具有自治区特色的口岸无人化通关、绿色交通运输环境等，形成包头地区绿色智能物流技术高地，充分发挥标杆示范作用，实现“利国、利民、利企”的综合效益，为自治区加快经济转型升级、实现绿色低碳发展做出新贡献。

上汽大众智能化、网联化自主创新产品与技术应用案例

上汽大众

作者：郑艺

上汽大众智能网联研发中心开发的移动互联系统产品和娱乐系统产品正在不断更新迭代，逐步提升产品的功能和体验。针对中国消费者需求，研发中心在以往云端混合架构移动在线互联系统的开发基础上，通过AliOS引入车载系统新生态，目前已在朗逸、途观、帕萨特等多个车型上搭载，为用户提供了多维度在线服务及个性化座舱娱乐体验，以及丰富便捷的端到端移动互联解决方案，包括AI场景引擎、Ali OS OTA等新功能。导航一直是上汽大众本土化开发的重点，智能网联研发中心深入研究并推动了导航引擎基础算法和人机界面的解绑，释放了用户体验优化潜力，通过融入大数据分析、基于位置的场景功能、电子地平线等服务不断提升导航的智能化水平。针对上汽大众应用商店生态，完成了近10款后装新APP（腾讯视频、爱奇艺、咪咕视频、网易云、哔哩哔哩等）在MQB、37W、MEB三个平台的应用商店上架，并持续进行已有SVW APP的运营迭代，大大提升了用户运营能力和优化用户体验。

在车机系统产品更新迭代的同时，智能网联研发中心开发的交互组件系统产品也经历了多轮数字化升级，逐步提升人机交互的水平，打造了集触控、语音、手势于一体的智能化交互形式。抬头显示是座舱内人机交互的重要接口，直接影响人机交互体验，在上汽大众的ID系列车型上使用的，由研发中心开发的增强现实抬头显示AR-HUD（见图1），能给予用户更好、更安全的驾驶体验。AR HUD采用双层投影设计，近场层会显示车速、导航及自适应巡航功能状态信息，内容与仪表上的信息保持一致。远场层即AR层上，会显示与路口贴合的导航指引箭头、前车标记与碰撞预警图像、车道保持和偏离预警图像。AR层的显示图像根据实景位置进行贴合，可以让驾驶者感受到增强现实的效果，从而增加驾驶的安全性与科技感。

图1　上汽大众ID系列AR-HUD HMI交互界面

声音能给用户最直观的感受，智能网联研发中心开发的音响产品给用户带来更好的驾驶体验，减轻驾驶员和乘客旅途的枯燥感，随心所欲地听蓝牙音乐和在线音乐。研发中心致力于提供中国用户喜欢的声音体验，带来更有层次感和节奏感的音乐。同时用户也可以根据自己的习惯和需求，选择不同的声音模式或自主调节音效参数和声音区域，打造更加个性化的声音场景。

随着车机系统和人机交互系统的演进，产品智能化水平也在不断提升。自2020年投产的第一代在线服务系统产品起，产品语音交互能力正在不断提升，除了基础操作外，还可以通过声源定位、多语种多口音、灵活唤醒、连续对话、全场景打断等能力帮助用户提升体验。上汽大众新一代车联网智能语音识别系统继续升级了核心模型能力，在唤醒率、识别率、语义理解准确率、任务执行响应时间和语音播报质量上有了突破性的升级，并推出可见即可说和声音复刻功能，让用户在座舱内的体验更加自然，更加满足用户在语音交互上的个性化需求。同时研发中心也不断丰富着与车内服务生态的结合，覆盖了更多用户出行的语音交互

场景，实现“车 - 家互联”语音交互，帮助用户在“人机共驾”阶段降低对车内设备的手动操作依赖，解放双手双眼并提升了驾驶安全性和车内交互体验。此外也针对多款车型分别定制了汽车知识大脑，帮助用户通过语音来了解车型参数、零部件操作、功能使用、汽车保养、故障处理等用车全链路的知识。在这些服务基础之上，通过私有化部署在上汽大众后台的配置平台，也能够针对用户的使用反馈持续改善升级语音云端功能，以更快的速度给用户提供更加优质的服务体验。为满足与日俱增的数字应用需求，上汽大众的人工智能（AI）平台也在加紧开发中，充分利用车端和云端各自资源优势，结合物联网功能、计算机视觉、大数据分析、机器学习等技术模块，让 AI 赋能跨功能的场景，实现整车场景的智能化、个性化、情感化。千人千面的能力给用户带来了更多个性化体验。

车路协同和通信产品方面，智能网联研发中心制定了 V2X 产品路线图，通过 V2X 仿真 HIL 系统和驾驶模拟座舱的结合，建立了全场景仿真测试平台和 PKI 安全体系，结合 5G 和 5G-V2X 技术的发展趋势，携手自动驾驶团队完成深度融合 C-V2X 的自动驾驶场景开发，为批量产品做了技术验证。同时启动 V2X 批量项目的开发测试工作。

伴随智能网联汽车的发展，上汽大众智能网联研发中心负责的架构核心系统也在不断更新迭代，从传统平台采用的分布式电子电气架构，发展到新架构平台推出的域集成式架构。其中车身域控制器集成了多种车身控制器功能，包括整车集控、能源管理、灯光、续驶里程计算、疲劳识别、驾驶模式等功能。智能网联研发中心同时管理着整车控制器软件的 OTA 功能，其支持整车新功能的升级，以保证车辆在全生命周期内软件都保持最新状态。

华人运通智能化、网联化自主创新产品与技术应用案例

华人运通（上海）云计算科技有限公司

作者：陈俊

1. H-SOA 架构与 HiPhi Play 场景共创工具

智能出行早已成为社会智能的重要场景之一。汽车作为人们出行不可或缺的重要交通工具，通过对各类出行需求的集成和拓展，更是成为智能出行过程中，链接着人们与出行的重要枢纽与关键拓展方向。尽管自 1885 年至今，汽车已有近 140 年的发展历程，但仍然没有改变并突破“能跑的铁皮箱子”本质，不同的零散功能组合在车辆中，少有架构、集成的意识。

随着 SOA（Service-Oriented Architecture），即面向服务的架构在互联网和智能化行业的实践与发展，高合汽车首先意识到了该架构对整车服务设计与体验带来的革命性改变，并由此自研出 H-SOA 超体电子电气架构，目标是将整车智能化的底层能力拆分至最小颗粒度后进行重新组织，从而完成截然不同的用车新功能、新体验。同时通过设立若干域控制器，将车内各 ECU（Electronic Control Unit），即电子控制单元的业务和执行逻辑解耦，将功能接口模块化和标准化，实现 ECU 层面的服务化。如此一来，基于 H-SOA 架构颠覆性设计和 ECU 服务化的原子化支持，全球首创的车辆智能应用图形化开发工具 HiPhi Play 由此问世。

高合汽车致力于满足用户体验个性化、用户场景共创化，以打造 HiPhi 的智能生态为目标，而 HiPhi Play 的诞生更是旨在汇聚智能座舱的各项能力，为用户提供可编程、定制化、“千人千乘”的用车场景，通过场景引擎打造 HiPhi 车辆用户高度自定义的能力（见图 1）。

2. HiPhi Play 共创生态

为实现完全覆盖用户的用车场景，HiPhi Play 已成功在车机端及移动端 APP 内完成应用部署和云数据同步。用户可根据当前自己身处的物理环境选择在任意端创建、编辑、展示，或分享独一无二的自定义场景卡。不论是车主或授权用车的亲朋好友，都可以通过 HiPhi Play 的定制化场景卡实现“千人千乘”的用车场

景（见图 1）。

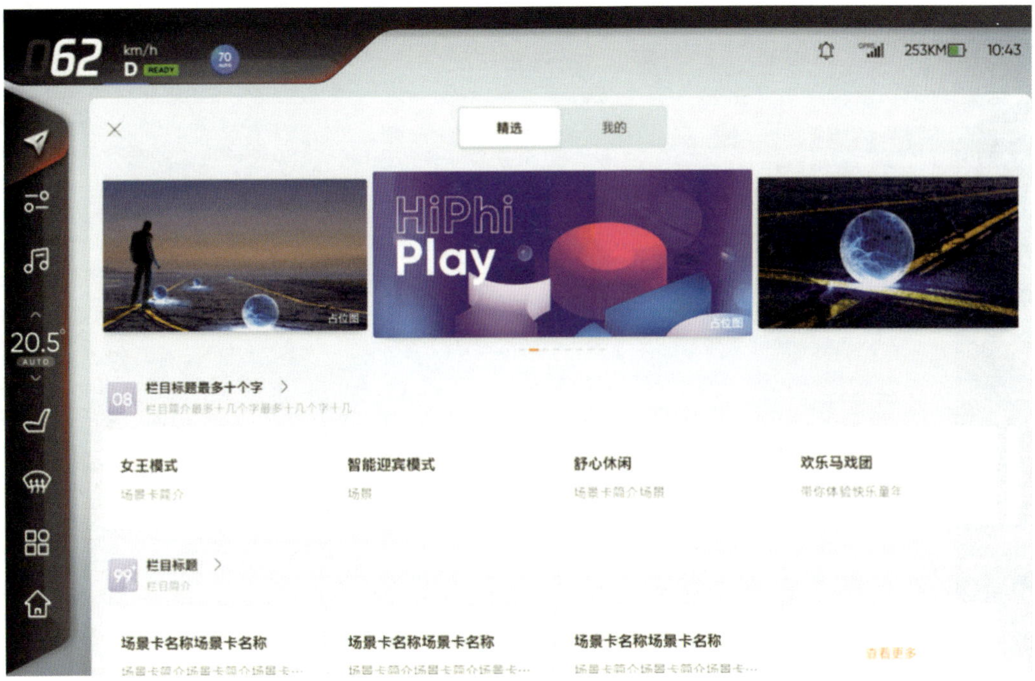

图 1　高合 HiPhi Z 上的 HiPhi Play

以 H-SOA 架构作为基石，场景卡由若干原子能力灵活重构所组合，而这些原子能力分为车辆硬件原子能力和生态应用原子能力，分别来自于车内 500 多个传感器和 300 多个电控执行器提供的标准化服务接口。领先业内的共创工具链和数量庞大的开放性车辆软硬件功能及感知器赋予了用户创造出无限可能的功能组合和使用场景的能力，通过对车内条件的监测实时配合需求改变车内状态，向用户提供车辆模式、车辆状态、多媒体、生态数据、车辆应用等无微不至的全方位服务。

个性化创建用车场景、功能一键式触发、贴心周到的自动场景……HiPhi Play 作为提供用户“共创”场景的平台，鼓励用户根据自身用车的个性化需求和习惯打造专属于自己的原子功能集成场景卡，在保证高度可玩性的前提下同时满足了用户实际的用车场景。自 HiPhi Play 问世至今，已有超 1500 位高合车主参与运用 HiPhi Play 并创造近 5000 张独一无二的个性化场景卡，占总高合车主人数的约 70%。不论是个人分享的还是官方制作推荐的场景卡，共计被下载 13 万次，执行 170 万次，为用户节约时间超过 14000h。

3. 场景化时代和共创未来

高合汽车不仅希望将原子化能力提供给用户，更是相信 100 个零散的原子能力不如一个极致的场景体验，因此，HiPhi Play 将原子功能集成为场景卡后，无需用户再挨个点击功能执行，只需设置一键式或自动式，便可将多个功能同时同步完成。例如，当检测到用户当前地点为家中且此时为工作日的早晨某一刻时，“即刻出发”场景将自动为用户开启前往公司的导航，将空调设置为用户偏好的温度、档位和模式，并播报用户已完成前往公司的导航设置的语音提示；在下午或晚上的某一刻时，则反之自动开启回家的相关设置和提示。如此，场景卡的特点不仅是搭建便捷，更秉持覆盖生活中大多数场景的理念，为用户创造便捷安心的出行体验。

高合始终在冲刺“更高阶”的场景化时代过程中不断努力，打造场景用户社群，搭建目前已凸显雏形的“用户共创生态”（见图 2）。当前，场景卡不仅可以分享好友、社群，更可以使用 2022 年第 5 届世界人工智能大会上正式推出的全新科技平台 HiPhi Developers 进行在线模拟 3D 仿真测试环境。无论是在车机端或移动端，抑或在 PC 端的 HiPhi Developer 创造者平台内，HiPhi Play 都期望将共创元素和成熟的生态环境进一步开放给外界，打破汽车行业传统的用户边界，重新定义规则（见图 3）。

图 2 “即刻出发”场景卡

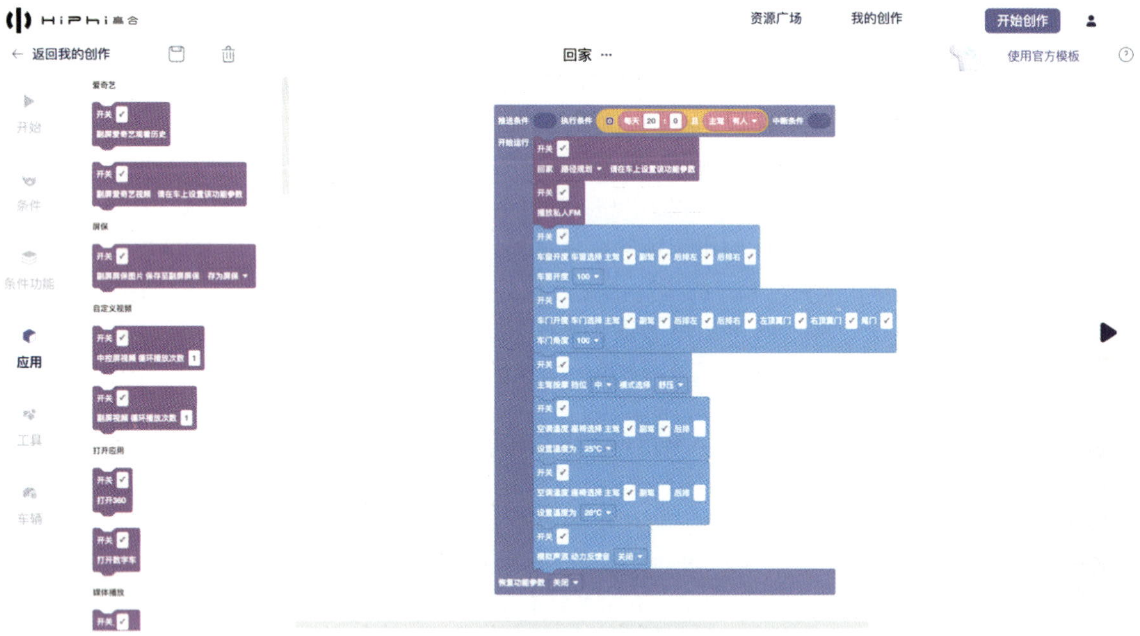

图 3 HiPhi Developer 编辑界面

高合汽车一直前瞻性地将智能列为品牌发展的核心之一，在这条同用户、同世界一起探索和打造高端智能电动车品牌的征途上，始终以构建完整生态链为目标，力求将汽车从出行工具进化为全新的个性化智能服务平台。

无缝化移动服务领导者　智慧交通前沿探索者

东风悦享科技有限公司

作者：李凯

东风悦享科技有限公司成立于2020年，是依托“国家级技术中心”——东风汽车集团有限公司技术中心孵化而来的科技型技术公司，是为客户提供智慧交通和智慧城市整体解决方案的高新技术品牌，国企改革“科改示范企业”。

公司总部设立于中国车谷湖北武汉，已建立武汉春笋、武汉2045悦享之城、武汉光谷、雄安新区、江苏苏州代表处五大智能化现代办公区。

公司愿景是“打造高品质无缝化服务生态圈”，“进化美好生活”是企业品牌理念。在智能汽车快速发展的时代浪潮下，作为无缝化移动服务领导者、智慧交通前沿探索者，公司以高新自主核心技术为赋能之源，以研发L4级自动驾驶技术为主，致力于为客户提供高级别自动驾驶无缝化移动服务解决方案及车规级无人驾驶车辆生产销售、示范应用及推广，提供多交通模式整车级产品、自控与云控系统、Sharing-City悦享之城生态圈、数字化工具产品和服务，领先推出陆空一体化解决方案，为解决未来城市交通拥挤、通行不便的问题，贡献东风悦享智慧与力量。

公司重视自主技术研发、产品迭代闭环及用户体验，具备传统汽车行业产业链协同、质量管理及成本控制能力。公司着力发展智慧园区、智慧景区、智慧港口等多场景示范运营，逐步成功从封闭园区走向公开道路，目前已在北京、上海、雄安、武汉、长沙、苏州、嘉兴等全国15个省、30余个城市实现商业化的落地运营示范部署，累计运营里程超过50万km，接驳乘客超过12万人次。

1. 为未来而来

随着汽车变身“下一代移动智能终端”，东风公司在智能网联领域下出“先手棋”。而东风悦享的前身团队——东风集团技术中心SV-BU团队（business unit），就是“先手棋”的底牌，专注于以无人驾驶技术为主的面向未来下一代智能汽车的研发。

2013年，东风首台无人驾驶原型样车诞生。随后，东风悦享前身团队以现有车型加装无人驾驶技术，进行技术原型的研究和技术的探索，并与华为、交通部工程院共同研究车路协同技术，实现车路协同、多车编队完全无人化驾驶；与国防科技大学合作研究无人驾驶技术，探索更多的无人驾驶技术的应用。

2019年4月2日，国内首款完全自主研发的L4级5G自动驾驶小巴Sharing-VAN亮相于东风公司“智行隆中”活动现场。自动驾驶小巴Sharing-VAN见图1。

Sharing-VAN没有驾驶座、没有方向盘、没有踏板，甚至没有真正意义上的汽车前脸和后尾，却集LTE-V/5G+无人驾驶+新能源电动汽车+分时租赁+公共出行服务等最新技术成果于一身，车上搭载“智慧识别乘坐”功能，可基于人脸生物特征，精准识别人员身份无接触式开门。Sharing-VAN旨在探索下一代公共出行服务新模式，生动展示了大数据、人工智能、5G通信等智能制造时代的交通新图景。

17天后的2019年4月19日，Sharing-VAN正式亮相上海车展。

2020年12月29日，集合东风集团全部无人驾驶技术资源，专注产品开发并商业化，向着打造国内无人驾驶技术的“策源地”目标前行的东风悦享科技有限公司在武汉经开区注册成立。

国家智能驾驶相关政策、规范、标准、行动方案密集出台，发展路线日益明晰，对技术研发、产业落地提供了有力保障。东风集团在智能网联领域的提前布局，突破核心技术，掌握知识产权，强大的汽车生产制造和研发能力与自主技术融合，加速东风悦享完成产品研发、生产制造、产品测试、用户体验以及最后商业化的落地，构建出一个全栈式的解决方案。

“为未来而来”，探索是东风悦享不断创新前行的唯一选择。因此，东风悦享给自己的定位就是：做面向下一代智能汽车未来发展的探索者和引领者；探索将新技术的研发与商业结合，快速实现商业化落地；探索体制机制改革，用科技创新的手段来推动现有传统产业向科技企业发展。

图 1 自动驾驶小巴 Sharing-VAN

作为无人驾驶技术领域的探索者，东风悦享用科技创新探索新技术的“无人区”，磨炼好技术，技术成为产品，产品成为商品，商品成为服务，提升未来的生活品质和出行体验。

聚焦智能化、网联化核心技术的突破，东风悦享打造出系统级、整车级、生态圈、工具链四大产品线，领先推出陆空一体化智慧物流解决方案，致力于为广大客户提供更具竞争力的产品与服务。

3 年发展，东风悦享通过技术→产品→商品三个阶段的切换，完成了由技术到产品、由单一技术到单一产品，由单一产品逐步向多元产品的发展。

3 年发展，东风悦享产品由单一的 Sharing-VAN，逐步拓展到无人清扫车、无人安防巡逻、港口物流等多样化的产品。

Sharing-VAN 迭代升级 3 次，无人售卖车、无人配送车、无人驾驶公交接驳、无人清扫、无人安防巡逻等应用品类陆续面市。

6 个月研发第一台样车并首发亮相，22 个月量产下线实现产业化，Sharing-VAN 创造了汽车研发的奇迹，只有极大地缩短研发周期，才能尽快实现科技创“效”，在“下一代汽车”的研发中抢得先机。

2021 年 4 月，东风悦享研发的 Sharing-Aircraft（无人飞行器）面世，开始进军商业化低空无人飞行领域。Sharing-Aircraft 主攻货运，致力于攻克“区域地貌环境复杂、车辆难以通行”的问题，利用飞行器的空中快速运输优势及地面智慧平台的地面运输优势，可以协同解决湖心岛、山区等车辆不易行驶区域的物流问题，携载 200kg 货物最远可飞行 54km。此外，也可在大型物流园区、厂区、景区进行货物转运，大大提高物流效率。

目前，东风悦享以研发 L4 级自动驾驶技术为主，提供多交通模式整车级产品、自控与云控系统、Sharing-City 悦享之城生态圈、数字化工具等多款产品和服务。“从 0 到 1 到 N”，东风悦享闯向无人驾驶“无人区”。东风悦享全家族整车级产品见图 2。

3 年发展，东风悦享事业版图从武汉到雄安、厦门港口、广西龙邦口岸等区域，在北京、上海、湖北等全国 15 个省份，以及雄安、武汉、长沙、苏州、嘉兴等 30 余个城市实现商业化的落地运营示范，累计运营里程超过 50 万 km。

图 2 东风悦享全家族整车级产品

2. 进化美好生活

秉持“进化美好生活”的品牌理念，东风悦享致力于“共享出行 + 多模式交通 + 电动汽车 + 自动驾驶”相结合的无缝化移动服务探索，依托无人驾驶技术，不懈打造系列且立体的产品走廊，搭建先进的智慧产品体系，构建独立且智能的交通生态网络，让互联生活触手可及。

以人为中心，以绿色为基调，以创新为驱动，以智慧为手段，东风悦享结合武汉市智能网联汽车与智慧城市基础设施协同发展的起步机会，与武汉经开区政府、本地智能网联产业链企业、基础设施建设单位、公共服务单位合作，共同成立本地化运营联合体，探索“开放、多元、创新、融合”一体化高质量智能网联商业化发展路径，推动以智能网联商业化、智慧交通建设、智慧城市建设为核心的多方协同发展模式，为城市带来无人驾驶公交接驳、无人清扫、无人安防巡逻等一系列功能型无人车的应用，不断优化乘客端用户乘坐体验，提高运营接待服务品质，加强云控运营数据洞察，全力保障运营安全，让更多人体验到无人驾驶给生活带来的便利性。

为了让更多人了解、接受无人驾驶技术，东风悦享对无人驾驶的应用推广进行了详细的规划。毕竟一个新事物的诞生，尤其是事关生命安全的无人驾驶技术，必须经历一个认识、认知、信任、信赖的过程，只有了解无人驾驶技术，信任这个产品，信赖无人驾驶的服务，才能让人安心地坐在车上，体验服务。因此，东风悦享在第一个阶段是让乘客、市民，包括给中、小学生科普，认识无人驾驶到底是什么；第二个阶段，在不同地区开展各类体验活动，让更多的人去认知东风悦享的产品，看到无人驾驶技术和产品的融合，在全国多个城市、园区，开通多条固定线路，让乘客有机会体验和乘坐。

随着技术不断成熟，车、路、云智能布局日益完善，逐步形成自动驾驶市场机制，企业盈利模式呈多元化态势，东风悦享紧抓武汉发展数字经济的机遇，将智能网联汽车与智慧交通、智慧园区、智慧城市融合起来，打造以高品质生活为主轴的“点 - 线 - 面”无缝化移动服务生态的新模式，加速创新成果商业化落地，推动智慧交通在人们日常生活中的深度运用。“点 - 线 - 面”无缝化移动服务生态新模式如图 3 所示。

点，是以园区、街区为主，打造区域性的无人化整体解决方案，包含无人驾驶出行服务，无人售卖超市、无人配送快递车、无人驾驶售卖车、无人的清洁环卫等功能型无人车为主体的无缝化移动服务的未来园区，促使园区交通系统表现出多方位的智慧化和商业形态多样化等特征。

线，是将这些智慧园区以智慧交通 S-PRT 公共交通服务系统串联起来，使各个“点”能够互联互通。

面，是利用“5G+ 智能汽车”等技术，围绕全生活链服务需求，实现多区域之间的互联互动，构建无人化的商业体，打造无缝化移动服务的整体解决方案，提升市民的幸福感。

图 3 “点 - 线 - 面”无缝化移动服务生态新模式

为此，东风悦享提出三年规划：2021 年，以“点”为主，实现区域性的应用；2022 年，“点”逐步扩大，实现多个“点”的串联，打造“线”的交通应用；2023 年，将以更大的区域来开展智慧园区智慧生态的应用，实现“点 - 线 - 面”无缝化移动服务场景落地。

2021 年 12 月 29 日，东风悦享“春笋号”正式启航，在武汉经开区军山新城开展运营服务，主要负责小军山地铁站到春笋智慧青年城站、春笋智慧生态城的短途接驳，打通武汉经开区道路交通最后 3km。“春笋号”在军山新城 · 春笋运营接驳现场见图 4。

图 4　7×24h 无人驾驶“春笋号”在军山新城 · 春笋运营接驳

自动驾驶巴士实现了公开道路 L4 级别自动驾驶能力，不仅拥有 360° 无盲区感知能力，还同时具备车道线检测、车辆行人检测、道路边界检测功能，可灵活应对各类城市复杂交通场景。

2022 年 8 月，“春笋号”运营服务区域范围扩大，为春笋、龙灵山、科创中心等军山新城重点区域提供无缝化接驳服务，7 天无休，24h 运营。目前，东风悦享已经在军山新城投入了 30 辆 Sharing-VAN 1.0 plus 公开道路版无人巴士及 Sharing-Bus，累计运营超 30 万 km，接驳人数突破 5 万人。

与此同时，东风悦享与武汉经开区合作，打造全国首个基于无缝化服务的城市级立体交通，已在军山新城投放一系列 Sharing-X 服务车辆和移动服务设备，通过无人接驳、无人清扫、安防巡逻、无人配送等服务，助力军山新城开展全面的无缝化移动服务新生态。

在武汉经开区智能网联汽车示范应用道路上的测试运营，不仅让市民有机会体验无人驾驶技术，也为东风悦享“自动驾驶巴士在通勤服务中的应用”项目积累了关键数据，让研发人员在完善技术的基础上，不断创新、升级技术手段。

3年发展，东风悦享“无人驾驶”事业版图逐渐扩大。

2022年8月，全国首台“Sharing-Bus无人驾驶核酸采集车”在经开区军山新城亮相，投入运营不过10天，就完成4809人次核酸检测；9月15日，12辆黑白相间的东风悦享无人驾驶清扫车在经开区南太子湖创新谷“服役”。

不仅在武汉，2022年12月26日，东风公司旗下悦享雄安科技有限公司在雄安新区容城县丹溪公交枢纽站举行交车仪式，49台东风悦享智能网联公交车在雄安新区正式落地！与传统公交车辆相比，这批智能网联公交车充分整合了物联网、空间感知、云计算等新一代信息技术，将为雄安新区公交运营提供动态的信息服务体系，优化资源配置与调度，助力乘客满意度的提升，为雄安市民带来便捷智慧的出行生活。

除了智能网联公交车，东风悦享还在雄安新区推动无人驾驶公交车的测试与研究应用，进一步丰富城市交通的“智慧量”，探索无人驾驶公交车的落地。目前，由东风悦享提供的无人驾驶公交车已纳入雄安新区的公交线路中（见图5）。在雄安容东片区内，已经开通国内首条无人驾驶901公交线，开展基础功能、性能测试，邀请乘客开展体验测试，为后续正式的商业运营做准备。

图5 东风悦享L4无人驾驶车辆在雄安公交线路运营

作为L4级的高度自动驾驶车辆，“悦享雄安”无人驾驶公交车将安全作为第一准则，集超敏锐感知系统、紧急制动和人脸识别等黑科技于一身，能够完全按照既定路线行驶，并全面实现车路协同、车车协同以及车人协同，助力公共交通领域的无人驾驶在雄安新区真正落地。

其超级敏锐的感知系统，包括超高感度摄像头、超声波传感器、激光雷达、毫米波雷达等感知设备，确保车辆安全行驶。在行驶过程中，车辆不仅能识别红绿灯、道路提示牌和车道标线等，还能在障碍物突然闯入时实现2m内紧急制动；遇行人和障碍物会自动提前20m减速。乘客在数字交通平台预约车辆，通过人脸识别，即可上车并被送到指定目的地。无人驾驶车辆正式投入运营，将让雄安市民享受智慧交通带来的便捷。

2022年12月，东风悦享从11家公司中脱颖而出，成为中远海运港口有限公司（以下简称“中远海运”）自动驾驶水平运输设备代运营商，将参与到中远海运在全球37个港口（共运营46个码头）的无人集卡导入和运营、智慧港口整体解决方案打造和推广工作。东风悦享无人集卡“无限星”在中国远洋海运厦门港实船作业画面见图6。

图 6 东风悦享无人集卡“无限星”在中国远洋海运厦门港实船作业

智慧港口以云计算、大数据、物联网等新一代信息技术与港口运输业务深度融合为核心，是具有生产智能、管理智慧、保障有力等鲜明特征的现代港口运输新业态。

东风悦享成为中远海运自动驾驶水平运输设备代运营商，意味着东风无人驾驶技术在智慧物流领域更进一步，其服务范围也逐步扩大，从国内迈向全球。

其实，早在 2022 年 7 月，东风无人集卡已驶上厦门远海集装箱码头开始实船作业。针对厦门港口的复杂情况，采用基于 5G 的自动化码头混合作业调度策略，破解了传统集装箱码头改造投入大、适应性差等难题。

2022 年 9 月 15 日，东风悦享 20 辆电动集装箱搬运机器人、自动驾驶电动货车、应急救援电动牵引车，在广西百色龙邦，全国首个无人驾驶车跨境陆路示范口岸交付。

东风悦享无人驾驶集卡改变了传统码头依赖人工的作业方式，突破传统港口集卡驾驶员招聘难、管理难、成本高等发展难题，帮助港口客户真正降本增效。目前，东风悦享无人驾驶集卡车队已累计运行近 300 天，且保持“0 事故”安全运营，24 台无人驾驶电动集卡已在厦门港港口自动驾驶示范区作业量累计超过 1.4 万 TEU（20ft 标准集装箱）。

3. 科技赋能　悦享未来

随着现代城市结构进一步演变，城市规模加速扩大，人民的生活状态发生巨大变化，由功能型向品质型转型。移动互联网的出现让信息传递突破时间空间限制，同时外卖、快递等新业态盘活了城市资源，将城市原有功能分区再次切割，呈现出多中心化的发展态势。打造高品质生活服务是发展的重要方向。

用先进技术打造高品质生活，一直是东风悦享追求的方向，不管是技术创新、产品创新，还是商业模式的创新，最终的目标就是满足人们日益增长的物质、精神需求。

为客户提供的高品质无缝化移动服务解决方案，是东风悦享对未来智慧交通的思考、探索，也是对未来美好汽车生活的畅想、憧憬。在智能 + 时代，东风悦享致力于用智慧科技、智能驾驶激活城市生活新动能，拓展城市空间，和美好生活协同进化。

而“打造高品质生活的无缝化移动服务生态圈”是一个不断演进和迭代循环上升的过程，在东风悦享的发展规划里，如何使人们的生活品质不断提升，让使用者的幸福感得到满足，就是奋斗目标，也是东风悦享的企业愿景和使命。

科技赋能、悦享未来，东风悦享的最大目标就是通过无人驾驶技术来实现为人民服务，为人们打造一个更美好的生活环境。在向这个目标奋勇前行的过程中，东风悦享将“以人为本、守正创新、成就客户”的价值观与创新技术融合，始终坚持无人驾驶技术的开发与技术迭代，推崇技术的纯粹、驾乘体验的纯粹，致力于用点滴的行动去构架宏阔的梦想，勇闯科技创新“无人区”。在一个又一个项目落地过程中，推动技术的快速落地和成熟，实现智能化和网联化的结合，让东风悦享勇毅前行。

东风悦享希望能够为人们打造一个高品质的无缝化移动服务生态新模式，让生活在这个圈内的人能够享受到更便捷、更舒适的出行体验，提升幸福感。通过这种幸福感，逐步做到生态循环的构建，扩大服务区域范围，从而推动整个智慧城市的发展。

东风悦享将以经开区的现有公共交通（地铁、有轨电车、公交）三大形式为基础，协助经开区内五大示范园区实现无缝化连接，打造生活、办公、休闲、娱乐全面智慧出行新生态，赋能建设智慧交通、智慧园区、智慧城市。

万物互联的智能时代，作为无缝化移动服务领导者、智慧交通前沿探索者，秉持“进化美好生活”品牌理念，东风悦享以高新自主核心技术为赋能之源，把握“新基建+”发展时机，在“东方风起”计划和科技创新“跃迁行动”的指引下，致力于未来城市交通格局的探索与实践，探索移动服务和商业模式的最大结合，与合作伙伴一起推动无缝化移动服务产业的发展与落地，筑建起更为立体的智慧交通网络与智慧城市生态，共同迎接崭新的智享世界，为未来城市生活提供更多可能性。

新“智”造，新体验——比亚迪智能化的持续进阶

比亚迪汽车工业有限公司

作者：陈偲涵，张东玉，王子轩

比亚迪智能化产品主要由“比亚迪 DiLink 智能网联系统”及“比亚迪 DiPilot 智能驾驶辅助系统”“比亚迪汽车 APP”三大拳头产品组成。比亚迪 DiLink 智能网联系统是打通“硬件、软件、生态、手机端”四维一体的智能座舱，以用户为中心，贴近用户需求，以“Different，Link More”为品牌核心理念，通过拥抱海量优质生态，延续手机使用习惯，深化车机控制体验，给用户提供的不仅是黑科技，更是暖科技。

比亚迪汽车 APP 是了解比亚迪资讯的一站式聚集地，也是服务车主、帮助车主更好使用爱车的好帮手。它不仅兼顾了所有迪粉和车主的多重权益，也将为深度的用车场景提供更多智能化的解决方案。在“购车、控车、玩车、用车”多个车生活的应用场景里，我们进行了多维度、细分的功能开发。

比亚迪 DiPilot 智能驾驶辅助系统由 DiDAS（驾驶辅助）、DiTrainer（教练模式）和 DiRobot（自动驾驶）组成，是一个智能、安全、个性化的驾乘平台。

2008 年，第一款自研车载多媒体 MS8 搭载比亚迪 F6 上市。2011 年，第一款自主研发的车联网产品比亚迪云服务搭载 e6 上市。2012 年，全球首创遥控驾驶钥匙搭载速锐上市，国内首创腕表钥匙上市。2014 年，第一款开放的 Android 系统车机 CarPad 搭载 G5 上市。2018 年，智能旋转 Android 系统车机 DiPad 搭载唐上市。2019 年，DiLink 2.0 发布。2020 年 8 月 24 日，比亚迪发布了 DiLink 3.0 系统。2021 年 8 月 27 日，比亚迪发布了 DiLink 4.0（5G）系统（见图 1）。2022 年 4 月和 8 月，DiLink 智能化持续进阶，汉车型搭载仪表导航、DMS、拨杆变道、全场景智能语音、DiTrainer 教练模式等全新功能，5 月 16 日发布腾势 Link，12 月 9 日护卫舰 07 发布，首载 iPhone NFC 数字钥匙。

1. 比亚迪 DiLink 智能网联系统

比亚迪 DiLink 4.0 智能网联系统 5G 版，是一个“更智能、更高效、更人性”的无限畅享智能座舱，为用户解锁更多用车场景，并将智能网联系统行业领先的产品实力，转化为用户感知，让用户充分享受比亚迪 DiLink 带来的潮酷智趣生活。

（1）硬件

1）全球首创的自适应旋转大屏（见图 2）。DiLink 智能座舱搭载了手球首创的自适应旋转车机 PAD，具有 1080P 的超高清分辨率、5.9mm 超窄边框，16:9 的最佳人眼比例，至高 15.6in，以及 83.1% 的超高屏占比等特点。屏幕可以根据 APP 类型与使用场景实现横竖屏智能旋转切换，提升用户使用体验。

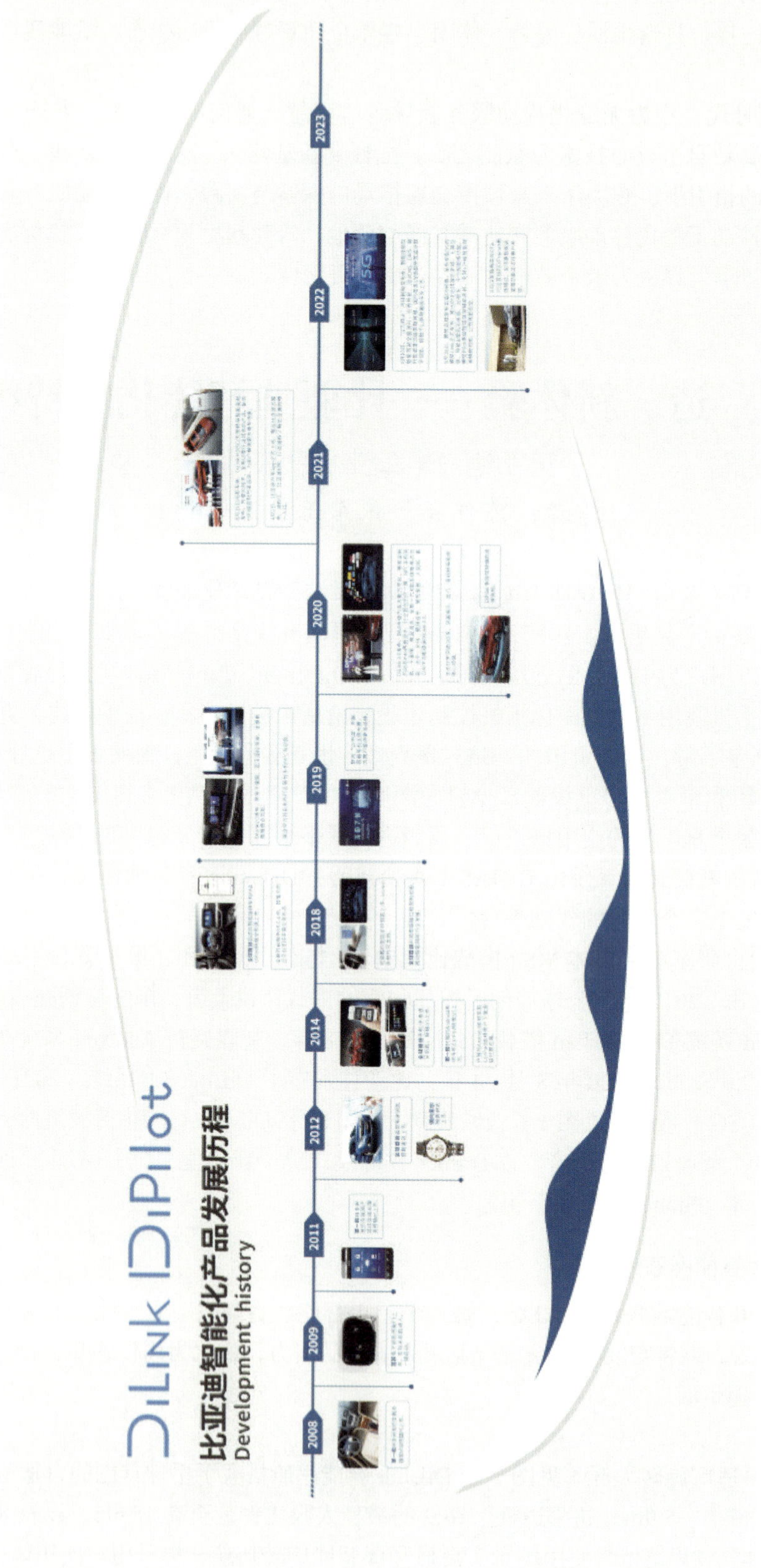

图 1　DiLink 发展历程

图2 全球首创的自适应旋转车机PAD

2）5G速联（见图3）。比亚迪是全球首家批量交付5G车的车企，车载5G网速更快、时延更低，看高清视频、听无损音乐无需等待加载，即点即播，海量云端游戏在线畅玩。

图3 5G速联示意图

详细内容如下：

亮点	细节描述	客户利益
大带宽	实际测试：车载5G最高下载速率为1Gbit/s左右，上传最高速率为100Mbit/s左右	当前车载5G的网速更快，时延更低，在音质、画质、流畅性上给用户带来了质的提升；高品质音源、视频源不受限，在车内可流畅体验海量的在线云游戏，蓝光高清视频随意拖动查看，无需等待加载
低时延	开启毫秒级低时延时代：5G的时延为毫秒级，再也不用担心出现卡顿、延时等情况	
多信号通道天线系统	MIMO 4×4天线方案，能够实现多进多出，以此增加数据传输速率和准确性，信号更强、更稳，极大提高信道容量，驱动车辆高效联网	

3）全场景数字钥匙（见图4）。全场景数字钥匙更是打破了传统的车辆解锁方式。车辆可以通过手机云钥匙、蓝牙钥匙进行远程解锁，还可以通过NFC钥匙轻触后视镜解锁车辆，用车更从容。

①云钥匙：在手机、车辆都有网络情况下，无视距离，可超远程解锁车辆。

② 蓝牙钥匙：应对地下车库或网络信号差的区域，靠近车辆即可完成解锁。

③ NFC 车钥匙：包括手机、手表等智能硬件，用户将设备轻触主驾后视镜“NFC 感应区”即可完成车辆解闭锁，甚至手机无电无网情况下也可使用。目前手机已经覆盖了国内华为、小米、OPPO、VIVO、一加品牌的 565 款主流机型；手表已经覆盖国内 OPPO、华为品牌的 21 款主流机型。

图 4　全场景数字钥匙示意图

4）全场景 K 歌（见图 5）。K 歌音效进一步提升，打造移动的私人 K 歌房，即插即 K，想唱就唱，增加唱 K 互动。详细内容如下：

① 传声器拾音灵敏度提升，人声更清晰、浑厚，K 歌音量增大 4 ~ 6dB，效果更加震撼。

② 针对每个车型进行极致 K 歌调音，匹配丹拿音响专属调校，打造移动的全场景私人 K 歌房。

③ 即插即 K，插入接收器，打开传声器，多场景、多应用下，想唱就唱，使用更便捷，场景更丰富。

④ 更多 K 歌互动，K 歌模式可选择“喝彩”“鼓掌”“鲜花”“飞吻”互动特效，增强 K 歌趣味。

图 5　全场景 K 歌示意图

5）HiFi 级定制丹拿音响（目前已搭载汉、唐、海豹、护卫舰 07）。比亚迪 DiLink 携手丹拿打造 HiFi 级定制音响，车型搭载的丹拿 HiFi 级信心系列音响系统，在丹麦调音室原厂调音，打造移动的私人音乐厅（见图 6）。详细内容如下：

亮点	细节描述	客户利益
一套过硬的车辆素质	透音率 / 开孔率	比亚迪车型在不妥协内饰质感的条件下，实现了更高的网罩开孔率，能够很好地保证声音输出效果，最大限度避免了对声压传递的影响，保证了声音的真实性，为用户提供更原汁原味的品质音乐
	车辆优异的 NVH 调校	整车密闭性好，NVH 性能优异，额外产生的噪声小，已达到豪华车的水平，再搭配丹拿的扬声器，为用户打造“移动的私人音乐厅”
一套丹拿独有的顶级扬声器	极致性能的扬声器	堪比监听级扬声器的极低失真，低失真率让声音得到最大限度的还原，让用户能在车内尊享最真实的听觉盛宴
	高输出功率功放	功放最大输出功率达 775W，低音更澎湃，支持整车音响系统更大的音效动态范围，最大限度地保证了音乐细节的回放
	右后侧围双大音圈、大体积重低音音箱	右后侧围 240mm 双大音圈重低音音箱配合前门 75mm 双大音圈低音扬声器，在保证优异瞬态响应的同时，提供更澎湃的低频，能够满足偏好低音用户的需求
	前门双大音圈低音扬声器	扩展：大容量闭口低音箱，240mm 重低音单元，重低音单元体积越大，低频下潜越深，同样响度的失真越小。丹拿首创的 75mm 双大音圈扬声器，特有的大冲程，在保证优异瞬态响应的同时，提供更澎湃的低音
	丹拿独有的 MSP（硅酸镁盐聚合物）材质音盆	这种材质应用在中低音单元和超重低音单元中，采用一体式音盆制造工艺生产，进一步提升结构完整性和刚性，再加上通过几何优化的特殊锥形能进一步实现平滑的声音辐射，带来准确的中低频表现，有效提升低频段的回放能力，更低的失真能营造更加纯净的音质表现
	丹拿独有的涂层软球顶技术	高音单元采用丹拿独有的涂层软球顶技术，它是将精细织物膜片先做成球顶形状，然后采用特殊配方的涂层进行处理，可以减少扬声器的非线性失真，同时也帮助扬声器进行散热，使系统长时间工作在稳定状态
一套丹拿独有的音效算法	四种丹拿特有的声音特色	其中四种音效是四种声音特色，即原声、动感、柔和、演说，以适合不同场景，满足不同用户对音乐的需求，这也是丹拿特有的声音特色（扩展：另有自定义模式供用户自由调节）
	五种丹拿声场聚焦方式：四种丹拿特有的聚焦方式 + 定制的环绕模式	可将任意立体声音源按照心理声学和生理声学的原理，使用 DSP 芯片混合传递至多个声道，实现逼真的环绕声效果，为用户营造身临其境，走进音乐现场的场景。根据需求调整声场的聚焦位置，系统可以为驾驶座、前排或后排乘客的不同位置进行声场优化（扩展：另有自定义模式供用户自由调节），使每位驾乘者都有机会处于音乐品鉴的最佳声场位置，营造优秀的包围感、沉浸感，提升用户尊崇感
		定制的环绕模式：丹拿在汽车行业首次推出，为汉车型量身定制的环绕模式
	SDVC 随速音量调节	结合实时的车速及噪声数据，动态调整各个扬声器的频响，保证噪声对音乐的表现影响降到最低，保证在任何驾驶状态下的高品质听觉体验不变
一位殿堂级调音大师	丹拿首席调音师	丹拿首席调音师 Bjarke Pihl Bovbjerg 在丹麦总部实验室历时 3 个月，带领团队完成车辆调音
		扩展：Bjarke Pihl Bovbjerg 为丹拿汽车事业部研发总监、首席调音师，专注音响领域 20 余年，曾参与多款豪华车型音响调校。本次他带领团队在丹拿品牌的丹麦总部实验室耗时 3 个月进行调音，沿袭丹拿音响一贯特色和风格，联手比亚迪为用户打造移动的私人音乐厅，保证高品质的车载音乐享受

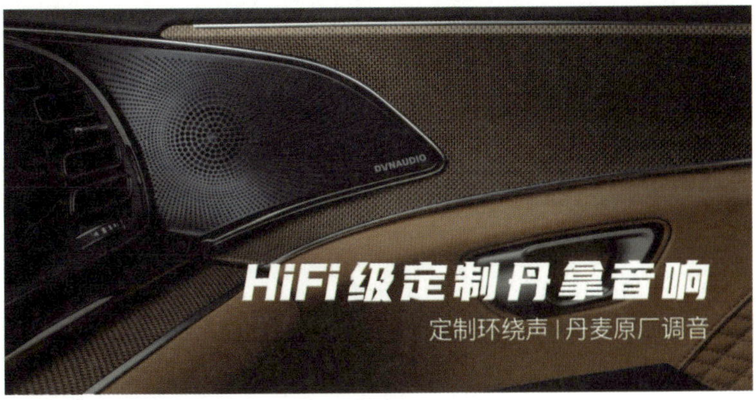

图 6 丹拿音响示意图

（2）软件

1）全新 UI（见图 7）。视觉美观及交互便捷，搭载深浅模式。详细内容如下：

① 视觉风格：风格更现代，符合现代审美趋势。

② 搭载深浅模式：在 AUTO 模式下，此功能可根据车辆所在地的日出日落时间，自动切换系统模式，天亮时自动设置为浅色模式，避免出现屏幕太暗看不清的情况，到了晚上自动切换为深色模式，降低屏幕光亮刺激眼睛的风险，保证了驾驶安全。

③ 扁平设置交互：将二级菜单铺开展示，层级清晰，解决用户不易寻找、不易操作的困难。

④ 下拉菜单栏：逻辑清晰，页面简洁明了，功能操作便捷。

图 7 DiLink 全新 UI 示意图

2）APP 分屏。一块屏幕，通过分屏按钮可以实现同时显示两个 APP，可左侧导航，右侧音乐，满足驾乘的不同需求。

注：需 APP 支持分屏功能。

3）百变主题。通过比亚迪百变主题 APP，可自由更换多款主题，同时，可在主题基础上自定义壁纸，也可将相册图片更换为车机壁纸。

4）负一屏。车机负一屏是 DiLink 为车主打造的专属智能快捷服务平台，用户通过右滑屏幕主页到达负一屏，该功能为业内首创。用户可凭借个人喜好对负一屏内容进行设置，不仅包含了账号信息、消息通知、智能管家和商城应用等，更有随时对用户的驾驶习惯和车况进行监测分析的功能，保障用户的行车安全。

（3）生态

1）全场景智能语音（见图 8）。智能化、个性化以及感性化，打通车内生态，支持连续对话、可见即可说、四音区等功能。具体如下：

性能指数	DiLink 4.0 智能语音（静态）
唤醒响应时间	611ms
唤醒成功率	95%
在线识别响应时间	1.57s

① 连续对话：支持全场景连续对话，一次唤醒，多次交互，有效对话，可永续沟通，无需重复唤醒；不想沟通或无效对话，20s 后小迪自动退出。

② 可见即可说：所见即所得，屏幕显示界面中的功能可通过语音实现；智能语音助理、空调、媒体中心、蓝牙电话支持可见即可说，方便快捷，解放双手。

③ 四音区：声源定位支持坐在哪里控制哪里，可实现分区控制；唤醒锁定支持谁唤醒听谁的，不受其

他位置的干扰。

④ 行业首创的童声识别，在 DiLink 4.0 产品中优化，让儿童声音识别更准确。

⑤ 实现车身控制类、车辆设置类高频车控功能全覆盖。

⑥ 语音助手 TTS 全面升级，优化导航、音乐、打电话等语音交互体验，更全面、更智能、更贴心。

a. 更全面：反馈更全面，如下达导航回家的指令，会反馈“好嘞，咱们一起回家吧”，3 种回答随机播放；下达打开空调的指令，会反馈“空调已打开，温度 ×× 度”等。打通车内生态，如车上已安装完成高德地图车机版、百度地图车机版，通过语音发起导航时，可根据用户的设置，调用不同的导航 APP，满足用户的使用需求。

b. 更智能：用户将音量设置过高时，会语音提醒“音量已调到 ×× 了，建议音量小于 25，不然小迪可能听不到你说话哦”。

c. 更贴心：导航静音时会语音提醒“小迪发现当前导航音量为 0，你会听不到导航播报哦”，用户通过智能语音搜索音乐节目时，若当前媒体音量小于 3，会语音提醒“媒体音量比较小，小迪悄悄帮你调大点”（音量值到 4）。

图 8　全场景智能语音示意图

2）应用生态（见图 9）。专项定制，服务无忧，具体内容如下：

DiLink 智能网联系统基于 Android 系统开发，能够 100% 兼容安卓手机生态，海量 APP 任意下载，如高德地图定制版、喜马拉雅、酷狗音乐、酷我音乐等丰富 APP 生态。

图 9　开放生态示意图

2. 比亚迪汽车 APP

比亚迪汽车 APP（见图 10）是了解比亚迪资讯的一站式聚集地，也是服务车主、帮助车主更好使用爱车的好帮手。它不仅兼顾了所有迪粉和车主的多重权益，也将为深度的用车场景提供更多智能化的解决方案。

在“购车、控车、玩车、用车”多个车生活的应用场景里，我们进行了多维度、细分的功能开发。

图 10　比亚迪汽车 APP 示意图

（1）购车

预约试驾，购车无忧：如果你是汽车发烧友，热衷于追逐最新款车型，在这里你可以通过比亚迪汽车的爱车功能，清晰了解到在售车型的全部信息，并一键预约当地的经销商进行试驾、购买。在了解信息的基础上，还能参与积分商城、购买品牌精品、售后服务等活动。

（2）控车

远程控车，智能便捷：在爱车页，可以远程控制车辆、查看爱车信息。智能网联技术给用户的远程控车提供更多便利，如解锁车辆、开关空调、高温消毒杀菌、远程换肤、远程 OTA 升级等，此外，车辆状态、车辆健康信息也一目了然。远程控车、查看爱车信息提供了全方位的智能用车新体验。具体功能如下：

1）远程开空调。APP 爱车页点击远程开空调控制项，支持温度、开启时长以及循环模式设置，用户设置完成后点击“开空调”按键，无论是炎热夏天还是寒冷冬季，都可以提前开启空调，进入车内即可获得舒适温度，智慧用车不再等待。

2）远程 OTA 升级。手机 OTA 提供更便捷的升级方式，闲时不用车，远程升级车辆，实时监控升级状态，直观查看升级结果。

3）高温消毒。车主可通过比亚迪汽车 APP 一键打开空调并保持高温内循环，以 60℃出风温度持续对车内空气进行 60 ~ 70min“巴氏消毒”循环杀菌。高温消毒杀菌之后，空调系统将会切换为 5min 外循环 +7 档风，将车内废气排出，确保用户上车之前车内空气得到彻底净化。

4）小组件。比亚迪汽车 APP 可以用小组件的形式添加至手机桌面，无需打开比亚迪汽车 APP，在手机桌面就可以实现常用控车功能操作，例如解闭锁、开关空调、闪灯鸣笛等，同时显示爱车的电量、油量和续驶里程等车辆信息。

① 改颜色：小组件背景 9 色可调，有默认白色、晨草、青豆、藕荷、玄空黑、意念白、苍穹蓝、时光灰、暗夜红 9 种颜色，安卓及鸿蒙系统还可支持透明度调节。

② 改功能：三个控车项目可自定义，最多支持 9 项功能自由选择（车门解锁、车门上锁、开启空调、关闭空调、闪灯鸣笛、闪灯、关闭车窗、打开行李舱、关闭行李舱）。

③ 蓝牙开关：安卓及鸿蒙系统增加蓝牙开关，可在桌面小组件直接开关蓝牙。

5）车主授权。快速便捷地传递车钥匙，摆脱了物理钥匙的局限。打开比亚迪汽车 APP 我的，点击授权管理，无需登录车主信息，输入对方账号即可实现车辆授权，方便快捷，保护用户隐私。

车辆安全随时可控，授权期限和到期时间可由车主自行设置，到期自动取消授权，并且在授权期间也可以随时删除授权 。

6）导航接力。家人、朋友微信发来的位置信息，无需车主再在车机上打开地图 APP 搜索目的地，微信窗口一键分享至车机，车机自动打开地图 APP 进行导航。

① 微信聊天位置一键分享至车机。

② 支持高德地图、百度地图。

7）蓝牙遥控驾驶。基于蓝牙钥匙开发的控车功能。与车辆建立蓝牙连接后，在视线范围内，用户通过 APP 发送遥控驾驶命令，车端收到指令后执行对应动作：遥控启动（上电至 OK 档）、遥控熄火（退电至 OFF 档）、遥控前进、遥控后退、遥控左转、遥控右转。

① 便捷操作：无需携带传统钥匙，通过手机控制车辆，操作更便捷，产品体验感增强。

② 自由控制：可遥控实现车辆启动、熄火、前进、后退、左转、右转，在车辆外观察车周围环境，控制更加自由。

③ 多场景应用：在狭窄车位停车、窄道行车、雨天或不方便上车的场景可通过遥控操作车辆到跟前。

8）Siri 语音控车。比亚迪汽车 APP 可实现 Siri 语音控车功能，呼叫 Siri，说出指令词即可实现语音控车。包括车辆控制和信息查询两大类功能，满足了在不方便拿出手机情况下的控车以及查询车辆信息的需求。

① 至多 10 项控车功能：车门解锁、车门上锁、开空调、关空调、闪灯鸣笛、闪灯、关闭车窗、开行李舱、关行李舱、高温消毒杀菌。

② 5 项信息查询：车辆位置、车辆状态、车辆续驶、充电站状态、胎压信息。

（3）玩车

互动社区，精彩常在：如果你是个爱生活，爱分享的车友，那你可以在这里找到你的同好，在丰富的社区功能里，你还可以参与多彩的车主活动，分享自己日常生活点滴的同时，与其他迪粉们共建属于自己的专属车型圈子。

（4）用车

贴心服务，体验更优：为了给用户更好的服务体验，节省用户去 4S 店排队苦等的时间，车主可通过比亚迪汽车 APP 售后商城一键下单，预约就近的经销商，一对一服务，到店即享，我们的服务覆盖保养、延保、精品等多项产品。只要一机在手，随查随有，车主随时可以查看维修进度、保养服务记录。

3. 比亚迪 DiPilot 智能驾驶辅助系统

比亚迪 DiPilot 智能驾驶辅助系统由 DiDAS（驾驶辅助）、DiTrainer（教练模式）和 DiRobot（自动驾驶）组成。

（1）DiDAS 介绍

DiDAS 驾驶辅助技术就是 ADAS 技术，即“高级驾驶辅助系统”。通过 DiDAS 辅助系统对汽车行驶时周围的环境信息进行数据处理，以及对动态物体的辨识进行追踪，对可能发生的危险进行预判，从而预先让驾驶员察觉到可能发生的危险并采取强制措施。

1）核心功能 1：3D 全息透明影像（见图 11）。可显示车辆周围 540° 实时影像，帮助车主在泊车、狭窄路况下安全用车。

功能亮点：

① 540° 泊车无死角，3D 车模，观察更直观。

② 透明、实体效果自由切换。

③ 高清画质，畸变合理。

④ 横、竖屏自由切换，大屏显示，视野宽阔。

图 11　3D 全息透明影像系统车机示意图

2）核心功能 2：APA 自动泊车（见图 12）。通过车身传感器与先进算法进行泊车位自动选择，自动泊入 / 泊出，降低驾驶员操作压力，减轻驾驶疲劳程度。

① 在自动泊入模式下，系统通过车辆两侧的超声波传感器和全景摄像头传感器自动搜索车辆左 / 右侧可用停车位。

② 自选车位模式下，驾驶员在系统探测范围内自动选择合适的车位。当车位被选择后，驾驶员按照多媒体显示屏上的相关信息提示停车并点击“开始泊车”按钮，系统可自动进入泊车模式。该模式下系统可以自动规划泊车轨迹，并控制车辆的档位、转向、制动、车速等使其驶入选定的车位。

③ 水平泊出模式下，驾驶员通过打转向灯确认泊车方向后，系统同样会接管车辆控制，帮助驾驶员将车辆移动至便于驾驶的位置。

图 12　APA 自动泊车示意图

3）核心功能 3：HWA 高速辅助驾驶（见图 13）。HWA 高速辅助驾驶功能辅助驾驶员进行舒适驾驶，包含 ICC 单车道的智能巡航控制功能和 ILCA 交互式变道控制，具体如下：

① ICC 智能巡航控制：系统可以控制车辆在 0 ~ 130km/h 范围内进行巡航控制和车道居中保持，根据驾驶员设定的车速和跟车车间时距控制自车车速，并根据两侧或单侧车道线或前车小角度行驶轨迹进行横向控

制，同时拥有持续升级能力，未来将融合自动驾驶地图，不断扩大使用道路范围，优化功能表现。

② ILCA 交互式变道辅助（拨杆变道辅助）：交互式变道辅助，允许在 60 ~ 130km/h 车速范围内使用，在智能领航模式开启下，拨动转向拨杆，便会检测周围车况及变道条件，在无碰撞风险时，自动控制车辆变道。变道功能仅响应一次转向灯激活信号，不允许连续变道。

图 13　HWA 高速辅助驾驶示意图

4）核心功能 4：DMS 驾驶员监测辅助（见图 14）。基于图像处理技术，通过对驾乘者面部特征、肢体运动特性进行监测，结合车速变化、连续驾驶时长等信息数据，以特定的算法对驾驶者疲劳状态和注意力集中度进行判断，并进行预警提示，对驾乘者给予主动智能的安全保障。该系统具有疲劳监测和分心监测及危险动作监测三个功能。

图 14　DMS 驾驶员监测辅助示意图

（2）DiTrainer 教练模式（见图 15）

DiTrainer 教练模式充分发挥车机端与手机端联动的优势，为用户打造智能驾驶辅助及驾驶能力提升类功能，包含全新智驾功能和驾驶等级两个功能。此功能制定了“细而全”的评价维度，对不同驾驶水平的用户针对性地提供评价报告，并基于驾驶等级方案中的评价报告，围绕“成长”的目的“科学、合理”地制定学习提升计划及功能使用方案，通过学习课程以及测考方案，以游戏激励成长，切实达到了“因材施教”的效果，助力提升用户驾驶能力，以达到安全护航及伴驾的目的。

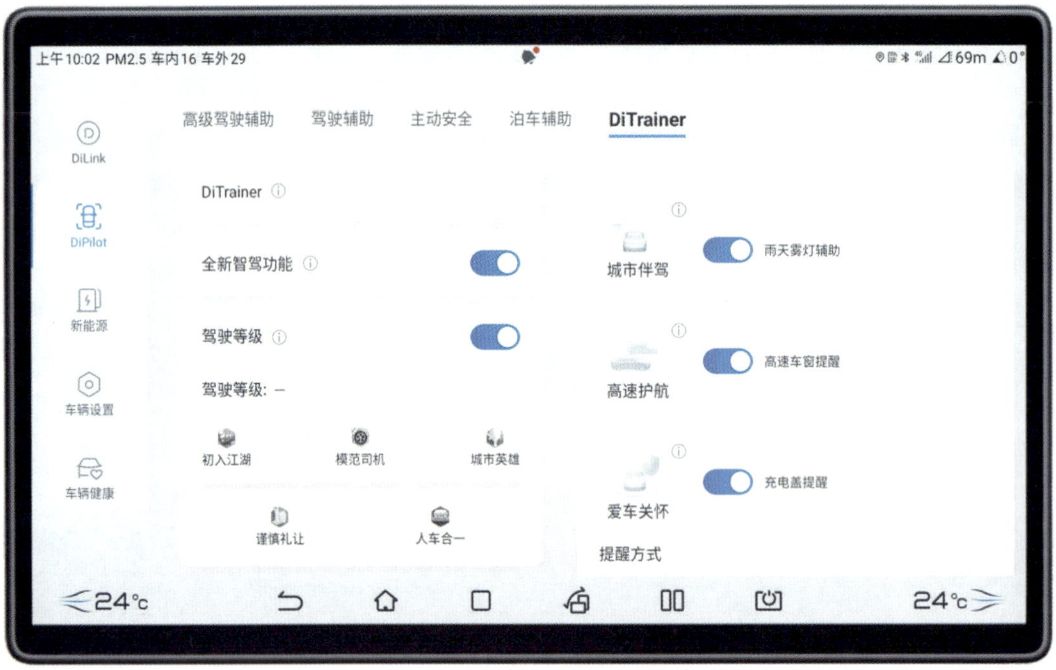

图 15　DiTrainer 教练模式车机示意图

（3）DiRot 自动驾驶模式

1）基于大算力计算平台、控制冗余系统、冗余的传感器方案，预留 L4 级自动驾驶能力。

2）将结合数据驱动的算法模型优化，自动驾驶场景从高速公路、停车场内部向城市道路场景逐步扩展。

注：该部分为未来技术储备。

突破新技术，智造新体验

——一汽奔腾轿车有限公司智能网联开发院

作者：孟庆贺，李振龙，马文峰，马良，王晓光

随着互联网及通信技术的快速发展，智能化和网联化已成为汽车产业的发展趋势。面对行业产品新潮流、技术新要求，一汽奔腾以“让出行更愉悦、让驾驶更简单”为目标，制定了车联网“悦途”技术路线，创建了奔腾 D-life 车联网品牌，满足用户智能网联化出行体验需求。

D-life 是一汽奔腾自主开发的车联网系统，意为将车与生活紧密互联，打造数字化出行体验。早在 2017 年，在汽车行业智能网联化起步之初，奔腾快速布局车联网相关业务，从无到有，打开车联网入口并探索车联网场景，开启了奔腾车联网时代。D-life 系统首搭奔腾 X40 车型问世，建立了“端 - 管 - 云”技术架构，打通车与云的互联链路，基于安卓系统 T-BOX，创新研发了想听、想看、想聊、智能语音、主题商城等特色功能，涵盖导航、音乐、社交、电台、车服务、应用市场六大基础用户需求，为用户打造了奔腾专属的智慧车载社交空间。定制开发了奔腾智控手机端应用，基于 TSP 平台能力，支持手机遥控车辆，实现了远程车辆控制、车况查询、故障诊断、驾驶行为分析等功能，让用户时刻掌握车辆状态，创造人车全新交互空间；奔腾 Yomi 智能语音助手，搭载智能化语音语义识别引擎，融合所见即所说、Oneshot、免唤醒等多种技术，能够对驾驶员的对话及意图进行分析理解，并结合定制化 Yomi 形象进行拟人化交互展示，彻底解放用户的双手，让用户与车辆的交流更自然、更流畅，全面提升奔腾 D-life 智能化、便捷化体验。奔腾 X40 D-life 系统界面见图 1。

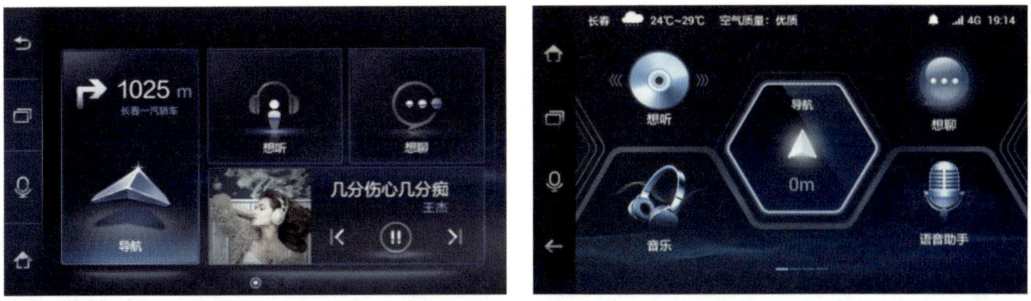

图 1　D-life1.0 系统

2018—2019 年，伴随 AI、大数据、云计算、语音识别、OTA 等软硬件技术的进一步突破，奔腾不断整合新技术资源，持续打磨产品方案，针对 D-life 的功能体验、人机交互进行全面迭代升级，奔腾车联网自此进入 D-life 4.0 时代，并搭载 T77 车型首发。系统架构方面，D-life 4.0 基于高算力、高性能的控制器平台，打造盗梦、轻奢、人文的多主题风格，融合空灵谷概念音效，通过双 12.3in 贯通式高清显示屏进行人机交互展示，并与灯光系统、智能驾驶系统、车身控制系统等模块进行一体化功能联动，打造多模态交互体验；产品方案方面，D-life 4.0 以一体化为理念，突破传统封闭分离式的交互框架，创新将本地 + 在线功能一体化融合，采用定制卡片式的交互，使用户对功能与场景的感知更加直观和愉悦。基于此方案，D-life 4.0 系统完成了智能家居、全息影像、手机飞幕、多屏互动等 15 项功能的创新搭载应用，并整合了行业头部的车载导航、语音、视听娱乐等生态服务资源。其中 D-life 4.0 搭载的 3D 全息影像系统，为行业创新的产品设计，其以情感化交互为理念，采用全息投影、图像处理等技术，打造了奔腾 Yomi 3D 全息形象，能配合车辆状态、语音指令等行为进行 40 余种动作展示，并可对形象装扮、动作技能进行灵活自定义设置，增加车辆具象感、打造全新人车交互体验。D-life 4.0 系统人机交互界面见图 2。

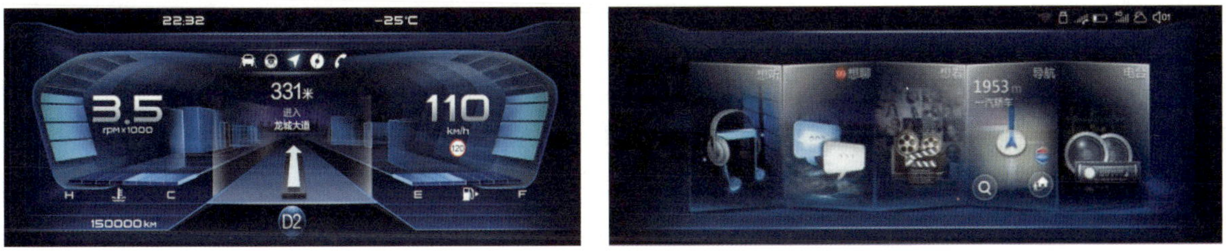

图 2　D-life 4.0 系统

2020—2021 年，随着用户对功能个性化、便捷化、场景化的需求越来越高，奔腾围绕着 AI 管家的产品理念，完成了 D-life 5.0 系统的产品迭代，并搭载 T99 车型首发。D-life 5.0 建立开放云平台，针对语音语义、HMI 主题、全息形象等产品方案，面向用户、第三方开发者等开放设计框架，共同丰富奔腾车联网生态。D-life 5.0 系统拥有 6 大场景、24 项超强应用，系统创新架构形态，将地图以 SDK 形式融入桌面，实现场景桌面的设计，降低交互层级，使用户在桌面可完成 80% 的高频操作；创新打造奔腾 AR 导航产品，依托底层地图数据及导航引擎框架，结合图像处理、数据训练、AR 增强现实等技术，将车辆 GPS、摄像头等多传感器数据融合，在真实道路上增强视觉效果，方便用户更直观理解实景道路导航信息，营造沉浸式驾驶体验；集成智能蓝牙钥匙，为用户解锁近场用车新技能；升级 3D 全息形象系统，支持 3D 全息形象自定义，用户可选择喜欢的照片并进行编辑，上传即可完成 3D 全息设备中的形象变换，满足用户个性化需求；建立一体化账户体系，融合人脸识别、数字钥匙技术，完成自适应智能多账户系统，形成智能推荐底座；定制奔腾专属电台服务，让用户感受家的温暖；智能语音系统，新增语义多渠道分发、连续对话、声源定位、声音复刻等功能，语音识别率超过 95%，助力用户体验提升；奔腾智控手机应用全新重组升级，融合远控、活动、咨询、圈子、云店等模块功能，丰富运营生态，持续为用户带来惊喜。在交互设计上，D-life 5.0 以多模态交互为理念，融合 AR、语音、人脸识别、手势识别、触控多种交互方案，进一步简化功能流转操作，并通过 AI 大数据模型进行场景串联，不断进化智能属性，打造千人千面的产品体验，使 D-life 具有生命力、成长力，让用户与车辆的交流更自然、更丰富。D-life 5.0 系统人机交互界面见图 3。

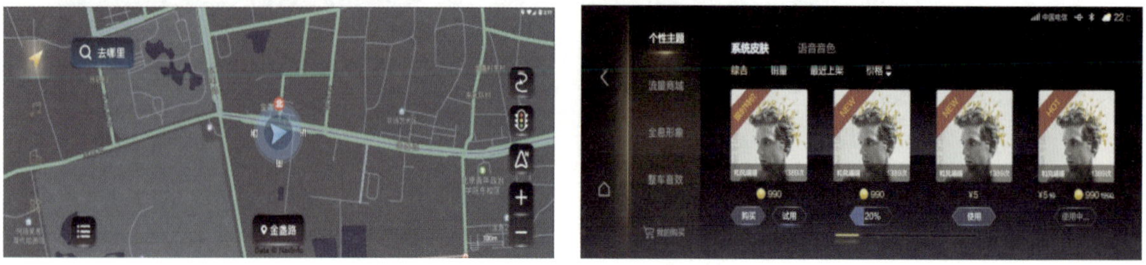

图 3　D-life 5.0 系统

未来，一汽奔腾将牢记习近平总书记视察一汽时提出的“自主掌握关键技术”的殷切嘱托，秉承持续为用户出行创造惊喜的理念，深入践行 D-life 悦途路线，致力于场景驱动服务，不断突破车联网新技术，持续智造产品新体验，实现奔腾 D-life 的快速迭代，为用户提供极致的车联网体验。

长城汽车智能云平台 2022 年创新成果案例

长城汽车股份有限公司
作者：刘堃

1. 新一代智能网联云服务平台

（1）创新成果

长城在原有智能网联云平台的基础上升级为新一代智能网联云服务平台，突显智能化产品力，基于端云一体化，实现智能座舱、智能驾驶、智能服务三智融合，构建开放生态，探索众创模式和创新商业运营，围绕用户生命周期和车辆生命周期的全场景智慧服务。对平台核心业务、座舱应用服务、内容服务聚合、基础能力支撑等进行了全新设计及开发，为整车及用户端提供基础服务能力和智能化服务能力的支持，通过统一的运营管理平台对服务及内容进行配置管理，对用户数据安全进行严格管控。

技术上选用当前行业主流的微服务架构，混合云部署、服务接入网关、消息总线等技术，业务域架构采用分布式部署，平台可支撑千万级车辆的接入（见图 1）。

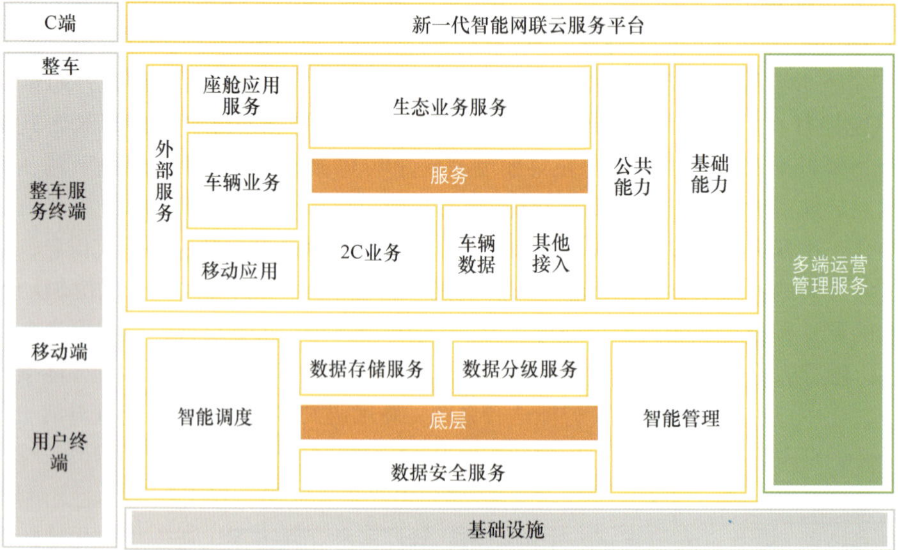

图 1　新一代智能网联云服务平台

（2）应用案例

新一代智能车联网平台已在 2022 年发布上线，正式为 300 万车辆、1000 万用户提供智能化应用服务。

2. 长城分布式云网

长城分布式云网（见图 2）可应对企业未来用户逐步递增及智能化的发展趋势，满足未来海量数据、高并发的要求及实时性的服务体验。分布式云网多地域多节点部署，通过多节点分布式接入实现均衡负载，当车辆跨域行驶时，平台可以实现接入点切换，全国分区域就近接入，做到数据及服务快速响应，实现数据就近传输、服务实时响应。

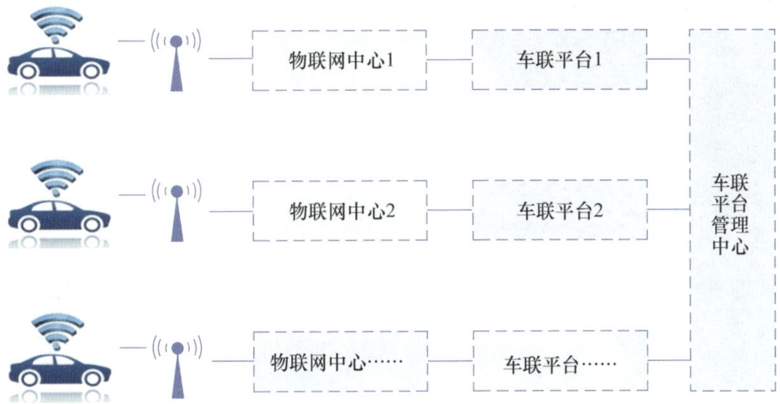

图 2　分布式云网

分布式云网在就近接入就近计算、智能多点容灾、业务故障风险隔离等方面进行全面设计优化。

1）就近接入 - 低时延：智能车辆通过 5G 就近接入本地域边缘节点，低时延进行音视频上传。

2）边缘节点 - 编码压缩：音视频就近上传，实时编码压缩，大幅缩减音视频大小，降低传输成本。

3）负载均衡 - 高并发：多地域节点分散承载各地车辆接入，满足高并发实时处理。

4）多点容灾 - 高可靠：多地域节点服务平滑迁移，保障云平台服务连续性，降低单云节点故障风险。

金旅智能化、网联化自主创新探索应用

厦门金龙旅行车有限公司

作者：江文杰　俞海山

厦门金龙旅行车有限公司（以下简称“金旅公司”）长期致力于新能源、智能网联客车研究及前沿新兴技术的研发与应用，积极投入电动化、网联化、智能化等技术研究，重点实现自动驾驶、车联网、智能网联云平台、电动客车智能化等共性核心技术落地。在电动化方面，金旅公司积极进行新能源客车整车控制、燃料电池技术、滑板底盘技术、轻量化材料应用等技术攻关；在车联网方面，金旅公司实现搭建“出行即服务”SaaS 一站式综合车辆管理运营平台，车辆运行状态监控、记录、分析实现一体化，为制造商及用户及时了解车辆运营情况提供方便、快捷的途径；在智能化方面，智能驾驶系统、5G 车路协同、内生网络安全技术等重点领域取得技术优势，技术水平处于国内领先地位。

金旅公司拥有完善的智能网联汽车研发体系，以及丰富的智能网联汽车开发设计和生产制造经验。2015 年至今，金旅公司同多个有清华大学、武汉大学、上海大学等知名高校学术背景及行业领先的自动驾驶方案商深度合作，完成了 5G 通信技术的预研和技术储备，以及第一代自动驾驶 L4 级微循环城市公交的设计、第二代 L4 级自动驾驶城市客车“星辰”“北极星”的推广运营、金旅第三代 5G 微循环智能网联城市客车

“驰睿”的总体设计及批量生产。

2015 年，金旅公司在国内率先开展“微循环”公交布局，旨在解决“最后一公里”出行难问题，因此也积极布局园区、厂区内封闭、确定路线的接驳需求研究，并成功研发出第一代智能设备前装车辆。在总结前装车辆研发经验及结合客户、行业、市场需求基础上，2017 年 6 月，在上海汽车城测试封闭区一周年庆典活动上，金旅第二代自动驾驶 L4 级客车“星辰”作为其中一项园区展示活动对外展示并正式亮相（见图 1）。活动当天，“星辰”在中国首个国家级智能网联汽车试点示范区完成了 2km 的场景测试，全程模拟城市道路行驶。在示范运行期间，“星辰”车辆实现自动避让障碍、自动实现环岛绕行、到站自动停靠、自主变道等智能驾驶功能，展现了金旅公司在智能化、网联化技术上的探索成果。

图 1　金旅“星辰”智能网联小巴实际运营

2018 年 5 月，金旅公司作为项目中唯一的客车企业，承担了国家科技部重大专项“自动驾驶电动汽车集成与示范”项目的车辆落地及推广任务。2018 年 9 月，金旅第二代自动驾驶客车“星辰”车型获得世界人工智能无人驾驶挑战赛“应用奖”。2018 年 11 月，“星辰”于江苏省常州市斩获三部委（工信部、交通部、公安部）核发的国内首张智能网联商用车（客车）道路测试牌照，胜利完成开放路段自动驾驶测试演示工作。2019 年 3 月，金旅作为国内首家走出国门的自动驾驶客车制造商，在以色列进行实际道路测试；在此期间，金旅自动驾驶客车还获得了平潭自动驾驶测试牌照、国家自动驾驶客车运营能力挑战赛“优胜奖”等荣誉。

从 2015 年至今，从助力乌镇开通全球首条城市开放道路“5G 自动微公交”示范线路，扩展到杭州信息港小镇、上海临港开发区、苏州高铁新区、无锡城区、厦门软件园三期、鄂尔多斯、北京高级别自动驾驶示范区等地自动驾驶交通运输项目的常态化落地运营，金旅自动驾驶车辆累计行驶里程已超过百万千米，销售的自动驾驶版本车辆已超过百台，形成了初具规模的市场推广效应及良好的品牌口碑。

2022 年 9 月，凝聚了金旅公司在电动化、网联化、智能化、共享化“新四化”探索、研发经验的金旅第三代 5G 微循环智能网联城市客车“驰睿”车型，正式投入批量生产。金旅“驰睿”系列智能网联城市客车是金旅智能网联前瞻技术探索迈向新征程的又一力作，同时也是金旅公司成立三十周年的献礼产品。车辆采用多域融合的电气架构，在全新的 GEA 3.0 架构基础上具备底盘域控制器协同控制、多元异构冗余、内生安全三大优势特征，达到了高安全、高性能、高可靠的自动驾驶顶尖级技术水准。整车在节能、环保、高效方面精心设计，续驶里程较之前产品更远。内饰选用环抱式座椅，并采用专用导乘屏、嵌入式无主灯灯光设计，整体氛围柔和舒适，让出行氛围更轻松。除在公开道路行驶的有方向盘版本外，金旅“驰睿”系列客车还面向封闭园区内部接驳需求（见图 2），开发无方向盘版本，更具科技感及未来感，并进一步与园区内车路协同系统实现适配，实现智能调度、智能运行。

图 2　金旅“驰睿”自动驾驶客车

展望未来，金旅公司将继续在智能网联、新能源、车路协同等前沿技术领域展开深入探索，秉承合作开放的理念，与行业参与方共同为智能网联技术的实际落地运营添砖加瓦，发挥应有的作用。

自动驾驶能力应用

山东豪驰智能汽车有限公司

山东豪驰智能汽车有限公司（以下简称“豪驰智能”）是由齐鲁财金投资集团有限公司、矩阵数据科技（上海）有限公司在济南市莱芜区建立的全国第一个具有核心自主知识产权的基于 5G 场景的无人驾驶大批量整车智造基地。豪驰智能是一家专注于新能源配送车研发、物流无人车研发、末端自动化配送服务的科技企业，首个有国家备案的整车生产资质的智能驾驶企业。团队主要成员来自于中科院、阿里、微博、菜鸟、宝马、奔驰等一线互联网公司和汽车企业。豪驰智能作为山东省第二批新旧动能转换重点项目、济南市重点项目、山东省重大项目，全力建设智慧工厂和 5G 车联网。

豪驰智能以新能源汽车整车设计智造为基础，结合 AI 技术和工业能力研发科技产品，为城市末端配送提供绿色、安全、高效的解决方案，同时在汽车资质与准入技术领域拥有丰富的经验和大量成功案例，并参与汽车行业新能源及智能汽车方向的国家标准制定。

豪驰智能与中国邮政集团有限公司山东省分公司签署战略合作协议，联合政府培育打造快递物流全国样板创“济南模式”。豪驰智能以新能源汽车整车设计智造为基础，为智慧城市协同赋能，为乡村振兴打造样板工程，是碳中和时代新能源物流末端配送车的开创者。

基于定位系统、多感知传感器，融合控制制动进行循迹自动驾驶验证（见图 1）。

图 1　循迹自动驾驶

基于激光雷达的感知系统和控制系统进行道路自动驾驶应用（见图 2）。

图 2　激光雷达避障自动驾驶

基于高精定位进行地图构建，通过 GPS/IMU 组合惯导进行路径规划和跟踪、路径绘制等（见图 3）。

图 3　路径规划

通过可视化的操作界面进行车辆标定，降低操作门槛（见图 4）。

图 4　车辆可视化标定

通过工具进行虚拟车道线绘制闭环验证更加便捷（见图 5）。

图 5　虚拟车道线绘制

通过仿真测试验证自动加速、自动跟车、保持车速、自动转向、自动减速、紧急制动等功能（见图 6）。

图 6　控制系统仿真测试

整车 OTA 系统支持选择整车或者模块化推送升级，结合矩阵安全 OTA 升级策略算法，安全可控地进行升级（见图 7）。

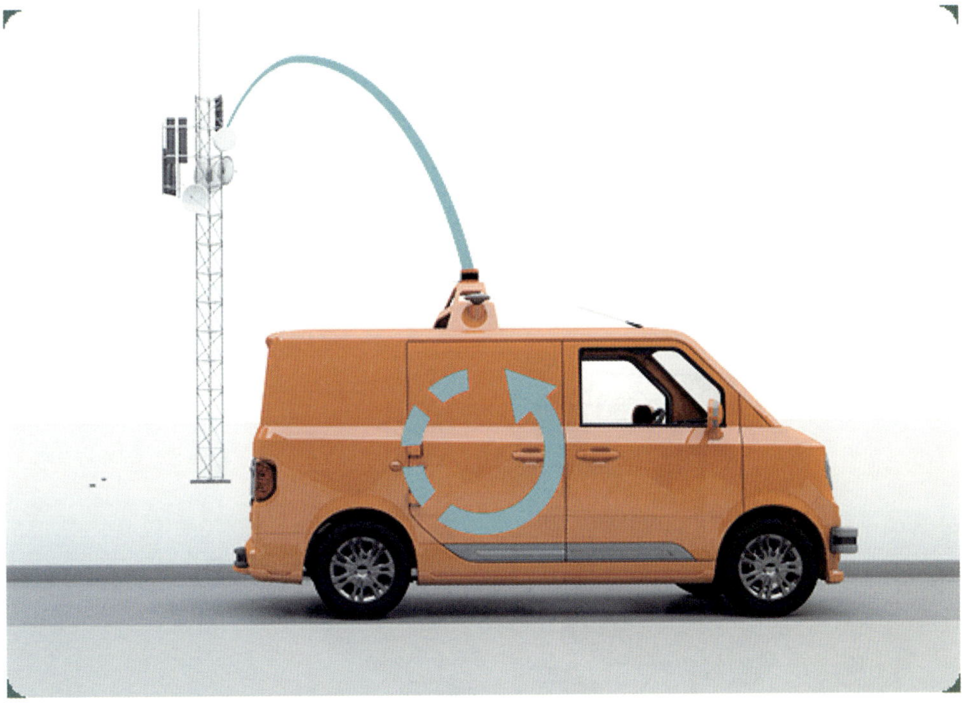

图 7　OTA 升级

通过矩阵设备认证平台，可以更好地使用矩阵数字化车辆管理平台，更加方便地通过工信部准入认证（见图 8）。

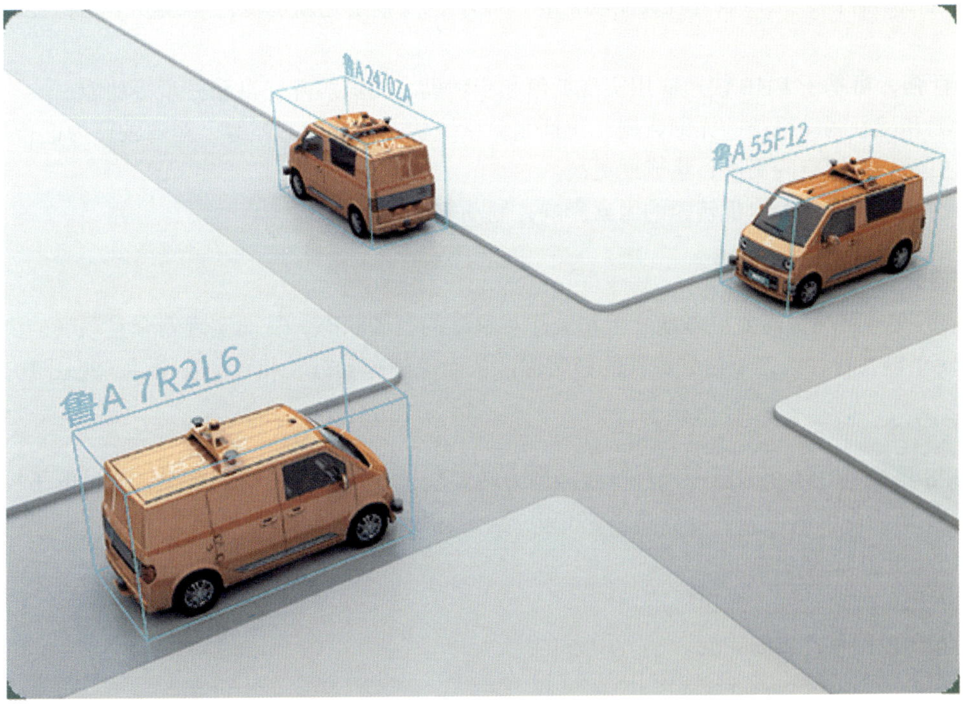

图 8　设备认证功能

1. 核心零部件线控 EHB

相较于当下汽车的发展趋势，传统制动系统还有诸多限制，特别是对于无人驾驶，需要高性能的主动制动功能。矩阵根据自身的无人驾驶经验，结合汽车设计经验，对制动系统进行升级，整车配备高性能的 EHB（见图 9）。系统特点如下：

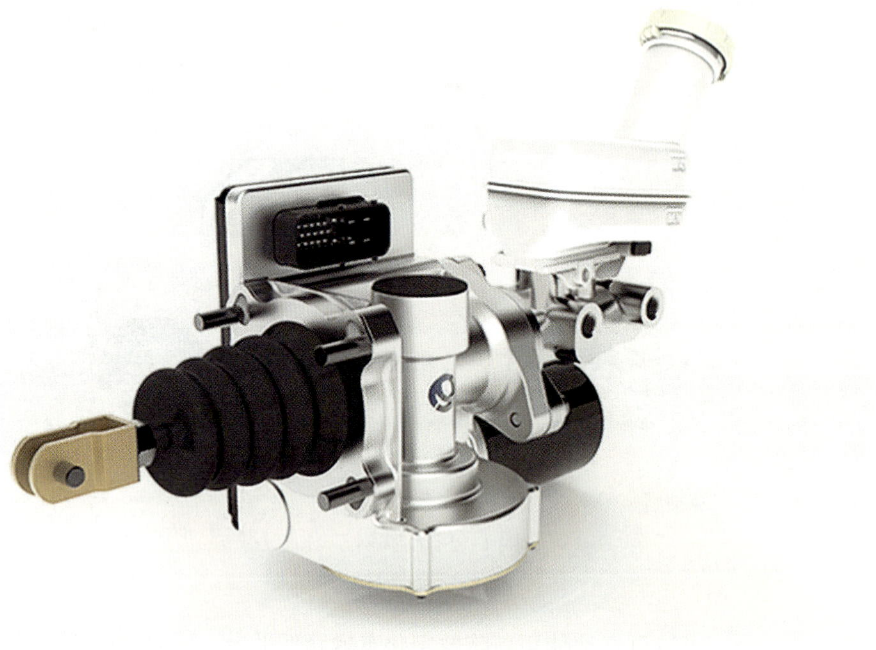

图 9　核心零部件线控 EHB

1）可实现高性能主动制动，能更好地应用于高级驾驶辅助系统（ADAS）和无人驾驶系统。

2）可实现制动解耦，从而显著提高制动能量回收率，大幅增加新能源汽车续驶里程，提高驾驶体验和顺畅度。

3）扩展性强，可基于 EHB 快速应用实现坡道起步辅助、陡坡缓降、自动驻车等功能。

4）可检测和记录制动系统的详细数据，包括制动系统状态、驾驶习惯等，对驾驶行为进行预警。

5）重量更轻，占用空间更小，集成度更高。

6）制动性能不受海拔、电机转速的因素影响，制动安全性更高。

2. 线控 ESC

面对复杂的交通路况，需要更多地分析和关注对整车的行驶状态，从而实现安全且顺畅的决策指令。线控 ESC 可以使车辆在各种状态下达到最佳的稳定性，从而保障车辆行驶和转向安全性（见图 10、图 11）。

3. 线控 CEPS

线控 CEPS 是机电一体化的新一代汽车智能助力转向配置，可根据不同的车况，通过电子控制装置使转向助力电机产生所需的辅助助力。电机功率 570W，额定转矩 5N · m。系统特点如下：

1）体积小，占用空间小。

2）能耗更低，低速轻便，高速稳定。

3）自有安全控制和自诊断功能。

4. 自动驾驶和有人驾驶转换开关

为了更方便地验证自动驾驶功能，方案自带自动驾驶和有人驾驶转换开关，可一键进行操作，快速切换模式，让自动驾驶验证变得简单快捷。

图 10 转向不足的情况

图 11 转向过度的情况

亚星客车智能网联技术研发与应用

扬州亚星客车股份有限公司

作者：赵苗苗

1. 发展概况

扬州亚星客车股份有限公司（以下简称“亚星客车”）成立于1998年9月，位于江苏扬州。1999年8月，公司在上海证券交易所发行上市了6000万A股股票，成为扬州市首家上市公司，也是我国客车行业中少数几家上市公司之一。亚星客车前身为扬州客车制造总厂，从亚星历史上第一辆客车诞生开始，至今亚星客车在中国客车制造领域默默耕耘了七十个年头，伴随着中国汽车工业走过了半个多世纪。

2011年9月，亚星客车划归潍柴体系，基于潍柴在产业链、技术研发、海内外市场开拓和服务网络等优势资源，行业竞争力持续增强。2014年6月25日，《中国500最具价值品牌》排行榜，公司以49.15亿元的品牌价值位居排行榜第361位，2015年品牌价值增至55.87亿元，2016年品牌价值增至55.94亿元。公司先后获得了“高新技术企业”“江苏省著名商标”等称号，并通过了 IATF 16949 质量管理体系、3C 产品认证、海湾联盟（GCC）认证、欧盟（WVTA）认证等。公司多款产品入选国家级重点产品名录，曾荣获“新能源客车客户满意奖”“新能源公交客车创意奖”“新能源客车推荐车型”“安全客车之星”等行业各大产品奖项。

2. 技术进展及研发能力

公司是高新技术企业、江苏省两化融合贯标试点单位、江苏省五星上云企业，拥有国家级科研工作站、江苏省级企业技术中心、江苏省新能源客车工程技术研究中心、江苏省智能网联客车研究中心、江苏省工业设计中心、新能源产品实验室（CNAS 认证），设有新能源智能网联技术开发专业研究室。

（1）车联网技术研发与应用

公司整车产品中，国内销售的新能源客车产品，标配运营数据车载监控终端，国六排放客车产品，标配排放数据车载监控终端；海外销售的客车产品，可根据客户需求选配车载监控终端。

1）新能源远程监控系统。对新能源客车进行全生命周期的实时数据监控，数据实时对接国家和地方监管平台。功能方面，在满足标准要求的基础上，根据企业营运需求，设有售后服务模块、故障诊断模块、数据分析模块等扩展功能。同时配合微信公众服务号、微信小程序、手机 APP 等实现移动端监控，便于相关人员使用查看。

2）国六排放监控系统。对国六排放客车产品进行实时数据监控，实现了国家、地方、企业三方平台之间的联调和实时数据传输，推动了汽车排放定期检验信息数据共享。通过监控平台数据，可对车辆进行能耗、NO_X 排放、发动机冷却液温度等多种数据的采集和分析。

（2）先进驾驶辅助技术研发与应用

先进驾驶辅助系统（Advanced Driver Assistance System，ADAS）是提高商用车安全的重要技术之一。

目前，公司国内销售的整车产品根据标准法规和客户需求，进行 ADAS 功能标配和选配。标配方面，9m 以上营运客车标配车道偏离预警系统（LDWS）功能和自动紧急制动（AEBS）功能，11m 以上新申报公路旅游客车标配车道保持系统（LKAS）；选配方面，公交和公路客车均可根据客户需求配置 ADAS 功能，例如驾驶行为监测（DSM）、前碰撞预警（FCW）、车道偏离预警（LDW）、行人碰撞预警（PCW）、车距过近（HCW）、360° 环视、倒车环境辅助（RCA）、电子后视镜等。海外销售的整车产品可根据客户需求进行 ADAS 功能配置。

3. 主要产品与服务

公司主营业务为客车产品研发、制造与销售，产品范围覆盖 5 ~ 18m 各型客车，主要用于公路、公交、旅游、团体、新能源客车和校车等市场。公司现有各型客车产品上百种，核心产品包含纯电动 / 混合动力 / 燃料电池城市公交车、纯电动 / 燃料电池 / 柴油 / 燃气公路旅游客车、纯电动 / 柴油 / 燃气团体客车、校车、轻型客车和专用车等，部分产品见图 1。各类客车产品畅销国内，并远销北美、澳大利亚、欧洲、东南亚、中东、非洲等地。公司的营销网络覆盖全国各省、自治区和直辖市，在海内外建有 500 多家经销和售后服务网点，确保为用户提供联网式的一体化服务。

a）公路旅游客车产品

b）城乡客货邮公交产品

c）城市公交产品

图 1　亚星客车部分产品展示

4. 发展规划

十四五以来，国家陆续发布一系列智能网联汽车政策指引和行动纲要，指导智能网联汽车产业的健康发展。亚星客车将协同潍柴集团与各兄弟单位，以及行业合作伙伴一起，持续推进客车产品智能网联技术研发与应用，积极践行“为全球提供一流的大众交通生活”公司使命。

东风柳汽智能网联自主创新产品与技术应用案例

东风柳州汽车有限公司
作者：王善超，李超

随着新一轮科技革命和产业变革孕育兴起，智能汽车已成为全球汽车产业发展的战略方向。近年来，人工智能、5G 通信、高精度定位等核心技术迅猛发展，自动驾驶汽车已逐渐从道路测试走向商业化示范运营，作为汽车制造大国，我国汽车产业有望在全球自动驾驶汽车浪潮中实现弯道超车。

与乘用车相比，商用车自动驾驶具有更明确的目标和商业场景，在特定区域、特定场景的自动驾驶技术也日趋成熟。东风柳州汽车有限公司（以下简称“东风柳汽”）秉持“创科技、领高效、享信赖”的品牌理念，以客户为中心，以自主创新为驱动，积极推动商用车自动驾驶技术创新与应用，助力美好物流生活。

1. 智能网联电动物流，助力园区低碳高效

封闭及半封闭工业园区场景，具备路线固定、运输频次较高的特点，其智能化、电动化升级商业模式清晰，技术可行性较高。针对这一场景，东风柳汽推出智能网联电动物流柔性解决方案，能够有效解决园区物流驾驶员短缺、运营成本提升以及交通安全等诸多行业痛点。

该方案包括智能电动线控平台、“乘龙领航”智能驾驶系统、5G-V2X 车路协同系统及 5G 云控平台。搭载了东风柳汽最新底盘一体化控制技术、多源异构融合定位技术以及异构感知融合技术，大幅提升了商用车线控底盘的执行精度与响应精度，解决了精准泊车、隧道通行等高精度定位以及多目标跟踪问题。通过将“人 - 车 - 路 - 云”交通参与要素有机地联系在一起，实现车与车、车与路、车与人之间动态实时信息交互共享，极大地拓展了单车的感知范围与能力，扩展了自动驾驶设计运行域（ODD）。

此外，基于 5G 专网技术的远程驾驶，平均时延低至 20ms，满足自动驾驶车辆大量数据及视频实时回传、车辆远程驾驶控制权平滑切换的要求，实现在封闭园区主要由车端自动驾驶系统实现自主驾驶，仅在极端场景下借助 5G 远程驾驶的需求，因此可以实现远程安全员一人控制多车的高效运营服务，进一步降低人力成本。

经过严格的公开道路测试及评审，东风柳汽智能网联电动物流车在 6 月 24 日获得由柳州市智能网联汽车道路测试与示范应用管理联席小组确认，市公安机关交通管理部门颁发的示范应用牌照，目前在柳州市柳东新区已开展常态化载货示范运营（见图 1）。

2. 预见性智能巡航，赋能干线物流节能减排

干线物流在我国公路货运体系中占据主体地位，是商用车自动驾驶最大的市场。以快递市场为例，车辆油耗成本接近整个运营成本的 40%，同时重型货车是细颗粒物和氮氧化物的主要移动污染源，东风柳汽在积极推动干线物流 L3 级别自动驾驶落地的同时，还自主研发 Smart CC 预见性智能巡航技术，以 5% 以上的节油效果，促进重型货车节能减排。

东风柳汽积极响应国家“双碳”政策，把节能降碳列为自动驾驶的主要目标之一。Smart CC 预见性智能巡航是在高速场景智能驾驶下，通过对车辆纵向运动的最优控制，包括构建高精度车辆动力学模型、全局经济车速规划、电子地平线、交通标志识别及交通流预测、模仿熟练驾驶员驾驶行为等多项智能化技术，最终实现车辆始终以最优节油转矩行驶，降低车辆油耗、减少维护保养成本。

东风柳汽始终以开放的态度，加速与生态链上下游合作，积极推动前瞻技术的创新与应用。通过生态协作，Smart CC 技术已在国内头部物流企业开展试运营，部分线路可节省燃油 5% ~ 8%，如果以年运行 25 万 km 计算，每年可节省燃油成本 2 万元。

3. 无舱智能电动货车，幻影未来智慧物流

科技的飞速发展，加速产品形态变革，在不远的将来，L5 级别的自动驾驶有望到来。在未来智慧物流体系中，货车产品形态也面临诸多不确定性，东风柳汽坚持以科技创新为企业发展动能、以敢为人先的魄

力，率先推出国内首款无舱智能电动货车——乘龙幻影。

图 1　东风柳汽智能网联电动物流车

该车以货车机器人为灵感，以干线物流仓到仓的自动驾驶为应用场景，融合新能源及自动驾驶最新技术打造（见图 2）。除采用英伟达最新一代智能驾驶芯片、4D 毫米波雷达以外，该车还支持 5min 超级换电，解决新能源汽车里程焦虑问题，采用主挂一体仿生学外形、低风阻尾翼实现整车超低风阻，此外还配有智能灯语、可发光轮毂等全新交互技术。

图 2　东风柳汽乘龙幻影智能电动货车

自动驾驶已成为汽车领域未来发展的重要趋势之一，东风柳汽自 2018 年便开始研发自动驾驶汽车，并为此专门搭建了专门的“乘龙领航”技术平台，加快智能底盘、智能驾驶及智能网联技术研发。同时加强“产 - 学 - 研 - 用”深度融合，并牵头组建“广西壮族自治区智能网联商用汽车产业创新联合体”，不断健全公司创新体系，加速新技术、新成果的转移转化，在智能汽车时代与“双碳”背景下，与生态伙伴一起，共同推进车辆新能源化、智能化与节能降碳协同增效。

当前中国汽车强国之路面临前所未有的机遇与挑战，东风柳汽加速由传统生产制造型企业向创新科技服务型企业转型，将技术优势转化为市场优势，助推中国汽车行业高质量发展。

CHAPTER 09

第 9 章 重点非整车企业智能网联汽车发展概况

上海测迅汽车科技有限公司

1. 发展概况

上海测迅汽车科技有限公司（以下简称“测迅”）成立于 2017 年，坐落于上海安亭汽车城，是行业领先的智能驾驶测试技术服务商。公司以先进的设备、专业的技术及完善的服务支持智能网联汽车、无人驾驶技术的研发、测试、验证需求；致力于为智能汽车安全提供专业安全的测试解决方案及服务。目前公司在长春、成都、苏州、乌镇、重庆及武汉都有分支机构，拥有高学历的专业研发、工程团队，技术类人员占比 80% 以上，能够迅捷响应以及全面技术支持工程测试服务。工程团队具有丰富的 L2 到 L5 级别的场地测试、道路测试工程服务经验，为主机厂、零部件供应商、高校等各类客户提供专业且全面的 ADAS 研发、验证测试服务，包括 Euro NCAP、C-NCAP、i-VISTA 等 ADAS 功能标准测试及自定义工况的测试设备工程服务，并为中国智能网联汽车预期功能安全工作组提供测试工具链研究支持和测试服务支持。

测迅深耕智能驾驶与无人驾驶测试验证领域，拥有整车交通流在环测试解决方案等多项自主知识产权，是 GeneSys 惯导在中国的独家总代理、4activeSystems 目标模型的授权经销与中国技术服务中心、STÄHLE 驾驶机器人及 iMAR 的授权经销商。自主研发的 VTEHIL 测试平台系统，可为客户提供完整的测试解决方案。以“智能驾驶安全测试技术引领者”为愿景，支持企业、高校、政府的智能驾驶、自动驾驶产品研发和前瞻研究，参与行业标准制订，以“开放共享”的态度传递智能驾驶测试技术，与智能汽车从业者共同成长，促进智能驾驶、无人驾驶更安全地实现。

2. 生产经营

上海测迅汽车科技有限公司核心业务围绕智能汽车性能测试，期望通过软件仿真测试技术、实验室实车在环测试技术、封闭试验场测试技术、开放道路测试技术等分层级对智能汽车功能模块进行测试验证，以提高智能汽车安全性能。公司致力于提供全面的智能驾驶相关测试解决方案及工程测试服务；并希望通过技术创新开发出满足未来测试需求的更加充分的测试解决方案，为国内整车及零部件供应商提供更专业、更全面的技术支持，为智能汽车大规模量产及广泛应用添砖加瓦！

3. 技术进展及研发能力

基于已发布的 ADAS/ADS 法规测试以及全球 NCAP 的要求，测试数量在 2025 年将接近 2000 个工况，其中超过 50% 的试验成本是人员以及封闭试验场的相关费用。由于重复的布置、不稳定的试验场环境因素，完成全套 Euro NCAP 主动安全的测试过程至少需要 3 ~ 5 周的时间。为了加速智能汽车和无人驾驶企业研发速度，大大缩减其研发周期从而降低研发成本，测迅自主研发的车辆、交通、环境、硬件在环（VTEHIL）解决方案（见图 1），可为从试验到生产的 ADAS/ADS 验证提供全面支持，实现可重复、高效、安全的测试验证，各类交通场景和环境条件均可独立于外部天气条件进行高效全面的测试，并集成了现有成熟的设备和测量技术，是市场上唯一可以贯穿实车的在环测试平台。

图 1　车辆、交通、环境、硬件在环（VTEHIL）解决方案

VTEHIL 智能驾驶整车交通环境在环测试平台是一个高重复性、高效率、安全可靠的室内实验室，交通及环境条件包括气候变化全部物理呈现，ICV/V2X 测试可接受单一或集群目标测试，自动化运行，有效降低了人工成本。测迅可为客户提供从场景编辑、测试执行到测试结果后处理的高度自动化的工作流程，并提供新建或现有实验室改造的完整交钥匙解决方案。

4. 主要产品与服务

（1）VTEHIL（Vehicle，Traffic，Environment，Hardware-In-The-Loop）

VTEHIL 即整车交通环境在环系统解决方案，通过物理模拟的环境和交通流为整车及车载传感器提供了一种高效、可靠的室内测试验证方法。作为专为自动驾驶、辅助驾驶安全设计开发和校准开发的创新方案（见图 2），VTEHIL 不仅能够加速 Euro NCAP 和 C-NCAP 场景测试的效率，还可以灵活实现由多个交通参与者和要素构成的复杂、危险场景，是适用于 ADAS/ADS 整车安全性能测试评价的创新解决方案。

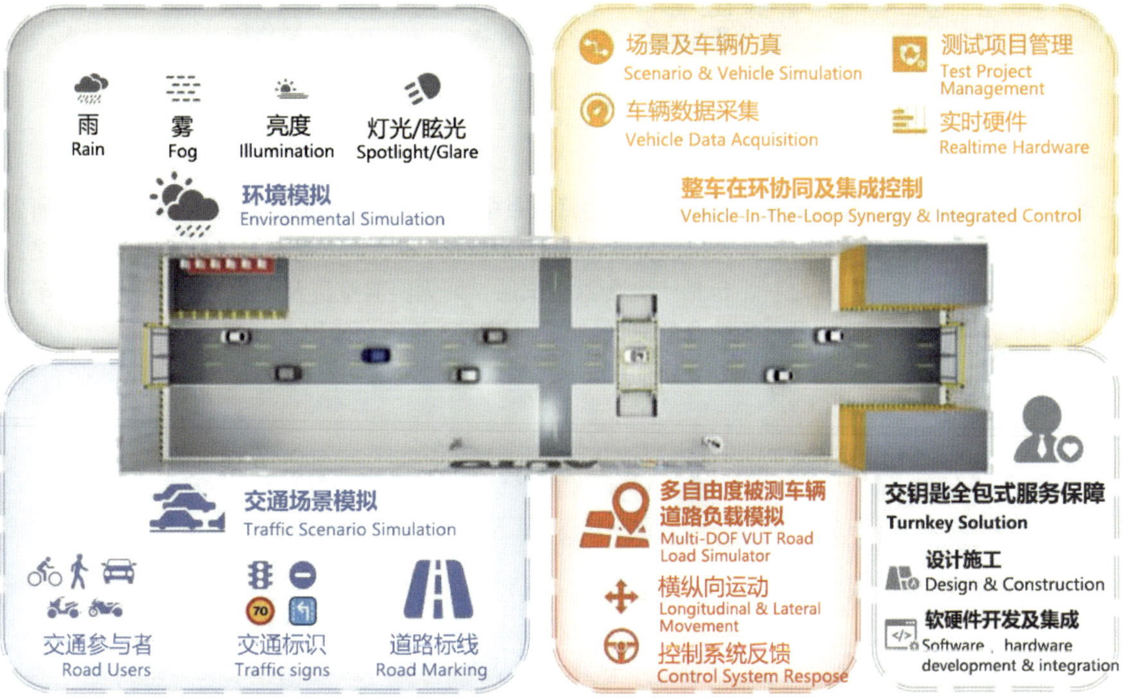

图 2　为自动驾驶、辅助驾驶安全设计开发和校准开发的创新方案 VTEHIL

（2）乌镇运河智能网联汽车安全性能测试场——国家智能网联汽车示范区

上海测迅汽车科技有限公司的全资子公司浙江测迅汽车科技有限公司，是浙江乌镇运河智能网联汽车安全性能测试场第三方授权运营机构，乌镇测试场占地面积约 100 亩（约 67000m^2），测试道路长度约 5km（见图 3）。测试场根据功能划分为城市 AI 智慧交通体验区（西区）和智能汽车安全性能测试区（东区）。可提供 ISO/NCAP 中主动安全及 SAE L2 ~ L5 自动驾驶、智能网联汽车功能及客户自定义工况的各类场地测试服务（见图 4）。目前已累计为 40 多款车型提供 900 多天的测试服务，客户涵盖国内外一线主机厂、Tier 1 供应商、高校、检测机构等。

图 3　乌镇运河智能网联汽车安全性能测试场

图 4　测迅运营的乌镇运河智能网联汽车安全性能测试场可提供的工程服务

（3）武汉智能网联汽车测试场

测迅是武汉智能网联汽车测试场（见图 5）的运营项目中标单位，该场地将为智能网联汽车的研发、检测、认证提供专业服务及活动赛事运营支持，推动产业创新和生态建设。武汉智能网联汽车测试场是武汉国家智能网联汽车基地的重要项目之一，包括十大场景测试区、四大实验室群及一条 F2 级别国际赛车道，是全球唯一的 T5 级测试场与 F2 级赛道相结合的测试场，预计 2023 年移交使用。

图 5　测迅运营的武汉智能网联汽车测试场

（4）ADAS 中国服务中心（ASCC）

ASCC 是测迅和 4activeSystems、GeneSys 联合构建的测试服务中心，提供目标物等道路测试设备易损件的常用备件、技术人员支持、测试设备租赁等多项服务，为客户最大限度降低测试意外、设备损坏导致的测试时间损耗。ASCC 可实现本地仓库备件直发、24h 客户服务、常用备件快速供应、设备租赁和技术人员支持，使客户的场地测试的有效时间实现最大化。ASCC 代理国际领先测试设备及工具链产品，构建了完整的智能驾驶测试能力。

5. 发展规划

测迅面向无人车辆商业化大规模运营提供全流程、全栈式服务，为测试道路建设、自动驾驶数据平台等智能交通升级提供智库和规划建议。测迅未来发展主要从以下几个方面来规划：

1）支持无人驾驶应用创新。支撑政府推进自动驾驶道路测试评估自动驾驶商业化应用。

2）参与多元合作前沿项目探索融合创新。以技术创新支持未来测试标准化体系建设。

3）推动智能驾驶测试安全“零死亡愿景”（见图6）。开发完善测试工具链、专业工程师团队和技术能力，提供智能驾驶及无人驾驶安全性能测试服务。

4）助力智能交通道路及平台建设。为测试道路、数据平台等智能交通升级提供智库和规划建议。

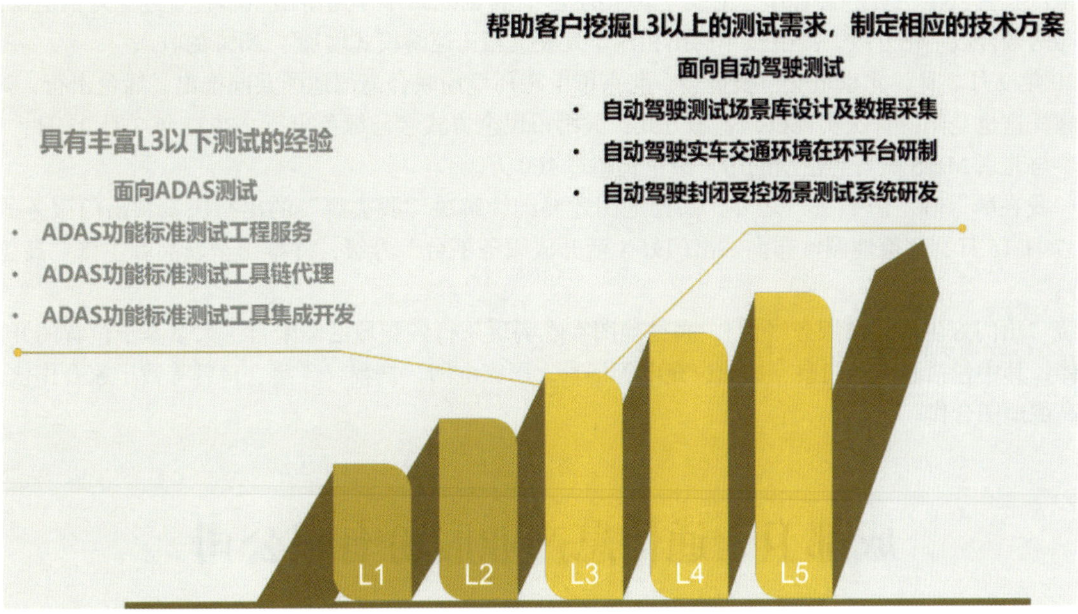

图6 推动智能驾驶测试安全“零死亡愿景”

高德软件有限公司

1. 发展概况

高德软件有限公司（以下简称“高德”）是阿里巴巴集团旗下的全资子公司，于2002年在北京市成立。2010年，高德登陆美国纳斯达克全球精选市场（Nasdaq:AMAP）。2014年7月，高德与阿里巴巴集团达成并购协议，正式成为阿里巴巴集团旗下全资子公司。

高德地图是中国领先的数字地图内容、导航和位置服务合规解决方案提供商，致力于打造以用户为核心的“出门好生活开放服务平台”。

2. 主要产品与服务

高德地图为国内所有主流汽车厂商提供车载导航相关服务，为众多合作伙伴的移动应用提供位置服务。除地图导航外，高德地图首创聚合打车模式，旗下聚合打车平台高德打车联合各地出租车、网约车企业为用户提供打车服务；同时也与相关领域企业合作，提供酒店、门票、加油等其他出门生活服务。

3. 发展规划

“做好一张地图”，这是高德自2002年成立以来的初心。过去20年来，高德地图的产品演进经历了从

"我在哪""怎么去"到"我去哪"的三个阶段。

围绕"我在哪"和"怎么去"，高德地图持续技术创新，推出了 AR 驾车导航、车道级导航、防晒导航、红绿灯倒计时等多项领先行业的服务；同时高德地图也聚合了驾车、打车、实时公交、骑行、旅游等多种出行服务，以提升用户"怎么去"相关的体验。

此外，高德与全国各地交管部门均建立了合作，助力智慧交通建设。截至目前，高德实时交通路况覆盖国内几乎所有地级城市，且能达到定位数据的秒级智能处理，实时路况信息全国范围内的分钟级更新，为用户提供更准确的智慧交通服务。

为了与交通主管部门、出租车企业合力打造更好的巡网融合生态，2020 年 11 月，高德地图发布"好的出租"计划。截至目前，高德打车"好的出租"已在全国超 100 个城市落地生根。以北京为例，高德打车与北京出租汽车暨汽车租赁协会合作，上线"北京的士"，帮助北京中小巡游出租车企业近 3 万辆巡游出租汽车实现巡网融合数字化升级，线上接单的出租汽车驾驶员相比巡游模式增加了 20% 的收入。

2020 年 9 月 8 日，北京市交通委员会、北京市生态环境局联合高德地图共同推出"绿色出行 - 碳普惠"激励措施，这也是国内首次实现以碳普惠方式，鼓励市民全方式参与绿色出行。2022 年 3 月 23 日，在高德地图上参与北京 MaaS 碳普惠活动的用户数正式超过 100 万。

在"我在哪"和"怎么去"之外，高德地图还要继续解决"我去哪"的出行决策和出门服务的问题。2021 年 7 月 15 日，高德地图宣布向"出门好生活开放服务平台"升级，并推出全新品牌主张"高德地图，哪儿都熟"。

围绕"出门好生活开放服务平台"，高德地图在吃喝玩乐行各领域已经聚合了大量基于位置的开放服务合作伙伴，其中包括酒店、门票、加油、充电等场景，国家电网、携程、飞猪、口碑等数十家合作伙伴先后选择与高德地图合作。

成都卫士通信息产业股份有限公司

1. 发展概况

卫士通信息产业股份有限公司（以下简称"卫士通"）于 1998 年成立，2008 年上市（股票代码：002268），是我国"信息安全第一股"，是值得信赖的"信息安全国家队，密码产业主力军"，也是中国电子科技集团有限公司（以下简称：中国电科）网络安全和数据安全板块的核心产业平台和资本运作平台、中国网安的民品产业平台。

在数字经济时代，卫士通致力于成为"以密码为核心的数据智能安全服务商"，打造"数据安全国家战略科技力量"。基于密码思维，卫士通数据安全业务覆盖互联网个人信息保护合规、政务及行业数据安全治理、数据流通等领域。公司基于密码能力，构建数据的密码基础算力能力，形成数据安全底座；围绕承载数据的基础设施安全，构建体系化的网络安全防护能力；围绕隐私计算构建数据安全流通共享平台，保护数据流动通道的安全，支撑数据交易业务；围绕数据安全应用合规要求，构建数据安全治理体系，强化对数据安全领域法律法规的支撑保障能力；通过提供内嵌安全属性的应用实现数据的应用安全，在为应用赋能的同时，增强数据获取效率，夯实数据智能化所需的海量数据基础。

经过多年耕耘，公司已构建起相对完善的数据安全能力供给体系和数据安全生态圈，具备多个行业应用场景下的数据安全整体解决方案提供能力。

面向未来，卫士通将沿着"密码泛在化、基础国产化、攻防智能化、安全服务化"发展思路，以"密码无处不在，安全触手可得"为愿景，切实肩负起"护航数字中国，守卫智慧社会"的光荣使命。

2. 生产经营

公司以数据安全业务为核心，重点加强以密码为核心的数据分类保护、安全监管治理、安全共享利用等数据安全技术研究和产品研制，突破隐私计算、人工智能等核心技术，探索数据共享流通新模式，积极构建数据治理新生态；大力发展基础安全业务，打造数据的密码基础算力，以芯片、软模块等产品为载体，针对金融、政务、电信、交通等关键基础设施行业的数据安全保护需求，推动密码在行业中的深度渗透及应用，实现密码在行业应用中的泛在化；全力发展网络安全业务，提升数据的安全防护能力，加速推动密码与国产基础软硬件的深度融合，建立以自主产品为核心的集约、高效的关键基础设施安全防护体系，输出数据治理能力和安全保障能力；重点发展安全应用业务，打造基于数据的安全业务应用系统，支撑不同类型、不同地域间的数据汇聚、互联互通和共享应用，保障数据产生、流转、存储与销毁全流程的数据安全；聚力开拓安全服务业务，通过体系联动的安全策略、弹性动态的系统防护、高效及时的响应处置服务，推动安全服务模式的服务化转型，实现体系化数据安全和网络安全能力交付。

3. 技术进展及研发能力

（1）安全芯片泛在化应用进一步拓展

公司不断升级密码基础算力，完成 40Gbit/s 高性能安全芯片设计验证，建立了 5 个型号涵盖 4 大平台的软件密码模块体系产品，其中，Windows、Linux 平台的二级软模块为全国首次通过；面向新应用场景，实现低功耗安全芯片在物联网终端的广泛应用，实现嵌入式安全 SE 在党政、重点行业的融合应用。同时，公司加快向产业链上游发展，以芯片为基础，推动密码技术和安全服务在关键信息基础设施行业的泛在化应用。

（2）车联网领域探索取得新突破

公司在智能网联领域，一直致力于构建以密码为基石的人 / 车 / 路 / 云 / 边相结合的车联网密码泛在化解决方案。公司以深厚的密码技术积淀为基础，作为主要的密码厂商参与各类密码顶层专项的申报与试点建设工作，公司车联网商密应用示范项目入选国家工业和信息化部所发布的车联网身份认证和安全信任试点项目名单，牵头“成都经开区车联网身份认证和安全体系建设试点项目”，参与“车联网车云通信安全和数字钥匙安全防护建设”两个项目。公司围绕“车与云、车与路以及车与设备安全通信”三个研究方向，正联合试点项目各参与方的技术优势和成果，积极推动车联网身份认证和安全信任试点的技术转化与推广应用，持续加大对新业务、新场景的探索力度。

（3）互联网个人信息保护标杆项目落地

围绕“分类治理、多方信任、安全共享”的数据安全理念，公司面向互联网的个人数据、用户隐私、敏感数据防护等应用场景，积极开展与数据拥有方、数据运营方的合作，打造数据安全合规共享生态和数据流通应用新模式，报告期内，与世纪华通在游戏数据领域落地了首个互联网游戏场景下的数据安全标杆项目。

（4）云密码服务项目产生良好示范效应

公司进一步丰富密码服务平台的平台级产品能力，完善针对重点行业的场景化，通过提供整合的密码资源、标准化应用接口、易用的密码产品，以实现密码使用的合理合规为目的，围绕个人信息保护，提供第三方加密和典型密码应用服务，如密码基础设施建设与运营、在线密码服务等。公司建成全国首个省市一体化密码服务平台，并形成标杆示范效应，向全国市场推广。

（5）高安全应用平台推广取得初步成效

公司以橙讯为核心平台，形成了覆盖电子政务、公检法、金融、能源等重点行业的安全应用产品，针对安全通信、安全接入、安全管控三大场景保障重要工作信息的安全传递。公司全面提升橙讯产品的安全能力和亿级运营服务能力，已在政务、电信运营商、中国电科等大型政企单位广泛应用，并逐步构建起基于商用密码技术为核心的国家级移动安全应用平台。

（6）新能源内生安全保障系统成功挂网应用

公司与国电南自、华电广东积极合作，开展联合攻关，不断深化“碳达标、碳中和”下新能源网络安全体系建设，实现了国内首套新能源集控商用密码内生安全保障系统成功挂网应用，解决了当前新能源领域因点多面广、设备离散等安全风险导致的突出问题，填补了密码技术在新能源集控领域中的应用空白，形成了系统化、体系化的密码应用整体解决方案，实现了密码保障与重要信息系统的同步规划、同步建设、同步运行，为新能源产业的发展提供坚实的安全保障。

（7）安全服务能力持续提升

公司持续提升线上线下相结合的网络安全综合保障服务能力，推出功能持续完善的安全服务运营平台等平台化产品，通过赋能客户的方式，面向政府和企事业单位客户提供专业化服务。公司建成全国首个省市一体化密码服务平台，并形成标杆示范效应，向全国市场推广。

（8）政务信任服务优势进一步巩固

公司通过融合自有产品与技术能力，形成针对网络基础设施、移动互联网、信息系统等的通用解决方案，以及针对政务信息系统典型应用场景的解决方案，其中，统一身份认证系统、信任服务系统、安全认证网关、零信任等系列产品与解决方案产值稳步提升。

4. 主要产品与服务

公司的产品体系（见图 1）基于共性硬件和软件平台，聚焦五大业务板块，研制超过 100 款自有产品，并面向数字时代，依托多年行业深耕经验，创新性打造多层次、高安全，与数字政府、数字经济、数字社会业务场景深度融合的解决方案体系（见图 2）。

图 1　产品体系

5. 发展规划

公司致力打造以密码为核心的数据智能安全服务商，服务于构建数字世界底座。公司发展战略聚焦于：

1）数据智能。以密码为核心，在保证数据安全的前提下实现数据的智能化应用和产业化推进。

2）智能安全。安全数据驱动的安全智能化。

3）安全服务。以 SaaS 化安全服务连接最终价值客户。

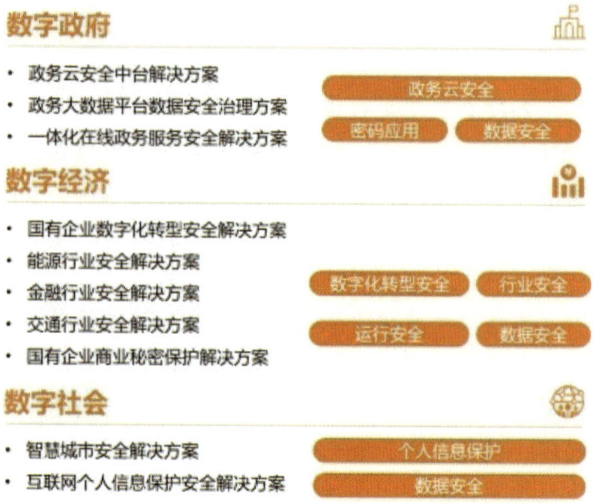

图 2　解决方案体系

西部科学城智能网联汽车创新中心

西部科学城智能网联汽车创新中心（以下简称“西部智联”）成立于 2022 年 4 月，是在重庆市政府指导下，由西部科学城重庆高新区管委会和中国工程院院士、清华大学教授李克强团队共同策划，联合重庆高新开发建设投资集团共同发起成立的聚焦智能网联汽车领域的新型研发机构。

李克强院士是国家智能网联汽车创新中心首席科学家，是“智能网联汽车”这一术语及其技术中国方案的提出者与产业化推动者，在智能网联汽车的概念提出、国家战略制定、产业化落地和应用等领域为我国汽车行业发展做出了重要的贡献。

西部智联建设并运营李克强院士工作站，采取“政府推动、院士主导、市场化运作”的模式，瞄准智能网联汽车产业，攻克共性关键技术、推动科技成果快速转化。西部智联处于全球汽车产业变革重大机遇期和智能网联汽车蓬勃发展的“黄金赛道”，是通信、计算机、汽车三条万亿级产业的融合点，所在地重庆市是中国重要的汽车产业基地，把智能网联新能源汽车作为产业转型升级的主攻方向。

行业市场空间巨大，发展前景广阔。立足西部（重庆）科学城，依托成渝地区双城经济圈国家战略，西部智联致力于打造“国内领先、国际一流”的开放式国际化高端研发机构，积极培育引入产业链上下游企业，力争形成“车 - 路 - 云”为一体的百亿级智能网联汽车产业集群，推动重庆迈入全国智能网联汽车产业第一梯队，打造智能网联汽车中国方案名片、助力重庆建设世界级智能网联新能源汽车产业集群。

目前，西部智联已成功获评重庆市院士工作站、重庆市博士后科研工作站，并被认定为重庆市高端研发机构，集聚了包括国家级人才、行业专家、企业家在内的，具有前沿攻关技术能力和应用研发经验的核心团队，与国内龙头整车企业、一流研发机构、行业头部企业，以及电子科技大学、重庆大学等一流高校院所建立战略合作关系。

在产业化落地及实践上，西部智联孵化和培育了为车路云系统、智能无人装备等领域提供安全产品和解决方案的西部智数、构建多层次智能网联汽车产业人才培养体系和提供全方位人才培养解决方案的西部清研、科学城首个智能网联汽车线控升级及汽车后市场项目——西部智车、提供智能网联商用车生态链数字化方案及推动商用车物联网运营的云车智途、科学城首个智能网联汽车跨境物流项目——合图驭星等产业化项目。同时，通过引进、孵化、投资等多元化方式，西部智联加速引进包括自动驾驶、基础软硬件等在内的智能网联汽车上下游企业入驻，打造一流智能网联汽车产业生态。

坚持项目引领、强化产业支撑，面向行业关键共性和“卡脖子”技术，西部智联将瞄准原创性、引领性科技突破攻关，向全国智能网联汽车行业输出关键技术和公共服务，矢志成为探索中国标准智能网联汽车方案的前沿阵地和智能网联新能源汽车生态聚集的引领者、拉动重庆智能网联新能源汽车产业高质量发展的新引擎。

北京百度智行科技有限公司

作为国内最早布局自动驾驶的企业，截止到 2022 年第三季度，Apollo 在 L4 级别累计测试里程超过 3600 万 km，获得了超过 718 张自动驾驶测试牌照，其中载人测试牌照超过 571 张，是国内获得牌照数量最多的自动驾驶企业。目前，百度 Apollo 已成长为全球最活跃的自动驾驶开放平台，拥有全球生态合作伙伴超过 210 家，汇聚全球开发者 80000 名，开源代码数 70 万行。百度 Apollo 自动驾驶开放平台坚持技术全栈自主开发，在自动驾驶领域专利申请量 1058 族，位居全球第一，在智能交通领域专利申请量 925 族，排名全球第二，且在自动驾驶、智能交通领域专利质量均有明显优势，专利布局涵盖了自动驾驶路径规划、算法研究、定位与地图、车路信息方面等多个重要技术分支，领先的 AI 专利布局保障整个 AI 生态安全。

2021 年 8 月百度世界大会上，百度正式发布了“汽车机器人”（见图 1）。汽车机器人依托百度 AI 能力，具有自动驾驶、智能助理、忠诚陪伴和自我学习的特点，提供美好出行服务体验。百度汽车机器人具备 L5 级自动驾驶能力，不仅无需人类驾驶，而且比人类驾驶更安全，具备语音、人脸识别等多模交互能力，可分析用户潜在需求，主动提供服务，具备自我学习和不断升级能力，是服务各种场景的智慧体。2 月 2 日，百度汽车机器人在北京首钢园参与了冬奥火炬传递，汽车机器人作为火炬手，传递路程总长度 800m 左右，这是奥运史上首次有无人驾驶汽车参与火炬传递。百度汽车机器人还作为重要成果之一在国家“十三五”科技成就展展出，向党和国家领导人展示汇报。

图 1　百度汽车机器人

2022 年 7 月，百度在世界智能大会期间发布了百度第六代量产无人车 Apollo RT6（见图 2）。该车具备比上一代车型更强的 L4 级自动驾驶能力，更好支撑中国复杂城市道路条件下，更大范围、更大规模、更高安全性的全无人驾驶。该车不但具备城市复杂道路的无人驾驶能力，而且成本仅为 25 万元，预计 2023 年率先在萝卜快跑上投入使用，年规划产能会根据运营部署节奏，从万台到十万台逐步攀升。该车具备业界首创七重全冗余的整车系统：电源冗余、通信冗余、L4 级冗余制动系统、L4 级冗余转向系统、架构冗余、计算单元冗余、传感器冗余。

图 2　百度第六代量产无人车 Apollo RT6

百度于 2021 年 8 月正式对外推出自动驾驶出行服务平台——萝卜快跑。截至 2022 年 7 月，萝卜快跑累计订单量 100 多万，计划至 2023 年底将萝卜快跑自动驾驶出行服务开放至 30 个城市，部署至少 3000 辆自动驾驶汽车，为 3000 万用户提供服务。如今，萝卜快跑已在北京、上海、广州、深圳、重庆、长沙、阳泉、乌镇、武汉、成都等 12 个城市开放载人测试运营服务。2022 年 8 月，重庆、武汉两地政府部门率先发布自动驾驶全无人商业化试点政策，百度获得全国首批无人化示范运营资格，允许车内无安全员的自动驾驶车辆在社会道路上开展商业化服务，目前平台无人化渗透率达 10%。

5G 云代驾是百度 Apollo 凭借领先的自动驾驶技术与 5G 新基建联合打造的远程控车解决方案，当自动驾驶车辆遇到阻塞问题后，远程驾驶员在确认介入后进入远程驾驶状态，通过智能驾舱可观察当前车辆周围实时 360° 视频流信息，判断环境合适后直接下发控制指令，与车辆形成“平行驾驶”关系，通过设备下发对车辆的横向与纵向控制指令来远程控制车辆，可实现在车上无驾驶员的情况下为自动驾驶系统补位，完成驾驶场景的无人化闭环。

百度和吉利成立的造车公司集度于 2022 年 6 月 8 日正式发布其首款汽车机器人概念车 ROBO-01，首次对外展示了主动可变形结构设计、3D 无界一体式大屏、零重力座椅、AI 像素灯、双顶级算力芯片等产品配置亮点。集度独特的汽车机器人养成模式和汽车机器人神经网络 JET（JIDU Evolving Technology）、真冗余高阶自动驾驶方案、基于 SOA 的舱驾融合、毫秒级离线智能语音等核心技术能力也悉数亮相。集度于 2022 年秋季正式推出其首款量产车型的限定版，量产车型拥有与 ROBO-01 概念车 90% 的相似度。

目前百度 Apollo 已经在自动驾驶、智能汽车、智能交通三大领域拥有业内领先的解决方案，成为全球智能驾驶产业领跑者。随着百度 Apollo 自动驾驶车辆在多场景路测的不断开展，百度 Apollo 自动驾驶技术将日趋成熟，百度 Apollo 商业化落地场景将实现城市、快速路以及高速路的闭环，为用户提供更安全、更多元的自动驾驶出行服务。

联通智网科技股份有限公司

1. 发展概况

联通智网科技股份有限公司（以下简称“联通智网科技”）成立于 2015 年 8 月，是中国联通集团控股子公司，也是中国联通旗下全面负责汽车数字化运营服务的专业子公司，国资委国企改革“双百行动”名单企业。

公司以“建设美好车生活”为使命，以“客户为先、团队为本、能力为核心”为经营理念，全面落实联通集团赋予的“车联网数字基础设施运营服务国家队、汽车企业数字化转型服务主力军、数字技术与车联网融合创新排头兵”的新定位和“强基固本、守正创新、融合开放”的新战略，聚焦集团“大联接、大计算、大数据、大应用、大安全”五大主责主业，深耕行业细分市场，垂直拓展智能网联和智慧交通等相关业务，打造专业赛道的领军企业。公司以联通 5G 作为基础的通信能力，以“车辆联网引领者、服务运营赋能者、智能交通参与者”为战略布局，构建面向智能网联时代的新型信息通信基础设施，提供完善车辆联网与场景化服务运营解决方案和实施落地，助力汽车行业数字化转型和智能化升级。公司基于 5G-V2X 的核心能力，构建智能交通行业中台，形成“人车路网云”协同的产品服务体系，带动智慧交通、智慧城市协同发展。

2022 年 5 月 17 日，中国联通宣布由联通智网科技负责组建中国联通智慧交通行业军团。军团秉承“交通强国”建设使命，发挥专业化团队优势，以“车路协同”作为业务发展的突破口，持续研发交通行业中台新引擎，以开放能力赋能场景创新，形成覆盖车路协同应用、自动驾驶应用、综合交通信息、交通运输监管及交通出行服务等领域核心产品以及解决方案，赋能交通行业数字化转型升级发展。

2. 生产经营

迄今为止，联通智网科技在网联支持方面，已服务了 89 家车企客户，联网车辆超过 5000 万辆，前装市场占有率超过 70%。

在运营服务方面，公司为 17 家车企及生态伙伴提供了智慧客服解决方案，服务 1500 多万车主和 1.3 亿卡用户，为 55 家车企提供运营服务，覆盖超 1800 万用户，10 家汽车品牌 ITO 解决方案，服务车辆数超 1200 万。

在智慧交通方面，5G 车路协同试点覆盖 20 多个省市重点示范项目，车队管理应用覆盖 27 个省 300 多个客户。

3. 技术进展及研发能力

经过 7 年发展，联通智网科技已成为市场上唯一一家具备通信集成服务、平台建设运营、呼叫中心运营、用户运营等全面从事智能网联运营的公司，形成了从通信连接业务走向可独立服务运营，具有自主研发团队和能力，并初步具备全面运营能力的国家高新技术企业，也是 5G 上车最多，最有行业经验的企业。

4. 主要产品与服务

联通智网科技的主营业务包含车联网、智慧交通两大领域，共计六大类 24 项产品及服务，并建立了面向市场的销售、支撑、研发、交付及运营体系，形成“1 个总部中心 +2 个交付中心 +6 个大区支撑中心 +N 个联合运营中心”的布局。产品体系示意图见图 1。

图 1　产品体系示意图

5. 发展规划

联通智网科技发展规划包括：从传统车联网通信能力提供者转型为智能网联汽车新型的、专业化的、智能化的网络服务运营商；从传统车企服务运营的供应商转型为车企数字化转型的首选合作伙伴；从 5G-V2X 技术引领者转型为智慧交通行业中台的建设者、平台产品的提供者、行业的赋能者。

深兰科技（上海）有限公司

1. 发展概况

深兰科技创立于 2014 年，是快速成长的人工智能领先企业，作为 AI 产业生态制造者，公司深度布局智能驾驶、智能机器人、智能工业、智能环卫等领域，在上海、北京、深圳、武汉和济南等多个地区设有研发中心。

深兰科技以“人工智能 服务民生”为理念，致力于人工智能基础研究和应用开发。公司依托自主知识产权的计算机视觉、生物智能、自动驾驶、认知智能等核心技术，在 CVPR、ICCV、ECCV、ACL、NAACL、KDD、NeurIPS 及 AAAI 等众多世界计算机科学及人工智能领域顶级赛事上获得 40 余项冠军，被国家工信部授予专精特新“小巨人”企业称号。

此外，深兰科技获批设立院士专家工作站，与上海交通大学、中南大学等多个国内外知名院校，建立包括人工智能、自动驾驶、AI 芯片、5G 应用与计算机视觉等多个相关领域的联合实验室，与深兰科学院共同构筑了深兰特色的科研体系。

深兰科技在自动驾驶领域的产品包括熊猫智能公交车、熊猫智能扫路车和熊猫智能出租车。其中熊猫智能公交车进入工信部整车目录公告，持有上海、深圳、广州、长沙和武汉 5 个城市自动驾驶测试或商用牌照，在深圳等多个城市进行示范运营。熊猫智能扫路车有熊猫扫路王、小犀牛等产品，主要用于公园、园区等大型场所。熊猫智能出租车还在研发过程中，将用于深兰科技旗下易通出行网约车的运营。

2. 生产经营现状

深兰科技顺应行业发展需要，结合人工智能长期基础研发积累和在商用车及自动驾驶领域的人才、行业经验，软硬一体化能力，商业落地经验等，发展出了属于深兰自有特色的产品发展模式：深兰汽车推动车辆及装备的智能化，其产品路线见图 1。

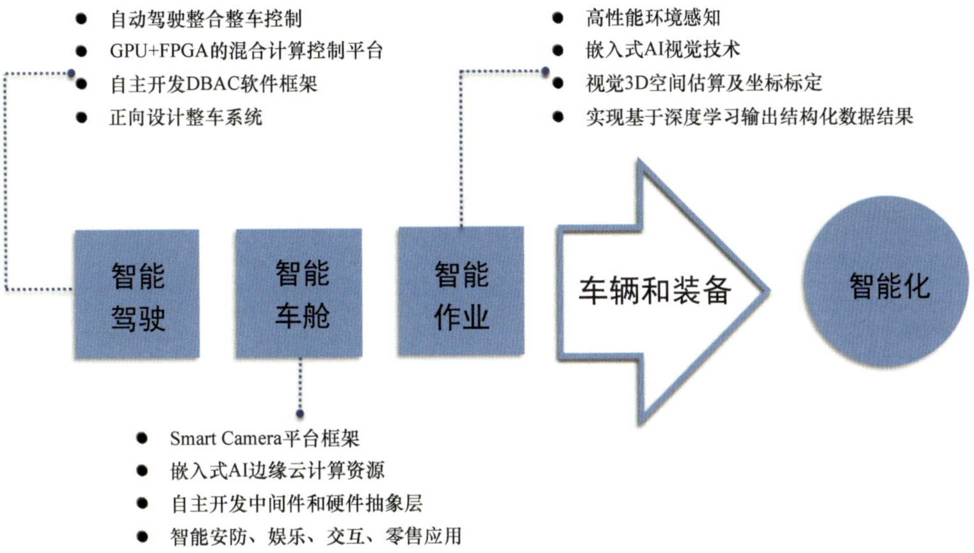

图 1 产品路线

深兰智能汽车板块的核心能力主要体现在以下几点：

（1）大型客车自动驾驶测试牌照

各地政府考察企业技术能力以及开放自动驾驶载人运营路权的主要评判依据是自动驾驶测试牌照的获取。针对大型客车的自动驾驶方向，深兰科技自动驾驶技术具备自主知识产权发明专利，其自动驾驶技术应用在公交车领域位于国内外首位，并且在 2019—2020 年间，共获得 5 个城市的自动驾驶客车路测牌照和一张自动驾驶客车的载人营运牌照：

1）广州市智能网联自动驾驶路测牌照，成为广州市第一批也是唯一一个获取自动驾驶公交车路测牌照的测试主体单位。

2）国家智能网联汽车（长沙）测试区自动驾驶路测牌照。

3）国家智能网联汽车（上海）自动驾驶路测牌照，成为上海市 7 批 26 张测试牌照中第一张客车牌照，也是第一辆进行 5G-V2X 测试的客车。

4）国家智能网联（武汉）测试示范区自动驾驶路测牌照和道路运输许可证，是国内首次从法规上允许自动驾驶客车进行商业化运营。

5）深圳市智能网联汽车测试示范区自动驾驶路测牌照。

（2）大型客车自动驾驶落地运营线路

深兰科技是首家完成商用车全流程产业化的 AI 企业，打通了“基础研究”—“核心技术”—“核心零部件”—“整车”—“批量销售”—“开放式运营”等业务流程，并在多城市落地“真实的自动驾驶客车运营线路”。

1）广州生物岛 5G 自动驾驶公交运营示范线。广州黄埔启动首个 5G 自动驾驶综合应用示范岛运营，深兰科技熊猫智能公交车作为商用 5G 自动驾驶的唯一客车品牌，搭载 5G 网络，实现了 5G 人车系统、4K 高清直播和 5G-WiFi 高速上网等应用在生物岛上试运营。广州路测牌照及路线见图 2。

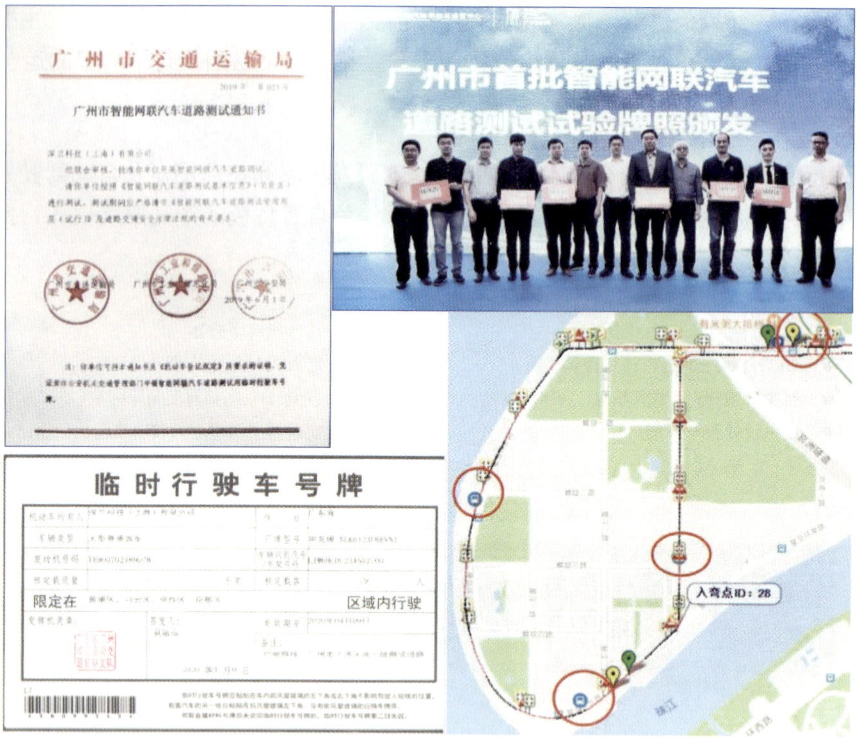

图 2　广州路测牌照及路线

2）武汉中央商务区自动驾驶公交商业运营示范线。2019 年 10 月，武汉市经开区实现中国首条自动驾驶商用运营线路，同时也是世界上首次在市区内最繁忙的道路上开设公交测试示范线，深兰科技熊猫公交作为唯一的大型自动驾驶客车在线路上运营，熊猫公交将领跑武汉 CBD 进入自动驾驶商用时代。武汉路测牌照及路线见图 3。

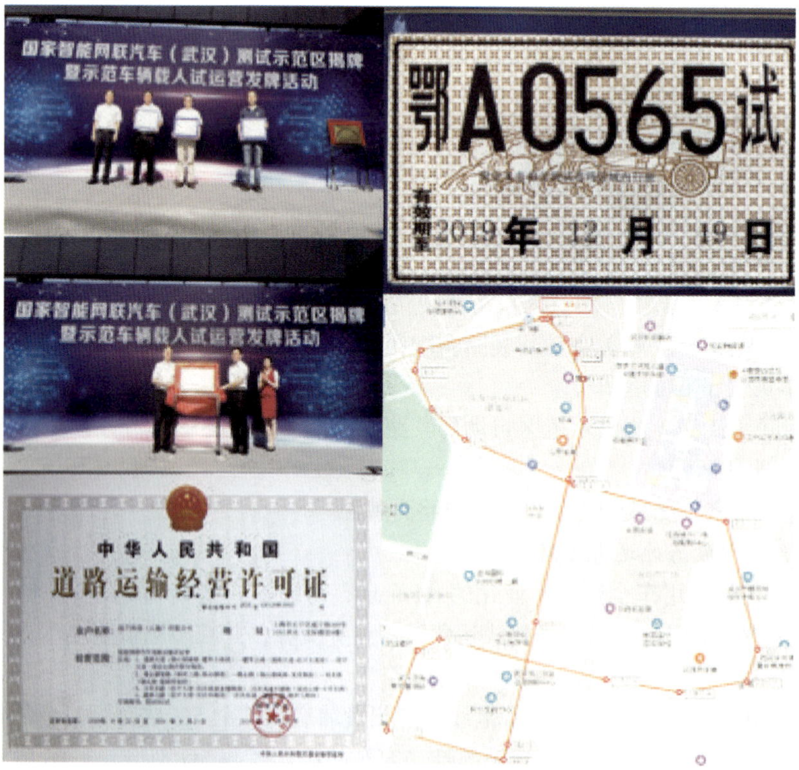

图 3　武汉路测牌照及路线

3）天津中新生态城 5G-V2X 智能公交运营示范线。2019 年 5 月，天津中新生态城以政府采购形式引入的 3 辆熊猫智能公交车率先在全国进行自动驾驶公交车上路试运行。2020 年 5 月，配合国家新基建政策，通过改造道路基础设施，将整条运行线路升级为 5G 车路协同并率先在全国进行 5G 车路协同 + 单车智能的示范运营。截至 2020 年底，已在天津中新生态城接待乘客超过 10 万人次，吸引国内外主流媒体报道超过 1000 次，目前已是该地区的网红“熊猫车”，成为本地市民和游客的网红打卡线路。天津路测牌照及路线见图 4。

4）东北首条自动驾驶公交运营示范线。2021 年 2 月，东北三省首条智能公交线路在鞍山正式开通试运营，“熊猫”公交的引进对鞍山而言具有划时代的意义。市委、市政府为进一步推进“数字鞍山、智造强市”的发展目标，以超前的战略眼光、创新的工作思路，与深兰科技（上海）有限公司进行战略合作，引进人工智能技术，全面提高鞍山人工智能产业水平。鞍山智能网联运营路线见图 5。

图 4 天津路测牌照及路线

图 5 鞍山智能网联运营线路

5）深圳坪山区自动驾驶公交商业化运营示范线。2020 年 8 月，坪山区通过引入深兰科技熊猫公交车率先推出了全市首条智能网联汽车应用示范线路，并在 10 月 27 日正式上路。市民朋友们在发车点扫码“熊猫智行”小程序进行预约搭乘。深圳智能网联测试路线见图 6。

图 6 深圳智能网联测试线路

3. 技术进展及研发能力

深兰自动驾驶公交基于车规级要求，采用整车正向设计，融合了多项深兰自主研发的技术，在感知、控制、规划、决策、智能客舱等方面具有以下独特优势：

1）多传感器时间同步标定、多模态、多模块协作、数据集 / 目标级融合等特点，使其具备多传感器多模态融合感知能力。可解决深度学习方法效果欠佳、路面检测效果及稳定性欠佳、无法提供整张点云范围语义、无法使用立体视觉等问题。多传感器多模态融合感知见图 7。

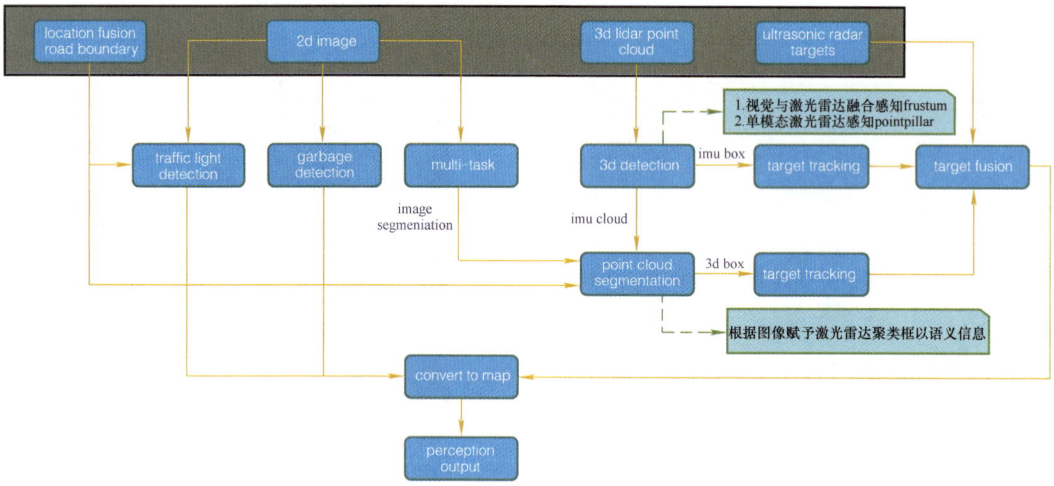

图 7　多传感器多模态融合感知

2）具备语义级深度学习激光雷达感知技术，其中：

① 卷积稀疏编码技术，可消除高维激光雷达点云数据这类自然稀疏信号卷积核的冗余性，使得网络在模型大小、计算复杂度和分类准确率之间取得更好的平衡。

② 点云感知网络训练框架，可将种类繁多的开源数据格式统一，支持多种点云预处理方式及组合，实现了多种通用评估工具，并支持网络跨平台部署和迁移。

③ 点云感知网络优化框架，为点云感知网络的性能优化开发了一套完整的优化框架。

3）采用 GNSS+IMU+ 车速 + 激光雷达的融合定位方案，保证了车辆在开阔场地、遮挡环境、复杂场景下均具备准确、稳定的高精度连续定位能力。高精度连续定位框架见图 8。

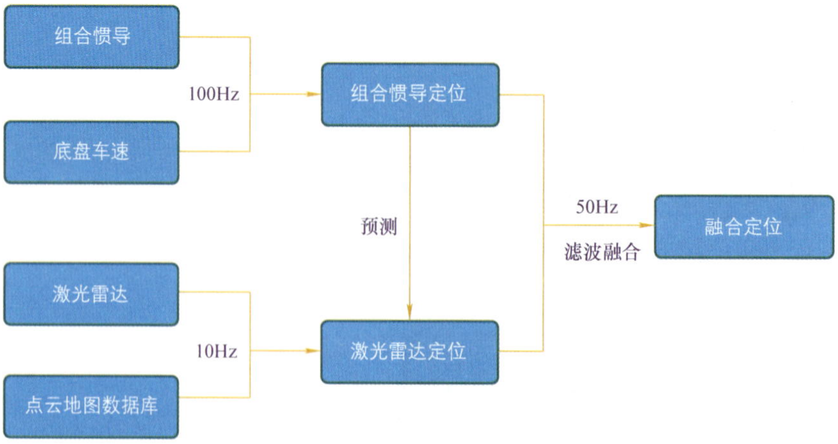

图 8　高精度连续定位框架

4）决策规划与控制囊括了全路径覆盖 / 全局规划算法及深度融合的智能规划算法，搭载对系统未来动态预测的闭环优化控制策略（MPC），满足了道路、车辆动力学等约束，主动适应统一结构化 / 非结构化道路、车辆动力学和轨迹规划。

5）全场景、全工况、全边界自动驾驶仿真技术。

6）第三代智能客舱 AI 系统，搭载了手脉识别扣费系统、眼控计时广告系统、乘客异常行为分析系统和语音交互系统。其中：

① 手脉识别扣费系统，实现扫手扣费，服务更高效。

② 语音交互触控屏，通过智能交互方式为乘客提供便捷的生活资讯。

③ 广告精准推送系统，实现广告精准投放，提高第三方广告投放效益。

④ 异常行为分析，实现车内异常行为及时反馈，有效降低驾乘安全风险。

没有自主的核心零部件，就谈不上拥有自己的自动驾驶技术，深兰科技自主研发的五岳算力产品，以不同算力为基础的硬件，搭载深兰自主研发的软件架构，用软件定义硬件，为深兰科技提供了具有完全知识产权的自动驾驶系统栈。深兰自动驾驶大脑见图 9。

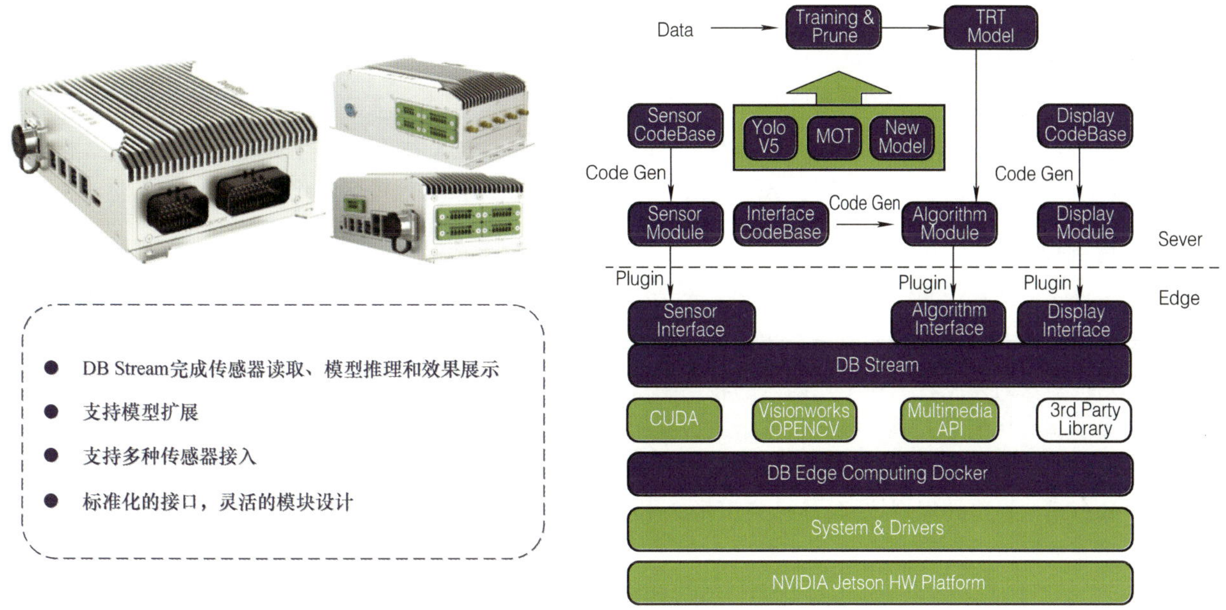

图 9　自动驾驶大脑

除了核心零部件及算法，深兰科技以自动驾驶技术开发全流程和全生命周期的管理为基础，开发了整套数据闭环工具链，这是整个系统优化的基石，没有数据回传以及数据迭代部署，就没有不断优化升级的适用更多场景的自动驾驶系统。无论是整车厂、自动驾驶公司还是智能零部件厂都对此极为重视。深兰自研自动驾驶数据闭环工具链。

长沙智能驾驶研究院有限公司

1. 发展概况

长沙智能驾驶研究院是一家专注于商用车自动驾驶及车路协同（V2X）核心技术研发、产品开发及落地方案实施的国家级高新技术企业。本着与智能驾驶共赴美好生活的愿景，我们致力于硬科技创新，利用自动驾驶技术解决产业和民生的刚需问题。作为自动驾驶的独角兽企业，公司曾荣获清科“2019 最具投资价值企业 50 强”，福布斯“2020 高增长企业瞪羚榜”，蝉联毕马威“2021 和 2022 汽车领先科技 50 强”，“2021 世界智慧城市大奖”等重要荣誉。公司受到国际、国内顶级资本和产业基金持续加持，包括红杉、光大、联想、新鼎等著名风险投资人，入选“2021 投中榜·锐公司 100 榜单”。

2. 生产经营

长沙智能驾驶研究院的自动驾驶产品涵盖“智慧的车”，包括 L4 级自动驾驶重卡，纯电无人矿卡和园区自动驾驶物流车；“聪明的路”，提供完整的“车 - 路 - 云”全系列车路协同（V2X）产品、为智慧城市、智慧高速、车联网先导区提供智慧交通低碳出行整体解决方案。

3. 技术进展及研发能力

长沙智能驾驶研究院拥有自动驾驶重型车辆实验车间、无人矿卡试车场及完备的车路协同设备制造生产线。依托自主开发的自动驾驶系统架构与深度学习技术的迭代，公司打造了全球领先的拥有完全自主知识产权，高算力、高可靠、车规级、多重安全冗余的全栈式自动驾驶解决方案。

公司拥有多学科、全专业的人工智能领域专业人才 500 余人，研发人员占比超过 80%，核心专利 300 余件。

4. 主要产品与服务

长沙智能驾驶研究院既有高等级商用车自动驾驶的单车智能产品，以及全息感知的 V2X 道路智能产品，也有深度融合单车和道路智能的综合无人解决方案。自动驾驶 +V2X 技术，已经实现了干线物流、园区物流、智慧园区、无人矿山、车路协同、数字交通、城市公交等多场景大规模商业化落地。

5. 发展规划

以无人矿山为应用场景，公司开发了无人矿山全局规划调度系统，实现多车在无人矿山协调作业，确保无人矿卡实现全工况、全区域的自动全流程作业技术目标；以公司园区物流项目为第二应用场景，将全局规划算法和系统引入到物流轻卡在工厂园区的转运场景中，解决无人园区物流车批量化应用过程中多车协同工作问题，实现园区物流无人车全栈式整体解决方案闭环；将基于云控服务器的全局规划算法部署到无人车辆自动驾驶系统中，与自动驾驶系统的感知、定位、决策、规划、控制以及车联网 V2V 技术融合，实现多车全工况下分布式全局协同规划技术目标；与市场应用契合，挖掘更多产品潜力，如在智慧交通场景中的应用，为数字化交通和绿色出行赋能。

北京津发科技股份有限公司

1. 发展概况

北京津发科技股份有限公司（以下简称“津发科技”）是国家级专精特新“小巨人”企业、国家级高新技术企业、国家高新区瞪羚企业、科技部科技型中小企业、北京市“专精特新”中小企业、北京市知识产权示范单位、北京市知识产权试点单位、中关村高新技术企业、中关村瞪羚企业。公司旗下包含北京人因智能工程技术研究院、北京人因工程技术研究院有限公司和北京人因工程设计院有限公司等新型研发机构。

津发科技是国内最早从事人 - 机 - 环境同步技术研究并具备自主知识产权的行业领先企业之一，经过十余年磨砺和自主创新，形成的产品与技术服务已在高校、军工国防单位以及科研院所得到广泛、深入的应用。公司多年来在军工国防武器装备领域，以及教育科研领域的建筑、风景园林、交通、航空航天、安全、设计、工程、管理、心理、体育等学科积极推动人因与工效学技术进步，携手众多研究者进行联合开发与科研实验、人才培养、学术与产学研合作，联合申报基金项目、科技项目以及军事预研课题等，致力于将人因与工效学科学方法和成果应用到国防和社会科技发展进步的多个方面。

经过多年的项目历练，津发科技形成了一支由数十名研究生和行业专家组成，年龄梯次合理、科研创新能力突出、科研实践经验丰富的多学科专业人因与工效学技术团队。公司注重知识产权布局，累计申请发明专利80余项，其中41项已授权，布局了人因工程相关多个前沿技术方向，是国内具备多通道人机交互和人机环境数据同步采集与同步分析方法的科学研究系统的私营企业。

津发科技致力于推动人因工程与工效学行业发展和青年人才培养。2012年起在国内发起“科研支持计划”，无偿支持人因工程领域青年学者进行科学研究；2014年工业和信息化部CSIP与津发科技联合共建“工信部CSIP-津发人因工程技术创新中心”；2016年起发起“工效学卓越研究工程”并设立“CES-Kingfar基金（工效学会-津发优秀青年学者联合研究基金，CES-Kingfar Excellent Young Scholar Joint Research Funding）”，借鉴国家自然科学基金的评审标准对特别优秀的青年学者研究计划书予以资助；2017年起联合中国人类工效学学会依托教育部高等教育司设立“人因与工效学”产学合作协同育人项目，并由高教司发布申报指南和立项名单；2019年起联合国际工效学协会设立国际奖项IEA/Kingfar Award人因与工效学研究奖；2021年依托教育部高校学生司设立“人因与工效学”供需对接就业育人项目；2022年基于中国国际“互联网+”大学生创新创业大赛设立“人因与工效学”专项命题。

2. 生产经营

津发科技主导产品属于人因与工效学测评领域高端科研应用平台，整体技术达到国内领先水平，填补了人因与工效学细分领域空白，部分成果达到国际先进水平。公司自主研发的技术和产品已服务于全国500余家高等院校、军工科研单位示范应用，打破了进口科研产品技术垄断并已支撑国内学者发表中英文科研论文300余篇。

3. 技术进展及研发能力

津发科技自主研发了完全国产化和具备自主知识产权的人因工程与工效学相关产品、技术与服务，荣获多项省部级科学技术奖励、省部级新技术新产品认证、国家发明专利、国家软件著作权、国家注册商标；通过了欧洲CE、美国FCC、欧盟RoHS、ISO 9001、ISO 14001、OHSAS 18001等多项国际认证和国家防爆认证。

ErgoLAB人车路环境同步平台是津发科技在智能座舱人机交互测评方向自主研发的核心产品之一，平台涵盖完整的研究与测评流程。首先驾驶任务模拟仿真与实验设计模块对接座舱HMI设计原型和测试场景，通过研制测试场景与设计数据接口，获取研究或测评的HMI原型设计源文件信息，并采集手指轨迹交互数据；第二，主观与客观数据相结合的人车路环境多维度数据同步采集，基于自主研发的时空行为同步模型与多模态数据时钟晶振同步专利技术，同步采集人的数据（生理数据、眼动数据、脑功能数据、动作姿态数据、表情行为）、HMI原型系统的数据以及人机交互数据、道路环境数据、时空行为数据等，并在同一时间轴进行同步浏览；第三，针对平台同步采集的所有数据源，设置专门的信号处理模块，并配置信号的标准处理参数，研究者可一键批量化处理所有的信号，直接获取与人员状态相关的特征指标，进行评价与比较；第四，基于主客观数据与AI智能状态识别技术结合的人因智能评估技术，采用主客观结合验证的同步采集与评价方法，全面测量个体的认知维度与绩效维度的状态数据。同时系统内嵌机器学习算法，可以自动化实现对基于多模态信号提取的特征值进行全流程模型训练、模型部署、状态识别、状态预警，实现高效、科学、先进的研究与测评。

4. 主要产品与服务

津发科技主要产品包括ErgoLAB人机环境同步平台、ErgoVR虚拟原型人机工效测评系统、ErgoHMI智能座舱人机交互测评系统、PsyLAB认知行为实验平台、ErgoLAB智能穿戴人机环境测试系统、ErgoAI人因智能状态识别平台、ErgoHCI多通道人机交互系统等。

5. 发展规划

津发科技将面向智能网联汽车产业人因工程相关方向，进行产品、技术和服务的进一步研发与提升。一方面，与产业伙伴合作，针对智能网联汽车产业的设计与测评需求，开发个性化的系统，并提供专业的技术服务；另一方面，坚持与高校和科研院所等单位进行产学研合作，推动将最新的研究成果进行转化。

湖南大学车辆工程系

1. 发展概况

湖南大学车辆工程系创建于 1965 年，1990 年获得博士学位授予权（全国最早的三个博士学位点之一），1991 年被评为机械工业部重点学科，1997 年被评为国家“211”重点建设学科，2004 年被评为国家“985 工程”重点建设学科，2006 年汽车车身先进设计制造国家重点实验室挂牌，2007 年车辆工程专业入选“国家级特色专业”，同年成立了中国大陆地区首支大学生方程式赛车队并赴美国参赛，2008 年被评为国家重点学科，2010 年成为教育部首批“卓越工程师教育培养计划”试点专业，2012 年成为 PACE 计划建设专业，2017 年入选国家“双一流”建设学科，2019 年入选国家级一流本科专业建设点。2013 年第一次通过工程教育专业认证（6 年期），2019 年 5 月完成了复评（6 年期）。车辆工程专业建立了与产业界深度融合为基础、主动工程实践为特征的汽车设计、制造、试验一体化的人才培养模式，形成了以院士为首的高水平教师队伍，依托汽车车身先进设计与制造国家重点实验室和国家级教学实践基地，结合学科优势，形成了智能网联汽车、新能源汽车、汽车安全、汽车车身、汽车底盘 5 个专业研究方向。早在“十三五”发展规划之初，车辆工程系明确提出了“构建支撑世界一流大学建设的高水平学科体系，优化学科发展战略布局，稳步推进智能制造、智能汽车等学科领域的前瞻性布局与建设”，2016 年开办了“智能网联汽车实验班”，2022 年经教育部批准成立智能车辆工程专业。

2. 主要研究内容

依托汽车车身先进设计制造国家重点实验室，聚焦整车先进智能设计技术与自主软件、整车低碳短流程制造技术两大关键科技问题，同时以汽车安全测试技术与标准、整车集成创新与应用两项关键技术为重要支撑，开展有组织的科研攻关，重点研究面向汽车整车的智能设计工具体系、短流程制造技术体系、安全测试标准体系，以及模块化整车集成平台。在智能网联汽车研究领域，主要开展的研究包括：

1）面向“新四化”的整车集成创新技术与系列化平台。针对机电信息一体化整车系统，面向高可靠性、高安全性需求，综合运用轻量化、模块化、集成化设计手段，研究整车物理结构与电驱 / 智驾系统间耦合机理，建立整车构型赋能的车载异构网络架构与整车控制集成架构。

2）面向“高效率出行”的城市道路智慧车列系统集成应用。研究系列化整车平台的智能化、网联化车辆短链协同控制技术与智慧交通云端调度技术，开发道路智能信息化系统装备、中央指挥与客户服务系统装备。

3）特殊环境无人运载系统集成应用。瞄准矿山无人运输、深海智能采矿等特殊运载场景，研究运行设计域导向的整车平台系统运用方法，构建面向无人运载全作业流程的单车智能控制与多车协同运行技术，开发跨平台、跨场景的特殊环境无人运载系统装备。

武汉理工大学重庆研究院

武汉理工大学重庆研究院（以下简称“研究院”）是由重庆两江新区管理委员会和武汉理工大学共建的新型高端研发机构，2019 年 11 月 14 日在重庆市渝北区按照事业单位法人登记设立。

研究院依托武汉理工大学材料复合新技术国家重点实验室、硅酸盐建筑材料国家重点实验室、光纤传感技术国家工程实验室、国家水运安全工程研究中心等国家级科研平台和学校在相关领域的研究成果及人才队伍基础，面向重庆市和两江新区重点产业布局和需求，发挥武汉理工大学在人才培养、成果转化方面的优势，扎根两江协同创新区，打造科技创新中心的示范单位。

研究院旨在立足两江，服务重庆，辐射西南，围绕新材料与成型加工、智能感知与控制、大数据及人工智能三大科技创新平台，以先进复合材料、环保能源陶瓷材料及装备、汽车纳米材料技术、粉末冶金与先进成型技术、智能汽车网联化技术与应用、山区内河智能航运技术、人工智能基础数据服务、智能制造产销存运营大数据、三维场景实时构建技术与应用、物流企业信息化与物联网技术为重点研究方向，构建高水平科技创新支撑体系，开展创新性技术研究，推进政产学研深度融合，促进科技成果转化和科技产业孵化，为实现重庆市传统工业向智能化转型升级做出贡献。近年来，研究院承接重庆市企事业单位委托的科研项目 150 余项，涉及车路协同及智能网联汽车、先进材料、智能制造、港口信息化、船舶与动力、道路桥梁、节能环保等诸多领域。其中，以主要完成人承担的“高性能特种玻璃纤维及绿色制造关键技术创新与产业化”项目荣获重庆市科技进步一等奖。

在智能网联汽车应用研究领域，研究院聚集了熊盛武、胡钊政、褚端峰、罗杰等教授团队，搭建了较为完备的智能网联硬件设施和平台，主要方向有智能网联汽车可靠通信技术研发、边缘智能感知算法和网络架构研发、仿真平台研发、自适应组网技术研发、环境感知和数据融合技术研发；基于车载边缘计算的高精地图研发，面向智能驾驶的交通信息物理系统数字孪生平台研发；汽车系统可靠性评估与分析、车联网通信安全、车联网固件漏洞挖掘、车载系统老化分析与恢复、车联网数据安全与隐私保护、基于生物特征的车主身份认证等。

EMQ 杭州映云科技有限公司

1. 发展概况

EMQ 杭州映云科技有限公司（以下简称“EMQ”）成立于 2017 年，是一家面向物联网领域的国家高新技术软件企业，交付全球领先的云原生物联网 MQTT 消息服务器和流处理数据库。公司总部位于杭州，国内在北京、上海、昆明、深圳、重庆、成都、南京和天津等地分别设有分支机构，海外在瑞典斯德哥尔摩设立全球研发中心、德国法兰克福与美国硅谷设有运营与服务中心。EMQ 已为全球 50 多个国家和地区、20000 多家企业用户提供物联网接入和流数据处理的产品与服务，其中包含 50 多家世界 500 强企业，涵盖车联网、工业物联网、运营商、能源电力、金融支付等重点行业和头部客户。

EMQ 重视技术创新与成果转化，作为世界知名的物联网 MQTT 协议标准化组织 OASIS 的最高级别成员单位，主导着推进新一代物联网 MQTT 协议的发展演进与应用落地，同时公司也是云原生计算基金会（CNCF）、Erlang 生态基金会（EEF）、LF Edge、Eclipse 等全球知名基金会成员。此外，EMQ 已通过 CMMI3 和 ISO 9001 等国际认证。

2. 生产经营

迄今为止，EMQ 旗舰产品大规模分布式物联网 MQTT 消息服务器已服务全球超 70% 的车企，特别是造车新势力和新能源车企，商业化客户累计接入联网车超过 2000 万辆。

3. 技术进展与研发能力

EMQ 作为全球领先的物联网数据基础设施软件供应商，深耕新一代物联网数据基础设施，为企业云边端的海量物联网数据提供高可靠、高性能、高安全的实时连接、移动、处理与分析，助力企业构建“面向未来”的物联网平台与应用（见图 1）。

EMQ 秉承着开放自主、持续创新的理念，先后启动研发并开源了多个创新软件项目，包括位于云端的大规模分布式物联网 MQTT 消息服务器、支持大规模物联网流数据存储和实时分析的云原生流数据库 HStream-DB 及运行在物联网边缘的超轻量 MQTT 消息服务器 NanoMQ、用于工业协议解析转换的工业网关软件 Neuron 和可运行在各类资源受限的边缘设备上的轻量级物联网边缘分析 / 流式处理引擎 eKuiper 等。EMQ 的云边协同解决方案打通从数据产生到数据决策的闭环，为企业的数字化转型之路构建坚实的数字底座。

自 2013 年起至今，EMQX 已完成 200 多次开源版本的迭代，位列 GitHub 全球最受欢迎开源 Erlang 项目榜首，累计下载量超 2000 万次，每月全球活跃集群部署超 3 万个。如今，EMQX 已是全球最具扩展性的开源物联网 MQTT 消息服务器，单集群支持 1 亿物联网设备连接，实现每秒百万级消息吞吐，毫秒级消息分发时延等性能优势，在同类型开源项目中排名全球第一，也是国内在物联网领域为数不多的具有全球影响力的开源项目之一。

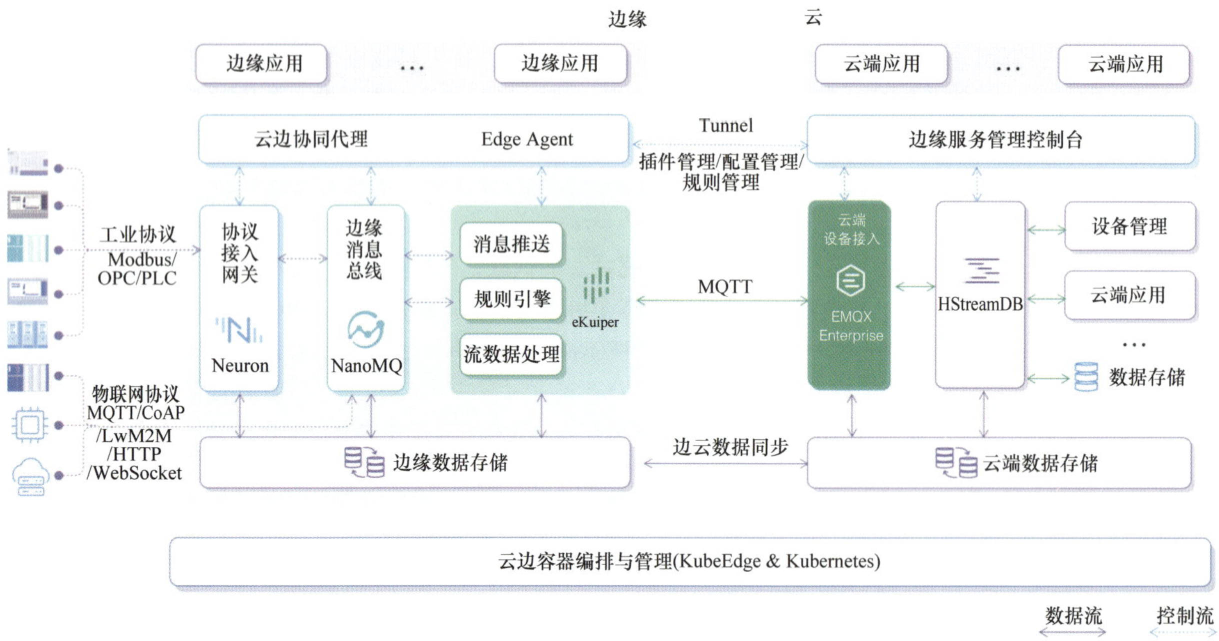

图 1　EMQ 云边端协同的物联网基础设施架构

EMQ 核心团队来自华为、IBM、EMC 等全球知名企业，公司商业产品架构、算法、代码均为自主研发，拥有完全国内知识产权。目前 EMQ 全球员工近 200 人，其中 75% 以上为产品研发人员，公司长期聚焦在 EMQX 系列核心产品的打磨，希望通过世界级开源软件产品，服务人类未来产业与社会。

4. 主要产品与服务

EMQ 为全球车企面向数字化工厂、车联网服务平台、自动驾驶 / 智能驾驶场景消息服务和 C-V2X 车路协同等场景提供全球领先的数字化基础设施软件产品及服务，为车联网场景的人、车、路、网、云提供高可靠、高性能的实时连接、移动、处理与分析，助力构建“面向未来”的车联网平台与应用（见图 2）。

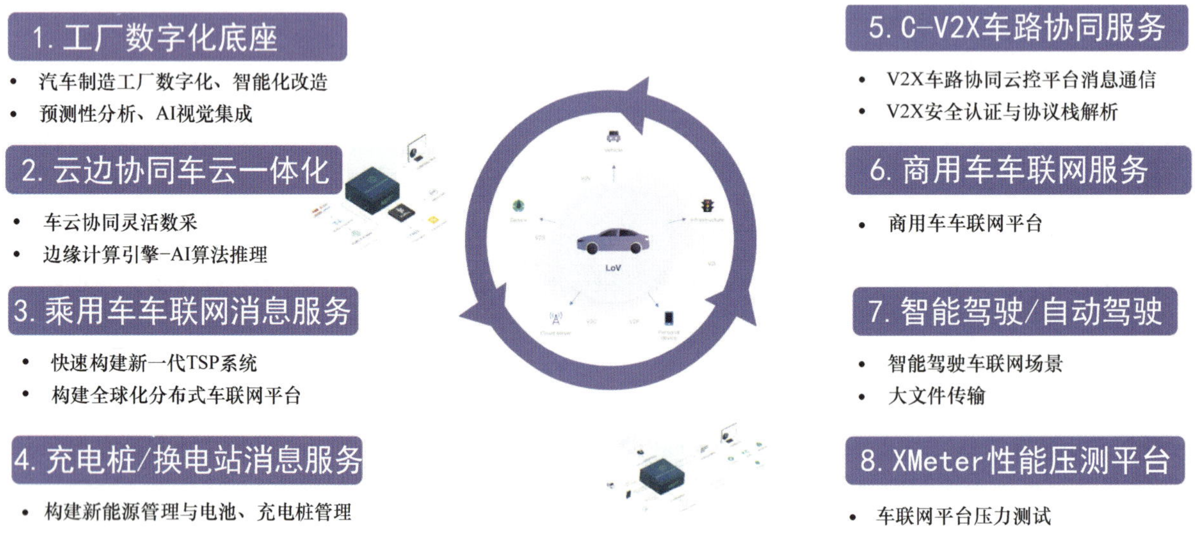

图 2　EMQ 面向汽车产业的产品解决方案

5. 发展规划

未来，EMQ 将持续聚焦车联网车云一体化的场景，为车企提供人、车、家和未来出行相关的“人 - 车 - 路 - 网 - 云”万物互联智能网联服务，同时帮助车企实现灵活的数据安全合规业务场景，服务车企全球化战略布局。

京东物流

1. 发展概况

京东集团 2007 年开始自建物流，2017 年 4 月正式成立京东物流集团，2021 年 5 月，京东物流于香港联交所主板上市。京东物流是中国领先的技术驱动的供应链解决方案及物流服务商，以“技术驱动，引领全球高效流通和可持续发展”为使命，致力于成为全球最值得信赖的供应链基础设施服务商。

2. 生产经营

京东物流建立了包含仓配网络、最后一公里配送网络、大件网络、冷链网络、跨境网络和综合运输网络在内的高度协同的六大网络，具备数字化、广泛和灵活的特点，服务范围覆盖了中国几乎所有地区、城镇和人口，不仅建立了中国电商与消费者之间的信赖关系，还通过 211 限时达等时效产品和上门服务，重新定义了物流服务标准。截至 2022 年 9 月 30 日，京东物流运营约 1500 个仓库，含云仓生态平台的管理面积在内，京东物流仓储总面积超过 3000 万 m^2。

3. 技术进展及研发能力

京东物流始终重视技术创新在企业发展中的重要作用。基于 5G、人工智能、大数据、云计算及物联网等底层技术，京东物流正在持续提升自身在自动化、数字化及智能决策方面的能力，不仅通过自动搬运机器人、分拣机器人、智能快递车、无人机等，在仓储、运输、分拣及配送等环节大大提升效率，还自主研发了仓储、运输及订单管理系统等，支持客户供应链的全面数字化，通过专有算法，在销售预测、商品配送规划及供应链网络优化等领域实现决策。凭借这些专有技术，京东物流已经构建了一套全面的智能物流系统，实现服务自动化、运营数字化及决策智能化。截至 2022 年 6 月 30 日，京东物流已申请的专利和软件许可超过 7000 项，其中涉及自动化技术和无人技术相关的专利数量已超 4000 项。

4. 主要产品与服务

一体化供应链物流服务是京东物流的核心赛道。目前，京东物流主要聚焦于快消、服装、家电家具、3C、汽车、生鲜六大行业，为客户提供一体化供应链解决方案和物流服务，帮助客户优化存货管理、减少运营成本、高效分配内部资源，实现新的增长。同时，京东物流将长期积累的解决方案、产品和能力模块化，以更加灵活、可调用与组合的方式，满足不同行业的中小客户需求。

5. 发展规划

京东物流坚持“体验为本、技术驱动、效率制胜”的核心发展战略，将自身长期积累的新型实体企业发展经验和长期技术投入所带来的数智化能力持续向实体经济开放，服务实体经济，持续创造社会价值。

探维科技（北京）有限公司

1. 发展概况

探维科技总部位于北京，车规量产基地位于苏州，成都落地电子研发中心，创始团队主要来自于清华大学精密仪器系的国家重点实验室，早在 2008 年即开始从事激光雷达系统方向的技术研发，在固态扫描、芯片化 TOF 和图像融合领域拥有多项全球领先的技术成果，开发出业内唯一一款硬件级图像前融合产品 Tanway Fusion。

目前，探维科技的激光雷达已经覆盖从车路协同、智慧物流到自动驾驶的多样化应用场景，已落地 3 个乘用车定点项目。

在未来，公司将通过车规级的固态激光雷达与硬件级图像前融合技术，赋能前装乘用车市场，为车企提供行业领先的激光雷达解决方案，为未来出行保驾护航。

2. 生产经营

探维科技（北京）有限公司是国家高新技术企业、北京市“专精特新”中小企业，主营业务是激光雷达技术研发及产品销售，2021 年在苏州落地车规级产线，承接客户批量订单，设计年产能达 20 万台，已获得 IATF 16949 质量管理体系认证。

3. 研发进展及研发能力

探维科技具备车规级固态激光雷达产品研发能力，拥有知识产权管理体系认证，强化专利、软著布局，现拥有授权专利 27 项，其中，发明专利 21 项，均为高价值发明专利，实用新型 5 项，外观设计 1 项，软件著作 1 项。已公开未授权发明专利 34 项。

4. 主要产品与服务

车规级混合固态激光雷达产品及激光雷达系统解决方案提供商。

探维科技的产品分为工规级与车规级两条产品线，其中工规级产品以 Tensor 系列与 Scope 系列为代表，均为混合固态激光雷达，可提供 16 ~ 192 线的感知性能，已覆盖智能工业、V2X 与低速自动驾驶等场景，年出货量逾千台。

探维科技的车规级产品线以 Duetto（见图 1）和 Tempo（见图 2）系列为代表，均为混合固态激光雷达，可提供 96 ~ 192 线的感知性能，聚焦乘用车场景，为车企客户提供高度集成化的定制硬件设计方案，实现性能、体积、成本的极致平衡。

图 1　Duetto

图 2　Tempo

除了具备高品质的激光雷达产品外，探维科技全栈自研 ALS 平台，通过单轴微振镜的固态技术路线，全面解决稳定、性能和成本的矛盾问题；同时，探维科技深度布局，开发出业内唯一硬件级图像前融合系统，一次性解决兼容性、可靠性、适用性问题，充分发挥多传感器在各自擅长领域的优势，提高驾驶和乘坐的安全性与舒适性，引领激光雷达技术变革（见图 3）。

图 3　图像前融合技术原理图解

5. 发展规划

探维科技聚焦自动驾驶、ADAS、V2X 及智慧物流多种应用场景，预计在 2025 年实现 30 多款量产车型定点项目，在正循环推动下，苏州车规级量产基地年出货量大于 150 万。探维科技将打造业内独家硬件级图像前融合系统，协同产业链伙伴共建智能驾驶产业生态，积极推进并引领激光雷达 3.0 变革，助力自动驾驶向更高级别发展。

中电车联信安科技有限公司

1. 发展概况

中电车联信安科技有限公司（以下简称“中电车联”）作为中国电子集团旗下唯一聚焦智能网联汽车领域的科技型企业，以中国电子“PKS”国产自主安全能力为基础，秉承中国电子“安全基因”，为智能网联汽车产业快速发展筑牢安全防线。

2021年，公司获批工信部车联网产品安全漏洞专业库（CAVD）首批技术支撑单位；作为中央汽车企业数字化转型协同创新平台副秘书长单位，成为中国电子集团申请国家发展改革委汽车芯片及安全产业链长的重要支撑，首创提出基于PKS原生安全双智城市运营能力，通过弯道超车实现行业定义规则。以车城安全运营中心为抓手，支撑各地城市打造碳中和及车联网标杆城市；支撑服务信息安全监管能力以及数据治理能力，助推双碳目标达成。

2. 生产经营

1）中电车联首次提出打造PKS原生车联网信息安全概念，为5G+V2X环境下智能网联车提供专属的框架设计和全生命周期、全栈化的开发应用，利用极具兼容性的全新安全技术和服务，实现智能汽车行业本质安全、过程安全。

2）研发推出“一系统、三平台”系列安全产品。一系统为车联网安全测评系统，三平台为车联网大数据云控及安全态势感知平台、智能汽车固件漏洞检测平台、智能汽车OTA漏洞检测平台，应用于“空天地海井”多种场景。

3）围绕政府对智能汽车信息和数据安全监管方向，依照《中华人民共和国数据安全法》《中华人民共和国网络安全法》等法律法规的要求，中电车联基于内生安全框架理念，重点规划建立城市级的“车联网信息和数据安全运营中心”管理平台方案，将各业务需求、技术资源和能力进行相关性匹配，同时作为生态伙伴合作主体，建设车联网信息与数据安全生态链的开放性合作平台。以安全检测中心为依托，打造事前检测；以应急响应中心为依托，进行全程监测、全程分析、定期通报、常规技术处置、事后复盘和应急技术团队；以产教融合中心为依托，打造可持续发展的车联网安全人才队伍，完善数字城市的信息安全保障体系，构建覆盖城市智能网联汽车数据和信息安全全生命周期，涉及投资、建设、保障、防护、应急、人才培养的一站式服务体系。

4）与江苏省通信管理局共建“江苏省车联网信息和数据安全运营应急响应中心”，其中落地规划安全特色的智能汽车车路协同示范区，构建覆盖城市运营的智能汽车数据和信息安全体系，培育数据要素、碳中和增量市场；举办智能网联车信息和数据安全大赛；共建产教融合中心培育人才等。这些举措持续提升江宁区智能网联车产业在省内影响力，满足区域智能网联车产业发展需求。

3. 技术进展及研发能力

1）拥有数字身份验证技术、数据加密算法等以及车载计算芯片、微控制器（MCU）芯片、操作系统等方面的关键技术研发与产业化应用，利用区块链、国密算法等新技术，提升网络、通信、数据等安全保障能力以及车联网体系的自身安全防护能力。拥有来自于企业自有技术知识产权10余项，帮助企业在技术方面寻找车联网安全行业制高点，且知识产权皆已用于产品生产，成为公司的利润增长点，提升了企业的市场竞争力。

2）成立研发中心，且每个项目成立专门的项目小组，制定科研经费管理制度、研发发项目立项管理办法等规章制度。为激励科技人员创新，吸引人才、留住人才，与多家科研院校建立了产学研基地。

3）截至目前在册职工人数21人，其中本科及以上学历人员20人，占企业职工的95%；从事研究开发的科技人员8人，占企业员工的38%，专业涉及供应链管理、计算机科学与技术、控制工程等，门类较为齐全，知识结构合理。

4. 主要产品与服务

1）针对市场现有车联网信息安全产品普遍处于事后查漏补缺的现状，提出信息安全应整合到汽车开发生命全周期中，尤其是在早期需求、设计、测试和开发阶段，根据判定的工作导向，推出服务全生命周期的信息安全整体解决框架的策划咨询服务，从开发到运营、涵盖“云 - 管 - 端”等不同场景的车联网信息安全解决方案。基于国家政策导向以及技术优势，向整车制造业推广相关服务，践行公司提出的集成创新的发展思路。

2）推出服务于车联网全生命周期的安全检测产品，在用户的授权和监督下，充分利用攻防渗透能力、攻击技术和漏洞发现技术，对目标系统的安全做深入的探测，发现系统最脆弱的环节，充分挖掘业务系统可能被攻击者利用的安全漏洞，并针对安全漏洞提出整改修复建议。

3）打造汽车行业工业互联网安全大数据中心，针对车联网数据生态环境，在数据流控制、集群运维控制、数据处理上进行大量封装和定制。利用 5G 技术以及车路协同设备，结合大数据中心的核心算力以及车载设备边缘算力，对智能网联汽车的实时安全性进行评估，对信息安全和汽车运行稳定性提出警示建议。

4）推出汽车安全管家类产品，深入挖掘车主的核心安全需求，提升产品的安全价值。通过扫描、防护车主敏感数据，保护车主和车辆隐私，管理车载设备数据流量，提示车辆安全防护状态，OTA 方式安装车载控制系统补丁，清理车载系统存储空间等功能，提升车主安全感。

5）建设智能网联车固件漏洞检测平台 /OTA 信息漏洞检测平台，无需源代码直接提交固件进行检测，支持包括第三方开源组建检测、配置文件漏洞检测、公私钥安全监测以及源码泄漏、硬编码凭证、IP/URL 等敏感信息泄漏检测。

5. 发展规划

（1）完善商业模式和路径

根据行业发展态势，完善商业模式和实施路径，夯实、打牢安全主业，继续探索新能源、充电桩和清洁能源车辆为特色场景的商业模式，依据智能网联车安全态势感知平台、智能网联车安全应急响应中心、新能源电桩安全平台、碳中和交通领域交易平台等，结合数据治理发展和市场需求打磨产品，为碳中和绿色金融助力，打好智能网联汽车业务拓展的阵地战。

（2）明确产业方向，深化产品体系

继续推进以中国电子“坚底强链”产业布局为依托，以 PKS 原生车联网信息安全为产品发展指引，继续提升车联网安全运营中心、双碳交易中心为主要商业模式的服务体系内容，以“双智”（智慧城市基础设施与智能网联汽车协同发展）政策落实“车城信安”产品体系应用布局，将智能网联汽车运营中心作为智慧城市的安全中心，与生态伙伴联合，协力打造面向未来的安全发展的双智城市。

继续推进以市场为基础、以需求为导向的产品开发与升级原则，收集市场信息反馈至技术研发部门，对产品进行升级改造和二次开发，逐步完善产品品类和性能。对已有车联网安全评估评测系统、智能网联车安全态势感知平台、联网固件漏洞检测平台、OTA 漏洞检测平台等产品，总结开发工作经验，对产品能力进行客观评估，认真研判现阶段市场需求和变化，制定下一阶段工作目标，增强产品适配性和市场竞争力。

（3）统筹谋划智能网联汽车安全业务布局

坚持“安全为基、集成创新、共生发展”路线，推动从测试验证转向多场景示范、规模化应用，深化车路云协同发展，围绕产业链和车规级芯片深入布局，加强与战略合作企业合作，构建智能网联汽车产业生态。强化创新驱动，辐射带动上下游产业健康发展。

上海于万科技有限公司

上海于万科技有限公司（以下简称“于万智驾”）是一家专注于环卫车无人驾驶的科技企业，公司现有核心管理团队 10 人，资深项目运营管理人员 20 余人，核心研发团队 40 余人，其中核心成员由无人驾驶经验丰富的硕博士和智能车专家组成，具有丰富的环卫装备无人驾驶系统研发、云端调度监控平台开发经验。于万智驾将依托技术＋运营增值＋服务环境，为客户创造一体化的智能环卫解决方案。

1. 于万智驾技术介绍

公开道路的高速无人驾驶场景，因速度快、环境复杂、不可控因素多等问题，导致长尾效应明显，短时间内无法实现真正的商业化落地。无人环卫因其作业速度慢，并且可以错峰运行等特点，可以大大降低安全风险，从而更快地实现自动驾驶的落地。为了打造高效，安全并且具有成本优势的无人驾驶环卫解决方案，于万智驾一直在不断深挖场景，攻克技术难关，建立严格的安全和质量保障体系，来增加自身的科技竞争力。

2. 于万智驾技术方案

于万智驾提供完整的智能一体化环卫解决方案，主要包括基于云计算的智能中控系统（环卫大脑），以及具备自动驾驶功能的智能环卫车。

（1）于万智驾智能中控系统

于万智驾智能中控系统相当于整个自动驾驶车队的云端控制大脑，通过将自动驾驶车辆采集的数据上传至云端并加以分析，制定出科学、合理、高效的管理决策方案（见图1）。

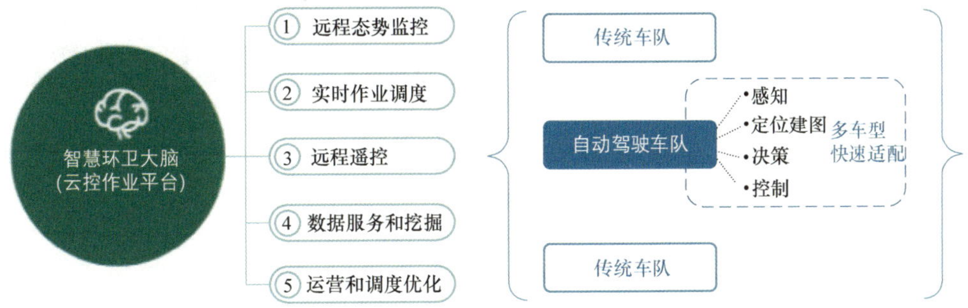

图1　于万智驾智能中控系统（环卫大脑）

（2）主要功能

1）算法管人。

① 管理到岗（进入）、离岗（离开）、工作（移动）、休息（静止）时间，避免吃空饷。

② 监控工作区域覆盖率，避免遗漏清扫工作或偷懒。

③ 检查路径重叠率，避免代打卡。

2）算法管车。

① 工作路段管理，保证达到规定工作时间、工作趟次、工作速度，避免驾驶员偷懒。

② 油量监管，避免偷油、盗油。

③ 避免停车睡觉、捡拾废品。

3）算法管物。

① 环卫基础设施建档，建立电子台账。

② 控制物料领用，避免偷盗、浪费、管理不当。

③ 物联网传感器，有效规划人车作业路径。

4）任务调度。

① 人车协同调度，对车辆无法清扫的区域，进行人工补强。

② 智能路径规划，在垃圾桶满溢或偷倒垃圾状态，迅速调动，人车配合，维持市容清洁。

5）无人环卫车检测和遥控。

① 监测无人环卫车的运行状态。

② 实时查看视频流。

③ 如果无人车运行受阻，远程遥控帮助无人车脱困。

3. 于万智驾无人环卫车产品

于万智驾目前提供 3 款无人环卫车产品，具体产品情况及介绍如下：

1）可俐 1 号见图 2。

Product introduction

产品简介——Clear1

可俐1号纯电动无人驾驶智能清扫车是一款用于辅道、校园、园区等场景的自动驾驶环卫车，可以实现精准贴边清扫、高精度定位地面垃圾追踪清扫、远程调度监控等高度智能化的功能，降低人工成本，提高效率，改善环卫工人的工作环境

尺寸	mm	3550*1210*2035
清扫宽度	mm	1800
清扫效率	%	95
水箱容积	L	180
爬坡能力	°	>20
垃圾箱容量	L	660
电池容量	V/AH	80V/405.6Ah（32度）
续航时间	h	>6
净重	Kg	1900
续航里程	Km	30-35
充电时长(标准充电器)	h	6-8
充电时长(快速充电器需要额外购买)	h	3
最小转弯半径	mm	2500
最大行驶速度	KM/h	20
最大清扫速度	KM/h	10

图 2　可俐 1 号介绍

2）可俐 2 号见图 3。

产品简介——Clear2

可俐2号机器人具有如下功能特点：自动沿边清扫、覆盖清扫、全局路径规划、局部路径规划、实时定位跟踪、自主避障、自动紧急安全制动、手自动模式切换、远程驾驶、远程视频监控、任务调度、远程车辆状态查询、故障诊断等，部分具体功能示例见图

尺寸	mm	1600*1300*1400
清扫宽度	mm	>1300
工作效率	m²/h	>7000
尘箱容积	L	130
爬坡能力	%	≥20
驱动功率	w	1200
作业功率（主刷+风机+边刷+振尘）	w	600+400+80×2+50
电池容量	kwh	4.8
续航时间	h	4~6
净重	Kg	350
转弯半径（原地转弯）	mm	1000
最大清扫速度	km/h	6

图 3　可俐 2 号介绍

3）可俐 3 号见图 4。

产品简介——重型车

YWZJ-SX51纯电动大型无人驾驶智能清扫车是一款用于主干道路等场景的自动驾驶环卫车，可以实现精准贴边清扫、高精度定位、红绿灯识别、远程调度监控等高度智能化的功能，降低人工成本，提高效率，改善环卫工人的工作环境

底盘外廓尺寸	mm	8600×2495×2820
轴距	mm	5300
电驱动桥功率	Kw	92/150
电驱动桥速比		54.360/31.298/17.807/8.395
电池	Kwh	350.07kWh
轮距（前/后）	mm	1935/1860
清扫宽度	cm	320
清扫效率	%	95%
水箱容积	m^3	8.3
爬坡能力	°	20
垃圾箱容量	m^3	7
续航时间	h	6
续航里程	Km	250
底盘自重	Kg	7700(不含备胎)
允许最大总质量	Kg	18000
最大行驶速度	KM/h	80
最大清扫速度	KM/h	15

图 4　可俐 3 号介绍

4. 企业资质及专利证书

1）企业资质见图 5。

图 5　资质证书

公司现已具备劳务派遣经营许可证、ISO 9001 质量管理体系认证、ISO 45001 职业健康安全管理体系认证、ISO 14001 环境管理体系认证、AAA 级企业资信等级证书、AAA 级企业信用等级证书，是 AAA 级信用企业、AAA 级立信单位、AAA 级重服务守信用企业、AAA 级重质量守信用单位、AAA 级诚信经营示范单位、AAA 级质量服务诚信企业、AAA 级重合同守信用企业、中国物业管理服务企业资质国家一级、中国清洁清洗服务企业资质国家一级、西商企业家俱乐部理事长单位。

2）专利及知识产权证书如下。

序号	名称	类型
1	智慧垃圾分类管理系统 V1.0	计算机软件著作权
2	智慧环卫运营监管系统 V1.0	计算机软件著作权
3	智慧环卫云平台系统 V1.0	计算机软件著作权
4	自动驾驶环卫车辆清扫作业控制管理系统 V1.0	计算机软件著作权
5	智慧环卫车辆人员监管系统 V1.0	计算机软件著作权
6	环卫车无人驾驶研发技术线上咨询服务管理系统 V1.0	计算机软件著作权
7	环卫车无人驾驶研发技术网络推广服务管理系统 V1.0	计算机软件著作权
8	环卫车无人驾驶安全远程监测管控系统 V1.0	计算机软件著作权
9	环卫车无人驾驶线路智能规划控制管理系统 V1.0	计算机软件著作权
10	无人驾驶智能扫路机运行故障检测维修系统 V1.0	计算机软件著作权
11	无人驾驶智能扫路机运行状态实时监测管控系统 V1.0	计算机软件著作权
12	环卫车无人驾驶研发信息数据综合储存管理系统 V1.0	计算机软件著作权
13	自动驾驶车传感器数据采集远程传输管控系统 V1.0	计算机软件著作权
14	一种多源传感器融合定位的切换方法及系统	发明专利
15	基于无人扫地车融合导航输出结果平滑处理方法及系统	发明专利
16	一种无人驾驶环卫车自动充电装置	发明专利
17	一种多功能运力平台系统	发明专利
18	无人驾驶洒水车自适应喷水系统	发明专利
19	一种自动绿植修剪作业车	发明专利
20	一种环卫清扫车路面识别方法及装置	发明专利
21	一种基于路网地图的清扫路径确定方法及系统	发明专利
22	一种无人驾驶智能扫路机	实用新型
23	一种用于校园的自动驾驶环卫车	实用新型
24	一种城市道路用智能分类垃圾桶	实用新型
25	一种物流园区用自动驾驶物流车	实用新型
26	一种用于自动环卫车的清扫结构	实用新型
27	一种基于多功能运力平台的换电机构	实用新型
28	一种多功能运力平台系统的框架结构	实用新型
29	一种运力平台自动转向系统	实用新型
30	一种无人驾驶环卫车自动充电装置	实用新型
31	一种多功能运力平台系统	外观设计

5. 于万智驾核心技术竞争力

（1）感知挑战

需求难点：需要对周围环境物体做精细的感知，例如路肩、小物体障碍物（例如动物）、减速带等。并且环卫车作业环境非常复杂，对行人、动物、路边杂物垃圾等都需要有准确的环境感知能力。

于万智驾技术能力：360° 的视觉和激光雷达覆盖，采用了性价比较高的MEMS高分辨率补盲激光雷达，以相对低成本的代价减少车周围的覆盖盲区，实现对地面的分割、路沿检测。并且自研的多传感器融合算法，能高效准确地对周围环境，尤其是小目标物体，进行检测和建模。

（2）定位精度的挑战

需求难点：在高楼林立或者树荫遮挡等复杂环境下，能精确地定位车辆。定位精度对贴边清扫等作业功能非常重要，否则要么扫不干净，要么扫刷会撞到路肩造成损坏。

于万智驾技术能力：于万智驾自研的基于多传感器融合的高精度定位算法，高效地融合了高精地图、车辆轮速计、激光/视觉、组合导航等传感器的输出，可以做到在有差分GPS信号的情况下，5cm的定位精度，即使在GPS遮挡的区域，也可以有10cm的定位精度。同时于万智驾也具备快速制作3D点云地图的能力。

（3）多车型支持

需求难点：环卫项目不同于其他的自动驾驶应用，往往功能单一，并且车型较少。而环卫场景需要多种功能、多种吨位的车型来完成不同场景的一体化保洁需求。这就需要自动驾驶系统同时支持多种车型、多种硬件平台和多种作业功能。

于万智驾技术能力：于万智驾通过硬件平台化（高可扩展性，可支持多种传感器配置，传感器即插即用）和软件模块化（针对不同的车辆功能和车型，采用模块化的软件设计）的灵活组合，实现多车型快速适配能力。

（4）智能环卫平台

需求难点：环卫服务不仅需要单车智能，更需要多车协调作业、人车混合作业，多种作业式高效配合是提高无人环卫作业效率的关键需求。

于万智驾技术能力：通过于万智驾自己运行的项目，深度了解环卫运营服务的问题、痛点和需求。搭建基于云计算的于万智驾智能中控平台，从而逐步实现算法管人、管车、管物。通过4/5G通信、V2X等技术手段，实时监测整个环卫项目的运行态势，远程监控自动驾驶环卫车辆的作业状态，并在必要时进行远程接管（如果自动驾驶车辆无法继续作业任务）。通过运营数据，可以有效地进行数据挖掘，从而对可能出现的运营问题，例如吃空饷、偷懒、偷油、溜号等问题，进行有效的监督和管控。

6. 于万科技的核心竞争力

（1）强大的投融资能力

于万智驾拥有强大的投融资能力，可快速实现环境卫生设施、设备的更新换代与改造升级，持续提升城市环境卫生基础设施水平。

（2）强大的资源整合能力

于万智驾在业内具有强大的资源整合能力，可在实现环卫业务全方位一体化的同时，实现环境产业链的协同发展，为当地政府带来全面、优质、高效的服务。

（3）丰富的城市运营经验

于万智驾拥有丰富的城市环境卫生运营经验，结合先进的企业管理理念，打造了一支经验丰富的运营管理团队，为实现环境卫生业务的专业化、精细化管理提供了保障。

（4）先进的管控运作体系

于万智驾通过利用自动驾驶、人工智能、5G科技、物联网、大数据、云计算等信息技术，提升环境卫生作业水平，实现环境卫生作业的全程管理，保障环境卫生服务质量。

（5）专业的技术保障团队

于万智驾拥有一支专业化的技术保障团队，利用国内外先进的技术、工艺和经验，为项目的高效运营提供坚实保障。

（6）值得信赖的企业形象

于万智驾秉承了“科技创建未来”的理念，认真履行企业社会责任，积极投身社会公用事业，坚持做到让政府满意、让市民放心！

7. 项目案例

（1）集美大学校区保洁服务（见图 6）

厦门集美大学体育学院占地面积 160 亩（约 106672m^2），于万智驾为其提供全范围自动驾驶清扫保洁服务，项目总投资近 200 万元，目前已投入自动驾驶环卫清扫车 3 台、自动驾驶环卫机器人 1 台。项目多次获得运营物业及校领导的肯定，现已接待多地政府领导、新闻媒体、相关企业的参观报道，是目前国内第一个自动驾驶环卫服务校园项目。

图 6　厦门集美大学

（2）阿克苏环卫一体化服务

于万智驾全资子公司陕西旭辉愿景物业有限责任公司中标并承接了阿克苏市城市 68 条主次干道约 921 万 m^2（约 13808 亩）的道路清扫保洁和城区 285 万 m^2（4283 亩）的园林绿化管养，包括儿童公园、胡杨林公园、新伟游园、世纪广场和西广场。

项目总金额 4.58 亿元，现有环卫作业车辆 53 辆，清扫保洁服务人员 477 人，绿化管养服务人员 350 人，驾驶员及安全测试员 35 人，中层管理者 28 人。阿克苏市是目前全球第一个面积 1000 万 m^2 的新能源 + 无人驾驶 + 智慧环卫服务的城市。

8. 未来展望

目前于万智驾确立了“电动化、智能化、网联化”的技术战略，预计在 2022—2025 年持续在无人驾驶核心算法、智能环卫中控平台以及于万自主研发的线控智能底盘加大数亿元研发投入，并且持续完善公司无人环卫装备产品系列，涉及环卫清洁装备、垃圾收转装备等。公司预计在 2025 年自主研发生产 30 款无人环卫装备产品，借此能较好地满足不同客户群体的个性化需求和产品组合需求。

未来于万智驾将依托地方研究院和高校的师资力量及科研实力，在地方成立科研工作站、工业设计中心、物联网技术创新中心和科技成果产业化基地。同时持续做好城市环卫一体化服务，采取 " 机械清扫为主、人工清扫为辅，有人驾驶为主，无人驾驶为辅，数据全程加密，远程云端监控 " 的自动驾驶环卫人机协作新模式，在保证项目安全的同时，提升环卫服务质量和效率，提升城市科技形象。

我们的愿景是城市环卫从人工向机械化、智能化转型升级，大幅提高环卫服务的智能化程度，构建完善高效的智能环卫作业系统，实现环卫产业从劳动密集型向机械智能型转变，提升城市管理水平。在此过程中于万智驾将做到三点：一是全部接收现有环卫工人并保证不主动裁员；二是提升清扫保洁和垃圾清运效率，选择合适的智能环卫作业设备和清扫保洁模式以保证道路清扫保洁工作的质量；三是优化环卫服务管理体系，把互联网＋思维融入构建环卫服务管理新模式，依托智慧环卫整体解决方案的智慧环卫中控平台，实现环卫工作全流程的可视化监控、智能化决策、精细化管理，提升道路清扫保洁和垃圾清运等各项作业的规范化、标准化和智能化程度，增强管理者处理突发事件的能力，优化环卫服务动态资源配置，提高环卫作业质量，有效地降低环卫运营及管理成本。

绿盟科技集团股份有限公司

绿盟科技集团股份有限公司（以下简称“绿盟科技”）成立于2000年4月，总部位于北京。公司于2014年1月29日在深圳证券交易所创业板上市，证券代码:300369。绿盟科技在国内设有50余个分支机构，为政府、金融、运营商、能源、交通、科教文卫、企业等行业用户与各类型企业用户，提供全线网络安全产品、全方位安全解决方案和体系化安全运营服务。公司在美国硅谷、日本东京、英国伦敦、新加坡及巴西圣保罗设立了海外子公司和办事处，深入开展全球业务，打造全球网络安全行业的中国品牌。

绿盟科技高度重视安全研究和技术创新，致力于跟踪国内外最新网络安全攻防技术，星云、格物、伏影、天机、天枢、天元、平行、威胁情报八大实验室，分别专注于云安全、物联网安全、威胁感知与监测、漏洞挖掘与利用、数据智能、新型攻防对抗、网络空间安全战略、威胁情报八个领域，在基础安全研究和前沿安全领域进行积极的探索，为绿盟科技核心竞争力的持续提升提供了有力保障。

基于多年的安全研究，绿盟科技为政企用户提供安全检查与评估类、安全检测与防护类、认证与访问控制类、安全审计类、安全运营及管理类等60余款高品质安全产品。其中，抗拒绝服务攻击系统（ADS）、安全分析、情报、响应和编排（AIRO）、网络入侵防护系统（IDPS）、Web应用防火墙（WAF）等多款产品获国际权威咨询机构推崇。

随着数字中国战略的推进，绿盟科技在云计算、大数据、物联网、工业互联网、新型基础设施建设、信息技术应用创新等多个领域，不断推出适应新场景的安全产品和解决方案。

依托人工智能、大数据分析和态势感知等专业技术，绿盟科技为用户提供安全态势感知、云安全资源池、下一代威胁防护、威胁和漏洞管理、网站安全监测和防护、智能安全运营等解决方案，帮助用户在研究成果中受益。

结合多年安全实践以及对未来发展的深度思考，绿盟科技提出智慧安全3.0理念。该理念以体系化建设为指引，构建“全场景、可信任、实战化”的安全运营能力，达到“全面防护，智能分析，自动响应”的防护效果。智慧安全3.0理念的推出，标志着绿盟科技P2SO（Products to Solution + Operations）战略计划迈入新的阶段，向“全能力，全运营”方向进化。

在保持自身高速发展的同时，绿盟科技时刻铭记社会责任，多年来为历年全国两会、全运会、进博会以及2008年奥运会、2010年世博会、2016年G20会议、2017年金砖会议、2018年上合峰会等重大活动提供网络安全保障技术支持，并成立了绿盟科技应急响应中心。此外，还与多家重点高校建立了紧密的校企合作关系，在网络空间安全学科建设、人才培养、前沿课题研究等领域进行深度合作，并设立“CCF-绿盟科技鲲鹏基金”，为高校和科研院所在网络空间安全前沿领域的研究提供资金支持，打造以企业为主体、市场为导向、产学研用深度融合的技术创新体系。

作为巨人背后的专家，绿盟科技将一如既往以创新精神、精湛技术、优质产品、专业服务，在全球范围内，提供基于自身核心竞争力的企业级网络安全产品、安全解决方案和安全运营服务，成为备受用户信赖的网络安全公司。

北京赛目科技股份有限公司

北京赛目科技股份有限公司（见图 1）致力于自动驾驶仿真测试技术的自主创新，以全栈式测试验证解决方案，深度赋能自动驾驶技术商业落地。凭借过硬的研发实力和行业领先的技术水平，公司已获国家级专精特新“小巨人”企业、国家级重点软件企业、国家高新技术企业、北京市专精特新“小巨人”企业、中关村高新技术企业等多项荣誉资质（见图 2）。公司运营的“国家智能汽车与智慧交通（京冀）示范区顺义基地”已获 CMA 资质认定，自主建设和运营的“智能网联汽车测试实验室”已通过 CNAS 国家实验室认可。

图 1　赛目科技

图 2　荣誉资质

公司自研的自动驾驶模拟仿真测试工具链，技术水平处于国内领先行列：自主研发的 Sim Pro 仿真测试平台，是全球首个通过功能安全 ASIL D 级别产品认证的仿真测试、验证和评价工具链，其确定性、置信度和可靠性均得到国际认可；独立开发的预期功能安全分析工具 Safety Pro，可分析并泛化出对应车型方案的预期功能安全场景库，并通过 Sim Pro 进行验证，从而打造国内首个基于预期功能安全分析、测试、验证的工具链闭环。

得益于行业领先的技术研发优势，公司与华为智能汽车解决方案 BU 联合攻关自动驾驶云仿真关键技术，并推出国内首个自动驾驶功能云平台，可实现从安全分析到仿真测试全栈能力的云化部署，从而显著提升测试效率。

自成立以来，公司积极构建多元化的服务体系：2018 年成为杭州市唯一指定的智能网联汽车第三方测试机构，与北京市顺义区政府达成一致，全体系引入杭州模式；2019 年成为郑州市唯一指定的智能网联汽车第三方测试机构，与长沙市签订协议，引入公司全套模拟仿真系统；2020 年，公司的核心技术产品（自动驾驶仿真测试平台 Sim Pro）通过北京市联席工作小组专家会认定，成为北京市自动驾驶模拟仿真测试平台；2021 年 8 月起运营“国家智能汽车与智慧交通（京冀）示范区顺义基地”，为客户提供覆盖“仿真 - 封闭场地 - 开放道路”的全栈测试验证服务。

目前，公司已成功服务 30 余家知名整车企业和科技公司、多个地方政府，承担十余个工信部高质量发展专项等国家级项目任务。

未来，公司将坚持走国产自主可控的创新发展道路，遵循国家发展战略，加强技术创新研究和市场开发力度，致力于成为国际一流的自动驾驶仿真测试领军企业和行业标准制定者。

车路通科技（成都）有限公司

1. 发展概况

车路通科技（成都）有限公司（以下简称“车路通”）成立于 2021 年 2 月 1 日，团队核心成员是中国 V2X 实践的先行者，公司致力于成为全球领先的智慧交通及智能网联汽车解决方案提供商，引领未来出行大变革！

公司以 C-V2X、5G 通信、边缘运算为技术基础，聚焦国家“智慧交通”和“智能网联汽车”的战略方向，打造满足政府、公安交管、车企、Tier1、自动驾驶公司、电信运营商等合作伙伴需求的软硬件和系统解决方案。公司产品包括 V2X 协议栈软件、V2X 模块产品、5G 车载产品、5G 路侧产品、MEC 综合感知运算系统、前装 VBOX 产品等。公司所有产品均拥有自主知识产权，目前已累计获得专利 20 余项。

作为全国最早开始 V2X 实践的团队，公司核心成员深耕智能网联领域超过 15 年。公司拥有可满足“车端”业务和“路端”业务的研发团队，面向智能网联汽车前装业务，在 5G V2X、T-BOX、网关 / 域控等产品的软硬件研发、测试、生产和制造、运营、过程质量管控等方面具备丰富的经验，从需求导入、方案制订、设计研发、测试认证、生产制造再到交付全过程推出了多款车规级终端产品。面向智慧交通业务，团队具备路侧 RSU 融合感知、边缘计算等系统的软硬件研发能力。从算法到开发到项目交付，推出车路协同融合全栈式智能交通解决方案，包含智慧高速交通、智慧公安交管、智慧城市交通等智慧交通解决方案。公司坚持自主创新与合作共研相结合，与政府和行业组织广泛沟通，参与行业标准化制订，与合作伙伴密切协同开展有关智能网联前装量产软硬件项目、国家级车联网先导区项目、行业应用示范项目的合作，并取得了一定的成果。公司还与多个重点城市签订了战略合作协议，共同推动智能网联、车路协同等技术的大规模商业化应用及落地。

2. 生产经营

截至目前，车路通已与 80 多家行业重点客户建立了合作关系，参与了 2 个车联网先导区的建设，获得 4 个前装量产项目的定点，累计在十余个城市落地了近 30 个应用示范项目。经过近两年的努力发展，营业收入迈上了一个新的台阶，预计 2022 年营收较 2021 年将实现翻番。

3. 技术进展及研发能力

车路通基于对 V2X 技术的深刻理解及应用研究，2021 年 6 月推出了自主研发的 5G OBU、5G RSU、V2X CARD 等多形态、多用途的 V2X 终端产品。

在汽车前装量产方面，公司严格按照汽车 APQP 的开发流程来打造和管理团队。基于 5G、V2X 等技术，根据车企需求，研发多款全车规、多接口的 OBU 和 T-BOX 车载设备，涉及高精定位、融合惯导、多路视频处理等关键技术，应用于无人驾驶、车辆数据监控等多个领域。

在智能网联技术研究上，车路通创新 V2X 应用平台和应用场景，将 V2X 应用融入智慧座舱系统，通过跨域数据，融合 V2X 数据、车辆数据等，提升驾驶安全和出行效率；参与 V2X 融合 ADAS 技术和标准研究，挖掘 V2X 在自动驾驶领域的可实现性。

在智慧交通解决方案上，车路通具备完整的路侧综合感知运算系统实现能力，结合 V2X 技术，实现了封闭园区、充 / 换电站、开放城市道路、隧道等多场景的车路协同应用。2022 年，车路通推出创新应用尝试，将 V2X 技术应用于换电站通信、AVP 车路协同技术、全息路口感知技术等。

4. 主要产品与服务

公司的核心产品有 V2X 协议栈软件、V2X 模块产品、5G 车载设备、5G 路侧设备、MEC 综合感知运算系统等。鉴于车路协同技术既涉及汽车（前装）又涉及交通两个行业的特点，公司产品覆盖工业级和车规级，软件和硬件主要以通信和感知技术为主。车路通是为数不多的同时拥有两个行业经验的团队，比传统汽车 T1 更深谙交通行业，比交通行业供应商更懂得汽车前装的要求且更具经验。在产品方面，公司根据所涉猎的领域进行划分，综合市场、客户需求、竞争对手、外在机会与风险以及市场和技术发展态势等，制定出产品远景以及产品发展规划，不断调整和更新产品组合，形成一套适合公司发展、符合市场前景和满足客户需求的完整产品矩阵。具体产品见表 1。

表 1　车路通产品列表

产品类别	功能原理	产品优势
V2X 协议栈（软件）	车路协同核心软件组件，符合 C-V2X 网络层、安全层和消息层标准要求，适配多种硬件接口，实现功能模块化，完整支持国标 V2X DAY1 与 DAY2 应用场景	全自主知识产权，支持 C-V2X 标准协议，可适配多种 C-V2X 模组及不同硬件平台，具有适配周期短、可靠、稳定等特点。模块化设计，可读性强，使用灵活，支持一键配置，资源占用率低，运行效率高
综合感知运算系统（软件）	以 MEC 为核心，集成 RSU、摄像头、毫米波雷达、激光雷达、气象传感器等关键组件，构建智慧路侧基站系统，实现对交通的监控与管理	拥有实时性，多层次目标分类，目标感知，独立解决全天候感知的准确性问题
V2X 模组	车路协同，V2X 最小功能集，模组态，可嵌入其他相关硬件产品使用	实现单独的 V2X 功能，对外接口主要包括百兆以太网、USB 和 UART 等接口
5G OBU	支持多种 V2X 模组平台，标准配置，集成 V2X、5G、WiFi、以太网等功能模块，实现 V2V、V2I、V2P、V2N 以及 TBOX 功能	最新 5G 通信技术，厘米级定位，全车规级设计，全标准开发，满足各种工况应用条件
5G RSU	车路协同，标准版，集成 V2X、5G、以太网 / 光纤等功能模块，可支持 V2X DAY1/DAY2 应用场景	IP65 防护等级，体积小，方便安装维护。稳定可靠的 LTE-V PC5 直连通信，800m 稳定覆盖，厘米级定位及高精差分服务，GNSS+PTP 双时间同步
前装 VBOX	车规级前装量产 VBOX 产品，V2X 全场景应用，4G/5G 兼容设计，支持高精度定位、高精度航向角，支持多路视频接入，多级功耗控制，最低功耗 1mA，多源唤醒，满足所有工况应用	全车规级设计，支持远程驾驶、L3 自动驾驶应用
云平台接入组件	视频接入、设备接入、分发服务、数据高速缓存、设备运维、云平台支持接口	路网外部平台

5. 发展规划

根据公司历史销售增长率和相关行业增长率以及公司业务情况，2023 年，公司前装量产项目陆续进入 SOP 阶段，后装车载产品、路侧产品、MEC 系统开始规模化出货，公司将借此发展机遇完成具有竞争力的供应链打造。2024 年，公司将致力于实现销售额破亿，并启动上市程序。车路通将持续专注智能网联、车路协同领域，致力于成为行业领先的智慧交通及智能网联汽车解决方案提供商。

美格智能技术股份有限公司

美格智能技术股份有限公司（见图 1，以下简称“美格智能”）（股票代码：002881）成立于 2007 年，总部位于广东省深圳市。作为全球领先的无线通信模组及解决方案提供商，美格智能致力于建设研发驱动型企业，公司研发基地主要设立在深圳、上海和西安，智能制造基地设立在杭州，并在日本、德国、美国、新加坡等地设立研发及销售分支，物联网研发人员规模超过千人。

图 1　美格智能技术股份有限公司

以新一代的 4G/5G 无线通信技术为基础，以万物互联的物联网行业为依托，美格智能专注于为全球客户提供以 MeiGLink 品牌为核心的 5G 安卓智能模组、5G M2M/ 毫米波模组、4G 安卓智能模组、4G Cat.1/4/12/16、LTE-A 模组、车规级模组和 NB-IoT 模组等，以及 5G FWA 解决方案、5G 智能网联汽车 /5G 智能座舱、5G 工业 PDA 解决方案、5G 视频记录仪解决方案、5G BOX 解决方案、智慧零售终端解决方案及其他物联网定制化解决方案、技术开发服务及云平台系统化解决方案，物联网行业客户已经遍及全球 100 多个国家和地区，相关产品和服务已在众多物联网核心应用领域处于领先地位（见图 2）。

图 2　美格智能 5G 高算力智能模组

美格智能作为行业首家推出 5G 智能模组的企业，以 5G+AIoT 为核心的智能化产业链智慧升级越发加速，蜂窝模组 4.0/5.0 也会在未来逐步实现。作为智能模组及解决方案的创领者、全球领先的无线通信模组及解决方案提供商，美格智能将继续保持智能模组行业的领先优势，加大新产品的研发投入与推广，以智能模组 + 物联网定制化解决方案，助力 5G 网络下的视频记录仪、智慧驾舱、智能 POS 收银机、物流终端、VR Camera、智能机器人、视频监控、安防监控、智能信息采集设备、智能手持终端、无人机等千行百业的智能化升级。

秉承“诚信、担当、创新、共享”的经营理念，美格智能将持续依靠前瞻性的无线通信技术和高品质的智能物联产品为全球客户创造价值。面向万物智联的未来世界，美格智能以 5G+AIoT 赋能千行百业，助力万物智联，在物联网行业领军企业的道路上不断迈进（见图 3）。

图 3　美格智能一角

深圳安智杰科技有限公司

1. 发展概况

深圳安智杰科技有限公司（以下简称“安智杰”）成立于 2014 年，是国内领先的高级智能驾驶系统解决方案提供商和产品供应商。

自成立之初，安智杰便始终专注于智能驾驶领域，雄厚的技术研发实力与完善的产品体系，可为客户提供多元化的智能驾驶系统解决方案，并先后获得多家中国顶尖的风险投资和产业基金的投资，持续深耕发展。

2. 生产经营

安智杰具备从 SMT 到自动化组装的完整产线，生产过程采用全球领先的生产管理系统（MES），符合德国先进的 VDA6.3 体系流程，能够保障年产 300 万套以上的产能，并进入了国内多家主流主机厂的配套体系，合作的车型项目超过 100。

3. 技术进展及研发能

公司获得发明专利10项、实用新型专利6项、设计专利10项、软件著作权20项，并通过IATF 16949、ISO 14001、ISO 9001、知识产权管理体系认证等多项权威认证。

4. 主要产品与服务

高级智能驾驶辅助系统、智能家居、智慧交通、智慧物流等产品。

5. 发展规划

成为领先的高级智能驾驶系统解决方案服务商，为客户提供更丰富、优质的系统解决方案，为驾乘者营造安全、舒适的出行体验，推动中国智能驾驶技术快速发展！

华录智达科技股份有限公司

华录智达科技股份有限公司（股票代码：873762）成立于2002年，是北京公共交通控股（集团）有限公司信息板块的核心力量，也是中央直属企业中国华录集团旗下上市公司北京易华录信息技术股份有限公司（股票代码：300212）在大交通产业的重要战略部署。

公司专注交通行业，致力于城市交通管理领域，提供先进、实战的多元化综合交通解决方案、产品和服务。公司深耕城市公共交通行业多年，具有完全自主知识产权的软硬件全线产品；具有百余项授权专利；具有包括北京、天津、武汉、深圳等特大型城市的成功案例；具有国家高新技术企业、国家专精特新小巨人企业、国家知识产权优势企业、全国百强瞪羚企业、省级企业技术中心、省级服务型制造企业、省级数字化转型促进中心等称号；通过了CMMI5、ITSS运维一级、ISO 9001、ISO 14001、ISO 45001、ISO 20000、ISO 27001等多项国内、国际认证；连续多年获得中国智能公交行业十大优秀企业称号、专精特新产品奖等国家、省市级荣誉。公司基于人工智能、云计算、数字孪生、北斗通信等新一代信息技术，构建了适应行业特点和发展需求的“数据中台”等新型IT架构模式，为城市公共交通数字化创新提供高效数据及一体化服务支撑。

公司的产品和服务覆盖了近3亿人口的城市公共交通出行；覆盖每天超2亿人次公交客运量；覆盖了15万余辆公交车；覆盖了60多个城市和5个一带一路沿线国家。

1. 以人为本

公司汇聚了众多优秀人才，不仅有业内入行最早、业务经验最丰富的研发老兵，更有具备新思维、新活力的大厂青年精英，本科及以上学历人员占比近90%，博士、硕士学历人员占比近三分之一。企业坚持“以人为本”的文化理念，践行“依靠人，培养人，成就人”的人才理念，让每位员工充满成就感、获得感、归属感和幸福感。

2. 技术为先

公司始终坚持自主研发，也是业内最早进行“信创”布局的企业，确保了公司全部产品的“安全、自主、可控”。现有研发人员占比超过60%，每年的研发投入占全年营收的10%以上。公司设立了北京、大连两个研发中心，与北京理工大学、北京工业大学、大连理工大学、交通部科学研究院、准点公共交通研究院等科研院校和科研机构建立了长期稳定的技术合作关系。

3. 创新引领

公司深耕公共绿色出行领域，持续进行创新投入，在技术、业务、模式等方面多管齐下，在“数字人民币场景应用”“MaaS一体化出行平台”“自动驾驶智能装备”“企业数字化转型”等多个方面均有成功实践。

青岛硕索福特科技有限公司

1. 发展概况

硕索福特（SURESOFT TECHNOLOGIES INC.）成立于 2002 年，是一家实力雄厚的软件验证企业，在软件验证自动化领域拥有世界领先的技术，专注于 MISSION-CRITICAL（关键领域）产业领域软件安全性验证，并提供专业自动化工具及验证服务，在基于 ISO 26262 和 ASPICE 的软件开发和验证方面具有强大的实力，自主开发的 16 款软件验证工具覆盖了“V”模型的各个阶段，其中 6 款工具获得 TUV 的功能安全国际认证。

硕索福特拥有正式职员 900 余人，其中 85% 以上为技术工程师，韩国现代集团是硕索福特的第二大股东。硕索福特在软件功能安全验证领域拥有领先地位，广泛服务于汽车、轨道交通、核能、医疗、军工等核心产业，并历经 20 年，久经考验，在各个核心领域为软件功能安全提供保障。

青岛硕索福特科技有限公司（以下简称“我司”）是硕索福特在中国的子公司。

2. 生产经营

我司提供覆盖“V”模型各个阶段的软件测试工具链，为软件验证提供全套工具支持。同时提供基于功能安全的域控制器开发和测试工程服务，以及功能安全、网络安全和 ASPICE 相关的咨询服务。

3. 技术进展及研发能力

我司的 16 款软件验证工具，涵盖了软件开发流程“V”模型右侧的各个阶段（见图 1），包含代码静态测试工具 STATIC，代码动态测试工具 Controller Tester，模型静态测试工具 Model Inspector，模型动态测试工具 Model Verifier，覆盖率测试工具 COVER，A-SPICE 流程管理工具 V-SPICE，中控系统自动化测试工具 VISTA，ADAS 自动化测试工具 ADAS Inspector，故障注入测试工具 FIT，系统负载率测试工具 PROV。

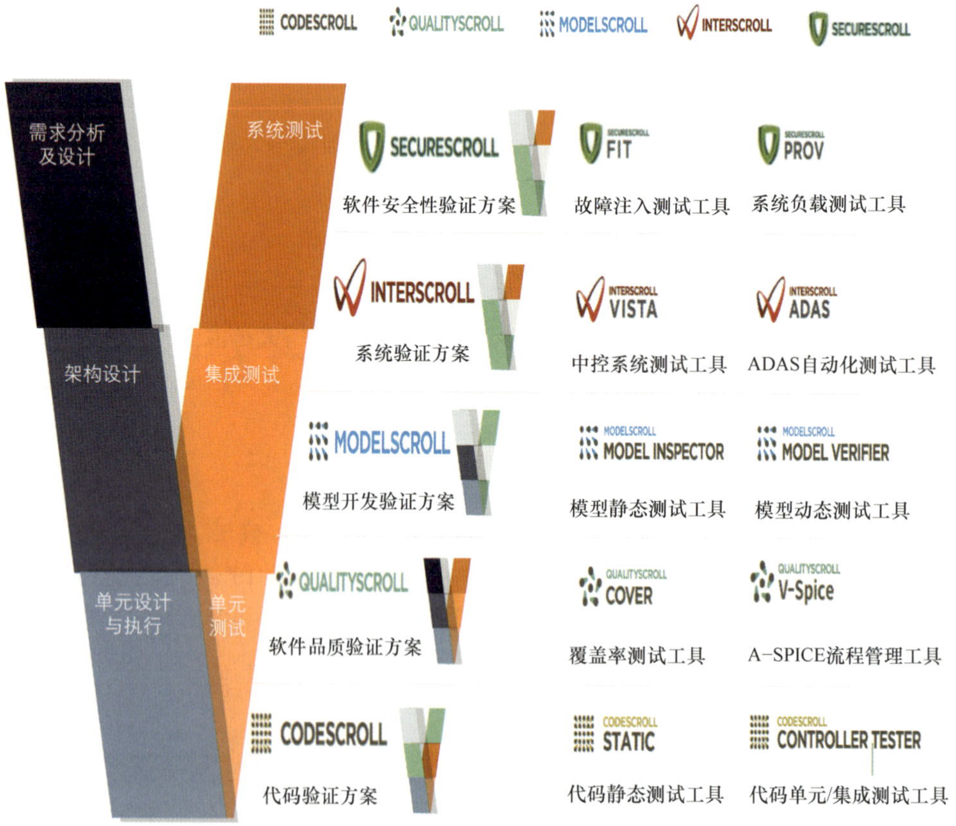

图 1　覆盖软件开发“V”模型的工具链

4. 主要产品与服务

我司凭借自身过硬的产品和技术实力，先后于 2017 年、2018 年成为北京现代和东风悦达起亚的一级零部件供应商。

我司基于自身能力和优势，主要提供如下产品和服务：

1）提供车规级软件检测工具（自主知识产权，并获得国际权威认证）。

2）提供车载 T-BOX（基于 GB/T 34590）的开发和供应，并提供电池溯源平台和企业管理平台的建立和运营服务。

3）提供基于 ISO 26262 功能安全的软硬件开发及测试的工程服务。

4）提供 A-SPICE 咨询服务。

5）提供网络安全解决方案。

6）提供 CNAS 软件实验室的认证及扩项咨询服务。

5. 发展规划

立足工具开发，丰富我司软件验证工具链，积极应对智能网联汽车软件验证行业的发展要求，实现我司工具链完美覆盖功能安全和网络安全的所有验证领域。

扩大工程服务范围，立足功能安全 ISO 26262 的硬件软件开发要求，积极扩大在预期功能安全领域的影响力。

应对未来智能网联汽车和自动驾驶的发展需求，基于 ADAS 数据收集和分析系统，结合智慧交通和 V2X，提供 L4 级自动驾驶测试解决方案。

北京五一视界数字孪生科技股份有限公司

51Sim 是由 51WOLRD 于 2017 年开始孵化的仿真测试业务版块，公司具有独立完整的自主知识产权，旗下主要产品是 SimOne 自动驾驶仿真平台，集静态和动态数据导入、测试场景案例编辑、传感器仿真、动力学仿真、可视化、测试与回放、虚拟数据集生成、在环测试等于一体，具备全链闭环仿真能力，并在场景仿真、分布式云仿真、XIL 在环仿真方面具有核心的竞争优势，为主机厂提供标准产品 + 定制方案的全栈仿真服务，助力合作伙伴造更智慧的车，建更智慧的路，实现更安全、更高效、更美好的出行。

截至目前，51Sim 累计合作自动驾驶行业客户多达近百家，并率先在国内实现数据驱动闭环量产落地。基于 Open SimOne 以及 SimOne 社区版相关模块，用户还可以将其与自有产品深度融合，量身定制并自行搭建仿真平台，解决主机厂、Tier1 及合作伙伴不同层面的仿真应用问题。

公司目前总人数规模近百人，超 80% 为研发人员，硕博比例超 50%。公司的主要研发领域覆盖计算机图形学、计算力学、计算机视觉、强化学习、深度学习、离散数学、决策规划等近十余项高科技类基础研究。

围绕 51simone 仿真软件，公司推出了 3 大产品线，具体产品架构（见图 1）包括数据驱动闭环仿真、感知仿真、控制仿真。

1. 单机版 51Sim-One 仿真软件

51Sim-One 支持导入标准 OpenDrive 格式的地图文件来自动构建静态场景，同时 51WORLD 也有独立自研场景构建软件 World Editor，能够快速地从无到有创建基于 OpenDrive 的路网，或者通过点云数据或地图影像等真实数据来还原路网信息。

51Sim-One 内置的案例编辑器可以用来创建多种不同类型的测试案例，如标准案例、交通流案例、回放案例。51Sim-One 也支持导入多种途径采集的真实数据，如车侧采集的数据、路侧采集的数据、无人机采集的数据来生成数据驱动案例。用户也可以通过导入标准 OpenSCENARIO 格式的动态场景文件来生成 OpenSCENARIO 测试案例。

51Sim-One 支持通用类型或者定制需求传感器的多路仿真，用于感知系统算法的测试与训练，同时也支持各种硬件在环的测试需求。

51Sim-One 提供丰富的接口对接控制系统，包括 C++、Python、ROS、Simulink 等接口、方向盘、模拟器等人工驾驶输入。51Sim-One 支持多种对接方式，可以选择只接入感知系统进行目标识别和预测的测试，也可以选择直接跳过感知系统从决策系统输入接入，或者将两者同时接入进行整体测试与训练。

51Sim-One 提供了一套自研的动力学系统，可以自定义车辆动力学的各种参数，包括车辆的外观、尺寸，以及动力总成、轮胎、转向系统与悬架特性等。同时，51Sim-One 支持接入第三方的软件，比如 CarSim、CarMaker 的动力学模块来完成更为复杂的动力学模拟仿真。

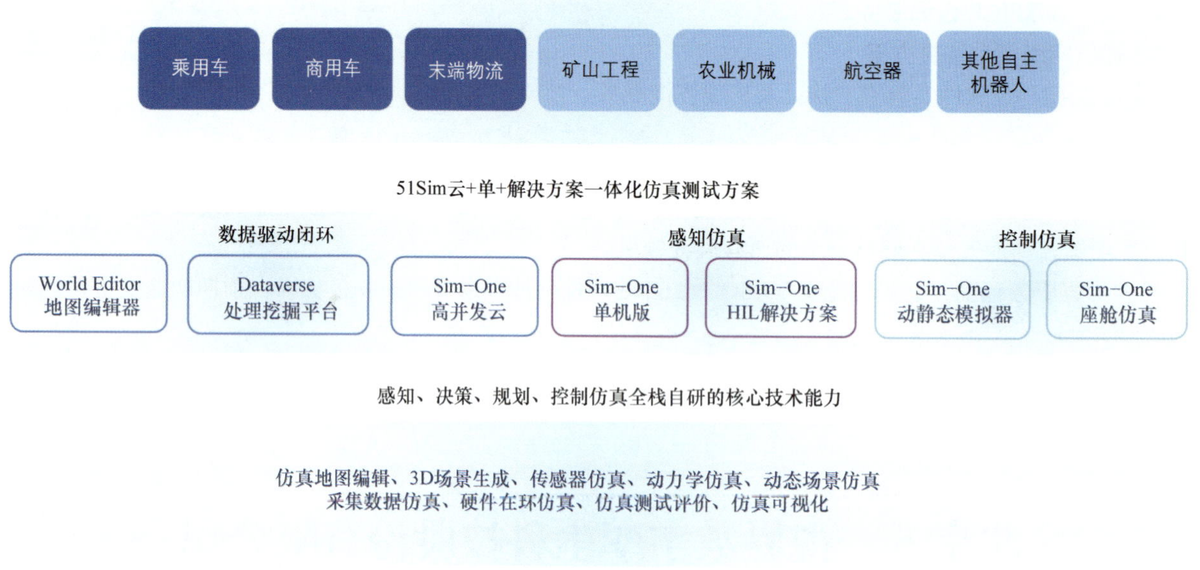

图 1　产品架构图

2. 云端版 51Sim-One 仿真软件

原生云架构仿真平台，大规模、高并发，日累计测试里程可达 10 万 km。支持部署在私有云、公有云，用户可以直接通过 Web 浏览器来编辑、运行、监控、分析案例；支持并发执行测试多个测试任务，可以通过 Web 的可视化模块来监控、回放测试案例；提供多用户支持，能够对用户进行分组、权限管理。云端架构见图 2。

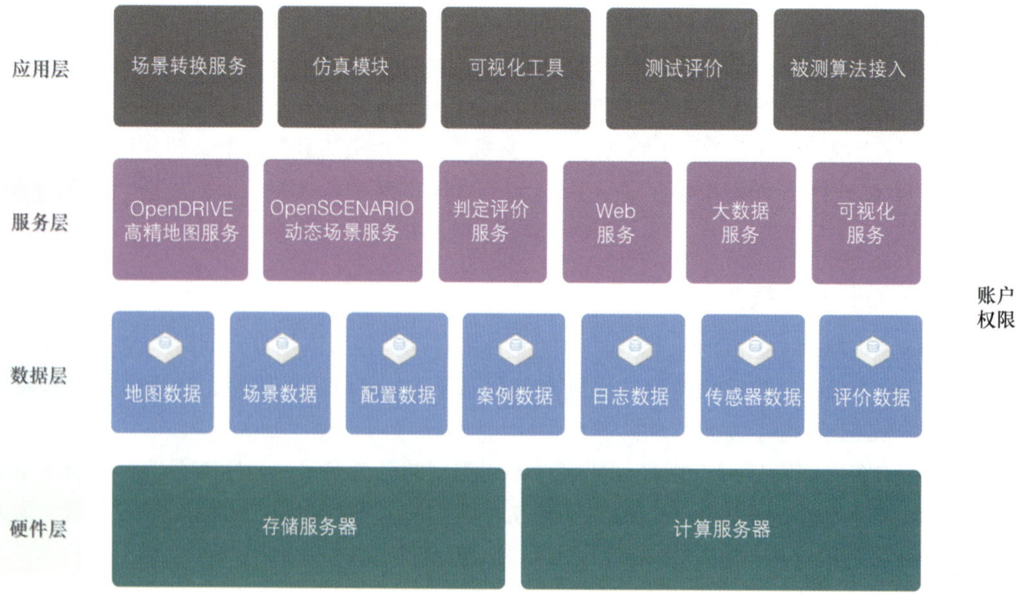

图 2　软件云端架构框图

3. 采集数据转换平台（Dataverse）

Dataverse 采集数据转换平台主要功能为将实采结构化数据还原为 Sim-One 仿真场景，同时将实采传感器数据直接可视化呈现，实现了数据驱动闭环中场景数据自动化生成验证。Dataverse 数据处理流程见图 3。

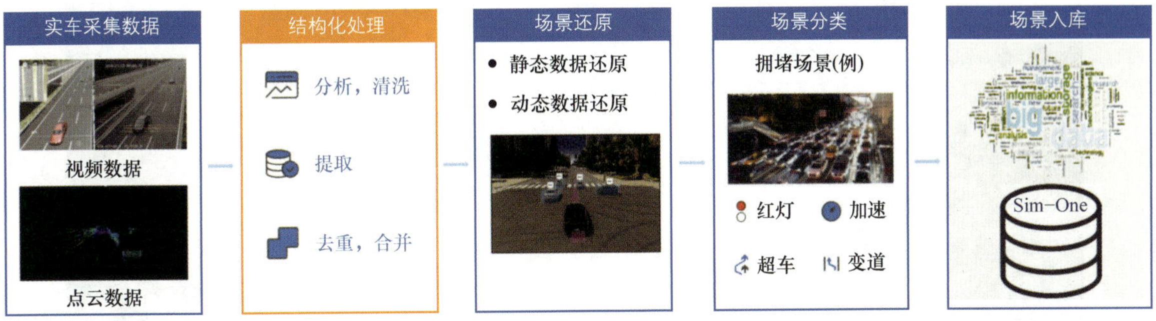

图 3 Dataverse 数据处理流程

（1）数据处理

1）可实时多并发清洗、计算、提取、分析、标记。

2）能够将实采数据转换为可用于仿真的测试场景。

3）提供任务管理器实现对数据处理任务的监管。

（2）数据管理

1）支持通过高级 SQL 语句精确查询。

2）支持数据的批量化操作。

（3）数据可视化

1）提供可视化工具对数据进行回放查看。

2）支持查看结构化数据、传感器数据。

湖北汽车工业学院电气与信息工程学院

湖北汽车工业学院是全国唯一一所以汽车命名的高等院校（见图 1），学校因车而建，因车而兴，前身是 1972 年成立的中国第二汽车制造厂工人大学。1983 年经国务院批准为全日制普通本科院校，正式命名为湖北汽车工业学院，中国汽车工业技术主要奠基人、原中科院学部委员孟少农任首任院长。1994 年列入机械工业部院校序列。2006 年学校从东风汽车公司划至省政府管理。2013 年获批为硕士学位授予权单位，2016 年顺利完成教育部本科教学工作审核评估，2018 年入选教育部“高校新工科研究与实践项目”的首批高校，同年学校正式进入湖北省“双一流”建设和博士学位授权单位立项建设高校。2022 年入选国家首批现代产业学院（湖北省仅 2 所高校入选）。经过 50 年的发展，学校已经成为覆盖工、管、经、理、法、文、艺七大学科门类的多科性应用型大学，现有全日制在校普通本科生、研究生、留学生 19000 余人，教职工 1100 余人。建校 50 年来，学校已为汽车行业和社会发展培养了 11 万多名专业人才，被誉为“汽车工程师的摇篮”。

1. 人才培养

学校坚持“工程教育回归工程”理念，围绕和拓展汽车产业链，培养专业基础扎实、工程实践能力强、具有创新精神和创业意识的专门应用型人才。学校拥有 20 个国家和省级一流专业，6 个国际工程教育专业认证专业，3 个国家特色专业，15 个省级品牌专业；建设有 29 门省级一流课程、22 门国家级及省级精品课程、10 个省级教学团队、17 个省级优秀基层教学组织，1 个国家级汽车产业实验实训教学示范中心、5 个省级实验教学示范中心和 3 个省级虚拟仿真实验教学中心、1 个“湖北省服务外包人才培养（训）基地”、1 个省级大学生创新活动基地。学校与企业联合共建校外大学生实习实训基地 200 余个。学校毕业生就业率长期保持在 94% 以上，连续多年居省属高校前列，一批批校友成长为汽车行业的技术管理骨干、领军人物和高管。

图 1　学校概况图

2. 技术进展及研发能力

学校近五年主持和承担了国家级、省部级研究项目，市厅级项目及企业委托项目等 1500 余项，获授权专利 600 余项，参与制定国家标准 5 项，获国家、省市级科技奖励百余项。“混合动力城市客车节能减排关键技术”获国家科技进步二等奖，承担“乘用车双离合变速器换挡毂高精度复合加工生产线示范工程”“高精度惯性传感器地面测试方法研究”等国家重大重点科技研发项目。学校多篇资政报告获得省市主要领导批示采纳。以省科技创新群体为代表的 17 个省部级科技创新团队，8 位优秀专家被纳入了中国工程院院士专家团队，共同服务十堰“双百行动”。

3. 主要应用及服务

学校扎根十堰、立足湖北，以“服务地方经济和汽车产业”为己任，走“产学研创融合”的特色发展之路，与东风汽车公司、十堰市建立了 6 个院士（专家）工作站、30 余个校企共建研发中心、6 个地方特色高端智库，与 200 多家企事业单位建立了长期产学研创合作关系。学校设有汽车动力传动与电子控制湖北省重点实验室、汽车节能技术湖北省协同创新中心、武当文化研究与传播中心等 54 个省部级科技创新平台和省人文社会科学重点研究基地；获批“湖北中程科技十堰产业技术研究院”，参建“湖北隆中实验室”。近三年，学校承接企事业单位委托的各类技术攻关课题千余项，多项科技成果在企业成功转化。

4. 发展规划

学校牢记“立德树人”根本任务，坚持社会主义办学方向，秉承“求是创新”校训，弘扬“艰苦奋斗、自强不息”的汽院精神，走“质量立校、科技兴校、人才强校、特色扬校、依法治校、开放活校”之路，正有力推进实施“三步走”发展战略，即在“十四五”时期实现大学更名；再用五年的时间，在 2030 年成为博士授权单位，建成高水平应用型大学；在 2035 年达成国内一流应用研究型大学的宏伟目标。

厦门雅迅网络股份有限公司

1. 发展概况

厦门雅迅网络股份有限公司（以下简称“雅迅网络”）是中国电子科技集团有限公司下属成员单位，大股东为中电科数字科技（集团）有限公司。

自 1998 年起，雅迅网络始终专注于车联网终端、系统平台及相关服务的研发、生产和销售，是我国乃至全球车联网领域的拓荒者之一。雅迅网络以新兴的北斗车联网技术及产品为核心，助力我国高端汽车电子国产化替代的同时，致力于为全球汽车主机厂提供创新型、高质量的车联网软件与零部件。

秉持为客户创造超预期价值的经营理念，雅迅网络紧紧围绕网联终端、网联座舱、网联智控、网联安全和网联大数据打造“4+1”立体产品线，面向汽车细分应用领域的不同应用场景，实现对商用车和乘用车前装市场的深度覆盖，成为国内领先的全栈式端云一体车联网软件与零部件供应商。

雅迅网络始终坚持自主创新、技术驱动，全国设有厦门、深圳、上海三个研发中心。公司是首家获得国家密码管理局颁发的商用密码产品生产定点单位资质及销售许可证的汽车电子厂商，是华为 5G-V2X 全球车联网生态圈的首家入选伙伴。

公司先后承担 60 余项国家级、省市级科研、产业化专项，并荣获了诸多荣誉和资质：

1）国家 863 计划成果产业化基地。

2）国家知识产权示范企业。

3）国家创新型企业。

4）厦门市院士专家工作站。

5）北斗卫星导航应用推进杰出贡献奖。

6）北斗产业化应用先锋企业奖。

2. 生产经营

雅迅网络拥有 17000m^2 的研发中心和占地近百亩的产业园，并通过了 ISO 9001、IATF1 6949 质量管理体系、ISO 14001 环境管理体系、ISO 45001 职业健康安全管理体系、CMMI 3 级软件能力成熟度模型。公司获得 CNAS 实验室认可证书，成功跻身国家认可的实验室行列。公司拥有领先的生产制造能力和先进的自动化生产设备，具体如下：

1）100 亩（约 67000m^2）产业园。

2）10 万级无尘、防静电、恒温恒湿车间。

3）300 万台年产能。

4）9 条全自动 SMT 生产线。

5）4 条全自动 DIP 生产线。

6）2 条全自动、智能化组装测试线。

3. 技术进展及研发能力

截至 2022 年 12 月，雅迅网络共申请专利 916 项，其中发明专利 830 项，取得授权专利 486 项，软件著作权登记 137 项，并主持和参与制定 9 项国家标准和 5 项行业标准。公司设有厦门、深圳和上海三个研发中心，共有研发团队 400 余人，突出的技术优势、以用户需求为导向的技术研发能力是公司快速发展的重要支撑。

目前，雅迅网络产品核心技术主要体现在以下几个方面。

（1）车联网人工智能技术

车联网人工智能技术主要指基于 ADASIS 体系、利用人工智能算法提升车辆智能化水平的技术。ADASIS 是一种基于车辆应用的地理信息数据传输协议，其定义了地图在车载网络中的数据模型及传输方式。基于 ADASIS V2 可全面提升车辆的安全、节能、舒适甚至自动驾驶性能。

车联网人工智能技术主要包括环境自学习、载荷高精度感知、基于实时环境因素的智能发动机曲线切换、驾驶员驾驶行为深度分析、汽车故障预测与健康管理等。

（2）车联网大数据技术

随着汽车产业进入大数据时代，平台接入车辆数量提升到了百万甚至千万级，从汽车上在线采集的数据量也将直接跃升到 TB 乃至 PB 的级别，而且数据类型更为丰富。奔驰、宝马等顶尖车厂利用汽车大数据结合人工智能技术开展了用户画像精准营销等创新型业务，取得了良好的效益；国内自主品牌如长城汽车等对大数据应用也进行了尝试，但总体上还存在技术水平不高、应用面窄、应用深度浅等问题。

车联网大数据技术包括车联网大数据一体化平台关键技术和模型算法研究。车联网大数据一体化平台主要提供 ABC（AI+BigData+Cloud）化一站式服务，其定位为多源海量信息的汇聚、解析、处理、挖掘的高性能综合性平台。平台旨在为千万级车辆提供在线接入，实现数据的云化高效处理，并提供汽车多维度资源数据的整合方案。平台还内置 AI 建模系统，辅以可视化的数据分析系统，从而达到汽车大数据深度挖掘的目的，实现数据的价值产出。模型算法研究包括驾驶行为评分模型、车辆关键部件保修理赔风控模型、配件库存预测模型、关键部件维修保养模型、UBI 保险定价模型等。

（3）车联网 C-V2X 技术

C-V2X（蜂窝车联网技术）是基于蜂窝通信发展而来的车联网通信技术，包括蜂窝通信和短距直通两个模式，从技术发展上包括 LTE-V2X 及其演进 NR-V2X，V2X 是 5G 在智慧交通领域的重要应用。

作为华为 5G-V2X 全球车联网生态圈的首家入选伙伴，雅迅在车路协同、远程驾驶、协作式车队管理、OTA 升级等方面进行战略布局，发布了车路协同云控平台、车载设备（OBU）、边缘计算等相关产品。

（4）车联网信息安全技术

当前，智能网联汽车主要面临来自节点（T-BOX、IVI、终端升级、车载 OS、车载诊断系统接口、车内无线传感器）、网络传输、云平台、外部互联生态安全 4 个层面的 12 大安全威胁。在黑客攻击的威胁下，智能网联汽车安全性变得愈发脆弱，甚至可能导致致命事件的发生。因此，汽车信息安全受到越来越高的重视。

雅迅网络掌握的车联网信息安全核心技术包括：

1）基于密码技术的智能网联汽车信息安全技术架构：建立了智能网联汽车网络安全、边界安全、设备安全、应用安全、数据安全体系，构建覆盖智能网联汽车云端、管端和边缘端的纵深防御体系。

2）智能网联汽车信息安全支撑关键技术：包括一车一密统一身份认证技术、动态群组密钥管理技术、车载设备可信启动技术、汽车总线安全隔离技术、安全 OTA 技术、漏洞扫描与模拟攻击技术等。

3）智能网联汽车信息安全产品研制：已经研制完成中央安全网关、IVI 中控屏等车载智能设备安全中间件、汽车信息安全支撑系统、汽车信息安全测试验证系统等产品。

4. 主要产品与服务

雅迅网络主要产品与服务见表 1。

表 1　雅迅网络主要产品与服务

产品线	具体产品和服务
网联终端产品线	T-BOX、5G-V2X OBU、e-Call、ETC、新国标行驶记录仪
网联座舱产品线	智能座舱、车载信息娱乐系统、数字化仪表、智能 HUD
网联智控产品线	e-Horizon VCU、智能限速辅助 SLA、车身域控制器
网联安全产品线	中央安全网关、以太网安全网关、普通网关
网联大数据产品线	大数据、新能源、OTA、V2X、北斗车联网、商用车车联网

5. 发展规划

未来，雅迅网络将持续聚焦汽车安全网联领域，保持公司在商用车车联网市场的绝对竞争优势，同时发展成为中国自主品牌乘用车车联网软件与零部件市场的领军企业。

采埃孚（上海）管理有限公司

1. 发展情况

采埃孚是一家全球性技术公司，致力于为乘用车、商用车和工业技术领域提供下一代移动性系统产品。采埃孚能使车辆进行自主观察、思考和行动。在车辆运动控制、集成式安全系统、自主驾驶以及电驱动四大技术领域，采埃孚能为现有的汽车制造商以及初创出行服务供应商提供广泛的解决方案。采埃孚能为各种车型提供电驱动解决方案。凭借其产品组合，采埃孚始终致力于推动节能减排、环境保护以及出行的安全性。

采埃孚商用车解决方案事业部（CVS）致力于成为商用车行业首选的全球技术合作伙伴，助力塑造商业运输生态系统的未来。采埃孚商用车具备专业的系统技术、广泛的产品组合和全球运营能力，服务商用车行业全价值链。随着汽车行业不断趋向自动化、网联化和电动化，凭借其零部件和先进控制系统的供应及整合能力，采埃孚商用车解决方案事业部能够提供创新的解决方案，赋能商用车辆和车队更安全和可持续的未来。2020 年 5 月，采埃孚收购威伯科后即成立商用车控制系统事业部（CVCS），而采埃孚商用车解决方案事业部是 CVCS 与采埃孚商用车技术事业部的完美结合。通过整合，采埃孚在商用车领域的综合能力将跃升到一个新的高度。全新的采埃孚商用车解决方案事业部于 2022 年 1 月 1 日正式启动，将以“赋能商用车智能 · 即在此刻”为战略目标（见图 1），围绕“安全交通运输”“可持续交通运输”和“智慧车队运营”三个方面，为全球的货车、客车、挂车等整车制造商和车队客户开创下一代出行解决方案和服务。

图 1　采埃孚商用车解决方案事业部战略目标

2. 生产经营

整合后的采埃孚商用车解决方案事业部将从事商用车车辆运动控制、传动、底盘、ADAS、AD 等系统及零部件的研发、生产、销售与服务，其中包括空气管理系统、电子制动与稳定性控制、悬架控制、转向器、变速器、离合器、底盘悬架、Radar、LiDar、Camera、域控制器、中央计算平台等广泛的产品线。自 1996 年进入中国市场以来，采埃孚商用车布局中国，目前有 11 家制造工厂，并不断提升本土生产能力、完善供应链管理、培育研发和创新能力，助推本地业务成长，致力于为客户创造价值增值。

3. 研发能力

采埃孚商用车解决方案事业部（CVS）亚太研发中心的团队分布在亚太区的 3 个国家 6 个地点，专注于提升商用车安全性和效率的产品开发和应用，其中包括自动驾驶、高级驾驶辅助系统（ADAS）、制动系统、转向系统、传动系统、悬架技术、空气管理、挂车技术、电驱动解决方案以及围绕车队管理的数字服务。自成立以来，亚太研发中心一直为把突破性商用车技术引入亚太市场提供有力支持。核心研发能力涵盖机械产品设计、机电一体化产品设计、电驱系统设计、系统工程、系统功能开发、系统集成、零部件验证、系统测试以及功能安全和信息安全等领域。此外，强大的本土应用工程团队支持区域市场的技术服务、应用释放，车辆测试以及认证试验，涵盖车辆的横向和纵向控制、底盘悬架、ADAS 和高阶自动驾驶以及电驱动解决方案等全系列产品线。

2018 年亚太研发中心成立了产品创新团队，致力于自动驾驶、电驱动及数字化等前瞻技术的研究与开发，重点关注亚太区特定的市场需求、技术要求和法规驱动。ADOPT™（自动驾驶开放平台）是亚太区创新开发的第一个成果。

随着市场、法规的标准和要求不断提高，应用的产品日趋复杂，亚太研发中心的研发能力也在持续的不断增强和扩展。我们研发团队的使命和目标不仅是提供尖端技术和最优的客户系统解决方案，同时致力于成为客户可信赖的、高效能的下一代出行解决方案合作伙伴。

4. 主要产品与服务

采埃孚商用车解决方案致力于赋能商用车智能，为整车制造商，车队客户和初创出行服务提供商提供自动驾驶、电动出行、智能网联和系统集成的解决方案，共同携手打造下一代出行方案。采埃孚商用车的产品线覆盖货车、客车和挂车领域，凭借其无与伦比的系统能力，将货车和挂车技术相结合，旨在货车挂车组合的安全性和效率方面树立行业新标杆。在自动驾驶和智能网联领域，采埃孚主要产品技术涵盖自动驾驶的感知、决策和执行三个阶段，并且由采埃孚系统产生的海量数据可进一步优化系统性能，并充分赋能商用车智能网联，最终为用户创造新的价值。

5. 发展与规划

作为百年制造企业，采埃孚商用车业务已在中国市场深耕超过 25 年，并与国内主要货车、客车和半挂车企业建立了深入合作，业务领域覆盖自动驾驶、驾驶辅助系统、制动控制系统、底盘悬架系统、手动变速器、自动变速器、离合器、转向机、车桥等产品。近几年，随着汽车智能化、电动化、共享化、网联化的发展，采埃孚将重点围绕电驱动和智能驾驶方面，陆续推出一系列新产品和新技术，并致力成为一家可以为商用车提供不仅是零部件，还包括子系统、模块、软件服务或应用场景解决方案的供应商。面对新的发展趋势和日趋激烈的市场竞争环境，采埃孚不断突破，正在把更多的研发能力、创新能力及产品带入中国。

海南大学机电工程学院

海南大学是海南省唯一的“211”工程高校，现有 36 个学院（部）、3 个国家级重点学科（含 1 个培育学科）、19 个省级特色重点学科、6 个博士后科研流动站、13 个一级学科博士点、1 个专业博士点、34 个一级学科硕士点、21 个硕士专业学位类别、71 个本科专业；建有 2 个国家重点实验室（含 1 个培育基地），19 个省部级重点实验室，3 个省部级协同创新中心，14 个省部级工程研究中心，14 个省级院士工作站，23 个院士团队创新中心。海南大学承担的国家“973”“863”、科技支撑计划、国家重点研发计划项目、国家自然科学基金等国家级项目数量逐年增加，科研立项经费快速增长，科研实力和管理水平大幅提升，产生了一批科技含量高、社会影响较大的标志性成果。

海南大学机电工程学院经过多年的学科与专业建设，拥有建筑面积为 8000m^2 的专业实验室和机电工程中心。拥有智能车联网实验室、新能源汽车实验室、汽车电子控制实验室、汽车仿真实验室和汽车动力实验室等，已经初步形成低碳智能汽车技术的研发能力，是本科生和研究生重要的实践教学基地。2019 年机电工程学院建成了智能车联网汽车实验室，该实验室包括车联网智控开放平台、车联智能监控系统、大数据分析模块、智能硬件开发模块、智能车联网负载均衡与缓存服务系统、智能车联网应用服务系统、智能车联网数据库服务系统、智能车联网创新开发项目实验资源管理系统。

新能源汽车安全与智能控制创新团队面向国家智能交通和低碳发展重大需求，立足于海南省高新技术及产业的发展需求，专注于新能源车辆和自走式移动机械智能化领域，聚焦于智能网联汽车、智能驾驶与场景仿真等领域，开展了动力电池绝缘监测系统（高压安全）、智能汽车实车实验系统、智能驾驶安全防护系统和自动驾驶仿真平台关键技术的研究，团队研发的低速无人车辆在海南大学海甸校区和三亚汽车小镇特定区域内进行了实车测试与验证。近年来团队承担国家级项目 4 项，省部级项目 6 项，科研经费近 500 万元；发表科研论文 30 余篇，其中 SCI/EI 收录论文 20 余篇，授权国家发明专利 5 项，获海南省科技进步奖三等奖 1 项。

南京芯驰半导体科技有限公司

1. 发展概况

南京芯驰半导体科技有限公司（以下简称“芯驰科技”）成立于 2018 年，专注于提供高性能、高可靠的车规芯片，拥有近 20 年车规级量产经验的国际水平团队，是国内为数不多的具有车规核心芯片产品定义、技术研发及大规模量产落地的整建制团队。

芯驰科技是国内首家“全场景、平台化”的芯片产品与技术解决方案提供者。产品覆盖智能座舱 SoC、智能驾驶 SoC、网关 SoC 和高性能 MCU，涵盖了未来汽车电子电气架构最核心的芯片类别，从而实现“四芯合一 赋车以魂”。

目前芯驰科技已完成 4 个系列车规芯片的流片、最高规格车规认证，并均已实现大规模量产上车，服务超过 260 家客户，覆盖了中国 90% 以上车厂。

资本层面，芯驰科技已获得华登国际、经纬中国、红杉中国、联想创投、祥峰资本、国开装备基金、晨道资本、兰璞资本、合创资本、创徒资本等基金的投资。

芯驰科技先后获得“国家高新技术企业”“专精特新中小企业”证书以及数十项行业奖项，例如“2022 年《财富》中国最具社会影响力的创业公司”“2022 中国汽车供应链优秀创新成果”“2022 甲子光年最具投资价值公司 TOP10”等。

2. 生产经营

芯驰科技是一支拥有“车规基因”的团队，在芯片设计的流程体系上严格遵循车规芯片的研发标准，芯片产品是国内首获“四证合一”车规认证的汽车芯片。芯驰科技也是业内以最快速度覆盖最广主机厂和 Tier 1 的芯片公司，公司成立 13 个月，即成为中国首个获得德国莱茵 ISO 26262 ASIL D 流程认证的芯片企业。芯驰科技自成立仅用 16 个月完成中国首个 16nm 车规芯片流片，成立 4 年内，共发布 4 个系列汽车芯片，每款芯片均实现一次性流片成功。

芯驰科技拥有超过 200 个生态合作伙伴，构建了全栈式汽车芯片生态，包括操作系统、虚拟化、工具、协议栈、HMI 等，帮助客户快速实现量产，缩短研发周期，降低成本。例如，AUTOSAR 基础软件上，芯驰已经和 Vector、EB、普华、ETAS、东软睿驰、恒润（排名不分先后）等国内外主流的 AUTOSAR 厂商完成了适配。

目前，芯驰科技的芯片出货量已超过百万片，与中国 90% 以上车厂开展合作。芯驰科技的芯片已销往欧洲、亚洲等国际车厂，合作的国际车企达半数以上。

3. 技术进展及研发能力

芯驰科技拥有近 200 项车规处理器关键核心技术领域的自主知识产权，芯驰的车规芯片达到国际一流水平，在核心域控 SoC 和高性能车规 MCU 领域真正突破国外垄断。

4. 主要产品与服务

芯驰科技的智能座舱芯片 X9 可以实现一芯十屏，覆盖智能座舱的仪表、中控、HUD、娱乐、电子后视镜、DMS、360° 环视 +APA、语音系统等所有功能。集成了高性能 CPU、GPU、AI 加速器以及视频处理器，能够满足新一代汽车电子座舱应用对强大的计算能力、丰富的多媒体性能等日益增长的需求。

芯驰科技的智能网关芯片 G9 是全球唯一获得国密认证，有效保障汽车信息安全的整车中央网关芯片，包含高性能 Cortex-A55 CPU 内核及双核锁步的高可靠 Cortex-R5 内核，在承载未来网关丰富应用的同时，也能满足高功能安全级别和高可靠性的要求。芯驰科技自主研发的包处理引擎 SDPEv2 在非常低 CPU 占用率的情况下，实现高效低延时的数据转发，满足安全启动、OTA、V2X 等多种未来车载安全应用的需求。

芯驰科技的智能驾驶芯片 V9 集成了高性能 CPU、GPU、CV 引擎，能够满足新一代智能驾驶辅助系统应用对强大的计算能力日益增长的需求。此外，V9 系列处理器集成了千兆以太网、CAN-FD，能够以较低的成本与车载系统进行无缝衔接。该款处理器还支持 MIPI-CSI 的并口 CSI，支持摄像头输入，包括 360° 环视、前视摄像、后视摄像和车内摄像系统。

芯驰科技的高性能车规 MCU E3 专门针对汽车安全核心应用设计，在性能和功能安全上达到国际领先标准，主频高达 800MHz，全系列产品集成了 3 对 ARM Cortex R5 双核锁步 CPU 和 4MB 片内 SRAM，用于 BMS、ADAS、底盘、车身等高安全、高性能要求的复杂应用开发。

在车规认证方面，芯驰科技先后获得了 ISO 26262 功能安全流程认证、AEC-Q100 可靠性认证、ISO 26262 功能安全产品认证以及国密认证，成为国内首个四证合一的车规芯片企业。

5. 发展规划

芯驰科技将伴随汽车“新四化”的发展，继续推出更高性能的车规芯片，以全场景汽车核心域控芯片助力电子电气架构演进，成为最受信赖的汽车半导体公司。

北京一径科技有限公司

1. 公司概况

一径科技成立于 2017 年，是国内较早做面向车载应用的固态激光雷达的团队，总部位于北京，在上海、江苏及美国加州设有分支机构。公司当前拥有员工 400 余人，研发人员比例超过半数，包括数十名博士，硕士以上学历人员占总人数超过 50%。核心团队来自清华大学、复旦大学、马德里理工、加州理工、康奈尔大学、鲁汶大学等国内外知名高校，以及博世、Autoliv、欧司朗、爱立信、索尼等国际知名 Tier1、光电半导体企业。

作为固态激光雷达领域的先行者，一径科技具有激光雷达全栈研发能力，坚持核心芯片和封装自研，独创激光雷达收发非同轴架构，并自建智能化工厂，致力于为行业提供国际领先的全固态激光雷达解决方案。

2020 年，一径科技率先发布 160 线大视场补盲激光雷达 ML-30s，成为行业内第一款车规级量产补盲激光雷达；此外，一径长距激光雷达 ML-Xs 也是当前业内全视场感知距离最远的激光雷达。2023 年 1 月美国 CES 展上，一径科技正式发布新一代补盲激光雷达 ML-30s+，具有图像级的超大视场点云感知和极致的车规级安全可靠性，是目前市场上能最快实现量产上车的高性能补盲激光雷达。

除激光雷达产品本身，一径科技还针对激光雷达的工程化应用特点，从脏污检测、清洗、OTA、标定等方面提供定制化的工程解决方案，从交付阶段开始为 OEM 提供端到端的激光雷达一站式服务，有效降低激光雷达“上车”前后的各项工程维护难度，降低相关成本。

目前，一径科技已获得国家高新技术企业、北京市中关村高新技术企业、北京市“专精特新”企业等称号，拥有多项发明专利，激光雷达产品及解决方案获得功能安全 ASIL B 以及 IATF16949、ISO 9001 等多项权威国际标准的认证，并在 Robotaxi、低速无人配送、干线物流、智慧矿区等多个自动驾驶细分领域落地，代表客户包括小鹏、上汽、百度、赢彻、京东物流、mobileye、元戎启行等国内外知名的整车及自动驾驶企业。

2022 年 10 月，一径科技完成数千万美元 C 轮融资，由元生资本领投，中信证券投资、卓源资本、亦庄资本跟投。

未来，一径科技将继续以先进的技术出发，紧密结合市场需求，提供高性能、小型集成化、可量产的车规级全固态激光雷达产品，赋予无人驾驶汽车、机器人等人工智能应用可靠稳定、宽视角、远距离及高分辨率的三维深度视觉能力。

2. 核心技术优势

一径科技始终坚持核心技术自研，具备成熟的激光雷达全栈研发能力，独创非同轴固态激光雷达架构，并能提供成熟的激光雷达集成与应用方案，赋予自动驾驶深度感知能力。

（1）先进固态激光雷达架构

高可靠性的扫描方式
- 超高分辨率
- 各类严苛工况下的高可靠性扫描
- 高寿命

专有大规模接收阵列
- 纯固态
- 超大接收孔径
- 大接收视场

灵活的光源选择
- 中、短距探测采用 905nm 波长
- 远距探测采用 1550nm 波长
- 随着光源的演进可轻易升级

（2）成熟的激光雷达集成与应用方案

车载全要素的软硬件架构
- 功能安全
- 支持 AutoSAR
- 信息安全
- 诊断

完备的整车集成方案
- 散热仿真与设计
- 脏污诊断与清洗
- 标定方案
- 同步与通信
- 造型与安装
- 诊断

关键的激光雷达应用功能
- 激光雷达抗串扰
- 点云降噪
- 人眼安全保护
- 诊断

（3）激光雷达全栈研发能力

端到端的激光雷达系统设计能力
- 激光雷达系统设计
- 激光雷达算法设计
- 硬件 / 光学 / 结构开发
- 激光雷达系统全栈仿真
- 功能安全开发能力
- 遵循 ASPICE 的软件开发
■ 诊断

核心光电 /MEMS 器件及封装研发能力
- APD 及其驱动电路设计
- 硅光子集成芯片设计
- MEMS 器件设计
- 先进封装工艺开发
- 芯片 / 模组量产测试系统开发
- 激光雷达系统全栈仿真
- 功能安全开发能力
- 遵循 ASPICE 的软件开发
■ 诊断

专有混合电路芯片开发能力
- 软件定义 LiDAR（SDL）技术开发平台
- 专用异构多核 SoC 架构
- ZVISA 定制指令集处理器
- LiDAR 专用信号链路设计
- 功能安全设计
- 高可靠性芯片设计
- 激光雷达系统全栈仿真
- 功能安全开发能力
- 遵循 ASPICE 的软件开发
■ 诊断

面向量产的工程化能力
- 面向量产的工艺开发
- 自动化生产线开发
- 自动化测试 / 训练系统开发
- 自建可靠性评估与验证实验室激光雷达系统全栈仿真
- 功能安全开发能力
- 遵循 ASPICE 的软件开发
■ 诊断

大陆投资（中国）有限公司

1. 发展概况

大陆集团致力于开发创新技术和服务，为人们及其货物提供可持续性的互联驾乘和运输解决方案。大陆集团成立于 1871 年，为车辆、机械设备、交通及运输领域提供安全、高效、智能且经济适用的解决方案。2021 年大陆集团销售额为 338 亿欧元。目前集团在全球员工数量超过 190000 名，遍及 58 个国家和地区。大陆集团于 2021 年 10 月 8 日庆祝公司成立 150 周年。

从 1994 年正式开始在中国市场运营，大陆集团服务于各个汽车细分市场上主要的汽车生产商。与此同时，我们也开发和生产材料、功能部件、零部件和系统，广泛应用于轨道交通、机械、工程、矿业及其他重要工业行业。目前，大陆集团在中国共设有 25 个生产基地、28 个研发中心，员工总数约为 16500 名，为中国市场提供定制化的解决方案。

自动驾驶是目前汽车行业增长最为强劲的业务领域。大陆集团拥有二十多年的驾驶员辅助系统的研发经验，我们意欲成为中国智能驾驶行业浪潮的推动者。

实现高度本地化发展是大陆集团自动驾驶及出行事业群战略的核心。我们不仅要引进全球最新的技术，并且也要用中国的创新力推动事业群的全球智能驾驶研发速度。我们致力于打造高性能、高品质且适宜于中国驾驶场景的自动驾驶解决方案。

2. 主要产品与服务

（1）雷达

1）大陆集团第六代雷达。大陆集团最新第六代雷达包含一款前雷达和两款角雷达产品，可实现从满足NCAP法规的入门产品到业内高性能传感器全覆盖。

① ARS620是一款远距离雷达，具备高达280m的最远探测能力和 ±60° 的视场范围，具备1. 3° 水平角度分辨率。其可灵活配置为单雷达传感器，或配置于卫星雷达系统。ARS620可在目标级别和点云级别（RDI）上提供感知功能，并满足ISO 23150传感器数据通信规范标准。

② SRR620是一种通用的多用途雷达传感器，具有 ±75° 的宽视野范围。与前代雷达相比，提供了更高的探测范围和更好的角度精度。SRR620可用作智能传感器，实现全面的经典角雷达驾驶功能。其也可以提供目标级别和点云级别感知功能，与大陆集团ADCU域控制器或类似设备结合使用。

③ SRR630是一款高级角雷达传感器，它结合了SRR620的宽广角和更高检测范围的优势。SRR630通过HRT高分辨率算法提供最高3° 的角度分辨率，以及可选的附加79GHz超高分辨率模式（SAR），在近距离内实现超高的距离分辨率。

2）大陆集团成像雷达产品ARS540。ARS540是一款用于高阶自动驾驶方案的高性能4D成像雷达产品。其具备高达1.2° 的水平分辨率以及2.3° 的垂直分辨率，可探测距离高达300m。其具备高达 ±60° 的探测角度范围，可实现复杂驾驶场景下的精确预测。ARS540是第一款真正能够测量目标高度信息的毫米波雷达产品。其针对高阶自动驾驶下复杂场景进行特殊优化，对于跟踪预测算法、交通参与者分类、静态目标探测均有优异的性能表现。另外，针对行人等目标，ARS540利用微多普勒技术，有效增强对VRU的探测能力。ARS540强大的传感器性能，为L2～L5级自动驾驶提供了强力的支撑。

（2）摄像头

大陆集团200万像素智能前视摄像头，拥有水平110° 宽视野。其小巧的身躯容纳了一颗强大的SOC，实现了单视觉感知、环境模型融合、路径规划、车辆控制等L2功能。在大陆集团毫米波雷达的加持下，最高CNCAP/ENCAP2023/2025五星可满足国内外法规要求。

大陆集团800万像素智能前视摄像头，拥有水平120° 宽视野，优秀的光学图像性能使得传感器“看得远”“看得清”。它使用了地平线征程3车规级AI芯片，5 TOPS等效算力使得感知“看得准”。大陆集团新一代L2+行车功能，使得交通参与者的行为“预判准”、功能体验“开得稳”。

大陆集团卫星摄像头，支持200万～800万像素，拥有30°～200°水平视野，涵盖了前视、后视、周视、环视。模块化的设计方案，可自由搭配镜头、图像传感器、接插件、串行器芯片，可为客户匹配成熟度高的产品，亦可根据客户需求深度定制。

（3）域控制器

大陆集团智能驾驶域控制器（ADCU）是一个满足L2～L4级别自动驾驶需求的配置灵活、扩展性高的计算平台。大陆集团基于市场上不同的传感器配置需求和不同的功能需求，通过进行标准化的接口设计，以及多级别算力芯片的选型提供平台化解决方案，满足市场的多样化需求，以及实现行车域控制器、泊车域控制器和行泊一体域控制器的兼容性设计，同时也便于客户进行车型平台升级和扩展。ADCU可以满足信息安全需求和最高级别功能安全需求，同时满足最新的NCAP2025五星需求和GSR2.0法规需求，为客户提供安全且智能的辅助驾驶和自动驾驶体验。

（4）跨域高性能计算单元

除了针对车身、智能座舱、安全与控制及自动驾驶的特定高性能计算单元解决方案外，大陆集团还提供包含跨域功能的解决方案。该解决方案提供了灵活的硬件和具有标准化管理级别接口的软件构建模块配置，标准化的硬件和软件组件可灵活使用于多重车型上，并加快上市时间，降低车辆架构复杂度（ECU及线束的减少）。

（5）区域控制单元

大陆集团区域控制单元（ZCU）针对全新的面向服务器的车辆电子电气架构提供车辆功能域独立的区域

管理。它整合了车辆物理区域内各类传感器、执行器和外围设备的 I/O 控制功能，支持硬件和软件的分离，全面降低了车辆的架构复杂性和成本。模块化且可扩展的设计概念既满足车辆基础架构功能（电源 / 健康状况管理、时间同步网络……），也满足特定客户及各类车型需求。

（6）灯光交互控制

随着汽车行业“新四化”—— 智能化、网联化、共享化和电动化的深入发展，汽车灯光将赋能智慧出行新蓝图。

汽车灯光已逐渐从纯粹的照明工具蜕变为智慧出行的一双明眸。大陆集团长期以来在灯光控制方面拥有深厚的造诣，相关灯光控制器能驱动各种灯源，包含 LED、DMD、miniLED、激光等，并且通过高清灯光控制能够实现车辆驾乘的交互范围拓展，提高驾驶安全性，保障交通秩序。例如：自适应防眩目远光控制技术，能很好地避免因前照灯对行人或驾驶员造成的眩目干扰，高清动态投影控制系统在夜间能够更好地为行人及其他道路参与者提供更清晰的照地提示，同时降低了驾驶员在转弯时因视线受阻导致的事故概率，提升道路安全。在不久的将来，通过集成车路协同（V2X）和传感器融合（SENSOR FUSION）通信技术，灯光交互控制作为一种专属的“沟通语言”与其他交通参与者进行通信和数据交流，灯光通过传感器融合技术，接收并分析得出运行数据，规划相应的灯光指示，赋能智慧出行，赋能驾乘体验（见图 1）。

（7）数字钥匙解决方案

大陆集团数字钥匙产品的运行需要智能设备、钥匙核心服务器及用户手机 APP 配合使用。为更好地服务与支持客户数字钥匙产品落地，大陆集团提供基于移动端的手机 SDK 服务以及后台业务系统的 API 服务，以保障客户为用户提供符合其业务规范的应用。大陆集团也提供用户 APP 及后台业务系统开发的定制化系统服务，让客户无后顾之忧。为更好地服务于不同市场需求的用户，大陆集团提供了基于智能手机的车辆进入解决方案（CoSmA）、RCK（Remote Cloud Key）的精品后装方案以及 ACCM（Access & Connected Car Module）后装方案，以满足主机厂、4S 店（或汽车销售公司）以及物流车队、租车公司客户的不同需求。CoSmA 解决方案可以为用户提供基于蓝牙、NFC 及超宽带技术（UWB）的终极数字钥匙产品体验。

图 1　灯光交互控制

大陆集团数字钥匙产品执行双向的非对称加密认证建立数据连接，从而确保其安全性与可靠性。大陆集团数字钥匙产品具有全球交付能力及服务保障，在全球 9 个国家和地区设有研发中心，如中国、法国、北美、墨西哥、越南等，同时，目前已在全球 3 个国家和地区部署大陆集团的钥匙核心服务器，如中国、北美、德国。未来在法国与东南亚地区会再部署 2 处钥匙核心服务器，为全球用户提供数字钥匙产品服务。

北京信长城科技发展有限公司

1. 发展概况

北京信长城科技发展有限公司（以下简称“信长城”）成立于 2017 年，是国内车联网安全领域头部标杆企业。信长城以密码技术创新应用为核心，聚焦车联网身份安全与数据安全，通过对车联网应用场景与市场需求的深刻洞察，自主研发了汽车数字钥匙、V2X 证书安全管理、车载总线安全、车联网数据安全、固件安全管理等产品和解决方案。目前，信长城已与一汽、北汽、上汽、吉利、泛亚、滴滴等多家头部车企建立深度合作，并在 20 余款车型上实现前装量产。

2021 年以来，公司逆势成长，连续获得头部产业资本投资。

2. 主要产品和服务

信长城从 2017 年开始，就聚焦于车联网身份安全与数据安全，自主研发覆盖总线安全、车云通信安全、V2X 通信安全、合规检测等创新产品，包括检测平台、数字钥匙、V2X 证书系统、车规级安全芯片等安全产品，在国内率先打造了车联网整体安全解决方案（见图 1）。

信长城积木式的产品体系，能够支持多场景下的复杂应用，有效降低技术研发和对接成本，快速便捷实施，并支持超大规模并发，具有良好的稳定性。

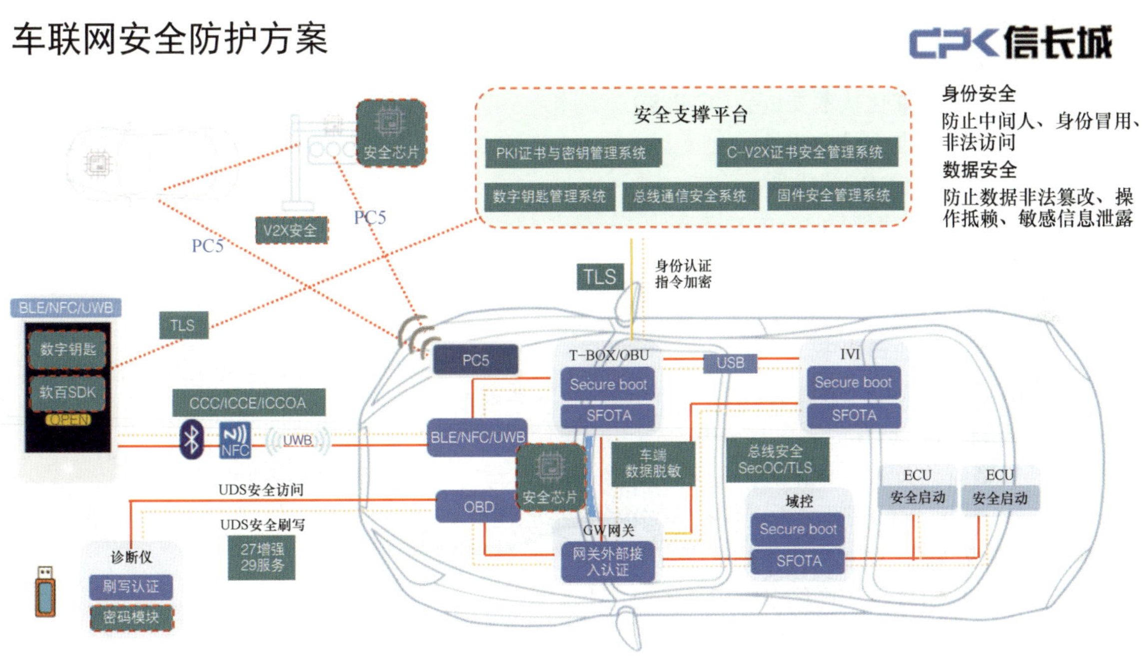

图 1　信长城车联网安全解决方案

3. 研发能力及技术创新

信长城在国内率先基于密码技术构建起整车信息安全纵深防御体系，实现车内通信、车内系统、车外通信的信息安全防护，具有整车信息安全架构与设计能力。

信长城技术积累雄厚，获得发明专利、软件著作权等知识产权 100 余项，是国家高新技术企业、国家商用密码生产定点单位。公司团队由知名车企、Tier1、运营商、互联网、密码等行业的百位资深专家组成，先后承担工信部、科技部多个重大专项研究工作，参与密标委、汽标委、通标委 10 余项标准研制工作。公司通过深厚的技术积累和持续创新能力，深度解析车联网安全风险点，构建整车信息安全防护体系。自成立以来，信长城连续多年荣获工信部“网络安全技术应用试点示范项目”“车联网漏洞分析工作组”专家、IMT-2020（5G）推进组“LTE-V 技术验证试验证书”“年度优秀车联网信息安全方案商”等多项行业荣誉，同时拥有国家 V2X 先导区建设和主机厂量产经验，已与一汽、北汽、上汽、吉利、泛亚、滴滴等多家头部车企建立深度合作，并在 20 余款车型上实现前装量产。

企业荣誉资质

- 国家高新技术企业
- 北京市专精特新中小企业

- 国家商用密码生产定点单位
- 国家商用密码产品认证
- CMMI3 级认证
- ISO 9001 质量管理体系认证
- ISO 14001 环境管理体系认证
- ISO 27001 信息安全管理体系认证
- 10 余个密码产品认证证书
- 63 项软件著作权
- 14 项发明专利已授予
- 25 项发明专利申请中

车联网安全标准制定组织成员

- 全国汽车标准化技术委员会（TC114）
- 全国通信标准化技术委员会（CCSA）
- 全国道路运输标准化技术委员会（C-ITS）
- 国家商用密码标准委员会成员
- 国际车联网联盟（CCC）成员
- 智慧车联产业生态联盟（ICCE）成员
- IMT2020-5G C-V2X 工作组成员
- “车联网安全专班”工作组成员

参编多个标准和行业白皮书

- 《基于 LTE 的车联网无线通信技术安全认证技术要求》
- 《车载应用软件信息安全标准》
- 《CAN 网络信息安全技术要求》
- 《CCC 数字钥匙国际规范》及《ICCE 数字钥匙行业规范》
- 《车联网通信安全与基于 GBA 的证书配置白皮书》
- 《基于 USIM/eSIM 的车联网多应用技术白皮书》
- 《LTE-V2X 安全技术白皮书》

4. 发展规划

车联网产业是汽车、电子、信息通信、道路交通运输等行业深度融合的新型产业形态。在万物互联时代，车联网被誉为未来智慧城市突破现有发展瓶颈的绝佳产业，当前车联网行业处在渗透率迅速提升的发展阶段，车联网蓄势待发，预计 2025 年我国仅商用车车联网市场规模就将达 806 亿元。

作为国内车联网安全领域头部标杆企业，信长城是国内率先具有车联网整体安全解决方案的企业。随着车联网产业相关政策的密集释放，拥有丰富车联网落地经验和强大技术壁垒的信长城继续深耕主机厂、Tier1、检测中心等。

博世智能驾驶与控制事业部中国区

1. 发展概况

博世集团是世界领先的技术及服务供应商。博世集团拥有近 402600 名员工（截至 2021 年 12 月 31 日），2021 财年创造了 787 亿欧元的销售业绩。博世业务划分为 4 大领域，涵盖汽车与智能交通技术、工业技术、消费品以及能源与建筑技术领域。作为全球领先的物联网供应商，博世为智能家居、工业 4.0 和互联交通提供创新的解决方案，旨在打造可持续、安全和轻松的未来出行愿景。博世运用其在传感器技术、软件和服务领域的专业知识，以及自身的云平台，为客户提供整合式跨领域的互联解决方案。利用带有人工智能（AI）功能或在开发和生产过程中运用人工智能技术的产品和解决方案，推进互联生活。通过产品和服务，博世为人们提供创新有益的解决方案，从而提高他们的生活质量。凭借其创新科技，博世在世界范围内践行“科技成就生活之美”的承诺。

博世汽车部件（苏州）有限公司是博世集团的全资子公司，成立于 1999 年 8 月，现为博世全球最大的研发和制造中心之一。截至 2021 年底，博世苏州公司拥有员工 9412 人，在苏州拥有 4 大厂区和办公地点，在常州、南京、深圳、上海和广州成立了 5 家分公司。

博世智能驾驶与控制事业部中国区总部位于博世苏州，在苏州、上海和广州设有研发中心，致力于开发适合本土市场的智能驾驶与智能座舱解决方案。

2. 生产经营

博世汽车部件（苏州）有限公司 2021 财政年度实现营业收入 250763.02 万元。

3. 技术进展及研发能力

博世智能驾驶与控制事业部隶属于博世汽车与智能交通技术业务板块，集成驾驶员辅助、自动驾驶、汽车多媒体、动力总成和车身电子系统等领域能力，统筹开发车载计算机、控制单元和传感器，为市场提供领先的跨域软件和汽车电子解决方案。事业部在全球范围内拥有员工 18500 人，中国区员工 1400 余人，其中 80% 为研发人员，主要从事智能驾驶与智能座舱相关解决方案的研发与量产。

4. 主要产品与服务

博世智能驾驶与控制事业部中国区在智能驾驶领域提供系统所需的传感器、域控制器等完备硬件产品以及行泊车相关功能与软件；在智能座舱领域，提供智能座舱域控制器及其底层软件，并在积极研发下一代舱驾融合的软硬件系统解决方案，让未来出行更安全、更精彩、更智慧。

5. 发展规划

伴随个性化、自动化、互联化与电气化的产业发展趋势，汽车正从单纯的交通工具逐渐演化为车轮上的物联网终端设备。汽车电子和软件的快速迭代，不断推动着汽车智能化的进程，整车电子电气架构也在经历由分布式向集中式演进的技术变革。作为全球领先的汽车技术与服务供应商，博世于 2021 年整合成立一个强大的跨域团队——智能驾驶与控制事业部，旨在打造面向未来的汽车电子和软件解决方案，为每个人提供个性化、自动化以及互联化的移动出行。

深圳市镭神智能系统有限公司

1. 镭神智能发展概况

深圳市镭神智能系统有限公司（以下简称“镭神智能”）成立于 2015 年 2 月，是全球领先的全场景激光雷达及整体解决方案提供商，致力于以高端、稳定、可靠的激光雷达环境感知技术赋能产业升级，服务覆盖自动驾驶、智慧交通、轨道交通、通用航空、机器人、智慧物流、高端安防、港口、测绘及工业自动化十大产业生态圈。秉持着“让驾驶更安全，让机器更智能，让生活更美好”的使命，以卓而不同的感知精品为客户创造价值，立足全球构建智能感知的黄金时代。

镭神智能以自主创新的核心技术树立了多个业界里程碑：是全球唯一一家同时掌握了 TOF 时间飞行法、相位法、三角法和调频连续波四种测量原理的激光雷达公司，同时具备 1550nm 及 905nm 车规激光雷达的量产能力，打造了市面最齐全的激光雷达产品矩阵；是国内最早开始进行垂直产业链资源集成与整合战略布局的公司，已具备从关键核心器件到整机全链条的设计、研发、工艺、制造、测试能力，均达到行业领先水平。镭神智能已实现自研自产激光雷达专用芯片、光纤激光器、十多种高功率核心光器件及生产光纤核心器件的自动化设备，以及半导体激光器和探测器封装工艺，彻底攻克我国被“卡脖子”的 35 项关键技术之的激光雷达技术问题，并获《人民日报》报道。

镭神智能总部位于深圳，拥有 4000m^2 的研发办公区和 30000m^2 的激光雷达全自动化、半自动化制造基地，总产能最高可达百万台。公司已取得 IATF 16949:2016、ISO 26262:2018 流程认证 ASIL D 级、ISO 9001:2015、ISO 14001:2015 和知识产权等管理体系认证。公司目前已在北京、上海、天津、杭州、苏州、武汉、北美、法国、东南亚等地设立了办事处，产品畅销全国并远销美、加、德、法、英、日、韩等十多个国家。

公司职工总人数近 700 人，其中研发人员有 280 余人，拥有国内在激光雷达、高性能光纤激光器、光电探测等技术领域最有优势的技术团队，且长期与国内外企业及高等院校保持紧密合作，建立联合实验室、互聘技术顾问。

公司目前已申请专利 503 项，其中发明专利 211 件，实用新型 153 件，外观设计 92 件，PCT 申请 47 件；目前授权专利 282 项，包括发明 52 件，实用新型 145 件，外观设计 85 件；已获批软件著作权 35 项；已授权集成电路版图设计 3 项，科技成果转化数十项，高新技术产品收入占全年销售收入 95% 以上。

2. 荣膺多项国家级 / 省级荣誉

- 荣获国家科技进步二等奖（见图 1）。
- 成功入选工信部“第一期人工智能产业创新揭榜优胜单位”（见图 2）。
- 国家级专精特新“小巨人”企业（见图 3）。
- 获广东省科技厅认定“广东省激光雷达工程技术研究中心”（见图 4）。
- 斩获 2019 广东省重点领域研发计划“新能源汽车”重大科技专项。
- 荣获广东省知识产权示范企业（见图 5）。

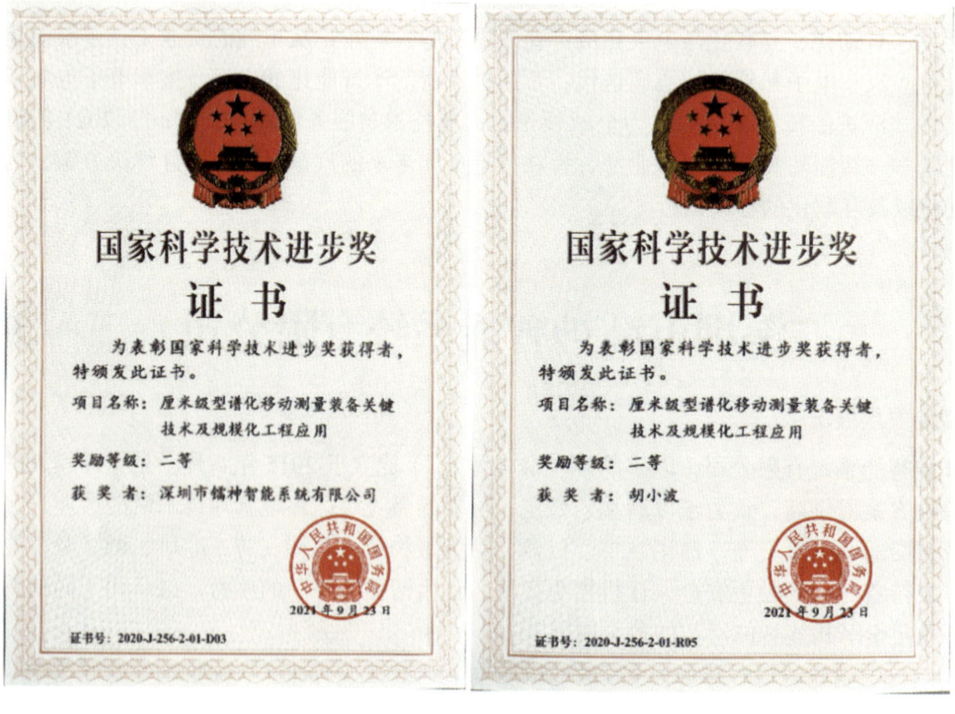

图 1　国家科技进步二等奖证书

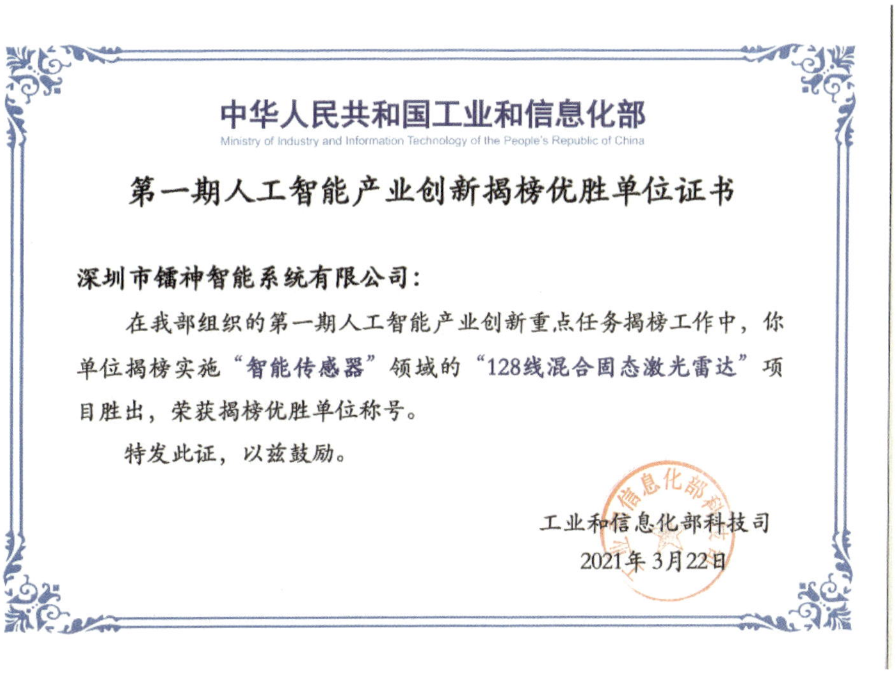

图 2　工信部“第一期人工智能产业创新揭榜优胜单位”

图 3　国家级专精特新“小巨人”企业

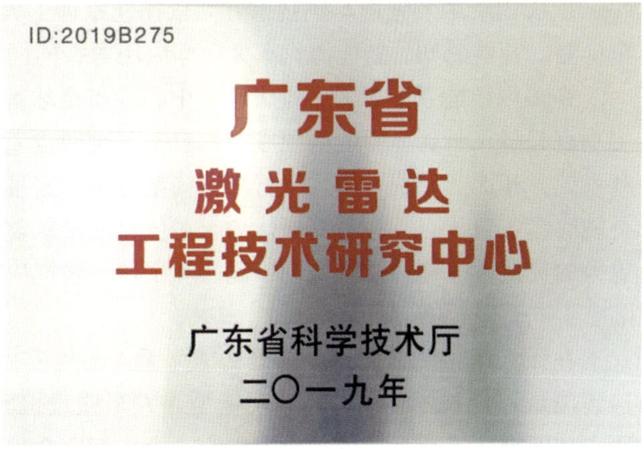

图 4　广东省激光雷达工程技术研究中心

图 5　广东省知识产权示范企业

北京理工大学重庆创新中心

1. 发展概况

北京理工大学重庆创新中心（以下简称“重庆创新中心”）成立于 2019 年，是重庆两江新区和北京理工大学共建的新型研发机构。重庆创新中心按照“院士领衔、团队落地、属地发展”的建设模式，引用育协同聚才，打造一流的“柔性 + 专聘”人才团队，重点围绕现代兵器、先进车辆、新一代电子信息、智能化和大数据、新材料、先进空天等领域，开展科技创新、人才培养、成果转化和国际交流等工作，服务国家战略和重庆经济社会发展，服务北京理工大学“双一流”建设。

目前，重庆创新中心已建设 25 个科技创新平台，获批国家级博士后工作站、智能无人技术系统国家重点实验室重庆分中心、新体制雷达重庆市重点实验室、重庆市技术转移示范机构等 7 个省部级以上平台；汇聚了 500 余人的队伍，引进 6 名院士、26 名长江学者及四青人才，高级职称以上人才 150 余人，培养博士后 51 名、研究生 365 名；获批科技项目 355 项（省部级以上项目 116 项），合同经费 3.3 亿元，分布式雷达项目写入重庆市政府工作报告及重庆市科技创新“十四五”规划，累计申请专利 391 项，授权 91 项，发表论文 500 篇，获得重庆市科学进步二等奖 1 项；孵化落地企业 6 家，累计产值过亿；与属地企业共建功能型无人车联合实验室、国家电网电池储能技术实验室共享（重庆）实验室等 5 个共享实验室；承办 IEEE 国际会议、电子学会年会、全国博士后学术论坛等重要国际学术会议 6 场。

2. 技术进展及研发能力

重庆创新中心先进车辆技术方向依托北京理工大学机械与车辆 A+ 学科，在多域智能系统、功能型无人车检测、智能感知、新能源汽车大数据应用等智能网联关键技术领域开展相关研究及成果转化。

在多域智能系统方面，重庆创新中心发布全球首款载人级两座智能分体式飞行汽车工程样车，采用了自主垂直起降飞行器、智能操控座舱和自动驾驶底盘三个独立模块的分体式构型，是面向载人、载物的立体运载系统，相比于结构一体式飞行汽车构型方案，这种分体式组合重构的方案具有充分发挥近地飞行器与地面行驶底盘各自优点、智慧交通优势、最优化能量效益的特点，可实现人员、货物空地转运的无缝衔接，具备更大的灵活性。通过陆空协同精确感知定位、智能决策规划和自动引导对接等技术实现模块组合重构，切换陆空不同行驶模式。

在无人车检测方面，为推进功能型无人车规模化、可持续应用，重庆创新中心主持行业标准体系建设、构建测试评价技术体系，填补功能型无人车质量检验检测技术领域空白，获批国家技术标准创新基地（重庆）功能型无人车标准创新研究中心，牵头制定 2 项国标委国家标准和 3 项重庆市地方标准（提案阶段）、3 项中国汽车工程学会团体标准，参与制定 1 项行业标准、4 项团体标准。

在智能感知方面，重庆创新中心自主研发的毫米波雷达是百度阿波罗生态唯一国产毫米波雷达技术方案和产品供应商，也是比亚迪智能汽车应用开放平台 Dlink 首批合作伙伴，自主研发的车端角雷达已进入小康汽车供应商体系，前向雷达已成为重庆迪马工业公司指定使用产品，路端雷达在重庆两江新区等地得到示范应用，超距交通雷达获批川渝联合重点研发项目。

在新能源汽车大数据应用方面，重庆创新中心依托新能源汽车国家监测与管理平台技术基础，形成了新能源汽车平台建设与运营、数据分析与应用服务等产品板块，为智能网联汽车行业的产品研发、车辆使用、生态发展等方面提供技术服务和解决方案。

3. 发展规划

重庆创新中心在重庆两江协同创新区内规划建设 20 万 m^2 科研实验院区，按照“先进布局、工程支撑、产业转化”的发展路径，构建科技创新研发平台，持续提升自我造血能力。重庆创新中心将坚持走“扎根属地—优势输出—做实做优—打造一流”的创新发展道路，匹配地方产业，推动成果落地，构建共享共赢生态。

清智汽车科技（苏州）有限公司

1. 发展概况

清智科技始终致力于成为卓越创新的中国智能网联汽车电子 Tier1，自成立至今六年时间，清智科技取得了跨越式发展，聚焦 ADAS 智能辅助驾驶 + 车路协同 + 适度单车智能 + 安全底盘 + 特定场景 L4 路线，研发能力和经营业绩不断快速发展。

2. 生产经营

1）拥有苏州、天津双中心，超 13000m^2 研发和高端装备制造基地。

2）申请自主知识产权超 160 项，取得 IATF 16949、ISO 26262、ISO 45001、ISO 9001、ISO 14001 等一系列体系认证证书。

3）获得苏州市和相城区独角兽培育企业、江苏省先进技术产品、苏州市和相城区工程技术研究中心、中国潜在独角兽企业、相城区领军人才、铃轩前瞻底盘优秀奖、商用车 ADAS 市场领先奖、智能网联创新 TOP100 等多项荣誉称号。

4）商用车前撞预警、车道偏离预警、自动紧急制动系统等 ADAS 主力产品已积累 100 万 km 以上测试里程，取得超 600 个车型公告，量产数十万套，拥有 30 余家主机厂客户，中国商用车 ADAS 市场份额居全国前列，2021 年收入超过 2 亿元。

3. 技术进展及研发能力

（1）“感知 - 规划 - 决策 - 控制”全技术链

公司坚持单车智能技术与智能网联汽车技术同步深耕，依托成熟的视觉感知技术 + 鲁棒性极强的多传感器融合策略 + 多平台兼容的控制方案 + 稳定的供应链，铸就了“感知 - 规划 - 决策 - 控制”全技术链深度研发能力，在严格执行车规产品设计的同时兼顾国产化率需求，遵循 V 模型正向开发的同时恪守 ASPICE 及功能安全流程要求。

（2）人 - 车 - 路一体设计理念

产品研发秉持人 - 车 - 路一体的设计理念，在安全可靠的前提下，兼顾不同的驾驶风格，匹配不同平台的执行机构，适应复杂多变的行驶工况，进而获得良好的驾乘体验。为了达成产品既安全又舒适的目的，公司引入 MIL、HIL、SIL、VIL、封闭场地测试、开放道路测试等设计达成测试评价方法，采用了产品基线管理和版本发布管理系统，实施了高自动化程度的 CI/CD 流程。

（3）先进融合算法与体系架构设计

公司采用多种融合算法，提升车辆对环境的感知、认知能力。针对汽车智能化功能不断丰富及智能化与网联化深度融合的趋势，在行业内率先开展域控制器开发与体系架构设计，硬件具备平台化输入输出兼容冗余设计，软件符合国际领先的 AUTOSAR 架构理念，系统为 L3、L4 级自动驾驶及中国方案车路协同技术路线预留升级空间。

（4）突出的安全性与可靠性

公司通过 ISO 26262 功能安全认证，产品研发、设计、制造、验证、售后等全流程完全符合功能安全要求，下一代硬件平台将具备汽车行业最高的 ASIL D 功能安全等级。同时，清智科技完成 IATF16949 认证，采用车规级设计方案及物料，产品能够适应各类严苛工况要求，并具备向所有商用车主机厂直接供货的资质条件。

4. 主要产品与服务

（1）ADAS 智能辅助驾驶

- 自主研发摄像头 + 毫米波雷达 + 高性能域控制器。
- 基于 AI 深度学习的图像感知算法 + 融合 + 决策控制策略。

- 支持 FCW/LDW/IHC/TSR/DMS/AEBS/ACC/LKA 等辅助功能。
- AUTOSAR 架构，满足功能安全 ASIL-C，支持 L2+ 自动驾驶。
- 完全满足商用车强装系列法规要求。

（2）智能网联终端 + 云平台

- 支持 4G/V2X + ADAS 地图 + GNSS 定位。
- 图像 / 雷达感知数据 + 车辆状态数据实时采集上传。
- 满足法规对商用车网联式 Ⅱ 型 AEBS 功能要求。
- 支持车辆实时监控、行驶轨迹回放、数据统计分析。
- 支持拓展 OTA 和远程云控功能。

（3）EBS/ESC、TIB

- 对标国际 Tier1 产品，满足智能驾驶所需线控精准制动需求。
- EBS/ESC 满足法规要求，军民两用。
- EBS 已在两大航天军工集团获得型号预研订单。
- TIB 可实现线控制动、制动能量回收等功能。
- 兼容 4.5t 以下商用车和乘用车需求。
- 新一代 TIB 未来拓展 One-box。

（4）中央计算和通信平台

- 主流可量产 SOC+MCU，高可靠性设计。
- 成熟的开发工具链和面向客户的应用赋能能力。
- 支持商用车 L2+ 和乘用车 L3 主流功能。

重庆交互科技有限公司

1. 发展概况

重庆交互科技有限公司（以下简称“交互科技”）是一家在重庆高新区西部（重庆）科学城注册的高科技企业，主创人员是来自重庆大学、重庆文理学院的博士教授团队。交互科技瞄准 C 端导向的汽车智能座舱行业用户体验共性需求和国际技术前沿，致力于智能座舱人机交互、用户体验核心技术和智能交互产品研发及产业化推广，在行业率先创建了智能座舱用户体验主 - 客观测试评价关键技术和云服务平台，为汽车行业整车厂、供应商、第三方检测机构、高校、科研院所提供核心技术支持、专业人才支撑、OTO 应用模式及用户体验数据服务。公司擅长驾驶疲劳识别与安全预警、智能座舱座椅舒适性、中控屏软件、驾乘体验、内饰材质 CMF 高级感、氛围灯、香氛等用户体验测评。

2. 生产经营

公司的经营范围为：网络科技领域内的技术开发、技术转让、技术咨询、技术服务；电子产品开发；工业设计技术开发；大数据系统开发集成与应用；智能系统的开发、销售及服务；互联网软件的开发、销售及咨询；计算机软硬件、可穿戴设备软硬件的开发与销售等。目前交互科技形成以智能座舱人机交互用户体验测试评价技术、智能产品用户体验测试数据分析数据软件、优益网用户体验测评云服务平台、嗅觉体验测试仪及材质体验测试仪等用户体验测试评价装备四大主营业务方向。

3. 技术进展及研发能力

依托重庆大学与重庆文理学院的专家教授团队，经过多年研发，交互科技在汽车智能座舱人机交互、智能产品用户体验领域，与重庆大学共建智能座舱人机交互实验室，与招商车研等国家级第三方汽车检测机构形成战略合作伙伴，具有智能座舱人机交互测试评价、驾驶行为状态（分心、疲劳、情绪）主 - 客观阈值与驾驶风险标定、多模态唤醒、嗅觉体验测试、材质体验测试、用户体验云服务平台等核心技术实力，授权或公开 10 项专利，拥有 2 项软件著作权（见图 1），在智能产品用户体验测试评价领域形成了独特技术优势。

实用新型专利证书

实用新型专利证书

实用新型专利证书

实用新型专利证书

图 1　部分知识产权和专利证书

4. 主要产品与服务

交互科技目前拥有智能座舱人机交互用户体验测试评价技术、优益网用户体验测评云服务平台、智能产品用户体验测试数据分析数据软件、嗅觉体验测试仪及材质体验测试仪等用户体验测试评价装备四大主营业务，交互科技的主要产品和服务如下。

（1）智能座舱用户体验主 - 客观测试评价技术

智能网联汽车成为中国制造业高质量发展的重要载体，已成为人们出行不可或缺的智能移动空间，人们对汽车绿色安全、智能舒适的高端化更加看重。针对整车厂、供应商、第三方检测机构对自主车和竞品车智能座舱用户体验测评的共性需求，交互科技建立了《汽车智能座舱用户体验测试评价规程》V2.0。包括：人机交互主 - 客观测试评价指标体系（一级指标：绩效、负荷、满意度、安全；二级指标：效率、准确度、正确率、认知负荷、动作负荷、总体满意度、形态满意度、功能满意度、交互满意度、车辆行驶安全；指标度量与量化指标数据采集方法）、测试任务切片、搭建测试场景（模拟座舱、实车座舱、道路场景）、配置测试设备（脑电仪、近红外脑功能成像仪、眼动仪、多通道生理仪、手指运动追踪、面部表情识别系统、体压测试仪、贯导仪等）、筛选目标用户（最少 30 位被试，筛选条件：年龄、性别比例、人体测量百分位范围、教育程度、职业、收入、性格、驾龄、驾乘频度等）、制定测试流程、测试数据同步采集（带时间标记）、主 - 客观测试数据处理与相关性分析、测评报告生成。

（2）优益网——智能产品用户体验测评云服务平台

为了提高智能座舱及其他智能产品用户体验服务效率和智能化程度，交互科技自主研发了优益网——智能产品用户体验测评云服务平台，提供 OTO 服务模式，即客户在线注册，在线提交智能产品用户体验测评服务需求，平台自动生成测评方案和执行手册，客户评审与确定测评方案，客户与平台方签订合同，客户按测评方案和执行手册，自行准备测试设备 / 测试场景 / 招募被试 / 组织测试 / 采集数据，测试数据上传云平台，云平台自动处理测试数据，生成测评报告，客户下载。

客户如果没有测试设备和专业人员，也可委托平台方带测试设备和专业人员到客户现场，帮助客户或指导客户完成测试任务、测试数据上传云平台，云平台处理数据、生成测评报告，客户再下载测评报告。

对智能座舱车载屏或其他智能产品软件原型，客户可在优益网云平台注册后，按云平台自助测试流程和提示信息，自己在互联网上或线下招募被试，发送二维邀请码，目标被试扫描二维邀请码自动登录云平台，按云平台提示信息和流程完成原型软件的用户体验自动测评，自动生成测评报告。这种测评方式效率高，测试的被试不受人数、地域限制，并可进行原型软件改进的迭代测评，非常适合智能座舱车载屏原型软件、C 端智能产品原型软件用户体验自助测评。

优益网内含智能产品用户体验测试评价规程、测试数据处理工具集和人工智能算法，提供智能座舱进入首感体验、座舱驾乘体验、座椅舒适性、车载屏软件人机交互、ADAS 人机交互、座舱内饰材质 CMF 体验、氛围灯颜色 - 语义体验、座舱香氛 - 语义体验等的自助测评，以及车载屏原型软件自动测评的 OTO 服务。除汽车行业外，优益网云平台也可以应用在 ICT 行业、智能终端、智能家居、IT、软件、互联网、消费电子、设计公司、广告、高校、科研院所等行业的用户体验测评，从而构建一个 C 端导向产品创新与用户体验的生态圈。

（3）嗅觉体验测试仪

嗅觉体验测试仪与脑电仪配合，能准确控制气味释放类型和时间（见图 2），通过脑电仪测试用户在体验气味 300ms 内的生理感受，结合心理量表测试用户对气味的喜好和满意度。嗅觉体验测试仪内置六种气味源试瓶，可以装固态和液态气味源，更换试瓶可以装多种气味源进行嗅觉体验测评。

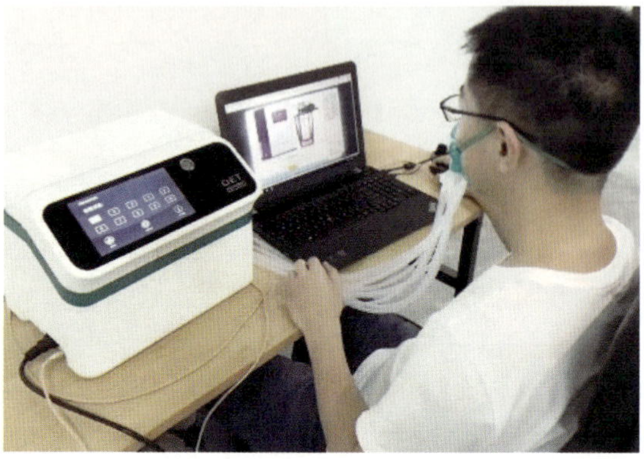

图 2　嗅觉体验测试仪

（4）材质体验测试仪

材质体验测试仪（见图 3）可测试出产品设计图中材质 CMF 与实物材质样板用户体验的等效阈值，从而指导产品后续材质选用和生产制造，保证用户对产品材质的所见即所得，避免产品材质 CMF 设计体验在生产制造中偏离目标用户期望。

图 3　材质体验测试仪

（5）气味精灵

交互科技生产、销售可手控 / 手机 APP 控制的气味精灵，可释放四种香氛气味（见图 4）；另外，配套提供各种体验香氛产品和疲劳、情绪、晕车调节功能香氛产品，可置于汽车座舱、家庭客厅、卧室、办公室、会议室、会客室等场景使用。

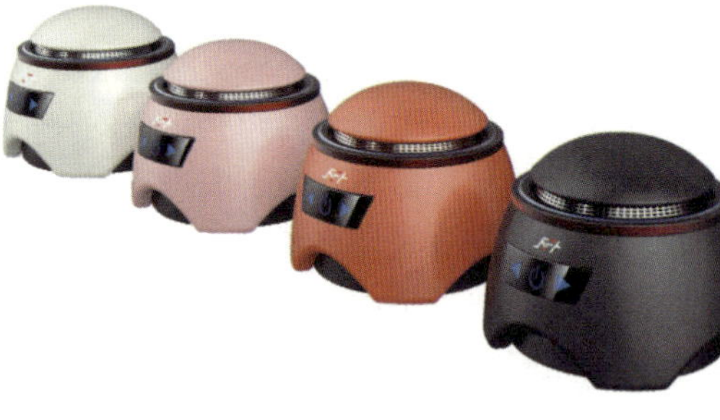

图 4　车载气味精灵

（6）商用车驾驶疲劳车载提神宝

为缓解驾驶员的驾驶疲劳，本专利产品有两种型号：一型是驾驶员感觉到疲劳时，按动方向盘上的控制按钮，提神宝释放提神剂气味，缓解驾驶疲劳；二型是摄像头检测到驾驶员脸部疲劳特征时，控制提神宝自动释放提神剂气味，缓解驾驶疲劳。

通过驾驶疲劳与嗅觉唤醒实验，采用国际通行的斯坦福 7 级睡意量表和近红外脑功能成像测试（见图 5），驾驶员午饭后在模拟驾驶平台上连续开车 1h 达到 4 级疲劳时，通过提神宝释放提神剂，进行第一次嗅觉唤醒，疲劳马上衰减到 2 级，并保持 40min，当驾驶员继续开车再次达到 4 级疲劳时，第二次嗅觉唤醒，可衰减到 3 级疲劳，并保持 30min，可见提神宝释放的疲劳衰减提神剂具有明显衰减效果。

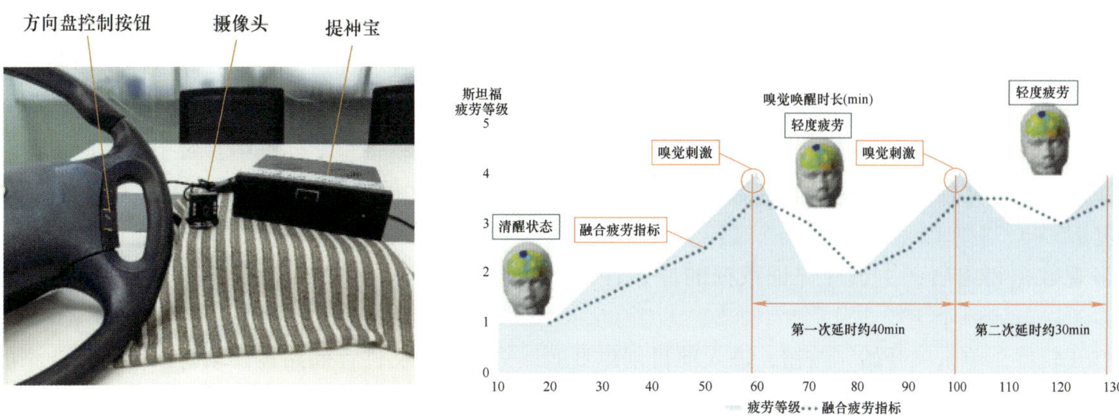

图5 车载提神宝

（7）多感官交互体验智能屏

本产品将用户的视觉、听觉、嗅觉、触觉、味觉感知体验集成在多感官交互体验智能屏中，用户在智能屏前面能感知体验到屏幕中的视觉和听觉信息，屏幕下方嗅觉体验口能同步释放屏幕中物体的气味，触觉体验窗口能体验到物体质感，味觉体验窗口能品尝送出的食物味道（见图6）。本产品能真实还原物体自然状态的视、听、触、嗅、味五感体验，可广泛应用于广告、教育、科普、产品研发、科技馆的多觉体验。

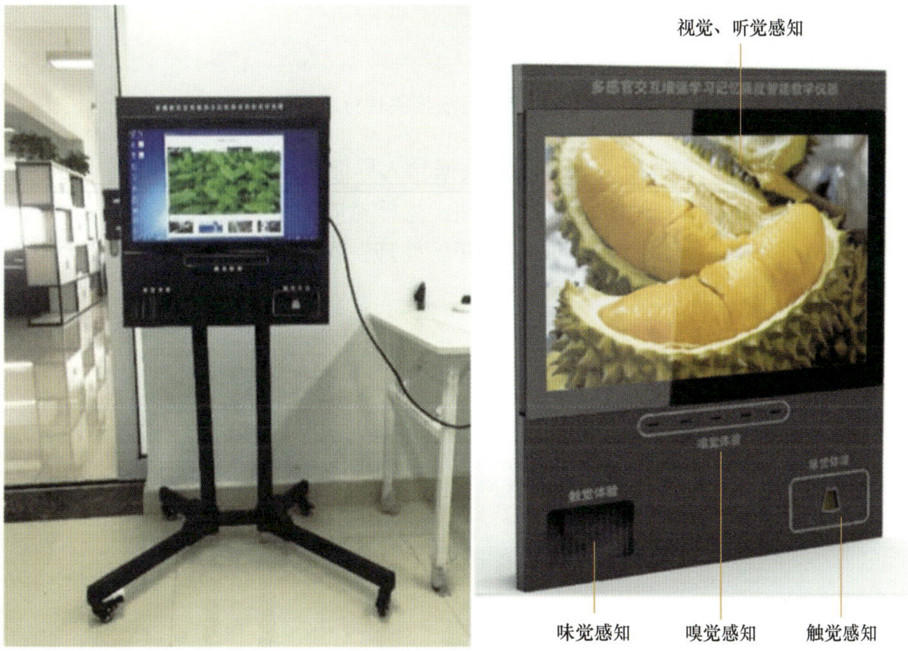

图6 多感官交互体验智能屏

（8）智能产品用户体验测试数据分析数据软件

智能网联交互用户体验主客观测试数据处理软件可对智能座舱仪表屏、中控屏、抬头显示、用户交互体验感知、绩效、负荷、满意度和安全进行主、客观结合的测试评价。站在汽车驾乘人员用户体验的角度，通过本测试系统的测试，可真实客观评价和反映智能网联交互系统用户体验的感知、绩效、负荷、满意度和安全性，为智能网联汽车仪表屏、中控屏、抬头显示等人机交互系统需求的挖掘、创新设计、市场营销、客户服务提供科学依据。该软件的具体功能如下：

1）主观评价数据前期处理。采用分级评价将主观评价问卷结果量化为具体数值，并按照评价维度将量化后的主观评价结果整理至软件所给主观评价数据模板文件中，以便后续的数据自动处理。

2）客观数据前期处理。将采集的被试手指操作轨迹视频导入 Noduls EthoVision 软件中进行初步分析，导出软件得到被试手指轨迹追踪客观数据；利用 D-lab 软件对眼动仪采集到的眼动视频进行分析，得到眼动追踪客观数据；驾驶员面部视频和行驶车道线视频由采集软件进行预处理后，导出驾驶员注视比和车道偏离数据；车辆行驶数据从车辆控制器中导出。

驾驶员注视比、车道线偏离数据和车辆行驶数据，按被试序号整理至文件夹中，每个任务应包含一个驾驶员注视比数据文件夹、车道线偏离数据文件夹和车辆行驶数据文件夹，再将文件夹压缩为“.zip”格式的压缩包。

客观数据得出后，主试应保证数据的原始性，不对数据内容做任何处理，以防止数据自动处理过程报错。

打开软件，单击“开始”按钮，进入项目创建页面，选择项目文件存储路径，填写项目名称，添加项目包含的所有测评任务及任务名称，全部填写完毕后即创建完成（见图 7）。经软件处理后的数据将全部存储在以项目名称命名的文件夹中，项目文件夹位于用户在本步骤中选择的存储路径下。

图 7　主 - 客观相关性分析

项目创建完成后，进入主 - 客观相关性分析的数据导入界面（见图 8）；将经前期处理后的数据文件导入至各任务数据类别对应的窗口中；单击“添加”按钮，选择对应类型的数据文件导入，单击“替换”按钮，可以更换导入错误的数据文件；导入完成后单击“开始处理”按钮，软件将自动进行后续的数据处理（见图 9、图 10）。

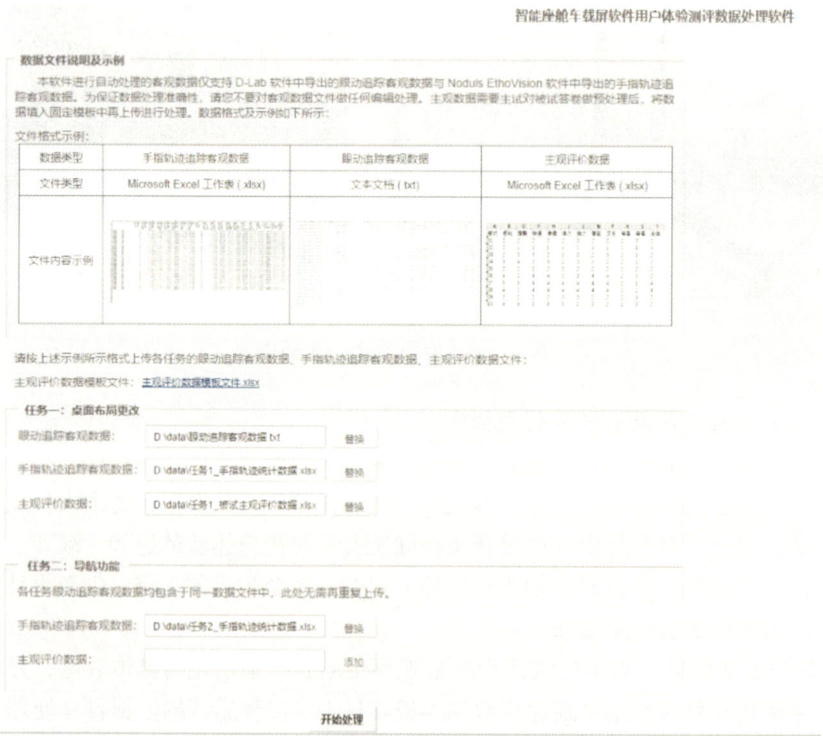

图 8　主 - 客观相关性分析导入界面

主观评价数据统计结果 | 主-客观相关性分析结果

任务一:桌面布局更改

主观指标	可感知性	可理解性	交互效率	交互准确性	体力负荷	脑力负荷	交互	审美	总体
客观指标	眼跳次数	未移动频率	任务时长	到点的距离	移动距离	注视时长	移动持续时长	扫视次数	注视次数
相关性系数	0.794	0.742	0.805	0.739	0.861	0.921	0.984	0.942	0.932
相关性评价	强相关	强相关	极强相关	强相关	极强相关	极强相关	极强相关	极强相关	极强相关

任务二：导航功能

主观指标	可感知性	可理解性	交互效率	交互准确性	体力负荷	脑力负荷	交互	审美	总体
客观指标	眼跳次数	未移动频率	任务时长	到点的距离	移动距离	注视时长	移动持续时长	扫视次数	注视次数
相关性系数	0.794	0.742	0.793	0.801	0.816	0.895	0.904	0.756	0.899
相关性评价	强相关	强相关	强相关	极强相关	极强相关	极强相关	极强相关	强相关	极强相关

图 9　主 - 客观相关性分析结果

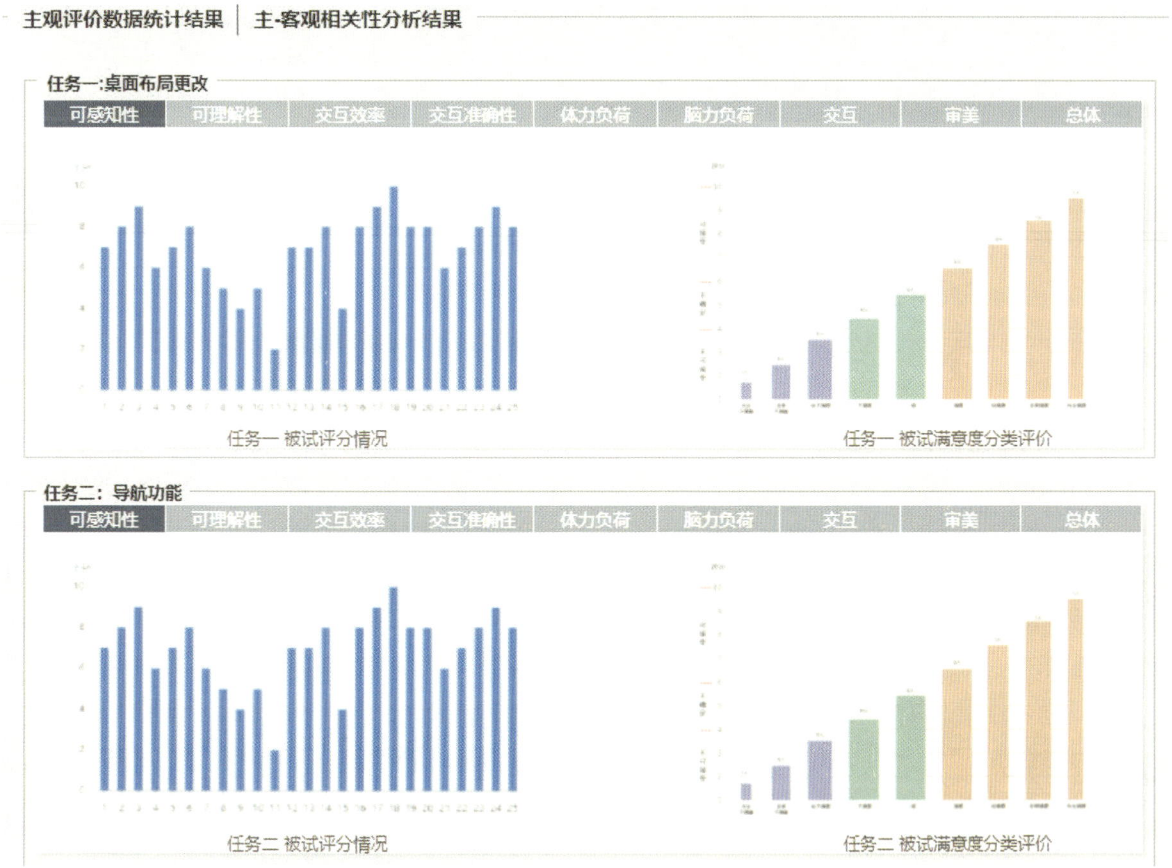

图 10　主观评价数据统计结果

单击左侧菜单栏主 - 客观相关性分析中的“处理结果”按钮，查看主 - 客观相关性分析的数据处理结果。

单击左侧菜单栏中“行驶安全性评价”按钮，进入数据导入界面；将前期处理后的数据文件导入至各任务数据类别对应的窗口中；单击“添加”按钮，选择对应类型的数据文件导入，单击“替换”按钮，可以更换导入错误的数据文件；导入完成后单击“开始处理”按钮（见图 11），软件将自动进行后续的数据处理，处理完成后得到各任务下驾驶员注视比和风险值（见图 12）。

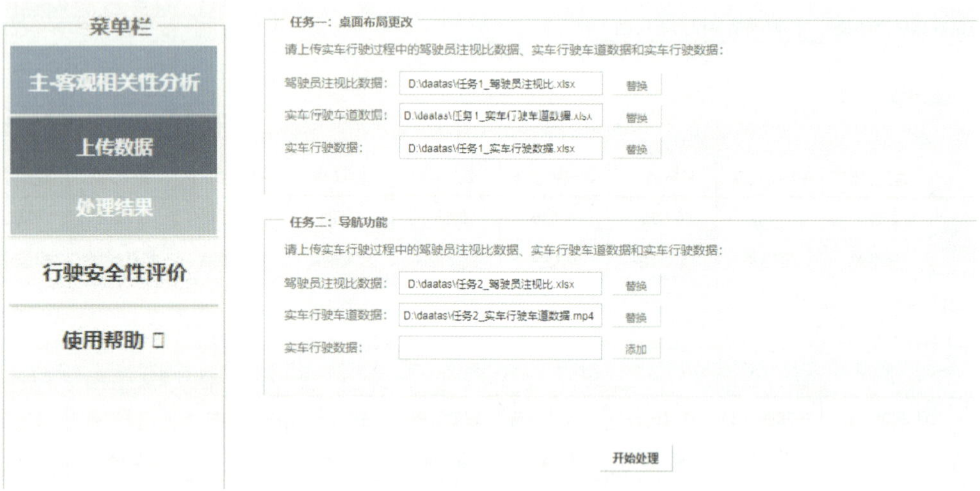

图 11　行驶安全性评价 - 数据上传

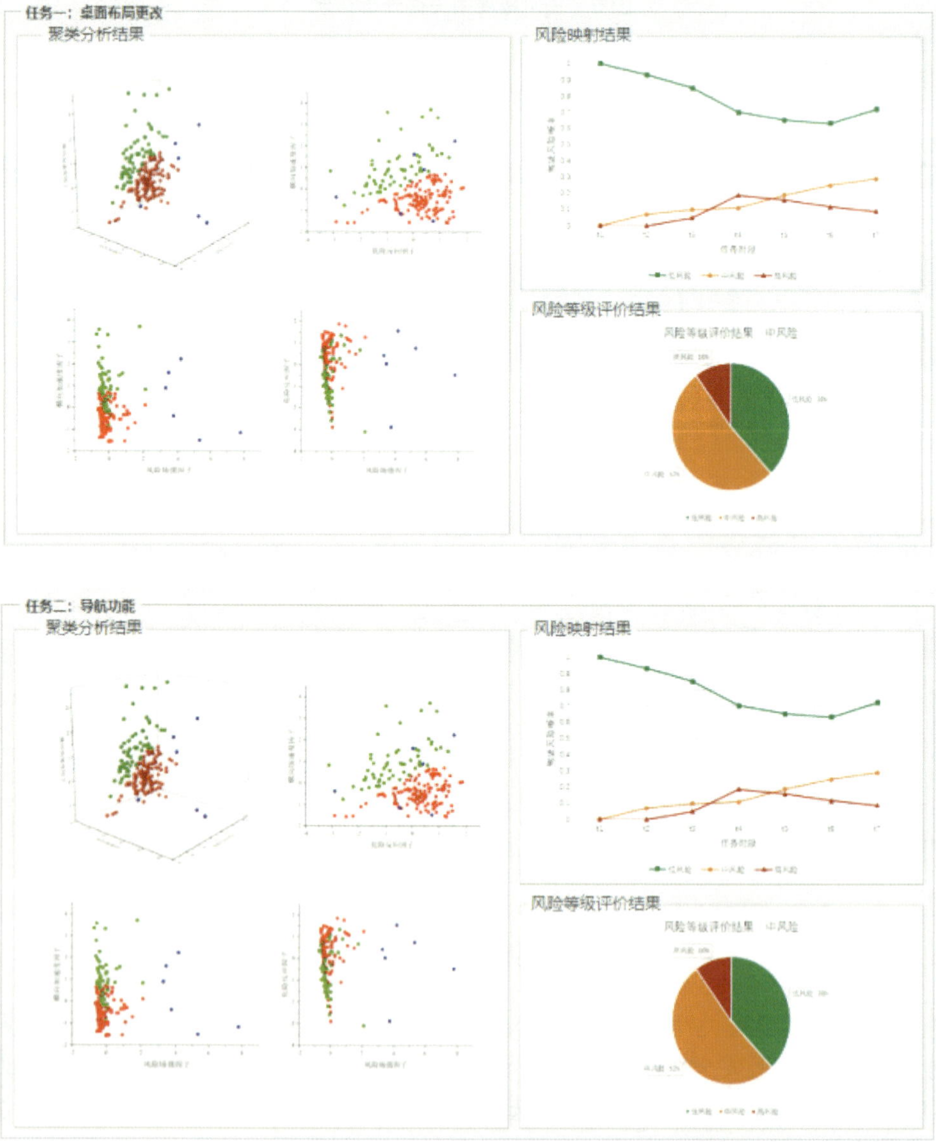

图 12　安全性分析与评价结果

用户根据测评服务云平台提供的测评方案开展线下实验采集数据后，将各实验数据采集软件中得到的原始数据导入数据处理软件中，软件可对实验数据进行全自动处理，并对结果进行分析评价，输出所测智能座舱车载屏软件用户体验评价结果。

与传统人工数据处理方式相比，采用本数据处理软件进行全自动数据处理，可节省约三分之二的时间，使得数据处理过程更加高效、快速、便捷。

5. 发展规划

重庆交互科技有限公司深耕智能座舱、智能产品用户体验测试评价技术多年，具有雄厚的技术实力和丰富的工程经验，于 2022 年 4 月发布的《汽车智能座舱用户体验测试评价规程》V2.0 版本，得到整车厂、供应商、第三方检测机构、高校、科研院所的一致认可和高度评价。公司在智能座舱或产品相关企业持续耕耘及迭代研发，并形成行业标准，完善专利技术体系，建立技术壁垒。未来将采取直销模式 + 互联网模式 + 渠道伙伴模式进行市场推广。

1）直销模式。在中国汽车产业主要聚集地，如北京（含天津）、长春、上海、武汉、广州建立销售办事处，在公司本部建立营销与技术支持中心。

2）互联网模式。通过互联网、自媒体等营销宣传手段，广泛宣传“优益用户体验测评服务云平台”，分类制订吸引目标用户的优惠政策，快速吸引和聚集目标用户，扩大平台影响力，开展互联网营销。

3）渠道伙伴模式。与行业组织、第三方检测机构、用户体验设备商、咨询公司、调查公司、高校形成渠道伙伴，双向赋能，实现产品、技术和服务合作营销。

交互科技未来将销售智能座舱座椅舒适性测评服务项目、车载屏软件用户体验测评项目、智能座舱内饰材质 CMF 测评项目、智能座舱氛围灯满意度测评项目、智能座舱语音交互满意度测评项目、智能座舱气味满意度测评项目、智能汽车 ADAS 体验测评项目、智能座舱用户体验技术咨询、用户体验云平台自动测评、嗅觉体验测试仪销售、材质体验测试仪销售、多模态感知智能交互屏销售、面部表情分析系统销售等产品和服务，保守预估 5 年内实现约 1.1 亿元的销售额。预期的效益和规划如下：

① 预期 5 年内带动就业人数：50 人。

② 预期 5 年内参与制定各类标准 4 项。

③ 预期 5 年内申请发明专利 50 项。

④ 预期 5 年内授权实用新型专利或软件著作权 75 项。

彩虹无线（北京）新技术有限公司

1. 发展概况

彩虹无线（北京）新技术有限公司成立于 2011 年 6 月 9 日，定位于智能汽车时代“数据价值创造者”。公司以智能汽车大数据为核心，基于对车、人、业务的理解，围绕数据进行商业模式和产品服务的重构，向主机厂以及汽车产业链相关厂商提供创新型数据产品及个性化服务。

在新的数字化架构下，公司对汽车产业进行商业模式的探索和创新。公司荣获专精特新中小企业、专精特新“小巨人”中小企业、中关村高成长企业、北京市新技术新产品（服务）、北京市知识产权试点单位等多项荣誉，并通过国际 CMMI 3 级认证、ISO 9001 质量管理体系认证、ISO 27001 信息安全管理体系认证和 ISO 20000 信息技术服务管理体系认证。

2. 生产经营

经过在行业内的多年耕耘，公司打造了专门针对智能汽车数据的数据底座平台产品以及业务引擎平台产品，积累了大量能够解决主机厂实际业务问题的数据模型和算法能力；同时在数据运营方面，公司围绕主机厂业务的数字化需求，提供数智服务平台及运营增值服务，在研发、营销及售后多个场景帮助主机厂实现运营优化和服务升级。

彩虹无线总部设立在北京，上海虹桥作为分公司，武汉、重庆、广州等多地设有交付中心。

3. 技术进展与研发能力

公司围绕着主机厂数据价值挖掘的业务主线，与行业同步发展，沉淀了先进的解决方案。主机厂的数字化转型经过 2017 年之前的探索和积累期，目前已经逐渐进入到大批量转型的发展期，对数字化相关能力建设和业务应用方面的投入成为下一阶段主机厂的重头戏之一，主机厂客户的需求数量和业务规模的体量都将持续增长，公司核心积累也进入快速变现阶段。

公司的核心团队由主机厂、科技公司、汽车服务、数据服务等知名企业的高管和技术专家组成。

（1）技术与知识产权

公司涉及车联网领域的发明专利有 11 项，软件著作权有 35 项。2020 年 1 月，公司发布首个标准化应用平台“海姆达尔”，助力主机厂实现平台标准化、模型精准化、功能体系化和精细化场景全覆盖。公司制定和参与起草团体标准两项：《车联网数据采集要求》（T/CSAE 100—2018）、《机动车保险车联网数据采集规范》；主持参与国家标准 2 项：答辩完成《物联网 面向汽车智能服务的数据集》《汽车主动式安全服务规范》。

（2）业务架构

1）数据底座层。覆盖数据全生命周期，赋能 DTIT 部门大数据技术工程能力，帮助企业内部大数据平台实现快速构建与落地。

2）数仓模型层。聚焦车联网数据，面向业务主题分析的数据仓库，基于多年项目案例沉淀，已实现多维度多主题域的数据分析指标及标签体系。

3）数据应用层。围绕主机厂数字化转型，聚焦各业务领域的数字化应用产品，积累沉淀研发域、营销域、售后域的数据智能产品，协助主机厂数据智能场景应用快速落地。

4）服务运营层。协助主机厂构建服务渠道，提升用户黏性和品牌忠诚度。

4. 主要产品和服务

已落地产品业务矩阵见图 1。

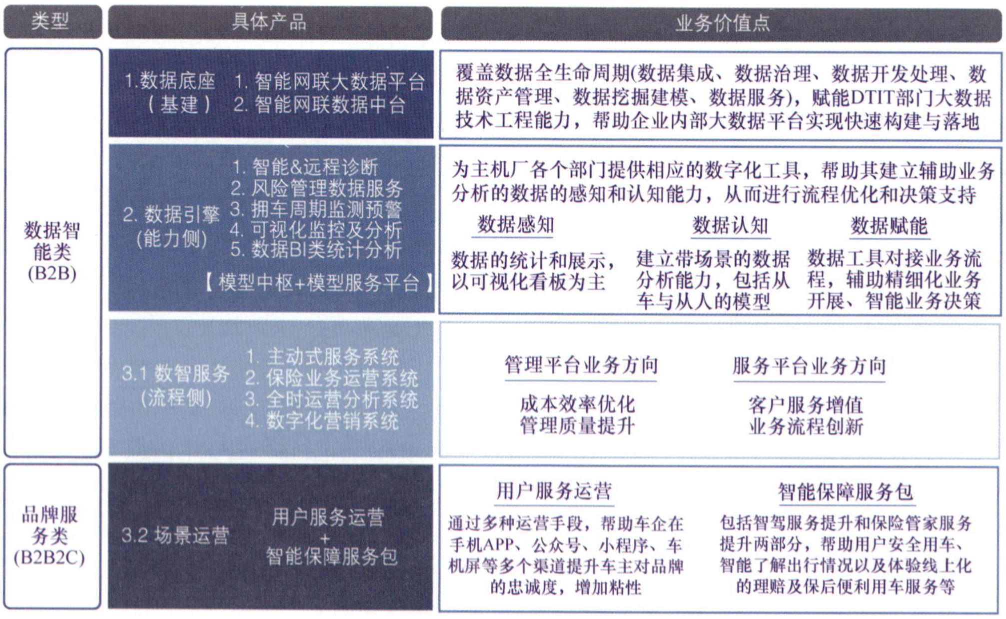

图 1 彩虹无线已落地产品矩阵

三未信安科技股份有限公司

三未信安科技股份有限公司（股票代码：688489）（以下简称“三未信安”）成立于 2008 年，是国内主要的密码基础设施提供商，专注于密码技术的研究创新和核心产品的开发、销售及服务，为用户提供全面的商用密码产品和整体解决方案。

三未信安具备从密码芯片、密码板卡、密码整机到密码系统的完整密码产品体系和信创密码建设能力，当前已有五十多款产品取得了国家商用密码产品认证证书，是商用密码产品种类最齐全的公司之一。公司典型产品包括密码芯片、PCI-E 接口密码卡、服务器密码机、金融数据密码机、签名验签服务器、云密码机、数据库加密机、SSL VPN、IPSec VPN、密钥管理系统、密码服务平台、身份认证系统等，全面支持 SM1、SM2、SM3、SM4、SM7、SM9、ZUC 等国产密码算法和 RSA、ECC、AES、SHA 等国际密码算法，为关键信息基础设施和重要信息系统提供安全的密码运算和完善的密钥管理机制。三未信安在云计算、大数据、物联网、车联网、人工智能、区块链、隐私保护计算、数字货币等新兴技术领域进行了积极的技术创新，并推出了一系列新型密码解决方案。

经过十几年的市场开拓，三未信安的产品和服务赢得了客户和市场的认可，产品已广泛应用于金融、证券、能源、电信、交通、电子商务等行业，以及海关、公安、税务、水利、医疗保障等政府部门。

三未信安是国家级高新技术企业、国家级专精特新重点“小巨人”企业，公司研发了国内首款安全三级密码板卡和首款安全三级密码机，其中密码机通过了 FIPS 140-2 Level3（美国联邦信息处理标准 3 级）认证，荣获五次国家密码科技进步奖。公司是全国信息安全标准化技术委员会和密码行业标准化技术委员会成员单位，牵头和参与制定了二十余项密码领域国家标准或行业标准。

三未信安坚持“做客户信赖的公司，做有核心技术的公司，做员工热爱的公司”的发展理念，恪守“让生活更美好，做对社会真正有价值的事情”的价值追求，以“用密码技术守护数字世界”为使命，凝聚人才、锐意进取，立志为我国的网络信息安全事业贡献自己的力量！

中智行科技有限公司

1. 发展概况

中智行是一家基于车路协同的自动驾驶技术提供商和出行服务运营商。相比于由美国科技公司引领的、以单车智能为主的第一代无人驾驶技术，中智行致力于通过车路云强耦合，打造自动驾驶的“中国方案”，解决行业技术长尾问题和商业落地困境。通过第二代全方位升维的自动驾驶技术——“路侧强赋能”，中智行整合产业链核心资源，实现助力高级别自动驾驶降本增效、更快规模化验证与落地。

2021 年 9 月，中智行与中国电信集团、苏州先导产投合资成立天翼交通有限公司。

2022 年 8 月，中智行与天翼交通联合发布“轻车 · 熟路”车路协同自动驾驶系统，该系统在全球首次实现以轻量化自动驾驶车 + 高级别全息智能道路，依赖纯路端感知在城市级公开道路上完成长距离、长时间 L4 自动驾驶。

如今，中智行的出行即服务运营（MaaS 运营）已在苏州高铁新城核心区域正式开启商业试运营，同步推出 Robobus（自动驾驶公交）和 Robotaxi（自动驾驶乘用车），并提前布局 Robotruck（自动驾驶重卡），用科技赋能出行，让出行赋能社会。

2. 车路协同技术路线

从国家层面来看，无人驾驶是未来智慧交通全球性竞争力的主要体现，车路协同技术不仅更能体现中国式的优势，也是中国在无人驾驶上实现换道超车的机会，车路协同因此被认为是实现高级别自动驾驶的“中国方案”。

在国家发展改革委等 11 部委发布的《智能汽车创新发展战略》中，不仅指出了车路协同发展的重要性，而且还规划要在 2025 年之前在智能交通系统和智慧城市相关设施建设上取得积极进展（见图 1）。

中国车路协同行业相关政策

时间	颁布主体	政策文件名称	主要内容
2016.08	国家发改委、交通运输部	《推进"互联网+"便捷交通 促进智能交通发展的实施方案》(发改基础〔2016〕1681号)	构建智能运行管理系统，加强车路协同技术的应用与推广，推进制定人车路协同(V2X)国家通信标准和设施设备接口规范
2017.02	国务院	《"十三五"现代综合交通运输体系发展规划》(国发〔2017〕11号)	提升交通发展智能化水平，开展新一代国家交通控制网、智慧公路建设试点，推动路网管理、车路协同和出行信息服务智能化
2018.12	工信部	《车联网(智能网联汽车)产业发展行动计划》(工信部科〔2018〕283号)	促进网络通信技术、人工智能技术与道路交通基础设施深度融合，构建低时延、大带宽、高算力的车路协同环境
2019.07	交通运输部	《数字交通发展规划纲要》(交规划发〔2019〕89号)	推动交通运输基础设施与信息基础设施一体化建设，促进车联网、5G、卫星通信信息网络等部署应用，完善全国高速公路通信信息网络
2020.02	国家发改委等11部委	《智能汽车创新发展战略》(发改产业〔2020〕202号)	为智能汽车发展提出战略指导，要求积极培育智能汽车基础地图、车联网、网络安全、智能出行等新业态，推动5G与车联网协同建设
2021.07	工信部	《"十四五"信息通信行业发展规划》(工信部规〔2021〕164号)	要求重点高速公路、城市道路实现蜂窝车联网(C-V2X)规模覆盖，加快车联网部署应用，加速车联网终端用户渗透
2021.12	交通运输部	《数字交通"十四五"发展规划》(交规划发〔2021〕102号)	完善公路感知网络，推进公路基础设施全要素全周期数字化，促进车路协同和自动驾驶行业发展

图 1　近年来车路协同相关政策

3. 技术进展及研发能力

（1）创新能力

中智行核心团队均来自人工智能、互联网、主机厂商、高校等领域头部机构，是世界级的车路协同无人驾驶团队。核心骨干拥有平均 10 年以上无人驾驶相关开发经验，具备软硬兼备的研发实力。

创新研发覆盖集成电路、人工智能、汽车、高端装备等领域，攻克了自主研发车路协同卡脖子技术。研发投入强度中，研发投入占营业收入超过 90%，且每年保持 20% 增长率。投入效率方面，吸引研发人员占比超过 80%，硕士学历占比超过 50%。作为最早获得长三角一体化智能网联汽车测试牌照的无人驾驶公司，中智行目前在上海、苏州、南京、深圳设有办公室和研发中心。

中智行着眼于车路协同的"标准打造"和"全技术布局"，专利申请近 200 项，其中发明专利 150 余项，专利授权率高达 85% 以上。目前公司形成的知识产权 100% 在国内注册，在知识产权、技术能力上自主可控。专利涉及无人驾驶的感知、预测、规划、控制各个环节，遍布车端、路端、软件、硬件各个层面，基本具备了车路协同全领域全覆盖的能力。

（2）技术优势

1）具备领先车路协同技术：全球第一家建立"通过高级别智慧道路强赋能，以 L2 级别配置的智能汽车实现 L4 级别自动驾驶"的车路云强耦合一体化系统的公司。

2）挖掘海量多维数据迭代：具备车、路、云全栈技术积累，全天候 7×24h 记录真实道路上的全交通要素，通过空间连续、时间连续的多维海量数据实现算法的不断迭代，持续学习人类驾驶行为，具备类人的认知能力，打造最懂车的路、最懂路的车。

4. 车路协同应用落地

（1）“轻车·熟路”车路协同自动驾驶系统

“轻车·熟路”是中智行与天翼交通联合发布的新一代基于车路协同的自动驾驶系统，由轻量化硬件配置的智能汽车与具备全息感知能力的智慧道路两个体系组成（见图2）。

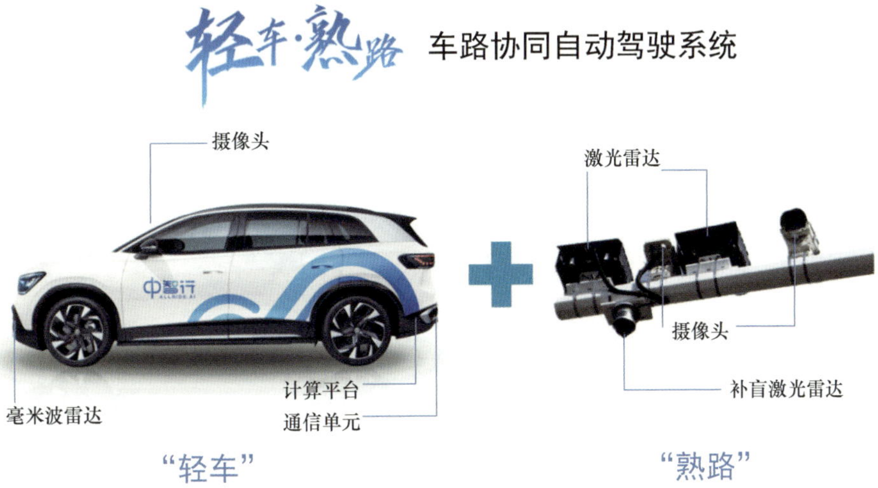

图2 “轻车·熟路”系统示意

该系统在全球首次实现以轻量化自动驾驶车＋高级别全息智能道路，依赖纯路端感知在城市级公开道路上完成长距离、长时间L4自动驾驶，做到“让城市更智慧，让车辆更聪明”。

（2）车路协同产品体系

车-路-运营全栈式产品矩阵，基于车路协同满足不同场景的个性化需求（见图3）。

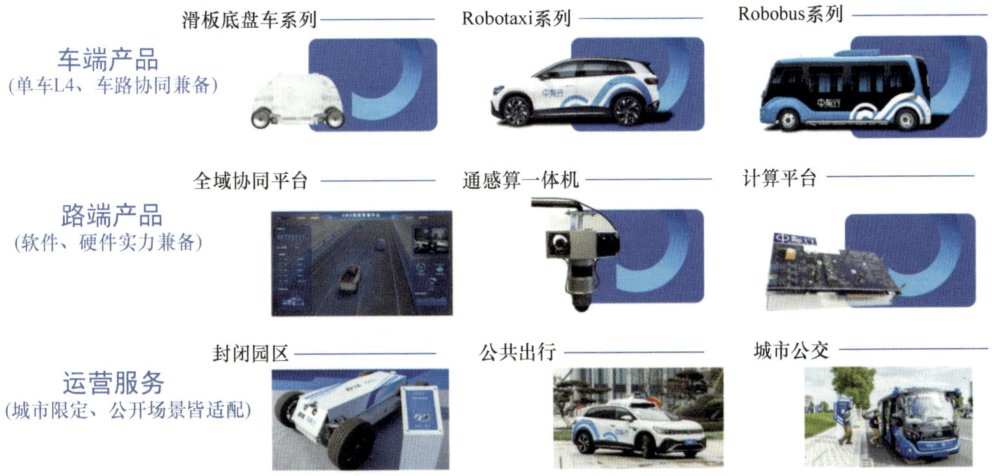

图3 中智行车路协同产品体系

5. 发展规划

（1）加强合作，构筑生态

坚持“以技术赋能自动驾驶，以产品创造社会价值”为战略导向，中智行携手整车制造、主机厂、关键部件服务、智慧交通服务、聚合出行平台等上下游企业开展广泛合作，加速车路协同自动驾驶场景应用的规模化落地，基于平台级车路协同技术，面向乘客、物流公司、运营平台，提供无人驾驶系列产品和出行、运输服务。

（2）单城打透，快速复制

中智行采用商业落地单点打透、快速复制、全面领先的运营思路，立足苏州，以单城打透为战略方向打造“苏州模式”，未来将车路协同智能体系向其他城市复制升级，实现覆盖全国主要城市的快速落地，让技术创新真正改变大众的生活，也让属于中国的智能交通时代更快到来。

（3）加速实践，促成标准

中智行积极推动车路协同行业标准制定，提炼车路协同自动驾驶的应用模式以及相关科技成果，推动形成标准化经验，参与制定了由上海市标准化协会发布的《智能网联汽车公共道路测试监管系统技术规范》，不断强化产学研合作，积极参与行业课题，推动地标、团标的建立和完善，进一步升级为行标、国标，在车路协同规模化场景应用中促进标准成熟和技术的迭代。

BlackBerry QNX

QNX 成立于 1980 年（见图 1），是全世界第一个类 UNIX 的符合 POSIX 标准的微内核硬实时操作系统，在过去的几十年中广泛应用在汽车、工业自动化、国防、航空航天、医疗、核电和通信等领域，提供以嵌入式操作系统为核心的中间件和基础软件解决方案。在 20 世纪 70 年代末，QNX 的两位创始人 Gordon Bell 和 Dan Dodge 根据大学时代的一些设想写出了一个能在 IBM PC 上运行的名叫 Quick UNIX 的系统，后来改名为 QNX 并于 1980 年正式发布。历经几十年的演进，QNX 公司于 2004 年 10 月被哈曼集团以 1.38 亿美元收购，作为哈曼的一个事业部经营了六年。2010 年 4 月，黑莓以 2 亿美元从哈曼处收购了 QNX，一同被打包收购的还有哈曼下属的一个位于温哥华的 Wavemaker 音效部门，也就是现在 QNX acoustic 方案的前身。QNX 这个成立于加拿大渥太华的公司，在被美国哈曼收购 6 年后又重返加拿大，作为黑莓核心部门 IOT 技术方案事业部最重要的组成部分，负责黑莓业务中操作系统汽车基础平台软件、数据安全、物联网 IOT 及云计算和专利部门等重要业务。

BlackBerry | QNX

图 1　QNX

在汽车领域的高性能处理和功能安全的交叉子域中，QNX 是全球最大的商用操作系统提供商。自 1999 年进入汽车领域至今，QNX 紧随并引领了汽车电子嵌入式软件领域的发展潮流和趋势热点，在多类重要的软件平台上均布局了前瞻性战略产品，为全球一线汽车供应商和制造商提供先进的基础软件和网络安全技术，被广泛应用于高级驾驶辅助系统、基于虚拟化技术的智能数字座舱系统、智能网联模块、智能网关、高性能计算平台及信息娱乐系统等汽车电子的子系统中。据知名独立调研公司 Strategy Analytics 在 2022 年初的统计，全球已有超过 2.15 亿辆汽车搭载 BlackBerry QNX 软件，平均每年新增 2000 万台搭载黑莓 QNX 基础软件的智能汽车进入全球市场。

到目前为止，世界上几乎所有的主机厂都采用了基于 QNX 操作系统的软件技术。全球 Top 25 家电动汽车厂家，其中 24 家在使用 QNX 的软件操作系统，例如，中国小鹏汽车的自动辅助驾驶系统 Xpilot3.0 和 Xpilot3.5 采用基于 QNX 通过 TUV 莱茵 ISO2 6262 ASIL D 功能安全认证的硬实时操作系统，合众新能源汽车的哪吒 S 采用 QNX Hypervisor 打造其全新科技感智能座舱，并在其全栈自研的 TA PILOT 3.0 智能驾驶系统中搭载 QNX OS for Safety 操作系统，实现多种场景下的智能辅助驾驶，又如零跑汽车在其量产的第三代高端纯电 SUV 零跑 C11 和智能纯电桥车 C01 中均采用了 QNX Neutrino 实时操作系统和 QNX Hypervisor，旨在为中国消费者带来更个性化与舒适的驾驶体验。除此之外，高合即将发布的豪华纯电超跑 HiPhi Z 的自动辅助驾驶平台使用的是英伟达 Orin-X 芯片和 QNX 嵌入式硬实时操作系统。

《时代周刊》曾在 2016 年评价“QNX 对于汽车来说就像微软对于电脑一样”，这诠释了 QNX 在汽车领域基础软件操作系统的地位以及深度覆盖率。

上海利氪科技有限公司

1. 发展概况

利氪科技团队组建于 2020 年，核心人员深耕底盘行业数十年，主要来自博世、采埃孚、大陆、华为、上汽、吉利等国际一流汽车零部件及主机厂，平均工作年限在 10 年以上。

2021 年上海利氪科技有限公司正式成立（以下简称“利氪科技”），1 年时间内公司迅速发展，员工人数已达 150 余人。2022 年 5 月利氪科技完成 A 轮次融资，融资金额近 2 亿元。

利氪科技聚焦新能源汽车和自动驾驶核心领域，依托完整的线控底盘平台开发能力和应用落地能力，以高难度线控制动技术作为切入点，率先推出业内领先的液压解耦电子制动系统 DHB-LK®（Decoupled Hydraulic Booster）和集成式智能制动系统 IHB-LK®（Integrated Hydraulic Brake）两款产品。

其中 DHB-LK® 已经于 2022 年 7 月底实现量产，IHB-LK® 产品于 2022 年底实现规模出货。利氪科技已成为国内少有的以全液压解耦 Two-box（DHB-LK®+ESC）和 One-box（IHB-LK®）双线产品布局并实现量产的底盘零部件企业。

2. 生产经营

目前，利氪科技线控制动产品已获得国内多家头部车企项目定点。

利氪先进制造中心一期年产能达 30 万套 DHB/IHB 产品，后续将持续投入建设二期、三期产线，最终年产能将达到 120 万套。

3. 技术进展及研发能力

（1）利氪科技研发优势

1）国际顶尖的预测性车身稳定控制技术。

2）拥有线性电磁阀设计制造及控制技术。

3）全栈自研矢量电机控制技术。

4）业界领先的全 Auto-sar 软件架构。

（2）利氪科技实用新型专利

序号	专利申请号	专利名
1	32725SLK-CN32262	电子液压制动系统
2	32725SLK-CN32264	电子液压制动系统
3	33742SLK-CN34054	一种线控制动用滚珠丝杠副防转结构及装配方法
4	33743SLK-CN34055	一种电机角度传感器的电路板连接结构
5	33584SLK-CN33746	一种线控制动系统的测试装置及测试方法
6	33585SLK-CN33747	一种主缸活塞
7	33590SLK-CN33755	三通阀及线控制动系统
8	33589SLK-CN33752	减压阀
9	33591SLK-CN33757	三通阀及线控制动系统
10	33586SLK-CN33749	增压阀
11	33583SLK-CN33744	减压阀

（3）利氪科技软件著作专利

序号	专利名
1	利氪电子助力器车身稳定控制软件 V1.0
2	利氪电子助力器防抱死控制软件 V1.0
3	利氪电子助力器防侧翻控制软件 V1.0
4	利氪电子助力器过度转向控制软件 V1.0
5	利氪电子助力器路面附着计算软件 V1.0
6	利氪电子助力器能量回收控制软件 V1.0
7	利氪电子助力器牵引力控制软件 V1.0
8	利氪电子助力器预建压控制软件 V1.0
9	利氪电子助力器变道控制软件 V1.0
10	利氪电子助力器横向加速度控制软件 V1.0
11	利氪电子助力器滑移率计算软件 V1.0
12	利氪电子助力器减速度控制软件 V1.0
13	利氪电子助力器制动仲裁控制软件 V1.0

4. 主要产品与服务

目前，利氪科技率先推出业内领先的液压解耦电子制动系统 DHB-LK® 和集成式智能制动系统 IHB-LK® 两款产品。

未来，利氪科技将以线控制动产品作为切入点，全面布局线控制动、线控转向、底盘域控制器及一体化底盘系统，逐步打造完整线控底盘产品生态。

利氪科技先进制造中心秉承以客户为中心，建立以“质量”“时间”“成本”“服务”等为关键要素的指标体系；基于 IATF1 6949、ISO1 4001、OHSAS1 800 体系建设符合质量、环境和职业健康的三体系合格企业；严格按照产品开发流程，匹配车厂项目时间进度，灵活适配不同车型，为客户提供产品全生命周期 7×24h 服务支持。

5. 发展规划

利氪科技将以渐进式的研发路线，逐步形成完整的底盘产品矩阵。

时间	产品	简介
2022	全液压解耦线控制动系统 DHB	国内唯一全液压解耦方案 国内唯一掌握线性电磁阀技术 全自研电机矢量控制算法
	集成式智能制动系统 IHB	完成线控底盘制动产品布局 集成自动驾驶能量回收及车身控制算法
2023	双小齿轮电动转向系统	完成线控底盘三大件 全面实现线控底盘横纵向控制
2024	底盘域控制器	打通底盘核心产品领域 构建利氪完整的线控底盘控制及产品能力
2026	一体化底盘系统	瞄准主流的乘用车行业开发平台 突破关键技术，协助车企共同打造一体化线控底盘

山东浩睿智能科技有限公司

山东浩睿智能科技有限公司（以下简称“浩睿智能”）成立于 2013 年，是专业从事电动和智能清洁设备研发、生产、销售的高新技术企业。浩睿智能隶属于弘睿集团，集团下设有两大装备制造板块：海德汽车和浩睿智能；一大服务运营版块：海德环境。弘睿集团经过 30 年的耕耘，已成为提供从环境装备制造到运营服务全产业链智能环境解决方案的集团公司。

公司通过整合人工智能深度学习、大数据、云计算和 5G 等前沿技术，打造从边缘计算到车路协同的不同技术路线、不同应用场景的系列产品；目前公司拥有物业类和市政环卫类两大系列产品，包括 50 ~ 300L 系列智能洗地机及 0.5 ~ 5t 系列智能扫路机，实现了从商用清洁领域（学校、医院、机场、车站、会展、体育场馆、音乐厅、购物中心、酒店、游乐场等）到市政环卫领域（背街小巷、人行道辅道、公园景区、机场高铁广场、生活社区、工业园区、校园区域和农贸及海鲜市场等）的全面布局，为客户提供全维度、智慧化的清洁解决方案（见图 1 ~ 图 5）。

山东浩睿智能科技有限公司经过多年的技术积累和市场布局，已成为国内智能清洁行业的领军企业，目前公司批量投放的智能无人驾驶系列环卫清洁产品，得到用户的一致好评。

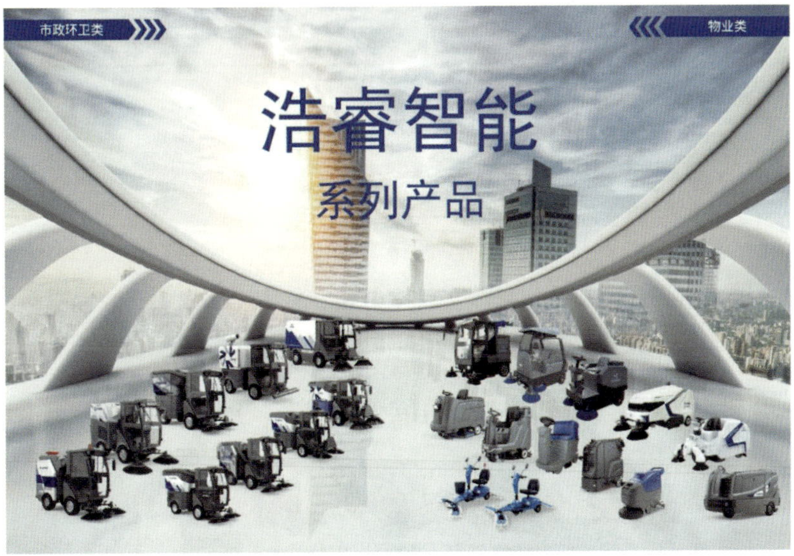

图 1　智能清洁装备广泛应用于广场、公园、校园、港口、码头、厂区、物流区等封闭、半封闭及开放城市道路等区域 1

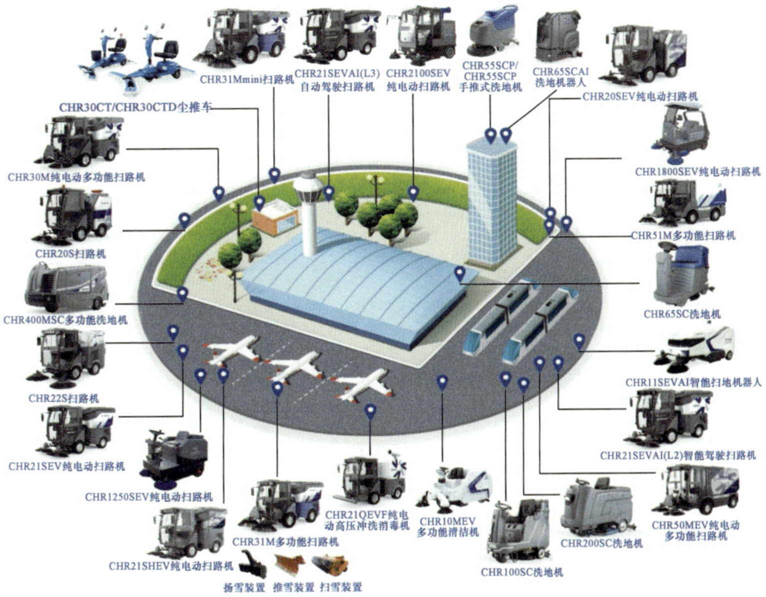

图 2　智能清洁装备广泛应用于广场、公园、校园、港口、码头、厂区、物流区等封闭、半封闭及开放城市道路等区域 2

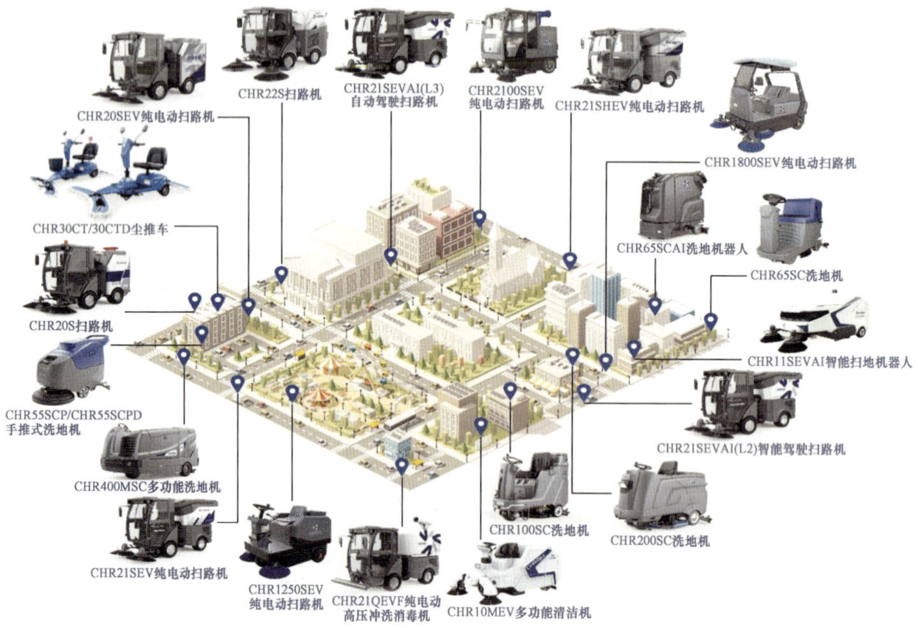

图 3　智能清洁装备广泛应用于广场、公园、校园、港口、码头、厂区、物流区等封闭、半封闭及开放城市道路等区域 3

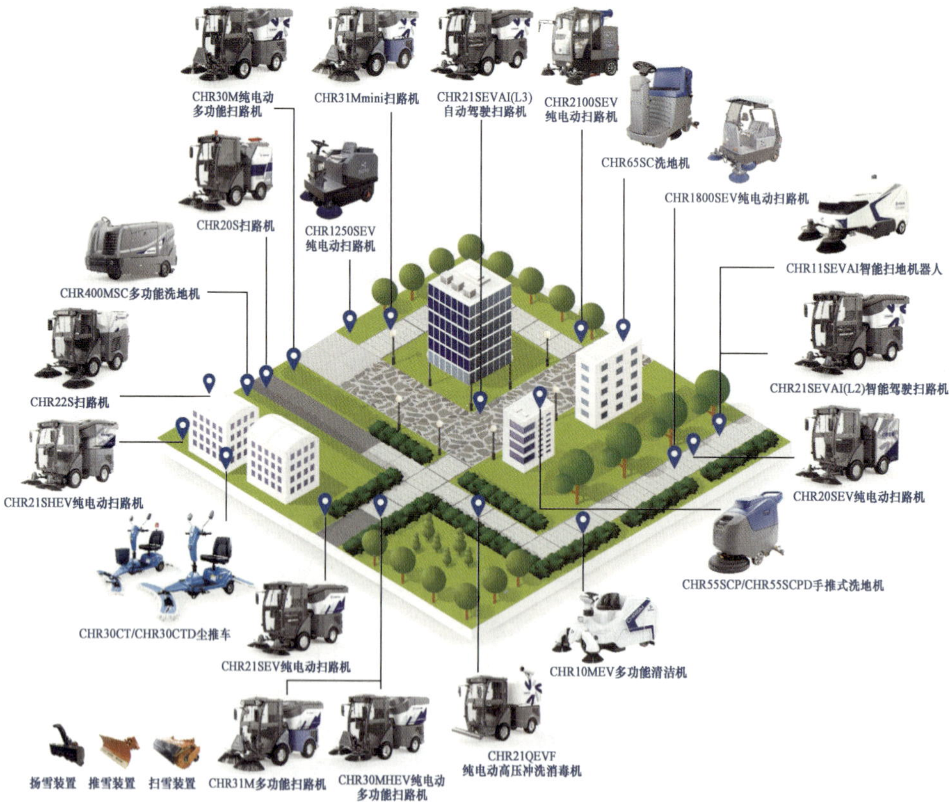

图 4　智能清洁装备广泛应用于广场、公园、校园、港口、码头、厂区、物流区等封闭、半封闭及开放城市道路等区域 4

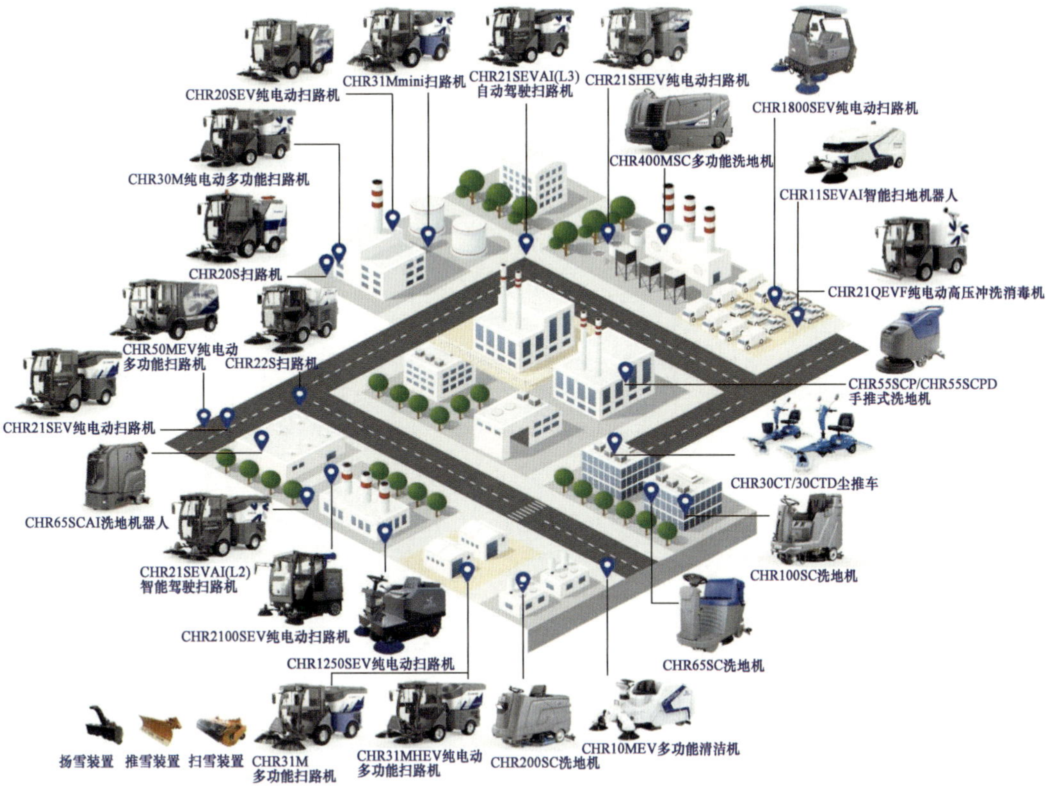

图5 智能清洁装备广泛应用于广场、公园、校园、港口、码头、厂区、物流区等封闭、半封闭及开放城市道路等区域 5

CHAPTER 10

第 10 章 重点非整车企业智能网联汽车技术创新成果

智能驾驶安全性能测试技术创新及应用

上海测迅汽车科技有限公司
作者：吕济明

随着智能驾驶汽车行业及智能驾驶标准法规的日趋成熟完善，市场对智能驾驶安全性测试认证的需求也与日俱增，目前的智能汽车都是基于有限交通场景设计的，支持其在安全且已知的交通场景中实现驾驶任务。然而由于交通场景的复杂性和不可穷举性，必须在开发过程中测试验证整车及子系统在尽可能多的场景下的性能，而其中一种高效的方法则是通过经验获取的场景建立多维度场景相关性分析指标，不断迭代建立充分场景数据库；利用场景数据，建立传感器物理模型、交通场景及车辆模型，自动批量仿真验证。智能汽车基于驾驶场景数据库的开发流程，分层级对功能进行测试验证，避免风险的堆积。这种方法能快速验证智能驾驶感知、预测、决策等环节的可行性，在开发的初期即能充分考虑安全性。

在智能汽车整车开发的过程中，车辆交通环境在环测试和封闭道路试验同样重要：建立实车交通环境实物在环试验验证平台，充分验证预期功能安全、极限极端场景，直至满足风险接受准则；然后进行充分的基于场景数据库的封闭试验场测试，有效提高道路试验的复杂性及有效性；最终，进行实际公共道路测试。

目前，仿真可以应对功能和系统层级的测试验证，实现接近无限量的测试用例的覆盖，但面向 L2 到 L3 的升级，“基于需求的测试”将转向“基于场景的测试”，测试用例会更加细化且不断增加，场景中天气、道路、交通参与者等因素也需要纳入考虑。开放道路和场地测试中难以实现的长尾场景和危险场景，也需要更真实高效的验证方法。

测迅自主研发的 VTEHIL，即整车交通环境在环系统解决方案，通过物理模拟的环境和交通流为整车及车载传感器提供了一种高效、可靠的室内、测试验证方法。VTEHIL 是基于目前场地测试服务经验和痛点，面向高级别自动驾驶的、测试认证开发的、将实验室和封闭道路结合的测试解决方案（见图 1），为自动驾驶、无人驾驶指数级增长的场景数量、鲜有但危险的长尾场景复现、环境影响等诸多测试、验证问题提供了创新的解决方法，并显著提高了现有法规要求场景的测试验证效率。

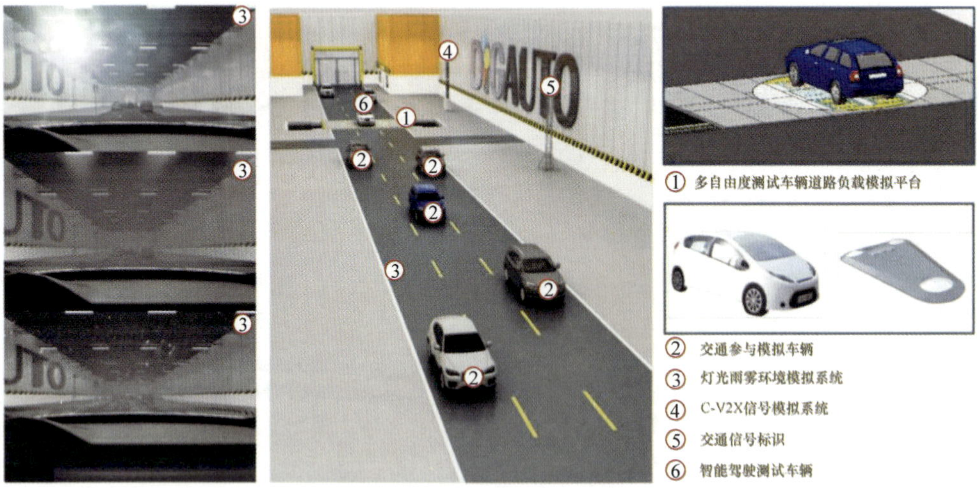

图 1　VTEHIL 实验室的主要构成

实验室室内尺寸长 300m、宽 20 ~ 40m，被测车辆固定于 X 轴，支持横向、纵向、变道等运动，交通和环境相对于被测车辆进行运动，最高车速为 120km/h，最高相对车速为 80km/h，专为 M1、N1 级别车辆的测试验证设计，集成国际领先测试技术方案（见图 2）：

1）VTEHIL 车辆平台：DIGAUTO。

2）HIL 仿真系统：IPG。

3）数据采集系统：Vector。

4）室内定位系统：GeneSys。

5）机器人和目标物：4activeSystems。

6）环境仿真系统：SBI。

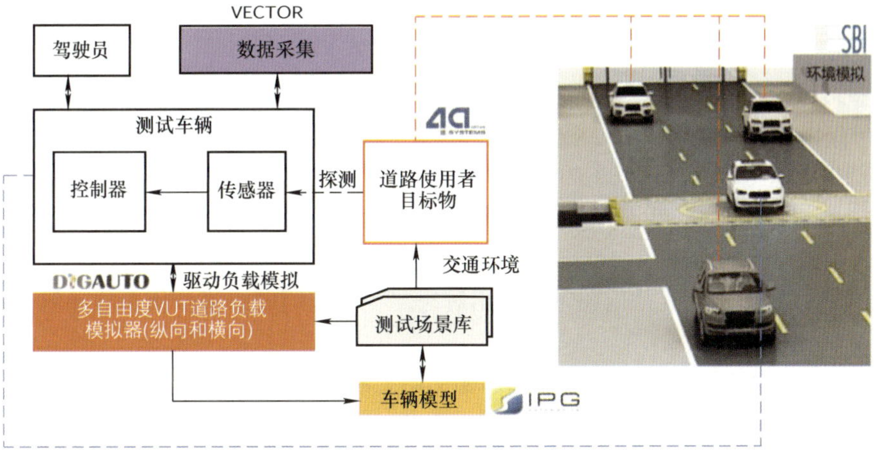

图 2　VTEHIL 实验室测试技术方案

VTEHIL 室内实验室是实现完全集成的测试设备完整解决方案，集成了多种世界领先的技术解决方案。

VTEHIL 为现有的测试验证方法提供了补充。首先，除道路环境略有差异外，实现了与场地测试一致的真实性，为车辆系统、整车级的测试验证提供了新的测试方法。其次，受控的目标物和取消了纵向位移的测试车辆可以大大减少测试前后布置和恢复的时间，大大减少测试准备时间，提升测试效率；最后，VTEHIL 可以实现极端环境（雨雾、光照）的物理模拟，以及多目标物场景的快速构建和因素调整，实现复杂因素影响的场景测试。

适用范围：

1）传感器测试（毫米波雷达、激光雷达、摄像头）。

2）感知融合测试 。

3）动态决策算法测试（局部轨迹规划、加减速变道）。

4）标准 ADAS 测试（AEB、ACC、LKA、TJP、HWP）。

5）智能驾驶功能测试。

6）预期功能安全场景测试。

7）复杂动态极限场景测试。

8）故障场景测试。

VTEHIL 是一种用于评估智能和自动驾驶场景下车辆全要素安全性能的创新技术，该项技术目前已经获得中国发明专利及欧美国际专利授权，公司参与并支持了中国智能网联汽车产业创新联盟预期功能安全工作组的测试方法研究，并得到欧洲标准组织的关注，目前已被国内多家企业及机构成功应用（见图 3）。

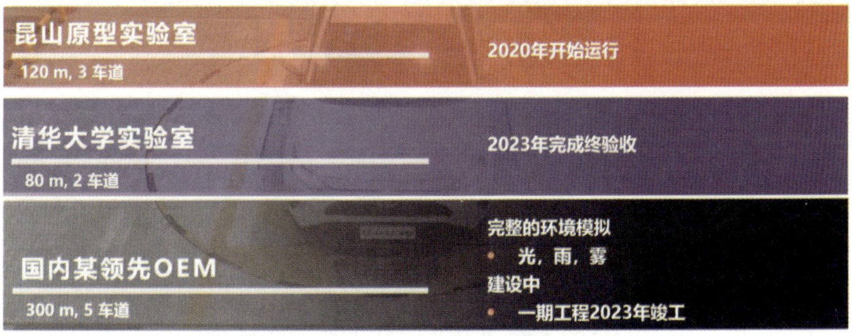

图 3　采用 VTEHIL 解决方案的智能驾驶测试实验室

高德地图第三代车载导航

高德软件有限公司
作者：江睿

高德地图发布第三代车载导航，车载导航能力从“导人”升级为“人车共导”，利用 AI 视觉技术和高精地图实现车道级导航，让道路规划及引导更加精准。

随着汽车智能化加速，软件对于汽车的价值越来越大，“人车共导”将成为常态。人车关系演进的背后，导航是关键纽带，如何将车感知到的信息提供给驾驶员，让驾驶员不仅知道车看到什么、还知道车想干什么，这是实现“人车共导”的前提。

第一代车载导航：2002 年，高德地图率先推出解决路径导航问题的第一代车载导航，离线地图，离线引擎。

第二代车载导航：随着移动互联网的发展和高德交通大数据能力的沉淀，可以反映实时路况的高德地图车机版成为第二代车载导航的重要标志。

第三代车载导航：基于高精地图、智能化和视觉技术的第三代车载导航，是高德面向“人车共导”时代新的探索。

第三代车载导航（见图 1）在技术方案上与全栈自研的车企深入合作，打通了彼此割裂的信息娱乐域和自动驾驶域两个技术场景，将导航能力和高精地图能力深度融合，不仅将导航由道路级升级为车道级，同时将自动驾驶系统感知到的动态信息及自动驾驶决策信息与车道级导航更精准匹配，驾驶员可以更加直观和实时地了解车辆驾驶状态。

图 1　第三代车载导航

车道级的数据和车道级定位能力让引导（见图 2）更加精细化；动态计算所在车道和前方路况变化，能够传递比路径级引导更高效的驾驶信息；首创的环境现实描绘（Surrounding Reality，SR）技术，基于车载感知能力，对自车周边交通参与者及道路设施进行精致渲染和可视化展示，显著提升驾驶体验。

“第三代车载导航”是软硬件结合的下一代车载导航解决方案，依托合作车企的全栈自研能力，已与小鹏、理想、长城等车企的领航辅助驾驶完成深度融合，另有多家知名车企即将完成搭载。

成立 20 年来，高德始终追求专业性的不断提升，坚持做好一张活地图。面向软件定义汽车的智能化浪潮，高德致力于帮助智能汽车软件能力持续进步，愿意和更多合作伙伴协同创新，一起探索。

图 2　车道级引导

车联网数据安全技术框架研究与应用思考

成都卫士通信息产业股份有限公司
作者：张远云，崔亚强，贺礼

近年来，国家出台和发布了《网络安全法》《数据安全法》《个人信息保护法》等重要法律，各行业主管部门也先后出台了《关于加强车联网网络安全和数据安全工作的通知》《汽车数据安全管理若干规定（试行）》《车联网信息服务 数据安全技术要求》等管理规定，为汽车、交通、通信等车联网相关主体的网络安全和数据安全工作提供了根本遵循，旨在加强车联网和智能网联汽车数据安全管理力度，统筹发展和安全。

车联网是极富创新与融合的产业形态，呈现出明显的数字化、网联化、智能化的发展趋势。数据是车联网信息的源头和载体，也是车联网信息交互的核心要素和重要资源。近年来各类车联网设备、应用数据（车内外音视频及雷达网联感知类数据、车辆行驶状态及整车性能等运行类数据、用户个人一般及隐私类数据、驾驶员操作及系统决策控制类数据等）采集规模持续扩张，现阶段主要采用数据加密、访问控制、安全审计等技术，实现对车联网数据的安全存储、安全传输、分级访问控制，但这些措施都是“点”状安全，对车联网数据安全的体系化防护不足，存在非常大的安全风险。

1. 以密码为核心的车联网数据安全框架

对数据进行安全的采集、传输、共享、交换，安全且高效的数据资产管理与治理以及基于智能决策的数据服务，是车联网应用服务的核心需求。要实现车联网数据安全，离不开密码的支撑保护。密码是目前公认的，保障网络与数据安全最有效、最可靠、最经济的关键核心技术，同时也是数据安全防护中的核心和基石，车联网的安全离不开密码的支撑保护，只有应用了密码技术，才能保证车联网数据的整体安全性。以密码为核心的车联网数据安全技术总体框架见图 1。

车联网数据安全技术总体框架以安全基础设施为支撑服务，数据分类分级为着眼点，云、管、边、端的不同技术措施为手段，数据安全合规监管与运营为响应机制，在考虑与第三方数据服务平台协同时的不同安全策略，全面实现从技术层面保障基于策略的车联网数据资产的安全可控。

首先建设车联网信息安全基础设施，包括密码服务平台、身份认证基础设施（V2X、X509 证书等）、云安全资源池、区块链、V2X 和 X509 的统一互信互认平台等；其次依据国家相关规范，将车联网的数据进行分类（可分为基础属性类、车辆工况类、车辆控制类、环境感知类、应用服务类和个人信息类），并按照一般、重要、敏感进行分级，在对数据处理前依据数据的类别和级别采用不同的安全策略进行分等级防护；最后在车联网的云、管、边、端采取不同的措施、策略和产品保障各层次的安全。

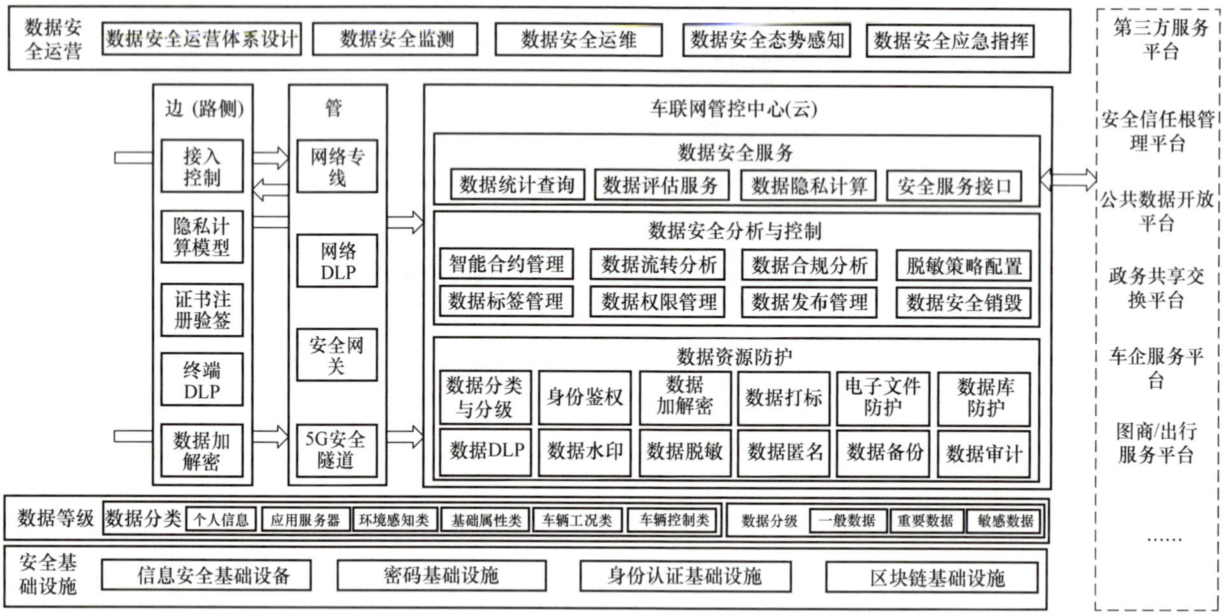

图 1　车联网数据安全技术总体框架

1）云：云计算平台汇聚着大量的数据资源，在云中心建立数据资源防护能力、数据安全分析与控制以及提供数据安全服务，并结合信息安全基础设施、数据分类分级相关系统提供的密码、数据分类分级服务，共同保障数据在云中心流转、存储和共享时的安全。

2）管：采用加密和边界接入认证等手段，对网络层、应用层传输的数据进行加密防护，防止数据被窃取和篡改；并在“管”道两侧边界分别采取接入认证措施，保障非授权或假冒人员不能接入。

3）边：对 MEC 节点和 RSU 路侧设备嵌入内置安全（密码）芯片，实现人员身份的不可仿冒；对 MEC 节点部署防恶意代码、DLP 防泄露等技术手段，保障 MEC 节点路侧的安全。

4）端：有条件的在智能汽车上内置密码芯片或在普通汽车上安装基于 OBU 的安全通信设备，实现真实身份的识别认证、端侧数据的完整性和机密性传输保护。

其次在数据安全运营层面，该框架主要面向数据管理者建立安全运营 / 运维管理机制，建设安全监测、安全运维、态势感知呈现、数据资产全景、数据流向全景、数据追踪溯源和应急指挥的数据安全综合保障能力，做到数据安全的“可见、可用、可控、可管”。

2. 车联网数据安全设计

（1）技术措施

车联网数据类别复杂多样，数据流通场景繁多，数据泄密后果严重，该框架针对车联网呈现多样性、规模性、非结构性、流动性、涉密性等特点，采用敏感数据发现与分类分级、数据加解密、隐私计算、安全接口、数据脱敏、数据水印等技术手段，贯穿车联网数据全生命周期的各个阶段（见图 2），确保车联网数据得到有效保护和合法利用。

1）敏感数据发现与分类分级：依据工信部技术标准《车联网信息服务数据安全技术要求》（YDT 3751—2020）将识别到的车联网数据进行类别归纳和敏感度划分，同时完成对数据的打标，根据数据分类分级结果采用不同的措施、策略进行分等级保护。

2）数据加解密：在云、管、边、端都需要实现数据加解密以及对身份的签名验签，在数据传输过程中需要实现数据传输的机密性和完整性。

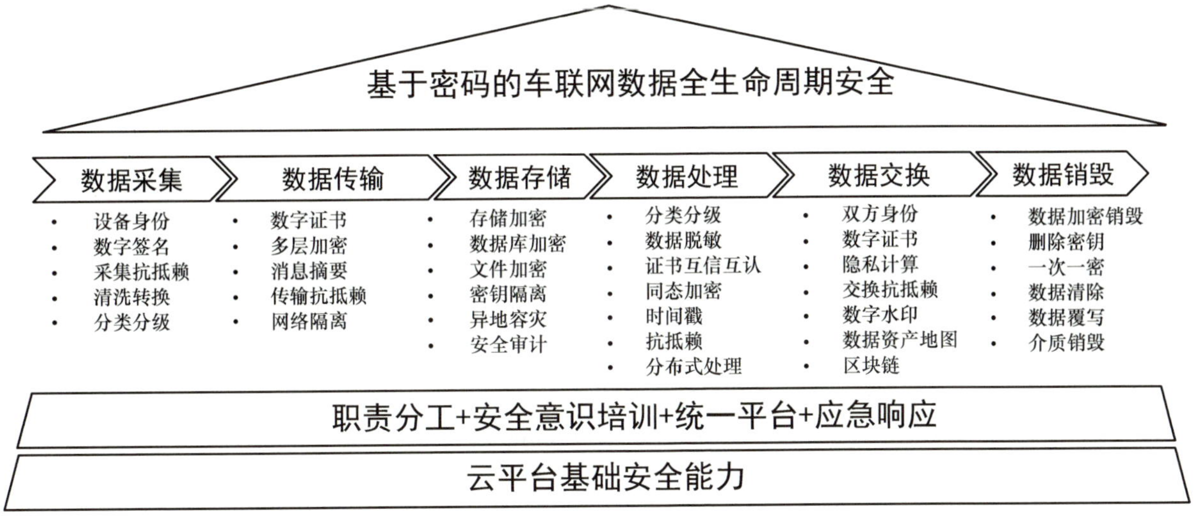

图2 基于密码的车联网数据全生命周期安全

3）隐私计算：车联网涉及参与主体众多，拥有数量庞大的智能网联汽车和路侧单元，非常适合进行分布式联邦计算。在不需要进行原始数据流转的前提下，仅通过交互模型中间参数进行模型联合训练，实现数据隐私保护和数据共享分析的平衡，即“数据可用不可见”“数据不动模型动”的应用新范式。

4）数据防泄露：根据防泄露对象不同，可分为终端数据防泄露、网络数据防泄露、数据库防泄露等防护措施。终端数据防泄露面向智能汽车、路侧单元、个人终端等设备，解决端侧数据流转、外发等环境的安全防护；数据库防泄露面向文件服务器、数据库服务器上的数据进行周期性扫描检查，提供敏感数据阻断和警告；网络数据防泄露面向流量内容，找出遗漏的数据传输泄露的事件，达到疏而不漏的效果。

5）安全接口：车联网数据在交换共享过程时，数据流通边界的接口安全至关重要，接口类型包括数据库接口、电子文档访问、API接口服务等多种形式，构建面向接口的身份鉴别、访问控制、授权管理、安全审计等功能，及时发现长期不用的僵尸接口并关闭，降低安全风险。

6）数据脱敏：车联网汇聚大量“车-路-云-网-图-第三方”数据信息，这些数据在不同场景应用时，需要对敏感信息通过脱敏规则进行数据变形，完成敏感数据的遮盖、假名化、匿名化处理，实现车联网数据的合规操作或安全流转。

7）数据标识：车联网业务覆盖范围广、主体设备多，在发生数据泄露时，需要查清泄露主体，溯源定责，采用数据标签、水印等技术，以随机分散的形式在数据资产中嵌入标签或水印，从而实现数据的版权保护，保障数据可靠、可控、安全共享。

8）个人信息保护：从合规全局出发，制定车联网的个人信息安全合规保护策略，结合脱敏、区块链、标识类、类标识类敏感个人信息等技术，并通过评估、脱敏等手段，实现车联网业务内基于去标识化的个人信息的流转。

数据安全技术在车联网的具体应用，首先依据车联网业务系统的数据安全需求以及相关法律法规的规定，按照数据安全管理的目标和原则，梳理数据处理活动的有关情况，划分数据敏感程度，形成数据资产清单，然后选用合适技术方式，落实不同数据等级的防护策略，形成数据使用、共享等关键环境的防护能力，构筑开放、公正、安全、合作的车联网数据价值流转环境。

（2）数据安全运营

以“平台化、体系化、可视化、实用化”为设计初衷建立一站式数据安全运营中心，集成车联网数据全生命周期防护与监测的安全能力于一身，构建“数据安全监测、数据安全运维、风险态势感知、应急事件指挥”四大核心能力，实现数据安全“统一运营、集中管控”，为数据安全运营工作的开展提供有力的支撑。

1）数据安全监测：车联网数据安全监测包括监测系统和探针，监测系统部署在云端，向探针下发安全策略，以及汇总探针上报安全监测数据进行分析，掌握被监管应用和设备的数据安全现状；探针部署在网联汽车、路侧单元、第三方服务设施等关键设备处，负责执行监管策略对资产存储位置、数据类别和数据流转情况进行嗅探并反馈结果。

2）数据安全运维：车联网数据安全需要具备保障持续安全状态的能力，构建数据安全运维，用于车联网数据资产的定期梳理和维护，落实车联网政策变化带来的合规整改，动态调整人员信息和操作权限，形成一种主动的保护机制和措施，完成人员、过程、技术和资源的有机整合，为运维服务提供有效保障。

3）风险态势感知：全面的数据安全态势呈现是车联网数据安全运管的有力抓手。通过融合数据监测后的统计数据，关联各类分析模型，利用可视化技术，从分布、流动、风险三个维度构建清晰宏观态势，形成数据安全管控全景图、数据资产视图、敏感数据视图、数据访问热度视图、数据资产流向视图、数据安全事件视图、数据安全风险趋势视图等，辅助用户全面掌握车联网数据安全实况以及后续决策。

4）应急事件指挥：便捷的响应处置工具是风险闭环的最后一步，也是最关键的一步，根据车联网业务需求设置相应风险处置流程并实时追踪，统筹协调应急资源的统一调度，联合指挥处置工作的协同研判，确保风险得到妥善的处理。

通过车联网数据安全运营，强化数据资产的集中化管理，实现数据风险趋势的全面监测与感知，对数据安全事件整体态势做到心中有数，形成了强有力的管理抓手，可有效提升数据安全管理能力、安全防护能力和事件处置能力，保障数据安全稳定的使用和运行，为数据价值的充分挖掘和利用奠定了坚实的基础。

3. 应用场景

（1）基于隐私计算的数据要素共享互通

建设车联网基础设施时，会在路侧部署大量的 MEC 设备，融合 RSU 搜集的路面感知数据进行融合计算，同时会将部分数据暂存，非常适合进行联邦学习。同时，在管控中心存在汇聚 MEC 进行大数据联合运算的需求，如何高效、安全地实现数据汇聚，成为我们重点关注的问题之一。

在车联网各 MEC 部署隐私计算节点（见图 3），以隐私计算技术实现计算过程和通信过程的隐私安全，为数据要素流通提供可信、安全的共享环境，从而转变数据流通模式，实现对数据共享全生命周期的可信监管，促进和推动数据供需双方参与数据要素共享互通的意愿。

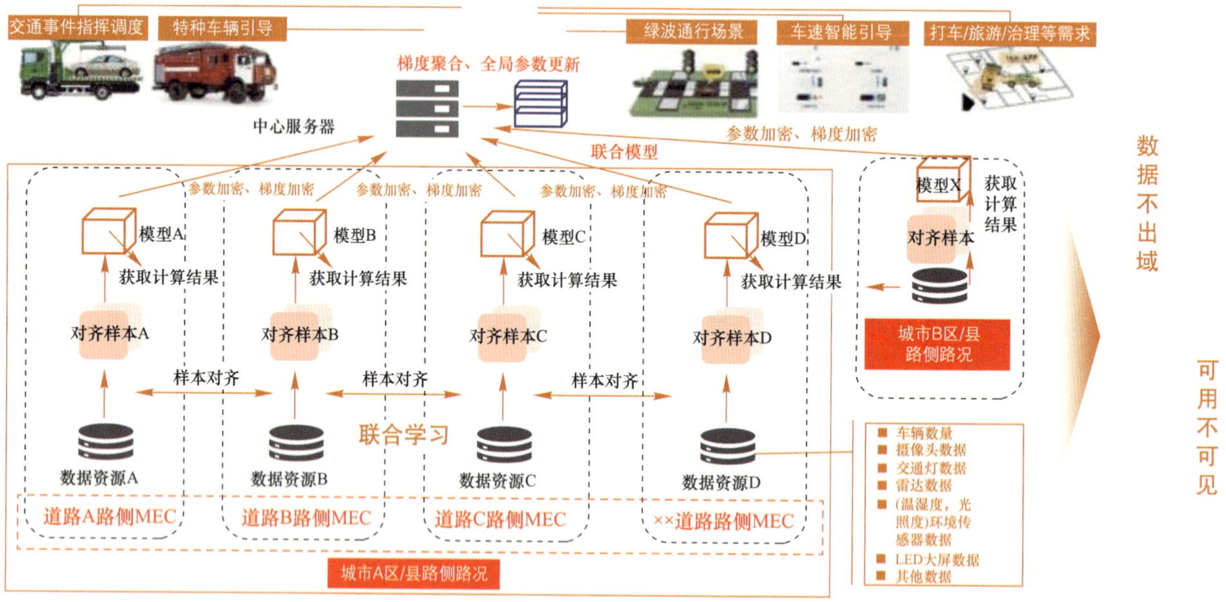

图 3　基于隐私计算的数据要素共享互通场景示意图

1）数据发布：道路侧 MEC 设备将当前数据资源进行发布，同步至管控中心云平台，形成统一资源目录。

2）数据订阅：根据资源目录上的数据内容，选择需要进行联邦学习的数据范围，作为联邦学习样本进行对齐。

3）模型创建：管控中心云平台隐私计算系统根据计算业务需求创建模型，下发模型配置至 MEC 联邦计算节点。

4）联邦学习：参与计算的 MEC 节点基于隐私计算协议，协同完成联邦模型训练过程，输出计算验证结果至云中心。

5）结果融合：联邦预测计算完成后，业务需求方通过 API 返回参数，获取计算结果，用于生产业务，完成数据不出域的隐私计算过程。

（2）云端数据安全治理及共享交换

从路侧采集和汇聚的数据通过专线传输到车联网云中心，在云中心进行清洗、存储、处理后共享交换给商业公司、政府部门和第三方研究机构的场景（见图 4）。

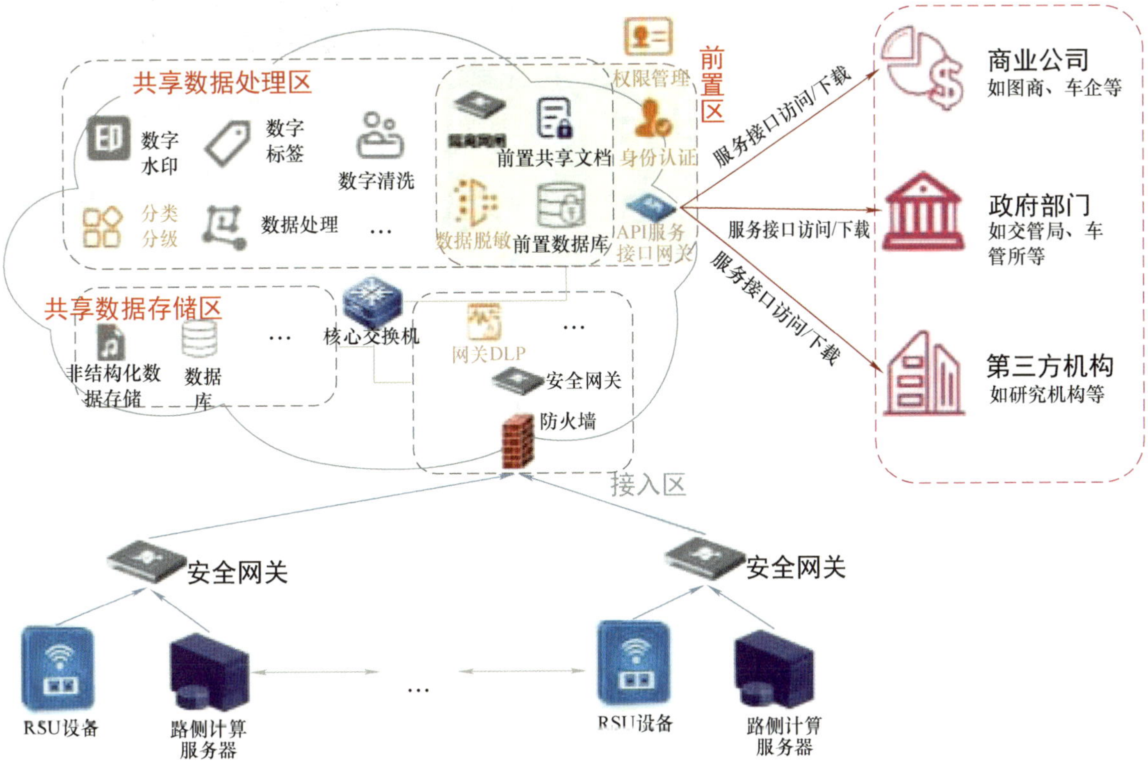

图 4　车联网云端数据安全治理及共享交换场景示意图

1）共享交换前置区：在车联网云中心设置共享交换前置区，用于将共享交换的数据被提前汇集至前置区，用安全网闸进行前置区和云中心其他区域的逻辑隔离；数据访问行为和通过 API 服务接口进行数据下载的行为不会对运控中心其他区域的源数据存储、分析处理、业务板块产生影响，从区域划分上保证了数据安全。

2）数据脱敏：在备份数据被汇集至前置区后，根据交换的对象和交换的需求对数据进行脱敏，保证进行共享交换的数据合法合规，防止敏感数据的泄露和被过度知悉。

3）权限管理：通过访问和操作权限管理，保证只有具有足够权限的用户能够对数据进行访问和操作，减少了数据误操作、滥用的风险。

4）身份认证：通过部署统一身份认证的代理，防止数据访问身份的滥用，实现数据交互用户的身份可信可靠，提供了对数据访问和交互行为的追溯环节的基础支撑。

5）API 服务接口网关：通过 API 服务接口供数据需求主体进行数据下载。API 服务接口网关提供了 API 服务接口的统一注册、登录认证、账号管理、安全审计等功能，同时还可实现对主机和网络的 API 资产发现，全面监控历史遗留 API、加密 API、临时 API。API 网关能够在共享交换的全流程场景下进行行为分析、UEBA 和异常交互行为的检测；结合基础 NLP 的隐私数据识别与语义分析和细粒度的数据标签分类统计，实时发现数据泄露事件。

（3）基于区块链的车联网数据可信存证

对车联网场景下的数据进行可信验证、冗余存储和共识计算，保障车联网的安全性、可用性和一致性，赋能各个环节都增加“可信”属性，实现“人 - 车 - 路 - 云”之间协同互信。还可借此整合全量全要素的交通信息，以更加精准的数据还原各交通地段的全貌，为城市交通调度、优化、科学管理提供更可靠的研判依据。基于区块链的车联网数据可信存证场景示意图见图 5。

图 5　基于区块链的车联网数据可信存证场景示意图

1）场景需求：以交通流量预测为例，精准的交通流量预测是实现交通信号自适应调整、车流诱导、匝道车流管控等智能交通应用的关键前提，然而在实际场景下，恶意及虚假数据会影响交通流量预测，进而造成错误的交通指示。

2）场景防护：利用区块链技术，通过预言机和智能合约对多源感知数据进行交叉验证和联合统计，解决交通预测中数据缺失、数据篡改、数据异常等数据质量和数据安全。

4. 结语

以密码为核心的数据安全是车联网发展的基石。车联网建设者要立足于当前和未来发展，将数据安全技术体系贯穿于车联网建设的各个环节，建立起相互协同、纵深立体的防御体系，重点从贯穿于数据全生命周期的安全防护、以数据分类分级为锚点的数据资产管理与治理、基于智能决策的数据安全服务等方面加强以密码为核心的安全技术体系化建设。随着车联网、智能网联汽车的不断发展，当面临新风险时，要不断探索新的数据安全技术体系，这样才能有效适应新形势下车联网、智能网联汽车的需要，有效保护用户安全。

西部智联智能网联汽车技术创新成果

西部科学城智能网联汽车创新中心

聚焦智能网联汽车，西部科学城智能网联汽车创新中心按照“政府推动、院士主导、市场化运作”的模式，攻克共性关键技术，推动成果快速转化。自成立以来，通过整合优势资源，重点围绕云控平台、车路协同、操作系统开源社区、MEC、测试评价等方面，开展智能网联汽车产业化实践，打造智能网联汽车“中国方案”标杆。

1. 云控平台

（1）积极参与推动“中国方案”云控平台规范化建设

云控平台是智能网联应用体系的重要组成部分，在整个系统中发挥着连接器和外脑的作用。目前，国内关于智能网联云控平台的标准规范还不够完善，平台研发、应用和运维中很多环节缺乏相关标准的指导和规范，因此需要加快标准的编制和应用，并在实践中不断加以补充和完善。

一方面，西部智联积极参与国家和行业标准的编制和完善工作，与国家智能网联汽车创新中心、云控智行、大唐高鸿等单位联合开展“云控基础平台建设指导规范”的研发和编制工作，参与中国汽车工程学会《智能网联汽车云控系统 第 1 部分 系统组成与基础平台架构》《智能网联汽车云控系统 第 2 部分 车云数据交互标准》《智能网联汽车云控系统 第 3 部分 路云数据交互规范》等 CSAE 行业标准的编制，与国家级平台、组织、行业核心企业共同推进云控平台相关标准的编制、应用和推广；另一方面，在自研产品中全面采用规范标准进行设计和建设，在实践过程中检验标准、发现问题、提出建议，在合作伙伴中不断进行宣贯和推广。

（2）基于“中国方案”相关规范和标准，设计和研发面向应用的云控平台产品和应用方案（见图 1）

西部智联云控平台团队按照智能网联云控基础平台总体架构，基于车云、路云等核心标准，设计了面向应用的云控平台建设方案。为满足应用需求，便于差异化部署和产品化推广，在云控平台规划之初，按照产品化设计思路，采取了分层、解耦的技术体系，规划形成了五个引擎组件，完成了平台核心功能的开发和与外围系统对接调试工作，形成了以五大引擎为核心的云平台产品基础；实现了基于厂商私有协议、中国汽车工程学会团标协议的网联车辆、路侧设备的注册和监控管理以及车辆运行数据、路侧感知数据、交通事件数据接入，打通了基本的业务和数据闭环，能够支持“前方施工提醒”“特殊车辆提醒”等 V2X 核心场景应用。

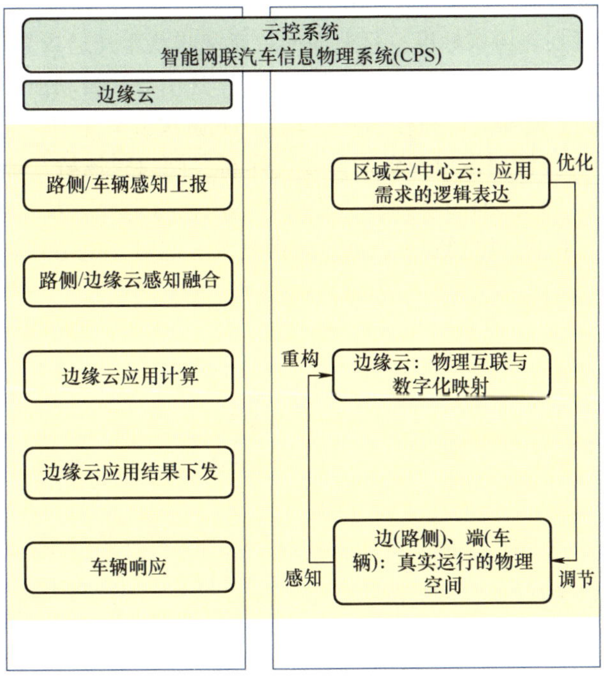

图 1 云控系统平台

目前，平台实现了一定规模下的稳定、可靠运行，已具备开展应用的基础，可为智能网联云控应用提供地图、数据、智能算法、设备协同与控制和视觉渲染等基础共性能力。行业开发者和生态伙伴可利用这些能力实现对城市交通、封闭园区、大型枢纽调度等业务场景进行数字化、智能化改造。

（3）充分整合上下游伙伴资源，打造智能网联云控平台基础支撑能力

公司已与四维图新、大有科技、为辰信安等国内头部专业地图公司、高精度定位公司、信息安全公司签订了战略合作协议。按照功能稳定、安全合规、全国服务的要求，联合研究并初步形成了智能网联高精度地图及高精度定位解决方案、智能网联汽车安全解决方案。基于上述基础，公司正在与车企探索共同开展 C-V2X 测试标准研究及测试评价指标制定工作，共同推进产品开发和测试技术的标准化建设工作，合作推

动车路网云一体化场景应用预研及量产上车。

（4）与多家高校和研究机构开展合作，加快云控共性关键技术研究

公司与清华大学、重庆大学等高校/研究机构开展了多种形式的学术交流、人员互访和项目合作，联合开展了人工智能网的 AI 环境建设、山地城市道路智能网联应用关键技术、面向自动驾驶与车路协同的路口速度优化与控制系统等课题研究，基于学科优势和良好合作基础，积极探索校企共建实验室及建立长期合作的保障机制。

（5）搭建“车路云一体化”测试验证平台

公司研发团队基于“中国方案”产品技术指标体系，针对业务需求和实验室建设规划，完成了“车路云一体化”测试验证平台实施方案。该平台以云控平台为核心，连接路端、车端和平台，实现车路云的协同感知、融合决策和协同控制。整个测试平台包括智能网联测试车及车载平台、具备全息感知能力的测试路口和路段、高精度定位增强网、云控平台及支持环境。目前，已部署了 7km 路测设备，可为这些具备增强感知能力的道路提供测试服务，并已完成了与云控平台的互联互通。智能网联测试车已经完成改装设计和功能规划，该测试车装备了激光扫描、毫米波雷达、摄像头、自动驾驶仪控制器和车载 OBU 设备，具备自动驾驶基础功能，可以实现障碍物识别、水平和垂直方向的自动控制、启停等，并能通过 OBU 接收云端消息和控制指令，能够在云控平台的支持下，实现高等级超视距、多车协作等复杂自动驾驶应用。

2. 车路协同

（1）打造智能网联车路协同整体解决方案能力

基于中国方案相关路线规划、协议标准，打造面向智能网联汽车交通场景的整体解决方案。针对安全、效率、服务等基础场景要求，实现道路危险信息提醒、绿波车速引导、自动泊车服务等能力。

根据业务拓展需求，形成了面向港口和教学园区车路协同解决方案能力。

港口车路协同解决方案主要针对港口业务所涉及的岸桥、闸口、场桥、堆场等业务环境，以及 AGV、IGV、无人跨运车等业务对象，打造面向基础环境的业务基础能力平台以及面向业务应用的云控技术底座。在此基础上形成面向港口业务的港口协同安全、港口辅助驾驶、港口孪生仿真等解决方案能力，见图 2。

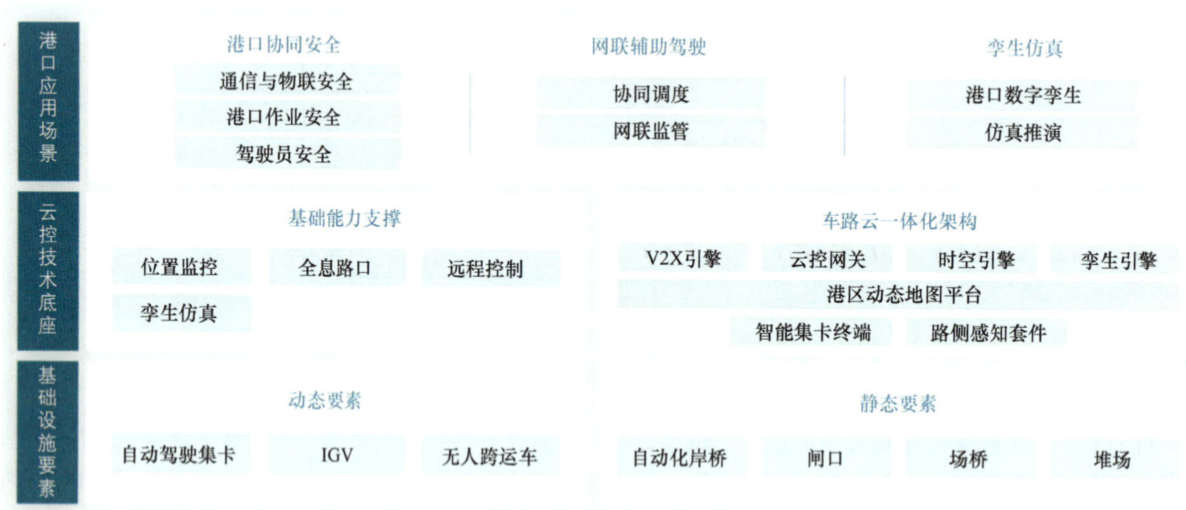

图 2 港口自动驾驶方案示意图

教学园区车路协同解决方案主要针对学校教学环境，结合学校优势学科，配套智能网联汽车技术与产品的示范应用，建立具有全自动化、通信完备、定位精准、控制稳定的智能网联交通系统实验平台，从而形成校园智能汽车科技展示、体验和试验平台、无人驾驶、智能网联测试区、产教融合、新工科建设等实验场景，见图 3。

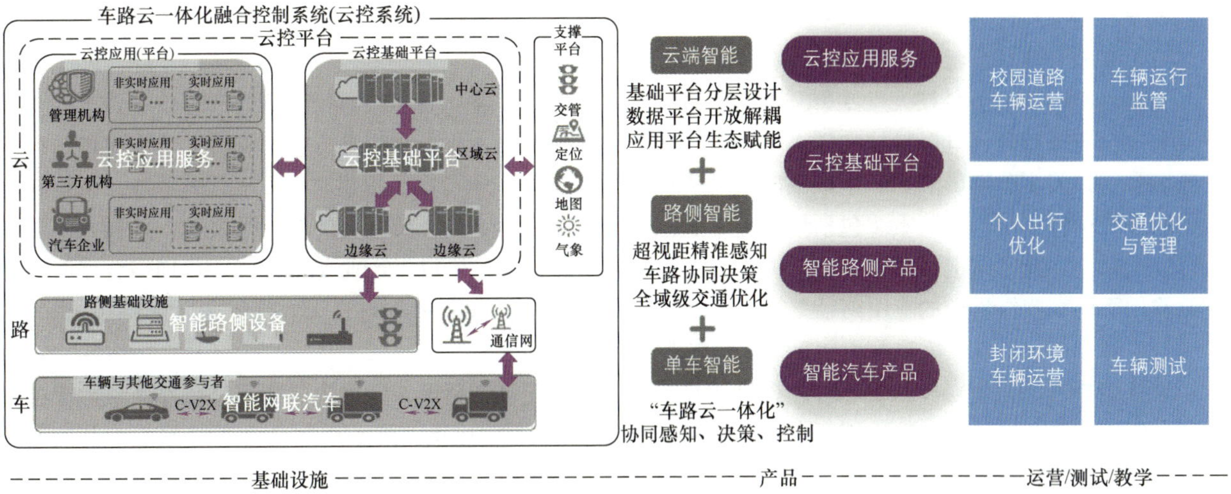

图 3　教学园区车路协同解决方案示意图

（2）构建车路协同集成交付服务能力

组建车路协同集成交付团队，结合业务及项目特征，规划车路协同交付服务方案，形成交付服务体系。目前已形成包括面向车路协同集成设计、集成实施、集成验证以及集成项目管理的交付能力。集成设计服务是基于车路协同项目的顶层规划设计，从上层业务角度出发，自上而下拉通需求，统一标准，统筹规划。车路协同集成设计服务包括业务流程设计和系统架构设计。业务流程设计主要是从业务场景、流程分析的角度来分析和设计；系统架构设计从数据信息以及数据流向、应用功能支撑角度以及整体方案的技术实现来考虑和进行设计。通过完善的交付体系，具备了强有力的交付能力。

（3）积极推动示范区先行演示项目建设

通过先行演示项目，搭建 7km“车路网云一体化”环境，用于云控赋能智能网联汽车功能展示及后续实际道路测试。积极协调相关自动驾驶车企提供自动驾驶车辆在演示道路进行实车自动驾驶功能测试、示范，并实现车云互通，见图 4。

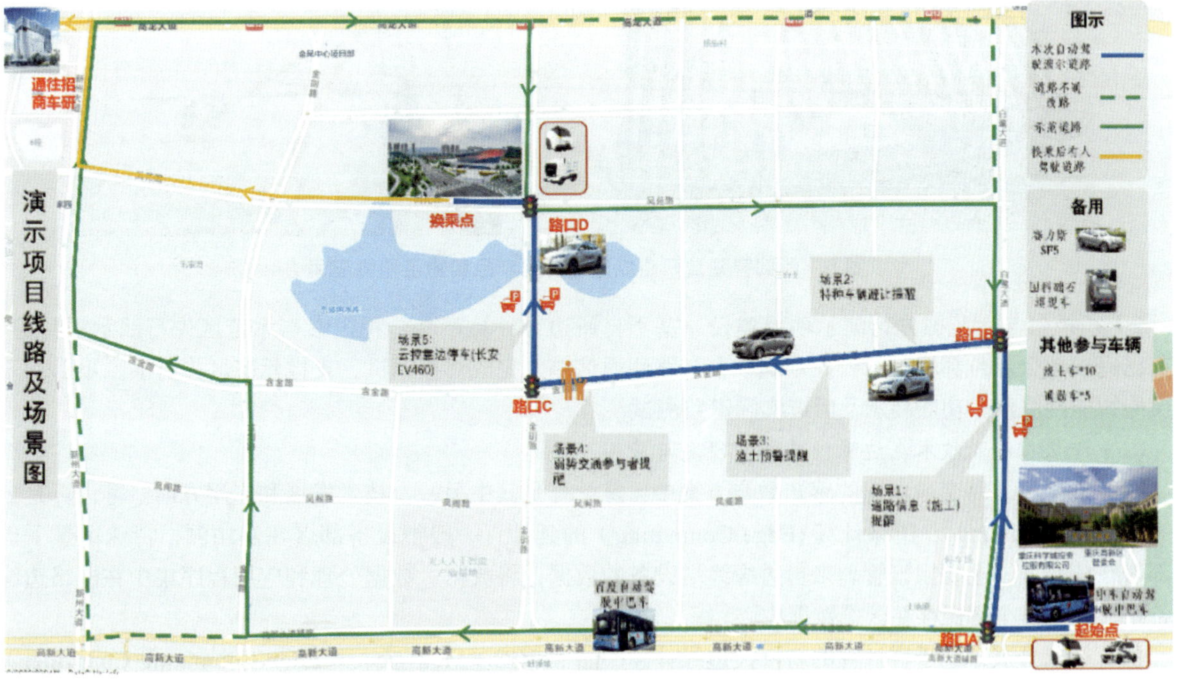

图 4　示范区先行演示项目示意图

3. 智能网联汽车操作系统开源实验室

（1）联合挂牌成立操作系统开源实验室

与斑马智行、电子科技大学签署开源实验室联合共建协议，建立面向汽车行业符合汽车技术要求的开源开发平台。西部智联、电子科技大学提供开源社区技术领域人才、前沿知识等方面的支持，牵头建设与运营开源平台，扩大实验室影响力，争取政府扶持资金及相关政策；斑马智行提供自动驾驶操作系统 - 系统软件相关的开源标杆项目基线版本（包括但不限于 RTOS 和 Hypervisor 等）及相关配套技术文档，并投入专业团队持续支撑。在此基础上，共同组建开源项目核心研发团队，在科研成果产业化方面进一步加强合作，探索开源软件面向车规级量产的应用路径，推动智能驾驶操作系统生态发展。

（2）推动 OpenSDV 联盟成立和开源社区建设

聚焦智能网联汽车操作系统软件，探索满足行业需求的开源创新模式，助力生态可持续发展，形成良性循环。西部智联与中科汽车软件创新中心共同推动成立 OpenSDV 开源联盟（筹），开展操作系统、智能网联应用算法、开源供应链合规等方面的研究工作，并就联盟工作组设置、工作重心、时间节点等进行了深入探讨。同时，联合西部科学城金凤软件园开展开源社区建设，就西部智联参与社区 / 基金会建设的内容及方式、潜在的捐赠项目等内容达成了合作意向。

4. MEC 产品研发

（1）积极开展自研路侧边缘计算产品的研发与测试（见图 5）

积极开展自研路侧边缘计算产品的研发与测试，已完成产品 V1.0 版本开发和功能验证，目前在示范区先行演示项目的实际道路上已完成部署，并开展性能测试和产品迭代升级。

1）自研产品完成 1.0 版本研发测试。基于国产大算力芯片，打造可兼容接入多种路侧设备，构建道路的泛感知体系，实现道路交通多维度、多来源、全要素的全息感知，提供路侧数据汇聚、路侧智能感知、路侧智能预警等服务。

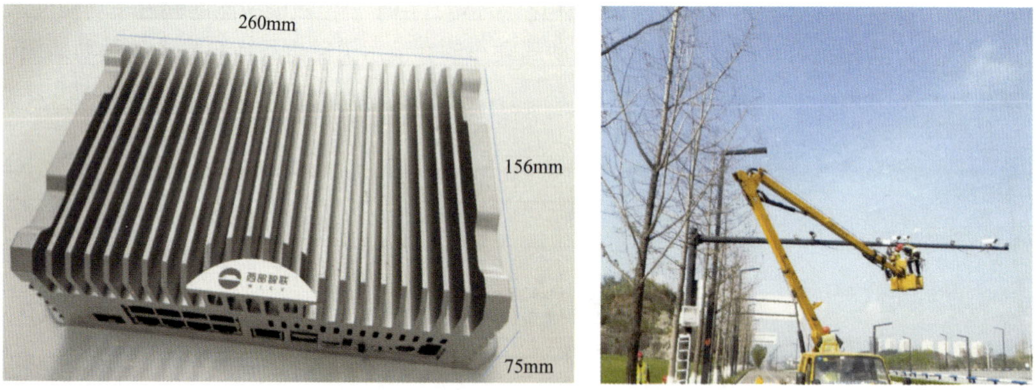

图 5　西部智联自研路侧边缘计算产品实物及路侧应用

2）积极参与示范区先行演示项目建设。基于自研边缘计算产品，积极参与示范区先行演示项目建设，目前已完成两个点位部署，与云控基础平台、路侧通信单元完成对接调试，支撑示范区先行演示项目用于云控赋能智能网联汽车功能展示及后续实际道路测试。

（2）积极推进新技术在边缘计算侧的研发与应用

在智能网联道路交通环境的感知融合方案中，雾计算是其中另一个技术发展和应用方向。雾计算是云计算（Cloud Computing）、边缘计算 (Edge Computing）的延伸，一般把设备部署在基站侧，特殊场景下也可以部署在核心网，主要用于管理来自边缘终端设备的数据，将数据、数据处理和应用程序集中在网络边缘的设备中，而不是全部保存在云端数据中心。

西部智联开展了基于雾计算的新一代边缘计算产品 MECC（Multi-access Edge Computing Controller）的预研和研发立项工作。该产品基于路云车云协议，部署在基站侧，实现跨路口的道路环境感知融合。它构建在传统的 MEC、RSU、OBU 基础之上，融合处理 BSM、RSM、RSI、SPAT、MAP 等 V2X 消息，采用

ABC（Adaptive Boosting Class）等 AI 技术进行决策，实现高覆盖、低延时的道路感知融合，见图 6。基于雾计算的新一代边缘计算产品 MECC 时间分析见表 1。

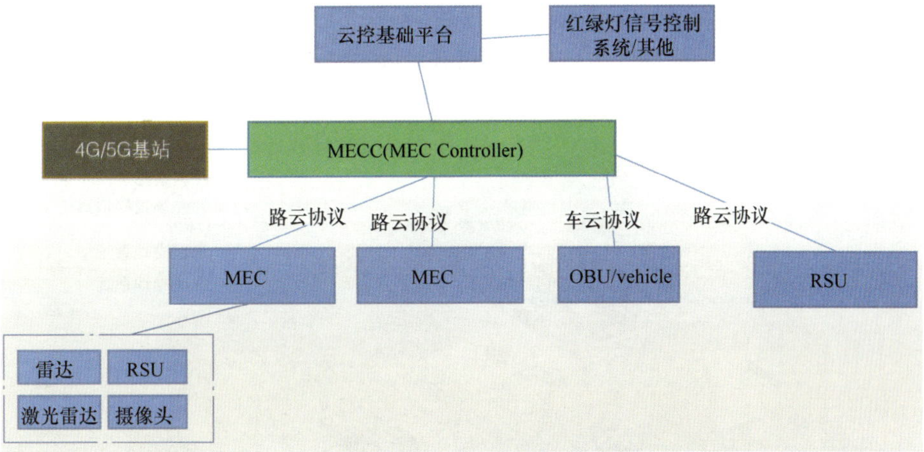

图 6　MECC 在云控系统中的业务定位

表 1　基于雾计算的新一代边缘计算产品 MECC 时间分析

场景	通信时延	说明
移动端→接入网	1~20ms	5G:1~4ms；4G:1~20ms
接入网→汇聚网 / 核心网	10~80ms	参考 open signal 数据整理
汇聚网 / 核心网→自建服务器	>100ms	参考 open signal 数据整理，至少 68ms

5. 测试评价

智能网联实验室作为关键技术研发验证的关键平台，是智能网联技术迭代和产业建设的重要驱动。实验室与示范区功能相互融合与互补，发挥智能网联科研创新、技术引领、产业聚集、人才培养效应，支撑立体、成熟的智能网联产业生态。

为支撑智能网联实验室方案的制定，基于技术、市场、产业和法规的发展情况，结合调研信息，基于域内测试研发储备及需求，形成了第一阶段以车辆在环仿真、自动驾驶软硬件在环仿真、车载高速网络、无线通信仿真、零部件综合研发验证等实验能力为建设中心的一阶段实验室规划方案，覆盖从系统到整车，从关键技术研发到集成测试，从科研创新到产业验证的测试验证体系，支撑智能网联的技术创新与产业落地，见图 7。

图 7　一阶段实验室规划建设方案

其中，整车在环仿真（VIL）实验是新能源与智能网联汽车技术创新和产业验证的重要手段。整车在环测试系统的集成、模拟和控制等关键技术是国内外企业和科研机构攻关的重点。在 VIL 领域，西部智联与清研理工结合双方在智能仿真和测功机平台领域的优势和积累，通过反复的论证和优化，形成世界领先，国内一流的整车在环测试平台，突破智能网联整车测试的关键技术，其功能和性能优于国内外现有测试方案。该方案将面向智能网联产业的车厂、零部件厂、科技公司开展服务，引领关键技术的集成、验证与产业化，见图 8。

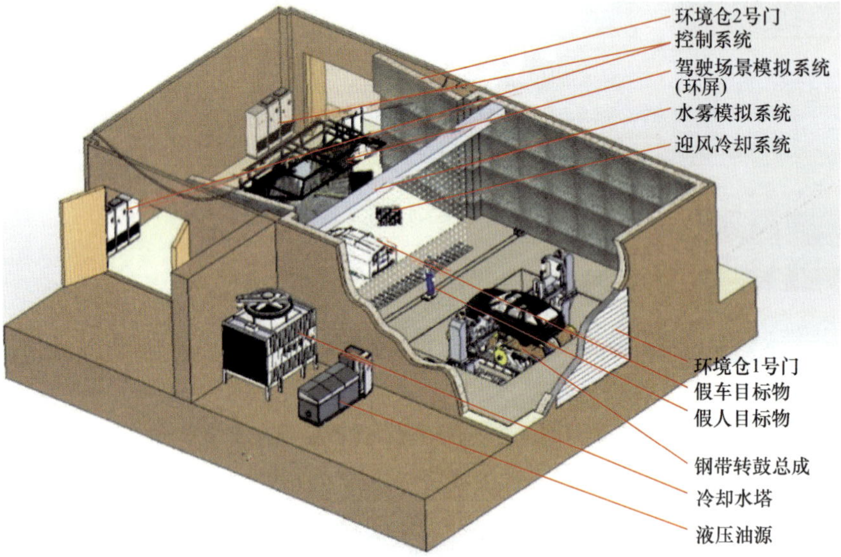

图 8　整车在环仿真（VIL）实验室组成架构

在软硬件在环仿真实验室的方案中，充分调研了多家整车企业现有在环测试方案和未来验证需求，了解了多家检测机构在软硬件在环领域的业务情况，并充分比对了相关技术服务商的方案差异，结合西部智联在环仿真测试系统搭建和数据集建设方面的优势，形成了集验证服务、技术咨询及设备交付为一体的业务模式，为自动驾驶、智能网联技术以及 ADAS 技术创新及产品落地提供支撑，见图 9。

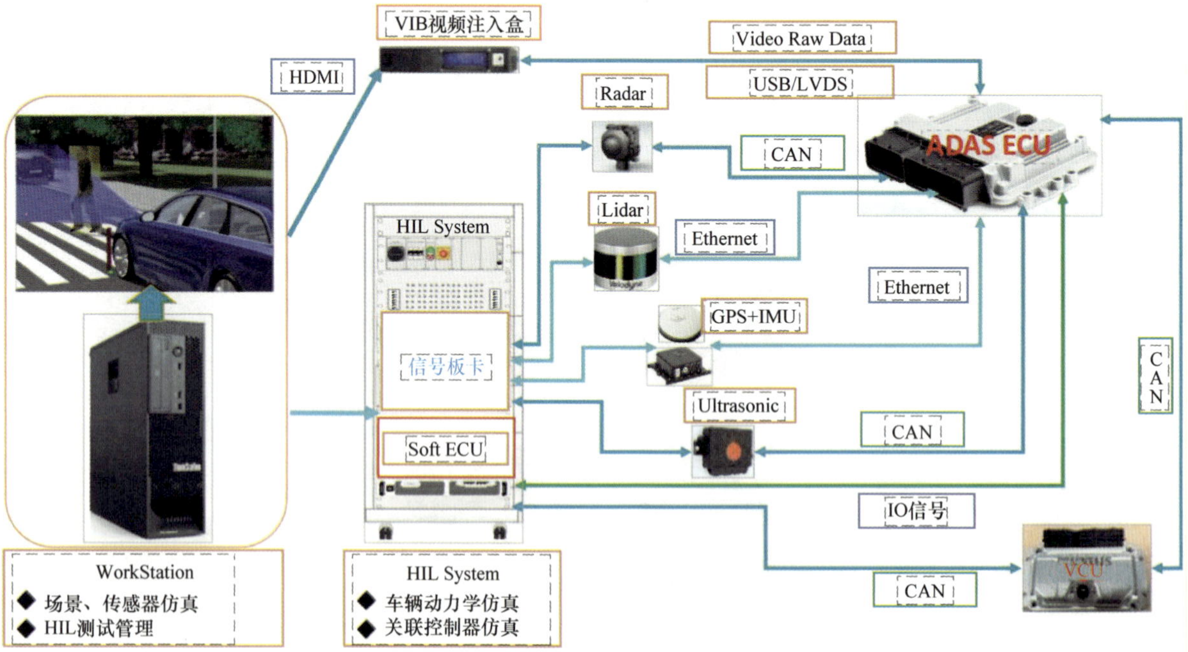

图 9　软硬件在环测试系统架构

车载高速网络实验室瞄准智能网联功能的发展对车内网络的严苛要求，与车企的布局方向保持同步，解决行业内快速增长的车载高速网络研发和测试需求。在车载高速网络的研发和验证领域，西部智联和中国信息通信院保持紧密的协作，在技术、业务和标准法规的制定上形成了良好的互动，并对车载高速网络实验室进行了协同论证，形成具备研发验证、合规检测、协议测试、性能测试等能力的综合性网络实验室方案，为快速发展的汽车高速网络提供技术创新和产业化验证基础，见图 10。

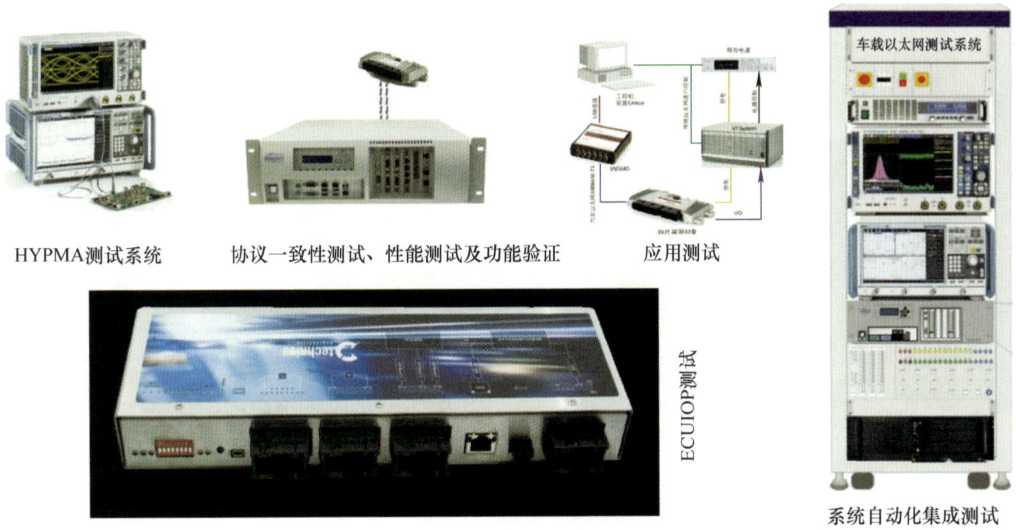

图 10　车载高速网络实验室建设架构

车载无线通信实验室紧扣网联化要素，基于中国方案智能网联的技术架构，建设无线通信实验平台，面向相关企业产品开发的需求，与科学城示范区实现融合互补；对车内终端，路测设备的通信一致性、物理层性能、功能及场景开展高效的验证，形成车载无线通信技术研发、验证、示范、应用的创新基地，见图 11。

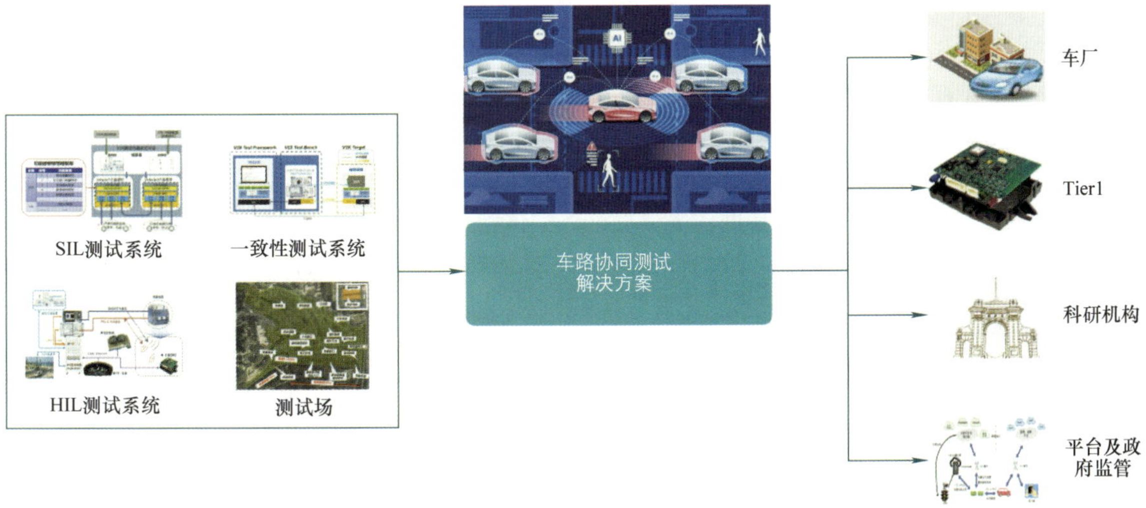

图 11　车载无线通信实验室建设架构

零部件综合实验室聚焦智能网联技术的产业落地，围绕智能网联关键系统及零部件在功能、性能及寿命等方面的要求，提供规模量产的验证支持。基于产业化的要求，对零部件开展电气负荷、机械负荷以及环境耐久方面的综合测评，形成从研发创新到产业应用的闭环，进一步提升智能网联技术的应用效果和产业价值，见图 12。

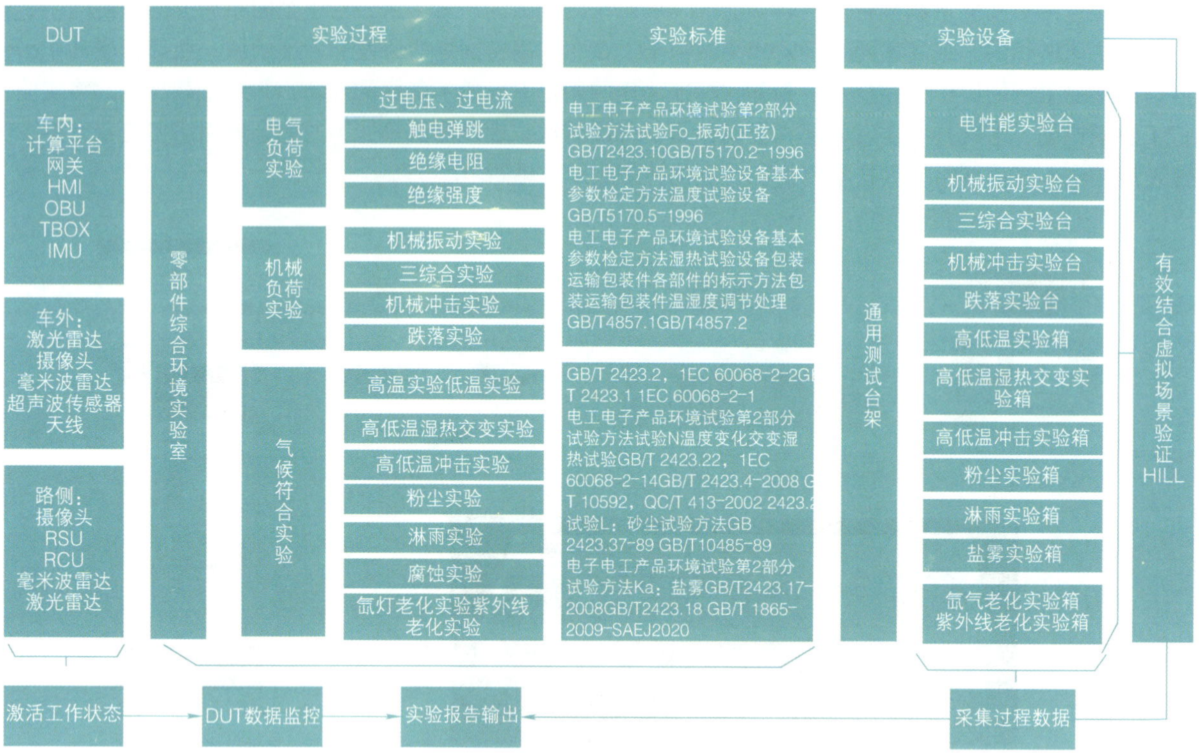

图 12　零部件综合实验室建设方案

百度 Apollo 智能化自主创新产品与技术应用案例

北京百度智行科技有限公司
作者：李新洲

在智能化方面，百度 Apollo 经过多年技术积累，形成了智驾、智舱、智图的组合解决方案，助力车企打造面向未来的智能网联汽车，实现领先、量产、可组装。

1）在智驾方面，百度研发了 ANP 领航辅助和 AVP 自主泊车。ANP 是城市领航辅助驾驶解决方案，以视觉感知技术为主，结合高精地图，帮助驾驶员提升驾驶体验与安全性。针对城市复杂道路的自动驾驶能力，具备识别检测红绿灯、环岛路口、非结构化道路等，灵活的驾驶策略可从容面对路口博弈、汇入汇出等场景，将用户从复杂烦琐的驾驶任务中解放，让驾驶更安全、更高效。AVP 自主泊车，是当前行业中领先的智能泊车应用，适用场景覆盖小区、公司、商场等地下和露天停车场，支持有划线和无划线车位的垂直、平行、斜方车位等近百种衍生类型，泊车过程中能够识别车辆、物体、人等各种复杂场景，自主完成安全避让或主动制动，轻松一键超远距离泊入和召唤泊出到指定区域，泊车速度媲美老司机。

2）在智舱方面，百度研发了 CarLife+ 以及小度助手，目前可兼容 700 多个车型，支持有限、无线随心连接，支持超过 95% 的智能手机，通过语音功能（彻底解放驾驶员的双手）即可实现安心驾驶。对于旅途娱乐，CarLife+ 也不在话下，通过语音实现找美食、找停车、找加油站。手机内容，可实现无缝上车，可在汽车大屏上使用最喜爱的手机应用，无论是聊天、听歌还是刷视频。

3）在智图方面，百度开发了百度地图汽车版，包含海量、丰富的地图数据，覆盖全球 1.8 亿个兴趣点（POI），道路里程超 1100 万 km，实时交通数据覆盖全国 360 个城市，日服务请求上亿次。百度地图汽车版通过 AI 智能引擎，可实现私人定制语音包、智能出行规划、交通状态预测、机车互联、多端同步等多项功能。

在技术应用方面，威马智能电动车型W6全面搭载Apollo ANP领航辅助、自主泊车AVP功能并实现量产，同时百度Apollo与威马合作的Apollo Moon威马版可实现完全无人驾驶。百度Apollo已与长城哈弗、广汽埃安等多家车企量产多款自主泊车量产车型。

威马W6无人车Apollo Moon与威马W6 ANP+AVP车型均采用“ANP-Robotaxi”架构，可以做到数据共生共享，相互反哺，打造超强数据闭环。威马W6 ANP+AVP车型全车配置12个摄像头、5个毫米波雷达和12个超声波传感器，可实现智能避让、自主变道、上下匝道、进出服务区等更高级别领航辅助驾驶能力。威马W6 ANP+AVP是首个搭载百度领航辅助驾驶系统量产落地的车型，新车具备L2+自动驾驶能力。威马W6 ANP功能，基于Apollo L4自动驾驶技术降维，在保证量产成本可控的同时，兼顾用户出行体验。结合AVP自主泊车方案在威马W6的大规模交付落地，Apollo在量产整车领域将打通行泊一体解决方案量产，从而进一步实现从自主泊车到领航辅助驾驶的全域智能驾驶。

2021年7月，百度对外推出升级的ACE智能交通引擎2.0（以下简称ACE2.0），ACE2.0总体架构为“1+3+N”，即“1”个数字底座，“3”个智能引擎，“N”个场景应用，ACE2.0的一大特点便是提出了智能网联、智慧交管、智慧高速、智慧停车等行业细分场景的解决方案，经过一年多的发展，实现了感知更精准、数据资源更多元、智能引擎更强大、业务应用更丰富、赋能行业更全面、用户体验更优质的升级。

1）在智能网联领域提出了小型网联示范解决方案和智能网联重点车管理解决方案。小型网联示范解决方案依托强大的“车-路-云-图”全栈式数字底座，百度致力构建城市小型自动化、网联化、数字化的智能交通系统，摆脱传统网联项目金额大、非标准化的不足，兼具客户聚焦、套餐标准化、项目金额小等优势，适用于大型活动的展览、展示，小型网联示范区建设等场景。智能网联重点车管理系统，利用Apollo领先的对象级感知、图像识别、AI分析技术与V2X应用能力，实现重点车监管与驾驶安全服务一体化解决方案。助力监管者，大幅提升重点车违章行为识别率、降低事件发生到发现的时延，实现违章驾驶员锁定，支持违规运营行为监管非现场化，以此构建强感知、低时延，广覆盖的监管网络，重塑重点车管理威慑力；服务驾驶员，利用车路协同安全提醒服务为驾驶员提供超视距安全提醒，延长反应时间，提升专注力，为驾驶保驾护航。

2）在智慧交管领域提出了智能信控解决方案、交管大脑解决方案、智慧路口解决方案、AI交通缓堵解决方案、权威交通信息发布解决方案、广电媒体路况播报解决方案等多项交通管理解决方案，有效提升交通管理效率。

3）在智慧高速领域提出了高速公路车路协同解决方案和智慧高速运营管理平台解决方案。高速公路车路协同解决方案面向高速公路隧道出入口、分合流区、施工作业区、弯道等道路特殊场景以及恶劣天气，提供车路协同特色场景化应用，实现高速公路全天候感知、全要素识别、全用户触达。智慧高速运营管理平台解决方案面向AI监控调度、资产数字化、全周期养护运维、收费稽核、服务区运营、出行信息服务等高速运营相关业务，百度提出尽职提效、运营保收、变现创收三阶段目标，按照“一屏观全域、一网智全程”的总体思路，形成一套有效业务赋能、松耦合、可扩展、高复用、可持续的智慧高速运营平台建设方案。

4）在智慧停车领域提出路侧高位视频智慧停车解决方案和停车投资运营管理解决方案。路侧高位视频智慧停车解决方案以自主知识产权的高位视频技术及自主泊车AVP能力为核心，以百度地图数亿C端用户及海量用户画像数据为基础，以深厚的项目“规、建、管、运”综合能力为依托，打造“让城市交通更有序，让人民出行更幸福”的智慧停车解决方案。停车投资运营管理解决方案提供先进、智慧的停车系列产品，以先进技术及丰富运营经验，助力城市智慧停车产业的长远发展。

在技术应用方面，百度作为核心成员参与了重庆市永川区智慧交通系统建设。目前交通大脑接入停车数据、公交出租、公路养护、车辆GPS、违法、事件、视频、诱导、信号、互联网路况等，总计已接入20多个系统，数据项30多个大类，100多项细分数据。针对永川区重点路口60个，实时采集车流信息，融合车辆导航轨迹、停车次数时间等数据，精准分析交通路况，自动生成最优交通信号灯时间方案，实时自动下发给每个路口。在永川区，系统接入了城区1800多个路侧停车泊位，驾驶员能够通过百度地图App可以定位到每一个车位，可以做到一键导航诱导车位、精准泊车和反向寻车，并且系统可以根据出行目的地自动匹配车位导航泊车，平均泊车时间减少约 2min/ 次，车位利用率提高约 15%。在指挥中心可对永川区 540 辆出租车进行动态监管，能够做到出租车超速运营行驶预警，及时提醒出租车司机要安全驾驶，禁止超速行车。永川智慧交通系统打造了以“五个一”架构的城市交通大脑智慧交通体系，打破各交通部门之间的数据壁垒。赋能给智慧公安交管、智慧交通运输、智慧出行服务、自动驾驶示范四大板块的业务应用。

5G 车路协同服务系统

联通智网科技股份有限公司
作者：杨海军，刘冲，余方舟

1. 产品介绍

5G 车路协同服务系统是面向智慧交通行业的一套行业解决方案。车路协同服务系统支持“车 - 路 - 云”多维度数据接入，广泛支持国家标准、行业标准及用户定义协议，由技术中台、数据中台、业务中台三部分构成，提供接入管理、数据服务、协同服务、场景运营、交通服务、运营管理、数字孪生大屏、用户终端等 8 大子系统，采用“边缘云 - 区域云 - 中心云”三级云架构，基于 5G 网络、AI 融合感知、高精度地图、高精度定位、网络质量监测等技术，帮助用户快速构建 V2X 车路协同和无人车场景运营的平台级产品服务和解决方案。

2. 产品功能

产品定位：围绕智慧交通领域多种应用场景解决方案的需求，实现关键共性能力能力基座，满足统一接入管理、统一应用调用，统一能力开放、统一安全运营等要求。

目标客户：智能网联示范区、智慧景区、智慧矿区、智慧园区、智慧矿区、智慧港口、智能网联测试场等。

服务功能：5G 车路协同服务系统包括 8 类服务功能：接入管理、数据管理、车路协同、场景服务、交通服务、运营管理、数字孪生大屏和用户终端。

本产品基于 5G 网络、AI 融合感知、数字孪生多引擎、V2X 预警引擎、高精度地图服务、高精度定位、网络质量监测等核心技术，帮助用户快速构建 V2X 车路协同和无人车场景运营的平台级产品服务和解决方案。

3. 产品优势

目标客户：无人车场景应用的目标客户，包括政府，高校，主机厂，出行服务运营商，和停车场业主等，业务方向为 toB、toG 业务。系统有两种商业模式：一是提供 SaaS 云服务模式；二是提供解决方案，提供项目定制化、本地部署服务。

本产品在架构设计、标准接入、功能能力引擎、运营商集成、全场景服务、能力开放方向上具有显著优势。

4. 解决方案

联通智网科技打造了业内领先的、基于“中心云 - 区域云 - 边缘云”三级架构的京津冀 5G 智能网联示范基地：北京亦庄智能网联示范基地；天津海教园智能网联示范基地；雄安智能网联示范基地。

联通智网科技依托京津冀 5G 智能网联示范基地进行车联网技术研发测试和创新场景孵化，现已孵化了远程驾驶、自主泊车、无人公交等创新应用场景。同时可以支撑内外部参观展示，搭建产业生态，基地已聚集 4 家自动驾驶企业，3 家 V2X 设备厂家生态企业。

（1）亦庄智能网联示范基地

由联通智网科技牵头，在北京亦庄示范区打造了智能网联研发示范基地，基地以亦庄园区联通大楼为中心，覆盖周边近 1km 的道路和停车场等场景，整体规划 21 个融合感知点位，已建设 16 个，投入 2 辆微循环小客车、1 辆售卖车和 1 辆清扫车，其中微循环小客车在园区实现常态化运营。

依托该基地研究融合感知、车联网安全、高精地图、云控平台等关键技术，孵化了基于 5G/MEC 车联网应用场景，包括 5G 无人小客车、5G 车路协同、5G 云代驾、5G 无人售卖和 5G 远程驾驶等。亦庄园区场景规划示意图见图 1。

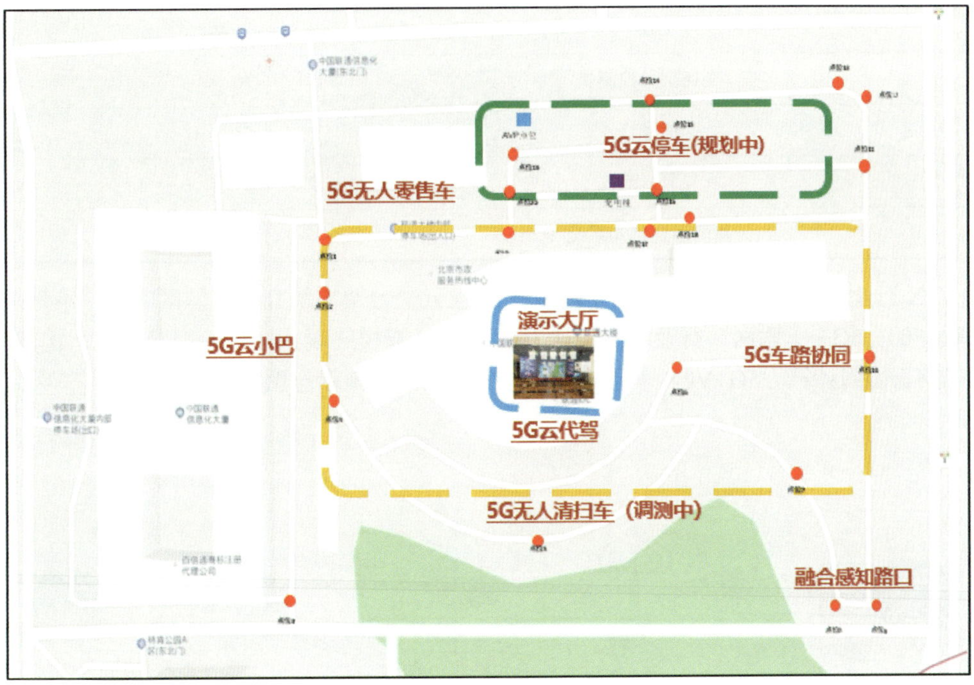

图 1　亦庄园区场景规划示意图

1）智能路侧基础设施。园区安装毫米波雷达、摄像头、补光灯、RSU、交通信号控制机、气象监测仪等智能路侧设备，同时在车端部署 5G OBU 设备。智慧路口点位分布示意图见图 2，智慧路口设备数量见表 1。

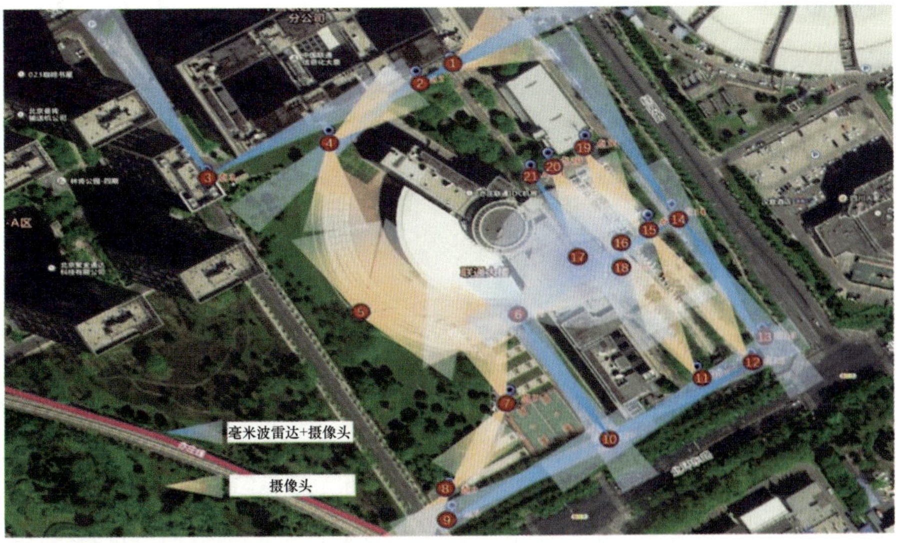

图 2　智慧路口点位分布示意图

表 1　智慧路口设备数量

序号	设备名称	单位	数量
1	路侧毫米波雷达	套	15
2	摄像头	套	30
3	补光灯	套	15
4	RSU	套	3
5	OBU	套	1
6	交通信号控制机	套	1
7	信号灯	套	3
8	气象监测仪	套	1
9	路侧融合感知系统	套	3

2）5G+V2X 行业专网基础设施。基地进行 5G+ 三级云平台架构研究，在园区实现“本地应用、区域协同、跨省互联”的“5G+ 车联网”行业专网。研发 5G+V2X 双模终端，实现一网双通道，构建 AI 云化弹性部署，研究车路云协同计算。5G+V2X 车路协同行业专网基础设施示意图见图 3。

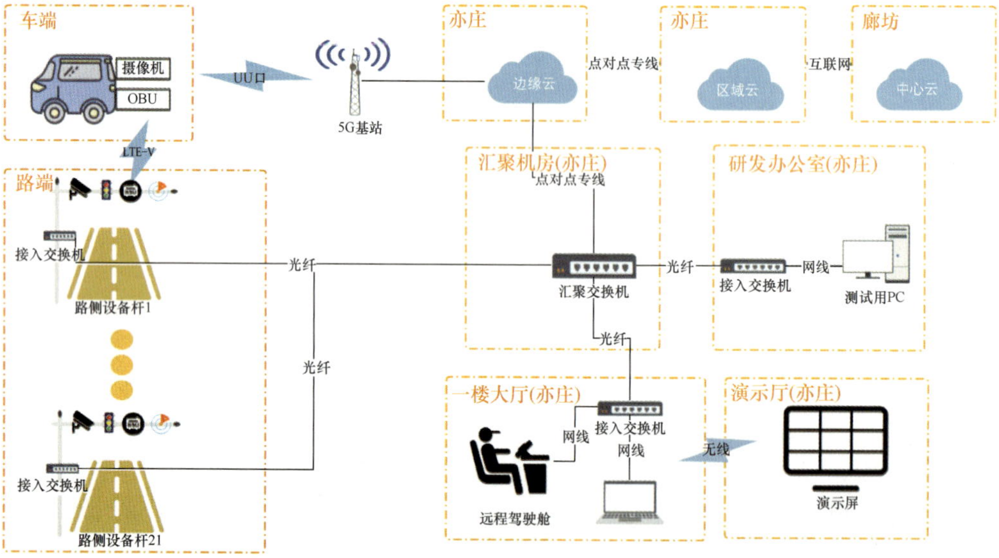

图 3　5G+V2X 车路协同行业专网基础设施示意图

3）车路协同服务平台。平台采用三级架构，中心云平台部署在河北廊坊，实现全局运营。亦庄部署区域云平台，实现城市的综合调度和本地数据汇聚。同时在亦庄基地采用了 5G/V2X 融合组网，部署边缘 MEC，实现低时延的融合感知等业务场景。路侧感知数据可以在路侧 MEC 进行感知融合，通过 V2X 下发，亦可以通过 5G 或者光纤回传到边缘 MEC 进行感知融合，再将感知结果数据通过 5G/V2X 双通道进行下发。车端通过 V2I/V2N 进行车端数据的回传，获取车联网服务。5G 车路协同服务平台示意图见图 4。

本项目接待了北京车网科技副总经理和集团政企交通物流总监的参观演示，得到参观领导的充分认可及高度评价。

图 4　5G 车路协同服务平台示意图

（2）天津海教园示范区

天津海教园车联网示范基地是由联通智网科技、天津联通、天津大学共同打造的“产 - 学 - 研 - 用”一体的车联网先导应用示范基地。示范基地全长 28km，包含 20 余个智慧路口和 12 个智慧站点，部署了全国首个采用“边缘云 - 区域云 - 中心云”三级云架构的 5G 车路协同服务平台和建设了首个 5G 智慧公交常态化运营的高校示范区。海教园智慧站点分布示意图见图 5。

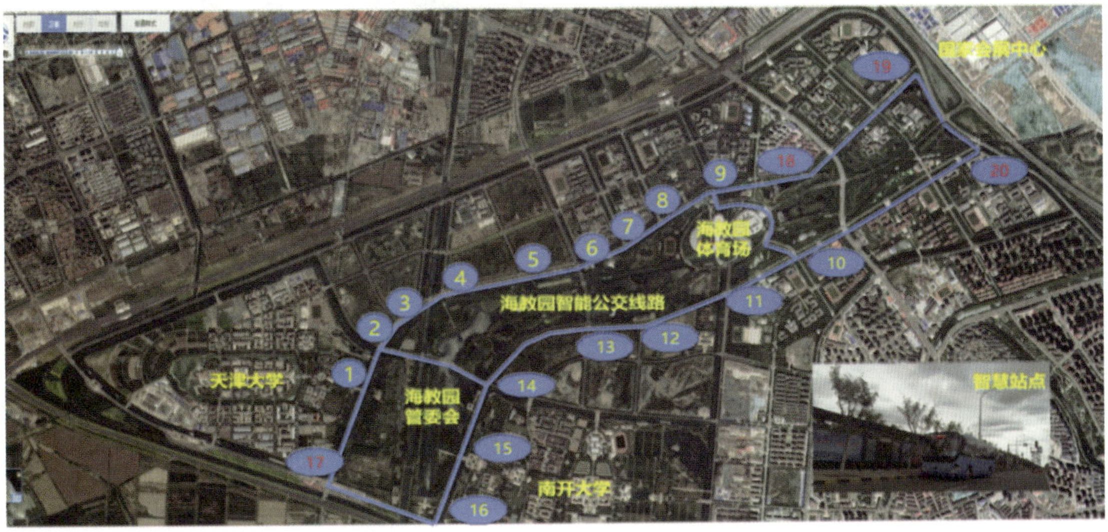

图 5　海教园智慧站点分布示意图

项目团队在海教园示范区内部署 16 套 RSU、4 套激光雷达、16 套毫米波雷达、16 路交通信号灯、30 余套路侧高清视频等设备。建设了 16 个 SA 5G 基站，并在天津大学建设了边缘计算技术（Mobile Edge Computing，MEC）节点，5G 核心网 UPF 下沉和 MEC 连接，实现了示范道路 5G 全覆盖。上行速率达到 130Mbit/s，下行速率达到 980Mbit/s，终端与 MEC 往返时延 12ms 左右，单向时延小于 7ms。智慧路口示意图见图 6，海教园示范道路 5G 覆盖示意图见图 7，5G 上下行吞吐量和到 MEC 的时延示意图见图 8。

图 6　智慧路口示意图

图 7　海教园示范道路 5G 覆盖示意图

海教园示范区内部署了“边缘云 - 区域云 - 中心云”三级云架构的 5G 车路协同服务平台，全面融合了 5G、V2X、传感器、智能车载硬件、自动驾驶以及 AI 技术。实现“全连接可视、全数据可见、全事件可溯”，支持车路协同、远程驾驶、全息感知等 6 大类场景组件，190 多个开放接口，满足多用户、多租户的独立管理和应用创新，面向 5G 车联网示范、城市交通创新、无人接驳、港口、景区、校区等场景，实现了真正意义上的人、车、路、网、云、端一体化安全运营管理。三级云架构示意图见图 9、5G 车路协同服务平台界面示意图见图 10。

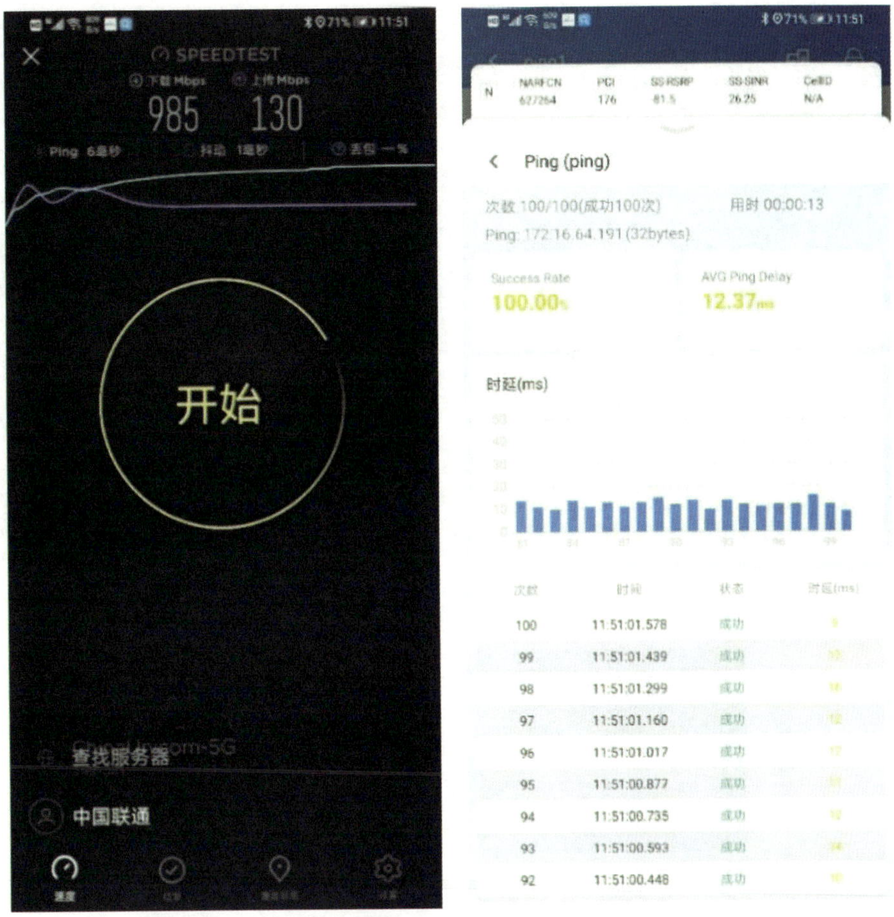

图 8　5G 上下行吞吐量和到 MEC 的 ping 时延示意图

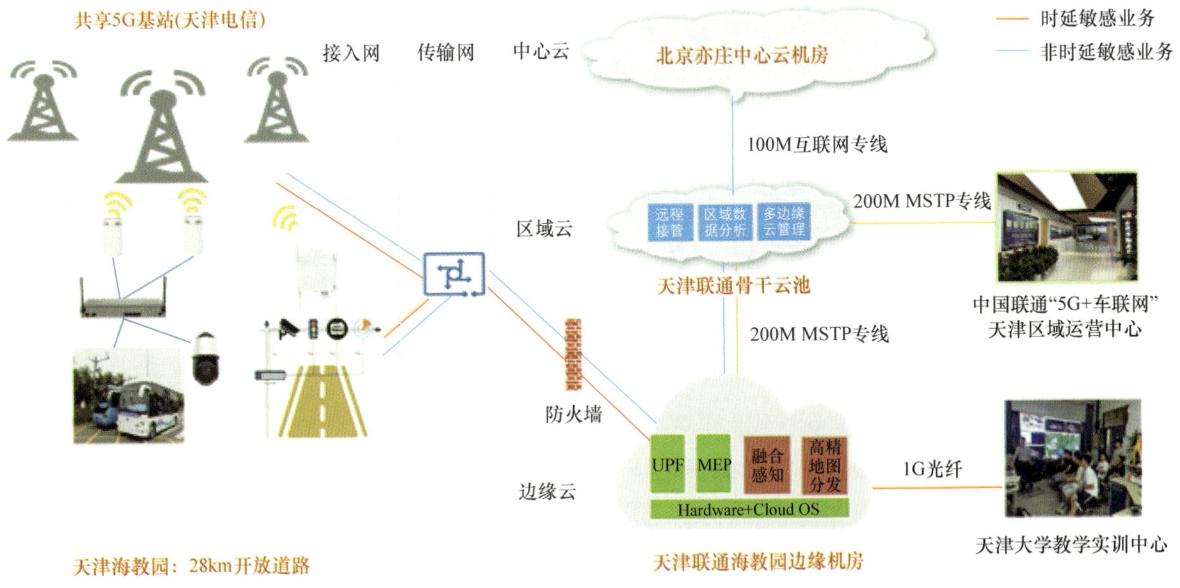

图 9　三级云架构示意图

联通智网科技还在海教园示范区打造了 5G 无人公交，支持安全停靠、盲区预警、车速跟随、绿波通行、行人避让、车辆调度等 10 多项核心应用，实现无人公交的常态化运营。智能网联公交示意图见图 11。

图 10　5G 车路协同服务平台界面示意图

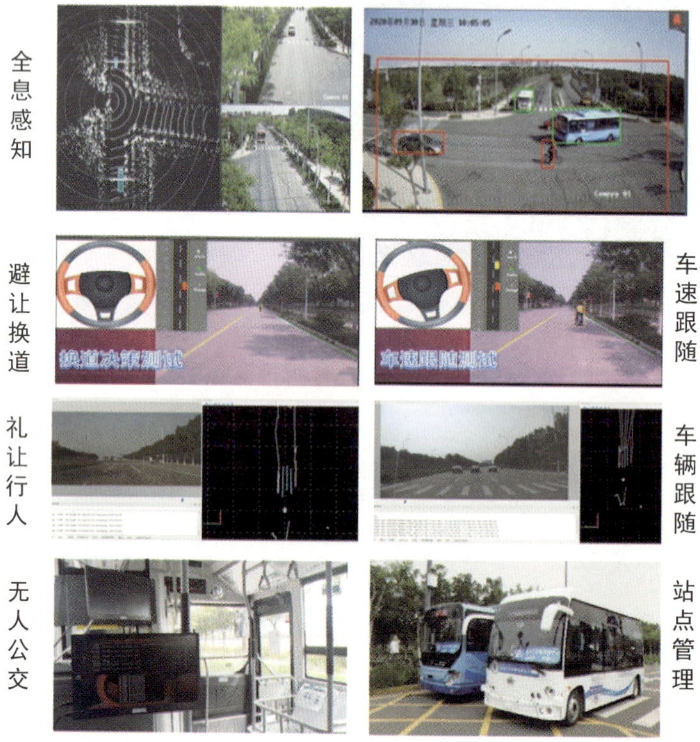

图 11　智能网联公交示意图

基地成果先后荣获工信部“新一代人工智能产业创新重点任务揭榜优胜项目”、工信部绽放杯全国二等奖、工信部 2021 年物联网示范项目等荣誉。2022 年，海教园基地取得了天津市开放测试道路牌照和开放测试车辆牌照。

2022 年，基地示范道路取得了开放测试道路牌照，同时研发的 5G 无人公交车取得了开放测试车辆牌照。

（3）雄安车路协同示范区

中国联通智慧交通军团与雄安新区战略合作，联合雄安数字交通实验室，打造了雄安车路协同示范区，这也是雄安新区交通强国建设试点任务的重要内容之一，车路协同系统是示范区建设的重要内容。该项目的建设，对打造全国领先的车路协同、无人驾驶及车联网提供重要的实践验证，对新区后续建设具有积极的示范和推动作用。

面向雄安智能交通建设需求及集团核心攻关任务，本项目基于中国联通的 5G/MEC 网络，打造面向园区和半开放道路的多无人车示范区。雄安车路协同项目整体架构示意图见图 12。

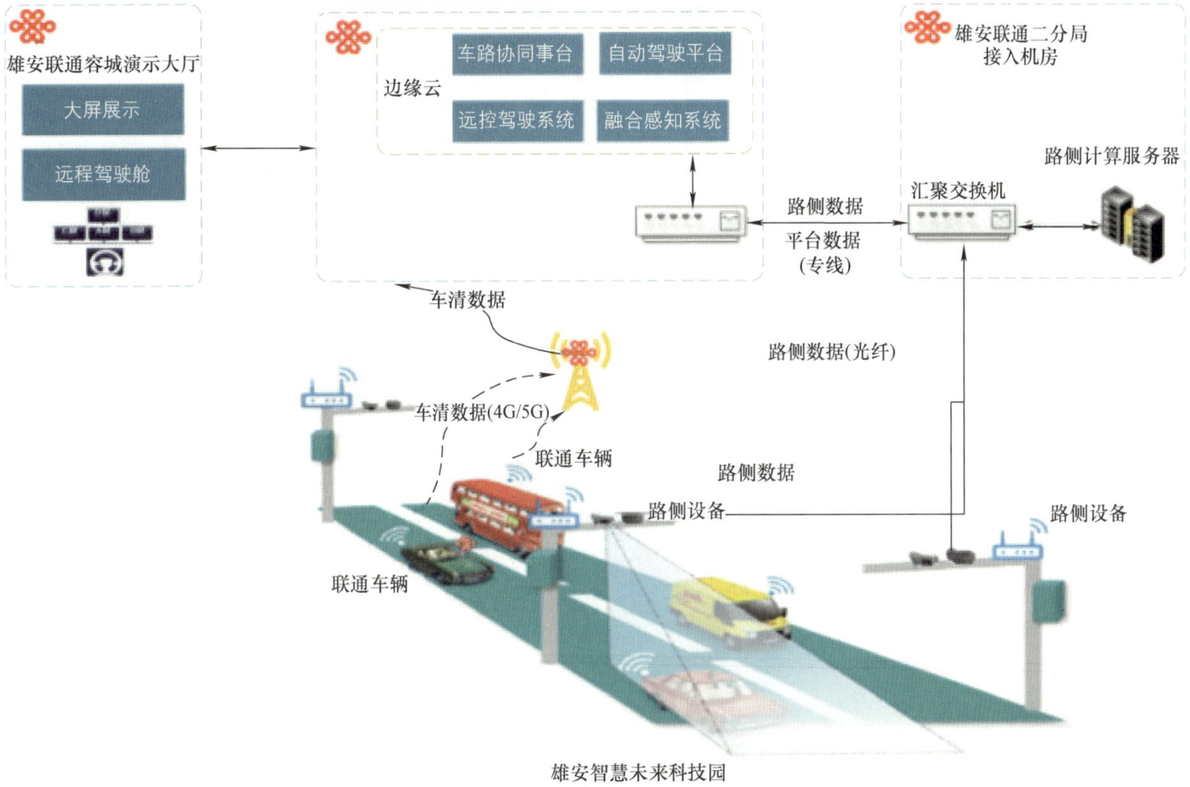

图 12　雄安车路协同项目整体架构示意图

项目包含园区道路约 2km，共建设 1 套车路协同平台、1 套远程驾驶平台、7 个智慧路口（由 1 套 1 托 7 融合感知单元支撑），和 1 套交通灯信号机系统。支持微循环小客车、无人售卖、无人物流、无人清扫、无人接驳等自动驾驶场景，以及 10 多个车路协同场景。雄安示范区点位规划图见图 13，雄安示范区智慧路侧设备见图 14。

图 13　雄安示范区点位规划图

图 14　雄安示范区智慧路侧设备

部署 5 类自动驾驶车型，包括无人循环小巴、无人接驳车、无人清扫车、无人物流车和无人售货车；雄安项目无人驾驶车辆和远程驾驶舱示意图见图 15。

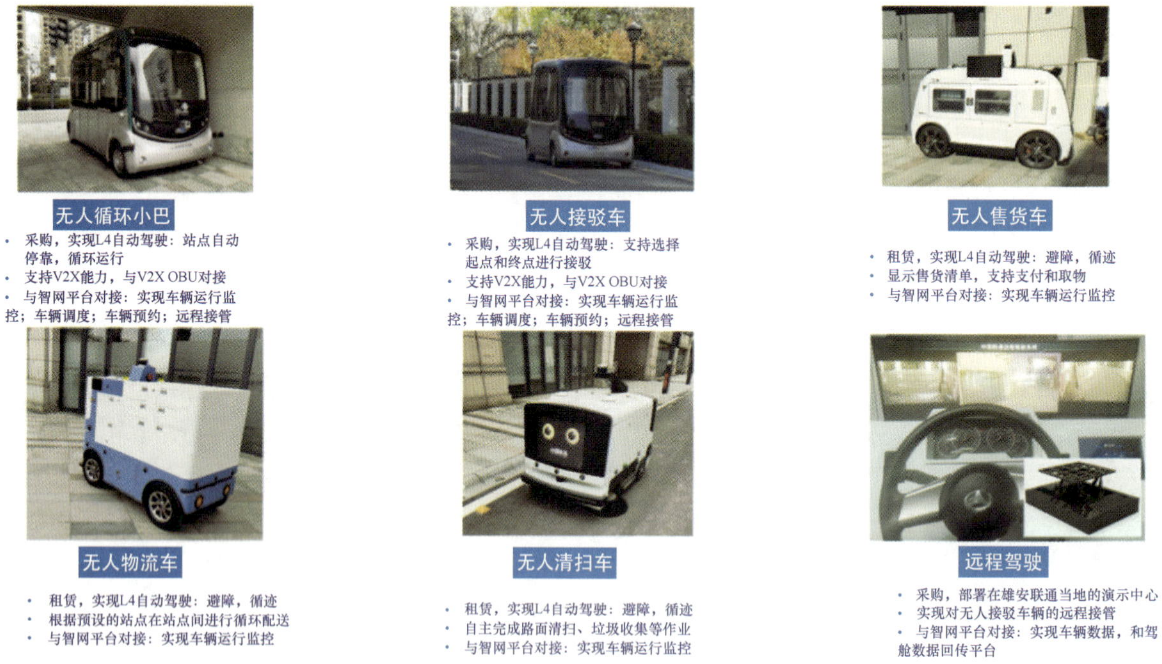

图 15　雄安项目无人驾驶车辆和远程驾驶舱示意图

项目组先后接待了多次国家部委领导的参观。2021 年 3 月 15 日，科技部徐南平副部长一行参观雄安车联网基础设施建设，对项目组成果给予了高度肯定。

2021 年 3 月 26 日，中国工程院院长一行参观雄安智慧交通建设，对目前的成果表示积极肯定。

基于错误注入的智能网联汽车决策规划系统健壮性测试工具

同济大学汽车学院
作者：吴新政，刘力豪，刘镇源

决策规划系统的健壮性问题是智能网联汽车安全验证的典型长尾问题，需要充分的测试以发现系统的安全薄弱点。错误注入是通过人为地在被测系统上模拟错误，观察被测系统在错误扰动下的表现，以评估被测系统健壮性。

基于对智能网联汽车各子系统之间信息交互过程的分析，能够得到错误注入工具需要模拟的错误。例如，降雨可能造成感知系统目标检测的结果错误，导致接收错误感知结果的决策规划系统规划出错误的轨迹，经控制执行系统反映到车辆运动上，最终发生碰撞。

团队开发的错误注入工具，能够实现上述示例中“将错误的感知结果传给下游的决策规划系统”这一环节，即模拟了智能网联汽车决策规划系统输入数据的错误，从而实现对决策规划系统在输入数据不可信的情况下进行健壮性仿真测试。

错误注入工具架构（见图 1）主要包含前端和后端。前端用于解析用户输入，用户按照特定语义将错误以形式化和结构化的方式写入错误蓝图，工具借助蓝图解析器，生成相应的数据模型和错误模型，进而实现错误数据的可控、可复现和可追溯性。后端由数据模型和错误模型构成，数据模型包含当前时刻仿真所需的所有抽象数据的真值信息，错误模型记录所有需要注入错误的位置、触发条件和内容，并提供注入函数用于对数据模型进行刻意更改。

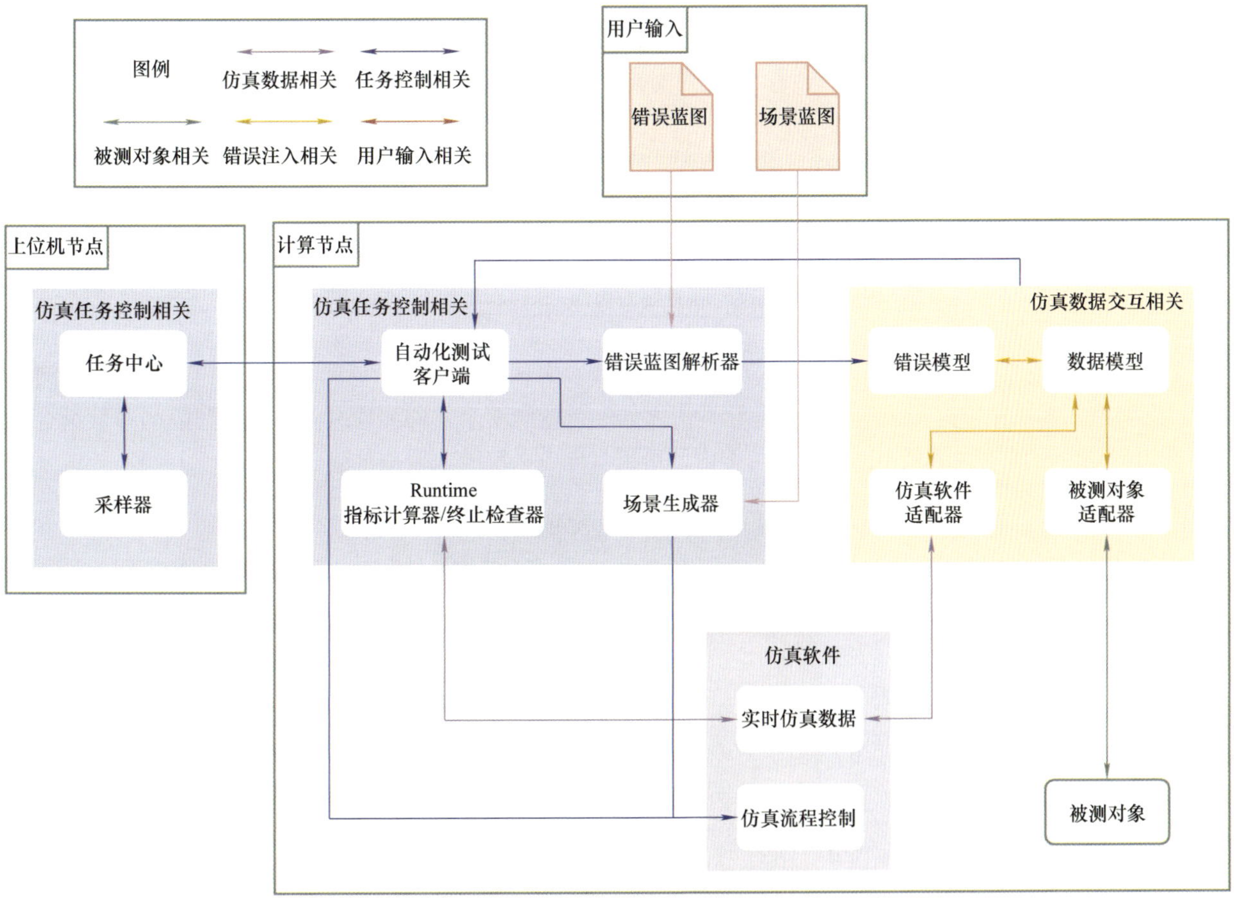

图 1　错误注入工具架构图

概括来讲，本团队开发的错误注入工具包含以下特性：

1）数据模型方面，提供了一个形式化和结构化定义错误的方式。

2）接口通信方面，提供了一个标准接口给该工具的用户，用户可以定义注入的错误，包括注入错误的目标通道、注入错误的时机、注入错误的具体模式等。

3）迁移性方面，基于上述数据模型和接口通信的特殊解耦，支持迁移到不同的智能网联汽车仿真软件和被测决策规划系统上，且无需对工具进行修改或增补。

以下是基于错误注入工具的试验示例，试验目的为决策系统对目标漏检的健壮性测试。

测试场景见图 2。自车 E 由智能网联汽车（使用理想感知的决策、规划与控制系统）操控，初速度 V_0；前车 C 位于自车同车道前方距离 S 处，初始速度为 V_1，仿真开始时 C 匀减速到 V_2，之后保持 V_2 的速度匀速行驶。正常情况即无错误注入时，自车能够采取合适的减速度制动，与前车保持安全的距离和相对速度。针对该场景，团队使用错误注入工具，模拟了自车间歇性漏检前车的情况。自仿真开始时，自车共经历三个漏检前车的片段，每两个漏检片段之间被一个正常检测片段分割，错误的时间轴见图 3。漏检片段和间隔片段的时间长度分别为 vanish_time 以及 interval_time，取值范围均为 0 ~ 2s。安全性评价指标采用每次测试过程中自车与前车的最小 TTC，规定最小 TTC 小于 0.5s 的场景为危险场景，这些场景对应的错误导致了智能网联汽车产生碰撞风险。

图 2　测试场景示意图

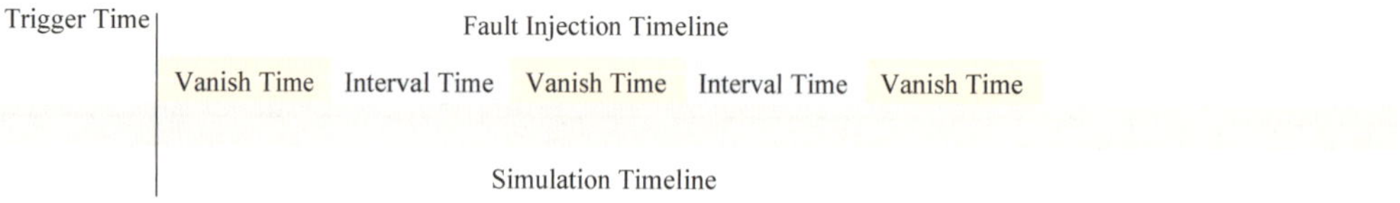

图 3　目标漏检错误的时间轴

通过对错误参数形成的搜索空间进行网格遍历测试，得到试验结果（见图 4）。基于最小 TTC 的阈值 0.5s，识别得到系统在错误参数空间中的健壮性边界如红色轮廓所示，即漏检时间和漏检间隔的参数组合不能落在边界划分出的危险区域（网格右下角）内，否则将导致系统陷入碰撞危险。

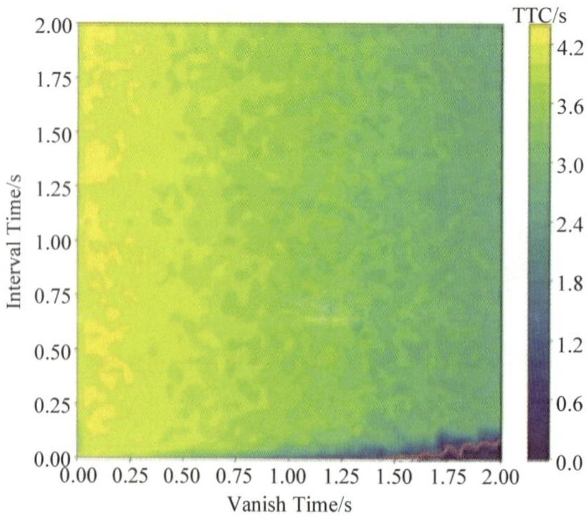

图 4　示例试验的网格测试结果

综上，本团队开发的错误注入工具，为智能网联汽车决策规划系统健壮性测试提供了测试工具和测试方法，对于提高测试效率和覆盖率、保障智能网络汽车在实际运行环境下的安全性具有重要意义。

熊猫智能公交车，国内首批进入市场化运营的智能公交车产品

深兰科技（上海）有限公司
作者：杨阳

1. 概述

深兰 AI 熊猫智能公交车作为深兰科技自动驾驶领域代表产品，已相继获得包括广州、上海、武汉、长沙、深圳多地的首张 / 唯一 / 首批智能网联客车道路测试牌照，充分体现了公司在中大型车辆自动驾驶领域的领先水平，也为落地应用示范性业务活动的开展提供了合法合规的保障。此外，熊猫公交获得了武汉首批智能网联汽车道路运输经营许可证，也是国际上首次从法规上允许自动驾驶客车进行商业运营，是行业内最早进入市场化运营的智能公交车产品。

2. 创新成果及案例

深兰科技目前已在多地落地运营，具体自动驾驶牌照信息以及服务城市和运营情况如下：

（1）广州

深兰科技通过广州市智能网联自动驾驶测试，已拿到广州市自动驾驶路测牌照，成为广州市第一批也是唯一一个获取自动驾驶公交车路测牌照的测试主体单位。

广州黄埔启动首个 5G 自动驾驶综合应用示范岛运营，深兰科技熊猫智能公交车作为商用 5G 自动驾驶的唯一客车品牌，搭载 5G 网络，实现了 5G 人车系统、4K 高清直播和 5G WiFi 高速上网等应用在岛上试运营。广州路测牌照及路线见图 1。

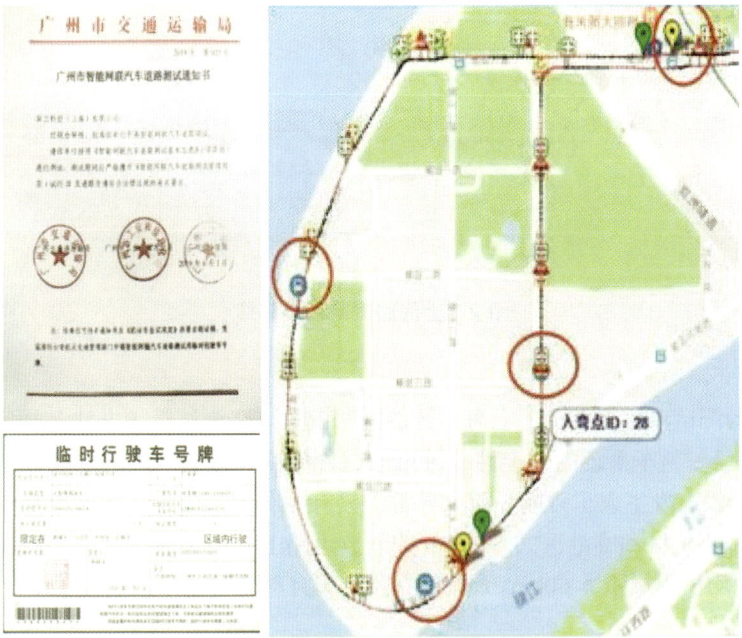

图 1　广州路测牌照及路线

运行路线：官洲地铁站—星岛环北路（螺旋二路路口）—星岛环南路（星汉二路路口）—星汉大道—官洲地铁站。

（2）上海

深兰科技已完成国家智能网联汽车（上海）路测牌照资料申请、通过自动驾驶测试，已拿到自动驾驶路测牌照，成为上海市 7 批 26 张测试牌照中第一张客车牌照，也是第一次进行 V2X 测试的客车。上海路测牌照及路线见图 2。

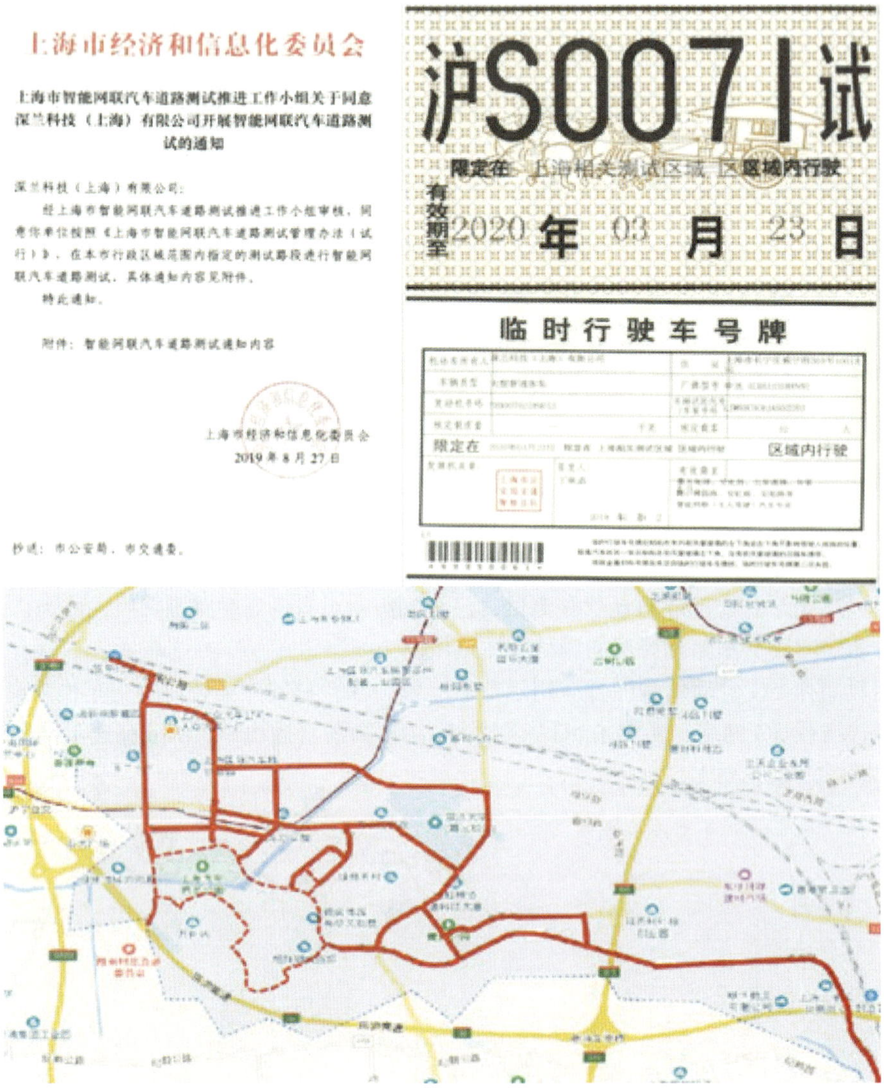

图 2　上海路测牌照及路线

熊猫公交在上海的测试项目覆盖了《上海市智能网联汽车道路测试管理办法》规定场景项目总测试次数超过 1300 次，重点检验了整车系统的安全性、可靠性、鲁棒性、感知系统的准确性、车辆控制的精度和快速性，测试全过程过程没有发生人车碰撞等重大异常，只有 3 次人工接管，通过率 99.7%。

熊猫公交在上海市嘉定区和临港区共 37.2km 的开放道路上开展智能网联道路测试工作，道路测试数据积累时长≥ 6h/ 天，平均里程累积≥ 60km/ 天，建立公交车自动驾驶场景数超过 1600 个。

（3）武汉

深兰科技通过国家智能网联（武汉）测试示范区的申请、审核和答辩，成为武汉市首批自动驾驶路测牌照和道路运输许可证，也是国内国际上首次从法规上允许自动驾驶客车进行商业运营。武汉路测、运营牌照及路线见图 3。

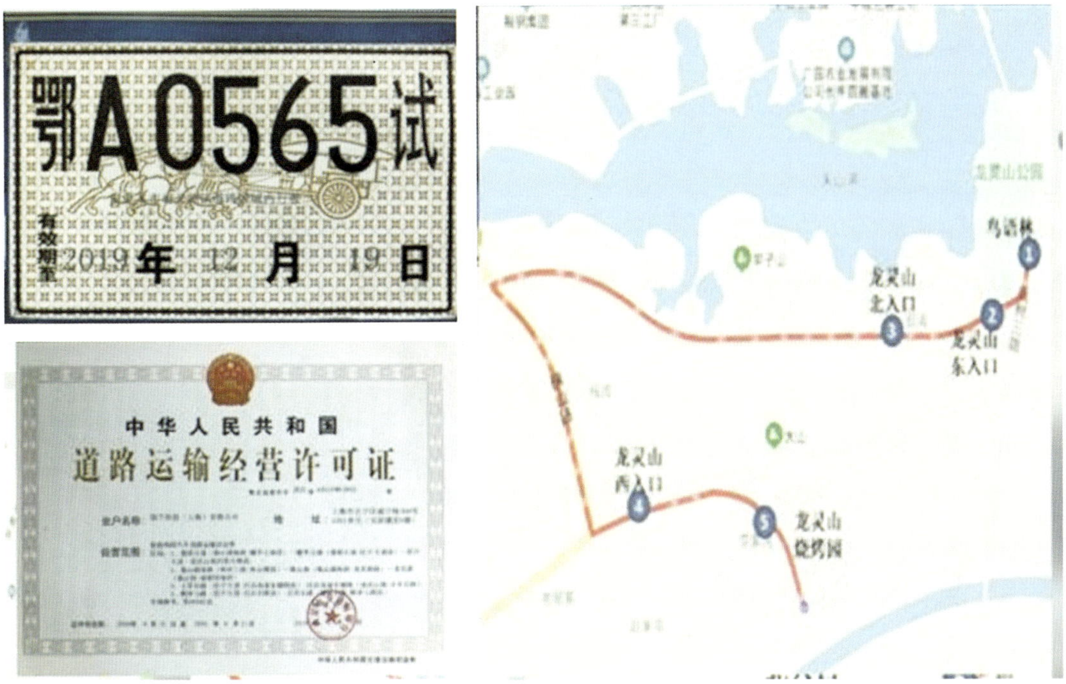

图 3 武汉路测、运营牌照及路线

2019 年 10 月，武汉市经开区实现中国首条自动驾驶商用运营线路，同时也是世界上首次在市区内最繁忙的道路上开设公交测试示范线，深兰科技熊猫公交作为唯一的大型自动驾驶客车在线路上运营，熊猫公交将推动武汉 CBD 进入自动驾驶商用时代。武汉经开区实际运营监控见图 4。

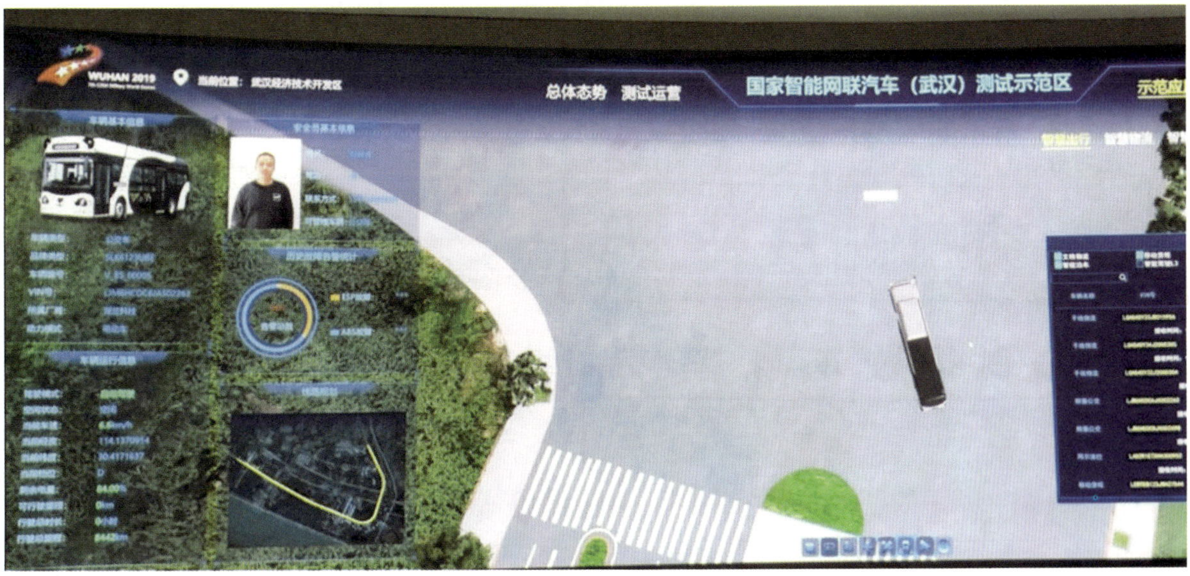

图 4 武汉经开区实际运营监控

2020 年 7 月 14 日，武汉市智能网联汽车道路测试和示范应用管理联合工作组办公室正式下发道路测试通知书，预示智能网联车辆将进入测试运营阶段。武汉泛海 CBD 将成为全国首个市中心自动驾驶开放测试区。武汉泛海 CBD 路线见图 5。

图 5　武汉泛海 CBD 路线

（4）长沙

深兰科技通过国家智能网联汽车（长沙）测试区测试，并拿到自动驾驶测试牌照（见图 6 和图 7）。

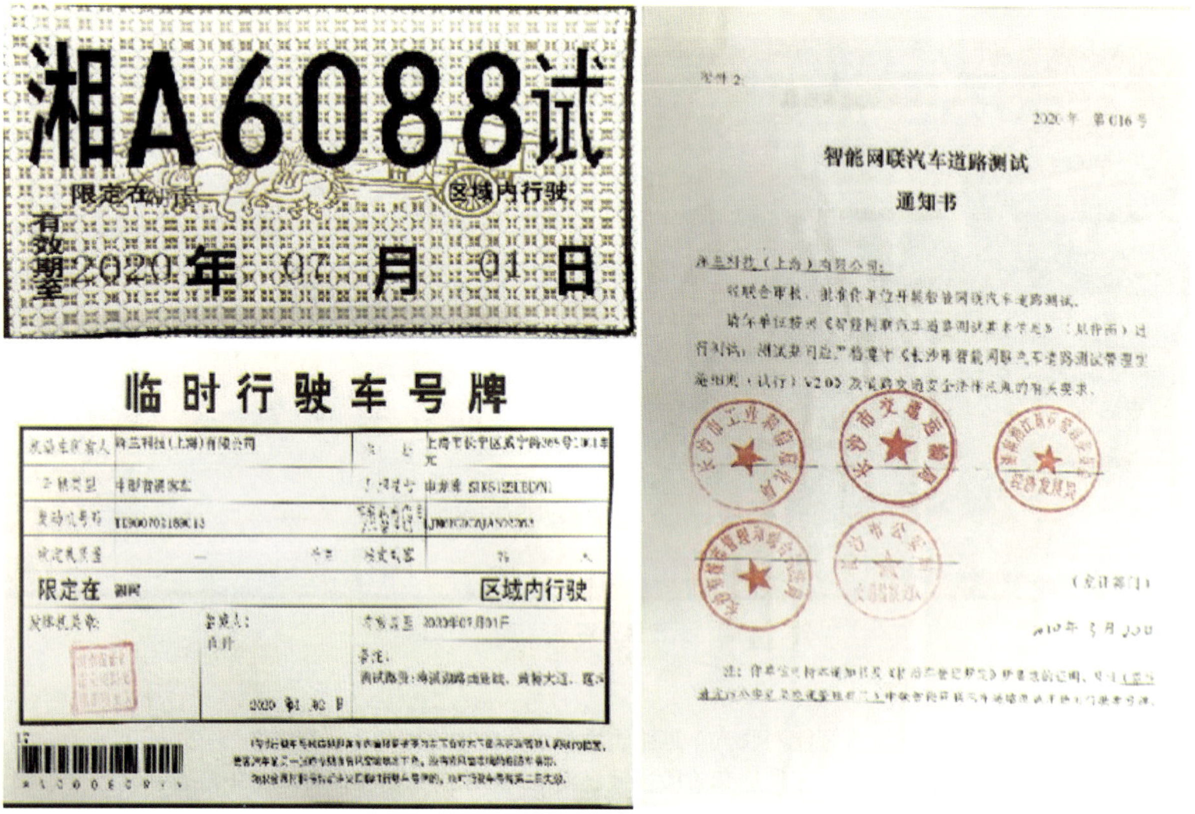

图 6　长沙测试牌照

图 7　长沙路测路线

（5）常州

熊猫公交于 2019 年 6 月 3 日在常州科教城正式落地运营，目前主要开辟了两条线路：科教城园区交通 P1 线和 P2 线。面对的人群主要是科教城内企事业单位的员工及科教城几所大学学生的交通通勤，日均运营班次为 35 班 / 天，日均运载人员超 1300 人，运营近一年来，总体人员运输规模在 20 万人。常州运营线路及班次见图 8，常州运营情况见图 9。

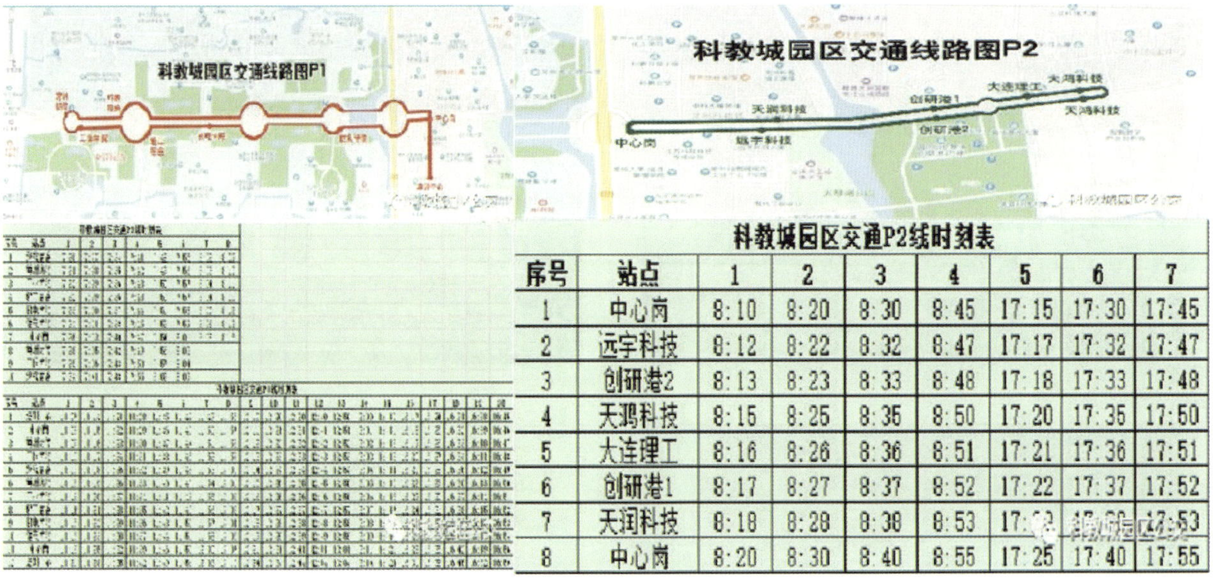

科教城园区交通P2线时刻表

序号	站点	1	2	3	4	5	6	7
1	中心岗	8:10	8:20	8:30	8:45	17:15	17:30	17:45
2	远宇科技	8:12	8:22	8:32	8:47	17:17	17:32	17:47
3	创研港2	8:13	8:23	8:33	8:48	17:18	17:33	17:48
4	天鸿科技	8:15	8:25	8:35	8:50	17:20	17:35	17:50
5	大连理工	8:16	8:26	8:36	8:51	17:21	17:36	17:51
6	创研港1	8:17	8:27	8:37	8:52	17:22	17:37	17:52
7	天润科技	8:18	8:28	8:38	8:53	[illegible]	[illegible]	17:53
8	中心岗	8:20	8:30	8:40	8:55	17:25	17:40	17:55

图 8　常州运营线路及班次

（6）天津

深兰科技交付天津生态城 3 台自动驾驶熊猫智能公交车。熊猫公交线路以中新友好图书馆和信息园作为始发和终到站，线路长度约 2.5km，车辆运行速度为 15 ~ 20km/h，单程运行时间 15min，对接监控大屏，可进行实时路网动态查询，车辆维护、车辆信息、车内情况一目了然。目前智能公交线路自 2019 年 5 月开通试运营，无间断无事故运营至今，其中接待考察、参观等任务用车超 300 次，日均客流 80 人次。天津运营发布仪式及路线和路网动态实时界面见图 10 和图 11。

图 9　常州运营情况

图 10　天津运营发布仪式路线

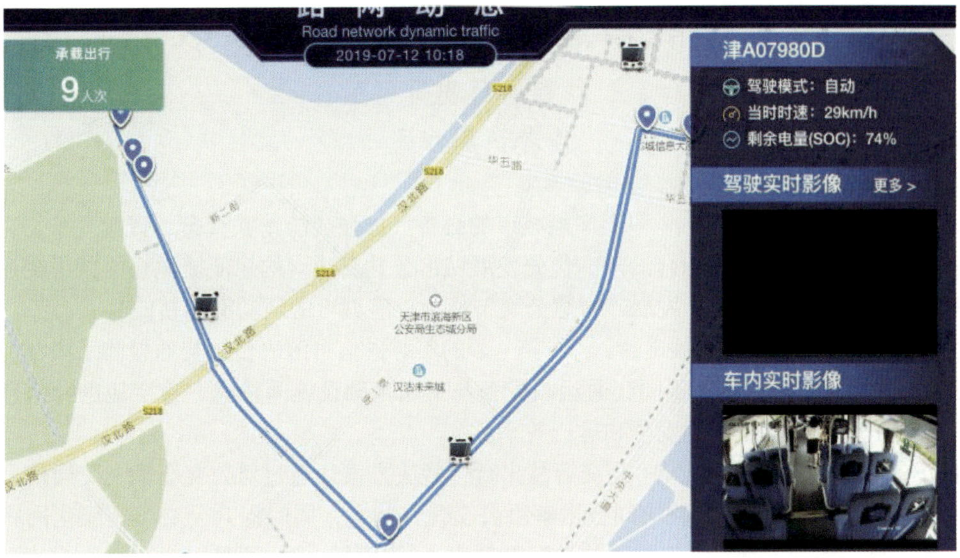

图 11　路网动态实时界面

（7）鞍山

2021 年 2 月 6 日，东三省首条智能公交线路在鞍山市正式开通试运营。熊猫公交线路起始为千山正门到玉佛寺，单程 17.1km，运行 45min。全日拟发 8 个车次。千山发首车时间为 8:00，末车 15:00。玉佛寺首发时间为 8:50，末车 15:50。共有千山正门、千山温泉、千山温泉滑雪场、七岭子、火炬广场西、警校、辽宁科技大学、绿色智慧城、莘英路、玉佛寺共 10 处站点，票价 10 元（见图 12 和图 13）。

图 12　鞍山熊猫公交

图 13　鞍山熊猫公交路线

V2X 技术赋能智慧出行，打造城市数字交通

长沙智能驾驶研究院
作者：周智民

公共交通畅达，百姓出行便捷，是一座幸福城市的必备。加强智能网联汽车（智能汽车、自动驾驶、车路协同）研发，加强城市交通拥堵综合治理，优先发展城市公共交通，构建便捷顺畅的城市交通网，在解决市场痛点和政策引导的双重驱动下，发展“智慧公交”成为一座城市的新动能和新使命。

近年来，车路协同 V2X 技术发展迅速，车 - 路 - 云的实时通信可解决传统交通检测手段在信息交互方面的弊端。车路协同 V2X 技术通过在不同交通运载设备与交通基础设施间快速、稳定地进行信息传输，结合智能优化算法，可有效提高城市交通安全和运行效率。

在此背景下，希迪智驾推出“V2X+ 公交智慧出行”解决方案，通过对公交车辆及交通信号灯进行网联化升级改造，运用基于 C-V2X 的车路协同技术解决公交优先问题，同时提升公交车智能化网联化能力，使得公交在城市中实现“准时、通畅、多拉、快跑”高效率运行，系统架构图见图 1。

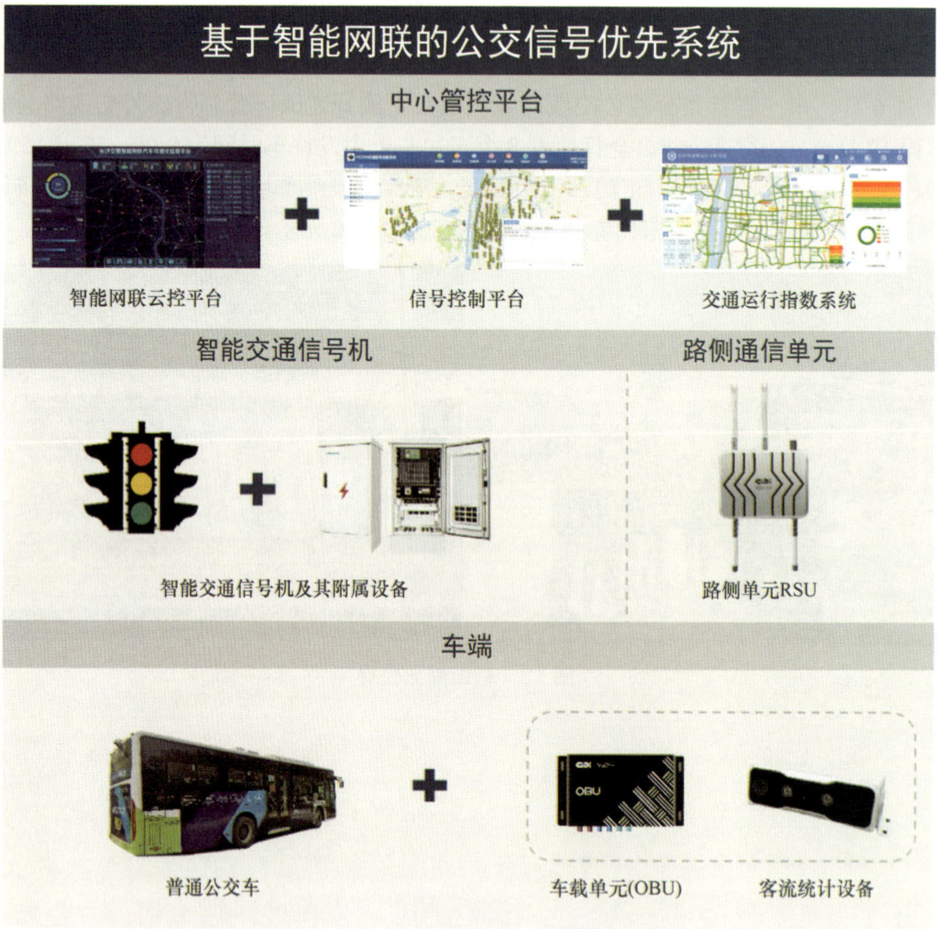

图 1　V2X+ 公交智慧出行系统架构图

基于 C-V2X 的车路协同技术公交优先是一种主动式优先系统，采用低成本高精度的主动实时优先策略交互机制。具有多项特殊能力，包括超视距，低时延，可以预测车辆到达时间决定优先配时策略。高精度定位，精准感知公交位置、车辆速度、加速度，实现配时准确。主动获取车内载客量情况，根据载客量、正点率、驾驶员驾驶意图综合决策交通信号灯配时。车端融合智能驾驶技术，降低事故率和野蛮驾驶概率，车与路协同起来，使公交得到更综合全面的保障。

图 2 为具有 V2X+ 公交车与常规公交在约 7.8km 的城市道路多次实际测试情况的对比结果。具备 V2X+ 优先功能的公交车相比于常规公交平均可减少行程时间 27.2%，其中上行单程平均可减少行程时间 12.8%，下行单程平均可减少行程时间 37.5%。

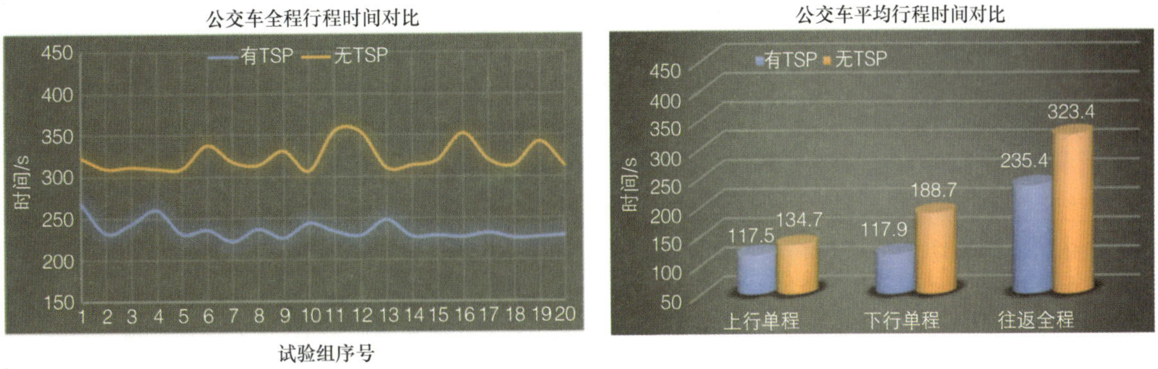

图 2 有无公交优先行程时间对比图

“V2X+ 公交智慧出行”方案布置简单，一方面无需专用道路，不需要大量土建施工，降低土建施工对现有道路交通通行的影响，便于项目实施与落地。另一方面可以充分利用现有的交通信号灯及其控制设备，不会影响现有交通信号控制系统的使用，避免公共交通的额外投资，但能显著提升公交的通行效率以及乘员乘坐的平稳性和舒适性。方案不但适用于公交车辆，同样也适用于消防车、救护车、警车、校车等执行紧急任务的特殊车辆，保障其优先通行。

“V2X+ 公交智慧出行”解决方案为发展智能网联汽车产业生态添砖加瓦，同时也是对国家交通强国战略的积极响应。以“效果、全局、落地”为指导，解决智慧交通中“数据孤岛”“打地鼠”“知易行难”等问题，辅助交通主管部门，推动综合交通运输体系建设，提供综合交通信息服务，迈出打造城市数字交通的第一步，实现城市智慧交通科学与精细化管理，最终提升广大民众出行品质，应用效果见图 3。

图 3 V2X+ 公交智慧出行落地应用

智能座舱人机交互测评方案

北京津发科技股份有限公司

近年来，随着人们对汽车功能的需求由单纯交通运输工具逐步向智能移动空间转变，智能座舱逐渐成为汽车产业的重点方向之一。针对智能座舱的定义，有观点认为它是集成了智能化和网联化技术、软件和硬件，能对座舱空间进行智慧感知和智能决策的综合体。座舱涉及理解和塑造人与驾驶舱的交互问题，解决这个问题的关键一环为 HMI，即人机交互界面，它是车载系统和驾驶人、甚至驾乘者之间进行信息交换和交互的媒介，侧重的是人与信息操作界面、人与车各功能系统之间产生功能交互时的具体用户体验感受。HMI 的有效性能够直接影响座舱执行命令的有效性、行驶的安全性以及乘车人的体验等。因此，对于智能座舱开发来说，HMI 设计至关重要。

一个产品是否能够在市场众多产品中脱颖而出，获得消费者的青睐，影响因素有许多方面。津发科技针对产品本身、市场需求以及消费者满意度等方向开发出了一系列智能座舱 HMI 人机交互测评方案。这些方案能够从产品设计的不同阶段对 HMI 进行测评，从设计原型到虚拟样机再到实车产品，都可进行相应的 HMI 测评工作。

方案核心是津发科技基于人 - 机 - 环境系统工程理论所开发的 ErgoLAB 人车路环境同步平台（见图 1）。平台结合认知神经科学、心理学、生理学以及人因工程学等多学科的理论与方法，采用多模态数据同步技术、蓝牙数据传输技术、可穿戴技术等先进技术，以及主客观多模态人因数据采集设备，包括生理测量设备、眼动追踪设备、脑电采集设备、近红外脑功能成像设备、生物力学采集设备、动作捕捉采集设备、人机交互数据采集设备、行为数据采集设备、时空行为数据采集设备等，对人员在进行特定任务时的情绪变化、认知负荷变化、状态变化等进行分析，从而对智能座舱外形设计、HMI 设计、座舱多通道人机交互设计等进行评价，为广大汽车产业研发人员、制造商、经销商等提供完整的智能座舱人机交互测评解决方案。

图 1 ErgoLAB 人车路环境同步平台

1. ErgoHMI 智能驾驶模拟人机工效测评方案

（1）方案简介

ErgoHMI 智能驾驶模拟人机交互测评方案（见图 2）是津发科技基于人 - 机 - 环境系统工程和人 - 信息 - 物理系统理论，采用专利技术研发的一套基于驾驶模拟环境进行智能座舱人机交互测评的系统性技术方案。方案由 ErgoSIM 智能座舱模拟器、HMI 原型设计平台、ErgoHCI 多通道人机交互系统、ErgoAI 智能座舱控制系统和 ErgoLAB 人机交互 / 人因工效分析平台等组成。方案基于智能座舱驾驶模拟器，对接 HMI 设计原型，以 ErgoLAB 人车路环境同步云平台为核心，在不同驾驶模拟环境与任务下，对人、HMI 界面、交互、车辆、道路与环境等多维度数据进行实时同步采集、处理与综合分析，从人员的状态与体验出发，对智能座舱 HMI 进行主客观结合的定量化人因测评。

图 2 ErgoHMI 智能驾驶模拟人机工效测评方案

（2）功能特点

1）创建逼真的驾驶场景与模拟任务。通过驾驶仿真软件平台和自动驾驶仿真平台，进行不同驾驶场景的仿真模拟或驾驶任务设计，结合智能座舱模拟器、视景仿真系统和自由度平台，搭建完整的驾驶模拟仿真环境。

2）直接对接 HMI 设计原型。通过津发科技自主研发的专利技术，直接对接 HMI 设计原型并识别原型组件，可自动拾取原型界面组件作为兴趣区进行研究，实现对于所有组件的交互和自动分析，对原型界面设计和布局进行测评。

3）同步采集与 HMI 交互的手指轨迹交互数据。基于 HMI 原型采集用户的手指轨迹交互数据并进行分析，如手指交互的可视化分析，基于原型组件兴趣区的定量化分析、序列分析，不同用户交互的轨迹相似度分析等。通过对手指交互轨迹的数据分析，研究用户的交互习惯、不同任务的交互顺序，完成 HMI 原型设计合理性、有效性、一致性等方面的评估。

4）多通道座舱人机交互方式测评。结合智能座舱人机交互设计和测评的需求，将多通道人机交互技术应用于座舱设计中，并通过科学量化的人因测评方法，对于座舱环境中多通道的交互方式设计进行测评，包括触屏交互、语音交互、手势交互、眼控交互、脑机交互等。

5）人车路多维度数据同步。方案通过 ErgoLAB 人车路环境同步平台，对驾驶模拟环境下人、车辆、道路与环境等各项运行数据进行实时同步采集、处理与综合分析，包括驾驶人的眼动、生理、行为、脑电、动作姿态、手指轨迹等数据，车辆的速度、加速度、转向盘、脚踏板等数据，以及道路场景中的事件等。通过多维度的数据源获取个体更全面的状态信息，从用户角度出发对 HMI 设计进行测评。

6）多车协同网联集群驾驶模拟。多车协同网联集群模拟器支持与人机共驾智能驾驶模拟器结合在同一个交通场景进行联合测试，满足智能网联多车协同背景下的人机交互测评需求。

2. ErgoVR 智能座舱虚拟现实人机交互测评方案

（1）方案简介

ErgoVR 智能座舱虚拟现实人机交互测评方案（见图 3）能够在虚拟座舱与驾驶环境下进行定量化的人机交互测评，突破了虚拟现实单纯浏览或主观评价方法的局限性。方案由虚拟驾舱软硬件系统、ErgoVR 人因分析引擎以及 ErgoLAB 人机交互与人因工效分析平台等组成。ErgoVR 人因分析引擎可对接虚拟现实引擎，完整保留 VR 原型内容和交互，基于三维模型进行实验设计、数据记录、回放与分析；支持将虚拟场景中的任意三维物体指定为兴趣区，准确记录三维眼动、交互、轨迹等多维度数据。

图 3　ErgoVR 智能座舱虚拟现实人机交互测评方案

（2）功能特点

1）创建虚拟驾舱环境与驾驶任务。支持自定义任意虚拟场景以及三维模型的一键导入，自动计算并识别三维交互模型所有信息，如三维坐标、大小、材质、场景信息、摄像头等。

2）直接对接 VR 三维原型。通过 ErgoVR 人因分析引擎可直接对接多种主流 VR 引擎（如 Unity、Unreal 等）进行数据通信，自动计算并识别三维交互模型所有信息，如三维坐标、大小、材质、场景信息、摄像头等，保留 VR 场景内容和交互的完整性，在不影响原始程序机制的情况下完整记录人员在虚拟现实场景中的交互操作。

3）同步采集人员与虚拟界面交互的数据。在三维场景中精确采集和回放人机交互过程数据，包括用户通过传感设备与虚拟物体进行的点触、移动等，自动统计用户在 VR 场景下交互物体名称、交互时间、交互次数等。

4）基于 VR 人在环的定量化人机交互测评。在虚拟现实环境下同步采集多维度数据，包括人员的眼动、生理、脑电、人机交互、时空轨迹、动作姿态等，以及虚拟三维原型的数据，实现不同数据源之间的交叉统计与综合分析。研究用户在某一任务或环境下的行为表现、认知负荷、疲劳、情绪唤醒等状态，分析所有内外变化之间的关系，进行以用户为中心的虚拟座舱人机交互测评。

3. ErgoMR 实车座舱人机交互测评方案

（1）方案简介

ErgoMR 实车座舱人机交互测评方案（见图 4）能够实现在真实驾驶场景中以及不干扰驾驶任务过程的前提下进行座舱人机交互测评。方案提供 VeHUB 驾驶行为试验车，包含 VeHUB SyncBOX 车辆数据采集系统、VeHUB Environment 环境数据采集系统和 VeHUB 驾驶行为采集系统等；结合 ErgoLAB 人、车、路环境同步平台，可实现驾驶人、车辆、道路、环境多维度数据的实时同步采集、处理与分析，可在真实交通场景中开展自然驾驶状态下的人机交互设计验证与测评。

图 4 ErgoMR 实车座舱人机交互测评方案

（2）功能特点

1）无线可穿戴人因数据采集系统。以采集数据科学化为前提，采用可穿戴形态与便携小巧的传感器设计，佩戴方式做到无干扰、无束缚、体积小巧、穿戴方便快捷，支持在真实座舱与驾驶任务下进行实时数据采集与监测。

2）基于真实座舱环境的人、车、路环境多维度数据同步采集。VeHUB 驾驶行为试验车通过车辆数据采集系统、环境数据采集系统和驾驶行为采集系统等核心模块组成实车数据采集平台，使其成为一个成熟而灵活的数据采集系统；结合 ErgoLAB 人车路环境同步平台，能够实现在自然驾驶状态下的多维度人车路环境数据同步，为真实车辆座舱人机交互设计测评提供了科学可行的解决方案。

3）可结合 AR 增强现实技术进行 HUD 人因测评。通过分析驾驶员浏览座舱中的 HUD 抬头显示器或 AR-HUD 增强现实抬头显示器过程中的注意力分布、视觉搜索顺序、驾驶行为、情绪状态等，对 HUD 的设计进行测评和优化。

4）驾驶适应性与驾驶能力测评。智能座舱 HMI 作为信息界面，其设计需要符合人的感知、认知、行为和决策规律。为了实现以人为中心的座舱 HMI 设计与测评，ErgoLAB 交通人因测试专家系统，结合多项国家标准与科学研究成果，可实现基于问卷、量表和行为实验范式实现对驾驶员反应、感知、注意、记忆、执行等多种能力的测评，以及对驾驶适应性、驾驶员人格特质等维度的测评。

智能网联汽车团队

清华大学车辆与运载学院
作者：高博麟，崔艳，李瑞，万科科，韩硕

借着人工智能、云计算、大数据等新一轮的科技革命，智能网联技术不断发展与完善。作为智能网联汽车发展的中国方案，车路云一体化融合系统基于新一代移动互联、云计算等技术手段，通过网联化的跨域协同感知与分层融合控制，解决了现有单车智能驾驶车载感知性能受限、控制器算力不足、跨域行驶协同能力欠缺等问题，显著提升了智能驾驶和道路交通的综合性能。准确、全面的环境感知技术是自动驾驶汽车决策与控制的前提，是行驶安全的保障。

现有单车智能驾驶系统的感知范围有限，对道路交通信息的获取能力不足，造成车辆动力系统最佳工作状态和道路交通条件难以匹配，导致车辆行驶过程的节能效果欠佳。

针对这一行业难题，清华大学智能网联汽车团队依托车路云一体化系统架构，研发了车云协同的商用车云控预测性巡航技术：上层云控平台在线动态规划能耗最优的行驶车速策略；下层车载智能终端依据云端规划结果，对汽车动力系统进行协同控制，改善发动机工作点范围和能耗，实现车辆广域优化节能行驶，其控制原理示意图见图 1。与单车巡航相比，该技术显著改善了道路交通信息利用的广度和深度，提升了车辆行驶经济性，目前正与潍柴、重汽、陕汽、宇通、滴滴等多家企业开展产业化推广应用。

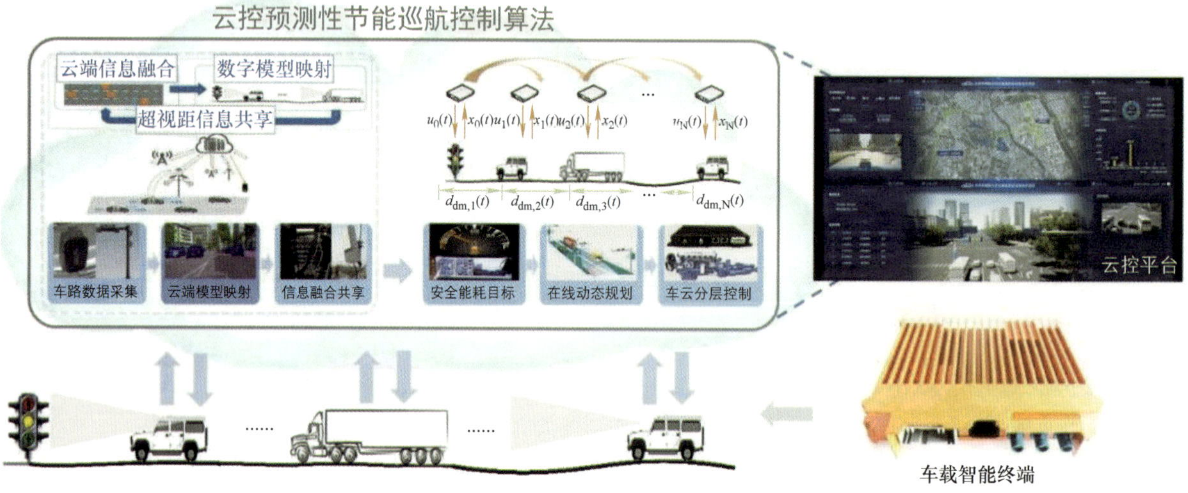

图 1　基于云控平台的车辆预测性巡航控制系统原理图

为进一步释放节油潜力，清华大学智能网联汽车团队在以上研究的基础上，还对车辆巡航过程中的预测性换档控制进行了深入研究，研究通过预测性换档进一步提高了预测性巡航的节油效果（见图 2）。为了保留道路特征点的同时降低计算复杂度，避免云端计算资源浪费，提出了云控预测性巡航道路预处理算法。该算法嵌入在预测性巡航系统中，可在系统运行中实时计算，实时划分，不依赖于离线计算的对比分析结果，方法的实时性强，可广泛应用于搭载预测性巡航系统的重卡、轻卡以及乘用车等不同车型中。

进一步地，为保证巡航过程的安全性，清华大学智能网联汽车团队结合预测性巡航与自适应巡航，对云控预测性自适应巡航进行了深入研究。针对云控巡航系统需要，根据前方道路信息（地图信息）、车辆网络状态（车辆 GPS 定位信息、T-Box 网络状态、车辆上传数据格式）与交通信息（与前车相对距离、相对速度）判断巡航模式，并设立了不同模式间的切换规则。对于自适应巡航模式，通过模型预测控制构建了满足安全性、跟踪性、舒适性、经济性的目标函数。由于安全性与舒适性在一定程度上是相对的，因此通过选择固定舒适性权重、实时改变安全性权重来优化权重系数。车间距误差和相对速度是表示车辆行驶危险紧急程度的两个重要参数，将其作为模糊控制器的输入，输出量选取安全性权重系数。通过在不同工况下选取不同的权重系数，提高了巡航系统对环境的适应能力。本研究通过模式切换进一步提高了云控预测性巡航系统的安全性。

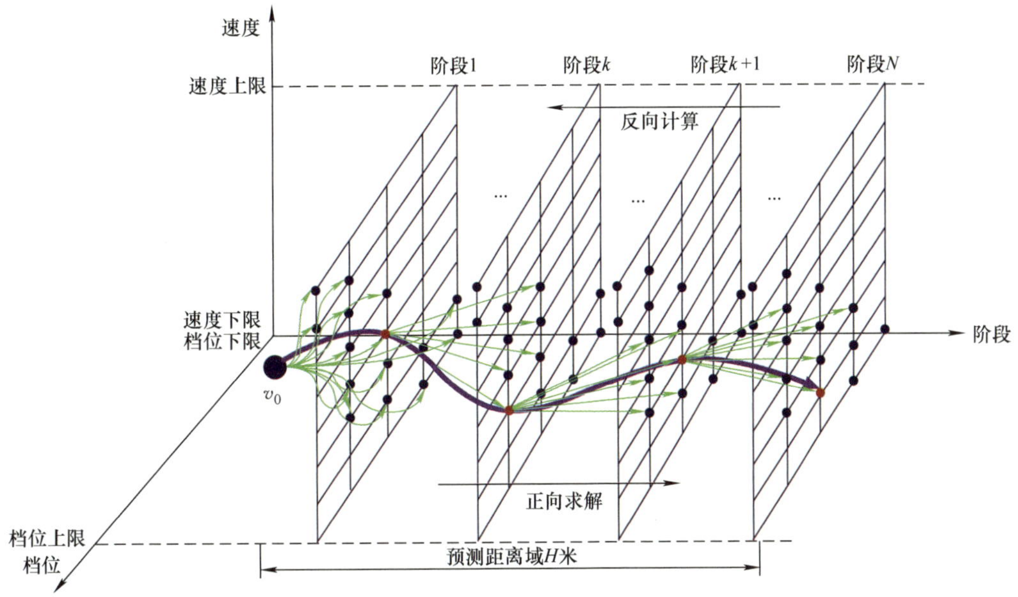

图 2 预测性换档原理图

车路云一体化的智能网联汽车行驶控制技术立足于公路交通领域干线运输车辆的节能巡航驾驶及其相关应用，其核心优势在于提出了基于云控平台的预测性巡航控制系统，将道路地图信息存储在云端，并结合车辆行驶状态，在云平台求解预测性巡航控制策略，实现同时保障算法精确性和实时性。车辆通过低成本车载 T-Box 接收云端的节能策略，调节车辆运行速度。该项目兼具创新性与实用性，让车辆真正实现了又快又省油的高效行驶。相关研究成果在 2022 年度获得了第 16 届北京发明创新大赛 1600 个项目中的唯一特等奖（见图 3），并与清华大学苏州汽车研究院联合，获得第四届中国工业互联网大赛创新组全国一等奖（见图 4）、第九届清华大学校长杯创新挑战赛挑战奖等（见图 5）。

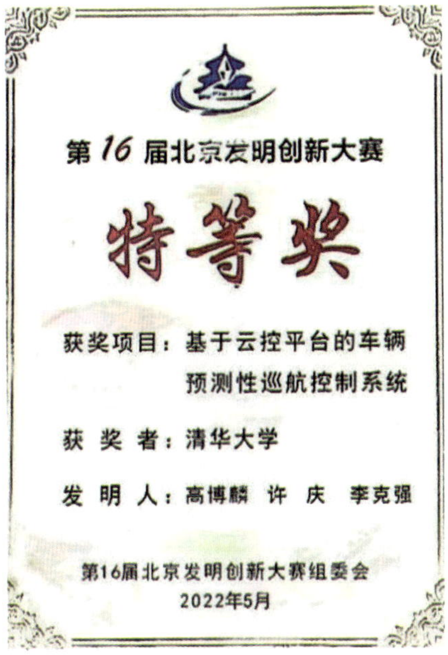

图 3 第 16 届北京市发明创新大赛唯一特等奖

图 4　第四届中国工业互联网大赛一等奖

图 5　第九届清华大学校长杯创新挑战赛挑战奖

智能驾驶车辆封闭场地测试系统

湖南大学
作者：曹立波

智能驾驶车辆商业化应用的重要前提是进行大量的测试验证，主要包括虚拟仿真测试、封闭场地测试和开放道路测试。其中，封闭场地测试模拟了真实道路典型危险场景，其试验代表性强、重复性高且受干扰少，是智能驾驶车辆测试标准和法规中主要的测试手段。

湖南大学汽车车身先进设计制造国家重点实验室于 2016 年在国内率先开展了智能驾驶封闭场地测试系统的研发，并在长沙立中汽车设计开发股份有限公司进行产业化。基于产学研联合开发的封闭场地测试系统经行业院士专家鉴定为“成果整体达到国际先进水平，其中超平承载机器人结构优化技术和环境适应性技术达到国际领先水平”。

1. 系统介绍

（1）软体目标物

湖南大学和立中汽车联合开发的软体目标物主要分为 ISO 标准目标物和中国特征目标物。其中 ISO 标准目标物满足 CNCAP、ENCAP、JTT1242 等测试法规和规程的要求，目标物具有标准要求的外观结构尺寸、雷达反射、红外反射和运动要求（见图 1）；中国特征目标物是基于中国人体志愿者试验、车辆数据采集和统计学分析等，提取中国道路使用者关键特征，开发的可代表中国道路行人、骑行者、车辆的智能驾驶车辆识别目标物（见图 2）。

1）道路弱势群体目标物：主要包括成人、儿童、自行车、两轮电动车和两轮摩托车软体目标物。

2）道路车辆目标物：主要包括车尾目标物（EVT）和全车身目标物（GVT）。

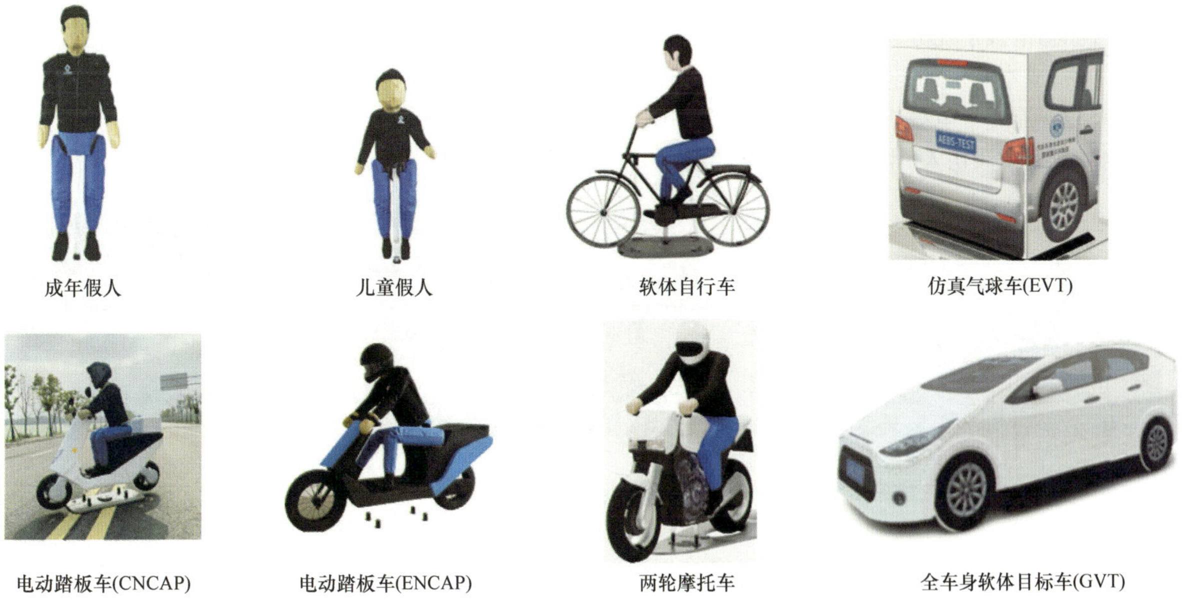

图 1　ISO 标准目标物

成年假人

自行车目标

车尾目标

图 2　中国特征目标物

（2）驱动系统

湖南大学和立中汽车联合开发的驱动系统分为行人 / 骑行者目标物驱动系统和车辆目标物驱动系统。

1）行人 / 骑行者目标物驱动系统包括带式驱动系统和小型智能超平承载机器人（见图 3）

① 带式驱动系统可实现低速（0 ~ 20km/h）、直线驱动，满足行人、骑行者横穿和跟随场景测试的要求。

② 小型智能超平承载机器人则可实现更高测试速度（0 ~ 60km/h）和复杂运动轨迹的测试场景，满足行人、骑行者高速运动和切换车道等测试场景。

带式驱动系统

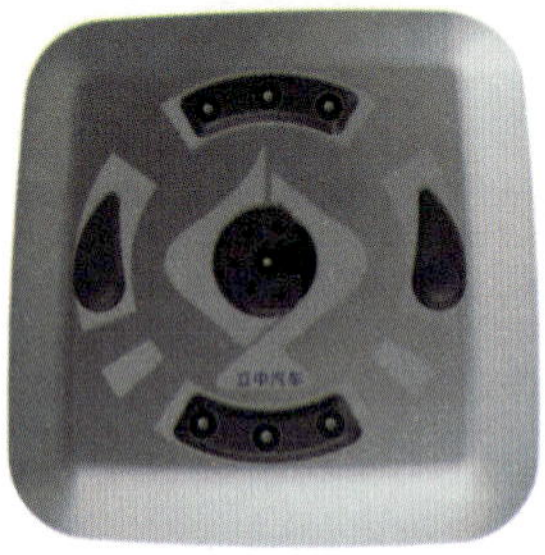
小型智能超平承载机器人

图 3　行人 / 骑行者目标物驱动系统

2）车辆目标物驱动系统包括目标物拖拽系统和大型智能超平承载机器人（见图 4）

① 目标物拖拽系统分为软管式和钢轨式，可实现车辆目标物 0 ~ 80km/h 直线驱动。该系统需要配备牵引车辆，设备成本低，只能实现目标物直线追尾测试。

② 大型智能超平承载机器人可实现更高测试速度（0 ~ 120km/h）和复杂运动轨迹的测试场景，满足车辆目标物高速运动和切入 / 切出车道等测试场景。

a) 软管拖拽系统

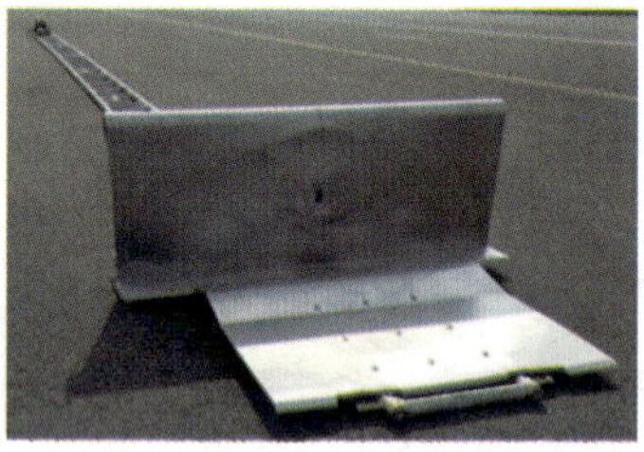
b) 钢轨拖拽系统

c) 大型智能超平承载机器人

图 4　车辆目标物驱动系统

（3）数据采集系统

湖南大学和立中汽车联合开发了主动安全测试运动数据采集系统和智能驾驶车辆道路实时监控系统（见图 5）。

① 主动安全测试运动数据采集系统可提取测试车辆及驱动系统相对运动位置、相对速度和相对加速度等信息，可用于车辆主动安全性能的测试评价。

② 智能驾驶车辆道路实时监控系统通过摄像头、定位系统等采集智能驾驶车辆视频信息、车辆位置信息、车辆 CAN 信息，通过 4G 网络将上述信息传递至远程控制终端，实现智能驾驶车辆运行的实时监控。

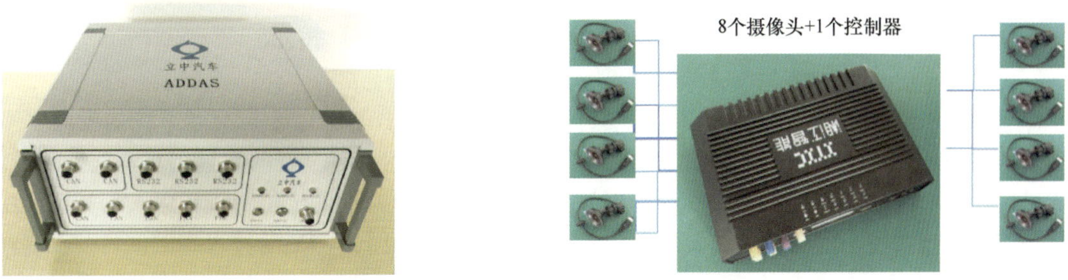

a) 主动安全测试运动数据采集系统　　b) 智能驾驶车辆道路实时监控系统

图 5　数据采集系统和道路实时监控系统

2. 系统特色

（1）高性能、高可靠性的智能超平承载机器人

研发的智能超平承载机器人具有超低底盘结构（65mm）、超低雷达反射特性（-15dbsm）、超高耐热性（50℃）、超长续航（>8h）和广域路面适应性（可调悬架设计）。并且，智能超平承载机器人的结构和软硬件均经过抗冲击设计，在车辆反复冲击碾压情况下具有高可靠性。

（2）高效率、易操作的测试系统

开发了符合用户使用特点的操作系统和界面，方便用户快速设置实验和操作。系统可实现超远距离无线通信（>1km），无需辅助通信设施即可满足稳定通信要求；实现了与国内外相关测试设备的兼容，可高效搭建测试场景，充分保证有效测试时间。

（3）中国特色道路使用者目标物

通过志愿者试验和统计学分析，开发了具有典型结构尺寸、红外特性、雷达属性和运动特征的中国目标假人、自行车和目标车，为构建中国典型道路危险场景和中国智能驾驶测试标准奠定基础。

3. 产品应用

湖南大学和立中汽车共同研发的智能驾驶道路测试系统以其整体技术优势和一体化测试方案，目前已被国内权威测试机构（中汽中心、中国汽研等）、知名汽车企业（一汽、上汽、广汽、长城等）、头部营运车企（中国重汽、宇通等）和头部智能驾驶研发企业（华为、百度等）等五十余家用户广泛采用，并受到用户的一致好评（见图 6）。

上汽乘用车　中汽中心　苏州挚途　中国重汽

上汽通用五菱　长城汽车　长沙智能网联测试区　零跑汽车

图 6　代表性用户

“道路指纹”关键技术及其在智能车路系统中的应用

武汉理工大学重庆研究院
作者：胡钊政，陶倩文，黄刚，王相龙

近年来，智能化与通信技术的飞速发展极大程度推进了汽车、基础设施与交通系统的发展水平，并由此而催生智能网联汽车、智慧公路、车路协同、Vehicle-to-X（V2X）等全新的载运工具与交通系统。然而，这些系统目前均面临着一个共同的技术问题，即高精度定位技术。高精度定位不仅在无人驾驶系统中（如感知、决策与控制等模块中）起着至关重要的作用，也是实现车路协同、V2X 的技术基础。目前，高精度定位技术仍然是制约这些新系统的核心瓶颈技术。例如，2020 年中国科协发布的十大工程难题中，其中之一即为“无人车在无卫星信号下的智能导航问题”。

传统的高精度定位技术主要基于卫星信号定位，典型的系统包括 GPS 与北斗。通常普通 GPS 或北斗系统的定位精度都在 1 ~ 10m，难以满足智能网联汽车与交通的技术要求。因此，GPS 定位系统往往需要结合地面差分基站，并配合惯性导航等技术，从而可以大幅度提高定位精度（如厘米级精度）。然而，实际的交通场景中存在大量无卫星信号区域（即卫星信号盲区）。在这些信号盲区，这种基于 GPS 的高精度定位方式失效。为了保证高稳定性、高精度的定位性能，近年来许多研究人员开展了大量的研究工作。从定位所用的传感器的类型来划分，目前的定位算法主要有基于图像的视觉定位方法与基于 LiDAR 数据的激光定位方法等。基于道路标志标线的视觉定位方法被广泛应用于车路辅助驾驶与自动驾驶中，是一种典型的基于路标（Landmark）的视觉定位算法。此外，还可以利用道路场景中广泛存在的交通标志、路面方向箭头等作为定位路标。而基于视觉 SLAM 的定位算法可以针对更通用的道路场景，可以在构建地图的同时完成定位工作。一些代表性的工作包括 FAB-MAP、ORB-SLAM 等。目前，基于视觉定位算法无论是在定位精度还是在稳定性方面都存在较大问题。一方面，视觉 SLAM 系统主要利用视觉三维重建的方法获取参考位置信息，其定位精度仅能达到亚米级，不能满足智能车高精度定位需求。另一方面，视觉特征受光照、动态变化等外在因素影响大，定位稳定性较差，不能满足高稳定性的定位需求。

近年来，激光雷达技术不断取得突破，被广泛地应用于智能车路系统中。基于激光雷达的定位方法也得到了极大的发展。基于激光雷达的定位方法的核心是利用两帧之间的点云估计出运动信息，从而获取目标的轨迹，实现定位。一些经典的点云配准算法包括 ICP、NDT 算法等以及基于它们的扩展算法等。近年来，许多研究人员提出了更精细的激光点云特征描述算法。例如，Zhang 等提出了平面点、角点等特征提取算法，并在此基础上提出了 LOAM 雷达实时里程计建图算法。该算法通过激光里程计来获取智能的位姿信息，并产生实时点云地图。点云地图同时还可以有效校正定位误差，获得更加精确稳定的定位效果。百度 Apollo 团队的激光定位算法则是通过实现建立高精度的激光点云地图的方式实现。该定位系统实现复杂、地图数据量巨大、成本昂贵，不利于进行大规模推广应用。与视觉定位算法相比，基于激光雷达的定位方法在定位性能上表现更为优异。但是，激光雷达定位的本质仍然是里程计定位，其在定位过程中产生的累计误差需要及时消除。特别是，针对大范围 GPS 盲区环境，如何及时有效地消除累计误差、提高激光定位系统的精度与稳定性，仍然是亟待解决的核心技术问题。

本文针对智能车路系统中对高精度定位的技术需要，创新性地提出“道路指纹”的新概念以及基于道路指纹的定位方法。道路指纹是从车载传感器采集的数据中提取的高稳定性、高辨识度的道路场景特征。通过道路指纹可将道路场景的几何结构信息与位置信息进行唯一性关联，构建道路指纹库。从而，在定位过程中通过道路指纹匹配，即可实现车辆的高精度定位。这种新的定位方法与手段可为智能车路系统高精度定位提供新的解决方案。

1. 道路指纹表征方法

道路指纹是通过车载传感器采集的数据提取的道路特征。车载传感器数据本质上是从不同的频段对道路场景的映射，反映了道路场景不同的特性。因此，各种不同类型的传感器（如摄像机、激光雷达、毫米波雷达、超声波传感器等）都为道路指纹的构建提供数据。本文将针对两种最常用的传感器，即摄像机与激光雷达，提出道路指纹构建方法。需要指出的是，在实际应用中，我们可以仅仅使用从摄像机数据构建的视觉指纹或激光雷达数据构建的 LiDAR 指纹。

在道路指纹表征中，本文也借鉴人类指纹的计算方法，提出了构建道路指纹的四大基本原则：①唯一性，即要求构建的指纹要能反应道路场景独有的特征，从而可以通过指纹信息区分不同的场景与位置。为了解决这个问题，本文从多视角、多传感器的角度（见图 1）来获取充分的道路场景数据，并在此基础上提取特征，从而提高表征的唯一性。②快捷性，即要求指纹计算（特别是在线计算）要足够快速，满足智能车路系统实时定位需求。本文是从全局特征与语义特征两个方面来对场景进行高度抽象，提高计算效率。③鲁棒性，本文将充分利用深度卷积网络（D-CNN）在模式识别中的优异性能来抽取场景的不同层次的特征，提高表征的鲁棒性。④精准性，即要求场景指纹中应包含局部点的特征信息。特征点反映了该点附近的几何或纹理特性，不仅为场景的表征提供丰富的信息，同时也通过特征点自身的三维坐标与场景指纹建立几何关联。基于以上的四个考虑，本文提出了基于全局、语义、深度学习以及局部等特征的提取方法，分别阐述如下：

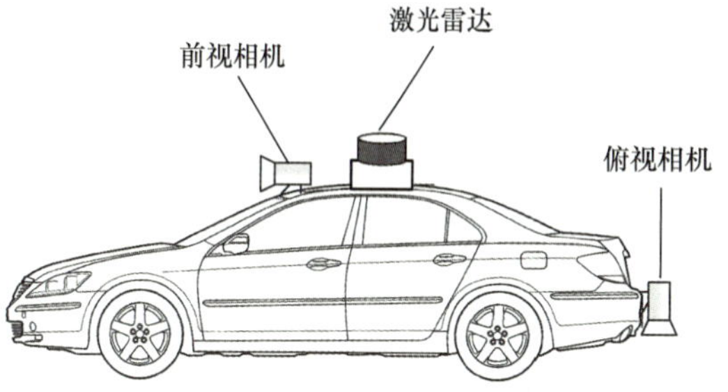

图 1 从多视角多传感器数据中构建道路指纹

（1）全局特征（Holistic Features）提取

全局特征是获取的图像或 LiDAR 数据中提取的总体特征。本文中提出利用经典的 ORB 特征描述算子来提取全局特征。ORB 是 Rublee 等提出的特征点提取与描述算法，具有速度快、表征能力强等特点。我们在前期的工作中，创新地提出将 ORB 用于全局特征提取。其核心思想是将一整帧图像作为特征点的邻域，运用 ORB 全局描述符进行特征提取。具体而言，首先将场景图像灰度化处理，并将每帧图像缩放至 63 × 63（pixel），标准化场景图像可有效弥补 ORB 特征算子不具备尺度不变性的缺陷。其次，运用 ORB 中的 BRIEF 描述场景全局特征。对于每帧场景图像用 s 表示，在 s 上由映射算法提取图像全局特征，由下式表示：

$$\tau\left(s;t_1,t_2\right):=\begin{cases}1,s\left(t_1\right)<s\left(t_2\right)\\0,s\left(t_1\right)\geqslant s\left(t_2\right)\end{cases} \tag{1}$$

式中，t_1 与 t_2 分别为 s 中两不同像素坐标；$s(t_1)$ 与 $s(t_2)$ 为对应坐标处的灰度值。在 s 中选取 n 对像素点，并由下述公式对s的特征描述符进行计算：

$$f_n\left(s\right)=\sum_{i\in[1,n]}2^{i-1}\tau\left(s;t_{1i},t_{2i}\right) \tag{2}$$

经过大量数据的充分验证，将s的长度设置为 256，此时所得到的高斯分布性能最佳。至此，我们将一帧场景图转化为了一个 256 位二进制字符串组成的全局特征描述符，图 2 为任意一道路场景图像计算所得到的全局特征提取结果。所得全局特征在定位时通过计算海明距离（即异或计算）的大小实现特征匹配。通过 ORB 提取的全局特征，可以实现快速匹配的目标，因此可以用作指纹匹配过程中的粗匹配过程。

[77, 12, 53, 24, 81, 17, 139, 37,
109, 21, 11, 4, 16, 72, 29, 180,
27, 66, 34, 89, 93, 142, 31, 162,
134, 65, 31, 10, 201, 13, 41, 80]

图 2 利用 ORB 进行全局特征提取结果

（2）语义特征（Semantic Features）提取

道路场景中通常会包含各种各样的语义目标，这些语义目标包括标志标线、桥梁、树木、房屋、路面的各种裂缝、轮胎擦痕、井盖、路杆等。通过对这些语义目标进行识别，识别结果亦可形成对场景的表征。语义特征提取过程中，语义目标的检测与识别是至关重要的一步。近 20 年来，许多研究人员针对道路场景中的目标检测与识别开展了大量的研究工作。例如，针对道路标志的检测与识别、车道线检测与识别、路面裂缝检测与识别、井盖识别等算法。近年来，随着深度学习的飞速发展，越来越多的卷积神经网络被用于道路场景中目标检测与识别，并且识别率可以高达 95% 以上。此外，近年来出现的目标识别与分割一体化的卷积神经网络（如 Mask R-CNN）等可以快速准确地从输入的图像数据中完成目标检测与分割，直接实现语义目标的提取（见图 3）。

图 3　从道路场景图像中提取语义目标

从原始图像数据中，通过语义分割等算法，可以实现场景中语义目标的提取。从而可将场景分割成一块块的特定区域，而每个区域都有其明确的语义含义，如路面、道路标线、交通标志、树木、车辆等。这些语义目标在一定程度上完成了场景的内容表征。语义目标检测与识别的结果，通过语义的逻辑关系（如语义树），可以形成更高层次的场景表征模型。

（3）深度学习特征（ConvNet Features）提取

基于这样的考虑，传统的特征主要利用人的经验与知识，设计一定的规则进行提取。因此这种提取的特征被称为手工提取特征（Hand-Crafted Features）。手工提取的特征受环境影响较大，鲁棒性不足。近年来，深度学习的快速发展为目标检测与识别提供了更加精准和稳定的解决方法。随着研究的深入，人们发现，深度卷积神经网络不仅可以用以检测与识别特定目标，而且可以利用网络的中间层提取不同层次的特征（见图 4）。除了最后的输出结果外，中间下抽样层（Sub-sampling layer）、卷积层（Convolution Layer）、全连接层（Fully Connected MLP）都可提供不同层次的特征图（Feature Maps）。由于深度学习方法具有更好的鲁棒性与准确性，因此，利用卷积神经网络提取的特征（称之为深度学习特征：ConvNet Features）与手工特征相比，也具有更好的鲁棒性与准确性。

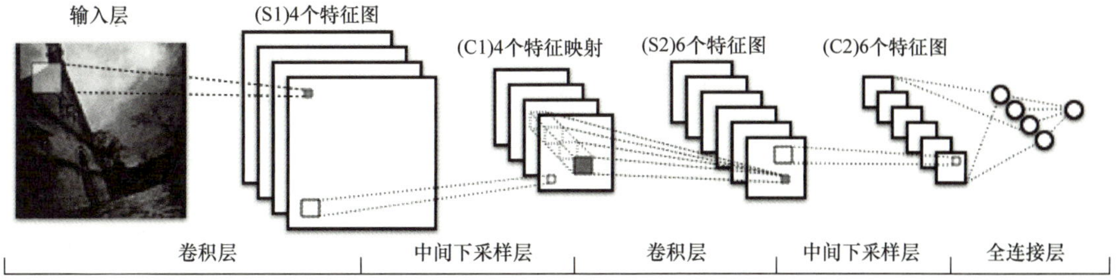

图 4 利用深度卷积神经网络进行不同层级的特征表征

本文在道路指纹构建过程中，也引入深度学习特征，用以提高道路指纹表征的鲁棒性与准确性（见图 4），从图像输入到识别结果输出，各层的特征维度也在逐渐降低。其中，浅层的特征维度大，表征能力强，但是需要的存储空间多，在后续匹配过程中计算复杂度高。而深层次的特征维度小，表征抽象能力强，需要的存储空间少，匹配过程中计算复杂度更低。因此，在实际应用中，可根据应用的需求（如存储量、计算速度需求等）选择合适的层抽取特征。

需要指出的是，随着激光雷达技术的飞速发展，针对 3D 激光 LiDAR 数据的深度学习网络也被广泛研究。近年来，研究人员提出的 PointNet 以及 PointNet++ 等 3D 深度学习网络，可以有效从 3D 点云数据中完成道路场景中的目标检测，同时也可以实现道路场景特征提取与表征。

（4）局部特征提取（Local Features）提取

局部特征是指道路场景中具有差异性的点特征。在激光 LiDAR 数据中，这种点特征可以为点云中的某一 3D 点提取的属性（如几何属性等）；在图像数据中，点特征则可以利用计算机视觉中常用的局部特征提取算法来计算。这些常用的局部特征提取算法包括 SIFT、SURF、FFME、ORB 与 FAST 等。四种常用的特征提取算法及其实验结果见图 5。局部特征提取算法的选取需要考虑算法的计算效率以及提取特征点的匹配效果等。

图 5 利用不同的特征描述算法提取的道路局部特征

局部特征提取一般包含两个步骤，即特征点定位与局部特征描述符计算。特征点定位是从数据中计算具有出具有差异性的点，即特征点。与普通点相比，特征点携带更加丰富的信息，因此能在指纹匹配过程中提供较强的约束。在定位出特征点后，可以从特征点邻域计算出特征描述符。特征描述符反映了该点的属性信息。

（5）基于特征层次化表征的道路指纹构建

以上提取的各类特征在表征中有着不同的用途。例如，全局特征计算快捷，但是表征能力不足，因此常用作快速匹配，用于粗匹配。局部特征计算烦琐，但是表征能力强，常用于最后阶段的精确匹配。基于这样的思想，本文提出基于特征层次化表征的道路指纹构建方法（见图 6）。其中，全局特征用作粗匹配，用于获取候选集合；语义特征一方面可用于快速匹配，也可用作匹配校验；深度学习特征鲁棒性强，表征能力较好，用作匹配校验。匹配校验的作用是从输入的候选集合中挑选出最佳匹配。最后，利用场景局部特征，即可完成场景指纹的精确匹配工作。

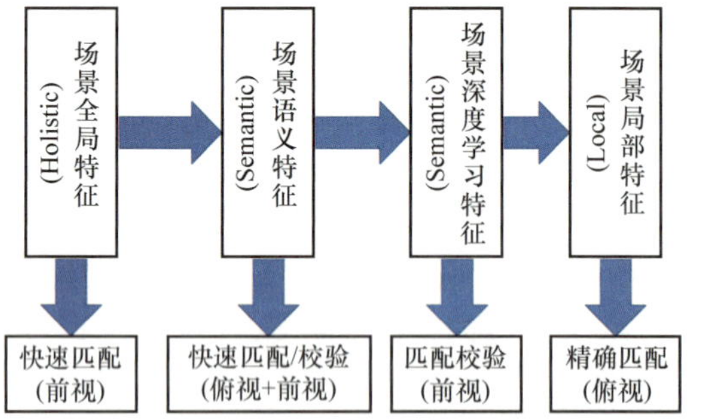

图 6　基于特征层次化表征的道路指纹构建

因此，利用图 6 的层次化特征表征，可以事先从粗到细地层次化构建道路指纹。这种层次化的构建方法可以综合考虑场景指纹在匹配过程中的计算复杂度与匹配准确性。

2. 道路指纹库及定位方法

道路指纹可以形成对道路场景中某一特定位置的特征表征。通过计算道路场景中各个位置对应的道路指纹，就可以形成道路指纹库。如同人类指纹库一样，指纹仅能提供匹配信息，更多的与指纹对应的属性信息才是我们关心的目标。在道路指纹库中，我们将各个道路指纹对应的位置信息作为指纹对应的属性信息。

本文提供的位置属性信息包含两个方面，即局部位置信息与全局位置信息（见图 7）。其中，局部位置信息为局部坐标系中特征点对应的几何位置信息。以路面为例，利用采集的路面俯视图像，可以通过摄像机标定的方法完成路面的三维重建。此时，可以利用当前的摄像机坐标系定义局部坐标系。在该局部坐标系下，可以计算出路面上的特征点对应的坐标，此即为局部位置信息。在道路指纹采集过程中，我们需要高精度定位设备和技术手段来获取车辆在各个时刻的在全局坐标系（如 GPS 坐标系）位置与姿态信息。在当前摄像机采集数据的同时，路面上的局部特征点在全局坐标系下的坐标也可以通过摄像机（车辆）的全局位姿信息获得，从而可以获取路面局部特征点对应的全局坐标。通过以上手段，我们可将位置信息与指纹进行关联，从而为后续的基于指纹定位的算法提供精确的参考位置信息。

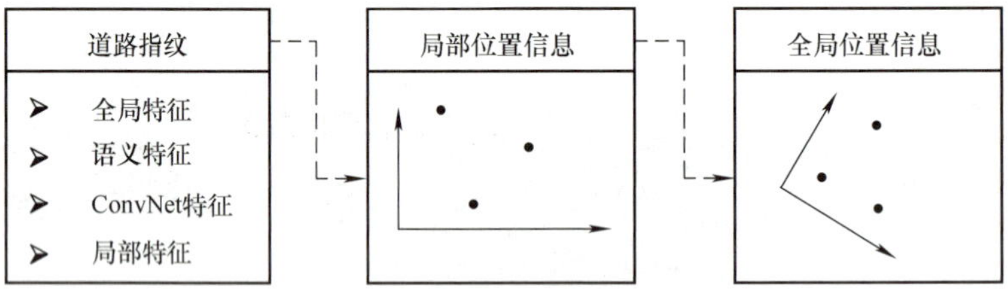

图 7　道路指纹与位置信息进行关联

通过构建的道路指纹库，即可完成智能车高精度定位。我们提出多尺度定位策略完成定位过程，包含：①粗定位；②指纹匹配定位；③度量级定位。其中，粗定位主要是利用 GPS 或者拓扑定位等实现。粗定位的作用是将智能车定位在某个范围之内，从而可以减少后续的搜索区域，减少计算过程。通过粗定位，可以确定在限定范围的道路指纹集合。通过上文所提出的全局特征匹配，可以进一步缩小定位范围，产生更加稳定的指纹匹配集合。接着，利用语义特征或者深度学习特征对产生的指纹匹配集合进行校验，将最能满足校验的指纹作为匹配的场景，实现了当前指纹与道路指纹中一对一的匹配，本文将该步骤称为指纹匹配定位（见图 8）。

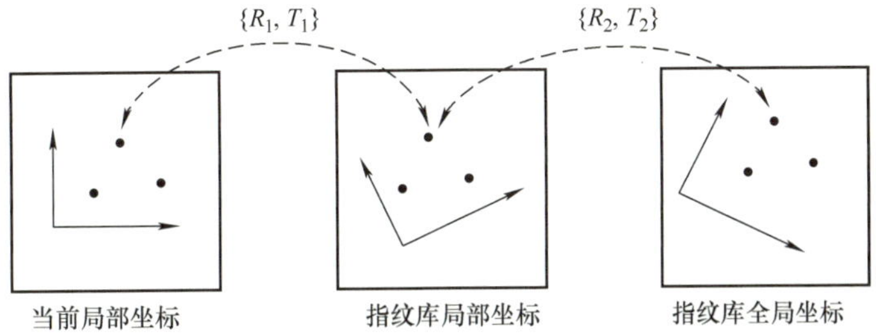

图 8 利用匹配的道路指纹进行位置推算

度量级定位则是利用指纹库中指纹对应的位置信息来推算车辆当前的精确位置，其计算过程见图 8。首先，利用道路指纹中的局部特征（即特征点）实现当前指纹与其指纹库中匹配指纹的特征点匹配。本文选取路面特征点作为指纹的局部特征，因此可以很容易利用摄像机的标定参数，计算出路面特征点对应的物理坐标。从而，利用特征点的匹配关系，可以利用二维欧氏变换计算出两个摄像机之间的位置关系：

$$\begin{bmatrix} x_c \\ y_c \\ 1 \end{bmatrix} = \begin{bmatrix} \cos\theta & -\sin\theta & t_x \\ \sin\theta & \cos\theta & t_y \\ 0 & 0 & 1 \end{bmatrix} \begin{bmatrix} x_p \\ y_p \\ 1 \end{bmatrix} = \boldsymbol{P} \begin{bmatrix} x_p \\ y_p \\ 1 \end{bmatrix} \tag{3}$$

其中，为查询指纹，为匹配指纹。$\boldsymbol{P}$ 为二维欧式变换矩阵，通过旋转角度与平移量来描述。在道路指纹库构建过程中，我们也存储了特征点对应的全局坐标。通过存储的全局坐标与局部坐标，可以建立如下变换关系：

$$\begin{bmatrix} x_c \\ y_c \\ 1 \end{bmatrix} = \underbrace{\begin{bmatrix} \cos\theta & -\sin\theta & t_x \\ \sin\theta & \cos\theta & t_y \\ 0 & 0 & 1 \end{bmatrix}}_{P} \begin{bmatrix} x_p \\ y_p \\ 1 \end{bmatrix} = \boldsymbol{P} \begin{bmatrix} x_p \\ y_p \\ 1 \end{bmatrix} \tag{4}$$

从而，利用式（3）与式（4）可以计算出车辆在当前时刻在全局坐标系下的位置：

$$\begin{bmatrix} x_p \\ y_p \\ 1 \end{bmatrix} = \boldsymbol{P}_1\boldsymbol{P}_2 \begin{bmatrix} x_g \\ y_g \\ 1 \end{bmatrix} \tag{5}$$

3. 应用案例分析

利用上文构建的道路指纹库与定位方法，即可完成高精度定位工作。下面用三个案例展示道路指纹的应用。

（1）基于多视角视觉指纹的智能车定位

目前，传统的车载视觉定位方法一般采用单一前视视角摄像机采集场景数据，或者使用单一特征提取方法对图像数据进行特征提取。此类方法在场景相似度较大的情景进行应用时，由于连续帧图像相似度大，且单一特征无法对相似度大的图像进行有效区分，使得图像误匹配率较高，进而使得定位的鲁棒性较差，定位误差较大。因此，有必要引入多视角定位和多层次特征表征方法，提升车载视觉定位的精度和鲁棒性。

我们团队首次在领域内提出基于多视角摄像机和多层次特征的道路指纹库构建方法，以及基于道路指纹库的多尺度定位方法。基于多视角摄像机和多层次特征的道路指纹库构建方法示意图见图 9。智能车上搭载前视视角摄像机和俯视视角摄像机，采集场景前视图像和俯视图像。同时智能车上搭载高精度 IMU，采集节点的轨迹。利用采集的车载传感器数据，处理并生成道路指纹库中每个节点的数据。每个节点数据通过“三要素”模型进行表征，即包含视觉特征、三维信息和轨迹三个要素。在视觉特征处理方面，提取前视视角图像的全局特征和俯视视角图像的局部特征；在三维信息计算方面，利用三角法对路面上的特征点进行三维重建；在轨迹信息计算方法，利用 IMU 采集的数据进行节点之间的位姿关系计算。基于所构建的道路指纹库，提出一种多尺度定位方法。首先利用全局特征匹配的快速性，将当前图像的全局特征与道路指纹库进行匹配，快速获取粗定位候选集；然后，在此基础上利用当前图像的局部特征与候选节点进行匹配，确定距离最近的指纹库节点；最后利用局部特征的匹配关系，以及节点中存储的三维信息和轨迹信息，最终计算车辆的位姿。经过实际场景实验验证，团队所提出的定位方法平均定位误差为 0.16m，相比单一视角单一特征视觉定位方法，能够有效提升定位的精度和鲁棒性。

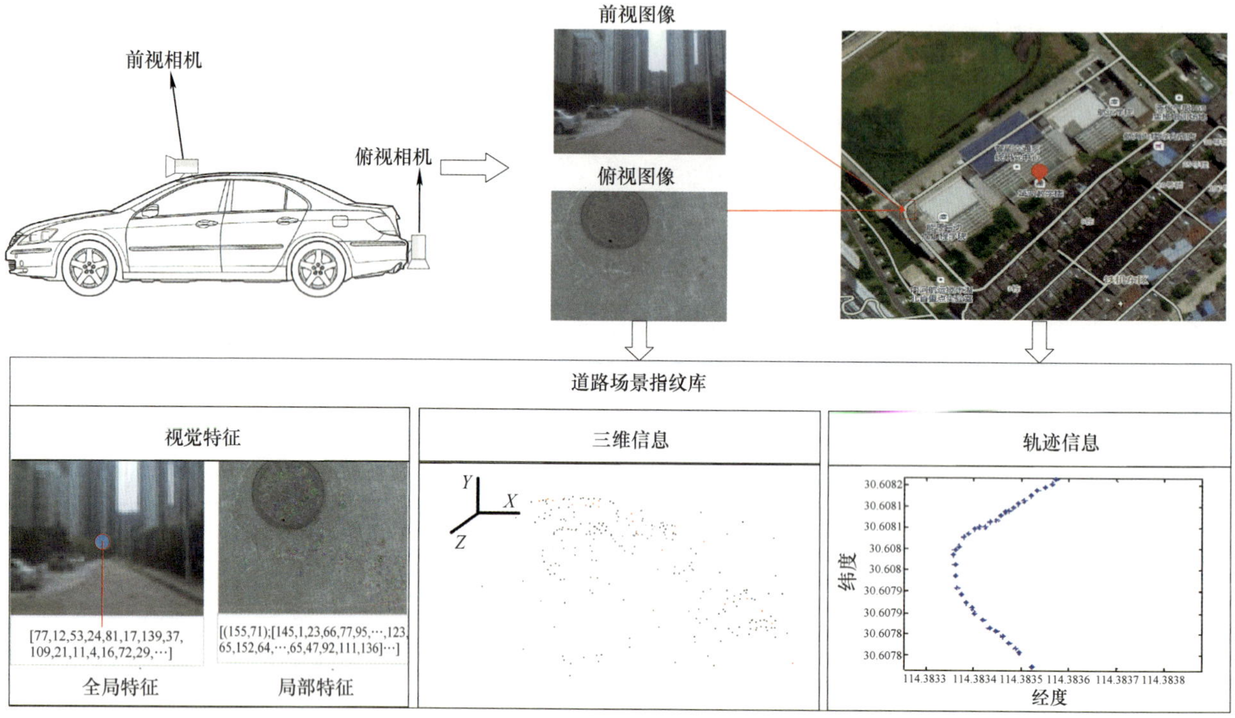

图 9　基于二视图视觉指纹的智能车高精度定位

与传统方法相比，团队所提出的方法的特点主要体现在以下 3 个方面：①将俯视视角图像引入至道路指纹库每个节点数据的构建，相比于基于单一前视视角图像的场景模型构建方法，俯视图像能够有效提升节点的唯一性；②引入全局特征表征方法，对前视视角图像进行表征，能够有效提升图像匹配效率；③团队所提出的多尺度定位方法，利用全局特征快速匹配的特征和局部特征精确匹配的特征，达到极快又好的定位效果。

（2）基于激光 LiDAR 指纹的智能车定位

基于激光雷达的智能车高精度定位是近年来智能车领域的研究热点。目前绝大部分方法都是采用基于激光雷达的即时定位与制图（SLAM）方法，该方法的定位误差随着的时间而逐渐增加，无法长时间提供可靠有效的定位结果。此外还有部分方法采用基于激光雷达高精度地图的定位方法，然而由于激光数据量大导致地图检索困难，导致无法达到智能车定位的实时性要求。因此，有必要引入轻量的多层次特征表征方法以实现快速的地图匹配与检索方法，提升激光地图定位的效率与鲁棒性。

我们团队首次在领域内提出了基于激光雷达道路指纹的高精度定位方法（见图 10）。首先利用激光雷达采集道路激光点云数据，将点云投影在地平面上生成投影图像并提取局部特征，然后再提取点云数据中的语义特征与三维特征，同时利用高精度定位系统来获取摄像机在采集过程中的位姿信息，按照上节方法构建激光雷达道路指纹库。在定位过程中，通过 GPS 完成粗定位，通过局部特征与指纹库匹配实现快速的地图检索，通过语义特征进行验证，最后通过三维特征匹配实现度量级定位完成全局定位。该方法定位精度可达 20cm。与传统方法相比，我们团队将三维激光点云投影成二维的图像，并通过快速的视觉算子实现指纹库匹配提高了地图检索的速度；通过语义特征验证提高了定位结果的鲁棒性。

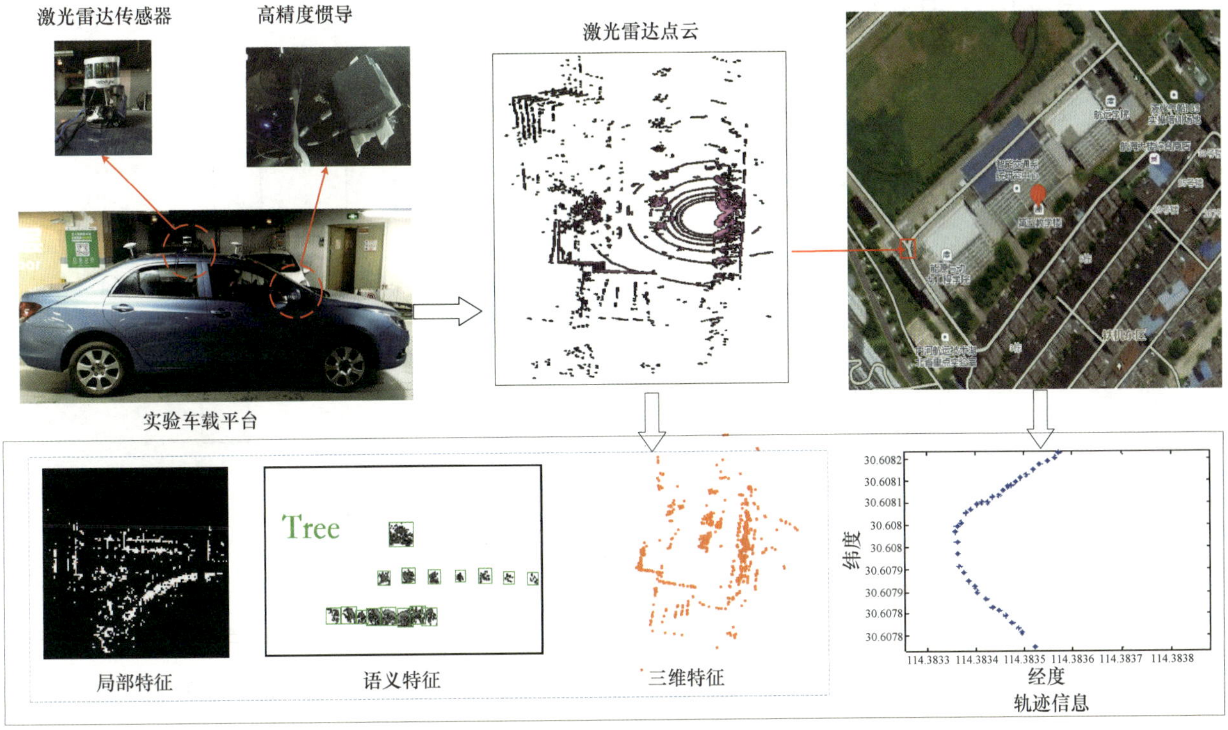

激光雷达道路场景指纹库

图 10　基于激光 LiDAR 指纹的智能车高精度定位

（3）基于路面指纹的道路资产管理系统

路面损坏情况分析是道路资产管理系统中的核心问题。许多年来，研究人员提出了许多针对路面裂缝自动化检测与识别的方法。然而，目前绝大部分方法都是直接通过采集的图像数据或 3D 激光数据对裂缝进行检测与识别，没有利用历史的裂缝检测与识别结果。实际上，裂缝在短时间（如半年期或一年期）内具有比较稳定的状态，这就意味着上一个周期内裂缝分析的结果将对本次分析具有重要的参考价值。一方面，我们可以利用前次检测的结果，来对当前的裂缝位置进行预估，这样可以大大提高检测效率与准确性；另一方面，通过对两次检测的裂缝进行关联后，可以直接计算裂缝的生长规律，为路面诊断与保养提供宝贵的支撑数据。

我们团队首次在领域内提出路面指纹的概念以及基于路面指纹的高精度（亚像素级）定位方法（见图 11）。首先利用俯视摄像机采集路面图像数据，同时利用高精度定位系统来获取摄像机在采集过程中的位姿信息，按照上节方法构建路面指纹库。在定位过程中，通过 GPS 完成粗定位，通过指纹库匹配完成帧级定位，最后通过度量级定位完成全局定位。该方法定位精度可达 5cm。在路面裂缝检测过程中，通过历史裂缝的位置，对当前图像中的裂缝位置进行预测，并通过预测的区域构建裂缝像素的灰度分布模型，从而可以利用该分布模型来进一步检测裂缝像素。通过路面指纹高精度定位，可以利用历史路面裂缝信息来预测当前裂缝信息，提高裂缝检测的效率与稳定性。实验中，检测算法的精度与召回率分别为 95.4% 与 84.3%，检测性能较之传统的检测算法具有极大的提升。此外，算法还成功地对裂缝的生长情况进行定量化分析，为道路资产管理系统提供重要的数据与决策支撑。

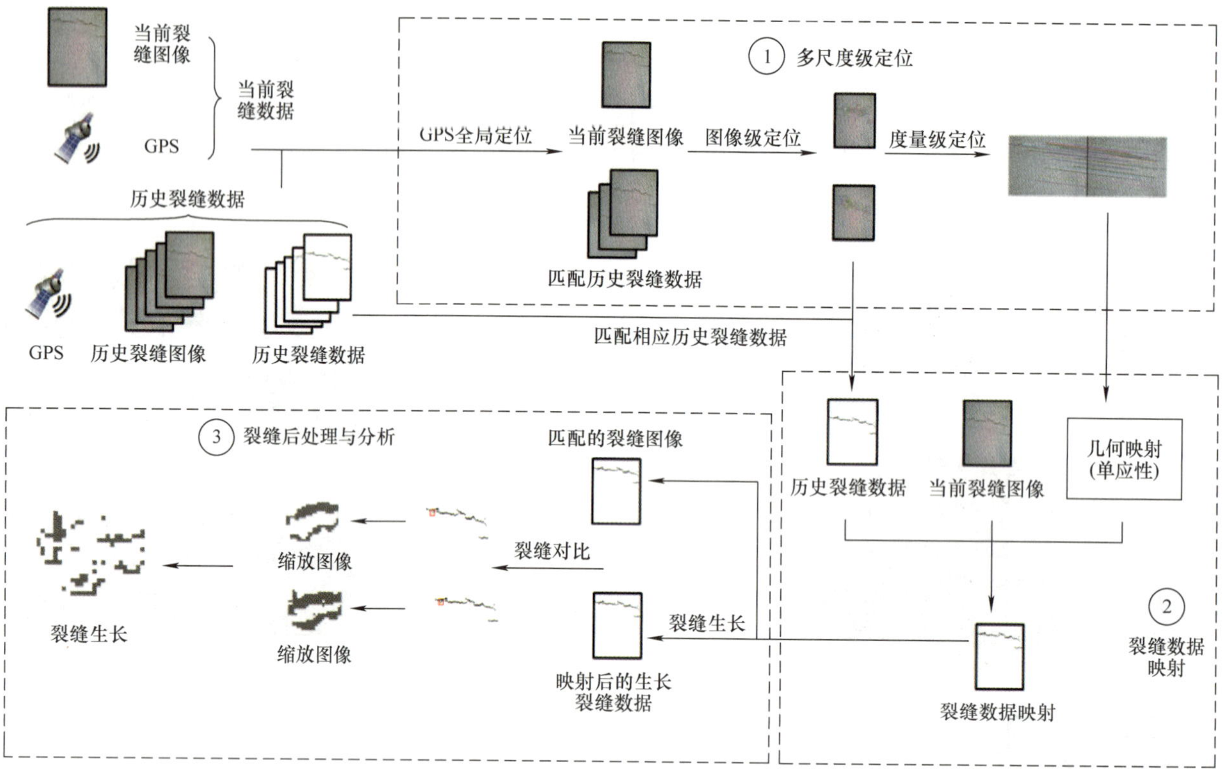

图 11　基于路面指纹高精度定位的路面裂缝检测与分析系统

4. 结语

本文针对智能车路系统中的核心技术问题——高精度定位问题，首次提出了道路指纹的概念，并在道路指纹的基础上，提出了高精度定位方法。道路指纹表征模型可以将不同视角、不同类型的传感器数据进行特征提取，从而通过层次化对这些特征进行表征，实现对道路场景的指纹表征。通过将道路指纹与高精度位置信息进行关联，可以事先构建道路路网的指纹库，从而在定位过程中，通过实时匹配道路指纹库完成高精度定位。论文利用三个典型的案例对道路指纹技术进行应用展示，显示出道路指纹在智能网联汽车、道路资产管理等典型智能车路系统具有较好的应用前景。

EMQ 新一代千万级智能网联车消息服务创新与应用

杭州映云科技有限公司（EMQ）

作者：丰志飞，王凡，魏艺乔

1. 新一代车联网消息服务产品

随着汽车产业新四化的推进，各大汽车主机厂正逐步构建以智能驾驶和智能网联为核心的车联网系统。新一代的车联网系统对于底层消息采集、传输和处理的平台架构提出了更高的要求。MQTT 是基于发布 / 订阅模式的物联网通信协议，具有简单易实现、支持 QoS、报文小等特点，占据了物联网协议的半壁江山。在车联网场景中，MQTT 能够胜任海量车机系统灵活、快速、安全接入，并保证复杂网络环境下消息实时性、可靠性。其主要应用优势如下：

1）开放消息协议，简单易实现。市场上有大量成熟的软件库与硬件模组，可以有效降低车机接入难度和使用成本。

2）提供灵活主题的发布 / 订阅通信，能够通过海量的 Topic 进行消息通信，应对各类车联网业务。

3）Payload 格式灵活，报文结构紧凑，可以灵活承载各类业务数据并有效减少车机网络流量。

4）提供 3 个 QoS 消息服务等级保障，能够适应车机设备不同的网络环境。

5）提供在线状态感知与会话保持能力，方便管理车机在线状态并进行离线消息保留。

EMQ 交付全球领先的云原生物联网 MQTT 消息服务器和流处理数据库，已为全球大量的车企提供智能网联的 MQTT 车联网消息产品与服务。

（1）千万级车联网消息服务平台

EMQ 为车端提供安全可靠连接，支持多协议接入，千万级并发接入、百万级 TPS 吞吐、超低双向消息时延，同时提供一站式的数据集成能力，可“随处运行，无限连接，任意集成”，满足车企面向全球化的新一代车联网服务管理平台（见图 1）。

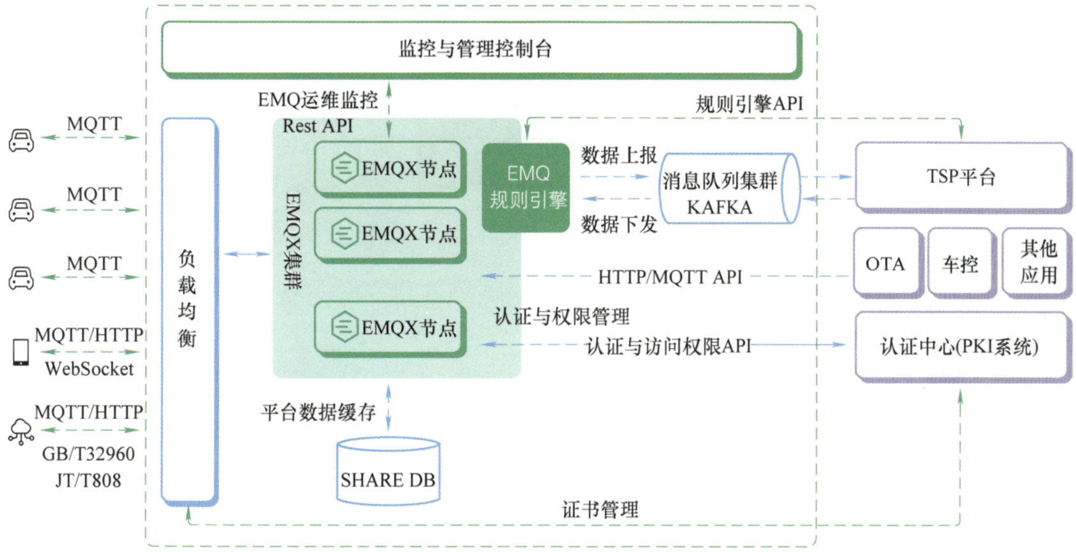

图 1 基于 EMQX 的新一代千万级车联网平台架构图

1）全网络多协议安全接入支持。EMQX Enterprise 支持 MQTT3.1、3.1.1、5.0 全协议栈，支持 JT 808、GB/T 32960 车联网行业协议，提供安全认证接入服务，除了基础的账号密码等认证外，还支持第三方 PKI/CA 等统一认证系统的扩展认证，传输层面支持 TLS/DTLS/ 国密加密协议，保证数据传输安全。

2）高可用集群、性能卓越。EMQX Enterprise 采用高可用分布式集群架构，支持管理容量动态水平扩展，支持热升级、热配置，可以提供 99.99% 的 SLA 服务等级保障、毫秒级软实时消息路由、千万级车机并发接入、千万级消息 topic 支持、百万 TPS 高性能。

3）强大的规则引擎企业级功能套件。基于 SQL 的强大内置规则引擎，一站式数据提取、筛选、转换与处理。灵活集成关系型数据库、非关系型数据库、时序数据库与 Kafka（分布式流处理平台）流处理中间件，支持快速企业集成与持续应用创新。

① 关系型数据库支持 Mysql、Oracle、PostgreSQL、SqlserverS 等。

② 非关系型数据库支持 MongoDB、Redis、Cassandra、DynamoDB 等。

③ 时序数据库支持 influxDB、OPENTSDB、TimescaleDB、TDengine、MatrixDB 等。

④ MQ 桥接支持 Kafka、Pulsar、RabbitMQ、RocketMQ 等。

4）丰富的北向 API 接口，快速与企业应用集成

① 上下线事件与消息发布送达通知外部企业服务。

② 代理订阅方式集成，设备上线自动从 Redis 或数据库加载订阅主题。

③ 丰富的 RESTful API 供外部应用集成。

5）全产品生命周期技术服务。EMQ 可为全球客户提供全天候的商业化技术服务，服务内容包含但不限于架构咨询、产品定制、软件版本升级、故障修复、性能调优、产品培训、合作运营等。

（2）云边协同车云一体化解决方案

EMQ 云边协同车云一体化架构采用边缘流式处理引擎 eKuiper 实现车载终端上的灵活数据采集功能，采用大规模分布式物联网 MQTT 消息服务器 EMQX 实现采集数据的连接、移动和处理以及车云一体的控制指令交互（见图 2）。

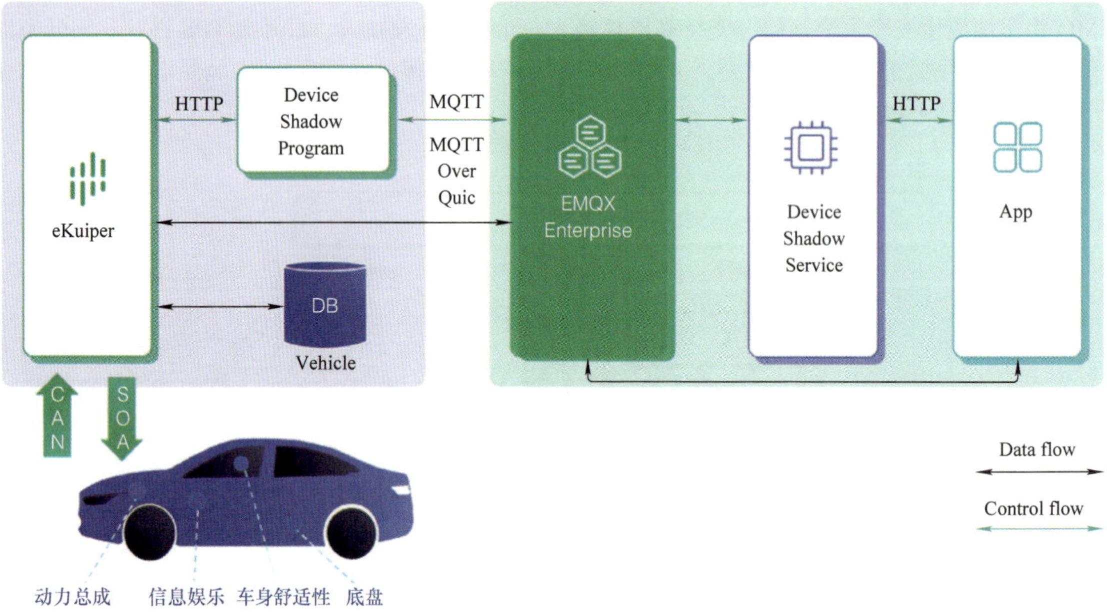

图 2　云边协同的车云一体化架构

eKuiper 是 EMQ 团队开发的超轻量物联网边缘分析 / 流式处理引擎。eKuiper 兼容性强，可适配 X86 和 ARM 等多种 CPU 架构的车机终端（如 TBOX、DHU、VGM 等）。软件轻量且可裁剪，核心包和初始运行内存在 10MB 级别，支持高吞吐低时延的各种数据处理和计算。在此方案中，以部署于车机端的 eKuiper 为核心，可以实现近实时的灵活数据采集和处理转发等功能。eKuiper 具备了数据流的接入、处理和流转能力。南向部分，eKuiper 支持接入各种协议的数据流，例如 CAN 总线、MQTT 协议、Socket（TCP 或 UDP）和 DDS 等。接入的数据可以在引擎内部根据用户定义的规则，进行采集、转换、过滤和分析等数据处理工作，之后再将采集或处理的结果发送到各种北向的目的地中，例如存到本地的文件、边缘轻量数据库中以便后续车载应用使用，或是通过 HTTP/MQTT 等协议发送到云端或 TSP 应用端进行处理。eKuiper 支持云原生方式交付部署，支持 Kubuedge、Openyurt、K3S 等主流的云边协同框架集成，也可以通过 EMQX 边缘管理服务实现云边协同的一站式管理。

（3）V2X 消息转发消息服务平台

车路协同属于多领域交叉行业，产业链涉及车路协同通信模组、路侧及车端通信设备、路侧感知设备、路侧计算单元设备、通信网络、云控平台系统以及车端自动驾驶系统，项目建设中也需要产业链各方通力合作。EMQ 可为车路协同产业链提供车路协同云控基础平台资源连接、数据接入层基础软件以及数据“采集 - 移动 - 处理 - 集成”的整体解决方案，基于自研产品为客户打造完整的云控物联基础架构，助力快速构建云控平台（见图 3）。

EMQ 车路协同整体解决方案以基于物联网 MQTT 消息采集和传递框架为核心，结合大规模分布式物联网 MQTT 消息服务器 EMQX 和创新的流处理数据库 HStreamDB 打造系统数据中枢，解决车路数据采集、汇聚、传递、计算、存储及管理等方面诸多挑战，让客户可基于此架构快速构建车路协同云控平台的资源连接层、数据处理层，并实现这两层与数据共享层的衔接。

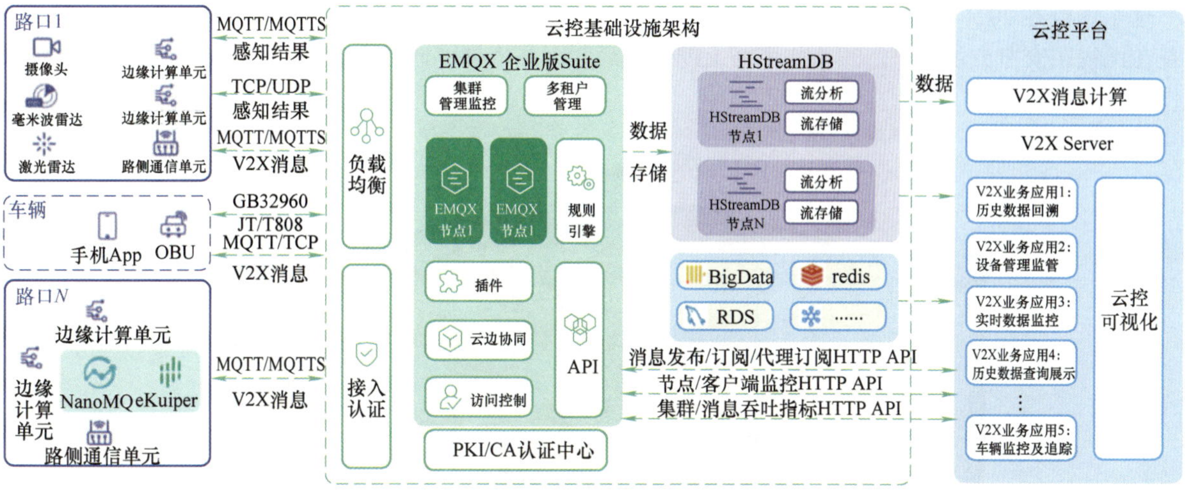

图 3 EMQ 车路协同 V2X 消息服务

2. 产品应用落地与展望

EMQ 打造的新一代千万级智能网联车消息解决方案已成功服务于全球 50 多家车企和未来出行科技公司，助力客户构建全球化的智能车联网服务管理平台，为车主可供优质智能网联和智慧出行服务。云边协同车云一体化解决方案和 V2X 消息转发消息服务也在多个新势力车企和国家示范先导区落地应用。

随着车联网、智能驾驶、自动驾驶的快速演进和发展，车云交互的数据类型（视频、音频、点云图等）不断丰富和数据大小的不断增长，EMQ 作为物联网 MQTT 协议标准化组织 OASIS 的核心成员，正致力于构建基于 MQTT over QUIC 的下一代 MQTT 通信协议，结合新一代的 5G 通信网络，为客户提供面向多数据格式、海量消息吞吐、超低双向消息时延的“富媒体”消息服务，以满足车企和出行科技公司应对下一代车云数据交互的需求。

京东物流在城市末端智能配送场景的应用探索与实践

京东物流
作者：杨宝栋

随着电商行业以及即时零售等新业务的持续发展，城市最后一公里的末端配送需求也在持续增加，叠加对社会长期劳动力结构变化的判断，促使物流企业持续通过智能化升级现有业务。自 2016 年开始，京东物流就展开了自动驾驶与智能配送的相关工作和布局。

1. 京东物流发展智能配送的场景选择

鉴于城市配送场景从封闭环境到开放环境，在交通条件、业务形态、服务用户以及需要遵守的运行规则等维度，均有较大差异。京东物流结合自身业务出发，从一开始便明确了开放道路的主打方向，由繁入简，选择了最复杂也最难的场景来打磨自动驾驶能力和智能配送业务。虽然开放道路有着远比其他场景更为复杂的红绿灯、车辆、行人、交通规则等情况，但也是自动驾驶融入城市物流末端配送、即时配送最需要去直面的问题。

而随着智慧交通、智能网联汽车领域的快速发展，以自动驾驶为核心技术的智能运力升级，不仅是车路协同等新基建的直接应用，也是智慧城市感知体系的必要构成。

2. 京东物流智能快递车及核心能力介绍

京东物流在 2021 年 10 月发布了第五代智能快递车（见图 1），其具备 L4 的高级别自动驾驶能力，能实现在无视距安全员条件下，在开放道路上的自主运行，并依据不同场景类型与作业模式，完成履约配送工作。

图 1　京东物流智能快递车

该智能快递车具备了良好的通行能力，支持 24 小时全时段运行，以及适应复杂天气条件下的稳定运行。在国内最早一批获得了自动驾驶上路车辆编码（北京），截至目前，已经在国内 30 余座城市开展常态化落地运营，开放道路累计行驶里程超过 100 万 km，承接包括京东快递以及其他更多场景的配送需求。

智能快递车的稳定运行有赖于京东物流在自动驾驶领域的多年深耕，凭借全自研的高级别自动驾驶技术，团队在地图、定位、仿真、视觉、规划控制等各个环节实现能力积累与创新突破，而京东集团多元化的业务土壤也帮助智能快递车通过真实订单来持续验证能力与模式。

在保障车辆运行安全方面，团队在车辆端配备了主动防御的安全模块以及多重导航避障传感器，远端则配备了运营安全员，对车辆的设备状态与运行状态做实时监控，如果遇到突发情况，远端运营安全员能够做到第一时间接管车辆，远程遥控操作。同时也为每辆车配备了公众责任险和财产险，做到完善的安全保障策略。

3. 智能快递车系统与技术简介

（1）监控平台系统

监控系统面向运营人员使用，可实现智能快递车的远程监控、远程控制、订单信息及车辆信息查询、车端故障自动提示及查看、车端故障一键处理、远程喊话、不可通行区域设置等功能（见图 2）。

（2）人机交互系统

车端人机交互应用面向一线配送员及其他场景运营人员使用，可通过图形化的人机界面实现取件、投柜、车辆操作、故障查看等功能，并可以支持一单一格口、一单多格口、多单一格口等不同的投柜模式和客户取件、集包取件、代收等不同的取件方式。

（3）算法核心技术

通过高精度地图采集制作、全方位环境感知、厘米级高精定位、行为预测与规划控制、自研传感器套件与自动驾驶操作系统、仿真平台、智能互联等九项核心技术，为京东物流智能快递车稳健运行提供全方位保障与支撑。

图 2　监控平台系统

4. 车辆稳定性与成熟落地能力

长时间、多场景的打磨沉淀，让京东物流自动驾驶业务不仅在智能配送这条路上走得稳，也在面对特殊环境时能够接得住。2022 年初，在冬季体育赛事无接触配送保障中，车辆在张家口 −27℃的环境下实现了稳定工作。整个赛事期间，车辆在多地多场馆应用于封闭环境下的物资接驳、无接触周转，以 90 天零失误的成绩单良好地完成了任务。而在海南海口 38℃高温、80% 湿度的情况下，智能快递车也能够良好地完成运行与配送工作。2022 年上半年，疫情期间，京东物流紧急从各地调集了 113 台智能快递车前往支援上海，也验证了团队在快速部署落地、规模化管理方面的成熟解决方案。

5. 京东物流智能配送应用实践——抗疫保供

由于新冠疫情的出现，整个社会都开始关注和倡导无接触服务，而无接触配送也因此更快地进入了大家的视野。其中在 2020 年疫情期间，京东物流首次调派智能快递车参与武汉抗疫支援并承担了相当数量的包裹运输任务。这也成为首例在城市道路上运行并没有视距安全员跟车的无人化配送案例，当时服务的智能快递车目前已被国家博物馆永久收藏。随着此次支援，自动驾驶车辆在应急配送上的作用开始显现，此后到目前的历次、多地疫情集中暴发时，京东物流智能快递车都作为抗疫保供的重要力量参与其中（见图 3）。

6. 京东物流智能配送应用实践——快递配送

在江苏常熟，京东物流与当地政府一起打造了智能配送城模式，通过为末端配送网点配置智能快递车，规模化开展派送包裹工作。在北京亦庄，除了主打无接触配送的用户自取模式之外，也在推进人机协同的快递接驳模式，并与亦庄共同开展智慧交通实践，对接智能化设备，实现车路协同。除了覆盖社区、商圈的快递配送，团队还与山姆、七鲜等多个商超配送系统打通，提供超市订单的即时配送服务，提升即时零售履约效率（见图 4）。

图 3　京东物流智能快递车参与抗疫支援

图 4　京东物流智能快递车快递配送

7. 京东物流智能配送业务现状及未来发展

截至目前，京东物流智能快递车在全国 30 座城市已经投入运营。2022 年京东双十一期间，600 台智能快递车的投用，为消费者提供“最后一公里”末端配送服务。京东双十一开门红 24 小时，智能快递车配送单量就已经同比去年增长 300%。通过人车组合，提高了单个京东快递小哥的配送效率，帮助他们顺利经受流量高峰的考验，收入也实实在在获得了提高。

在能力的持续提升和业务的持续扩展之外，我们也积极参与到国家和地方在自动驾驶、寄递无人化等方面的规则与标准制订工作中，包括牵头推动了邮管局《寄递无人车技术要求》《无人车邮件快件投递服务规范》的制订，以及全国智标委（全国智能建筑及居住区数字化标准化技术委员会）智能网联基础设施标准工作组关于《社区园区无人配送智能网联基础设施白皮书》的编写与发布。

目前团队以自动驾驶为核心，拓展更多城市低速自动驾驶应用场景，已延展出了配送、零售、接驳、巡检等多款智能化产品，并逐步开放低速自动驾驶能力平台，携手产品服务供应商，向着共同建设智慧城市、构建人民美好生活而持续努力。

探维科技激光雷达赋能合创，助力智能驾驶创新突破

探维科技（北京）有限公司

作者：朱杰

2022 年 12 月，探维科技携手合创汽车，双方深度合作的首款车型——全新纯电旗舰 MPV 亮相广州车展。合创汽车其他定点车型的主雷达也将采用探维科技的车规级固态激光雷达。双方基于各自在自动驾驶方面的领先技术，共同探索和开发高级别智能驾驶（见图 1）。

图 1 合创汽车激光雷达安装图示

探维科技的车规级固态激光雷达代表自动驾驶高级传感器的发展趋势，具备强大感知功能，聚焦乘用车场景，此款产品最远探测距离 300m，智能聚焦视野（ROI 区域）角分辨率为 0.15°×0.17°，可在 100m 外精准感知行人信息，为消费者带来更安全的出行保障与更舒适的驾乘体验。探维科技致力于为车企客户提供高度集成化的硬件设计方案，实现性能、体积、成本的极致平衡。

此外，探维科技拥有业内独家的硬件级图像融合技术，一次性解决兼容性、可靠性、适用性问题，充分发挥多传感器在各自擅长领域的优势，提高驾驶和乘坐的安全性与舒适性。合创汽车由珠江投管集团、广汽集团共同投资，公司聚焦于新能源汽车的定义、研发、销售和服务，在业内探索一条创新发展道路——合创模式，旨在为用户提供居住和工作场所之外的智能“第三空间”共享愉悦的智慧出行体验。

未来，探维科技与合创汽车将在智能驾驶领域协同创新，助力合创自动驾驶规模化部署和商业化应用，为用户打造出更加智能化的出行体验，推动中国智能汽车向全球引领者角色更进一步。

面向数据安全的汽车企业数据合规工作思路探讨

中电车联信安科技有限公司
作者：刘航

在数字经济时代，各种各样的海量数据推动了许多新兴产业的发展，给人们带来极大便利的同时也产生了许多问题。在数据保护与数据流通过程中，可能会引起危害个人人身财产安全、企业发展困难倒闭，甚至是影响国家安全等问题。因此，数据安全合规是数字经济时代亟须重视的课题，数据保护和数据流通是数字经济发展的关键，只有在数据安全合规的前提下两者才能相辅相成，推动国家实力的提升。随着全球化的发展，人类之间的信息交集也越来越频繁，数据成为不同国家、地区重要竞争力的体现，它不仅代表个人实力，更是国家实力的一部分。另外，数据需要创新，而数据创新的前提是数据能够安全稳定发展，因此，必须加大对数据的合规管理和安全保护，如果不能合规管理数据，保证数据安全则会导致创新力不足，抑制科技的进步，甚至阻碍整个数字经济的长期发展。

2022 年 2 月 25 日，工业和信息化部办公厅正式印发《车联网网络安全和数据安全标准体系建设指南》，提出车联网网络安全和数据安全标准体系 2023 年和 2025 年建设目标，并列出标准体系建设框架的六大重点领域及方向：治理安全、终端与设施网络安全、网联通信安全、数据安全、应用服务安全、安全保障与支撑。

车联网在“端 - 管 - 云”三层架构的基础上，提供丰富的智能交通综合服务。然而，将数据放置在云端处理和存储，加大了数据被非法用户窃取的风险。为此，中电车联在面向数据安全的车联网数据合规工作中以网联车信息安全合规评测系统（车康保）方案作为技术典型应用。通过对车联网系统功能模块进行划分，将子模块关联设计，对关键组件仿真建模，利用系统专用构件模拟多种目标在计算、通信、安全防护等方面的通用特征，搭建典型车辆靶标模拟系统，构建车载终端、车载总线等关键基础设施数字化模型。调度管理层将靶场基础引擎子系统与资源管控子系统进行对接，为上层场景构建、虚实结合组网、资源申请释放提供功能接口，基础引擎子系统可以调度场景虚拟化搭建以及剧情创建任务协同工作。安全基础资源层把物理设备、虚拟设备、安全设备进行基于场景拓扑的编排随后为上层业务系统提供多元靶场组件，构成多种测试仿真模块。

在技术层面，网联车信息安全合规评测系统（车康保）面向车联网数据安全的攻防需求，构建面向车联网关键基础设施资源的典型信息安全攻防能力，建立“人 - 车 - 路 - 云”等不同实体网络之间的攻防模型，根据车联网安全攻击模型、安全防护策略构建车联网不同攻防模型。面向数据安全和通信安全的攻防技术，对场景特征进行提取，并对场景进行拓扑编排，通过基础引擎的调度构建出车联网典型攻防应用场景。通过构建的不同攻防模型和典型应用场景模型，实现多种环境的动态仿真。

在应用层面，网联车信息安全合规评测系统（车康保）利用 ICV 攻防测试工具可视化地使用系统积累的测试用例及自动化工具，使项目的进度和结果可视化；积累 ICV 信息安全法规与标准管理、ICV 测试用例、自动化测试工具、漏洞信息等攻防知识库，建立对外经验输出的能力，最终形成标准化的 ICV 测试项目管理体系，并通过项目管理工具做到测试用例积累复用的目的；针对 ICV 通信终端 T-Box 及 IVI、移动客户端、TSP 系统平台（数据中心和网络）、OTA 升级等信息安全领域进行测试，实施网络攻击、软件及数据篡改、发现漏洞、敏感数据加密等测试，验证所采用安全策略及措施，完成风险点的分析及评估等工作，针对存在的整车网络数据安全、数据合规问题，提出合理有效的建议。

本方案已经应用于河南省周口市鹿邑县乡镇消防管理平台，该平台用于对乡镇消防力量进行数据合规安全智慧化管理，包括消防指挥调度、队伍管理、营区管理、基层消防工作管理等，其中车辆管理是平台的重要组成部分。

县及乡镇消防力量规模较小、缺乏专业维护人员，为了更好地实现消防车辆的管理和日常养护，提高消防装备完好率，本次为全县 56 辆消防车辆（大队 8 辆、中队 8 辆、乡镇 40 辆）统一配置车载设备，车载设备包括：车载数据采集终端、车载摄像机、车载指挥屏。消防车载系统示意图见图 1。

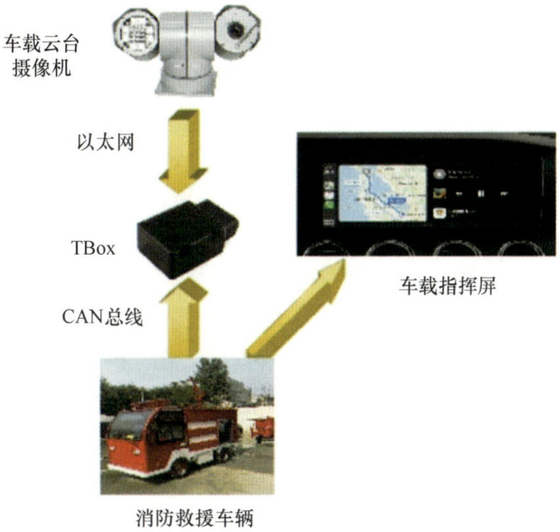

图 1　消防车载系统示意图

实际部署设备包括：

1）车端设备：通过 TBox 实现消防车状态采集，与消防队伍管理系统对接，实现日常工作管理（车辆定期发动、车辆维护保养等），并且为车载视频设备提供网络接入端口，实现车载视频采集。

2）云端设备：在平台侧部署加密机及证书密钥系统，采用国密算法实现平台与消防车之间的身份认证、数据加密等操作。

3）管端设备：利用网联车信息安全合规评测系统（车康保），形成标准化、自动化的安全合规评估能力，快速高效完成车载设备各项攻防测试，实现对检测准确率达到 95% 以上。实际安装车辆见图 2。

图 2　实际安装车辆

通过本方案的实施，实现对消防车辆的全面监管，并且符合国家信创要求，保证车辆监测数据的安全可靠。

本方案的实施能够产生巨大的社会效益，更方便地实现消防车辆定期发动、维护保养等日常工作管理，对车辆信息、消防员行为实时监控，以保证车辆安全、消防员安全、网络安全、数据安全等，减少消防员负伤率，同时降低信息泄露带来的风险和安全隐患。对调动社会力量攻坚克难突破技术难关、将车联网信息安全理念融入社会民心、发掘车联网信息安全技术人才、保障行驶车辆的信息安全、推行车联网安全体系的全面应用和形成标准规范等方面具有重大促进作用。

网联车信息安全合规评测系统（车康保）的实施将改变传统依赖于个人技术和经验借鉴传统网络安全和系统安全的测试经验的信息安全测试，通过简单的界面交互，快速高效完成车载设备各项攻防测试。围绕智能网联汽车（ICV）产品研发体系与方法、流程与工具、支撑环境等核心环节，持续构建 ICV 数字化研发体系，促进车联网产业安全发展。中电车联将不断升级网联车信息安全合规评测系统，适应未来网络技术发展需要，提升技术竞争力，助力我国车联网“全面引领”战略。

于万自动驾驶清扫车

上海于万科技有限公司

1. 自动驾驶技术带来的亮点

自动驾驶技术，能让你直接指挥车。

（1）环卫指挥中心可以直接调度车

有了自动驾驶技术的加持，环卫负责人可直接从指挥中心向一线车辆进行任务调度，调度颗粒度细化到路段，且可以在短时间内调度多辆自动驾驶清扫车辆，对重大或突发事件进行快速响应。

指挥中心→车的直接调度模式，相比于以往指挥中心→车队长→驾驶员的模式，将管理层级扁平化，将管理效率大幅提升。

（2）车辆不会偷懒：自动驾驶车辆完全按照指派的路线、趟数、时间来开展保洁任务

自动驾驶车辆直接从指挥中心获得任务，省去了中间环节，而自动驾驶车辆自身并无“偷懒”的动机，所以可完全杜绝以往时有发生的不按指定路线、指定趟数、指定时间作业等负面情况。

（3）保洁质量有保障：车辆完全按照规定速度进行清扫动作

自动驾驶车辆并无“提前下班”的动机，它的作业行驶速度及清扫动作可由指挥中心直接规定，更不会出现车辆为了快速完成任务而“在作业区域不放扫盘飞驰而过”的情况。

指挥中心还可以通过实时监控、历史情况回看等功能，对自动驾驶车辆的作业工况进行监管，确保所下发任务被高质量地完成。

2. 自动驾驶车辆功能

（1）贴边清扫

车辆支持贴边清扫模式，可沿路边沿清扫，提高清扫效率。

（2）动态情况感知

自动驾驶车辆支持前方车辆检测跟踪、行人和非机动车识别、障碍检测。

（3）自动苏醒

根据设置的清扫作业任务时间，车辆自动苏醒，并开始执行作业任务。

（4）覆盖式清扫

在面状区域（例如广场）上能够执行覆盖清扫模式。

1）可俐 1 号参数见表 1。

表 1　可俐 1 号参数

参　数	数　值
尺寸 /（mm × mm × mm）	3550 × 1210 × 2035
清扫宽度 /cm	180
清扫效率（%）	95
水箱容积 /L	180
爬坡能力 /（°）	≥ 20
垃圾箱容量 /L	660
电池容量 /[V/（A · h）]	80/405.6（32℃）
续航时间 /h	≥ 6
净重 /kg	1900
续驶里程 /km	30 ~ 35
充电时长（标准充电器）/h	6 ~ 8
充电时长（快速充电器）/h	3
最小转弯半径 /mm	2500

（续）

参　数	数　值
最大行驶速度 /（km/h）	20
最大清扫速度 /（km/h）	10
使用场景	城市道路、学校、公园、辅道
清扫路径规划能力	支持自主路径规划、沿边清扫模式、覆盖清扫模式
自动驾驶能力	支持自主避障、自动紧急安全制动、手自动模式切换、远程驾驶、远程视频监控、任务调度、远程车辆状态查询、实时定位跟踪

2）自动驾驶管理平台见图 1。

图 1　自动驾驶管理平台

3）自动驾驶任务下发见图 2。

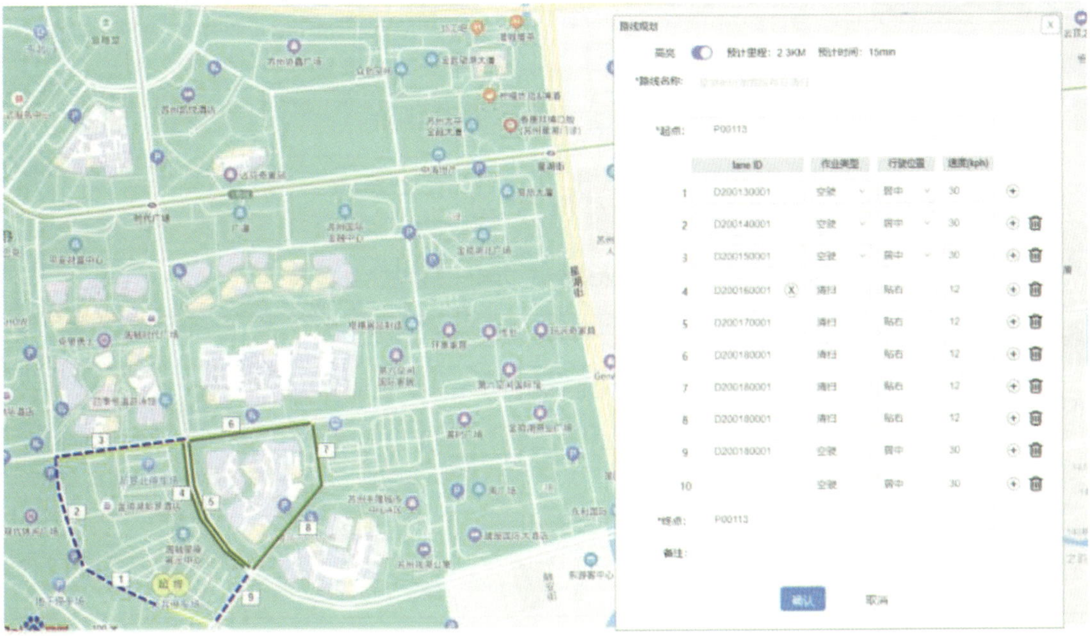

图 2　自动驾驶任务下发

4）自动驾驶车辆任务管理见图 3。

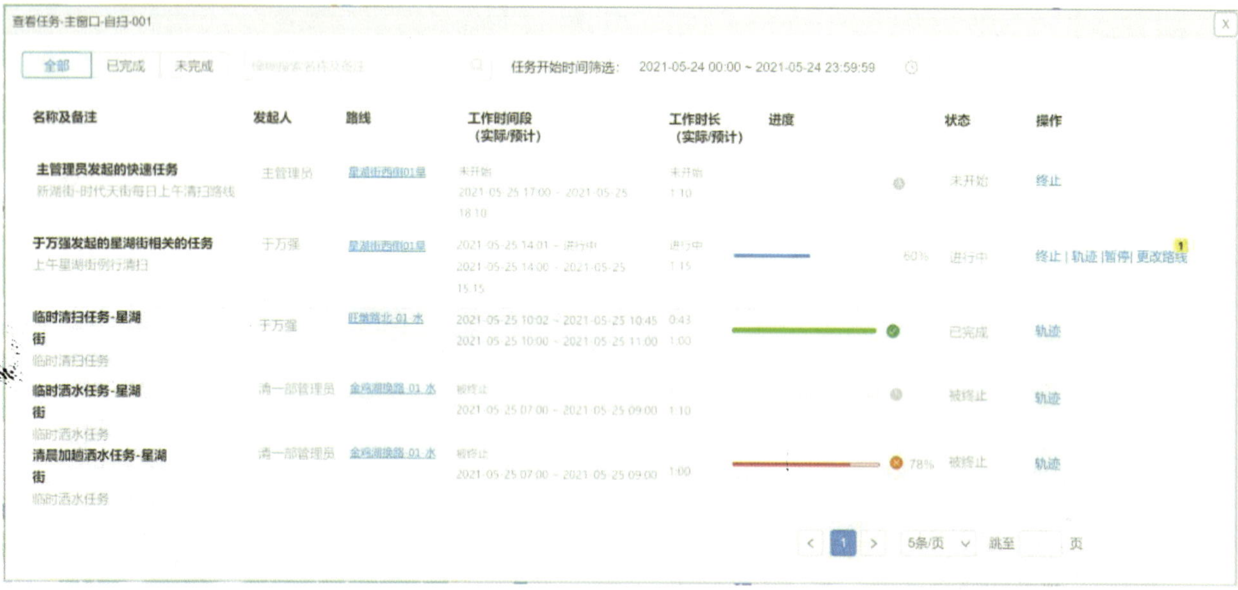

图 3　自动驾驶车辆任务管理

5）自动驾驶车辆实时监控系统见图 4。

图 4　自动驾驶车辆实时监控系统

3. 自动驾驶技术助力环卫平台演进至 3.0 版本（见表 2）

表 2　自动驾驶技术助力环卫平台演进至 3.0 版本

版本	功能特点
1.0 版本	环卫数字化平台，通过数字化手段为环卫项目建立台账及基础的流程管理，系统中的绝大部分数据来源为人工录入
2.0 版本	环卫物联网平台，与 1.0 版本相比，引入了物联网技术，随着联网设备增多，系统中的绝大部分数据来源由传感器采集
3.0 版本	环卫智能平台，与 2.0 版本相比，引入了以自动驾驶为代表的智能技术，系统能够同时管理自动驾驶车辆及传统人工驾驶车辆，并具备了区域任务统一规划、车队统一调度等高阶能力

车联网安全监测与防护（VSOC+SDK）系统

绿盟科技集团股份有限公司
作者：刘大鹏

1. 产品 / 方案背景介绍

随着《新能源汽车产业发展规划（2021—2035 年）》《汽车数据安全管理若干规定（试行）》等国家政策的发布，车联网网络安全和数据安全保护相关要求由“可以做”转变为“必须做”的强安全监管和合规认证。2020 年，11 部委联合发布《智能汽车创新发展战略》，明确提到车联网企业具备安全态势感知能力。2021 年 4 月 7 日，《智能网联汽车生产企业及产品准入管理指南（试行）（征求意见稿）》明确提到企业网络安全保障要求，建立健全企业安全监测服务平台，保证产品质量和生产一致性。同时，车联网企业在“智改数转”大的业务转型升级背景下，其业务安全运营降本、增值需求更为旺盛。企业建立网络安全应急响应机制，及时处置安全威胁、网络入侵等安全风险需求不断触发，企业在数字化转型浪潮中，对汽车后安全运营增值服务转型步伐不断加快。

通过部署车联网安全监测于防护系统，可对智能网联汽车在研发、测试、使用、维护、维修、软件升级等各个生命周期中的安全事件进行监测和预警，同时在安全监测触发事件响应流程时，通过内部相关部门与外部供应商的联动排查，最终完成安全事件的确认、评估、通报、处置、恢复、跟踪和总结，从而满足联合国车辆网络安全法规中对汽车制造商的网络安全工作的审计要求，以及道路车辆网络安全国际标准中安全控制措施的审查要求。

绿盟科技紧跟国家及行业政策，立足车联网行业及客户网络安全需求，在车联网安全监测与防护（VSOC+SDK）系统（见图 1）中，通过 SDK+SOC 端到端的车云安全联动机制，形成对车联终端及系统的

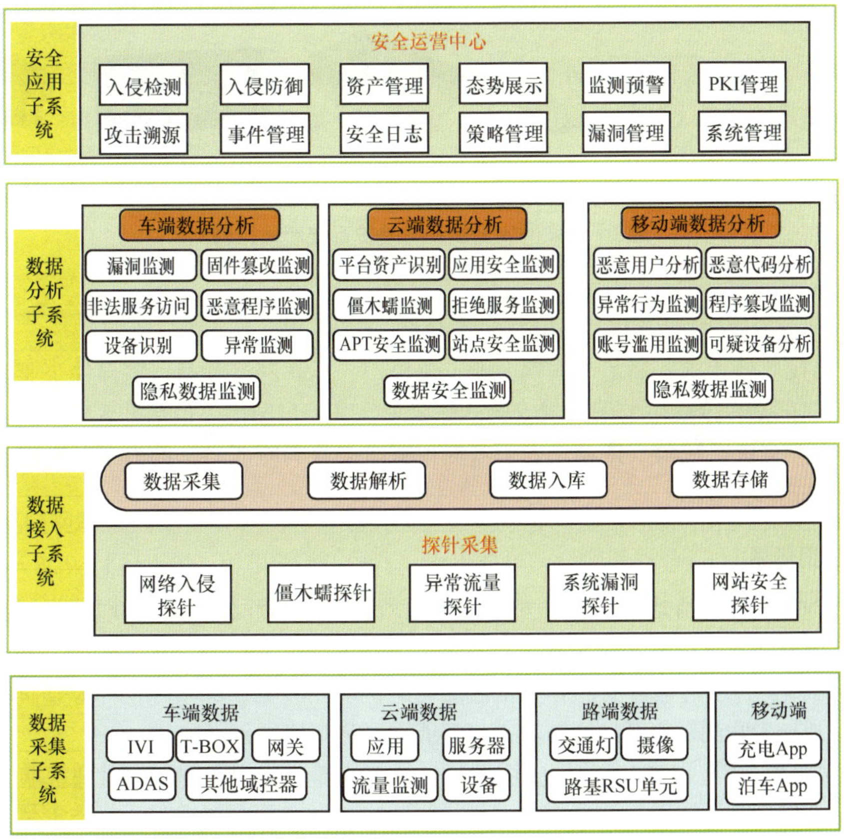

图 1 车联网安全监测与预警平台技术功能架构图

安全检测、监测、防护、响应、恢复等车联网安全态势一体化监管与运营机制，可服务于整车、运营等企业车辆与平台的安全监测预警与应急防护，支撑国家车联网行业安全监管，为我国车联网信息安全领域核心技术突破贡献力量。

2. 产品 / 方案（见图 2）特点

1）全面：拥有全面的汽车信息安全检测引擎，融合安全基线、IDPS 引擎、安全规则引擎 3 大安全引擎能力，覆盖整车级安全检测与防护能力。

2）灵活：可适配和嵌入车联网多源、异构终端类型，可基于不同客户和终端安全需求，灵活配置安全检测及防护引擎能力。

3）高效：基于端云自适应安全策略调度机制，满足云 - 边 - 端等车联架构下的高并发、低时延、大连接的入侵检测、监测、预警与防护效果。

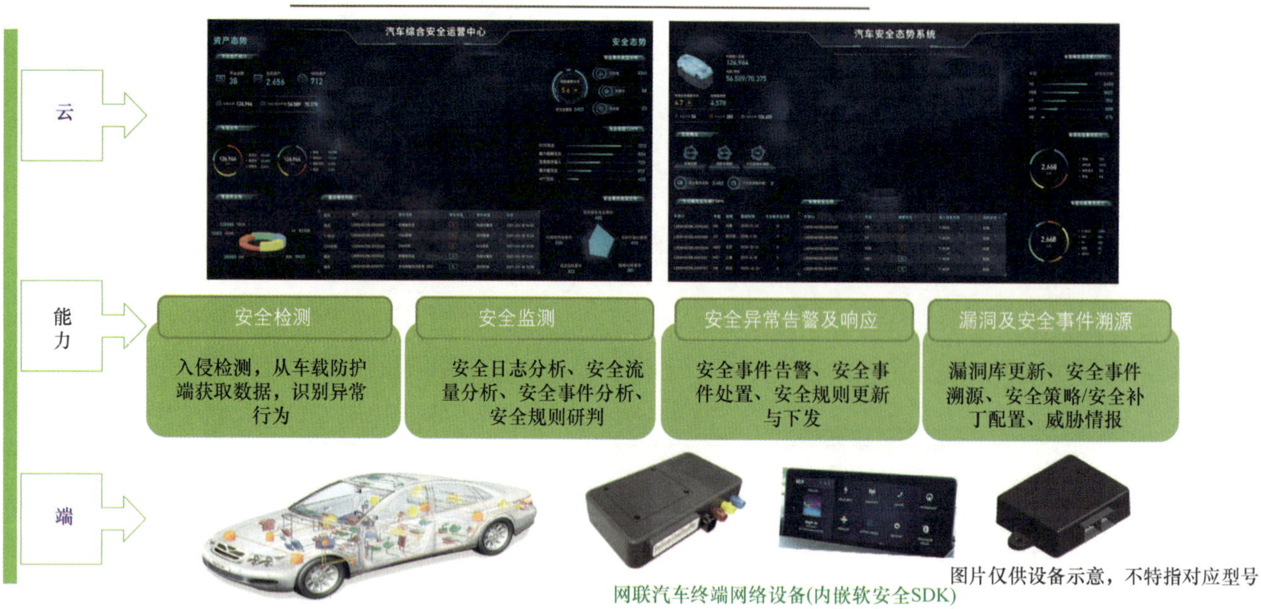

图 2　车联网安全监测与防护系统产品架构图

3. 应用价值

1）满足安全合规监管要求：满足车联网企业（主机厂、车联网运营商、零部件企业等）对强准入安全监管要求，既满足汽车 WP.29 国际监管法规安全认证要求，又满足国内工信部准入监管要求。

2）构建车联企业全资产视角下持续化安全监测预警与应急响应能力，助力企业实现安全运营降本、增效、增值的目标。

4. 客户群体应用场景

1）主机厂安全合规需求场景，国内外安全合规要求，要求车厂必须具备车联网安全监测与响应能力（VSOC 平台），新车型必须有信息安全入侵检测与防护措施。

2）车联网运营商（含通信运营商）等安全监测与防护应用场景，如车联网车路协同、边云协同、5G+ 边缘计算、智能交通、车联网示范区、智慧城市与智能网联汽车协同创新应用。

3）泛智能网联终端安全（SDK）防护应用场景，如工信部工业物联网、交通部智能交通泛终端安全防护场景。

北京市高级别自动驾驶示范区车路云一体化融合服务探索

北京车网科技发展有限公司

作者：孙宁，郭振宏，董航瑞

2020 年 9 月，北京市统筹“车 - 路 - 云 - 网 - 图”等各类优质要素资源进行融合试验，建设全球首个网联云控式高级别自动驾驶示范区—北京市高级别自动驾驶示范区（以下简称示范区），以北京经济技术开发区全域为基础，践行“多杆合一、多感合一”建设规划、定义自动驾驶标准路口并迭代优化路口建设方案，2.0 阶段已完成 300 余个路口的数字化改造建设，实现了城市道路、车辆、行人、交通事件和气象环境等交通要素的超视距、多维度、实时的全息感知，并开展城市真实环境下的车路云一体化系统对外服务。此外，示范区注重向下兼容，探索未来交通新技术、新模式，深度开展城市交通信控优化，优化道路通行效率显著提升，社会效益显著。

1. 车路云一体化感知融合场景功能服务

通过征集整车与自动驾驶企业对路云融合的功能需求，示范区定义了 22 项功能服务，基本覆盖了自动驾驶车辆示范运营面临的相对频次较高的事件。截至目前，已初步具备“异常停车事件”“车辆故障事件”“施工占道事件”“逆行事件”“公交车道提醒事件”“限速提醒事件”等 12 类场景对外服务能力，为自动驾驶车辆和量产车提供多元化功能服务。

（1）自动驾驶方面

示范区依托自动驾驶车辆大规模测试的优势，主要推动基于全量目标感知能力的场景建设，通过车和路感知数据的实时融合，为自动驾驶车辆提供盲区补充、交通信息补充和超视距感知，并支撑精准科学的规划路径（见图 1）。目前，示范区已经聚集了百度、小马智行、商汤科技、轻舟智航、新石器慧通、京东、美团、主线科技、小马智卡等头部企业，通过边应用边迭代，逐步扩大自动驾驶车路云一体化技术应用的广度和深度。

图 1　Robotaxi 测试服务示意图

（2）量产车方面

依托路侧 C-V2X 网络和车路云一体化智能基础设施，示范区基于城市道路真实场景，为量产车提供从基础数据推送、道路事件检测播报到协同感知安全提醒的功能服务。积极推进量产车型落地，北汽、奥迪等整车企业已率先开展常态化测试（见图 2 和图 3），此外戴姆勒、理想、小米、福特等企业正在推进测试事宜。

图 2　奥迪测试服务示意图

图 3　北汽测试服务示意图

2. 积极推进车路云一体化实践活动

为加速“聪明的车”和“智慧的路”的双向奔赴，示范区基于当前建设成果，充分发挥跨行业领域协作的优势，与中国智能网联汽车产业创新联盟、中国汽车工程学会等组织共同主办 2022 年“智行杯”智能网联汽车 C-V2X 应用示范活动，吸引了国内外的整车、终端、信息安全、自动驾驶、地图等 40 余家企业（见图 4），为乘用车、商用车及无人配送车等多款车型提供基础测试环境和丰富的车路云一体化功能服务，共同寻找技术突破与产品应用间落差的创新途径，车路云一体化技术路线有效实践，推动 C-V2X 产业化落地。

图 4　活动参与企业

3. 城市交通智慧信控优化探索实践

示范区会同北京市公安交通管理局、属地交通大队，充分利用智能网联建设积淀的全量 V2X 实时数据，面向经开区核心区 60 平方公里内的信控路口，开展智能网联数据赋能的信控优化创新。在信控优化理念、优化算法方面实现创新突破，在交通运行效率方面取得显著提升。

（1）优化思路

示范区基于人机结合的基本思路，充分融合专家经验和机器 AI 能力，搭建一套“路口多策略、策略智匹配、方案自优化”的信控优化体系。充分发挥专家对不易量化的交通需求、周边环境、区位规划等的理解分析优势，把控宏观优化目标，界定系统优化边界，照顾特殊信控需求，制定适宜路口多方需求的动态信控策略矩阵（见图 5）。在此基础上，人工智能系统通过对交通状态全量感应和实时分析，将从本路口专家制定的策略矩阵中锁定匹配度最高的目标策略，并在目标策略执行过程中持续优化绿信比、周期等详细参数，增强方案适用性。

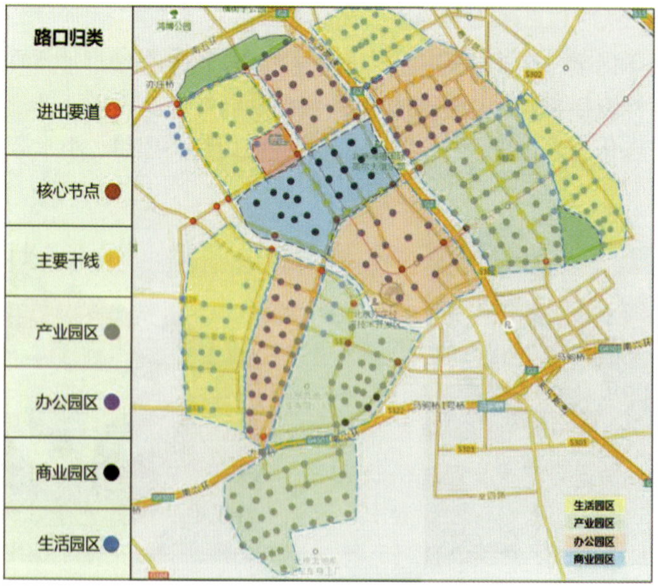

图 5　动态信控策略矩阵图

（2）优化成效

截至 2022 年 10 月，已累计完成 56 条道路运行动态绿波，25 个路口运行单点自适应控制。经第三方单位对信控优化前后的交通指标数据进行采集和评估，数据结果表明信控优化效果显著：全区域优化后早、晚高峰道路拥堵里程分别下降 29.14% 和 22.41%，绿波干线全天平均停车次数降低 20% 以上，且区域拥堵里程和平均车速维持基本稳定，通过信控动态优化整体满足了流量增加情况下的出行需求，表明基于智能网联数据驱动的信控优化系统具有一定的韧性。

4. 落地中间产品赋能智慧出行服务

示范区注重向下兼容充分发挥社会效益，通过云控平台将数据推送至智能车机大屏、百度度小镜（见图 6）等产品，实现包含交通信号灯倒计时提醒、绿波车速提醒、闯红灯预警、绿波起步提醒、建议车道等多场景事件服务。通过场景应用，有效验证了当前示范区车路云一体化建设成果及云控平台对外服务能力，推动示范区车路云一体化进一步优化及网联应用商业化探索。以车路云一体化技术路线，推动个人网联车辆服务触达，基于示范区所建设的车路协同体系，提升非自动驾驶车辆智慧出行体验。

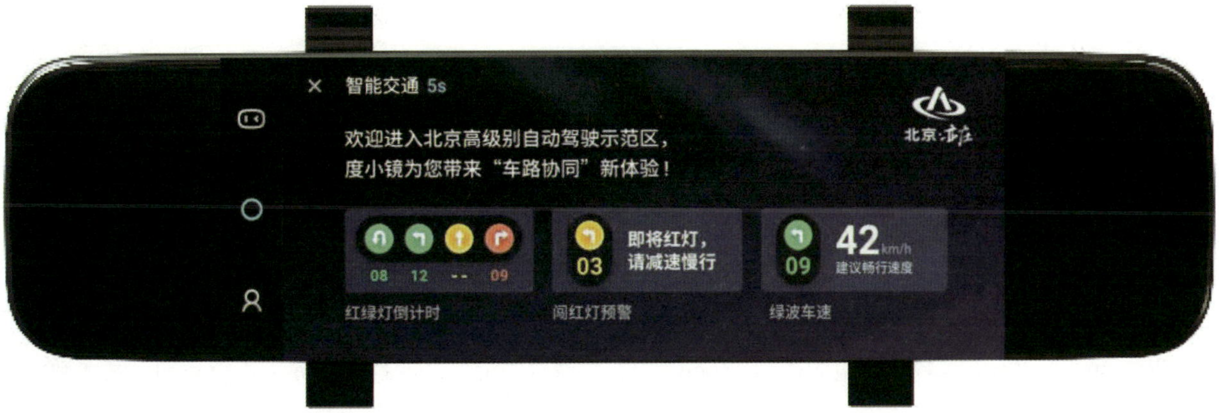

图 6　度小镜车载终端

同时将交通信号灯态、相位、倒计时等信控数据推送至百度地图、腾讯地图等（见图 7），普通市民通过手机端小程序即可实时获得路口交通信号灯等待时长信息，让广大市民广泛且深入地感受车路云一体化功能，有效调整驾驶行为，出行效率显著提升。

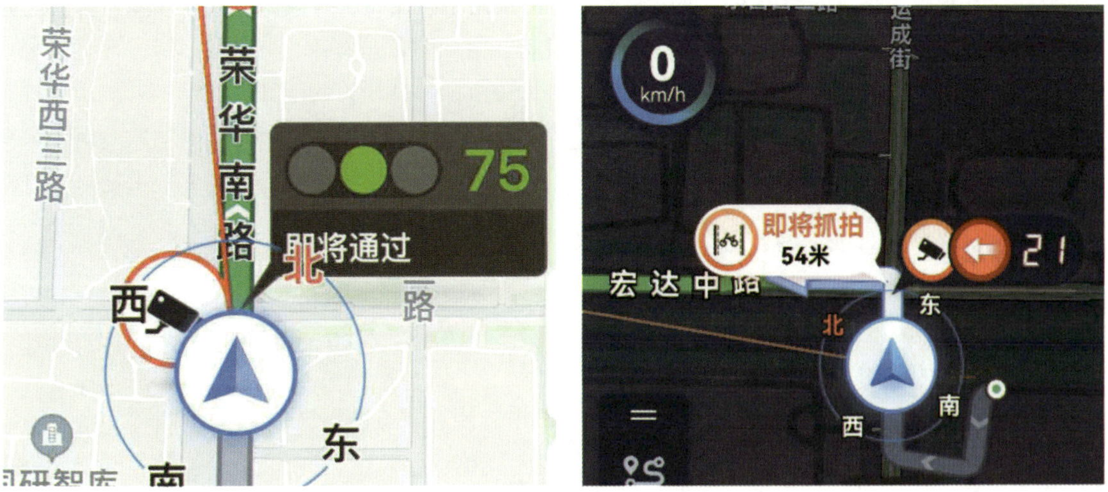

图 7　地图软件红绿灯倒计时提醒

面向车路云一体化的数据分类分级

北京车网科技发展有限公司
作者：孙宁，宋娟，郑方丹

1. 数据安全工作背景

为适应数字经济发展环境，统筹发展与安全，近年来国家相继制订发布《网络安全法》《数据安全法》《个人信息保护法》等法规，对全行业数据安全保障工作提出了总体要求，明确提出由各级政府、社会组织、企业和个人共同维护数据安全。其中汽车产业主管部门和行业学会、协会密集发布了一系列规范性文件，对智能网联汽车领域的数据安全治理工作提出了具体要求。

智能网联汽车测试示范区的建设和运营对于我国智能网联汽车产业的发展至关重要，在各级政府的支持和指导下，各地测试示范区加速开展基础环境建设，旨在实现更大区域、更多场景的联网联控，为智能网联汽车多场景应用和推广提供测试验证和示范运行环境。在测试示范区运营过程中，智能网联汽车及智慧交通网络持续产生海量数据，测试示范区的数据治理工作逐渐引起行业重点关注。

2. 示范区数据情况

2020 年 9 月，北京市统筹“车 - 路 - 云 - 网 - 图”等各类优质要素资源进行融合试验，以北京经济技术开发区全域为基础，建设全球首个网联云控式高级别自动驾驶示范区——北京市高级别自动驾驶示范区，旨在以“车路协同”理念加快实现 L4 及以上、协同决策与控制的高级别自动驾驶规模化运行，同时向下兼容低级别自动驾驶车辆的测试运营和车联网应用场景实现。引导企业在技术路线选择上采用车路云一体化解决方案，改变众多企业被动选择单车智能的现实局面，实现技术引领，推进技术进步。

随着建设运营工作推进，示范区已支持 370 多辆各类高级别自动驾驶车辆在 $60km^2$ 的区域范围内开展常态化测试和商业服务，累计测试里程已超过 900 万 km。通过示范区已建设的 329 个全息感知自动驾驶标准路口，可以通过车端和路侧设备（摄像头、毫米波雷达、激光雷达等）采集大量人员、车辆、道路环境、路侧设施信号状态等真实交通数据，覆盖示范区范围内的多种交通场景，包含交通参与者隐私敏感数据、个人信息数据、地理环境数据等内容，每日采集运营数据超过 10TB，其数据安全保障工作关乎国家安全、社会安定和公众利益。

由于自动驾驶数据量大、类型复杂多样，且涉及多方数据交互等问题，在开展数据安全治理的过程中可能出现对特定数据资产类型或数据流转环节的遗漏。此外考虑到自动驾驶数据价值特性和重要程度不同，在综合考虑治理成本和应用需求的前提下，难以通过单一的治理手段兼顾所有数据的安全保障与价值挖掘。

3. 数据分类分级

结合智能网联汽车测试示范区的现实需求，示范区基于对现行数据分类分级标准规范的研究，从智能网联汽车测试示范区的运营实际和数据安全治理需求出发，结合行业内普遍认可的“车、路、云、网、图和第三方服务”的发展视角，提出面向车路云一体化的数据分类分级方法。

（1）分类分级目标

数据分类分级工作（见图 1）需全面盘点智能网联汽车测试示范区数据，并需覆盖数据全生命周期。在数据全生命周期中依据数据分类分级结果制定不同等级的安全管理要求，并实施相应的安全治理策略，保障智能网联汽车测试示范区数据的安全合理应用。数据分类分级工作可以

图 1　数据分类分级工作目标

为确定相关主体的数据使用权限和安全治理义务提供依据，同时通过明确数据安全治理红线，划分数据流转范围并设置各主体数据使用权限，支持相关机构对于智能网联汽车测试示范区数据的有效访问和安全使用，最大化发挥数据资产价值，提升数据业务运营效率。

（2）分类分级原则

总体来看，智能网联汽车测试示范区数据具备场景复杂、类型多元、参与者众多的特点，需要在数据流转的各个环节精确发挥安全治理作用。在数据采集过程中需要严格遵循个人信息保护原则，避免数据过度采集和滥用；在数据传输和存储过程中，需要加强对通信网络和存储环境的安全监控，防止数据篡改和非授权访问；在数据使用过程中，需要明确数据使用方权限，有效控制数据流转范围和使用方式。

为实现以上总体目标，示范区遵循以下原则（见图 2）进行数据分类分级：

1）合法合规：数据分类分级方法遵循有关法律法规要求，对国家和地方主管单位有明确管理要求的数据进行重点识别和管理，并配套相应的数据安全管理办法，满足合法合规要求。

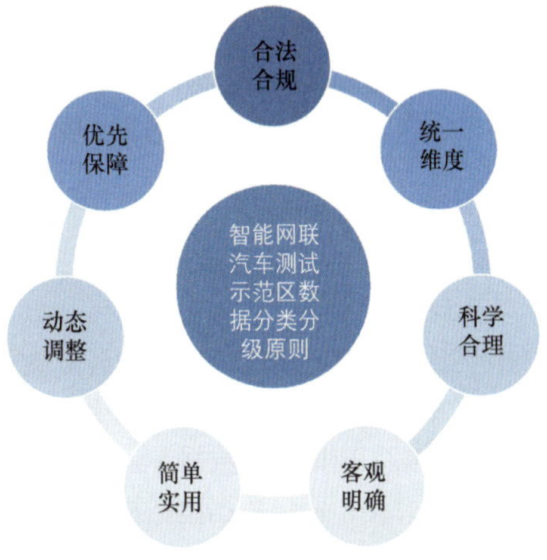

图 2　数据分类分级原则

2）统一维度：由于自动驾驶数据的复杂性，存在多种数据分类视角和方法，为统一分类思路并尽可能明确责任边界，选择从数据来源视角对智能网联汽车测试示范区数据进行梳理和归类，最大类别为“车、路、云、网、图、第三方”六类，最小类别为数据内容。

3）科学合理：充分考虑智能网联汽车测试示范区数据特征，合理设定数据类别，确保数据类型覆盖全面，各类别和级别界限明确且具备显著特征，各级类别之间客观存在逻辑关联，分类分级思路具有延续性。

4）客观明确：数据定级规则是客观且可校验的，通过数据自身的属性和定级规则即可判定其级别，并且数据的定级是可复核和检查的。数据定级应明确对应数据本身，只有各数据小类具备相同属性，方可将数据等级标定在类别上。

5）简单实用：数据分类分级方式尽可能精简且易于理解，避免设置真实运行场景和业务实践中不存在的数据项。数据类型描述简练清晰，符合数据业务部门思维习惯，数据类型尽量贴合业务部门责任分工模式。

6）动态调整：考虑到自动驾驶技术的发展，智能网联汽车测试示范区数据可能随技术手段、政策标准、业务场景等的变化而发生变化，因此需要结合智能网联汽车测试示范区的运行实际，对数据分类分级方法与结果进行定期审核和调整。

7）优先保障：针对不同类别数据制定的数据安全管理办法应优先保障较高级别数据安全，对于包含多个级别数据项的数据集，且在数据安全治理过程中不便进行拆解的，将整体按照数据项的最高级别对数据集进行安全治理。

4. 分类分级方法

示范区数据分类分级工作的重点内容包括确定数据分类视角与维度，充分盘点数据资产，制定数据分级指标，梳理重要数据和个人敏感信息清单，以及制定数据安全治理要求等（见图 3）。其中数据分类维度以及数据分级指标是分类分级方法的核心。

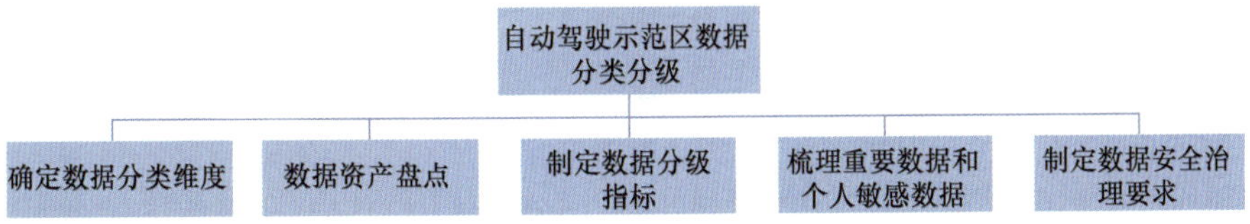

图 3　数据分类分级重点工作

从数据来源的视角对示范区数据进行分类。考虑到示范区数据的复杂性，可能存在多种数据分类维度和颗粒度（如《网络安全标准实践指南—网络数据分类分级指引》中就提到“个人公民维度”“信息传播维度”“行业领域维度”等方式）。为了全面梳理示范区数据类型，采用平行分类法（即面分类法），对拟分类的数据进行集合，从数据来源的视角，分成相互之间没有隶属关系的门类，每个门类包含具备相同来源特征的一组数据类目。同时为了统一颗粒度，参考 GB/T 4754—2017《国民经济行业分类》中采用的等级分类法（即线分类法），把各门类数据逐次再分为大类、中类、小类三个层级，每个层级又分为若干条目，同级类目之间构成并列关系，不同层级类目之间构成隶属关系，尽量保障同层级数据类目互不重复，互不交叉。数据小类作为分级的最细化类目，需要能够清晰描述相关数据的内容、作用或应用场景。

使用定性指标判定示范区数据的重要性等级。在数据分级指标方面，为便于在业务部门中宣贯和实施，在完成数据盘点工作后，需要根据各类型数据属性特征，综合考虑数据安全事件影响对象和影响程度等因素制定数据分级指标，并将各示范区数据小类与特定数据等级明确对应。在完成数据分级工作后，从中梳理出重要数据和个人敏感信息数据，形成清单，便于后续实施重点合规治理。针对不同数据等级，以及重要数据、个人敏感信息数据，分别制定相对应的数据安全治理要求，为后续实施不同强度的安全治理手段提供依据。

5. 分类分级创新成果

面向车路云一体化的示范区数据，从“车、路、云、网、图、第三方”六个门类对示范区数据进行梳理，从车路协同系统的业务逻辑出发，以数据出口作为数据分类边界，将整体的数据分类架构分为门类、大类、中类、小类四个层级，同时对各数据小类包含的信息内容做出示例。具体来说，车端数据包括车辆基本信息、感知数据、决策数据、运行数据、个人信息五个大类；路侧数据包括路侧设施基本信息、感知数据、融合计算数据、应用服务数据、运行状态数据五个大类；云端数据包括云平台基本信息、控制数据、路径规划信息三个大类；网络数据包括描述网络基本信息和网络监测数据两大类数据；地图数据包括高精度地图数据和交通大数据两大类；第三方数据包括生活服务数据和车辆服务数据两大类。

对于分类后的示范区数据，以不同类型的示范区数据在遭泄露、破坏或非法利用后带来的负面影响作为判断依据，从影响对象和影响程度两个方面考虑，确定示范区数据的重要性等级（见图 4）。

其中，无损害是指对国家安全、公众利益、个人权益和企业合法权益均不存在负面影响；一般损害是指不影响国家安全，但对公众利益、个人权益和企业合法权益存在一定的负面影响，造成一般性损害；严重损害是指不影响国家安全，但对公众利益、个人权益和企业合法权益存在较大负面影响，造成较大损害；特别严重损害是指对国家安全造成威胁或产生不利影响，或对公众利益、个人权益和企业合法权益造成极大负面影响和损害。依据以上判断结果，将面向车路云的数据分为 DL1 ~ DL5 一共 5 级（见表 1），保障程度要求依次递增。

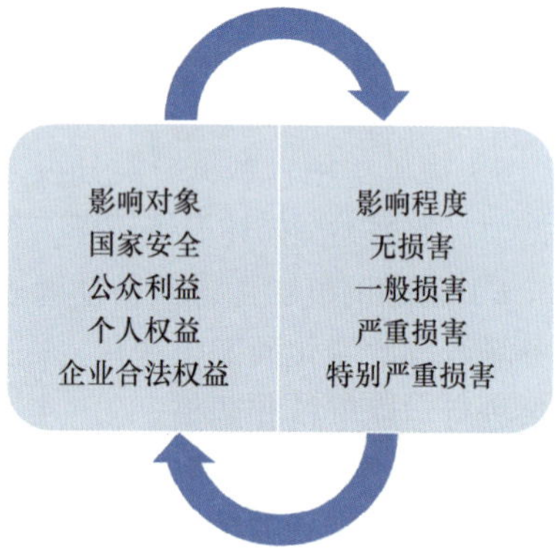

图 4　数据等级的判断因素

表 1　数据等级

影响对象	影响程度			
	特别严重损害	严重损害	一般损害	无损害
国家安全	DL5	—	—	—
公众利益	DL5	DL4	DL3	DL1
个人和企业权益	DL4	DL3	DL2	DL1

在确定了数据等级（DL）后，以最大限度消除数据安全问题可能产生的危害为目的，确定不同强度的数据安全保障等级（DSAL），并对不同等级和类型的数据分别使用 DSAL 所对应的保障手段，维护示范区数据安全，并使数据资产价值在合规的基础上得到最大释放（见表 2）。

表 2 数据安全保障等级

项目	内容				
数据等级	DL5	DL4	DL3	DL2	DL1
安全保障等级	DSAL3	DSAL3	DSAL2	DSAL1	QM

6. 未来工作展望

未来北京市高级别自动驾驶示范区将继续积极探索制度创新，推动前沿技术应用，全面提升数据安全保障能力，为在示范区范围内开展平台运营、测试示范、合作建设等工作的企业提供安全优质的环境和服务。同时示范区还将继续联合行业力量围绕车路云一体化的数据安全治理工作开展共性技术方法研究，持续为各地自动驾驶示范区提供数据安全治理标准化指南，提升数据安全保障水平，促进数字经济发展。

构建“封闭场地 + 模拟仿真”的双赛道模式

北京赛目科技股份有限公司
作者：杨震

相比国内已建成的测试场，该测试场以突出前沿技术应用为建设理念，通过专业运营团队——顺创智能联合北京赛目科技股份有限公司，共同搭建的智能网联汽车模拟仿真测试平台，集静态场景编辑、动态场景还原、传感器仿真、车辆动力学仿真、关键场景提取、人工智能对抗样本生成等功能于一体，可针对不同企业的需求实施定制化整体解决方案。测试场通过打造“封闭场地 + 模拟仿真”的双赛道模式，能够实现仿真环境与封闭场地的映射标定，建立自动驾驶能力评估体系，发挥模拟仿真测试场景数量多、测试效率高、时间成本低等优势，保障智能网联汽车产品安全可靠，减轻企业在测试环节的投入（见图 1）。

图 1 国家智能汽车与智慧交通（京冀）示范区顺义基地鸟瞰图

2020 年 7 月 14 日，顺创智联与工信部装备工业发展中心联合中标 2020 年高质量发展专项——面向车联网（智能网联汽车）领域的公共服务平台 - 智能网联汽车数据交互与综合应用服务平台建设项目，承接北京地区的平台建设工作，通过建立全生命周期安全监管体系，包括自动驾驶车辆测试的计划申报、测试跟踪、数据采集、日常监管等环节，制定智能网联汽车道路测试数据采集规范，开发建设智能网联汽车安全监管工具和系统，实现数据在企业平台、属地平台以及国家平台之间的互联互通。同时探索与工信、交通、交管、金融等其他领域的数据交互机制，构建跨行业应用的服务生态和商业模式。该平台建成后，能够与未来国家智能网联汽车运行监测和数据交互平台无缝衔接，实现对车辆运行状态以及测试情况进行实时监测，通过数据溯源为责任认定提供数据支持，通过实践对新方法、新手段进行探索，发挥先行先试的作用，积累工作经验，支撑行业管理。

目前测试场已授权委托北京赛目科技股份有限公司进行专业化的运营管理。

C-V2X 车路协同技术赋能智能充换电站解决方案

车路通科技（成都）有限公司
作者：何明明

1. 项目背景

随着新能源汽车快速发展，国内新能源汽车销量和市场渗透率逐年提升。与此同时，充电站和换电站作为新能源汽车的主要补能设施，保有量也呈爆发式增长趋势。如何有效管理和合理利用这些设备设施，并提升车主充电换电使用体验，将成为一个越来越值得深入研究的问题。

另一方面，车联网从 2012 年推动，已经发展 10 年，车联网是智慧交通的核心支撑。车联网借助新一代信息和通信技术，实现车内、车与车、车与路、车与人、车与服务平台的全方位网络连接。2021 年“十四五”规划及 2035 远景目标明确提出了“积极稳妥发展车联网”以及“在智慧交通、智慧物流、智慧能源等重点领域开展试点示范”等任务目标，强化车联网战略地位。

过去几年，我国充换电基础设施体系涵盖专用充换电站、高速与城市公共充换电网络、单位与个人充电设施、专用移动充换电车辆等，初步实现了互联网与充电服务的结合，充电数字化正在成为趋势，充电运营企业和聚合商纷纷开展平台化商业模式创新。但同时，充电服务网络化仅停留在服务预约上，进一步在电动汽车充换电领域实施车路网协同（车、路、电网协同）这一颠覆性技术的导入方面存在应用方案不明晰、基础技术研究不充分、跨部门统筹协调力度不足、跨行业协同创新和合作机制未有效建立的问题。实施车路网协同试点涉及电信运营商、道路业主、电网业主、主机厂、充电设施供应商、终端设备供应商、用户等多个环节，是一项复杂的系统工程。

面对越来越庞大的电动汽车市场，针对与之密切相关的补能无序管理与应用矛盾，包括充电桩 / 换电站合理分配问题、寻找充电桩 / 换电站问题、充电桩 / 换电站与电动汽车交互问题、充电桩 / 换电站区域电网均衡问题、充电桩 / 换电站与停车位信息交互问题以及其他各种延伸问题等，车路通科技提出将 C-V2X 通信应用于充电桩 / 换电站，针对时下电动汽车充换电面临的一系列痛点并面向未来充换电的发展趋势，创新应用模式，创造性地将 V2X 及 5G/4G 车联网技术以及互联网概念引入充换电应用，将车联网、互联网与充电网深度融合，跨界建设运营平台，实现充换电过程管理、充换电设备设施管理、充换电路径引导、车路协同、场站建设、场站运营与运维、预警、支付、保险、大数据分析等各类应用。

2. 系统介绍

基于 5G 通信和 V2X 通信技术，建立车与充电桩 / 换电站通信链路，形成车到充换电网络 V2CN 通信组件。通过 V2CN 网络实现充电桩的接口协议、BMS、状态数据以及电动汽车的 BMS、车机、车载终端、CAN/ 车载以太网总线等数据均开放共享，充电桩 / 换电站与车、路联网形成统一网络，可高效解决车、桩、路之间的数据交换，以及优先充电导航、路径诱导、车桩匹配等问题，达到车辆充电的网联化和智能化。同时，随着技术的发展，基于 V2CN 网络，可以通过空中下载技术（OTA）经安全通道与目标车辆和充电桩 / 换电站的基础设施进行通信，对车辆及充电站进行更新（见图 1）。

系统架构如图 1 所示，以充换电综合管理系统为中心，管理充换电设备设施以及车载、路侧、移动平台端的所有信息交互，同时对其他运营管理平台开放接口，实现数据共享。

充换电综合管理系统包含车路网协同运营平台、充换电设备管理平台、充换电设施监控平台以及数据中心等。其中，车路网协同运营平台负责整个系统的运营，包括车路协同业务、车网协同业务和路网协同业务相关支撑，支持场景呈现与回放、网络呈现与回放、功率负载呈现与回放、流量呈现与回放、订单查询与统计、业务预测、业务规划以及安全等功能；充换电设备管理平台主要负责对充换电设备设施进行管理，包括系统内所有充换电设备及配套设备设施信息管理、状态管理和充换电过程管理，支持订单管理、设备维护及车辆检测等功能；充换电设施监控平台主要负责对充换电设备设施以及附件区域包括停车位、等候区的监控、预警；数据中心完整储存系统产生所有的交互数据、操作数据、日志数据以及安全数据等，为其他系统或应用提供数据支持；数据中心采用分布式数据中心与中心数据中心相结合的方式，依据数据的属性进行存储、使用。

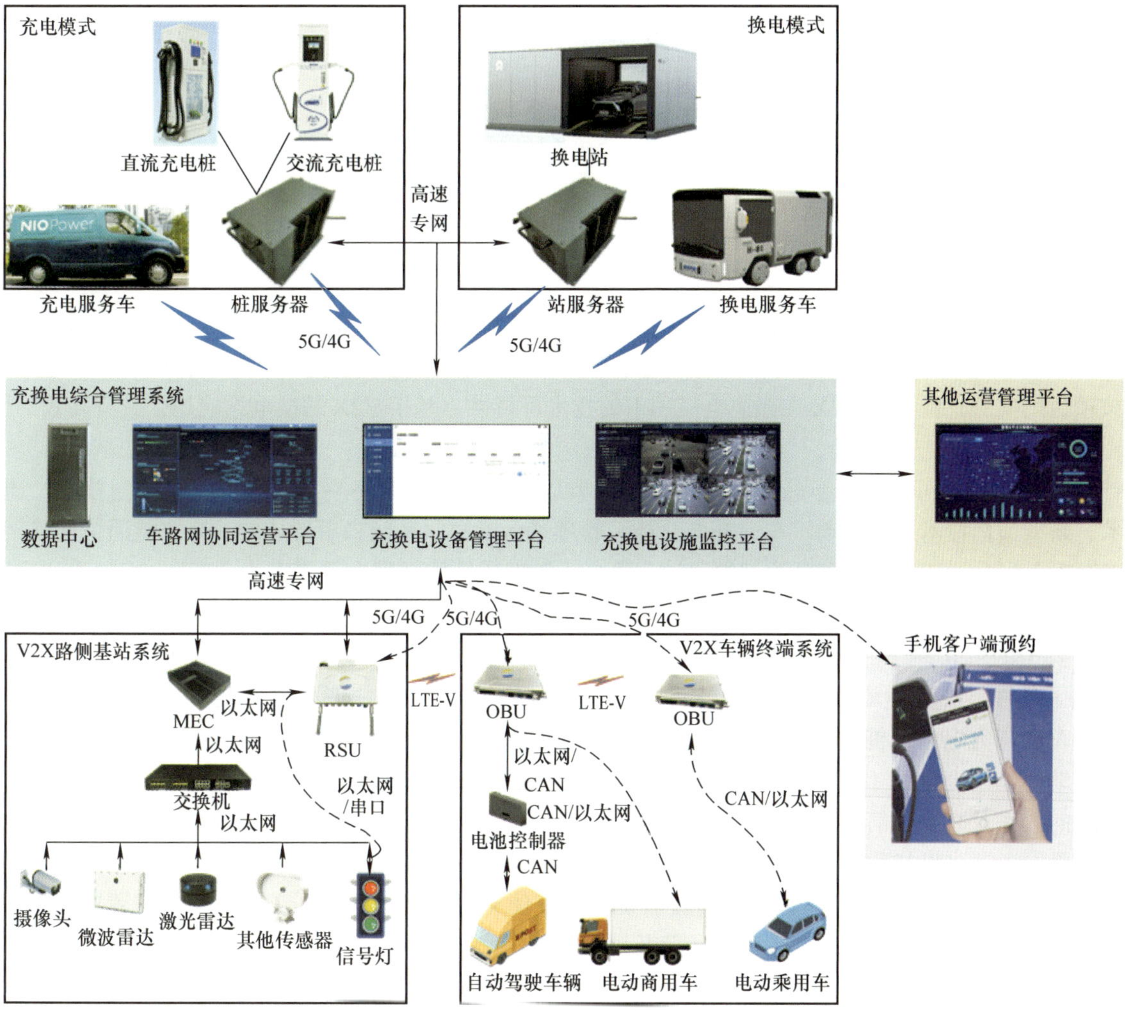

图 1　V2X 充换电站系统架构

该方案以充换电应用作为基础落脚点，扩展车路、车网、路网应用。充换电设备设施涵盖现阶段主流补能方式，主要包括两类：第一类是“停 - 充复合型”设施，兼具停放和充电功能。对应典型应用场景有：居民区充电；单位停车场充电（含景区、酒店等目的地）；公交、物流、货运场站的停车充电一体化设施。第二类是“即充即走型”设施，支持充换电功能，不支持停放。对应典型应用场景有：城际高速和城市公共快速充换电站；公交、物流、货运等领域快充和快换设施。其他补能方式包括移动充电车和移动换电车等移动式补能也纳入系统范畴。

V2X 路侧基站系统与 V2X 车载终端系统主要支持车联网的功能落地，实现车联网在充换电中的应用。V2X 路侧基站系统部署在道路、充换电站以及道路与充换电的匝道口，支持车辆到充换电站的安全行驶过程以及充换电站的信息广播和充换电站的信息交互，其中安全行驶主要包括车路协同应用场景以及基于路侧基站系统内的感知设备支持的数字孪生类应用。V2X 车载终端系统与 V2X 路端基站系统构成完整车路协同应用系统，除支持车路协同应用外，充换电的触发、支付以及提醒等功能均基于车载终端系统。

手机客户端主要用于充换电预约以及支付功能，同时可以获取充换电的进展信息。

3. 方案优势

1）创新性将 V2X 及车联网技术应用于充换电领域，拓展充换电应用空间。

2）基于 V2X 技术的智能电动汽车自主充电路径规划。

3）支持 OTA 升级在充换电领域的创新应用。

4）多网融合，实现车联网、互联网与电网的深度融合应用。

5）基于平台功能，反向指导场站选址与建设。

6）全局功率均衡控制。

7）系统级安全系统建设。

8）开放性平台，高可扩展性。

9）实时性系统，全局数据动态更新。

4. 发展思考

车路通科技研发团队一直从事 V2X 及车联网相关技术研究，核心技术团队有近 10 年的车联网应用基础，目前在该领域有相当的技术研究和产品开发积累，同时在汽车、交通领域有一定项目经验积累。

该项目的实施，验证了 V2X 在充换电应用中的技术可行性。基于 V2X 的换电站应用，具有高效、便捷、可靠、安全的特点。

针对系统架构的可靠性，车联网的通信架构主要以电动汽车作为终端，以现代互联网为核心，通过传感技术、新型通信技术，将电动汽车、补能设施、管理平台紧密联系起来后形成的一个智能通信网络架构。从物理逻辑上划分，架构也可划分为“端、边、管、云”四层结构，即电动汽车为“端”，RSU 为“边”，互联网为“管”，平台为“云”。

针对安全的可靠性，由于密码计算相对耗时，这种结构也为充 / 换电站将安全认证的计算负载下沉到 RSU 提供了条件，从而能大大节省数据传输时间，降低网络带宽压力，提高整个系统的运行与管理效率。但如果充电车辆与充电站（桩）/ 换电站之间直接交互，实现安全认证及预约等功能，就会产生非常大的信息量，极大地增加了充电站（桩）/ 换电站的负载，并且车辆与站桩距离较远会产生较大的时延。因此，提高验证信息的效率及减少通信时延是非常重要的。针对这个问题，把充换电场景中路侧单元（RSU）作为边缘节点，边缘服务器可以与数百个车辆通信，然后依次将电动汽车充电请求消息签名后发送给桩站，桩站对一个时间段内收到同一 RSU 的签名消息进行批验证，可以使充电站高效地验证车辆充电预约请求消息，相对于传统单一验证方案，有效降低了计算和通信开销。

车联网下充换电综合管理平台最终实现电动汽车充换电设备设施资源共享，形成信息开放共享、资源协调配置。同时可实现电动汽车有序充电换电，即满足用户充电需求又减少电动汽车充电成本，使得电动汽车相比燃油汽车更具有竞争力。

美格智能 5G 高算力 AI 智能模组　助力智能座舱智慧连接

美格智能技术股份有限公司

1. 概述：行业、公司产品与服务

万物智联，模组先行。通信模组是连接物联网感知层与传输层的关键。无线通信模组需对不同芯片、器件进行再设计和集成，涉及多种通信协议 / 制式、体积、功耗与特殊工艺，是实现万物智联的关键设备，物联网终端通过无线通信模组接入网络以满足数据无线传输需求，是物联网感知层与网络层的重要连接枢纽。

美格智能技术股份有限公司（股票代码：002881），专注于无线通信模组及解决方案业务，以 4G/5G 无线通信技术为核心，以万物互联的物联网行业为依托，围绕通信和链接能力为全球客户提供 MeiLink 品牌的各类型无线通信模组和以模组技术为核心的物联网解决方案。首发全球 5G 智能模组，支持 5G 独立组网（SA）和非独立组网（NSA），支持全球主要地区和运营商的 5G 商用频段，将超高速与超智能结合。目前，公司相关产品和服务已在众多物联网核心应用领域处于领先地位。

2. 案例：全球首款 5G 智能模组 SRM900

（1）案例简介

作为新一代移动通信技术，5G 技术具有大带宽、低时延、高可靠等特性。在政策支持、技术进步和市场需求驱动下，5G 产业快速发展，对 5G 模组的需求也随之高涨。

同时，AIoT 浪潮已席卷各行各业，人机交互与智能化数据处理也随着智能终端的爆发实现了大规模落地，加之 5G 加速商用，掀起新一轮智能化终端设备的变革，激发应用领域的新需求。

针对 5G 业务，公司为能夯实基础研发平台能力，构建 5G 客户生态建设架构，分别针对国产 5G 芯片平台、ODU&WiFi6 全场景覆盖、毫米波实验室、5G V2X 车路协同、5G 工业互联网等几个领域加大研发投入，构建 5G 基础能力，从而实现赋能千行百业。

2020 年，公司率先和高通签署了骁龙 690 5G 方案授权，成为第一家拥有 5G SoC license 的物联网模组厂商，并推出行业首款 5G 智能模组 SRM900（见图 1）。

（2）经验

图 1　5G 智能模组 SRM900

SRM900 模组采用了 LGA 的封装方式，尺寸为：47.0mm × 48.0mm × 3.0mm。模组内置了最新的骁龙 690 CPU，是高通首款支持 4K HDR（10bit）摄录和最新第五代 AI Engine 的 5G 平台。

SRM900 模组支持最低 4GB LPDDR4X 的 RAM 和 64GB UFS2.1 的存储，采用了全新优化的 Kryo 560 CPU 架构，基于 ARM A77/A55 设计而来，包括两个大核 A77（2.0GHz）、六个小核 A55（1.7GHz），性能提升最高达 20%，同时集成了新的 Adreno 619L GPU，图形渲染性能也提升最高达 60%以上。

在无线连接方面，该模组采用的是 X51 的 5G 调制解调器及射频系统，支持全球频段的 5G/4G 网络覆盖和 2 × 2 WiFi ac Wave2，并且支持 WiFi 6 Ready。WiFi 6 支持的 OFDMA 技术、MU-MIMO、1024QAM、BSS Coloring、TWT 等关键技术，大幅度提高了上下行速率，支持多个终端同时并行传输，不必排队等待、相互竞争，大大提升了传输效率和连接密度。

在 AI 性能方面，骁龙 690 首次在骁龙 600 系列引入专门面向 AI 的硬件加速单元（HTA），AI 综合算力达到 2.4T，为更先进的 AI 体验提供有力支持。

同时，SRM900 模组支持 L1+L5 双频 GPS 定位，可同时接收两个频段的卫星信号，降低了电磁波信号的延迟影响，加速了周道模糊的解算，实现了定位精度的提高。

SRM900 集成了丰富的功能接口，包含 LCM、触摸屏、摄像头、传声器、扬声器、UART 接口、USB 接口、I2C 接口、SPI 接口等；可提供语音、短信、通讯簿、2 × 2 MIMO WiFi、BT 和 GPS 功能；产品支持双 1600W 的 3D 摄像或景深拍照。

（3）创新点

1）支持 5G NR sub-6GHz，支持 DL 4 × 4 MIMO SA/NSA 模式和 UL 1 × 1 MIMO SA 模式。

2）支持 2 × 2 MU MIMO WiFi，支持 ax ready。

3）AI 支持 V66A 16/16/512KB 1.2GHz+Dual HVX。

4）支持双屏异显和双触摸控制，屏显支持 2520 × 1080@60 帧 /s+QHD60 via Display-Port。

5）摄像头功能，支持 3 路 bayer+1 路 RDI 摄像头。

6）集成 GPS L1+L5 双频定位，满足不同环境下快速、精准定位的需求。

7）支持 4K @30 帧 /s 视频的录制和播放。

SRM900 系列模组秉承公司的一贯风格，深挖行业应用，在 VR/AR、高清视频设备、车联网、行业手持终端等应用领域发挥核心优势，协助客户项目快速开发落地。现已可广泛应用于 5G 网络下的视频记录仪、智能 POS 收银机、物流终端、VR Camera、智能机器人、视频监控、安防监控、车载设备、智能信息采集设备、智能手持终端、无人机等产品（见图 2）。

图 2　应用场景

3. 案例：5G 高算力智能模组（SRM930）助力智能网联汽车——数字座舱模块化解决方案

（1）案例简介

过去，对大部分人来说，汽车只是出行代步的工具。然而，随着万物互联时代的到来，汽车已逐渐成为人们的“第三生活空间”，其主要属性将不再只是“驾驶”，而是通过智能网联在车内实现“智慧生活”。

将车载信息娱乐系统、导航系统、人机界面以及其他服务整合在一起进行集中运算，需要很强大的网络连接支撑。5G 技术具备高可靠、低时延、大带宽、广连接的特性，以及 5G 云、边、端协同计算带来的众多优异特性，可以提升车载娱乐体验、出行安全以及出行效率三方面的体验。通过实时更新路况及 3D 高清地图信息，实时获知自身所处的准确位置以及车道变化，避免不必要的拥堵，从而大大提升出行效率。

高算力的 AI 技术让座舱更加智能化，可以实现驾驶员识别、疲劳驾驶监测等功能。通过车载摄像头识别驾驶员信息，自动调节椅背、调整车内温度、播放音乐等。同时，车辆内的 AI 还能借助语音助手帮助驾驶员解放双手，专注于驾驶，更好地保护使用者的出行安全。

随着新能源车型逐渐进入大家的视野，大屏、多屏及酷炫的应用程序刷新了大家对智能网联的认知，传统的方案在性能、价格及迭代速度方面已经无法满足需求。

针对智能网联的场景需求，美格智能推出了一系列 Android 系统的 5G 智能模组及解决方案，采用模块化设计理念，极大缩短了客户的开发周期，提升了产品的迭代速度，大幅度降低了成本。同时该方案有很好的开放性，可以更加便捷地引入行业前沿的技术，比如人工智能、AR/VR 等（见图 3、图 4）。

图 3　5G 智能模组 SRM930

图 4　应用场景

（2）典型经验（模组及软件解决方案）

SRM930 5G 高算力智能模组，采用了高通 QCM6490 平台，搭载高性能 GPU，可以实现“一芯多屏”、多屏联动、多屏触控，可以支持高分辨率显示及 3D 渲染。同时 SRM930 可以接入多路摄像头信号，能够实现倒车影像快速显示以及 360 环视拼接等应用。

在 AI 算力方面 SRM930 综合算力可达 14TOPS，较 SRM900 提升了 5 倍，可以满足驾驶员行为检测，车道车距确认，交通标志及行人、障碍物识别的算力要求，可以媲美 L2 级自动驾驶芯片（见图 5 和图 6）。

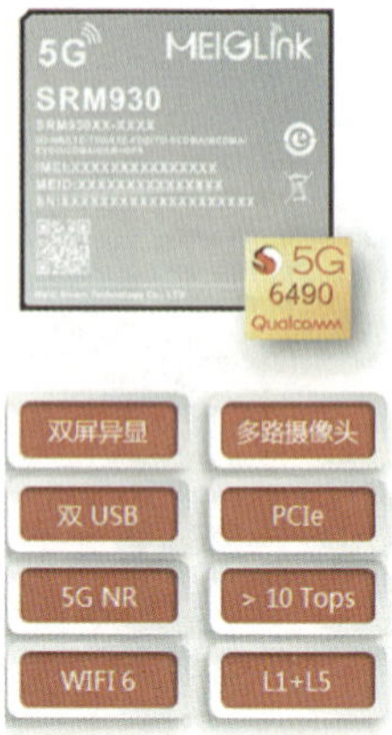

基本信息		
封装特性	LGA 392 pin	PIN向前兼容
尺寸(mm)	47mm x 48mm x 3mm	兼容 SRM900
OS	Android 11.0 ~ Android 15 (2028)	
CPU	1xA78@2.7GHz + 3xA78@2.4GHz + 4xA55@1.9GHz ；100k DMIPS	6nm
GPU	Adreno 635; 1126 GFLOPS	
Memory	4+64 / 8+128	DDR4 eMCP
频段配置	EMEA（2G/3G/4G/5G NR）	
WLAN / BT	2.4G & 5G, 802.11 a/b/g/n/ac/ax；BT5.2	支持 WIFI 6
GNSS	GPS / Beidou / Glonass / Galileo； L1+L5	
cDSP	2 x HVX，4K HMX	> 10 Tops
Video	4K@60fps / 4K@30fps； Decode / Encode H.264，H.265	
接口信息		
Display接口	MIPI DSI+Display Port ；FHD+(1080*2520) @ 60/90/120 Hz	
Camera接口	5xMIPI CSI；3xISP；（22MP+22MP+22MP or 64MP ZSL）@30fps	
USB 接口	1xUSB3.0 + 1xUSB 2.0；支持OTG	
扩展接口	UART；I2C；SPI；ADC；2xSIM；SDIO；GPIO；I2S；1xPCIe 1L, 1xPCIe Gen 3 2L	
天线接口	4 x 5G/4G天线； 1 x GNSS天线 ； 2 x WIFI/BT天线	

（SRM930 模组参数）

图 5　产品亮点

#	软件功能	描述
1	Android 操作系统	
2	单屏、双屏、三屏显示	DSI+USB Type-C DP，mipi 与DisplayPort 分屏
3	Camera CSI virtual channel	支持多路摄像头接入，AVM，DMS，DVR···，支持Android原生API接口
4	多摄像头共存	8-13路
5	快速倒车摄像头显示	2~3s 显示
6	BSP驱动支持	serdes 加接串芯片，屏与摄像头外设，PCIe转接芯片，各类传感器芯片...
7	智能手机互联（Carplay，Carlife ···）	USB role-switch, full-color-range video, audio latency, 兼容ITU1100/1101
8	蓝牙、WiFi共存	
9	音频方案	I2S，A2B，音频通道配置
10	温宽的优化	
11	冷启动速度优化	<20s
12	系统稳定性优化	

图 6　软件功能

公司已与多家头部新能源车企展开了合作关系，搭载了美格智能 5G 高算力 AI 智能模组与智能座舱解决方案的车已经实现大批量商用（见图 7）。

图 7　智能座舱效果图

（3）创新点

以 SoC 芯片为核心的座舱域控制器方案可以控制座舱内所有部件：

① 高运算能力与高通信带宽，能提供更丰富的交互功能。

② 软硬解耦，域内集中，便于后续软件 OTA 升级。

1）方案：

① 模块化设计理念：缩短客户开发周期，降低成本；方案齐全兼容搭配高中低，兼容 5G 通信。

② 一芯多屏：仪表、娱乐、中控。

③ 兼容 Linux 和 Android 生态：开发灵活成本低、生态应用丰富、支持前沿技术。

④ 多摄像头 +AI 算力强。

⑤ 安全性有保障。

2）逻辑：练好内功，积极向世界级企业学习，与世界级企业合作，时刻保持与世界最领先技术站在同一起跑线上，为客户创造更大价值。

3）定位：放弃碎片化市场，更聚焦，坚持走“模组 + 智能定制化”解决方案的产品战略。

安智杰智能辅助驾驶系统　打造全栈式解决方案

深圳安智杰科技有限公司

根据相关研究数据，2021 年搭载前向 ADAS 新车 807.9 万辆，同比增长 29.5%，其中 L2 ADAS 395.62 万辆，同比增长 77.7%。2022 年 1—3 月，我国搭载 ADAS（L0 ~ L2 级）系统新车 213.4 万辆（上涨 18.7%），由此数据可知，在汽车品牌竞争及法规驱动下，ADAS 配置率迅速提升。

城区领航级辅助驾驶正在进入探索深水区，各主机厂正加速 L2 ~ L2.9 的大规模导入，迫切需要拥有全栈能力的本土企业紧密协同，助力主机厂在新一轮的汽车智能化竞争中占据优势。

安智杰自主研发的智能驾驶系统，支持 1V、1R1V、5R1V、5R10V12U 等多种灵活系统架构，系统功能覆盖从 L2 ~ L2.9 的完整功能。产品涉及毫米波雷达、前视一体机、域控制器多个领域，丰富的产品矩阵可满足主机厂不同层次的功能需求。同时，研发过程符合功能安全 ISO26262 最高等级 ASIL-D、信息安全 ISO27001、网络安全管理体系 ISO/SAE 21434、ECE R155/R156，采用了符合功能安全最高等级的 AUTOSAR，可根据主机厂不同功能定位需求完成整体智能驾驶系统开发与量产。

1. 安智杰驾驶系统可实现的功能

安智杰驾驶系统可实现前方碰撞预警（FCW）、自动紧急制动（AEB）、自适应巡航（ACC）、车道保持辅助（LKA）、盲区监测（BSD）等 20 余项常规行车功能，还可实现交通拥堵辅助（TJA）、集成式巡航辅助（ICA）、指令变道（ILC）、自动变道（ALC）等高阶行车功能，以及自动泊车（APA）、遥控泊车（RPA）等泊车功能。安智杰乘用车智能驾驶系统配置见图 1。安智杰乘用车智能驾驶系统功能见图 2。

2. 安智杰智能驾驶解决方案的优势

（1）高性能

1）泊车与行车功能集成，并共用传感器，系统感知能力得到显著提升。

2）支持多路高清摄像头、毫米波雷达、超声波雷达接入，可提供超过 26 项 L2/L2+ 级别自动驾驶功能。

3）ADAS 系统配置完善，包含 1V/1R1V/2R1V/3RV1/5R1V 和 5R5V12U 多种灵活系统架构，性能与性价比兼具。

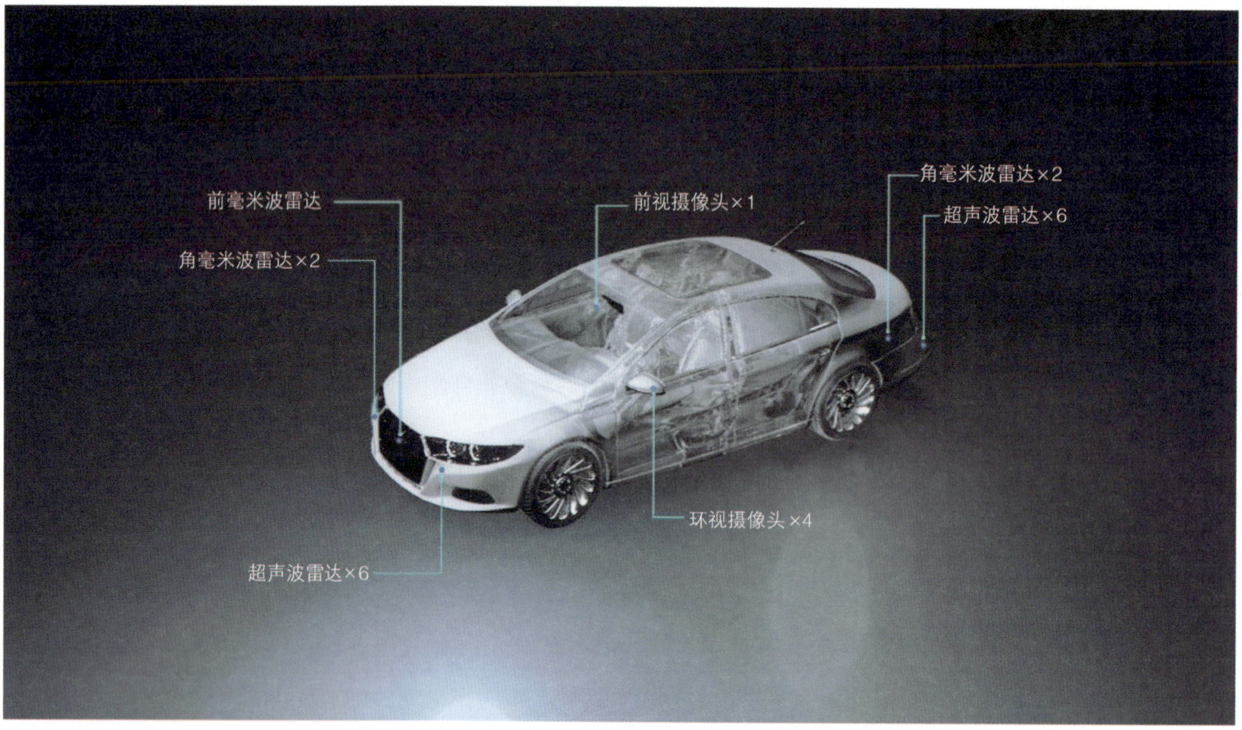

图 1　安智杰乘用车智能驾驶系统配置示意图

图 2　安智杰乘用车智能驾驶系统功能示意图

（2）高集成度

无论是前视一体机还是域控制器，系统都力求简单清晰的架构和高集成度，在性能、功耗、体积、时延、成本之间做到了最佳的平衡。

（3）高性价比

全国产化器件配置，保供、成本、服务等方面优势明显，性价比更高。

（4）高兼容性

支持 Tier1 定制化开发，可满足主机厂的各类定制化需求，并支持客户联合开发部分功能。

（5）高持续性

支持数据回传，持续迭代 Corner Case，后续通过 OTA 升级，实现功能持续优化。

（6）高效服务

1）原厂深度合作，从感知到规控，都能快速响应主机厂的定制需求。

2）在各个测试验收阶段，服务团队可快速响应测试并发现问题。

自成立之初，安智杰便始终专注于汽车智能驾驶系统领域，持续深耕发展，并进入国内多家主流主机厂的配套体系，包括乘用车领域：长城、东风岚图、北汽、东风乘用车、柳汽乘用车等；商用车领域：东风商用车、中国重汽、北汽福田、东风柳汽商用车、东风股份等，合作的车型项目有 100 多个，配套规模更是节节攀升。

未来，安智杰也将持续对技术、产品、体系、服务等模块优化升级，不断增强自身全栈式的竞争能力，为主机厂客户提供更丰富、更高级别、更完整的解决方案。

释放公交氢数据资产价值——氢能源公交闭环管控解决方案

华录智达科技股份有限公司

作者：张晗

1. 方案背景

气候变化是人类面临的全球性问题，“碳达峰、碳中和”已经成为全球发展的共识。为深入贯彻落实《中共中央 国务院关于完整准确全面贯彻新发展理念做好碳达峰碳中和工作的意见》和《2030 年前碳达峰行动方案》相关要求，2022 年 1 月 18 日，国家发展改革委、工业和信息化部、住房和城乡建设部、商务部、市场监管总局、国管局、中直管理局联合印发了《促进绿色消费实施方案》。其中“大力发展绿色交通消费”一项中重点要求“大力推动公共领域车辆电动化，提高城市公交、出租（含网约车）、环卫、城市物流配送、邮政快递、民航机场以及党政机关公务领域等新能源汽车应用占比”；“深入开展公交都市建设，打造高效衔接、快捷舒适的公共交通服务体系，进一步提高城市公共汽电车、轨道交通出行占比”。

公共交通领域作为国家新能源战略先行先试的“试验田”，先后经历了燃油、天然气、混合动力、纯电动等多种动能运力的演进。在“双碳”的背景下，氢能源公交车又为公共交通领域带来了新的“运力革命”。天然气车辆存在动力和季节性供应不足等问题，纯电动车存在电池寿命短、续驶里程短等问题，而氢能源公交车具有无污染零排放、充能快、续航更长，并且可实现 −40℃存储、−30℃的低温启动等特点。因此多地公交企业纷纷加快了对氢能源车辆应用的布局，在北京、张家口、大连等多地，氢能源公交车已经展开批量化的运营。

2. 方案价值

为更好地响应国家政策，推动氢能源的广泛应用，华录智达研发推出了氢能源公交闭环管控平台（简称平台）。平台实现氢能源车辆生产运营、加氢加燃、安全管理、维修保养等全流程管控和全生命周期数据的整合，构建了数据共享体系，实现氢能源车辆上下游产业链之间的融合和共享。

平台为整车厂、维保单位、加氢站提供相关数据，帮助整车厂识别车辆和车辆设备缺陷，优化工艺流程，进行整车和配套的智能软硬件设施迭代升级；帮助维保单位识别车辆和车辆故障，进行车辆保养和维修；

帮助加氢站提升能源供给服务能力，从而更好地服务于公交企业，实现供需信息、制造资源、服务资源的汇聚整合，形成氢能源公交产业良性闭环发展（见图 1）。

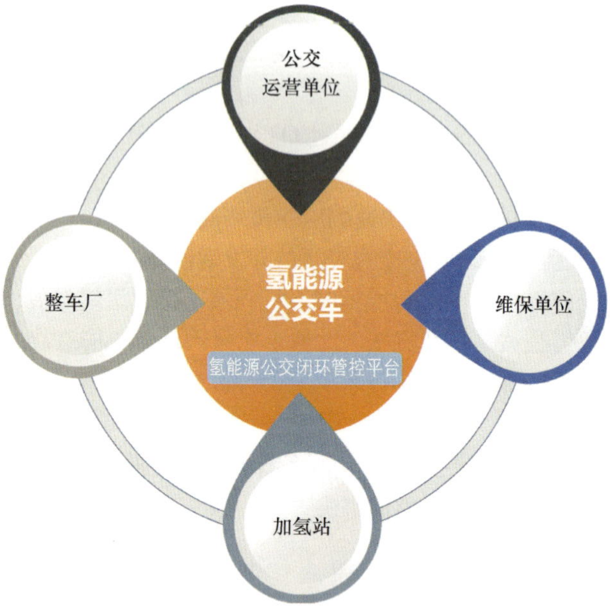

图 1　氢能源公交闭环管控平台促进氢能源公交产业上下游协同发展

3. 方案设计

氢能源公交闭环管控平台基于云计算、物联网、大数据等技术，将氢能源公交车辆、加氢站的运营数据进行采集整理、清洗挖掘，打通氢气的储、用环节，实现车辆、加氢站的远程安全监控和数字化运营。氢能源公交闭环管控平台采用分层分布式结构，主要由感知层、数据底座、应用层、可视化决策层构成（见图 2）。

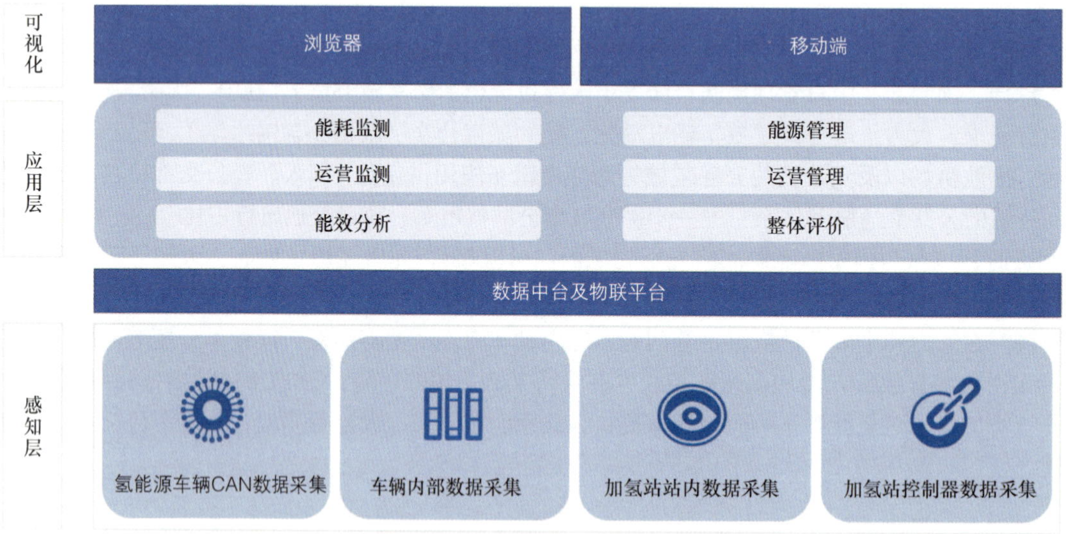

图 2　氢能源公交闭环管控平台分层分布式结构

通过对氢能源公交车辆各种信息化终端设备、车辆 CAN 总线的数据采集、氢能源车辆运营相关系统数据接入、加氢站站级控制器，加氢站站内信息化设备的数据采集、实现了对氢能源公交生产要素人、车、场、站等生产数据的实时采集，依托物联平台、数据中台等底座平台，实现海量数据的汇聚存储、计算分析，统一治理，形成了氢能源公交车运营、维保、加氢、安全这些公交核心业务域的数据资产，打造统一的数据转发及数据共享服务的能力，为公交企业、整车厂、维保厂、加氢站等提供完善的数据应用与数据能力开发。氢能源车辆、加氢站实时的运营情况及数据分析会通过指挥中心大屏、PC 中屏、移动端提供一系列多层级的可视化决策支持应用，满足用户对从宏观治理到一线生产管理的全域数据的分析展现监控管理要求。

4. 关键技术

（1）全栈式技术

具有“ICT 智能化感知设备 - 数据底座平台 - 智能化氢能公交管控应用“全场景的解决方案”，将物联网技术、大数据技术与行业信息化深度融合，实现了“端 - 管 - 云”全栈式技术创新。

（2）基于中台式技术

以中台式技术架构体系构建统一的、标准化的、API 化的并可持续更新的氢能源公交相关的数据资产管理平台，并通过微服务架构，实现功能组件化、模块结构化，围绕业务域实现可复用的高内聚、低耦合的数据服务集合，实现业务和数据的相互赋能，持续增值。

（3）AI+ 物联

提供轻量可靠、高服务质量等级、安全高效的物联网传输机制，实现车辆 CAN 数据 1s 回传，并通过引入深度学习技术实现对车辆部件运行、车辆故障维修等数据的智能化处理，实现对氢能源公交车辆的故障预测、维修点判断等智能化应用场景，实现人工智能和物联网的赋能融合。

（4）基于分布式技术

基于大数据分布式技术对氢能源车的 CAN 数据和加氢站的实时状态数据从数据接入、数据存储、分析处理、可视化展示进行全流程高效处理，通过 spark、flink、hadoop、hive、doris 等大数据技术，开展多维度、全时段、多来源的氢能源数据快速汇集与融合处理，实现数据接入、数据分析和可视化展示达到秒级响应效能。

（5）3D 数据可视化技术

3D 数据可视化技术通过虚拟仿真实现多维度可视化，为公交进行全面的数据分析，以酷炫的视觉效果、全面的数据集成、场景化业务展示，实现对氢能源车辆、加氢站的运营、安全状态的全方位监控与分析，科学有效地支撑企业的管理决策。

5. 氢能源公交闭环管控平台功能优势

氢能源公交闭环管控平台实现了氢能源公交车 CAN 数据的标准化采集、氢能源公交车辆 360° 的安全监控管理与氢能源公交加氢过程的监控管理能力。

（1）氢能源公交车 CAN 数据的标准化采集

随着氢能源公交车的逐步上路，氢能源车辆专业数据的远程监控、全程全天的安全运行预警逐渐成为公交企业的刚性需求。市场现有平台仅采集车辆定位信息和部分发动机转速、车速等基本参数指标的监控，无法满足氢能源车辆对燃料电池、动力电池、整车控制等特定指标的监控需求。

华录智达集客户之所需，对氢能源车辆的 CAN 数据采集进行标准化的定义，从数据源头保障公交企业的数据质量。CAN 数据采集内容包括燃料电池电堆、氢燃料系统、动力电池、驱动电机、驾驶员操作、仪表监控等数据，这些数据按照秒级传输速率进行上传，进行统一处理分析和集中展示，支撑管理人员对氢能源车辆运行状态进行全程监控，为车辆故障分析提供有力的数据支撑，为实现氢能源公交车辆技术状态远程诊断奠定数据基础（见图 3）。

（2）氢能源车辆 360° 的安全监控管理

华录智达氢能源公交闭环管控平台不仅具备监控车内外视频监控、疲劳驾驶监测、防碰撞预警、360° 全景环视和电子后视镜等先进设备，进一步实现了对氢能源车辆整车动力系统总成、燃料电池系统等多系统的综合状态监控和主要部件的单独子系统状态监控。

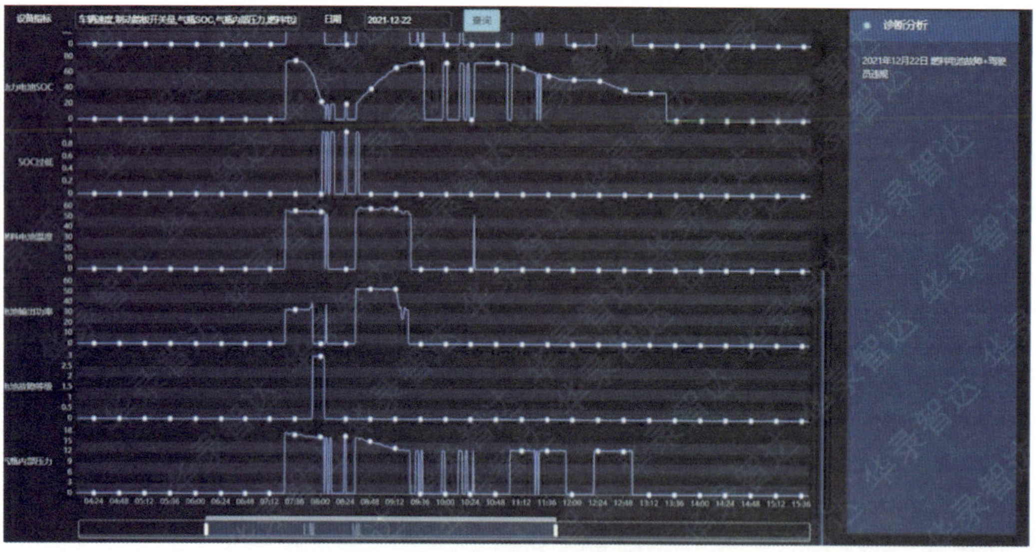

图 3　车辆全天运行状态分时段展示

结合 3D 可视化呈现技术，平台对车辆氢燃料电池、全气候动力电池、双电机系统、空调系统及各部件工作流程、工作状态进行全景、实时、动态呈现，运营管理人员可第一时间直观地监控到主要设备的工作状态、指标异常等情况（见图 4）。

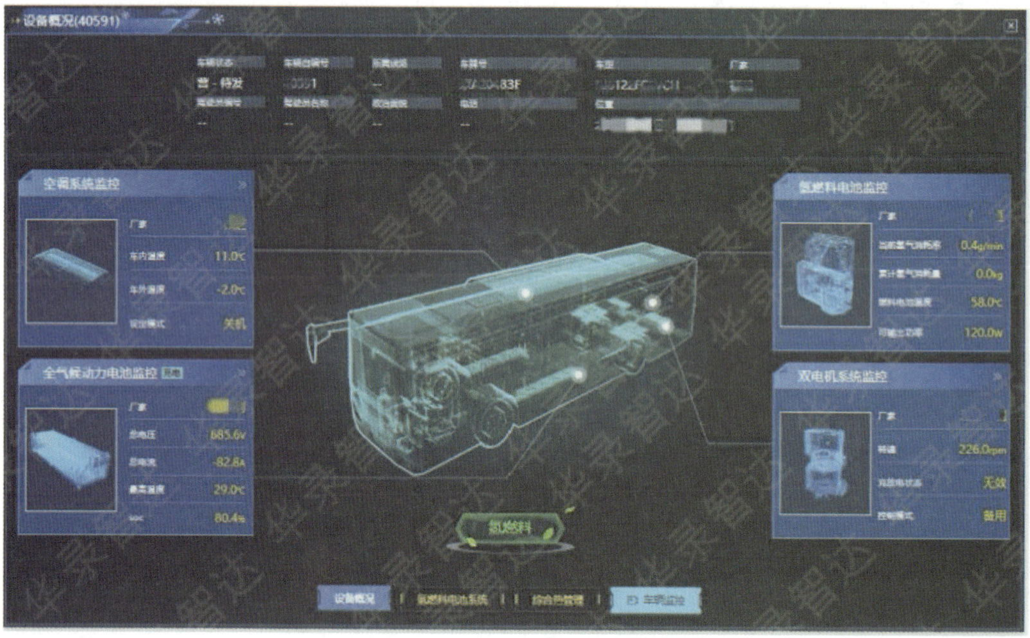

图 4　氢能源车辆主要设备概况

氢燃料电池在正常工作状态下会释放大量热量，在车辆同等运行条件下，氢燃料电池的散热量比传统燃油发动机高 10% ~ 20%。但燃料电池系统的运行温度低，环境温差小，决定氢燃料电池对车辆散热要求高。因此，提高氢燃料电池的热管理，有助于提高氢燃料电池系统的使用寿命，有助于综合利用氢燃料电池产生的热量。

华录智达氢能源公交闭环管控平台对氢燃料电池热管理系统循环过程进行全流程监控，同时关注电池散热对车厢温度和周边环境的影响，与车厢空调等系统联动，高效利用燃料电池的余热为车厢供暖，真正做到整车的节能减排，节能环保（见图 5）。

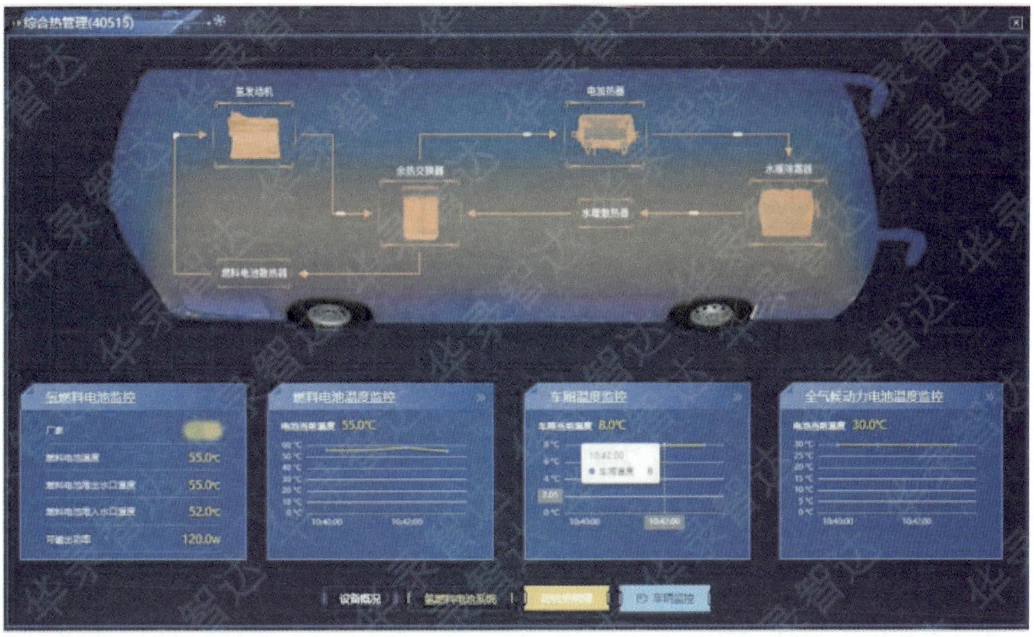

图 5　氢燃料电池综合热管理

（3）氢能源车辆加氢过程的监控管理

加氢站是保障氢能源车辆可大规模产业化运营的基础建设。加氢站高效、安全、智能化的管理，是推动加氢行业快速安全发展的关键能力。

华录智达氢能源公交闭环管控平台对加氢站的设备状态及每个工艺流程进行实时监控和预警，实现对加氢站压缩机、储氢瓶、加注机等关键设备的核心生产数据如工作气压、温度进行实时采集，实现站级、中心级多级运行监测。平台同时接入加氢站重点区域视频监控设备，建立加氢站完整的安全监控体系。平台实现加氢站单车加氢量、交易类数据实时结算与统计分析，生成单车耗氢量、单日运营分析等报告。随着氢能源公交车在常规公交线路开展运营，氢能源公交闭环管控平台将氢能源和传统能源进行一体化资源管理与结算，方便公交运营管理人员进行精细化的运力与能源管理（见图 6）。

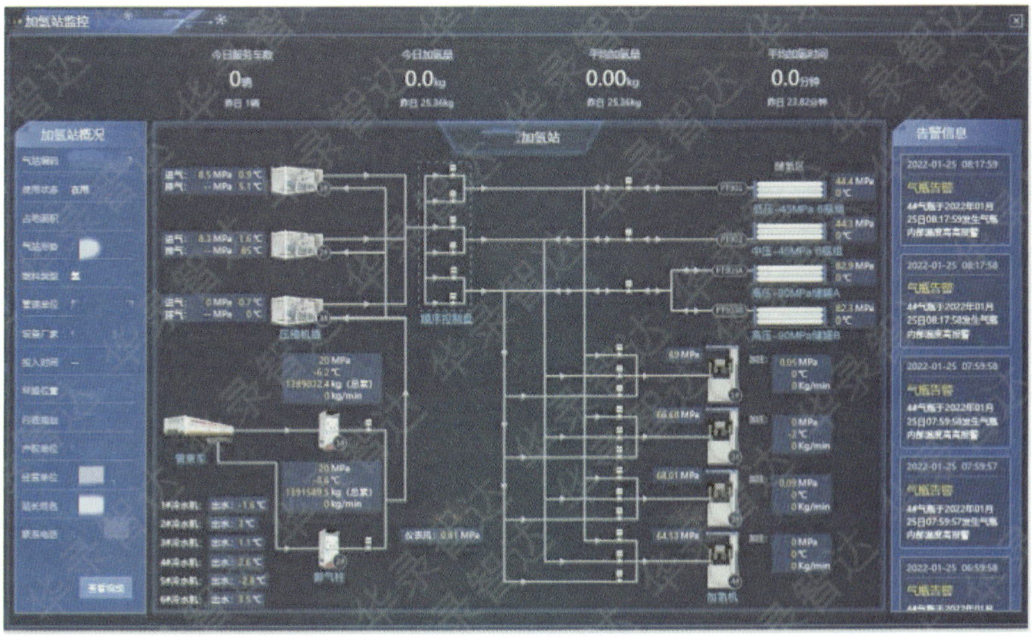

图 6　加氢站工艺流程实时监控

6. 典型案例

华录智达的氢能源公交闭环管控平台一经推出，即面临北京冬奥盛会的严峻考验：为冬奥期间 200 多辆氢能源公交车运营、加氢、维保保驾护航。北京冬奥会是重要的国际盛会，是新时代促进国际社会团结、展示我国改革开放成就的重大主场外交盛事。作为保障冬奥期间氢能源车辆交通服务的管控平台，对其数据的准确性、实时性都提出了极高的要求。氢能源公交闭环管控平台在冬奥期间提供了氢能源车辆运行轨迹的实时跟踪，车辆及部件状态的实时监控，驾驶员行为的异常分析，车周路况的实时监控，并且根据平台实时监测到的车辆燃料电池及其他重要部件的运行数据，及时发现车辆的异常状况，帮助整车厂及维修厂提高车辆问题定位的效率。同时将加氢站的信息与氢能源公交车有效连接，对加氢站工作状态进行实时监控，使用大数据定期分析相应的氢能源消耗情况，为加氢站的日常氢气调度、加氢保运提供了充分的保障，从而保障了冬奥期间交通服务的顺利开展。

7. 前景展望

氢能源公交车的应用是“双碳”战略在公共交通行业践行的一个缩影，在“双碳”政策背景下，新能源车辆在交通行业应用已经驶入了“快车道”。华录智达立足于交通，服务于交通，以价值数据为引擎，以公共交通场景为核心，深度融合新能源全产业链，为客户提供新能源车辆运营生产的数字化管理与服务能力的同时，协助客户探索更多的新能源车辆价值应用场景，实现汽车革命、能源革命和数字革命的协同绿色发展。

应用于开发 V 模型的智能网联汽车测试产品技术

青岛硕索福特科技有限公司

作者：潘俊成

1. 基于 V 模型的测试工具链

由 Suresoft 自主研发的五大工具链，十款工具完整覆盖整个 V 模型（见图 1）。

图 1　工具支持 V 模型示意图

2. 测试产品技术成果

（1）代码静态测试工具——STATIC

由 Suresoft 自主研发的代码静态测试工具适用于汽车、医疗、铁轨交通、船舶、核能、航天等领域，同时也获得了 SGS TUV SAAR 对于相关领域的最高级认证。静态工具 STATIC 适用于基于编码规则的汽车网络安全代码符合性静态认证、基于汽车功能安全的软件编码验证、ASPICE 单元静态验证。STATIC 内含 MISRA、CERT、CWE、ISO 26262、IEC 61508 等编码检测规则集，可应用于 C/C++、C#、Java 编码语言。STATIC 采用 B/S 架构，便于管理人员、开发人员、验证人员协同作业。网页端搭载了缺陷管理系统，对于检测出的缺陷可以分配并追溯到责任人。支持 30 多种源代码质量度量，提供缺陷修复指南、缺陷生命周期及历史查询，基线管理功能。

（2）代码单元 / 集成测试工具——Controller Tester

由 Suresoft 自主研发的代码单元 / 集成测试工具适用于汽车、医疗、铁轨交通、船舶、核能、航天等领域，同时也获得了 SGS TUV SAAR 对于相关领域的最高级认证。代码动态测试工具 Controller Tester 适用于基于需求事项的软件动态验证、基于汽车功能安全软件的单元 / 集成覆盖率、基于 ASPICE 的单元验证。Controller Tester 内含语句、分支、MC/DC、函数、调用覆盖率测量，可用于 C/C++ 编码语言。同时，Controller Tester 也支持代码级别的故障注入测试以及需求和测试的一致性，提供控制流图、调用图、MC/DC 真值表、桩函数等功能。

（3）模型静态检测工具——Model Inspector

在基于 MBD 模型的开发流程中，模型静态测试必不可少。

模型静态检测工具 Model Inspector，能够根据检查规则对所建模型进行检查，并且能够对部分错误自动修复，不仅包括模型的各个子模块功能性的验证，也包括模型的规范性检查。检查模型是否符合 MAB、MISRA AC TL、ISO26262、DO-178/DO-331、IEC61508 等在内的 13 种建模规范并提供圈复杂度、内聚度、耦合度等在内 21 种模型质量度量，历史回溯功能，有效帮助开发人员和测试人员对同一个模型进行测试、更改和记录问题，也可以根据自身需求，手动添加规则和规则自动修复。

（4）模型动态测试工具——Model Verifier

对于汽车嵌入式软件的“V 模型”，在软件的单元验证中，需要测试工程师对模型进行动态检测，通过测试用例满足模型的覆盖率要求。

模型动态测试工具 Model Verifier 可以提供 MIL、SIL、BTB 测试模式，包括 Decision、Condition、MC/DC 等 13 种覆盖率测量类型和 Step、Pulse、Sine 等 7 种信号的输入模型，以及可视化的信号图表和期望值与结果值的比较信息。对系统和子系统测试用例进行分别管理，通过实车数据创建回归测试，提供了输入、输出时间步长的信号图和四种格式的测试报告。

（5）中控系统自动化测试工具——VISTA

VISTA 是一款车载中控系统自动化测试工具，中控需要大量的测试来保证其功能稳定且可靠。

VISTA 的解决方案和功能如下：

1）基于深度学习的 Monkey Test 实现测试自动化，可自动搜索 1000 个以上场景，自动生成菜单树。

2）中控屏幕开关机动画、画面切换等性能测试。

3）与外部装置如蓝牙、手机等的连通性自动化测试。

4）多车型多语言的管理，共用测试用例脚本。

5）UI 界面图标等资源替换功能。

6）支持 Vector、Peak 等 CAN 设备的集成。

（6）ADAS 自动化测试工具——ADAS Inspector

针对 ADAS 自动驾驶算法进行实车确认 / 验证解决方案，包括激光雷达、VR 相机、GPS、IMU 等传感器的硬件数据采集系统和数据分析系统，具有独立的真值采集系统、大数据融合与管理、便捷的行为分析判断，可以广泛应用于 ADAS 算法验证的 HIL 和 VIL 系统测试。

1）验证 ADAS 控制器算法功能的实车分析解决方案。

2）独立的真值采集系统。

3）收集数据可视化，过滤筛选，自动查找后的精确分析。

4）便捷的项目创建与实车验证数据比较分析。

系统组成：① ADAS SensorBox 数据采集系统；② ADAS Collector 收集软件；③ ADAS Inspector 分析软件。

（7）故障注入测试工具——FIT

基于汽车功能安全 ISO-26262 标准进行硬件级的故障注入测试系统，自动构建测试场景，硕索福特科技有限公司按照各故障类型自主搭建了 5000+ 测试用例库用于故障仿真测试，测试用例故障库包含软件故障和硬件故障，可以完成电源故障、电路故障、信号故障、信息故障等各种硬件故障的模拟，自动进行故障注入、故障恢复的时间判断与验证，兼容汽车电子 OSEK 和 AUTOSAR 系统。可以广泛应用于各类车载控制器和 ECU 的故障注入测试，满足 ASIL-B 到 ASIL-D 级别的功能安全测试。

（8）系统负载测试工具——PROV

基于汽车功能安全 ISO-26262 标准进行时序和资源使用量检测系统，基于 AUTOSAR、OSEK、POSIX 等各类操作系统进行实时探针插入检测，自动完成实时 CPU、内存、任务、中断、调度时序等各类资源的检测与检查，可以广泛应用于嵌入式系统的功能安全软件检查和 AUTOSAR 系统功能可靠性检查，并可以集成到 HIL 和 VIL 进行系统级检测。

（9）覆盖率测试工具——COVER

COVER 是一款覆盖率测试工具，支持 C/C++/C# 三种语言，在实际软件执行环境中自动化测量 / 管理代码覆盖率，包括语句覆盖、分支覆盖、MC/DC、函数覆盖、调用覆盖等多种覆盖率。通过工具内置的快速指南文档轻松测试覆盖率，可视化地以函数、模块、文件表示覆盖率，直观化地显示代码是否执行。COVER 已获得 SGS TÜV SAAR 的功能安全认证证书，且包含 IEC61508、EN50128、DO-178、IEC62279 等多个分支，可应用于多个领域。

（10）A-SPICE 流程管理工具——V-Spice

V-Spice 是一款 A-SPICE 流程管理工具，基于 VDA 的 16 个域，提供各种功能。

1）流程管理，提供 Base Practice、Work Product 指南。

2）文件管理，提供各阶段 WP 的模板，联动测试工具创建文档。

3）追溯性管理，交付物之间追溯性示意图，并提供追溯覆盖率。

4）Review 管理，对每项活动提供评审管理记录。

5）基线管理，基于整体交付物状态的管理和 Baseline 功能。

6）日程管理，使用 WBS 进行资源和进度管理。

51WORLD 自动驾驶仿真测试全流程解决方案

北京五一视界数字孪生科技股份有限公司

作者：丁德锋

1. 解决方案

自动驾驶算法研发整个过程，需要经历不同阶段的不同测试过程，其中仿真测试具体包含软件在环（SIL）、硬件在环（HIL）、车辆在环（VIL）几个大步骤。某些阶段还需要 V2X 在环仿真测试、驾驶模拟器仿真等仿真工具的介入。全流程解决方案见图 1。

图 1　全流程解决方案

2. 软件在环（SIL）

基于 51SIM-ONE 仿真软件的软件在环测试，在需求分析概念阶段，实现算法开发与验证优化。开发者在 ADAS/AD 算法开发初期及建模阶段，进行充分的仿真测试方式，为后续工作提供技术验证。软件在环框图见图 2。

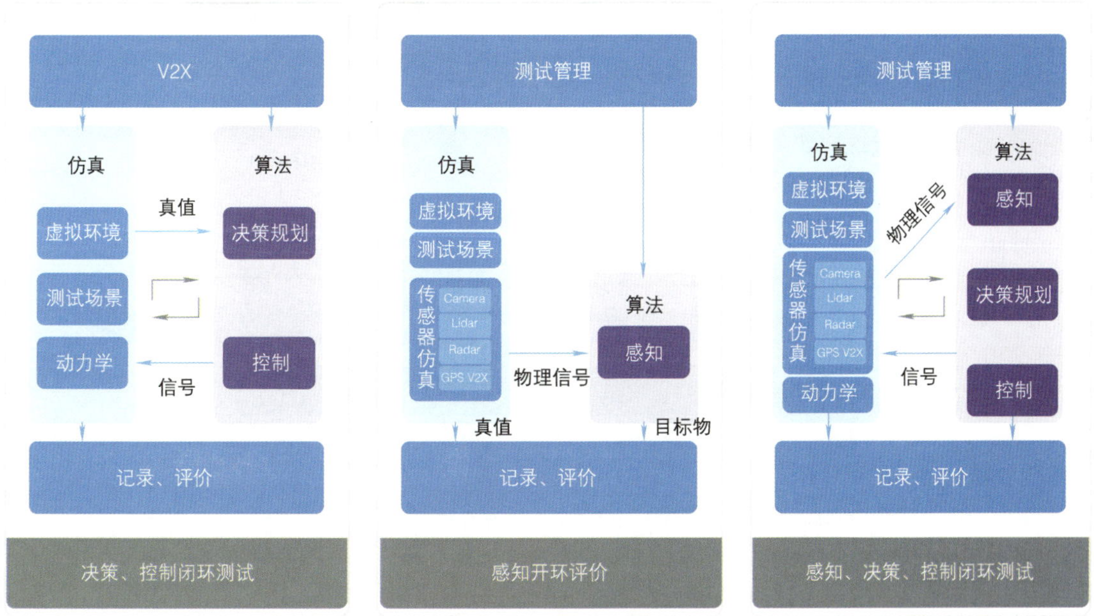

图 2　软件在环框图

3. 硬件在环（HIL）

基于 51SIM-ONE 仿真软件，输出多种感知信号给真实域控制器平台，同时结合毫米波雷达目标模拟器，多通道视频注入系统，仿真模拟产生雷达射频信号、视频流信号，对域控制器软硬件系统进行充分测试，验证硬件平台以及内部感知与规控算法是否满足测试要求。本方案是自动驾驶产品研发测试阶段不可缺少的安全高效的测试手段。硬件在环框图见图 3。

图 3 硬件在环框图

4. V2X 设备在环（HIL）

针对 V2X 应用算法测试需求，51SIM 运用 51SIM-ONE 虚拟仿真软件和射频通信的联合仿真技术，提供完整的端到端 V2X 应用场景的 HIL 测试系统。本方案支持在实验室环境下，完成应用场景仿真和通信环境仿真测试，可以极大地加速 V2X 研发验证过程。V2X-HIL 框图见图 4。

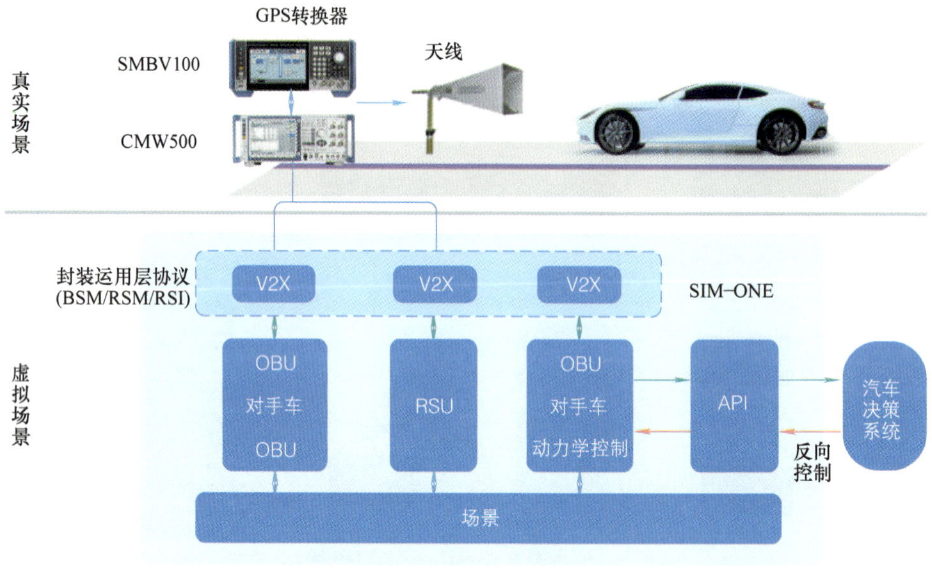

图 4 V2X-HIL 框图

5. 整车在环（VIL）

整车在环包含实验台 VIL 和测试场 VIL 两种类型，是车辆量产前重要的测试手段。通过对实车注入虚拟仿真场景，进行各种常规场景以及危险场景测试，减少对场地、真实交通和试验车辆的需求，降低实车测试的难度和风险，提高测试效率，降低测试成本。整车在环 VIL 框图见图 5。

6. 多驾驶模拟器（DIL）

多种类型驾驶模拟器模拟多个机动车、非机动车、行人等交通参与者的行驶或行走状态，并集成在 51SIM-ONE 仿真系统中。可以接入多个 ADAS/AD 算法进行对抗性仿真测试，生成多重接近真实驾驶的边缘场景，提高仿真测试用例的真实性和随机性。多驾驶模拟器 DIL 框图见图 6。

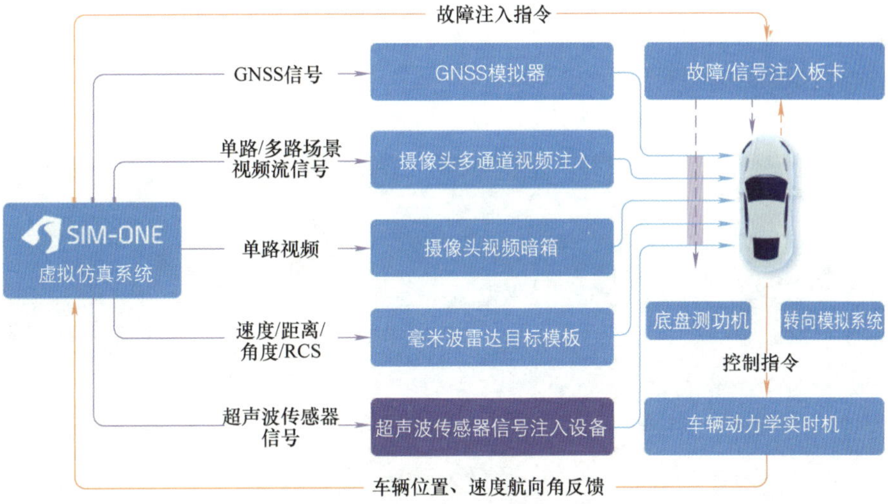

图 5 整车在环 VIL 框图

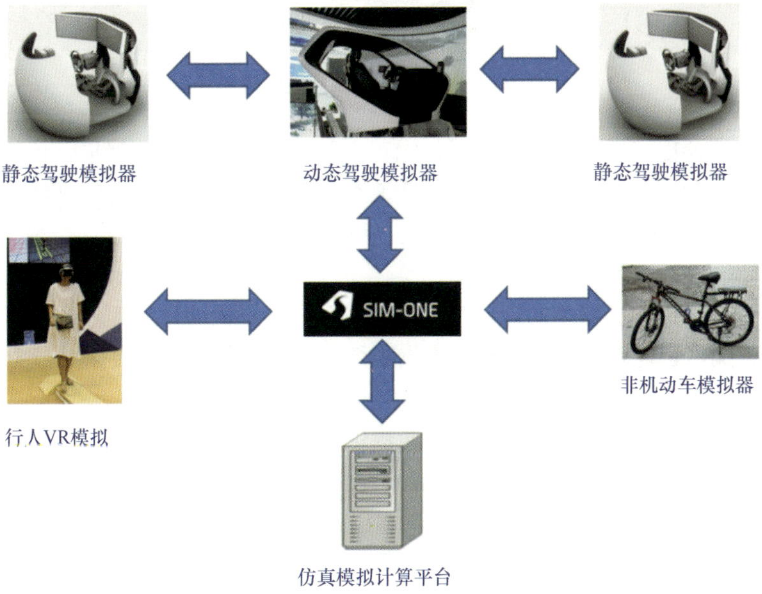

图 6 多驾驶模拟器 DIL 框图

帮助客户搭建仿真测试实验室，实现多驾驶员在环仿真测试系统。本系统包含一台多自由度驾驶模拟器 + 大型环模视景系统，多台静态驾驶模拟器、非机动车以及行人动作捕捉设备，是我国首个集机动车驾驶员、非机动驾驶员以及行人在环于一体的仿真测试系统。

7. 开源开放

（1）开源数据集

开源数据集支持生成 RGB 图、深度图、分割图、实例图和目标物检测真值。支持生成点云和目标物检测真值。针对当前自动驾驶感知算法训练和测试的核心痛点，51WORLD 虚拟标注数据集开发了对应的功能，主要包括：

1）物理真实的光照。

2）参数化的天气系统。

3）基于真实传感器标定的物理级摄像头和激光雷达仿真。

4）支持车侧、路侧、空侧等多个视角的 2D/3D 包围盒真值输出。

5）支持深度图、语义分割图、实例分割图、光流等像素级真值输出。

6）多个传感器数据集的完美同步。

图 7 所示为在 51SIM-ONE 中，摄像头仿真数据集和激光雷达仿真数据集同步效果展示。

图 7　多传感器虚拟标注数据集

作为全球首个多传感器虚拟标注数据集，不仅涵盖了常见摄像头仿真数据集，还包括激光雷达仿真数据集以及对于自动驾驶系统有挑战性的极限工况、复杂道路、天气条件等。结合仿真软件的平台优势及全自动标注优势，51WORLD 打造的高质量虚拟标注数据集，目前已向全社会免费提供。

（2）生态开放

工业仿真软件是一个长周期高壁垒的行业，也是最需要自主可控的科技领域之一，我们希望通过开源形式降低研发准入门槛，加速智能驾驶应用落地，为汽车行业整体竞争力提升贡献一分力量。

1）场景编辑：支持自定义 3D 美术场景和主车模型的导入。

2）动态仿真：基于 OpenX 标准，与多家场景库提供商合作共建生态。

3）仿真 API：开源支持多个 HIL、VIL 供应商，集成商二次开发。

4）开放测试评价框架：用户可以方便地使用脚本语言编写测试规则，调取仿真数据，完成定制化的测试评价。

5）采集数据仿真：参与制定国家标准智能网联数据采集格式，支持各家主机厂标准数据接入。

（3）代码开源

开源，对于构建自主可控的国产系统底座、推动数字化转型和数字经济发展具有重要意义。随着越来越多主机厂及行业合作伙伴在自动驾驶领域发力，行业需求也在不断进阶，越来越多的合作伙伴提出了“自主”需求。

51SIM-ONE 仿真平台的开源计划包含以下 6 个方面：

1）仿真节点基础框架：仿真基础框架提供了一套可调式、可测试、可监控的可靠运行环境，分布式的架构和动态伸缩能力可为公有云和私有云提供基础支撑。

2）高并发分布式仿真主节点和从节点：系统采用 Master Agent 星形架构，通过部署 Agent 来进行资源的横向扩展，Master 节点采用的集群方案可避免单点故障。

3）动力学和传感器工作者节点框架：所有仿真节点都基于工作者节点框架进行代码的扩展，工作者节点框架可以让动力学节点、传感器节点或者一个新的节点更轻松地接入整个仿真世界。

4）仿真时间服务器：仿真系统需要严格保持数据一致性，时间引擎可以保证整个仿真系统的所有节点同步工作，从根本上保持所有数据在每时每刻的一致性，是仿真系统达到真实仿真的根本保证。

5）仿真核心类库和协议层：仿真核心库提供仿真系统所必需的基础接口，协议栈定义了整个仿真系统本地 RPC 和跨机器 RPC 的通信基础性协议。

6）仿真 API：仿真 API 包含流程控制 API、传感器输出 API、路网查询 API、ROS 对接 API 和 Simulink API 等。

51SIM-ONE 计划在未来还将实现仿真平台前端代码级交付，赋能合作伙伴更方便、更自由进行二次开发。

基于车路协同的交通灯信号感知及自适应配时系统

湖北汽车工业学院电气与信息工程学院

作者：陈宇峰

随着汽车保有量的急剧增长，交通拥堵问题越来越严重，交叉路口成为交通事故的高发地。通常情况下，驾驶员通过目视来获取当前路口的交通灯信息，在大雨、雾霾、大货车遮挡等因素的干扰下，容易引发闯红灯和追尾等交通事故；另外，为提高道路通行效率，智能交通灯控制系统的应用前景广阔，而路口整体交通信息采集的实时性、便利性和准确性，将为保证智能交通灯控制系统的性能提供支持。

目前在交通灯信号识别方面，大部分技术基于图像识别，对图像采集处理分析要求高，遇到遮挡、特殊天气，检测容易失效。针对上述问题，我们构建了一套基于车路协同的智能交通灯控制系统。在交通灯信息获取方面，车载终端直接和交通灯系统通信，不需要地图和互联网的支持，基于项目组授权专利技术（一种车辆接收红绿灯信息的匹配方法，授权号：201710821403.6；一种车辆接收红绿灯信息的匹配方法及系统，授权号：201710821546.7；交通灯匹配过程中运动车辆定位滤波及预测方法，授权号：201810002298.8），实现车辆行驶方向交通灯信息的获取，从而为驾驶员提供实时的语音播报和屏幕显示服务；在路口整体交通信息采集方面，基于北斗地基增强系统实现车辆位置的车道级识别，进而得到路口各车道车辆数的实时准确信息，从而实现基于交通灯自适应配时算法的智能交通灯控制系统。系统整体框图见图 1。

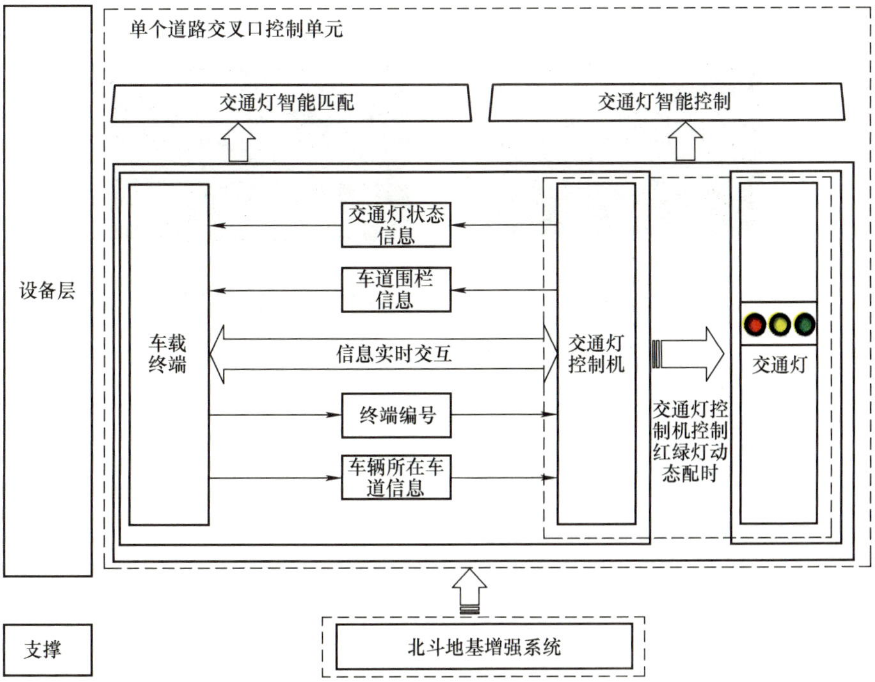

图 1　交通灯控制系统整体框图

本系统核心内容包括交通灯智能匹配、交通灯控制策略和通信协议设计，以北斗地基增强系统作为系统的支撑，利用车载终端和交通灯控制机进行交通信息采集和处理，并实时交互，达到车载终端智能获取交通灯状态信息和交通灯控制机智能控制的目的。核心内容如下。

1. 交通灯智能匹配

1）交通信息采集及处理：实时采集车辆定位信息、交通灯的状态信息、车道围栏信息，并根据车辆的实时位置信息计算出当前车辆所在的车道。

2）交通灯智能匹配：在以上数据的基础上，不需要地图系统的支持，根据自身位置和交通灯的相对位置变化特性匹配交通灯状态信息，在车载终端进行语音播报和屏幕显示。

2. 交通灯智能控制策略

基于车流量的交通灯配时：实时采集车载终端编号信息和车辆所在车道信息，在以上数据的基础上，设计了交通灯配时策略。当车辆驶入围栏区域，交通灯控制机与车载终端进行信息交互，交通灯控制机获得每个车道的车辆数，从而为交通灯下一个周期重新配时。

3. 终端通信协议设计

为了保证系统的正常运行，设计了交通灯控制机和车载终端设备之间的通信协议。车载终端能上传终端编号信息和本车所在车道信息，为交通灯智能控制提供基础数据，同时交通灯控制机能广播交通灯的状态、位置等信息。

系统硬件实物图见图 2，系统封装后的产品图见图 3。

交通灯端　　车载终端

图 2　系统硬件实物图

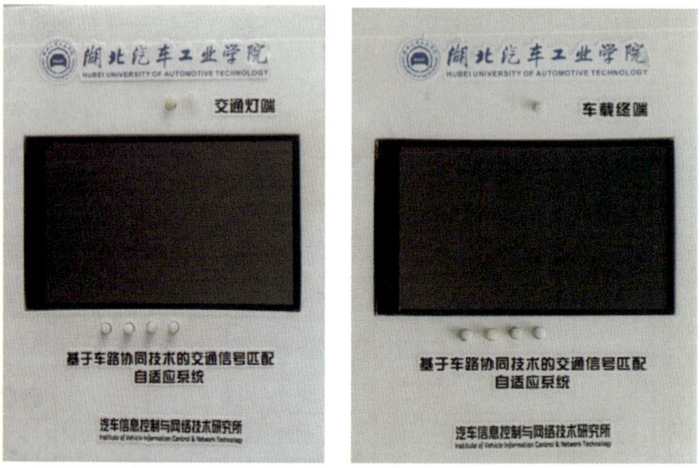

图 3　系统封装后的产品图

在本系统中，当车辆行驶到道路交叉口附近时，车载终端能实时准确地获取到车辆行驶方向的交通灯状态信息，进行语音播报和屏幕显示。能够避免驾乘者在大雨、雾霾、大货车遮挡等因素的干扰下因看不清交通灯状态信息导致引发的闯红灯和追尾等交通事故。同时本系统不需要地图和互联网的支持，实时性高，硬件成本低。在北斗地基增强系统的支持下，达到车道级识别，通过采集车道围栏内的车辆数量对交通灯时间进行动态调整，实现对交通路口的智能控制，能有效地缓解车辆拥堵问题，提高交通路口通行率。相较于传统的车辆数采集方式（摄像头采集），本系统具有采集方式成本低，准确率高、抗干扰强等优势。

雅迅网络汽车安全网关解决方案

厦门雅迅网络股份有限公司
作者：陈典全

随着汽车往智能网联、新能源及节能化等方向发展，汽车信息安全已成为我国信息安全整体布局的重要一极，引起国家和汽车企业的高度重视。《中华人民共和国网络安全法》《国家网络空间安全战略》《智能汽车创新发展战略》《车联网（智能网联汽车）产业发展行动计划》《国家车联网产业标准体系建设指南》等都特别强调交通领域信息安全被破坏可能严重危害国家经济安全和公共利益，汽车信息安全是网络空间安全的重要组成部分，而汽车安全网关是智能网联汽车信息安全的核心设备。

作为首家获得国家密码管理局颁发的商用密码产品生产定点单位资质及销售许可证的汽车电子厂商，厦门雅迅网络股份有限公司（以下简称“雅迅网络”）致力于智能网联汽车信息安全相关产品的研发、生产和销售，并推出一系列的汽车安全网关解决方案，已批量应用于乘用车、商用车、特种作业车等各种车辆的车联网信息安全领域。

1. 产品概述

雅迅网络的汽车安全网关产品涵盖中央安全网关（见图 1）、安全 T 网关（见图 2）、以太网安全网关（见图 3）、基础网关（见图 4）等，应用于车辆内部不同域和控制单元之间的数据交换，不仅提高了车内数据的通信效率，为整车数据交换提供统一接口，还为车辆内外数据交换提供安全保障。雅迅网络的汽车安全网关产品功能配置见表 1。

图 1　中央安全网关

图 2　安全 T 网关

图 3　以太网安全网关

图 4　基础网关

表 1　雅迅网络主要产品与服务

功能配置	中央安全网关	安全 T 网关	以太网安全网关	基础网关
CAN/LIN	√	√	√	√
Ethernet 路由	√	√	√	×
AUTOSAR/OSEK 网络管理	√	√	√	√
HSM 加密	√	√	√	×
TBOX 相关功能	×	√	×	×
X-Call	√	√	×	×
FOTA	√	√	×	×
V2X 功能	option	option	×	×
自研 CAN 总线 IDPS	√	option	option	option
VLAN	√	×	×	×
自研 IDPS	√	×	×	×
自研防火墙	√	×	×	×
以太网路由加速	√	×	×	×
第三方应用服务器	option	×	×	×

注：“√”表示支持，“option”表示可选，“×”表示不支持。

2. 产品亮点

（1）支持安全域隔离的高性能多总线中央网关架构

雅迅网络的中央安全网关采用了高性能 MCU+MPU 双车规级处理器协同系统中央网关架构，其中 MPU 处理速度超过 1 万 DMPS，频率超过 1.5GHz，而目前主流汽车网关处理速度都在千 DMPS 级别，频率在百兆赫兹级别，雅迅网络中央安全网关处理性能将主流汽车网关产品处理性能提升了一个数量级，与全球最新进汽车网关处理性能相当。另外，安全网关使用 VLAN 技术实现对网络分域管理，不同域通过物理划分进行强制隔离，对动力域、车身域、信息娱乐域、智能驾驶域、V2X 域等进行统一管理，实现了一体化、全方位的信息安全设计。

（2）信息安全功能全面系统

对标博世中央网关 CGW、大陆安全网关、克莱斯勒安全网关等产品，这些全球汽车零部件巨头的汽车安全网关提供了身份认证、防火墙、入侵检测中的全部或者部分功能，大多是采用在传统网关产品中嵌入信息安全软件（如 Argus 软件）的解决方案。雅迅网络的安全网关产品在软硬件架构设计之初就全面考虑了信息安全需求，安全功能的全面系统方面超过这些公开报道的产品，且在防御攻击的类型和特征库数量等方面远远超过对标产品。

雅迅网络安全网关产品能够兼容全球顶尖网络安全公司 CISCO 面向传统 IT 的 5 万多种“病毒”特征库，结合汽车环境进行深度优化，可检测并过滤上万种的攻击，远超国标要求，并支持对特征库的升级。

（3）首家基于商密体系实现网关信息安全并通过相关认证的汽车网关产品

雅迅网络安全网关是基于商密的集成一体化软硬件设计，是国内首家通过《汽车网关信息安全技术要求》和国六标准中 IDS 要求测试。

（4）采用基于 100Base-T1/1000Base-T1 车载以太网 AVB 技术

智能驾驶、智能互联的发展对车辆安全性有了更高的要求，传统的 CAN/LIN 网关的数据场无法满足高带宽、多冗余、安全防护的要求，而 CANFD 和以太网接口由于高带宽、长数据场的特性，在满足智能驾驶和智能网联的业务场景基础上，可以实现高安全防护的特性。

雅迅网络安全网关能够支持 8 路 1000Base-T1/100Base-T1 和 8 路 CAN/CAN-FD 的灵活配置，Ethernet AVB 网络可通过低延迟的保留带宽来保证对时间敏感的数据流在指定的时间安全到达，保持联网设备的同步，能为对时间精准度要求极高的数据流提供通用的时间基准，其基于非专有的行业协议的特性能使其避免某些专有协议所遇到的未来不确定性。

（5）采用高性能嵌入式平台容错设计技术

雅迅网络的车载安全网关采用高性能嵌入式平台容错设计技术，基于车载关键应用对嵌入式系统自容错能力的需求，通过研究嵌入式系统中关键任务状态的形式化描述方法及任务故障的自监测机制，及时准确有效地感知嵌入式软件系统中各任务的运行状态，设计基于策略的嵌入式多任务软件混合自容错机制，在监测各任务实体运行时状态的基础上，依据不同方法对故障任务进行自恢复处理，以保证系统主要功能的可靠性与稳定性，从而提高嵌入式平台系统的可靠运行能力。

采埃孚商用车解决方案赋能商用车智能

采埃孚（上海）管理有限公司

作者：汪仁佳，朱丽，尹智宇，武建勇

采埃孚商用车解决方案致力于赋能商用车智能，为整车制造商、车队客户和初创出行服务提供商提供自动驾驶、电动出行、智能网联和系统集成的解决方案，共同携手打造下一代出行方案。在自动驾驶和智能网联领域，采埃孚主要产品技术涵盖自动驾驶的感知、决策和执行三个阶段，并且由采埃孚系统产生的海量数据可进一步优化系统性能，并充分赋能商用车智能网联，最终为用户创造新的价值。

1. 采埃孚“采睿星”(ProAI) 超级计算机

未来的车辆智能将由几个功能强大的中央计算机控制，新一代采埃孚“采睿星”(ProAI)(见图 1) 就是其中之一。它是市场上最具灵活性、可拓展性且功能最为强大的车载超级计算机，助力车辆智能化发展。在 2021 年的上海车展上，采埃孚全球首发了新一代采埃孚“采睿星”(ProAI)。在 2022 年 9 月举行的德国汉诺威国际商用车展上，采埃孚宣布了升级版“采睿星”(ProAI) 有望开启小批量供货。“采睿星”(ProAI) 超级计算机为商用车设计的应用极其灵活、具备扩展性且功能强大，能够为所有整车平台、软件应用和电子电器架构实现车辆智能化。与上一代相比，最新升级的“采睿星”(ProAI) 不仅更紧凑、更节能，而且功能更强大，可支持从 ADAS 到 L5 级自动驾驶再能的所有等级的自主和自动驾驶。“采睿星”(ProAI) 的数据处理能力最高可达每秒一千万亿次，足以具备自动驾驶所需的高级计算能力。

图 1 采埃孚“采睿星”(ProAI) 超级计算机

2. ADOPT™ 自动驾驶开发平台技术

自动驾驶开放平台技术 (ADOPT) 通过提供“即插即用”的解决方案，为商用车自动驾驶的应用开发提供了一套高效、灵活的标准接口。凭借采埃孚在车辆运动控制领域的先进经验，ADOPT 技术在有效控制车辆相关执行机构的基础上，向虚拟驾驶员提供“标准化、高效的自动驾驶界面”，并将其连接到车辆的运动控制系统，将虚拟驾驶员的指令转化为车辆在横向和纵向的真实动态，并根据实时路况，提供持续的车辆稳定性控制。制动和转向的冗余设计，可有助于商用车更安全的实现 L3 ~ L5 自动驾驶。在确保车辆运行安全、高效的同时，简化和加速了自动驾驶应用的开放和发展。

3. OnGuardMAX™ 自动紧急制动系统 (AEBS)

OnGuardMAX™ 自动紧急制动系统 (AEBS) 是采埃孚在 2021 年 4 月上海车展时在中国全球首发的一款产品。该系统依靠先进的摄像头和雷达传感器实现数据集成，结合先进的目标分类技术，可有效识别前方各种移动、停止或静止的物体 (包括车辆与行人)，通过复杂的场景分析监测前方的交通情况，并在必要时实施全制动使车辆完全静止。该系统专为商用车设计，完全符合中国最新出台的相关安全法规 (中国是全球第一个强制要求安装 AEBS 包含行人安全功能的国家)。为满足用户日益增长的需求，采埃孚进一步提高商用车信息化程度，让车辆更安全、更智能、更省心。 OnGuardMAX™ 将在现有版本基础上升级，升级后的系统在同样硬件构成和相同车身布置的前提下，可以实现更多的功能，例如：全速自动巡航功能 (Full Speed Rang ACC) ——该功能即可实现车辆的自动启停，交通信号识别 (Traffic Signal Recognition) 和前照灯辅助 (High Beam Assist)。这些升级的功能预计将在 2023 年推出市场。

4. 电子制动系统（EBS）

电子制动系统（EBS）是新一代制动控制系统，与常规制动系统和 ABS 相比，制动距离更短，可提高主挂车的制动一致性，确保驾驶员和车辆的安全性和稳定性，并且无论车辆载荷状态如何，均可提供舒适的制动体验，优化制动磨损，提高车辆效率。采埃孚 EBS 是业界首个标准 EBS 系统，可用于纯电动和混合动力驱动的商用车，实现极佳的能量回收。采埃孚 EBS 在制动和稳定控制的基础上还可实现多种拓展功能，使车辆的运行更加安全和高效。

5. OnHand™ 电子驻车制动系统（EPH）

应对商用车市场对于驾驶安全和舒适性的日益提升的要求，采埃孚凭借其行业领先的机电系统工程设计和制造方面的丰富经验，推出了符合 ISO 26262 标准要求的 OnHand™ 电子驻车制动系统（见图 2）。创新、小巧的机电设备和独特的手控装置取代了传统的气压制动器，当载货车停稳并熄火时，EPH 将自动施加驻车制动，一旦监测到车辆起步，就自动解除。备用辅助制动是自动驾驶的一项基本安全功能，当行车的制动功能发生故障被解除时，EPH 将自动施加驻车制动。此外，EPH 还可以提供集成的 ABS 支持、坡道防溜车监控、防盗保护等功能，凭借多种差异化增值功能，提升用户的安全和舒适度。

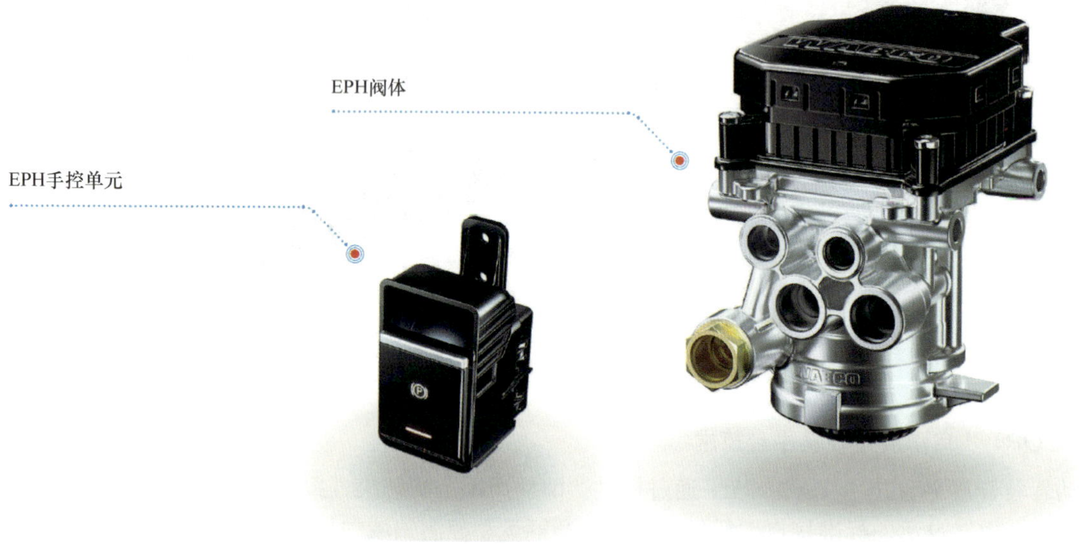

图 2　采埃孚 OnHand™ 电子驻车制动系统

6. ReAX 电动液压助力转向系统

ReAX 电动液压助力转向系统在液压转向器的基础上集成电机控制。该系统结合车辆信号及驾驶员的输入，分析后给驾驶员提供更顺滑更精准的转向控制，帮助提升整车性能，大大减轻驾驶疲劳，将驾驶乘用车的轻松体验带给了重型载货车。同时 ReAX 也是未来高级辅助驾驶（ADAS）功能的一个重要组成部分，比如车道保持（LKA）功能。

7. TraXon（传胜）自动变速器

采埃孚全新 TraXon（传胜）是基于在全球拥有百万台销量的 ZF ASTronic 自动变速器演化而来，也可以说是采埃孚的第四代重卡 AMT。作为世界顶级传动系统专家，采埃孚 TraXon（传胜）自动变速器正实现新的效率标准——高舒适性、低油耗、轻重量、高性能、延长使用寿命和减少维护。

8. 底盘悬架系统

载货车的不同用途意味着驾驶员的驾驶室在大小、设备和重量上存在差异——在某些情况下，差异非常显著。作为系统供应商，采埃孚开发和生产的驾驶室悬架系统覆盖了所有常见的驾驶室设计，包括弹簧、减振器、稳定杆和其他悬架组件。确保每个需求都有一套完美的解决方案。更少的颠簸和摇晃，也能让驾驶员从一个更舒适的工作环境中受益。

采埃孚 AirTracX 底盘悬架系统解决方案见图 3，采用十字推力杆、采埃孚减振器和底盘组件，可以实现更高的有效载荷和更低的燃油消耗。该系统及其各个组件坚固耐用，无需维护。借助 AirTracX，采埃孚提供了一个高效的轻量化底盘悬架系统。

采埃孚驾驶室悬架系统与独立的底盘系统的组合能提高车辆可靠性、提升车辆舒适性，减轻驾驶员疲劳，从而极大地保障行驶安全。

图 3　采埃孚 AirTracX 底盘悬架解决方案

9. OptiRide™ 电控空气悬架控制系统（ECAS）

采埃孚 OptiRide™ 电控空气悬架控制系统（ECAS）是一款专门针对商用车设计的智能空气悬架控制系统，对空气悬架系统进行电子控制，优化空气悬架车辆的底盘高度。可通过仪表盘开关或遥控器简单快速地调节高度，方便挂车接驳，节省时间和人力成本；具备高度记忆功能，在装卸货时调至装卸平台高度并可在车辆启动后自动恢复行驶高度；还可实现多种增值功能，帮助车队提高运营效率、车辆操控安全和驾驶舒适度，使车队的日常运营提升到一个全新的水平。最新一代 ECAS 可提供车架版 ECU，释放驾驶室空间，减少线束的复杂度，使装配和维护更便捷。

10. OptiPace™ 预测性自适应巡航控制（PECC）

为满足中国市场在提高车辆运行效率和减少二氧化碳排放方面日益增长的需求，采埃孚推出了 OptiPace™ 系统（见图 4），该预测性自适应巡航控制（PECC）技术专为商用车开发，基于巡航信息和地图信息，可调节车辆至最经济的运行速度，并根据前方的道路地形进行调整，使得车辆动力系统运行在高效的工作区间，可节省 4% ~ 6% 的燃油，降低驾驶员劳动强度的同时有助于将制动片磨损和排放量降至最低。此外，该功能可与采埃孚的自动驾驶平台 ADOPT™ 无缝集成在一起，实现高效的自动驾驶。

图 4　采埃孚 OptiPace™ 预见性自适应巡航控制系统

11. 智能挂车解决方案

采埃孚“智能挂车解决方案”基于挂车电子制动系统，实现业界最为全面的功能组合，提供了多达 40 种挂车创新功能，可完全针对每个车队不同需求进行定制，有效提高车辆高级安全、运营效率、驾驶员舒适度和效率、载荷优化以及降低油耗和碳排放。

12. SCALAR 全新数字化车队管理平台

采埃孚近期发布了全新的 SCALAR 数字化车队管理平台（见图 5）。基于采埃孚逾 35 年经验的先进车队管理解决方案、数字化互联技术以及世界一流的自动驾驶车辆运营优化算法，SCALAR 平台将提供多种不同的车队运营优化功能，包括全自动实时规划、路线规划、行程安排以及配送解决方案。凭借独一无二的车辆数据、一流的机器学习能力和基于人工智能的算法技术，这一开放的模块化平台可以满足客户各种需求。无论是单行业车队还是多行业车队，SCALAR 平台都能够帮助其实现客货运输的实时协调和管理。该平台将帮助运营商，包括托运方、运输公司、市政部门和其他利益相关方，在“移动出行即服务（MaaS）”和“交通运输即服务（TaaS）”方面达到更高的水平。

通过不断实现产品的多元化，开拓新市场，实现更深入的技术渗透并追求成熟可靠的可持续发展战略，采埃孚已在电动化、自动驾驶、智能网联和软件定义汽车等前沿领域取得了重大进展，夯实行业领先地位，为塑造移动出行和运输行业的未来做好准备。

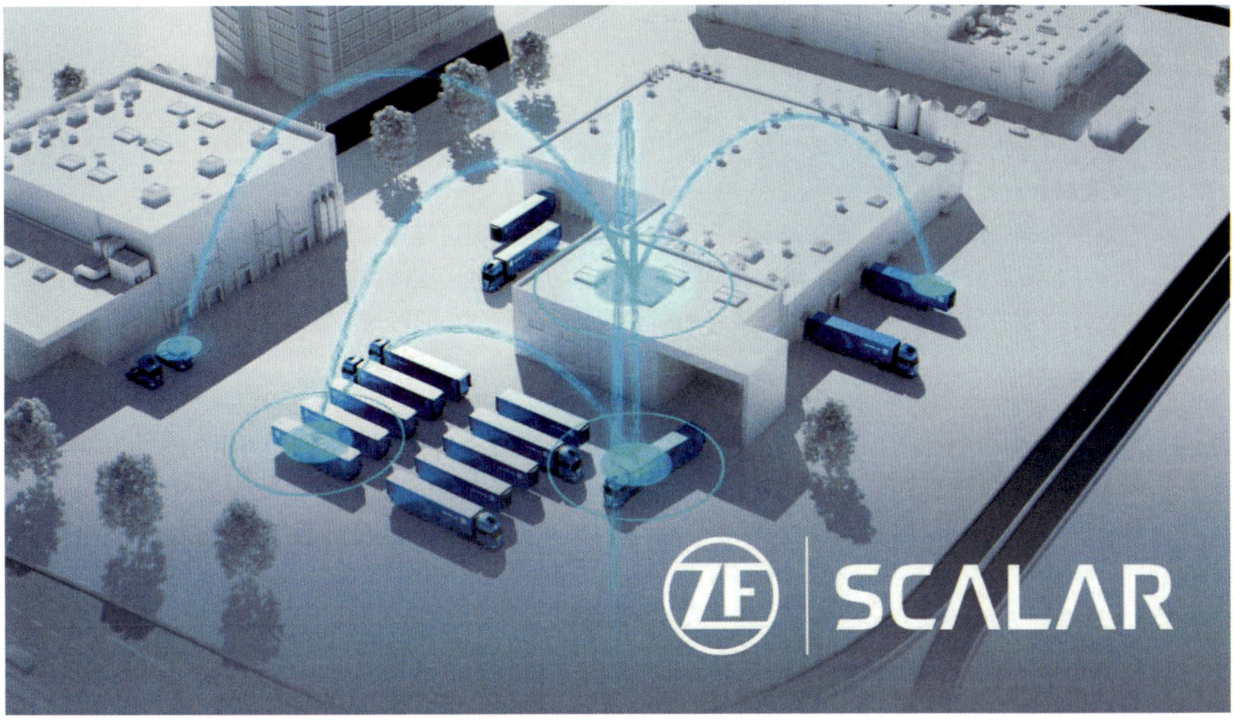

图 5 采埃孚全新的 SCALAR 数字化车队管理平台

智能网联车辆及其应用

海南大学机电工程学院
作者：陈振斌，李培新

1. 智能网联汽车试验平台

平台包含：车联智控开放平台、车联智能监控系统、大数据分析模块、智能车联网数据库服务系统。

（1）车联智控开放平台

1）设备管理模块：包含设备管理、设备规格、设备事件和设备控制几大核心功能的实现，能够支持设备模板管理、批量设备创建以及设备与用户绑定。

2）数据管理模块：包含数据采集、数据存储、数据处理和数据呈现几大核心功能的实现，支持结构化数据及非结构化数据存储与处理，用于驾驶模拟系统中数据管理。

3）业务管理模块：包含任务调度数据交互和仪表盘几大核心功能的实现。

4）大数据存储服务模块：采用 MQTT+HTTP 两者结合的方式，达到数据的实时传输和控制，并对用户的操作行为作出及时的反馈；提供大数据存储服务，处理设备事件数据，主要支持 MongoDB（NoSQL）数据库，用于实现驾驶模拟系统的大数据实时共享。

5）任务调度服务模块：对外提供任务调度服务，可以通过设置定时任务、触发任务实现对设备的自动化控制。

6）接口服务模块：集成 Swagger 框架，对外提供 RESTFul API 在线接口文档并提供在线测试功能。

7）车联智控开放平台能够定义不同的车联网应用场景，可以通过创建模板、生成设备到应用场景三方面体现车联网的整个的生态系统。

（2）车联智能监控系统

1）驾驶模拟系统信息监控：包含驾驶模拟系统产生的数据、整车参数监控、报警管理、基本资料管理等。

2）车载环境监控：汽车外部环境监控。

（3）大数据分析模块

1）车联网车辆信息可视化：车联网车辆运行情况监控、大数据可视化。

2）可多维度车载数据流量分析，对交互应答具备快速的及时性，支持快速写入和读取数据库。

3）对连接终端的数据类型多样化、连接终端移动性及数据粒度小的特征有良好的适应性。

（4）智能车联网数据库服务系统

1）智能车联网关系型数据库服务系统：提供数据存储、管理服务，采用 linux+MySQL。支持 Mysql、Oracle、Sqlserver 主流数据库软件以及 MongoDB、InfluxDB、Hbase 等物联网数据库软件，支持 Linux/Unix/FreeBSD/Windows 等操作系统。

2）智能车联网 MongoDB 数据库服务系统：提供非关系型数据存储、管理服务，采用 MongoDB 进行数据存储。

该平台提供了开放的接口，可以做三个层面的二次开发，应用层面（车辆跟踪应用）、APP 层面（可以自主开发自己的 APP）、硬件层面（接口都是标准的，可以支撑各类硬件，ARM、OBD）。可以对接真实车辆，可以自定义模拟车辆，方便实验教学。智能网联汽车试验平台构建了射频识别、无线传感器、通信网络、中间件技术及嵌入式技术等多种技术的平台，为后续智能网联汽车研究工作的开展提供了良好的硬件条件。

2. 基于虚拟现实技术的智能驾驶安全防护系统

基于虚拟现实技术的智能驾驶安全防护系统主要是针对智能驾驶中存在的电子设备故障、环境干扰、驾驶员误操作、驾驶疲劳等安全问题，将虚拟现实技术应用于智能驾驶安全防护，建立基于虚拟现实的具有“人 - 车 - 环境”交互特性的运行精度高、稳定性和实时性好的安全防护系统，制定控制策略和优化算法，提高智能驾驶主动安全，并以此模拟系统为重要工具和虚拟实验平台，研究开发智能驾驶的安全防护系统，实现驾驶员状态感知、主动转向、主动制动、行人避撞、系统提示警告等综合安全防护。

基于虚拟现实技术的智能驾驶安全防护系统具备以下功能：

（1）车辆模型搭建

采用易于实现实时交互的多体动力学仿真软件进行车辆动力学建模，在兼顾计算精度时保证实时性，采用开发的标准 API 接口函数编程方式，将车辆动力学模型应用于驾驶模拟系统，实现良好的运动仿真效果。

（2）虚拟场景复现

针对智能驾驶中存在的安全问题进行视景建模和场景复现，采用三维建模软件建立三维高清地形场景模型，基于图形开发包和编程语言设计虚拟驾驶场景的层次结构、模型解析等基础类库，方便场景调用，营造了逼真虚拟驾驶环境，可实现全天候的汽车驾驶虚拟仿真实验。

（3）算法评价验证

系统可针对各种安全防护问题，在保证有效性和安全性的前提下，基于虚拟现实技术进行控制策略和优化算法多次重复试验性；同时可对相关策略和算法进行主观评价，增强算法的可靠性和准确性。

针对目前行人轨迹预测一直是计算机视觉领域的热门研究热点，提出了一种时空交互图注意力 GAN（STI-GAN）模型（见图 1）来学习待预测轨迹的多模态特性。使用图形注意力网络来模拟行人的社会互动，并为每个邻居分配不同的注意力权重，以识别更高重要性的邻居。结合 GAN 结构实现基于时空特征的图注意模型，以端到端序列的形式生成可解释的多模态路径。对两个公开的行人轨迹预测数据集进行了实验误差分析，在虚拟现实驾驶仿真平台上验证了我们提出的模型的有效性。

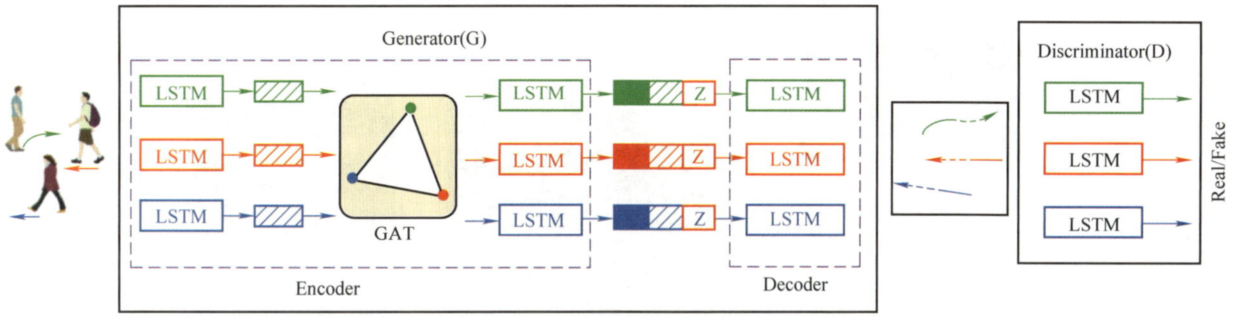

图 1　时空交互图注意力 GAN（STI-GAN）模型

（4）驾驶仿真交互

系统搭载了运行精度较高、稳定性和实时性较好的试验运动平台，包括转向盘、加速踏板、制动器、动感座椅、感应头盔、仿真显示器等设备（见图 2）。采用高性能的主控计算机来生成实时仿真视景，并与操作系统和运动模拟控制系统进行实时通信，能使驾驶员沉浸到虚拟驾驶环境中，增强虚拟驾驶感觉。

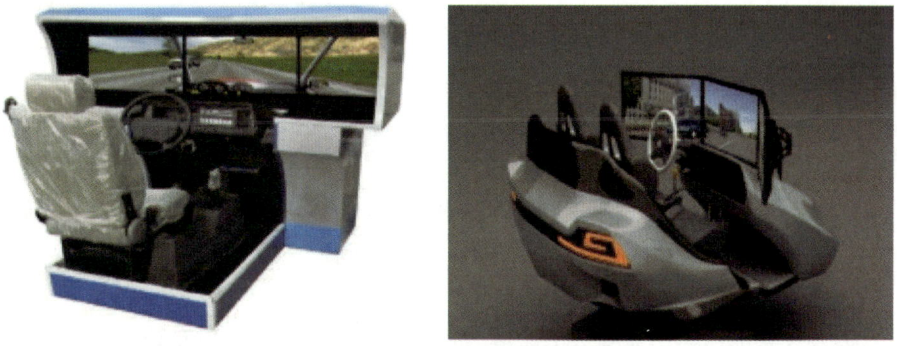

图 2　虚拟现实驾驶系统平台效果图

（5）实时数据可视化

系统通过融合交互式、动态视景和实体行为，将虚拟现实技术应用到智能驾驶安全防护研究，可实现计算机控制、数据实时监测和可视化。在计算机上能实时共享观测信息和上传驾驶行为、车辆轨迹、交通状况、地图信息等大量数据。

3. 路面病害无人检测小车

鉴于目前道路检测领域，道路维护成本高，且现在绝大多数的养护质量检测采用人工检测，速度慢，危险性高，准确率低。“路寻—智能轻量化的道路检测新星”正是针对目前道路检测行业存在的检测速度慢、检测率低而且危险性高等问题，研发的路面病害无人检测小车。

这款小车的主要功能包括基于激光自源定位的无人驾驶与自动规划路径、基于计算机视觉与多传感器融合算法的道路病害检测评估、基于北斗导航定位道路病害定位系统与云计算。检测过程中，本检测车基于 YOLOV5 神经网络模型，引入 SE 注意力机制，对行驶道路路面情况进行检测，极大地提高了检测的能力。此外，还提出了一种多传感器融合算法，运用北斗导航定位系统定位将出现道路病害（如裂缝、坑洞、车辙）的位置等上传到云端，对于不同的路面损坏情况及路面质量情况进行评定，从而满足城市交通和道路维护所需要的检测需求。同时，本检测车搭载了云计算的功能，不仅减少了成本，提升了检测车的续航时间，还让其识别准确度不断地提高，保证了检测车的工作效率（见图 3）。

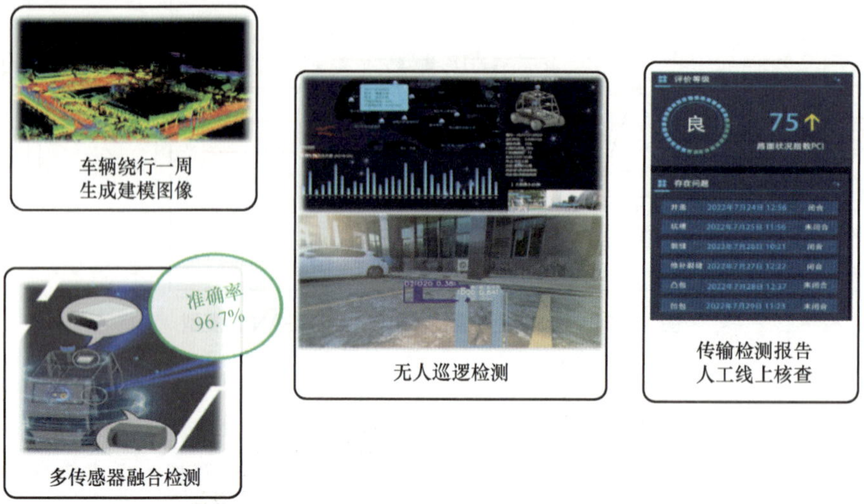

图 3　路面病害无人检测小车功能结构图

芯驰科技加速构建汽车芯片生态平台

南京芯驰半导体科技有限公司

作者：来莎莎

2022 杭州云栖大会智能汽车产业峰会上，斑马智行与芯驰科技联合发布智能座舱生态化平台。双方将基于 AliOS Cyber 和芯驰智能座舱芯片“舱之芯”X9 系列深度合作，率先共建行业首个全栈式舱行泊一体方案，使座舱、行车和泊车场景都共用一套芯片、传感器和域控制器，加速推进座舱和驾舱的融合，预计 2024 年实现量产落地。这一方案在提升性能的同时可以支持 OTA 功能的软件算法迭代，帮助主机厂实现软硬件解耦，大大提升开发效率。

智能汽车的发展离不开软硬件生态合作。斑马智行与芯驰科技早在 2020 年就开始合作，为了更好地服务主机厂和 Tier1，双方将共创芯片 AliOS 版基线，共建操作系统芯片生态，这也是目前首个国产芯片与国产汽车操作系统联合共建基线，“芯魂协同”，将助力中国智能驾驶产业加速发展。

国内领先的车规芯片企业芯驰科技与全球领先的微处理器调试开发工具厂商劳特巴赫（Lauterbach）共同宣布：TRACE32 调试工具已全面支持芯驰科技全系列车规芯片，共同助力客户项目高效研发。

经过双方的共同推动与努力，TRACE32 支持了芯驰科技全系列车规芯片，包括智能座舱芯片“舱之芯”X9、中央网关芯片“网之芯”G9、智能驾驶芯片“驾之芯”V9 和高性能 MCU“控之芯”E3 系列。

调试功能包括异构多核调试，Linux、QNX、FreeRTOS 等实时操作系统的解析、代码跟踪等（见图 1），以及通过 TRACE32 Complex Trigger Language 等功能拓展和丰富芯驰芯片复杂场景、复杂判断的调试（见图 2）。

未来，双方将进一步加强战略协同，深化扩展合作领域，依托芯驰科技高性能、高可靠的车规芯片，以及劳特巴赫广泛适配、行业领先的调试技术，共同支持客户的项目高效研发，提升效率，优化方案，打造完整便捷的项目支持方案，服务国内外客户。

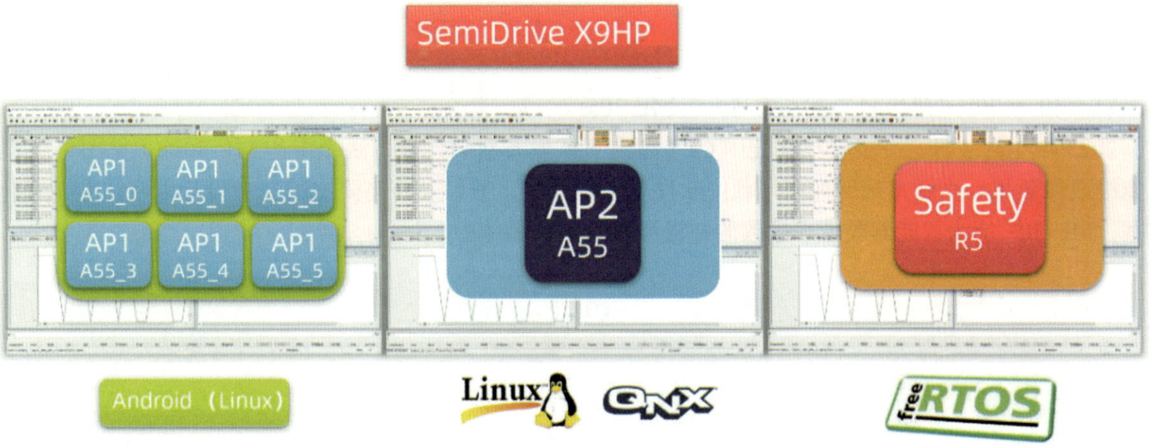

图 1　多核操作系统的调试

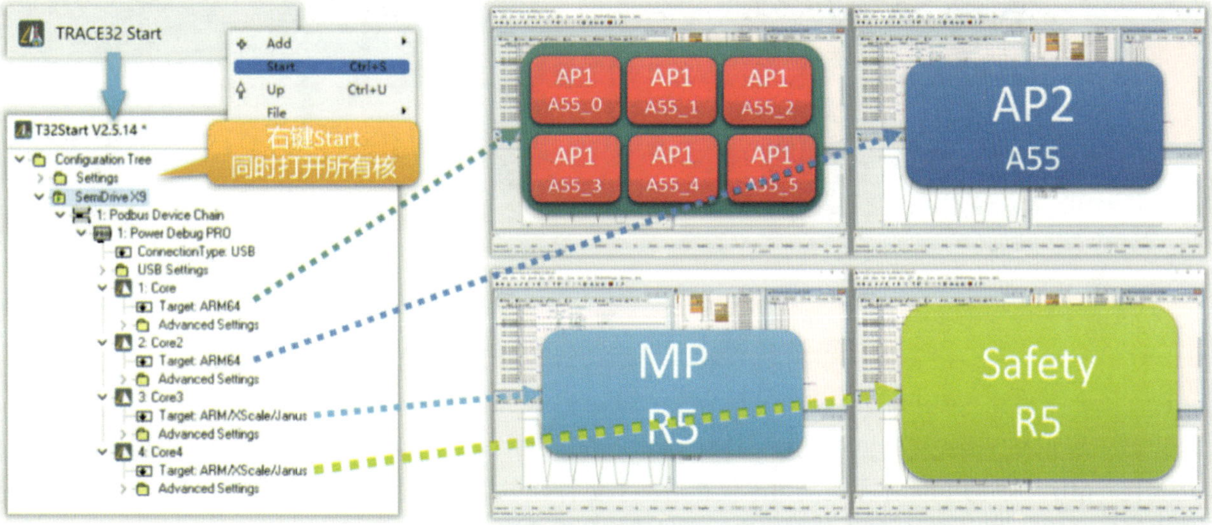

图 2　通过 T32 Start 进行配置，以完成 AMP 多核调试

车规量产固态激光雷达推动自动驾驶落地应用

北京一径科技有限公司

1. 年度核心产品

（1）40°×70° 车规级短距激光雷达——ML-30s+

2023 年 1 月 5 日，一径科技在美国 CES 展上正式发布新一代补盲激光雷达 ML-30s+（见图 1）。其具有图像级成像效果、全新车规级面向车载的软硬件架构升级，兼顾美观与降本的造型设计以及定制工程化解决方案，ML-30+ 能为智能驾驶带来极致的补盲激光雷达产品体验。

图 1　ML-30s+ 产品外观

（2）超广视场角，非对称垂直视场

定位于短距补盲激光雷达，ML-30s+ 具有 140°×70° 的超广的水平视场角。与 120° 水平视场角的激光雷达相比，ML-30s+ 的 140° 水平视场角不仅在造型上更符合车身流线设计，且在不进行航向角调整的情况下能更好地覆盖车侧后向的区域，从而更快、更早感知到对应边缘区域的目标物。

具体来说，在 140° 视场角覆盖能够比 120° 提前 1.4m 发现相邻车道后方来车，这意味着可提前 300~700ms 发现目标车辆，为后续的规控系统留出充足响应时间。而在同样实现 360° 盲区覆盖的情况下，140° 的盲区拼接是 120° 的 1/2。

垂直视场角上，ML-30s+ 采用独有的非对称式垂直视场角设计，将有限的 FOV 用到最关键的盲区，实现近车身盲区最小化。ML-30s+ 水平面下 50°（水平放置）视场角为当前业内最大的视场角，能够有效探测路沿、低矮安全护栏、砖块、地锁、石墩、锥桶等路面常见障碍物，同时能够帮助完成车道线及车位线识别，实际覆盖效果甚至超越了 90° 对称垂直视场角的实际覆盖效果。此外，非对称设计能够在常规的车体造型面设计上实现更多的向下覆盖，更好地满足绝大多数车型造型面的匹配。

（3）超高分辨率，无差异的大视场感知能力

ML-30s+ 具有目前补盲产品中最小的角分辨率——0.44°×0.44°，单帧的点云数为 320（H）×160（V），单回波模式下的点频为 512000 点 /s。稠密的点云能够有效实现对物体细节的精准探测，可从距离 22m 的黑

衣行人获得 20 个点云，距离 25m 的三角锥桶获得 6 个点云。

此外，相较于市面上其他雷达存在边缘探测能力衰减的现象，ML-30s+ 具有稳定的全视场一致性探测能力，在 140° 视场范围内可实现可靠的、无差别的感知，能够持续有效地帮助驾驶员或智驾系统做出安全舒适的驾驶策略，最大程度保证盲区的安全性。

（4）昼夜兼行，风雨无阻

是否具备恶劣天气条件下的正常感知能力，是检验激光雷达产品可靠性的终极“试金石”。通过独有的算法和传感器技术，ML-30s+ 不仅能够在黑夜中保持稳定清晰的探测，更无惧阳光直射，同时能够在雨雪等极端天气环境中保持稳定的性能，为全工况自动驾驶提供了可靠的 3D 感知能力。

（5）车规级可靠性，安全通用的软硬件架构

ML-30s+ 全新的软硬件架构，满足车规级使用场景的可靠性要求。在硬件架构上，ML-30s+ 采用了独特的非同轴激光雷达架构设计，MEMS 振镜仅负责发射部分的二维扫描，纯固态接收端模组负责大视场的凝视接收，二者互不干扰。整个雷达中唯一一个扫描部件——MEMS 振镜模组采用全新自研封装，耐温湿、抗振动、抗冲击均为业内最高水平，设计寿命可达 50000h 以上，能够充分满足乘用车的使用需求。

功能安全方面，ML-30s+ 在设计过程充分参考乘用车自动驾驶与 Robotaxi 两大领域典型场景的功能安全需求，将其“顶层、具体的功能安全要求”转化为“经过拆解和转化的内部技术安全需求”，在可能出错的关键链条中加上保护和监控机制，达到 ISO 26262 功能安全 ASILB 标准。

同时，ML-30s+ 支持 AUTOSAR 软件架构，在诸多个与整车的交界面，如 FOTA、UDS/DOIP, 传输与通信等方面实现了标准化，极大减少了客户在整车集成阶段的二次开发工作，能够最快地使激光雷达实现与整车的软件适配。

网络安全方面，ML-30s+ 基于不同应用场景车辆的网络安全接口协议，从威胁和风险分析（TARA）、安全方案设计、测试、生产等整个逻辑链对网络安全进行了全面完善，避免激光雷达成为自动驾驶系统安全的缺口。

（6）面向补盲场景的软件功能，端到端的集成解决方案

相比于长距主雷达，补盲雷达的使用场景是非常差异化的，ML-30s+ 根据补盲雷达的特殊场景需求，在功能上进行了完备的考量和设计。补盲雷达主要覆盖近车身区域，不可避免会与车辆本身及周边的复杂环境有更多的“近身搏击”，由此导致车身噪点、点云粘连等异常点云怪像，影响自动驾驶系统的正确判断，造成车辆紧急制动或者行驶缓慢。通过特定的点删除套件和算法，作为补盲领域的先行者，基于一径科技多年在补盲场景的积累和落地实践，ML-30s+ 推出了针对补盲激光雷达的专有软件功能，如去粘连算法、特定点遮挡等，完美解决近车身点云怪象问题。

要做到易用的激光雷达，拥有针对其场景的各类专有软件功能是远远不够的。对于 OEM 客户来说，能否在交付后的集成阶段以及上车后的使用和维护过程中提供完整的一站式解决方案，更为关键。ML-30s+ 提供了端到端的一集成解决方案，针对多雷达安装防错、下线标定、脏污检测及清洗方案、休眠唤醒、光窗加热等工程化需求提供了有针对性的参考解决方案，有效降低了激光雷达“上车”前后的各项工程开发难度，提升了整车集成效率，降低了相关成本。

（7）双向微弧面，要性能更要造型

ML-30s+ 在整机造型上进行了全面优化，双向微弧面的光窗设计，在垂直和水平两个维度上的均为微弧度造型，相比第一代补盲激光雷达，光窗深度缩小 60%，光窗平滑度提升 30%。在保证宽视角补盲激光雷达的性能外，具有车机开口小和外露造型美观两大优势，更易于整车的流线造型设计。

ML-30s+ 具有全新的模块化设计理念。与一径科技第一代补盲雷达相比，体积减小 40%，重量降低 40%，功耗降低 20%。体积的减小（120mm（W）× 60mm（H）× 97mm（D）)，为乘用车空间布局提供了更多的余量。

此外，ML-30s+ 采用上下壳体嵌套的组装方式，所有内部元器件固定在唯一基准面结构上，光窗则被预先安装在外壳体，有效简化了安装工序，提升了产品生产效率，同时大大降低了光窗损伤后的维修成本。

一径科技始终坚信补盲应用场景在自动驾驶技术发展过程中的重要价值，且是国内最早完成车规级补盲激光雷达研发、量产上车全过程的企业。在过去的三年中，一径科技第一代补盲激光雷达伴随着京东、赢彻、Mobileye、元戎启行等国内外优秀企业行驶过山南海北，在各类道路场景和严苛环境中经受住了考验，积累了丰富的工程化经验。

ML-30s+ 是一径科技在短距补盲领域三年工程应用和实践的答卷之作，除了高性能、高可靠，更具有市面上其他同类产品无法比拟的成熟完备的量产条件。这款专为自动驾驶补盲而生的超级“鹰眼”将于今年内实现稳定量产交付。

2. 追求极致的远距离感知能力——ML-Xs

激光雷达的感知距离取决于两个主要的因素：足够长的探测距离和足够小的角分辨率。这两个参数决定了激光雷达是否能在足够远的地方对一个小尺寸目标物有足够数量且稳定的探测点云。

一径科技的长距激光雷达 ML-Xs 是以“追求极致的远距离感知能力”为核心目标进行的设计。ML-Xs 外观及关键参数分别见图 2 和图 3。

图 2 ML-Xs 外观

图 3 ML-Xs 关键参数

（1）核心技术路线：1550nm 光源 + MEMS 扫描

ML-Xs 采用了一径科技成熟且先进的 MEMS 激光雷达平台架构，激光光源则选择了 1550nm 的光纤激光器。

1550nm 光纤激光器具有出光峰值功率高、光束质量好和点频数高的特点。在人眼安全的范围内，超高的出光峰值功率可极大地提升激光雷达的探测信噪比，从而实现高达 250m（误差 10% 内）的探测距离。由于信噪比的提升，其在远距离的测量更加稳定，保证了远距离下对小物体的稳定点云输出。

扫描方式上，ML-Xs 复用了一径短距激光雷达同款的 MEMS 微镜模组，保证核心部件在新产品应用上的成熟度。也正因为如此，ML-Xs 在车规级的振动、冲击等可靠性上也有了丰富的应用验证。

最重要的是，得益于 MEMS 微镜的 2D 快速扫描特性，ML-Xs 能够轻松实现超高的空间分辨率，其纵向等效 180 扫描线在所有长距激光雷达产品中也属佼佼者。可以说，高速扫描的 MEMS 微镜和高点频输出的光纤激光器是完美的结合。ML-Xs 点云图见图 4。

图 4　ML-Xs 点云图

（2）水平视场分区设计

如前所述，长距激光雷达的两个重要应用场景为高速场景和城市中速场景。而这两个场景对于激光雷达的需求是有区别的：高速场景追求看得远，城市中速场景追求看得广。

基于场景实际需求，ML-Xs 推出了特有的水平视场分区设计，将 120° 水平视场角分成正前方超远距离探测区域和两侧中远距离探测区域，完美满足上述两个场景的感知需求：

1）中央正前方（−15° ~ +15°）拥有超远的探测距离（250m 反射率，误差 ± 10%）和足够小的水平角分辨率（0.15°），以应对高速场景对正前方超远感知距离的需求。

2）两侧视场（−60° ~ −15° 和 15° ~ 60°）探测距离为 100m（反射率，误差 ± 10%），保证在城市工况下大角度的感知探测。

更重要的是，水平分区的模块设计在未来技术演进上更具灵活性，可以根据不同分区需求的变化而独立演进，既可以将中央区域感知能力进一步提升，也可以进一步加大侧视场的角度覆盖范围。

（3）垂直视场 ROI 设计，关键扫描线用在关键区域

除了上述所讲的水平方向分区设计，垂直方向的扫描线分布也是影响长距激光雷达感知距离的主要因素。

ML-Xs 将车前方垂直视场角覆盖的区域分为了三部分：近车身区域、正前方和前上方区域，并分别对三个区域进行了垂直线束分布的优化：

1）近车身区域：指的是激光雷达垂直视场向下的部分，一般来说这部分视场覆盖的是车前方的近距离区域（70m 范围内）。此区域对角分辨率要求不高，只要能满足中短距的成像要求即可。

2）正前方区域（ROI）：指的是激光雷达垂直视场水平线附近的角度范围。该范围是覆盖车正前方远处的关键区域。在此区域，ML-Xs 的垂直角分辨率为 0.06°，为正前方远处关键物体的检测提供了足够的分辨力。

3）前上方区域：该区域一般是车前上方的空间，ML-Xs 同样采取了与近车身区域类似的策略。

4）图片。通过分区域优化设计，能够更好地满足长距激光雷达在不同场景下的应用需求，将有限的扫描线用在最关键的区域。此外，得益于 MEMS 微镜灵活的扫描方式，该垂直 ROI 区域还可以根据不同安装高度进行灵活调整，从而适配不同车型的要求。

（4）ML-Xs，无与伦比的全视场感知能力

基于上述三点产品设计理念，ML-Xs 实现了业界领先的全水平视场感知能力，能够及时有效地发现和跟踪多个不同角度的“感兴趣目标”。

得益于成熟先进的非同轴 MEMS 激光雷达架构以及 1550nm 光源的引入，ML-Xs 是一径科技面向自动驾驶行业推出的又一力作，相信一定能为自动驾驶客户带来无与伦比的前向感知体验。

大陆集团智能驾驶传感器前沿创新产品

大陆智行科技（上海）有限公司

1. 大陆集团第五代 200 万像素前视智能摄像头

MFC52x 系列前视智能摄像头，约 200 万像素，水平 110° 宽视野。小巧的身躯容纳了一颗强大的 SOC，实现了单视觉感知、环境模型融合、路径规划、车辆控制等 L2 功能。在大陆集团毫米波雷达的加持下，最高 CNCAP/ENCAP 2023/2025 五星满足国内外法规要求。

MFC52x 大陆集团第五代前视智能摄像头（见图 1），一体式设计由光学器件、电气硬件、电气连接器和外壳组成。相比第四代产品，第五代摄像头的像素数、像素尺寸、镜头光学素质、ISP 图像矫正与处理算法都有显著提升，即使在低光照条件下也能获得清晰的图像效果。该摄像头内部仅有一颗 SOC 作为主芯片，化繁为简，大陆旨在用有限的硬件资源为客户提供尽可能多的功能。

大陆集团第五代感知算法，基于从压缩签名的随机收集中进行的无监督学习。无监督学习过程基于互匹配和聚类，以识别随机数据中的通用模式。签名生成由低计算（浅层、并行、自适应）神经网络执行，高维神经皮层空间允许在有限的记忆资源下具有强大的表达能力。利用这种先进的自主 AI 算法，我们可以在小 SOC 中部署高性能感知模块，并获得良好的感知结果，从而实现一个经济高效的平台。因此，该智能摄像头具有较低的成本，这将为客户降低成本以提高产品在市场上的竞争力提供巨大的优势（见图 2）。

图 1　大陆集团第五代 200 万像素前视智能摄像头

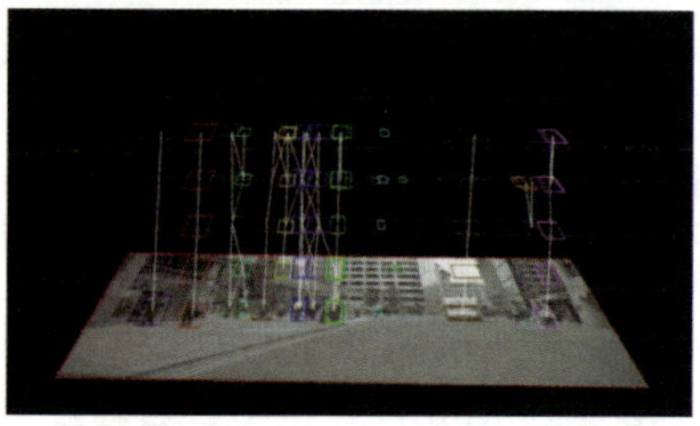

图 2　大陆集团第五代摄像头感知模型示例

MFC52x 上下兼容单视觉、1R1V、3R1V 以及 5R1V* 方案，适配多种车辆电子电器架构。大陆复杂环境模型算法精准匹配雷达和摄像头的目标和路沿，预测交通参与者的运动轨迹，为自车轨迹规划和车辆运动控制提供车身周围真实的环境模型，支持 ACC、AEB、LKA、TJA/ICA 等十余种 L2 行车功能。针对不同国家的法规测试项目，MFC52x 在全球多个研发中心进行了软件仿真或实车测试，帮助不同客户实现 GSR 法规和 C-NCAP /E-NCAP 评星要求。

2. 大陆第六代雷达解决方案

大陆集团拥有 20 多年制造雷达传感器的成功经验，至今已向全球市场推出了 1 亿件雷达传感器。大陆集团的雷达传感器技术仍在不断发展，最新推出的第六代长距雷达和环绕式角雷达解决方案计划于 2023 年量产，现已收到首批客户订单。六代前雷达和角雷达传共享一个软件和硬件平台，从而减少了运行的复杂性和成本，同时也可以节省客户方面的测试和开发投入。

与第五代雷达相比，第六代雷达的性能大幅提高。前雷达 ARS620 具备最远 280m 的探测能力，具备 ± 60° 的 FoV，水平角分辨率高达 1.3°。另外该雷达具备 ± 20° 的垂直探测能力，垂直角探测精度高达 ± 1°。针对角雷达产品，大陆提供了 SRR620 和 SRR630 两款产品：SRR620 具备 ± 75° 范围内 160m 的探测距离，支持点云、目标及功能输出，可覆盖 ENCAP 要求的入门级车型功能；SRR630 则作为一款关注于自动变道 LCA 功能的高性能雷达，具备 ± 75° 范围内 200m 的探测距离，水平角分辨率高达 3°。另外，SRR630 支持 SAR 模式，可实现对车辆周身 10m 内的高分辨率环境感知，从而支持泊车应用。六代角雷达的性能远超过之前的短距雷达，这一优势也促使它获得了出色的 NCAP 辅助系统评价结果（见图 3）。

此外，200m 周身环绕式雷达的设计具有更强的响应能力，因此能够更早、更准确地探测到穿行的车辆、摩托车和自行车。即使是将它们安装在车辆上的不利位置时也不例外。尤其是在车辆一侧的区域，环绕式角雷达更有助于发挥高级驾驶员辅助系统和自动驾驶的强大功能（见图 4）。

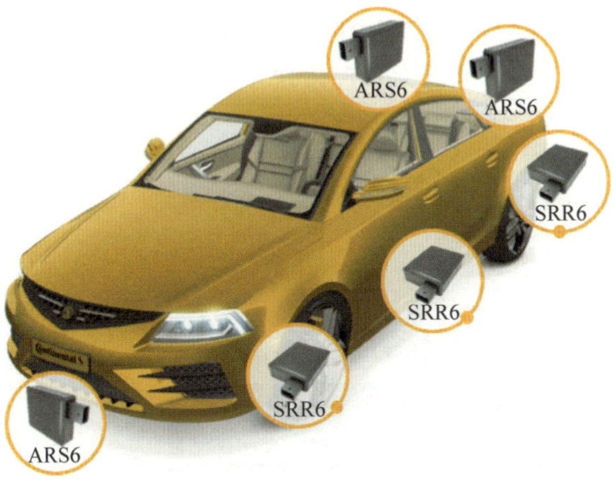

图 3　领先的环绕式雷达解决方案

图 4　长距和周身雷达共享软硬件平台

六代雷达可进行灵活部署，接口方面支持 CANFD 和以太网，支持点云输出、目标输出以及目标融合输出，还可以作为卫星雷达，在中央控制单元中处理数据，从而为一系列的车辆平台架构提供支持（见图 5）。

此外，大陆集团六代雷达传感器尺寸仅为 70mm × 55mm × 20mm（不含接插件和支架），其体积比第五代传感器小了将近 40%。在提供优异性能的同时，也为用户提供了更为方便的安装条件以及更低的成本。

图 5　长距雷达覆盖从 NCAP 要求乃至全自动驾驶功能

信长城车联网信息安全解决方案与实践

北京信长城科技发展有限公司
作者：罗燕京

伴随着汽车智能网联化快速发展，对汽车网络安全、数据与信息安全的监管需求已经提上日程。在海外市场，UNECE WP.29（联合国世界车辆法规协调论坛）颁布的两项强制法规：R155（对应网络信息安全）和 R156（对应在线软件升级 OTA）已正式生效。在中国市场，2021 年 8 月，工信部发布《关于加强智能网联汽车生产企业及产品准入管理的意见》，明确要求加强汽车数据安全、网络安全、软件升级、功能安全和预期功能安全管理。《汽车整车信息安全技术要求》《汽车软件升级通用技术要求》两项强制性国标的发布也已提上日程。

强安全监管时代，车联网安全合规变得至关重要。汽车企业已经逐步认识到了信息安全合规的重要性。过去一年多以来，车企纷纷加大投入。作为智能网联汽车的头部企业，信长城一直致力于通过密码应用技术为车联网身份安全与数据安全保驾护航。

1. 主要产品

（1）信长城 C-V2X 安全证书管理系统

信长城 C-V2X 安全证书管理系统（见图 1）基于 YD/T 3957-2021《基于 LTE 的车联网无线通信技术 安全证书管理系统技术要求》，主要实现根证书机构（Root CA）、中间证书机构（ICA）、基于 DCM 的认证授权机构（AAA）、注册证书机构（ECA）、应用证书机构（ACA）、应用证书注册机构（ARA）、假名证书机构（PCA）、假名证书注册机构（PRA）、链接机构（LA）、异常行为管理模块（MA）等功能。为车辆 V2X 业务提供证书的申请、下载、吊销等全生命周期管理能力。

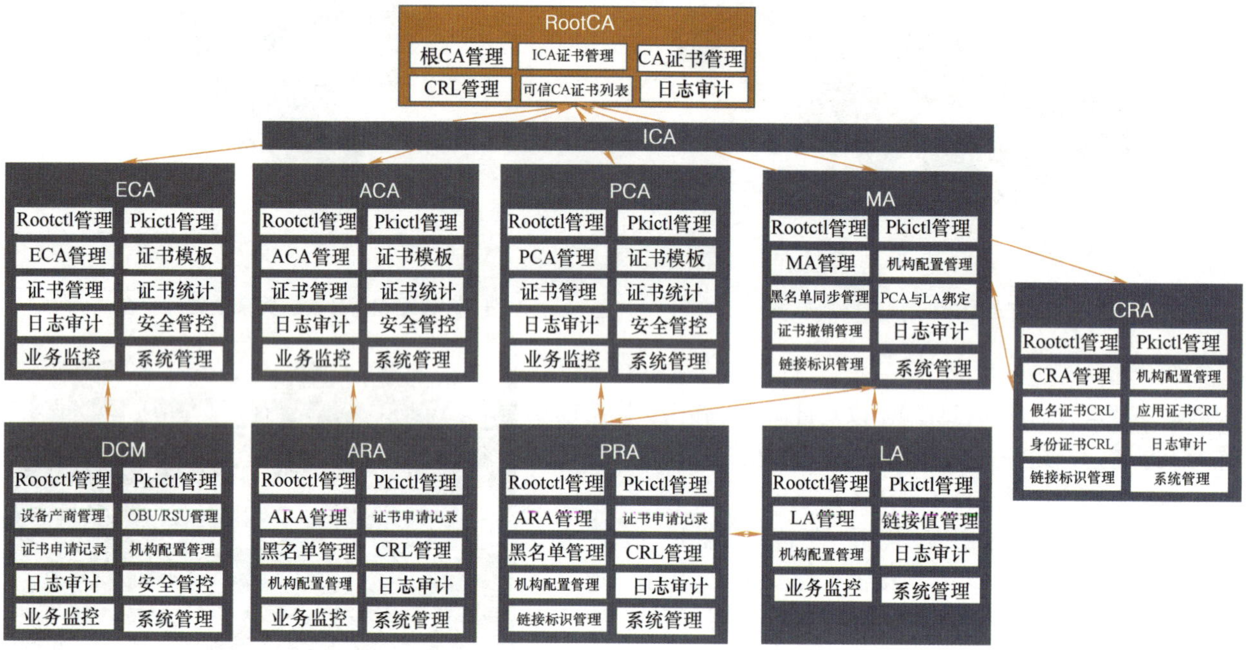

图 1　信长城 C-V2X 安全证书管理系统

产品优势如下：

1）安全合规：产品基于 YD/T 3957-2021《基于 LTE 的车联网无线通信技术 安全证书管理系统技术要求》标准规范设计，标准化程度高。

2）丰富的落地实施经验：产品具有丰富的落地实施经验，已在多个车企、V2X 试验场、先导区落地使用。

3）互通一致性：多次参与支撑工信部举办的“四跨”“新四跨”活动，与多家 OBU、RSU 厂商完成互联互通。

（2）信长城汽车数字钥匙

信长城汽车数字钥匙（见图 2）支持 CCC 协议 3.0、ICCE 协议。通过 BLE、NFC 通信，完成与车机的指令安全交互，实现开关车门、开关车窗、开关车灯、开关行李舱等控车功能。同时还可实现钥匙分享、分时租赁、车辆运输等更多场景增值服务。通过数字钥匙安全管理系统提供对用户、手机终端、车端及数字钥匙的生命周期管理，通过手机端 SDK、车端 SDK 实现蓝牙连接的安全认证及控制指令的收发等。

产品优势如下：

1）支持 CCC、ICCE 协议，支持 BLE、NFC、UWB 三种控车方式。

2）支持单蓝牙、多蓝牙标定方式。

3）数字钥匙 3 大标准成员：国际车联网联盟（CCC）、智慧车联产业生态联盟（ICCE）、智慧车联开放联盟（ICCOA）。

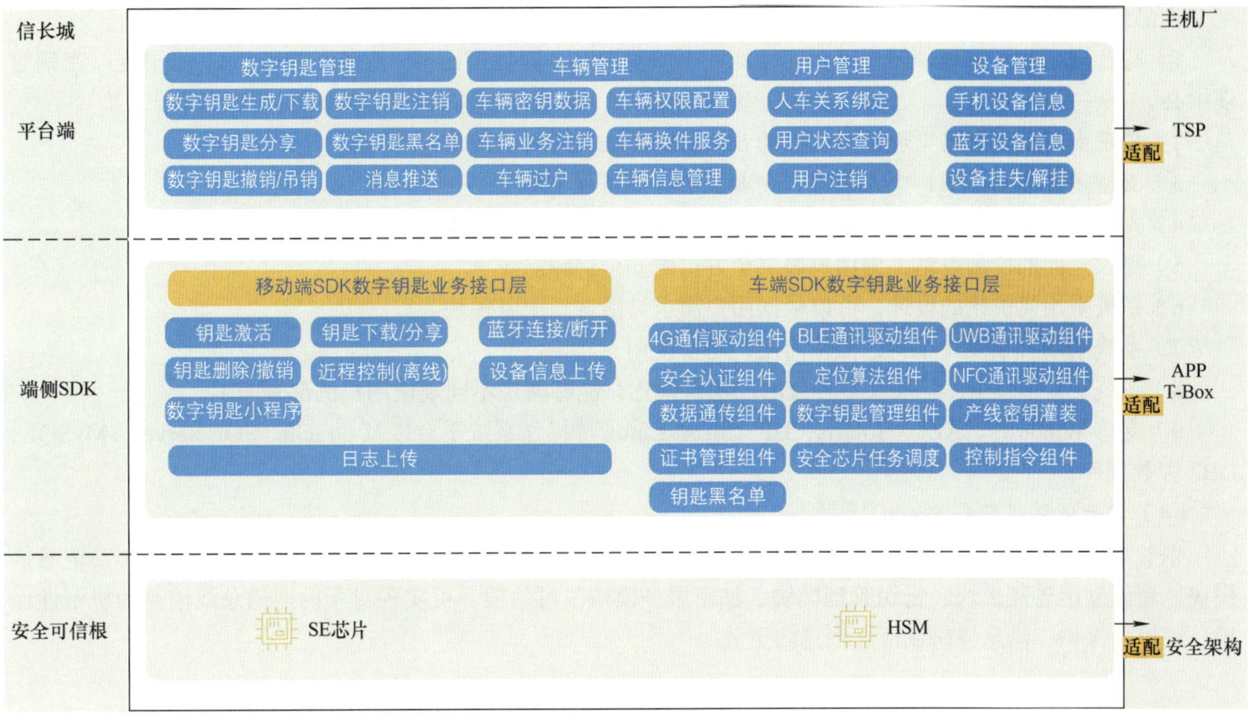

图 2　信长城汽车数字钥匙安全系统

4）掌握安全核心技术和丰富的量产经验，密钥系统、证书系统均为自主研发产品，并已为 10 多家主机厂、20 多家 Tier1 提供安全产品和服务。

（3）信长城 CA 数字证书认证系统

信长城 CA 数字证书认证系统（见图 3）是用于数字证书的申请、审核、签发、注销、更新、查询的综合管理系统，颁发的数字证书格式严格遵循 X.509v3 规范，具有广泛适用性和良好的扩展性。数字证书认证系统，支持多种安全的加密算法，包括国产 SM 系列算法 SM1、SM2、SM3、SM4，国际标准非对称算法 RSA，对称算法 AES、DES、3DES，哈希算法 SHA1、SHA256，支持签发 SM2 证书和 RSA 证书。

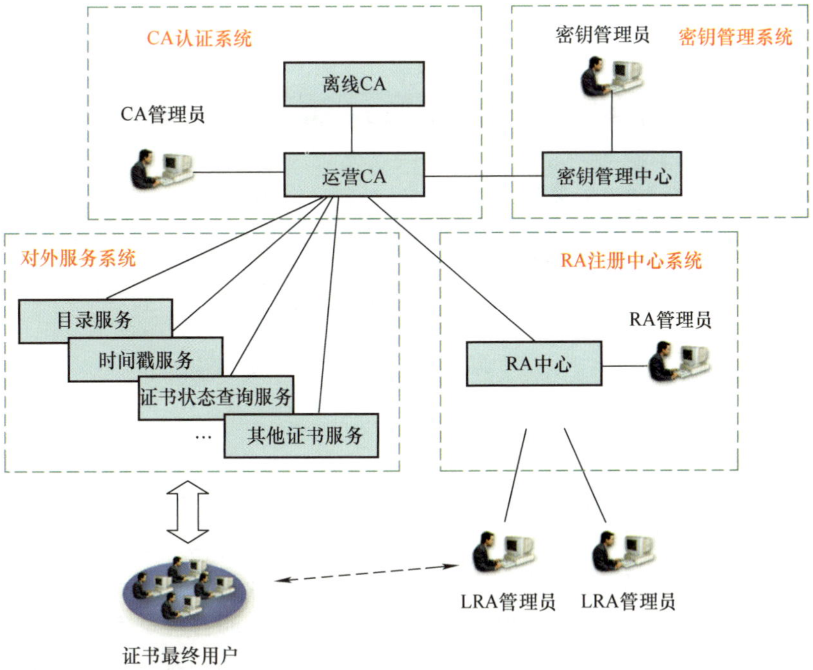

图 3　信长城 CA 数字证书认证系统

产品优势如下：

1）符合国家密码管理部门规定，支持双证书与双中心，即加密证书 / 签名证书和 CA 认证中心 / 密钥管理中心。

2）系统支持国家密码管理部门批准的 SM 系列算法，同时支持 RSA 算法。

3）支持多种类型证书：个人证书、企业证书、设备证书等。

4）支持千万级证书容量的平稳运行，满足大规模用户的应用需求。

5）提供全面的控制策略，为用户提供全方位的安全保障。

6）系统采用模块化的设计，可以根据用户需求灵活选择服务模块。

7）系统采用 B/S 设计架构，操作简便，易于使用。

8）系统支持多级 RA 扩展及多种灵活的部署模式，能够满足不同规模用户的部署需求。

9）支持 Windows、AIX、Solaris、HP Unix、Linux 等操作系统平台以及 Oracle、SQL Server、MySQL、DB2 等数据库。

（4）信长城总线安全 SecOC 系统

信长城总线安全 SecOC 系统（见图 4）基于 AUTOSAR SecOC 模块技术标准研发，系统包含安全通信模块、新鲜度值管理模块、密钥管理模块、加密服务模块、可信根。可实现对车内通信总线消息的机密性保护、完整性保护、消息身份认证、消息防重放。

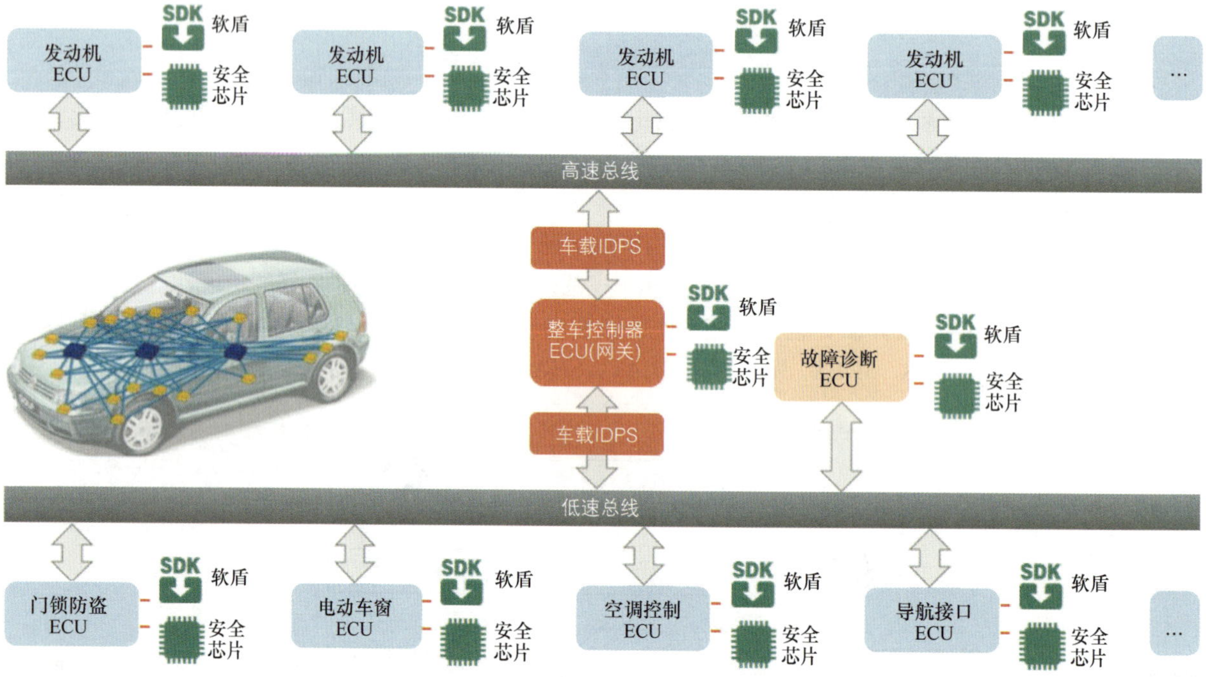

图 4　信长城总线安全 SecOC 系统

产品优势如下：

1）符合 AUTOSAR SecOC 标准定义。

2）具有完善的密钥管理、新鲜度值管理体系。

3）支持 CAN/CAN-FD/Ethernet 协议。

（5）信长城 OTA 安全升级系统

信长城 OTA 安全升级系统（见图 5）基于 UN R156《关于软件升级和软件升级管理系统的汽车型式批准统一规定》，支持对接 OTA 业务系统，实现车辆 OTA 业务的安全能力。系统支持以 FTP、OSS 等常用的文件协议对接外部系统下载或上传 OTA 升级包，支持对 OTA 升级包进行加密、签名等安全处理。系统提供基于不同车型、不同车系、不同控制器等多维度的 OTA 升级包安全加密策略的管理，可对加密、签名使用的算法、模式、密钥长度等进行自由组合搭配。系统支持 AES、RSA、ECC 等国际密码算法和 SM2、SM3、SM4 国密算法以及 PKCS 标准密钥信封的封装。

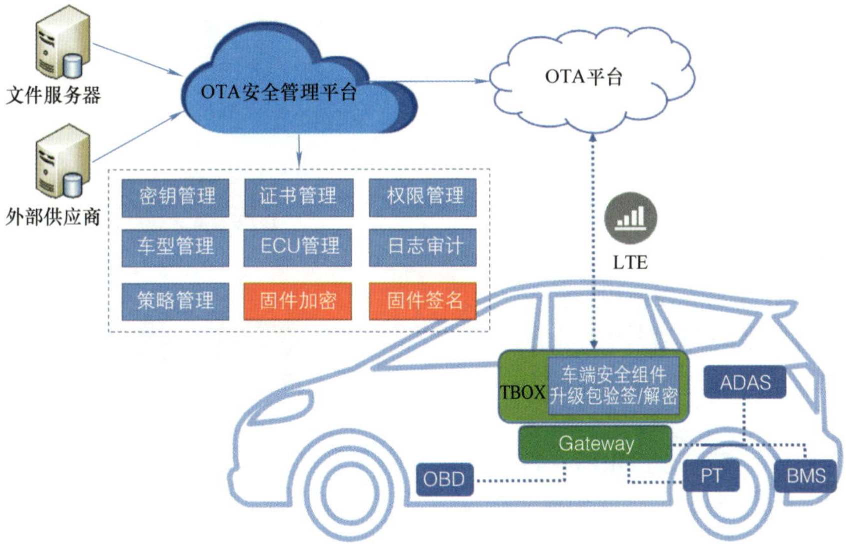

图 5　信长城 OTA 安全升级系统

产品优势如下：

1）产品基于 UN R156《关于软件升级和软件升级管理系统的汽车型式批准统一规定》标准规范设计。

2）支持 FTP、OSS 等常用的文件协议。

3）利用 AES、SM4 等对称加密算法对升级包数据进行加密。

4）采用 SHA-256、SM3 算法计算整个文件哈希值，以 RSA、SM2 算法公、私密钥的理论为基础，对文件哈希值进行加密。

5）可对不同控制器、车型配置不同的升级包加密、签名策略。

6）对是否加密、签名以及使用的算法、密钥类型进行配置。

（6）信长城车载安全芯片

信长城车载安全芯片（见图 6）支持国际算法、国密算法，具有国密认证、车规级认证，用于车联网安全多个应用场景。典型场景包含车内 CAN 总线安全、车云通信安全、汽车数字钥匙安全、V2X 安全等。

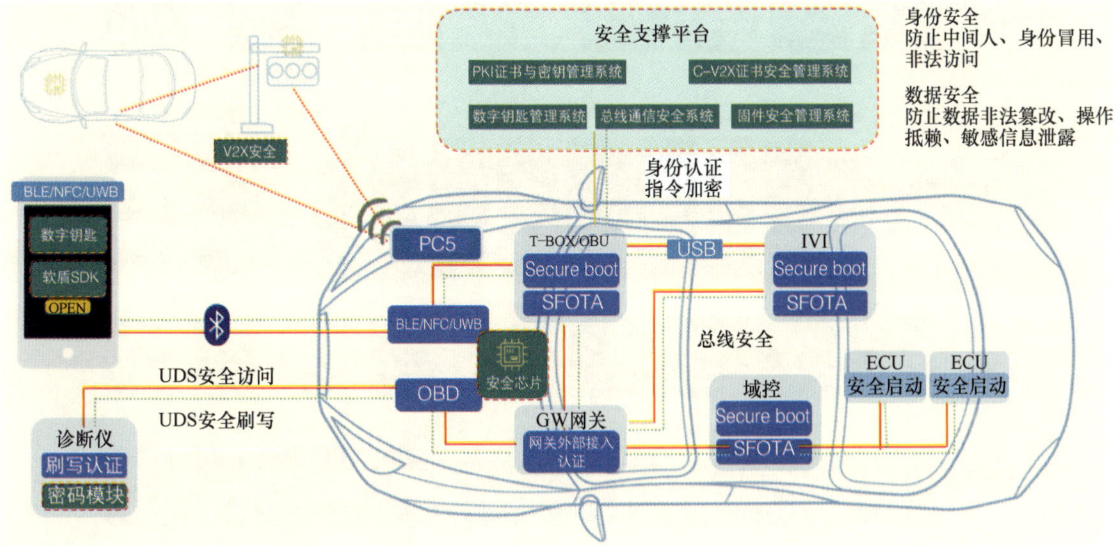

图 6　信长城车载安全芯片示意图

产品优势如下：

1）支持国密算法，具有商密密码二级资质认证。

2）具有 AEC-Q100 车规级认证资质。

3）具有 EAL5+ 信息安全认证证书。

（7）信长城车载视频数据脱敏系统

信长城车载视频数据脱敏系统（见图 7）依据《汽车数据安全管理若干规定（试行）》中对汽车在传输采集的车外图像数据之前，必须在车端对人脸和车牌进行脱敏的要求，主要实现对车辆的视频影像记录系统在使用过程中所拍摄到的包括道路上车辆的机动车号牌、驾驶员及行人的面部信息等数据的脱敏处理。

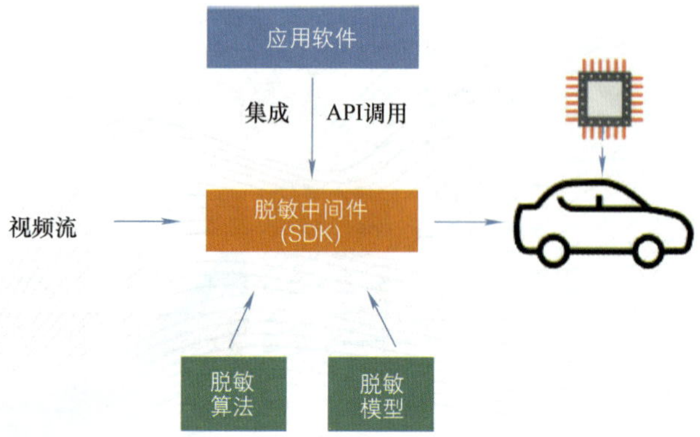

图 7　信长城车载视频数据脱敏系统

产品优势如下：

1）可兼容多平台：英伟达 ORIN、TI TDA4、地平线 J3/J5、高通 8155、MTK8166 等。

2）可兼容多种视频输入格式：YUV、RGB、RAW。

3）可支持多种图像文件格式：JPEG、JPEG2000、BMP、PNG。

4）可支持多种视频文件格式：mp4、avi、mov、wmv。

5）可兼容多种操作系统：Linux、Android、鸿蒙。

（8）信长城车联网信息安全检测系统

信长城车联网信息安全检测系统（见图 8）是针对车联网信息安全密码应用安全合规性检测打造的工具类产品，可面向车企、研究院所、检测机构等行业单位，提供便捷、可靠的密码应用合规检测功能。目前平台可提供对传输协议、信道加密算法、密码强度、数字证书、安全隐私保护等多个方面的检测能力，以及测试任务管理、用例管理、报告管理、数据可视化等全流程于一体的自动化测试功能，实现车云通信安全性检测、C-V2X 通信合规性检测、密码算法安全性检测、随机数检测等场景化测试能力。

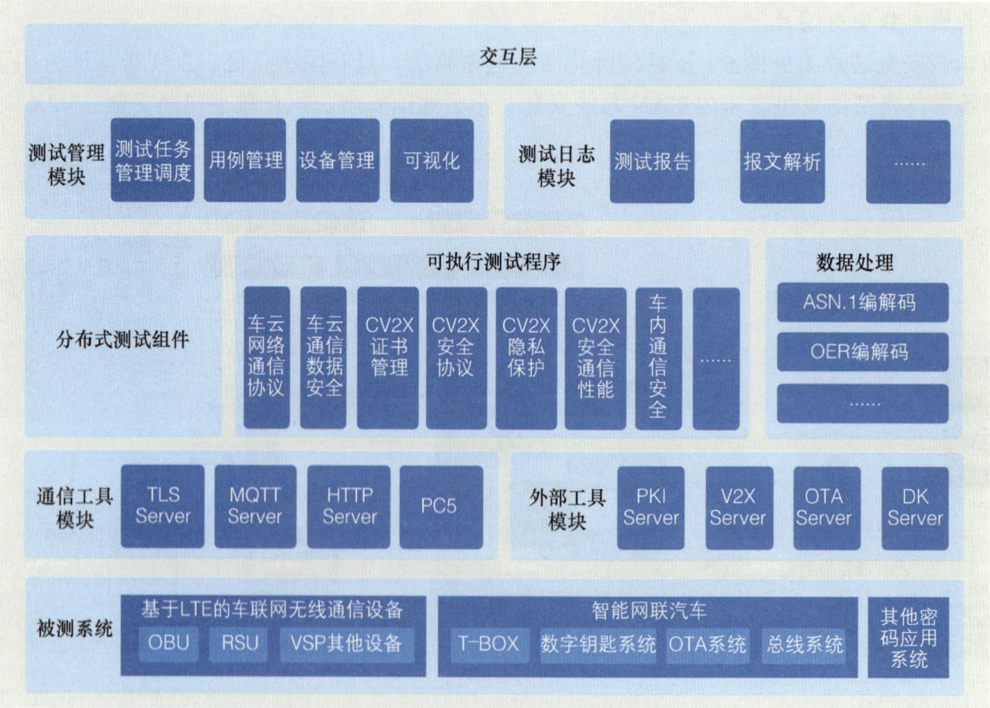

图 8　信长城车联网信息安全检测系统

2. 实践案例：助力苏州“四跨”应用示范活动

自 2019 年，信长城连续四年作为四跨（C-V2X 安全证书服务平台）的技术支持单位参与示范活动。以最新一次 2022 年 11 月“四跨”（沪苏锡）先导应用实践活动为例，本次共有 9 家国内外整车企业、22 家终端企业、9 家芯片模组企业、7 家信息安全企业共计 23 个车队 47 家单位参与活动演示。作为技术支撑单位，信长城为多家 OBU 厂商和主机厂提供证书系统、高速安全芯片和安全 SDK 产品和服务（见图 9）。

图 9　信长城成功助力苏州“四跨”应用示范活动

本次“四跨”应用场景演示实践活动包括一阶段和二阶段应用场景的演示。一阶段应用实践依托苏州市相城区高铁新城车联网基础设施，开展车辆驾驶安全预警、路侧交通信息提示等车与车、车与路全场景应用验证。二阶段应用验证在部分重点路段，将路侧感知设施识别到的行人、机动车、非机动车等交通参与者信息，通过二阶段消息集及时下发给周边车辆，验证路侧赋能车辆提升对“鬼探头”“转弯盲区”等难题的识别能力。

活动中，信长城安全产品和服务表现出明显优势，在示范线路上完成了一阶段全应用场景实践和二阶段感知数据共享等场景的深度验证，充分展现了前项碰撞预警、盲区预警、限速预警，绿波车速引导、事件提醒、车内标牌、协作式感知共享等具有规模推广价值的重点场景应用。

信长城车联网信息安全解决方案已在多个车企、V2X 试验场、先导区落地使用，并连续四年参与支撑“四跨”、“新四跨”活动，与多家 OBU、RSU 厂商完成互联互通（见图 10）。

图 10　信长城车联网信息安全解决方案落地案例

近年来，车联网进入发展快车道，政策法规环境持续完善，技术迭代加速，产业应用快速普及。信长城将持续加强安全技术自主创新，积极推进车联网车联网身份安全与数据安全实践，为车联网安全信任体系的建设贡献力量！

博世在中国的智能网联发展实践

博世汽车部件（苏州）有限公司智能驾驶与控制事业部

近年来，软件和电子产品的快速迭代推动着汽车的发展。据麦肯锡预测，未来十年内，汽车软件和电子电气元件市场将以每年约 7% 的速度增长，即从 2020 年的 2380 亿美元增长到 2030 年的 4690 亿美元。

作为全球领先的技术与服务供应商，博世为顺应技术趋势、紧抓市场机遇，大力投入面向未来的汽车电子电气架构，于 2021 年正式成立智能驾驶与控制事业部，统一为客户提供汽车电子系统及软件解决方案。秉承“根植本土、服务本土”的公司战略，面向中国市场，博世智能驾驶与控制事业部中国区成立伊始，即聚焦业务重心于智能座舱、智能驾驶以及智能网联三大领域。

在智能座舱领域，由本土研发团队主导打造的博世智能座舱域控制器平台（见图 1），将以前独立的信息娱乐和仪表域的计算功能，组合到一个功能强大的电子控制单元中，搭载业内领先的高性能芯片计算平台，为驾乘人员带来丰富多彩的沉浸式智慧驾舱体验。目前，该平台已连续囊获六大中国主流主机厂客户项目。在全面推进客户项目量产的同时，本土研发团队还在着力打造下一代跨域融合智能座舱域控制器平台。新平台将会集成部分辅助驾驶功能，为客户提供更智能的座舱产品。

作为辅助与自动驾驶领域的创新开拓者，博世不仅拥有完整的环境感知传感器产品组合，同时面向市场提供先进的辅助与自动驾驶行泊车相关功能及软件系统。自 2014 年至今，博世已在中国市场成功量产超过 200 个 ADAS 高级驾驶辅助系统项目，积累了雄厚的本土开发能力与经验。在智能驾驶领域，博世专为中国市场量身打造了全栈式智能驾驶创新平台——博世中国高阶智能驾驶解决方案（见图 2）。该解决方案包含传感器、计算平台、算法应用及云服务等关键技术要素，覆盖城市、高架以及高速等不同应用场景，将使更安全、更舒适、更智慧的博世高阶智能驾驶及泊车体验在中国成为现实。目前，该解决方案已获得首个本土客户项目定点，预计将于 2023 年实现量产。

图 1　博世智能座舱域控制器平台

图 2　博世中国高阶智能驾驶解决方案

在智能网联领域，博世中国智能网联项目团队于 2019 年正式成立，由博世底盘控制系统事业部中国区主导，汽车多媒体事业部亚太区、博世中央研究院、易特驰汽车技术（ETAS）共同参与。当年世界物联网博览会期间，项目团队与合作伙伴在无锡成功展示了包括车车互联实现的前向碰撞预警、盲区检测、路边提醒等应用场景。

2020 年，基于苏州工业园区智能网联测试区，博世中国智能网联项目团队将技术方案由车端拓展至路侧基础设施，顺利将路边感知信号接入车辆控制。2021 年，博世智能驾驶与控制事业部的成立，使得原本分散于博世不同事业部、从事智能网联与车路协同相关技术开发与研究的人员汇集到了一起。

“我们在中国的战略聚焦于智能座舱、智能驾驶、智能网联三大领域，2022 年博世已在苏州工业园区实现了智能网联 C-V2X 应用层标准定义的 Day1㊀ 场景，下一步我们将不断完善对于市场的认知，建立技术优势，争取在中国第一批能够实现 Day2㊁ 场景的落地，包括探索可盈利的商业模式，最终赋能高级自动驾驶，给用户带来更加安全、更为愉悦的出行体验。"博世智能驾驶与控制事业部中国区总裁李胤在 2021 第八届国际智能网联汽车技术年会发表主旨演讲时表示。

2021 世界物联网博览会期间，作为无锡（锡山）"双智"试点核心区项目的重要合作伙伴之一，博世中国智能网联项目团队基于无锡车联网小镇附近的测试示范道路与智慧基础设施，展示了增强型高级驾驶辅助系统，包含协作式自适应巡航控制、智能限速控制、闯红灯预警等功能（见图 3）。

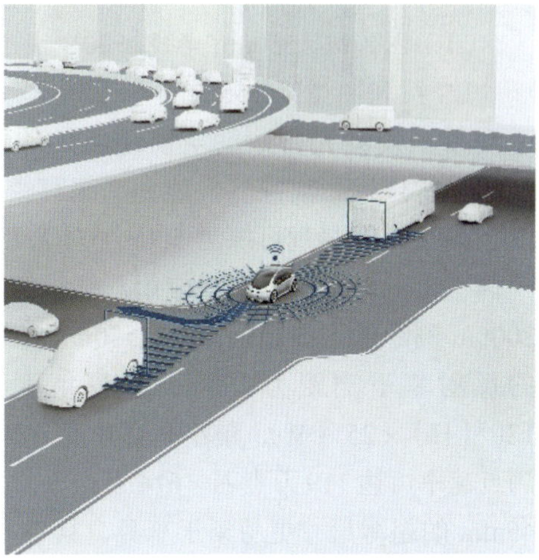

图 3　博世中国智能网联解决方案

与此同时，由 IMT-2020（5G）推进组蜂窝车联（C-V2X）工作组、中国汽车工程学会和中国信通院等联合主办的 C-V2X"四跨"（沪苏锡）先导应用实践活动在上海嘉定和苏州相城两地举办。博世中国智能网联项目团队联合合作伙伴，面向公众首次展示了包含协作式变道、协作式汇入以及感知数据共享等 4 个 Day2 场景。

2022 年，博世中国智能网联项目团队更加深度地参与了无锡（锡山）"双智"试点核心区项目二期的建设。共建设多个车路协同点位，覆盖十字路口、高架、隧道等典型城市道路场景，实现了包括协作式限速区控制、闯红灯预警、弱势交通碰撞预警、基于路侧交通状况识别、协作式自适应巡航、协作式匝道汇入、超视距信息辅助、基于路侧的特殊车辆优先、感知数据共享、基于路侧感知的隧道通行、协作式特殊车辆引导等功能的技术验证。

技术层面，博世中国智能网联项目团队主要关注系统整合能力、感知能力及功能安全等核心要素的研究，目前已探索出了一套可以搭载在量产平台上的准前装核心能力。

系统验证：从想法到落地需要一套科学的方法论和成熟的验证机制。博世选取了交通灯和限速标志以及路侧感知等相关的多个典型场景，包括交通灯通行辅助、上下匝道辅助以及 C-NCAP 2025 V2X 相关场景等，通过基于模型的系统工程 MBSE（Model-Based System Engineering）对相关场景进行分析、建模，并进行拆解。针对相关需求，生成子系统的功能，并且集成在路侧子系统和车侧子系统中。在场景和顶层设计不变的情况下，针对验证的结果，调整需求和功能，进行迭代，最终通过在示范区以及测试场地的实地验证。

感知能力：感知能力直接决定了系统的可用性，是最为重要的指标之一。面向量产的开发，需要路侧的感知能力达到与车端一样的水平，这给系统解决方案带来了更高的技术要求。博世中国智能网联项目团队借助自研路侧真值系统（Ground Truth）和融合测试软件，让机器自动对比自测结果和真值系统的差异，通过自学习不断调整感知策略的对比阈值，最终感知准确率（Precision）和召回率（Recall）均达到行业领先水平。

功能安全：功能安全是一切的基础。相比交通管理设施，车路协同系统需要更高的安全等级。博世中国智能网联项目团队基于车规级的安全需求，开发的车路协同系统可有效避免错误感知（False Negative 以及 False Positive）和在设计运行域（Operational Design Domain，ODD）以外工作的情况发生。

未来，博世中国智能网联项目团队将继续致力于开发面向前装量产的安全、稳定、高效的车路协同端到端系统解决方案。同时将联合示范区、路侧业主、主机厂客户，基于用户需求，共同探索有益于智能网联产业发展的技术路径及其对应的商业模式。

㊀ Day1：2020 年 12 月 31 日，由中国智能网联汽车产业创新联盟组织提出的《合作式智能运输系统 车用通信系统应用层及应用数据交互标准（第一阶段）》（简称 Day1）等七项团体标准，经中国汽车工程学会标准（CSAE）首次批准发布。

㊁ Day2：2020 年 11 月 26 日，由中国智能网联汽车产业创新联盟组织提出的《合作式智能运输系统 车用通信系统应用层及应用数据交互标准（第二阶段）》（简称 Day2）等四项 CSAE 标准，经中国汽车工程学会标准（CSAE）首次批准发布。

镭神智能高性能车规混合固态激光雷达赋能智能驾驶

深圳市镭神智能系统有限公司

1. 镭神智能车规级混合固态 / 纯固态激光雷达

（1）图像级 1550nm 车规级混合固态激光雷达

LS 系列图像级 1550nm 光纤车规激光雷达（见图 1），达到了车规激光雷达的空前绝后的珠峰级性能，拥有超强的小物体远距离探测性能和超级高密点云密度表现（见图 2 和图 3），最远可探测 500m（对无人驾驶载货车和商业车辆、飞行汽车以及航空应用，镭神智能可以定制 1000 ~ 2000m 测距能力的超远距离 1550nm 光纤激光雷达），10% 的反射率下测距为 250m，测量精度为 ±2cm，FOV 为 120°（H）× 25°（V），最小垂直角度分辨率最高可达 0.01°，测点速率可达 119 万点 /s ~ 614 万点 /s，可个性化定制 ROI 区域以及 ROI 形式，ROI 区域可等效 250 ~ 2500 线，45mm 的超薄尺寸更易集于车身，具备完全抗干扰功能，以高可靠性和面向大批量量产车辆的设计服务于自动驾驶应用，综合性能全球领先，将成为 L4 以上高阶自动驾驶的主雷达必选项。

图 1　图像级 1550nm 光纤车规激光雷达

图 2　镭神智能 1550nm 车规激光雷达路测实况

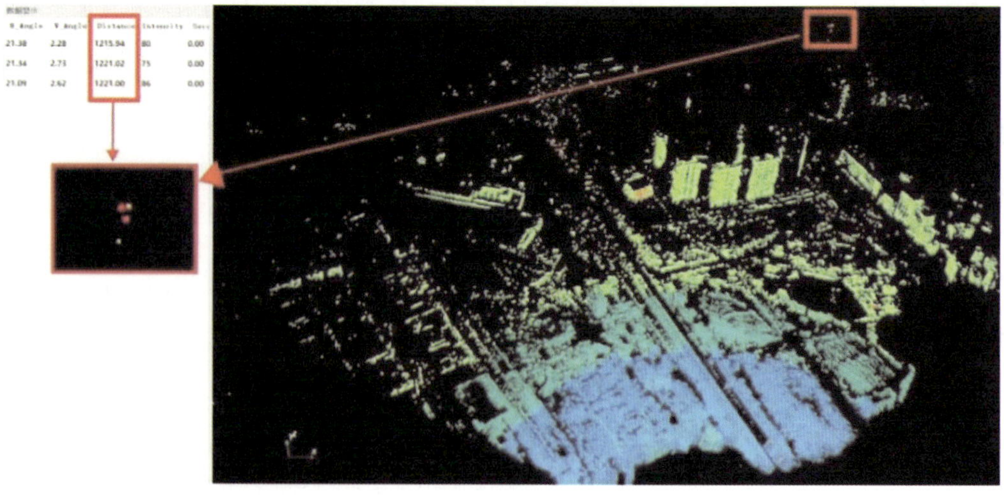

图 3　镭神智能 1550nm 光纤激光雷达千米级探测实况（可定制）

LS 系列图像级 1550nm 光纤车规激光雷达采用了自研自产的光纤激光器、十多种高功率核心光器件，以及生产光纤核心器件的自动化设备，并通过打造 3 万 m^2 自动化工厂，全面升级从关键核心器件到整机全链条的设计、研发、工艺、制造、测试能力等环节，匠心锻造超高性能的“图像级 1550nm 光纤车规激光雷达”，并打破了现有 1550nm 车规激光雷达价格边界，铸造强劲成本优势，打消外界对 1550nm 光纤激光雷达高成本的顾虑，助推高阶自动驾驶快速规模化落地，也将大力推动高性能激光雷达在各领域的规模化地应用，助推各领域的智能升级。

聚焦当前镭神智能推出的 128 线 /180 线 /400 线图像级 1550nm 光纤车规激光雷达，全线最新批量定价分别为 7999 元、9999 元和 19999 元（不含税），汽车主机厂大批量采购还可以进一步商谈价格。

（2）905nm 车规级混合固态激光雷达

1）CH128 系列车规级混合固态激光雷达。CH128 系列车规级混合固态激光雷达（见图 4）拥有 128 线超高线束，最远探测距离可达 200m（180m ± 18m），水平探测角度 120°，垂直探测角度 25°（−12.5° ~ 12.5°），工作温度 −40 ~ 85℃，并于 2021 年 2 月份在漠河进行雪天低温测试（夜晚最低温度为 −35℃，白天平均温度为 −15℃），各项性能指标表现良好，可充分保障在恶劣天气环境下稳定工作，为智能驾驶提供全天候高精度环境感知。

2）CB64 系列超大视场角补盲激光雷达。CB64 系列超大视场角补盲激光雷达（见图 5）是专为扫除车辆驾驶盲区而设计的，其拥有 180° × 40° 的超广水平视场角，测量精度至 ± 3cm，能够高效识别近距离范围内的障碍物，为汽车、机器人、AGV 的行驶盲区提供精准的超大范围环境感知。

图 4　CH128X1 产品图及点云成像

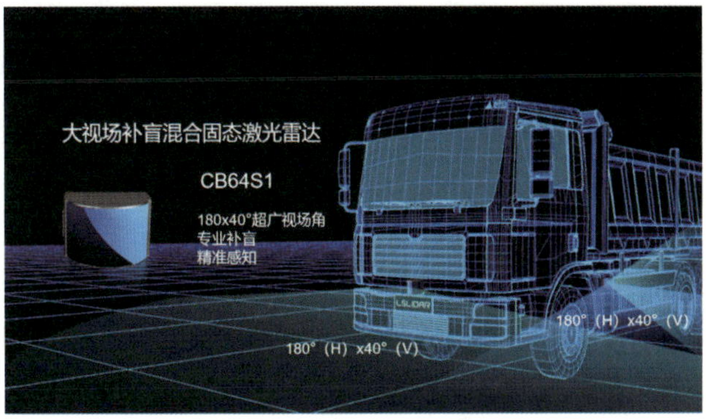

图 5　CB64 产品图及应用实例图

3）CX 系列高性能超薄车规级混合固态激光雷达。2023 年即将上新一款高性能超薄尺寸的车规级混合固态激光雷达 CX 系列（见图 6），探测距离 180m（ ± 10% 反射率），真 128 线无拼接成像，测点速率高达 153 万点 /s，点云成像细腻，更能凸显细节，45mm 超薄尺寸更易集成于车身，是为高阶自动驾驶量身打造的一款高性能车规级激光雷达，能为智驾提供更精准的视野探测。

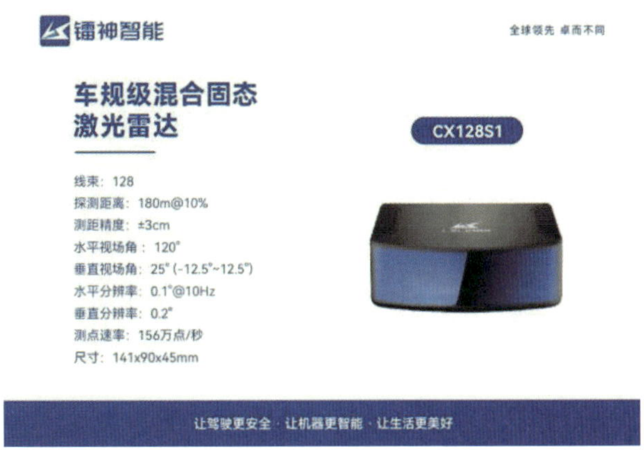

图 6　CX 系列车规级混合固态激光雷达产品参数

4）车规级激光雷达部署方案

① 方案 1：1 颗。布置位置：车辆前或者车顶处保障中央视野（见图 7），可以选择 LS 系列、CH 系列、CX 系列。

② 方案 2：2 颗。布置位置：车辆前保险杠两侧（见图 8），可以选择 LS 系列、CH 系列、CX 系列。

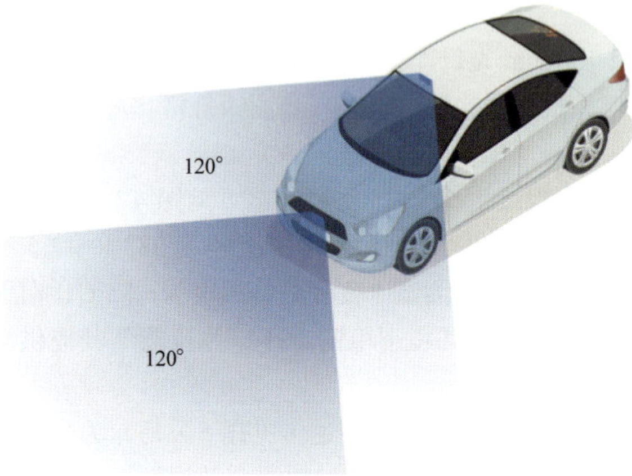

图 7　部署在车辆前或者车顶处

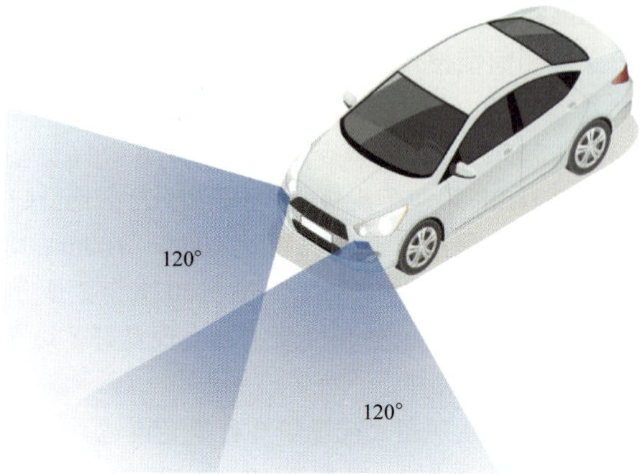

图 8　部署在车辆前

③ 方案 3：2 颗。布置位置：车辆翼子板两侧（见图 9），可以选择 CB64S1。

④ 方案 4：1 颗。布置位置：车辆后保险杠中央（见图 10）、可以选择 CB64S1。

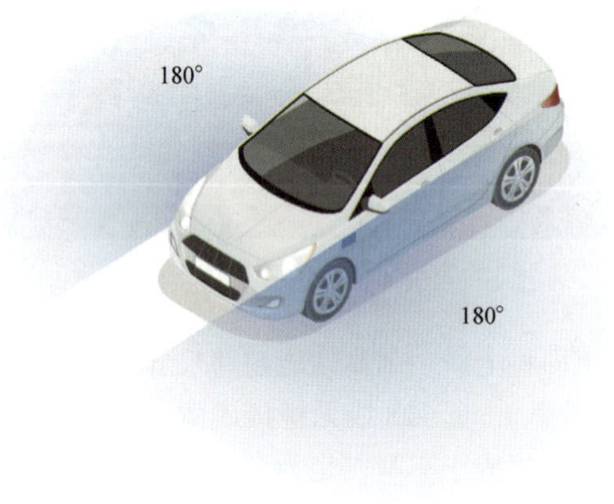

图 9　部署在车辆翼子板

图 10　部署在车辆后

（3）FLASH 纯固态补盲激光雷达

镭神智能即将推出一款 FLASH 纯固态近距补盲激光雷达 FL30 系列（见图 11），探测距离 30m@10% 反射率，具有 120°×90° 超广覆盖范围，可探测到车身近距离的矮小物体，填补中长距激光雷达的探测盲区，为安全驾驶提供全方位保障（见图 12）。

图 11　FLASH 纯固态近距补盲激光雷达 FL30 系列

2. 镭神智能自动驾驶整体解决方案

镭神智能除了拥有高性能高品质的激光雷达产品外，还具备强大的感知算法能力，通过构建成熟完善的传感器系统架构及辅助驾驶系统架构，为客户提供安全的智能驾驶解决方案。

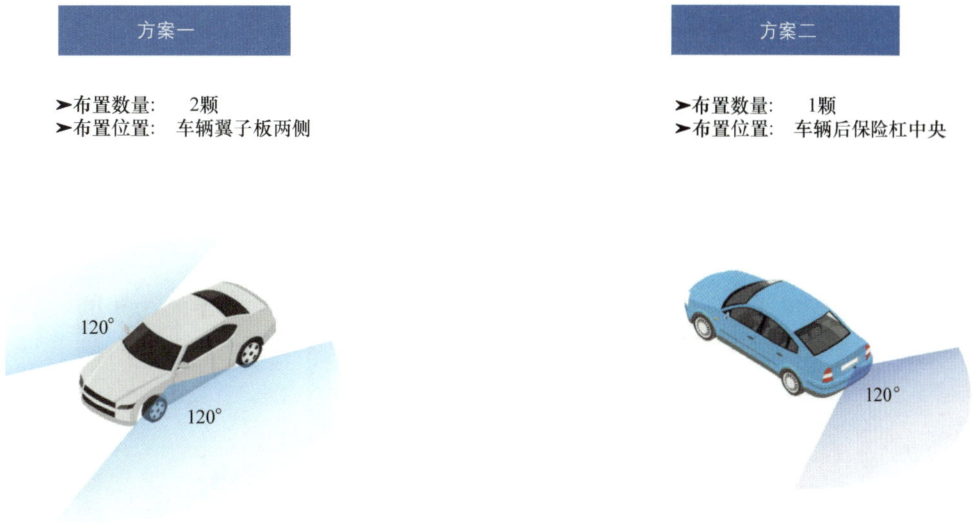

图 12　纯固态近距补盲激光雷达布置方案

“聪明的车 + 智慧的路”综合性方案可加速高级别自动驾驶的落地应用，激光雷达不仅能加强智能驾驶汽车的环境感知能力，还能与高清摄像头、毫米波雷达等传感器设备融合感知，可以更全面获取道路、车流、行人、障碍物等数据信息，通过车与路的交互实现更高级别的自动驾驶，进一步提升自动驾驶的安全性。

（1）多传感器融合环境感知方案

1）方案简介。镭神智能多传感器融合环境感知方案采用激光雷达、摄像头、毫米波雷达、组合惯导等对自车周围的道路环境进行检测（见图 13 和图 14）。激光雷达、摄像头、组合惯导安装在车顶一体式结构中，对车辆周边 360° 范围内全范围检测，方便做传感器时间同步和空间同步，以实现多传感器融合优势互补。通过数据融合算法处理提取出道路的可通行区域、车道线信息、障碍物属性以及障碍物运行状态信息，同时可对道路环境进行定位建图，以保证车辆安全行驶方案。

图 13　多传感器融合环境感知一体化装置

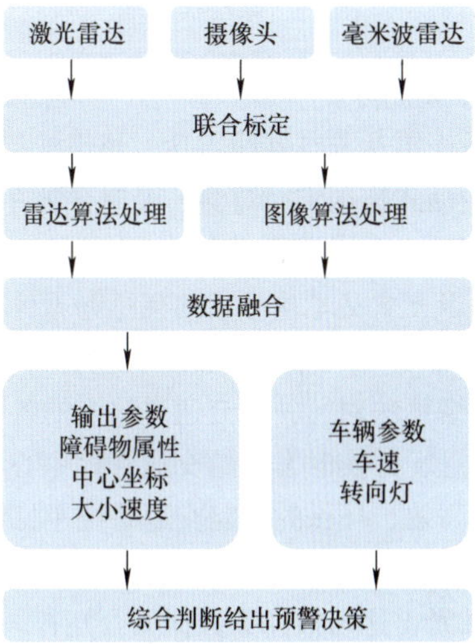

图 14　系统软件架构流程

2）方案优势。

① 采用车规级混合固态激光雷达，长期使用稳定可靠。

② 超长设计寿命，减少售后及运维成本。

③ 提供整体感知方案，减少客户标定、融合工作。

（2）镭神智能激光雷达大车盲区检测系统方案

1）系统介绍。本方案主要由激光雷达组、OBD 模块、处理器、显示器及语音报警模块组成（见图 15）。激光雷达组对所布置防护区域进行实时监控数据采集，同时结合 OBD 模块采集的车辆速度和转向信息，然后再统一在处理器中进行算法处理和决策预警，最终将监测结果实时输出到显示器，并进行语音播报告警（见图 16）。

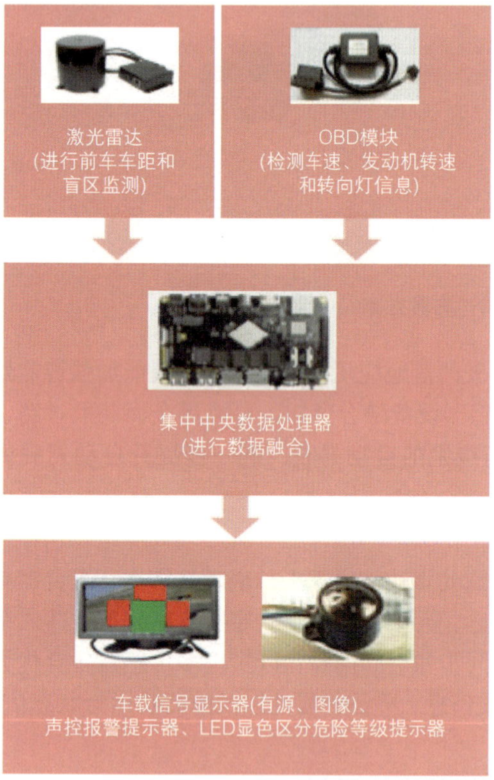

图 15　系统架构图

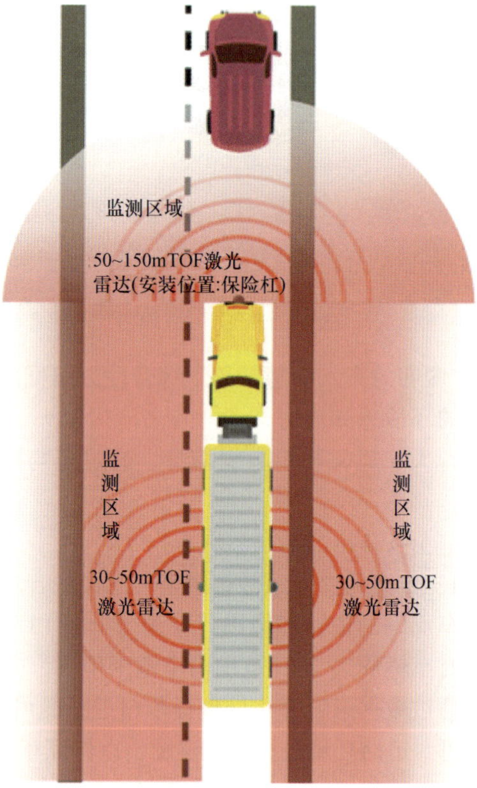

图 16　激光雷达组合安装功能示意图

2）方案优势。

① 激光雷达与红外线雷达、超声波传感器、毫米波雷达等传感器相比，探测更加精准、快速。

② 主动式盲区实时监测，及时预警车周险情，有效规避疏忽或疲劳驾驶导致的交通意外。

③ 不受日夜光照影响，全天候为驾驶员保驾护航。

（3）激光雷达车路协同路侧感知系统方案

1）方案介绍。镭神智能车路协同（V2X）路侧感知系统基于激光雷达与摄像头的数据融合，通过先进的神经网络算法对行驶在交通道路上的各种机动车、非机动车、行人等进行精准的检测、识别处理，获取目标位资信息，并实时发送给交通管控中心和车端，实现路况险情提前预警，提高自动驾驶安全冗余，从而形成安全、高效、环保的道路交通系统（见图 17）。

2）方案特点。

① 激光雷达与摄像头数据融合互补。

② 采用先进的神经网络算法。

③ 精准识别并输出目标属性信息。

④ 精准判断并输出事件信息。

⑤ 道路全方位无死角监测。

⑥ 适用于各种复杂路段。

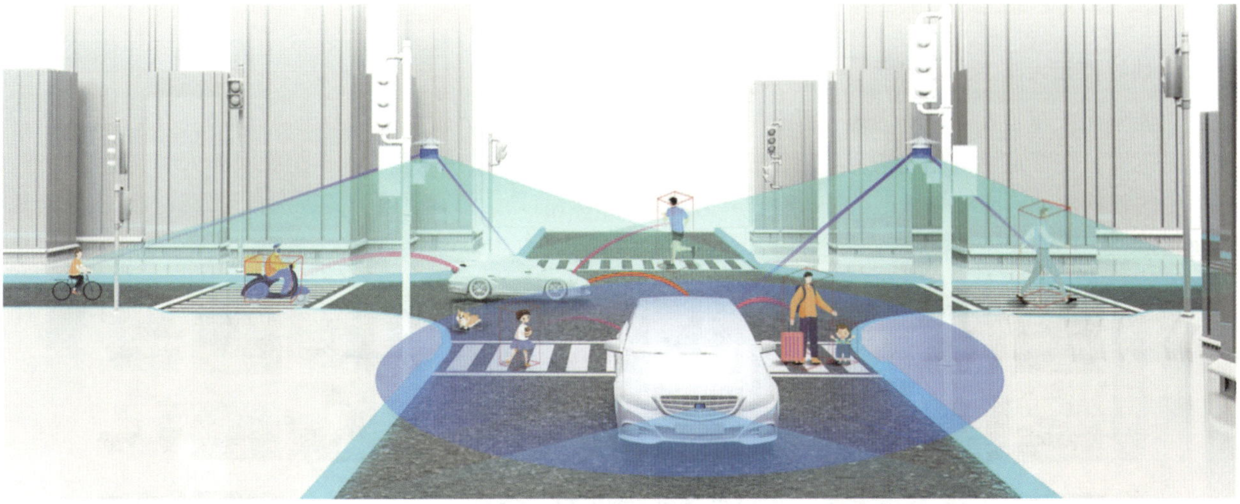

图 17　车路协同路侧感知系统

3）应用案例。镭神智能车路协同路侧感知方案已先后在北京、上海、广州、深圳、苏州、西安、郑州、许昌、重庆、武汉、天津、常州、常熟、成都、三亚、青岛、柳州、荷兰等国内外 70 多个项目完成落地实施（见图 18）。

图 18　镭神智能车路协同应用案例

功能型无人车行业创新应用成果

北京理工大学重庆创新中心

1. 功能型无人车定义及内涵

功能型无人车是具备环境感知、智能决策和自动控制，或与外界信息交互乃至协同控制功能，无人类驾驶操纵机构，在特定场景完成指定功能任务的新型车辆（见图 1）。功能型无人车全面服务人类交通、生产、生活中的各项活动，应用场景丰富且清晰，具有广阔的市场前景，将有望成为高级别自动驾驶技术率先实现商业化落地应用的载体。

图 1　功能型无人车内涵

功能型无人车依托云端平台的集群监管与调度来实现实时功能任务动态分配，使车辆从传统的运载工具演变成为执行任务的智慧载体，彻底改变了传统产业形态，是未来智慧物流和智慧城市建设的重要支撑。同时，功能型无人车不具有人类驾驶机构，构型多样灵活且创新多变，是汽车、互联网、机器人等产业交叉融合的新形态产物，极大地拓展了智能网联汽车的应用边界，推动智能网联汽车产业融合发展，对汽车产业增量发展具有重要意义。

2. 功能型无人车行业创新应用成果

（1）功能型无人车顶层设计规划

为解决功能型无人车领域存在行业顶层设计缺乏、应用局限度较大、基础设施与产业生态不健全等问题，在中国智能网联汽车产业创新联盟领导下，成立了功能型无人车专项工作组，推动功能型无人车商业化应用路径，牵头功能型无人车行业标准体系、路线图、基础设施建设等行业顶层规划，服务我国功能型无人车相关产业发展，推进规模化、可持续的运营发展。

（2）功能型无人车标准体系建设

全面推进我国功能型无人车行业标准体系建设，发布了适应功能型无人车行业发展的团体标准体系架构，涵盖通用技术、信息交互、测试验证、基础支撑等方面。获批国家技术标准创新基地（重庆）功能型无人车标准创新研究中心，筹建重庆市汽标委功能型无人车标准工作组，引领功能型无人车技术和产品创新成果标准化、市场化、产业化、国际化发展，助力国家标准化战略全面实施并加快落地。同时，牵头了 3 项中国汽车工程学会（CSAE）标准并获批发布（见图 2）、3 项重庆市地方标准并完成申报，提交了 2 项全国共享经济标准化技术委员会标准提案，参与了多项功能型无人车行业标准预研和立项，加快构建国标、行标、地标、团标协同发展的标准体系，推动功能型无人车行业高质量快速发展。

（3）搭建功能型无人车测试技术体系

针对功能型无人车在车辆架构、功能任务设计、云控平台调度等方面的核心技术特点，研制《功能型无人车测试规程及要求》、开发功能无人车测试方法和流程、建设功能型无人车综合测试设施设备，形成了涵盖车端、云端和功能集成三部分内容的测试技术体系，满足产品设计、研发、验证各阶段的不同需求，覆盖整车、系统、零部件等不同层面的测试要求（见图 3）。其中，重点建设了功能型无人车沉浸式虚拟仿真测试台、轴耦合式底盘测试台，支持多轮独立驱动、独立制动、独立转向等车辆控制测试，支持配送、清扫、接驳、巡逻等多种功能任务综合测试，能实现功能型无人车 MIL/SIL/HIL/VIL 全链条仿真测试验证。

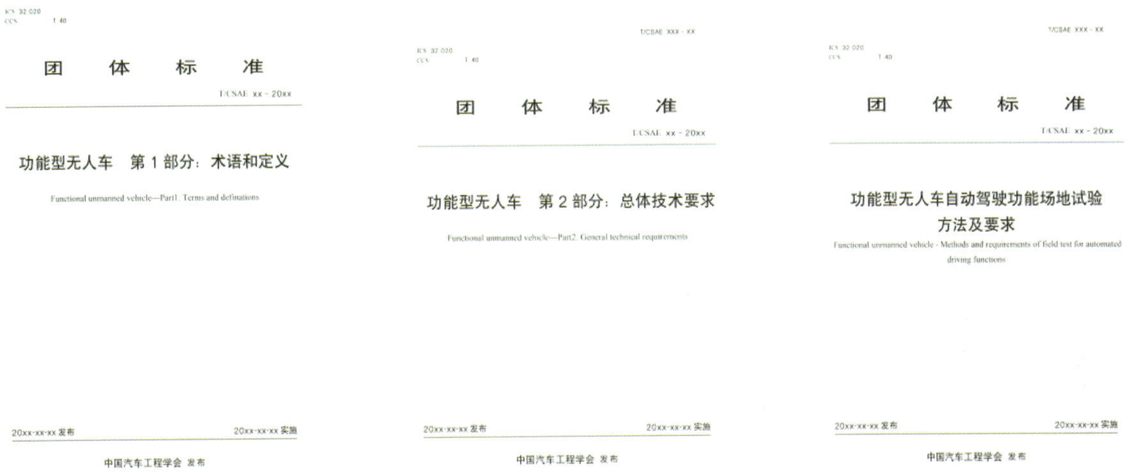

图 2　功能型无人车 CSAE 标准

图 3　功能型无人车测试技术体系

（4）完成全国首批功能型无人车行业产品测试

为推进功能型无人车测试技术体系建设及标准研制进程，启动了功能型无人车行业产品测试（见图 4），首批参与测试的单位包括东风悦享科技有限公司、长沙行深智能科技有限公司、新石器慧通（北京）科技有限公司、北京三快在线科技有限公司、北京京东乾石科技有限公司五家功能型无人车领域的代表企业，测试涵盖功能型无人车自动驾驶功能、云控平台、功能任务、联网通信等方面的综合技术验证，测试结果有力支撑了功能型无人车关键技术研发、产品质量提升、监管体系落地等过程，推动功能型无人车商业化示范应用路径的发展。

图 4　全国首批功能型无人车行业产品测试

兼顾多因素和分段冗余的商用车 ADAS 方案

清智汽车科技（苏州）有限公司
作者：唐帅

1. 兼顾多因素和分段冗余的商用车 ADAS 方案

清智商用车 ADAS 方案可以兼顾人、车、环境三要素，并在技术实施时分阶段采取信息冗余或策略冗余，基于以上两条产品设计路线推出安全舒适且环境适应性强的 ADAS 产品（见图 1）。

（1）人 - 车 - 环境兼顾设计路线

1）驾驶员意图分析及舒适性调节。

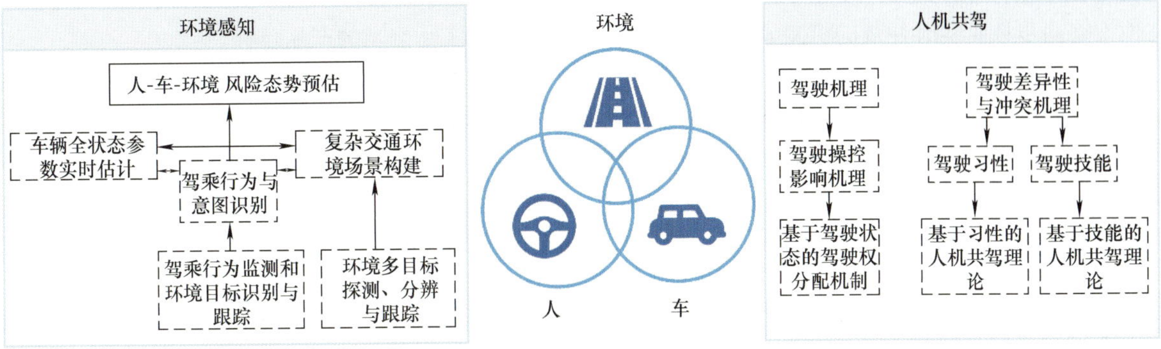

图 1　智能电动汽车的感知智能电动汽车的感知、决策与控制关键基础问题及对策研究

① 驾驶员意图分析。实时监测车辆信息，通过分析 ADAS 功能开关、加速踏板位置、制动踏板位置、转向盘转角、横摆角速率、转向灯等信号，判断驾驶员是否有主动接管车辆意图。ADAS 作为驾驶辅助功能，依据驾驶员意图适时且及时地介入或退出。

② ADAS 功能舒适性调节。ADAS 功能中，无论是预警类功能还是控制类功能，均配备预警 / 作动时机可调节接口，满足保守、常规、激进等多种驾驶员性格需求。

2）车辆运行状态监控及 ADAS 全链条部件自主研发。

① 车辆运行状态实时诊断。ADAS 在覆盖常规诊断需求（如 UDS、DM1 等）的同时，增加了对车身关键信号（如车速、横摆角速率等）的诊断，充分利用车辆多维信息输入和传感器反向估算判定 ADAS 运行中的载车状态。

② 感知 - 规划 - 决策 - 控制 - 执行全链条自主研发。为了使 ADAS 随载车更好地适应驾驶环境，清智通过提升自研前视摄像头和毫米波雷达的感知维度和性能，在人车路标等基础元素信息摄取的基础上，增加目标信息维度并逐步增加灯杆、桥梁、树木等元素摄取；在控制类功能工作时安全性与执行机构时效性息息相关，因此，自研车辆制动系统的低延时和高度线性化控制为 ADAS 即安全又舒适的功能使命提供了保障。得益于感知系统和制动系统的灵活高效，加上清智 ADAS 控制策略多年的深耕迭代，使 ADAS 产品形成了适配车型广迭代、速度快的特征。

3）增量式环境信息摄取和 ADAS- 环境主动交互。

① ADAS 运行场景覆盖度不断提升。ADAS 产品的运行场景是一个同时具备规律性和非规律性的矛盾体。规律性是指不同车型行驶道路类型占比分布明确、行驶速度具有统计学分布态、道路质地相对单一等，非规律性是指车辆行驶环境会因为气候发生改变、常受临时摆放路障影响、多自然物叠加干扰引起感知系统误判等。基于此，清智将 ADAS 运行场景作为一个增量式场景库对待，运用 HIL、VIL、监测数据云平台、里程测试、客户反馈等途径主动探寻和被动接收同步进行，不断增加可覆盖场景体量，减少已知和潜在的 corner case 对系统稳定性的影响。

② ADAS 主动与运行环境交互。ADAS 产品运行过程中会通过车重估计、路面附着系数估算、道路曲率预测和校准等技术手段主动提取环境可变因素，及时修正控制策略参数，提升 ADAS 的环境普适性。通过以上三种技术途径，实现了清智 ADAS 产品具备人 - 车 - 环境兼顾的特性。

（2）分段冗余设计路线

1）感知信息融合与探测盲区补偿。清智 ADAS 坚持对可行驶区域内有效目标全过程融合的思路，降低功能性误判。依据 ADAS 常用传感器的特点：毫米波雷达纵向探测距离远，但横向探测不准确且易波动；前视摄像头可以较好地区分目标属性且横向探测相对准确，但纵向探测波动大，近车范围盲区大；超声波雷达识别障碍物灵敏，但探测范围小。制定远场目标信息依赖毫米波雷达 + 前视摄像头融合，进场目标依据毫米波雷达 + 前视摄像头预测 + 超声波雷达，分段式融合策略来保障感知过程的全融合。

2）危险态势评估策略冗余

① 纵向控制。在 ADAS 功能的纵向控制过程中，控制策略上采用安全距离 + 安全时间 + 避免碰撞减速度三种策略同步计算实时仲裁的机制，实现控制力度适当，控制实际恰当的产品目标。

② 横向控制。在 ADAS 功能的横向控制过程中，控制策略采用 DLC+ 盲区 / 对向目标检测叠加的策略，主动调整横向控制的时机和力度，让 ADAS 做到有险避险无险舒适。

3）多信息交叉实现 ADAS 功能优先级仲裁。ADAS 运行过程中将驾驶员意图、道路环境信息、ADAS 子功能状态等多种信息进行汇总分析，根据法律法规、客户需求、功能定义、驾驶员反馈等输入信息制定仲裁机制，将一个由多功能组成的 ADAS 真正做成一个可控整体实现驾驶辅助的意义。基于以上三种技术手段，将 ADAS 打造成一个具有明确安全目标且具有丰富安全机制的优质产品。

2. 企业未来发展前景

聚焦 ADAS 百亿蓝海，做国内稀缺的控制类 ADAS+ 线控底盘产品，进口替代占据 Tier1 入口；聚焦感知融合 - 决策控制 - 系统集成技术，逐步拓展感知端（雷达 / 视觉 / 网联 / 地图）+ 执行端（EBS）技术；未来，将不断加大科技研发投入，继续推进商用车 ADAS 量产业务，锤炼全栈技术解决方案，高端零部件产品线从 ADAS 扩展至线控制动系统、计算平台、智能网联终端等全系列智能驾驶产品矩阵，实现从商用车到乘用车的市场拓展，为道路交通安全和智慧交通建设贡献力量。

重庆交互科技智能座舱用户体验测评自主创新成果

重庆交互科技有限公司

作者：唐帮备

1. 优益网——智能产品用户体验服务云平台

为了提高智能座舱及其他智能产品用户体验服务效率和智能化程度，重庆交互科技公司（简称交互科技）自主研发了《优益网 - 智能产品用户体验服务云平台》，提供 OTO 服务模式，即客户在线注册，在线提交智能产品用户体验测评服务需求、平台自动生成测评方案和执行手册、客户评审与确定测评方案、客户与平台方签订合同、客户按测评方案和执行手册，可自行准备测试设备 / 测试场景 / 招募被试 / 组织测试 / 采集数据、测试数据上传云平台、云平台自动处理测试数据、生成测评报告，客户下载。客户如果自己没有测试设备和专业人员，客户也可委托平台方带测试设备和专业人员到客户现场，帮助客户或指导客户完成测试任务、测试数据上传云平台，云平台处理数据、生成测评报告，客户再下载测评报告（见图 1）。

对智能座舱车载屏或其他智能产品软件原型，客户可在优益网云平台注册后，按云平台自助测试流程和提示信息，自己在互联网上或线下招募被试，发送二维邀请码，目标被试扫描二维邀请码自动登录云平台，按云平台提示信息和流程完成原型软件的用户体验自动测评，自动生成测评报告，这种测评方式效率高、测试的被试不受人数、地域限制，并可进行原型软件改进的迭代测评，非常适合智能座舱车载屏原型软件、C 端智能产品原型软件用户体验自助测评。

优益网内含智能产品用户体验测试评价规程、测试数据处理工具集和人工智能算法，提供智能座舱进入首感体验、座舱驾乘体验、座椅舒适性、车载屏软件人机交互、ADAS 人机交互、座舱内饰材质 CMF 体验、氛围灯颜色 - 语义体验、座舱香氛 - 语义体验等的自助测评、车载屏原型软件自动测评的 OTO 服务。除汽车行业外，优益网云平台也可以应用在 ICT 行业、智能终端、智能家居、信息技术（IT）、软件、互联网、消费电子、设计公司、广告、高校、科研院所等行业的用户体验测评，从而构建一个 C 端导向产品创新与用户体验的生态圈（见图 2）。

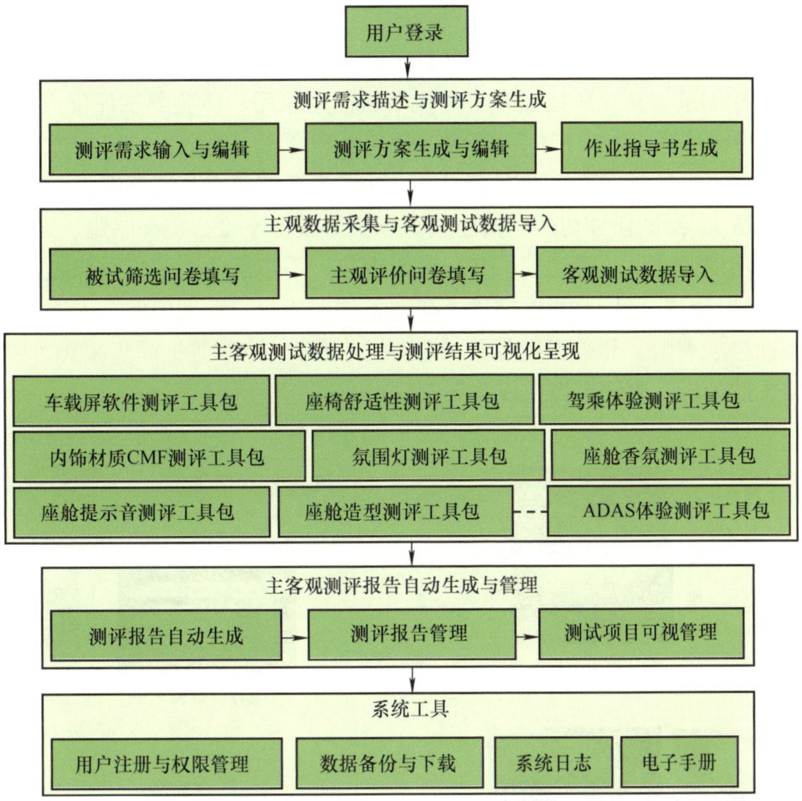

图 1 优益网——智能产品用户体验服务云平台功能和应用流程

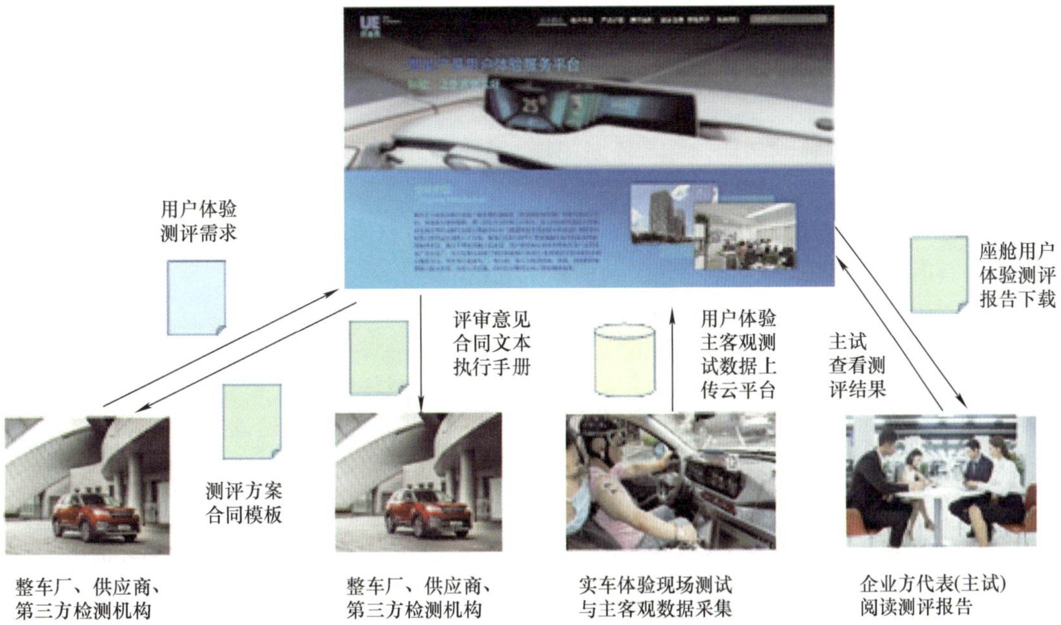

图 2 优益网——C 端导向的智能产品用户体验 OTO 服务生态圈

2. 智能座舱用户体验主 - 客观测试评价技术

智能网联汽车成为中国制造业高质量发展重要载体，已成为人们出行不可或缺的智能移动空间，人们对汽车绿色安全、智能舒适的高端化更加看重。针对整车厂、供应商、第三方检测机构对在自主车和竞品车智能座舱用户体验测评共性需求，交互科技建立了《汽车智能座舱用户体验测试评价规程 V2.0》。包括：人机交互主 - 客观测试评价指标体系（一级指标：绩效、负荷、满意度、安全；二级指标：效率、准确度、正确率、认知负荷、动作负荷、总体满意度、形态满意度、功能满意度、交互满意度、车辆行驶安全；指标度量与量化指标数据采集方法）、测试任务切片、搭建测试场景（模拟座舱、实车座舱、道路场景）、配置测试设备（脑电仪、近红外脑功能成像仪、眼动仪、多通道生理仪、手指运动追踪、面部表情识别系统、体压测试仪、贯导仪等）、筛选目标用户（最少 30 位被试，筛选条件：年龄、性别比例、人体测量百分位范围、教育程度、职业、收入、性格、驾龄、驾乘频度等）、制定测试流程、测试数据同步采集（带时间标记）、主 - 客观测试数据处理与相关性分析、测评报告生成（见图 3）。

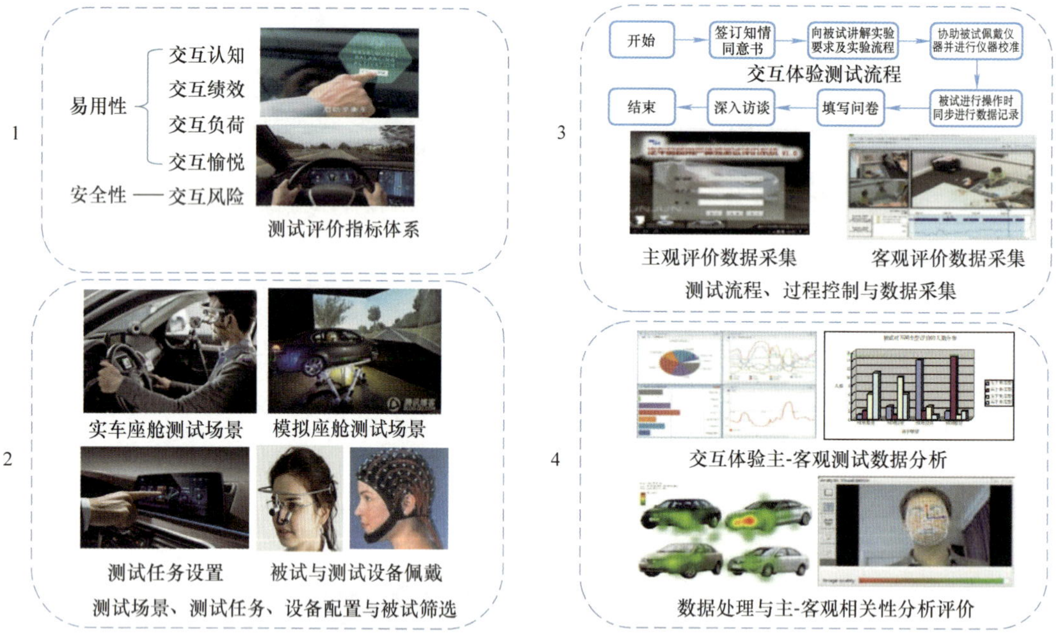

图 3　汽车智能座舱用户体验主 – 客观测试评价技术

智能座舱进入首感用户体验测评、驾乘体验测评、ADAS 用户体验测评、坐姿座椅舒适静动态体验测评、车载屏软件可用性 - 安全性测评、驾驶员行为状态阈值识别与标定、氛围灯颜色用户满意度 - 接受度测评、香氛用户满意度 - 接受度测评、座舱内饰材质 CMF（颜色、材质、工艺）高级感测评、语音（提示音）交互体验测评、智能座舱人机交互实验室建设与前瞻研究咨询等。

3. 优益网平台典型测评案例

（1）案例一：智能座舱车载屏软件人机交互可用性与安全性测评案例

智能座舱向多屏联动、大屏、动效、增强现实、情感交互等方向发展，给驾乘人员带来移动互联的便利和体验惊喜。然而，驾驶员在驾驶过程中与车载屏进行视觉、触觉、语音、手势等交互操作，会使驾驶员出现不同程度的分心，从而带来驾驶风险。如何客观有效地评价车载屏软件可用性和安全性，就成为汽车行业亟待突破的关键技术之一。针对某整车厂提出的车载屏软件人机交互可用性、安全性测评需求，制定了主 - 客观联合测评方案，筛选了 30 位目标用户被试（男女 3∶1），进行自主车和竞品车实车道路场景测试（见图 4），采集了 30 位被试眼动 / 手指运动追踪、脑电、车辆行驶状态等客观数据和主观评价数据，经过主 - 客观数据处理与相关性分析，从交互绩效、交互负荷、满意度、安全性四个维度进行可用性、安全性主 - 客观联合评价，测评结果得到委托车企的好评。

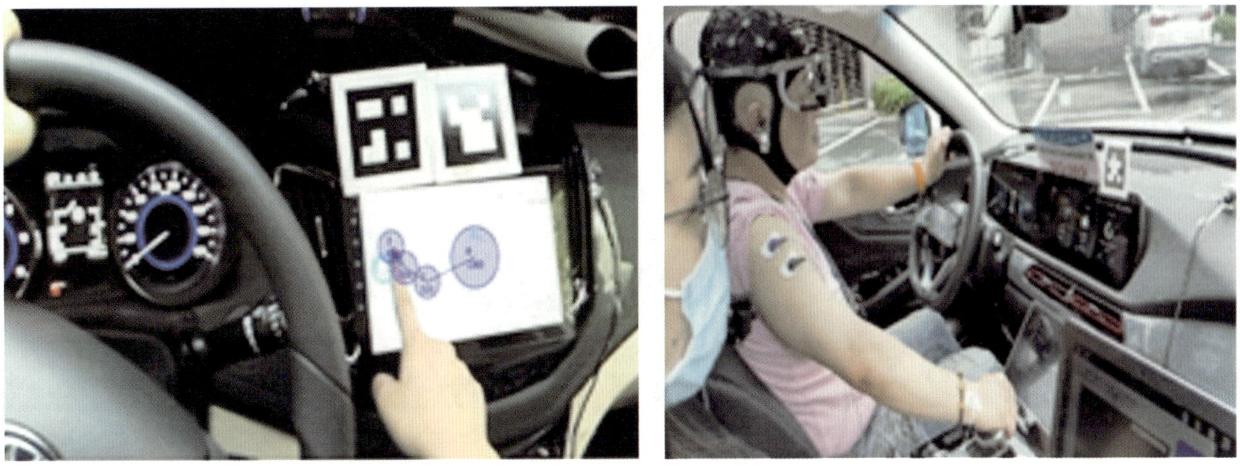

图 4 汽智能座舱车载屏软件人机交互可用性与安全性测评场景

（2）案例二：智能座舱驾驶座椅舒适性测评

根据车企提出的驾驶坐姿座椅舒适性用户体验测评共性需求，制定了驾驶坐姿舒适性主 - 客观测评指标体系，筛选了第 5、第 50 、第 95 百分位身高的 90 位中国男女目标用户被试，基于体压垫 / 惯导 / 脑电仪 / 心理量表等设备，在实车测试场景下（见图 5），采集了覆盖 5% ~ 95% 身高男女被试的体压、脑电、姿态角、前视野、人体坐姿 H 点、转向盘、加速踏板 / 制动踏板空间尺寸等客观数据和主观评价数据，进行了深度访谈，经过数据处理与相关性分析，构建了驾驶员舒适坐姿分级分类评价模型及座舱总布置、转向盘、加速踏板 / 制动踏板、座椅调节范围等关键因子对坐姿舒适性影响。测评结果对中国车企打造高端品牌、提升驾驶员坐姿舒适性具有重要支撑作用。

图 5 智能座舱驾驶座椅舒适性测评场景

（3）案例三：智能座舱内饰材质 CMF 用户满意度、接受度测评

智能座舱内饰材质 CMF（颜色、材质、工艺）的高级感是高端汽车拉开竞争差距、赢得用户青睐的关键要素之一。如何站在用户体验角度，从主 - 客观两个维度来科学客观评价用户对座舱内饰材质 CMF 高级感的满意度、接受度和偏好，从而提升用户高级感，是中国汽车制造企业打造高端品牌，提升品牌竞争力的有效途径。

应用案例：针对某车企提出的智能座舱内饰材质 CMF 用户满意度、接受度测评需求，制定了主 - 客观联合测评方案，遴选了 30 位目标用户被试（男女 3 : 1），进行实车场景测试，采集了 30 位被试脑电、眼动等客观数据和主观评价数据，经过主 - 客观数据处理与相关性分析，从材质色彩、材质质感、材质工艺、材质形状 / 位置 / 搭配等进行满意度、接受度测评（见图 6），测评结果真实反映了目标用户的满意度和接受度分布，对该车企提升座舱内饰材质 CMF 高级感具有重要指导价值。

图 6　智能座舱内饰材质 CMF 用户满意度、接受度测评场景

（4）案例四：智能座舱氛围灯颜色 - 语义用户满意度、接受度测评

氛围灯是高端汽车智能座舱营造高级氛围感的重要载体，给驾乘人员带来了舒适愉悦的高级氛围体验。然而，外资品牌高端智能座舱的氛围灯出厂预置颜色和语义，中国用户满意和理解吗？如何让中国用户对智能座舱氛围灯预设颜色满意，对关联语义理解和喜欢，是中国车企急需突破的关键技术之一。

根据第三方检测机构对高端车座舱氛围灯颜色 - 语义用户可感知满意度测评需求，选择奔驰 E300L 车型，制定了主 - 客观测评方案，遴选了 30 位目标用户被试（男女 3∶1），进行实车场景测试，采集了 30 位被试脑电、眼动等客观数据和主观评价数据，经过主 - 客观数据处理与相关性分析，从 10 种预设氛围灯颜色、自选氛围灯颜色、语义感知、满意度等进行用户体验测评（见图 7）。结果表明中国用户对预设 10 种氛围灯颜色 - 语义的感知度和满意度都较低，说明奔驰 E300L 氛围灯颜色设置是根据欧洲人设计的，不适合中国用户，中国车企应自己预置氛围灯颜色。

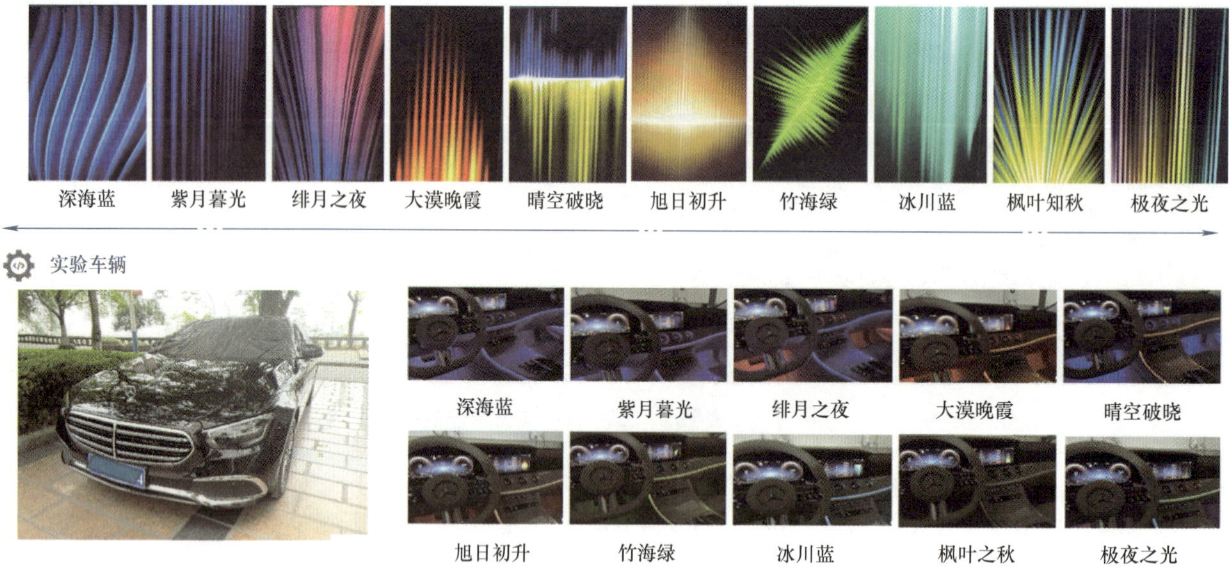

图 7　智能座舱氛围灯颜色 - 语义用户满意度、接受度测评对象

（5）案例五：智能座舱香氛 - 语义用户满意度、接受度测评

香氛是高端汽车智能座舱营造高级氛围感的重要载体，给驾乘人员带来了舒适愉悦的座舱高级氛围体验。然而，外资品牌高端汽车智能座舱出厂预置的香氛和语义，中国用户喜欢和理解吗？答案是不令人满意的。如何设置座舱香氛 - 语义，让用户可感知和满意，成为中国车企打造座舱香氛高级感的关键技术之一。

选择奔驰 E300L 车型，制定了主 - 客观联合测评方案，遴选了 30 位目标用户被试（男女 3∶1），进行实车场景测试，采集了 30 位被试脑电、表情等客观数据和满意度主观评价数据（见图 8），经过主 - 客观数据处理与相关性分析，从 7 种香氛气味 - 语义感知、满意度进行用户体验测评。测评结果表明，中国用户对 3 种香氛 - 语义的感知度和满意度较高，4 种较低，说明奔驰 E300L 香氛气味不太适合中国用户，中国车企应自主设置香氛气味。

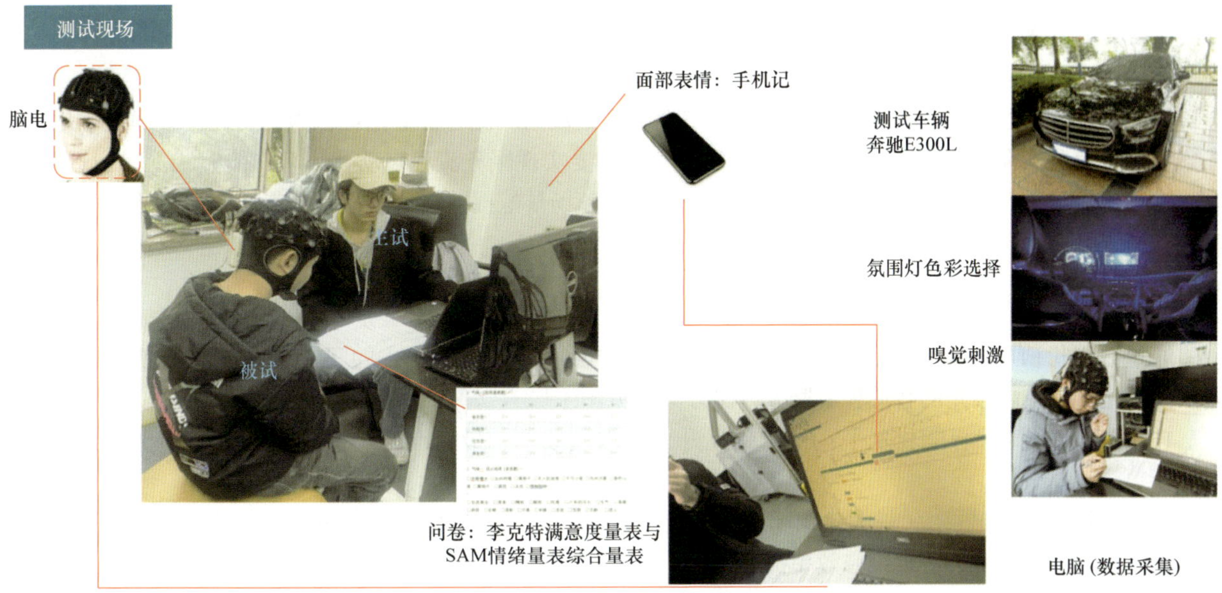

图 8　智能座舱香氛 - 语义用户满意度、接受度测评

汽车智慧售后解决方案

彩虹无线（北京）新技术有限公司
作者：黄亮

1. 技术背景

随着汽车产业的发展，汽车后市场服务在整个汽车产业链的比重越来越高；人们除了关注汽车本身的品质，对于车辆的售后维修服务也是购车的重要考量。通常的售后服务流程是汽车出现明确故障后才被送去维修店维修，此时维修费用往往较高，从而一方面影响车主用车，另一方面给车主带来经济损失。

2. 技术模块

本产品一直贴合行业发展与售后形态变化。基于车联网数据，打通售后服务业务与客户体验触点，建立完善的智慧售后流程，进而提高售后服务效率与客户满意度，增强车主与车企间的黏性，提升 4S 店售后服务产值，助力主机厂售后服务数字化转型。通过以下三个模块实现：

（1）“售后服务智能维修云平台”

基于 T-box 等工具，实现数据采集解析、标准化治理、远程诊断、故障图谱与模型的能力。对车辆数据进行监控与预警，实现维修资料的电子化，为店端提供客户精准招揽、技术资料查询学习、咨询解答、指引学习等功能，提供车辆维保智能领域的全链路解决方案，助力售后维修服务业务流程的闭环智能化管理、智能 SA 接车、智能维修支持、线上智能问诊等功能。实现数字化、网联化、智能化售后服务，提高店端维修服务效率，维保收益增长，同时提升客户体验。

（2）“ViDar 智能远程诊断平台”

ViDar 车辆云诊断工具链的产品初心，是利用在 10 多年与主机厂的合作过程中发现的痛点需求，及中国汽车技术的快速提升，将传统诊断车端技术和互联网、大数据信息技术融合，利用“网联”的优势，推出这个“一体化、一站式、全覆盖”分布式的智能云诊断平台。将离散的各个环节的诊断相关业务进行统一管理。提供轻量化 WEB 端在线工具软件，达到“配置→验证→发布→应用”的高效云端管理，也为售后诊断、远程诊断、数据挖掘、主动服务提供快速和灵活的接入能力。为智能汽车和新能源汽车的研发、制造、运营提供创新解决方案，辅助主机厂提升售后服务质量和品牌价值。

（3）“数字化透明车间 plus 系统”

第一个基础阶段主要是硬件基础搭建；第二个阶段是数据沉淀与价值挖掘，为门店提供管理数字化、渠道数字化；第三个阶段是智能售后服务体系的完善，主要实现服务流程自动化、客户体验线上化、透明化、渠道管理智能化、数字化。从这三个阶段基于全售后业务场景挖掘数据价值，提高售后管理运营效率，让用户拥有更放心、透明的维修服务。

3. 技术价值

通过数据价值应用能力构建，打通售后各个环节数据对接，确保 80% 的问题通过 20% 的精力解决，形成“数智化”行业内领先的智慧售后服务解决方案（见图 1）。

1）提升业务流程智能化水平：最大化提升接待沟通效率、最精准定位客户需求，实现业务流程效率提升。

2）提升车间维修效率：最大化调配利用工位资源、最大化提升维修班组的工作效率、最高效提高技师维修效率与故障修复率，实现维修效率提升。

3）实现业务统一管理：数字化支持，给予充分管理抓手、打通业务统一管理流程，实现标准化管理，实现业务管理效率提升。

4）提升客户服务体验：节省等待时间，提升服务透明度及交互体验，实现等待时间提升，满意度提升。

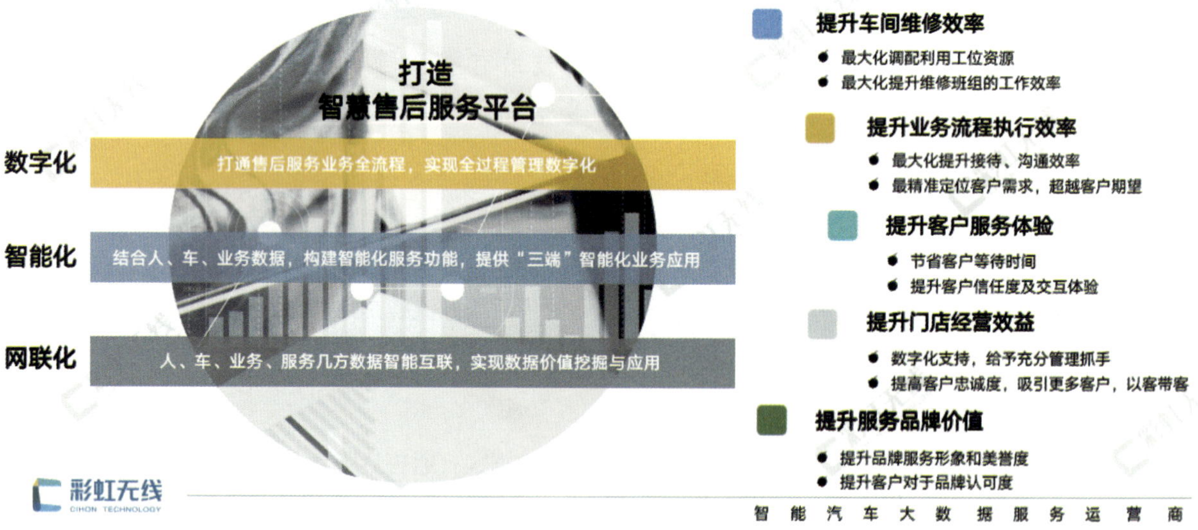

图 1　智慧售后服务体系实现业务价值

4. 技术创新性

我司提出的“汽车智慧售后解决方案”在行业处于领先地位，方案中采用了我司很多专利技术，如“车辆故障预测技术”“主动售后服务技术”等，其中“主动售后服务技术”目前已提交国标申请并完成答辩，是我司独有的技术。通过优化智能售后服务流程，打通车主与车辆数据，构建数据应用及数据价值挖掘能力，以经销商服务能力提升为主线，开发售后全流程数字化系统，实现反映服务效率的智能化管理的“智慧售后”。

三未信安智能网联汽车数据安全解决方案

三未信安科技股份有限公司
作者：鹿淑煜

随着智能网联汽车的逐渐普及，其安全性也越来越受到关注，相关入侵案例层出不穷，这一系列对智能网联汽车的攻击，引起了人们对于智能网联汽车信息安全问题的深入思考。

根据《中华人民共和国网络安全法》要求，智能网联汽车制造厂商、车联网运营商应“采取技术措施和其他必要措施，保障网络安全、稳定运行，有效应对网络安全事件，防范网络违法犯罪活动，维护网络数据的完整性、保密性和可用性”。《数字交通发展规划纲要》要求“兼顾创新发展和安全发展，防范化解数字化转型带来的信息安全风险，提升网络安全和数据安全保障能力，保障公共安全和国家利益。”《智能汽车创新发展战略》明确提出，从云、管、端全方位加强信息安全系统防护能力，加强数据安全防护管理，并建立智能汽车数据全生命周期的安全管理机制。通过制定以商用密码技术为核心的信息安全措施和手段，能有效解决智能网联汽车的车联网服务端、车载终端、移动终端等节点的通信安全、身份认证和数据安全等问题。

智能网联汽车需要解决车 - 云 -App 在交互阶段的安全信任问题，否则无法防止攻击者假冒合法车主用户获得资源的访问权限，将极大威胁车联网系统和数据的安全。三未信安 LTE-V2X 车联网安全证书管理系统（以下简称 Sansec-VCA）是以解决车联网通信安全为出发点，从 LTE-V2X 通信安全认证的机密性、完整性、可认证性以及车辆隐私性等角度综合设计，以公钥基础设施为核心，建立在一系列国内外安全技术标准（IETF PKIX、ITU X.509、IETF LDAP、SSL/TLS 等）之上的通用安全平台。

根据 3GPP 组织的 Release14 规范，LTE-V2X 直连通信场景下终端在网络层不采取任何机制对 PC5 接口上广播发送的直连通信数据进行安全保护，数据的传输安全完全在应用层保障。如图 1 所示，V2V 和 V2I 通信在应用层基于数字证书实现安全认证和安全保护，需要部署 CA 系统为 V2X 设备签发证书。与此同时，OBU 需要频繁更换假名证书，确保其行动轨迹难以与其使用者的真实身份信息关联起来，进而保护用户隐私信息，这就需要为 OBU 定期批量签发假名证书。此外，参考我国车辆、道路和交通的实际管理情况，车联网 CA 系统很可能会是多根部署模式，进而存在多个车联网 CA 系统，每个 CA 系统为一个独立的认证域，因此需要实现一个认证域中的车联网设备能够认证由其他认证域签发给该域车联网设备的证书，即跨认证域认证。

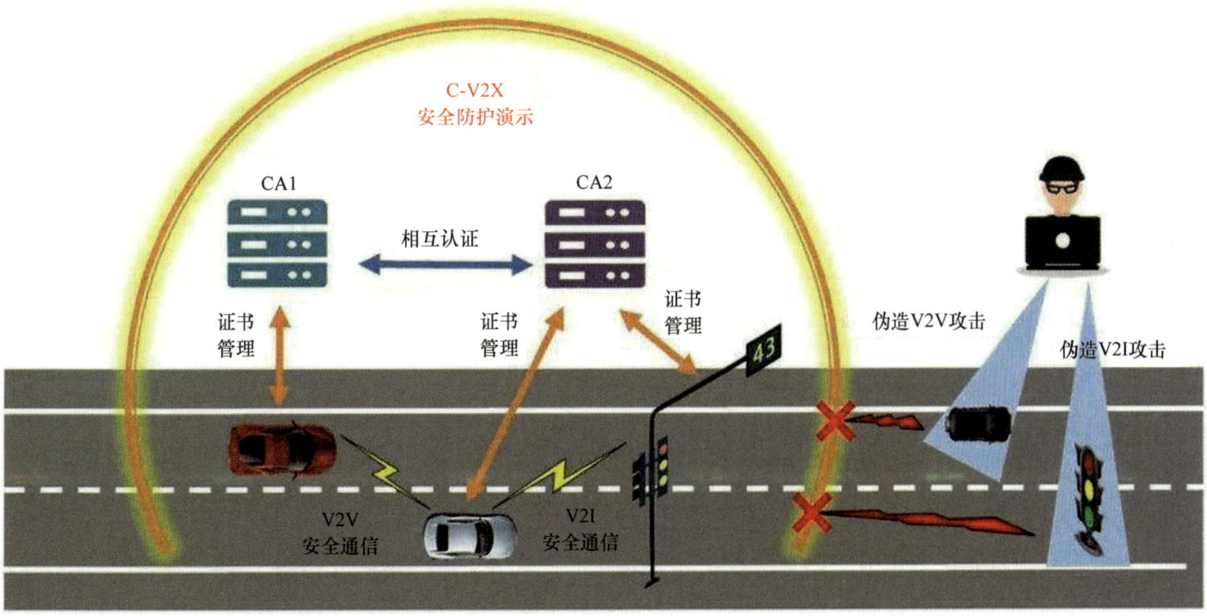

图 1　LTE-V2X 直连通信应用场景

Sansec-VCA 系统向上为应用系统提供车联网实体数字证书的申请、更新、注销、发布等功能，向下封装标准的数字证书服务接口，为 V2X 应用提供身份认证、访问控制、数据保密和完整性等全面的安全服务。

Sansec-VCA 使用的密码算法均为我国 SM 系列商用密码算法，密码算法在专用密码设备上实现，密码设备的接口符合 GB/T 36322—2018《信息安全技术 密码设备应用接口规范》中的相关要求。

基于 LTE 的车联网系统在应用层主要采用数字证书的方法实现业务消息的安全保护，相应地，系统需要部署 CA 基础设施实现数字证书全生命周期的管理，包括证书申请、证书签发、证书更新、证书撤销、跨域互信、终端异常行为收集和处理等一系列与安全相关的功能，确保 LTE-V2X 业务功能安全。

当前主流商用 CA 系统主要采用 X.509 格式证书，业务流程和密码协议满足不了 LTE-V2X 车联网证书管理需求，因此需要专用 LTE-V2X 车联网 CA 系统。Sansec-VCA 依照 T/CCSA 307—2021《基于 LTE 的车联网无线通信技术 安全证书管理系统技术要求》等规范要求，贴合车联网证书管理的实际需求，实现了根 CA、中间 CA、各类子 CA 的三层架构，以注册证书、应用证书、身份证书和假名证书为管理核心，为车载设备（OBU）、路侧单元（RSU）和车联网服务提供商（VSP）三类 V2X 设备提供各类证书的申请、签发、注销、更新等管理能力。Sansec-VCA 设计以数字证书 + 数字签名为技术手段，实现车联网通信实现 V2X 通信中的身份认证、安全传输、数据完整性等安全功能，解决当前 V2V、V2R、V2C、V2N 的通信的安全问题。

Sansec-VCA 系统为 OBU、RSU、VSP 等参与实体签发相应的数字证书，以支持车联网应用系统内实体基于数字证书 + 数字签名的方式进行“安全信息”的交互。

从图 2 可见，Sansec-VCA 系统要为车载设备、路侧设备和服务提供商等各类不同的对象签发和管理证书。其中，车载设备作为最终的交通受益方，其参与的业务种类最多，本系统为其设计了注册证书、应用证书、假名证书和身份证书（特种车辆），为路侧设备依据功能设计了注册证书和应用证书的支持，为服务提供商提供了注册证书、身份证书和应用证书。

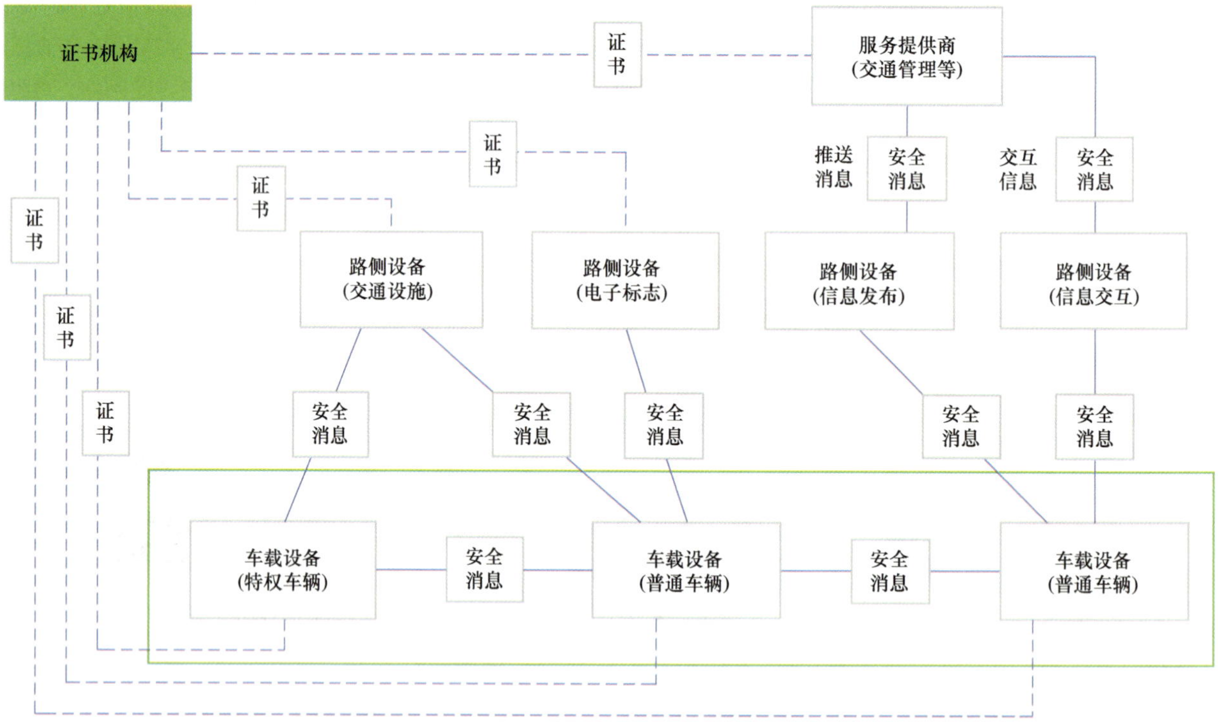

图 2　Sansec-VCA 系统架构

在实现智能网联汽车各类节点和环境的身份认证之后，需要对车侧、路侧以及云端数据（如车况信息、驾驶行为信息、行驶轨迹数据等）的安全传输和存储提供有效的安全保护。三未信安 sec 系列数据保护系统从数据安全的目标入手，通过认证技术、加密技术、完整性保护技术，对不同安全等级不同类别的数据制定不同的数据安全策略，为车联网环境提供了基础性的数据安全保障方案；针对个人敏感信息以及重要数据提供了不同的数据保护方式，对数据生命周期的各个阶段和数据流动的各个环节进行了全方位安全保障，同时满足国家对于信息系统等级保护及商用密码应用安全的相关标准要求。

如图 3 所示，三未信安数据安全系统结合企业数据安全治理的目标，根据数据安全等级的划分，形成相应的安全策略建模，即身份主体与数据客体的访问关系控制，并将客体与数据源进行关联，实现通过不同类型数据源（如大数据系统、数据库系统等）的策略执行能力。

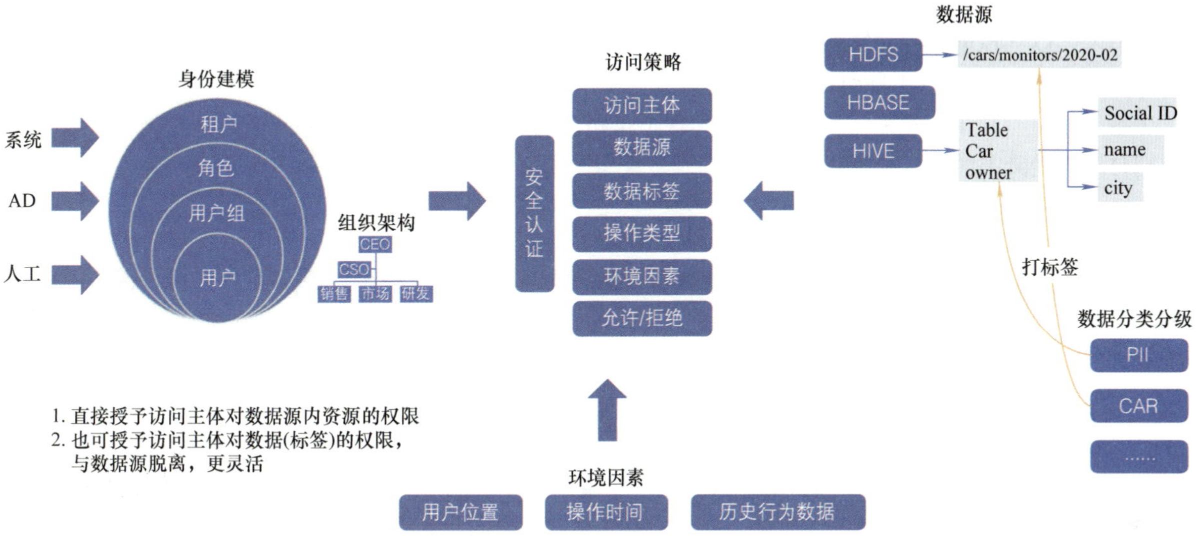

图 3　Sansec 数据安全访问权限控制模型

结合数据安全等级和数据使用方式的不同，数据所需要提供的保护手段也有区别。三未信安数据安全平台基于密码技术可提供加密、脱敏、数据防篡改、抗抵赖等保护措施。如图 4 所示，数据安全平台结合访问控制模型，对不同数据的保护手段进行指定，并通过各类型的安全组件，将对数据的加密、完整性保护等能力实施到车端及云端的环境中，从而实现综合数据防护能力。

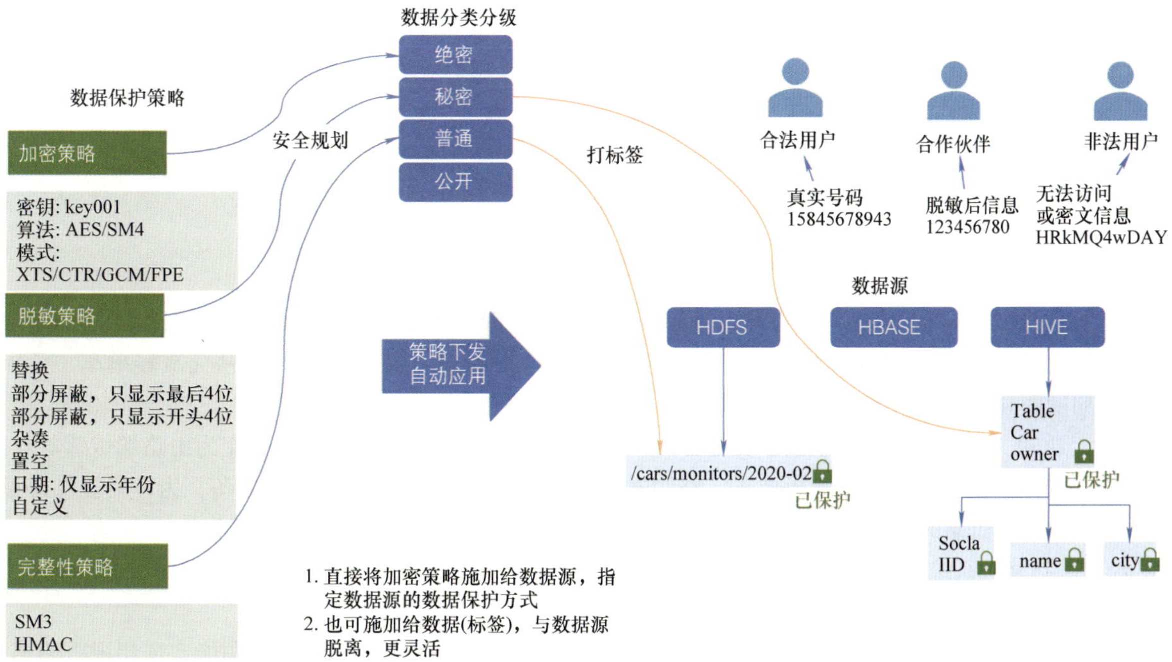

图 4　Sansec 数据保护效果

车路协同的城市级应用
——基于“轻车·熟路”系统的落地实践

中智行科技有限公司

2022 年 8 月，中智行科技有限公司（简称中智行）与天翼交通联合发布了“轻车·熟路”车路协同自动驾驶系统，以“轻量化自动驾驶车 + 高级别全息智能道路”的形式，首次在城市级公开道路上，通过纯路端感知实现 5G 网联式的 L4 自动驾驶。

中智行基于“轻车·熟路”系统，逐步实现了车路协同自动驾驶从技术闭环验证到商业闭环落地，助力高级别自动驾驶降本增效、实现规模化应用。

1. “轻车·熟路”车路协同系统简介

“轻车·熟路”自动驾驶系统，由轻量化硬件配置的智能汽车与具备全息感知能力的智慧道路两个体系组成（见图 1）。

图 1 “轻车·熟路”系统示意

中智行提出的“轻车”，正是让自动驾驶车辆在智能硬件配置上实现“轻量化”：仅需具备 L2 的车端传感器配置，无须安装复杂和高成本的激光雷达等传感器阵列和大算力处理器芯片，从而减轻单车“负担”，车辆交付周期明显缩短，量产难度显著下降。

天翼交通的“熟路”系统，让原本实现 L4 级别自动驾驶所需的单车多维感知，变为由路端传感器分担。路侧布设的半固态激光雷达、高清摄像头、路侧通信模块及边缘计算 MEC 等多种设备，为车辆提供海量低时延、强实时、高可靠的感知数据，并统筹更宏观的信息，帮助车辆智慧决策。

“轻车·熟路”系统具有三大优势：感知、数据、算力。

（1）4D 感知更全更准

1）空间全连续、高空的路端部署，物理 BEV（Bird’s Eye View，鸟瞰图）的视角能实现超视距的感知，同时大幅度减少盲区等。

2）时间的全连续。全息路端感知系统对交通参与者的观察是持续且连续的，感知从时间维度上都打通在一起，突破了时间维度的限制，这对于感知目标的意图理解、轨迹预测等提供了更高维度的信息，从原来的三维，拓展到了 4D 的感知。物体是不会凭空出现的，通过连续的跟踪，可以更好地判断其路径与状态。

3）从感知突破到认识的升维。人工智能本身是没有认知能力的，如路上新修道路水泥是干的可以通行，还是新浇筑的必须绕行，AI 是无法识别的，但是车路协同系统可以借助学习人类驾驶行为（如人类驾驶路径热力图），对无法识别的障碍物进行归类，提出是否需要绕行的指引，这对于帮助自动驾驶应对长尾、异常交通场景帮助很大。

（2）海量有效数据

1）数据量大：基于路段去采集的 7 × 24 小时的数据采集。

2）数据量优：数据未有遗漏的情况下，数据质量更高。

通过全息路端，可以完整记录区域内所有交通参与者每天数亿千米的行驶数据，尤其是全部交通事故等异常情况，以此为基础构建场景库与仿真平台，可以极为有效地实现算法的迭代。

（3）算力大且经济

利用路端的边缘和云的计算，可以依据实际需求充分调用海量的算力，而车规的算力是相对高昂且低效的。假设车上的算力大约 90% 的时间只要用到 100 Tops 的计算，但是为了剩下的 10% 的复杂交通路况，车上需要配备 2000 Tops 的算力。我们的技术通过路端的边缘计算和云计算（基于交通峰谷的调剂），实际上算力效率更高。而且，路端算力设备不需要使用车规级的芯片，且计算结果可以共享给系统内连接的所有车辆，因此整个计算硬件的成本也是大幅度下降。

2.“轻车 · 熟路”的技术突破

为了实现“路对车强赋能”，需要路端能力直接赋能车辆的自动驾驶，“轻车 · 熟路”系统已经在技术上面有了一些比较重要的突破：感知、通信、稳定性。

1）路端感知的置信度、准确性。全息感知，实现空间与时间的全连续，无盲区，无断点，召回率超 99%，充分满足自动驾驶对于感知的精度与广度的要求。

2）通信。车辆的行驶时速一般是几十千米，为了实现真正的车路协同，通信的延迟需要严格控制在一个低水平且非常稳定的范围内。现我们的技术已实现了：

① 通信空口延迟平均在 20ms，P99（在 99% 的情况下）延迟 <30ms。

② 端到端点（即从感知、计算、到预测和规控的环节）的 P99 延迟 <200ms。

为了实现通信技术的突破，不仅是在通信微基站部署等措施的采用方面做了大量的工作，也包括设计全新的通信协议架构（例如车端怎么样去请求路端数据、路端数据怎么样去分组，怎么样去下发数据）等一系列工作。

3）系统稳定性。从硬件设备到系统软件全面实现 7 × 24 小时长时间，无间断连续运转，稳定地支持车路协同自动驾驶。

3.“轻车 · 熟路”的应用优势与价值

传统的自动驾驶单车智能技术路线发展十年有余，至今已较为成熟，而其瓶颈期也日益明显。

车路协同是真正能够实现自动驾驶技术和商业突破的路线。自动驾驶技术不在于领先，更在于突破。通过新的技术、新的系统，才能更有效地突破技术和商业上的瓶颈。

安全、效率、经济，不仅是评价自动驾驶技术是否成熟的三项标准，更直接关乎自动驾驶落地的规模、速度。“轻车 · 熟路”带来的应用价值也着重体现在这三个方面。

（1）安全

1）感知范围超视距无死角、跟踪更精准、高精地图实时更新、定位更可靠。

2）海量真实数据沉淀，算法更安全、更可靠。

（2）效率

1）预测准确率大幅提升，复杂场景通行效率高。

2）全局统筹大幅提升系统整体交通效率。

（3）经济

把大部分的车端传感器和车上的相当部分的计算转移到路端。而路端的所有传感器和计算能力的配置，是被所有在路上接入这个系统的车共享的，所以经济性是大幅度提升的。

“轻车熟路”系统的核心技术突破，首次让车路协同自动驾驶从理论走向实践，从试验场走向城市公开道路规模化部署，助力 L4 自动驾驶商业落地和规模化应用，使真正的“中国方案”落地。

4.“轻车 · 熟路”城市级应用

（1）车路协同在城市级场景首先应用

从商业推广看，车路协同从经济较发达的地区、城市级应用场景开始起步，经济发达地区汽车保有量高，路端基础设施建设更为完善，而智慧道路的建设成本可以无限复用给更多的自动驾驶交通参与者，经济价值更为凸显，商业落地也将会更快速地实现。

不仅是出于经济性的考虑，这类地区对车路协同给智慧城市所带来的安全性、效率、经济性上有着更高的追求。例如，车路协同自动驾驶可对城市交通做全局统筹优化，这将大幅减少城市交通拥堵所带来的环境污染和经济效益损失。

车路协同在城市复杂场景下能够充分发挥其在感知、数据与算力方面的优势。不同于单车智能动态环境下的动态感知，车路协同是在静态环境下的动态感知，再叠加其空间连续、时间连续、算力调用的优势，可以有效解决盲区死角、意图判断难等问题，大幅度提升感知准召率，而基于路侧进行的海量高质量的数据收集与数据训练，更是可以真正解决自动驾驶的技术长尾问题，包括但不限于有效应对路口多车、人车博弈、鬼探头、故障车车道占用、消失的前车等自动驾驶标志性 corner case 场景。

（2）城市级应用的实现阶段

分阶段实现车路协同自动驾驶的城市级应用，在细分场景中发挥车路协同系统级的成本优势、技术共享化优势。

基于自动驾驶行驶能力（深度）和应用泛化（广度）两个维度，中智行将城市级场景应用的实现过程划分为三个阶段（见图 2）。

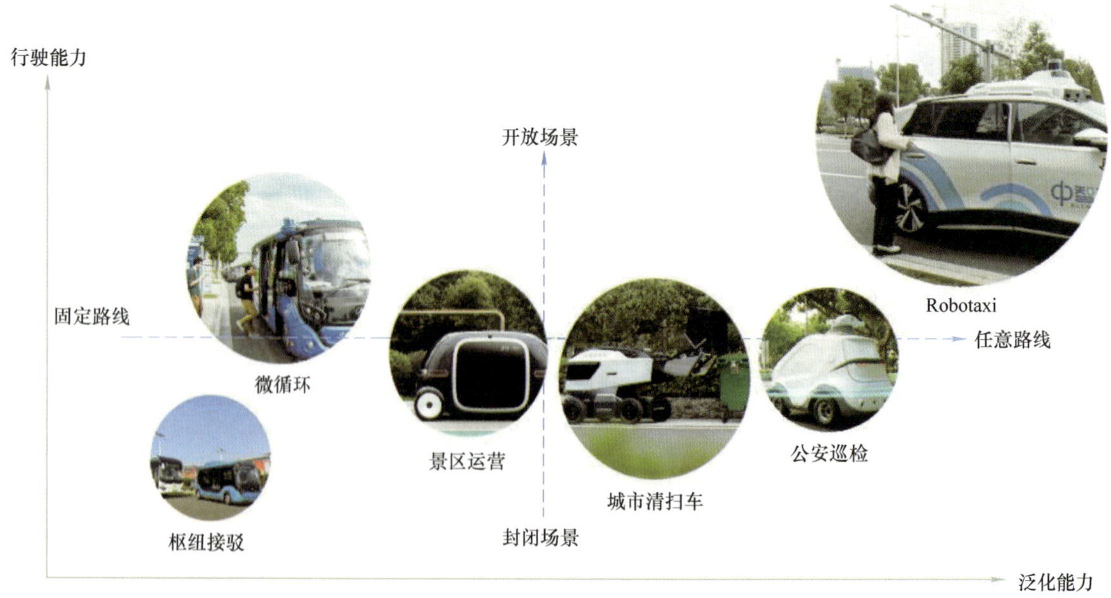

图 2　商业化落地的两个决定维度

阶段一，封闭场景固定路线。

1）在景区、园区、校区等场景。

2）交通参与者干扰度低、路线复杂度低、基建完善度高。

3）行驶路径相对固定、行驶速度较低。

4）能够极大提高运营效率，降低人力负担。

阶段二，城市公开道路微循环系统。

1）特定区域内的站点接驳，满足生活、商务等出行需求。

2）短途、中低速行驶更能满足安全性要求。

3）我国城市公交已逐步实现全面电动化，正在迈向智能网联化。

4）“城市微循环”应用，如公交线路、交通枢纽接驳等。

阶段三，复杂交通场景的城市共享出行。

1）城市复杂场景中网约式 Robotaxi 任意起乘点。

2）数字化运营，提升车路协同 Robotaxi 的 ODD。

3）基于路侧海量数据积累，提升算法成熟度，加快解决长尾问题。

（3）城市级应用产品体系

中智行基于“轻车·熟路”的车路协同方案，推进自动驾驶的城市级应用，目标在全球范围内率先实现自动驾驶的规模化商业应用。

1）城市应用滑板底盘 Robo-X。通过路端感知赋能，减配车端传感器，大幅度降低实现成本；一套方案，多种应用，通过不同车身搭载，打造定制化“Robo-X”产品（见图 3）。

2）城市微循环系列 Robobus。全球第一款基于“车路协同”的自动驾驶客车，由中智行与苏州金龙联合开发，目前已在苏州高铁新城实现常态化运营（见图 4）。

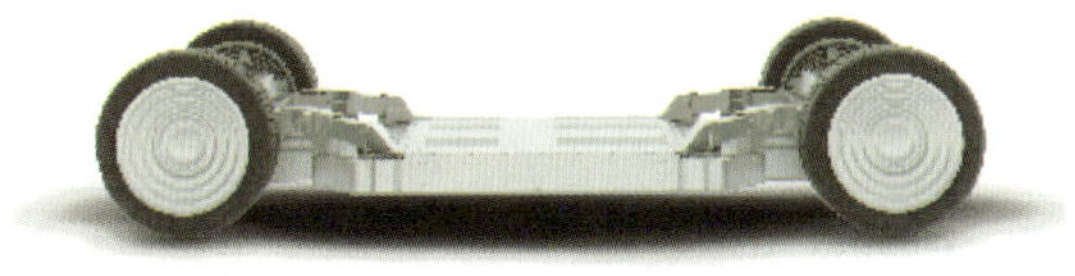

图 3 车路协同滑板底盘

图 4 车路协同 Robobus

3）城市舰队系列 Robotaxi。以“轻量化车 + 高级别智慧道路”的方案，在城市级公开复杂道路上实现长距离 L4 自动驾驶，并率先在苏州高铁新城区域开启试运营（见图 5）。

图 5 车路协同 Robotaxi

QNX 在自动驾驶辅助领域的算法移植和性能优化

BlackBerry QNX
作者：徐正，刘毅

1. QNX 特点

（1）QNX 是嵌入式硬实时的微内核操作系统

有硬实时、微内核、模块化、弱耦合、分布式的特点，从 1980 年诞生之初就是基于 SOA 架构设计，基于 Client-Server 的模型，具体表现为：

1）硬实时：任何切换时间和中断时延速度快，所有的任务响应均为确定性 deterministic 行为。

2）微内核：除调度、进程管理、中断及操作系统核心的功能外，其余部分都处于用户态，包括驱动、协议栈、文件系统及功能模块等。

3）模块化：操作系统的各个功能单元都模块化设计，内存保护，并且相互隔离，可按照需要动态加载或卸载，基于消息机制通信，按照 Client-Server 的架构设计。

4）弱耦合：模块与模块之间互不影响，都在独立的虚拟地址空间运行。

5）分布式：局域网内的 QNX 系统对于用户角度可以认为是一台 QNX 系统，资源可以复用。

（2）QNX 是类 UNIX 操作系统

遵循 POSIX 的最高级别 PSE54 标准㊀，因此基于开源的应用程序以及一些开源的中间件都可以无缝地移植到 QNX 系统之上。QNX Microkernel 和 Process Manager 组成 QNX 最小系统 Procnto，其他如驱动程序、协议栈、文件系统、应用程序都作为一个独立的模块运行在 QNX 系统之上。

（3）QNX 是功能安全和信息安全的操作系统

QNX 通过功能安全 TÜV（莱茵）ISO 26262 ASIL D 最高等级道路车辆最高功能等级安全认证，包括 QNX 操作系统、QNX Hypervisor 虚拟化和 Graphic Monitor 图形监控子系统以及 QNX IPC 通信机制 black channel，同时黑莓是网络信息安全标准 ISO/SAE 21434 委员会基础软件组唯一成员。

（4）QNX 其他特性

1）QNX 调度算法及策略。QNX 调度算法有很多种，本质上基于优先级抢占式。QNX 的线程优先级是一个 0 ~ 255 的数字，数字越大，优先级越高。在 QNX 上有三种基本调度策略，可以单独使用也可以组合使用，包括基于时间片轮询 Round Robin、优先级抢占式 FIFO 和基于时间 Budget 的 Sporadic 算法。同时 QNX 还提供 APS 自适应分区调度算法，在 CPU 满负荷的场景下保证低优先级的任务有调度的机会，不被“饿死”。

2）QNX IPC 通信机制。QNX 除了支持 Native 的 IPC 机制如 Massage passing、Signal 等，同时还提供 POSIX 标准的 IPC 例如 MessageQ、Piple、Shared Memory 等 IPC 通信方式，多种 IPC 方式供用户在不同的应用场景下进行选择。

3）QNX 的 IDE 集成开发环境。QNX 提供基于 Eclipse 的 Momentics IDE 集成开发环境，供用户进行基于以太网 Software GDB 的代码级的编译调试或系统性能分析，可实时以图形化的方式，查看进程资源、系统日志、CPU 占用情况、内存使用情况、进程间通信以及 Coredump 等。

2. QNX 在自动辅助驾驶领域的应用

由于 QNX 实时性、确定性行为和功能安全的特性，契合自动辅助驾驶对功能安全 ISO26262 ASIL D 的安全等级要求，因此由于国内外主机厂项目的需求，QNX 被广泛地应用于自动辅助驾驶领域，作为基础软件承载上层的各种实时和高可靠性应用。由于在自动辅助驾驶领域，芯片和基础软件越来越成为一个整体方

㊀ POSIX 标准有四个等级：PSE51、PSE52、PSE53 和 PSE54。在 RTOS 实时操作系统的世界里，只有 QNX 操作系统是 PSE54 标准的，因为 QNX 诞生之初就是类 UNIX 系统按照 POSIX 标准编写。

案，因此 QNX 也被包含在主流的高性能自动辅助驾驶芯片的整体基础软件平台方案中，作为关键的一部分提供给最终用户。

（1）英伟达与黑莓 QNX 的合作

英伟达的一系列高性能芯片广泛地应用在自动辅助驾驶领域，例如 Xavier、Orin 和 Thor 等。英伟达作为顶尖的自动辅助驾驶芯片平台整体解决方案商，在平台软件层面上提供以 DriveOS 为核心的基础软件平台，早在五年前，英伟达就选定 QNX，双方深入合作，QNX 作为英伟达 DriveOS 功能安全 ISO26262 ASIL D 版本唯一的 RTOS 合作伙伴，由英伟达提供基于 QNX 的功能安全版本的 DriveOS 的一站式方案，例如在 Xavier 平台上，因为整体平台软件要达到 ASIL D 级别，DriveOS 只提供 QNX SafetyOS 安全内核版本。英伟达极其重视功能安全，黑莓 QNX 作为英伟达平台中唯一 RTOS 操作系统合作伙伴，包含在 Driver OS 的整体方案，由英伟达提供一站式的方案和服务支持，即服务工程支持由英伟达统一接口。

（2）高通与黑莓 QNX 的合作

高通作为 IOT 和手机领域芯片方案的翘首，在车载汽车电子的中高端智能座舱领域占了绝大多数的份额，黑莓 QNX 作为高通 Snapdragon 座舱芯片整体解决方案的一部分，也是唯一的 Hypervisor 合作伙伴和高通一起支持了全世界近百个汽车电子的客户，同样在自动辅助驾驶领域，高通 Snapdragon Ride 也定点了许多全球领先的主机厂项目，例如官宣的大众、宝马、通用以及长城汽车等，黑莓 QNX 作为高通自动辅助驾驶芯片平台的基础软件底座部分，由高通提供一站式的 ISO 26262 ASIL D 功能安全等级的整体软件平台方案。

（3）国内自动辅助驾驶芯片公司与黑莓 QNX 的合作

近年来，高性能的国产芯片层出不穷，在自动辅助驾驶领域，也有越来越多有潜力的国产公司崭露头角，黑莓 QNX 目前已经完成适配黑芝麻 A1000 和地平线 J5 等芯片，由芯片公司提供一站式的整体解决方案。值得一提的是，后续还有多家重视功能安全的顶级国产大算力高性能自动辅助驾驶芯片合作，将于明年正式发布。

3. 中国自动辅助驾驶领域基础平台软件所遇到的问题

近年来，自动辅助驾驶领域非常火爆，许多国内外的主机厂都逐步在量产项目中开发以及发布 L2+ 的功能，当我们回顾这几年来快速发展会发现，大多数的自动辅助驾驶的人才都来自于 Robotaxi，自动驾驶算法初创公司或大学研究机构，特别是算法人才。这就有个显著的特点，在这些公司里面的大多数项目，最初都是基于工控机 + 英伟达显卡（大多数用英伟达的 GPU，少数用 AMD 的）+ 开源的操作系统 + 来自开源的算法，其实和汽车电子的安全性本身毫无关系，唯一的好处就是快，容易尽早演示，尽快融资。

这些算法人才加入主机厂之后，更倾向于用以前最熟悉的开发方式，这样好尽快地出演示成果，也就是英伟达的 SOC+ 开源的操作系统 + 来自于开源的算法。另一方面，在自动辅助驾驶项目中，一般主机厂会把控制器平台即硬件和平台软件外包给外部的 Tier1 来做，类似于一台 PC 电脑，而自己开发应用和算法。

一般主机厂也有平台组，负责部分的驱动及驱动以上的中间件的整合，系统组负责系统设计统筹，功能安全团队负责整体的功能安全，而算法团队负责算法应用的开发和实现，那么问题就来了，除纯算法团队外，一般国外的主机厂都会有一个实现算法嵌入式工程的团队，负责算法在非工控机的嵌入式环境和实时操作系统的优化实现落地，这样的团队既要懂一点算法架构，懂嵌入式软件的开发和硬件特性，还要对操作系统有足够的理解。

而在中国的许多主机厂，没有看到有这样一个团队甚至这样的人才存在。因此不少项目由于开发周期短，人员不具备嵌入式系统开发的经验，会采用更接近于 Robotaxi 的方式开发，即英伟达 SOC 中的处理器（类似工控机），SOC 中的 GPU（类似显卡）和开源操作系统 + 未经优化的各种开源算法。在满足基本功能和有限性能的前提下，功能安全团队的建议通常会被直接忽略，因为要满足极短的量产时间，在国内主机厂军备竞赛中领先才是最重要的，这在欧美的主机厂是不可想象的。在这一点上，中国也有许多人才储备充足并且负责任的主机厂做得非常好，特别是有专门的经验丰富的算法工程实现的团队负责优化落地。期待在不久的将来，能够有更多的主机厂重视起这个问题，在中国有更多的行业人才能够填补这一空白。

4. QNX 算法移植以及性能优化举例

QNX 提供 ADAS reference 平台产品，里面涵盖了 Sensor Framework、networking、open source modules、第三方的 SDK 以及一些参考设计，其中 Sensor Framework 提供了 ADAS 的一些基本库（见图 1）。

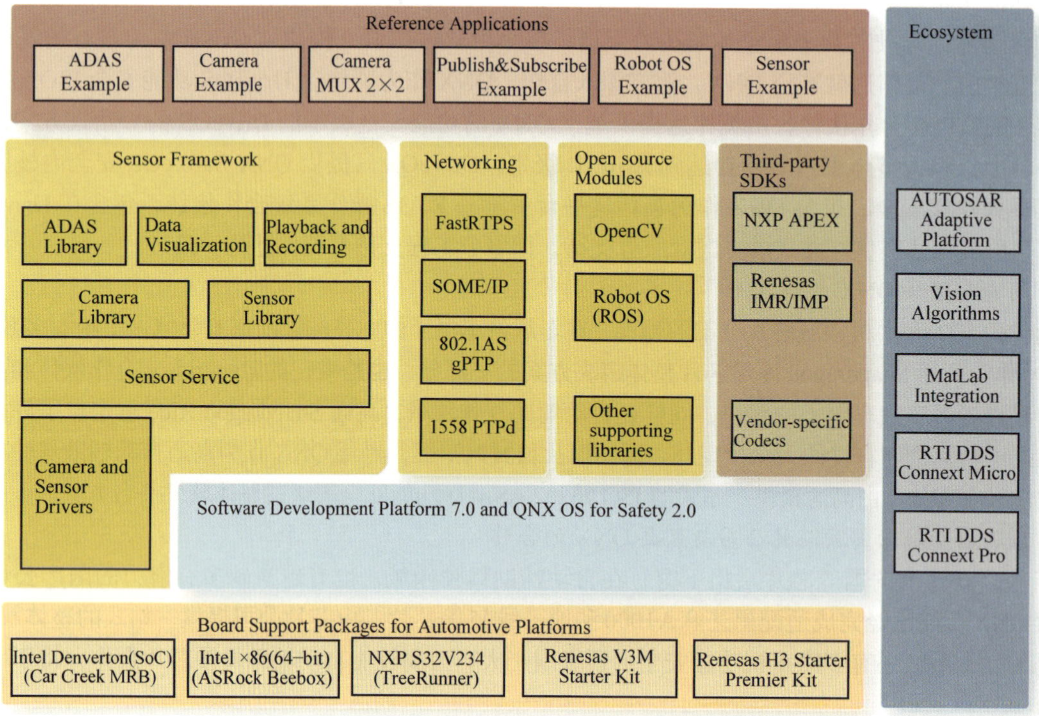

图 1　QNX ADAS Sensor Framework 软件框架图

（1）算法移植

自动辅助驾驶以开源的算法居多，由于 QNX 符合 POSIX PSE54 标准，API 兼容基本一致，因此各类开源算法可以很方便地移植到 QNX 的平台上，使用 QNX 的工具链进行编译并运行。然而，虽然 API 是一致的，但由于实时操作系统的特性，表现的行为会有所差异，需要对系统进行优化调整。

QNX 有专门的团队来根据 roadmap 以及客户需求移植一些开源软件，比如 ROS/ROS2，比如 OpenCV 和 vSomeIP，我们也会负责后期的维护。

（2）分享常见的 QNX 性能优化项

1）IPC 优化。QNX 支持绝大部分主流 POSIX 系统常见的 IPC 方式，同时也有其独特的原生 IPC 方式——Message-passing。在自动辅助驾驶方案设计中，常有公司会将 UDS、DDS 做为软件通信总线的架构方案原封不动地从 Linux 照搬到 QNX 上。从功能上看，这样的跨平台方案可以使得代码重用并且功能没有区别。但从性能角度考虑，由于 QNX 独特的内核架构，这并不是高效的解决方案。不同于 Linux 的宏内核架构，QNX 为了安全性和实时性采用了微内核架构，绝大部分的系统服务，比如网络协议栈，它是完全运行在内核之外以服务（Resource Manager）的方式运行。如果采用 UDS（Unix Domain Socket）这种基于网络服务（严格意义上讲，UDS 并不需要经过网络协议栈，但也是需要经过 QNX 的网络服务 io-pkt 支持）的通信方式，那么所有的数据报都需要经过网络服务中转，相比直接通信多了一次 IPC，这就带来了系统资源的浪费。建议的优化方案是采用更高效的 IPC 方式，一般情况下，中小量的数据量传输建议使用 Message-passing，特别大的数量使用 Shared memory 方式。另外，一些开源软件也会大量使用 FIFO、PIPE 等 IPC，尽管 QNX 支持这类使用，但是我们也建议改成更高效的 Message passing 方式，以减少单次 IPC 的开销。

2）编译选项优化。QNX 采用 GCC 的框架，出于安全性的考虑，QNX 的编译器版本更新相比没有开源社区激进，会慢一些。比如 SDP 7.0 采用的是 GCC 5.4.0，SPD 7.1 采用的是 GCC 8.3.0，即将推出的 SDP Moun 会采用 GCC 11.X。有时候会发现，运行同样一个算法库，QNX 性能会比开源低，那很有可能是由于编译版本或编译优化选项差异的原因。因为在 Linux 系统上默认的 ARMv8 的编译优化选项是满级的，而 QNX 默认不打开 ARMv8 的优化选项，因此程序编译时需要打开相关编译选项才能获得最佳性能。QNX 出于安全性考虑，某些编译选项在默认编译时并没有打开，从而会导致性能相对损失的问题。

3）驱动级别优化。如网络 / 存储设备驱动，根据以往的经验，大部分的性能问题的瓶颈在设备驱动这层。特别是新的硬件、新的驱动，要注意根据 QNX 系统服务层做好适配，驱动的好坏，往往是除硬件本身之外最主要的性能影响因素。我们遇到非常多的来自驱动层面的空等、忙等，最终导致系统机能的冗余浪费。

4）网络协议栈优化。除了网络驱动的优化，QNX 的网络协议栈 io-pkt 本身也提供了丰富的参数，可以根据具体使用的应用场景来达到性能的最优化。另外，使用 QNX SDP 7.1 及后续版本的用户，可以使用最新的版本网络协议栈 io-sock，它对多核 CPU 的利用和大并发小包数据的处理能力有显著的提升。两个协议栈各有千秋，实际上大量的案例证明，用户并没有达到 io-pkt 的性能瓶颈，socket buffer 不足导致丢包，typed memory pool 分配得不够导致收发阻塞等，这些都可以通过配置以及 API 层面的优化达到性能提升。

5）系统 API 优化。如 memory allocation、memory copy 等，QNX jemalloc 根据实际应用场景提供更多的功能，jemalloc 比 default 的 malloc 效率更高，特别是对于大量线程高并发调用的场景。

6）用户接口优化。QNX 提供的底层接口，尤其是一些自有 API，是有不少细微差别的，比如 sendmsg（ ）和 sendmmsg（ ），用户往往会比较熟悉前者，用于 socket 的发包，但是后者提供了 message 队列，以实现不增加 IPC 的基础上提高整体的吞吐率。又比如 mmap（ ），我们提供了一些 QNX 独有的 flag 来应对不同的 memory mapping 场景，如 MAP_ANON 与 MAP_PHYS 的配合，才代表申请物理连续 memory region 而 MAP_LAZY 更会延迟内存的申请分配。了解并熟悉每个接口的参数配置以及相近命名接口的应用场景会对开发帮助很大（我们提供了每一个接口的参数以及相关使用）。

7）Momentics IDE 环境对算法进行性能分析。如 memory leak、application profile 等，同时提供 kernel trace 进行分析，在抓取的时间段中可以获得每个时间点的事件、中断响应，给出优化建议。我们也支持自定义的 kernel 事件，来让用户可以精确地了解代码片段的运行情况。

8）On-board debug。QNX 提供了 onboard debug，也支持应用程序调用栈的实时保存及相应的 GDB，在调查一些忙等的现场会有很大的帮助。

最后总结一下，即便作为 ISO26262 ASIL-D 安全认证的硬实时性操作系统，QNX 在系统性能上也并没有落后宏内核系统。只要合理地使用和优化，它的性能表现同样非常优秀，同时占用的系统资源更少。QNX 有着丰富的算法移植和优化经验能给到用户，同时 QNX 提供一系列的手段和工具去定位算法性能的瓶颈。

全新一代液压解耦电子制动系统

上海利氪科技有限公司

作者：惠志峰

上海利氪科技有限公司（简称利氪科技）瞄准电动化和智能化核心领域，率先推出全球首款液压全解耦线控制动技术方案（Decoupled Hydraulic Booster，DHB）和集成式智能制动系统（Integrated Hydraulic Brake，IHB），两款产品性能均达世界级领先水平。

1. 产品先进性

利氪 DHB 系统集成自动驾驶需求、能量回收功能，不仅实现线控制动功能的踏板解耦，还可以搭配任意品牌的基础款 ESC 或 ABS（防抱死制动系统）产品，大大缩短了主机厂的开发时间，降低了研发费投入，同时还能与 ESC 搭配实现制动冗余功能，是 L3 及以上等级自动驾驶汽车的刚需。通过控制电磁阀（而非空行程）实现解耦，并深度集成能量回收算法和自动驾驶所需的主动建压算法，能量回收等级可支持≥ 0.3g，经权威机构测试认证，性能较同类产品高出 10%，可助力新能源汽车提升 16% ~ 20% 的整体续驶里程。另外在自动驾驶功能中，可使百公里初始车速下制动距离缩短 13m。

2. 液压解耦线控制动系统 DHB-LK®（Decoupled Hydraulic Booster）产品优势

（1）制动冗余备份

1）搭载任意品牌 ABS/ESP。

2）与 ESP 搭配实现制动冗余需求，实现 L3 以上制动冗余需求。

3）建压速度快，150ms 达到 AEB 所需压力。

（2）全液压解耦系统，踏板感风格可调

1）系统解耦，踏板感更真实细腻。

2）无空行程，避免主动建压时踏板下沉。

3）支持不同的驾驶风格的踏板感需求。

（3）可实现协调式能量回收（CRBS），能量回收效率高

1）系统解耦，可 100% 利用大电机进行系制动能量回收。

2）全解耦方案支持能量回收效率约 90%。

（4）功能安全等级高

1）双传感器安全冗余，满足自动驾驶高等级功能安全需求。

2）独有的系统自检方案，保证车辆上电、行驶、停车过程的安全可靠。

（5）安装空间需求小

1）系统高度集成，重量、尺寸小，安装需求空间小。

2）极大降低主机厂安装布置难度，覆盖更多车型。

同时，利氪科技还推出的 one-box 方案集成式智能制动系统（IHB），系统集成度更高。通过控制电磁阀模拟踏板感来进行解耦，可 100% 利用大电机进行制动能量回收，还通过创新的系统方案设计解决了市面上现有机械解耦方案中存在的主缸空行程设计缺陷问题，确保驾驶员在任何情况下都能立刻制动，保障行车安全。利氪 IHB 是国内为数不多满足量产条件的 one-box 线控制动方案。

3. 集成式智能制动系统 IHB-LK®（Integrated Hydraulic Brake）产品优势

（1）系统集成度高

1）取代传统真空助力器 + 制动主缸。

2）覆盖传统燃油车和电动 / 混合动力汽车。

（2）全液压解耦系统，踏板感风格可调

1）系统解耦，踏板感更真实细腻。

2）无空行程，避免主动建压时踏板下沉。

3）支持不同的驾驶风格的踏板感需求。

（3）可实现协调式能量回收（CRBS）

系统解耦，可 100% 利用大电机进行系制动能量回收。

（4）高动态响应

1）150ms @ 100bar。

2）支持所有驾驶辅助功能和自动驾驶功能。

（5）系统失效模式的安全冗余

安全备份制动 500N 踏板力 ≥ 0.5*g*。

（6）新型系统架构设计

连续的压力调节控制时间不受限制（例如低附 ABS 制动）。

集和诚 MEC 边缘计算产品方案在智能网联汽车中的应用

深圳市集和诚科技开发有限公司

作者：程加钢，曾平

1. 企业概况

深圳市集和诚科技开发有限公司（简称集和诚科技）于 2002 年 4 月在深圳成立，是一家集研发、生产、销售和服务于一体的智能物联系统供应商。自创立以来，依托丰富的行业经验和强大的科研背景，践行“场景赋能产品创新”的战略方针，持续专注于 AI 边缘计算及系统应用平台的研发与生产，实现“物联机联万物”的智慧时代。其多元化的产品和服务包括 AI 边缘计算、边缘控制器、无风扇车载电脑、工业平板电脑、嵌入式箱体电脑、国产化无风扇箱体电脑、工业控制计算机、单板计算机等，以及专注于行业应用和人工智能增值服务的定制解决方案，赋能各行各业的数字化转型。产品已通过 3C、CE、FCC、E-Mark、EN50155 等安全法规和行业认证，广泛应用于智能交通、数字化工厂、智慧物流、智慧医疗、能源和环保等多个领域。

2. 智能网联汽车发展概况

发展智能网联汽车可以缓解道路拥堵、能源消耗和环境污染等问题。近年来，政府相关部门积极推动智能网联汽车行业的发展，至今已有包括北京、上海、江苏、长春、重庆、长沙、武汉等在内的多处示范区正式投入使用。预期 2023 年中国智能网联汽车行业市场规模将增至约 1503 亿元。集和诚专注于 AI 边缘计算及系统应用平台的研发与生产，为智能交通领域提供专业的边缘计算产品应用方案。

3. MEC 边缘计算设备在网联中的重要性

多接入边缘计算（MEC）是网联的边缘大脑，用于实现设备接入、数据处理、存储分析、协议开发和赋能服务等功能，将分散的设备与系统串联，打通数据并进行综合处理。在实际应用中，是车路协同路侧综合信息融合处理中心，对上接入 V2X 平台，对下连接 RSU、摄像头和雷达等传感器，并接收感知数据；在边缘侧提供的网络、存储、计算能力。

4. 作为车路协同的 MEC 的主要职能

1）多源感知融合，即兼容多种不同的感知设备（摄像头或雷达）的接入，实现路侧全方位智能感知。

2）路侧数据汇聚，即实时获取海量路面数据，并进行分析、计算和存储。

3）输出实时预警，即通过 RSU 或者 4G LTE 或 5G NR 网络，将安全消息发布给车辆、行人或情报板，或者输出给交通信号控制机，由控制机控制交通信号灯信号（见图 1）。

MEC 边缘计算与以 C-V2X 为代表的网联技术的深度融合，可实现网联自动驾驶多类应用场景，网联的发展最后是否能达到预期成果，MEC 边缘计算是重点。

路侧 MEC 需求痛点见图 2。

5. MEC 产品规格

当下 MEC 边缘计算设备普遍存在以上 5 个“不高”的需求痛点，集和诚公司有 BRAV 系列产品来帮助解决这些痛点问题，系列产品见表 1。集和诚 MEC 边缘计算产品见图 3。

6. MEC 产品亮点（见图 4 ~ 图 6）

1）AIoT 多核异构分布式的计算平台，即 X86 或 ARM 通用型 CPU 架构 + 异构 AI 算力架构。

2）CPU 和 AI 计算芯片在开放的操作系统中，通过应用算法，实现融合。

3）CPU 弹性可选双核到 16 核不同性能等级，AI 加速卡算力可选配从 8TOPS 到 620TOPS 不同等级，以满足不同场景下算力差异的需求。

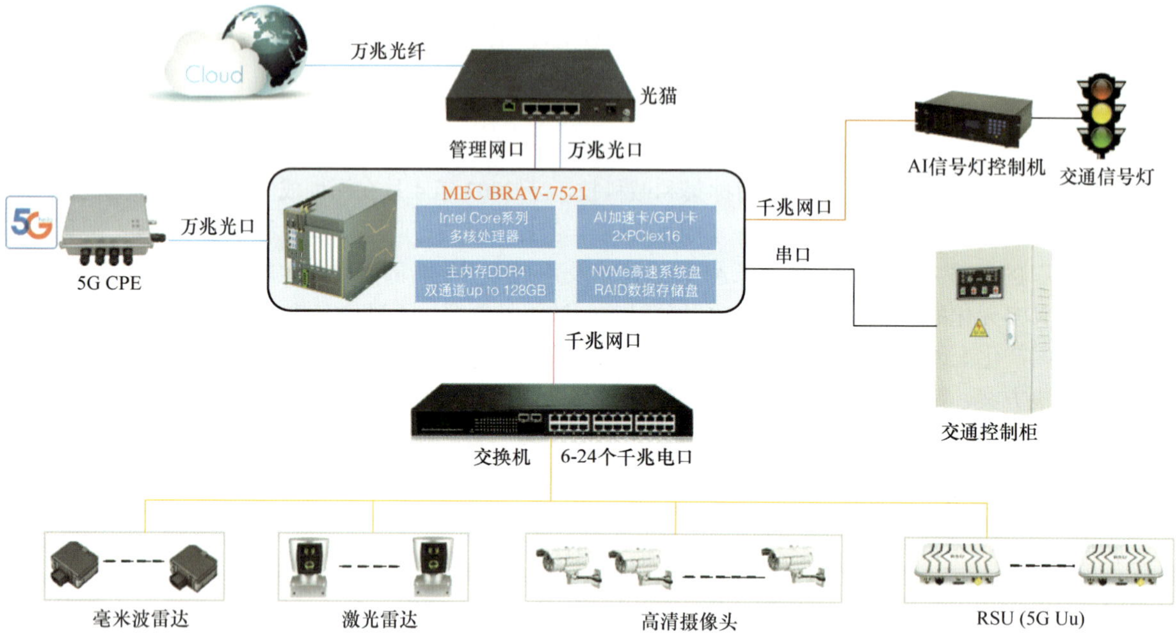

图 1　城市交通全息路口拓扑图

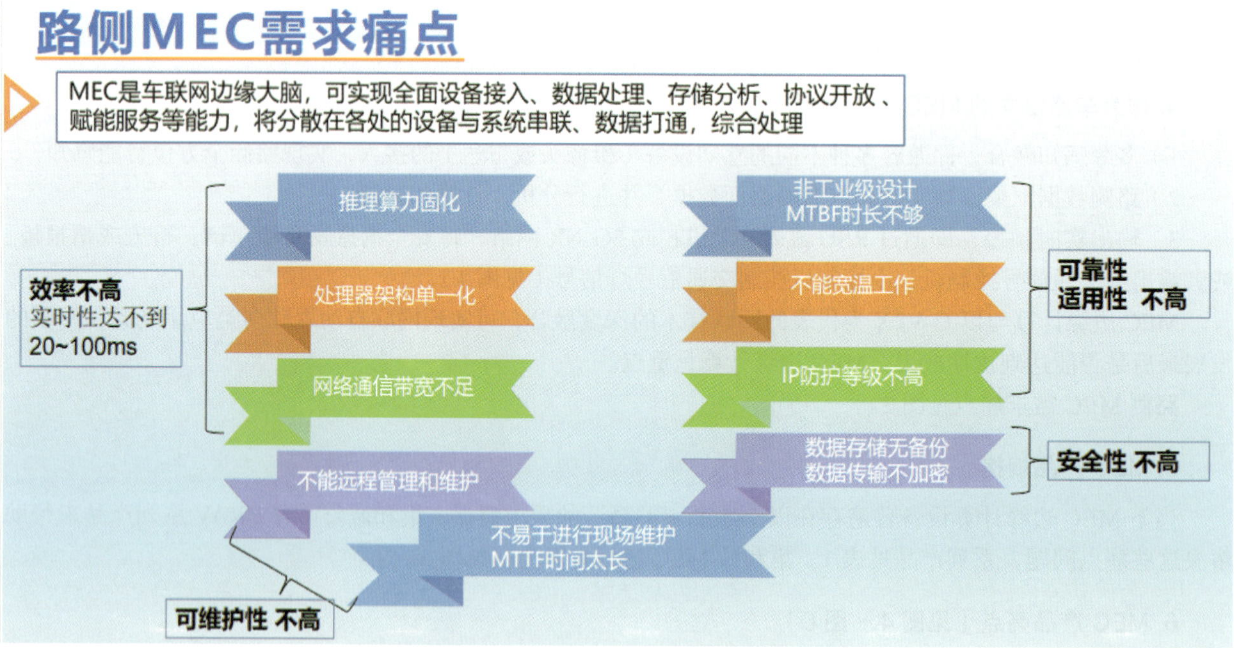

图 2　MEC 边缘计算设备的需求痛点

表 1 系列产品列表

集和诚 MEC 产品方案规格表								
序号	产品型号	CPU	AI 加速卡（模块）	AI 算力（TOPS，INT8）	网络功能	供电	功率（TDP）	散热方式
1	BRAV-7201	Intel Kabylake-U 系列双核	1*M.2 M-Key	26	5*GigE LAN+4G LTE	DC 9-30V	25W	被动散热 BOX
2	BRAV-7302	Intel Kabylake-S 系列 4 核	1*MXM3.1	140	7*GigE LAN+4G LTE	DC 6-48V	205W	主动散热 BOX
3	BRAV-7501	Intel Coffeelake-S 系列 8 核	2*PCleX16	310	3*GigE LAN+4*10GigE LAN+4G LTE	AC 100-240	365W	主动散热 BOX
4	BRAV-7520	Intel Coffeelake-S 系列 8 核	1*PCleX16	310	3*GigE LAN+2*10GigE LAN+5G NR+4G LTE	DC 12V	365W	被动 + 主动散热 BOX
5	BRAV-7521	Intel Coffeelake-S 系列 8 核	2*PCleX16	620	3*GigE LAN+4*10GigE LAN+5G NR+4G LTE	DC 12V	665W	主动散热 BOX
6	BRAV-7520-WP	Intel Coffeelake-S 系列 8 核	1*PCleX16	310	3*GigE LAN+2*10GigE LAN+5G NR+4G LTE	DC 9-55V	365W	主动散热 BOX
7	BRAV-7521-WP	Intel Coffeelake-S 系列 8 核	2*PCleX16	620	3*GigE LAN+4*10GigE LAN+5G NR+4G LTE	DC 9-55V	665W	主动散热 BOX
8	BRAV-7601	Intel Cometlake-S 系列 10 核	1*MXM3.1	140	3*2.5GigE LAN+4*GigE LAN+5G NR+4G LTE	DC 9-36V	205W	主动散热 BOX
9	BRAV-7220	Intel Tigerlake-U 系列 4 核	2*M.2 M-Key	52	3*2.5GigE LAN+5G NR+4G LTE	DC 9-36V	35W	被动散热 BOX
10	BRAV-7720	Intel Alderlake-S 系列 16 核	1*PCleX16	310	3*GigE LAN+2*10GigE LAN+5G NR+4G LTE	DC 12V	365W	主动散热 BOX
11	BRAV-7721	Intel Alderlake-S 系列 16 核	2*PCleX16	620	3*GigE LAN+4*10GigE LAN+5G NR+4G LTE	DC 12V	665W	主动散热 BOX
12	BRAV-7720-WP	Intel Alderlake-S 系列 16 核	1*PCleX16	310	3*GigE LAN+2*10GigE LAN+5G NR+4G LTE	DC 9-55V	365W	主动散热 BOX
13	BRAV-7721-WP	Intel Alderlake-S 系列 16 核	2*PCleX16	620	3*GigE LAN+4*10GigE LAN+5G NR+4G LTE	DC 9-55V	665W	主动散热 BOX
14	BRAV-7131	NVIDIA ARM Cortex®-A78AE12 核	NVIDIA Ampere GPU 2048 CUDA®cores+64 Tensor cores	275	5*GigE LAN+5G NR+4G LTE	DC 9-36V	60W	主动散热 BOX

图 3　集和诚 MEC 边缘计算产品图

图 4　智能网联汽车（上海）示范区全息路口

4）网络通信有无线 4G LTE 和 5G NR，带宽为 1000Mbit/s 的有线网络 3 ~ 7 个（新产品宽为 2500Mbit/s 的有线网络 3 个），可选带宽为 10000Mbit/s 的有线网络 2 ~ 4 个。

5）NTP 网络授时和北斗授时，保证时钟同步。

6）支持 12V DC 电源输出供电，为传感器提供供电，保证传感器设备和 MEC 有相同的供电时序。

7）以 SSD 作为系统盘，以 RAID 磁盘阵列作为存储盘，系统盘与数据盘互相独立，保证系统的可靠性和数据的安全性。

图 5　北京顺义自动驾驶测试场

图 6　湖南平益智慧高速事件检测

8）可选支持 HSM 全称硬件安全模块，保证数据通信传输的安全性。

9）支持 vPro 远程管理技术和 OTA 在线升级功能，用于硬件的远程管理和软件的远程维护。

10）专业高效的散热设计方案，所有产品工作温度可达到 −20 ~ 60℃（部分产品可达到 −30 ~ 70℃），以适应不同温差梯度大的户外工作环境。

11）PCB 采用三防（防霉菌、防潮湿、防盐雾）涂层工艺，无风扇 IP51 等级防护（防尘）。

安富科技 V2X 解决方案　助力车路协同发展

安富科技股份有限公司
作者：于宗元

安富科技股份有限公司（以下简称安富科技），2005 年成立于台北，是一家以技术为核心，致力于汽车电子前装通信产品的设计与研发，专注无线通信、移动互联等技术在汽车产业应用的创新企业。公司总部设立在台北内湖，目前在深圳、大连、沈阳、重庆设有研发中心，公司业务逐渐由中国大陆和东北亚，拓展至北美、欧洲等市场。

经过多年经营实践积累和持续产品研发，产品线日益丰富，安富科技围绕车载无线通信布局，研发了汽车无线通信模组、系统软件解决方案、车载通信协议、音频算法和 ADAS 软件方案等；在定制 Cockpit/AVNT/DA/V2X 领域，可提供完整的软硬件产品与服务，为汽车网联化进程所需的基础产品、技术提供整体解决方案。

1. 助力智能网联汽车发展：安富车载无线通信模组

无线通信模组是汽车接入车联网的重要底层硬件，可广泛应用于整车主机、T-BOX 等车载不同领域。伴随汽车产业智能化、网联化发展的不断深入，无线通信模组渗透率也将迎来持续提升。安富科技具备较为完整的车载无线通信模组产品线，覆盖蓝牙和 WiFi 二合一、单蓝牙、低功耗蓝牙模组，C-V2X 通信模组、高精度 GNSS 模组、智能钥匙模组等，基于全球领先车规级平台研发，契合主机厂对智能网联技术持续深化的发展需求。

（1）C-V2X 通信模组

NF9315Q 是安富科技设计的一款支持 ITS+HSM+LTE+C-V2X 于一体的车规级通信模组。该模组基于 3GPP Release 15 协议规范，支持 C-V2X PC5 直接通信，支持国标 ITS 5.9GHz 频段。模组可以提供 V2X 各类应用场景需求的低延时、高可靠性、高速移动和安全性等功能和性能需求。模组内置 AP 处理器，可开放 Linux 系统支持用户定制开发，满足当前 C-V2X 典型安全应用场景算法的需求。

NF9315Q 拥有车规级模组产品质量，采用 LGA 封装，集成度高功耗低，提供了丰富的外围接口，可适应多种 OBU/RSU 产品需求。模组搭载国产芯片宸芯 CX1910，自主开放，可提供深度定制化服务，支持内置 C-V2X 通信协议栈，满足网络层一致性测试，支持内置 C-V2X 安全协议，满足安全层一致性测试。基于宸芯国产平台，安富科技构建国产 C-V2X 通信模组的技术演进路线，包括 NF9312Q（基于宸芯多模双通车规级 CX1910 芯片，模组支持 C-V2X、LTE 及 HSM）、NF9316Q（基于宸芯下一代芯片 CX1930，模组支持 C-V2X、5G 及 HSM），助力 C-V2X 车路协同产业发展（见图 1）。

NF9312Q	NF9315Q	NF9316Q
• 支持PC5低延时直连通信 • 车规级模组产品质量，LGA封装 • 支持内置C-V2X通信协议栈 • 支持内置C-V2X安全协议	• 基于宸芯新一代多模双通车规级CX1910芯片 • 内置eHSM • 4G+C-V2X双模双通 • SDR芯片架构，支持演进到下一代V2X	• 基于宸芯下一代芯片CX1930 • 内置eHSM支持国密算法 • 支持5G+C-V2X双模通信 (under plan)

图 1　C-V2X 通信模组

（2）高精度 GNSS 模组

安富科技车载高精度 GNSS 模组产品矩阵，可满足客户的多重需求，可实现标准应用、组合导航、授时和高精度（见表 1）。

表 1　高精度 GNSS 模组

Module	Module Band	Update Rate	INS	RTK
NF6803Q1	L1	1Hz	—	—
NF6804QL	L1 + L5	10Hz	—	—
NF6804Q	L1+ L5	10Hz	是	—
NF6804QR	L1+ L5	10Hz	是	是
NF6804QRL	L1+ L5	10Hz	—	是
NF6806Q	L1	1Hz	是	—

（3）BT & WiFi 模组

安富科技 BT & WiFi 模组相关产品，基于全球领先车规级平台研发，契合主机厂对智能化、网联化技术持续深化的发展需求。安富科技与高通、英飞凌、恩智浦、德州仪器、MTK、Realtek 等领先芯片厂商合作，拥有丰富的量产经验。安富推出支持 WiFi6 的通信模组，支持 IEEE 802.11 ax，向下兼容 802.11a/b/g/n/ac，采用 Dual MAC 架构，通过 2 × 2+2 × 2 模式在 2.4GHz 和 5GHz 两个频段同时工作，且支持蓝牙 5.3，在容量、传输速率、时延、功耗、覆盖范围等性能上都有非常大的提升，同时安富科技已规划支持 WiFi7 标准的产品路线，丰富车规 BT & WiFi 模组产品阵营（见图 2）。

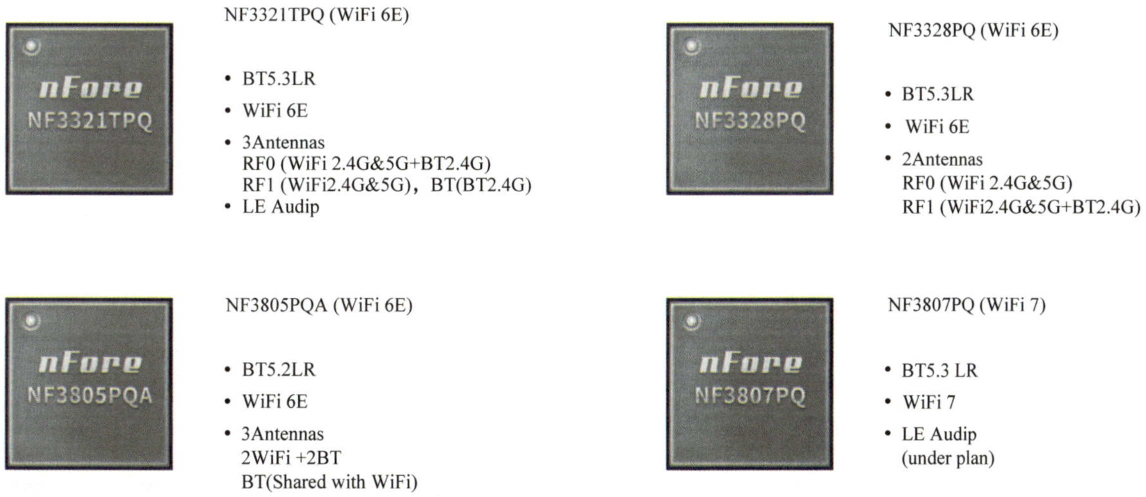

图 2　BT & WiFi 模组

2. 立足智慧交通解决方案：安富 C-V2X 车路协同

C-V2X 是推动汽车智能网联化、实现智能交通系统、构建“车 - 路 - 云”协同互联的重要技术。安富科技针对 C-V2X 车路协同，设立了立足智慧交通的技术品牌 Brimband，提供基于车路协同的智能交通解决方案，致力于提高交通运输效率，保障交通安全，缓解交通拥堵。作为 C-V2X 标准的制定者及产业发展的推动者，安富科技与多家终端设备商建立合作，共同构建车路协同生态产业链。

（1）安富 C-V2X 软件中间件

安富自研的 V2X 软件中间件，同时支持美国 SAE 标准，中国 CSAE 标准和欧洲 ETSI 标准。从网络层、消息层、安全层，到 V2X 场景应用层、用户显示层，支持软件模块化设计与维护，方便灵活集成于 V2X 终端（见图 3）。

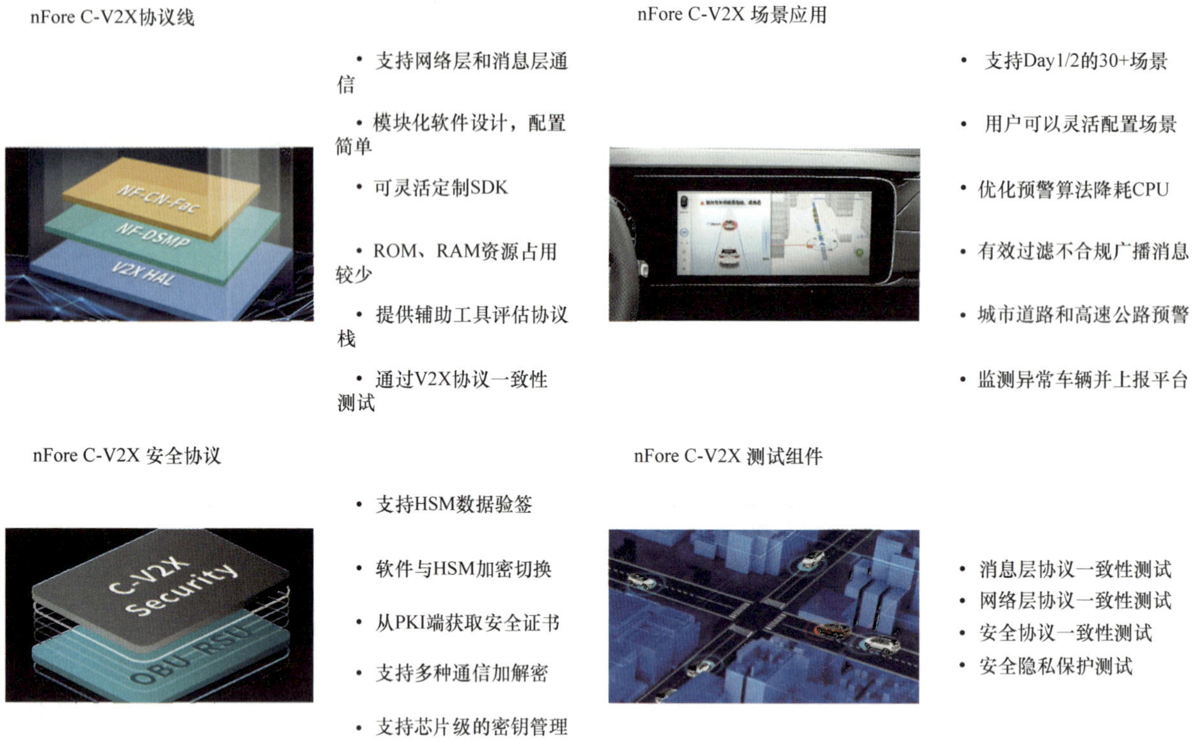

图 3　安富 C-V2X 软件中间件

（2）安富 C-V2X 终端方案

安富科技在 C-V2X 产业发展上拥有丰富的经验积累，研发推出车载智能终端 OBU 方案、路侧智能终端 RSU 方案及 C-V2X 通信模组等产品，以成熟技术助力 V2X 终端厂商快速落地量产。

1）车载智能终端（OBU）方案。安富科技车载智能终端 OBU 方案，使用车规级高性能多核处理器，支持车载以太网和 CAN 总线通信接口，提供嵌入式 SDK 支持用户二次应用开发，采用多模式交互平台，包含 LTE-V、WiFi、GNSS、4G/5G 通信方式，支持安全驾驶、行车效率等 30 多种 V2V、V2I 和 V2P 应用场景。支持国标 ITS 协议栈，同时协议栈可灵活剪裁，以适配多种通信模块（见图 4）。

2）路侧智能终端（RSU）方案。安富科技路侧智能终端 RSU 方案，PC5 信号覆盖范围超 500m，支持国标 ITS 协议栈，内置安全证书，支持多种 I2V 应用，支持交通信号灯、交通电子信息屏等多种交通设施的接入，支持以太网、Uu 和专网等与智能网联云平台交互，可实现交通分析管理，包含交通状态分析、远程监控、交通事件发布和主动控制等，同时支持路侧综合管理，包含局部路网编辑与发送等（见图 5）。

图 4　车载智能终端（OBU）方案

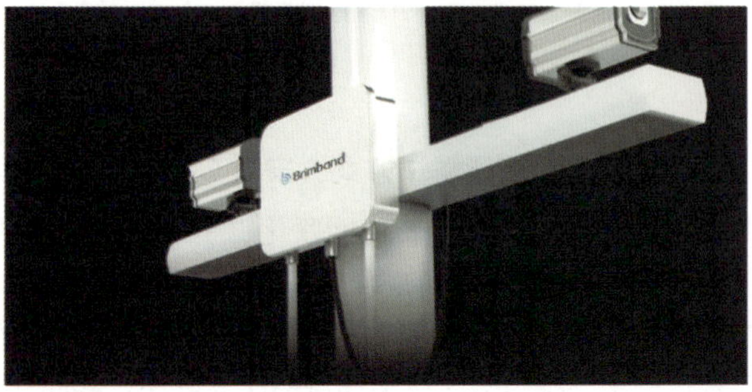

图 5　路侧智能终端（RSU）方案

（3）安富 C-V2X 解决方案

1）城市道路 C-V2X 解决方案。在城市道路上搭载智能路侧单元，包含 C-V2X 基础设施改造及全息感知设备部署，构建 C-V2X 应用环境，通过多端互联，获取车辆、信号灯、标示标牌等信息，实现交通预警（如盲区预警、车辆碰撞预警、绿波通行、道路警告等），向交通管理者和参与者提供信息与服务，形成“车 - 路 - 云”协同互联，实现 V2V、V2I、V2P 应用交互。让汽车、道路、行人之间建立紧密的感知机制，使车辆能够在不同的驾驶环境下实现通信，能够准确识别路网交通岗状况、事件、车辆等行驶信息，并提供网络安全保障，从而降低事故发生率，解决城市道路“高拥堵、调度效率低、交通数据不全面”等问题。

2）高速公路 C-V2X 解决方案。建设具有网联功能的基础服务设施，提高交通运行状态的精准认知，实现云端 + 车端 + 路端 + 基础设施的高效联动，提高消息传递效率，完成高速公路的应急快速响应及恶劣天气预警等。基础设施建设通过道路智慧化、车辆智慧化、云端管理等多端互联，提升高速公路感知能力、识别能力、预测能力等，对高速公路危险路段、恶劣天气、特殊车辆优先通行、动态车道避让等场景进行预警，精准提升危险路段事故预防和预警能力，打造更安全、更高效的高速环境。

3）测试场地 C-V2X 解决方案。基于现实交通设备的改造，模拟目标物、目标车辆、场端路侧设施与环境等，创建拥有多级测试服务能力的智能网联测试场地，完成对终端设备的通信性能测试与评估，实现测试道路的多层级多场景的智能网联测试服务。支持国标一阶段和二阶段的场景测试技术保障，提供 V2X 场景库建设、V2X 场景算法建设、V2X 台架测试、V2X 测试道路的评价与分析等。场地可测试验证 C-V2X 通信技术，探索 C-V2X 可复制的商业运营模式。形成多端多车型的应用演示，打造复杂的道路测试网，推进智慧交通和智能网联的快速发展。

4）安富 C-V2X 方案测试验证。自 2019 年以来，作为连续参加 C-V2X“四跨”验证活动的重要模组、软件算法及解决方案厂商，安富科技展示了过硬的产品和优质的服务。“四跨”活动旨在通过跨产业、大规模的测试示范，重点验证车联网 C-V2X 规模化运行能力，加速 C-V2X 技术的商业化落地步伐，2022 年“四跨活动”中，安富科技与弗迪科技联合组队，搭载安富 C-V2X 软件方案的 2 辆比亚迪汉，顺利完成了十余组、共计百余千米的测试活动。安富科技的 C-V2X 协议栈和场景算法，为车辆提供了稳定且安全的通信保障，顺利通过一阶段和二阶段应用场景的测试，实现了场景触发精确度和准确度的验证，充分展示了 C-V2X 通信技术在智能交通、车路协同领域的广阔应用前景（见图 6）。

图 6　安富 C-V2X 方案测试验证

未来，随着移动互联、人工智能等技术在汽车产业的快速发展，汽车产业正在进行着新一轮创新和变革，将向着更加智能化、互联网化方向迈进，无线通信、移动互联以及相关关键技术成为汽车产业变革的重要驱动力。安富科技将不断追求技术创新，与众多合作伙伴协力共赢，争做行业领先的车载无线通信供应商，丰富汽车产业智能网联化发展模式，为未来出行方式带来全新体验。

浩睿智慧环卫平台简介

山东浩睿智能科技有限公司

山东浩睿智能科技有限公司（简称浩睿智能）智慧环卫平台是浩睿智能采用先进的 5G、GIS 地理信息技术、视频监控技术及大数据处理技术，依托多年的环卫设备制造和环卫服务运营经验，打造的一套符合环卫市场化运营管理的综合性管理平台；可实现环卫运营中人、车、物、事的综合管理，同时实现辅助决策、降低成本、提高效率的管理需求，具备技术领先、功能全面、管理高效、科学决策等方面的优势。

浩睿智能智慧环卫平台涵盖了环境事业全链路；从业务维度：包括了环卫的前端人员保洁、机械保洁、智慧公厕等，中端垃圾收运、转运以及后端的垃圾处理等环节；从管理维度：打造以监督考核、作业调度为核心的智能平台，在环卫全局管理上贯穿人员出勤、车辆配比、科学管理的实践，业务指令由调度考核中心直接下达，全方面发挥调度指挥及监管考核功能，实现全链条闭环式的管理。

浩睿智能智慧环卫平台旨在构建环卫精细化运营一体化管理平台，使城市环卫管理上升至信息化、智能化水平；该平台负责管理、控制复杂的环卫资源系统性配置运营工作，作为环卫精细化管理的运营中枢，为环卫管理运营工作保驾护航的同时，建立一套公平公正的智能化监督考核体系，实现从发现问题、智能派发、消息提醒、快速处理、复核结案的管理闭环；根据处理时效、处理情况自动完成相应绩效考核；对问题发生地点、类型、频次、时间、处理时效等数据进行统计和智能分析，为监管部门提供优化决策依据（见图 1 ~ 图 6）。

图 1　整体功能

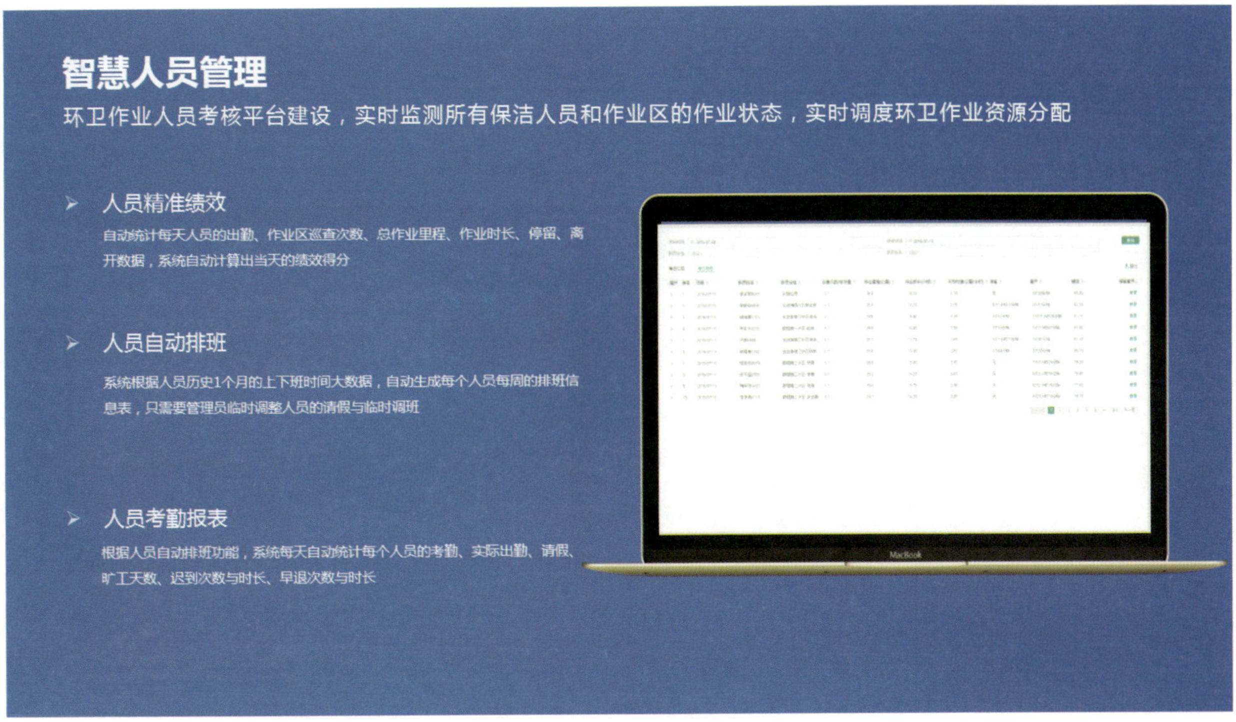

图 2　人员管理

图 3　车辆管理 1

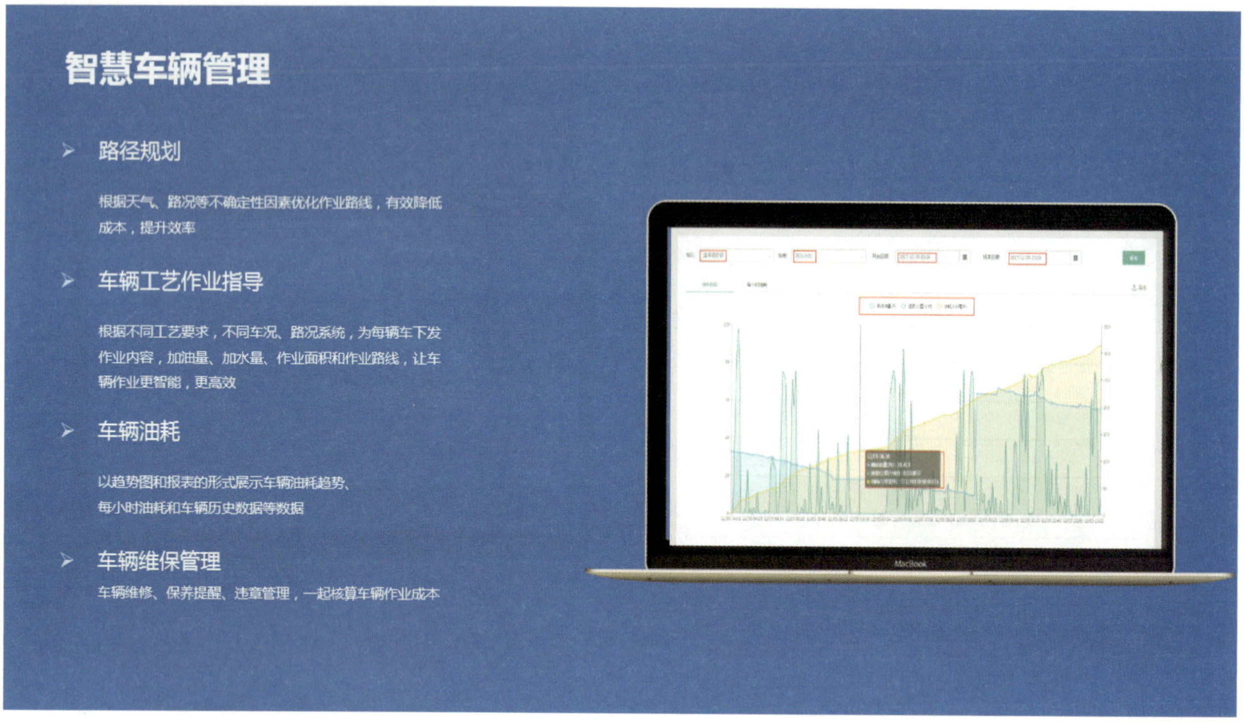

图 4　车辆管理 2

图 5　收集、中转站管理

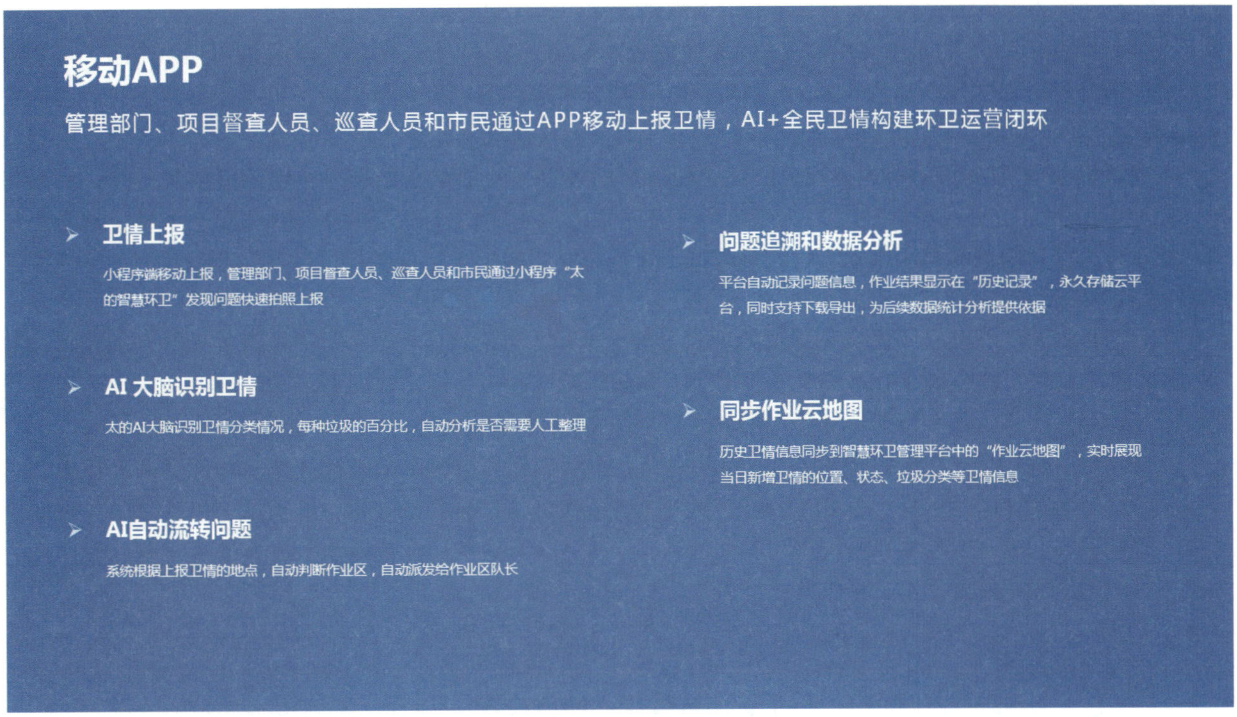

图 6　移动端

木牛领航智能化、网联化技术应用

北京木牛领航科技有限公司

北京木牛领航科技有限公司（简称木牛科技）在五年的 4D 成像雷达市场布局与开拓中，不仅积累了大量场景数据，也充分发挥了雷达作为传感器的场景识别和感知能力，在距离、速度、方位和角度的 4D 维度探测上，又增加了第五维度“微动”（Micro-Doppler）测量，将原来的 4D 信息升维到 5D，充分发挥微多普勒信息在场景识别上的分类和感知能力，通过目标识别和 AI 算法的性能强化，得以快速提升木牛雷达的数据质量、成像效果及场景识别能力。

微多普勒是指物体除了整体运动之外，还存在微动的动力学，其特征是运动或附加运动部件的振动。比如，人行走过程中，躯干运动所反射的雷达回波，包含的就是传统意义上的多普勒信息，而腿脚手臂摆动的雷达回波就包含了微多普勒信息。

由于不同目标之间的微多普勒信息是独一无二的，此类微小运动的信息检测也就成为目标分类的有力特征，这正是 5D 雷达技术赋能毫米波雷达的关键所在。

木牛科技与全球排名第一的紧凑型机械车辆制造商斗山山猫 Bobcat，已达成批量 4D 成像雷达的定点合作。基于 5D 雷达技术的木牛成像雷达，在非常复杂的建筑施工及车辆低速运行的环境下，具备多目标、高精准的点云成像识别能力，将日常 80% 的高事故率降低到近乎为零。木牛通过高性能的雷达感知技术，实现了建筑车辆行业的智驾突破！

基于“微动”维度探测，木牛科技不但提供更高性能的 4D 成像雷达方案，还提供一整套完整的智能驾驶方案，包含点云雷达、目标识别、目标分类、场景识别、路径规划等，完成了从点云成像到环境感知的智能驾驶全栈集成和应用，可以帮助主机厂快速进行 ADAS 和自动驾驶相关功能的开发和商业化。

为了以高性价比的方案，解决不必要的幽灵制动和漏报误报等安全问题，木牛科技将 5D 雷达技术应用到了 L2 至 L3+ 的车载雷达产品上，并已获得国内新能源汽车项目定点。

在高性能雷达技术方向上，木牛第三代成像雷达 I-79 4D 采用了全新的阵列技术和 Flash Radar，可实时同步发送信息，确保中短距离和 350m 远距离都具备高分辨率和高密度点云信息，以及较激光雷达更强的鲁棒性。

木牛的角雷达 T79 和前雷达 K77，也可通过检测周边目标的细微变化来高精度反馈信息，在目标跟踪和目标分类上拥有了更突出的性能，如针对车轮转速来进行车辆识别和分类、判断是慢速车辆还是静止车辆，针对行人摆臂来判断是否横穿等，大幅降低了误报率和漏报率，让驾驶员可以更安全且从容地享受智驾乐趣。

不仅如此，木牛科技还不断突破算法处理、云数据处理、目标轨迹还原、动态信息处理等相关技术，借助 5D 雷达技术的细微检测能力，研发出适用于不同场景的高性能雷达产品，并成功地商业化应用到智慧交通、智能体育、立体出行和智能物联等多领域，与全球 40 多个国家和地区的 600 余家企业达成合作。

从 2015 年成立至今，木牛科技的中美团队一直在不断创新和突破毫米波雷达技术和应用的天花板，一路引领着全球的民用雷达风向，从 3D 感知、4D 成像再到如今的 5D 雷达技术，不但证明雷达作为高性能传感器的感知能力，并且成功将技术应用到多个场景，推进各个行业的商业化落地，迈入毫米波雷达 3.0 时代，为民用雷达的应用领域开拓出更多的商业价值!

前瞻音频技术打造更高品质的汽车智能座舱

北京酷我科技有限公司

作者：王莹

北京酷我科技有限公司（简称酷我音乐）是腾讯音乐娱乐集团旗下中国领先的在线数字音乐平台，同时也是国内第一家车载互联网音乐产品提供商。2016 年，酷我音乐便成立车载事业部，全面布局车载音乐市场，并在业务发展中以深耕声音为差异化路线，成立业内唯一的车载声音实验室，塑造核心竞争力。

目前酷我音乐已和 60 多家国内外知名汽车品牌合作，车载用户累计 7500 万、月活用户 4000 万、日活用户 1100 万，市场占有率超过 80%，行业第一，成为各大车企打造智能座舱的选择。

酷我音乐车载声音实验室技术突破与应用

在车载音乐服务方面，酷我音乐重视与车企共同打造车内音乐质感，通过优质的音乐内容、前瞻的音频技术，同时与汽车音响、车载环境结合，在改善车内视听体验的同时给予音乐创作者更多发挥空间。

1. 全息声音场景及 5.1 环绕声音乐

酷我车载拥有 5.1 环绕声音乐的高品质曲库与制作能力，并基于此打造了全息声音场景功能。相比声音只来源于左右两个方向的传统两声道，5.1 环绕声音乐包含 6 条音轨，声音来自四面八方，且能清晰听到声场纵深。5.1 环绕声音乐采用 Flac 通用格式存储，具有良好的兼容性，大多数设备都可以直接解码播放。借助 5.1 环绕声音乐，酷我音乐进一步推出全息声音场景，能在车内模拟极其逼真的自然场景，例如鸟语森林、温暖篝火、海边即景等。以鸟语森林场景为例，用户置身车内可以听到超过 20 种鸟类不同的声音，并能感受到它们不同运动轨迹，有的仿佛从头顶飞过，有的则在身边盘旋，仿佛置身于真正的大自然中，充满趣味性与沉浸感。该功能已在酷我音乐车载 6.0 版中上线，还可与车企深度合作，结合其智能座舱需求，打造更多定制化的场景模式。全息声音场景功能界面见图 1。

图 1　酷我音乐车载版全息声音场景示意图

2. 杜比全景声

杜比全景声突破了传统意义上 5.1 声道、7.1 声道的概念，是继环绕声之后声音技术的又一次重大飞跃，实现声音对象的精准定位和位移，让各个声音在三维声场中萦绕着听众，打造了一个富有空间感、清晰度、层次感和细节的聆听体验。在杜比全景声的创作空间下，声音会被定义成对象（Object）。杜比全景声里可以容纳 128 个独立声音馈源，例如贝斯、吉他、人声、混响、和声等人声或乐器声的声音对象都可以在三维空间里任意摆放和位移，重新塑造一个三维空间。

3. 黑胶转录专区

酷我音乐通过专属转录设备（例如英国 LiNNLP12 旗舰版、德国 EMT 930 电台唱片、德国 Clearaudio innovation Compact 等黑胶转盘；德国 BURMESTERPhono 100、德国 ASR Basis Exclusive 等唱放；英国 Prism Sound ADA-8XR 解码器等世界顶级设备）和现代数字录音技术，完全覆盖并记录黑胶唱片所包含的信息，采样率为 24bit 和 96kHz，数据量是普通 CD 的 3.27 倍，同时采用 Flac 无损加密，高度还原了黑胶唱片的真实听感。目前黑胶转录专区已在比亚迪、广汽埃安等汽车品牌上线。黑胶转录音乐专区界面见图 2。

4. 汽车音效

酷我音乐可提供基于音乐风格、播放环境等影响因素的 AI 音效。基于音乐风格的 AI 音效可识别音乐类别，例如流行、摇滚、爵士等，并根据类别匹配最适合的音效。基于播放环境的 AI 音效则取决于车内空间、布局、材质等条件。工程师在车内播放指定的测试音频，通过车内拾音器收集并返回给 AI 数据库，通过低频、中频、高频的表现来判断声音缺陷，并结合不同的车内空间大小应用不同的优化方案。

酷我音乐一直在探索车载场景的极致音乐效果，给智能座舱带来更好的体验。在万物智联的发展趋势下，酷我音乐车载仍将继续与更多车企合作伙伴携手并进，探索智驾新生活的无限可能。

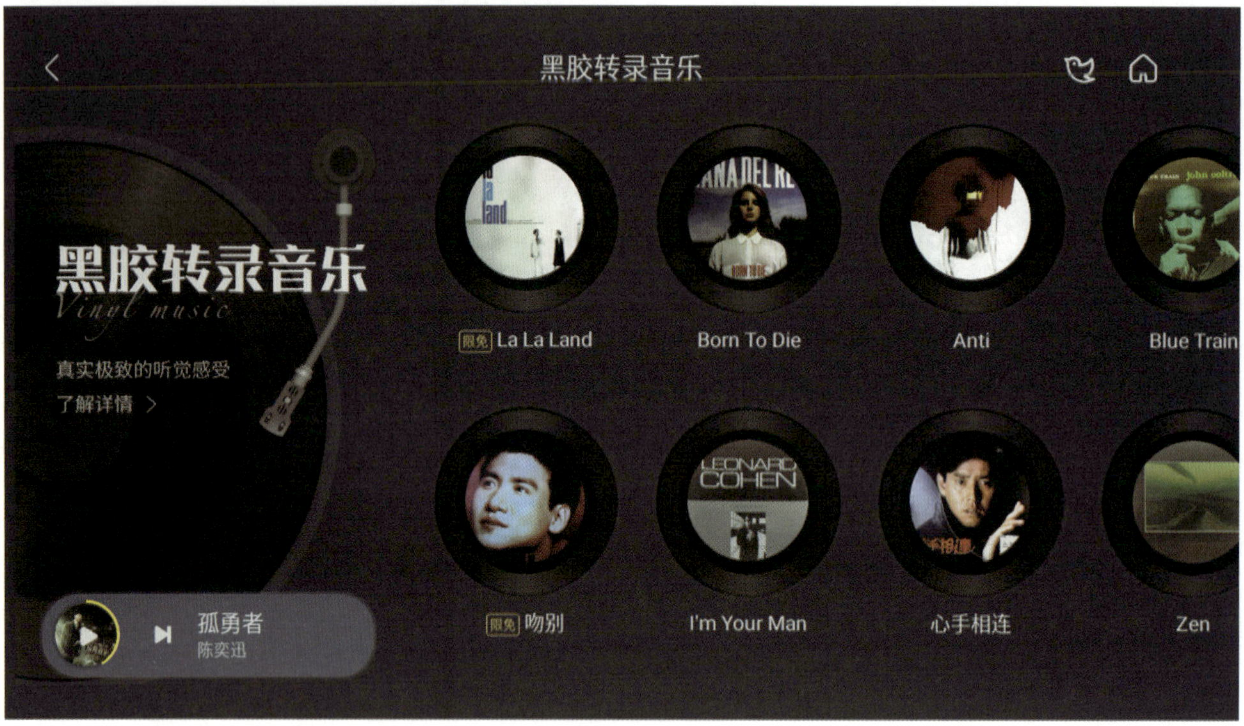

图 2　酷我音乐车载版黑胶转录音乐示意图

AI 算力池化技术助力汽车发展的黄金十年

北京趋动科技有限公司
作者：王鲲

随着人工智能和深度学习的使用贯穿汽车及智能驾驶技术应用的近乎所有环节，人工智能和大数据底层技术的发展支撑着该行业算法的演进。算力的增长与释放，关系着车载端和数据中心端核心基础能力对智能驾驶技术发展和突破的支撑力度。随着数据中心、云计算、人工智能等基础设施的不断进步，实现底层算力的高效使用与释放，大幅提升整体算法（尤其视觉算法）的优化速度，将为汽车行业的技术突破按下快进键。

北京趋动科技有限公司（简称趋动科技）是全球 AI 算力资源池化领导者，拥有专业的研发、运营和服务团队，专注于为企业用户构建数据中心级 AI 算力资源池和 AI 开发平台。趋动科技的 GEMINI AI 训练平台，结合 OrionX AI 算力资源池化解决方案，为汽车及智能驾驶技术客户提供高效、低成本、易管理的 AI 模型开发训练平台，实现开发、训练资源共享及平台资源运维一站式管理（见图 1）。

1. 产品特性

趋动科技为汽车和智能驾驶行业客户带来创新的算力资源管理和分配方案及一站式 AI 平台，引入软件定义算力概念，帮助客户构建数据中心级 AI 算力资源池，用户应用无需修改即可使用，不但能够帮助用户提高资源利用率，而且可以提升算法工程师人员效率，加速产品上市周期。根据客户测算，趋动科技可以每年提升 50%AI 算法工程师人效、提升资源利用率 3 ~ 8 倍以及让客户总体拥有成本下降 80%（见图 2）。

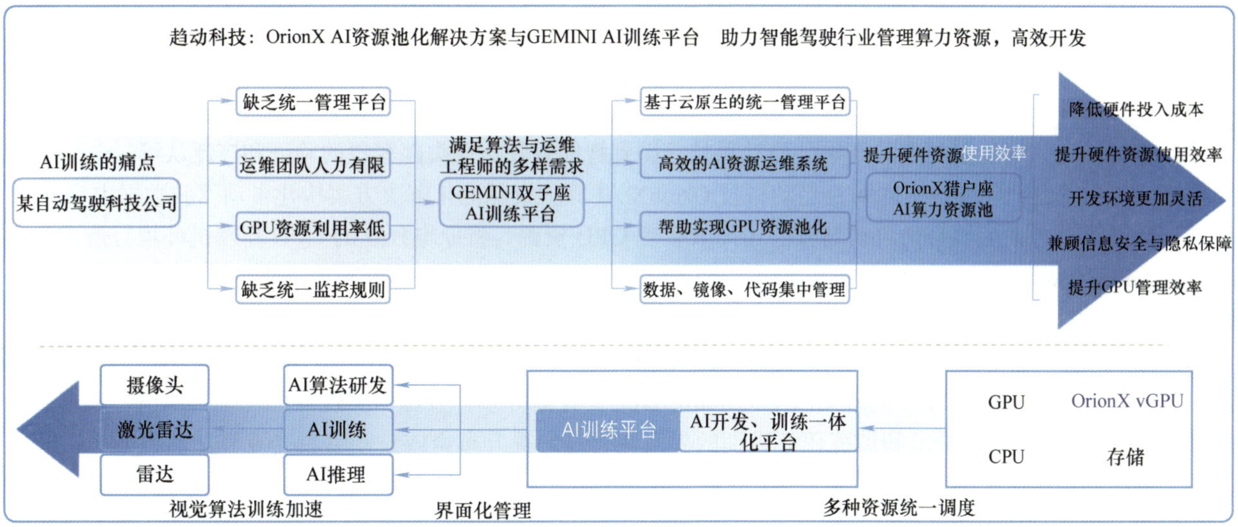

图 1　趋动科技解决方案收益

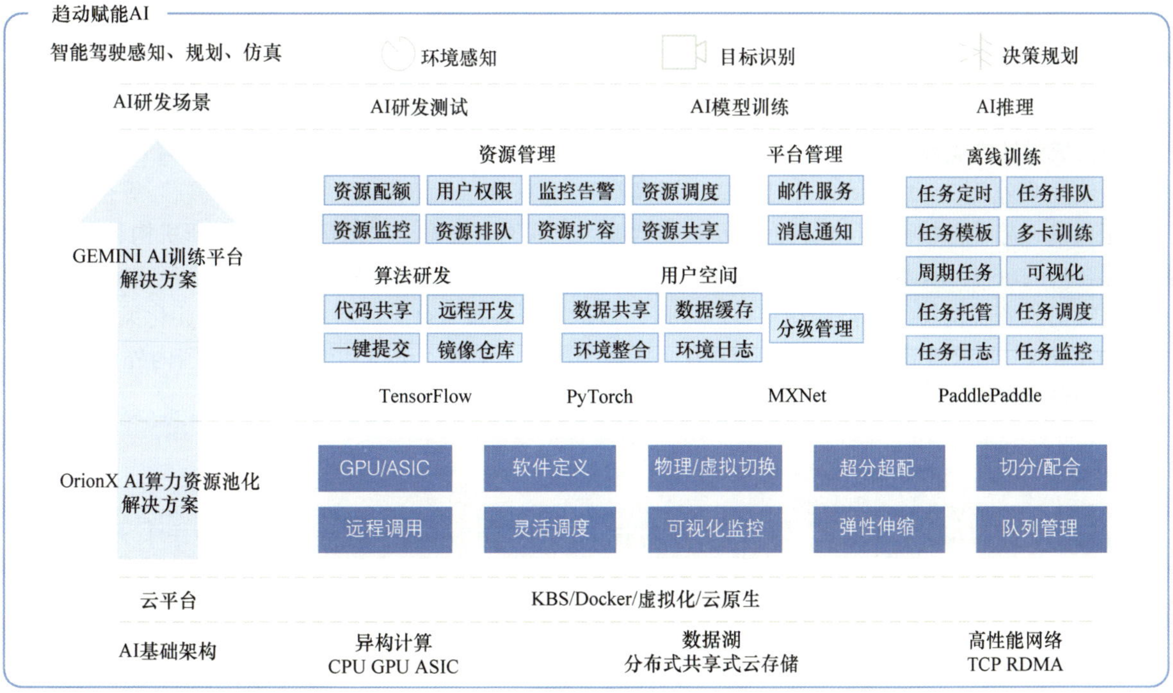

图 2　趋动科技解决方案拓扑图

2. 独特优势

1）更节省：通过共享 GPU，最大化地提高资源使用率，最多节省 80% 的硬件成本。

2）更智能：OrionXvGPU 资源随 AI 应用和 CUDA 应用启动时分配，随应用程序退出时自动释放。OrionXvGPU 资源动态分配动态释放而无需重启 VM/ 容器。

3）更高效：通过对 GPU 资源池的整体管理和优化，提高整个云和数据中心 GPU 的利用率，节省算法工程师资源，优化多机多卡部署模型。

4）更灵活：应用可使用远程物理节点上的 OrionXvGPU，应用部署无需受 GPU 服务器位置、资源数量的约束，且支持细粒度的 GPU 虚拟化。

5）更兼容：兼容已有的 AI 应用和 CUDA 应用，无需因使用 OrionX 而做任何修改，支持多厂商 / 多品牌 AI 算力，降低 GPU 的管理复杂度和成本。

3. 应用案例

凭借标准化、可复制的产品架构，趋动科技已得到智能驾驶行业头部客户的验证和广泛认可。

1）AI 开发测试环境解决方案：趋动科技 OrionX AI 算力资源池化解决方案构建自动驾驶数据中心 GPU 动态资源池。该方案能够帮助自动驾驶公司高效管理 GPU 资源，将原本独立的 GPU 物理机环境打造成一个统一的 GPU 资源池，算法工程师按需使用 GPU 资源，提升 GPU 资源整体利用率，帮助客户在 AI 开发环境上实现 GPU 资源降本增效。

2）AI 开发训练平台解决方案：趋动科技 GEMINI AI 训练平台为客户打造一站式自动驾驶 AI 开发、训练、运维的解决方案，提供 CPU、物理 GPU、OrionXvGPU、存储等多种资源，实现界面化统一申请、调度、监控和运维，同时实现 AI 开发和训练任务级别的界面化管理，提升车企或自动驾驶企业算法研发效率，兼顾算法工程师和运维工程师等不同人员对 AI 平台的多样化需求。

整个技术堆栈体系正在向汽车转移。人工智能增强了自动驾驶的认知能力，驱动许多应用不断发展，而 AI 算力作为其底座正支撑整个行业的迅速发展，打造一个灵活高效的算力资源池，能够帮助车企用户更从容地开展全栈研发，共同见证汽车发展的黄金十年！

4. 关于趋动科技

北京趋动科技有限公司（VirtAITech）是全球 AI 算力资源池化技术领导者，于 2019 年成立于北京中关村高新技术园区，拥有专业的研发、运营和服务团队，被评为“REAL 100 创新家”、WISE2020“新基建创业榜”最具成长性创业公司 TOP20、“2021 创业邦 100 未来独角兽”、“投中 2021 年度 中国人工智能与大数据产业最佳投 资案例 Top10”等，并已完成“国高新”、北京市“专精特新”、“中关村高新”等企业认证。

截至目前，趋动科技得到了包括汽车及智能驾驶、互联网、金融、电信运营商、科研机构和高校等大量行业头部客户的认可。资本市场对于趋动科技的发展充满信心——趋动科技成立三年多已经完成近亿美元的融资，顶级的投资机构持续支持趋动科技的发展，包括国开装备基金、沙特阿美旗下多元化风投基金 Prosperity7 Ventures、元禾重元、招银国际、顺为、高瓴、嘉御、戈壁、讯飞和涌铧在内的国内外顶级 VC，正在见证趋动科技锐意进取的脚步。

梧桐车联智能交互系统解决方案探索智能体验新突破

重庆梧桐车联科技有限公司

作者：王永亮

1. 企业简介

重庆梧桐车联科技有限公司（简称梧桐车联）诞生于 2018 年，由腾讯孵化，专注于汽车智能网联领域的产品研发与服务，致力于为汽车全行业提供全面的智慧出行系统解决方案，全价值链助力车企产品体验升级和数字化转型。

梧桐车联研发服务于全行业的系统级智能网联解决方案 TINNOVE OS，整合了腾讯车联的基础能力和腾讯的核心生态资源，提供完全基于车辆使用场景的独特交互界面，并同时打通车辆硬件控制，构建乐趣、连接、AI 三大核心能力，实现用户兴趣、场景数据和生态服务的智能匹配，向用户提供全时在线、所需即所得的出行生活服务。

目前，梧桐车联已和五个品牌进入实质合作和项目阶段，包括自主品牌、合资品牌、豪华品牌，并亮相

2019 上海国际汽车工业博览会、2019 中国国际智能产业博览会等高规格的国际展会，发布前瞻的产品与前沿的行业技术。

2022 年，梧桐车联整体战略进行全面升级，升级为“行业领先的整车级全栈式智能交互科技公司”，着力打造平台化的软硬一体的智能交互系统解决方案。

2. 发展中长期计划

梧桐车联以打造一家卓越的互联网 / 科技创业企业为中长期的目标，希望系统方案的能力是行业的标杆，商业化的结果是行业领头羊，团队和企业成为优秀车联网企业代表；为全产业链创造和输出价值，实现全站赋能。

梧桐车联的企业愿景是：做智能网联领域的领导者、制定行业标准，市场占有率第一。

3. 主要产品

梧桐车联整车智能交互的产品要为用户提供真正的“数字智能体验”。在这个层面，梧桐车联着重打造了“自然语音系统”“融合推荐系统”“超感控车系统” 3 个产品体系，探索智能体验的新突破。

“自然语音系统”完全以用户体验为出发点，力图用更高的人工智能水平，解决用户在与车辆交互中真正的痛点，带来更舒适愉悦的体验。“自然语音系统”拥有三大特色：真·免唤醒、方言智适应、所看即所控。行业内常见的语音全双工技术，只通过一直打开的传声器和常驻后台的语义引擎，捕捉用户的声音、判断语义，不能完全取消唤醒词，容易误触发。梧桐车联与行业领先的合作伙伴深入合作，采用视觉识别引擎与语音识别引擎协同工作模式，精准判断用户的真实动机，最大限度地减小误触发的可能，做到“真·免唤醒”。在这背后，是梧桐车联与合作伙伴一起，运用多层卷积神经网络提取综合动作特征，融合神经网络算法，累计经过 4 亿条音频数据加 4000h 多模态数据取得的成果。该系统实现唤醒率大于 98%，误触发率可以控制在 48h 中低于 1 次，行业领先。“方言智适应”，AI 助理可以自如地用普通话、重庆话、粤语与用户进行交流，通过更多的训练，将来甚至还可以增加英语等语言（见图 1）。

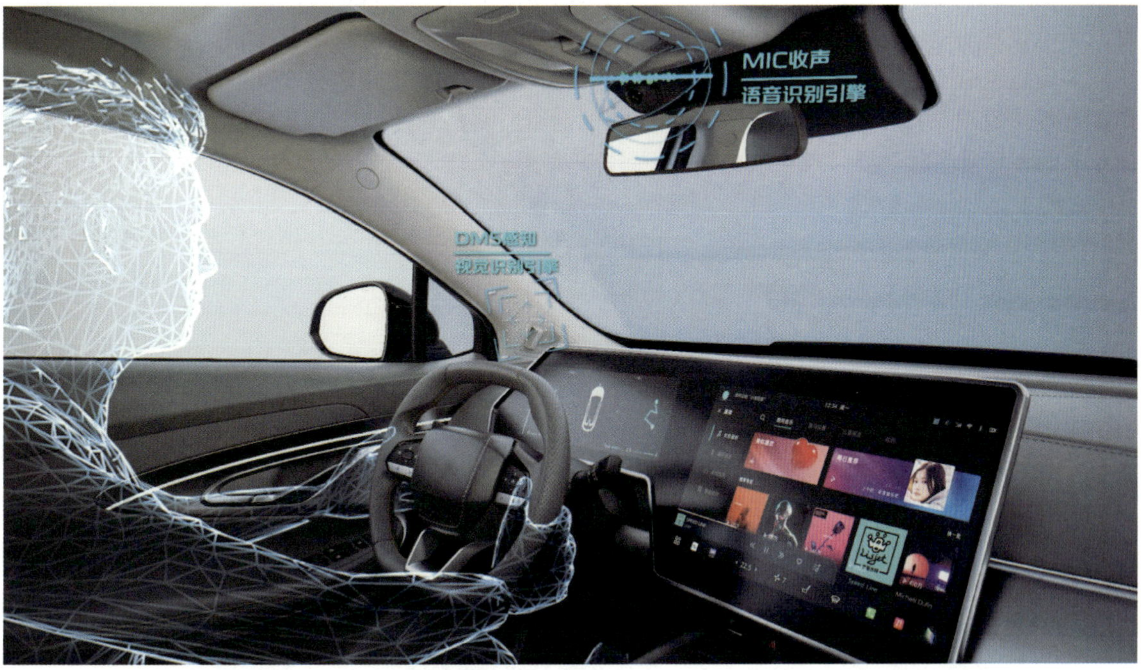

图 1　自然语音系统

“融合推荐系统”的亮点在于博采众家之长的综合感知算法、大数据引擎，以及内容和车控的联动推荐。首先打造了可以“五感官交互”的智能情景推荐，在整车电子电气架构升级和算力提升的加持之下，智能助手可以调动车内大部分功能，实现视觉、听觉、触觉、嗅觉、温感的 5 种感官同时交互。其次，基于与行业头部合作伙伴共建的感知和决策引擎，由“全智能主动推荐”主动做出的全车功能的推荐，是梧桐车联正在努力实现的另一个产品方向。“全智能主动推荐”可以做到根据大数据分析推送驾驶建议、车控建议、内容建议给用户，并在数据反馈后不断进行自我学习和进化（见图 2）。

图 2 融合推荐系统

超感控车系统包括视觉控车功能、手机控车功能和手表控车功能。其中，视觉控车功能是通过智能视觉识别引擎（见图 3）识别车主动作，开关车门，解闭锁车辆，甚至能够自定义动作，实现用户提前自定义好的场景。手机控车功能（见图 4）是通过智能手机上的 3D 虚拟车直接控制车上功能，通过与手机的深度融合，实现多种无缝衔接的控车体验，如通过车内摄像头实现视频通话。手表控车功能下，智能手表不仅可以控制车辆起动（见图 5）、车窗开闭，也能够将手表的健康监测信息传递给诸葛交互决策脑，实现基于驾驶员健康状态的多场景主动干预。

图 3 视觉控车功能

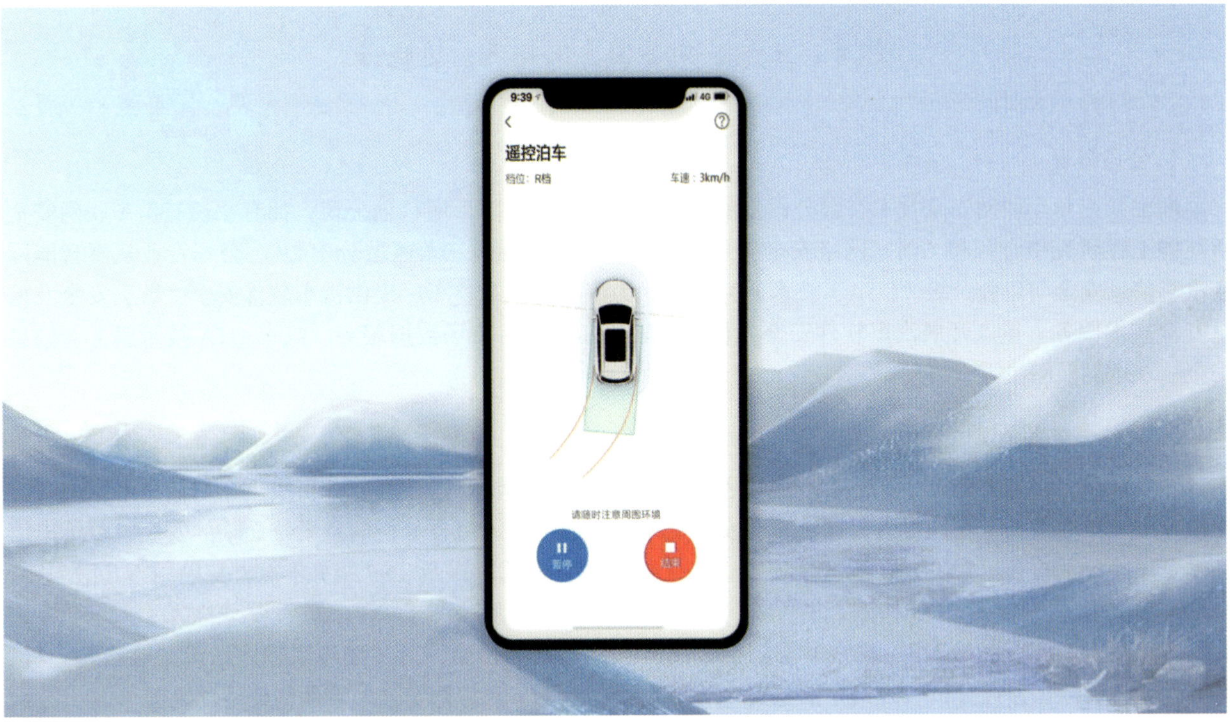

图 4　手机控车功能

图 5　手表控车功能

智能网联化下的信息安全与软件安全产品及技术创新成果

浙江长三角车联网安全技术有限公司
作者：王剑，胡昌国，宋晓飞，边晓芳

1. 公司概况

浙江长三角车联网安全技术有限公司是浙江清华长三角研究院下属科创公司，拥有“长三角车联网安全浙江省工程研究中心”和“国家网络安全应急工程技术研究中心长三角区域分中心”。公司专业从事智能网联汽车信息安全与远程升级（OTA）技术研究工作，为汽车行业及整车厂提供汽车软件安全、数据安全及信息安全技术服务。重点开展汽车软件安全分析与故障诊断、售后市场数据服务、汽车 OTA 技术服务、信息安全领域产品及解决方案研发。

2. 汽车信息安全风险评估解决方案

汽车风险评估方案依据不同的标准、流程、分析项、评估算法，搭建智能分析模型，对信息系统的资产价值、潜在威胁、安全漏洞等进行评估，对发生概率、造成损失等综合分析信息系统面临的安全风险给出信息安全风险评估报告。解决方案基于 HEAVENS、TARA 风评模式，以及 TSP 服务器软件漏洞、CVE 漏洞库、AVD 漏洞库、变种数据 ECU 检测、网关检测、车机系统安全检测（ABD 等）、外设安全检测（蓝牙、WiFi 等）、流量管理等平台、应用、总线漏洞扫描以及车载终端安全检测，通过搭建风险评估模型对威胁分析、脆弱性分析、攻击路径分析实现汽车信息安全管理全程覆盖。车辆信息安全风险评估模型详见图 1。

解决方案可实现信息安全综合管理、产品开发期信息安全管理、产品量产后信息安全分析与管理，操作流程为创建项目、风评准备、风险评估、风险控制，可以进行多维度威胁分析与风险评估，提供高精准度风险评估体系。

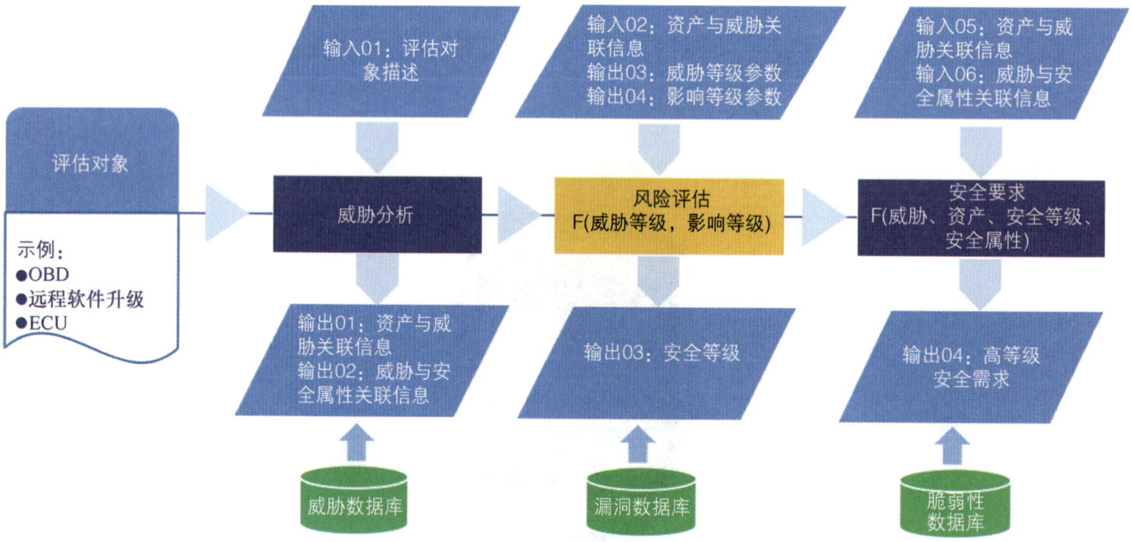

图 1 车辆信息安全风险评估模型

3. 汽车远程升级（OTA）软件安全分析解决方案

随着汽车价值构成由硬件大幅缩减、软件大幅提升的演变趋势，OTA 将会作为车企重要的经营和服务手段。为应对越来越复杂的 OTA 升级活动，研发 OTA 软件缺陷分析与知识库系统，支持新型电子电气架构下的 OTA 生命周期内软件安全精细化根因分析，挖掘数据的价值，实现软件安全问题风险预警、实时监测，全方位管理 OTA 升级活动。解决方案通过数据建模、神经网络 AI 算法进行数据抽象，融合大数据分析及机器学习搭建数据模型，结合进程调度、通信与数据传输和治理，向应用层提供技术支持，实现可视化功能应用。

解决方案支持千万级多维度、一站式数据分析，从数据接入、存储、数据计算整合，到查询、分析，让数据发挥价值。通过高效率数据库系统、复杂问题代码解构、海量数据分区处理、精细化分表索引、虚拟内存等相关技术，应用特定算法实现海量数据分类统计及数据关联，支撑企业实现海量数据可视化分析。软件安全分析流程详见图 2。

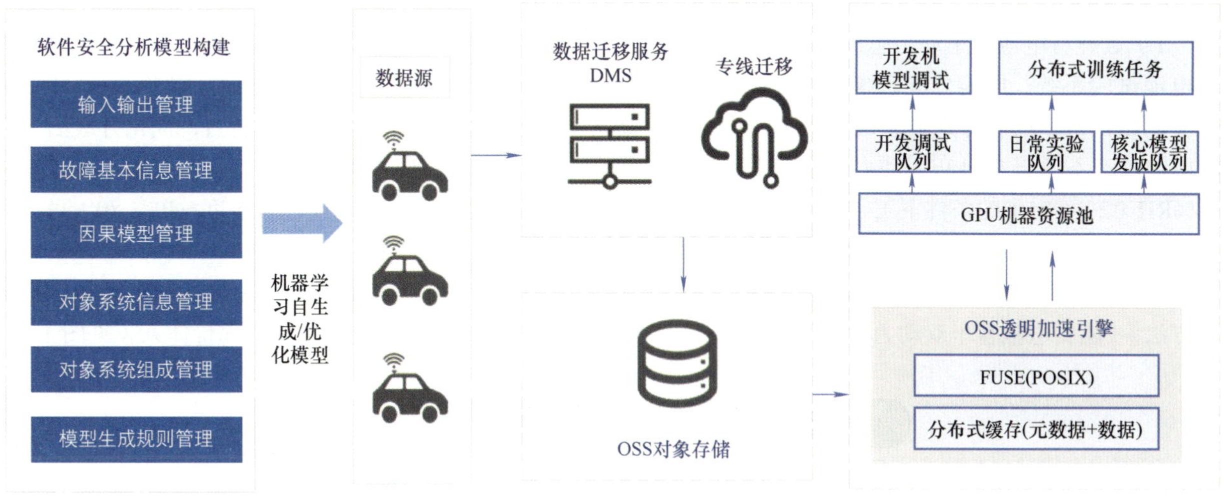

图 2　软件安全分析流程

智能化、网联化自主创新产品与技术应用案例

西华大学汽车与交通学院
作 者：邓鹏毅，黎青松，武小花，唐立，李平飞

1. 学院概况

西华大学汽车与交通学院（简称学院）始建于 1960 年，现设车辆工程、新能源汽车工程、汽车服务工程、交通运输、交通工程、能源与动力工程 6 个相关本科专业，其中车辆工程专业是国家级特色专业、中国工程教育认证专业、四川省一流专业；交通工程专业是四川省一流专业、四川省特色专业。学院建有汽车测控与安全、汽车工程、氢燃料电池汽动力总成、电驱动系统、交通仿真、大件运输等 30 余个专业实验室，大中型高技术设备近 2000 台（套）；培养学生参加 WIDC 世界智能驾驶挑战赛、i-VISTA 中国智能网联汽车大赛、中国大学生方程式汽车大赛、本田中国节能竞技大赛、全国大学生交通科技大赛等行业和学科竞赛项目，学生成绩优异，屡创佳绩。

学院拥有 7 个科研基地：①汽车测控与安全四川省重点实验室；②四川省“2011”协同创新中心：汽车关键零部件协同创新中心；③四川省新能源汽车智能控制与仿真测试技术工程研究中心；④西华交通司法鉴定中心；⑤国家车辆事故深度调查体系（NAIS）西华大学工作站；⑥国家环境保护培训基地：机动车排放检测实训基地；⑦道路交通安全与车辆事故再现四川省高校工程研究中心。学院先后荣获省部级科技进步奖 8 项，教学成果奖 6 项，制定标准 20 多项。“十四五”期间，学院承担了国家及省部级等纵、横向科研项目 200 多项，授权发明专利近 70 项，学术论文 300 多篇。

2. 新能源汽车领域

（1）氢燃料电池汽车

学院构建了以氢燃料电池客车动力总成为核心能力平台的教学、科研团队。团队培养了一批知名专家、中青年博士，指导在读研究生团队开展氢燃料电池系统、氢燃料电池—锂离子动力电池双电源系统、驱动电机总成、氢燃料电池—锂离子动力电池—驱动电机系统等燃料电池客车动力系统多拓扑研究及其测试评价技术研究。团队也开展了燃料电池车辆动力系统设计、动力学与结构分析、能量管理与智能控制等关键核心部件技术研究；发表了一批高水平论文，申请了 10 余件相关专利。

（2）成果

1）氢燃料电池客车动力总成防爆试验测试平台。平台由电力测功机系统、电池模拟器、电子负载、燃料电池试验系统、电能分配系统等构成，可对氢燃料电池总成、动力电池、驱动电机总成进行总系统级别试验测试评价，或者分别独立试验测试评价。平台具备不低于 400kW 总功率的试验能力，优化升级后氢燃料电池功率不低于 200kW、动力电池功率不低于 400kW，温度模拟范围 −50 ~ 120℃，湿度模拟范围 20% ~ 98%RH（20 ~ 85℃的条件下），振动模拟 0.1 ~ 4500Hz@65kN。其中，燃料电池进气温度 −40 ~ 80℃可控调节，相对湿度≤ 0.75%（20 ~ 25℃的条件下），绝对含湿量可达 0.1077g/kg 干空气。

2）氢燃料电池客车动力总成测试评价方法。学院牵头制订《燃料电池客车动力总成燃料消耗量台架试验方法》《燃料电池客车双动力源系统性能台架试验方法》等团体标准，形成相关测试评价体系（见图 1）。

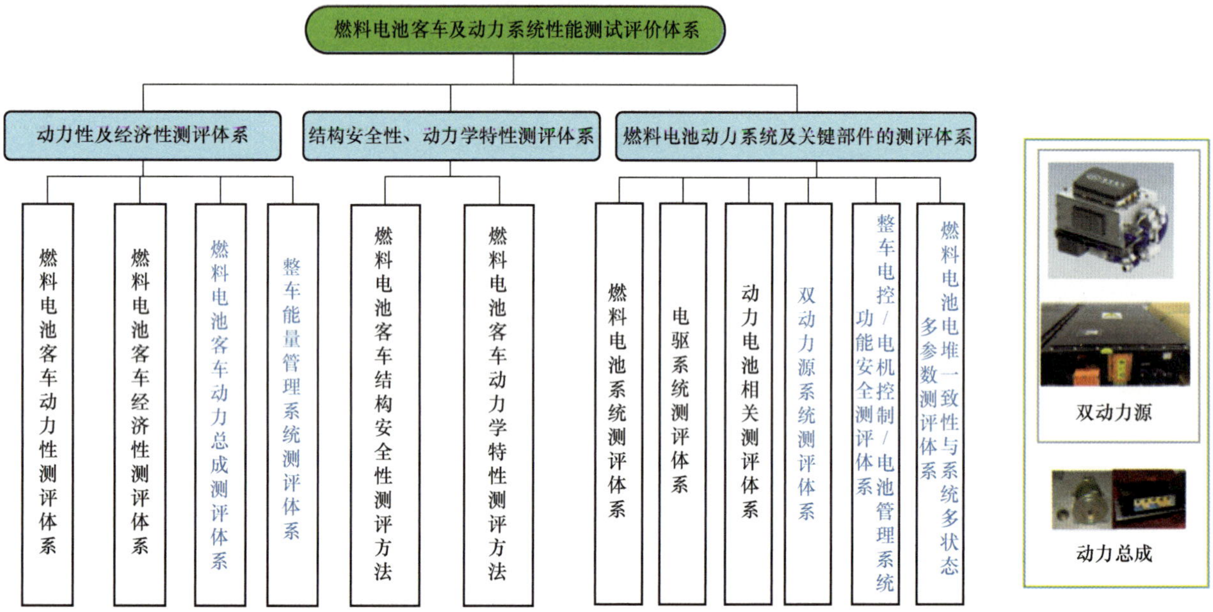

图 1　燃料电池客车及动力系统性能测试评价体系

3）新能源汽车火灾事故。学院建立了以西华司法鉴定所为依托的电动汽车动力电池火灾事故研究团队。团队研究新能源汽车在用动力电池热失控事故现象、特征，事故起因、热失控中长期预警方法等，并在国家市场监督管理总局统一指导下，参加国内新能源汽车火灾事故调查。

3. 智能汽车与智慧交通

以“中德智能网联汽车、车联网四川试验基地”建设项目为契机，学院建立了智能汽车研究团队，以青年博士群体为骨干，开展无人驾驶汽车动力学、人工智能识别及控制算法及其测试评价、智能网联汽车测试评价方法等研究。

（1）AI 识别及控制算法与测试评价

学院主要开展传感器的循环对抗神经网络（CycleGAN）、AHP-BP 深度学习神经网络等 AI 目标识别算法研究，通过知识蒸馏、网络剪枝等优化方法，形成轻量化高效网络，如基于多模型耦合的 DCNN 目标检测网络，提供泛化与细化两种检测模式，以适应不同的推理速度与认知深度需求。其开发的检测系统实现了行人、车辆、交通标志的低漏检识别（见图 2）。

a）一般深度学习网络　　b）多模型耦合 DCNN 目标检测轻量化网络

图 2　视频流目标识别效果对比

研究城市多样化复杂交叉口交通环境，在行车安全、交通效率等多目标约束下，自动驾驶汽车路径规划与控制决策对抗神经网络，如多待转车道线交叉路口的最佳路径规划及车辆控制综合算法，涵盖紧急制动、避撞轨迹重规划、最短通过时间、最高通行车流量等参数。

对于 AI 视觉传感器，研究其算法及系统目标识别性能的测试评价方法，开发了基于 AHP-BP 神经网络的车道线质量评价系统，对车道线的颜色、形状、线性、曲率等的准确性进行量化评分，支持测试视觉传感器对车道的感知准确性，如车道线距离、虚实、单双、曲率半径等参数。

（2）智能网联汽车测试评价

1）自动驾驶危险交通场景研究。依托国家交通事故深度调查系统（NAIS）西华大学站点，面向智能汽车路径规划及控制，与国内多家汽车研究机构合作，对数千例交通事故进行要素分析，基于安全约束开展了危险交通场景重构与仿真测试工作，开发了“中国道路交通危险场景库”（见图 3 ~ 图 5），支持在 PreScan 软件中进行场景快速建模；支持输出 OpenDRIVE、OpenSCENARIO 格式数据文件；具有基础数据案例超过 8000 例，监控视频数据案例超过 2000 例，数字化场景案例超过 1000 例，包含车车事故基础场景 32 类，人车事故基础场景 47 类，车 - 两轮车事故基础场景 56 类。

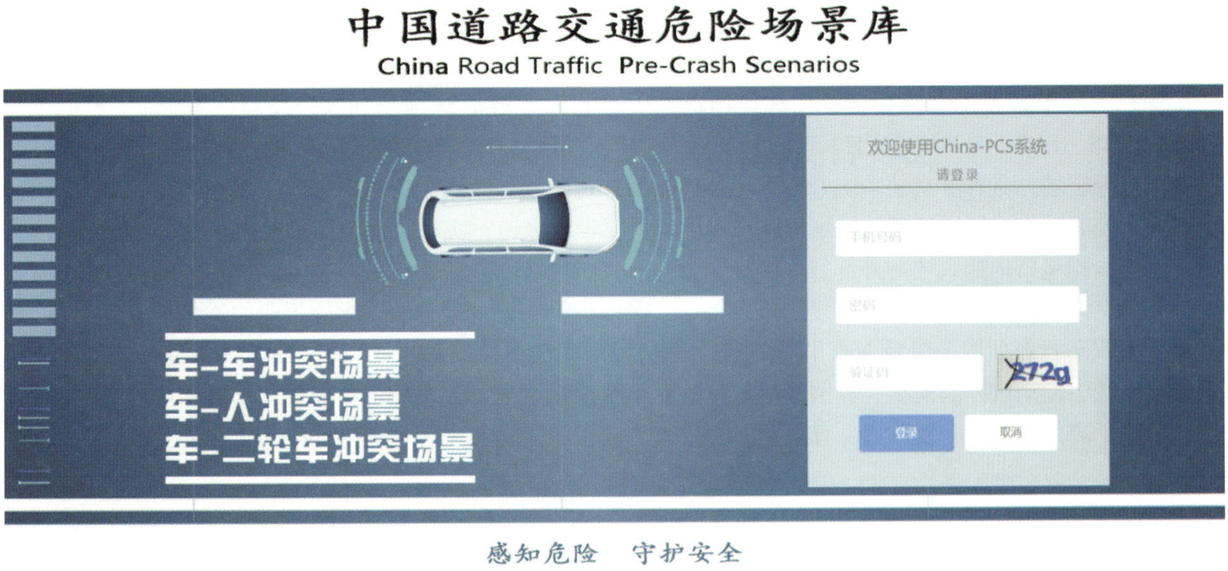

图 3　中国道路交通危险场景库（China-PCS）

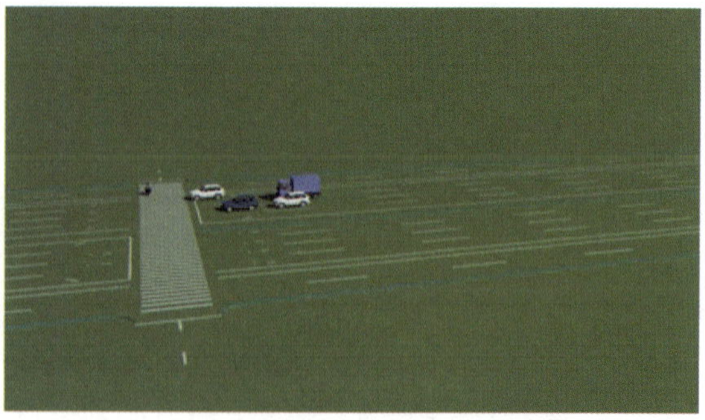

图 4　场景数据 PreScan 快速建模

图 5　场景数据 OpenX 格式建模

2）标准制订。通过服务“中德智能网联汽车、车联网四川试验基地”建设项目、成都市智能网联汽车测试项目，与中国信通院等研究院所合作，凝练智能网联汽车测试评价研究成果，参与制订了《智能网联汽车封闭测试场环境建设总体技术要求》《智能网联汽车封闭测试场道路测试评价总体技术要求》《智能网联汽车开放道路测试环境建设总体技术要求》《智能网联汽车开放道路测试评价总体技术要求》等团体标准。

3）开发道路测试风评、稳评。针对智能网联汽车道路测试过程中可能引发的交通、社会影响等问题开展评估方法及解决方案研究。特别地，对封闭道路、半封闭道路、开放道路智能网联汽车测试的交通安全、社会稳定风险进行评估，并提出增加安全、降低社会稳定风险的方案。

团队已经为世界大学生运动会直联通道路段的智能网联汽车测试、成都市高新区部分城市道路开放智能网联车辆测试等项目提供了相关服务，获得业主好评。

4）EIVDSIM 交通仿真平台开发。自主研发国内首款三维交通仿真工具平台，由三维场景构建器、交通仿真器、信号控制模拟器、交通状态评价器四部分组成。技术人员通过利用 EIVDSIM 仿真平台，构建还原设计方案周边环境，实现可视化环境中的交互设计，又可以考虑设计方案和已有环境的影响和制约，方便针对缺陷进行优化。

城市交通管理者、设计者和交通从业人员可搭建精确的数字交通系统，用以应对在现实交通系统中监测、评价、调查、预测、规划、管理、测试、验证等工作中的难题。

南京世博电控技术应用案例

南京世博电控技术有限公司

南京世博电控技术有限公司（简称世博电控）是一家专业从事汽车领域的高新技术企业，产品覆盖 EMS、BMS、ECU、VCU、MCU、PDU、电机等，广泛用于传统汽车、新能源纯电动、无人驾驶、增程式、混合动力等领域，具有丰富的系统开发、现场应用及标定经验。公司定位于服务整车制造企业，致力于成为全球汽车控制动力系统领导者，以聚焦客户需求为主要经营之道，实现企业与客户共同发展（见图 1）。

世博电控坚持内部人才与外部智库相结合，与北大、同济、南航、华中科技等国内知名院校和科研机构进行技术交流与合作。公司持续高投入研发创新，保持竞争优势，聚集了国内外行业的优势资源，拥有数名多年从事汽车行业的博士以及 90% 以上研究生学历的高素质研发团队，研究方向覆盖领域各方面，包括电磁兼容设计、发动机控制模型、控制策略与算法、整车控制系统、整车标定系统及整车可靠性的研究。目前已经形成了高效的产品开发流程，具备同时开发多个项目的能力，先后为国内外整车企业配套开发动力系统总成。

1. 荣誉资质

世博电控荣誉资质见图 2。

图 1　南京世博电控

一种基于扭矩模型的整车控制器

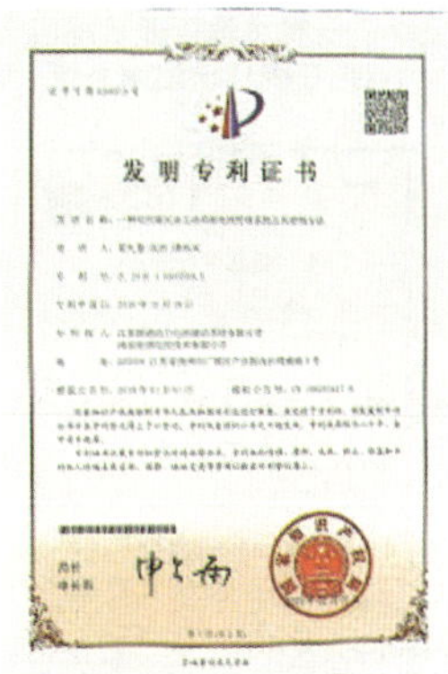

一种双回路冗余主动均衡电池管理系统及其控制方法

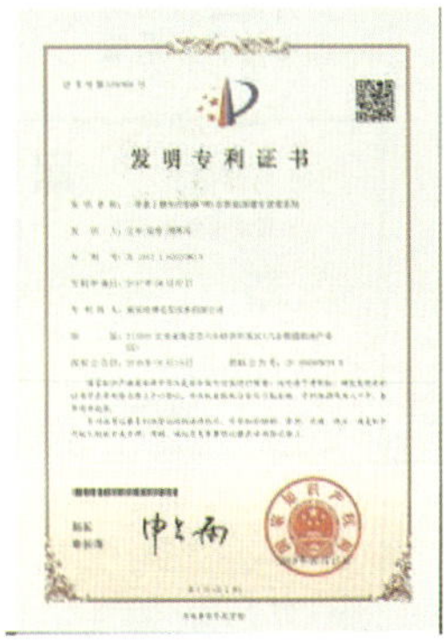

一种基于整车控制器 (VMS) 的新能源整车管理系统

一种带有增程功能的电动汽车整车控制器

一种新型混合动力整车控制器

一种基于发动机控制功能的整车控制器

图 2　世博电控荣誉资质

一种双燃料单ECU功能的发动机控制系统

整车控制器综合测试设备

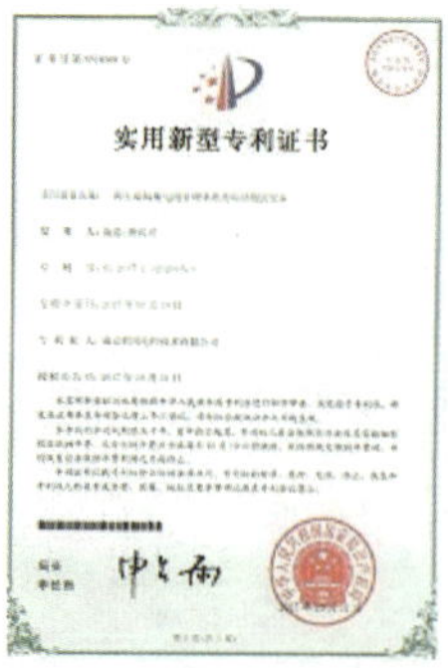

一种主动均衡电池管理系统的综合测试设备

一种低速被动均衡电池管理系统

一种电池管理系统用在线烧录记录系统

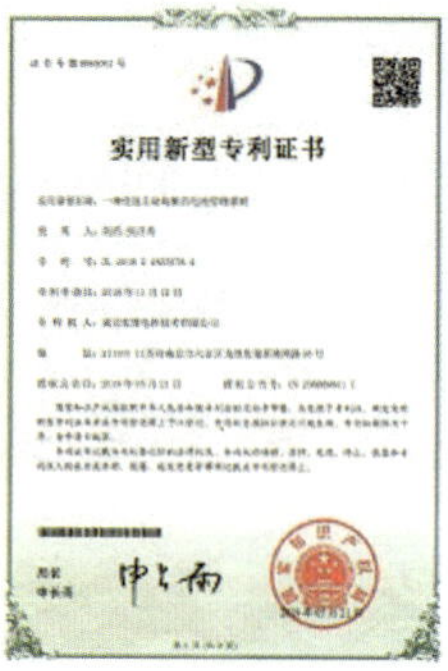

一种低速主动均衡的电池管理系统

一种无人驾驶整车的安全防撞装置

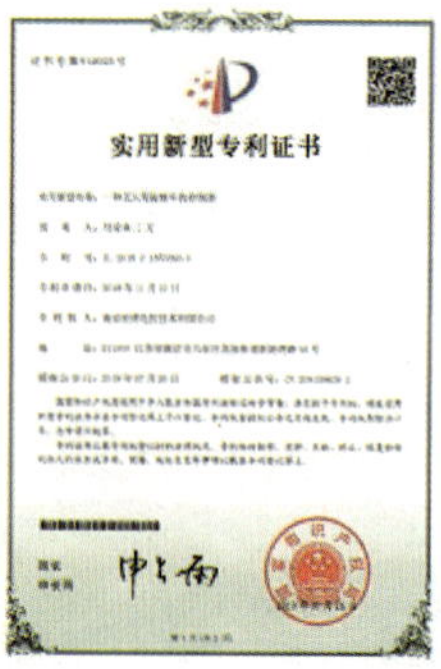

一种无人驾驶整车控制器

一种用于乘用车规范整车的控制器

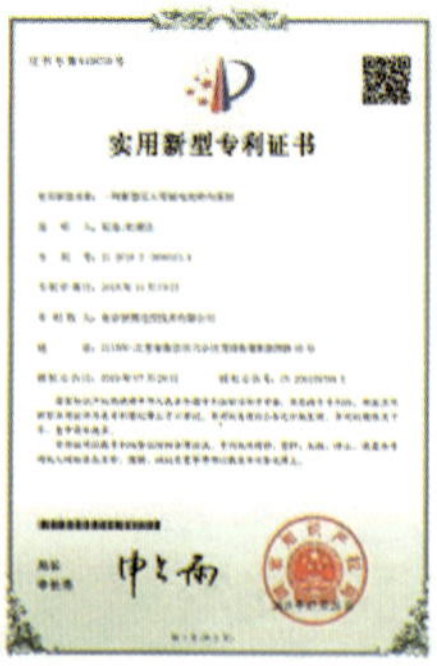

一种新型无人驾驶电动转向系统

一种无人驾驶电动车辆充电装置

一种氢燃料电池整车控制器安装结构

图 2 世博电控荣誉资质（续）

实用新型专利证书

一种基于无人驾驶车辆的液压制动装置

实用新型专利证书

一种基于无人驾驶车辆的液压转向控制系统

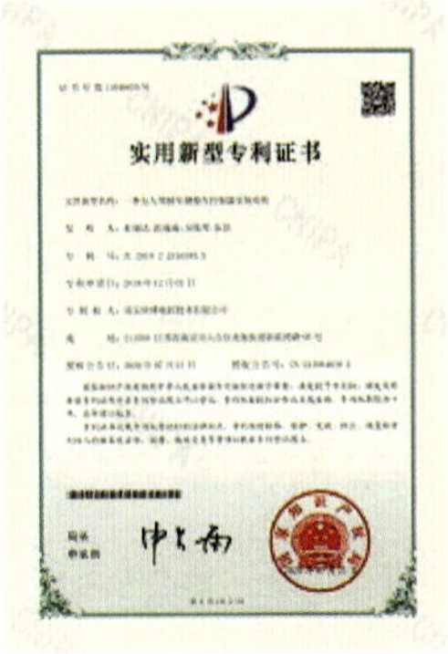
实用新型专利证书

一种无人驾驶车辆整车控制器安装结构

实用新型专利证书

一种无人拖车自动托挂钩系统

实用新型专利证书

一种城市地铁备用电池抗振动保护装置

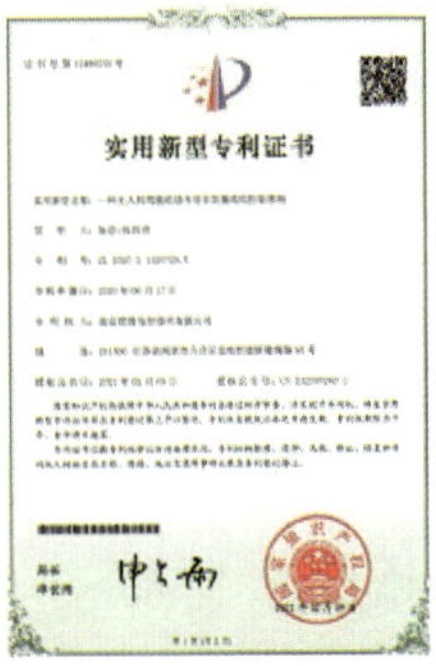
实用新型专利证书

一种无人机驾驶机场专用车防撞结构控制系统

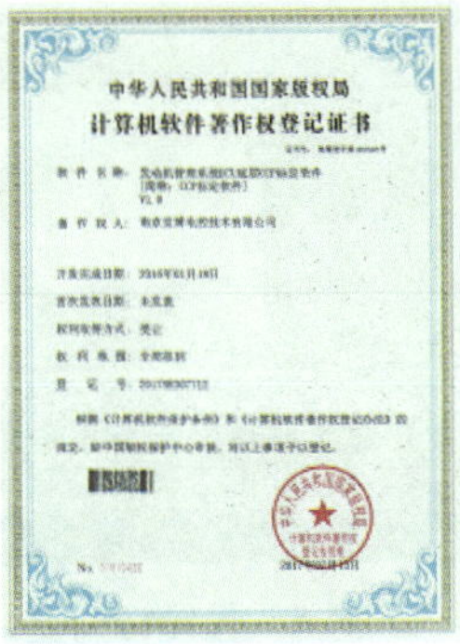
中华人民共和国国家版权局
计算机软件著作权登记证书

发动机管理系统ECU底层CCP标定软件

中华人民共和国国家版权局
计算机软件著作权登记证书

新能源整车控制器(VCU)的电池管理系统

中华人民共和国国家版权局
计算机软件著作权登记证书

世博电池管理系统软件

中华人民共和国国家版权局
计算机软件著作权登记证书

世博整车控制器软件

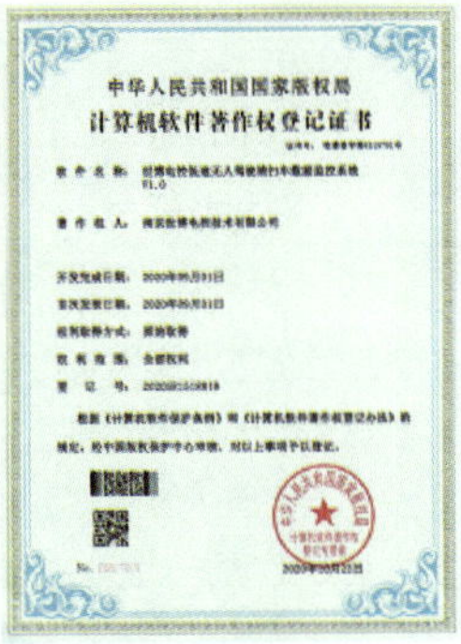
中华人民共和国国家版权局
计算机软件著作权登记证书

世博电控低速无人驾驶清扫车数据监控系统

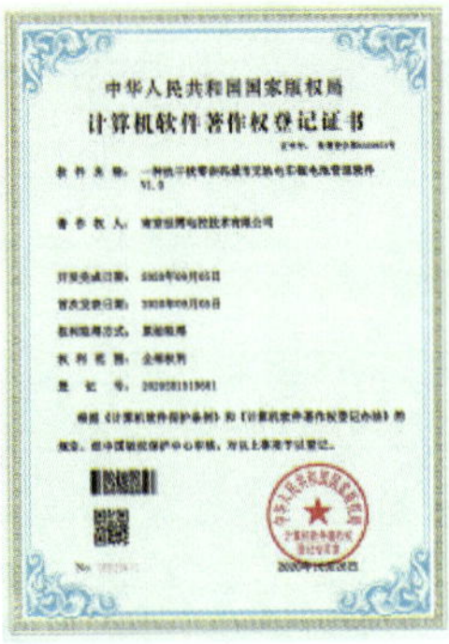
中华人民共和国国家版权局
计算机软件著作权登记证书

一种抗干扰零误码城市无轨电车锂电池管理软件

图 2 世博电控荣誉资质（续）

2. 质量方针

1）以客户为中心，为客户提供物超所值的产品与服务（见图 3）。
2）坚持技术创新，提升产品核心竞争力。
3）实行全面质量管理，打造行业精品。
4）为成为全球新能源汽车动力总成领导者而不懈努力。

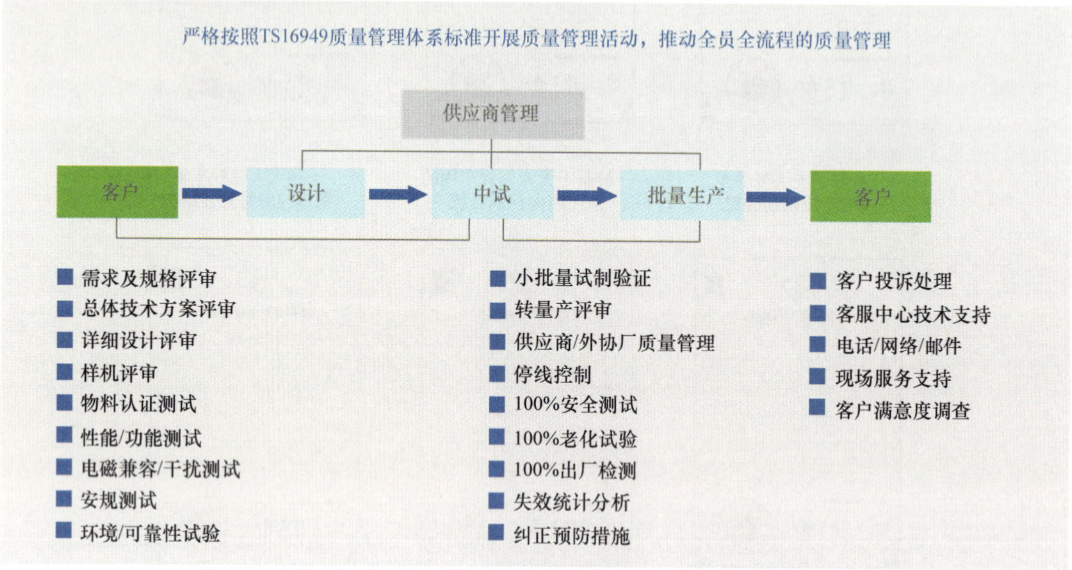

图 3　全员全流程

3. 线控转向器

智能转向系统具有有人驾驶或无人驾驶功能，系统通过车载 CAN 通信接收转向指令，并根据指令执行转向动作（见图 4）。

线控转向器产品参数见表 1。产品优势如下：①高稳定性；②高精度与分辨率；③抗干扰能力强。

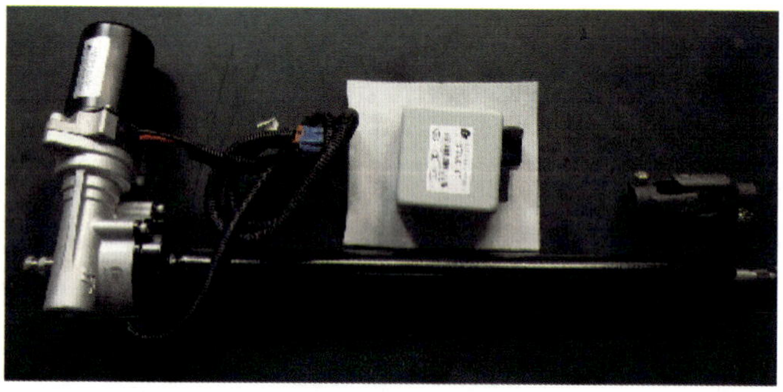
图 4　线控转向器

表 1　产品参数

产品		参数
电机	额定功率	270W
	额定电流	45A
总成	减速比	16.5 : 1
	最大输出转矩	39.6N · m
	工作电压	12V
传感器	接触方式	非接触式
	转角范围	4 圈
CAN 通信	通信标准	J1939
	CAN 比特率	500kbit/s
	CAN ID	0x94、0x30、0x31、0x501、0x502
总成型号	ZX40-Z009C-04	智能转向系统总成

协同创新研究院双目立体视觉系统

智能网联汽车（山东）协同创新研究院有限公司
作者：孙萌萌，高鲜辉，车浩田，李学迪

智能网联汽车（山东）协同创新研究院（简称协创院）成立于 2021 年，是“政产资学研用”多元主体面向智能网联汽车应用技术研发及产业化开展协同创新的新型研发平台，围绕技术创新、应用示范和产业培育三大功能定位，在商用车安全驾驶辅助、特定场景下的高等级自动驾驶、智能网联汽车云控平台、综合测试与应用等重点领域开展技术研发、成果转化、技术服务和企业孵化，助力山东省乃至全国智能网联汽车产业高质量发展。

1. 背景介绍

双目立体视觉系统由于最接近人类视觉系统，是近几十年以来计算机视觉领域发展最为活跃的方向之一。双目立体视觉系统是利用单目或者双目摄像机观察景物的方式，得到同一个世界场景在不同视角下的两幅图像，通过计算机辅助技术处理图像从而模拟人类双眼视觉系统获得该场景的三维信息的过程。双目立体视觉发展至今几十年的时间里，已在机器人视觉、医疗诊断、航空测绘、军事工程、工业监控、三维物体表面建模等方面得到非常广泛的应用。

双目立体视觉测量的实现可以分为以下四个主要步骤：相机标定、特征提取、立体匹配和三维重建（见图 1）。其中，立体匹配是双目立体视觉最重要也是最困难的一步，至今仍为双目立体视觉发展的瓶颈所在。阻碍立体匹配技术顺利前进的因素有很多，图像中弱纹理区域、重复纹理区域，以及遮挡区域的存在等均是制约其发展的重要原因。

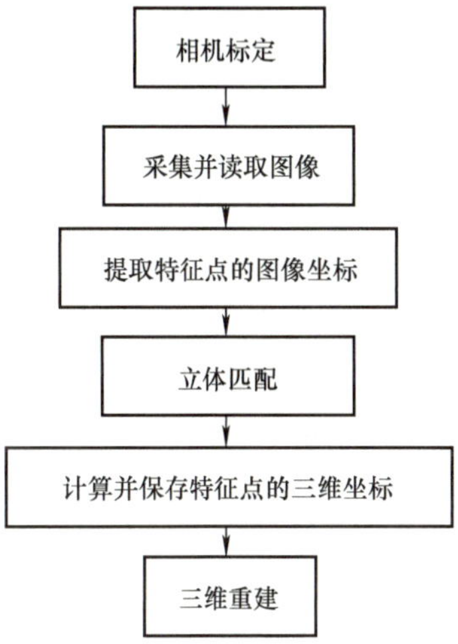

图 1　双目立体视觉测量流程

2. 产品介绍

在市场应用上，基于深度学习的视觉感知算法属于数据驱动的有监督学习算法，行车环境的复杂性、多样性、随机性使得有限的学习样本难以覆盖无限的样本空间，用户对漏检带来的严重后果容忍度极低，极大地影响了自动驾驶技术的普及。

协创院与清华大学苏州汽车研究院在双目视觉系统上做了大量的研究，该算法突破了包含 ISP、校正、立体匹配在内的核心算法，具有极好的环境适应性和并行处理特性，降低了系统成本，具有丰富的接口（MIPI/usb3.0/ 千兆网络），增强了可扩展性。

先进的立体匹配算法，实现了全流程并行计算，适合 FPGA 或 ASIC 加速。目前双目系统中多使用 SGM 或 BM 算法，BM 算法具有很高的并行性，但由于其局部匹配的原理，抗噪声能力及抗低纹理能力较弱，深度图质量较差。SGM 为半全局匹配算法，效果较好，但由于采用了动态规划原理，并行性差，且需要存储大量中间数据，占用资源多。协创院经过长期的研究，在匹配算法上有了大的突破，终于研究出一种既能具有 SGM 效果（可靠度相对 SGM 更高），又能兼顾并行计算的匹配算法，并在 FPGA 中得到了实现，这是其核心竞争力所在。协创院双目立体视觉系统产品定位见图 2。

3. 产品参数

1）可实现 1080P 图像处理，每秒可达 30 帧以上。

2）高分辨率，支撑 60° 以上大视场角，且有效探测距离可达 150m 以上，能够提前发现危险情况（范围又远又广）。

3）独创的结构激光夜视增强技术，采用主动红外激光，可全天时工作。

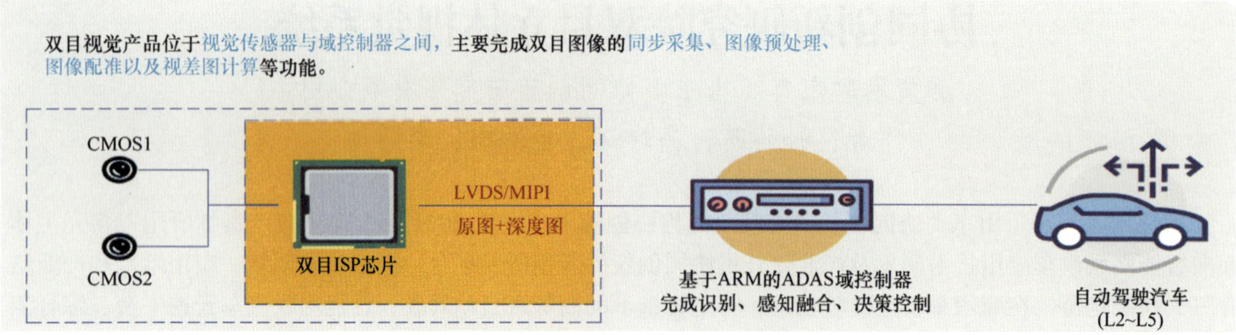

图 2　双目立体视觉系统产品定位

4）12cm 短基线距离，方便安装，刚度大，增强环境适应性及长期可靠性。12cm 基线在很大程度上增强了安装车型适应性，尤其是针对后装市场。另外，短基线距离使双目系统的温度变形和应力变形的概率大幅降低（见图 3）。

图 3　协创院双目立体视觉系统产品

目前，协创院双目立体视觉产品主要应用在公交车客流量统计系统、货运车车厢空置率检测，前装 ADAS 和 DMS 等车载领域、也应用在扫地机器人、无人机避障等非车载领域。

4. 未来发展

双目视觉作为一种新型非接触性测量技术，具有操作简便、处理高效、实时在线、三维测量等优势，国内不少车企（包括商用车、乘用车）已经开始选择双目立体视觉方案作为前装量产定点。协创院将发挥自身优势，探索市场端应用需求，联合高校、科研院所技术创新，在双目立体视觉方面继续深耕探索，提高测距精度，使自动驾驶更加安全。

车辆全生命周期管理解决方案

成都易控智联汽车电子有限公司
作者：皮聃

成都易控智联成立于 2012 年，是易控汽车电子旗下专业从事智能网联技术及产品应用的服务提供商。公司以车辆全生命周期管理为核心，面向用户提供包括软件平台、硬件终端和运营服务的全方位解决方案。

1. 方案背景

车辆全生命周期管理是指涵盖车辆的研发 - 生产 - 销售 - 运营 - 二手车评估全链条的云平台管理方式（见图 1），通过智能网联 + 云平台技术帮助整车厂解决在全环节上管理的痛点。通过车辆运营数据结合云平台大数据技术分析车辆运营情况，辅助研发进行新车型快速迭代，不断满足客户对产品与服务的期望。

2. 方案简介

车辆全生命周期管理是对研发、生产、销售、营运、二手车评估各阶段的业务平台化，平台运行中沉淀业务数据，将各个业务系统数据汇聚、清洗形成企业数据资产，基于数据资产对车辆生命周期数字赋能，方案架构见图 2。

图 1　车辆全生命周期

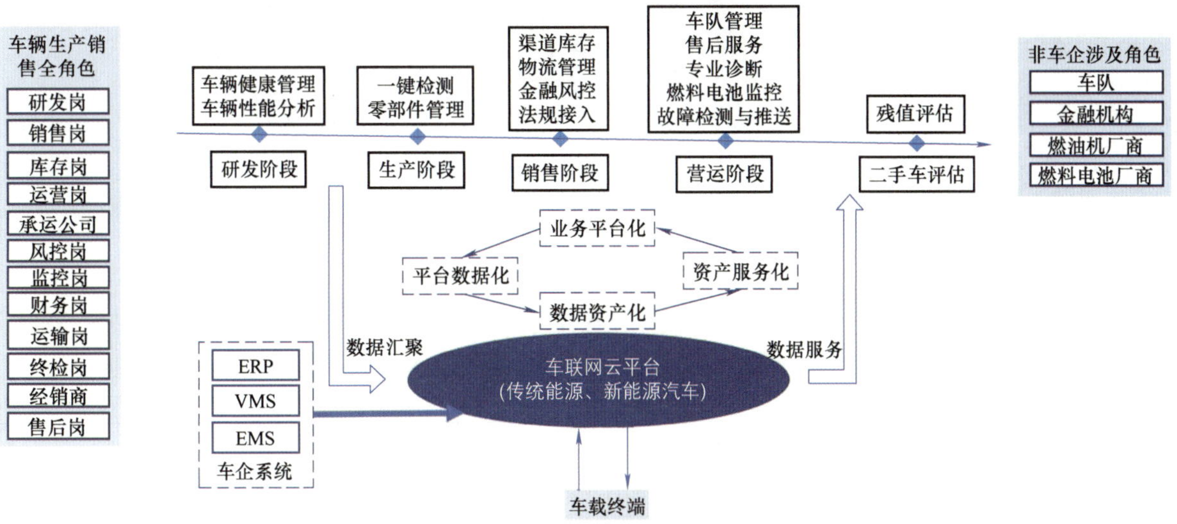

图 2　方案架构

生产环节是云平台的基础数据来源，形成车辆履历及零部件明细，结合网联设备对生产下线车辆提供全系电控部件的故障诊断，对执行器进行一键检测，帮助整车厂实现车辆零千米的质量检查手段，通过生产阶段的数据进行统计分析，提供整车厂对供应商的零千米考核的数据支持。

云平台在销售阶段实现了对渠道库存的实时掌握，结合盘点等手段能够实时出具渠道库存报表；对于风控车辆，根据风控预测模型 + 锁车等方式帮助整车厂、经销商、金融机构等机构管理资产风险。

在营运阶段，通过车队管理结合智能设备预防重大事故的发生，云平台通过驾驶行为评价模型对驾驶员的驾驶行为进行分析，形成驾驶员驾驶行为评分，帮助车队对车辆和驾驶员进行管理。根据车队营运场景与 OTA 远程标定技术，实现车队车辆定制化场景需求，从而提高车队营运的效率。

云平台通过车辆关键零部件失效模型识别，即将失效的关键部件通过车辆运营状态主动监测识别重大故障，自动生成维修订单让售后服务及时介入，提高客户满意度，增加用户品牌使用黏性。

在二手车评价中，云平台汇聚车辆全生命周期内的各个维度数据，基于大数据残值评估模型评价车辆剩余价值，为二手车交易提供判断依据。

在研发阶段，通过对车辆营运数据的搜集构建车辆性能分析模型，提供车辆研发数据支持，加快产品研发迭代。

3. 硬件介绍

为了让车辆全生命周期管理解决方案落地实现，成都易控智联进行了相关产品（见图 3）的设计与开发，有用于数据采集定位的车载终端，有数采视频一体机，有适用于传统燃油和新能源的整车控制器，有适配一键检测的车身控制器和车门控制器等硬件产品。

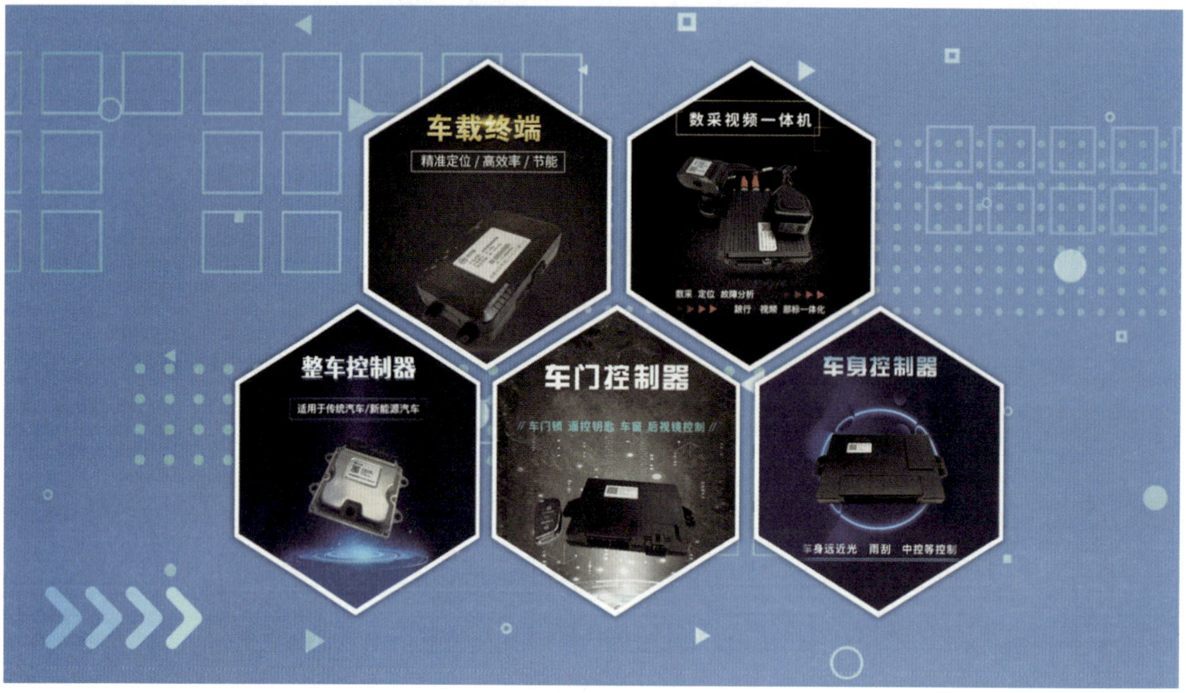

图 3 硬件介绍

车载终端可以在生产环境提供车辆生产下线电控部件的故障数据协助故障诊断，可以远程转发一键检测的指令；在研发、销售和营运环节，可以远程采集整车实时数据为大数据模型提供数据支撑。

数采视频一体机可以在营运环节通过驾驶员状态识别、车道偏离识别等技术手段为车队运行效率模型提供数据支撑。

整车控制器、车门控制器、车身控制器等产品作为执行单元可以在生产环境配合实现整车一键检测；在研发、营运环节可以提供车辆运行数据、驾驶员驾驶行为分析数据，为车辆性能分析等模型提供数据支撑。

持续领跑智能泊车，深度优化行泊一体

纵目科技（上海）股份有限公司

作者：吕迅

纵目科技是中国领先的自动驾驶（AD）和高级驾驶辅助系统（ADAS）技术及产品供应商，以安全驾驶、智慧生活为愿景，立志成为基于中国、面向世界的从辅助驾驶到自动驾驶的技术引领者。

纵目科技目前已经形成了从基础研发到量产应用的完整产业链，当前核心业务涵盖全栈式车规级 ADAS&ADS、ECU、智能传感器，高精地图设计和制造，智能驾驶系统以及新能源车无线充电四大部分。

纵目科技通过领先的系统能力和首屈一指的量产能力获得国内多家主流主机厂商的认可，并建立了量产合作关系。纵目科技基于一流的算法能力、毫米波雷达、超声波传感器、摄像头等硬件的生产制造能力及完整的系统设计能力，依据终端客户不同诉求，为客户提供灵活的产品形态，建立不同业务场景，对产品与芯片进行深度整合，开发行车、泊车、行泊一体的智能驾驶应用方案。

1. 智能泊车系统 APA6.0

当前市面上的泊车产品已形成一些方案，纵目科技 APA6.0 泊车系统对当前自动泊车领域碰到的一些问题进行了改进和优化。比如，在车位识别率、障碍物（含悬空障碍物）识别、环境适应性等方面有了显著的量化指标，能提高整体泊车的能力和行业的智能辅助驾驶水平，同时在客户体验上也有很大的提升，解决了当前终端客户的一些痛点。

相比目前同类型的泊车方案，纵目科技 APA6.0 系统技术领先，性能卓越，突破了行业小车位泊车极限，可做到垂直车位车宽加 65cm，平行车位车长加 65cm 的小车位泊车，综合性能行业第一。同时，该系统具备了很好的技术拓展性和新功能的实现性，比如家庭记忆泊车（HPP）功能，通过简单而便捷的软件更新，便能实现产品功能和技术的进一步迭代。在 2021 年 i-VISTA 自动驾驶汽车挑战赛中，搭载纵目科技自动泊车系统的 2 款车型，挑战了多种复杂场景，最终分别取得了冠军和亚军的好成绩。在 2022 年 i-VISTA 自动驾驶挑战赛中，搭载纵目科技自动泊车系统的 2 款车型又从一系列主流车型中脱颖而出，以满分获得特等奖，足以证明纵目科技自动泊车系统在市场上的领先地位。

2. ZM-SDR1 4D 毫米波雷达

纵目科技第一代短距离 4D 毫米波雷达（简称 ZM-SDR1）作为全球首个兼容高速 ADAS 应用和低速泊车应用的双模 4D 毫米波雷达，可为用户提供 BSD、LCA、FCTA、RCTA、RCW、DOW 等 ADAS 功能。

随着自动驾驶技术的日益成熟，尤其智能泊车产品的快速普及，市场迫切需求一款能够兼容高速 ADAS 和低速泊车场景的毫米波雷达。ZM-SDR1 雷达正是一款兼顾高速 ADAS 和低速泊车应用的双模雷达。针对高速 ADAS 场景（城市 / 城镇结构化道路）和低速泊车场景（地下 / 地面停车场、园区等）进行了专项优化，能够完美地契合自动驾驶的应用需求。ZM-SDR1 致力于提供低成本、全天时、高可靠性的环境感知解决方案。此外，ZM-SDR1 雷达提供的高致密度 4D 点云、多目标跟踪、Freespace、雷达 SLAM 等功能，可以为各级别的自动驾驶系统（Level 1 ~ 5）保驾护航。ZM-SDR1 雷达历经两年的精心打磨，从市场稀缺性、技术领先性、工程应用性、生产制造性等多个方面进行了充分的验证，目前已进入量产阶段。

3. Drop'nGo® 智能泊车技术平台

在自动驾驶聚焦的三大场景形态（高速结构化、城区、封闭园区）中，纵目科技认为封闭园区停车场内是最有可能跨越从产品到服务的商业模式转换。通过对行业的洞察与分析，为了给用户带来极简并统一的体验，纵目科技打造了全新的泊车技术平台：Drop'nGo®。

Drop'nGo® 帮助用户在办公区域和家庭区域、大型商超和机场等停车场场景里，实现自主代客泊车、接驳和远程监控的功能。当用户在停车场下车后，Drop'nGo® 进行环境信息的感知、实时定位和扫描，自主巡航至车位处或接驾点处，满足用户最后一公里泊车需求。Drop'nGo® 平台以统一的软件架构、地图架构为基础，为用户打造 L0 ~ L4 的泊车功能和反向寻车服务，给用户提供简单的“Drop off，and go away”的智能化体验。

Drop'nGo® 软件平台基于纵目新一代软件架构和技术方案，打造可以跨车型、跨 L0 ~ L4 泊车平台（AVM、APA、HPP、AVP）、跨硬件平台（小算力 - 大算力）、传感器即插即用的软件中台，以软件产品化的形式服务于多车型项目，并通过数据引擎、众包地图等技术，对场景持续优化迭代，打造完整的用户体验闭环。

Drop'nGo® 除了帮助用户解决泊车难的问题，提升泊车体验，也致力于打造新型智慧停车场的出行生活方式，统一管理全市道路停车业务动态数据，依托物联网、云计算、数据挖掘、决策分析等信息技术，为政府管理者提供城市交通智能研判服务，为自动驾驶打通道路交通数据。

4. 新能源车无线充电系统

在无线充电领域，纵目科技自主研发了 7/11kW 新能源乘用车无线充电系统和 1 ~ 3kW 无人小车无线充电系统等。

11kW 系统主要应用于新能源乘用车和类似无人巴士等车辆，结合自动泊车技术，让新能源车充电更加便利和安全，提高客户体验，助力无人驾驶的发展。系统由地端供电单元、原边线圈、车端副边线圈和控制器组成，支持 400V 和 800V 电压平台，可实现 100～250mm 离地高度能量传输，充电效率最高达 93%（见图 1）。

在新能源乘用车方面，纵目科技 11kW 无线充电系统已经赋能多家国内主流主机厂商。该无线充电系统与整车采用无线充电方式，无机械连接部件，避免使用过程中反复插拔导致的机械磨损，系统更可靠、耐用。同时，系统采用全封闭设计，可在全天候及各种恶劣环境下使用；可实现即停即充功能，无需插拔充电枪，提升充电便利性。

纵目科技的新能源车无线充电系统还拥有异物检测、活体保护功能，在提供优质充电服务的同时，保证充电安全。此外，整套无线充电系统配合 ADAS APA/AVP 泊车功能，可自动寻找停车位进行充电。纵目科技还在持续研发 22kW 无线充电系统，以满足乘用车以及商用车的更大充电功率需求。

1～3kW 系统主要应用于无人配送车、无人零售车等场景，赋能特定场景的无人驾驶应用，实现智能无感充电。该系统可根据客户车辆应用场景、电池电量和泊车精度等进行定制化设计和开发，支持 24～115V 电压输出，充电效率可达 90% 以上（见图 2）。

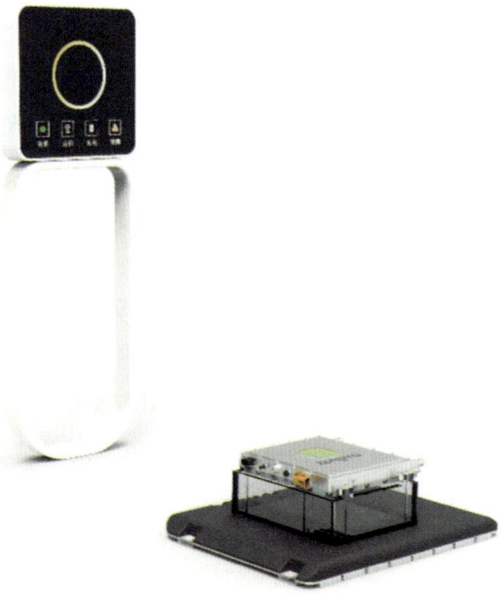

图 1　纵目科技 11kW 无线充电系统

图 2　纵目科技 1～3kW 无线充电系统

5. Amphiman 行泊一体系统

纵目科技不仅在泊车领域持续深耕，在行车领域也是高歌猛进。纵目科技将行泊一体分为了三个架构。行泊一体 1.0 的架构为满足成本降低需求，仅把行车子系统和泊车子系统融合至一个域控制器里。行泊一体 2.0 架构，传感器不再区分行车、泊车，而是深度复用，芯片计算资源完全共享，在这个基础上实现行泊功能。深度融合的 2.0 架构将会充分激发系统的潜力，成为一到两年内行泊一体系统的最优选择。行泊一体 3.0 架构，面向大算力平台，完全由软件框架拉通各个场景，场景驱动，架构统一。

2022 年 7 月，纵目科技正式对外发布 Amphiman 行泊一体系统，并主要发布了 3 个系列产品：Amphiman 3000 系列、Amphiman 5000 系列和 Amphiman 8000 系列，每个系列包含多个产品组合。Amphiman 3000 系列产品行车方面可以支持 ICA、TJA-Pro 等 17 个高速 ADAS 功能；泊车方面可以支持辅助泊车、虚拟场景重建等 Drop'nGo®Lite GenⅡ 的各项功能。Amphiman 5000 系列产品在行车方面可以支持自动上下匝道、主动变道超车等高速 NGP 功能；泊车方面可以支持记忆建图、一键泊车、智能召唤、远程监控等 Drop'nGo®GenⅡ 的各项功能。Amphiman 8000 系列的传感器配置 5R、11+V、12U，支持搭载地平线征程 5 或者高通的 Snapdragon Ride 芯片，软件架构平台将会升级到行泊一体 3.0；系统功能层面可以支持到 L2.9 的全场景。该平台预计会在 2024 年第四季度对外发布。

纵目科技未来将在自动驾驶领域持续发力，“持续领跑智能泊车，深度优化行泊一体”，与合作伙伴携手，把真正对消费者有价值的产品推向市场。

惯性测量单元 VS 惯性导航系统

上海丙寅电子有限公司
作者：朱捷

在亟需惯性导航和测量的多个场景下，面对各种各样的惯性导航和测量解决方案，你是不是正为怎么选配产品而苦恼？这里，我们专门咨询了 Honeywell HGuide 工程师团队，并为大家总结了以下这份参考指南，用我们在惯性导航系统设计方面的百年经验，助你更好地实践创新（见图 1）。

词 汇

GNSS (Global Navigation Satellite System)：
全球导航卫星系统
IMU (Inertial Measurement Unit)：
惯性测量单元
INS (Inertial Navigation System)：
惯性导航系统

图 1　参考指南

根据不同的情况和需求选择不同的解决方案，见图 2。绝对位置、集成度、传感器融合软件和惯性的导航系统剖析见图 3 ~ 图 6。

图 2　解决方案

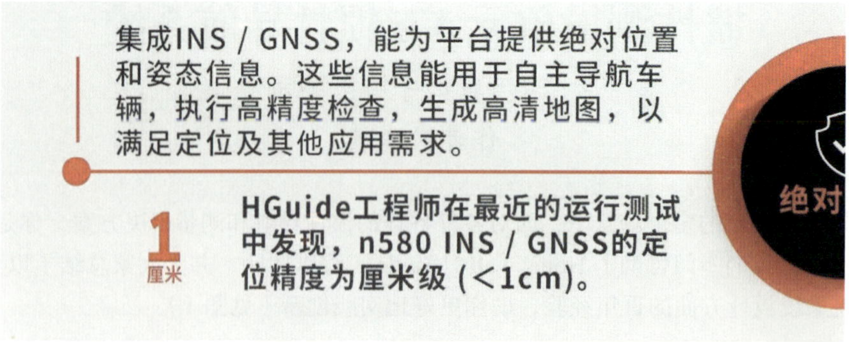

a)

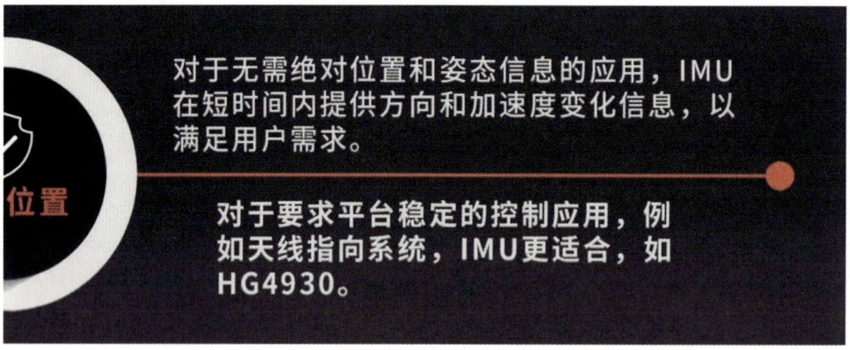

b)

图 3　绝对位置

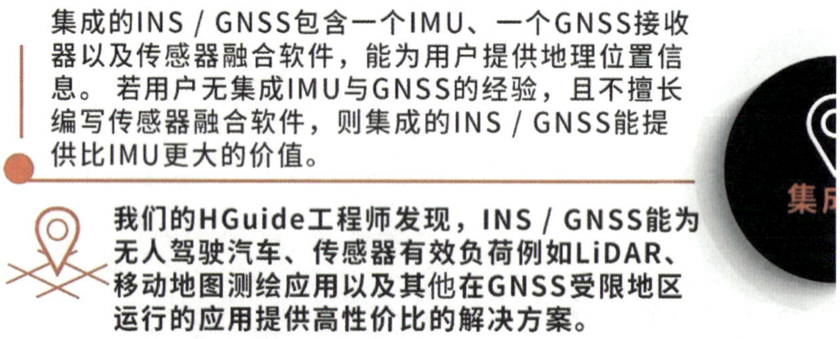

a)

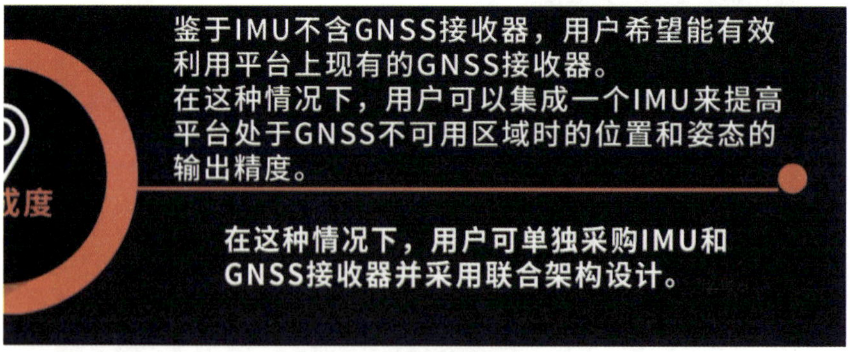

b)

图 4　集成度

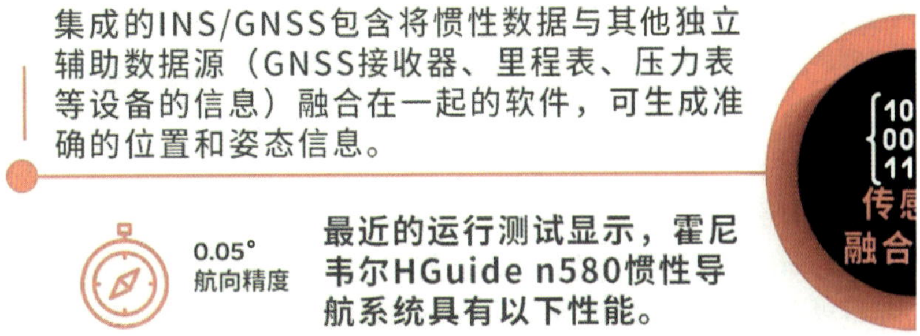

a)

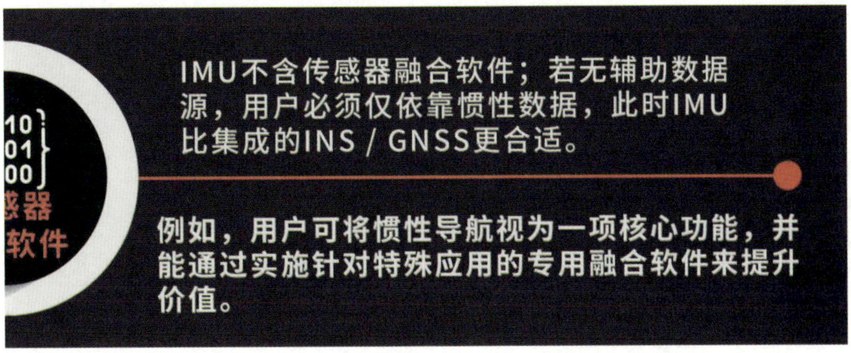

b)

图 5　传感器融合软件

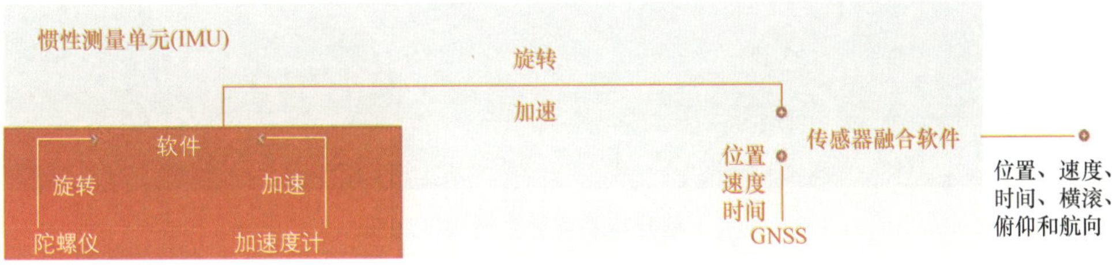

图 6　惯性的导航系统剖析

惯性导航系统最早由 Sperry Flight Instruments（现已并入霍尼韦尔）于 20 世纪 20 年代开发。霍尼韦尔的 HGuide n580 惯性导航系统经过多项极端条件下的性能测试，如在铸铁煎锅中油炸、使用喷灯在远超其额定工作温度范围下烘烤等，均证明其能在各种条件下确保卓越可靠性（见图 7）。

图 7　HGuide n580

蘑菇车联“车路云一体化”自动驾驶解决方案及落地案例

蘑菇车联信息科技有限公司

1. 基础信息

蘑菇车联信息科技有限公司（简称公司）成立于 2017 年，是国内领先的自动驾驶全栈技术与运营服务提供商。公司拥有全栈自研的“车路云一体化”自动驾驶方案，具备建设新型道路基础设施、构建城市数字底座的技术能力和城市级大规模自动驾驶公共服务车队运营能力（见图 1）。

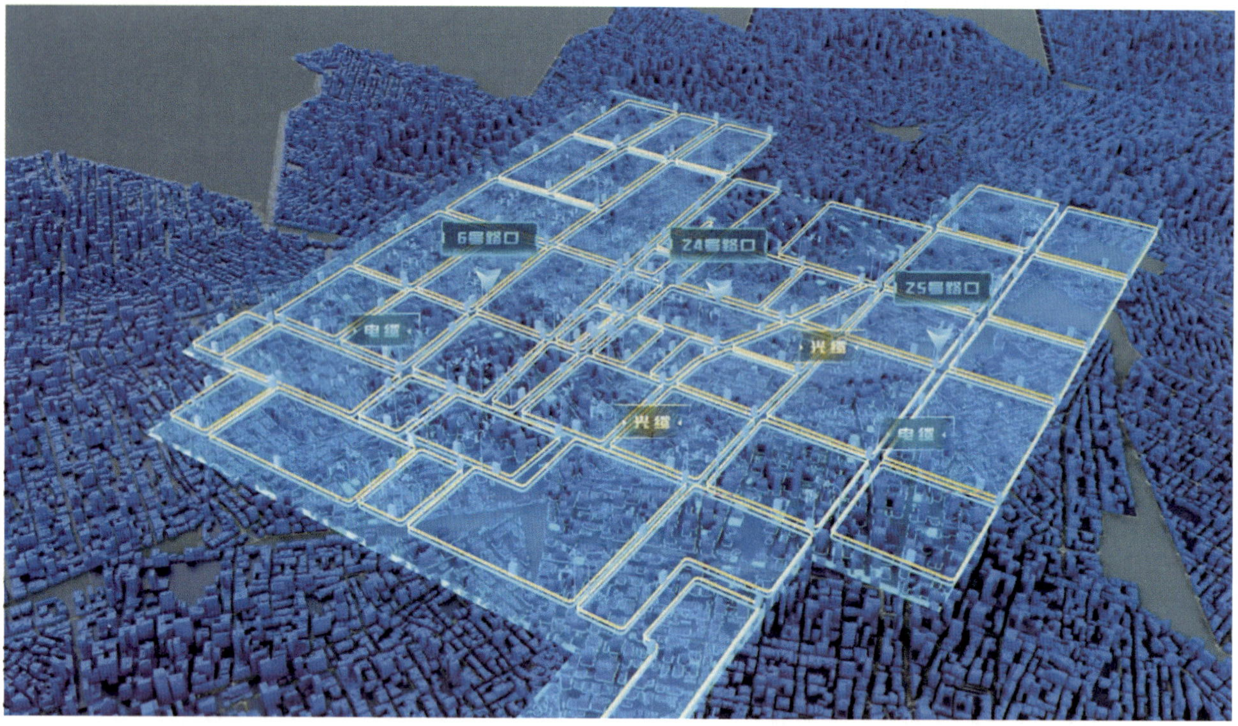

图 1　蘑菇车联智慧交通数字底座

公司在北京顺义落地了国内第一个开放式 5G 商用智慧交通车路协同项目，在湖南衡阳打造了国内首个城市级自动驾驶落地项目，在云南大理建设了全国首个车路协同自动驾驶智慧景区，在四川天府新区建设了以车路云一体化自动驾驶为核心的智能网联综合应用示范项目，与江苏无锡梁溪区共建城市级智能网联创新应用标杆项目，与北京通州开展自动驾驶领域全方位合作，与湖北鄂州共同打造“车路云一体化”自动驾驶智慧交通项目，在湖北鄂州开展“车路云一体化”自动驾驶智慧交通项目，并成为中国第一个独家服务世界级综合体育赛事的自动驾驶企业。

公司在公交车、接驳车、出租车、环卫车、巡逻车、牵引车、物流车、配送车等车型上实现了 L4 自动驾驶（见图 2），并应用于城市开放道路、园区、景区、港口、机场等场景。截至目前，蘑菇车联“车路云一体化”自动驾驶项目签约金额已突破 100 亿元，在北京、湖南、河南、云南、四川、江苏、湖北等落地。

2. 核心优势

（1）技术先行，首提“车路云一体化”

蘑菇车联是业内最早选择“单车智能 + 车路协同”技术路线的自动驾驶公司之一，并自主研发全球首个“车路云一体化”自动驾驶系统，掌握整套核心技术，关键软、硬件全部自研。该系统基于“单车智能 + 车路协同”双重冗余方案，突破“单车智能”技术瓶颈，大幅提升自动驾驶安全性和可靠性，获科技部“国际先进水平”评价。

图 2 蘑菇车联自动驾驶车队

2019 年 10 月，公司落地国内第一个开放式 5G 商用智慧交通车路协同项目；2020 年 6 月，实现暴雨、夜晚等极端天气下安全自动驾驶，系统级方案的可行性得到验证；2021 年 4 月，发布“车路云一体化”系统 2.0；2022 年，蘑菇车联“车路云一体化”系统 2.0 在湖南衡阳落地，这是国内首个城市级自动驾驶项目。

2022 年 9 月，公司发布全球首款搭载“车路云一体化”系统的自动驾驶前装量产客车，为多地自动驾驶项目规模化落地运营形成有力支撑。MOGO BUS 是全球第一辆支持“车路云一体化”系统的自动驾驶客车，具备强大的车路协同功能；是首款搭载自动驾驶汽车大脑的前装量产客车，该大脑是全球第一款真正意义上以实现自动驾驶功能为核心的汽车大脑，具有高集成度、软硬件一体化、算力全球最高等特点。MOGO BUS 已实现前装量产，支持合法上路，规模化商业运营在即。

（2）全栈自动驾驶头部企业，核心软硬件全部自研

公司具备“单车智能 + 车路协同”全栈方案相关核心软硬件自研能力，自研自动驾驶车载基础算法平台、自动驾驶域控制器（ADCU）、高精定位、车载通信单元（OBU）、实时差分定位（RTK）、车联网（5G-V2X）通信等智能网联核心技术产品等，保障自动驾驶规模化落地可控性和可靠性；车路云一体化自动驾驶系统具有很高的算法壁垒，需具备车端、路侧和云端核心 AI 算法及大规模数据实时处理能力（高通量、低延时），公司是业内具有相关算法能力的企业之一。

1）L4 单车自动驾驶技术：自主设计研发核心硬件和 Mogo AutoPilot 系统，包含车路协同模块；采用融合感知算法，达到行业顶尖标准。系统已进行不同车型适配，支持城市级大规模、多场景自动驾驶运营服务（见图 3）。

2）城市级数字底座：具备城市级“智慧道路 +AI 云平台”建设能力，深化践行车路协同技术路线，为城市构建数字底座。通过自研全球领先的车路协同技术对道路进行智能化升级，建设智能路侧操作系统，可满足 L4 以上自动驾驶需求（见图 4）。

3）智慧交通 AI 云平台：自主研发智慧交通 AI 云平台，具有计算规模大、低时延、高可靠、通用性、可扩展性强等特点，月均 PB 级数据处理，支持百万终端高频并发处理，应用层全链路时延小于 100ms。在“车路云一体化”系统覆盖下，AI 云可为城市管理者提供有效的管理调度平台，并向所有交通参与者提供车道级实时交通信息服务（见图 5）。

图 3　蘑菇车联自动驾驶车辆

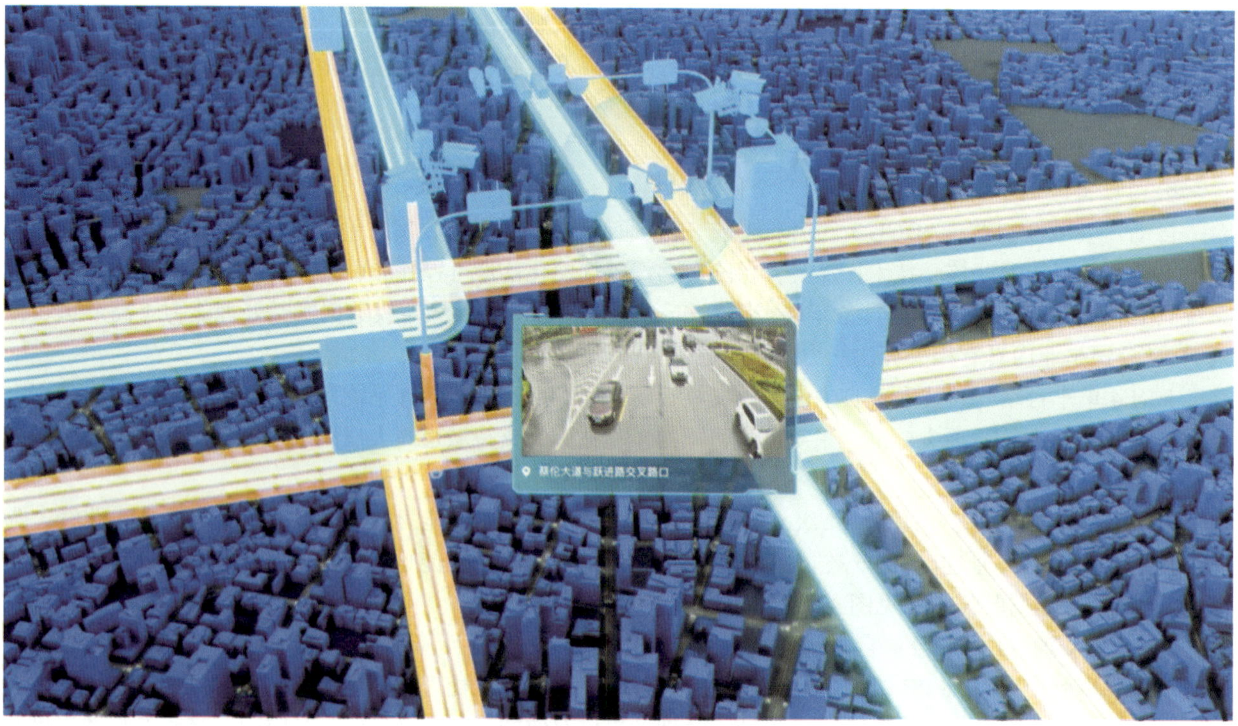

图 4　蘑菇车联城市十字路口数字底座

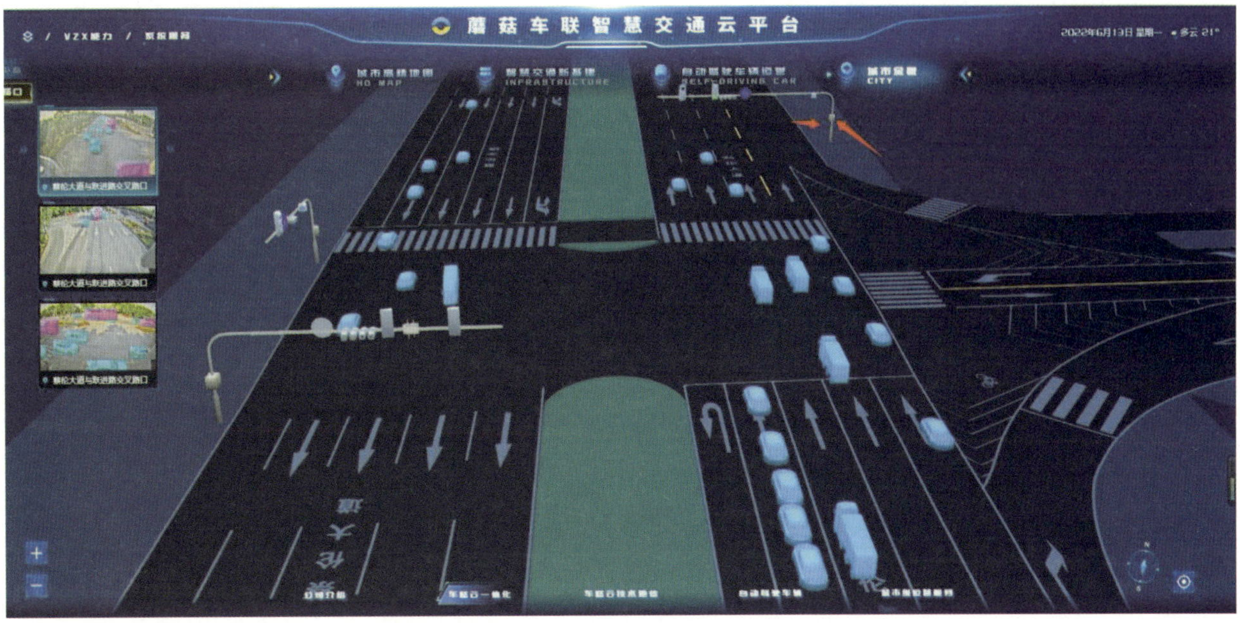

图 5　蘑菇车联智慧交通云平台

（3）率先在城市级自动驾驶领域实现大规模项目落地

公司拥有城市级大规模自动驾驶公共服务车队运营能力，从城市公共服务领域入手，以“降本增效”为核心驱动，推动传统产业升级，创造全新商业价值。长线看，相关技术和产生的数据还能反哺城市数字化建设，在“车路云一体化”系统覆盖下，AI 云平台具备向所有交通参与者提供新型交通数据服务的能力，为城市积累数字资产，加速数字经济发展。

公司率先在城市级自动驾驶领域实现大规模项目落地，签约金额突破 100 亿元。2019 年 10 月，公司在北京顺义落地国内第一个开放式 5G 商用智慧交通车路协同项目；2020 年，与苏州高铁新城达成合作，进一步锁定城市场景；2021 年 3 月，与湖南省衡阳市政府达成合作，落地国内第一个城市级自动驾驶项目，集合城市交通新基建、自动驾驶运营服务和城市智慧交通大脑，项目金额约 5 亿元；2021 年 9 月，与河南鹤壁市签署智慧交通合作协议，项目金额约 3 亿元；2022 年 1 月，与云南大理市签订合作协议，打造西南首个智能网联 + 智慧旅游生态示范区，项目金额 10 亿元；2022 年 7 月，与四川天府新区达成 30 亿元战略合作，建设以“车路云一体化”自动驾驶为核心的智能网联综合应用示范项目；2022 年 8 月 18 日，与无锡市梁溪区达成战略合作，共创智慧交通建设和运营新模式，项目金额 20 亿元；2022 年 8 月 22 日，与北京市通州达成自动驾驶全方位合作，为首都副中心构建城市级智慧交通大脑，提高社会治理水平，形成智慧交通数字底座，项目金额 16 亿元；2022 年 11 月，与湖北鄂州签订“车路云一体化”自动驾驶智慧及交通战略合作，项目金额 11.14 亿元。

公司城市级项目落地速度与规模都排名行业最前列。2022 年，蘑菇车联“车路云一体化”自动驾驶项目已在北京、湖南、河南、云南、四川、江苏、湖北等落地，并拥有目前国内已投入运营种类最为齐全的自动驾驶车队之一，积累行业最丰富的自动驾驶运营场景，拥有突出的先发优势（见图 6）。

（4）形成车路云一体化核心技术和运营生态

公司已与中国移动、中国电信、中国建筑、北控集团等重点央企、国企，清华大学、复旦大学等重点高校，东风、上汽、比亚迪等车企形成产业生态圈，首创城市级“车路云一体化”系统一揽子落地方案，实现车路云一体化系统高速稳健落地和商业化运营。

3. 落地案例

（1）北京通州——与首都副中心开展自动驾驶领域全方位合作

2022 年 8 月 22 日，北京市通州区人民政府与蘑菇车联信息科技有限公司（简称蘑菇车联）签署战略合作协议，双方将在数字经济、智能网联、智慧交通、车路云一体化等方面展开全方位合作，为首都副中心构

图 6　蘑菇车联智能运营中心

建城市级智慧交通大脑，提高社会治理水平，形成智慧交通数字底座，打造“数字通州”。

此次签订的项目总金额约 16 亿元，覆盖面积 40km^2，涵盖通州行政办公区、文化旅游区、张家湾设计小镇、运河商务区等主要区域道路的智能化改造升级、自动驾驶商业化运营、构建城市级智慧交通大脑等。双方将依托北京高级别自动驾驶示范区 3.0 标准体系，建设北京副中心以车路云一体化自动驾驶为核心的智慧交通系统，打造符合车路协同自动驾驶运营条件的智能网联道路，形成城市级智慧交通数字底座（见图 7）。

图 7　北京市通州区人民政府与蘑菇车联信息科技有限公司战略合作签约仪式

（2）四川天府新区——与国家级高新区共建智能网联产业高地

2022 年 7 月 26 日，蘑菇车联与四川天府新区达成战略合作。双方将在自动驾驶、车路协同、AI 云等领域展开充分合作，在四川天府新区建设智能网联综合应用示范项目，构建智能网联汽车产业生态高地。

项目总金额约 30 亿元，拟建设以“车路云一体化”自动驾驶为核心的智能网联综合应用示范项目。一期建设内容包含车路协同、智慧交通 AI 云平台、自动驾驶系统等新型基础设施。建设完成后，蘑菇车联还将提供多场景、规模化的自动驾驶城市公共服务。项目有望在四川天府新区打造全国领先的自动驾驶、智能网联产业高地和数字经济新标杆（见图 8）。

图 8　四川天府新区与蘑菇车联信息科技有限公司战略合作签约仪式

（3）湖南衡阳——国内首个城市级自动驾驶落地项目

2021 年 3 月，蘑菇车联与湖南省衡阳市政府达成战略合作，以衡州大道、蔡伦大道为主体辐射周边，建设新型道路基础设施，大规模落地并商业化运营自动驾驶在城市公交、清扫巡逻等公共出行和公共服务场景中的应用。地处三湘大地、交通枢纽的衡阳市，依托蘑菇车联“车路云一体化”自动驾驶解决方案，打造新一代智慧交通体系，推动城市公共服务领域降本增效，满足市民便捷、高效、低碳的出行需求，构建智能网联汽车产业生态高地，成为引领全国智慧交通发展的“衡阳模式”（见图 9、图 10）。

图 9　蘑菇车联自动驾驶出租车队

图 10　蘑菇车联自动驾驶公交车队

衡阳智慧交通项目总金额约 5 亿元。蘑菇车联通过车辆智能化、道路智能化和 AI 云，构建各类智慧交通服务。在衡阳市政府的大力支持下，蘑菇车联秉持高科技服务民生的行动理念，构建适用于衡阳城市道路交通特点的智慧交通管理和服务体系，涵盖 Robo Taxi、Robo Bus、自动驾驶环卫车、自动驾驶巡逻车、自动驾驶园区车等城市公共出行和公共服务场景，让自动驾驶大规模融入生产、走入生活，用更高效、安全、环保的出行体验，切实提升衡阳市民的生活幸福感（见图 11、图 12）。

基于此次战略合作，蘑菇车联针对衡阳主干交通要道开展道路智能化和车路协同智能网联化升级，目前一期工程已落地，并实现多种自动驾驶公共服务车辆的试运行（见图 13）。

图 11　蘑菇车联自动驾驶出租车为衡阳市民提供服务

图 12　蘑菇车联自动驾驶公交车为衡阳市民提供服务

图 13　蘑菇车联“车路云一体化”路侧智能设备

与以往的自动驾驶测试项目不同，衡阳项目的复杂性远超其他。衡阳是中国中南部重要的交通枢纽，多条重要公路、铁路干线在此交汇。项目覆盖城市主干道，穿越市中心，并涉及隧道、立交桥、无标线的乡村道路等实际复杂路况。蘑菇车联为衡阳提供一套“城市交通大脑”，用于实时监控规划和全局调度，高效匹配用户的出行需求，大幅度降低交通事故和交通拥堵出现的概率。

2022 年 1 月 12 日，中国工业经济联合会会长、工业和信息化部原部长李毅中，中国工程院院士、国家智能网联汽车创新中心首席科学家李克强等一行调研蘑菇车联位于衡阳的“车路云一体化”项目，观摩体验蘑菇车联的车路协同系统与 AI 云平台，并乘坐蘑菇车联自动驾驶车辆。

李毅中指出，衡阳多年来加强新型道路基础设施建设，实现车辆智能和城市交通云建设，或将成为全国首个拥有城市级自动驾驶服务的城市，形成城市级交通数字底座。李克强院士表示，在智能网联汽车的智能、网联融合应用以及城市级规模化示范应用方面，衡阳已经有了很好的开头。

（4）湖北鄂州——共同开展“车路云一体化”自动驾驶智慧交通项目

2022 年 11 月 22 日，湖北省鄂州市临空经济区与蘑菇车联信息科技有限公司签署战略合作协议。

根据协议，项目总金额约 11.14 亿元，建设内容涵盖车路协同智慧道路、多场景自动驾驶车辆运营和城市交通数字底座。其中，道路建设范围涵盖鄂州市临空经济区主干次路，道路智能化改造升级后，蘑菇车联将在城市公共服务和出行服务领域开展自动驾驶商业化运营（见图 14）。

图 14　湖北省鄂州市临空经济区与蘑菇车联信息科技有限公司签约仪式

（5）云南大理——全国首个车路协同自动驾驶智慧景区

2022 年 1 月，蘑菇车联与大理市人民政府签订战略合作协议，共同建设环洱海自动驾驶生态旅游示范区。蘑菇车联将对环洱海生态廊道全路段（136km）进行智能网联及车路协同新型基础设施升级与建设，并在建设期内陆续投放自动驾驶游客观光车、接驳车、垃圾环卫车、巡逻车等，打造包含道路信息感知、车路信息交互、路云信息传输等功能的“车路云一体化”系统。

项目金额 10 亿元，计划将环洱海自动驾驶生态旅游示范区打造成西南地区首个“智能网联 + 智慧旅游”生态示范区（见图 15 ~ 图 17）。

图 15　蘑菇车联自动驾驶车队在大理

图 16　蘑菇车联自动驾驶接驳车在大理

图 17　蘑菇车联小程序 Mogopilot+ 叫车体验

（6）无锡市梁溪区——共建城市级智能网联创新应用标杆项目

2022 年 8 月 18 日，无锡市梁溪区人民政府与蘑菇车联签署战略合作协议。双方将在无锡市梁溪区就智能网联汽车应用开展合作，围绕“车路云一体化”共同打造城市级智能网联创新应用标杆项目，共创智慧交通建设和运营新模式，形成技术、产业与应用协同并进的智能网联产业发展高地。

该项目总金额约 20 亿元。项目建设内容包括梁溪区全域道路智能网联化升级、打造数字孪生城市交通底座、建设自动驾驶运营中心等。基础设施建成后，蘑菇车联将规模化运营自动驾驶车辆，包括自动驾驶网约车、巡逻车、环卫车、接驳车、配送车等，实现高效、绿色、便捷的智慧出行，为城市公共服务及社会治理降本增效、提质增速（见图 18）。

图 18　无锡市梁溪区人民政府与蘑菇车联信息科技有限公司车路云一体化智能网联项目签约仪式

（7）多场景落地自动驾驶公共服务车队

1）牵手成都大运会，自动驾驶车队服务世界级赛事。2022 年 3 月，蘑菇车联正式成为第 31 届世界大学生夏季运动会自动驾驶官方独家供应商。这是大运会首次采用自动驾驶类产品和服务，也是中国自动驾驶企业首度独家服务世界级综合体育赛事（见图 19）。

2）驶入清华大学、北京前门大街、城市街头，多场景服务城市。此前，公司自动驾驶环卫车已在清华大学校园和北京前门落地作业，提供高效率、低成本的环卫服务（见图 20）。

3）公司已与湖南省衡阳市公安局签订长期战略合作协议，在人工智能、警用巡逻机器人研发与应用等方面进行深度合作，将自动驾驶技术、智慧交通系统与警务防控相结合，实现室外全天候自动巡逻，提高见警率，提升人民群众安全感、获得感、幸福感（见图 21）。

图 19 蘑菇车联自动驾驶车队独家服务世界级赛事

图 20 蘑菇车联提供环卫服务

图 21　蘑菇车联推进警用巡逻机器人实战应用

高精地图与定位解决方案，加速赋能自动驾驶领域规模化应用

北京迪路科技有限公司
作者：朱全文

北京迪路科技有限公司成立于 2017 年，是一家专注于高精地图的国家高新技术企业。公司深耕 SLAM/ 深度学习 / 三维大数据 / 云计算等技术，以高效三维数据处理能力为核心，面向自动驾驶高精地图以及更广泛的三维数字化领域，提供制图工具链 / 三维数据云平台 / 厘米级高精定位等全面赋能服务。

公司创始人来自 MIT 自动驾驶实验室，团队成员来自 MIT/ 东京大学 / 武汉大学等知名学府，具备测绘、人工智能、大数据专业技术和行业经验。公司经历 5 年积累，在业内收获了广泛的用户群体和扎实的用户口碑，自动驾驶高精地图领域服务客户 100+，赋能建图超 30 万 km；三维数据云平台用户数万人，服务于测绘 / 交通 / 文旅 / 能源 / 教育 / 水利 / 林业 / 安防等领域。

1. 高精地图解决方案

（1）产品介绍

高精地图是自动驾驶不可缺少的基础设施，为自动驾驶提供定位、感知、决策、控制的数据支撑。迪路科技利用 SLAM、深度学习、多传感器数据融合等技术，形成从采集、制图到更新的全流程解决方案，具有“开放赋能”“高效制图”“可靠质量”等优势，赋能自动驾驶企业拥有自主可控的建图能力，实现地图的快速创建，轻松更新，高效扩展。

（2）产品亮点

1）全流程工具。采集解算→数据预处理→制图质检→编译应用→地图更新。

2）高效制图。自动化分类建模、属性填充、地图质检，保障高效生产。

3）可靠质量。完备的精度验证，要素几何、拓扑、逻辑检查，保障地图质量。

4）放开赋能。开放工具、规格、工艺，支持自定义扩展，赋予自主建图能力。

（3）方案详细介绍

1）全流程工具：

① 数据预处理。

② 精度优化：利用控制点数据、多传感器数据，通过 SLAM 技术对点云进行精度优化，精度可达 10cm，并且提供多维度精度报告（见图 1、图 2）。

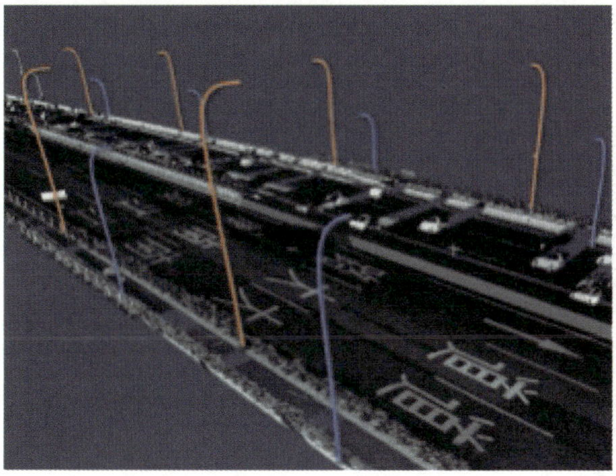

图 1　优化前（路灯杆有重影）

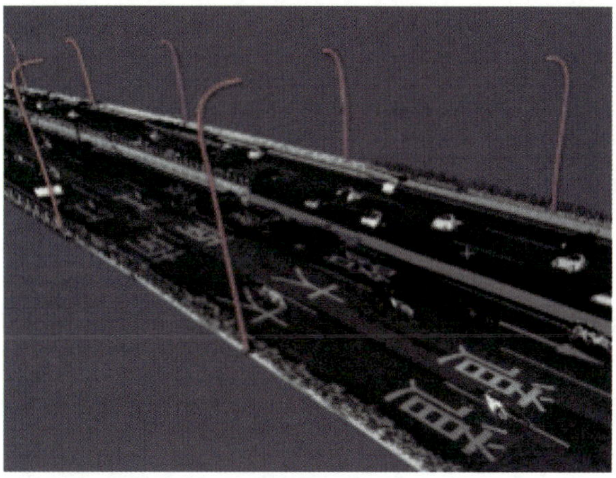

图 2　优化后（消除重影）

③ 自动分类：支持海量点云数据的自动识别分类。对车道线、杆、牌、道路标记等 20 多类目标进行自动识别，正确率达到 90% 以上（见图 3）。

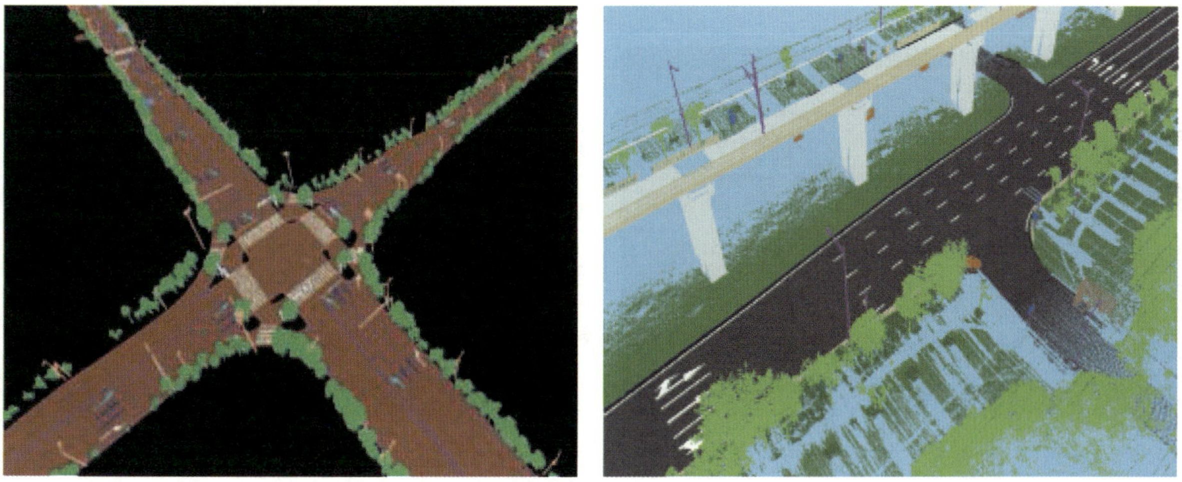

图 3　自动化分类成果

④ 自动建模：对车道线、杆、牌、道路标记等 20 多类进行自动矢量化建模，误差小于 2cm（见图 4）。

2）高效制图：

① 矢量编辑：拥有要素绘制、编辑折点、合并、打断、捕捉等编辑功能，满足高精地图制图需求（见图 5、图 6）。

图 4　自动建模成果

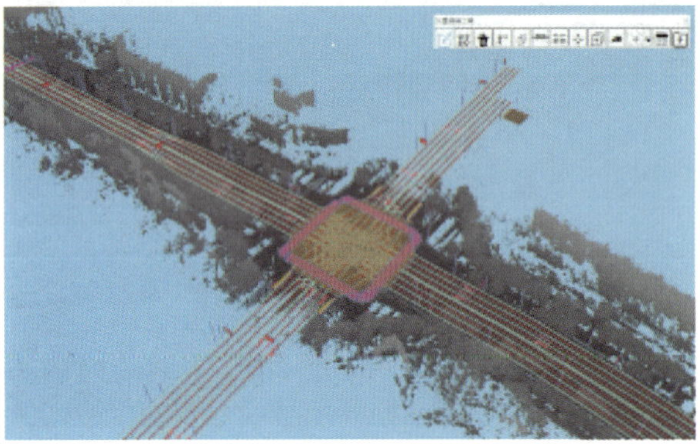

图 5　制图成果

图 6　制图操作界面

② 智能处理：包括自动生成路口虚拟车道线、自动修复错误、自动关联对象、自动填充属性等，提高高精地图制图效率（见图 7、图 8）。

图 7　自动生成（路口虚拟车道线）

图 8　自动关联（红绿灯—车道线）

3）可靠质量：支持对要素几何、拓扑、精度、逻辑等质检。覆盖 300 多个质检项，充分保障高精地图的质量要求。

4）放开赋能：

① 编译：支持 OpenDRIVE 和 Apollo 等地图格式编译（见图 9、图 10）。

② 高精地图 API：支持车道级路径规划和车辆周边地图查询，响应速度可达 2ms（见图 11、图 12）。

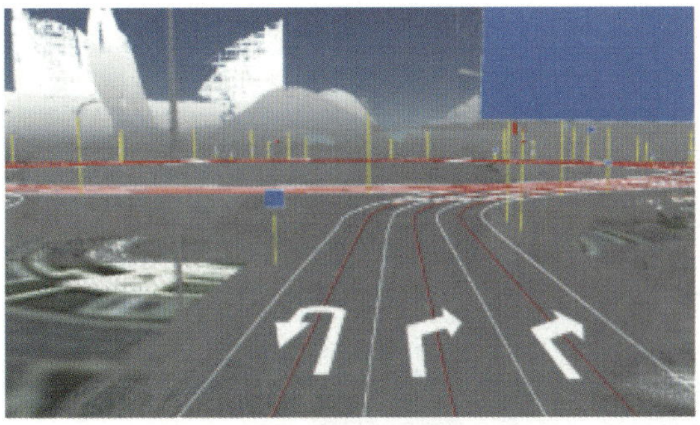

图 9　编译成果

图 10　仿真成果

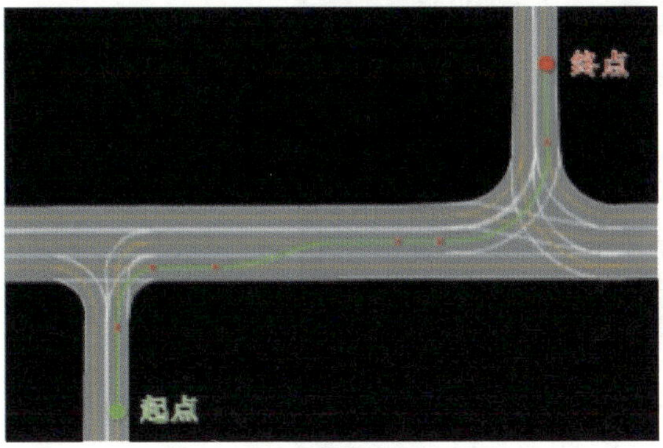

图 11　车道级路径规划

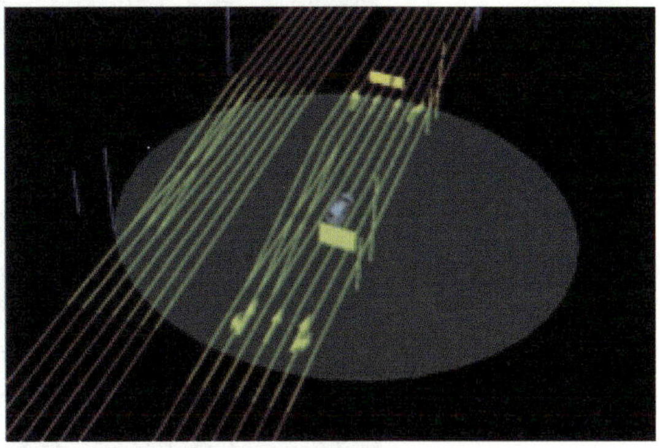

图 12　车辆周边地图查询

2. 高精定位解决方案

（1）产品介绍

时刻保持厘米级的定位是自动驾驶汽车安全行驶的重要保障，迪路科技利用高精地图匹配定位和多传感器融合定位技术，可实现基于消费级摄像头、GNSS、IMU 等传感器的全场景厘米级定位，具有“高精度”“高可靠性”“低成本”等特点，助力自动驾驶汽车产业发展。

（2）产品亮点

1）高精度：定位精度可达横向精度 10cm 、纵向精度 20cm、航向角 0.2°（见图 13、图 14）。

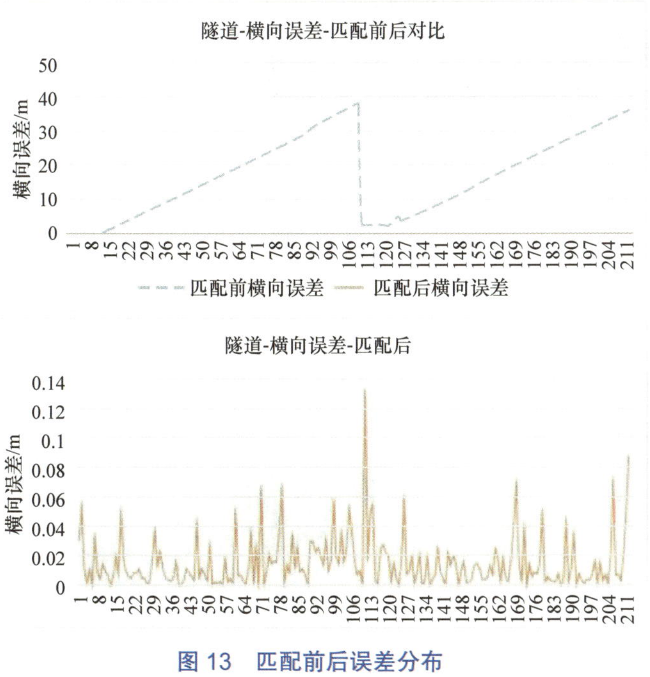

图 13　匹配前后误差分布

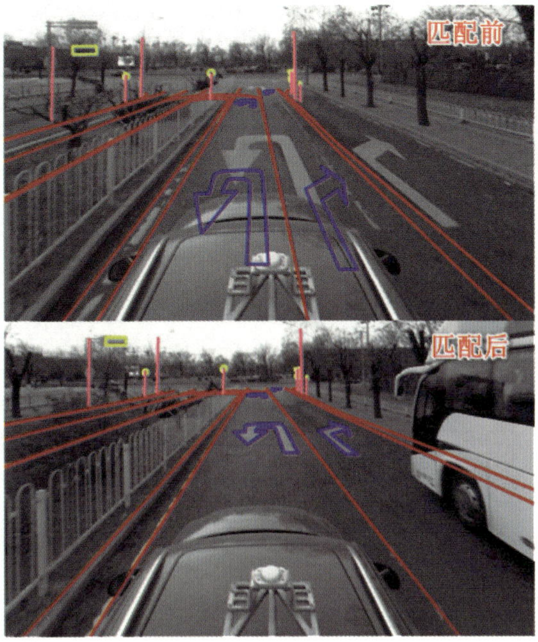

图 14　匹配前后投影效果

2）高可靠性：满足高速、园区、港口、矿山等各类自动驾驶场景定位需求（见图 15）。

图 15　覆盖场景（一）

在隧道、地下停车场、城区、高架等弱 GPS 信号的环境下也能实现厘米级定位（见图 16）。

图 16　覆盖场景（二）

3）支持低成本硬件：支持消费级可量产的摄像头、GPS、IMU 等硬件，整体硬件成本可控制在千元级（见图 17）。

图 17　低成本硬件

华砺智行车路协同产品与解决方案

华砺智行科技有限公司
作者：任学锋

华砺智行科技有限公司是全球领先的车路协同解决方案提供商，致力于为智能网联汽车、智慧交通行业提供车路协同产品及解决方案。公司在北美拥有十多年的研发积累并在中国实现产品本地化，在全球近 50 座城市持续落地车路协同商业订单。车路协同解决方案主要应用于智能网联城市道路、智能网联高速、智能网联测试场、智能网联智慧园区等领域。

1. 解决方案

（1）智能网联城市道路

深度融合路侧视频、雷达、气象等传感器的感知数据，通过交通优化算法，生成并执行智能优化策略，实现城市道路智能化、网联化（见图 1）。解决痛点：交通事故频发，交通效率低下，交通监管难，双控政策收紧。

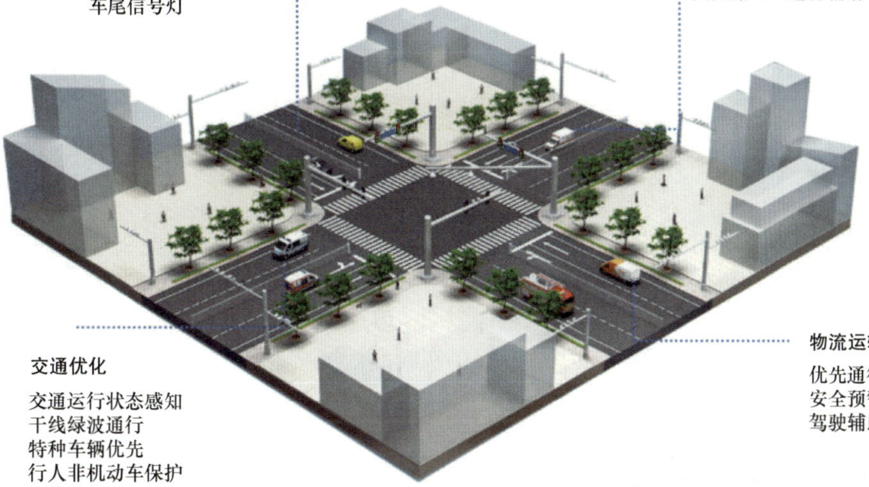

图 1 智能网联城市道路解决方案

（2）智能网联高速

基于相关国家规范，实现高速场景下车 - 路 - 云信息的交互，提升道路通行安全，提高交通路网通行效率。赋能高速公路准全天候通行，使其运维更高效、服务更智能。解决痛点：恶劣天气、危险路段影响，通行安全，交通拥堵影响通行效率，道路管理、养护难度大，偷逃费稽核难度大。

（3）智能网联测试场

基于智能网联相关国家测试规范，提供从道路规划、场景用例、交通信号灯控制系统、交通流检测及监控系统、V2X 路侧单元硬件设备、智能交通平台、配置调试等全栈式服务。解决痛点：安全性不足、管理手段少、建设成本高。

（4）智能网联智慧园区

基于车路协同技术，实现交通要素全数字化融合，通过分析及统一调度，提升运营效率和园区安全。实现无人驾驶大规模、无缝化、安全、高效地在封闭场所运营落地。解决痛点：运营成本高、交通效率低、交通事故频发。

公司以 V2X 车联网无线通信、协议栈、交通智能算法为核心技术，为智能网联汽车、智慧交通提供完整车路协同解决方案；构建 V2X 生态智能系统，提供智慧出行服务；为汽车厂商、汽车零部件供应商、系统集成商、智慧城市运营商及政府提供软硬件整体解决方案。

2. 主要产品

（1）5G 智能车载终端

5G 智能车载终端提供丰富的交通效率及安全等服务。产品基于自研的 V2X 协议栈，具有辅助驾驶、远程查询、车路协同、平台接入等能力，满足用户安装及试验快速开发验证需求。车辆装载该设备后，可与其他车辆、行人、路侧设备（交通信号灯、电子信息板等）交互通信，为驾驶员提供实时交通信息和预警信息（见图 2），从而保障行驶的主动安全，为出行效率和交通安全的提升提供支撑。其具有以下特点：

1）全自研技术，自主可控：基于自研 C-V2X 协议栈及算法，可提供 ADAS 高级辅助驾驶、车路协同服务。

2）支持 3G/4G/5G 全网通信：兼容 3G/4G/5G 通信，支持联通、电信、移动等全网通信业务。

3）提供车道级精准定位服务：双频 RTK 设计，支持厘米级高精度定位，可提供车道级精准定位服务。

4）支持 IMU 惯导功能（选配）：在无 GNSS 场景（如隧道、地库等），通过惯导算法仍能保证设备的定位。

5）提供高性能国密安全方案：内置 HSM 硬件模块，支持国密，支持高并发加密、签名、验签等服务。

6）支持车载以太网通信（选配）：可满足车联网海量数据的传输和处理，用于合理规划和利用传输通道资源。

7）支持快速对接各类 HMI ：支持 WiFi/ 蓝牙与安卓 App 通信，快速对接各类平板 / 中控屏 /HUD/ 流媒体后视镜等。

8）支持设备远程控制和维护：提供 DMS 设备管理平台，支持设备本地及远程配置和管理，可实时更新、维护。

（2）5G 智能路侧终端

5G 智能路侧设备提供实时高效的交通效率及安全等服务。产品基于自研的 V2X 协议栈，具有感知融合、车路协同、数据智能、平台接入等能力，可接收交通信号机 / 边缘计算器 / 云平台下发的路况信息，并实时动态播报给通行车辆（见图 3），降低规避交通事故，提供实时高效的交通效率及安全等服务。

图 2　5G 智能车载终端

图 3　5G 智能路侧终端

（3）MEC 边缘计算单元

HUALI IIEE 系列 MEC 边缘计算单元产品可部署在路口或区域，与信号机、交通情报板、路侧感知设备对接，进行交通信号机数据采集和智能控制，进行多维数据异常监测，同时可作为 NTP 授时源，提供统一时钟同步基准。

在路口部署路口边缘云，可支持 RSU、视频感知、激光雷达、毫米波雷达等多设备接入，具有低延时、大带宽的高性能通信能力，聚焦实时、短周期数据分析，支持路口级人、车、路协同业务，解决端到端设备管理、态势感知、单路口交通信号自适应控制等问题。可快速完成特种车信号优先、行人安全预警等安全、效率与信息应用的实施。在区域部署中心边缘云，可支持海量数据的处理与存储，聚焦实时与非实时、中短期周期数据分析，可快速完成绿波走廊、车辆动态路径规划等应用实施与验证。通过多路口业务联动的分布式信号控制，可解决大面积交通效率难题。

（4）运营支撑平台

运营支撑平台是华砺智行专为智能网联设备的物联网应用而开发的一款云端综合性开放平台软件，可接入 V2X 及各类路侧感知设备，支持设备数据传输、采集、存储、配置和维度管理，并进行数据的多形式、多维度展示和复合利用，集成了智能网联设备的云端集中接入、远程监控、维护管理、数据安全通信和应用等能力于一体。

平台结合自研 MEC 软件，可采集各种路侧终端数据和智能网联数据（见图 4），实现感知设备的实时动态维护和管理，实现智能网联数据的展示、分析和应用。

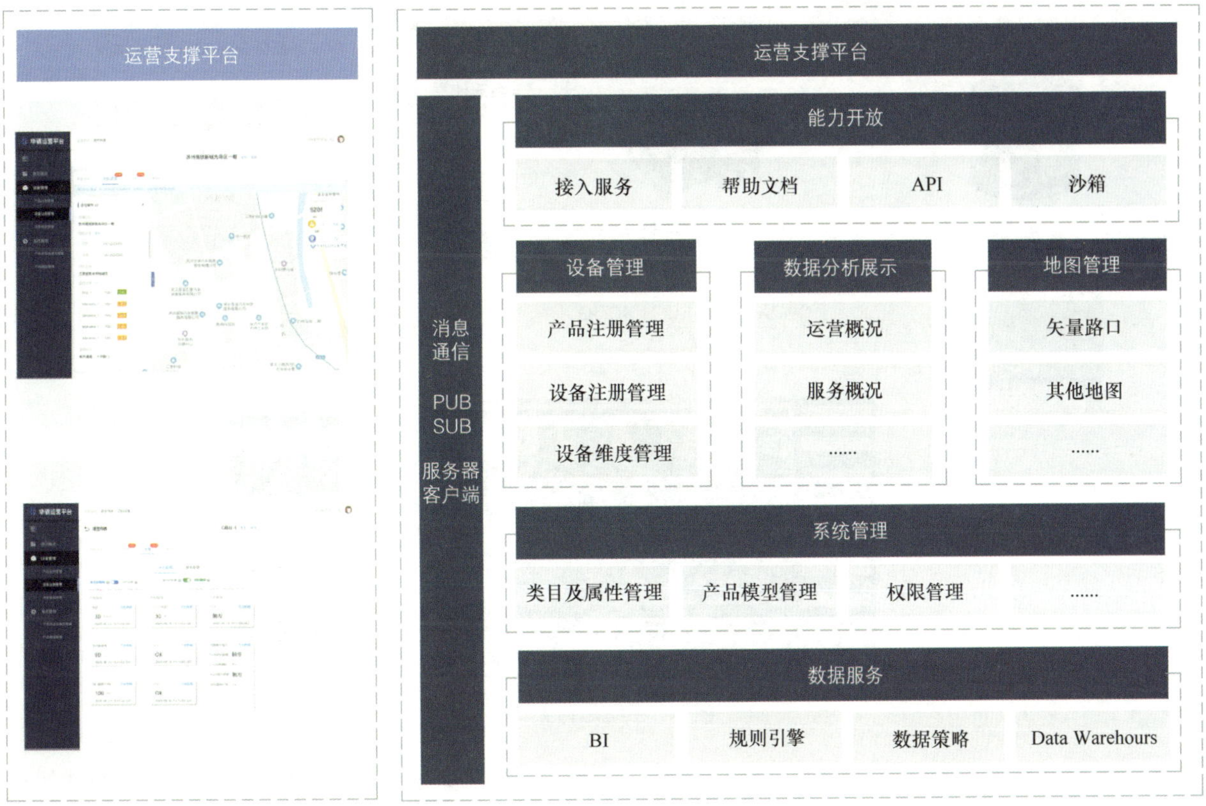

图 4　HUALI BOSS 运营支撑平台

3. 成功案例

（1）国家智能网联汽车（武汉）测试示范区

解决方案已成功应用在全国最大的 5G 智能网联示范区——国家智能网联汽车（武汉）测试示范区建成的 5G 全覆盖的 100km 智慧化道路，与东风汽车、国内多家自动驾驶公司合作基于车路协同的智能网联驾驶。建设完成 106km 道路智能化改造和 321km 开放测试道路，形成了国内规模最大、延时及带宽性能最好的 5G 车路协同信息网络，实现重点路段全面覆盖 5G 网络、北斗高精度定位系统、路侧感知设备和车路通信系统，在国内率先完成与交管信号控制和视频数据的互联互通。

（2）苏州高铁新城智能网联先导区

苏州高铁新城智能网联先导区建有国内较少的 63.4km 全城市开放测试道路。一期覆盖 8.4km 路段，在

21 个路口实现 27 个智能网联应用。二期可实现以 MEC 数据融合为核心，车路协同、5G 网络、边缘计算等数据源的技术应用。通过智能网联汽车车载终端、智能网联路侧感知终端、路口 / 区域级边缘计算节点以及基于智能网联大数据云平台协同部署，构建了服务于智能网联多场景测试，城市交通大数据综合应用的综合能力，具体包括“多模 V2X 通信车载单元”“多模 V2X 通信路侧终端”“MEC 边缘计算单元”“混合目标摄像头”“激光雷达”“毫米波雷达”“北斗差分定位基站”等（见图 5）。

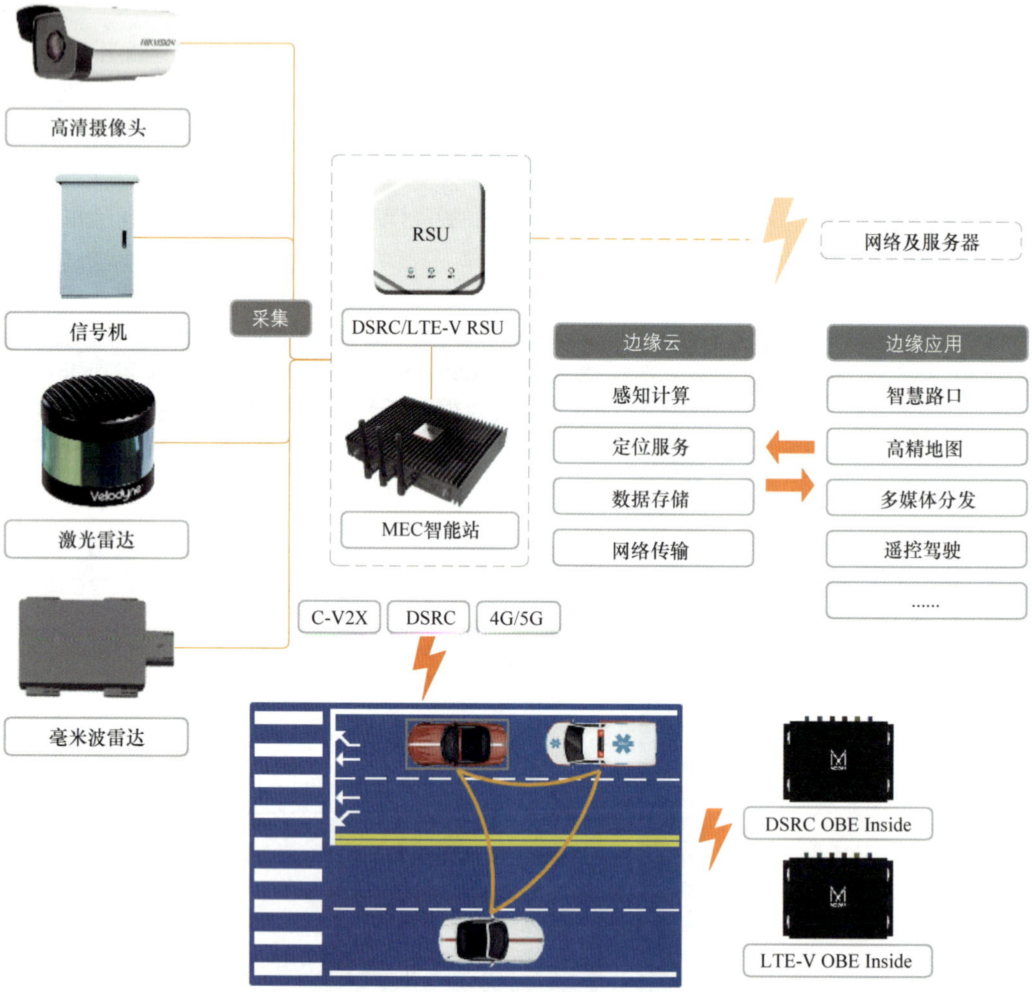

图 5　系统总体架构

系统由数据采集子系统、车路协同应用子系统、智慧信号灯子系统等组成。整个系统通过分布式架构，实现了以边缘计算节点为核心的车路云信息交互功能，并通过部署边缘应用，支持路口高精度地图、多媒体分发、远程驾驶等功能。

通过数字交通运营平台，车辆状态数据、终端感知数据、融合数据、信号状态请求与响应数据等都可传入运营平台存储，用于深入数据挖掘、测试运营等。

4. 展望

随着 V2X/5G 通信技术和路侧智能设施的不断发展成熟，车联网应用逐渐从车内智能、单车智能向“人 - 车 - 路 - 云”协同的方向演进，华砺智行将与智能网联设备商、汽车厂商、智慧城市建设运营商深度合作，合力推动智能驾驶、出行及服务 MaaS 等“云 - 边 - 端”协同的场景应用。

车路协同的应用对于现代交通信息服务、车辆主动安全、交通信号控制等具有突出优势，为传统交通系统带来巨大的变革。本方案将促使车路协同的大规模应用，从而推动智能网联汽车、智慧交通产业的发展。

轩辕智驾红外热成像在智能驾驶领域的应用

轩辕智驾科技（深圳）有限公司
作者：刘涛

1. 红外热成像在车上的应用现状

车载夜视辅助驾驶系统是一种利用红外热成像技术辅助驾驶员在黑夜中看清道路、行人和障碍物等，减少事故发生的主动安全系统。

其原理是：自然界中的任何物体都会向外辐射热量，不同温度的物体所辐射的热量不同。与周围环境相比，人类、动物和行驶的车辆散发的热量更多。红外热成像汽车夜视辅助驾驶系统将收集到的热量信息转变为可视的图像，把本来在夜间看不清的物体清楚地呈现在眼前，从而提升夜间行车的安全性。

有调查显示，60% 左右的交通事故都发生在夜间及天气较差的情况下，主要是由于驾车视野受限，行驶速度较高，极易引发事故。许多路段不设路灯或光源较暗，受汽车前照灯照射距离的限制，夜间行车存在较大安全隐患。

使用车载夜视辅助驾驶系统，能有效降低此类道路交通事故发生的可能性，在危急情况下给出预警，帮助驾驶员做出决策。汽车夜视系统由于价格高昂，最初主要搭载在豪华车上，如宝马、奥迪等。随着技术的成熟，价格逐步下探，一些国内中级车型也选择安装夜视系统，如标致 508L 等。

在 2019 年 10 月的一份报告中，美国汽车协会（AAA）测试结果显示，目前车辆配备的 AEB 系统（不包括热感知传感器）在检测和避让行人方面存在缺陷，而且存在“在夜间条件下无法发挥作用”“太阳眩光条件下无法发挥作用”等严重问题。

通常，单个传感器无法解决车辆在道路上遇到的所有问题，因此许多 ADAS 都配备雷达或摄像头，以提供 AEB 能力。红外传感器比激光雷达成本低，比毫米波雷达精确，同时红外夜视可以解决目前大多数 AEB 系统不能在夜间识别行人的问题。红外热像仪成本下降和性能提高，正推动其在自动驾驶领域快速应用。

2. 红外热成像的特点及与其他智驾传感器的对比

（1）红外热成像的特点

1）全天候夜视，增强夜视功能。系统红外图像能突破夜障，全天候使用，增强驾驶员视野，解决夜间驾驶视野受限问题（见图 1）。

图 1　夜视效果对比

2）防眩光功能。系统红外图像不受光线变换影响，减少驾驶员在城市驾驶受眩光以及光线突变的影响，解决夜间会车眩光以及进出隧道光线突变等问题（见图 2）。

图 2　对向眩光对比

3）穿透雾霾、沙尘功能。系统红外图像在大雾、雾霾、沙尘天气下依旧可清晰成像，从而帮助驾驶员提升恶劣天气下的驾驶视野（见图 3）。

图 3　雾天环境对比

（2）红外热成像与其他智驾传感器的对比

现有智驾传感器技术方案可实现 L2+ 级辅助驾驶，但无法覆盖全部用车场景。红外热成像与其他智驾传感器的对比见图 4，在高阶自动驾驶环境感知层，远红外技术理应占据一席之地。

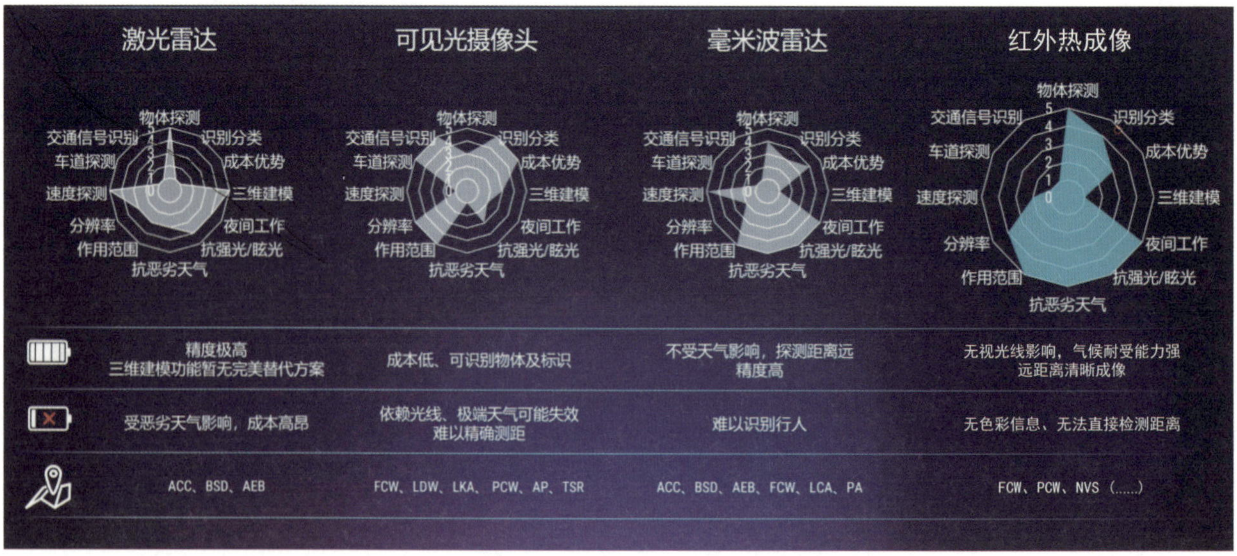

图 4　红外热成像与其他智驾传感器的对比

3. 轩辕智驾红外热成像技术的应用案例

目前，轩辕智驾具有完全自主知识产权的红外热成像技术已经与国内主流车厂达成合作。以下介绍两个应用案例。

（1）某 A 车厂项目

基于红外热成像技术打造的红外夜视系统，在光线不足、强光眩光、高速团雾、风沙扬尘等长尾场景中均可清晰成像，全时全天候提升驾驶员视觉感知能力，同时增强整体智驾系统的感知有效性。此外，得益于红外技术利用温度差成像的特点，配装有红外传感的车辆具备主动式智能，可精准识别生命，更好地避开行人、车辆等障碍目标，守护行车安全。该系统已经在某乘用车品牌车型上标配并将于 2023 年正式推出（见图 5）。

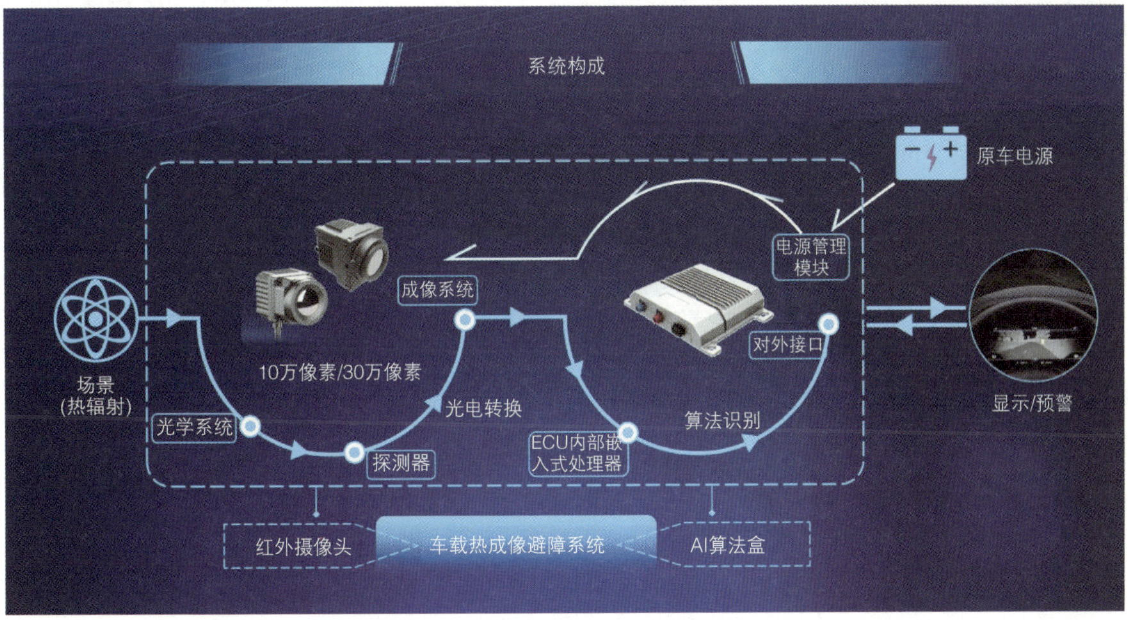

图 5　车载热成像避障系统构成

（2）某 B 车厂项目

基于红外热成像技术与激光雷达等三种传统的智驾传感器打造的全天候智驾系统方案，在国内某主流新能源品牌的后续主力车平台上即将搭载上市（见图 6）。

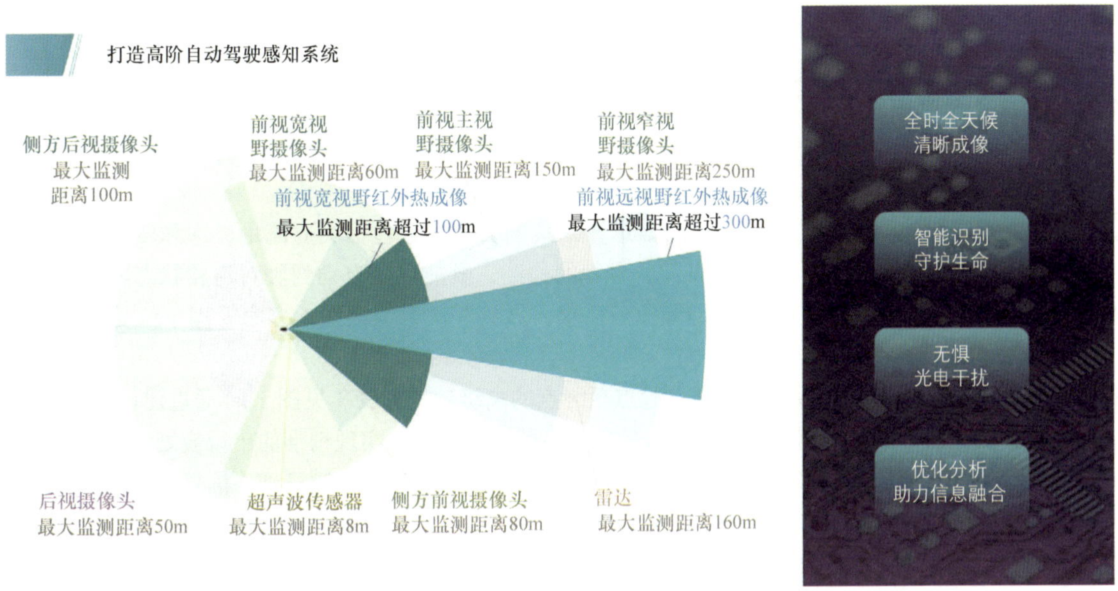

图 6　高阶自动驾驶感知系统

新型公交都市先导区智能网联公交示范应用项目

南京智慧交通信息股份有限公司

1. 概述

（1）项目背景

南京市作为国家首批“国家公交都市示范城市”，在智慧南京建设总体框架下，持续推进以绿色、节能为主要特征的公共交通体系建设，公交都市建设已经具备良好的发展基础。在 5G+AI 技术和“按需出行、自动驾驶”的发展愿景下，市政府提出高起点建设“新型公交都市”综合性应用场景，并制定《南京市关于数据驱动打造“新型公交都市”的行动计划（2020—2025 年）》，在建邺区江心洲推进“新型公交都市”先导区（简称先导区）建设，将立足公交优先、车路协同、数据驱动的方针，通过场景搭建、政策配套、标准制定、运营服务及支撑机构建设等，形成一批可复制可推广的建设示范成果，为新技术落地和新模式探索提供条件和载体，带动全市软件、人工智能和新能源汽车等地标产业融合发展。

（2）主要建设内容

本项目将围绕提升路侧智慧感知系统建设，结合示范应用、技术创新、长期运营等内容和理念，重点开展以下方面建设：一是加强全岛路侧基础设施建设，采用多设备、多方式对道路交通运行状态进行全面感知，为车路协同云控平台的搭建提供数据感知基础；二是精准公交示范路线建设，主要在道路设施建设完成基础上，全面升级公交车载设备，提升公交运行服务水平；三是环岛观光带、自动驾驶接驳等场景建设，引入 L4 自动驾驶小客车和出租车等，结合自动驾驶云控平台和 V2X，打造多个场景应用，为江心洲智慧园区提供持续运营服务。

2. 项目实施方案

（1）路侧基础设备建设

在基础设施建设基础上，全面建设和升级路侧基础设施，满足设施智能化、网联化。实现道路运行状态的实时精确感知，为车路协同和中心监控管理服务。

（2）全息感知路口构建

构建全息感知路口，建成双向通行智能网联测试道路，服务于无人驾驶测试、智能公交运行、信号控制优化、交通组织优化、交通事件主动发现、道路路口评价。贯通交通设施，融合路口数据，支撑端云协同，实现路口全量数据的可视化展现，边缘云多算法融合，提供路口时空内的车牌、车速、位置、姿态、属性、分项车道流量、交通事件检测等精准元数据。

（3）全息路侧系统构建

全息感知路侧系统主要实现交通态势、个体特征、事件周期等全方位的覆盖。通过整合现有及新建的信息采集资源，接入道路外场信息采集终端实现测试道路交通营运状况、路网环境、异常交通事件等的监测，通过合理的分析实现测试示范道路环境的智能感知。

通过 AI 视频感知检测道路的实时交通流信息，采集的交通参数包括交通流量、饱和度、排队长度、平均速度等指标，此外还包括违法、卡口、事件、号牌的检测，既能满足自动驾驶对道路状态实时感知，又能满足路政设施管理部门、公安交警管理部门等业务需求，做到一次升级改造，多家管理单位受益。

（4）精准公交示范应用场景

选取岛上精准公交线路，完成精准公交自起点至终点的高级辅助驾驶（见图 1），通过建设智能电子站牌、信息查询终端、公交出行服务应用终端、智慧云平台等多种服务手段，实现精准的出行规划、车辆实时报站等功能；提高公交运行安全预警和信息发布能力，实现精准定位服务、运行监测管理、信息管理分发等功能。

（5）自动驾驶观光车辆示范应用场景

在江心洲沿江风光带部署具备智能交互自动驾驶的观光车，实现无人运行，提高乘坐体验，打造全市科技标杆，展示江心洲美丽沿江风光和高科技应用。

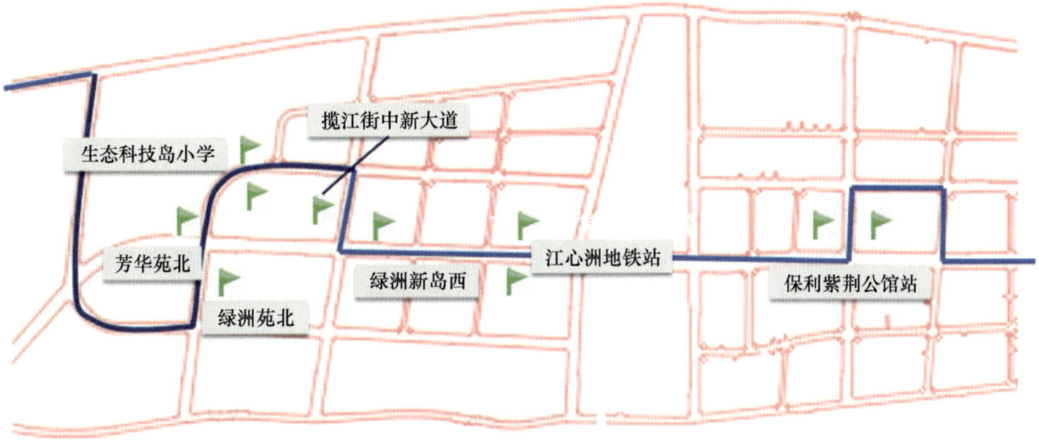

图 1 精准公交试点线路

自动驾驶观光车具备行人防撞预警、高速车辆防撞预警、低速车辆防撞预警等辅助驾驶功能。可有效降低事故率。自动驾驶状态下可实现行人检测、车辆检测、减速避让、紧急停车、障碍物绕行、变道、自动按站停靠等功能，具备人工和智能驾驶两种模式。

（6）自动驾驶出租车示范应用场景

近年来，网约车的数量和用户逐年提升，但出行服务人力成本却逐年提高，加重了企业运营负担与用户出行成本。自动驾驶技术的发展，为无人出租车带来了新的机遇和发展前景。

江心洲先导区与企业联手建立自动驾驶生态圈，实现智能网联示范片区自动驾驶出租车辆接入管理，包括车辆信息导入、车辆对接协议、平台权限分配等功能。同时管理运营车辆的基础信息，主要包括归属公司、品牌、车型、颜色、车辆唯一标识、关联安全员等。

生态圈内已经实现用户在线预约自动驾驶的出租车，系统自动匹配最合适的自动驾驶出租车后，出租车自动寻路前往乘客位置接送乘客。途中，出租车自动驾驶状态下可自动寻路，实现行人检测、车辆检测、减速避让、紧急停车、障碍物绕行、变道、自动按站停靠等功能，支持自动驾驶和人工接管两种模式。

（7）自动驾驶接驳车辆示范应用场景

该功能实现智能网联示范片区自动驾驶接驳运营车辆接入管理，包括车辆信息导入、车辆对接协议、平台权限分配、接驳车安全员管理、路线规划和站点管理、固定班次调度、预约模式调度等功能，实现岛内自动驾驶接驳车辆的灵活调度与安全运营。

（8）无人驾驶小型车辆示范应用场景

在岛上智能网联示范片区，部署清扫车、安防车、物流车、售卖车等自动驾驶车辆，云控应用平台无人驾驶小车示范管理平台通过对以上类型自动驾驶车辆数据接入，以及与网联自动驾驶车辆的交互，实现对网联自动驾驶车辆的管理与控制，满足对多类型自动驾驶车辆的统一运营管理服务。

3. 项目成效

本项目已在新型公交都市（江心洲）先导区实现应用，通过“5G+AI”实现“按需出行、自动驾驶”精准公交应用场景，突出“公交优先、车路协同、数据驱动”发展原则，通过车路协同技术实现车辆和路侧的互感互知，为公交车提供闯红灯预警、盲区预警、碰撞预警、弱势交通预警、绿波车速引导、信号优先等场景。通过车 - 路 - 云协同，在云端实时计算出公交车辆的精准到站时间，并在智慧电子站牌上进行展示，提升公交出行的公共服务能力。

同时开展自动驾驶观光、自动驾驶接驳、Robotaxi、自动驾驶清扫、自动驾驶售卖、无人安防以及无人物流等场景试运行及商业运营服务探索，充分展示智能网联汽车、C-V2X、5G、自动驾驶等方面的技术先进性和应用引领性，支撑先导区开展工信部车联网身份认证和安全试点项目，实现先导区智能网联运管一体化。

国家智能汽车与智慧交通（京冀）示范区顺义基地

北京顺创智能网联科技发展有限公司

无人驾驶作为未来汽车的发展方向，对于汽车行业甚至是交通运输业有着深远的影响。2017 年 12 月，北京市出台自动驾驶车辆道路测试相关指导意见及管理细则，积极支持北京自动驾驶车辆开展相关测试工作。拥有北京现代、北京汽车、奔驰新能源、滴滴出行等造车势力的顺义区已经成为北京市首当其冲地自动驾驶战略要塞，目前已有 77 条自动驾驶车辆测试道路，开放测试道路达 409km。作为落实顺义区新版总规、服务北京市建设科技创新中心的具体体现，此次顺义区以区内国有投资平台——北京顺义科技创新集团有限公司为主体，投资建设智能网联汽车封闭测试场，将有效完善北京市无人驾驶汽车产业生态，为国内外车企提供功能更加齐全、设备更加先进的测试基地，带动京津冀乃至全国的无人驾驶汽车产业蓬勃发展。

1. 测试场地基本情况

国家智能汽车与智慧交通（京冀）示范区顺义基地（见图 1）总占地 18 万 m^2，包括附属设施 2.8 万 m^2，测试道路面积 11 万 m^2；实现 5G 信号全覆盖，通过 V2X、高精度地图及定位、云控平台等前沿技术，为自动驾驶车辆的研发、测试、验证、评价提供更全面的支持和服务。项目已完成所有测试场景及附属设施建设，可为相关车企提供测试、办公、会议、用餐、住宿、实验、研发、车辆改装、数据存储等全方位服务。2020 年 10 月 30 日，项目通过了由市经信局、市交通委、市公安交管局联合组织的相关专家验收，成为北京市自动驾驶车辆封闭测试场（简称测试场）。

图 1　国家智能汽车与智慧交通（京冀）示范区顺义基地

2. 测试场功能特色

测试场依据 T1 ~ T5 级别测试需求建设，设计有城镇道路、高速公路、乡村道路、特种道路、坡道模拟以及工程配套六大功能分区，在高速路段末端设置直径 170m 的动态广场，同时建有模拟加油站、隧道、环岛、铁路等附属设施。测试场还提供背景车辆、模拟行人等交通参与者设备，可构建上百种静态与动态典型交通场景。同时，场区还搭建有 5G 基站、LTE-V2X 路侧单元、DSRC 路侧单元、智能交通信号控制系统、GNSS 差分导航基站、高精度地图、WiFi 等测试环境，满足企业对于自动驾驶车辆测试验证的需求。

泽鹿安全智能网联汽车安全靶场解决方案

山东泽鹿安全技术有限公司
作者：刘永峰

迈入“十四五”，我国车联网进入了大规模部署应用的新时期。我国车联网产业在政策规划、标准体系建设、关键技术研发、应用示范和基础设施建设等多个方面取得了积极进展，在促进汽车、交通等传统产业转型升级，以及促进形成数字经济发展的新产业集聚方面也起到了积极作用。车联网的内涵与外延也在不断发展演进，依托快速落地的新型基础设施建设，不仅广泛服务于智能网联汽车辅助驾驶、自动驾驶等不同等级应用，还拓展服务于智慧矿山、智慧港口等企业生产环节以及智慧交通、智慧城市等社会治理领域。

泽鹿安全自 2019 年以来就围绕着智能网联汽车安全靶场研发持续投入，始终聚焦在智能网联汽车信息安全这一专业技术领域，形成了完整的智能网联汽车安全靶场解决方案，包括智能网联汽车安全远程测试系统、智能网联汽车安全合规测试系统、智能网联汽车安全实训系统、智能网联汽车安全竞技系统等一系列产品。

1. 智能网联汽车安全远程测试系统

（1）产品介绍

智能网联汽车安全远程测试系统是泽鹿安全自研的新一代面向安全测试的全场景测试系统，内置虚拟化框架，具有即插即用、携带便捷、稳定性高等特点，可提供可信、可控的车联网安全测试环境，支持多种协议；提供覆盖高中低速全网络接入方案，支持 3G/4G/5G、WiFi 等，可快速构建远程低时延的网络服务能力，提供多种场景下的网络鲁棒性（见图 1）。

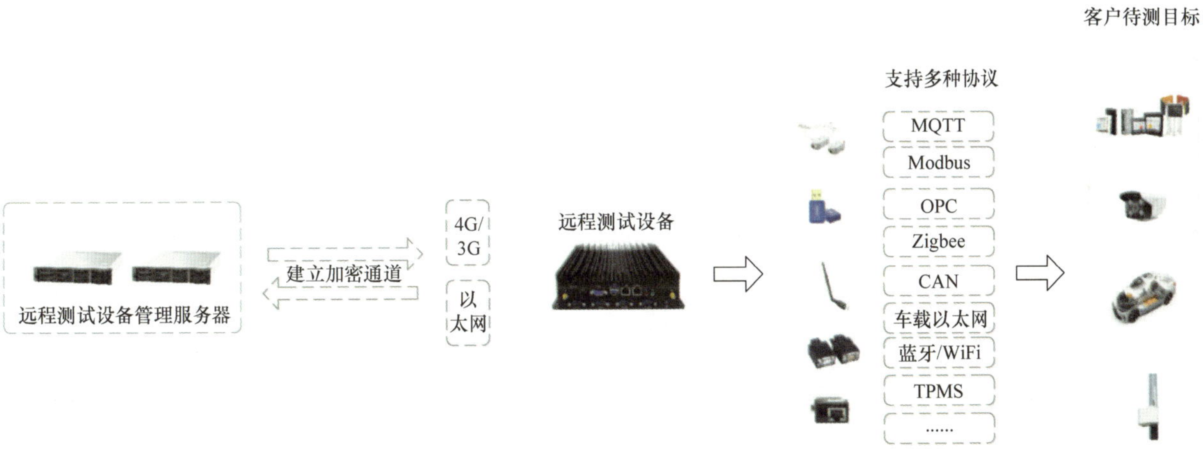

图 1　智能网联汽车安全远程测试系统

（2）产品功能

1）为白帽子提供可信、可控的车联网场景远程测试方案。借助远程测试终端设备，可以为每个测试人员开辟独立的远程测试通道，不需要前往实际客户现场，在远程测试管理服务平台中可直接与测试地点的测试设备建立 RDP 数据通信业务，从而快速开始测试工作，测试过程中网络、通信、数据均受到严格限制。

2）异地组网测试。支持多设备异地连接组网，支持异地多位技术人员对同一测试项目开展相关测试工作，实时同步相关测试数据结果，提高测试效率。

3）测试环境隔离。远程测试设备使用轻量虚拟化技术，开辟了 Windows、Linux 两个虚拟化环境，并对 CPU、内存、存储、通信都进行了隔离防护，测试人员可直接远程到环境中进行测试，测试过程中的行为受到严格管控。

4）数据防泄露。测试人员不需要安装客户端，可通过网页的形式直接接入测试环境中实现远程桌面操作，并且针对复制 / 粘贴、文件下载等高风险操作进行限制，防止测试过程中的数据泄露风险。

2. 智能网联汽车安全合规测试系统

（1）产品介绍

智能网联汽车安全合规测试系统将以往的人工重复检测、检测质量不一的测试方式，转化为标准化、全 / 半自动化工具，为车企、检测机构、零部件厂商的汽车网络安全合规检测、安全验证、渗透测试等场景提供验证工具，有效提升合规检测、渗透测试的效率和准确度，快速进行智能网联汽车安全入网、合规检测工作的开展（见图 2）。

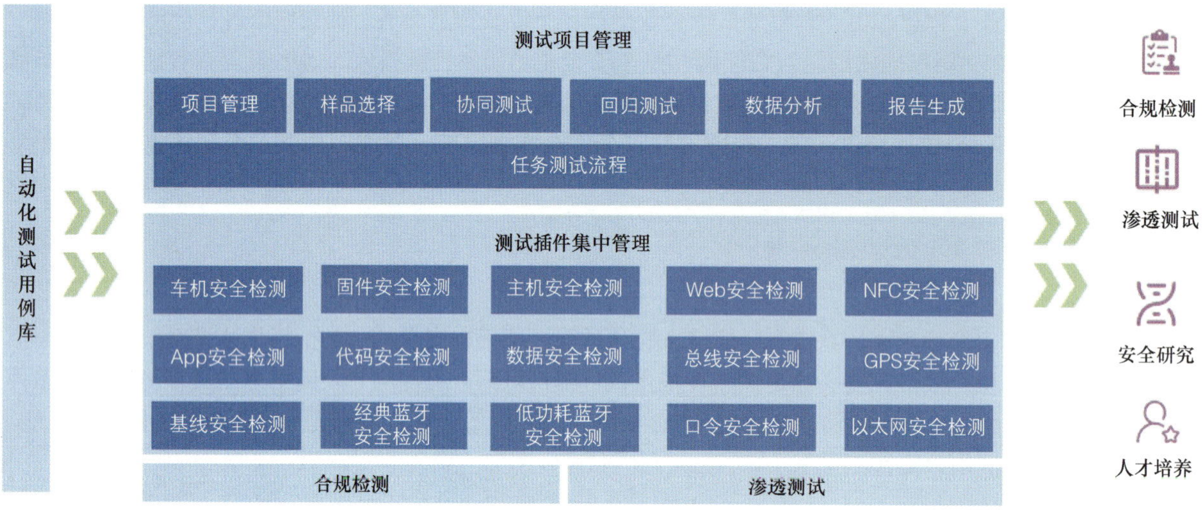

图 2　智能网联汽车安全合规测试系统

（2）产品功能

1）操作系统安全检测。支持对操作系统（Linux、Android 等）进行从文件、进程到网络的全面检测。

2）数据安全检测。对设备内部运行及交互过程产生的相关数据的存储、销毁等过程进行审计。

3）车内通信协议检测。探测车载设备与车内其他设备通信的环境，进行安全检测，如 CAN 协议逆向、解析。

4）车外通信协议检测。针对车载设备，通过无线、近距离通信等通信手段，与外部设备或者云端建立的通道进行安全检测。

5）应用软件安全检测。对操作系统中加载的核心应用程序（apk、elf、bin 等）进行静态和动态安全检测。

3. 智能网联汽车安全实训系统

（1）产品介绍

智能网联汽车安全实训系统通过软件系统与物理设备相结合的方式，提供安全学习实验工具包 + 整车测试台架，将整个车联网架构及相关场景进行模拟，可满足车联网安全理论学习 + 针对性安全能力练习 + 实战性网联汽车安全测试的能力建设需求（见图 3）。

（2）产品功能

1）精准的教学管理。实现了线下教学方案的线上处理，教师可以根据实际教学需求进行方案设计，包括教学方案课程内容与实践点，满足老师实现线上教学授课、教学事务管理的综合性需求。

2）完善的课程体系。以车联网安全综合实训为基本导向，将泽鹿的车联网安全课程体系与学校的人才培养体系相融合，目前开发课程内容已涵盖网络安全基础知识面、车联网安全基础知识面、车联网安全技术实践面等。

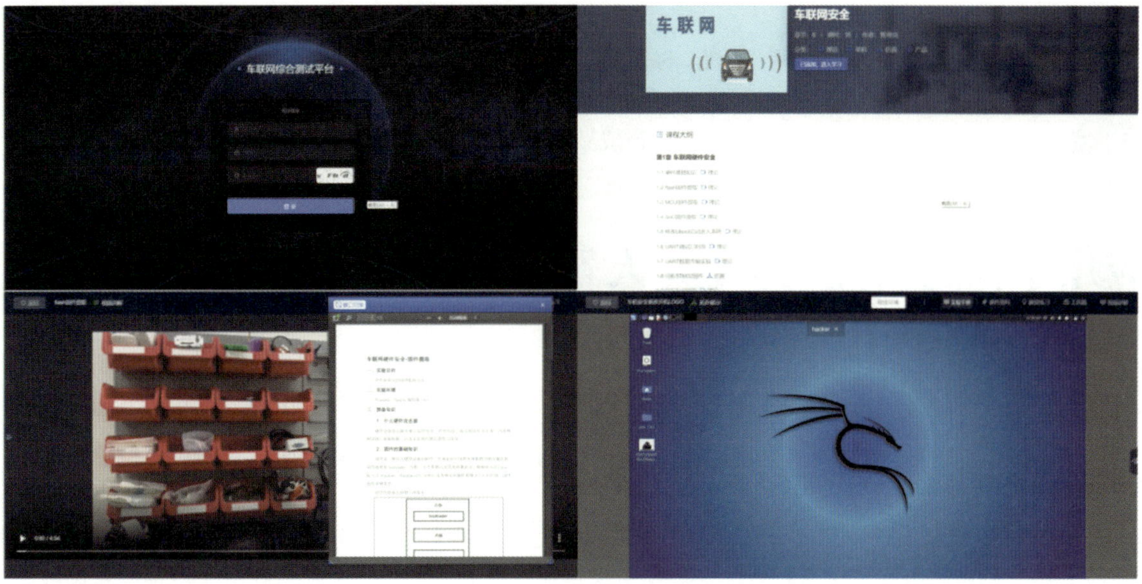

图 3　智能网联汽车安全实训系统

3）丰富的实践工具。结合完善的课程体系，车联网实训室还配套了各类实践测试验证工具，包括配合车联网安全基础知识学习的工具包、配合技能知识验证的车辆台架、配合安全检测专用测试机柜以及配合虚拟模拟场景使用的各类武器工具等。

4）先进的虚实结合。基于 SDDC 打造、分布式虚拟化技术，实现各类车辆零部件设备与安全产品的结合，采用市面上最先进的 T-BOX、IVI、VCU、GW 等关键车辆网络设备与虚拟设备进行拓扑整合联动，实现虚实结合，可为学生提供接近于真实的实践操作环境。

4. 智能网联汽车安全竞技系统

（1）*产品介绍*

泽鹿团队基于多次智能网联汽车安全大赛的经验，结合智能网联汽车对网络安全赛事的需求，推出了智能网联汽车安全竞技系统，建立了一套费用低、轻量级、可配置的网络安全竞赛解决方案。该方案可以普及智能网联汽车安全赛事，降低智能网联汽车安全竞赛办赛门槛，让更多的人接触到专业、高水准的智能网联汽车安全比赛并参与其中（见图 4）。

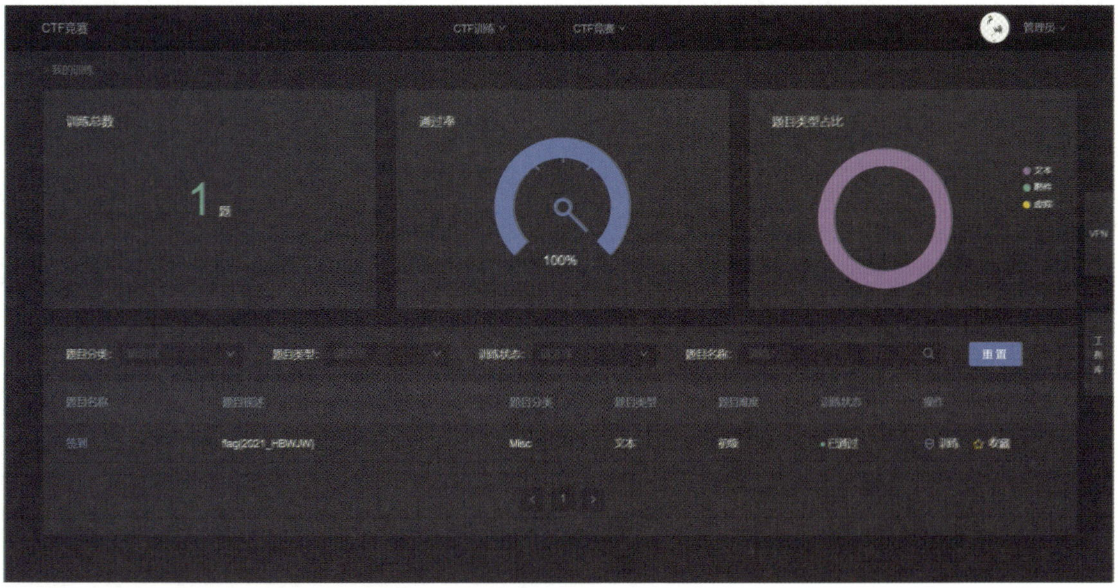

图 4　智能网联汽车安全竞技系统

（2）产品功能

1）赛前规划服务，包括赛前平台咨询、标准比赛方案、比赛账号授权、竞赛题目筛选。

2）赛中规划服务，包括竞赛平台提供、赛程多维展示、赛中应急处理。

3）赛后规划服务，包括比赛裁判运维、竞赛成绩导出、比赛数据报告。

应用于快递行业的 L4 无人驾驶高速物流车研发及产业化

矩阵数据科技（上海）有限公司

作者：刘传富

1. 概述

矩阵数据科技致力于研发安全可靠、合法合规的自动驾驶系统，通过输出无人车、自动驾驶系统和智能调度系统一体化的解决方案，赋能行业配送伙伴，为行业开辟高效的运输模式，让配送更加安全高效。

1）专注于细分市场、垂直领域：矩阵无人驾驶物流车专注于末端快递配送市场，完全围绕“轻质货物、高频次、小批量、分散服务”的末端配送场景，进行车辆和技术研发，具备更强的场景针对性和落地可行性。

2）软件与硬件相结合：硬件（无人驾驶物流车）与软件（无人驾驶调度管理系统）相结合，车端与云端相结合，二者分别从硬件、软件角度，共同提升城市末端快递配送效率。

3）国内首个满足车规级无人驾驶物流车：车规级设计和量产，具备完整的法规符合性；无人驾驶车型载重达到约 700kg，容积大于 $4m^3$，续驶里程大于 120km。

当前，矩阵数据科技 L4 厂区无人物流解决方案，可实现指定物流区域内全天候、全功能的无人物流运输，全程自主规划行驶路径并在行驶中实现自动避障、自主泊车等功能。“去安全员”设计方案，无需人工操作，即可安全、高效地完成货物 7×24h 运送。

矩阵数据科技的智能调度系统已经成功应用于汽车制造、工业制造、矿山及冶炼行业等行业，可以根据各行业业务特点，兼容不同的业务系统，真正实现提高厂区内物流运输效率、降低人力成本的目的。

2. 矩阵 · 零载汽车

“零载汽车”（见图 1）是首个基于华为 MDC 智能驾驶计算平台打造的无人车品牌，也是华为 MDC 智能驾驶计算平台在快递末端无人配送车领域的一次落地实践。“零载汽车”把网络、硬件终端和用户囊括进一个虚拟现实系统之中，利用数字孪生的虚拟场景，在虚拟世界里进行模拟与运行，从而得到有效的数据，应用到实际物流的场景中，可迅速低成本地积累数据与场景，为真实落地做出贡献。

3. 矩阵无人车智能调度系统

针对不同对象、流程、规模、管理方式、基础条件等要素，矩阵可以按照厂区物流实际情况进行物流调度系统定制化开发。

目前，矩阵数据科技自研的百万级智能调度平台，支持多条件多目的地智能调度，满足各行各业提升效率降低成本的需求。调度系统充分利用大规模任务计算云平台，轻松应对复杂的网点分布带来的订单波峰，目前支持货车到三方物流、小型物流车到快递网点、驿站，生鲜配送，同城配送等多场景应用，支持货车、客车、电动车等不同车型的线路规划；支持高达 50 项业务参数，包含但不限于对仓库时间窗口、车辆限行、是否回仓、行驶时间、车辆载重、货物体积等进行最优计算，实现秒级最优调度方案。

通过对末端的运力业务的数据化管理，进行车辆和包裹的实时跟踪，通过大数据和 AI 算法进行运力分析和调度处理，提高运力效率，降低运力成本。配合自研车载 T-BOX 系统，可以更加全面且精准地获取车辆的相关数据，实时追踪车辆和货物的数据信息，让末端配送更加智能高效（见图 2）。

图 1　矩阵 · 零载汽车——开拓者号

图 2　MatCycle 4 矩阵 L4 自动驾驶系统

【厂区无人物流案例】某年产 20 万台汽车工厂或某年产 50 万套汽车零部件工厂

原有厂内物流情况：配送线路 200 余条，物流车辆 800 余辆，物流驾驶员人数超过 1000 人。矩阵结合该厂的物流实际情况，定制开发无人驾驶物流调度系统，并与该厂的业务系统如 LES 系统、MIS 系统等进行标准化接入。正式运行无人驾驶物流后，车辆投入运营数量减少了 200 辆，实际投入运营物流车辆 600 余辆，驾驶员人数减少了 800 人，剩余 200 余人。经过测算，每年减少 6400 万元人员成本；总成本方面，扣除升级无人车成本后，三年的物流总成本可以节约 1.42 亿元。目前试运营阶段实现 1 个人管理 3 辆车，未来实现 1 个人管理 10～20 辆车，综合成本还会进一步降低，同时解决企业用工荒的问题（见图 3）。

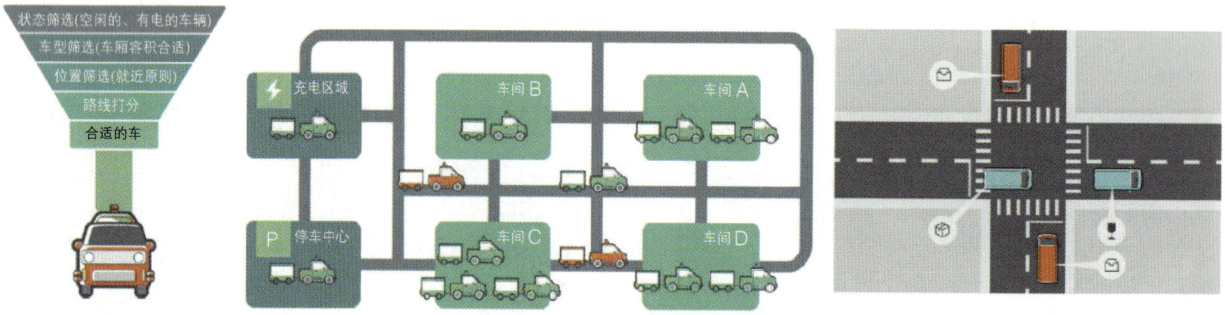

金字塔黄金选车法则
多重参数和人工权重进行智能化派车

智能化分配车辆
根据车间任务进行车辆预分配调节

十字路口交会处理原则
1.无货让有货，有货先行
2. 运输时效优先原则，紧急先行
3. 货物类型，易损物品车辆先行
4. 调度系统权重大的车先行

图 3　矩阵无人车调度系统

连接即服务——下一代车联网平台与高可用车载终端

斯润天朗（北京）科技有限公司
作者：刘志杰

1. 概述

斯润天朗（北京）科技有限公司（简称斯润天朗）是一家专注于智能网联汽车数字化运营的服务提供商，经过多年的服务能力积累，构建了适合中国客户的车联网运营平台，形成了汽车全行业端到端解决方案，具备面向 1000 万 + 用户提供服务的能力，产品提供包括智能网联平台（OPEN TSP）和车路协同平台（V2X LINK）开发和运营，以及以智能车载终端（T-BOX/OBU/5G-V2X）为主的通信域控制器产品的研发及销售（见图 1）。

斯润天朗从基础车载连接服务开始，依托车联网平台组件化能力和基于云端 PaaS 融合的智能网联产品化服务能力，构建了车联网大数据运营平台，完成对数据治理、场景挖掘以及算法提升等技术壁垒；在车载计算单元侧提供车载智能终端产品，形成了汽车行业端到端的解决方案，具备面向千万用户提供服务的能力。通过 50 余家前装整车厂项目的实践，具备丰富的前装商用交付经验及运营能力。

斯润天朗坚持以技术创新为动力，不断进行用户需求调研、技术研发，拓展产品覆盖范围与应用领域，同时积极推进与国际品牌戴姆勒、大众、奥迪和丰田等国际一流车企的全球业务合作，提高产品竞争力及市场占有率。斯润天朗将凭借强大的软、硬件自主研发能力以及业内独具优势的汽车全数据服务能力，协助政府运营车城网先导区能力，进一步巩固国内行业领导地位，致力于成为国际顶尖的车联网平台服务运营商以及汽车行业全数据服务运营商。

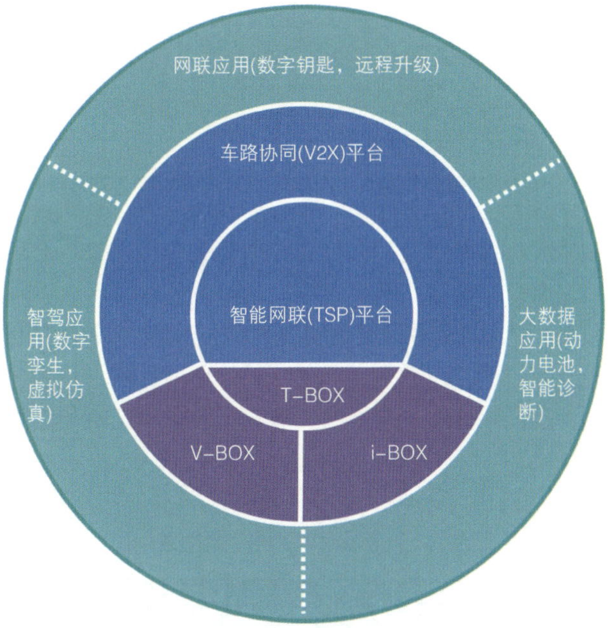

图 1　斯润天朗产品演进全景示意图

2. 智能网联开放平台

智能网联开放平台是斯润天朗打造的汽车智能网联及应用服务聚合平台。平台通过 5 大标准化技术体系（接入、协议、数据、应用、服务）和大数据智能网联底座构建 200+ For Car 组件化服务，助力车企实现汽车产业数字化发展（见图 2）。

图 2　智能网联开放平台组件化服务架构

平台提供包括监控应用、动力电池监控、数字钥匙、终端管理服务、OTA、MNO 等在内的多维度服务，支持多终端融合接入服务、组件化业务模块，为上层应用提供基于车辆、终端、BMS 整车单元的服务扩展，面向各大车企、运营商及动力电池厂商，为企业提供功能可选配的标准智能平台服务及定制拓展平台服务。

平台支持多种形式的一站式快速部署，提供深度云端 PaaS 车云服务，支持千万级终端接入与多协议标准化适配，支撑企业的持续发展。

作为国内低代码 / 无代码技术的先行者，斯润天朗成功入选中国信通院企业数字化发展共建共享平台 - 低代码 / 无代码推进中心成员，未来还将深度参与低代码 / 无代码开发平台应用成熟度模型、平台性能测试、兼容性测试、生态创新等一系列技术研究和标准制定上，致力于与业界伙伴共同推动低代码 / 无代码的创新发展，实现该技术的成熟规范和应用落地。

3. 车路协同平台

斯润天朗基于在车联网领域多年服务运营的积累，致力于完善客户全生命周期管理体系，为用户提供真正有价值的车联网运营服务，支撑车企业务开展，推进车联网服务从成本中心向利润中心顺利过渡。

斯润天朗在车路协同侧搭建“人 - 车 - 路 - 云”协同行驶安全能力检测验证场景环境，实现智能网联汽车行驶安全能力的检测验证和分级评估，完成平台服务测试验证。目前，斯润天朗的车路协同服务核心竞争力体现在功性能覆盖最完善、动态优化迭代效率最高、客户平台业务定制化能力最强等多个方面，彻底拉开了与同行业竞争者的差距。

车路协同业务方面，斯润天朗拥有完善的车路协同路侧设施及应用场景测试验证平台（见图 3），可能完成全功能平台核心网络测试，为超过 20 家企业提供验证检测服务不少于 60 次。

图 3 斯润天朗车路协同服务平台示意图

大数据服务方面，斯润天朗建立面向产业的产业数据库、产业链地图、技术服务资源库 3 个核心数据库，为超过 50 家企业车路协同应用验证和规划提供服务不少于 100 次。

行业标准方面，斯润天朗依托核心技术优势，持续践行为行业标准、发展提供有力支持：C-V2X 通信领域制定相关标准、C-V2X 应用功能验证领域制定相关标准、车路协同路侧基础设施领域制定标准、车联网平台领域新增标准，基于以上标准，实现 5 个以上的跨部门、跨行业平台的互联互通。

4. 车载智能终端

斯润天朗可提供面向汽车行业的端到端产品和解决方案，在车载终端侧，合作客户包括上汽、东风、北汽等，纯电动车型主要适配上汽通用五菱，同国内前十大传统整车厂均实现合作，并且已经为国内前十五大新势力车企中超过 70% 的车厂提供服务。据高工智能汽车研究院监测数据统计，2022 年 1—6 月纯电动前装搭载 T-BOX 上险量前十供应商中，斯润天朗以 20.51% 的市场份额位居第一。

随着汽车电子架构的快速发展，传统的 T-BOX 无法满足海量的数据传输和安全保证要求，公司引领行业技术发展趋势，开发了基于 5G-V2X 的车载智能终端。5G-V2X 车载智能终端获取车身信息，与外界行人、车辆、路侧设备、云平台等实现实时的数据交互，通过智能计算后将红绿灯灯态信息、路况情况、路口动态、ADAS 辅助驾驶信息等传输到车机上。此功能提升了汽车智能化水平，构建了汽车和交通服务新业态，从而提高了交通效率，改善了汽车驾乘感受，为驾驶员提供智能、安全、节能、高效的综合方服务。

斯润天朗已形成包含硬件、软件、V2X 协议栈、SDK 开发平台的完整产品和解决方案，V2X 协议栈已适配北京、天津、苏州、无锡、合肥、柳州等多个车联网先导区 / 示范区，目前正在与多家整车厂开展面向前装量产 5G-V2X 车载终端的紧密合作。

该车载智能终端面向车路协同和自动驾驶应用，具备技术起点高、成本可控的优势，有着广阔的市场前景。

5. 关键技术

1）四核 A55 的超强运算处理能力以及 Cortex R5 互锁的异步架构。

2）20 路 CAN-FD 的车身总线介入能力。

3）4 ~ 8 路可扩展的 1000M 车载以太网，软件上支持 Doip/SOME IP 多种协议栈，可以支持 SOA 架构下的整车 FOTA、5G 网关等高速海量数据应用。

4）内置多种数据加密引擎，确保数据的安全传输，针对 V2X 的数据包，最高可实现 3800 帧 /s 的验签速度。

5）V2X 协议栈包含 Day1、Day2 及面向高级别自动驾驶的智能驾驶算法，满足 V2X 服务于辅助驾驶向高级别自动驾驶平滑演进的需求。

新石器无人车自动驾驶创新技术及落地成果案例

新石器慧通（北京）科技有限公司
作者：刘明敏

新石器慧通（北京）科技有限公司（简称新石器无人车）是全球领先的无人车研发、制造及服务提供商，国家专精特新“小巨人”企业，肩负“让无人车普及全球”使命，拥有“AI”“机器人”“电动车”三重优势，兼备 L4 自动驾驶及服务机器人 AI 能力的车规级移动服务平台。

从创立之初至今，新石器坚定走“全栈自研”的路线，以创新技术建立高门槛壁垒，持续保持行业技术领先。2022 年量产下线的第四代载物智能服务型无人车 X3Plus，具备从底盘、结构、硬件到软件的全栈设计能力，核心模块自研比例高达 90%。

1. 基于 BEV-fusion 的多元异构传感器的数据融合感知技术

新石器无人车 X3Plus 严格遵循自动驾驶的底层技术架构逻辑，采用基于 BEV-fusion 的多元异构传感器的数据融合感知方案（见图 1），可实现行业内视觉与激光雷达双层零死角覆盖，支持摄像头视觉与激光雷达点云冗余及融合感知。

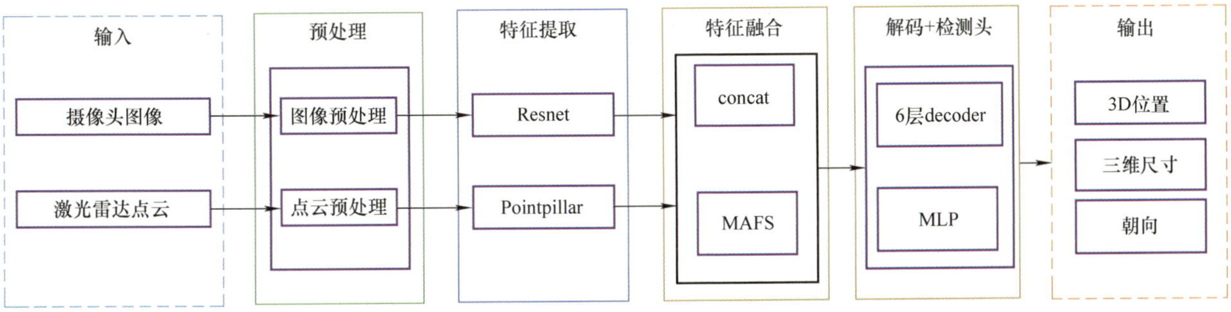

图 1　新石器无人车的基于 BEV 的目标融合感知方案

这是目前行业领先的一种感知方案。通过在 BEV 空间下构建一个通用的可容纳各种不同传感器的 3D 目标检测框架 FUTR3d，对于不同的传感器输入数据，先做数据预处理，然后根据它们各自的模态形式分别用不同的 backbone 去提取特征。它更类似于前融合感知，完全由数据驱动，信息可以无损保留，精度更高。换言之，就是将 2 个激光雷达和 11 个环视摄像头的特征全部转换到 BEV 空间做融合，并基于融合的特征完成更全面的感知。这套系统可以充分利用各传感器的优点，并克服相应的缺点，实现前后 40m 以及左右 30m 范围内无死角感知，确保无人车可以精准检测目标、车道线，识别红绿灯，从而保证无人车行驶安全。

新石器无人车 X3Plus 采用 1 个 32 线激光雷达作为主雷达、1 个棱镜式激光雷达作为补盲雷达，同时在车辆前后左右采用 6 个环视摄像头进行目标感知；另外选用 1 个 120° 前视摄像头进行信号灯、车道线以及交通标识感知，并在四周部署 4 个鱼眼摄像头作为安全保障（见图 2）。

图 2　新石器无人车传感器配置说明

考虑到目标及环境感知的模型复杂、算力需求大，新石器还自主研发基于异构架构的智能驾驶计算平台 Neowise，通过集成算力达到 254TOPS 的 NIVIDA Orin 芯片，搭建起一个更优的智能驾驶系统硬件架构，为无人车自主感知及自动驾驶保驾护航。

2. 全新自研“多源融合感知定位”技术

新石器利用全新自研“多源融合感知定位”技术方案来确保车辆的稳定运行。该方案采用的是北斗、GPS、伽利略等主流高精度卫星定位技术，辅以惯性导航以及点云、视觉 SLAM 技术，可实现厘米级定位和精准调度。在遇到环境开放的场地，应用 GNSS 进行卫星定位，而在强遮挡、信号差的空间，则使用内置高精度 IMU 进行辅助定位，同时基于视觉与点云的多传感器冗余设计，支持无人车定位系统在 24h 及多种天气环境下的多工况可靠运行。

正是有了这些强大的软硬件技术支持，让新石器无人车 X3PLus 在运行的平顺性、评估路线的通过性、系统最小风险机动（MRM）以及循迹行驶过程中避免与道路使用者（VRU）碰撞等方面都拥有出色表现，并于 2022 年 11 月底获得由国际独立第三方检测、检验和认证机构德国 TÜV 莱茵（简称“TÜV 莱茵”）颁发的国内首张“低速自动驾驶系统性能测试”China-mark（中国标识）认证证书。

3. 无人配送助力企业实现降本增效

多年来，新石器始终坚持“以无人配送为切入点，多元化场景应用落地为发展目标”，通过领先的技术与应用场景的完美适配，更好地扩展自动驾驶技术应用边界。四年多时间，新石器无人车已迭代升级四次，并不断完善末端无人配送领域的服务及交付能力，持续优化各大应用场景解决方案，加速无人车在物流、零售、城市服务、校园服务等领域的商业化落地进程（见图 3）。

图 3　新石器无人车 X3P 场景落地运营图

（1）无人配送场景落地

新石器无人配送车作为城市运力的有效补充，可通过人机协同模式，有效提升人工配送效率，降低订单运营成本，帮助企业实现降本增效。目前，新石器已与顺丰、达达、超级飞驼等多家物流企业达成战略合作，在北京亦庄、深圳、成都等地实现商业化落地；同时还与日本京瓷、瑞士邮政、日本大仓等海外企业合作，在国外开展无人配送测试运营工作，得到国外市民的一致好评。

（2）无人零售场景落地

新石器无人车通过多品类灵活部署、多场景智能调度等优势，帮助品牌零售企业突破供给半径，成为零售企业的“移动名片”。目前，新石器无人车已陆续与肯德基、麦当劳等数百个餐饮及零售品牌企业合作，为超过 30 万用户交付逾 200 万单。其中仅北京、上海、广州三地，无人零售车常态化运营规模达 300 多辆，主要分布在人流密集的商业广场、办公园区、地铁口周边等地，有效满足上班族餐食及日常快消品的消费需求。

（3）校园服务场景落地

新石器无人车已陆续与清华大学、北京邮电大学、浙江大学、重庆邮电大学、北京科技大学顺德研究生院等多所院校合作，通过搭建产教融合的创新平台和实训基地，更好地激发大学生创新创业创造动能，积极推动高校创新成果转化应用。

同时，新石器还通过校园配送、校园零售等应用场景，为广大师生生活创造更多便利。如 2022 年开学季，新石器无人车为北京师范大学新生提供行李运送服务，有效降低了人员接触的风险；与顺丰合作，在广东海洋大学、海口经济学院等多所高校为师生提供快递无人配送服务，帮助企业有效降低人力成本，有效解决校园师生取快递不便等难题。

（4）城市服务场景落地

新石器无人安防车具备 24h 不间断巡逻、视频抓拍、生命体征探测等功能，可大幅节省警力，满足临时全天候机动布控需求，提高巡逻指挥时效，为群众提供宣传、防范、紧急情况救助等服务，大大提升人民群众的安全感和满意度。目前已陆续在北京亦庄、深圳、杭州、苏州、安阳、阳泉等地展开测试运营工作，负责相关区域的安防巡逻工作。

2020—2022 年，新石器曾多次在北京、上海、武汉、西安、广州、深圳、苏州等城市参加抗疫工作，为当地居民提供物资配送服务和无接触售卖服务。如 2020 年，新石器无人车前往武汉，在雷神山医院、多家方舱医院及隔离区，承担起防疫物资运输、消毒喷洒应对工作，累计执行 12674 次无人车运行指令。2022 年上半年，公司调拨 161 辆无人车支援上海抗疫，为 7 家方舱医院、85 个社区提供配送服务，共交付防疫物资 484945 份，无接触生活物资配送 109t。同期，还在北京亦庄开展样本转运工作，累计转运样本约 10 万份。

作为智慧城市的基础服务设施，新石器无人车已成功落地全球 13 个国家、40 个城市、100 多个场景，累计安全行驶里程逾 600 万 km，累计交付部署车辆超过 1000 辆。未来，公司将进一步加快商业化战略布局，开辟更多新的场景，让每一个人享受到自动驾驶带来的全新服务。

仿真赋能、数据驱动，X-IN-LOOP® 技术体系推动自动驾驶安全落地

苏州智行众维智能科技有限公司

作者：安宏伟

自动驾驶被誉为 21 世纪最具颠覆性的技术，但迄今为止，自动驾驶技术依然没有真正实现大规模商用，最主要的瓶颈在于如何保障自动驾驶汽车的行驶安全性及可靠性。在高新技术产业化发展的带动下，近年来自动驾驶产业链不断实现跨界整合、生态协同，通过构建智能化产业发展体系、数字化区域协同机制，不断破除市场和技术壁垒，打开传统产业边界，通过“共生”拓展到更广的技术发展空间。与此同时，如何有效构建产业发展所急需的技术闭环和数据闭环支撑体系，实现海量数据的有效利用，始终是自动驾驶产业不断思考和探索的重点。

对自动驾驶算法的有效性进行测试验证，行业公认需要约 177 亿 km 以上的测试里程（兰德智库，2016），如果仅依赖实车测试，所需的时间、人力、物力、财务成本将是难以估量的。同时，涉及的极端场景、危险场景等如果完全依靠实际路试更不可能实现。基于此，仿真技术被应用到自动驾驶测试中。通过数字孪生重建、传感器模型、动力学模型等仿真技术在虚拟世界中复现现实世界的交通环境，让自动驾驶汽车进入仿真世界进行测试，在有效模拟各类极端场景的同时，有效降低测试风险，提升测试效率。通过仿真测试推动自动驾驶产业链内生效能的强化，进而推动企业“上云用数赋智”，已成为自动驾驶上下游企业竞相布局的新高地。

苏州智行众维智能科技有限公司（简称 IAE 智行众维®）是自动驾驶仿真测试领域的技术引领者和专业服务商。公司从满足行业共性需求出发，打造和完善从海量场景仿真到极限场景测试的技术闭环和数据闭环体系，帮助企业用更集约的资源，更快、更精、更优地实现智能网联汽车测试验证的目标，助力产业更快、更安全地商业化落地。公司研发的以数字孪生仿真场景工场、云算力海量仿真 SaaS 平台和高级整车在环技术（VaHIL® 等）等为代表的 IAE X-in-Loop® 产品和技术体系，已广泛服务于国内外主机厂、零部件企业、科技创新企业、研究院所、第三方检测机构和各地智能网联测试示范区等客户，部分核心技术领先国内外友商 1 ~ 2 年甚至更多。

1. X-in-Loop® 仿真测试技术体系概述

IAE 智行众维® 已具备全面覆盖 L1 ~ L5 级别自动驾驶的仿真测试技术能力。IAE X-in-Loop® 仿真测试技术和产品体系，提供从软件在环、硬件在环、驾驶员在环、高级整车在环、车辆 - 环境 - 交通在环，到数

字孪生场景库和云算力海量仿真等在内的完整技术、软硬件工具链、仿真场景数据和服务，用于实现自动驾驶研发、测试和验证在时间和空间上的加速（见图 1）。

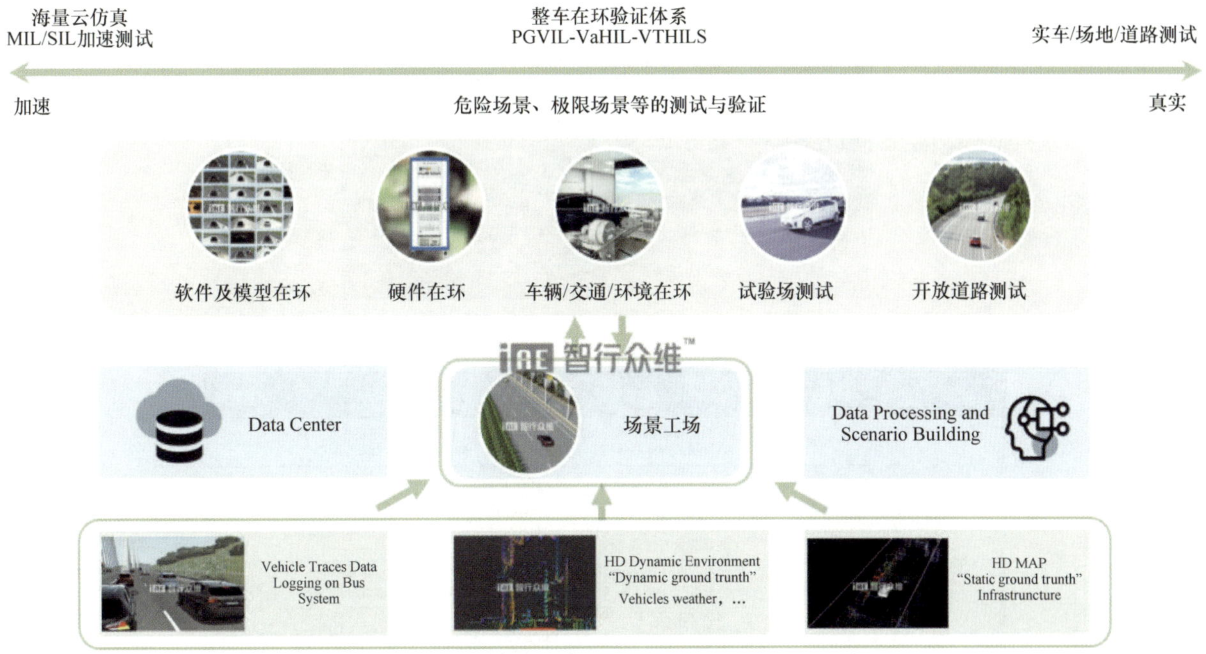

图 1　IAE X-in-Loop® 技术体系

2. 技术方案及应用优势

IAE X-in-Loop® 技术体系基于虚拟仿真和混合现实测试相结合的技术路线，包括"水木灵境"场景工场、云算力海量仿真 SaaS 平台、硬件在环测试及整车在环仿真测试等多项行业领先的核心技术。

（1）"水木灵境"场景工场（海量场景库）

从产品规划、研发到测试验证形成闭环是自动驾驶量产和商业落地的内在需求，而数据是驱动上述闭环运转的关键。如何建立一套完整的技术和工具链体系，实现从数据采集、数据迁移、数据筛选、切片到根据数据使用目标平台进行格式和内容转换，是实现数据闭环的核心。

"水木灵境"场景工场正是服务于这一目的，致力于构建全球规模最大的，具有高精度、高置信度、高覆盖度、高鲜度的仿真测试场景工场（海量场景库），并提供仿真场景数据及 SaaS（Scenario-as-a-Service）服务。

基于国内外智能网联汽车行业的相关标准、真实道路和交通行为特征，以人工智能和数字孪生为底层技术，以跨平台和大数据驱动为原则，开发并形成场景数据采集、处理、分析和批量化生产的全流程及自动化工具链，实现仿真测试场景的大规模、高质量生产，构建大规模仿真测试和评价所需的核心支撑体系。"水木灵境"场景工场目前已构建超过 8000 组实际可用的仿真场景库，涵盖城市级数字孪生、自然驾驶、国内外法规标准、CIDAS 交通事故复现、预期功能安全、V2X 等（见图 2）。

（2）云算力海量仿真 SaaS 平台

"水母"海量仿真 SaaS 平台可以在专有云和公有云上部署，支持虚拟机和 Docker 等多种方式。平台通过多用户、仿真算力节点弹性分配、仿真任务实时调度和监控，满足企业级用户多团队灵活使用的需求。平台内置海量场景库，可提供超过 2 万种各类仿真测试场景，包括 C-NCAP、E-NCAP、ADAS、APA、CIDAS、SOTIF、V2X 以及真实采集的自然驾驶场景等，并提供场景衍生和算法评价的能力，保证仿真场景测试的覆盖度和仿真过程中关键指标的跟踪和反馈，提供了专业的分析报告，加速算法的迭代和商业化落地。

除了可以为客户设计建设云仿真平台外，IAE 智行众维 ® 还建有 400 节点基于专有云的海量仿真 SaaS 平台，具备百万千米 / 天以上的虚拟仿真测试能力，可为客户提供专业的、SaaS 化的仿真测试服务（见图 3）。

分类	场景资源名称	场景资源说明	场景数量
“有迹可循”	真实城市/高速道路场景	根据路采数据，搭建高精度真实道路场景，1:1还原真实道路环境，测试环境更加真实可靠，覆盖苏州、广州、长春、重庆、上海等城市	1000km
	自然驾驶场景	以真实道路采集数据为依据，还原主车在自然驾驶状态下所遭遇的不同工况	200例
	CIDAS中国交通事故场景	以CIDAS(China In-Depth Accident Study，中国交通事故深入研究)数据为依据，在仿真环境下重构高精度事故工况	2000例
“有法可依”	ADAS法规场景	包含已发布的评价规程对现有自动驾驶功能所规定的测试场景已覆盖EuroNCAP，C-NCAP，ISO，GB等多个测试机构提出的测试规程	2000例
	V2X场景	以《合作式智能运输系统车用通信系统应用层及应用数据交互标准》为依据实现可用于V2X测试的仿真场景、车路协同应用验证的V2X仿真测试场景	650例
	中国交通规则场景	根据中国的交通规则编制的场景	800例
“有需可取”	ADAS自定义场景	以ADAS功能定义及其操作域设计为基础，设计具有意义的功能测试工况	1600例
	预期功能安全(SOTIF)场景	以触发者类型作为出发点综合考虑了现有智能驾驶系统由功能局限、算法缺陷以及异常环境等问题引发的功能安全场景	500例

图 2 “水木灵境”场景工场

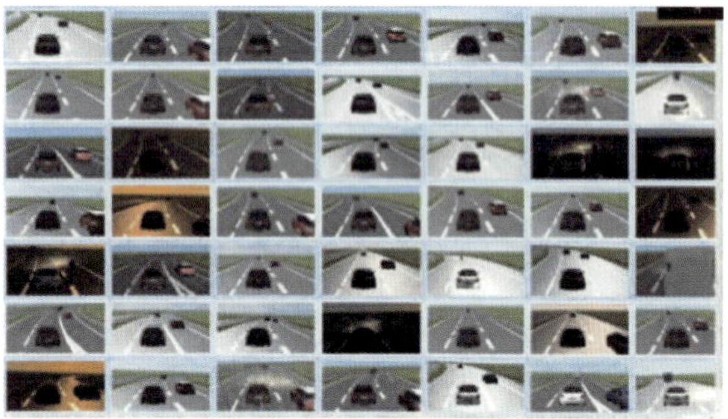

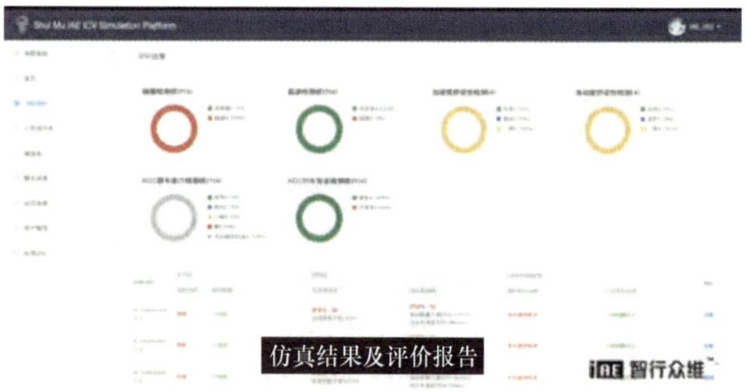

图 3 多场景实时仿真测试

（3）硬件在环仿真测试方案

硬件在环仿真测试系统采用实时仿真系统运行车辆动力学模型（SCANeR™ Callas 或第三方车辆动力学软件），采用高性能图形工作站运行仿真平台软件，两者同步仿真，模拟 ADAS-AD-V2X HIL 平台需要的各种传感器和场景。通过传感器数据注入设备 IAE SensorSim 模拟器，与 ADAS-AD-V2X HIL 平台形成完整的闭环测试系统（见图 4）。

（4）车辆在环技术方案体系

1）VaHIL® 高级整车在环仿真测试平台。VaHIL® 高级整车在环是 X-in-Loop® 技术体系的核心验证平台之一，是将虚拟场景环境与真实车辆相结合的智能驾驶测试验证方法。其采用实时多模块仿真平台实现传感器、定位模拟及 V2X 仿真作为智能网联车辆的场景输入，并结合高动态轴耦合式测功机和转向模拟子系统实现车辆真实道路负载模拟（见图 5）。

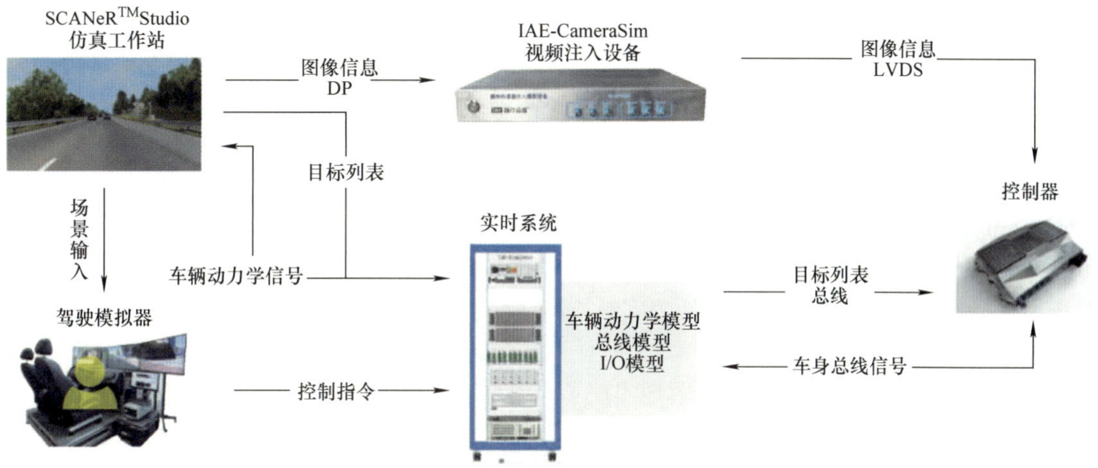

图 4　HIL 硬件在环仿真技术方案架构

图 5　VaHIL® 高级整车在环实验室

2）PGVIL 场地车辆在环测试。PGVIL 场地车辆在环将数字孪生虚拟场景和试验场地测试相结合，将仿真生成虚拟场景注入真实控制器，触发智能驾驶功能，能够更有针对性地对智驾智行机构进行评测，可用于车辆标定和智能驾驶功能评估（见图 6）。

图 6　PGVIL 场地车辆在环测试

3）VTHILS® 车辆 - 环境 - 交通在环仿真实验室。自动驾驶发展到现阶段，迫切需要突破“理想天气”边界条件的限制，具备在恶劣天气条件下安全工作的能力。车辆 - 环境 - 交通在环实验室（VTHILS®）正是对这一需求的响应。

VTHILS® 是 X-in-Loop® 技术体系中最为复杂的实验室之一，可以提供最接近真实交通环境的模拟测试环境。VTHILS® 通过对真实环境（雨、雾、光照、地面结冰湿滑等）和交通状况（行人、车辆、交通信号灯等）的准确模拟，在真实、可控、可重复、安全的条件下快速进行“真实车辆 + 真实传感器 +V2X 通信 + 天气环境 + 交通环境 + 道路环境模拟”的测试认证，可充分保证试验的可重复性和一致性，为自动驾驶提供全天候赋能，也为相关标准、法规的研究制定提供量化的、关键的依据。

2020 年至今，IAE 智行众维 ® 研发建设了国内首批六套 VaHIL® 高级整车在环仿真测试平台和若干套 PGVIL 场地车辆在环测试平台，用户包括国家级检测认证机构、头部主机厂、自动驾驶科技企业和相关科研院校等。

以 VaHIL® 为代表的车辆在环技术的落地实现了国内自动驾驶仿真测试从控制器级别硬件在环向整车级别实车在环测试的跨越。

3. 未来技术发力点

X-in-Loop® 是一个多层级的复杂技术体系，其以共同的场景工场为底座，各层级融合协同，将有助于构建多层级、一体化的仿真测试验证体系。例如，VaHIL® 与高保真驾驶模拟器 DIL 的联合仿真，将实现在不同地形地貌、不同车辆姿态等边界条件下，车辆安全可靠性验证与驾乘舒适性的（主客观）综合评价；多驾驶模拟器的联合仿真，可以进行自动驾驶行为文明性的评价；而多 VaHIL® 参与的高动态协同仿真，可以实现多主（测试）车的对抗训练和测试。

通过云算力海量仿真与 VaHIL® 高级整车在环的协同，可以实现从海量场景仿真到极限场景验证的技术闭环和数据闭环，为自动驾驶尤其是针对 Robo-X 无人驾驶 ® 城市应用场景（无人物流及环卫等的统称，Robo-taxi，Robo-bus）的研发、测试、认证和监管提供了有效的解决方案。其中，在海量仿真阶段，借助场景衍生和云算力高速并行能力，实现海量虚拟里程的加速测试（日行千万千米以上），将筛选出的关键和极限场景用于基于整车、真实控制器及数字孪生仿真场景的功能和性能测试，完成自动驾驶软硬件综合能力的评估，实现车辆上路前的最终安全性确认（见图 7）。

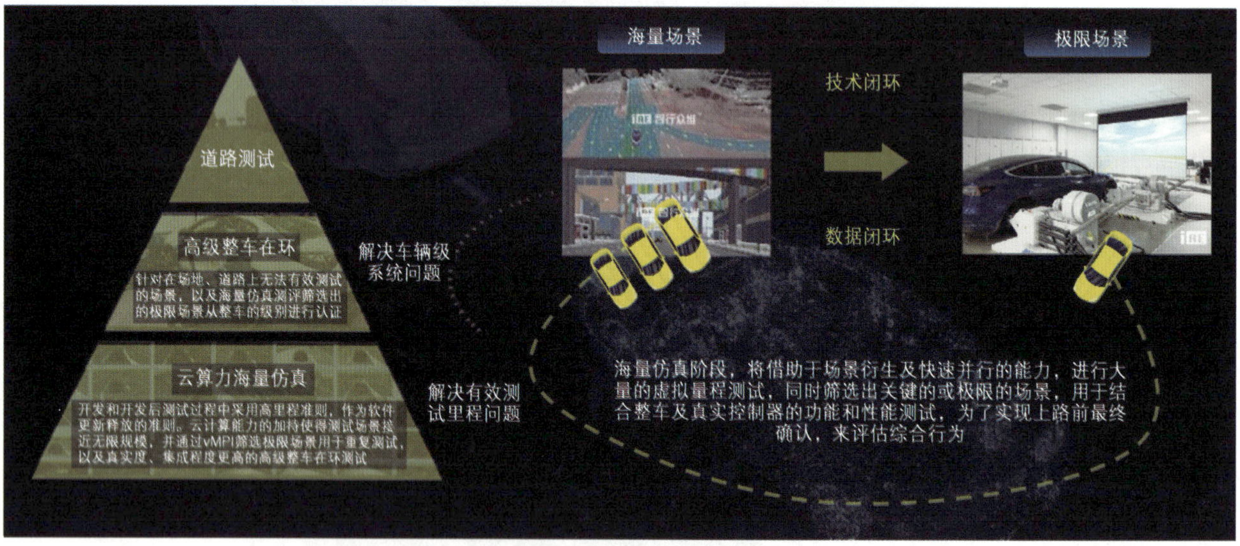

图 7　从海量场景到极限场景的技术闭环和数据闭环

在自动驾驶进入商业化落地的新阶段，安全性始终是首要问题。一直以来，IAE 智行众维 ® 在仿真测试技术体系上的创新和努力，始终围绕自动驾驶安全、可靠等领域来展开，同时兼顾车辆舒适性和能耗优化等需求。未来，IAE 智行众维 ® 将继续深耕仿真测试领域，不断完善智能网联仿真测试的技术闭环和数据闭环体系，通过打造以仿真赋能、数据驱动的场景仿真中国方案，助力中国智能网联汽车大规模商业化应用的进程。

南通智行未来车联网创新中心产品及解决方案概述

南通智行未来车联网创新中心有限公司

作者：许长勇

南通智行未来车联网创新中心成立于 2020 年 3 月，经过近三年时间的发展，目前是国家高新技术企业，同时也是国家科技型中小企业、江苏省民营科技企业、江苏省软件企业、江苏省 AAAA 级信息消费体验中心，全国低速无人驾驶产业联盟发起单位、南通车联网产业协同创新行业协会副理事长单位。

南通智行未来车联网创新中心是以技术为驱动的创新型高新技术企业，技术人员比例超过了 85%，目前已经通过了 ISO 9001、ISO 27001 质量管理体系的认证。中心具有专业化的人才队伍，是江苏省研究生工作站（南通大学），并与天津大学和南京信息工程大学成立了研究生联合培养基地，与南通理工学院、南通职业大学、江苏航运学院的车辆工程专业成立了人才实践基地。

1. 产品概述

南通智行未来车联网创新中心专注于车联网产业方向，在智能驾驶、车路协同、5G 远程驾驶、数字孪生等细分领域，具有多样的产品和丰富的工程经验。目前，其产品包括“车 - 路 - 云”三个方向：车端有自动驾驶小巴（见图 1）、无人巡防车、无人扫地车、车载 5G 网关等产品；路侧有路口全息感知设备、车路协同公交站台、公交候车行为检测终端和高精度定位锥桶等产品；云端有车联网云控平台、远程驾驶数字孪生系统、数字 3D 高精度地图系统、5G 远程驾驶舱（见图 2）、远程矿卡操控台、远程集卡操控台（见图 3）、远程天车操控台等软硬件产品。

图 1　自动驾驶小巴

图 2　5G 远程驾驶舱

2. 解决方案

南通智行未来车联网创新中心根据市场需求，并结合自身产品和创新能力优势，可为用户提供车联网方面的解决方案。

（1）5G 远程驾驶（控制）方案

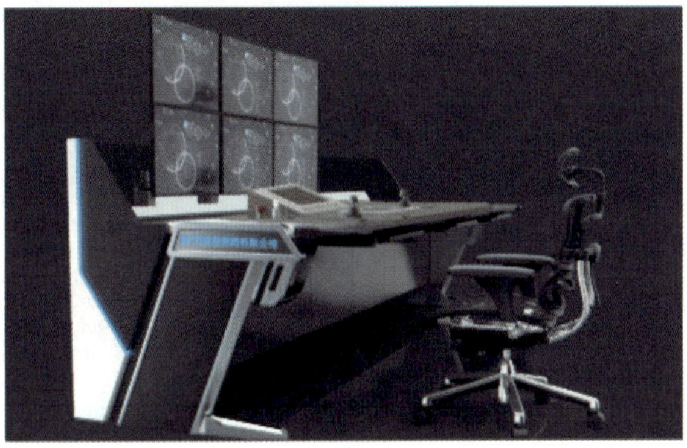

图 3　远程集卡操控台

5G 远程驾驶（控制）是依托 5G 专网，根据集卡、矿卡、挖机、天车、无人车等不同行业用户的需求，利用自主的车载 5G 网关、远程驾驶舱、云控服务平台等软硬件核心产品，为用户提供具有超低时延、个性化可定制的远程驾驶（控制）系统解决方案，其系统拓扑见图 4。同时，远程驾驶（控制）解决方案创新性地结合 AI、AR、VR、仿真等技术，利用数字化的手段提升了驾驶员的临场感、代入感、沉浸感及交互感。

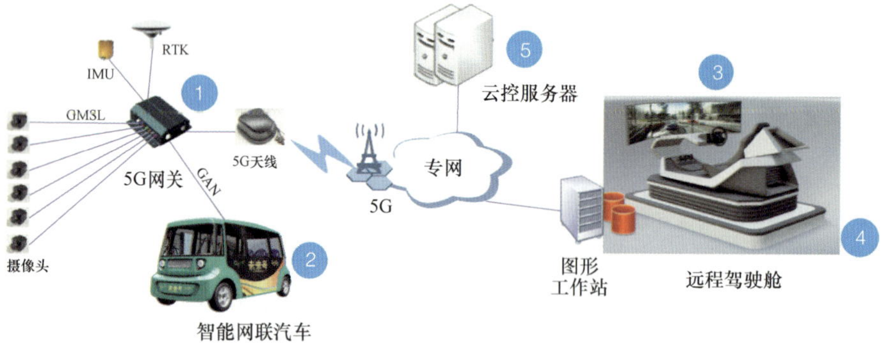

图 4　5G 远程驾驶（控制）系统拓扑

（2）数字孪生车联网应用方案

南通智行未来车联网创新中心具有低成本的 3D 快速建模能力，通过快速测绘及开发工具，可为交通路网、作业环境、工程车辆、交通参与者等目标建立高精度数字模型，并通过数据实时驱动，实现感知数据可视、物体孪生、运动仿真、第三视角呈现等基本功能，进一步实现可视化调度、车路协同数据分析、全局路线规划、辅助控制决策等进阶功能。典型案例如南通全息感知路口的车联网数字孪生平台（见图 5）以及重型履带吊车的数字孪生辅助控制系统（见图 6）。

图 5　南通车联网数字孪生平台

图 6　数字孪生辅助控制系统

南通智行未来车联网创新中心将秉承求实创新精神，持续加大研发投入和实践积累，以构建车联网产业链核心产品为目标，为行业用户和上下游企业提供专业的配套产品及技术服务。

LiDAR 量产元年众生相，优等生已在备战未来

图达通智能科技（苏州）有限公司

汽车行业的转型已经从电动化上半场进入智能化下半场的角逐。电动化已经不能给汽车的使用体验带来太多差异化，差异化和体验提升主要还是体现在智能化上，而智能驾驶是智能化中的最高地，激光雷达作为高性能传感器正在其中发挥着越来越重要的作用。如何将激光雷达普及，将其作用充分发挥，将成为量产企业下一步努力的方向。

1. 国际舞台的冰火两重天

由于量产遥遥无期，融资困难，曾经风光无限的国外明星激光雷达公司陷入困境。激光雷达上市公司 Quanergy 宣布启动退市程序，激光雷达鼻祖 Velodyne 和 Ouster 两家上市公司宣布合并，最早推出全球车规级激光雷达的 Ibeo 宣布启动破产程序。

然而，在国外激光雷达公司深陷困境的同时，中国激光雷达公司已经实现车规级半固态激光雷达大规模量产。

激光雷达之所以会出现中外冰火两重天，这与行业大环境以及各自技术发展路径有着很大关系。汽车行业大环境中，中国蓬勃发展的智能新能源汽车市场，为智能驾驶提供了成长的沃土。

截至目前，国外只有奔驰、奥迪、宝马、丰田、本田、沃尔沃、大众 7 家品牌 8 款车型宣称搭载激光雷达。相比之下，国内激光雷达的定点车型包括蔚来 ET5/ET7、小鹏 P5/G9、威马 M7、哪吒 S、高合 HiPhi Z、长城沙龙机甲龙、长城摩卡、埃安 LX plus、上汽智己 L7、飞凡汽车 R7、北汽极狐阿尔法 S 华为 HI 版、长安阿维塔 11 等 30 余款。

高工智能汽车研究院监测数据显示，2022 年全年前装标配交付超过 12 万颗，相比 2021 年增长 10 倍以上。在 2022 年 1—11 月乘用车前装标配搭载激光雷达的中国市场，图达通（Innovusion）位列份额榜首（见图 1）。

图 1　图达通图像级激光雷达点云

在国外市场，实际实现量产交付的可能只有法雷奥一家。而中国市场，已经有图达通、禾赛、速腾聚创、大疆览沃、华为等 5 家激光雷达公司实现了量产。

激光雷达行业，过往是在看定点数量，现阶段其实更应该看实际交付量，让产品落地，真正接受市场的考验。

2. 从国内代表看未来发展之路

以现在前装车载雷达交付量最大的图达通为例，2022 年 2 月，其第一台量产版激光雷达在宁波产线正式下线，7 月份突破 1 万台。截至 2002 年 11 月，图达通已经量产下线的高性能激光雷达更是多达 50000 台

（见图 2），年产能超过 25 万台。

图 2　图达通第 50000 台高性能激光雷达下线

除了乘用车市场之外，图达通在应用场景方面也有广泛的布局，涵盖商用车、车路协同、智慧交通、矿山、工业化、轨道交通等。图达通量产产品目前也已进入了国际市场，除了欧洲，在美国、韩国、澳大利亚也有布局。

从图达通的发展来看，我们不难找到一些量产成功的经验。

3. 一切为了量产应用

首先，图达通推出的技术从一开始就是瞄着量产应用来的。

其高性能产品可实现 10% 反射率下 250m 的探测距离，最远 500m 的探测距离，最高角分辨率 0.06°×0.06°。作为图像级超远距的高性能激光雷达，图达通为智能驾驶提供更早的探知能力、预留更多的决策时间，助力提升智能驾驶的安全性与舒适度。

除了高性能可量产的技术架构，图达通还采用了模块化设计降低生产难度，简化调教和组装过程，从 A 样开始生产导入，早验证，早优化，高质、高效化推进量产（见图 3）。

其次，充分催熟和借势产业链，从根源着手提效降本。

做激光雷达这类复杂的产品，不能一个人战斗，凭借一己之力把垂直打透、全部做尽是不切实际的，没法说既有芯片也有接收系统。据了解，图达通也有考虑做芯片，但其更多看到的是在某个时间点，怎样的事情最适合公司来做。行业有很多很深的合作伙伴们，不论是芯片、光学件、电子还是机械件，要注重怎么把行业资源最大化利用起来，与这些合作伙伴一起来做验证。打磨和催熟供应链，更好地借助整体产业的资源，更多地带着供应链先行，更多地在集成环节去发现和解决集成问题或者组合起来互相影响的问题，让图达通能够更快地把量产产品做出来。

据了解，图达通的第一条产线位于宁波，第二条产线位于苏州，由其独立规划，目前已接近满产，两条产线加起来已具备年产 25 万台激光雷达的量产能力。2023 年年初开始投入第三条产线，以满足更多核心客户的要求。

图 3　全工业化高性能激光雷达产线

图达通的产线占地面积只有几千平方米，借鉴高层往年经历中其他成熟行业相对领先的生产制造方式，更加注重场地面积利用率和实际效率，从规划上线速度、资本利用率等来看，图达通的产业投资比行业友商们说的上亿美元的投资少得多。图达通联合创始人兼 CEO 鲍君威相信，投资都要摊薄到客户的激光雷达上，有些时候做事情不能只想规模做大把钱投进去，而更要看实际的有效性和高效性。

值得一提的是，在图达通前置产线建造的深度积累下，根据实际需求，图达通可在 6 ~ 9 个月内快速完成产线复制，迅速实现产能爬坡。

最后，与车企紧密合作，把握好量产节奏。

图达通与其现阶段乘用车主要客户蔚来深度合作，目前已实现了 ET7、ES7 和 ET5 的量产交付。量产车打造出来的平台实现了高稳定性、极大的产能、很好的成本结构、大量的测试，形成了非常稳定、安全的供应链。如果这个时候将平台再推到其他客户，也许这些客户不会像蔚来跟图达通合作这么深入，但产品本身已经成熟的话，跟客户沟通更加容易，同时能够省去早期产品研发的困难阶段。当然每个客户都有些额外的需求，不管是硬件还是软件都需要适配。

对于激光雷达行业 2020 年交出的成绩单，现在还只是“期中考试”交卷，几年以后将迎来“期末考试”。对于图达通而言，在今后的发展中，坚持自己的量产技术路线，进一步拓展客户群，提升产能，保持持续性的领先优势至关重要。

图达通在 2022 年初的国际消费类电子产品展览会（CES）上亮相了自己的中短距激光雷达 Robin（图达通称其为侧视雷达）。鲍君威表示，“现在所谓的一些补盲雷达 30m 的探测距离远远不够。在定义产品过程中我们也有一些产品开发的规划，具体细节会在 2023 CES 的时候向大家公布。”

4. 量产后的下一步

实现量产，其实只是跨过了门槛，万里长征走完了第一步，对于激光雷达企业，今后的发展还将面对诸多挑战。

接下来，在中国上车的激光雷达数量可能会迅速增加，混合固态激光雷达可能仍是主激光雷达的主流产品，而固态激光雷达由于探测距离的限制，会主要作为侧向的补盲激光雷达。

由于成本仍然较高，激光雷达可能更多地在 25 万元以上的中高端车型上使用。值得关注的是，自动驾驶的成本其实是整体而言的，高性能的激光雷达的优质点云和策略性分布为系统算法减轻着压力和成本，所以“降本”并不仅在关注激光雷达本身的价格。通过芯片化和集成化等方式，在提高更优点云、为算法减轻压力的同时，进一步降低激光雷达的价格和自动驾驶的综合成本，让价格不再成为激光雷达在自动驾驶中普及的障碍，可能是量产激光雷达面临的一大挑战。

相信三年以后，大家对于前视、侧视激光雷达的要求和定义可能会更加清晰，整车厂、行业各领域，甚至买车人都会更明白自己的需求。

也相信未来激光雷达将会像摄像头一样普及。当成本降至 500 美元，甚至更低的时候，激光雷达的应用场景将更加广阔。

天翼交通车路协同自主创新成果

天翼交通科技有限公司

作者：李军

天翼交通科技有限公司（简称天翼交通）是由央企中国电信、自动驾驶服务商中智行，以及苏州市国资平台先导产投于 2021 年共同出资成立。天翼交通致力于成为面向自动驾驶的国家级智能交通运营及服务提供商。天翼交通积极响应交通强国的国家战略，坚持核心能力自主可控，突破关键技术，打造全球领先的车路协同系统，提供自主可控、先进、安全和规模化应用的车路协同自动驾驶整体解决方案。

1. 时空连续的全息道路

通过在城市公开道路的路口和路段，按设计规范部署激光雷达和摄像头等感知设备，准确识别出交通参与者的全要素信息，构建出无盲区、无死角的“交通无影灯”效果，实现真实物理世界的道路交通数字孪生（见图 1）。

1）建设特点：实现对道路的全息化、无死角、7 × 24h 全天观测的时空连续覆盖。

2）技术指标：感知准召率⩾ 95%、事件识别率⩾ 95%、位置精度⩽ 0.5m、端到端 P99 时延 < 200ms。

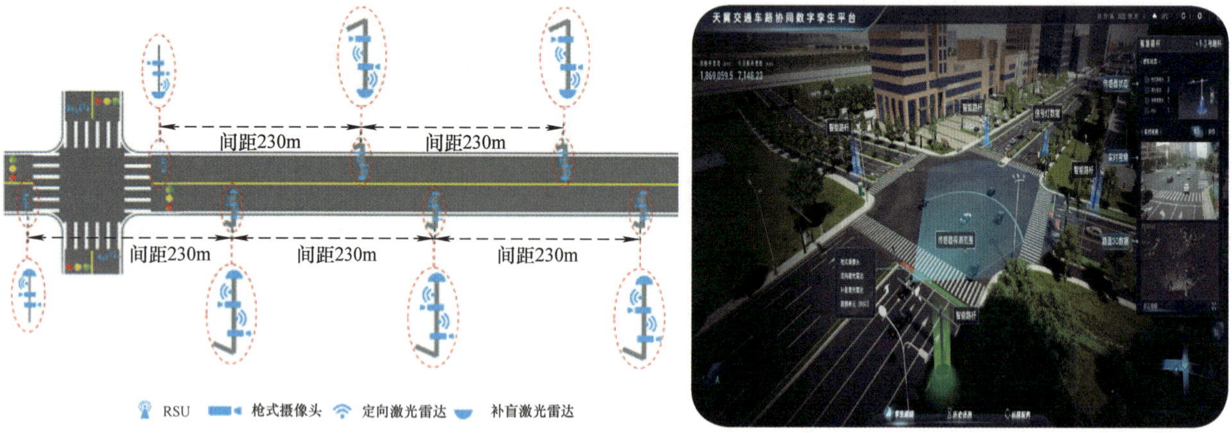

图 1　全息道路

2. 自主研发的三大引擎

通过对全息道路采集的海量原始数据的处理与分析，并利用融合感知、车路云通信、全息仿真等核心技术，生成语义化数据，并实时准确下发给所服务的智能网联车辆及智能交通相关业务系统（见图 2）。

图 2 三大技术引擎

（1）AI 引擎

AI 引擎利用连续时空感知技术，实现超视距无死角的感知覆盖；通过异构传感器融合技术，实现全天候感知；利用弱语义融合技术，实现分布式协同感知，提升目标检测在类别、朝向、追踪匹配等方面的准确性；同时 AI 引擎提供模型训练、模型优化、在线升级等服务。

（2）车路协同引擎

车路协同引擎通过 5G 专网、双链路冗余设计、全链路监控等技术手段，保障路侧系统稳定可靠；利用多线程感知推理服务框架、分布式部署优化架构，实现 P99 计算时延≤ 40ms；采用轻量级封装设计的车端 SDK，保证运行时内存占用≤ 1MB，降低车辆接入复杂度，实现路端数据上车和通信安全校验等。

（3）全息仿真引擎

全息仿真引擎包括场景库、仿真平台及评价体系，通过高精度环境建模、真实数据导入、高逼真度传感器模拟等，实现交通流的数字仿真，自动获取高价值场景，构建车路协同场景库，支持 AI 算法的快速迭代优化。

3. 卓尔不群的平台产品

（1）车路协同数字孪生平台

天翼交通打造的最具领先性、差异化和创造力的数字孪生产品（见图 3），通过三维场景静态精准重建，基于全息感知的动态交通数据实时还原，将物理世界的红绿灯、天气、交通参与者等信息实时匹配到孪生场景中，实现全时空连续高实时高保真的道路数字孪生。

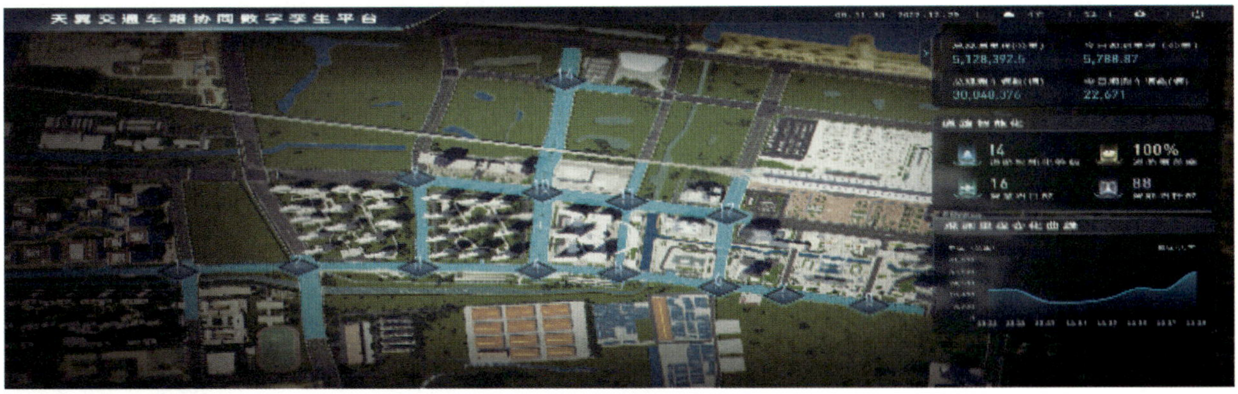

图 3 车路协同数字孪生平台

（2）智能驾驶赋能平台

天翼交通首创的面向自动驾驶的全息道路能力输出和运营赋能平台（见图 4），通过融合感知、人工智能、车路协同、5G 等关键技术，打造低时延、高可靠、真智能的路侧数据服务，将超视距、无死角、全天候道路交通数字孪生信息输出给不同等级的智能驾驶系统，有效提升车辆的自动驾驶水平，使“聪明的车”和“智慧的路”深度融合，真正起到“1+1>2”的效果。

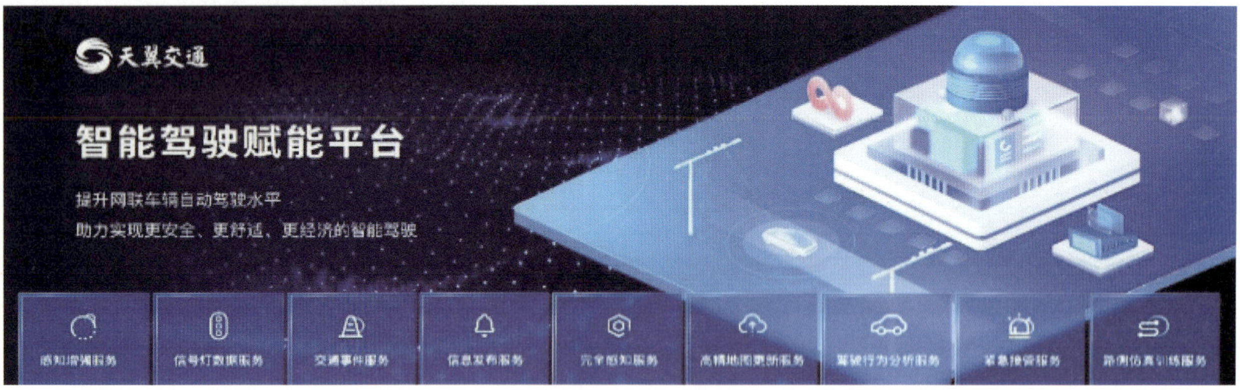

图 4　智能驾驶赋能平台

（3）智能交通云控平台

天翼交通面向政府交通管理部门、车企和出行服务商等用户提供智能交通运营和数据服务平台（见图 5）。其借助 AI 感知和云网技术，按照统一规范提供符合运营质量要求和可靠性、安全性要求的标准化数据，结合产业发展、商业运营和政府监管需求，为政府部门、车企和出行服务商等用户提供运营和出行信息服务。

图 5　智能交通云控平台

4. 行业首创的“轻车・熟路”

天翼交通依托其核心技术，联合中智行共同研发了“轻车・熟路”车路协同自动驾驶系统（见图 6）。该系统在全球首次实现以轻量化自动驾驶车 + 高等级全息智能道路，依靠纯路端感知条件在城市级公开道路上实现长距离 L4 级别自动驾驶的常态化运营。“轻车・熟路”系统解决方案可以为不同等级的智能网联车辆赋能，实现让聪明的车更聪明。

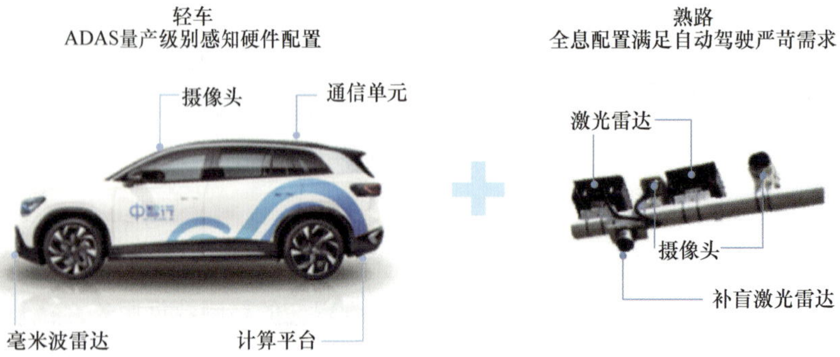

图 6　“轻车・熟路”系统

基于北斗的智能网联汽车高精度定位服务体系

国汽大有时空科技（安庆）有限公司
作者：李庆建

1. 背景介绍

2020 年 6 月 23 日，我国北斗三号全球卫星导航系统最后一颗组网卫星发射升空，标志着北斗系统完成全球组网部署，正式通过全球卫星导航系统（GNSS）向全世界人民提供更精确的地理定位服务。北斗三号系统提供多个频点的导航信号，通过多频信号组合使用等方式提高了卫星导航系统的可用性，已广泛应用于各行各业，成为重要的新型基础设施。

智能网联汽车是全球汽车产业发展的战略方向，已成为全球大国竞争的重要科技领域。高精度定位是智能网联汽车的核心技术之一，网联式自动驾驶对位置服务具有严苛的要求。为了保障智能网联汽车的自动安全驾驶，需要实时连续的高精度、高可靠、高可用，具有完好性的“智能终端 + 高精度云服务”的一体化定位服务。

2. 大有时空北斗星地一体化高精度定位服务

大有时空在国内率先全面掌握第四代定位技术 PPP-RTK，并进行工程化应用。公司以智能网联汽车中国方案的总体架构与技术为引领，基于中国北斗构建 PPP-RTK 星地一体化增强系统和位置服务网，为智能网联汽车提供安全可靠的高精度定位服务。同时，大有时空联合海外合作伙伴，构建全球一张网，双方账号互通，播发协议互操作，为国外车企走入中国、中国车企走向世界提供全球一网通定位服务（见图 1）。

大有时空的高精度定位服务体系主要由高精度定位服务平台和智能硬件终端组成。

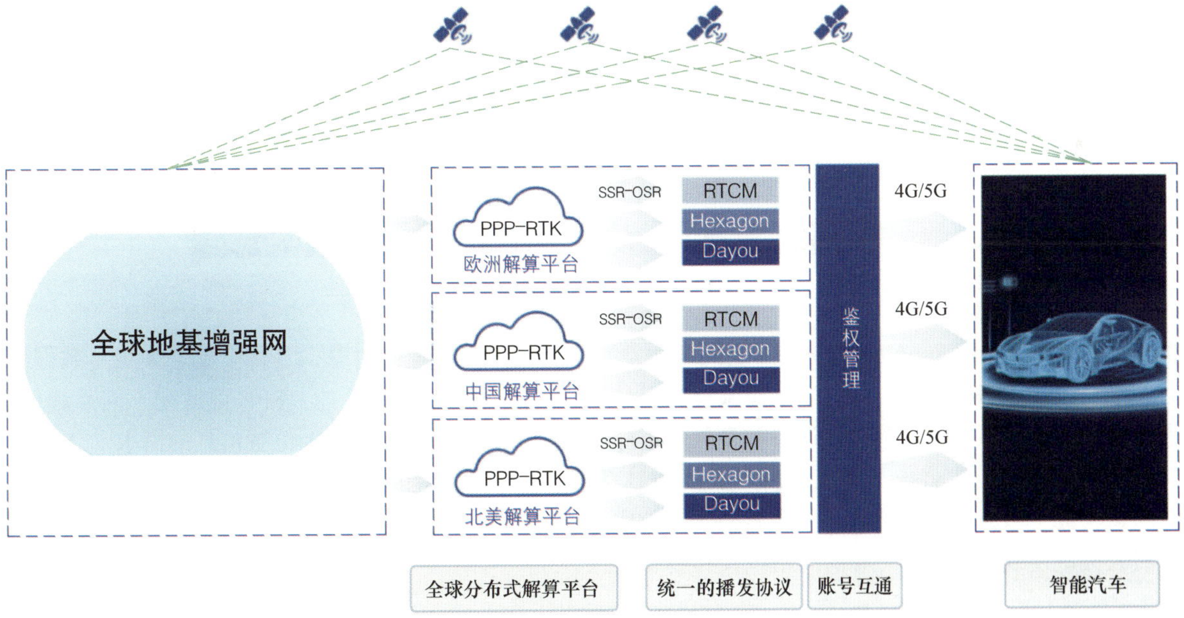

图 1 大有时空高精度定位服务

（1）高精度定位服务平台

大有时空高精度定位服务平台，基于大数据云平台构建，是集基站运维管理、数据处理与解算、用户管理与服务播发、系统监控与完好性监测等为一体的服务平台。平台支持亿级用户管理、百万级并发访问，可为智能网联汽车提供实时连续的高精度、高可靠、高可用、低成本，且具有完好性的 PPP-RTK 服务。

1）实时。PPP-RTK 定位服务提供大气改正数和相位小数偏差产品，可实现 30s 快速收敛。

2）连续。平台基于全国统一的坐标网，将各区域解算得到的服务产品进行统一建模，消除基准误差，最后统一进行播发，实现全国无缝连续定位服务。

3）高精度。PPP-RTK 对各种主要系统误差源进行优化分析，建立整网的电离层延迟、对流层延迟等误差模型，定位精度可达 2 ~ 5cm。

4）高可靠。平台针对全链路各个环节进行实时跟踪、监控并评估运行状态，确保系统运行可控、服务结果可靠。

5）高可用。平台支持同城双活及异地灾备，提供 7 × 24h 的服务，保障 99.9% 高可用率。

6）低成本。PPP-RTK 技术利用少量稀疏基准站网即可实现厘米级定位，且播发精度的保持时间是 N-RTK 的 4 倍，可有效降低基站运维成本及带宽成本。

7）具有完好性。PPP-RTK 基于 SSR 状态域改正数的播发服务，可对各类改正数进行独立的完好性监控。

（2）定位终端

大有时空具有基于 PPP-RTK 技术的云端一体化算法，以支持高精度定位服务与智能终端的闭环，实现“北斗星地一体化高精度定位服务”在车端的应用。车端的定位模块架构见图 2。

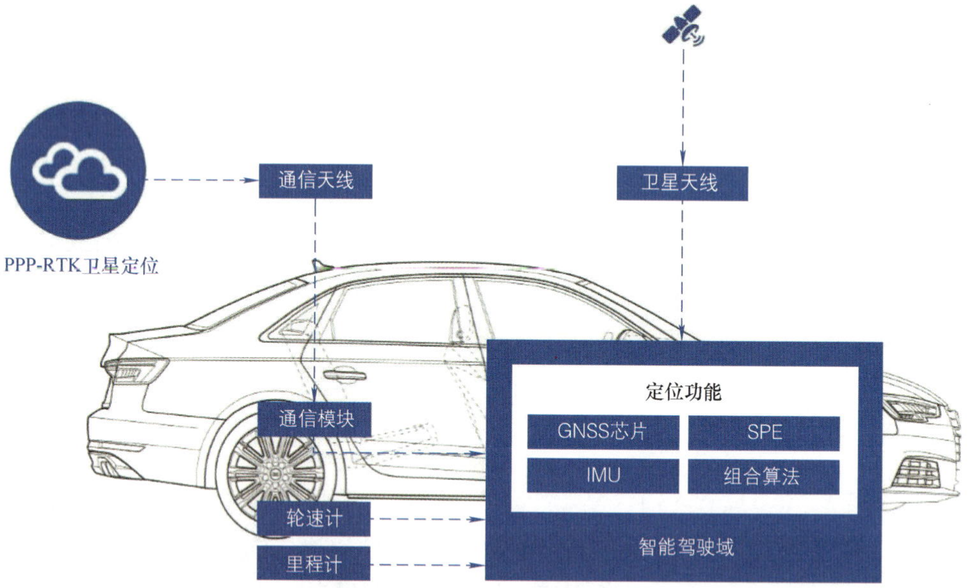

图 2　定位终端产品架构

SPE（Software Positioning Engine）是大有时空自主研发的高精定位引擎，具备全星全频卫星数据处理能力，结合 PPP-RTK/N-RTK 高精度定位服务，可达到稳定的厘米级定位性能。SPE 可适配不同品牌模组、板卡、定位终端、域控制器等硬件设备和多种应用环境，满足各类场景中对高精位置信息的需求。

同时，大有时空也推出了智能终端产品 P-BOX 和 M-BOX，内置 SPE 和定位模组，后者还融合了高精度地图、视觉、激光等感知信息，结合高精度定位服务，能够有效应对卫星信号干扰、丢失等恶劣环境，为智能驾驶提供连续、稳定、可靠的高精位置和姿态信息。

3. 应用与展望

大有时空“基于北斗的智能网联汽车高精度定位服务体系”已实际应用于多个国家和地方项目上，如在北京市北斗融合创新应用示范项目中，PPP-RTK 服务首次用于无人配送及车路协同；在智能网联汽车大数据云控基础平台项目中覆盖 5 个城市 2 家车厂，合计服务 20 万辆车。

同时，大有时空已与某车企合作，进行高精度定位服务全球一张网的测试验证，在深圳市及欧洲测试通过，为后续的量产上车打下基础。大有时空北斗星地一体化高精度定位服务将赋能“智能网联汽车中国方案”战略落地，助力各自动驾驶公司和汽车制造公司加速其自动驾驶研发进程和国际化步伐。

数据驱动“飞轮”，“两条腿”加速自动驾驶规模化落地

北京魔门塔科技有限公司
作者：李晓祎

1. 公司概况

北京魔门塔科技有限公司（简称 Momenta）是全球领先的自动驾驶公司，致力于通过突破性的 AI 科技，创造更美好的生活。为实现可规模化的自动驾驶，Momenta 基于数据驱动的“飞轮”技术洞察，以及量产自动驾驶（Mpilot）与完全无人驾驶（MSD）相结合的“两条腿”产品战略，提供不同级别的自动驾驶解决方案，更高效快速地实现无人驾驶规模化落地，赋能更安全、便捷、高效的未来智慧出行。截至 2021 年 11 月，公司累计公布融资总额超 12 亿美元。

Momenta 产品及技术解决方案自 2018—2021 年连续四年获得铃轩奖奖项，公司还获得 2019 顶尖创业公司排行榜（中国）、2019 人工智能产业独角兽 TOP50，是唯一连续两年入选 MIT TR《麻省理工科技评论》“50 家聪明公司”的自动驾驶创业公司。

2. 技术突破

Momenta 致力于通过突破性的 AI 科技实现规模化的自动驾驶，构建全球领先的全流程数据驱动能力，包括感知、融合、预测和规控等算法模块均可以通过数据方式高效迭代和更新。

1）创新开发了数据驱动的高精度 3D 视觉感知算法，可实现超 1000 类车型识别、3D 外边框检测、距离、相对位置和速度估计，以及车道线、路口引导线、交通标识牌、红绿灯、可行驶区域等识别。以车辆相机拍摄的 2D 图像语义点重建道路、交通标志等周围环境的 3D 位置，融合 GPS 和 IMU 数据建立 3D 场景，基于深度学习技术训练深度神经网络，实现更好的感知效果并覆盖更多场景，同时积累的数据再次用于驱动感知算法自动化迭代，形成良性闭环，从而加速 ADAS 实现海量驾驶场景数据收集、分析、应用、迭代。

2）自主研发了大车流量、高快速道路、拥堵路段等特定复杂环境下的自动驾驶决策系统，实现车辆定位、位姿修正、他车轨迹预测、变道决策等辅助功能。利用地图元素与车体先验位置的相对位置关系，构建地图元素在相机坐标系下设定方向的键值对信息，实现车辆定位，解决了现有技术无法连续高精定位的问题，提升车辆定位精度达到 10cm。

3）构建闭环自动化的测试反馈系统——CLA 线上数据管理平台，通过数据采集、数据回流、数据处理、数据标注、模型训练、模型评测，以实现整个自动化的过程。建立了年超 20 亿 km 的海量道路数据采集 CPU 集群，匹配数据驱动算法，实现高效的算法训练。

4）提出可设定各通道传输速率的远程多传感数据同步技术，突破业内即时定位与地图构建（SLAM）和惯性导航技术下多传感数据实现时间戳精准同步的技术瓶颈。研发了传感信号获取集成端与数据计算平台的同步数据通信方案，实现了图像数据、IMU 数据、轮速数据和位置数据在同一时间维度下的数据精确同步，高精地图更新速度达到 200Hz 以上，地图更新延迟低于 10ms，保证了车辆感知层和决策层的高效联动。

3. 落地案例

1）量产落地：自动驾驶系统已应用于上汽智己 L7 车型，2022 年 6 月实现量产，70 天内完成 2000 台交付，受到消费者认可。搭载 Momenta 技术方案的智己汽车 IM AD 可实现海量数据回流快速迭代进化（见图 1），安全应对城市高架路、拥堵道路“加塞”、大车异型车躲闪、自动泊车等场景，获得“2022 年度新能源汽车消费榜智能驾驶榜单”第一名。除上汽智己 L7 车型，已形成全场景基于中国特色路况智行方案，并获得比亚迪、吉利汽车等的定点订单，搭载自动驾驶方案的量产车型（含在研）超过 20 款。

2）Robotaxi 方面：2021 年 12 月，应用“飞轮式 L4”的享道 Robotaxi 正式发布，现已于上海及苏州启动运营，这也是 Momenta 在 L4 技术商业化落地的重要里程碑。享道 Robotaxi 运营百日报告显示，用户总体满意率达 98%，八成用户在首次体验后有二次及以上乘坐，高满意度和复乘率也展现出享道 Robotaxi 的高

效规模化实力（见图 2、图 3）。

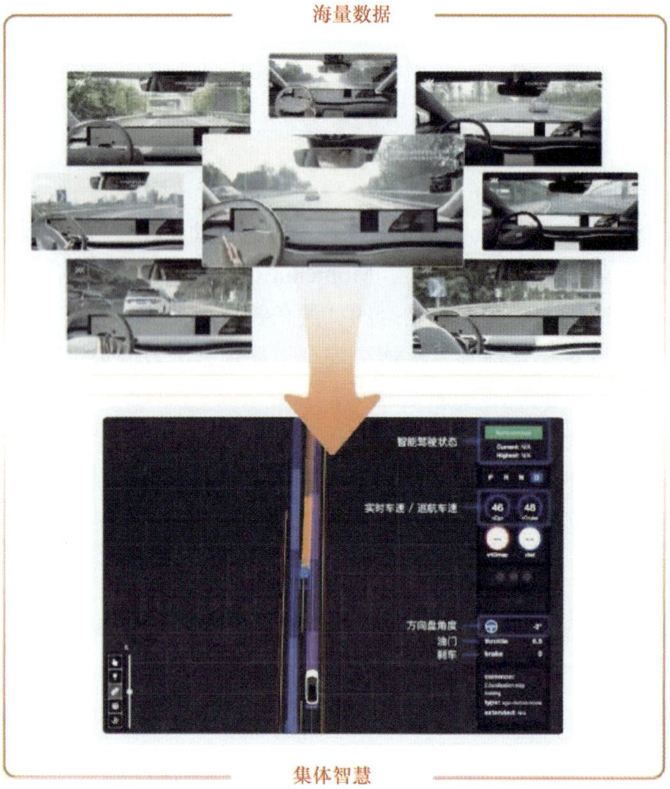

图 1　AI 数据回流系统展示智己 IM AD 如何快速进化

图 2　享道 Robotaxi 静态展示

图 3 享道 Robotaxi 运行状态展示

随着两条腿的协同优势越发显著，Momenta 正在形成独一无二的优势：量产自动驾驶拥有前瞻的技术，Robotaxi 则拥有贴近真实用户驾驶习惯的产品表现。这也帮助 Momenta 实现商业上的快速增长，同时更高效、快速地实现无人驾驶规模化落地，赋能更安全、便捷、高效的未来智慧出行。

面向智能化绿色化矿山的无人驾驶系统及整体解决方案

上海伯镭智能科技有限公司

1. 发展概况

伯镭科技（Boonray）成立于 2015 年，致力于通过自动驾驶及人工智能相关技术赋能矿山等传统行业，提供企业级智能化运营解决方案。其创始团队毕业于上海交通大学，并与交大成立“自动驾驶联合研发中心”，利用行业领先的 L4 自动驾驶全栈技术，打造了一个包含自动驾驶系统、车辆线性控制系统、5G 远程控制系统及云端智能调度系统在内的露天矿山智能作业平台，可以实现矿车、挖机、装载机等各类矿用工程机械的互联互通和集群化智能作业，便于大规模部署。目前已经在国内多个矿山实现矿车运输无人化运营，并与国家五大发电集团之一的国家电投达成战略合作，推出行业首创自动驾驶换电矿卡，助力矿山全面实现安全、无人、低碳生产。

2. 技术进展及研发能力

伯镭科技面向智能化绿色化矿山的无人驾驶系统及整体解决方案有三大核心优势：

一是针对矿山场景打造的自动驾驶算法平台。伯镭科技的 iDrive 无人驾驶系统是专门针对矿区场景的需求特点全自主开发的，对比市面上通用型的算法平台，伯镭科技充分考虑到了矿区周遭尘土等对无人矿车感知能力的影响，以及车两端特定的需求，针对这些因素做了细致优化，形成了一个非常高效的无人矿区“最优解”。

二是机动灵活的车辆调度系统。伯镭科技是国内最早实现矿区有人车队和无人车队在同一场景混合编队的企业。其调度系统通过对接入平台的无人矿卡机其他辅助设备进行统一调度和管理，支持有人和无人车队单独或混编作业，有效解决了矿区作业范围广、地点移动变化大、设备状态变化快等调度难点，协同性行业领先。

三是全自研的线性控制系统。该系统是伯镭科技针对矿区自动驾驶复杂场景自主开发的，可实现总线数字化精准控制，构筑多重荣誉结构，确保车辆功能安全。伯镭科技也是目前国内矿区无人驾驶领域为数不多掌握全自研线控技术的企业。

伯镭科技拥有知识产权专利 40 多项，其中发明专利 21 项。2022 年具体荣誉如下：

1）“创客中国”全国总决赛三等奖。

2）上海市高价值专利运营大赛投资价值奖。

3）上海最具投资潜力 50 佳创业企业。

4）世界 5G 大会“5G 融合应用揭榜赛”二等奖。

5）工信部“矿山领域机器人应用优秀场景”。

6）中国工业互联网大赛专业赛一等奖。

3. 主要产品及服务

（1）iDrive 自动驾驶系统

该系统装备了激光雷达、毫米波雷达、融合定位等多种模块（见图 1），使矿车具备高精准感知、高精度定位和高可靠性决策的能力。搭载该系统的矿车在没有人工干预的情况下能够实现自主驾驶、自主避障、最优线路规划、自动装卸等功能，满足露天矿运输需求。系统特点如下：

图 1　无人驾驶纯电矿车

1）自主路线规划（见图 2）：使用伯镭科技的自动驾驶算法，工程车辆可以在全场景、全天候的地形上进行自主路线规划，用最佳路线实现高效安全的运营。车辆使用地形模型和车辆模型来预测未来行为，提前避免不安全的情况发生。

2）三维高精建模（见图 3）：伯镭科技使用多种类型的外感传感器，将智能算法整合到传感器数据融合中，能准确高效地实现各种地形及场景的三维模型建立。通过云数据库的管理，这些三维模型可以让自动驾驶汽车快速访问并不断完善数据库信息。

3）自动调节（见图 4）：车辆系统和其他协作系统需要恰到好处的调整对接才能获得优异的性能。伯镭正在研究让工程机械车辆在执行任务期间自动进行改进相关协作系统，并自动学习以智能方式调整各系统之间的参数。

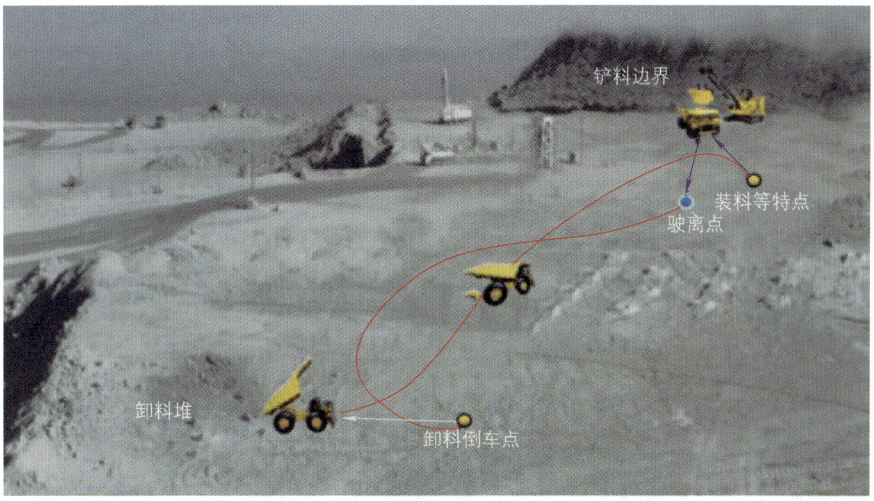

图 2　自主路线规划

图 3　三维高精建模

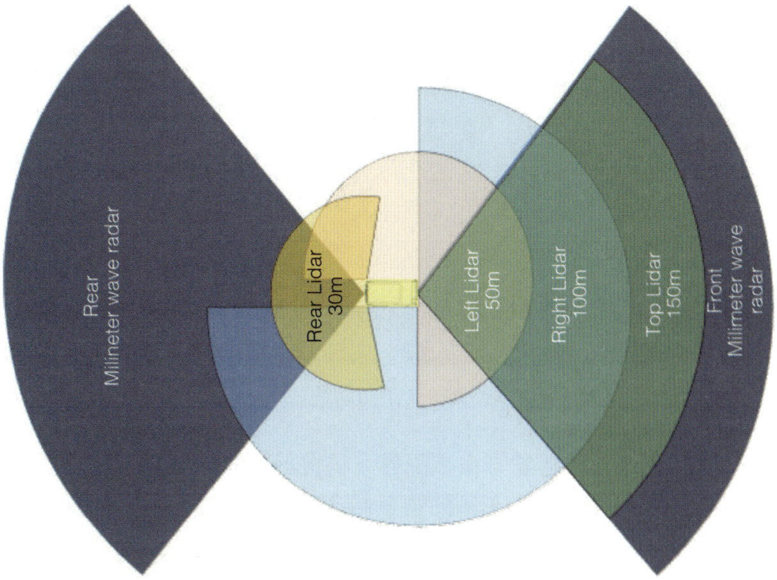

图 4　自动调节

4）障碍物识别与分类（见图 5）：通过多传感器的运用，可获取用于障碍物识别及分类的数据。让工程机械车辆从物体及环境中学习这些数据只是一个开始。伯镭科技的研究将结合各种三维模型及各种系统数据，通过在车辆之间建立网联，相互传递信息，从而改善车辆行为和机械协作。

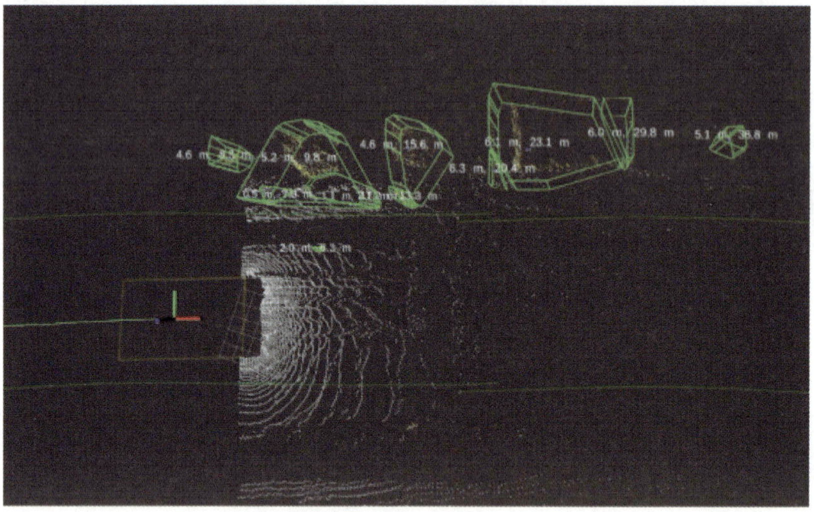

图 5　障碍物识别与分类

5）路口防撞（见图 6）：通过 V2V 通信，实现车辆与车辆之间的信息互通，让来自不同道路的车辆，在通过同一十字路口时，可以通过决策算法来防止车辆交汇时的碰撞。

图 6　路口防撞

6）速度引导（见图 7）：通过自动驾驶算法，引导车辆提前接收周围通行环境的各种信息，通过对信息的预判，引导车辆前进的速度及路线，减少车辆的紧急制动、停留时间及起动、加速的次数，帮助车辆节能减排，减少车辆本身及轮胎的磨损。

7）优先通行（见图 8）：在紧急情况或根据生产调度需要，让需要优先通行路线上的车辆与其他路线上的车辆产生交互，实现交汇道路上的有序优先通行。

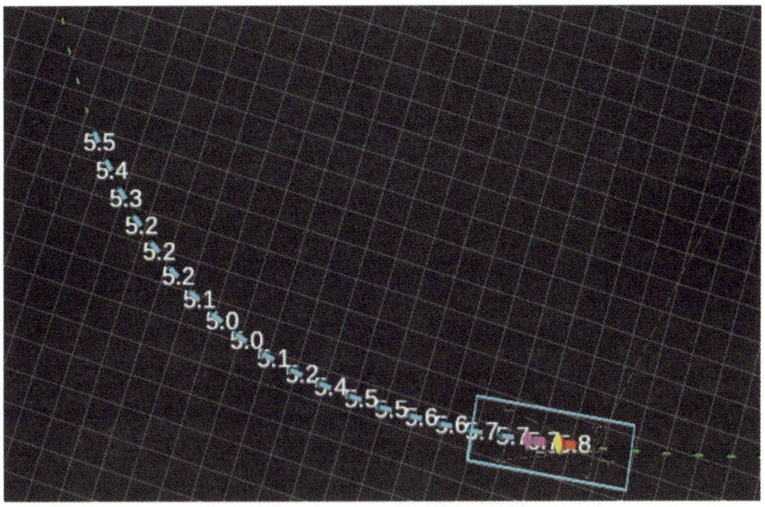

图 7 速度引导

图 8 优先通行

（2）线控冗余系统

伯镭科技线控系统（见图 9）通过采用冗余控制器、冗余 CAN 总线、冗余转向、冗余制动、冗余节气门、自动排水等功能安全措施及控制策略，实现了适度低成本的无人驾驶矿卡功能安全；基于此技术，无人驾驶矿车实现了类似航空安全的故障操作性能，即使产品出现故障，也能进入受控的安全运行模式，实现了对驾驶员的零依赖，即使检测到故障也能继续维持运行。该系统使无人驾驶矿卡在车上不设置安全员或没有驾驶室的理想成为现实，确保无人则安，在矿区实现真正意义上的无人驾驶。系统特点如下：

1）高度系统冗余：避免因总线通信或控制器故障，导致车辆控制失灵。

2）航空安全性能：故障状态下仍可安全运行。

3）驾驶员零依赖：车上不再设置安全员，实现真正的无人驾驶。

4）自动加热排水：避免冬季严寒结冰导致的制动系统失效故障。

（3）云端铲运监控调度系统

铲运智能调度平台通过建立矿区实景三维地图及进行高精 GIS 定位，从云端对整个矿区车辆以及辅助设备进行统筹调度管理，调度中心通过可视化大屏对全矿铲装运实际作业场景进行实时监控，对产量、工时、油耗、设备工作效率和运行状态等各维度数据自动统计分析，为管理者的决策提供有效依据。其核心功能如下：

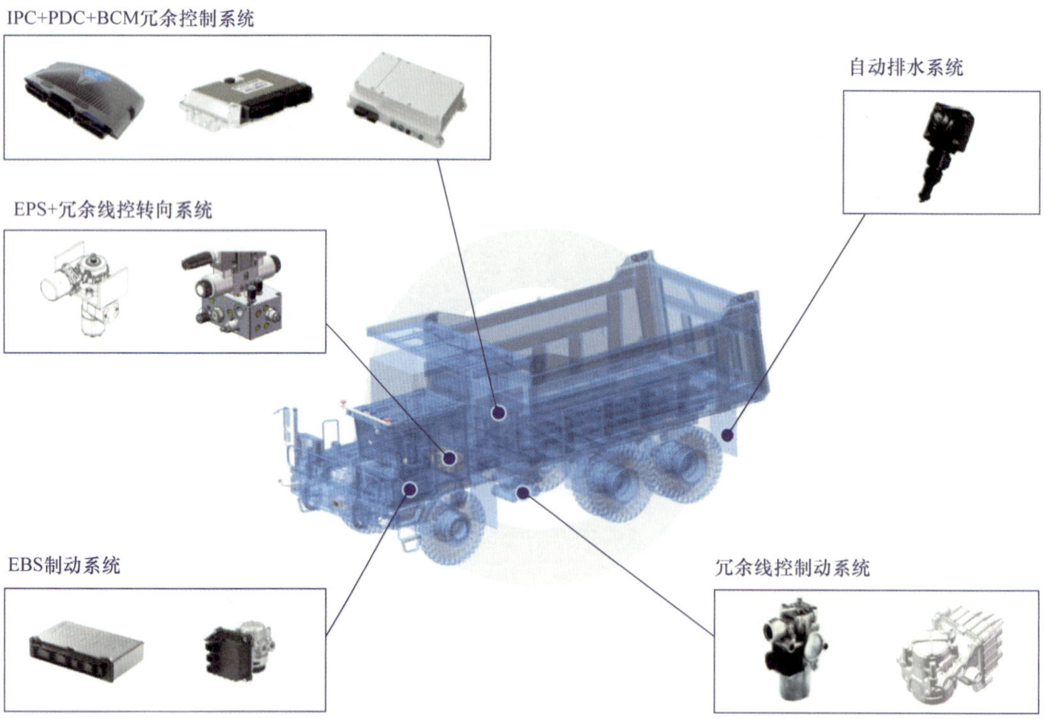

图 9　线控冗余系统

1）实时生产监控中心（见图 10）：通过全矿实景三维地图展示实时铲运装作业场景的生产任务情况、设备状态、设备的位置及动作等，能及时发送告警信息，提高监管力度，增强安全保障。

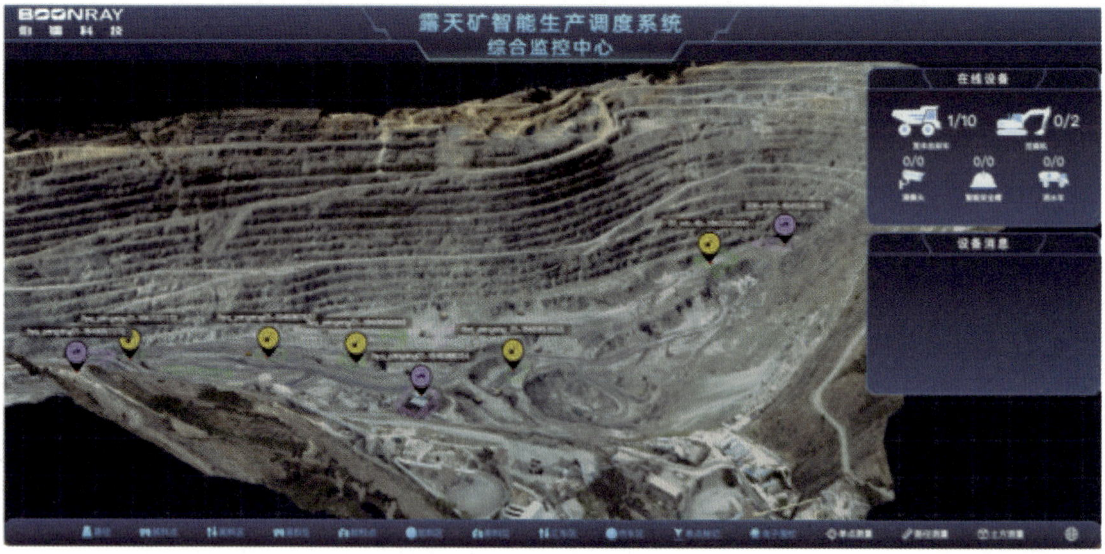

图 10　实时生产监控中心

2）生产规划（见图 11）：实际生产作业通过生产计划实现生产作业总体规划、分步实施，充分利用现有系统资源，实现对矿山生产趋势的掌握，以及对生产过程数据的跟踪。

3）无人驾驶管理（见图 12）：基于矿山三维高精地图，对无人驾驶矿车的作业区域、作业位、路径进行管理，可以根据矿山开采进度，对无人驾驶作业的区域进行修正，在线设定无人驾驶矿车的无人驾驶参数、OTA 升级。

4）智能作业调度（见图 13）：动态显示所有车辆的位置、告警、详情、任务等信息，根据实际生产作业中的突发问题，对作业车辆进行调度，减少车铲闲置等待时间，充分发挥车铲的最大效能。

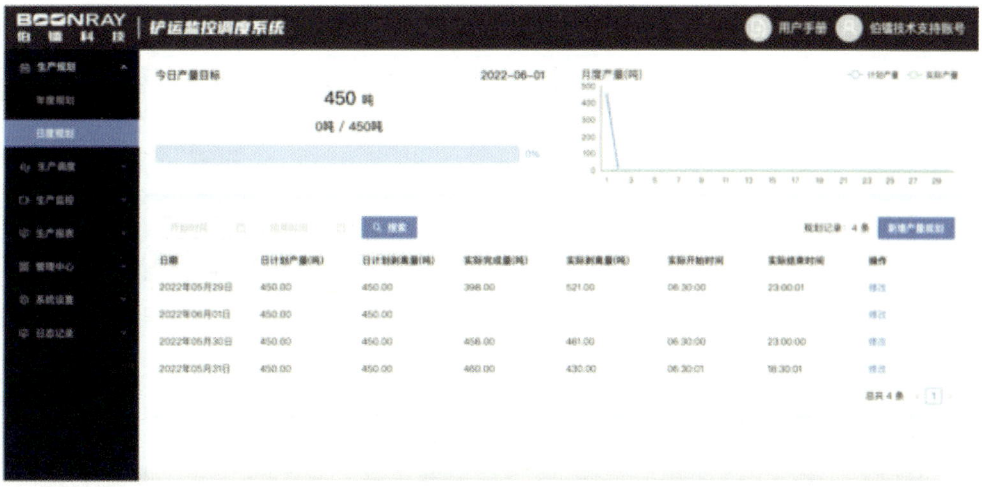

图 11　生产规划

图 12　无人驾驶管理

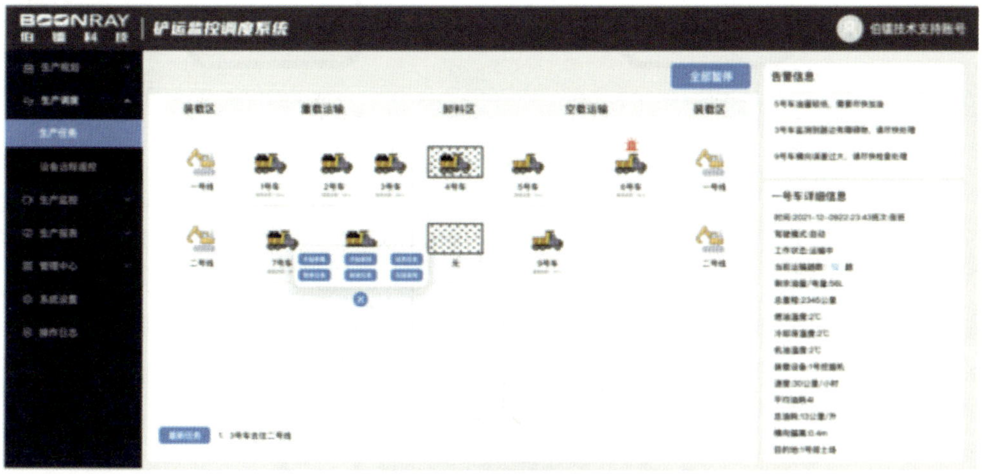

图 13　智能作业调度

5）设备云管理（见图 14）：通过云端对所有设备运行状态实时监管，自动采集设备参数，实现历史轨迹回放、维修保养信息管理，通过大数据智能化分析的手段预测设备维修日期，提升设备的使用生命周期，减少设备无法正常工作的概率，从而提升设备工作效能，保障实际生产的安全。

图 14　设备云管理

（4）远程遥控系统

远程遥控系统（见图 15）在电铲上装有 360° 环视，可在座舱中直观感受矿区现场的电铲情况。通过 5G 网络，可实现操作人员对电铲的远程控制。系统特点如下：

1）远程控制操作：支持远程对点铲进行起停、挖掘、装料等远程控制。

2）实时监控：实时监测设备各项运行状态及参数，通过机身及挖掘臂摄像头对作业现场进行观察并记录作业全过程。

3）对接无人驾驶：可无缝匹配铲装位，一键自动卸料，高效完成铲装作业。

4）高仿真控制体验：模拟电铲现场作业情况，让操作员控制更加精准自如。

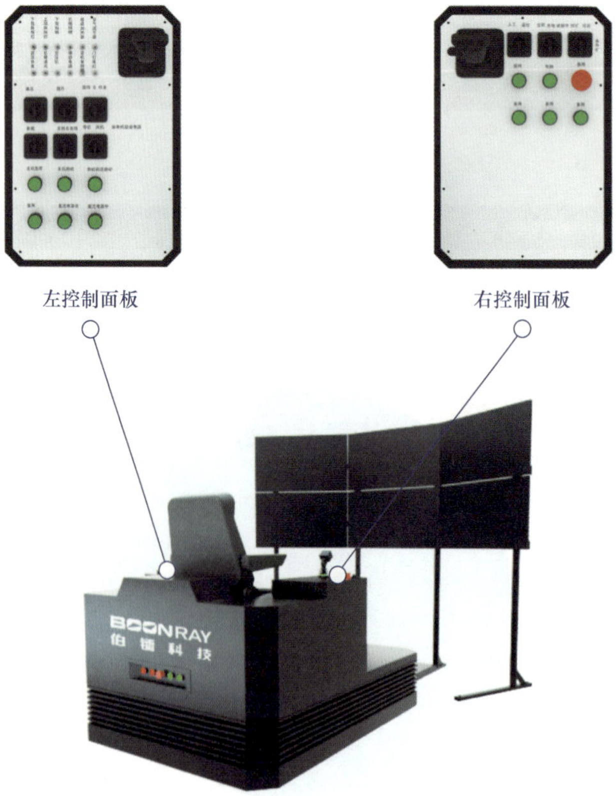

图 15　远程遥控系统

智慧港口自动驾驶水平运输系统产品及应用

杭州飞步科技有限公司
作者：蒋捷

1. 系统产品介绍

飞步科技成立于 2017 年，是一家致力于实现全自动无人驾驶的人工智能企业，2022 年获评国家级专精特新“小巨人”企业。飞步专注于为传统码头和新建自动化码头提供无人驾驶水平运输技术运营服务，包括可撤下安全员进行港口实船作业的 L4 车端智能驾驶系统，满足港口全无人化运营的远程控制系统，以及提升效率的车队及港机设备调度管理系统。相关产品解决了基建投入高、落地周期长等行业痛点，已在全球最大港口获得了长期稳定的商业化落地验证。

2. 产品架构与功能

（1）车端无人驾驶系统

飞步 100% 自主研发 L4 无人驾驶系统，完整具备环境感知、高精定位、决策规划、车辆控制、通信交互、异常监控等模块与核心功能，深度适配集卡、IGV 等多种车型。设备可执行障碍物感知避让、装卸船精准对位、桥吊后大梁绕行上下泊位、借道超车、长距离倒车与大角度掉头等动作，完成含装船、卸船、水平移箱在内的近 200 种工况。系统内置的人工智能算法，有效解决了多模态障碍物感知识别、金属设备对定位信号的干扰屏蔽、极限工况下的连续控制等难题，为车队开展混线场景下的多路编组作业提供了重要支撑。

（2）远程驾驶系统

飞步面向全无人驾驶需求，自主研发远程驾驶系统，具备远程监控、风险预警、远程驾驶、远程交互等核心功能，实现对港口真实链路长尾情形的有效全覆盖。

（3）云端控制管理系统

为提升整体效率，飞步自主研发面向车队及港机设备的调度管理系统，具备作业调度、设备通信、车辆管理、地图管理、作业配置、作业监控等核心功能，开展实时全局调度，并给出最优规划路径。

3. 应用案例

据《2021—2022 中国港口无人驾驶产业发展蓝皮书》显示，在港口自动驾驶水平运输领域，飞步科技已实现浙江、江苏两个经济大省的港口业务覆盖，市场份额全国领先。

（1）传统码头改造代表：宁波舟山港集团梅东码头

2019 年起，飞步科技开始为全球最大年货物吞吐量港口——宁波舟山港集团提供自动驾驶水平运输技术运营服务，联合探索“边运营边改造”的传统码头智能化升级新模式。2022 年 9 月，双方完成第 4 期合作签约，继续扩大 L4 无人集卡在“准千万级”吞吐量梅东码头的应用，其数量已超 60 台，形成了全球最大规模的单一码头无人集卡车队（见图 1），占该码头总集卡数超 20%，与远控桥吊、龙门吊等设备构成自动化水平运输作业链路。截至 2022 年 11 月底，无人集卡车队开展常态化运营超千天，并已实现撤除安全员前提下的多路编组全无人化作业。

（2）新建自动化码头代表：南通港吕四作业区

2021 年起，飞步科技全程深度参与南通港新建自动化港区项目工程，仅用时 2 个月落地江苏首支无人集卡车队。同时，飞步与南通港集团有限公司、中交第三航务工程勘察设计院有限公司共同成立了行业内首个“IGV 技术联合研究中心”，对前沿课题及行业难题开展创新研究，进一步丰富港口自动化水平运输设备链路，加速科技成果转化。目前，吕四作业区内已实现无人集卡 +IGV 多车型 L4 混编运营（见图 2）。

图 1　宁波舟山港梅东码头无人集卡车队

图 2　南通港吕四作业区多车型 L4 编组作业

广州市智能网联汽车示范区发展情况介绍

广州市智能网联汽车示范区运营中心
作者：吴征明

近年来，随着《中国制造 2025》《智能汽车创新发展战略》《国家车联网产业标准体系建设指南（智能交通相关）》《智能网联汽车道路测试与示范应用管理规范》等文件的出台，广州市作为国家重要经济、工业、科技创新城市，粤港澳大湾区城市群的双核驱动核心城市，积极响应国家号召，将智能网联汽车产业的发展作为广州的重大历史使命和责任。

1. 基础雄厚、潜力巨大

广州市具备良好的智能网联汽车产业基础，汇集传统汽车零部件、创新部件/系统集成、创新电动系统、第三方检验测试机构、整车研究院/制造业创新中心、自动驾驶系统集成、新能源汽车整车制造、传统汽车整车制造、“新基建”建设、出行平台等行业头部企业，产业链完整且行业影响力较大（见图 1）。

2. 高屋建瓴、规划清晰

广州市智能网联汽车示范区主要承载智能网联汽车开放道路测试、应用示范运营、车联网先导应用示范、产业集群促进发展。广州市智能网联汽车示范区运营中心承担上述工作的第三方机构，支撑政策服务和产业服务的核心工作任务。

广州在道路测试方面分市政道路测试和高快速道路测试。其中，市政道路测试分为 1 级道路测试、2 级道路测试、3 级道路测试、载人测试、远程测试共 5 种类型，各类型之间有上下承接关系。高快速道路测试管理办法已完成准备，2023 年将开启高快速公路的相关工作。在“1+1+N”政策体系的支撑下，以道路测试结果为准入依据，保证示范运营工作的有序开展。

3. 成绩斐然、改革担当

截至 2022 年 12 月底，广州向 13 家测试主体的 308 辆智能网联汽车发放道路测试许可，广州南沙区将向 2 家示范运营主体的 23 辆智能网联汽车发放示范运营许可；广州总计开放 353 条测试道路，单向里程合计 654.451km，双向里程合计 1308.902km；设立了黄埔、南沙、花都 3 个智能网联汽车道路测试先行试点，发挥各区优势，探索区域政策创新先行；同时建设的“广州市智能网联汽车道路测试实施监控平台”（简称监控平台，见图 2）累计收录和存储超过 15 亿条道路测试数据，道路测试累计总里程达 960 万 km，智能网联汽车累计运行总里程近 1500 万 km。截至 2022 年底，经广州市公安局交通警察支队查询，相关智能网联车辆交通事故认定记录为 0。

（1）道路测试相关

广州市开展智能网联汽车道路测试 4 年多来，在“鼓励创新”与“加强监管”兼顾的工作思路上不断优化总结，相关工作经验总结如下：

一是设计了“测试道路”风险等级划分的工作方案。广州市出台了《广州市智能网联汽车开放测试道路路段管理办法（试行）》及《广州市智能网联汽车开放测试道路及附属设施技要求（试行）》，按照城市道路交通的主要参与要素，对人、车、道路、环境四大模块 25 个分项进行风险定性，再将相关风险因素组合后确定道路的风险等级，将道路划分为一级道路、二级道路、三级道路。

二是设计了“测试项目”阶段性管理制度。广州市智能网联汽车道路测试许可项目共分为道路测试、载客测试、远程测试、编组测试等，科学有效地对相关测试工作进行管理。

三是落实了测试数据“备案证明”工作制度。第三方机构每季度从监控平台数据库中调取各测试企业测试车辆数据接入情况，与测试企业进行数据比对和备案，并以《季度简报》的形式上报主管部门。

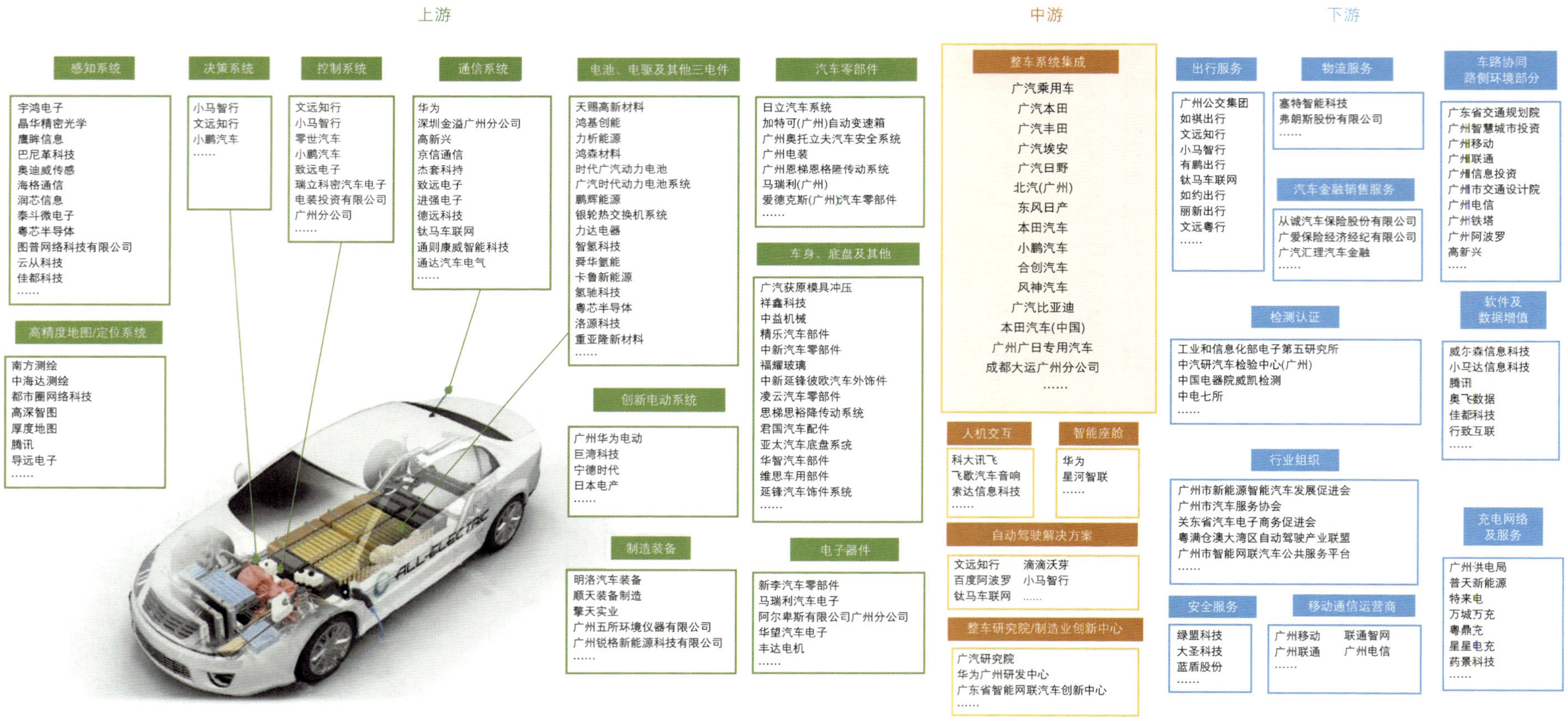

图 1　广州市智能网联汽车产业链图谱

广州道路测试实时监管平台

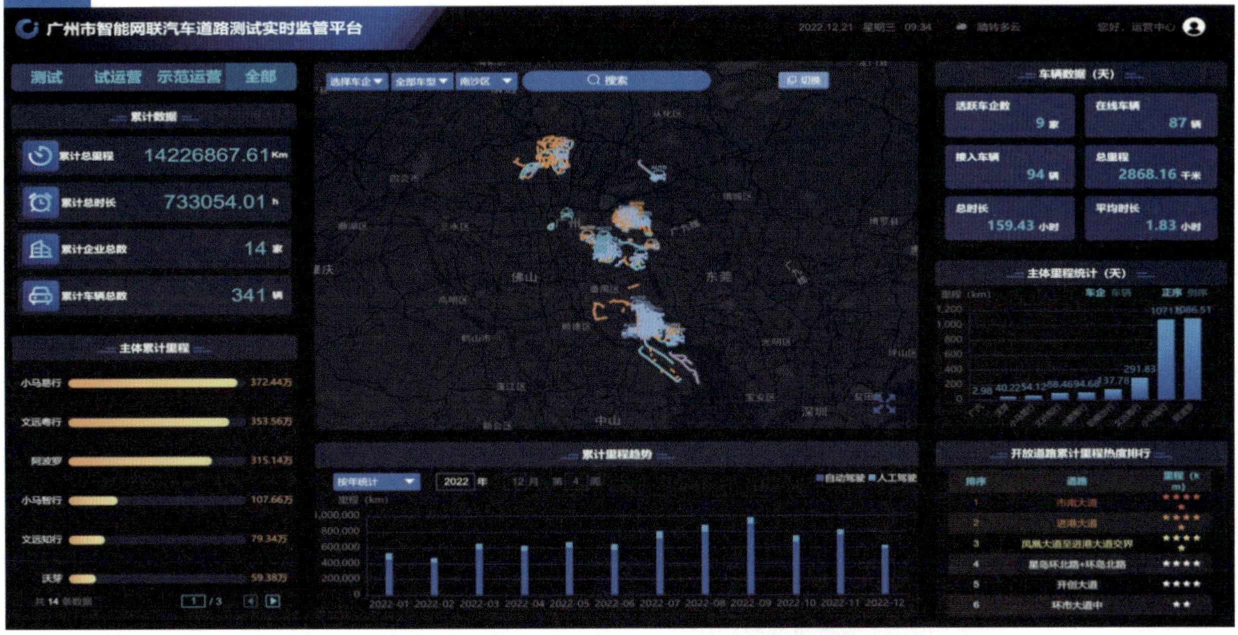

图 2 广州市智能网联汽车道路测试实时监管平台

（2）应用示范运营相关

广州市积极探索智能网联汽车示范运营的相关工作，开展不同混行比例、车路协同不同参与度以及多种新型出行服务的多维度、综合性、大规模城市级交通试验，稳步推进智能网联汽车（自动驾驶）混行试点。

广州在智能网联汽车道路测试工作保持稳定良性运行的基础上，创新性地提出“混行试点”工作规划。2021 年 7 月，广州市发布了《关于逐步分区域先行先试不同混行环境下智能网联汽车（自动驾驶）应用示范运营政策的意见》《在不同混行环境下开展智能网联汽车（自动驾驶）应用示范运营的工作方案》两个政策文件。经过 1 年多积极准备，基本形成了“1+1+N”的智能网联汽车（自动驾驶）应用示范运营政策体系，共计 9 项政策文件，已有 6 项发布实施，为智能网联汽车加速技术升级迭代、加大社会化导入宣传和有序推进混行交通系统研究做好政策支撑，并于 2022 年 6 月在南沙区正式启动混行试点示范运营。

截至 2022 年底，广州市已批准 5 款（4 款乘用车、1 款载货车）智能网联汽车示范应用车型，相关企业计划投入应用示范运营车辆将突破 100 辆，规划 2025 年示范运营车辆规模 3000 辆。

（3）车路协同建设相关

随着智能网联汽车技术的发展及其路线图的确定，中国式自动驾驶解决方案“车路协同”进一步加速汽车产业的变革。广州市作为国内第一大生产基地，有内生驱动的需要，也有带头示范的责任。5G、智慧灯杆等硬件基础设施、营商环境等软设施，已经实现国内领先。

政策方面，从 2019 年起，广州市制定了多项 5G 产业政策；标准规范方面，在广东省智能网联汽车创新中心的牵头下，细化车联网先导区标准体系建设标准，目前正在编制的有 15 项，已经发布的 7 项；基础设施建设方面，2022 年，全市累计建成 5G 基站近 7.64 万座，5G 用户超 1400 万户，累计建设智慧灯杆 4300 余根，完成黄埔区、生物岛、南沙灵山岛尖、海珠区等 114 个路口路段、140 套 RSU 单元建设；重点建设项目方面，广州市立足“一带四区，区域互动”，番禺区主要面向“正向研发 + 智慧小镇”建设；花都区主要面向“空港 + 高铁 + 陆路智慧物流运输”建设；海珠区主要面向“双智试点 +CIM 系统”建设；黄埔区主要面向“城市规模化应用”建设。

大块头智驾智能网联汽车技术创新成果

江苏大块头智驾科技有限公司
作者：邹燃

1. 大块头无人运输全栈式解决方案

（1）简介

大块头自动驾驶无人运输系统（见图 1）聚焦港口码头、矿山等特定场景的无人驾驶技术，以软件技术为核心，凭借深厚的工程实施应用能力，通过 5G/4G/Mesh/V2X 等无线通信网络及路侧设备，结合无人驾驶矿卡自身环境感知，构建车、路、云一体协同、“混编集群调度 + 远程应急监管”的智慧场景无人运输全栈式解决方案。整个方案由智慧管控一体化平台，激光雷达、摄像头、毫米波等感知设备，高精度定位设备，超高算力计算平台以及精密算法等组成，实现了无人化的安全、高效、绿色运输。目前，大块头矿山无人运输系统已经过多场景集成调试、测试，水平处于行业先进地位。

图 1　大块头自动驾驶无人运输系统

（2）关键技术

大块头无人运输全栈式解决方案采用多通信系统、加大频带和带宽的方式来增强通信系统的可靠性，提高系统的抗干扰能力；为了保证车辆运行的安全性，采用了多级安全策略，从传感器、系统、定位、检测和规划五个方面进行设计；同时，系统进行了安全冗余设计，在车辆控制系统单元与线控底盘控制器之间增加了安全控制器系统，为矿卡增加了一道安全防线。

（3）创新点

其创新性主要有以下四点：

1）创新采用智能级联定位系统，提高车辆在港口、矿区的定位能力。定位是无人运输系统的核心能力，无人驾驶矿卡需要穿梭于山体、旷野、矿用装备、场内建筑之中，定位工况极端复杂，本项目以多级级联方式，从车体精确运动测量、露天场景 RTK GNSS 增强、室内定位 UWB+SLAM 等多级级联模式，通过 AI 场景识别算法智能决策定位源，保持车体定位的稳定、平滑与高可靠性。

2）基于迁移学习的鲁棒环境感知技术。矿山、码头环境恶劣，尘土多、温度变化无常、天气复杂，并且都是非结构化道路，为了实现可靠的环境感知，本项目融合多线激光雷达（1 个主视和 2 个补盲）、毫米波雷达、超声波传感器、机器视觉、红外等模块，首先基于海量常规道路数据库训练深度学习感知模型，然后利用采集的场景运输环境数据对该模型进行微调，可以有效克服烟尘的影响，鲁棒性高。

3）创新研发多级冗余智能驾驶平台安全控制系统。为了提高车辆的安全系数，本项目进行了安全冗余设计，在车辆控制系统单元与线控底盘控制器之间增加了安全控制器系统，为货车增加了一道安全防线。安全控制系统单元，利用单线激光雷达、超声波雷达和毫米波雷达实时感知环境和车况，当车辆处于非安全状态时，立即下发降速或停车的指令到线控底盘控制器，立即执行降速或停车，避免车辆运行异常。

4）创新设计智能云平台调度技术。常见的自动驾驶平台存在技术复杂度高、使用困难、操控烦琐等问题。本项目通过将自动驾驶业务端功能上移到云端，创建友好的人机接口，增强调度人员与无人驾驶重卡的交互能力，通过在云端运行 AI 调度算法实现对车辆进行智能化的运行调度，减少调度人员工作量，为场景运输提高生产效率。

2. 大块头应急监管系统

大块头应急监管系统依靠 5G 车联网极低时延、超高可靠性及大带宽的特性，具备云端调度功能，满足多车接管需求；车规级控制器，适用于多类工作环境；可定制的视频回传系统；网络质量自动检测，通信故障自适应处理；5G 专网链路，超低控制和视频延时。驾驶舱由舱体、方向盘、座椅、按键面板、显示屏以及监管系统等组成（见图 2）。从人性化角度考虑设计，方向盘可推拉、座椅可根据不同驾驶员的身体特征自由调整至最舒适的驾驶位置；高清显示屏提供了完善的显示系统支持，前后俯仰可调节至最佳观感画面，也一定程度保护了驾驶员视力；便捷式检修口、极大方便检修；部署简单，高效便捷。

图 2　大块头应急监管系统

该系统目前已应用于北方某大型主机厂，实现了一舱控多车，可对任一安装应急监管系统设备的车辆进行选择和控制；在满足车辆基础操作功能的基础上，同时还具备自复位功能的举升操作按键和紧急按钮等。

通过远程精准控制，极大地降低了恶劣环境下工作的危险性，提高了操作效率，节省了人力。

商用车智能驾驶解决方案及应用

苏州清研微视电子科技有限公司
作者：赵君兰

智能网联汽车作为新一代智能交通系统的核心环节，是国际公认的未来发展方向和关注焦点。当前，智能网联汽车技术发展和应用是我国加快建设交通强国的重要内容，伴随着政策规划更迭推进、标准化工作的不断完善，相关支撑技术突破演进，更进一步推动智能网联汽车产业朝向规模化发展。就商用车而言，其整体智能化业务起步晚，智能化生态体系较弱，面对安全监管升级及运输安全的痛点，商用车的智能驾驶需求更务实，技术应用正从法规驱动到市场驱动，直指“安全、成本、效率”等运输行业本质问题。

1. 企业介绍

苏州清研微视电子科技有限公司（简称清研微视）是清华大学苏州汽车研究院重点孵化企业、高新技术企业、江苏省双软企业，在智能驾驶、智慧交通领域躬耕近 10 年，专注人工智能技术的车载及智慧交通应用，致力于面向用户提供以“嵌入式系统 +AI 算法 + 大数据云控平台”为核心的行业综合解决方案，构建模块化技术匹配、AI 场景化应用、一体化运维服务和数据汇聚挖掘的价值链体系，赋能数字化、智慧 +、信息化未来出行新生态。

2. 方案介绍

针对长途客运、长途货运、危险品运输、公交、渣土、校车等车辆在行车过程中的人为因素不安全行为、道路障碍、被动事故等安全隐患问题以及运营单位信息化管理、智能化升级、数据分析等需求，清研微视推出 L1 ~ L2+ 商用车智能驾驶解决方案（见图 1），为车辆提供定制化、全方位的分析、检测、预测和事件响应服务，进一步保障商用车行驶安全。

3. 技术优势

（1）适用于边缘计算的轻量级深度学习算法

全栈自研 Tsingtech® 轻量级 AI 算法，深度结合落地场景，技术覆盖目标检测、跟踪、关键点定位、目标识别、目标属性等，确保了人工智能算法在低算力平台上实现良好的检测效果。支持复杂环境的精准目标识别，覆盖云、边、端的多平台解决方案；场景覆盖复杂光线、目标遮挡、目标大角度、快速运动等情况。

（2）多源异构数据融合技术

采用多源异构数据融合感知技术实现信息互补和加强冗余，综合双目摄像机、毫米波雷达、激光雷达、超声波传感器等数据进行时空融合匹配，提高道路场景感知能力，提高了系统的安全性和可靠性。相关技术已在国内 L2+ 重卡、智能网联客车整车集成开发实现应用。

（3）驾驶人行为状态监测预警技术

综合多维驾驶行为信息，可实现对驾驶员疲劳状态、不安全驾驶行为的实时监控和预警，解决了单源传感器易误检的问题，场景适应性强，不受天气阴晴、昼夜限制。

（4）高精车辆定位与复杂动态场景决策规划

应用前后端融合优化方法实现高精度地图构建，并基于信息融合的特征匹配，获取车辆当前位置，提高定位精度。基于状态栅格构建技术，实现厘米级精准轨迹规划；采用路径 - 速度横纵向分解规划拟合，将三维空间优化问题向二维平面转换，极大地提高了系统运算速度及稳定性。

（5）大数据云控平台

通过对“人 - 车 - 路”信息采集与挖掘，实现车辆 / 驾驶员基础信息管理、行车环境感知、驾驶员状态分析及行为、车辆实时位置监控、统计报表输出等可视化管理，通过危险预警、证据存储、疑点分析等为整个驾驶过程提供全方位一体化安全服务保障，充分运用信息化、智能化手段对风险源实施 24h 动态监控，从而有效预防和减少交通事故的发生（见图 2）。

图 1　L2+ 功能配置

该解决方案的推广及应用顺应智能网联汽车高质量发展的需要，项目落地为商用车运输企业的安全管理提供了新的技术手段，提升了营运车辆的交通安全水平和经济效益，有助于促进商用车行业的智能化升级与健康发展。

随着智能驾驶方案在各场景中的广泛应用，清研微视将持续精进视觉感知、多传感器融合、自动驾驶等技术创新，提升环境感知精度，增强数据分析算力，助力行业用户实现智能驾驶全生态管理，并继续携手更多合作伙伴，推动智能驾驶领域的快速发展，为突破汽车驾驶自动化关键核心技术、培育产业竞争能力提供智力支持。

图 2 大数据云控平台

智行者自动驾驶大脑的关键技术及量产应用

北京智行者科技股份有限公司
作者：张放，国新滢

北京智行者科技股份有限公司（简称智行者）成立于 2015 年，聚焦无人驾驶汽车大脑的研发，致力于成为通用场景 L4 解决方案提供商。公司已有员工近 500 人，核心团队均来自清华大学汽车系，技术优势显著；已申请专利近 800 件，并成功入选北京市及国家级专精特新小巨人企业；已获得厚安（厚朴 /Arm）、百度、顺为、京东等多家知名机构的投资。

智行者的技术能力及产品能力均处于行业头部地位，完整打造了以软件、硬件、数据为核心的“铁人三项”，自主研发的无人驾驶大脑已成功赋能智能出行、智慧生活、特种应用等多个领域，逐步实现用无人驾驶大脑构建智慧生活的企业愿景，商业应用里程已超过 500 万 km，已实现无人驾驶车辆的批量化落地，商业化能力位于国内无人驾驶企业前列。

1. 智行者无人驾驶大脑概况

（1）智行者无人驾驶大脑的特点及架构

1）智行者无人驾驶大脑的特点。智行者无人驾驶大脑的目标是打造通用的自动驾驶大脑，赋能多个应用场景。无人驾驶大脑具有三大特点：安全、可持续进化、高效赋能。

安全是智行者无人驾驶大脑的基石，是一切设计的基础。可持续进化是无人驾驶大脑的核心，迭代的成本和速度决定了无人驾驶大脑的水平和能力。高效赋能是智行者无人驾驶大脑的特点，公司重点研究了如何高效地对不同应用场景进行赋能，快速地将无人驾驶应用到社会的方方面面。

2）智行者无人驾驶大脑的架构。智行者无人驾驶大脑的技术架构（见图 1）自下而上分为三层，分别是自动驾驶硬件计算平台 BrainBox、自动驾驶车端软件操作系统 AVOS 和云端的数据中心 AVDC。硬件计算平台是无人驾驶大脑的运行载体，保证了无人驾驶运行的安全性和可靠性，按照他们的设计要求可以分为不同级别。AVOS 包括系统软件、中间件和功能软件，系统软件层的内核部分采用了安全性和实时性增强的 Linux 内核。在中间件方面，则对 DDS、SOME/IP、ZMQ 等第三方中间件进行封装，并整合智行者自身的进程内消息通信机制和函数调用的服务化封装机制，形成数据和 API 接口统一、通信手段可根据场景自适应选择。功能软件是将自动驾驶算法拆解封装而成的软件模块，功能软件配合以图形化开发工具能够在提升自动驾驶应用开发效率方面产生 1+1>2 的效果。 AVDC 主要包括数据闭环平台和车辆综合信息管理平台，可以在云端完成算法的快速迭代和优化。

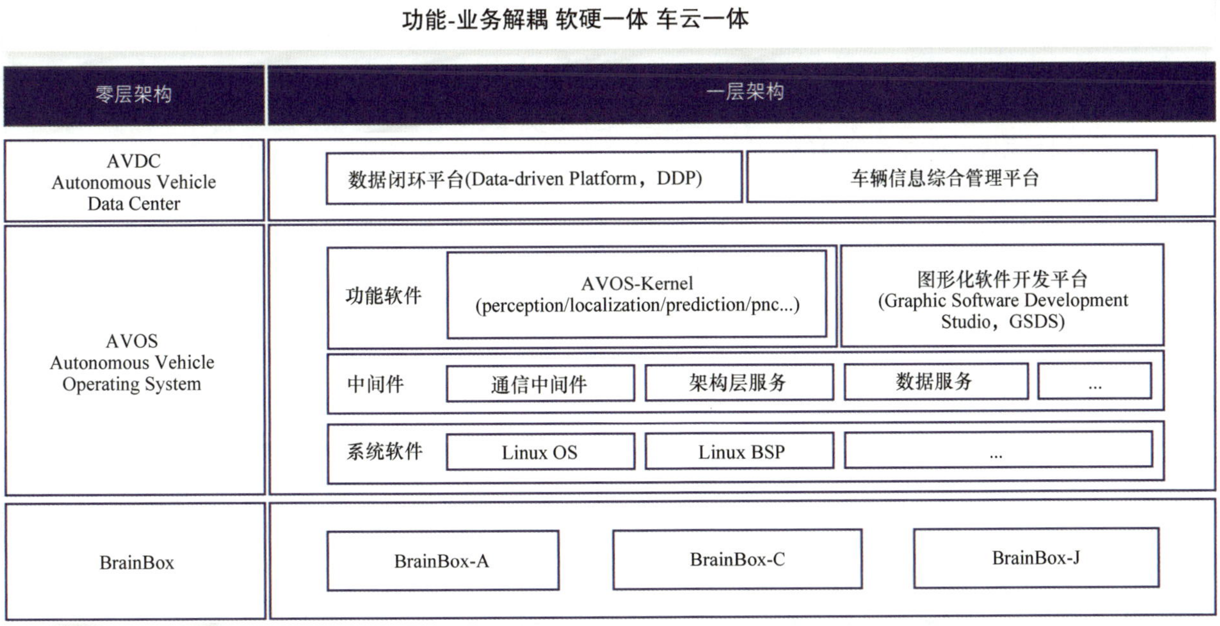

图 1 智行者无人驾驶大脑的技术架构

总体来讲，智行者无人驾驶大脑的特点可以总结为：功能软件与业务软件相解耦、软硬一体、车云一体。

3）智行者无人驾驶大脑的核心优势。智行者无人驾驶大脑的核心优势可以总结为数据流 - 功能流双流驱动。在数据流层面，智行者在公开结构化道路、半封闭场景、越野场景等不同工况下落地了超过 2500 个终端，实时收集不同类型、不同场景下的自动驾驶数据，通过回流到云端 AVDC 平台，使得自动驾驶核心 AVOS kernel ，即各个算法模块的性能越来越好。在功能流，通过 GSDS 以基于模型、低代码的开发方式，像拼积木一样快速地开发组合成应用功能，赋能到不同的落地场景。

（2）智行者无人驾驶大脑的关键技术

关键技术的介绍主要围绕 AVOS kernel、AVDC 和 GSDS 三个模块展开。AVOS kernel 是智行者全栈自研的自动驾驶功能软件，涵盖感知 / 建图 / 定位 / 规控等核心算法。

在感知算法方面，智行者可以提供激光视觉时间同步、激光 3D 障碍物检测、视觉语义分割、视觉目标检测、毫米波目标检测和多传感器融合等算法模块，实现高清相机、激光雷达和毫米波雷达相结合的车规级多源融合感知，覆盖城区、高速、封闭园区等场景的动态障碍物检测、可通行空间识别、道路语义信息识别、信号灯识别等多种感知任务需求。

在定位技术方面，智行者无人驾驶大脑采取了 GNSS、IMU、相机、激光相结合的融合建图定位方案，能够提供惯性解算、航迹推算、激光里程计、视觉匹配定位、激光匹配定位、融合建图和融合定位等算法模块，无论是高速还是城区、使用激光还是视觉、使用高精度点云地图还是高精度矢量地图，都能够提供相匹配的定位解决方案，针对建图需求，智行者无人驾驶大脑也能提供激光建图和矢量重建等不同的解决方案。

针对量产高速自动驾驶应用，目前图商只能提供高精度矢量地图，因此智行者基于上述融合定位框架实现了基于视觉车道线和标志牌的高精度匹配定位功能，在车道线远端 3D 坐标不是很准确的情况下，依然得到了稳定的车道级定位结果，为高速和城市快速路的自动驾驶应用提供了定位能力支撑。

智行者通过全栈自研的 AVDC 数据闭环平台，打造业界领先的无人驾驶数据处理自动化流水线，数据闭环主要模块包括 5 个方面：

1）车端数据触发式采集模块，在智行者无人驾驶车队源源不断地采集高价值数据。

2）多传感器异构数据加工，通过数据清洗、自动化标注、标注团队人工标注等手段对数据进行处理。

3）基于深度学习的自动标注和场景识别，输出海量的数据语义信息，智行者大数据引擎对百亿级标签数据进行挖掘，进行场景实时抽取、Corner Case 识别、机器学习数据集生成。

4）模型训练平台，以上游数据生产的高价值数据为燃料，进行模型自动迭代训练。

5）通过外场数据生成的场景仿真，对算法模型进行测评，并 OTA 下发新的软件及数据触发器到自动驾驶车辆。

在自动驾驶车端，智行者的影子模式数据触发能力能够进行高价值数据的实时检测和采集。数据基础平台作为智行者 IT 系统的底层基础设施，应用包括混合云部署、全容器化管理、自动化运维、分布式存储等技术，建设了流批一体的实时数据湖。

智行者数据闭环应用平台，可以进行数据处理、可视化回放、模型训练、云端仿真测试，通过工作流引擎，系统对不同岗位职责、不同自动驾驶产品定义了不同的数据处理流水线，建设了完整的自动驾驶研发工具链（见图 2）。

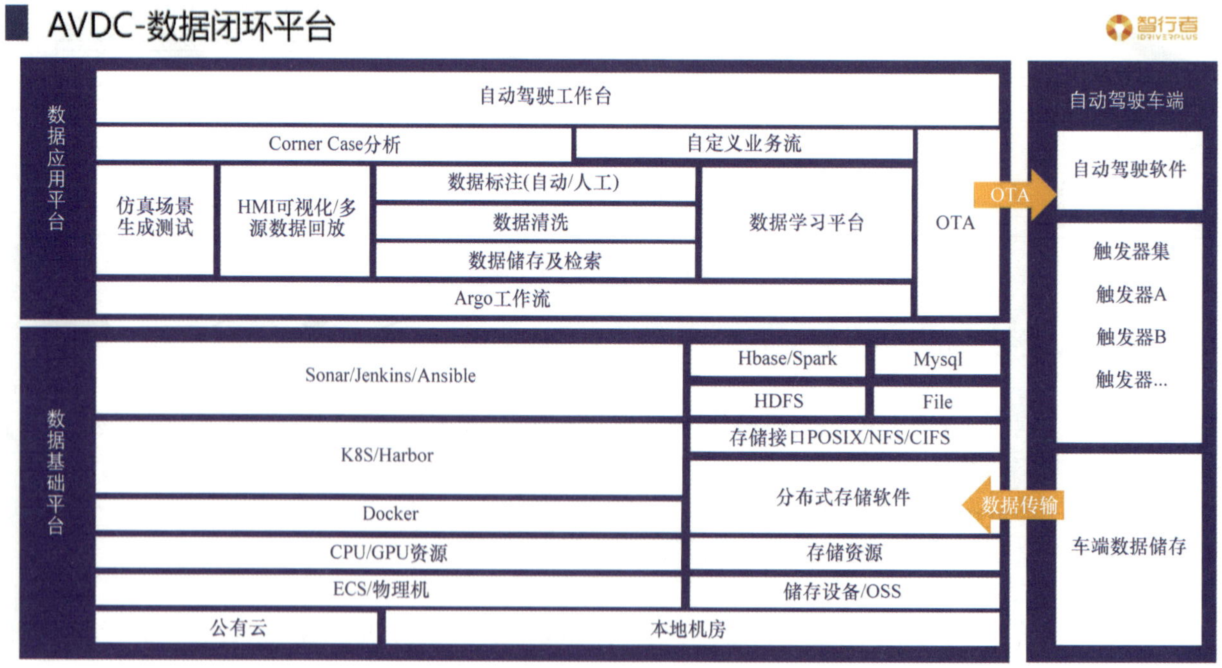

图 2　智行者数据闭环平台系统架构

检测、毫米波目标检测和多传感器融合等算法模块，实现高清相机、激光雷达和毫米波雷达相结合的车规级多源融合感知，覆盖城区、高速、封闭园区等场景的动态障碍物检测、可通行空间识别、道路语义信息识别、信号灯识别等多种感知任务需求。

在定位技术方面，智行者无人驾驶大脑采取了 GNSS、IMU、相机、激光相结合的融合建图定位方案，能够提供惯性解算、航迹推算、激光里程计、视觉匹配定位、激光匹配定位、融合建图和融合定位等算法模块，无论是高速还是城区、使用激光还是视觉、使用高精度点云地图还是高精度矢量地图，都能够提供相匹配的定位解决方案，针对建图需求，智行者无人驾驶大脑也能提供激光建图和矢量重建等不同的解决方案。

针对量产高速自动驾驶应用，目前图商只能提供高精度矢量地图，因此智行者基于上述融合定位框架实现了基于视觉车道线和标志牌的高精度匹配定位功能，在车道线远端 3D 坐标不是很准确的情况下，依然得到了稳定的车道级定位结果，为高速和城市快速路的自动驾驶应用提供了定位能力支撑。

智行者通过全栈自研的 AVDC 数据闭环平台，打造业界领先的无人驾驶数据处理自动化流水线，数据闭环主要模块包括 5 个方面：

1）车端数据触发式采集模块，在智行者无人驾驶车队源源不断地采集高价值数据。

2）多传感器异构数据加工，通过数据清洗、自动化标注、标注团队人工标注等手段对数据进行处理。

3）基于深度学习的自动标注和场景识别，输出海量的数据语义信息，智行者大数据引擎对百亿级标签数据进行挖掘，进行场景实时抽取、Corner Case 识别、机器学习数据集生成。

4）模型训练平台，以上游数据生产的高价值数据为燃料，进行模型自动迭代训练。

5）通过外场数据生成的场景仿真，对算法模型进行测评，并 OTA 下发新的软件及数据触发器到自动驾驶车辆。

在自动驾驶车端，智行者的影子模式数据触发能力能够进行高价值数据的实时检测和采集。数据基础平台作为智行者 IT 系统的底层基础设施，应用包括混合云部署、全容器化管理、自动化运维、分布式存储等技术，建设了流批一体的实时数据湖。

智行者数据闭环应用平台，可以进行数据处理、可视化回放、模型训练、云端仿真测试，通过工作流引擎，系统对不同岗位职责、不同自动驾驶产品定义了不同的数据处理流水线，建设了完整的自动驾驶研发工具链（见图 2）。

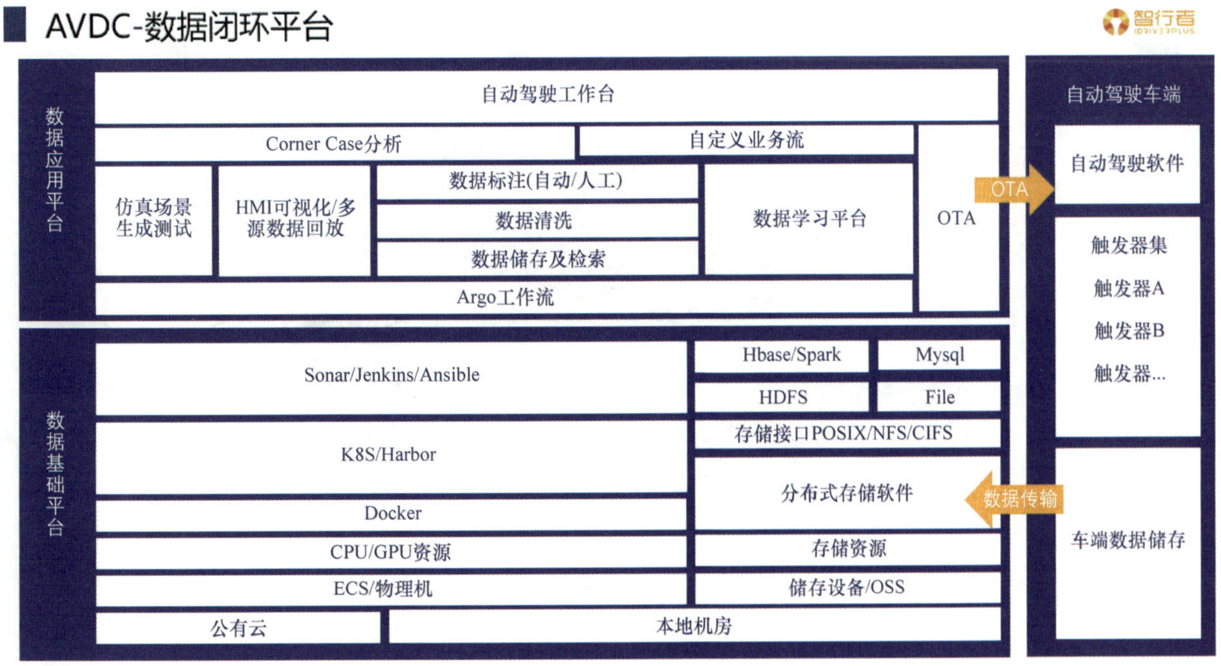

图 2　智行者数据闭环平台系统架构

图 4　智行者 Robotaxi 方案

Robobus 方案（见图 5）搭载智行者先进的自动驾驶技术以及多重安全保障机制，可实现封闭园区与城市开放道路的接驳、摆渡、游览等场景的无人驾驶功能。

（2）高级辅助驾驶系统方案

L2+ ~ L3 级别的自动驾驶辅助系统是智行者为 OEM 提供的前装配套量产产品，采用车规级 Brain-Box 硬件平台，搭载自动驾驶核心算法和实时操作系统 RTOS，结合故障诊断、功能安全、OTA 等设计，助力“新势力”造车企业和传统车企在自动驾驶赛道上解决商业模式、核心技术、迭代速度以及人才结构的行业痛点。

图 5　智行者 Robobus 方案

H-INP（Highway-Idriver+ Navigation Pilot）是面向高速公路、城市快速路的高速领航系统（见图 6）。

图 6　智行者高速领航系统 H-INP 方案

C-INP（City-Idriver+ Navigation Pilot）是面向高速公路、城市快速路，以及普通城区道路的高级别领航系统。

北京大椽科技基于车路协同一体化协同方案

北京大椽科技有限公司

作者：张乃锋

1950 年，通用打造了一条预埋大量通信设备的高速公路，以此拉开了关于智能化道路的改革之路，经过多年发展，随着自动驾驶及智能网联汽车技术深耕，尤其在我国大力发展基础建设的推动下，车路协同随之而来，从而形成了智慧的车与聪明的路相结合，预示着智慧交通的改造之路一路向好，并且吸引着全球的企业进行布局。

早在 2011 年，中国科技部就在“863 计划”中设立智能车路关键技术研究项目。同期，大椽科技基于“863 计划”项目本身深入技术延伸，在此项目进行大量投入，经过多次迭代，最终打造出基于车路协同一体化的协同方案。

车联网是汽车、电子、信息通信、交通运输和交通管理等行业深度融合的产业形态，而蜂窝车联网（C-V2X）无线通信技术为关键技术，此技术可有效解决汽车交通基于安全、效率等方面的良好应用。随着 5G 商用开启，更好地加快推进 C-V2X 的技术创新，在国际市场占领车联网发展的良好势头。

车路协同一体化协同方案以交通设施数字化为理念，融合路网感知、路网控制、智能决策、完善并提示路网路侧设施体系，实现车路人云协同交通环境，结合高精度定位信息（RTK）系统，提供车路协同服务，提升交通安全和通行效率。

基于边缘计算的路侧感知系统硬件包含路侧感知设备、移动边缘计算（MEC）、路侧单元（RSU）。车路协同整体方案可以完美实现车与车、车与路、车与人、车与云端结合，从而实现一体化的输出（见图 1）。

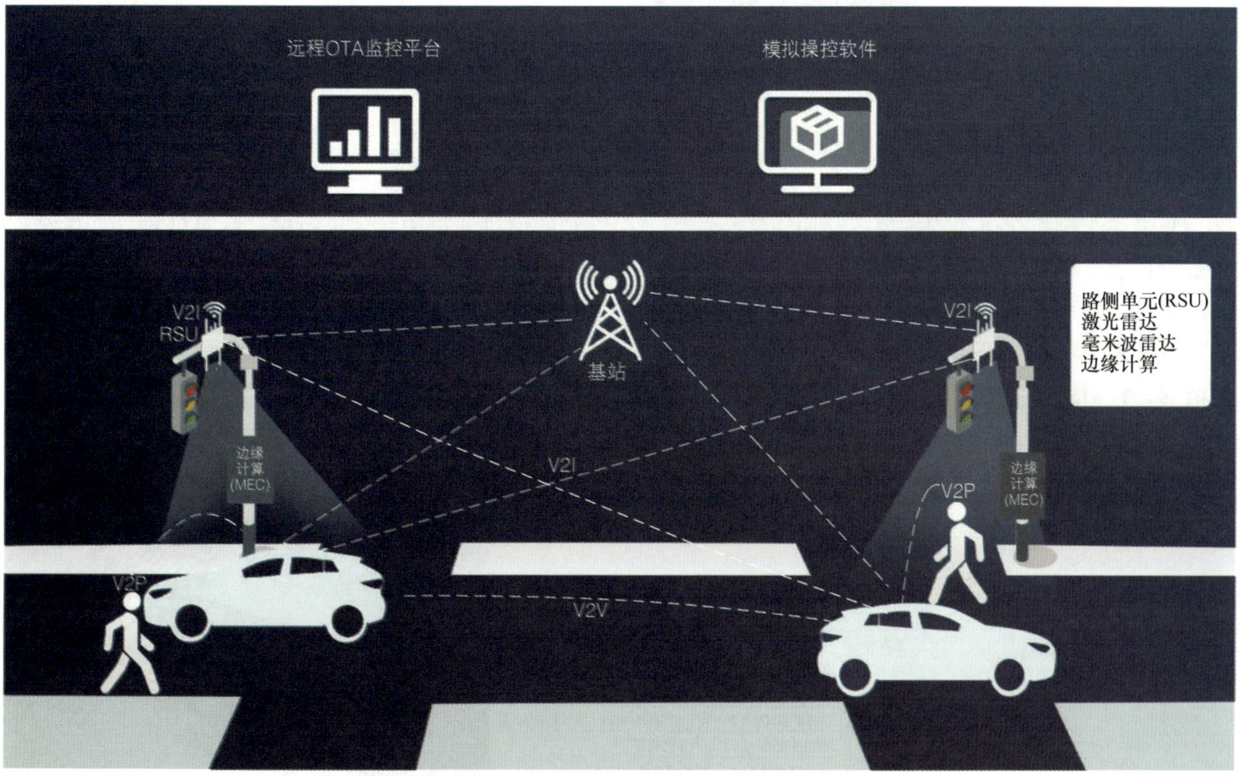

图 1　车路协同一体化解决方案

智能网联基站按照需求进行传感器等相关设备搭配，完成一体化的场景展示。基站集成路侧单元（RSU）、移动边缘计算（MEC）、激光雷达、毫米波雷达、气象传感器、交通信号控制器（相应相位灯）、移动电源（UPS）、交换机、定制款基站及配套电箱等相应的配套设施（见图 2）。

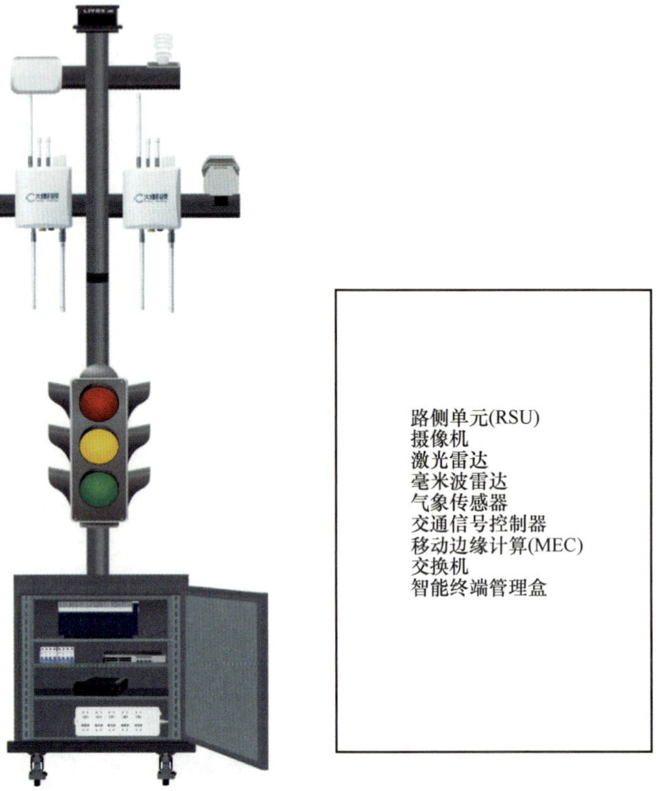

图 2　智能网联移动基站

本系统利用 LTE-V 短程通信技术，提供低延时宽带无线通信，以及车车、车路信息交互、风险监测及预警，从而实现个性化的出行诱导服务。通过基站搭配传感器来提取所检索到的相关信息，如行人、信号灯、非机动车辆、交通违规现象、交通违法行为等，检索到的信息通过边缘云进行融合计算处理，产生结构化数据信息，借助 PC5 通信方式以广播的形式传送给在网范围的车辆，使在网车辆可以随时收到路侧所传送的信息，从而做出相应的预警，及时做出相应的处理。同时，在网车辆可以形成车车之间的信息互通，熟知附近在网车辆的所有信息（不仅限于经纬度、航向角、车速等信息），通过收到的信息预判道路上各个车辆情况，针对所触发的预警进行处理，避免相应的交通事件。

部分场景展示见图 3 ~ 图 8。

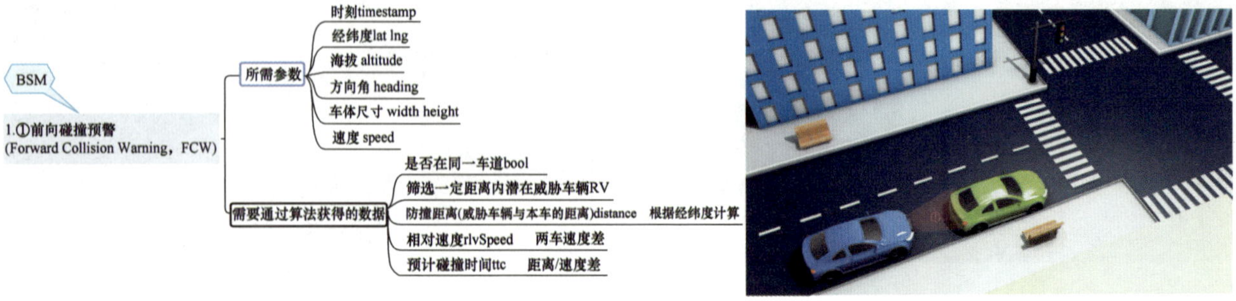

图 3　前向碰撞预警

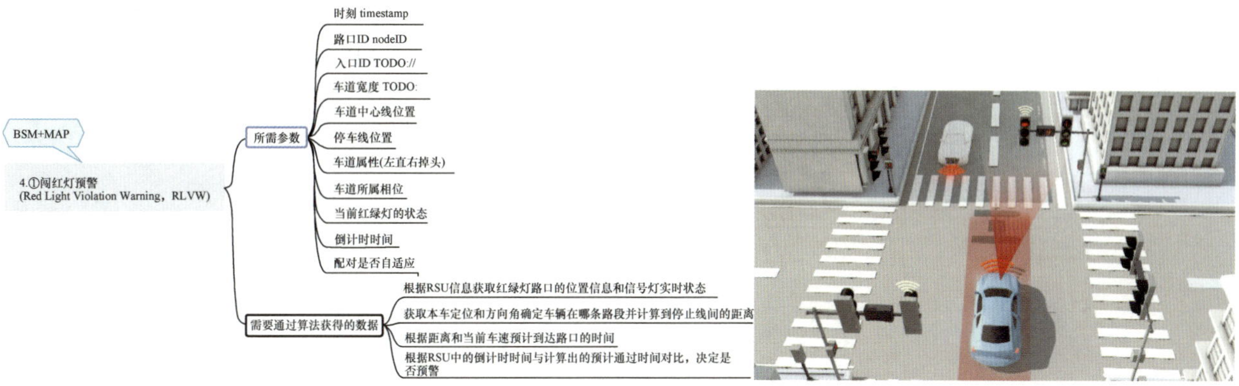

图 4　闯红灯预警

图 5　限速预警

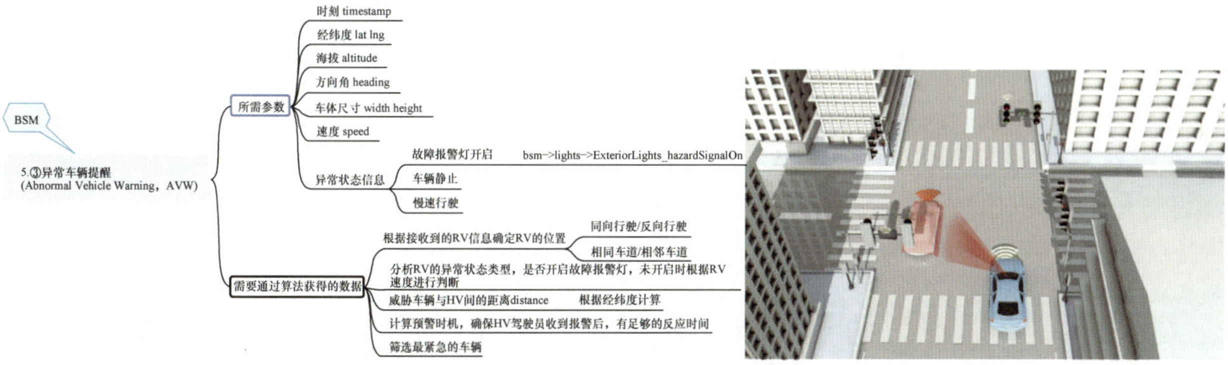

图 6　异常车辆提醒

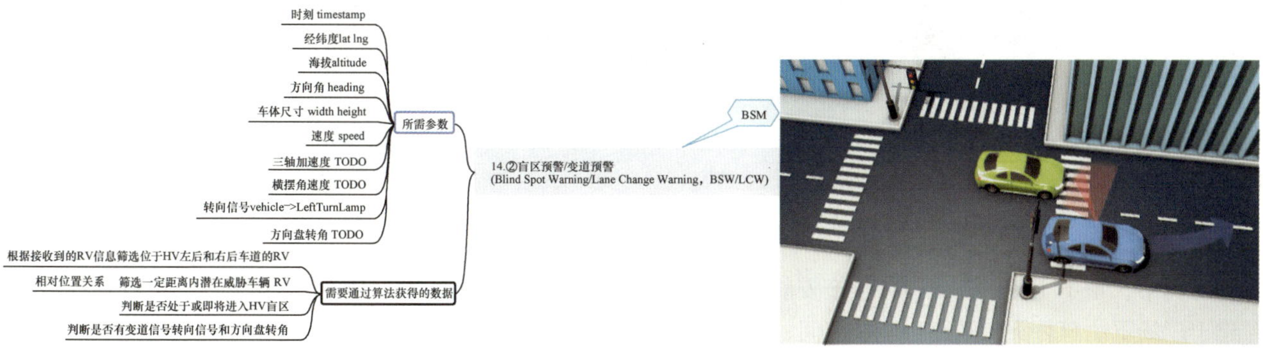

图 7　盲区预警 / 变道预警

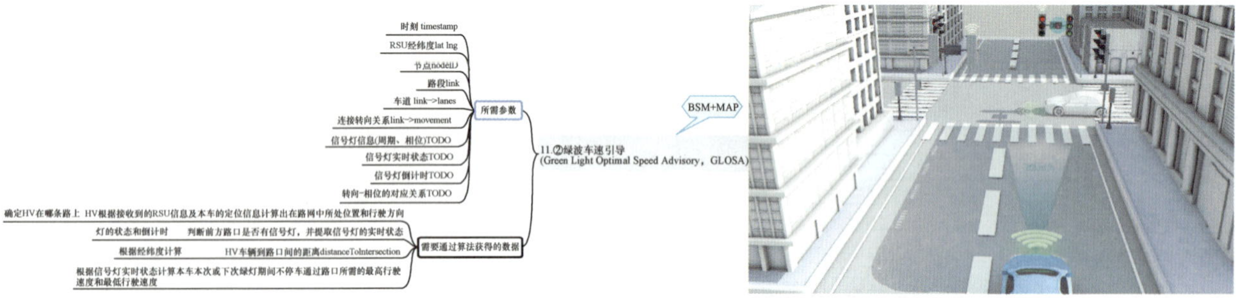

图 8　绿波车速引导

互联网 + 地下智能立体存车场简介

齐齐哈尔璞世科技有限公司
作者：张士普

互联网 + 地下智能立体存车场是一种无需人员值守、10s 可完成存取车的地下立体停车方案（见图 1）。该存车场的普及不仅可以解决城市的“停车难”，还可以解决新能源汽车的充电桩布置建设难题，更是无人驾驶汽车最理想的“家”。地下四季保持零度以上的恒温也可以解决新能源汽车在北方普及推广的难题。

图 1　地下立体停车方案

其中，地下土建、存取设备生产安装、存取车管理以及附加便民技术申请专利 10 余项。可以将存车场建于广场下、草坪下、马路边、楼宇间、围墙下，甚至可以建于湖水中，在岩石地质的山区也能施工建设。可以将其建成方的、圆的、椭圆的，以及适应地块的异型结构（见图 2），并且在每个泊位都可以做到自动充电。可以改造老旧的地下停车场，使之库容成倍扩大。

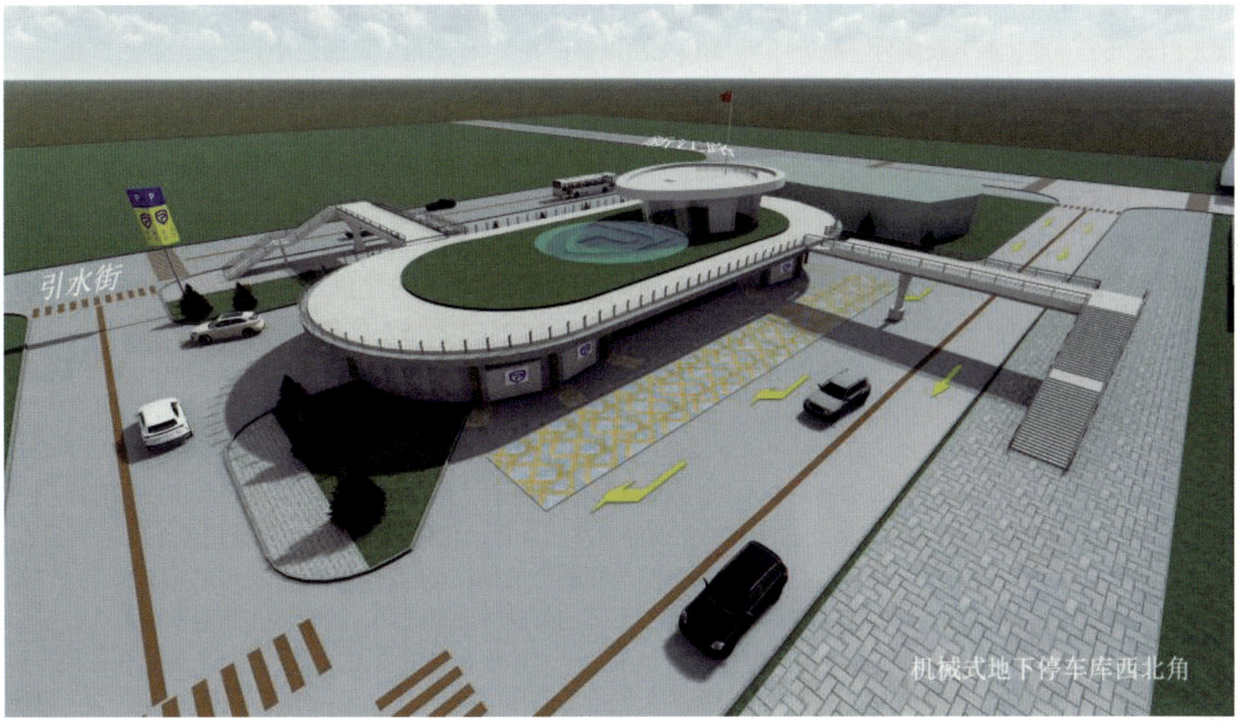

图 2 停车场外观

高效利用有限的土地资源是其最突出的亮点。依托此存车场可以建设地下共享单车存车库、地下快递错时暂存站、地下无人超市、冷链仓储、商品前置仓等仓储类便民服务。相应的技术已申请了发明专利。依托存车场还可以建设洗车行等便民的社区服务项目，在存车场上面建设健身房、幼儿园、老年活动室、图书室等设施；利用存车场消防副产品“氧气”建设康健氧吧。

此存车场是智慧停车的基础，也是智慧社区的入口，更可以成为智慧城市的新基础。

1.“停车难”的现状

城市的“停车难”是目前普遍存在的一种城市病，是城市发展的必然现象，也是一种幸福的烦恼。国家发展和改革委员会去年公布的数据显示，我国一、二线城市小汽车与停车位的比例为 1∶0.8；三、四线城市这一比例是 1∶0.5。而根据发达国家的经验，这一比例在 1∶1.3 才能缓解停车难，局部地区要达到 1∶1.5 才行。目前我国按 1∶1 的比例计算，停车位缺口超过 8000 万个。究其原因，能用于建设停车位的土地越来越紧缺，停车位数量的增长赶不上汽车保有量的增长（近一亿的驾驶员无车开，驾校的生意还很火爆），所以这一缺口短期还将扩大。同时，充电桩 100% 配建标准无疑是在“雪上加霜”。

目前，在众多的解决方案中“地下立体停车场”最为突出，南京已有了样板停车场，上海静安区也开始建设。石家庄、哈尔滨、厦门、杭州、南通很多城市都有了实践范例。普及这种停车场，不仅能解决停车难的问题，还可以解决未来无人驾驶汽车的停车难题、新能源汽车普及难的难题，甚至可以解决充电桩规划建设的难题。这种停车场非常适合智慧平台管理，可谓一举多得。虽然此种停车方式已逐渐被广泛认可，但是因为建设成本高和建设工艺落后，还不能满足普及推广的要求。

2.“停车难”的成因

所谓“停车难”，说简单点就是“没地方”停。造成“停车难”的主因是停车位建设用地的供应不足，其次是驾驶员停车入位操作难和停车场管理难。停车入位操作难也是因为土地紧缺，车位尺寸过小。另外一个原因是由小汽车的使用特点决定的，造成“停车难”的主力是私家小客车，这类车的特点是“用少”“闲多”。一年中一辆私家小客车 95% 以上的时间都是在停车位上度过的。按一辆车一年行驶 2 万 km、时度 30km/h 计算，仅需 28 天（约一个月）的时间，其余 11 个月就是在不停地换地方“睡觉”。加上“随意”聚集（白天聚集一地、晚上聚集另一地），使停车位无法准确配置。“停车难”可谓是社会进步的必然产物。

土地是不可再生资源，将泊位立体建设是停车用土地高效利用的唯一途径，而地下立体停车则是最为理想的方案。

3.“停车难”的解决方法

互联网技术的发展为解决停车难提供了机会，互联网技术可以帮助人们提前找到空的车位，并实现自动计算停车时间、快速结算（无感支付）停车费、号牌识别、ETC 支付、GPS 定位、视频监督违规停车等功能，在停车管理方面解决了一些问题。但停车位预约这一措施并不可取，预约车位和车位加锁一样会使本就紧缺的停车位利用率降低。反之，停车位共享不失为好的方法，值得推广。不过，这些技术只是使已有停车位的利用率更高而已。

大量的立体停车场的出现，可高效利用紧缺的土地资源。对比地上立体停车和地下立体停车，地下立体停车更胜一筹。有报道指出，日本利用 70% 的立体停车位解决了“停车难”的问题。而我国立体停车位占比不到 5%，可见我国立体停车发展空间巨大。立体停车离不开自动化机械，自动化机械使停车简单、高效、精准，利用自动化机械代替驾驶员的入位操作可以解决驾驶员的操作难问题。自动化机械的精准操作可以使停车位集约得更小。自动掉头功能使驾驶员更方便，可节约驾驶员大量时间。由于停车市场空间巨大，吸引了众多企业涉足其中，也出现了很多的停车形式，其中地下立体停车是最受关注的，也是发展最快的停车形式。国家政策也在向地下停车这个方向引导。对一个城市的总体空间来说，地平面停车基本饱和，向上发展停车的空间有限，停车楼、停车塔长时间没能得到普及和推广就说明了这一点。可谓是“上已封顶”，但同时却是“下没封底”。2019 年 5 月 23 日，新华社受权发布《中共中央 国务院关于建立国土空间规划体系并监督实施的若干意见》，综观世界发达国家和我国城市建设空间的现状，向地下要空间、要土地、要资源，已成为现代化城市发展的必然趋势之一。

基于以上分析，齐齐哈尔璞世科技有限公司认为唯有快速大量地增加停车位，才能彻底解决“停车难”的问题。公司提出了地下立体“存车场”的理念——地下智能立体存车场。利用地下、立体布置停车位来解决土地资源紧缺的问题；利用“存车”代替“停车”，解决驾驶员操作难和存车场的管理难问题。

此“存车场”方案主要包含发明专利：“沉井建筑工法”（201710255696.6）、“地下多层升降存车场”（201710222462.1、201720364256.x）、“一种多电梯垂直升降立体停车场”（202010330696x）以及“一种沉井逆滑膜导向可控沉降施工机构及施工方法”（202010224230.1）。其中，最后一项专利同时已获国际专利授权，国际公告号 wo2021/190191AI（见图 3）。

“沉井建筑工法”和“一种沉井逆滑膜导向可控沉降施工机构及施工方法”发明专利可以保证存车场建设不受地质、地形的限制，可以建在广场下、草坪下、马路边，甚至湖水中，也可以进行老旧地下停车场的改建，使库容成倍增加。混凝土施工与土方施工可以同时进行，互不干涉，并且冬季也可施工，大大缩短了施工工期，也可以节约大量辅助建筑材料，进而大大节约建筑成本。上述方法可达到快速、大量增加停车位的目的。

“地下多层升降存车场”和“一种多电梯垂直升降立体停车场”专利提供了存车场功能及管理方面的技术。除了地下停车的公认优点外，此技术有其独有的一些优点：无需照明、换风、采暖，建设节能环保的停车场；采用稀释氧气防火；采用惰性气体灭火，没有次生灾害；每个车位都设置充电装置，为电动汽车的推广助力；独特的上轨道设计大大减少了事故发生的概率；多套电力供应系统并存，保证电力供应故障对存车场的运行影响最小。

齐齐哈尔璞世科技有限公司设计的“地下智能快递接收站”和“地下共享单车存车库”等专利技术可以充分利用地下闲置的立体空间，既方便了群众，又可帮助业主回收投资。当然，这些专利技术也可以独立实施，解决快递接收不对时的问题，也可以解决共享单车乱停乱放的问题。此“存车场”的普及推广既可以丰富人们的生活，也会美化我们的城市。

REPUBLIC OF SOUTH AFRICA REPUBLIEK VAN SUID AFRIKA

PATENTS ACT, 1978

CERTIFICATE

In accordance with section 44 (1) of the Patents Act, No. 57 of 1978, it is hereby certified that:

QIQIHAR PUSHI TECHNOLOGY CO., LTD.

Has been granted a patent in respect of an invention described and claimed in complete specification deposited at the Patent Office under the number

2022/03621

A copy of the complete specification is annexed, together with the relevant Form P2.

In testimony thereof, the seal of the Patent Office has been affixed at Pretoria with effect from the 29th day of June 2022

Registrar of Patents

图 3 一种沉井逆滑膜导向可控沉降施工机构及施工方法

基于多模态融合的环境自适应感知系统

合肥工业大学车辆工程系

作者：张炳力，姜俊昭，潘泽昊，王怿昕，王欣雨，杨程磊，张成标

随着智能驾驶技术的飞速发展，汽车行业对提高驾驶安全性的要求愈发重视，所以环境感知系统常被用来评测驾驶安全性能。本团队基于混合融合技术框架，研发了一套可以自适应全场景的环境感知系统。

在数据端，本团队研发的真值系统由摄像头、激光雷达、毫米波雷达等车载传感器外加高效的数据记录设备组成。首先由不同的车载传感器在真实道路环境中进行数据的采集和调试，采集环节会根据不同场景的需求选定相应的采集场景，再通过远程传输、专线传输、数据物流等方式，实现数据的快速回传和校验，并打通存储计算平台及可视化平台，使得采集的数据可以快速高效地应用到后续的处理中；然后通过数据融合，将各类传感器的特点进行优势互补，更准确地进行三维空间建模，更精确地完成道路目标的识别与跟踪，有效地降低目标识别误检率。

在系统硬件配置方面（见图 1），团队采用大恒 MER2-301-125U3M/C 工业相机，具有高清晰度、低噪声等特点，在真值系统中用来提高交通参与者类别信息；采用德国大陆集团研发的一款 ARS-408-21 长距毫

米波雷达，其具有数字波束形成扫描天线，提供远距和近距两组独立扫描波束，采用坚固的小型化设计，安全可靠；利用先进的传感技术，具有测距远、测速准等优点，广泛应用于对象检测、目标分类以及前向碰撞警告（FCW）、自适应巡航控制（ACC）等 ADAS 功能；采用北科天绘公司生产的 C-Fans-32 固态式 32 线激光雷达，C-Fans-32 是北科天绘为高级别智能驾驶推出的一款车规级激光雷达产品，工作频率有 10Hz、20Hz、40Hz 三种模式可供选择，较高的工作频率会以牺牲雷达的水平角分辨率为代价，工作频率为 10Hz、20Hz、40Hz 时对应的水平角分辨率分别为 0.1°、0.2°、0.4°。

图 1　系统硬件配置

在系统软件算法方面，2022 年，伴随 Transformer 等新兴网络结构在 CV 领域的进一步普及，团队不断整合技术资源，持续打磨产品方案，针对本产品的感知算法进行全面迭代升级。本产品的 BEV 感知算法首先将摄像头数据输入共享的骨干网络（Backbone），提取每个摄像头的数据特征（Feature）。其次，把所有的摄像头数据（跨摄）进行融合，并转换到 BEV 空间，并在 BEV 空间内，进行跨模态融合，将像素级的视觉数据和激光雷达点云进行融合。最后，进行时序融合，形成 4D 时空维度的感知信息。其中，摄像头多视角特征通过基于 LSS 的视角转换（View Transformer）投影到 BEV 空间下，实现了 BEV 视角下的特征提取和数据增强；跨模态融合过程基于 Learnable Align，动态捕获图像和点云特征之间的相关性，提高了检测的准确率。基于该特征级融合算法，本产品完成了静态语义信息、动态检测和运动预测等多任务输出，给到融合模块使用，实现了实时工况下对道路目标的识别功能。进一步，团队开发的目标级融合算法首先将激光雷达与摄像头的融合特征结果和毫米波雷达的点云特征经过相应的目标检测网络得到相应的检测结果（x，y，z，w，h，l，class，score，v，s），再分别将检测结果作为 Transformer 模块的输入，通过 Transformer 的交叉注意力机制实现检测框的位置修正及信息互补。多模态融合网络架构见图 2。

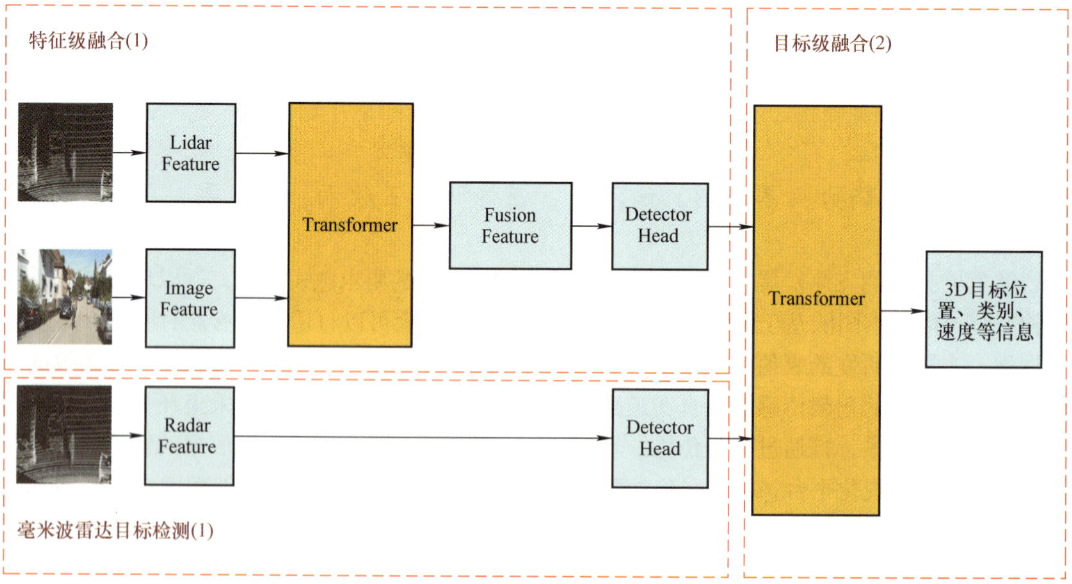

图 2　多模态融合网络架构

在应用场景方面，本团队针对用户端特殊场景使用需求，为用户进行了多模态自适应复杂场景开发。复杂多变的光照环境与气象条件（雨、雪、雾等）给计算机视觉及其任务带来诸多问题，降低了其算法的鲁棒性及环境自适应性。同一场景或目标，在不同的光照和气象条件下，相机将产生不同的影像效果，造成了图像像素值全局及局部的变化。在复杂的场景下，这种变化往往是局部高度非线性变化，从而导致图像分割、目标识别与跟踪、场景分类等算法的性能降低甚至失效。本系统采用多传感器信息融合的方式高效解决复杂场景问题，通过计算机视觉判定复杂场景情况，自适应分配对不同传感器的信任度，从而提高对复杂场景的自适应度。

综合上述技术，本团队基于摄像头、毫米波雷达、激光雷达等车载传感器外加高效的数据记录设备组成的数据采集系统，开发出多模态自动驾驶感知系统。该系统可通过对数据进行融合处理生成可靠性高于单传感器的检测结果，在自动驾驶多传感器融合感知领域具有广阔的应用前景。

普华基础软件 AUTOSAR 解决方案

普华基础软件股份有限公司

作者：罗青松

普华基础软件成立于 2008 年，是中国电科集团整合优势资源投资设立的发展基础软件的重要平台，注册资金 3.22 亿；拥有 IT 通用基础软件与 OT 车用基础软件全线产品、服务与解决方案，提供车用基础软件设计、开发、配置、集成、测试等全生命周期的工具链、本地化一站式增值服务及芯片的生态支持。

普华基础软件是 AUTOSAR 组织高级合作伙伴，拥有强大的 AUTOSAR 专业技术团队。为国内各大 OEM 整车厂和主要的零部件供应商提供基于 AUTOSAR 标准的汽车电子基础软件平台、开发工具和软硬件一体化解决方案、测试开发解决方案、优质的本土化技术支持、现场软件集成支持及售后技术支持。普华基础软件率先在国内通过汽车领域软件质量和成熟度 Automotive SPICE 3 级认证，也是首家 AUTOSAR 操作系统产品通过德国莱茵 ISO 26262 ASIL-D 最高等级产品认证的国内基础软件企业，具有丰富的用户案例和 AUTOSAR 集成服务实战经验。

1. 普华基础软件 Classic AUTOSAR 及工具链产品

（1）普华基础软件 ORIENTAIS 灵智车控基础软件平台

普华基础软件提供符合业界现行标准的国产自主基础软件整体平台解决方案——ORIENTAIS Classic AUTOSAR 普华灵智车控基础软件平台，该平台定位于满足汽车电子应用开发及测试需求，提供一体化的系统解决方案、定制开发和本地化技术支持。平台提供完整的 AUTOSAR 开发工具链、SWC 设计开发工具、BSW 基础软件配置工具、RTE 集成开发环境。平台支持以太网，CANFD，CAN，LIN 等总线，支持信息安全和 OTA。

其拥有优质的本土化技术支持、现场软件集成支持、售后技术支持，以及开发工具和软硬件一体化解决方案。普华灵智车控基础软件平台架构示意图见图 1。

（2）ORIENTAIS Studio 集成开发环境

ORIENTAIS Studio 集成开发环境提供全套基础软件平台开发工具链，提供 SWC 的配置、ECU 的萃取和 RTE 代码的生成等功能。开发环境集成了代码编写及配置过程，支持代码自动生成，实现了软件组件之间的无缝集成，帮助用户使用界面友好的工具配置方式取代烦琐的手工配置方式，不仅使开发变得更加轻松有效，而且极大地缩短了开发周期。可配置的基础软件模块包括操作系统、通信、网络管理、RTE、诊断、底层驱动。

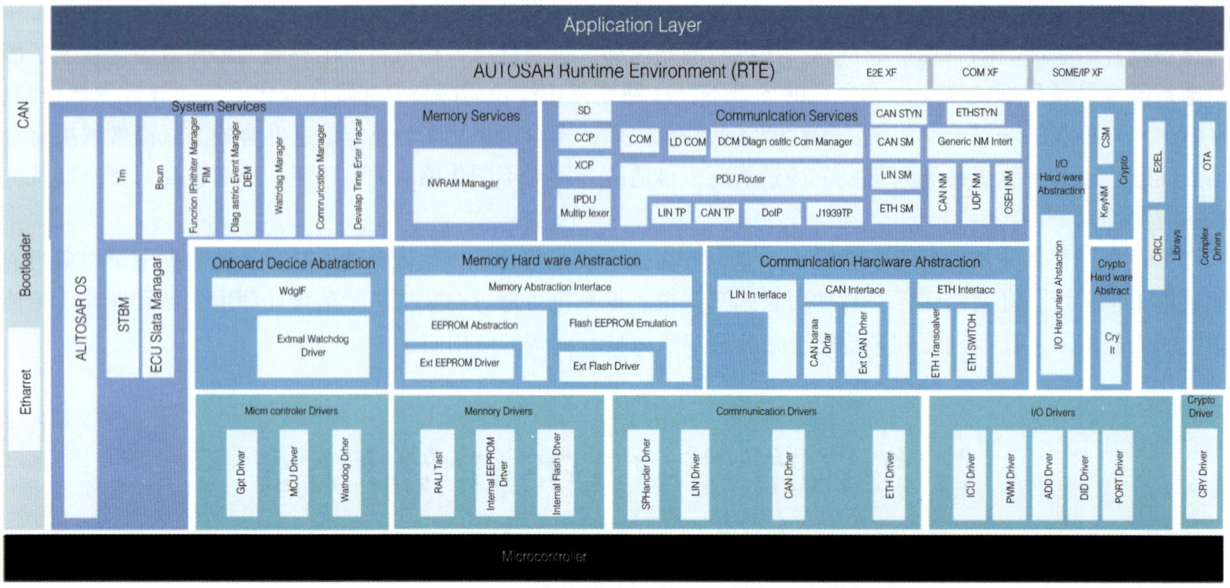

图 1　普华灵智车控基础软件平台架构示意图

2. 普华灵思车用基础软件平台 ORIENTAIS Adaptive AUTOSAR 及工具链产品

普华灵思车用基础软件平台符合 AUTOSAR R20-11 标准，该系统突破了基于服务的整车通信、软件平台健康管理、统一操作系统接口、安全信任链等关键技术，解决了汽车智能驾驶领域缺乏国产基础软件和工具的难题，通过与各芯片厂商持续、深度的适配，完成面向智能驾驶的底层技术支撑平台，提供中间件功能模块及工具链等产品，帮助智能驾驶应用场景完成软件的快速构建。产品满足车规级要求，支持异构计算，覆盖高级驾驶辅助系统、智能座舱、T-BOX、域控制器等使用场景，应用于智能驾驶、无人驾驶和车联网。普华灵思车用基础软件平台架构示意图见图 2。

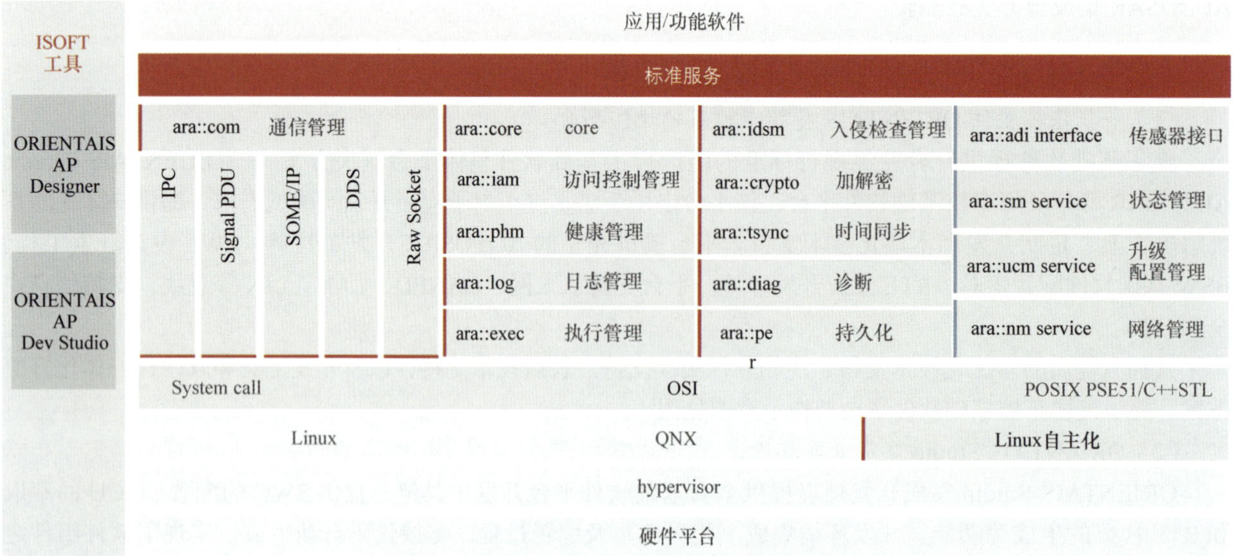

图 2　普华灵思车用基础软件平台架构示意图

3. 普华基础软件 AUTOSAR CP+AP 一体化解决方案

随着 E/E 架构逐步集中化，同一域控制器或芯片上，需要相应的安全域与高性能计算域，即包含安全实时、软实时及非实时各种领域与划分，普华 CP+AP 一体化的融合技术可解决该需求。该技术解决方案具有硬实时性、高安全性、低能耗等特点，将不同操作系统、底层硬件、协议软件等进行接口和架构的标准化，实现面向服务的软件架构，全面覆盖智能网联汽车感知、决策、控制系统的软件开发，支持传统汽车向智能网联汽车发展。普华基础软件 AUTOSAR CP+AP 一体化解决方案架构示意图见图 3。

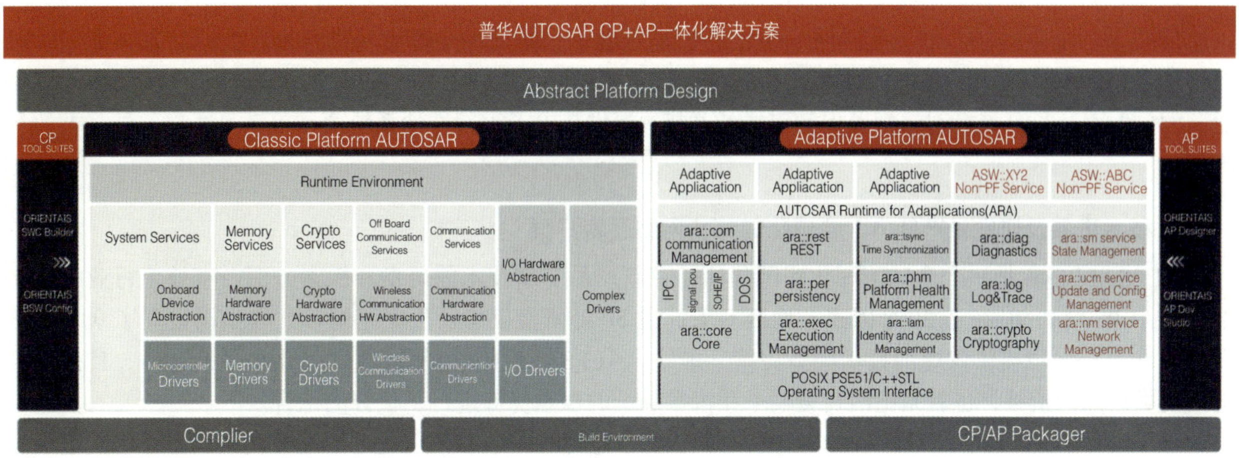

图 3 普华基础软件 AUTOSAR CP+AP 一体化解决方案架构示意图

4. 普华基础软件云系统解决方案

在智能网联汽车时代，单独的 AUTOSAR AP 或 CP 难以适应"安全实时、非实时"的域控制器多样化需求，一体化融合方案形成互补共存契合智能网联汽车 E/E 架构集中化趋势，是普华基础软件对应的解决方案。普华基础软件凭借 10 余年在 IT 基础软件的技术积累，将其在 IT 基础软件领域的容器、虚拟化、云原生等技术，结合普华 CP +AP 一体化解决方案，推出 AUTOSAR+ 云系统解决方案，为 OTA、FOTA 软件升级系统提供后台云系统的基础设施与基础产品，实现智能网联落地。普华基础软件云系统解决方案示意图见图 4。

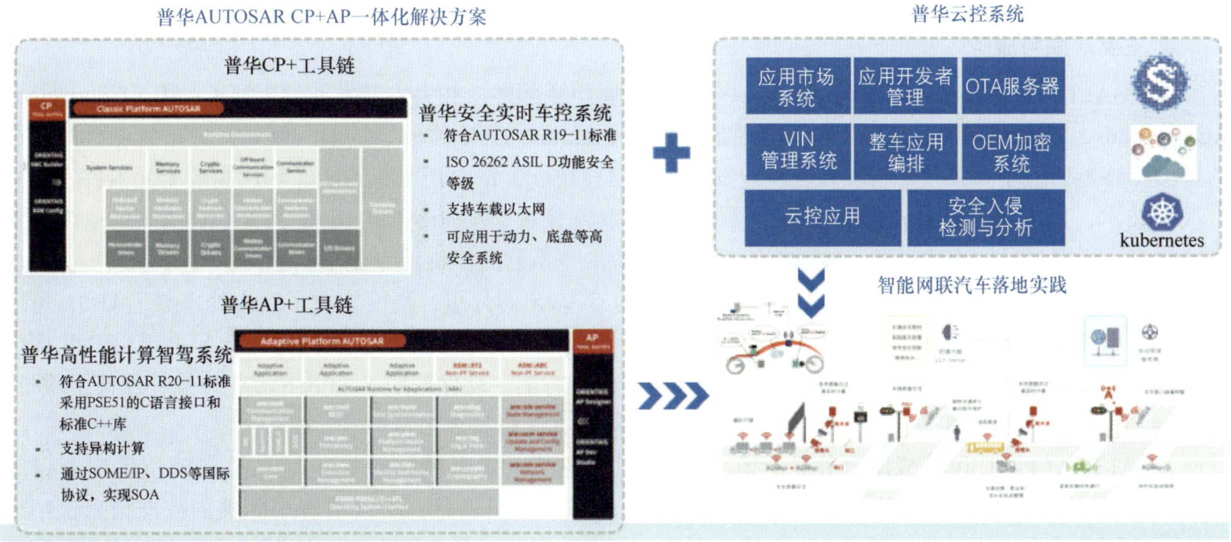

图 4 普华基础软件云系统解决方案示意图

ALPSALPINE 智联网联产品解决方案

阿尔卑斯（中国）有限公司上海分公司

1. 发展概况

阿尔卑斯阿尔派电子（英文：ALPSALPINE）自 1948 年创立以来一直致力于电子零部件的开发与制造，以通信技术、电磁器件、电子元器件、IT 设备、车用电子为基础在全球市场进行推广。近年来，我们针对新市场、新领域的挑战，在面向数字设备进化和汽车电子化、智能社区建设等需求开展绿色环保器件等新业务的同时，积极开展针对医疗及保健市场的举措，提供从电子零部件到系统商品等满足客户各种需求的新价值。

2. 技术进展及研发生产能力、全球化的销售网络及客户群

ALPSALPINE 是一个全球国际化跨国集团，在新产品和新技术的研发和探索方面一直处于行业的领先地位。ALPSALPINE 在近 20 个国家及地区有着超过 50 处研发机构及生产基地，并在中国设立了众多的研发机构和工厂，以提供快速的技术服务支持。最终，ALPSALPINE 力争提供国际化水平的产品，且提供接近消费类产品的价格，也就是把消费类电子和汽车领域的双重优势进行了很好的结合。

从 1948 年创立至今，ALPSALPINE 在电气化、信息化、车载和数字化的不同时代经营多年，其电子零部件业务在移动 / 家居、汽车和能源 / 健康 / 工业 /IoT 几大业务版块同全球 2000 多家客户保持着业务，其核心技术主要是人机交互（HMI）、传感以及连接互联技术。在汽车领域，ALPSALPINE 推出业内第一家 C-V2X Open CPU 解决方案。ALPSALPINE 不仅是前装市场蓝牙模组最大的供应商，也凭借这样的小型化优势打入众多物联网应用领域，以提供给客户在产品设计时更大的灵活度。自 2018 年起，ALPSALPINE 开始致力于流媒体后视镜和侧方电子后视镜的研发，为用户提供更安全的解决方案。

在 IoT 应用方面，ALPSALPINE 的概念是通过传感和连接来创造新的产业，为客户创造新的价值，ALPSALPINE 现在做出的 POC 就是提供应用验证模块，为客户提供参考设计和原型平台，助力客户开发。针对不同的传感器的输出不一样，ALPSALPINE 可以设计开发专门的 ASIC 进行配合，通过自有的 MEMS 加工技术，把传感器和 ASIC 整合起来，实现微型化和低功耗的竞争优势。

ALPSALPINE 以日本为中心，在美洲、亚洲各地开展开发、生产、销售业务，并与各个国家建立地域社会信赖的关系，对电子工业的发展做出贡献。

3. 主要产品与服务

ALPSALPINE 为汽车的电子控制化提供多种类的通用零部件，并大力开发能够提高 CASE（Connected，Autonomous，Shared，Electrified）和车内附加价值的 Premium HMI 的核心技术。例如，满足状态检测需求的各类传感器、应用高频技术与协议软件开发力的通信模块、支持电动汽车的能源利用高效率元器件、运用力反馈技术，以及静电容量技术的输入元器件等。车联网领域，ALPSALPINE 提供从（All-in-One）C-V2X 模块到亚米级卫星导航模块以及天线系统线损补偿模块的一系列高性价比专业车载产品：

1）C-V2X 模块。硬件方面，该模块采用了大唐的 C-V2X 芯片组，高度集成了应用处理器（AP），可以作为 TCU/T-Box 的处理核心，为顾客提供高品质的本土解决方案（见图 1）。软件方面，ALPSALPINE 提供底层固件、中间层的 Stack 软件，以及应用层软件全套解决方案。软件按照 A-SPICE 流程开发，保证了质量。ALPSALPINE 也可按照客户需求来提供定制化应用解决方案，彰显客户特色。

2）ALPSALPINE 和其战略合作伙伴在全球首创实现了无需车辆位置校正信息且车辆位置误差仅为 50cm 的高精度定位模组（见图 2）。由于不需要 RTK 的基站校正信息，所以节省了相关的校准信息使用成本，在兼顾了成本的前提下，更好地解决了车联网 SPEC 1.5m 定位精度下误报的问题，实现车联网整体方案性价比的最优化。

图 1 UMCC1 系列 C-V2X 模块

【主要规格】

产品名(编号)	UMSZ6系列
外形尺寸(W×D×H)	17.8mm×18.0mm×3.11mm
支持卫星	GPS：L1 C/A，L5 GLONASS：LIOF BeiDou：B1I，B1C，B2a Galileo：E1B/C，E5a NAVIC：L5 QZSS：L1C/A，L1S，L5 SBAS：L1，L5
使用温度范围	-40~+85℃/105℃
电源电压	+1.8V
支持功能	Dead Reckoning(内置DR用Sensor) Antenna DIAG功能

图 2 UMSZ6 系列 GNSS 模块

3）通信距离是车联网效果的重要确保指标，而通信距离和天线的输出功率级以及系统对于输入信号的强度要求是直接相关的。在现实中，绝大多数车型在兼顾了美观之后，天线的可配置位置受到了很大的限制，盒体和天线之间的线损成为影响 C-V2X 发挥效果的主要阻碍，ALPSALPINE 的 BDA 模块很好地解决了这一问题，同时基于自生的算法对于 Box 的多种解决方案可以无差别覆盖，大幅度降低了为了解决线损给系统带来的变更压力，成为完美匹配市场的又一里程碑产品（见图 3）。

Features[Target]

- ✓ 对于线损进行补偿
  - ➔ 扩大V2X通信范围
- ✓ 外形：SMD
- ✓ 高工作温度：-40~+105℃
- ✓ Tx/Rx自动切换
  - ➔ ECU只需要提供射频信号和电源
- ✓ 客户可自行选择喜欢的外壳设计
- ✓ 客户可自行选择喜欢的插接器

图 3 UMGZ 系列 BDA 模块

4）电子后视镜解决方案。该方案主要是基于车外摄像头的数据采集和实时算法，利用 One ECU 的系统架构，解决低延迟、避白栅、防前照灯照射等问题。实时进行影像合成的同时，智能化切换显示影像的视角，以减少视角盲区带来的驾驶风险。此款电子后视镜的算法既可以应用在流媒体后视镜当中，也可以应用在侧方电子后视镜上（见图 4）。

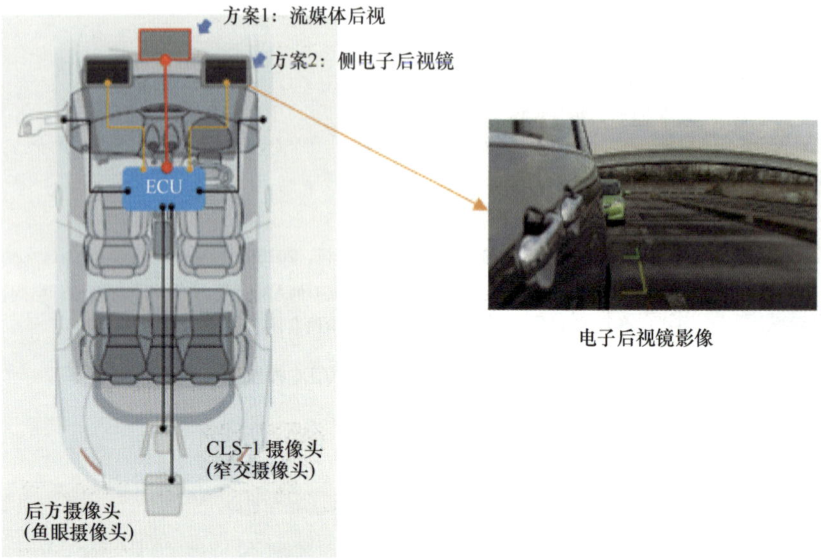

图 4　电子后视镜解决方案

2019 年，ALPSALPINE 为了进一步提升产品的性能，在原有的 3 个摄像头（2 枚 ADAS 摄像头和 1 枚后方的鱼眼摄像头）的基础上追加了 1 枚窄交摄像头来收集后方路面远处的信息，通过算法实时计算，将自车后半部分进行透视化影像显示，让侧后方危险及障碍物更清晰地显示在电子后视镜当中，在增强盲区检测的同时，将可视化影像角度扩大，此产品预计 2024 年起投入量产（见图 5 ~ 图 7）。

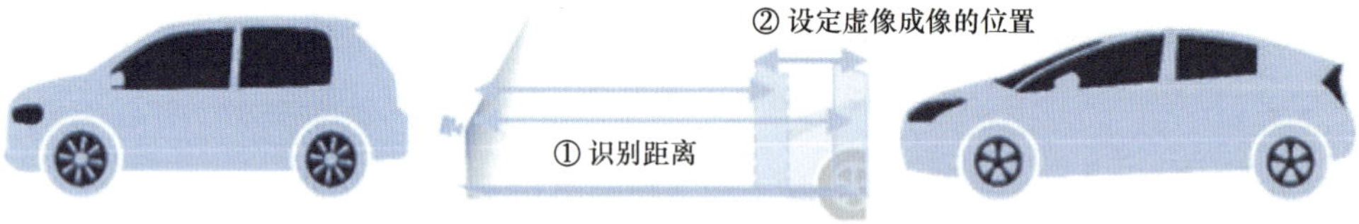

图 5　实时影像辅佐

图 6　倒车影像效果

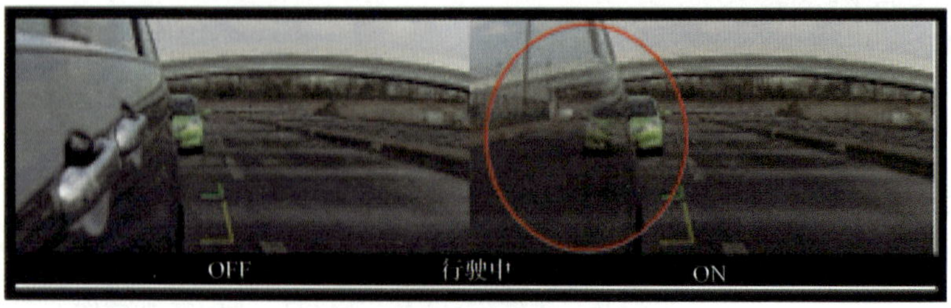

图 7　后方超车影像效果

英搏尔主营业务及自主创新成果

珠海英搏尔电气股份有限公司

作者：贺文涛

1. 概况

珠海英搏尔电气股份有限公司（简称英搏尔）成立于 2005 年，于 2017 年在深交所创业板上市，股票代码：300681，是一家专注新能源汽车动力及电源系统研发、生产的高新技术企业（见图 1）。公司主营产品有新能源汽车动力总成、电源总成以及驱动电机、电机控制器、车载充电机、DC/DC 变换器等新能源汽车动力系统核心零部件。公司产品可应用于全系新能源车、混动车型、商用车、特种车辆等，在电动工程机械、非道路车辆等领域也获得了广泛应用。

图 1　英搏尔珠海公司总部

公司创新的“集成芯”技术，使产品具有高效能、轻量化、低成本等显著优势，并达成与吉利汽车、上汽通用五菱、长城、奇瑞、上汽大通、长安汽车、一汽大众、合众、杭叉、北汽、江淮、威马、小鹏以及采埃孚、大陆集团等众多国内外知名车企和大型零部件集团的长期合作。

2. 产品介绍

英搏尔主要产品介绍及其性能优势见表 1。

3. 智能制造全工艺生产能力

公司拥有 10 条 SMT 及 8 条 DIP 生产线（见图 2），装备有 DEK 印刷机、FJ XPF 高速贴片机、TRI 在线检测、散热桥 ABB 自动组装线以及 3DAOI 自动检测机等大型高端自动化设备和生产线；2 台日本 AIDA 大型高速冲（见图 3）、30 多台高精度数据车床及 CNC、德国先进的定子绕线与嵌线一体机（见图 4）、德国申克全自动转子动平衡机等高精设备，实现了部件总装的一体化全工艺生产，产能达到 100 万套 / 年。

表 1 主要产品介绍及其性能优势

主要产品名称及图示	产品介绍及产品性能优势
“集成芯”驱动总成 	基于三大核心技术独家原创设计和创新应用，“集成芯”驱动总成具有以下性能优势： 1. 实现电机与电机控制器（MCU）同壳体一体化深度集成，体积小 30% 2. 功率 160kW 的驱动总成，重量 67kg，功率密度较行业平均水平提升 20%～30% 3. 电机端盖与减速器共端盖、共水道设计，减轻重量，降低成本 4. 产品 Z 向高度降低，可实现前、后驱布置，降低整车开发成本、加快整车开发进度 5. 电机三相绕组多点温度检测，实现低成本主动发热功能，可适应低温工况，提升整车效率
三合一电源总成 	电源总成是指包含车载充电机、DC/DC 变换器、高压配电盒的集成产品，是对动力电池组进行充电、电能转换及电能分配的核心部件。电源总成产品集成后，有助于减少新能源汽车动力系统核心部件的空间布置，便于部件装载和降低成本
商用车电机控制器 	MC1906 电机控制器，满足商用车 800V 高压系统要求，是国内第一款获得功能安全 ISO 26262：2018 ASIL C 产品国际认证的商用车控制器。其采用平面水道双面冷却技术，大幅降低了产品体积，提升了功率密度。产品可根据客户不同功率需求进行定制，为国内外新能源商用车及大型工程机械电动化提供安全可靠的电机控制
叉车电驱及液压总成 	叉车电驱及液压总成产品完成了从低压单体产品向高压集成产品的升级转换，系统效率提高 40%，有效降低了整车生产成本（主要降低电池用量），实现了节能减排。产品采用 300V 高压水冷系统有效解决大吨位叉车功率和散热问题，实现了国家标准直流充电桩快充。汽车级 IP 防护，可实现暴雨、积水等多种复杂环境下的正常工作，动力强劲，性能优异，耐 -30℃低温环境，适配重工况锂电叉车。公司该产品加速了叉车行业的全面电动化
MC39 系列电机控制器 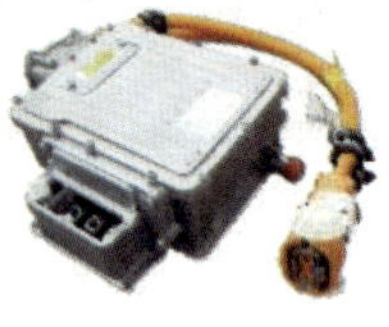	MC39 系列电机控制器是一款应用于新能源乘用车的电机控制器，适用于 200～500V 交流异步驱动及永磁同步驱动系统。该电机控制器产品具有结构简单、可靠性高、抗干扰能力强等特点
圆线电机 	主驱电机产品具有高转矩密度、高功率密度等特点，且采用自动化程度高、柔性好的定子 / 转子产线生产，产品品类齐全，可满足从 A00 级到大型 SUV 等不同新能源乘用车高性能电机需求
扁线电机 	扁线电机产品为英搏尔今后规划的重点产品，其综合体现了英搏尔电机先进的电机设计水平。得益于定制化磁性能材料配方及先进的磁路设计技术，使其有效功率密度可达 6.63kW/kg，有效转矩密度可达 13.25N · m/kg，达到行业领先水平。结合公司明星产品的三代“集成芯”控制器技术，可将体积小、重量轻、高效区面积大等特点进一步发挥出更大的技术优势

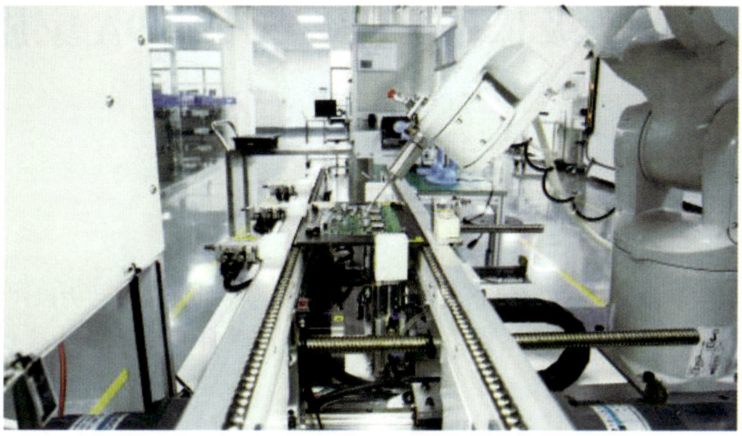

图 2　SMT/DIP 生产线

图 3　电机定转子高速冲生产线

图 4　电机组装线

公司运用 MES、ERP 与 PLM 实现了产品数字化管理。通过对产品的各阶段应用和关联维护的数据记录，实现了各车间和各企业的生产、订货和研发的协同，以及现场控制层与管理层之间的信息互通。

新能源汽车零部件行业目前产品种类多、批量小、客户定制化程度高，公司通过全集成自动化装备实现生产线效率最大化，达到高水平智能制造。

航顺车规级芯片 HK32AUTO39A 家族

深圳市航顺芯片技术研发有限公司
作者：郑增忠

1. 概况

航顺芯片 2013 年成立于深圳，在成都和上海设立分公司和办事处，公司致力以“车规 SoC+ 高端 MCU 超市双战略、让万物互联更智慧，智慧生活更美好”为使命，实现“HK32MCU 为核心、打造航顺无边界生态平台级企业”的伟大愿景。

已量产数 / 模混合 8 寸 130nm 至 12 寸 40nm 七种工艺平台，ARM 及 RISC-V 等十二大家族百余款工业 / 商业 / 车规级、通用 / 专用 / 定制化 32 位 MCU。航顺 HK32MCU 分为经济型、主流型、低能耗型、高性能型、专用型和创新型，大批量应用于汽车、工业、家电、物联网等数千家客户。

共计完成八轮战略融资，合计数亿元，连续获得胡润全球独角兽、中国 IC 独角兽、国家级专精特新小巨人、国家级高新技术企业、深圳领袖企业 100 强、深创赛总决赛亚军等。与国内众多高校及 ARM-KEIL/IAR/AEC/ISO26262 等达成长期生态计划和战略合作，用工匠精神建立完善的航顺 HK32MCU 产品阵列和生态体系，已申请自主知识产权发明专利 100 余件，并在持续增长中。

随着我国汽车工业特别是新能源汽车的高速发展，汽车电子市场规模也在高速增长，但我国汽车芯片一直“缺芯少魂”。据不完全统计，我国汽车用芯片进口率达 95%，先进传感器、车载网络、三电系统、底盘电控、高级驾驶辅助系统（ADAS）、自动驾驶等关键系统芯片全部为国外垄断，我国自主汽车芯片多用于车身电子等简单系统。从国民经济的高质量安全发展、汽车产业供应链的自主可控、汽车芯片产业的巨大市场机遇看，实现车规芯片的国产化和自主化，具有十分重要的战略意义、现实意义和经济效益。

航顺芯片作为 32 位高端微控制器（MCU）市场的佼佼者，从第一颗 32 位 ARM 内核的消费级 MCU 起，便开始悄悄布局车规级 MCU。从汽车电子后装市场的推广，到汽车前装市场的引入和测试验证，经过几轮的产品迭代，经受了汽车电子产品严苛的可靠性和安全性验证，航顺 HK32MCU 正式进入车规级微控制器市场。

2. 航顺车规 MCU HK32AUTO39A

航顺车规 SoC 家族 HK32AUTO39A（见图 1）于 2018 年立项布局，从产品定义、设计、制造、封测到品质管控和物流等严格按照 ISO 26262 安全功能流程和安全功能产品全流程，2019 年发布量产第一颗车规级 MCU。通过三年的市场推广和汽车市场生态建设，被众多汽车整车厂和 Tier1 方案商采用。目前，航顺车规级 SoC HK32AUTO39A 家族已经通过 AEC-Q100 车规等级认证，适用于车内照明、电动座椅、车载中控导航等产品应用，目前已批量应用在汽车前装中控车载导航系统。

3. 航顺车规 SoC HK32AUTO39A 家族主要规格参数

HK32AUTO39A 家族采用高性能 ARM Cortex-M3 内核和最新的工艺制程，具有稳定可靠、性能卓越以及超低功耗等特点。目前，航顺车规级 SoC 包括四大家族共计 17 个产品系列，其中高性能车规级 SoC 家族产品支持航顺专利浮点运算协处理器，并且内置高速 Cache 总线以及内置最大 512kB Flash、96kB SRAM，极大地提高了代码处理能力与运算能力。此外，其还具有丰富的通信接口，包括串口、I2C、SPI、USB、CAN 等，其中内置两个高速 CAN 通信接口与外围模块进行 CAN 通信，实现了数据交互、智能控制、待机电源管理。航顺车规 SoC HK32AUTO39A 规格示意图见图 2。

（1）ARM® Cortex® Core

1）最高时钟频率：120MHz。

2）24 位 System Tick 定时器。

3）支持 CPU Event 信号输入 MCU 引脚，实现与板级其他 SOC CPU 的联动。

图 1 航顺车规 SoC HK32AUTO39A 芯片示意图

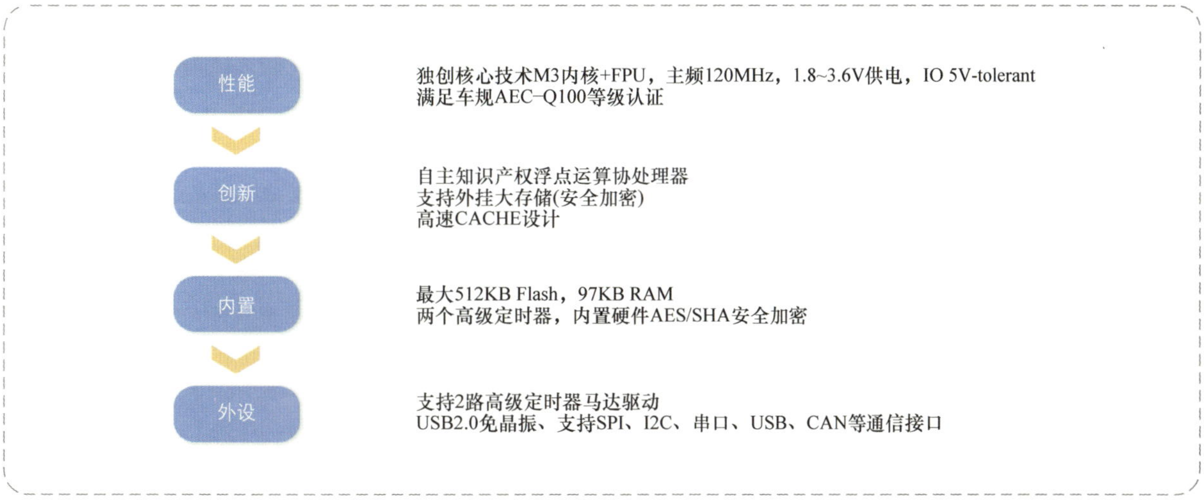

图 2 航顺车规 SoC HK32AUTO39A 规格示意图

（2）工作电压范围

1）双电源域：主电源 VDD 为 2.0 ~ 3.6 V、备份电源 VBAT 为 1.8 ~ 3.6 V。

2）当主电源掉电时，RTC 模块可继续工作在 VBAT 电源下。

3）当主电源掉电时，VBAT 电源下提供 84B 备份寄存器。

（3）工作温度范围

工作温度范围为 −40 ~ +105℃。

（4）VDD 典型工作电流

1）运行（Run）模式动态功耗：19.3mA@120MHz@3.3V。

2）睡眠（Sleep）模式静态功耗：5.6mA@120MHz@3.3V。

3）停机（Stop）模式静态功耗：89.4μA@3.3V。

4）待机（Standby）模式静态功耗：3.3μA@3.3V。

（5）VBAT 典型工作电流（VDD 掉电）

1）VBAT RTC 开启模式的功耗：2.6μA@3.3V。

2）VBAT RTC 关闭模式的功耗：2.1μA@3.3V。

（6）存储器

1）512KB 的 Flash 存储器。

2）最大 64KB 片内 SRAM。

3）FSMC 模块可外挂 1GB NOR/PSRAM/NAND/PC Card 存储器。

（7）数据安全

CRC32 校验硬件单元。

（8）时钟

1）外部高速时钟（HSE）：支持 4～32MHz 晶振，典型 8MHz 晶振。

2）外部低速时钟（LSE）：32.768kHz 晶振。

3）片内高速时钟（HSI）：8 MHz/28MHz/56MHz 可配置。

4）片内低速时钟（LSI）：40kHz。

5）PLL 时钟。

（9）复位

1）外部管脚复位。

2）电源复位（POR/PDR）。

3）看门狗（IWDG 和 WWDG）定时器复位。

4）低功耗模式复位。

5）软件复位。

（10）低电压检测（PVD）

1）8 级检测电压门限可调。

2）上升沿和下降沿可配置。

（11）通用输入输出端口（GPIO）

1）64 脚封装提供 51 个 GPIO 引脚，100 脚封装提供 80 个 GPIO 引脚。

2）所有 GPIO 引脚可配置为外部中断输入。

3）内置可开关的上、下拉电阻。

4）支持开漏（Open-Drain）输出。

5）支持施密特（Schmitt）迟滞输入。

6）输出驱动能力超高、高、中、低四档可选。

7）提供最高 40mA 驱动电流。

（12）数据通信接口

1）5 路 USART/UART（USART1/2/3，UART4/5）。

2）3 路 SPI（均支持 I2S 协议）。

3）2 路 I2C/1 路 SDIO/1 路 CAN 2.0 A/B/1 路全速 USB。

（13）定时器及 PWM 发生器

1）高级定时器：TIM1/TIM8（6 路带死区互补 PWM 输出）。

2）通用定时器：TIM2/TIM3/TIM4/TIM5（16 位定时器）。

3）基本定时器：TIM6/TIM7（支持 CPU 中断、DMA 请求和 DAC 转换触发）。

（14）片内模拟电路

1）3 个 12 位 3MSPS ADC（共 25 路模拟信号输入通道；其中 2 路弱驱动信号输入通道和 1 路 5V 高压信号输入通道）；支持双 ADC dual-mode 模式，采样率最高 6MSPS。

2）2 个 12 位 DAC。

3）1 个温度传感器。

4）1 个 0.8V 内部参考电压源。

5）1 个 VBAT 电源电阻分压器（分压器输出在片内与 ADC 相连，实现 VBAT 电源电压监控）。

（15）DMA 控制器

1）2 个独立 DMA 控制器：DMA1 和 DMA2。

2）DMA1 提供 7 路通道 /DMA2 提供 5 路通道。

3）支持 Timer、ADC、SPI、I2C、USART、UART 等多种外设触发。

（16）CPU 调试及跟踪接口

1）SW-DP 两线调试端口。

2）JTAG 五线调试端口。

3）ARM DWT、FPB、ITM、TPIU 调试追踪模块。

4）单线异步跟踪数据输出接口（TRACESWO）。

5）四线同步跟踪数据输出接口（TRACED[3：0]、TRACECK）。

6）自定义 DBGMCU 调试控制器（低功耗模式仿真控制、调试外设时钟控制、调试及跟踪接口分配）。

（17）RTC 时钟计数器

配合软件记录年、月、日、时、分、秒。

（18）ID 标识

1）每颗 HK32AUTO39A 芯片提供一个唯一的 96 位 ID 标识。

2）航顺品牌识别 ID。

4. 航顺车规 SoC HK32AUTO39A 应用方案

（1）基于 HK32AUTO39A 汽车侧滑门控制应用方案

汽车滑门侧开启方式与传统车门相比，具有易泊车、开启宽度大和方便乘员货物进出的优点，很受消费者的青睐。汽车市场上，无论是面向高端的商务豪华 MPV，还是面向城市物流的轻型客车和低端客运微型车都采用了汽车机械滑门系统。

汽车电动滑门（Power Slide Door，PSD）系统是在机械滑门的基础上，集成智能控制和执行技术的高级滑门系统，其主要技术点如下：

1）电动滑门 ECU 控制系统。

2）独立的供电系统，保证滑门持续供电，不影响滑门开启。

3）车体精度的更高要求，保证车体滑门系统的开闭平顺性。

（2）基于 HK32AUTO39A 汽车中控娱乐系统应用方案

航顺车规 HK32AUTO39A 批量应用于汽车中控娱乐系统中，系统内置解码模块采用航顺车规 HK-32AUTO39A 作为核心芯片，通过该芯片内置的 CAN 控制器、结合外部 CAN 收发器连接到 CAN 通信总线上。HK32AUTO39A 通过 CAN 接口与车内其他 ECU 进行信息交互，对 CAN 报文解析后，再通过 UART 接口把有效数据传输到人机接口模块上，供终端用户处理。

智能网联自动驾驶与停车场技术展望及应用

上海智能网联汽车技术中心有限公司
作者：袁静

1. 上海市停车产业现状

近年来，上海市市区停车场发展迅猛，然而上海汽车产销量位居全国首位，停车场产业的发展无法与上海市汽车保有量的迅猛增长相比。上海城市迅猛增长的汽车保有量引发城市交通拥堵、商业区及居民区停车难等问题，影响正常的交通道路通行和城市建设。停车资源不足加剧了城市交通拥堵情况，很多车辆因为缺乏停车位而被迫长时间行驶。

（1）已实施措施：开展停车难综合治理民心工程

1）着力打造“上海停车”App：努力打造覆盖出行停车服务全过程、便捷高效的智慧停车全方位服务体系，着力打造“上海停车”App。

2）采取差别化停车管理政策：针对住宅小区、医院、学校、商业办公等不同的停车矛盾特征，明确分区分类管控要求，采取差别化、精细化的停车供给及需求管理策略。具体任务如下：

① 细化完善市级支持政策，会同相关部门研究本市推进停车发展的实施意见。

② 全力推进智慧监管手段，持续升级完善公共停车信息平台，大力推进智慧道路停车场和智慧停车场（库）建设。

（2）智慧停车发展趋势

数字中国、智慧城市建设已经上升为国家战略，成为各个城市面向未来布局发展的共识。由于智能停车行业用户黏性很强，龙头产业占据很大的市场份额。到 2025 年，中国重点智慧停车企业的毛利率有望稳定在 45% 以上。伴随着应用范围和用户规模的不断扩大，智慧停车正在逐步往全国范围辐射，行业正在进入一个高速发展期。数据显示，2016—2020 年我国智慧停车市场规模不断增长，2020 年我国智慧停车市场规模达 154 亿元。

停车行业对智慧停车应用始终保持着旺盛的需求，新场景、新技术层出不穷。根据服务对象的不同和技术手段的演进，智慧停车的发展可分为基础信息化、驾驶员泊车辅助和自动驾驶泊车三个阶段，随着智能化水平的逐步提升，实现停车效率和体验的明显改善。

（3）智慧停车关键技术

1）车牌识别：将运动中的汽车牌照从复杂背景中提取并识别出来，通过车牌提取、图像预处理、特征提取、车牌字符识别等技术，识别车辆牌号、颜色等信息。

2）停车场引导：利用视频、激光雷达、毫米波雷达与超宽带（UWB）定位技术等实现地下空间的车位定位、路径规划、障碍规避等泊车操作。

3）反向寻车：寻车系统通过传感器对车辆进行检测，再经由交换机传送到识别终端，并对车牌和车位等信息进行识别后，传输到数据服务器上，最后分享到每一个查询终端上。

4）移动管理：在“互联网 +”停车的环境下，很多停车场都通过铺设智能设备，对停车场的停车流程做升级改进，这样在一定程度上节约了停车时间，对停车场管理也带来了便捷。

（4）智慧停车发展难点

1）智慧停车信息孤岛问题：智慧停车 App 最大问题是系统不兼容，必须出台行业标准，把不兼容所带来的风险降至最低。

2）智慧停车面临车位资源分配不均的问题：我国车库产权分散、容量偏小，一些车库对外开放的积极性不高。停车难问题需要从存量上入手。

3）智慧停车面临车位数量不足的根本问题：汽车的增长量和车位的增长量不成比例，不可避免地存在车位紧缺。目前，立体车库也面临投资大的问题。

4）智慧停车仍然存在技术缺陷：智慧停车依然面临车辆定位、路径规划、障碍规避方面的技术问题，特别是定位问题面临着更大的挑战。

5）智慧停车的发展需要政府的因势利导：发展智慧停车事业需要政府采用多种方式刺激市场，也需要设立行业法规来规范。

2. 上海智能网联发展现状

目前，上海打造了错位互补的嘉定、浦东、奉贤、临港及洋山港“4+1”测试示范区。

（1）核心技术迭代升级

1）商用车、乘用车、特种车辆全面开展多应用场景技术开发迭代。

2）车载关键传感器硬件技术快速迭代，传感器配置方案逐渐走向冗余化、量产化。

3）上海区域的智能网联汽车数据与信息技术全面升级与完善。

（2）城市自动驾驶发展需解决的关键问题

1）架构孤岛——城市复杂场景规模化发展难以统筹。

2）场景孤岛——城市复杂场景智能化建设逐渐走向“孤岛化”。

3）管控孤岛——多智系统独立管控效率低下。

（3）车路协同是城市自动驾驶技术的发展趋势

安全与效率已经成为制约我国交通运输发展的关键问题，亟需通过车路协同新技术的突破来推动安全改善与效率提升。

3. 车路协同在智慧场库的应用

（1）G1 级智慧化建设

智慧设施及应用示意图见图 1。

图 1　智慧设施及应用示意图

（2）G2 级智慧化建设

在 G1 级别基础上，G2 级建设行车导航智慧停车系统，对车辆实现更加实时（时延 <500ms）的高精度（亚米级）定位，并向 C 端客户提供车位级共享、预约以及空泊位导航功能，实现对车辆进出停车场的全流程数据采集。

（3）G2 级应用案例

临港南桥科技城智慧场库，既是上海智慧场库建设标准的验证性项目，也是交通部先导试点项目关键场景（见图 2）。

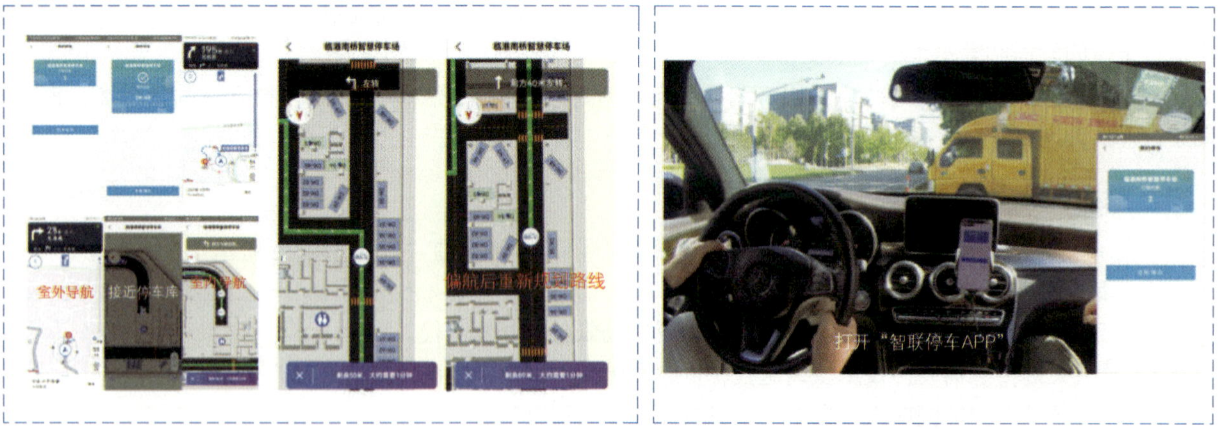

a) 临港南桥智慧停车　　b) 奉贤南桥欣创园智慧停车

图 2　停车示意图

（4）G3 级智慧化建设

G3 级智慧停车场（库）支持将停车场场端信息和自动驾驶车辆进行“车场协同”，基于路侧感知单元以及全息感知系统，助力推进自主泊车、自主接驾应用的落地。

（5）G3 级应用案例

临港南桥科技城智慧停车创新先导工程利用车路协同、出行服务、无缝接驳等多元化高技术手段，建成未来出行体系。车路协同是智能交通商业化落地的必然趋势，上海市须争取车路协同产业高地。

程翊车载 OS 战略

上海睿赛德电子科技有限公司

在过去很长一段时间里，汽车操作系统一直由外资企业牢牢占据着主导地位。近几年，随着智能化和电气化大潮的出现，驱动软件在汽车上的重要性和复杂度大幅提升，也为自主 OS 的崛起孕育了发展良机。紧抓智能电动汽车新风口，一批本土企业纷纷趁势而起。

2022 年初，在物联网操作系统领域享有盛誉的睿赛德科技 RT-Thread 首度对外公布了车载 OS 市场战略，并重磅发布了“程翊”车载融合软件平台及目前的商业落地进展。虽然睿赛德科技入局车载 OS 只有短短一年多的时间，但凭借着深厚的技术积累，已为车载领域提供了全栈式解决方案，以及灵活的商业模式，目前已经获得了多家整车厂、头部 Tier1 及自动驾驶解决方案提供商的认可，预计很快就会迎来相关的产品量产上车。

在车载 OS 领域，睿赛德科技或许算是一位“新兵”，但在国内 RTOS 领域，却是不折不扣的领军型企业。

早在 2006 年，睿赛德科技创始人熊谱翔就发布了 RT-Thread 实时操作系统，以开源社区形式，带领国内工程师以从无到有的方式，融入实时面向对象设计开发了 RT-Thread 自主操作系统内核及大量相关的软件组件。睿赛德科技便是在此过程中成立的。

作为 RT-Thread 开源物联网操作系统的贡献者和维护者，睿赛德科技主要负责 RT-Thread 操作系统的核心技术开发、社区运营和市场推广等工作。在其努力下，目前 RT-Thread 的装机量已经超过了 14 亿台，应用范围涵盖了智能家居、安防、工业、穿戴、智慧城市等众多行业领域，成为市面上装机量最大的嵌入式操作系统之一。

那么，睿赛德科技为什么选择在此时入局车载 OS 赛道呢？一个大的行业背景在于，智能汽车的快速发展使得软件在车内的重要性大幅提升。

现阶段，整车厂为改善及丰富新车性能、提升用户体验所做的一系列创新，绝大部分都与软件有关。特别是面向智能座舱、自动驾驶等前瞻领域开展的相关研发，软件均是不可或缺的支撑性技术，这也是为什么近两年越来越多的整车厂和 Tier1 纷纷开始自建软件团队。

“未来真正改变游戏的，是软件和自动驾驶。在未来的汽车创新中，软件将占到 90%。”大众集团 CEO 赫伯特 · 迪斯甚至如是说，其中软件的重要性不言而喻，而承载实现这一切的基石就是车载操作系统。尤其是软件定义汽车趋势下，E/E 架构从分布式向集中式演进，软件设计则朝着面向服务的架构 SOA 升级，更是对基础软件和操作系统提出了相较于之前更高的要求。

另外，国内整车厂和 Tier1 搭建自己的软件团队，也需要一家本土厂商在底层操作系统上提供相关的支持。而目前的现状是，本土几乎没有能真正提供底层成熟车载操作系统的厂商，所以直到现在，绝大多数的车企和 Tier1 仍然采用的是海外大厂的软件方案。

在智能汽车发展大潮下，近几年虽然也有一些本土企业在布局车载 OS 领域，深究起来大家都未能真正触达底层，即便是华为、阿里这样的本土科技巨头，更多也是在 Linux 等基础型操作系统之上进行深度的定制化开发，包括修改内核、硬件驱动、应用程序框架等。还有一类则是基于 Android、Linux 等进行有限的定制化开发，像比亚迪 DiLink、吉利 GKUI、蔚来 NIO OS、小鹏 Xmart OS。

这些显然都不是实现车载 OS 自主可控的解决之道，所以睿赛德科技来了。睿赛德科技力争通过“三步走”策略，致力于成为国内主流的车载 OS 和基础软件服务商。

其中，2021—2022 年，睿赛德科技的主要任务是与汽车产业链上下游企业建立紧密的合作关系，并积极参与行业标准组织建设，为后续业务规模的进一步拓展打下坚实的基础。2023—2024 年，重点推进相关产品的商业化量产，逐步成为汽车领域可信赖的车载 OS 供应商。2025—2026 年，待融合系统完全成熟，在量产车上广泛部署 RT-Thread 操作系统及相关的解决方案，并开始开拓海外客户。

目前在产业合作方面，睿赛德科技已经取得了初步的进展，与黑芝麻智能、NXP、英飞凌、德州仪器、赛灵思、芯旺微等主流的芯片企业都建立了合作关系。商业化量产上，亦有明确的 PoC 和定点量产项目，涉及智驾 RTOS、智驾 OS、网关虚拟化等多个领域，很快就会导入量产。

实现车载 OS 自主可控，不仅是睿赛德科技的重要战略目标，也是中国汽车产业共同的愿景，但这并不容易。为此，睿赛德科技打造了集 OS、虚拟化系统及相关扩展组件等于一体“程翊”车载融合软件平台，并于此次发布会重磅推出。

基于“程翊”平台，睿赛德科技可以给汽车行业提供三个方面的支持，分别是 RT-Thread 操作系统（包括安全型实时操作系统 RT-Thread Secure Auto 和微内核操作系统 RT-Thread Smart Auto）、虚拟化系统 vmRT-Thread Hypervisor 以及 vmBUS 统一消息总线。

其中，RT-Thread Secure Auto 主要适用于基于 ARM Cortex-R/M 内核研发的 MCU，目前已获得英飞凌、NXP、德州仪器、意法半导体相关平台的支持，可广泛应用于安全网关、区控制器、毫米波雷达、智能传感器 / 执行器、分体式仪表盘、抬头显示、三电模块等场景。

RT-Thread Smart Auto 重点针对的是基于复杂的 Arm Cortex-A 核芯片研发的 MPU，旨在填补传统 RTOS 和大型操作系统 Linux 之间的空白。除了上面主流的芯片厂商，目前 RT-Thread Smart Auto 还获得了黑芝麻智能、恩智浦、赛灵思等厂商的支持，可用于 4D 毫米波雷达、激光雷达、域控制器、5G-V2X 智能天线等场景。

vmRT-Thread Hypervisor 则是一套建立在 RT-Thread 基础上、面向多核 SMP 处理器的虚拟机。基于该虚拟平台，可以让不同安全要求的操作系统运行在同一硬件平台上，以更好地实现资源的划分和隔离。

例如，在 64 位多核 Cortex-A 处理器上运行 Linux、Android、RT-Thread Secure Auto 及 RT-Thread Smart Auto 等多个不同的系统，从而实现功能、实时性及安全性并重，该技术在区控制器、高性能域控制器等的研发过程中具有广泛应用。

除此之外，睿赛德科技也会针对“程翊”平台提供相关的工具链支持，包括为 RT-Thread 量身定制的一站式开发工具 RT-Thread Studio，支持应用程序源码级调试的 VS Code + Smart 扩展插件，适用于多核、多芯片、多控制器条件下的车载应用层建模工具 System Designer，适用于多核、异构场景下的通用时序数据分析工具 System Tools Suite 等。

“从这一点上来讲，我们也是业内为数不多可以提供全栈式车载 OS 解决方案的核心技术提供商。”且与海外厂商一贯的“黑盒”模式不同，睿赛德科技可以提供更灵活开放的“白盒”模式，包括定制化开发，更好地帮助车企进行差异化创新。

“在我们看到，未来汽车产业也会从封闭走向开放，需要越来越开放的模式。不仅 RT-Thread 相关的代码整车厂和 Tier1 触手可及，甚至包括开发方式、使用方式也可以对合作伙伴完全公开，RT-Thread Smart 微内核操作系统已经于 2020 年 10 月正式上线开源。”

在“程翧”软件平台开发过程中，睿赛德科技也是严格按照车规要求推进的，并已获得相应认证。2022 年 2 月，RT-Thread Smart for Safety 已经通过了 SGS 的 ISO 26262 ASIL D、IEC 61508 SIL 3、EN 50128 SIL 4 功能安全认证。

正是基于这些优势，虽然睿赛德科技真正布局车载 OS 的时间并不长，但已经迅速获得了众多汽车产业链上下游企业的认可，尤其是最近半年，越来越多的汽车芯片也开始使用 RT-Thread，比如黑芝麻智能，已经和睿赛德科技达成了深度合作。

睿赛德科技将持续推进开源社区和开放生态的构建，尤其是针对汽车行业开放更多的内容助力创新。为推进 RT-Thread 的持续创新，睿赛德科技已经建立了一个由半导体厂商、方案模组厂商、软件开发者、OEM 等组成的生态圈，并运营着国内最大的嵌入式开源社区，后者目前已吸引超过 15 万的开发爱好者，为 RT-Thread 源源不断地提供创新源动力。“操作系统之所以称为操作系统，必须要有生态，要有整个行业以及合作伙伴的认可，所以我们会把这个工作坚持下去。”

MAXIEYE 以 AI 驱动智能驾驶规模化和高阶化

上海智驾汽车科技有限公司

作者：屈云天齐

1. 中国智能汽车产业发展趋势：规模化、高阶化

据中国智能网联汽车产业创新联盟统计的数据显示，2022 年 1—8 月，中国 L2 乘用车渗透率达 33.0%，较 2021 年同期增长 12 个百分点。《2022 中国智能汽车发展趋势洞察报告》预计，到 2025 年，中国 L2 及以上智能汽车销量破千万辆，对应智能汽车渗透率达 49.3%。中国智能汽车产业呈现规模化、高阶化发展趋势。

与此同时，2022 年 1—9 月，中国自主品牌汽车市场份额一举接近 50%，实现了历史性超越，本土自动驾驶供应商也凭借着技术实力、高性价比、开放生态，获得了强劲增长（见图 1）。

2. 智能驾驶产业还面临哪些痛点？

智能驾驶技术诞生的初衷，是为了实现更加安全、舒适、便捷的出行。但技术从研发走向规模化，面向多样化、瞬息万变的交通场景，产业依然存在诸多亟待解决的痛点问题。加之近年来智能驾驶直接或间接引发的交通事故，也引发了行业的审慎反思和对人机驾驶边界的重视。

（1）痛点一：安全

现阶段可规模化应用的辅助驾驶本质上还是人机共驾，车企及智能驾驶企业首先需向用户明确这一点，让用户对智能驾驶的技术边界和适用场景有清晰认知。作为智能驾驶企业，需要确保在响应的功能和使用场景范畴内，提供安全可靠、稳定的智能驾驶系统。

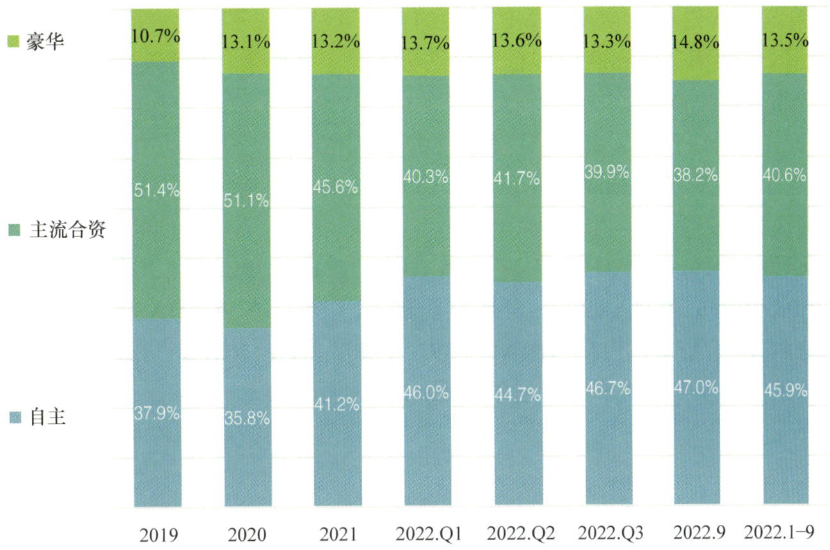

图 1　中国汽车各品牌大类市场份额

数据来源：乘联会 CPCA。

（2）痛点二：性价比和规模化

据 2021 年国内汽车市场分价位汽车销量占比统计显示，15 万元以下车型占所有汽车销量的一半以上。这也意味着智能驾驶要想实现规模化量产，需要在性能不断提升的同时压缩成本。

（3）痛点三：智能驾驶升维

人们理想的智能驾驶产品是高智慧化、高自动化、高安全性的。如今能够在开放道路行驶的 L3 以下智能驾驶产品显然还不足以满足用户期待。

3. 直击产业痛点，MAXIEYE 实现自动驾驶感知规控全栈自研

MAXIEYE 自主研发 MAXI-Net 深度学习神经网络模型，实现感知到规控核心技术的全栈自研，由此带来的图像级原始真值、泛化性场景理解，可以大幅降低感知与规控跨平台研发产生的误差叠加，提升产品可靠性、精确性、稳定性，更好赋能客户实现定制化产品开发，为消费者带来更极致的产品体验。

在感知端，MAXI-Net 为高精度视觉识别提供保障，进一步实现车道线检测改进、车辆检测改进及提高多场景、部分极端环境的感知准确度，提高复杂环境的感知应用，根据客户、市场需求，有效实现行人、骑行者、路沿、锥形桶、交通标志、可行驶区域、停车线、斑马线等目标的检测和识别，小目标与 cut in 目标（超出图像边界目标）检测效果提升。

MAXIEYE 从工程领域出发，解决目标跟踪数据融合中的底层信号级处理技术，对各传感器传出的数据源进行快速融合，面向不同功能需求和细分市场提供 1R1V、5R1V、5R5V、5R11V 等差异化传感器融合方案。

在规控端，MAXIEYE 采用融合路径规划（Fused Path Planning，FPP）技术，充分利用导航地图、车流信息、护栏 / 路沿等信息，并不完全依赖车道线和高精地图。如此一来，即便在车道线缺失的情况下也不会立马退出，而是能够凭借其他道路信息延长接管时间。如果遇到车道线混乱或是高精地图 / 定位缺失的匝道口，系统则能够根据自身感知生成的局部拓扑图，告诉车辆前方的匝道分岔口以及距离等信息，从而找到最优解。

在产品落地层面，MAXIEYE 自主研发的嵌入式平台模型迁移技术，可以最大限度地利用芯片算力资源，支持系统在不同芯片算力平台的快速迁移，从而实现产品的低成本、低功耗、小型化、轻量化落地。

同时，MAXIEYE 已在量产产品广泛部署数据闭环体系，拥有超一亿千米里程数据积累，面向极限场景，以数据驱动算法自学习和系统的高效迭代。

4. MAXIPILOT® 自动驾驶系统方案

MAXIPILOT® 系统是智驾科技 MAXIEYE 研发的自动驾驶系统平台化产品。产品以技术自研的渐进式发展路线，广泛赋能国内乘用车企和商用车企，提供全工况、多场景、跨平台的辅助驾驶（ADAS）和自动驾驶（ADS）系统产品及解决方案。

基于自研的深度学习网络模型、4D 视觉感知技术、双网冗余校验技术、FPP 融合路径规划技术，以及优秀的软件嵌入式能力和成熟的数据闭环体系，MAXIEYE 为车企提供包括 MAXIPILOT® 智能驾驶平台已经拥有的丰富功能模块和量产积累。

（1）打造规模化的极致性价比 ADAS 产品：MAXIPILOT®1.0 & PLUS 智能驾驶系统

MAXIPILOT®1.0& PLUS 是 MAXIEYE 全栈自研的 L2 级 /L2++ 级 ADAS 解决方案，支持包括 LDW、LCC、ACC、FCW / PCW + AEB、TJA、HBA、TSR、TLR、SGW、DDW、ILC、ALC、NOM 等多种智能驾驶系统功能，带给用户更安全、可靠、舒适的驾乘体验（见图 2）。

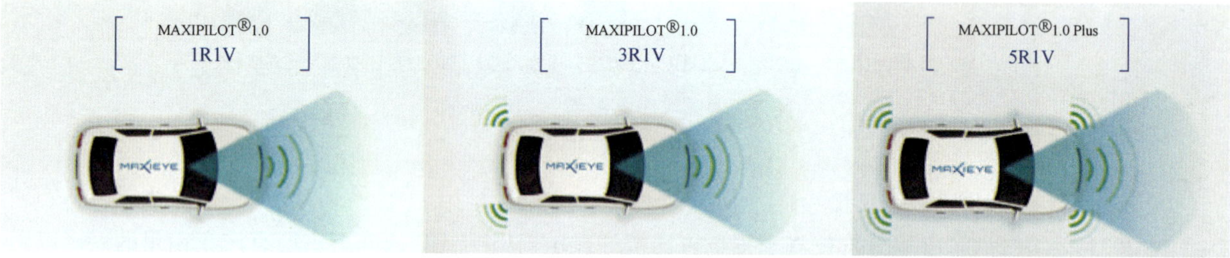

图 2　MAXIPILOT®1.0 & PLUS 智能驾驶系统

MAXIPILOT®1.0& PLUS 已于广汽、合创、合众投入量产，以感知到规控技术的深度协同，深度挖掘系统的极致性能，实现极致的产品性价比，从而持续赋能智能驾驶规模化落地，呼应人人可享的智能驾驶产品理念。近期，MAXIPILOT®1.0& PLUS 智能驾驶系统搭载的一款车型，在 C-NCAP 新车安全评价规程中获得五星 + 的成绩，主动安全得分高于行业平均水平。

（2）MAXIPILOT® 域控产品：支持 NOM 领航辅助和行泊一体

MAXIPILOT® 域控产品基于多 R 多 V 传感器融合方案和中大算力硬件平台，实现 L2++ 及行泊一体等高阶自动驾驶系统功能，赋能于智能网联汽车行业逐步向高阶化进阶的方案需求。今年，基于单 TDA4 高性价比算力平台的 MAXIPILOT® 2.0 域控产品获得国内某头部车企量产项目定点，配置 5R5V 传感器方案，实现行车和泊车算法的集成部署，支持领航辅助驾驶、自动泊车等 L2++ 级别智能驾驶控制功能（见图 3）。

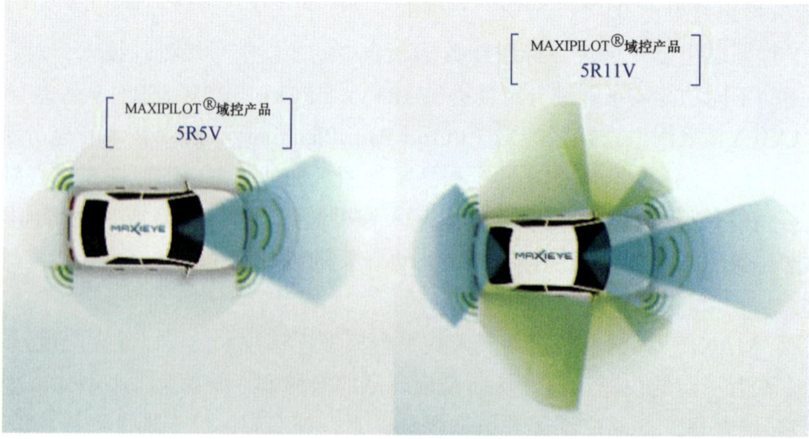

图 3　MAXIPILOT® 域控产品

MAXIPILOT® 域控产品具有较高的灵活性和开放性，可以通过嵌入式移植技术，更好适应不同客户的个性化和差异化产品需求。同时，相较传统行车 + 泊车技术方案，行泊一体域控产品通过传感器复用，实现了系统感知能力的增强和硬件成本的降低，为下一代汽车中央集成电子电器架构的产业演进需求奠定基础。

5. 业务规模化落地，赋能实现人人可享的智能驾驶

MAXIEYE 秉持“双擎驱动”的业务落地战略，通过平台化方案广泛赋能乘、商用车市场，迄今为止已实现数十万套 ADAS 产品量产，广泛赋能广汽、合创、长城、合众、解放、东风、清智、中国重汽、陕汽重卡、北奔重卡、宇通客车、中国中车、福田、上汽大通、金龙客车等 OEM 客户及合作伙伴。

乘用车和商用车在自动驾驶的技术栈原理驱同，但行驶环境、传感器安装位置、终端用户及服务模式存在差异化。

面向乘用车、商用车在车况、功能需求方面的差异，MAXIEYE 基于平台化方案进行个性化定制，满足不同客户群体对 ADAS 产品的个性需求（见图 4）。

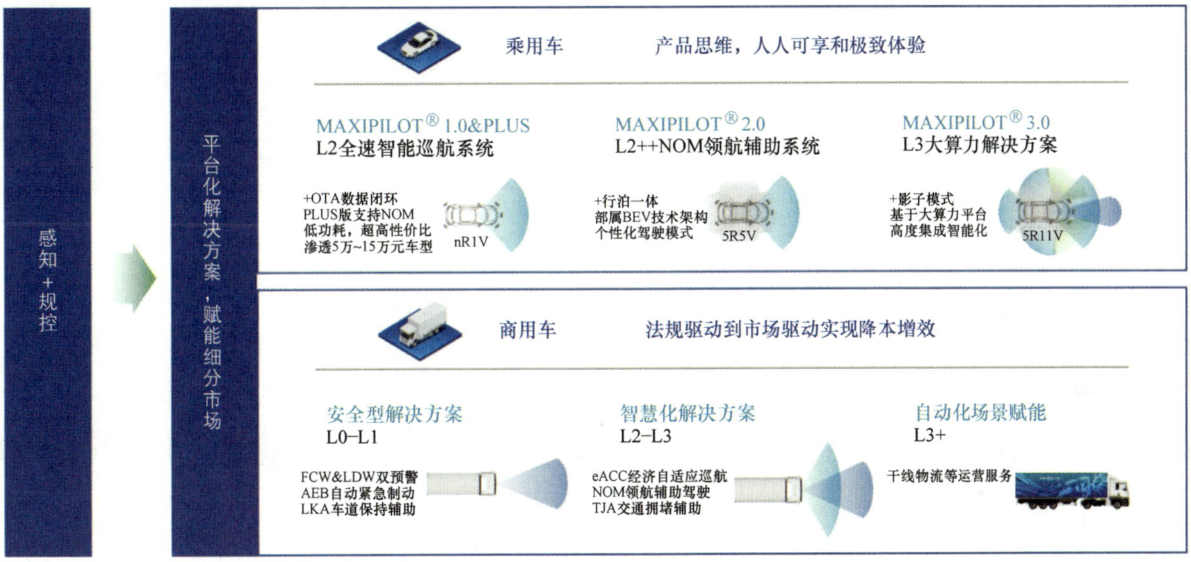

图 4　MAXIEYE 平台化乘、商用车解决方案

乘用车产品方案更为聚焦驾乘舒适度、行驶策略的类人化、低接管率等方面，为用户带来人人可享的极致驾乘体验。商用车产品方案在节油减排性功能、颠簸控制、产品的 TCO 把控方面做了更多优化，赋能商用车企及产业链同仁实现降本增效。

6. 以规模化 L2 立足当下，以 BEV 和数据驱动未来

过去一年，MAXIEYE 以 L2 的规模化落地，距“人人可享的智能驾驶”愿景更进一步。随着智能驾驶的不断进阶发展，系统需要解决的痛点场景和功能呈几何倍增长，MAXIEYE 通过建立数据云平台、先进的数据自动化分类和标注技术、数据仿真回灌系统等，在 L2 规模化量产基础上，形成数据壁垒和高效的算法自学习，加速赋能自动驾驶升维发展（见图 5）。

同时，MAXIEYE 已部署下一代高阶智能驾驶技术架构 BEV，实现端到端自动驾驶。在 BEV 视角下做感知到规控的全栈技术架构设计，将让自动驾驶系统从分层式集成开发走向端到端开发，改变传统多目标检测中基于离散模型叠加推理的信息丢失情况，时序融合有效解决遮挡目标问题，降低后处理复杂逻辑带来的潜在问题，让整个技术架构更加轻量高效，同时可实现精准的视觉里程计、建图等功能（见图 6）。

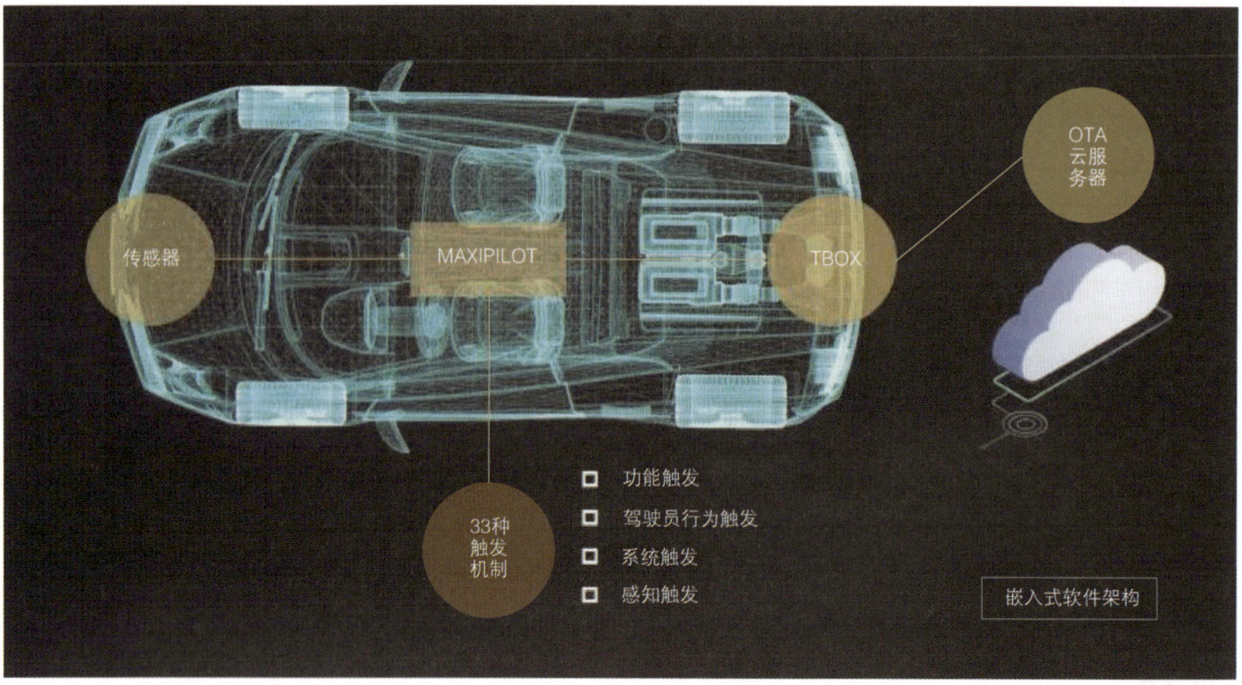

图 5 MAXIPILOT® 数据闭环体系

图 6 MAXIEYE 下一代算法效果展示

智能驾驶正为人们带来安全、高效、环保的出行 / 运输方式新变革。作为全球最大的汽车市场，中国智能汽车产业链充满机遇。技术的快速迭代、政策的持续关注以及 C 端用户对于智能驾驶的接受度和购买意愿的增长，加速了中国汽车产业的智慧化进程。

MAXIEYE 以先进的技术优势、丰富的量产经验和工程化落地能力，已通过 L2 的规模化量产助力众多车企和合作伙伴打造智慧化、差异化智能驾驶产品性能，与行业共创持续升维的技术能力。未来，MAXIEYE 将携新一代数据智能体系和全新深度学习技术架构，赋能产业加速实现从低阶到高阶的跨越，加速实现更安全、更智慧的“人人可享的智能驾驶”。

智慧交通、汽车智能网联技术应用案例

牡丹江拜特智联科技有限公司

牡丹江拜特智联科技有限公司由创始人于老师领衔的全球 10 年以上城市智慧交通、汽车智能网联、人工智能、大数据云平台行业精英于 2021 年 9 月成立，团队常年服务于欧美、亚太地区世界 500 强企业，主营业务是在全球为政府、汽车、物流、农业、文旅、传媒等领域提供智慧交通、智能网联综合解决方案服务。

1. 战略规划

（1）战略目标

公司于 2022 年正式启动第一个 5 年计划，预计投入 1 亿元人民以“2+4+*N*”的战略方针围绕全球城市智慧交通、汽车智能网联、人工智能、大数据云平台领域打造一家千人以上的专注于“开发、咨询、培训”的世界级的科技解决方案企业，计划于 2027 年实现 IPO 上市。

（2）战略方针

2 指的是专注于智慧交通、智能网联两大行业，专注科技创新、技术研发、综合解决方案的研究与市场洞察。

4 指的是“智慧交通大数据运营平台、车载游戏、智能网联培训、Digital mass 数字社区”4 大产品服务综合解决方案。

N 指的是通过数字网络服务于政府、交通、汽车、农业、文旅、传媒等各个行业领域。

（3）战略进程

截至 2022 年 10 月，公司已完成国内上海前瞻创新、市场中心、东北牡丹江国际交付中心（拜特智联科技），目前牡丹江高寒车辆测试场运维中心正在筹划中，在 2023 年将主要市场投入国内江浙沪、辽吉黑、云贵川、粤港澳大湾区和俄罗斯、东南亚地区的国际城市市场，预计完成 6000 万元营收（见图 1）。

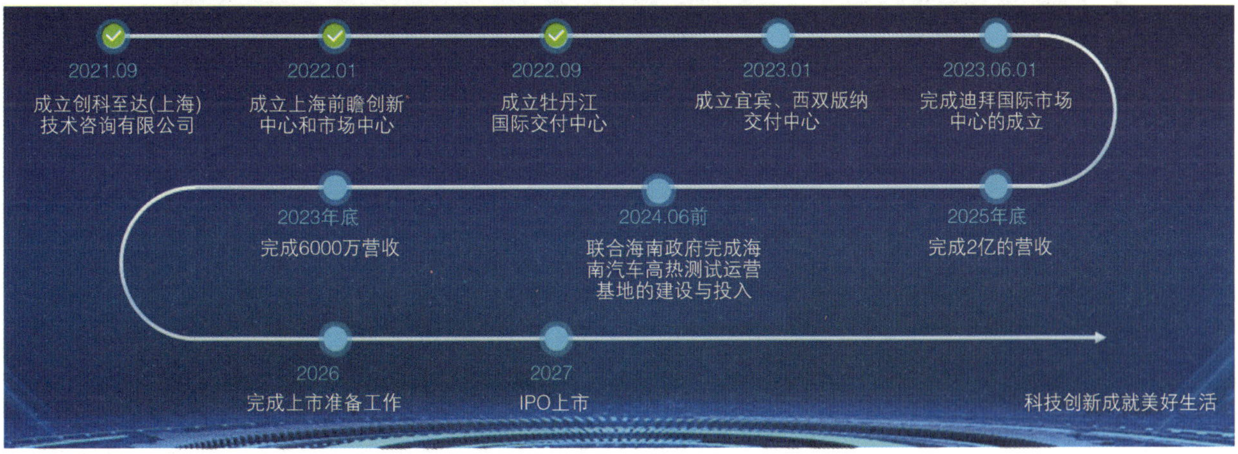

图 1　战略进程

2. 产品规划 - 智慧交通大数据运营平台

智慧交通 AI 云可以实现车路协同运营平台路况分析、公交线网优化及调度、站场信息化智能管理、城市出租分析，货运物流信息化分析（见图 2）。

城市级自动驾驶运营服务包括观光车、游览车、接驳车等。

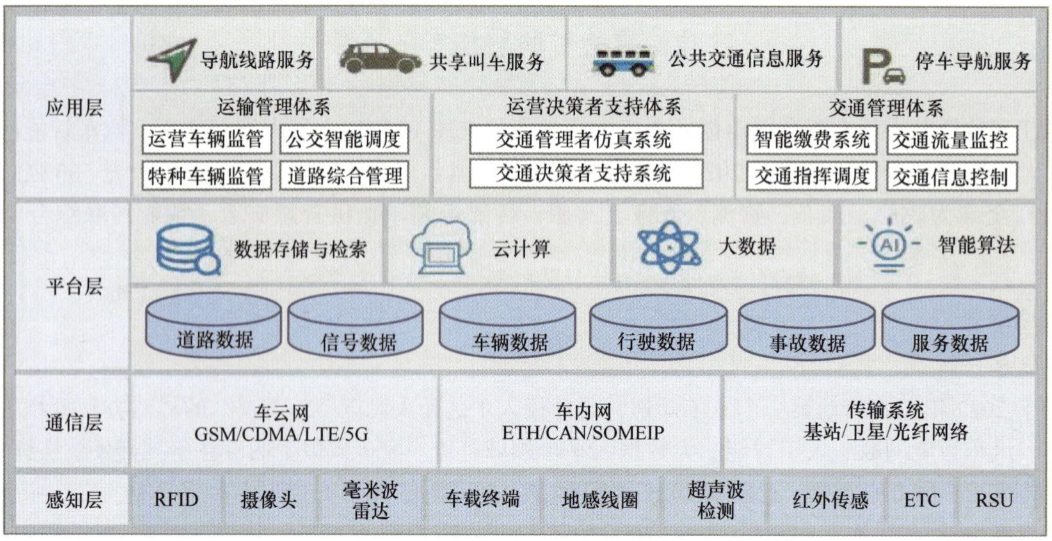

图 2　智慧交通总体架构图

3. 客户案例

（1）奥迪汽车主机厂 Baidu CarLife 手车互联（见图 3）

Baidu CarLife 手车互联助力奥迪车联网科技飞跃创新，此产品上市已经 6 年，搭载了奥迪几乎全部车系将近几百万台，推出到中国、韩国、日本等汽车市场。

图 3　奥迪汽车主机厂 Baidu CarLife 手车互联

（2）上汽零束

合作过的客户上汽零束，包括 CAN、LIN 总线、域控制器之间的 SOA 状态类信息、适用于域内及域间 App 用户定义的埋点数据（DC.DCTP，见图 4）、域内非结构化数据（DC.shadow），为深入挖掘车辆数据、SOA 服务提供巨大价值，实现云管端一体化统一治理，打破数据采集边界，实现动态、灵活、按需数据采集；增强数据保护机制，避免数据意外丢失；动态配置采集及触发条件，实现整车级信号的周期、触发、完整采集功能；标准化通用数据采集规则，总体管控数据项配置及管理，建设零束全域动态数据采集管理服务平台，支持其他业务系统相关数据采集需求，为未来的大数据分析、运营管理、数据增值等业务实现有力支撑，保证车型项目的完整交付。

4. 自主研发案例

实现道路基础设施、运营服务、交通指挥系统互联互通，为 V2X、自动驾驶服务、车联网打通上下游数据关联（见图 5）。

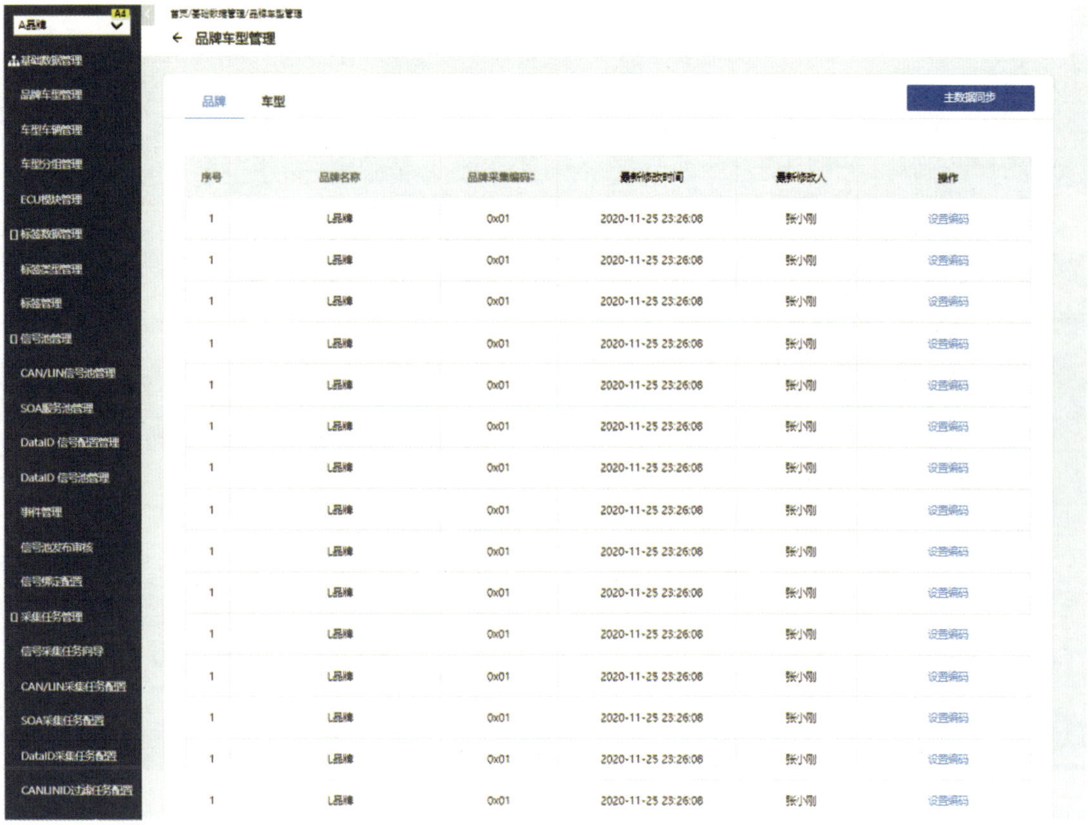

图 4　用户定义的埋点数据

图 5　一体化车路网数字化平台

通过观察平台中获取的数据，让经营者更快速地掌握变化，及时做出更改决策（图 6）。

5. 产品服务

牡丹江测试场（见图 7）主打冰雪场景，高寒环境测试；其他场景涉及车路协同场景；主要负责测试场的车辆测试验证，出具相关测试报告；相关项目申报，运营中心的管理（在测试场里面建立一个 2 ~ 3 层的建筑物，服务测试车辆和竞赛车辆，提供短途吃喝玩乐，文化创意展品和相关软件平台的推广；无人车的展示和比赛，相关事项对接赞助事宜）。

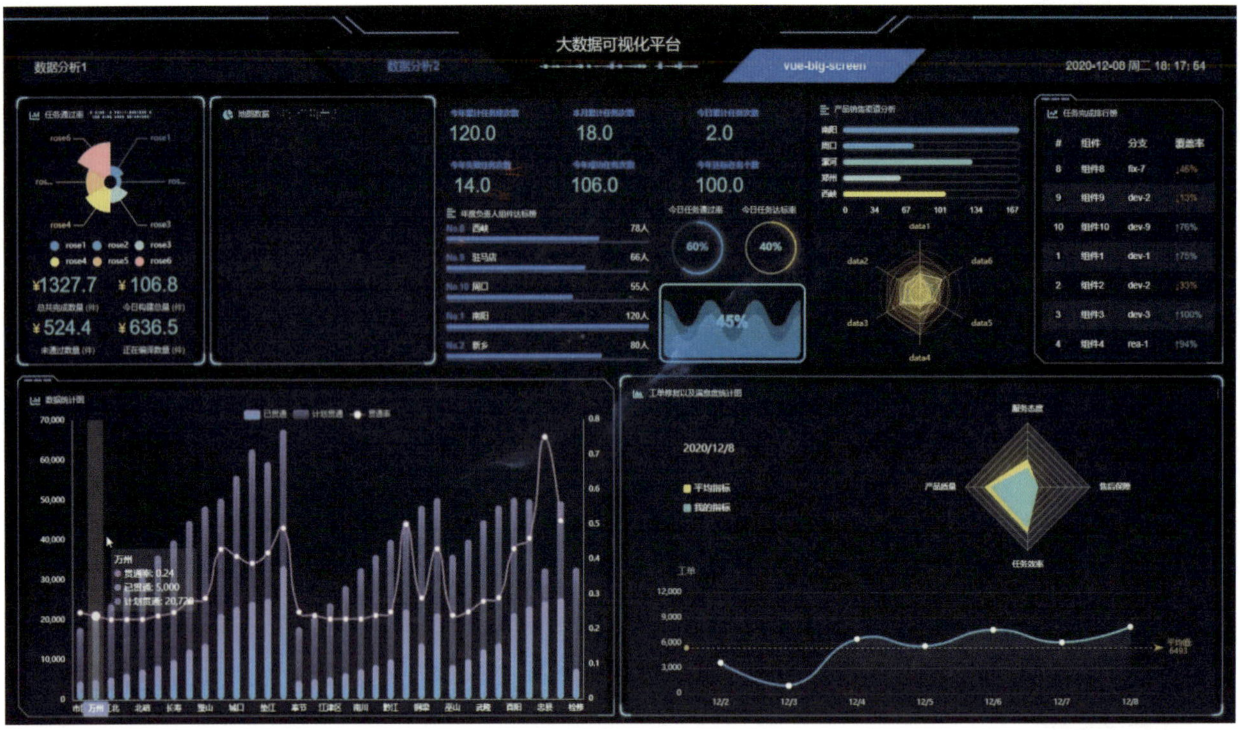

图 6　智能制造监控数字化平台

图 7　牡丹江测试场

测试场景类目介绍：低温冷起动测试、低温空调系统测试、高寒耐久性测试、ESP 测试、低温制动系统测试、定圆试验、ABS 跑道、冰面绕桩、充电测试、辅助驾驶测试、性能测试、制动测试、迷路测试、加速测试、续驶里程测试、前向碰撞预警测试场景、交叉路口通行测试场景、左转辅助测试场景、盲区 / 变道预警测试场景、逆向超车预警测试场景、紧急制动预警测试场景、异常车辆提醒测试场景、道路危险状况提醒测试场景、车辆失控预警测试场景、限速预警测试场景、闯红灯预警测试场景、弱势交通参与者碰撞预警测试场景、车内标牌测试场景、前方拥堵提醒测试场景、紧急车辆提醒测试场景、操作系统、零部件、智能座舱、三电、计算平台、自动驾驶系统测试、Robotaxi 涉及的平板测试、移动端测试、云端测试。

南京理工大学江苏省智能交通信息感知与数据分析工程实验室团队及智能交通创新产品介绍

南京理工大学

作者：戚湧

1. 实验室概况

南京理工大学江苏省智能交通信息感知与数据分析工程实验室由江苏省发展和改革委员会于 2016 年 8 月批准成立，与南京理工大学 - 华盛顿大学国际联合实验室和江苏省无线传感网安全组网及其应用工程技术研究中心合署。2019 年 10 月，实验室入选交通信息融合与系统控制工信部重点实验室。2022 年 1 月，获批江苏省智能交通与车联网工程研究中心。

实验室核心团队由南京理工大学电子工程与光电技术学院、计算机科学与工程学院、自动化学院、机械工程学院和知识产权学院等 6 个相关学院跨学科的教师共同组成，现有跨学科核心团队成员 107 人，其中教授、研究员 43 人，副教授、副研究员及高级工程师 38 人，讲师 16 人，专职科研岗 20 人，此外还有博士、硕士研究生 63 人。实验室成立以来，以交通信息智能感知与组网通信、智能网联车路协同技术、交通大数据分与区块链技术、交通主动控制与应急管理技术为四大主研方向，重点建设“交通信息智能感知”“交通传感器智能组网通信”“交通多元异构数据融合”“交通大数据挖掘分析”“智能交通系统模拟仿真”“智能网联安全”“车路协同系统”“交通出行区块链”“智能交通应急管理”等 8 个研究平台，突破一批关键技术难点，先后承担了 20 余项国家和省、部级科技、人才计划项目，发表学术论文 900 余篇，其中 SCI 收录 500 余篇；申请国际专利 20 余项，授权 8 项，申请国内发明专利 168 项，授权 108 项；登记软件著作权 26 项；主持制定地方和团体标准 20 余项，其中发布实施 15 项。

2. 实验室智能交通创新产品

实验室获批以来，积极面向交通强国建设发展需求，基于 TASS 交通即服务理念，运用大数据和云计算技术，按需向使用者提供优质交通服务。经过多年发展，实验室形成了特色鲜明的交通信息智能感知与组网通信、智能网联车路协同、交通大数据分析、交通系统主动控制与安全，交通出行区块链、高速公路智慧管控系统等研究方向及相应的智能交通和车联网创新产品。

（1）智能网联车路协同系统

智能网联车路协同系统是在智能网联汽车搭载先进的车载传感器、控制器、执行器等装置，并融合现代通信与网络技术实现车与 X 智能信息交换共享，具备复杂的环境感知、智能决测、协同控制和执行等功能，实现安全、舒适、节能、高效行驶。目前，实验室通过国家重点研发计划政府间国际科技创新作重点专项项目“基于智能网联的城市电动公交管控关键技术研究与应用”（2019YFE0123800），引进吸收国际先进技术和经验，以高效、安全、环保为目标，突破智能网联电动公交多维感知与分析、协同管控等关键技术并开展应用示范，构建了感知 - 分析 - 管控全链条的智能网联电动公交技术体系。项目集中突破智能网联电动公交客流分析、主动安全、充电能耗、协同管控等关键技术，构建智能网联电动公交数字孪生体系，研发数字孪生云控平台并示范应用，并与德国 T-Systems 公司、欧洲智能交通协会、华设设计集团股份有限公司等多家单位开展了欧盟地平线 2020 科研计划可持续智能交通示范旗舰项目 Solution+（LC-GV-05-2019）的全球 10 个城市联合示范应用。

（2）欧盟地平线 2020 科研计划“可持续智能交通示范旗舰项目 Solution+

2019 年 7 月，欧盟地平线 2020 科研计划批准了可持续智能交通示范旗舰项目 Solution+（项目编号：LC-GV-05-2019），资助经费 1800 万欧元。该项目自 2020 年 1 月 1 日起执行，4 年内拟投资 1800 万欧元，围绕“绿色、高效、安全、智慧”四大主题，构建智能网联电动公交、智慧一英里 MaaS 出行、智能物流配送三项示范内容，在世界范围内推动可持续能源交通工具促进城市交通系统的整合及智能升级。南京理工大学是中方负责单位，同时南京成为全球 10 个城市中入选的唯一中国城市。通过本项目的研究，联合培养计算机视觉、交通网络安全、交通大数据等方向研究生 8 名，发表学术论文 6 篇，登记软件著作权 3 项，申请发明专利 7 件。

（3）“两客一危”非法营运大数据智能监管平台

实验室与企业合作，自主研发基于区块链和大数据的“两客一危”全过程安全监管系统，该平台创新应用交通信息智能感知、大数据以及区块链等技术，融合分析车辆 GPS、视频监管、运营等多源大数据，精准高效识别“两客一危”车辆违法行为，推动执法模式由被动执法向主动执法转变，极大地提升了监管部门的工作效率。该平台可应用于交通运输安全管理、交通综合行政执法、交通运输规划等领域，已在江苏省昆山市等地落地应用。

（4）基于区块链技术的多式联运协同服务平台

实验室自主研发交通出行 Baas 区块链平台，基于该平台研发了各类智能交通区块链应用系统，包括综合执法非法营运监管区块链平台、基于区块链的车位共享平台、基于区块链的城市智慧停车系统和基于区块链技术的货物追溯平台等。交通出行区块链可广泛应用于智能交通、物流运输、货物追溯、智慧停车、知识产权等领域。

（5）高速公路智慧管控系统

实验室在江苏省宿迁市的新扬高速智慧高速管控系统示范工程进行 100km 路段落地建设，综合使用物联网、视频结构化、大数据分析等关键技术，进一步完善建设新扬高速高速公路信息化基础设施、智能化监测体系，集成了团雾智能管控、疲劳驾驶警示和管制分流诱导等多项应用，打通交通虚拟仿真与道路真实运行的双向数据通道，实现交通基础设施、设备、路面运行动态监测，打造智慧协作管控平台。项目成果《高速公路场景下实时视频的结构化及智能化应用》荣获 2021 年江苏省人工智能学会应用场景示范，《高速公路主动安全智能监测管控数字孪生云平台》荣获江苏省人工智能学会人工智能科技成果奖。

3. 应用情况

2012 年以来，南京理工大学江苏省智能交通信息感知与数据分析工程实验室联合江苏高速公路联网营运管理有限公司、华设设计集团股份有限公司、苏交科集团股份有限公司、江苏长天智远交通科技有限公司、南京莱斯网信研究院技术有限公司等十余家企业在江苏省南京、苏州、无锡及上海、山东、河南等 10 余个城市的城市道路、城市快速路，南京青奥会、上海进博会交通优化、沪宁高速、广靖高速、锡澄高速、328 国道、204 国道、郑登快速通道、扬子大桥、G524 等道路以及国家新一代交通控制网江苏（常州）示范工程及大型综合停车场应用了上述新科技产品，取得了显著的社会经济效益。

T-BOX的应用

福建瑶光智能科技有限公司
作者：王应刚

福建瑶光智能科技有限公司是国内领先的车联网和卫星通导综合解决方案供应商，国家级和省级高新技术企业。公司集“研发、营销、生产及服务”于一体，融合车联网、卫星通信与互联网技术，为“智能交通、应急通信、智慧海洋”等行业提供系统综合性解决方案。

瑶光智能以“快速领先适用的产品技术、敏捷规范的管理机制、顾问式的营销服务体系”为企业三大核心竞争力，并以“智能车联网、卫星应用+”为企业核心业务，打造自身成为福建物联网行业应用标杆示范企业，中国车联网、船联网行业应用细分市场的领导者。

公司通过SGS IATF 16949及ISO 9000认证，是中国智能网联汽车产业创新联盟企业、福建省物联网联盟企业、福建省汽车工业协会成员企业、海西卫星导航产业技术创新产业联盟企业，与福建工程学院成立物联网联合研发中心，是闽江学院卫星导航与空间信息工程研究院的科研合作单位，是福田汽车、长安客车、中车时代、东南汽车、奇瑞万达客车、北奔汽车、江淮汽车新龙马等多家车企长期合作供应商，也为气象、海渔、应急、地震、海警等政府部门提供通信、导航方面一体化解决方案。

车联网核心产品包括：

1. 新能源T-BOX

新能源远程监控T-BOX满足GB/T 32960—2016《电动汽车远程服务与管理系统技术规范》标准要求，为新能源汽车提供无线通信功能，对整车三电系统实时数据采集、运行轨迹上报、远程故障诊断、车辆远程控制（车窗、空调、锁车等控制功能）、驾驶行为分析、提供车载以太网通信、具有B-CALL一键救援功能、为整车提供蓝牙/WiFi热点服务。产品如图1所示。

2. 国六排放T-BOX

国六排放T-BOX满足GB 17691—2018《重型柴油车污染物排放限值及测量方法（中国第六阶段）》和HJ 1239—2021《重型车排放远程监控技术规范》标准要求，对国六重型车远程排放实时监控，包含整车数据、OBD排放数据，实时定位数据的实时上报，并对数据进行加密签名传输。终端具有入侵检测功能，满足信息安全要求，同时具有丰富的扩展功能，如陀螺仪、BT/WiFi、B-CALL等车联网应用，为重型车远程监控和售后服务提供有力保障。产品如图2所示。

图1 新能源车载T-BOX

图2 国六排放T-BOX

3. 远程监控平台

远程监控平台满足GB/T 32960—2016和HJ 1239—2021功能要求，提供大数据接入服务，支持高并发查询请求，使用优异的软件技术栈，具有高可靠性、易拓展性的特点。系统平台具有丰富的统计分析报表应用和多样化远程控车功能，为整车厂积累数据，为售后服务提供技术支撑，获得车企用户良好评价。产品如图 3 所示。

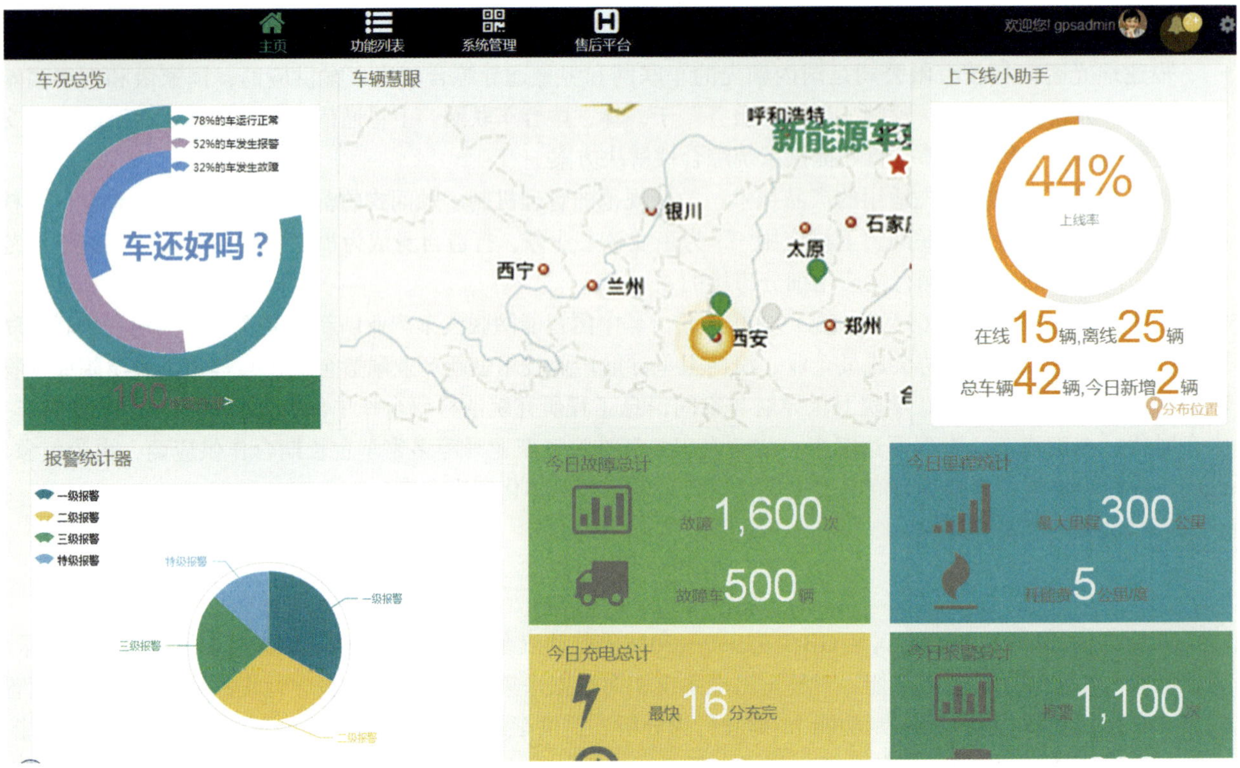

图 3　远程监控平台

汽车“新四化”概念的提出，给汽车未来的发展指明了方向，机遇与挑战并存的智能网联汽车行业生态正逐步建立，瑶光智能公司将秉承汽车、通信融合发展理念，专注于 T-BOX 产品及其扩展应用，努力突破共性关键技术，打造基础开发平台，降低车厂应用成本，同时为车企不断拓展有价值的功能与服务，为加速智能网联汽车多场景的商业化落地略尽微薄之力。

上海泽尔汽车科技有限公司智能化、网联化自主创新成果

上海泽尔汽车科技有限公司

1. 企业概况

上海泽尔汽车科技有限公司（以下简称“上海泽尔汽车”）是一家专注于汽车测试产品研发的高新技术企业，不仅有专业可定制化的测试技术方案、高效快捷的服务及售后维修中心、私有大数据管理云平台，同时拥有强大的自主开发能力。ASEva 数据场景采集分析平台即为其完全自主研发的汽车测试平台，公司业务覆盖汽车测试全产业链。客户主要为全国各大主机厂、一级零部件供应商和测试认证机构。

上海泽尔汽车已建成完整的科研体系和技术储备，核心团队人员分别来自各大知名高校和优秀企业，在汽车测试等领域深耕多年，并围绕智能化、网联化、电动化、安全化等重点领域不断进行技术攻关，突破多项关键核心技术，帮助客户建立自主可控的测试安全评价体系及全生命周期的数据闭环整体解决方案。

在汽车领域的业务内容包括：

1）功能安全及预期功能安全：REANA 功能安全分析系统、故障注入、预期功能安全 SOTIF。

2）开放道路测试：ASEva 数据场景采集分析平台、旁路采集系统、场景数据回注系统、真值测试系统、Asec 故障报警及状态信号音视频提取系统、Trackrang 场地测试系统。

3）模拟仿真：Ansible Motion 高动态驾驶模拟器、ABD aVDS 驾驶模拟器、rFpro 仿真软件、XIL 在环测试系统、数据回注系统。

4）封闭场地测试：ABD 机器人、VBOX、Dewetron。

2. 智能化、网联化自主创新产品与技术案例

（1）ASEva 数据场景采集分析平台

ASEva 系统是泽尔自主研发、轻量化、高可靠性、可定制化的采集分析综合平台。该系统具有一整套完整的场景数据采集处理工具链，可进行驾驶场景数据采集和提取，提供了真实场景数据向虚拟仿真环境转换的工具及场景数据回注系统，从而使得真实场景在虚拟环境精准复现。同时该系统可应用于功能安全及预期功能安全、真值系统、驾驶行为分析、功能评估分析等（见图 1）。

图 1　ASEva 功能板块

ASEva 系统拥有强大的本地端与云端架构，本地端数据可实时上传至云端，通过云数据平台实现多用户管理、多车辆和设备云监控、云任务调度、远程数据的回传及回放、云端大数据的管理和处理、标记和截取。该系统可根据用户实际需求，定制化不同软硬件方案配置，为用户提供更契合需求的全套解决方案。

ASEva 目前市场占有率超过 80%，服务的客户主要为全国各大主机厂、零部件供应商和测试认证机构。

（2）REANA 功能安全 / 预期功能安全分析软件

REANA 是一款由模型驱动的功能安全及预期功能安全分析软件，其特点如下：

1）纯粹图形化的友好操作界面，逻辑清晰、易于操作。

2）具备丰富的安全分析工具，可实现各类工具的联动，含 FUSA、SOTIF、FAT、FMEA/FMEDA 等以及 System-Link 等工具。

3）具备自动化的分析过程，含 HAZOP/HARA、PMHF、SPF/LF 等指标。

4）具备分析报告的自动生成，含 FUSA、FMEA/FMEDA、BOM 等报告。

5）具备标准库预设，含 ISO 26262、SAE J2980、IEC 61882、IEC 61709、IEC 62380、SN 29500 等标准。

REANA 软件主要工具模块如图 2 所示。

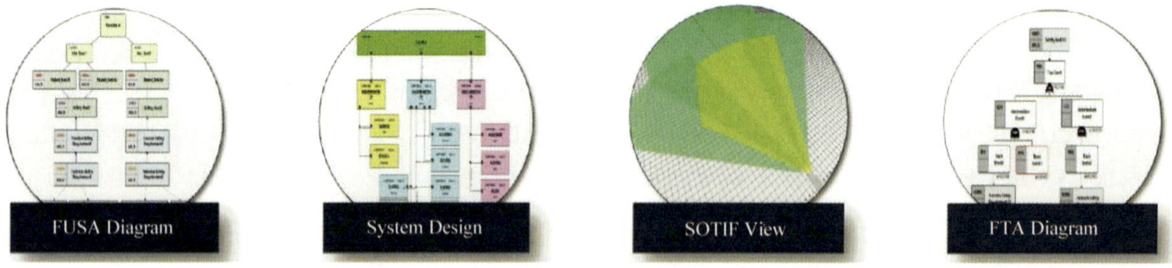

显示并支持功能安全分析的整体设计，包含从Function、Hazard Event、Safety Goal到HSR/SSR的整体可视化分析过程

支持对电子电器架构、零部件硬件架构及软件架构的设计，并可通过与FUSA Diagram的联动实现对各类安全要求的映射

支持预期功能安全分析所需的传感器盲区及探测主要指标分析，并以SOTIF 2D/3D View方式显示

FTA Diagram可以支持定量的故障树分析，也支持将FTA中的事件与Safety Goal以及安全要求进行映射

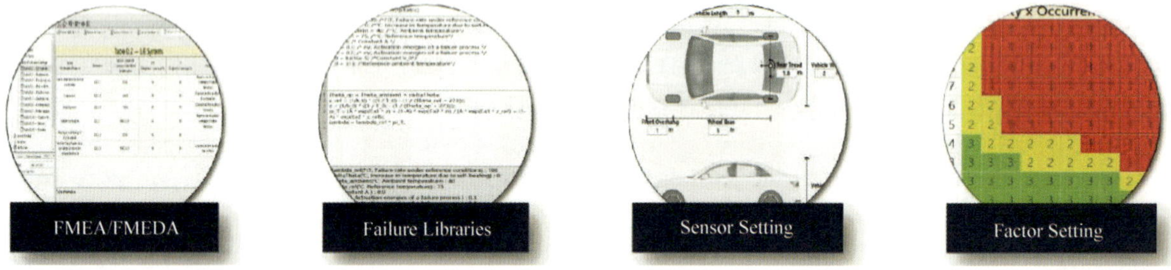

自动生成FMEA/FMEDA表格，与System Design联动自动添加Component与Failure Mode，实现自动化计算及传递

支持满足IEC 61709、IEC 62380、ISO 26262 Part11以及SN29500标准库中的Failure Mode表格及Failure Rate公式

可对车辆主要参数进行设定，并实现传感器的添加以及布置位置、角度的设定功能

支持HAZOP/HARA、System Element、Safety Mechanism、Risk Matrix、Detection Factor、Trigger Condition等各类Factor的用户自定义

图 2　REANA 软件主要工具模块

3. 仿真工具链体系

（1）静态驾驶模拟器（见图 3）

静态驾驶模拟器可以用于 ADAS/AD 开发及功能验证、人因工程研究、智能座舱开发与测试、硬件在环测试及数字孪生模拟仿真。上海泽尔汽车提供完整的仿真开发和测试工具链，并可根据具体项目需求提供定制化测试开发服务。

图 3　静态驾驶模拟器

（2）动态驾驶模拟器（见图 4）

上海泽尔汽车是 ABD 和 Ansible Motion 在国内的独家代理，主要的高动态驾驶模拟器产品包括 Ansible

Motion 公司的 S3 模拟器和 ABD 公司的 aVDS 驾驶模拟器。

Ansible Motion S3 高动态模拟器具有高动态、高频率响应、可扩展等特点，±180° 的 Yaw 范围是城市工控模拟仿真的最佳选择。

图 4　动态驾驶模拟器（ABD aVDS 模拟仿真平台）

（3）DIL、HIL、SIL 在环仿真测试

可实现仿真平台与被测系统交互，支持多驾驶员接入，同时基于真实的场景、真实的感知模型、定制化的车辆动力学模型，生成针对智能网联驾驶的测试评估报告，接口及结果可定制（见图 5）。

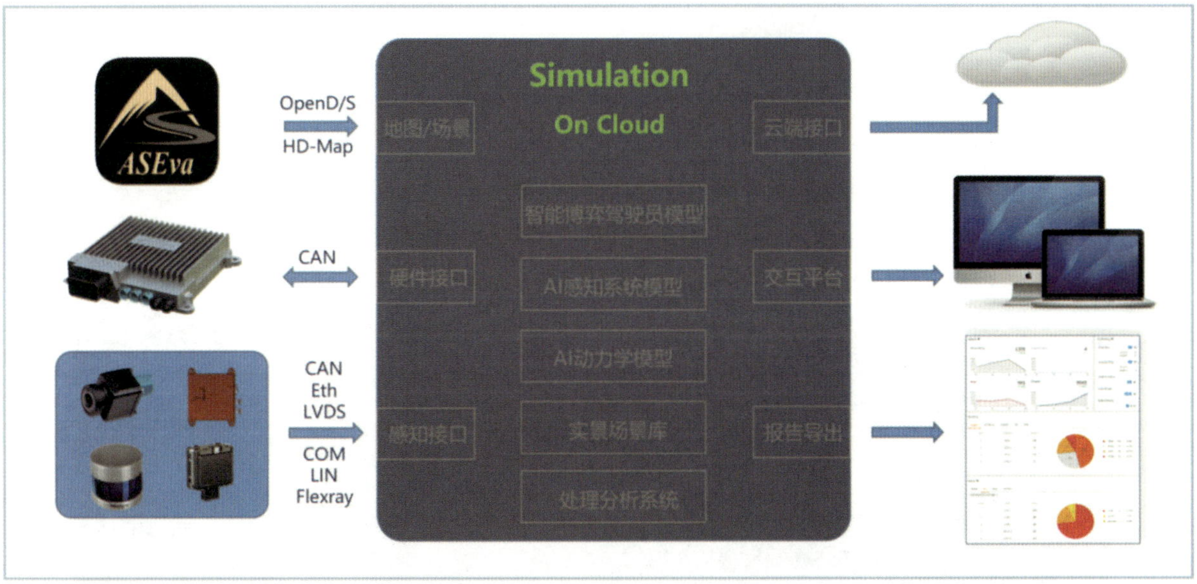

图 5　DIL、HIL、SIL 在环仿真测试内容模块

4. 期望

技术理念打造先发优势，上海泽尔汽车将全力支持汽车测试领域智能化建设，并持续不断地将在汽车测试行业多年沉淀的经验和积累人力资源拓展到大型企业市场，持续探索产业智能化时代新的商业模式，为大型企业的汽车测试模块提供一流品质的技术与服务。上海泽尔汽车通过聚焦智能驾驶汽车测试技术和仿真测试、实车测试及测试评价，一直走在行业前沿，促进并引领着行业的发展和技术革新，为行业开发智能测试系统持续赋能。

5. 发展规划

目前，上海泽尔汽车拥有国际先进水平的 ASEva、REANA、仿真工具链体系等产品，其中 ASEva 的子功能包括开放道路测试、封闭场地测试、功能安全与预期功能安全、数据记录、数据回注系统、真值测试系统、驾驶行为分析、模拟仿真、场景采集提取、系统对标、智能网联准入测试、云端平台、定制化服务。基于雄厚的技术基础，公司未来将根据发展情况和市场需求及时丰富产品链，进一步优化产品，通过现有的产品研发经验与人工智能相结合的方式，推动汽车测试技术革新，助力智能驾驶高质量发展，奋勇前行。

同驭线控电子液压制动系统应用案例

上海同驭汽车科技有限公司

上海同驭汽车科技有限公司（简称同驭汽车）成立于 2016 年 9 月，是同济大学“科技成果转化”首批重点孵化企业，国资持股 8.1%，并获得嘉定国资委、安亭镇政府、万安科技、武岳峰资本等战略资源方的投资。同驭汽车拥有上海、宜春两大基地。上海基地位于上海市新能源汽车及关键零部件产业基地内，拥有年产能 16 万台的先进生产线；宜春基地位于宜春市双创基地，于 2022 年 2 月投入使用，年产能达 30 万台。目前，同驭汽车是细分领域出货量第一的自主品牌（见图 1）。

图 1　同驭汽车

同驭汽车致力于智能线控底盘关键技术的研发和产业化，产品布局为线控制动系统、线控转向系统、制动能量回收系统以及高级驾驶辅助系统，以满足汽车智能化、电动化的发展需求。产品广泛应用于乘用车、商用车、特种车、无人车等多个领域。

同驭研发团队由同济大学校长助理、中国汽车工程学会副理事长、科技部 973 首席科学家余卓平教授，同济大学汽车学院副院长、新能源汽车工程中心副主任熊璐教授，中国汽车制动器委员会专家组专家、中国 FSC 大赛规则工作小组创始人舒强领导，主要由同济大学汽车学院硕士研究生、博士研究生组建。自 2012 年起，同驭研发团队就开展智能底盘核心零部件研发，是国内最早从事该领域研发的团队之一。经过 8 年研发积累，8 代产品样机迭代，同驭汽车自主研发的线控电子液压制动系统产品 EHB 达到国际一流技术水平，并率先在国内实现批量生产，打破了国外技术垄断，填补了国内空白。同驭汽车已成为国内汽车智能驾驶系统一级供应商，是全球极少数具备 EHB 量产能力的公司之一，凭借出众的品质和技术优势获得了客户的信赖与肯定。合作客户包括日产、中国一汽、东风、比亚迪、江铃、江淮、吉利、五菱等 80 多家知名企业，成功为我国乘用车、轻型商用车、无人车、特种车等 100 多款车型配套。

成立以来，同驭汽车凭领先的技术水平获得了国家及省部级各类奖项与荣誉，包括国家高新技术企业、IATF 16949 质量体系认证、第六届中国国际“互联网 +”大学生创新创业大赛全国金奖及最具商业价值奖、第六届“创青春”中国青年创新创业大赛（互联网组）全国赛金奖、“创客中国”上海中小企业创新创业大赛二等奖、上海市“科创投”杯海聚英才创业大赛金聚奖等。

同驭汽车十分重视知识产权工作，自成立至今，累计形成各类自主知识产权 54 项，是国内拥有 EHB 领域专利最多的企业之一。

1. 成果介绍

同驭线控电子液压制动系统（EHB）是一种先进的电控化制动系统：以电机为动力源，解决了传统的真空助力器制动系统的真空依赖问题；引入了电控单元和多种传感器，使得制动系统实现电控化，实现高性能的主动制动功能，是智能驾驶汽车的关键执行系统（见图 2）。

图 2　线控电子液压制动系统（EHB）

主要技术创新点包括：

1）自主研发的创新拓扑方案，巧妙地实现解耦、踏板感觉模拟和失效备份。

2）提出解耦式制动能量回收方案，使制动能量回收率提高一倍，续驶里程提高 10% ~ 12%；

同驭 EHB 还具有结构紧凑、布置方便、可靠性高、噪声小、制动感觉可调、制动能量回收、可实现线控主动制动等优点，可方便替代传统真空助力器，同时降低整车成本。目前，该技术已达到国际一流水平，打破了国外技术垄断，率先实现国内量产，且价格显著低于外企，具有很高的市场竞争力。

2. 应用情况

同驭线控电子液压制动系统目前处于量产阶段，为我国乘用车、轻型商用车、无人车、特种车等 100

多款车型配套。其主要用户包括：阿里菜鸟、京东、美团等无人驾驶车辆集成商；中国一汽、日产、东风、江淮、比亚迪、吉利、合众汽车等乘用车厂；解放、福田、金龙、宇通等商用车厂。在乘用车市场，同驭 EHB 继博世之后，市场份额占据第二，是份额最大的国产品牌；商用车市场份额占 70% 以上，无人车市场份额 90% 以上。2021 年，同驭 EHB 实现销售额 1.3 亿元，同比增长 700%。

2020 年新冠疫情期间，同驭 EHB 为武汉方舱医院使用的白犀牛等无人消毒车、无人清扫车、无人配送车、无人物流车各类无人防疫车配套，参加新冠疫情防控工作，用硬核科技，为生命健康构筑防线。

参与上海市科委项目“基于北斗导航的低速智能汽车关键技术研究”，配套 30 辆自动驾驶清扫车在嘉定区示范运行，支撑 8 项国家重大技术攻关项目研发和示范。

此外，同驭 EHB 配套了香港机场、北京大兴机场等全国八大机场内的无人驾驶行李牵引车、无人驾驶巡逻车等，现已常态化运营 3 年。

2021 年全运会、2022 年北京冬季奥运会使用的无人驾驶物流车驶园区通勤车等都能看见同驭 EHB 的身影。

3. 专利情况

同驭汽车拥有自主知识产权 54 项，其中发明专利 7 项、实用新型 30 项、软件著作权 7 项。此外，有 11 项发明专利已进入实质审查阶段。

4. 所获荣誉

1）国家高新技术企业、德国 IATF 16949 体系认证、中国汽车工程协会会员单位、中国汽车人才会会员单位。

2）2021 中国隐形独角兽 500 强。

3）2021 毕马威中国领先汽车科技 50 企业（第四届）新锐企业。

4）2021 上海市产业青年创新大赛金奖。

5）2021 行深智能 2021 年度优秀供应商。

6）2021 哪吒汽车 2021 年优秀交付奖。

7）2020 中国国际“互联网 +”大学生创新创业大赛全国金奖、最具商业价值奖。

8）2020 上海市“科创投”杯海聚英才创业大赛金聚奖。

9）2019“创青春”中国青年创新创业大赛（互联网组）全国金奖、最具品牌影响力项目。

10）2019“创客中国”上海最具投资潜力 50 佳创业企业驭汽。

11）连续三年获得电车人年度中国智能电动汽车核心零部件 100 强。

12）高工智能汽车金球奖年度智能网联创新企业。

从法规层面上看，作为高级驾驶辅助系统关键模块之一的自动紧急制动系统（AEB），已于 2014 年纳入欧洲新车安全评鉴协会 Euro-NCAP 的评分项，没有配备 AEB 的车型将难以获得 5 星级安全等级；2018 年，我国也将 AEB 列为 C-NCAP 的加分项。在 AEB 法规推动下，作为 AEB 执行部件的 EHB，将迅速得到推广。

从市场层面上看，随着汽车电动化和智能化的发展，传统的真空助力器根本无法满足电动化和智能化的需求，在智能驾驶方面，中国与国外基本上是同时起步，新能源汽车方面，中国甚至发展得比国外还快，实现“弯道超车”。因此，我国汽车行业目前对线控电子液压制动系统的需求非常迫切，丝毫不亚于国外。

根据预测，至 2025 年，预计全国汽车销量 3500 万辆，其中 70% 的汽车配套 EHB，总计 2450 万套。国外品牌 EHB 均价预估 2000 元 / 套，占市场份额 50%；国产品牌 EHB 均价预估 1500 元 / 套，2025 年全国 EHB 行业总产值达 526.75 亿元。同驭销量中的 20%，即同驭 2025 年 EHB 预期销量 245 万套，产值 36.75 亿元。

锚定行业前沿，做技术领跑者

南昌新能源智能汽车研究院

作者：冯挽强，李博

南昌新能源智能汽车研究院是 2019 年 11 月由同济大学、南昌市政府、江铃汽车集团、小蓝经开区共同签头成立的新型研发机构。成立以来，研究院在多方的大力支持下，紧密围绕“汇聚人才、创新研发、产业孵化”的建设目标，已建成“人才引培基地”“研发创新基地”“产业孵化基地”“试验检测基地”等多个科研创新平台，其中国家级平台分中心 1 个，省级平台 4 个。研究院在不断发展的过程中，秉承“锚定行业前沿，做技术领跑者”的理念，布局新能源动力和智能网联汽车行业技术前沿，力争成为技术领跑者。新能源动力和智能网联汽车关键技术见图 1。

图 1　新能源动力和智能网联汽车关键技术

1. 新能源动力行业进展

新能源动力行业前沿技术方面，研究院以业内知名专家楼狄明教授和韩志玉教授为技术带头人，在柴油机超低排放后处理关键技术研究上取得重要进展：

1）超低排放柴油机后处理关键催化材料研究。分析分子筛催化剂构型扩散对 SCR 反应机理的影响机制，确立 SCR 分子筛催化剂反应的速控步骤和基元反应路径，优化八元环小孔分子筛催化剂合成工艺，实现高活性、宽温度窗口 SCR 分子筛催化剂关键材料开发。通过调变优化 DOC/ASC 中贵金属含量及配比，解析 HC、CO、NO 间的竞争吸附机制，提升气态物起燃活性及氧化活性；研发稀土调控氧化催化剂，实现高 NO 氧化效率和低碳烟起燃温度；引入非贵金属催化剂及贵金属锚定技术等，实现贵金属减量化。优选载体原料晶型及粒度，提高模具精度及可靠性，优化载体成型压力及烧成工艺。

2）超低排放柴油机后处理系统控制技术研究。研究 SCR 多场（热 - 固 - 气 - 化）耦合下尿素分解效率及 SCR 转化效率，开发紧耦合 SCR 高精度尿素喷射控制策略，提升尿素喷射精度和 NO_x 转化效率，有效降低氨泄漏及尿素结晶率。开发适用于紧耦合 SCR 双喷射系统的高效氨混合器，提升尿素破碎效果，提高 NH_3 分布均匀性。基于 SCR 的 NH_3 存储及吸脱附特性，开展 ASC 选型及布置方案研究，实现柴油机高瞬变工况下的氨泄漏控制。研究 DPF 颗粒捕集机理及颗粒氧化机理，分析 DPF 主被动再生过程的颗粒捕集特性、颗粒氧化特性及压降特性，建立 DPF 碳载量预估模型，开发 DPF 主被动再生控制策略，实现 DPF 再生的精确触发和可靠执行。研究氧化介质及还原介质的迁移和演化路径，建立以 NO_2 为调控参数的后处理系统一体化控制模型，实现后处理系统性能协同提升。

3）后处理系统集成匹配与高效热管理技术研究。开展后处理系统集成技术研究，优化后处理系统构型和布置方案，提升环境适应性和空间利用率；进行基于发动机台架和整车的后处理系统匹配研究，分析后处理系统对气态物排放特性、颗粒物排放特性、背压特性及燃油经济性的影响规律，优化机内外协同控制策略，实现柴油机超低排放控制。开展基于新型保温材料的柴油机后处理系统排气热管理研究，减少热损失，提高后处理器入口温度，实现柴油机冷起动及低速、低负荷工况下的 DOC 快速起燃和 SCR 高效催化转化，提升后处理性能。

2. 智能网联汽车进展

在智能网联汽车前沿技术方面，研究院以业内知名专家熊璐教授和罗峰教授为技术带头人，基于国产芯片在智能汽车高速实时通信网络平台研发取得重要进展，搭建的通信网络平台基于 TSN 的车载网络环境，包含 TSN 交换机、TSN 网卡、TSN 控制器关键硬件。

1）TSN 交换机支持 4 个 1Gbit/s 的以太网接口；支持 IEEE802.1AS 时钟同步协议；时钟同步精度优于 200ns；支持 IEEE802.1Qch、IEEE802.1Qbv 协议、IEEE802.1Qcc（集中式控制）协议；支持 TSMP、netconf 等协议进行配置管理；支持时间敏感流（TS）、带宽预约流（RC）和尽力转发流（BE）三种流量的混合交换；支持最小调度时间槽 50μs；硬件支持多维细粒度数据采集功能，并对外提供访问接口，能够获取时钟同步状态信息、TT 传输信息等信息。

2）TSN 网卡支持 3 个 1Gbit/s 的网络侧以太网接口、支持 1 个 1Gbit/s 的主机侧以太网接口；支持 IEEE802.1AS 时钟同步协议；时钟同步精度优于 200ns；支持 IEEE802.1Qch、IEEE802.1Qbv 协议、支持 IEEE802.1Qcc（集中式控制）协议；支持 TSMP、netconf 等协议进行配置管理；支持时间敏感流（TS）、带宽预约流（RC）和尽力转发流（BE）三种流量的混合交换；支持精确的时间敏感流注入和提交控制；提供良好的编程接口，支持用户二次开发。

3）TSN 控制器基于 IEEE802.1Qcc（集中式控制）协议实现；支持对 TSN 交换机和 TSN 端系统进行本地配置和远程配置；支持网络拓扑验证、网络配置、时间同步和状态监测；提供丰富的北向接口，可供用户开发实现自定义功能；提供第三方规划算法接口和文档规范，可供第三方规划算法设计、实现和验证；支持 netconf、TSMP 等配置管理协议；支持可视化的状态监测。

未来，南昌智能新能源汽车研究院将会继续在新能源动力技术和智能网联汽车前沿技术研究方面发力，致力新能源汽车技术开发与应用，不断突破车联网新技术，持续实现高速实时通信网络平台快速迭代，力争成为技术领跑者。

洛必德智能网联无人巴士系统解决方案

北京洛必德科技有限公司

作者：霍向

随着人工智能、物联网、高性能计算等新一代技术的发展，给整个交通出行领域带来了一场变革，催生了众多智能交通新模式。其中，智能网联无人巴士既承接了现有公共出行的接驳服务，又助力了未来交通的智能化升级，现已在北京、淄博、成都、重庆、广州等城市的多个限定场景内得到常态化测试。

深耕人工智能 + 自动驾驶技术多年的北京洛必德科技有限公司（简称洛必德），作为一家国家级高新技术企业，以行业领先的自动驾驶全栈技术实力及创新研发高效迭代优势，推动智能网联无人巴士行业创新发展，积极赋能车企，以全栈式系统解决方案助力无人巴士规模化、商业化运营。2022 年，洛必德科技携手声通科技、金龙集团在山东淄博成功打造山体公园智能网联车示范项目（见图 1），该项目是洛必德研发团队对智能交通模式的积极探索，全新构建了继跨室内外一体化无人配送解决方案之后的又一未来移动生活新图景，实现了“车、路、云、网、图”协同应用创新体系。

图 1　洛必德山体公园智能网联车示范项目

洛必德无人巴士使用整体框架结构加个性化定制设计形式，车载硬件传感器采用模块化集成设计方式（见图 2）。无人巴士具备运行平稳舒适、定位导航精确、人机交互智能、上下车操作简单，续驶里程长等特点。整车具有 L4 自动驾驶能力，既融合了乘用车的舒适性和巴士的大空间，同时可实现云端实时监控、后台远程控制。

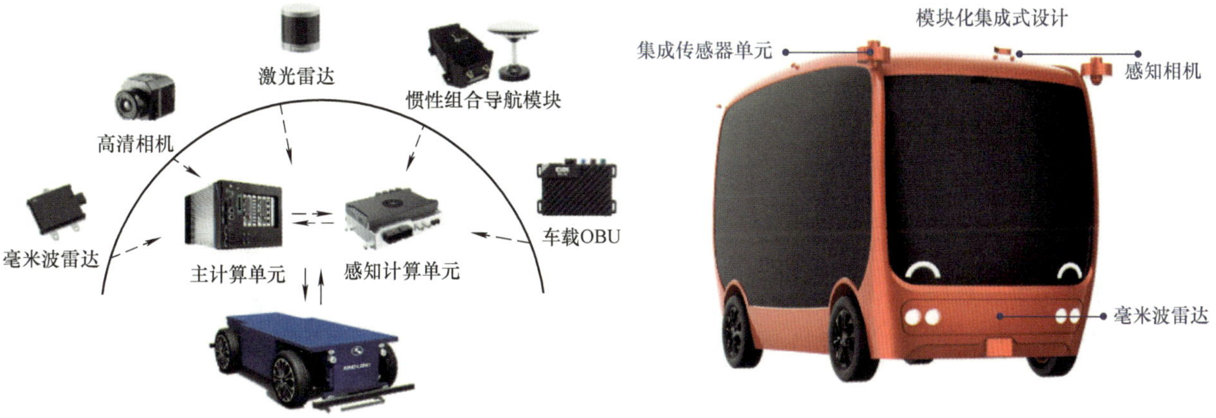

图 2　洛必德智能网联无人巴士方案硬件模块

无人巴士软件系统分布于车端自主控制器和云控服务平台，在自动驾驶行驶过程中，遇到突发意外或故障情况，将由远程驾驶及时介入并实现系统冗余安全控制。软件模块主要包括融合感知、组合定位、决策控制及相关模块的失效诊断（见图 3）。

洛必德无人巴士在自动驾驶、人机交互层面具备优异的性能表现。在自动驾驶方面可实现流畅避障行驶、自主跟车、多车道安全掉头、减速带平稳通行、安全会车、并道行驶、自主泊车、轨迹意图预测、障碍物精准识别、路口机动车信号灯及方向指示信号灯识别、交通标志识别及响应、交通标线识别、交通参与者识别、驾驶模式安全切换等功能。

在人机交互方面可实现运行路线显示、屏幕站点提示、车辆驾驶模式选择、车辆状态信息显示、车外行人提醒（外屏显示）、短视频播放（可播放广宣视频）、灯光空调调节（控制调节灯光空调）、路线管理、站点播报等功能。

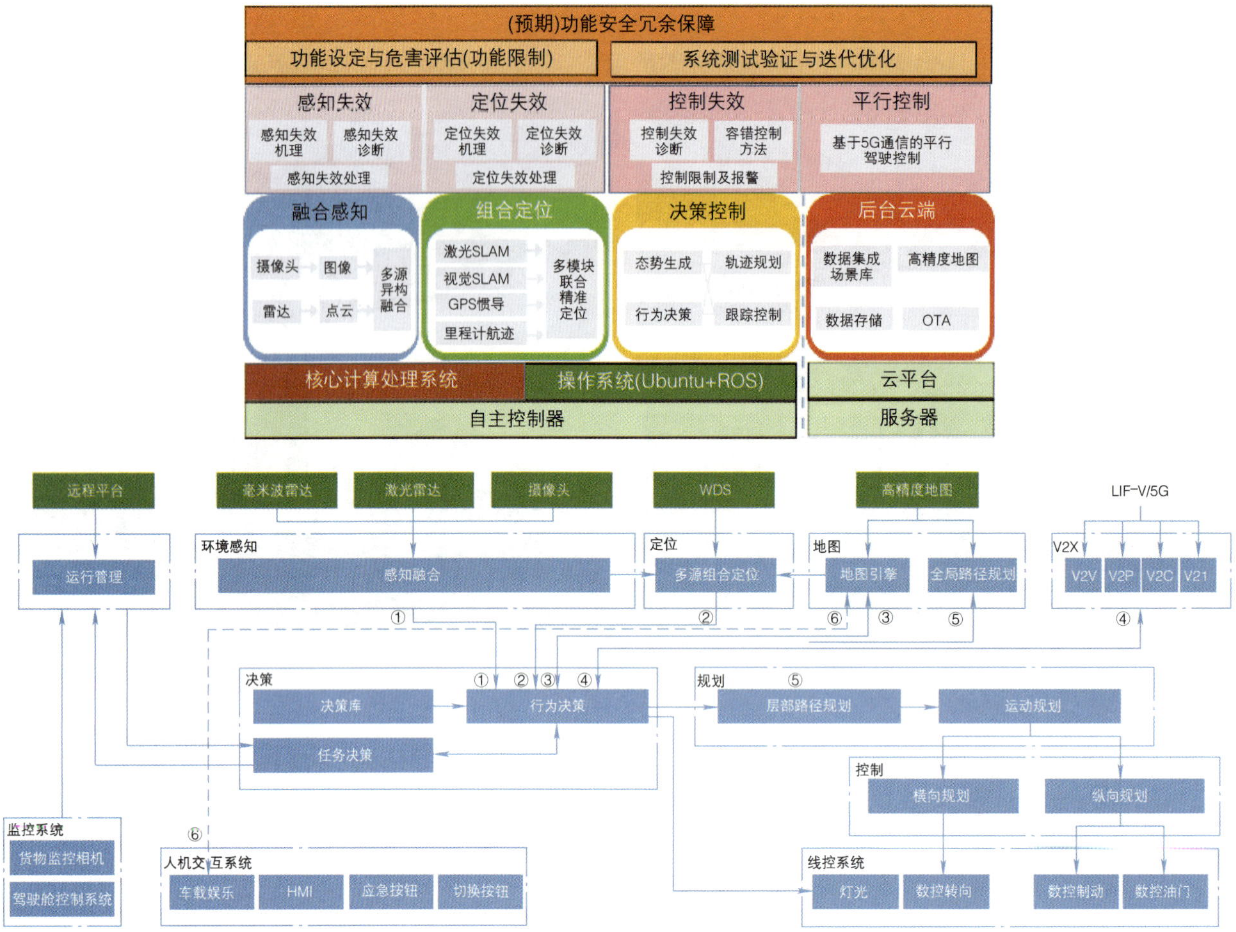

图 3　洛必德智能网联无人巴士方案软件模块

随着智能交通场景生态的不断完善，洛必德科技将凭借领先的核心技术实力和创新的商业运营能力，乘势而上，不断完善自研的智能网联无人巴士系统解决方案，助力智慧交通、智慧城市建设。

追风赶月莫停留，平芜尽处是春山。目前是网联无人巴士进入大规模商用时代的关键起步时期，技术发展、市场布局、资本生态都在有力推动着无人巴士的落地推广，然而无人巴士行业健康良性发展，既要有对“量”的需求，更要有对“质”的要求，多方力量仍需加快创新驱动，持续攻坚突破，助力早日形成成熟的无人巴士产业化应用生态，以创新科技为引领，助力我国由交通大国阔步迈向交通强国。

附　录

附录 A　2022 年中国智能网联汽车行业投融资事件汇总

时间	公司名	轮次	金额	投资方
2022.12	英博超算	战略融资	未透露	未透露
2022.11	知行科技	战略融资	未透露	未透露
2022.10	仙途智能	B++ 轮	未透露	商汤国香资本
2022.12	轻舟智航	B1 轮	数亿元	中金汇融基金、TCL、元生资本等
2022.11	宏景智驾	B 轮	数亿元	中信金石、博将资本、建信投资、泰达科投、鼎信资本、国联证券
2022.11	芯驰科技	B+ 轮	10 亿元	上汽金石创新产业基金战略、中信证券投资、国中资本、华泰保险等
2022.11	福瑞泰克	B 轮	近亿美元	混沌资本、上汽恒旭、北汽产投、TCL 实业、陕汽等
2022.11	禾多科技	C++ 轮	数亿元	广汽资本、智都投资、混沌投资
2022.11	踏歌智行	C 轮	超亿元	金沙基金、宝通科技
2022.11	斯年智驾	A+ 轮	超亿元	水木创投、容亿投资、辰韬资本等
2022.11	文远知行	D+ 轮	未透露	国开制造业转型升级基金
2022.11	一径科技	C 轮	数千万美元	元生资本、中信证券投资、卓源资本、亦庄资本
2022.11	北醒光子	战略融资	未透露	未透露
2022.11	亮道智能	B1 轮	超亿元	朗玛峰创投、彬复资本、国投招商
2022.09	北醒光子	战略融资	未透露	未透露
2022.09	知行科技	战略融资	未透露	未透露
2022.09	一清创新	A 轮	未透露	南山战新投、港科投资、成都合炎、珠海安丞
2022.09	地平线机器人	战略融资	未透露	奇瑞汽车
2022.09	寒武纪	战略融资	未透露	未透露
2022.08	智驾科技	C1 轮	未透露	韦豪创芯、沄柏资本、爱芯元智
2022.08	DeepWay	A 轮	4.6 亿元	启明创投、联想创投、光跃投资、建信信托等
2022.08	格陆博科技	Pre-C 轮	数亿元	企兴资本、和高资本、中信建投资本等
2022.07	云创智行	Pre-A 轮	数千万元	蔚来资本、兴杭创投、涌智投资
2022.07	映驰科技	B1 轮	近亿元	大陆集团、商汤科技、地平线
2022.07	云速半导体	A+ 轮	数亿元	米产投、联新资本、邦资本、北汽产投、芯动能等
2022.06	华玉通软	A1 轮	数千万元	蓝驰创投
2022.06	魔视智能	C 轮	数亿元	大陆集团
2022.06	MINIEYE	D3 轮	未透露	凯辉基金、蔚来资本子基金金宁基金、申万宏源
2022.06	地平线	战略投资	未透露	一汽集团
2022.06	几何伙伴	战略融资	未透露	国际自动机工程师学会（SAE）

（续）

时间	公司名	轮次	金额	投资方
2022.05	安智汽车	A+ 轮	数千万元	盈科投资
2022.05	希迪智驾	C 轮	3 亿元	成都科技创新投资集团、中国新兴资产、瑞世基金等
2022.04	洛微科技	B 轮	数亿元	安芯投资、庆州资本、华盖资本等
2022.04	毫末智行	A+ 轮	数亿元	中银集团投资有限公司、首程控股
2022.04	千挂科技	Pre-A 轮	2 亿元	凯辉基金、嘉禾资本、BAJ 资本
2022.03	格陆博科技	B++ 轮	2 亿元	百度风投、湖北高投、紫峰资本等
2022.03	芯攀科技	战略投资	数亿元	中国一汽
2022.03	楚航科技	B 轮	近亿元	创世伙伴
2022.03	所托瑞安	B 轮	13 亿元	平安资本、SK 中国、嘉兴、河南投资集团
2022.02	优电科技	Pre-B 轮	数千万元	松下电器
2022.02	纽泰格	IPO	4.06 亿元	未透露
2022.02	派电科技	Pre-A 轮	近亿元	联想创投
2022.02	清研精准	A+ 轮	未披露	德载厚资本
2022.02	哪吒汽车	D++ 轮	20 亿元	中车资本、深创投
2022.02	MINIEYE（佑驾创新）	D2 轮	数亿元	国开金融、联通、中金产业基金、中金资本
2022.02	标榜股份	IPO	9.06 亿元	未透露
2022.02	坤维科技	A+ 轮	未披露	无限基金、SEEFund
2022.01	亮道智能	A+ 轮	超亿元	国投招商、虹软科技等
2022.01	擎天智卡	天使轮	近千万美元	五源资本

数据来源：公开资料整理。

附录 B　中国整车厂车载摄像头供应链情况

整车厂商	车型	车型年份	供应商	零部件名称
中国一汽	H5（FF）(China)	2023	北京经纬恒润科技股份有限公司（原北京经纬恒润科技有限公司）	车载摄像头（2.0T，8AMT）
	H5（FF）(China)	2023	博世汽车部件（苏州）有限公司	车载摄像头（2.0T，8AMT）
	H5（FF）(China)	2023	北京经纬恒润科技股份有限公司（原北京经纬恒润科技有限公司）	车载摄像头（1.5T，7DCT）
	H5（FF）(China)	2023	博世汽车部件（苏州）有限公司	车载摄像头（1.5T，7DCT）
	E-HS3（4WD）(China)	2022	北京经纬恒润科技股份有限公司（原北京经纬恒润科技有限公司）	驾驶员监控系统车载摄像头
	E-HS3（FF）(China)	2022	北京经纬恒润科技股份有限公司（原北京经纬恒润科技有限公司）	驾驶员监控系统车载摄像头
	E-HS9（4WD）(China)	2022	北京经纬恒润科技股份有限公司（原北京经纬恒润科技有限公司）	驾驶员监控系统车载摄像头

（续）

整车厂商	车型	车型年份	供应商	零部件名称
中国一汽	H5（FF）（China）	2022	北京经纬恒润科技股份有限公司（原北京经纬恒润科技有限公司）	驾驶员监控系统车载摄像头（1.8T，6AT）
	H5（FF）（China）	2022	北京经纬恒润科技股份有限公司（原北京经纬恒润科技有限公司）	驾驶员监控系统车载摄像头（1.5T，7DCT）
	H7（FR）（China）	2022	北京经纬恒润科技股份有限公司（原北京经纬恒润科技有限公司）	驾驶员监控系统车载摄像头（2.0T，6AT）
	H7（FR）（China）	2022	北京经纬恒润科技股份有限公司（原北京经纬恒润科技有限公司）	驾驶员监控系统车载摄像头（1.8T，6AT）
	H9（FR）（China）	2022	北京经纬恒润科技股份有限公司（原北京经纬恒润科技有限公司）	驾驶员监控系统车载摄像头（3.0T，7DCT）
	H9（FR）（China）	2022	北京经纬恒润科技股份有限公司（原北京经纬恒润科技有限公司）	驾驶员监控系统车载摄像头（2.0T，7DCT）
	H9 48V 轻混（FR）（China）	2022	北京经纬恒润科技股份有限公司（原北京经纬恒润科技有限公司）	单目摄像头（2.0T，7DCT）
	H9+（FR）（China）	2022	北京经纬恒润科技股份有限公司（原北京经纬恒润科技有限公司）	驾驶员监控系统车载摄像头（3.0T，7DCT）
	HS5（4WD）（China）	2022	北京经纬恒润科技股份有限公司（原北京经纬恒润科技有限公司）	车载摄像头（2.0T，6AMT）
	HS5（4WD）（China）	2022	北京经纬恒润科技股份有限公司（原北京经纬恒润科技有限公司）	驾驶员监控系统车载摄像头（2.0T，6AT）
	HS5（FF）（China）	2022	北京经纬恒润科技股份有限公司（原北京经纬恒润科技有限公司）	车载摄像头（2.0T，6AMT）
	HS5（FF）（China）	2022	北京经纬恒润科技股份有限公司（原北京经纬恒润科技有限公司）	驾驶员监控系统车载摄像头（2.0T，6AT）
	HS7（4WD）（China）	2022	北京经纬恒润科技股份有限公司（原北京经纬恒润科技有限公司）	驾驶员监控系统车载摄像头（3.0T，8AT）
	HS7（FR）（China）	2022	北京经纬恒润科技股份有限公司（原北京经纬恒润科技有限公司）	驾驶员监控系统车载摄像头（2.0T，7DCT）
智己汽车	L7（China）	2022	北京地平线机器人技术研发有限公司	驾驶员监控系统（DMS）
郑州日产	锐骐 6（FR）（China）	2021	博世汽车部件（苏州）有限公司	前泊车影像（2.4L，5MT）
	锐骐 6（FR）（China）	2021	博世汽车部件（苏州）有限公司	后泊车影像（2.4L，5MT）
	途达（4WD）（China）	2019	松下电器产业	车载摄像头（2.5L，7AMT）
	途达（4WD）（China）	2019	松下电器产业	车载摄像头（2.5L，6MT）

（续）

整车厂商	车型	车型年份	供应商	零部件名称
长城	F7（FF）(China）	2022	博世汽车部件（苏州）有限公司常州分公司	车载摄像头（1.5T，7DCT）
	H9（China）	2022	北京地平线机器人技术研发有限公司	驾驶员监控系统（DMS）
	摩卡（4WD）(China）	2022	法雷奥汽车内部控制（深圳）有限公司（原深圳法雷奥航盛汽车开关及探测系统有限公司）	驾驶员监控系统车内摄像头
	摩卡（FF）(China）	2022	北京市商汤科技开发有限公司	乘客监控系统（OMS）
	摩卡（FF）(China）	2022	北京市商汤科技开发有限公司	驾驶员监控系统（DMS）
	玛奇朵（FF）(China）	2022	博世华域转向系统有限公司（原上海采埃孚转向系统有限公司）	前摄像头
	坦克 300（4WD）(China）	2021	采埃孚中国	车载摄像头
	大狗（FF）(China）	2021	博世华域转向系统有限公司（原上海采埃孚转向系统有限公司）	前视摄像头（2.0T，7DCT）
	大狗（FF）(China）	2021	博世华域转向系统有限公司（原上海采埃孚转向系统有限公司）	前视摄像头（1.5T，7DCT）
	好猫（FF）(China）	2021	采埃孚汽车系统（上海）有限公司（原天合汽车零部件（上海）有限公司）	车载摄像头
	VV5（FF）(China）	2018	同致电子科技（厦门）有限公司	环视摄像头系统（SVC）
	VV7（FF）(China）	2018	奇瑞	360 度全景成像系统
长安马自达	3 昂克赛拉（FF）(China）	2020	大陆泰密克汽车系统（上海）有限公司	车载摄像头
长安福特	探险者（4WD）(China）	2022	大陆汽车电子（长春）有限公司	车载摄像头（2.3T，10AMT）
	探险者（4WD）(China）	2021	大陆汽车电子（长春）有限公司	车载摄像头（2.3T，10AMT）
	福克斯（China）	2020	安波福电子（苏州）有限公司（原德尔福电子（苏州）有限公司）	车载摄像头
长安标致雪铁龙	DS 4S（FF）(China）	2018	ZF Active Safety And Electronics US LLC（原 TRW Automotive）	车载摄像头（1.6T，6AMT）
	DS 5LS（FF）(China）	2018	ZF Active Safety And Electronics US LLC（原 TRW Automotive）	车载摄像头（1.8T，6AMT）
	DS 5LS（FF）(China）	2018	ZF Active Safety And Electronics US LLC（原 TRW Automotive）	车载摄像头（1.6T，6AMT）
长安	11（China）	2023	华为技术有限公司	车载摄像头
	011（China）	2022	华为技术有限公司	车载摄像头
	11（China）	2022	华为技术有限公司	车载摄像头
	UNI-K（FF）(China）	2022	北京地平线机器人技术研发有限公司	乘客监控系统（OMS）
	UNI-K（FF）(China）	2022	北京地平线机器人技术研发有限公司	驾驶员监控系统（DMS）
	UNI-T（FF）(China）	2022	北京地平线机器人技术研发有限公司	乘客监控系统（OMS）
	UNI-T（FF）(China）	2022	博世汽车部件（苏州）有限公司常州分公司	车载摄像头（1.5T，7DCT）
	UNI-T（FF）(China）	2022	博世汽车部件（苏州）有限公司	车载摄像头（1.5T，7DCT）
	UNI-T（FF）(China）	2022	博世汽车部件（苏州）有限公司	车载摄像头（2.0T，8AT）
	UNI-T（FF）(China）	2022	北京地平线机器人技术研发有限公司	驾驶员监控系统（DMS）
	UNI-V（China）	2022	苏州智华汽车电子有限公司	车载摄像头
	UNI-V（China）	2022	福瑞泰克智能系统有限公司（原福瑞泰克（桐乡）智能系统有限公司）	车载摄像头
	睿骋（FF）(China）	2018	罗伯特博世	360 度全景成像系统（1.5T，6AMT）

（续）

整车厂商	车型	车型年份	供应商	零部件名称
一汽轿车	H5（FF）（China）	2019	北京经纬恒润科技股份有限公司（原北京经纬恒润科技有限公司）	车载摄像头
	H5（FF）（China）	2019	博世汽车部件（苏州）有限公司	车载摄像头
	H5（FF）（China）	2019	北京经纬恒润科技股份有限公司（原北京经纬恒润科技有限公司）	车载摄像头（1.8L，6AMT）
	H5（FF）（China）	2019	博世汽车部件（苏州）有限公司	车载摄像头（1.8L，6AMT）
一汽丰田	亚洲龙（FF）（China）	2022	电装	车载摄像头（2.5L，8AMT）
	RAV4 荣放（FF）（China）	2020	电装	车载摄像头
	亚洲龙（FF）（China）	2020	电装	车载摄像头
	皇冠（FR）（China）	2018	电装	车载摄像头
一汽 - 大众	A6L 混动（FF）（China）	2021	博世汽车部件（苏州）有限公司	360 度全景倒车影像（2.0T，7DCT）
	Q3（FF）（China）	2021	大陆泰密克汽车系统（上海）有限公司	360 度全景倒车影像（1.4L，7DCT）
	Q5L（FF）（China）	2021	Leopold Kostal GmbH & Co. KG	Mono vision camera（2.0T，7DCT）
	Q5L（FF）（China）	2021	博世汽车部件（苏州）有限公司	后视摄像头（RVC）（2.0T，7DCT）
	Q5L Sportback（FF）（China）	2021	博世汽车部件（苏州）有限公司	后视摄像头（RVC）（2.0T，7DCT）
	VS7（FF）（China）	2021	大陆泰密克汽车系统（上海）有限公司	后视镜摄像头（1.4T，6AMT）
	VS7（FF）（China）	2021	大陆泰密克汽车系统（上海）有限公司	后视镜摄像头（1.4T，6AT）
	宝来·纯电（China）	2021	大陆泰密克汽车系统（上海）有限公司	后视摄像头（RVC）
	宝来·传奇（FF）（China）	2021	大陆泰密克汽车系统（上海）有限公司	后视摄像头（RVC）（1.5L，5MT）
	探岳 R-Line（4WD）（China）	2021	大陆泰密克汽车系统（上海）有限公司	后视摄像头（RVC）（2.0T，7DCT）
	探岳 X330（FF）（China）	2021	大陆泰密克汽车系统（上海）有限公司	后视摄像头（RVC）（2.0T，7DCT）
	探影 TACQUA（FF）（China）	2021	大陆泰密克汽车系统（上海）有限公司	后视摄像头（RVC）（1.5L，6AMT）
	探影 TACQUA（FF）（China）	2021	大陆泰密克汽车系统（上海）有限公司	后视摄像头（RVC）（1.5L，5MT）
	探歌（FF）（China）	2021	大陆泰密克汽车系统（上海）有限公司	后视摄像头（RVC）（1.4L，7AMT）
	蔚领（FF）（China）	2021	大陆泰密克汽车系统（上海）有限公司	后视摄像头（RVC）（1.5L，6AMT）
	蔚领（FF）（China）	2021	大陆泰密克汽车系统（上海）有限公司	后视摄像头（RVC）（1.5L，6MT）
	迈腾（FF）（China）	2021	大陆泰密克汽车系统（上海）有限公司	后视摄像头（RVC）（1.4T，7DCT）

（续）

整车厂商	车型	车型年份	供应商	零部件名称
一汽 - 大众	迈腾 GTE 插电式混合动力（FF）（China）	2021	大陆泰密克汽车系统（上海）有限公司	后视摄像头（RVC）（1.4T，6DCT）
	高尔夫（FF）（China）	2021	大陆泰密克汽车系统（上海）有限公司	后视摄像头（RVC）（1.2T，7DCT）
	高尔夫·纯电（China）	2021	大陆泰密克汽车系统（上海）有限公司	后视摄像头（RVC）
	Q5L（FF）（China）	2020	Leopold Kostal GmbH & Co. KG	单眼摄像头
	VS5（FF）（China）	2020	大陆泰密克汽车系统（上海）有限公司	车载摄像头
	捷达（FF）（China）	2017	深圳市航盛电子股份有限公司	倒车影像
	迈腾（China）	2017	法雷奥集团	3D 全景环视系统
	速腾（FF）（China）	2017	深圳市航盛电子股份有限公司	倒车影像
一汽奔腾	T99（FF）（China）	2022	北京经纬恒润科技股份有限公司（原北京经纬恒润科技有限公司）	车载摄像头（2.0T，8AT）
	T99（FF）（China）	2022	北京经纬恒润科技股份有限公司（原北京经纬恒润科技有限公司）	车载摄像头（2.0T，8AMT）
小鹏汽车	G3i（China）	2022	比亚迪	车顶摄像机总成
	G3i 460G（FF）（China）	2022	弗迪科技有限公司	车载摄像头
	G3i 460N（FF）（China）	2022	弗迪科技有限公司	车载摄像头
	G3i 520G（FF）（China）	2022	弗迪科技有限公司	车载摄像头
	G3i 520N（FF）（China）	2022	弗迪科技有限公司	车载摄像头
	G9（China）	2022	惠州市德赛西威汽车电子股份有限公司	倒车影像
	G9（China）	2022	惠州市德赛西威汽车电子股份有限公司	前视双目摄像头
	G9（China）	2022	惠州市德赛西威汽车电子股份有限公司	环视摄像头
	P7（RR）（China）	2022	博世汽车部件（苏州）有限公司常州分公司	车载摄像头
	P7（4WD）（China）	2021	博世汽车部件（苏州）有限公司	车载摄像头
	P7（RR）（China）	2021	博世汽车部件（苏州）有限公司	车载摄像头
	G3（FF）（China）	2020	博世汽车部件（苏州）有限公司	车载摄像头
蔚来	ES8（4WD）（China）	2022	宁波均胜电子股份有限公司	前视摄像头
	EC6（China）	2021	无比视汽车产品服务（上海）有限公司	三目摄像头系统
	ES6（China）	2021	无比视汽车产品服务（上海）有限公司	三目摄像头系统
	ES8（4WD）（China）	2021	宁波均胜电子股份有限公司	前摄像头
	ES8（China）	2021	无比视汽车产品服务（上海）有限公司	三目摄像头系统
	ES8（China）	2021	宁波均胜电子股份有限公司	前视摄像头
	ET7（4WD）（China）	2021	惠州市德赛西威汽车电子股份有限公司	车载摄像头
	ES8（China）	2020	纬创资通（昆山）有限公司	车载摄像头
	ES8（China）	2018	宁波均胜电子股份有限公司	前视摄像头
威马汽车	EX5（FF）（China）	2020	博世汽车部件（苏州）有限公司	车载摄像头

（续）

整车厂商	车型	车型年份	供应商	零部件名称
特斯拉中国	Model 3（RR）(China）	2022	Tesla	三目前摄像头
	Model 3（RR）(China）	2022	Mobileye Vision Technologies Ltd.	前置三目摄像头
	Model 3（RR）(China）	2022	无比视汽车产品服务（上海）有限公司	车载摄像头
	Model 3（RR）(China）	2022	联创电子科技股份有限公司（原汉麻产业投资股份有限公司）	车载镜头
	Model Y（RR）(China）	2022	Mobileye Vision Technologies Ltd.	前置三目摄像头
	Model 3（RR）(China）	2021	联创电子科技股份有限公司（原汉麻产业投资股份有限公司）	车载摄像头
	Model 3（RR）(China）	2021	无比视汽车产品服务（上海）有限公司	车载摄像头
	Model 3（RR）(China）	2021	联创电子科技股份有限公司（原汉麻产业投资股份有限公司）	车载镜头
	Model Y（RR）(China）	2021	联创电子科技股份有限公司（原汉麻产业投资股份有限公司）	车载摄像头
	Model Y（RR）(China）	2021	无比视汽车产品服务（上海）有限公司	车载摄像头
	Model Y（RR）(China）	2021	联创电子科技股份有限公司（原汉麻产业投资股份有限公司）	车载镜头
	Model 3（RR）(China）	2020	无比视汽车产品服务（上海）有限公司	车载摄像头
	Model 3（RR）(China）	2020	无比视汽车产品服务（上海）有限公司	车载摄像头
	Model 3（RR）(China）	2020	联创电子科技股份有限公司（原汉麻产业投资股份有限公司）	车载镜头
	Model Y（RR）(China）	2020	无比视汽车产品服务（上海）有限公司	车载摄像头
	Model Y（RR）(China）	2020	联创电子科技股份有限公司（原汉麻产业投资股份有限公司）	车载镜头
	Model 3（RR）(China）	2019	联创汽车电子有限公司	360 度全景成像系统
	Model 3（RR）(China）	2019	无比视汽车产品服务（上海）有限公司	车载摄像头
神龙	凡尔赛 C5 X（FF）(China）	2021	法雷奥汽车内部控制（深圳）有限公司（原深圳法雷奥航盛汽车开关及探测系统有限公司）	前摄像头
	3008（China）	2018	ZF Active Safety And Electronics US LLC（原 TRW Automotive）	360 度全景成像系统
	4008（FF）(China）	2018	ZF Active Safety And Electronics US LLC（原 TRW Automotive）	360 度全景成像系统
	C6（FF）(China）	2018	ZF Active Safety And Electronics US LLC（原 TRW Automotive）	360 度全景成像系统
上汽通用五菱	KiWi EV（RR）(China）	2023	大疆车载	双目摄像头
	KiWi EV（RR）(China）	2023	大疆车载	环视摄像头
	E300（RR）(China）	2021	博世汽车部件（苏州）有限公司	360 度全景倒车影像
	E300 Plus（RR）(China）	2021	联创汽车电子有限公司	360 度全景倒车影像
	RC-5（FF）(China）	2021	博世汽车部件（苏州）有限公司	后视摄像头（RVC）（1.5T，8CVT）
	RC-5（FF）(China）	2021	博世汽车部件（苏州）有限公司	后视摄像头（RVC）（1.5L，8CVT）
	RC-5（FF）(China）	2021	博世汽车部件（苏州）有限公司	后视摄像头（RVC）（1.5T，6MT）
	Valli（FF）(China）	2021	博世汽车部件（苏州）有限公司	360 度全景倒车影像（1.5T，8CVT）
	Valli（FF）(China）	2021	博世汽车部件（苏州）有限公司	后视摄像头（RVC）（1.5T，8CVT）
	RS-5（FF）(China）	2019	博世汽车部件（苏州）有限公司	车载摄像头

（续）

整车厂商	车型	车型年份	供应商	零部件名称
上汽通用	CT5（FR）(China）	2022	宁波均胜电子股份有限公司	驾驶员监控系统车内摄像头（2.0T，10AMT）
	CT6（FR）(China）	2022	宁波均胜电子股份有限公司	驾驶员监控系统车内摄像头（2.0T，10AMT）
	LYRIQ（4WD）(China）	2022	宁波均胜电子股份有限公司	驾驶员监控系统车内摄像头
	LYRIQ（RR）(China）	2022	宁波均胜电子股份有限公司	驾驶员监控系统车内摄像头（2.0T，10AMT）
	昂科威 S 艾维亚（FF）(China）	2022	麦格纳电子（张家港）有限公司	单目摄像头（1.5T，9AMT）
	昂科威 48V 轻混（FF）(China）	2021	麦格纳电子（张家港）有限公司	单目摄像头（2.0T，Hydra-Matic 9AT）
	昂科威 48V 轻混（FF）(China）	2021	麦格纳电子（张家港）有限公司	单目摄像头（1.5T，Hydra-Matic 9AT）
	君威（FF）(China）	2019	大陆集团	车载摄像头
	GL6（China）	2018	同致电子科技（昆山）有限公司	车载摄像头
	君威（FF）(China）	2018	法雷奥汽车内部控制（深圳）有限公司（原深圳法雷奥航盛汽车开关及探测系统有限公司）	后摄像头
	CT6（FR）(China）	2017	奥托立夫	夜视远红外线摄像头用硫化锌透镜
上汽大众	ID.4 X（4WD）(China）	2021	采埃孚汽车系统（上海）有限公司（原天合汽车零部件（上海）有限公司）	360 度全景倒车影像
	ID.4 X Prime（4WD）(China）	2021	采埃孚汽车系统（上海）有限公司（原天合汽车零部件（上海）有限公司）	360 度全景倒车影像
	ID.4 X Pro（RR）(China）	2021	采埃孚汽车系统（上海）有限公司（原天合汽车零部件（上海）有限公司）	后视摄像头（RVC）
	ID.4 X Pure(RR）(China）	2021	采埃孚汽车系统（上海）有限公司（原天合汽车零部件（上海）有限公司）	后视摄像头（RVC）
	ID.4 X Pure+（RR）(China）	2021	采埃孚汽车系统（上海）有限公司（原天合汽车零部件（上海）有限公司）	后视摄像头（RVC）
	帕萨特（FF）(China）	2018	广州市一谷电子有限公司	车载摄像头
上汽大通	G90（FF）(China）	2022	北京经纬恒润科技股份有限公司（原北京经纬恒润科技有限公司）	驾驶员监控系统车内摄像头（2.0T，8AT）
	MIFA 9（China）	2022	北京经纬恒润科技股份有限公司（原北京经纬恒润科技有限公司）	驾驶员监控系统车内摄像头
	D60（China）	2020	北京经纬恒润科技股份有限公司（原北京经纬恒润科技有限公司）	车载摄像头

（续）

整车厂商	车型	车型年份	供应商	零部件名称
上汽乘用车	RX5（FF）（China）	2023	深圳佑驾创新科技有限公司	驾驶员监控系统（DMS）（1.5T，7DCT）
	RX5（FF）（China）	2023	北京经纬恒润科技股份有限公司（原北京经纬恒润科技有限公司）	驾驶员监控系统车载摄像头（1.5T，7DCT）
	eRX5 混动（China）	2022	北京经纬恒润科技股份有限公司（原北京经纬恒润科技有限公司）	驾驶员监控系统车载摄像头
	ERX5 纯动（China）	2022	北京经纬恒润科技股份有限公司（原北京经纬恒润科技有限公司）	驾驶员监控系统车载摄像头
	eRX5 混动（China）	2021	北京经纬恒润科技股份有限公司（原北京经纬恒润科技有限公司）	驾驶员监控系统车载摄像头
	ERX5 纯动（China）	2021	北京经纬恒润科技股份有限公司（原北京经纬恒润科技有限公司）	驾驶员监控系统车载摄像头
	Marvel X（China）	2020	博世汽车部件（苏州）有限公司	车载摄像头
	RX8（China）	2019	北京经纬恒润科技股份有限公司（原北京经纬恒润科技有限公司）	车载摄像头
	RX8（FR）（China）	2019	北京经纬恒润科技股份有限公司（原北京经纬恒润科技有限公司）	车载摄像头（2.0L，6AMT）
	RX5（FF）（China）	2018	北京经纬恒润科技股份有限公司（原北京经纬恒润科技有限公司）	前视摄像头（1.5T，7DCT）
	RX5（FF）（China）	2018	北京经纬恒润科技股份有限公司（原北京经纬恒润科技有限公司）	前视摄像头（1.5T，6MT）
上海通用	GL8（FF）（China）	2018	同致电子科技（昆山）有限公司	车载摄像头
赛力斯	SF5（RR）（China）	2022	博世汽车部件（苏州）有限公司常州分公司	车载摄像头（1.5T）
	问界 M5（China）	2022	博世汽车部件（苏州）有限公司	车载摄像头
	问界 M5（China）	2022	博世汽车部件（苏州）有限公司	驾驶员监控系统（DMS）
	问界 M7（China）	2022	欧菲光集团股份有限公司（原欧菲科技股份有限公司）	乘客监控系统车内摄像头
	问界 M7（China）	2022	欧菲光集团股份有限公司（原欧菲科技股份有限公司）	环视摄像头
	问界 M7（China）	2022	欧菲光集团股份有限公司（原欧菲科技股份有限公司）	驾驶员监控系统车内摄像头
奇瑞新能源	大蚂蚁（China）	2022	浙江亚太机电股份有限公司	多功能摄像头
奇瑞	X70 PLUS（FF）（China）	2022	北京市商汤科技开发有限公司	乘客监控系统（OMS）
	X70 PLUS（FF）（China）	2022	北京市商汤科技开发有限公司	驾驶员监控系统（DMS）
	凌云（FF）（China）	2022	百度在线网络技术（北京）有限公司	驾驶员监控系统（DMS）（2.0T，7DCT）
	凌云（FF）（China）	2022	百度在线网络技术（北京）有限公司	驾驶员监控系统（DMS）（1.6T，7DCT）
	揽月（FF）（China）	2022	博世汽车部件（苏州）有限公司常州分公司	车载摄像头（2.0T，7DCT）
	揽月（FF）（China）	2022	百度在线网络技术（北京）有限公司	驾驶员监控系统（DMS）（2.0T，7DCT）
	TXL（FF）（China）	2020	博世汽车部件（苏州）有限公司	车载摄像头
	瑞虎 8（FF）（China）	2020	博世汽车部件（苏州）有限公司	车载摄像头
	星途 TX（China）	2019	博世汽车部件（苏州）有限公司	车载摄像头
	星途 TXL（China）	2019	博世汽车部件（苏州）有限公司	车载摄像头
	瑞虎 7（FF）（China）	2018	奇瑞	360 度全景成像系统

（续）

整车厂商	车型	车型年份	供应商	零部件名称
零跑汽车	C11（RR）(China）	2022	浙江华锐捷技术有限公司	车载摄像头
理想汽车	L7（4WD）(China）	2022	Melexis N.V.	3D 深度传感器
	L8（4WD）(China）	2022	Melexis N.V.	3D 深度传感器
	L9（4WD）(China）	2022	Melexis N.V.	3D 深度传感器
	L9（4WD）(China）	2022	深圳佑驾创新科技有限公司	单目前视摄像头
	ONE（4WD）(China）	2022	博世汽车部件（苏州）有限公司常州分公司	车载摄像头（1.2L）
	ONE（China）	2022	北京地平线机器人技术研发有限公司	车载摄像头芯片
	ONE（4WD）(China）	2021	Melexis N.V.	3D 深度传感器
	ONE（4WD）(China）	2021	北京易航远智科技有限公司（原长春易航智能科技有限公司）	车载摄像头
	ONE（China）	2021	深圳威迈斯新能源股份有限公司（原深圳威迈斯电源有限公司）	车载摄像头
岚图汽车	FREE（FF）(China）	2022	罗伯特博世	车载摄像头
	FREE 增程版（FF）（China）	2022	博世汽车部件（苏州）有限公司常州分公司	车载摄像头（1.5T）
极狐	阿尔法 S 华为 HI（4WD）（China）	2022	华为技术有限公司	车载摄像头
吉利	ICON（FF）(China）	2022	北京经纬恒润科技股份有限公司（原北京经纬恒润科技有限公司）	驾驶员监控系统车内摄像头（1.5T，7DCT）
	帝豪（FF）(China）	2022	北京经纬恒润科技股份有限公司（原北京经纬恒润科技有限公司）	驾驶员监控系统车载摄像头（1.5L，CVT8）
	帝豪（FF）(China）	2022	北京经纬恒润科技股份有限公司（原北京经纬恒润科技有限公司）	驾驶员监控系统车载摄像头（1.5L，5MT）
	星瑞（FF）(China）	2022	维宁尔（中国）电子有限公司（原奥托立夫（中国）电子有限公司）	车载摄像头（2.0T，7DCT）
	星越 S（4WD）(China）	2022	北京经纬恒润科技股份有限公司（原北京经纬恒润科技有限公司）	驾驶员监控系统车内摄像头（2.0T，7DCT）
	星越 S（FF）(China）	2022	北京经纬恒润科技股份有限公司（原北京经纬恒润科技有限公司）	驾驶员监控系统车内摄像头（2.0T，8AT）
	缤越 PHEV（FF）(China）	2022	北京经纬恒润科技股份有限公司（原北京经纬恒润科技有限公司）	驾驶员监控系统车载摄像头（1.5T，7DCT）
	星瑞（FF）(China）	2021	维宁尔（中国）电子有限公司（原奥托立夫（中国）电子有限公司）	车载摄像头（2.0T，7DCT）
	02（FF）(China）	2020	大陆泰密克汽车系统（上海）有限公司	车载摄像头
	A（FF）(China）	2020	维宁尔（中国）电子有限公司（原奥托立夫（中国）电子有限公司）	车载摄像头
	嘉际（FF）(China）	2020	博世汽车部件（苏州）有限公司	车载摄像头
	01（FF）(China）	2019	大陆泰密克汽车系统（上海）有限公司	车载摄像头
	02（FF）(China）	2019	大陆泰密克汽车系统（上海）有限公司	车载摄像头
	博越（4WD）(China）	2018	罗伯特博世	360° 全景成像系统（1.8T，6AMT）
	博越（FF）(China）	2018	罗伯特博世	360° 全景成像系统
	01（4WD）(China）	2017	大陆集团	前摄像头（2.0T，7DCT）
	01（4WD）(China）	2017	安波福（原 Delphi Automotive PLC 德尔福汽车公司）	单目摄像头（2.0T，7DCT）
	01（4WD）(China）	2017	安波福（原 Delphi Automotive PLC 德尔福汽车公司）	环视摄像头系统（SVC）（2.0T，7DCT）

（续）

整车厂商	车型	车型年份	供应商	零部件名称
华晨宝马	325Li M（China）	2022	采埃孚汽车系统（上海）有限公司（原天合汽车零部件（上海）有限公司）	单目摄像头（2.0T，8AMT）
	iX3（China）	2022	大陆汽车电子（长春）有限公司	车载摄像头
	iX3（RR）（China）	2022	采埃孚汽车系统（上海）有限公司（原天合汽车零部件（上海）有限公司）	前摄像头
	iX3（China）	2021	采埃孚	前摄像头
	iX3（China）	2021	大陆集团	车载摄像头
	X3 xDrive25i M（4WD）（China）	2019	罗伯特博世	车载摄像头
	3 系（China）	2018	广州市一谷电子有限公司	车载摄像头
	5 系（China）	2018	广州市一谷电子有限公司	车载摄像头
恒大新能源	5（FF）（China）	2022	法雷奥汽车内部控制（上海）有限公司	环视摄像头
	5（FF）（China）	2022	安波福电子（苏州）有限公司（原德尔福电子（苏州）有限公司）	车载摄像头
合众新能源	S（China）	2022	华为技术有限公司	车载摄像头
	U（China）	2022	北京市商汤科技开发有限公司	乘客监控系统（OMS）
	U（China）	2022	北京市商汤科技开发有限公司	驾驶员监控系统（DMS）
合创	Z03（China）	2022	延锋伟世通汽车电子有限公司	驾驶员监控系统车内摄像头
广汽丰田	雷凌（FF）（China）	2020	电装	车载摄像头
广汽菲克	大指挥官（4WD）（China）	2021	罗伯特博世	车载摄像头（2.0T，9AT）
	大指挥官（4WD）（China）	2019	罗伯特博世	车载摄像头（2.0T，9AMT）
	大指挥官（4WD）（China）	2019	罗伯特博世	车载摄像头
	自由光（FF）（China）	2018	罗伯特博世	车载摄像头
广汽乘用车	GS4（FF）（China）	2022	安波福电子（苏州）有限公司（原德尔福电子（苏州）有限公司）	车载摄像头（1.5T，7DCT）
	GS4（FF）（China）	2022	安波福电子（苏州）有限公司（原德尔福电子（苏州）有限公司）	车载摄像头（1.5T，6MT）
	GS4（FF）（China）	2021	安波福电子（苏州）有限公司（原德尔福电子（苏州）有限公司）	车载摄像头（1.5T，7DCT）
	GS4（FF）（China）	2021	安波福电子（苏州）有限公司（原德尔福电子（苏州）有限公司）	车载摄像头（1.5T，6MT）
	GS4（FF）（China）	2021	安波福电子（苏州）有限公司（原德尔福电子（苏州）有限公司）	车载摄像头（1.5T，6AMT）
	GA6（FF）（China）	2020	博世汽车部件（苏州）有限公司	车载摄像头

（续）

整车厂商	车型	车型年份	供应商	零部件名称
广汽乘用车	GS5（FF）（China）	2020	博世汽车部件（苏州）有限公司	车载摄像头
	GA6（FF）（China）	2019	博世汽车部件（苏州）有限公司	车载摄像头
	GM6（FF）（China）	2019	博世汽车部件（苏州）有限公司	车载摄像头
	GM8（FF）（China）	2019	博世汽车部件（苏州）有限公司	车载摄像头
	GS3（FF）（China）	2019	博世汽车部件（苏州）有限公司	车载摄像头
	GS4（FF）（China）	2019	博世汽车部件（苏州）有限公司	车载摄像头
	GS5（FF）（China）	2019	博世汽车部件（苏州）有限公司	车载摄像头
	GS5 Super（China）	2019	博世汽车部件（苏州）有限公司	车载摄像头
	GS7（FF）（China）	2019	博世汽车部件（苏州）有限公司	车载摄像头
	GS8（FF）（China）	2019	博世汽车部件（苏州）有限公司	车载摄像头
广汽本田	飞度（FF）（China）	2022	大陆汽车电子（长春）有限公司	车载摄像头（1.5L，CVT）
	皓影锐・T 动（China）	2020	博世汽车部件（苏州）有限公司	车载摄像头
	雅阁（FF）（China）	2020	日立安斯泰莫汽车动力科技（东莞）有限公司（东莞京滨汽车电喷装置有限公司）	车载摄像头
	冠道（4WD）（China）	2018	尼得科艾莱希斯电子（中山）有限公司	单眼摄像头（2.0T，9AMT）
	凌派（FF）（China）	2018	同致电子科技（厦门）有限公司	车载摄像头
	凌派（FF）（China）	2018	广州市一谷电子有限公司	车载摄像头
	奥德赛（FF）（China）	2018	尼得科艾莱希斯电子（中山）有限公司	单眼摄像头（2.4L，CVT）
	雅阁（FF）（China）	2018	尼得科艾莱希斯电子（中山）有限公司	单眼摄像头（1.5T，CVT）
广汽埃安	LX Plus（FF）（China）	2022	无比视汽车产品服务（上海）有限公司	车载摄像头
	V（China）	2022	无比视汽车产品服务（上海）有限公司	车载摄像头
	V（China）	2022	罗伯特博世	驾驶员监控系统（DMS）
	V Plus（FF）（China）	2022	延锋伟世通汽车电子有限公司	驾驶员监控系统车内摄像头
	Y（FF）（China）	2022	北京地平线机器人技术研发有限公司	驾驶员监控系统（DMS）
	Y（FF）（China）	2022	延锋伟世通汽车电子有限公司	驾驶员监控系统车内摄像头
	LX（FF）（China）	2021	无比视汽车产品服务（上海）有限公司	车载摄像头
	S（FF）（China）	2021	安波福电子（苏州）有限公司（原德尔福电子（苏州）有限公司）	车载摄像头
	S（FF）（China）	2020	安波福电子（苏州）有限公司（原德尔福电子（苏州）有限公司）	车载摄像头
高合汽车	HiPhi X（China）	2022	北京经纬恒润科技股份有限公司（原北京经纬恒润科技有限公司）	乘客监控系统（OMS）
	HiPhi X（China）	2022	北京经纬恒润科技股份有限公司（原北京经纬恒润科技有限公司）	驾驶员监控系统（DMS）
	HiPhi X（China）	2022	北京经纬恒润科技股份有限公司（原北京经纬恒润科技有限公司）	驾驶员监控系统车载摄像头
	HiPhi Z（China）	2022	北京经纬恒润科技股份有限公司（原北京经纬恒润科技有限公司）	驾驶员监控系统车内摄像头

（续）

整车厂商	车型	车型年份	供应商	零部件名称
飞凡汽车	R7（RR）(China）	2022	上海创时汽车科技有限公司	前摄像头总成
	R7（RR）(China）	2022	采埃孚汽车系统（上海）有限公司（原天合汽车零部件（上海）有限公司）	车载摄像头
东南	DX5（FF）(China）	2021	大陆泰密克汽车系统（上海）有限公司	前摄像头（1.5T，8CVT）
	DX5（FF）(China）	2021	大陆泰密克汽车系统（上海）有限公司	前摄像头（1.5L，5MT）
	DX5（FF）(China）	2021	大陆泰密克汽车系统（上海）有限公司	后摄像头（1.5T，8CVT）
	DX5（FF）(China）	2021	大陆泰密克汽车系统（上海）有限公司	后摄像头（1.5L，5MT）
东风悦达起亚	傲跑（FF）(China）	2022	HL 万都（原 Mando Corporation）	车载摄像头（1.5L，CVT8）
	傲跑（FF）(China）	2021	HL 万都（原 Mando Corporation）	车载摄像头（1.5L，CVT）
东风日产	天籁（FF）(China）	2022	松下电器产业	车载摄像头（2.0L，CVT）
	T60（FF）(China）	2020	博世汽车部件（苏州）有限公司	车载摄像头
	轩逸（FF）(China）	2020	松下电器产业	车载摄像头
	途达（FR）(China）	2019	松下电器产业	车载摄像头
	天籁（FF）(China）	2018	同致电子科技（厦门）有限公司	环视摄像头系统（SVC）
	轩逸（FF）(China）	2018	同致电子科技（厦门）有限公司	环视摄像头系统（SVC）
东风柳汽	T5 EVO（FF）(China）	2022	北京经纬恒润科技股份有限公司（原北京经纬恒润科技有限公司）	车载摄像头（1.5T，7DCT）
	T5 EVO（FF）(China）	2021	北京经纬恒润科技股份有限公司（原北京经纬恒润科技有限公司）	车载摄像头（1.5T，7DCT）
	T5（FF）(China）	2019	北京经纬恒润科技股份有限公司（原北京经纬恒润科技有限公司）	车载摄像头（1.5T，CVT）
	T5（FF）(China）	2019	北京经纬恒润科技股份有限公司（原北京经纬恒润科技有限公司）	车载摄像头
	F600（FR）(China）	2016	罗伯特博世	倒车影像（2.0L，6MT）
	F600（FR）(China）	2016	罗伯特博世	倒车影像（1.5T，6MT）
东风乘用车	AX7（FF）(China）	2022	采埃孚汽车系统（上海）有限公司（原天合汽车零部件（上海）有限公司）	车载摄像头（1.5T，7DCT）
	AX7（FF）(China）	2022	采埃孚汽车系统（上海）有限公司（原天合汽车零部件（上海）有限公司）	车载摄像头（1.5T，7DCT）
	AX7（FF）(China）	2022	采埃孚汽车系统（上海）有限公司（原天合汽车零部件（上海）有限公司）	车载摄像头（1.5T，6MT）
	AX7（FF）(China）	2022	采埃孚汽车系统（上海）有限公司（原天合汽车零部件（上海）有限公司）	车载摄像头（1.5T，6MT）
	奕炫 MAX（FF）(China）	2021	采埃孚	车载摄像头
东风本田	思域（FF）(China）	2019	博世汽车部件（苏州）有限公司	单眼摄像头
	CR-V（4WD）(China）	2018	尼得科艾莱希斯电子（中山）有限公司	单眼摄像头（1.5T，CVT）
	CR-V（FF）(China）	2018	尼得科艾莱希斯电子（中山）有限公司	单眼摄像头（2.0L，ECVT）
	UR-V（4WD）(China）	2018	尼得科艾莱希斯电子（中山）有限公司	单眼摄像头（2.0T，9AMT）
	思域（FF）(China）	2018	同致电子科技（厦门）有限公司	车载摄像头

（续）

整车厂商	车型	车型年份	供应商	零部件名称
比亚迪	汉 EV（FF）(China)	2022	维宁尔（中国）电子有限公司（原奥托立夫（中国）电子有限公司）	车载摄像头
	海豚（FF）(China)	2022	Mobileye Vision Technologies Ltd.	车载摄像头
	汉 EV（FF）(China)	2021	维宁尔（中国）电子有限公司（原奥托立夫（中国）电子有限公司）	车载摄像头
	宋 Pro DM（China）	2020	博世汽车部件（苏州）有限公司	车载摄像头
	秦 Pro EV（FF）(China)	2020	博世汽车部件（苏州）有限公司	车载摄像头
	唐 DM（4WD）(China)	2019	博世汽车部件（苏州）有限公司	车载摄像头（2.0T，6DCT）
	唐 DM（FF）(China)	2019	博世汽车部件（苏州）有限公司	车载摄像头
北汽（广州）	X7（FF）(China)	2022	博世汽车部件（苏州）有限公司常州分公司	车载摄像头（1.5T，7DCT）
	X7（FF）(China)	2021	博世汽车部件（苏州）有限公司	车载摄像头（1.5T，DCT）
	X65（FF）(China)	2018	罗伯特博世	360° 全景成像系统（2.0T，6AMT）
北京现代	索纳塔（FF）(China)	2022	HL 万都（原 Mando Corporation）	车载摄像头（1.5T）(7DCT)
	索纳塔（FF）(China)	2021	HL 万都（原 Mando Corporation）	车载摄像头（2.0T）(8AMT)
	索纳塔（FF）(China)	2021	HL 万都（原 Mando Corporation）	车载摄像头（1.5T）(7DCT)
	胜达（FF）(China)	2020	HL 万都（原 Mando Corporation）	车载摄像头
北京奔驰	C 级（China）	2018	广州市一谷电子有限公司	车载摄像头
Polestar	Polestar 2（China）	2020	Veoneer, Inc.	Mono vision camera

数据来源：marklines。

附录 C　中国整车厂车载信息娱乐设备供应链情况

整车厂商	车型	车型年份	供应商	零部件名称
中国一汽	HS5（4WD）(China)	2022	东软集团股份有限公司	智能座舱域控制器（2.0T，6AMT）
	HS5（FF）(China)	2022	东软集团股份有限公司	智能座舱域控制器（2.0T，6AMT）
	HS5（FF）(China)	2022	东软睿驰汽车技术（上海）有限公司	智能座舱域控制器
	HS5（FF）(China)	2022	Mobileye Vision Technologies Ltd.	智能座舱域控制器芯片
	HS7（FR）(China)	2022	东软睿驰汽车技术（上海）有限公司	智能座舱域控制器
	HS7（FR）(China)	2022	Mobileye Vision Technologies Ltd.	智能座舱域控制器芯片
智己汽车	LS7（4WD）(China)	2023	Qualcomm, Inc.	智能座舱域控制器芯片
	LS7（RR）(China)	2023	Qualcomm, Inc.	智能座舱域控制器芯片
长城	机甲龙（4WD）(China)	2023	Qualcomm, Inc.	智能座舱域控制器芯片
	H6（4WD）(China)	2022	惠州市华阳集团股份有限公司	智能座舱域控制器（2.0T，7DCT）
	H6（FF）(China)	2022	惠州市华阳集团股份有限公司	无线充电器（1.5T，7DCT）
	大将军 G7（4WD）(China)	2022	惠州华阳通用电子有限公司	信息娱乐系统（2.0T，8AT）
	大将军 G7（4WD）(China)	2022	惠州华阳通用电子有限公司	信息娱乐系统（2.0T，6MT）
	大将军 G9（4WD）(China)	2022	惠州华阳通用电子有限公司	信息娱乐系统（2.0T，8AT）
	大将军 G9（FR）(China)	2022	惠州华阳通用电子有限公司	信息娱乐系统（2.0T，8AT）
	拿铁 DHT（FF）(China)	2022	Qualcomm, Inc.	智能座舱域控制器芯片
	摩卡（4WD）(China)	2022	Qualcomm, Inc.	智能座舱域控制器芯片（2.0T，9DCT）
	摩卡（FF）(China)	2022	安波福（原 Delphi Automotive PLC 德尔福汽车公司）	智能座舱域控制器

（续）

整车厂商	车型	车型年份	供应商	零部件名称
长城	摩卡（FF）(China)	2022	Qualcomm, Inc.	智能座舱域控制器芯片（2.0T，9DCT）
	玛奇朵（FF）(China)	2022	长城	智能座舱
	玛奇朵（FF）(China)	2022	Qualcomm, Inc.	智能座舱域控制器芯片
	神兽（4WD）(China)	2022	惠州市华阳集团股份有限公司	无线充电器（2.0T，7DCT）
	神兽（4WD）(China)	2022	东软集团股份有限公司	智能座舱域控制器（2.0T，7DCT）
	神兽（4WD）(China)	2022	Qualcomm, Inc.	智能座舱域控制器芯片（2.0T，7DCT）
	神兽（FF）(China)	2022	惠州市华阳集团股份有限公司	无线充电器（2.0T，7DCT）
	神兽（FF）(China)	2022	惠州市华阳集团股份有限公司	无线充电器（1.5T，7DCT）
	神兽（FF）(China)	2022	惠州市华阳集团股份有限公司	无线充电器（1.5T，2DHT）
	神兽（FF）(China)	2022	东软集团股份有限公司	智能座舱域控制器（2.0T，7DCT）
	神兽（FF）(China)	2022	东软集团股份有限公司	智能座舱域控制器（1.5T，7DCT）
	神兽（FF）(China)	2022	东软集团股份有限公司	智能座舱域控制器（1.5T，2DHT）
	神兽（FF）(China)	2022	Qualcomm, Inc.	智能座舱域控制器芯片（2.0T，7DCT）
	神兽（FF）(China)	2022	Qualcomm, Inc.	智能座舱域控制器芯片（1.5T，7DCT）
	神兽（FF）(China)	2022	Qualcomm, Inc.	智能座舱域控制器芯片（1.5T，2DHT）
	闪电猫（4WD）(China)	2022	惠州市华阳集团股份有限公司	无线充电器
	闪电猫（FF）(China)	2022	惠州市华阳集团股份有限公司	无线充电器
	M6 PLUS（China）	2021	惠州华阳通用电子有限公司	车载信息娱乐系统（1.5T，7DCT）
	M6 PLUS（China）	2021	惠州华阳通用电子有限公司	车载信息娱乐系统（1.5T，6MT）
	大狗（FF）(China)	2021	惠州市华阳多媒体电子有限公司	智能手机无线充电器（2.0T，7DCT）
	大狗（FF）(China)	2021	惠州市华阳多媒体电子有限公司	智能手机无线充电器（1.5T，7DCT）
	好猫（FF）(China)	2021	惠州市华阳多媒体电子有限公司	智能手机无线充电器
	赤兔（FF）(China)	2021	惠州市华阳集团股份有限公司	智能手机无线充电器（1.5L，7DCT）
	C30（FF）(China)	2018	惠州市德赛西威汽车电子股份有限公司	车载信息娱乐系统（1.5L，6AMT）
	C30（FF）(China)	2018	惠州市德赛西威汽车电子股份有限公司	车载信息娱乐系统（1.5L，5MT）
	C50（FF）(China)	2018	惠州市德赛西威汽车电子股份有限公司	车载信息娱乐系统（1.5T，5MT）
	H1 红标（FF）(China)	2018	惠州市德赛西威汽车电子股份有限公司	车载信息娱乐系统（1.5L，6AMT）
	H1 红标（FF）(China)	2018	惠州市德赛西威汽车电子股份有限公司	车载信息娱乐系统（1.5L，5MT）
	H1 蓝标（FF）(China)	2018	惠州市德赛西威汽车电子股份有限公司	车载信息娱乐系统（1.5L，6AMT）
	H1 蓝标（FF）(China)	2018	惠州市德赛西威汽车电子股份有限公司	车载信息娱乐系统（1.5L，5MT）
	H2（FF）(China)	2018	惠州市德赛西威汽车电子股份有限公司	车载信息娱乐系统（1.5T，7DCT）
	H2（FF）(China)	2018	惠州市德赛西威汽车电子股份有限公司	车载信息娱乐系统（1.5T，6MT）
	风骏 6（FR）(China)	2018	惠州市德赛西威汽车电子股份有限公司	车载信息娱乐系统（2.0T，6MT）
	风骏 6（FR）(China)	2018	惠州市德赛西威汽车电子股份有限公司	车载信息娱乐系统（2.4L，5MT）
	H6（FF）(China)	2017	广东好帮手电子科技股份有限公司	多媒体交互系统（MMI）

（续）

整车厂商	车型	车型年份	供应商	零部件名称
长安马自达	3 昂克赛拉三厢（FF）（China）	2018	惠州市德赛西威汽车电子股份有限公司	车载信息娱乐系统（2.0L，6AMT）
	3 昂克赛拉三厢（FF）（China）	2018	惠州市德赛西威汽车电子股份有限公司	车载信息娱乐系统（1.5L，6AMT）
	3 昂克赛拉三厢（FF）（China）	2018	惠州市德赛西威汽车电子股份有限公司	车载信息娱乐系统（1.5L，6MT）
	3 昂克赛拉三厢（FF）（China）	2018	惠州市德赛西威汽车电子股份有限公司	驾驶员信息显示系统（1.5L，6MT）
	3 昂克赛拉三厢（FF）（China）	2018	惠州市德赛西威汽车电子股份有限公司	驾驶员信息显示系统（2.0L，6AMT）
	3 昂克赛拉三厢（FF）（China）	2018	惠州市德赛西威汽车电子股份有限公司	驾驶员信息显示系统（1.5L，6AMT）
	3 昂克赛拉两厢（FF）（China）	2018	惠州市德赛西威汽车电子股份有限公司	车载信息娱乐系统（2.0L，6AMT）
	3 昂克赛拉两厢（FF）（China）	2018	惠州市德赛西威汽车电子股份有限公司	车载信息娱乐系统（1.5L，6AMT）
	3 昂克赛拉两厢（FF）（China）	2018	惠州市德赛西威汽车电子股份有限公司	车载信息娱乐系统（1.5L，6MT）
	3 昂克赛拉两厢（FF）（China）	2018	惠州市德赛西威汽车电子股份有限公司	驾驶员信息显示系统（2.0L，6AMT）
	3 昂克赛拉两厢（FF）（China）	2018	惠州市德赛西威汽车电子股份有限公司	驾驶员信息显示系统（1.5L，6AMT）
	3 昂克赛拉两厢（FF）（China）	2018	惠州市德赛西威汽车电子股份有限公司	驾驶员信息显示系统（1.5L，6MT）
	CX-5（4WD）（China）	2018	惠州市德赛西威汽车电子股份有限公司	车载信息娱乐系统（2.5L，6AMT）
	CX-5（4WD）（China）	2018	惠州市德赛西威汽车电子股份有限公司	车载信息娱乐系统（2.0L，6AMT）
	CX-5（4WD）（China）	2018	惠州市德赛西威汽车电子股份有限公司	驾驶员信息显示系统（2.0L，6AMT）
	CX-5（4WD）（China）	2018	惠州市德赛西威汽车电子股份有限公司	驾驶员信息显示系统（2.5L，6AMT）
	CX-5（FF）（China）	2018	惠州市德赛西威汽车电子股份有限公司	车载信息娱乐系统（2.5L，6AMT）
	CX-5（FF）（China）	2018	惠州市德赛西威汽车电子股份有限公司	车载信息娱乐系统（2.0L，6AMT）
	CX-5（FF）（China）	2018	惠州市德赛西威汽车电子股份有限公司	车载信息娱乐系统（2.0L，6MT）
	CX-5（FF）（China）	2018	惠州市德赛西威汽车电子股份有限公司	驾驶员信息显示系统（2.5L，6AMT）
	CX-5（FF）（China）	2018	惠州市德赛西威汽车电子股份有限公司	驾驶员信息显示系统（2.0L，6AMT）
	CX-5（FF）（China）	2018	惠州市德赛西威汽车电子股份有限公司	驾驶员信息显示系统（2.0L，6MT）
长安福特	Mustang Mach-E（China）	2021	宁波均联智行科技股份有限公司（原宁波均联智行科技有限公司）	车载导航娱乐系统（IVI）

（续）

整车厂商	车型	车型年份	供应商	零部件名称
长安	CS75 PLUS（FF）(China)	2023	南京芯驰半导体科技有限公司	智能座舱域控制器芯片
	Z6（FF）(China)	2023	联发科技股份有限公司	智能座舱域控制器芯片（1.5T，7DCT）
	011（China）	2022	华为技术有限公司	智能座舱域控制器芯片
	011（China）	2022	华为技术有限公司	智能座舱系统
	011（China）	2022	华为技术有限公司	语音交互
	11（China）	2022	华为技术有限公司	智能座舱域控制器芯片
	11（China）	2022	华为技术有限公司	智能座舱系统
	11（China）	2022	华为技术有限公司	语音交互
	CS75 PLUS（FF）(China)	2022	南京芯驰半导体科技有限公司	智能座舱域控制器芯片
	CS75 PLUS（FF）(China)	2022	惠州市德赛西威汽车电子股份有限公司	车载信息娱乐系统（2.0T，8AT）
	CS75 PLUS（FF）(China)	2022	惠州市德赛西威汽车电子股份有限公司	车载信息娱乐系统（1.5T，6AT）
	UNI-T（FF）(China)	2022	北京地平线机器人技术研发有限公司	座舱域控制器芯片
	UNI-T（FF）(China)	2022	联合汽车电子有限公司	智能座舱域控制器
	UNI-T（FF）(China)	2022	重庆梧桐车联科技有限公司	语音交互（2.0T，8AT）
	UNI-T（FF）(China)	2022	重庆梧桐车联科技有限公司	语音交互（1.5T，7DCT）
	UNI-V（China）	2022	深圳市掌锐电子有限公司	智能座舱
	Z6（FF）(China)	2022	联发科技股份有限公司	智能座舱域控制器芯片（1.5T，7DCT）
	CS35（FF）(China)	2017	广东好帮手电子科技股份有限公司	多媒体交互系统（MMI）
一汽轿车	B70（FF）(China)	2018	惠州市德赛西威汽车电子股份有限公司	车载信息娱乐系统（2.0T，6AMT）
	B70（FF）(China)	2018	惠州市德赛西威汽车电子股份有限公司	车载信息娱乐系统（1.8T，6AMT）
	B70（FF）(China)	2018	惠州市德赛西威汽车电子股份有限公司	车载信息娱乐系统（2.0L，6AMT）
	B70（FF）(China)	2018	惠州市德赛西威汽车电子股份有限公司	车载信息娱乐系统（2.0L，6MT）
	阿特兹（FF）(China)	2018	惠州市德赛西威汽车电子股份有限公司	车载信息娱乐系统（2.5L，6AMT）
	阿特兹（FF）(China)	2018	惠州市德赛西威汽车电子股份有限公司	车载信息娱乐系统（2.0L，6AMT）
	B90（FF）(China)	2017	长春富维伟世通汽车电子有限公司	多媒体交互系统（MMI）
一汽海马	福美来（FF）(China)	2018	惠州市德赛西威汽车电子股份有限公司	车载信息娱乐系统（1.6L，6AMT）
	福美来（FF）(China)	2018	惠州市德赛西威汽车电子股份有限公司	车载信息娱乐系统（1.6L，6MT）

（续）

整车厂商	车型	车型年份	供应商	零部件名称
一汽 - 大众	ID.4 CROZZ（4WD）（China）	2022	LG Electronics Inc.	智能座舱域控制器
	ID.4 CROZZ（RR）（China）	2022	LG Electronics Inc.	智能座舱域控制器
	ID.6 CROZZ（4WD）（China）	2022	LG Electronics Inc.	智能座舱域控制器
	ID.6 CROZZ（RR）（China）	2022	LG Electronics Inc.	智能座舱域控制器
	CC（FF）（China）	2021	BCS Automotive Interface Solutions GmbH（原 TRW Automotive Electronics & Components GmbH）	智能手机无线充电器
	ID.6 CROZZ（RR）（China）	2021	BCS Automotive Interface Solutions GmbH（原 TRW Automotive Electronics & Components GmbH）	智能手机无线充电器
	迈腾（FF）（China）	2021	宁波均联智行科技股份有限公司（原宁波均联智行科技有限公司）	车载导航娱乐系统（IVI，1.4T，7DCT）
	高尔夫（FF）（China）	2021	宁波均联智行科技股份有限公司（原宁波均联智行科技有限公司）	车载导航娱乐系统（IVI，1.2T，7DCT）
	宝来（FF）（China）	2019	惠州市德赛西威汽车电子股份有限公司	车载信息娱乐系统（1.5L，6AMT）
	宝来（FF）（China）	2019	惠州市德赛西威汽车电子股份有限公司	车载信息娱乐系统（1.5L，5MT）
	捷达（FF）（China）	2018	惠州市德赛西威汽车电子股份有限公司	车载信息娱乐系统（1.5L，6AMT）
	捷达（FF）（China）	2018	惠州市德赛西威汽车电子股份有限公司	车载信息娱乐系统（1.5L，5MT）
	捷达（FF）（China）	2018	惠州市德赛西威汽车电子股份有限公司	车载信息娱乐系统（1.4L，5MT）
	迈腾（FF）（China）	2018	惠州市德赛西威汽车电子股份有限公司	车载信息娱乐系统（2.0T，7DCT）
	迈腾（FF）（China）	2018	惠州市德赛西威汽车电子股份有限公司	车载信息娱乐系统（1.4T，7DCT）
	迈腾（FF）（China）	2018	惠州市德赛西威汽车电子股份有限公司	车载信息娱乐系统（1.8T，7DCT）
	速腾（FF）（China）	2018	惠州市德赛西威汽车电子股份有限公司	车载信息娱乐系统（1.6L，6AMT）
	速腾（FF）（China）	2018	惠州市德赛西威汽车电子股份有限公司	车载信息娱乐系统（1.6L，5MT）
	高尔夫（FF）（China）	2018	惠州市德赛西威汽车电子股份有限公司	车载信息娱乐系统（1.6L，6AMT）
	高尔夫（FF）（China）	2018	惠州市德赛西威汽车电子股份有限公司	车载信息娱乐系统（1.6L，5MT）
	Q5（China）	2017	长春富维伟世通汽车电子有限公司	多媒体交互系统（MMI）
	捷达（FF）（China）	2017	深圳市航盛电子股份有限公司	车载多媒体系统
	速腾（FF）（China）	2017	深圳市航盛电子股份有限公司	车载多媒体系统

（续）

整车厂商	车型	车型年份	供应商	零部件名称
小鹏汽车	P5（FF）（China）	2022	Qualcomm, Inc.	智能座舱域控制器芯片
	P7（4WD）（China）	2022	科大讯飞股份有限公司	智能互联系统
	P7（RR）（China）	2022	科大讯飞股份有限公司	智能互联系统
	P7（RR）（China）	2022	英伟达	智能座舱域控制器
	P7（RR）（China）	2022	英伟达	智能座舱域控制器芯片
	P7（4WD）（China）	2021	英伟达	智能座舱域控制器
	P7（4WD）（China）	2021	惠州市德赛西威汽车电子股份有限公司	智能座舱域控制器
	P7（RR）（China）	2021	英伟达	智能座舱域控制器
	P7（RR）（China）	2021	惠州市德赛西威汽车电子股份有限公司	智能座舱域控制器
	P7（4WD）（China）	2020	加达利汽车电子（广州）有限公司	车载主机
蔚来	EC6（4WD）（China）	2022	科大讯飞股份有限公司	智能语音操作系统
	ES6（4WD）（China）	2022	科大讯飞股份有限公司	智能语音操作系统
	ES7（4WD）（China）	2022	Qualcomm, Inc.	智能座舱域控制器芯片
	ES7（4WD）（China）	2022	科大讯飞股份有限公司	智能语音操作系统
	ES8（4WD）（China）	2022	科大讯飞股份有限公司	智能语音操作系统
	ET5（4WD）（China）	2022	Qualcomm, Inc.	智能座舱域控制器芯片
	ET5（4WD）（China）	2022	科大讯飞股份有限公司	智能语音操作系统
	ET7（4WD）（China）	2022	Qualcomm, Inc.	智能座舱域控制器芯片
	ET7（4WD）（China）	2022	科大讯飞股份有限公司	智能语音操作系统
	ES6（4WD）（China）	2021	大陆汽车部件（苏州）有限公司（原凯士林汽车部件（苏州）有限公司）	智能手机集成终端
	ES8（4WD）（China）	2021	大陆投资（中国）有限公司	智能手机集成终端
	ET7（4WD）（China）	2021	Qualcomm, Inc.	数字座舱平台
	ES8（China）	2018	惠州市德赛西威汽车电子股份有限公司	车载信息娱乐系统
威马汽车	E.5（FF）（China）	2022	科大讯飞股份有限公司	智能语音操作系统
	EX5（FF）（China）	2022	科大讯飞股份有限公司	智能语音操作系统
	EX6 PLUS（FF）（China）	2022	科大讯飞股份有限公司	智能语音操作系统
	M7（China）	2022	科大讯飞股份有限公司	智能语音操作系统
	W6（FF）（China）	2022	Qualcomm, Inc.	智能座舱域控制器芯片
	W6（FF）（China）	2022	科大讯飞股份有限公司	智能语音操作系统
天际	ME7（China）	2022	惠州市德赛西威汽车电子股份有限公司	车载信息娱乐系统
特斯拉中国	Model Y（4WD）（China）	2022	Advanced Micro Devices Inc.	智能座舱域控制器
	Model 3（RR）（China）	2020	英伟达	智能座舱域控制器

（续）

整车厂商	车型	车型年份	供应商	零部件名称
上汽通用五菱	560（FF）（China）	2018	惠州市德赛西威汽车电子股份有限公司	驾驶员信息显示系统（1.5T，6DCT）
	560（FF）（China）	2018	惠州市德赛西威汽车电子股份有限公司	驾驶员信息显示系统（1.5T，6MT）
	560（FF）（China）	2018	惠州市德赛西威汽车电子股份有限公司	驾驶员信息显示系统（1.8L，5iAMT）
	630（FF）（China）	2018	惠州市德赛西威汽车电子股份有限公司	驾驶员信息显示系统（1.5L，6AMT）
	630（FF）（China）	2018	惠州市德赛西威汽车电子股份有限公司	驾驶员信息显示系统（1.5L，5MT）
	730（FF）（China）	2018	惠州市德赛西威汽车电子股份有限公司	车载信息娱乐系统（1.5T，6DCT）
	730（FF）（China）	2018	惠州市德赛西威汽车电子股份有限公司	驾驶员信息显示系统（1.8L，5iAMT）
	730（FF）（China）	2018	惠州市德赛西威汽车电子股份有限公司	驾驶员信息显示系统（1.5T，6MT）
	宏光 S（FR）（China）	2018	惠州市德赛西威汽车电子股份有限公司	车载信息娱乐系统（1.5L，5MT）
	宏光 S（FR）（China）	2018	惠州市德赛西威汽车电子股份有限公司	车载信息娱乐系统（1.2L，5MT）
	宏光 S1（FR）（China）	2018	惠州市德赛西威汽车电子股份有限公司	车载信息娱乐系统（1.5L，5MT）
上汽通用	CT5（FR）（China）	2022	百度在线网络技术（北京）有限公司	智能语音操作系统（2.0T，10AMT）
	CT6（FR）（China）	2022	百度在线网络技术（北京）有限公司	智能语音操作系统（2.0T，10AMT）
	CT6（FR）（China）	2022	百度在线网络技术（北京）有限公司	语音交互（2.0T，10AT）
	LYRIQ（4WD）（China）	2022	Qualcomm, Inc.	智能座舱域控制器芯片（2.0T，10AMT）
	LYRIQ（RR）（China）	2022	Qualcomm, Inc.	智能座舱域控制器芯片（2.0T，10AMT）
	微蓝 7 纯电动（FF）（China）	2022	百度在线网络技术（北京）有限公司	语音交互
	昂科威 PLUS（4WD）（China）	2022	百度在线网络技术（北京）有限公司	语音交互（2.0T，9AT）
	昂科威 PLUS（FF）（China）	2022	百度在线网络技术（北京）有限公司	语音交互（2.0T，9AT）
	昂科威 PLUS（FF）（China）	2022	百度在线网络技术（北京）有限公司	语音交互（1.5T，9AT）
	昂科威 Plus 艾维亚（4WD）（China）	2022	百度在线网络技术（北京）有限公司	语音交互
	昂科威 S（4WD）（China）	2022	百度在线网络技术（北京）有限公司	语音交互（2.0T，9AT）

（续）

整车厂商	车型	车型年份	供应商	零部件名称
上汽通用	昂科威 S（FF）（China）	2022	百度在线网络技术（北京）有限公司	语音交互（2.0T，9AT）
	昂科威 S（FF）（China）	2022	百度在线网络技术（北京）有限公司	语音交互（1.5T，9AT）
	昂科威 S GS（4WD）（China）	2022	百度在线网络技术（北京）有限公司	语音交互（2.0T，9AT）
	昂科威 S GS（FF）（China）	2022	百度在线网络技术（北京）有限公司	语音交互（2.0T，9AT）
	昂科威 S 艾维亚（4WD）（China）	2022	百度在线网络技术（北京）有限公司	语音交互
	GL8 艾维亚（FF）（China）	2021	安波福电气系统有限公司（原德尔福派克电气系统有限公司）	车载信息娱乐系统
	昂科威（FF）（China）	2021	哈曼汽车电子系统苏州有限公司	信息娱乐控制单元
	GL8（FF）（China）	2018	惠州市德赛西威汽车电子股份有限公司	车载信息娱乐系统（2.0T，6AMT）
	GL8（FF）（China）	2018	惠州市德赛西威汽车电子股份有限公司	车载信息娱乐系统（2.5L，6AMT）
	昂科拉（FF）（China）	2018	惠州市德赛西威汽车电子股份有限公司	车载信息娱乐系统（1.4T，6AMT）
	昂科拉（FF）（China）	2018	惠州市德赛西威汽车电子股份有限公司	车载信息娱乐系统（1.4T，6MT）
	科鲁兹（FF）（China）	2018	惠州市德赛西威汽车电子股份有限公司	车载信息娱乐系统（1.5L，6AMT）
	科鲁兹（FF）（China）	2018	惠州市德赛西威汽车电子股份有限公司	车载信息娱乐系统（1.5L，6MT）
	迈锐宝（FF）（China）	2018	惠州市德赛西威汽车电子股份有限公司	车载信息娱乐系统（1.5T，6AMT）
	赛欧（China）	2016	伟世通	Infotainment system
上汽大众	ID.3（RR）（China）	2022	LG Electronics Inc.	智能座舱域控制器
	ID.4 X（4WD）（China）	2022	LG Electronics Inc.	智能座舱域控制器
	ID.4 X（RR）（China）	2022	LG Electronics Inc.	智能座舱域控制器
	ID.6 X（4WD）（China）	2022	LG Electronics Inc.	智能座舱域控制器
	ID.6 X（RR）（China）	2022	LG Electronics Inc.	智能座舱域控制器
	ID.6 X（RR）（China）	2021	BCS Automotive Interface Solutions GmbH（原 TRW Automotive Electronics & Components GmbH）	智能手机无线充电器
	帕萨特（FF）（China）	2021	宁波均联智行科技股份有限公司（原宁波均联智行科技有限公司）	车载导航娱乐系统（IVI）（1.4T，7DCT）
	Polo（FF）（China）	2017	深圳市航盛电子股份有限公司	多媒体交互系统（MMI）
	朗逸（FF）（China）	2017	上海伟世通汽车电子系统有限公司	多媒体交互系统（MMI）
	桑塔纳·浩纳（FF）（China）	2017	惠州市德赛西威汽车电子股份有限公司	多媒体交互系统（MMI）

（续）

整车厂商	车型	车型年份	供应商	零部件名称
上汽乘用车	7（China）	2023	Qualcomm, Inc.	智能座舱域控制器芯片
	RX9（China）	2023	Qualcomm, Inc.	智能座舱域控制器芯片
	RX5（FF）（China）	2018	延锋伟世通电子科技（南京）有限公司	智能行车系统（1.5T，7DCT）
	RX5（FF）（China）	2018	延锋伟世通电子科技（南京）有限公司	智能行车系统（1.5T，6MT）
	550（China）	2017	广东好帮手电子科技股份有限公司	多媒体交互系统（MMI）
上海通用	GL8 艾维亚（FF）（China）	2020	安波福（原 Delphi Automotive PLC 德尔福汽车公司）	In-vehicle infotainment unit
赛力斯	SF5（4WD）（China）	2022	华为技术有限公司	智能互联系统（1.5T）
	SF5（RR）（China）	2022	华为技术有限公司	智能互联系统（1.5T）
	问界 M5（China）	2022	华为技术有限公司	智能座舱
	问界 M5（China）	2022	华为技术有限公司	智能座舱域控制器
	问界 M5 EV（4WD）（China）	2022	惠州市华阳集团股份有限公司	无线充电器
	问界 M5 EV（RR）（China）	2022	惠州市华阳集团股份有限公司	无线充电器
	问界 M7（4WD）（China）	2022	惠州市华阳集团股份有限公司	无线充电器
	问界 M7（RR）（China）	2022	惠州市华阳集团股份有限公司	无线充电器
睿蓝汽车	9（FF）（China）	2023	百度在线网络技术（北京）有限公司	智能语音操作系统
奇瑞新能源	无界 Pro（RR）（China）	2023	腾讯科技（深圳）有限公司	智能语音操作系统
	无界 Pro（RR）（China）	2022	Qualcomm, Inc.	智能座舱域控制器芯片
奇瑞捷豹路虎	揽胜极光（4WD）（China）	2018	伟世通	后排信息娱乐设备
奇瑞	瑶光（4WD）（China）	2023	Qualcomm, Inc.	智能座舱域控制器芯片
	瑶光（4WD）（China）	2023	科大讯飞股份有限公司	智能语音操作系统
	瑶光（FF）（China）	2023	Qualcomm, Inc.	智能座舱域控制器芯片
	瑶光（FF）（China）	2023	科大讯飞股份有限公司	智能语音操作系统
	X90（FF）（China）	2022	惠州市德赛西威汽车电子股份有限公司	智能座舱域控制器（1.5T，6DCT）
	X90（FF）（China）	2022	惠州市德赛西威汽车电子股份有限公司	智能座舱域控制器（1.5T，6MT）
	X90 PLUS（FF）（China）	2022	惠州市德赛西威汽车电子股份有限公司	智能座舱域控制器（1.6T，7DCT）
	X90 PLUS（FF）（China）	2022	惠州市德赛西威汽车电子股份有限公司	智能座舱域控制器（1.5T，6DCT）
	X90 PLUS（FF）（China）	2022	惠州市德赛西威汽车电子股份有限公司	智能座舱域控制器（1.5T，6MT）

（续）

整车厂商	车型	车型年份	供应商	零部件名称
奇瑞	大圣（FF）（China）	2022	Qualcomm, Inc.	智能座舱域控制器芯片（1.6T，7DCT）
	瑞虎 8（FF）（China）	2022	惠州市德赛西威汽车电子股份有限公司	智能座舱域控制器（2.0T，7DCT）
	瑞虎 8（FF）（China）	2022	惠州市德赛西威汽车电子股份有限公司	智能座舱域控制器（1.6T，7DCT）
	瑞虎 8（FF）（China）	2022	惠州市德赛西威汽车电子股份有限公司	智能座舱域控制器（1.5T，7DCT）
	瑞虎 8 Plus（FF）（China）	2022	惠州市德赛西威汽车电子股份有限公司	智能座舱域控制器
	瑞虎 8 Plus 鲲鹏 e+（FF）（China）	2022	惠州市德赛西威汽车电子股份有限公司	智能座舱域控制器（1.5T，3AT）
	瑞虎 8 Pro（4WD）（China）	2022	惠州市德赛西威汽车电子股份有限公司	智能座舱域控制器（2.0T，7DCT）
	瑞虎 8 Pro（FF）（China）	2022	惠州市德赛西威汽车电子股份有限公司	智能座舱域控制器（1.6T，7DCT）
	瑞虎 8 Pro（FF）（China）	2022	惠州市德赛西威汽车电子股份有限公司	智能座舱域控制器（2.0T，7DCT）
	艾瑞泽 8（FF）（China）	2022	科大讯飞股份有限公司	智能互联系统
	艾瑞泽 8（FF）（China）	2022	科大讯飞股份有限公司	智能座舱系统
	艾瑞泽 8（FF）（China）	2022	科大讯飞股份有限公司	语音交互
	X70（FF）（China）	2021	惠州华阳通用电子有限公司	车载信息娱乐系统（1.5T，6DCT）
	X70（FF）（China）	2021	惠州华阳通用电子有限公司	车载信息娱乐系统（1.5T，6MT）
	X70S EV（FF）（China）	2021	惠州华阳通用电子有限公司	车载信息娱乐系统
	X90（FF）（China）	2021	惠州华阳通用电子有限公司	车载信息娱乐系统（1.6T，7DCT）
	X90（FF）（China）	2021	惠州华阳通用电子有限公司	车载信息娱乐系统（1.5T，6DCT）
	X90（FF）（China）	2021	惠州华阳通用电子有限公司	车载信息娱乐系统（1.5T，6MT）
	瑞虎 5（FF）（China）	2018	惠州市德赛西威汽车电子股份有限公司	车载信息娱乐系统（1.5T，7CVT）
	瑞虎 5（FF）（China）	2018	惠州市德赛西威汽车电子股份有限公司	车载信息娱乐系统（1.5T，5MT）
	艾瑞泽 3（FF）（China）	2018	惠州市德赛西威汽车电子股份有限公司	车载信息娱乐系统（1.5L，5MT）
	艾瑞泽 3（FF）（China）	2018	惠州市德赛西威汽车电子股份有限公司	车载信息娱乐系统（1.5L，4AT）
	艾瑞泽 7（FF）（China）	2018	惠州市德赛西威汽车电子股份有限公司	车载信息娱乐系统（1.5T，7CVT）

（续）

整车厂商	车型	车型年份	供应商	零部件名称
路特斯	Eletre（4WD）(China)	2023	Qualcomm, Inc.	智能座舱域控制器芯片
	Eletre（China）	2022	Qualcomm, Inc.	智能座舱域控制器芯片
零跑汽车	C01（RR）(China)	2022	科大讯飞股份有限公司	智能语音操作系统
	C11（RR）(China)	2022	Qualcomm, Inc.	智能座舱域控制器芯片
	C11（RR）(China)	2022	科大讯飞股份有限公司	智能语音操作系统
	S01（FF）(China)	2022	科大讯飞股份有限公司	智能语音操作系统
	T03（FF）(China)	2022	科大讯飞股份有限公司	智能语音操作系统
理想汽车	L7（4WD）(China)	2022	Qualcomm, Inc.	智能座舱域控制器芯片
	L7（4WD）(China)	2022	科大讯飞股份有限公司	智能语音操作系统
	L8（4WD）(China)	2022	Qualcomm, Inc.	智能座舱域控制器芯片
	L8（4WD）(China)	2022	科大讯飞股份有限公司	智能语音操作系统
	L9（4WD）(China)	2022	镁佳（北京）科技有限公司	智能座舱域控制器（1.5T）
	L9（4WD）(China)	2022	湖南三安半导体有限责任公司	智能座舱域控制器（1.5T）
	L9（4WD）(China)	2022	Qualcomm, Inc.	智能座舱域控制器芯片（1.5T）
	L9（4WD）(China)	2022	科大讯飞股份有限公司	智能语音操作系统
	ONE（4WD）(China)	2022	惠州市德赛西威汽车电子股份有限公司	车载信息娱乐系统
	ONE（China）	2022	惠州市德赛西威汽车电子股份有限公司	智能座舱域控制器
	ONE（4WD）(China)	2021	Qualcomm, Inc.	智能座舱域控制器芯片
	ONE（4WD）(China)	2021	科大讯飞股份有限公司	智能语音操作系统
	ONE（China）	2021	惠州市德赛西威汽车电子股份有限公司	车载信息娱乐系统
岚图汽车	FREE 增程版（FF）（China）	2021	博世汽车部件（苏州）有限公司	智能座舱
凯翼汽车	昆仑（4WD）(China)	2023	华为技术有限公司	智能座舱系统
	昆仑（FF）(China)	2023	华为技术有限公司	智能座舱系统
	炫界（FF）(China)	2023	宇硕电子股份有限公司	智能手机无线充电模块
	炫界 Pro（FF）(China)	2023	宇硕电子股份有限公司	智能手机无线充电模块
	炫界（FF）(China)	2022	宇硕电子股份有限公司	智能手机无线充电模块
	炫界 Pro（FF）(China)	2022	宇硕电子股份有限公司	智能手机无线充电模块
	炫界（FF）(China)	2021	宇硕电子股份有限公司	智能手机无线充电模块
	炫界 Pro（FF）(China)	2021	宇硕电子股份有限公司	智能手机无线充电模块
江汽集团	X8 PLUS（FF）(China)	2023	科大讯飞股份有限公司	智能语音操作系统（1.5T，7DCT）
	QX（FF）(China)	2022	科大讯飞股份有限公司	智能语音操作系统（1.5T，6DCT）
	QX（FF）(China)	2022	科大讯飞股份有限公司	智能语音操作系统（1.5T，6MT）
	爱跑（FF）(China)	2022	科大讯飞股份有限公司	智能语音操作系统
	爱跑 S（FF）(China)	2022	瑞萨电子（中国）有限公司	智能座舱域控制器芯片

（续）

整车厂商	车型	车型年份	供应商	零部件名称
极狐	阿尔法 S 华为 HI（4WD）（China）	2022	华为技术有限公司	智能座舱
	阿尔法 S 华为 HI（4WD）（China）	2022	华为技术有限公司	智能座舱域控制器
	阿尔法 S 华为 HI（4WD）（China）	2022	华为技术有限公司	智能座舱域控制器芯片
	阿尔法 S 华为 HI（FF）（China）	2021	华为技术有限公司	智能座舱
吉利	009（4WD）（China）	2023	Qualcomm, Inc.	智能座舱域控制器芯片
	001（4WD）（China）	2022	Qualcomm, Inc.	智能座舱域控制器芯片
	001（RR）（China）	2022	Qualcomm, Inc.	智能座舱域控制器芯片
	E（China）	2022	科大讯飞股份有限公司	语音交互
	G6（China）	2022	华为技术有限公司	智能座舱系统
	M6（China）	2022	华为技术有限公司	智能座舱系统
	帝豪（FF）（China）	2022	东软集团股份有限公司	智能座舱域控制器（1.5L，CVT8）
	帝豪（FF）（China）	2022	东软集团股份有限公司	智能座舱域控制器（1.5L，5MT）
	帝豪 EV Pro（China）	2022	东软集团股份有限公司	智能座舱域控制器
	帝豪 EV500（FF）（China）	2022	东软集团股份有限公司	智能座舱域控制器
	帝豪 GSe（FF）（China）	2022	东软集团股份有限公司	智能座舱域控制器
	帝豪 PHEV（FF）（China）	2022	东软集团股份有限公司	智能座舱域控制器（1.8L）
	帝豪 S（FF）（China）	2022	东软集团股份有限公司	智能座舱域控制器（1.4T，CVT）
	星瑞（FF）（China）	2022	东软集团股份有限公司	智能座舱域控制器（2.0T，7DCT）
	星越 L（4WD）（China）	2022	延锋伟世通汽车电子有限公司	信息娱乐系统（2.0T，7DCT）
	星越 L（4WD）（China）	2022	延锋伟世通汽车电子有限公司	座舱域控制器（2.0T，7DCT）
	星越 L（4WD）（China）	2022	Qualcomm, Inc.	智能座舱域控制器芯片（2.0T，7DCT）
	星越 L（FF）（China）	2022	延锋伟世通汽车电子有限公司	信息娱乐系统（2.0T，8AT）
	星越 L（FF）（China）	2022	延锋伟世通汽车电子有限公司	座舱域控制器（2.0T，8AT）
	星越 L（FF）（China）	2022	Qualcomm, Inc.	智能座舱域控制器芯片（2.0T，8AT）
	星越 L（FF）（China）	2021	伟世通	智能座舱域控制器
	博瑞（FF）（China）	2018	武汉蓝星科技股份有限公司	智能行车系统（1.8T，6AMT）
	博瑞（FF）（China）	2018	惠州市德赛西威汽车电子股份有限公司	车载信息娱乐系统（1.8T，6AMT）
	远景（FF）（China）	2018	惠州市德赛西威汽车电子股份有限公司	车载信息娱乐系统（1.5L，4AMT）
	远景（FF）（China）	2018	惠州市德赛西威汽车电子股份有限公司	车载信息娱乐系统（1.5L，5MT）

（续）

整车厂商	车型	车型年份	供应商	零部件名称
华晨	V3（FF）（China）	2018	惠州市德赛西威汽车电子股份有限公司	车载信息娱乐系统（1.5L，5AMT）
	V3（FF）（China）	2018	惠州市德赛西威汽车电子股份有限公司	车载信息娱乐系统（1.5L，5MT）
恒大新能源	5（FF）（China）	2022	百度在线网络技术（北京）有限公司	智能互联系统
	5（FF）（China）	2022	Qualcomm, Inc.	智能座舱域控制器芯片
	5（FF）（China）	2022	百度在线网络技术（北京）有限公司	语音交互
合众新能源	S（China）	2022	惠州市德赛西威汽车电子股份有限公司	智能座舱域控制器
	S（China）	2022	Qualcomm, Inc.	智能座舱域控制器芯片
	S（China）	2022	惠州市德赛西威汽车电子股份有限公司	智能手机无线充电模块
	U（China）	2022	Qualcomm, Inc.	智能座舱域控制器芯片
	U Pro（China）	2022	Qualcomm, Inc.	智能座舱域控制器芯片
	U-II（FF）（China）	2022	Qualcomm, Inc.	智能座舱域控制器芯片
海马轿车	S5（FF）（China）	2019	惠州市德赛西威汽车电子股份有限公司	车载信息娱乐系统（1.6L，5MT）
	M3（FF）（China）	2018	惠州市德赛西威汽车电子股份有限公司	车载信息娱乐系统（1.5L，6CVT）
	M3（FF）（China）	2018	惠州市德赛西威汽车电子股份有限公司	车载信息娱乐系统（1.5L，5MT）
	M6（FF）（China）	2018	惠州市德赛西威汽车电子股份有限公司	车载信息娱乐系统（1.5T，CVT）
	M6（FF）（China）	2018	惠州市德赛西威汽车电子股份有限公司	车载信息娱乐系统（1.5T，6MT）
	M6（FF）（China）	2018	惠州市德赛西威汽车电子股份有限公司	车载信息娱乐系统（1.6L，5MT）
	S5（FF）（China）	2018	惠州市德赛西威汽车电子股份有限公司	车载信息娱乐系统（1.5T，CVT）
	S5（FF）（China）	2018	惠州市德赛西威汽车电子股份有限公司	车载信息娱乐系统（1.5T，6MT）
广汽三菱	欧蓝德（4WD）（China）	2022	太仓阿尔派电子有限公司	Display audio 智能屏互联系统（2.4L，CVT8）
	欧蓝德（FF）（China）	2022	太仓阿尔派电子有限公司	Display audio 智能屏互联系统（2.0L，CVT8）
广汽乘用车	M8（FF）（China）	2023	Qualcomm, Inc.	智能座舱域控制器芯片
	M8 宗师系列 HEV（FF）（China）	2023	Qualcomm, Inc.	智能座舱域控制器芯片（2.0T，E-CVT）
	M8 宗师系列燃油版（FF）（China）	2023	Qualcomm, Inc.	智能座舱域控制器芯片（2.0T，8AT）
	影酷（FF）（China）	2022	苏州智华汽车电子有限公司	智能座舱系统
	GS4 PLUS（FF）（China）	2021	惠州市华阳集团股份有限公司	智能手机无线充电器（1.5L，6AT）
	GS8（FF）（China）	2021	马瑞利汽车电子（广州）有限公司	智能座舱域控制器

（续）

整车厂商	车型	车型年份	供应商	零部件名称
广汽乘用车	影豹（FF）（China）	2021	马瑞利汽车电子（广州）有限公司	智能座舱域控制器
	GA6（FF）（China）	2018	惠州市德赛西威汽车电子股份有限公司	车载信息娱乐系统（1.5T，7DCT）
	GA6（FF）（China）	2018	惠州市德赛西威汽车电子股份有限公司	车载信息娱乐系统（1.5T，5MT）
	GA6（FF）（China）	2018	惠州市德赛西威汽车电子股份有限公司	驾驶员信息显示系统（1.5T，7DCT）
	GA6（FF）（China）	2018	惠州市德赛西威汽车电子股份有限公司	驾驶员信息显示系统（1.5T，5MT）
	GS4（FF）（China）	2018	惠州市德赛西威汽车电子股份有限公司	车载信息娱乐系统（1.5T，7DCT）
	GS4（FF）（China）	2018	惠州市德赛西威汽车电子股份有限公司	车载信息娱乐系统（1.5T，6AMT）
	GS4（FF）（China）	2018	惠州市德赛西威汽车电子股份有限公司	车载信息娱乐系统（1.3T，7DCT）
	GS4（FF）（China）	2018	惠州市德赛西威汽车电子股份有限公司	车载信息娱乐系统（1.5T，6MT）
	GS4（FF）（China）	2018	惠州市德赛西威汽车电子股份有限公司	车载信息娱乐系统（1.3T，5MT）
	GS4（FF）（China）	2018	惠州市德赛西威汽车电子股份有限公司	驾驶员信息显示系统（1.5T，7DCT）
	GS4（FF）（China）	2018	惠州市德赛西威汽车电子股份有限公司	驾驶员信息显示系统（1.5T，6AMT）
	GS4（FF）（China）	2018	惠州市德赛西威汽车电子股份有限公司	驾驶员信息显示系统（1.3T，7DCT）
	GS4（FF）（China）	2018	惠州市德赛西威汽车电子股份有限公司	驾驶员信息显示系统（1.5T，6MT）
	GS4（FF）（China）	2018	惠州市德赛西威汽车电子股份有限公司	驾驶员信息显示系统（1.3T，5MT）
广汽埃安	V（China）	2021	马瑞利汽车电子（广州）有限公司	智能座舱域控制器
	LX（FF）（China）	2020	伟世通	座舱域控制器
	LX（FF）（China）	2020	Qualcomm, Inc.	智能座舱域控制器芯片
高合汽车	HiPhi Z（4WD）（China）	2023	BlackBerry Ltd.	Voice recognition software
	HiPhi X（China）	2022	宁波均胜电子股份有限公司	智能互联系统
	HiPhi X（China）	2022	科大讯飞股份有限公司	智能语音操作系统
	HiPhi Z（China）	2022	科大讯飞股份有限公司	智能语音操作系统
福建奔驰	V 260（China）	2022	英伟达	智能座舱域控制器芯片（2.0T，9AT）
	V 260 L（China）	2022	英伟达	智能座舱域控制器芯片（2.0T，9AT）
	V 260（China）	2021	英伟达	智能座舱域控制器芯片（2.0T，9AT）
	V 260 L（China）	2021	英伟达	智能座舱域控制器芯片（2.0T，9AT）

（续）

整车厂商	车型	车型年份	供应商	零部件名称
飞凡汽车	F7（4WD）（China）	2023	Qualcomm, Inc.	智能座舱域控制器芯片
	F7（RR）（China）	2023	Qualcomm, Inc.	智能座舱域控制器芯片
	R7（RR）（China）	2022	零束科技有限公司	智能座舱系统
	R7（RR）（China）	2022	科大讯飞股份有限公司	智能语音操作系统
东风日产	T90（FF）（China）	2022	深圳市航盛电子股份有限公司	智能座舱域控制器
	T90（FF）（China）	2022	恩智浦半导体	智能座舱域控制器芯片
	天籁（FF）（China）	2017	深圳市航盛电子股份有限公司	多媒体交互系统（MMI）
东风汽车	FREE（FF）（China）	2022	东软睿驰汽车技术（上海）有限公司	智能座舱域控制器
东风本田	思域（FF）（China）	2018	太仓阿尔派电子有限公司	车载多媒体系统
比亚迪	秦 PLUS EV（FF）（China）	2023	科大讯飞股份有限公司	智能语音操作系统
	元 PLUS（China）	2022	科大讯飞股份有限公司	智能语音操作系统
	唐 DM-i（FF）（China）	2022	科大讯飞股份有限公司	智能语音操作系统
	唐 DM-p（4WD）（China）	2022	科大讯飞股份有限公司	智能语音操作系统
	唐 EV（4WD）（China）	2022	科大讯飞股份有限公司	智能语音操作系统
	唐 EV（FF）（China）	2022	科大讯飞股份有限公司	智能语音操作系统
	宋 EV（China）	2022	科大讯飞股份有限公司	智能语音操作系统
	宋MAX DM-i（FF）（China）	2022	科大讯飞股份有限公司	智能语音操作系统
	宋 PLUS（FF）（China）	2022	科大讯飞股份有限公司	智能语音操作系统
	宋 Pro DM-i（China）	2022	科大讯飞股份有限公司	智能语音操作系统
	汉 DM（4WD）（China）	2022	科大讯飞股份有限公司	智能语音操作系统（2.0T，6AT）
	汉 DM-i（FF）（China）	2022	科大讯飞股份有限公司	智能语音操作系统（1.5T）
	汉 DM-p（4WD）（China）	2022	科大讯飞股份有限公司	智能语音操作系统（1.5T）
	汉 EV（4WD）（China）	2022	科大讯飞股份有限公司	智能语音操作系统
	汉 EV（FF）（China）	2022	科大讯飞股份有限公司	智能语音操作系统
	秦 EV（FF）（China）	2022	科大讯飞股份有限公司	智能语音操作系统
	秦 PLUS DM-i（FF）（China）	2022	科大讯飞股份有限公司	智能语音操作系统
	秦 PLUS EV（FF）（China）	2022	科大讯飞股份有限公司	智能语音操作系统
	秦 Pro DM（FF）（China）	2020	科大讯飞股份有限公司	智能语音操作系统（1.5T，6DCT）
北汽福田	大将军 G7（FR）（China）	2022	惠州华阳通用电子有限公司	信息娱乐系统（2.0T，8AT）
	大将军 G7（FR）（China）	2022	惠州华阳通用电子有限公司	信息娱乐系统（2.0T，6MT）
北京现代	途胜 L（FF）（China）	2022	百度在线网络技术（北京）有限公司	智能互联系统（1.5T，7DCT）
北京汽车	魔方（FF）（China）	2022	华为技术有限公司	智能座舱系统（1.5T，7DCT）
	魔方（FF）（China）	2022	华为技术有限公司	语音交互（1.5T，7DCT）

（续）

整车厂商	车型	车型年份	供应商	零部件名称
北京奔驰	A 180 L（FF）（China）	2022	伟世通	智能座舱域控制器（1.3T，7DCT）
	A 180 L（FF）（China）	2022	英伟达	智能座舱域控制器芯片（1.3T，7DCT）
	A 200（China）	2022	英伟达	智能座舱域控制器芯片（1.3T，7DCT）
	A 200 L（China）	2022	伟世通	智能座舱域控制器（1.3T，7DCT）
	A 200 L（China）	2022	英伟达	智能座舱域控制器芯片（1.3T，7DCT）
	A 35 4MATIC（4WD）（China）	2022	伟世通	智能座舱域控制器（2.0T，7DCT）
	C 200 L（FR）（China）	2022	英伟达	智能座舱域控制器芯片（1.5T，9AT）
	C 260（FR）（China）	2022	英伟达	智能座舱域控制器芯片（1.5T，9AT）
	C 260 L（China）	2022	伟世通	智能座舱域控制器（1.5L，9AT）
	C 260 L（FR）（China）	2022	英伟达	智能座舱域控制器芯片（1.5T，9AT）
	C 260 L 4MATIC（4WD）（China）	2022	英伟达	智能座舱域控制器芯片（1.5T，9AT）
	E 260 L（FR）（China）	2022	英伟达	智能座舱域控制器芯片（2.0T，9AT）
	E 260 L 4MATIC（4WD）（China）	2022	英伟达	智能座舱域控制器芯片（2.0T，9AT）
	E 300（FR）（China）	2022	英伟达	智能座舱域控制器芯片（2.0T，9AT）
	E 300 L（FR）（China）	2022	英伟达	智能座舱域控制器芯片（2.0T，9AT）
	E 350 e L（China）	2022	英伟达	智能座舱域控制器芯片（2.0T，9AT）
	EQA（China）	2022	英伟达	智能座舱域控制器芯片
	EQB（China）	2022	英伟达	智能座舱域控制器芯片
	EQB 350 4MATIC（4WD）（China）	2022	英伟达	智能座舱域控制器芯片
	EQC 350 4MATIC（4WD）（China）	2022	英伟达	智能座舱域控制器芯片
	EQC 400 4MATIC（4WD）（China）	2022	英伟达	智能座舱域控制器芯片

（续）

整车厂商	车型	车型年份	供应商	零部件名称
北京奔驰	EQE（China）	2022	英伟达	智能座舱域控制器芯片
	GLA 180（FF）（China）	2022	英伟达	智能座舱域控制器芯片（1.3T，7DCT）
	GLA 200（FF）（China）	2022	英伟达	智能座舱域控制器芯片（1.3T，7DCT）
	GLA 220 4MATIC（4WD）（China）	2022	英伟达	智能座舱域控制器芯片（2.0T，8DCT）
	GLB 200（FF）（China）	2022	英伟达	智能座舱域控制器芯片（1.3T，7DCT）
	GLB 220（China）	2022	英伟达	智能座舱域控制器芯片（2.0T，8DCT）
	GLC 260 L 4MATIC（4WD）（China）	2022	英伟达	智能座舱域控制器芯片（2.0T，9AT）
	GLC 300 L 4MATIC（4WD）（China）	2022	英伟达	智能座舱域控制器芯片（2.0T，9AT）
smart	精灵 #1（RR）（China）	2022	上海伟世通汽车电子系统有限公司	座舱域控制器
	精灵 #1（RR）（China）	2022	Qualcomm, Inc.	数字座舱平台
	精灵 #1（RR）（China）	2022	湖北亿咖通科技有限公司	车载主机
Polestar	Polestar 2（China）	2022	安波福连接器系统（上海）有限公司	智能手机无线充电器
	Polestar 2（China）	2021	安波福电气系统有限公司（原德尔福派克电气系统有限公司）	车载信息娱乐系统

数据来源：marklines。

附录 D　中国整车厂毫米波 / 激光雷达供应链情况

整车厂商	车型	车型年份	供应商	零部件名称
智己汽车	L7（4WD）（China）	2023	深圳市速腾聚创科技有限公司	激光雷达
	L7（RR）（China）	2023	深圳市速腾聚创科技有限公司	激光雷达
	LS7（4WD）（China）	2023	深圳市速腾聚创科技有限公司	激光雷达
	LS7（RR）（China）	2023	深圳市速腾聚创科技有限公司	激光雷达
	L7（4WD）（China）	2022	深圳市速腾聚创科技有限公司	激光雷达
	L7（RR）（China）	2022	深圳市速腾聚创科技有限公司	激光雷达
郑州日产	锐骐 6（FR）（China）	2021	博世汽车部件（苏州）有限公司	前泊车雷达（2.4L，5MT）
	途达（4WD）（China）	2019	松下电器产业	雷达（2.5L，7AMT）
	途达（4WD）（China）	2019	松下电器产业	雷达（2.5L，6MT）

（续）

整车厂商	车型	车型年份	供应商	零部件名称
长城	机甲龙（4WD）（China）	2023	华为技术有限公司	激光雷达
	蓝山 DHT-PHEV（China）	2023	深圳市速腾聚创科技有限公司	激光雷达
	F7（FF）（China）	2022	博世汽车部件（苏州）有限公司常州分公司	毫米波雷达（1.5T，7DCT）
	摩卡（4WD）（China）	2022	Ibeo Automotive Systems GmbH	激光雷达（2.0T，9DCT）
	摩卡（4WD）（China）	2022	ZF Autocruise SAS - Brest	激光雷达收发模块（2.0T，9DCT）
	摩卡（FF）（China）	2022	Ibeo Automotive Systems GmbH	激光雷达（2.0T，9DCT）
	摩卡（FF）（China）	2022	ZF Autocruise SAS - Brest	激光雷达收发模块（2.0T，9DCT）
	玛奇朵（FF）（China）	2022	博世汽车部件（苏州）有限公司常州分公司	毫米波雷达
	摩卡（4WD）（China）	2021	Ibeo Automotive Systems GmbH	激光雷达（2.0T，9DCT）
	摩卡（FF）（China）	2021	Ibeo Automotive Systems GmbH	激光雷达（2.0T，9DCT）
	VV5（FF）（China）	2020	同致电子企业股份有限公司	前雷达传感器
	VV5（FF）（China）	2020	同致电子企业股份有限公司	后雷达传感器
	VV5（FF）（China）	2020	同致电子企业股份有限公司	雷达支架
	H8（FF）（China）	2018	罗伯特博世	前方碰撞预警系统（FCW）
	H9（China）	2018	罗伯特博世	前方碰撞预警系统（FCW）
	VV5（FF）（China）	2018	同致电子科技（厦门）有限公司	倒车雷达
	VV7（FF）（China）	2018	奇瑞	倒车雷达
	VV7（FF）（China）	2018	同致电子科技（厦门）有限公司	倒车雷达
	VV7（FF）（China）	2018	罗伯特博世	前方碰撞预警系统（FCW）
	VV7（FF）（China）	2018	奇瑞	盲区辅助检测（BSD）
长安马自达	3 昂克赛拉（FF）（China）	2020	大陆泰密克汽车系统（上海）有限公司	毫米波雷达
	3 昂克赛拉三厢（FF）（China）	2018	同致电子科技（厦门）有限公司	倒车雷达
	3 昂克赛拉两厢（FF）（China）	2018	同致电子科技（厦门）有限公司	倒车雷达
长安铃木	天语（FF）（China）	2018	同致电子科技（厦门）有限公司	倒车雷达
	羚羊（China）	2018	同致电子科技（厦门）有限公司	倒车雷达

（续）

整车厂商	车型	车型年份	供应商	零部件名称
长安福特	探险者（4WD）（China）	2022	大陆汽车电子（长春）有限公司	毫米波雷达（2.3T，10AMT）
	探险者（4WD）（China）	2021	大陆汽车电子（长春）有限公司	毫米波雷达（2.3T，10AMT）
	福克斯（China）	2020	安波福电子（苏州）有限公司（原德尔福电子（苏州）有限公司）	毫米波雷达
	福克斯三厢（FF）（China）	2018	同致电子科技（昆山）有限公司	倒车雷达
	福克斯两厢（FF）（China）	2018	同致电子科技（昆山）有限公司	倒车雷达
	翼虎（4WD）（China）	2018	安波福（原 Delphi Automotive PLC 德尔福汽车公司）	前方碰撞预警系统（FCW）（2.0T，6AMT）
	蒙迪欧（FF）（China）	2018	安波福（原 Delphi Automotive PLC 德尔福汽车公司）	前方碰撞预警系统（FCW）（2.0T，6AMT）
长安标致雪铁龙	DS 4S（FF）（China）	2018	ZF Active Safety And Electronics US LLC（原 TRW Automotive）	盲区辅助检测（BSD）（1.6T，6AMT）
	DS 4S（FF）（China）	2018	ZF Active Safety And Electronics US LLC（原 TRW Automotive）	雷达（1.6T，6AMT）
	DS 5LS（FF）（China）	2018	ZF Active Safety And Electronics US LLC（原 TRW Automotive）	盲区辅助检测（BSD）（1.8T，6AMT）
	DS 5LS（FF）（China）	2018	ZF Active Safety And Electronics US LLC（原 TRW Automotive）	盲区辅助检测（BSD）（1.6T，6AMT）
	DS 5LS（FF）（China）	2018	ZF Active Safety And Electronics US LLC（原 TRW Automotive）	雷达（1.8T，6AMT）
	DS 5LS（FF）（China）	2018	ZF Active Safety And Electronics US LLC（原 TRW Automotive）	雷达（1.6T，6AMT）
长安	11（China）	2023	华为技术有限公司	毫米波雷达
	11（China）	2023	华为技术有限公司	激光雷达
	11（China）	2023	华为技术有限公司	超声波雷达
	011（China）	2022	华为技术有限公司	毫米波雷达
	011（China）	2022	华为技术有限公司	激光雷达
	11（China）	2022	华为技术有限公司	毫米波雷达
	11（China）	2022	华为技术有限公司	激光雷达
	CS75 PLUS（4WD）（China）	2022	博世汽车部件（苏州）有限公司	雷达（2.0T，8AMT）
	CS75 PLUS（FF）（China）	2022	博世汽车部件（苏州）有限公司	雷达（2.0T，8AMT）
	CS75 PLUS（FF）（China）	2022	博世汽车部件（苏州）有限公司	雷达（1.5T，8AMT）

（续）

整车厂商	车型	车型年份	供应商	零部件名称
长安	UNI-T（FF）（China）	2022	博世汽车部件（苏州）有限公司	毫米波雷达（2.0T，8AT）
	UNI-T（FF）（China）	2022	博世汽车部件（苏州）有限公司	毫米波雷达（1.5T，7DCT）
	UNI-T（FF）（China）	2022	博世汽车部件（苏州）有限公司常州分公司	毫米波雷达（1.5T，7DCT）
	UNI-T（FF）（China）	2022	安波福电子（苏州）有限公司（原德尔福电子（苏州）有限公司）	短程雷达（2.0T，8AT）
	UNI-T（FF）（China）	2022	安波福电子（苏州）有限公司（原德尔福电子（苏州）有限公司）	短程雷达（1.5T，7DCT）
	UNI-T（FF）（China）	2022	博世汽车部件（苏州）有限公司	超声波雷达（2.0T，8AT）
	UNI-T（FF）（China）	2022	博世汽车部件（苏州）有限公司	超声波雷达（1.5T，7DCT）
	CS75（China）	2020	博世汽车部件（苏州）有限公司	雷达
	科赛（China）	2020	博世汽车部件（苏州）有限公司	雷达
	CS35（FF）（China）	2019	联合汽车电子有限公司	雷达
	CS85（China）	2019	联合汽车电子有限公司	雷达
	睿骋 CC（FF）（China）	2019	博世汽车部件（苏州）有限公司	雷达
	睿骋 CC（FF）（China）	2019	博世汽车部件（苏州）有限公司	雷达（1.5T，6AT）
	CS55（FF）（China）	2018	罗伯特博世	前方碰撞预警系统（FCW）
	CS75（FF）（China）	2018	罗伯特博世	前方碰撞预警系统（FCW）
	CS95（FF）（China）	2018	罗伯特博世	前方碰撞预警系统（FCW）
	悦翔 V3（China）	2018	同致电子科技（厦门）有限公司	倒车雷达
	悦翔 V5（China）	2018	同致电子科技（厦门）有限公司	倒车雷达
	悦翔 V7（FF）（China）	2018	同致电子科技（厦门）有限公司	倒车雷达
	睿骋（FF）（China）	2018	罗伯特博世	前方碰撞预警系统（FCW）
	睿骋（FF）（China）	2018	罗伯特博世	雷达传感器（1.5T，6AMT）
一汽轿车	T77（FF）（China）	2019	博世汽车部件（苏州）有限公司	前方碰撞预警系统（FCW）
	H7（FR）（China）	2018	安波福（原 Delphi Automotive PLC 德尔福汽车公司）	前方碰撞预警系统（FCW）（2.0T，6AMT）
	H7（FR）（China）	2018	安波福（原 Delphi Automotive PLC 德尔福汽车公司）	前方碰撞预警系统（FCW）（2.0T，6AMT）
一汽丰田	亚洲狮（FF）（China）	2022	电装	雷达（2.0L，CVT）
	亚洲狮双擎（FF）（China）	2022	电装	雷达（2.0L，CVT）
	亚洲狮（FF）（China）	2021	电装	雷达（2.0L，CVT）

（续）

整车厂商	车型	车型年份	供应商	零部件名称
一汽丰田	卡罗拉（FF）（China）	2021	电装	雷达（1.5L，CVT）
	卡罗拉（FF）（China）	2021	电装	雷达（1.5L，6MT）
	卡罗拉双擎 E+（FF）（China）	2021	电装	雷达（1.8L，E-CVT）
	RAV4 荣放（FF）（China）	2020	电装	毫米波雷达
	亚洲龙（FF）（China）	2020	电装	雷达
	皇冠（FR）（China）	2018	株式会社爱德克斯	前方碰撞预警系统（FCW）（2.0T，8AMT）
	皇冠（FR）（China）	2018	电装	毫米波雷达
一汽 - 大众	速腾（FF）（China）	2022	博世汽车部件（苏州）有限公司常州分公司	毫米波雷达（1.2T，7DCT）
	速腾（FF）（China）	2022	博世汽车部件（苏州）有限公司常州分公司	毫米波雷达（1.2T，5MT）
	A3 Sportback（FF）（China）	2021	大陆泰密克汽车系统（上海）有限公司	后倒车雷达（1.4T，7DCT）
	A3L Limousine（FF）（China）	2021	大陆泰密克汽车系统（上海）有限公司	后倒车雷达（1.4T，7DCT）
	A4L 35 TFSI（FF）（China）	2021	博世汽车部件（苏州）有限公司	前雷达（2.0T，7DCT）
	A4L 35 TFSI（FF）（China）	2021	博世汽车部件（苏州）有限公司	后驻车雷达（2.0T，7DCT）
	A4L 40 TFSI（FF）（China）	2021	博世汽车部件（苏州）有限公司	前雷达（2.0T，7DCT）
	A4L 40 TFSI（FF）（China）	2021	博世汽车部件（苏州）有限公司	后驻车雷达（2.0T，7DCT）
	A6L 40 TFSI（FF）（China）	2021	博世汽车部件（苏州）有限公司	前雷达（2.0T，7DCT）
	A6L 40 TFSI（FF）（China）	2021	博世汽车部件（苏州）有限公司	后驻车雷达（2.0T，7DCT）
	A6L 45 TFSI（FF）（China）	2021	博世汽车部件（苏州）有限公司	前雷达（2.0T，7DCT）
	A6L 45 TFSI（FF）（China）	2021	博世汽车部件（苏州）有限公司	后驻车雷达（2.0T，7DCT）
	A6L 混动（FF）（China）	2021	博世汽车部件（苏州）有限公司	前雷达（2.0T，7DCT）
	A6L 混动（FF）（China）	2021	博世汽车部件（苏州）有限公司	后驻车雷达（2.0T，7DCT）
	CC（FF）（China）	2021	大陆泰密克汽车系统（上海）有限公司	后泊车雷达（2.0T，7DCT）

（续）

整车厂商	车型	车型年份	供应商	零部件名称
一汽 - 大众	CC 猎装车（FF）（China）	2021	大陆泰密克汽车系统（上海）有限公司	后泊车雷达（2.0T，7DCT）
	Q2L（FF）（China）	2021	博世汽车部件（苏州）有限公司	前雷达（1.4T，7DCT）
	Q2L（FF）（China）	2021	博世汽车部件（苏州）有限公司	后驻车雷达（1.4T，7DCT）
	Q2L e-tron（China）	2021	大陆泰密克汽车系统（上海）有限公司	前雷达
	Q2L e-tron（China）	2021	大陆泰密克汽车系统（上海）有限公司	后驻车雷达
	Q3（FF）（China）	2021	大陆泰密克汽车系统（上海）有限公司	前雷达（1.4L，7DCT）
	Q3（FF）（China）	2021	大陆泰密克汽车系统（上海）有限公司	后驻车雷达（1.4L，7DCT）
	Q3 Sportback（China）	2021	大陆泰密克汽车系统（上海）有限公司	前雷达（2.0T，7DCT）
	Q3 Sportback（China）	2021	大陆泰密克汽车系统（上海）有限公司	后驻车雷达（2.0T，7DCT）
	Q5L（FF）（China）	2021	博世汽车部件（苏州）有限公司	倒车雷达（2.0T，7DCT）
	宝来（FF）（China）	2021	大陆泰密克汽车系统（上海）有限公司	后泊车雷达（1.5L，6AMT）
	宝来（FF）（China）	2021	大陆泰密克汽车系统（上海）有限公司	后泊车雷达（1.5L，6MT）
	宝来（FF）（China）	2021	大陆泰密克汽车系统（上海）有限公司	后泊车雷达（1.5L，5MT）
	宝来・纯电（China）	2021	大陆泰密克汽车系统（上海）有限公司	后倒车雷达
	宝来・传奇（FF）（China）	2021	大陆泰密克汽车系统（上海）有限公司	后倒车雷达（1.5L，5MT）
	探岳 R-Line（4WD）（China）	2021	大陆泰密克汽车系统（上海）有限公司	后泊车雷达（2.0T，7DCT）
	探岳 X330（FF）（China）	2021	大陆泰密克汽车系统（上海）有限公司	后泊车雷达（2.0T，7DCT）
	探歌（FF）（China）	2021	大陆泰密克汽车系统（上海）有限公司	后驻车雷达（1.4L，7AMT）
	探歌（FF）（China）	2021	大陆泰密克汽车系统（上海）有限公司	盲区辅助检测（BSD）（1.4L，7AMT）
	蔚领（FF）（China）	2021	大陆泰密克汽车系统（上海）有限公司	前泊车雷达（1.5L，6AMT）
	蔚领（FF）（China）	2021	大陆泰密克汽车系统（上海）有限公司	前泊车雷达（1.5L，6MT）
	蔚领（FF）（China）	2021	大陆泰密克汽车系统（上海）有限公司	后倒车雷达（1.5L，6AMT）
	蔚领（FF）（China）	2021	大陆泰密克汽车系统（上海）有限公司	后倒车雷达（1.5L，6MT）
	迈腾（FF）（China）	2021	大陆泰密克汽车系统（上海）有限公司	后泊车雷达（1.4T，7DCT）
	迈腾 GTE 插电式混合动力（FF）（China）	2021	大陆泰密克汽车系统（上海）有限公司	后泊车雷达（1.4T，6DCT）
	速腾（FF）（China）	2021	博世汽车部件（苏州）有限公司	后泊车雷达（1.4T，5MT）
	速腾（FF）（China）	2021	博世汽车部件（苏州）有限公司	后泊车雷达（1.4T，7DCT）
	高尔夫（FF）（China）	2021	大陆泰密克汽车系统（上海）有限公司	前泊车雷达（1.2T，7DCT）

（续）

整车厂商	车型	车型年份	供应商	零部件名称
一汽 - 大众	高尔夫（FF）（China）	2021	大陆泰密克汽车系统（上海）有限公司	后泊车雷达（1.2T，7DCT）
	高尔夫·纯电（China）	2021	大陆泰密克汽车系统（上海）有限公司	后倒车雷达
	VS5（FF）（China）	2020	大陆泰密克汽车系统（上海）有限公司	毫米波雷达
	探岳（FF）（China）	2020	大陆泰密克汽车系统（上海）有限公司	雷达
	A3 Limousine（FF）（China）	2018	罗伯特博世	前方碰撞预警系统（FCW）（2.0T，7DCT）
	A3 Limousine（FF）（China）	2018	罗伯特博世	前方碰撞预警系统（FCW）（1.4L，7DCT）
	A3 Sportback（FF）（China）	2018	罗伯特博世	前方碰撞预警系统（FCW）（1.4L，7DCT）
	A3 Sportback（FF）（China）	2018	罗伯特博世	前方碰撞预警系统（FCW）（2.0T，7DCT）
	A4L（4WD）（China）	2018	罗伯特博世	前方碰撞预警系统（FCW）（2.0T，7DCT）
	A4L（FF）（China）	2018	罗伯特博世	前方碰撞预警系统（FCW）（1.4L，7DCT）
	A6L（FF）（China）	2018	安波福（原 Delphi Automotive PLC 德尔福汽车公司）	前方碰撞预警系统（FCW）
	CC（FF）（China）	2018	大陆集团	前方碰撞预警系统（FCW）（3.0L，6DCT）
	CC（FF）（China）	2018	大陆集团	前方碰撞预警系统（FCW）（2.0T，6DCT）
	CC（FF）（China）	2018	大陆集团	前方碰撞预警系统（FCW）（1.8T，7DCT）
	迈腾（FF）（China）	2018	大陆集团	前方碰撞预警系统（FCW）（2.0T，7DCT）
	高尔夫（FF）（China）	2018	大陆集团	前方碰撞预警系统（FCW）（1.4T，7DCT）
	Q5（4WD）（China）	2017	罗伯特博世	前方碰撞预警系统（FCW）（2.0T，8AMT）
	捷达（FF）（China）	2017	深圳市航盛电子股份有限公司	倒车雷达
	速腾（FF）（China）	2017	深圳市航盛电子股份有限公司	倒车雷达
小鹏汽车	G9（4WD）（China）	2023	深圳市速腾聚创科技有限公司	激光雷达
	G9（RR）（China）	2023	深圳市速腾聚创科技有限公司	激光雷达
	G3i 460G（FF）（China）	2022	博世汽车部件（苏州）有限公司	雷达
	G3i 460N（FF）（China）	2022	博世汽车部件（苏州）有限公司	雷达
	G3i 520G（FF）（China）	2022	博世汽车部件（苏州）有限公司	雷达
	G3i 520N（FF）（China）	2022	博世汽车部件（苏州）有限公司	雷达

（续）

整车厂商	车型	车型年份	供应商	零部件名称
小鹏汽车	G9（China）	2022	深圳市速腾聚创科技有限公司	激光雷达
	P5（FF）(China）	2022	博世汽车部件（苏州）有限公司常州分公司	毫米波雷达
	P5（FF）(China）	2022	深圳市览沃科技有限公司	激光雷达
	P7（RR）(China）	2022	博世汽车部件（苏州）有限公司常州分公司	毫米波雷达
	P5 550P(FF)(China)	2021	深圳市览沃科技有限公司	激光雷达
	P5 600P(FF)(China)	2021	深圳市览沃科技有限公司	激光雷达
	P7（4WD）(China）	2021	博世汽车部件（苏州）有限公司	毫米波雷达
	P7（RR）(China）	2021	博世汽车部件（苏州）有限公司	毫米波雷达
	G3（FF）(China）	2020	博世汽车部件（苏州）有限公司	雷达
蔚来	ES6（4WD）(China）	2022	博世汽车部件（苏州）有限公司	毫米波雷达
	ES7（4WD）(China）	2022	图达通智能科技（苏州）有限公司	激光雷达
	ES8（4WD）(China）	2022	博世汽车部件（苏州）有限公司常州分公司	毫米波雷达
	ET5（4WD）(China）	2022	图达通智能科技（苏州）有限公司	激光雷达
	ET5（4WD）(China）	2022	宁波均胜电子股份有限公司	激光雷达
	ET7（4WD）(China）	2022	图达通智能科技（苏州）有限公司	激光雷达
	ET7（4WD）(China）	2022	宁波均胜电子股份有限公司	激光雷达
	ES6（4WD）(China）	2021	博世汽车部件（苏州）有限公司	毫米波雷达
	ES8（4WD）(China）	2021	博世汽车部件（苏州）有限公司	毫米波雷达
	ET7（4WD）(China）	2021	Innovusion, Inc.	激光雷达
	ET7（4WD）(China）	2021	Innovusion, Inc.	激光雷达
	ES8（China）	2020	纬创资通（昆山）有限公司	雷达
	ES8（China）	2018	罗伯特博世	毫米波雷达
威马汽车	M7（China）	2022	深圳市速腾聚创科技有限公司	激光雷达
	EX5（FF）(China）	2020	博世汽车部件（苏州）有限公司	雷达
特斯拉中国	Model 3（RR）（China）	2022	法雷奥集团	毫米波雷达
	Model 3（RR）（China）	2022	大陆集团	短程雷达
	Model 3（RR）（China）	2022	大陆集团	远程雷达
	Model Y（RR）（China）	2022	法雷奥集团	毫米波雷达
	Model 3（RR）（China）	2021	大陆集团	毫米波雷达
	Model 3（RR）（China）	2021	法雷奥集团	毫米波雷达
	Model Y（RR）（China）	2021	法雷奥集团	毫米波雷达
	Model Y（RR）（China）	2021	大陆集团	毫米波雷达
	Model 3（RR）（China）	2020	法雷奥集团	毫米波雷达
	Model 3（RR）（China）	2019	法雷奥集团	毫米波雷达

（续）

整车厂商	车型	车型年份	供应商	零部件名称
神龙	凡尔赛 C5 X（FF）（China）	2022	罗伯特博世	前雷达（1.6T，8AMT）
	3008（China）	2018	ZF Active Safety And Electronics US LLC（原 TRW Automotive）	前方碰撞预警系统（FCW）
	3008（China）	2018	ZF Active Safety And Electronics US LLC（原 TRW Automotive）	盲区辅助检测（BSD）
	4008（FF）（China）	2018	ZF Active Safety And Electronics US LLC（原 TRW Automotive）	前方碰撞预警系统（FCW）
	4008（FF）（China）	2018	ZF Active Safety And Electronics US LLC（原 TRW Automotive）	盲区辅助检测（BSD）
	C6（FF）（China）	2018	ZF Active Safety And Electronics US LLC（原 TRW Automotive）	前方碰撞预警系统（FCW）
	C6（FF）（China）	2018	ZF Active Safety And Electronics US LLC（原 TRW Automotive）	盲区辅助检测（BSD）
上汽通用五菱	KiWi EV（RR）（China）	2023	大疆车载	毫米波雷达
	KiWi EV（RR）（China）	2023	大疆车载	超声波雷达
	RC-5（FF）（China）	2021	博世汽车部件（苏州）有限公司	后倒车雷达（1.5T，8CVT）
	RC-5（FF）（China）	2021	博世汽车部件（苏州）有限公司	后倒车雷达（1.5L，8CVT）
	RC-5（FF）（China）	2021	博世汽车部件（苏州）有限公司	后倒车雷达（1.5T，6MT）
	Valli（FF）（China）	2021	博世汽车部件（苏州）有限公司	后倒车雷达（1.5T，8CVT）
	RS-5（FF）（China）	2019	博世汽车部件（苏州）有限公司	前方碰撞预警系统（FCW）
	RS-5（FF）（China）	2019	博世汽车部件（苏州）有限公司	毫米波雷达
	730（FF）（China）	2018	同致电子科技（厦门）有限公司	倒车雷达
	宏光 S（FR）（China）	2018	同致电子科技（厦门）有限公司	倒车雷达
	宏光 S1（FR）（China）	2018	同致电子科技（厦门）有限公司	倒车雷达
	宏光 S3（FF）（China）	2018	同致电子科技（厦门）有限公司	倒车雷达
上汽通用	君威（FF）（China）	2019	大陆集团	雷达
	君威（FF）（China）	2018	同致电子科技（昆山）有限公司	倒车雷达
	威朗（FF）（China）	2018	同致电子科技（昆山）有限公司	倒车雷达
	威朗（FF）（China）	2018	同致电子科技（昆山）有限公司	盲区辅助检测（BSD）
	昂科威（FF）（China）	2018	同致电子企业股份有限公司	倒车雷达
	昂科威（FF）（China）	2018	同致电子科技（昆山）有限公司	倒车雷达
	昂科威（FF）（China）	2018	同致电子企业股份有限公司	盲区辅助检测（BSD）

（续）

整车厂商	车型	车型年份	供应商	零部件名称
上汽通用	昂科威（FF）（China）	2018	同致电子科技（昆山）有限公司	盲区辅助检测（BSD）
	昂科拉（FF）（China）	2018	同致电子科技（昆山）有限公司	倒车雷达
	昂科拉（FF）（China）	2018	同致电子科技（昆山）有限公司	盲区辅助检测（BSD）
特斯拉中国	科沃兹（FF）（China）	2018	同致电子科技（昆山）有限公司	倒车雷达
	科沃兹（FF）（China）	2018	同致电子科技（昆山）有限公司	盲区辅助检测（BSD）
	科鲁兹（FF）（China）	2018	同致电子科技（昆山）有限公司	倒车雷达
	科鲁兹（FF）（China）	2018	同致电子科技（昆山）有限公司	盲区辅助检测（BSD）
	英朗（FF）（China）	2018	同致电子科技（昆山）有限公司	倒车雷达
	英朗（FF）（China）	2018	同致电子科技（昆山）有限公司	盲区辅助检测（BSD）
上汽大众	Polo Plus（FF）（China）	2022	大陆汽车电子（长春）有限公司	毫米波雷达（1.5L，6AMT）
	Polo Plus（FF）（China）	2022	大陆汽车电子（长春）有限公司	毫米波雷达（1.5L，5MT）
	威然（FF）（China）	2022	博世汽车部件（苏州）有限公司常州分公司	毫米波雷达（2.0T，7DCT）
	途岳（FF）（China）	2022	大陆汽车电子（长春）有限公司	毫米波雷达（1.4T，7DCT）
	ID.4 X（4WD）（China）	2021	采埃孚汽车系统（上海）有限公司（原天合汽车零部件（上海）有限公司）	前雷达
	ID.4 X（4WD）（China）	2021	采埃孚汽车系统（上海）有限公司（原天合汽车零部件（上海）有限公司）	后雷达
	ID.4 X 1st Edition（RR）（China）	2021	采埃孚汽车系统（上海）有限公司（原天合汽车零部件（上海）有限公司）	前雷达
	ID.4 X 1st Edition（RR）（China）	2021	采埃孚汽车系统（上海）有限公司（原天合汽车零部件（上海）有限公司）	后雷达
	ID.4 X Prime（4WD）（China）	2021	采埃孚汽车系统（上海）有限公司（原天合汽车零部件（上海）有限公司）	前雷达
	ID.4 X Prime（4WD）（China）	2021	采埃孚汽车系统（上海）有限公司（原天合汽车零部件（上海）有限公司）	后雷达
	ID.4 X Pro（RR）（China）	2021	采埃孚汽车系统（上海）有限公司（原天合汽车零部件（上海）有限公司）	前雷达
	ID.4 X Pro（RR）（China）	2021	采埃孚汽车系统（上海）有限公司（原天合汽车零部件（上海）有限公司）	后雷达
	ID.4 X Pure（RR）（China）	2021	采埃孚汽车系统（上海）有限公司（原天合汽车零部件（上海）有限公司）	前雷达

（续）

整车厂商	车型	车型年份	供应商	零部件名称
上汽大众	ID.4 X Pure（RR）（China）	2021	采埃孚汽车系统（上海）有限公司（原天合汽车零部件（上海）有限公司）	后雷达
上汽大众	ID.4 X Pure+（RR）（China）	2021	采埃孚汽车系统（上海）有限公司（原天合汽车零部件（上海）有限公司）	前雷达
上汽大众	ID.4 X Pure+（RR）（China）	2021	采埃孚汽车系统（上海）有限公司（原天合汽车零部件（上海）有限公司）	后雷达
上汽大众	Polo Plus（FF）（China）	2021	大陆泰密克汽车系统（上海）有限公司	毫米波雷达（1.5L，6AMT）
上汽大众	Polo Plus（FF）（China）	2021	大陆泰密克汽车系统（上海）有限公司	毫米波雷达（1.5L，5MT）
上汽大众	威然（FF）（China）	2021	博世汽车部件（苏州）有限公司	毫米波雷达（2.0T，7DCT）
上汽大众	明锐（FF）（China）	2021	大陆泰密克汽车系统（上海）有限公司	后雷达（1.4T，7DCT）
上汽大众	帕萨特（FF）（China）	2020	博世汽车部件（苏州）有限公司	毫米波雷达
上汽大众	朗逸（FF）（China）	2020	博世汽车部件（苏州）有限公司	雷达
上汽大众	帕萨特（FF）（China）	2018	同致电子科技（厦门）有限公司	倒车雷达
上汽大众	帕萨特（FF）（China）	2018	大陆集团	前方碰撞预警系统（FCW）（2.0T，7DCT）
上汽大众	凌渡（FF）（China）	2017	大陆集团	前方碰撞预警系统（FCW）（1.8T，7DCT）
上汽大众	凌渡（FF）（China）	2017	大陆集团	前方碰撞预警系统（FCW）（2.0T，7DCT）
上汽乘用车	ES33（China）	2022	采埃孚	4D 成像雷达
上汽乘用车	ES33（China）	2022	Luminar Technologies, Inc.	激光雷达
上汽乘用车	Marvel X（China）	2020	博世汽车部件（苏州）有限公司	雷达
上汽乘用车	350（China）	2018	同致电子科技（厦门）有限公司	倒车雷达
上汽乘用车	550（China）	2018	同致电子科技（厦门）有限公司	倒车雷达
上汽乘用车	6（FF）（China）	2018	大陆集团	前方碰撞预警系统（FCW）
赛力斯	SF5（RR）（China）	2022	博世汽车部件（苏州）有限公司常州分公司	毫米波雷达（1.5T）
赛力斯	问界 M5（China）	2022	博世汽车部件（苏州）有限公司	毫米波雷达
奇瑞新能源	大蚂蚁（China）	2022	浙江亚太机电股份有限公司	毫米波雷达
奇瑞	揽月（FF）（China）	2022	博世汽车部件（苏州）有限公司常州分公司	毫米波雷达（2.0T，7DCT）
奇瑞	TXL（FF）（China）	2020	博世汽车部件（苏州）有限公司	毫米波雷达
奇瑞	瑞虎 8（FF）（China）	2020	博世汽车部件（苏州）有限公司	雷达
奇瑞	星途 TX（China）	2019	博世汽车部件（苏州）有限公司	雷达
奇瑞	星途 TXL（China）	2019	博世汽车部件（苏州）有限公司	雷达
奇瑞	瑞虎 7（FF）（China）	2018	奇瑞	毫米波雷达
奇瑞	瑞虎 7（FF）（China）	2018	奇瑞	盲区辅助检测（BSD）

（续）

整车厂商	车型	车型年份	供应商	零部件名称
路特斯	Eletre（4WD）（China）	2023	深圳市速腾聚创科技有限公司	激光雷达
零跑汽车	C11（RR）（China）	2022	浙江华锐捷技术有限公司	雷达
理想汽车	L8（4WD）（China）	2022	上海禾赛科技有限公司（原上海禾赛科技股份有限公司）	激光雷达
	L9（4WD）（China）	2022	上海禾赛科技有限公司（原上海禾赛科技股份有限公司）	激光雷达
	ONE（4WD）（China）	2022	博世汽车部件（苏州）有限公司常州分公司	毫米波雷达（1.2L）
	ONE（4WD）（China）	2021	北京易航远智科技有限公司（原长春易航智能科技有限公司）	毫米波雷达
	ONE（China）	2021	博世汽车部件（苏州）有限公司	毫米波雷达
岚图汽车	FREE（FF）（China）	2022	罗伯特博世	毫米波雷达
	FREE 增程版（FF）（China）	2022	博世汽车部件（苏州）有限公司常州分公司	毫米波雷达（1.5T）
江汽集团	X8 PLUS（FF）（China）	2023	华为技术有限公司	毫米波雷达（1.5T，7DCT）
	爱跑 S（FF）（China）	2022	华为技术有限公司	毫米波雷达
江铃汽车	领界（FF）（China）	2022	博世汽车部件（苏州）有限公司常州分公司	毫米波雷达（1.5T，CVT）
	领界 S（FF）（China）	2021	博世汽车部件（苏州）有限公司	毫米波雷达（1.5T，CVT）
	撼路者（4WD）（China）	2018	安波福（原 Delphi Automotive PLC 德尔福汽车公司）	前方碰撞预警系统（FCW）（2.0T，6AMT）
	撼路者（FR）（China）	2018	安波福（原 Delphi Automotive PLC 德尔福汽车公司）	前方碰撞预警系统（FCW）（2.0T，6AMT）
江铃控股	X5（FF）（China）	2018	同致电子科技（厦门）有限公司	倒车雷达
极狐	阿尔法 S 华为 HI（4WD）（China）	2022	华为技术有限公司	毫米波雷达
	阿尔法 S 华为 HI（4WD）（China）	2022	华为技术有限公司	激光雷达
	阿尔法 S 华为 HI（4WD）（China）	2022	华为技术有限公司	超声波雷达
	HBT（China）	2021	华为技术有限公司	激光雷达
	阿尔法 S 华为 HI（4WD）（China）	2021	华为技术有限公司	激光雷达
吉利	001（4WD）（China）	2022	深圳市速腾聚创科技有限公司	激光雷达
	001（RR）（China）	2022	深圳市速腾聚创科技有限公司	激光雷达
	星瑞（FF）（China）	2022	维宁尔（中国）电子有限公司（原奥托立夫（中国）电子有限公司）	毫米波雷达（2.0T，7DCT）
	星瑞（FF）（China）	2021	维宁尔（中国）电子有限公司（原奥托立夫（中国）电子有限公司）	毫米波雷达（2.0T，7DCT）
	02（FF）（China）	2020	大陆泰密克汽车系统（上海）有限公司	雷达
	A（FF）（China）	2020	大陆泰密克汽车系统（上海）有限公司	毫米波雷达

（续）

整车厂商	车型	车型年份	供应商	零部件名称
吉利	嘉际（FF）（China）	2020	博世汽车部件（苏州）有限公司	雷达
	01（FF）（China）	2019	大陆泰密克汽车系统（上海）有限公司	雷达
	02（FF）（China）	2019	大陆泰密克汽车系统（上海）有限公司	雷达
	博瑞（FF）（China）	2019	博世汽车部件（苏州）有限公司	毫米波雷达
	博越（FF）（China）	2019	博世汽车部件（苏州）有限公司	毫米波雷达
	帝豪 GL（FF）（China）	2019	博世汽车部件（苏州）有限公司	雷达
	博瑞（FF）（China）	2018	罗伯特博世	前方碰撞预警系统（FCW）
	博瑞（FF）（China）	2018	罗伯特博世	前方碰撞预警系统（FCW）（1.8T，6AMT）
	博瑞（FF）（China）	2018	罗伯特博世	毫米波雷达（1.8T，6AMT）
	博瑞（FF）（China）	2018	博世汽车部件（苏州）有限公司	毫米波雷达（1.8T，6AMT）
	博越（FF）（China）	2018	罗伯特博世	前方碰撞预警系统（FCW）
	博越（FF）（China）	2018	罗伯特博世	盲区辅助检测（BSD）
	博越（FF）（China）	2018	罗伯特博世	雷达
	帝豪 GL（FF）（China）	2018	罗伯特博世	前方碰撞预警系统（FCW）
	帝豪 GS（FF）（China）	2018	罗伯特博世	前方碰撞预警系统（FCW）
	01（4WD）（China）	2017	大陆集团	前方毫米波雷达（2.0T，7DCT）
	01（4WD）（China）	2017	大陆集团	前方碰撞预警系统（FCW）（2.0T，7DCT）
	01（4WD）（China）	2017	大陆集团	盲区辅助检测（BSD）（2.0T，7DCT）
华晨宝马	iX3（China）	2022	大陆汽车电子（长春）有限公司	毫米波雷达
	iX3（RR）（China）	2022	Innoviz Technologies Ltd.	激光雷达
	iX3（China）	2021	大陆集团	毫米波雷达
	330Li M（China）	2018	罗伯特博世	前方碰撞预警系统（FCW）（2.0T，8AMT）
	330Li xDrive（China）	2018	罗伯特博世	前方碰撞预警系统（FCW）（2.0T，8AMT）
	525Li（FR）（China）	2018	罗伯特博世	前方碰撞预警系统（FCW）（2.0T，8AMT）
	525Li M（FR）（China）	2018	罗伯特博世	前方碰撞预警系统（FCW）（2.0T，8AMT）
	530Li（FR）（China）	2018	罗伯特博世	前方碰撞预警系统（FCW）（2.0T，8AMT）
	540Li（FR）（China）	2018	罗伯特博世	前方碰撞预警系统（FCW）（2.0T，8AMT）

（续）

整车厂商	车型	车型年份	供应商	零部件名称
华晨	V7（FF）（China）	2019	大陆泰密克汽车系统（上海）有限公司	雷达
	V7（FF）（China）	2019	大陆泰密克汽车系统（上海）有限公司	雷达（1.6T，6MT）
恒大新能源	5（FF）（China）	2022	安波福电子（苏州）有限公司（原德尔福电子（苏州）有限公司）	毫米波雷达
合众新能源	S（China）	2022	华为技术有限公司	毫米波雷达
	S（China）	2022	华为技术有限公司	激光雷达
	S（China）	2022	华为技术有限公司	超声波雷达
广汽三菱	欧蓝德（FF）（China）	2018	三菱电机	前方碰撞预警系统（FCW）
	欧蓝德（FF）（China）	2018	三菱电机	前方碰撞预警系统（FCW）
广汽丰田	汉兰达（FF）（China）	2022	株式会社爱德克斯	毫米波雷达（2.5L，E-CVT）
	雷凌（FF）（China）	2020	电装	雷达
	凯美瑞（FF）（China）	2018	电装	前方碰撞预警系统（FCW）
	凯美瑞双擎（FF）（China）	2018	Toyota	前方碰撞预警系统（FCW）
广汽菲克	大指挥官（4WD）（China）	2021	罗伯特博世	雷达（2.0T，9AT）
	大指挥官（4WD）（China）	2019	罗伯特博世	雷达
	大指挥官（4WD）（China）	2019	罗伯特博世	雷达（2.0T，9AMT）
	指南者（FF）（China）	2018	南京奥托立夫汽车安全系统有限公司（原南京宏光一奥托立夫汽车安全装备有限公司）	雷达系统
	自由光（FF）（China）	2018	罗伯特博世	前方碰撞预警系统（FCW）
广汽乘用车	GS4（FF）（China）	2022	安波福电子（苏州）有限公司（原德尔福电子（苏州）有限公司）	毫米波雷达（1.5T，7DCT）
	GS4（FF）（China）	2022	安波福电子（苏州）有限公司（原德尔福电子（苏州）有限公司）	毫米波雷达（1.5T，6MT）
	GA6（FF）（China）	2021	博世汽车部件（苏州）有限公司	盲区辅助检测（BSD）（1.5T，6AMT）
	GS4（FF）（China）	2021	安波福电子（苏州）有限公司（原德尔福电子（苏州）有限公司）	毫米波雷达（1.5T，6AMT）
	GS4（FF）（China）	2021	安波福电子（苏州）有限公司（原德尔福电子（苏州）有限公司）	毫米波雷达（1.5T，7DCT）
	GS4（FF）（China）	2021	安波福电子（苏州）有限公司（原德尔福电子（苏州）有限公司）	毫米波雷达（1.5T，6MT）

（续）

整车厂商	车型	车型年份	供应商	零部件名称
广汽乘用车	GA6（FF）（China）	2020	博世汽车部件（苏州）有限公司	毫米波雷达
	GS5（FF）（China）	2020	博世汽车部件（苏州）有限公司	雷达
	GA6（FF）（China）	2019	博世汽车部件（苏州）有限公司	雷达
	GM6（FF）（China）	2019	博世汽车部件（苏州）有限公司	雷达
	GM8（FF）（China）	2019	博世汽车部件（苏州）有限公司	雷达
	GS3（FF）（China）	2019	博世汽车部件（苏州）有限公司	雷达
	GS4（FF）（China）	2019	博世汽车部件（苏州）有限公司	雷达
	GS5（FF）（China）	2019	博世汽车部件（苏州）有限公司	前方碰撞预警系统（FCW）
	GS5（FF）（China）	2019	博世汽车部件（苏州）有限公司	盲区辅助检测（BSD）
	GS5（FF）（China）	2019	博世汽车部件（苏州）有限公司	雷达
	GS5 Super（China）	2019	博世汽车部件（苏州）有限公司	雷达
	GS7（FF）（China）	2019	博世汽车部件（苏州）有限公司	雷达
	GS8（FF）（China）	2019	博世汽车部件（苏州）有限公司	前方碰撞预警系统（FCW）
	GS8（FF）（China）	2019	博世汽车部件（苏州）有限公司	雷达
	GA8（FF）（China）	2018	罗伯特博世	前方碰撞预警系统（FCW）
	GS8（FF）（China）	2018	罗伯特博世	前方碰撞预警系统（FCW）
广汽本田	皓影锐 T 动（China）	2020	博世汽车部件（苏州）有限公司	毫米波雷达
	雅阁（FF）（China）	2020	日立安斯泰莫汽车动力科技（东莞）有限公司（东莞京滨汽车电喷装置有限公司）	雷达
	冠道（4WD）（China）	2018	尼得科艾莱希斯电子（中山）有限公司	毫米波雷达（2.0T，9AMT）
	凌派（FF）（China）	2018	尼得科艾莱希斯电子（中山）有限公司	毫米波雷达（1.8T，CVT）
	奥德赛（FF）（China）	2018	尼得科艾莱希斯电子（中山）有限公司	毫米波雷达（2.4L，CVT）
	奥德赛（FF）（China）	2018	广州奥托立夫汽车安全系统有限公司	雷达系统
	缤智（FF）（China）	2018	尼得科艾莱希斯电子（中山）有限公司	毫米波雷达（1.8T，CVT）
	雅阁（FF）（China）	2018	Nidec Elesys Corporation（原 Honda Elesys Co., Ltd.）	前方碰撞预警系统（FCW）
	雅阁（FF）（China）	2018	尼得科艾莱希斯电子（中山）有限公司	毫米波雷达（1.5T，CVT）
	雅阁（FF）（China）	2018	广州奥托立夫汽车安全系统有限公司	雷达系统
	飞度（FF）（China）	2018	尼得科艾莱希斯电子（中山）有限公司	毫米波雷达（1.5L，CVT）

（续）

整车厂商	车型	车型年份	供应商	零部件名称
广汽埃安	Hyper GT（RR）（China）	2023	深圳市速腾聚创科技有限公司	激光雷达
	LX Plus（FF）（China）	2023	深圳市速腾聚创科技有限公司	激光雷达
	LX Plus（FF）（China）	2022	博世汽车部件（苏州）有限公司常州分公司	毫米波雷达
	LX Plus（FF）（China）	2022	深圳市速腾聚创科技有限公司	激光雷达
	LX Plus（FF）（China）	2022	博世汽车部件（苏州）有限公司常州分公司	超声波雷达
	V（China）	2022	博世汽车部件（苏州）有限公司常州分公司	毫米波雷达
	V（China）	2022	罗伯特博世	毫米波雷达
	V（China）	2022	博世汽车部件（苏州）有限公司常州分公司	超声波雷达
	V Plus（FF）（China）	2022	罗伯特博世	前雷达
	V Plus（FF）（China）	2022	博世汽车部件（苏州）有限公司常州分公司	毫米波雷达
	LX（FF）（China）	2021	安波福（中国）投资有限公司	毫米波雷达
	LX（FF）（China）	2021	深圳市速腾聚创科技有限公司	激光雷达
	S（FF）（China）	2021	安波福电子（苏州）有限公司（原德尔福电子（苏州）有限公司）	雷达
	S（FF）（China）	2020	安波福电子（苏州）有限公司（原德尔福电子（苏州）有限公司）	雷达
	V（China）	2020	博世（中国）投资有限公司	毫米波雷达
高合汽车	HiPhi X（China）	2022	安波福电子（苏州）有限公司（原德尔福电子（苏州）有限公司）	前雷达
	HiPhi X（China）	2022	安波福电子（苏州）有限公司（原德尔福电子（苏州）有限公司）	短程雷达（角雷达）
	HiPhi Z（China）	2022	上海禾赛科技有限公司（原上海禾赛科技股份有限公司）	激光雷达
飞凡汽车	F7（4WD）（China）	2023	采埃孚	4D 成像雷达
	F7（RR）（China）	2023	采埃孚	4D 成像雷达
	MARVEL R（RR）（China）	2022	采埃孚中国	4D 成像雷达
	R7（RR）（China）	2022	Luminar Technologies, Inc.	激光雷达
	R7（RR）（China）	2022	上海海拉电子有限公司	角雷达
	R7（RR）（China）	2022	采埃孚汽车系统（上海）有限公司（原天合汽车零部件（上海）有限公司）	雷达
东风裕隆	大 7 MPV（FF）（China）	2018	同致电子科技（昆山）有限公司	倒车雷达
	大 7 SUV（FF）（China）	2018	同致电子科技（昆山）有限公司	倒车雷达

（续）

整车厂商	车型	车型年份	供应商	零部件名称
东风日产	天籁（FF）（China）	2022	松下电器产业	毫米波雷达（2.0L，CVT）
	T60（FF）（China）	2020	博世汽车部件（苏州）有限公司	雷达
	轩逸（FF）（China）	2020	松下电器产业	雷达
	途达（FR）（China）	2019	松下电器产业	雷达
	Q50L（FR）（China）	2018	罗伯特博世	前方碰撞预警系统（FCW）（274A，7AT）
	奇骏（FF）（China）	2018	博世汽车部件（苏州）有限公司	前方碰撞预警系统（FCW）
	奇骏（FF）（China）	2018	博世汽车部件（苏州）有限公司	毫米波雷达
	逍客（FF）（China）	2018	同致电子科技（昆山）有限公司	倒车雷达
	QX50（4WD）（China）	2017	罗伯特博世	前方碰撞预警系统（FCW）（2.5L，7AMT）
东风柳汽	F600（FR）（China）	2016	罗伯特博世	倒车雷达（1.5T，6MT）
	F600（FR）（China）	2016	罗伯特博世	倒车雷达（2.0L，6MT）
东风乘用车	AX7（FF）（China）	2022	采埃孚汽车系统（上海）有限公司（原天合汽车零部件（上海）有限公司）	毫米波雷达（1.5T，7DCT）
	AX7（FF）（China）	2022	采埃孚汽车系统（上海）有限公司（原天合汽车零部件（上海）有限公司）	毫米波雷达（1.5T，6MT）
	AX7（FF）（China）	2022	采埃孚汽车系统（上海）有限公司（原天合汽车零部件（上海）有限公司）	毫米波雷达（1.5T，7DCT）
	AX7（FF）（China）	2022	采埃孚汽车系统（上海）有限公司（原天合汽车零部件（上海）有限公司）	毫米波雷达（1.5T，6MT）
	奕炫 MAX（FF）（China）	2021	采埃孚	中程雷达
	奕炫（China）	2020	法雷奥（中国）	盲区辅助检测（BSD）
东风本田	思域（FF）（China）	2019	博世汽车部件（苏州）有限公司	毫米波雷达
	CR-V（4WD）（China）	2018	安波福（原 Delphi Automotive PLC 德尔福汽车公司）	前方碰撞预警系统（FCW）（1.5T，CVT）
	CR-V（4WD）（China）	2018	尼得科艾莱希斯电子（中山）有限公司	毫米波雷达（1.5T，CVT）
	CR-V（FF）（China）	2018	Nidec Elesys Corporation（原 Honda Elesys Co., Ltd.）	前方碰撞预警系统（FCW）
	CR-V（FF）（China）	2018	尼得科艾莱希斯电子（中山）有限公司	毫米波雷达（2.0L，ECVT）
	UR-V（4WD）（China）	2018	尼得科艾莱希斯电子（中山）有限公司	毫米波雷达（2.0T，9AMT）
	UR-V（FF）（China）	2018	Nidec Elesys Corporation（原 Honda Elesys Co., Ltd.）	前方碰撞预警系统（FCW）
	XR-V（FF）（China）	2018	尼得科艾莱希斯电子（中山）有限公司	毫米波雷达（1.8L，CVT）

（续）

整车厂商	车型	车型年份	供应商	零部件名称
东风本田	XR-V（FF）（China）	2018	尼得科艾莱希斯电子（中山）有限公司	毫米波雷达（1.8L，6MT）
	XR-V（FF）（China）	2018	尼得科艾莱希斯电子（中山）有限公司	毫米波雷达（1.5L，CVT）
	XR-V（FF）（China）	2018	尼得科艾莱希斯电子（中山）有限公司	毫米波雷达（1.5L，6MT）
	思域（FF）（China）	2018	Nidec Elesys Corporation（原 Honda Elesys Co., Ltd.）	前方碰撞预警系统（FCW）
	思铂睿（FF）（China）	2018	Nidec Elesys Corporation（原 Honda Elesys Co., Ltd.）	前方碰撞预警系统（FCW）
	思铂睿（FF）（China）	2018	尼得科艾莱希斯电子（中山）有限公司	毫米波雷达（2.4L，8DCT）
	思铂睿锐·混动（FF）（China）	2018	尼得科艾莱希斯电子（中山）有限公司	毫米波雷达（2.0L，ECVT）
	杰德（FF）（China）	2018	尼得科艾莱希斯电子（中山）有限公司	毫米波雷达（1.5T，CVT）
	杰德（FF）（China）	2018	尼得科艾莱希斯电子（中山）有限公司	毫米波雷达（1.8L，5MT）
	竞瑞（FF）（China）	2018	尼得科艾莱希斯电子（中山）有限公司	毫米波雷达（1.5L，CVT）
	艾力绅（FF）（China）	2018	Nidec Elesys Corporation（原 Honda Elesys Co., Ltd.）	前方碰撞预警系统（FCW）
	艾力绅（FF）（China）	2018	尼得科艾莱希斯电子（中山）有限公司	毫米波雷达（2.4L，CVT）
	思域（FF）（China）	2016	安波福（原 Delphi Automotive PLC 德尔福汽车公司）	前方碰撞预警系统（FCW）（1.5T，CVT）
比亚迪	宋 MAX DM（FF）（China）	2022	上海海拉电子有限公司	盲区辅助检测（BSD）
	宋 Pro DM（4WD）（China）	2022	上海海拉电子有限公司	盲区辅助检测（BSD）
	汉 EV（FF）（China）	2022	维宁尔（中国）电子有限公司（原奥托立夫（中国）电子有限公司）	毫米波雷达
	秦 PLUS DM-i（FF）（China）	2022	上海海拉电子有限公司	盲区辅助检测（BSD）
	秦 PLUS EV（FF）（China）	2022	上海海拉电子有限公司	盲区辅助检测（BSD）
	秦 Pro DM（FF）（China）	2022	上海海拉电子有限公司	盲区辅助检测（BSD）
	秦 Pro EV（FF）（China）	2022	上海海拉电子有限公司	盲区辅助检测（BSD）
	宋 MAX DM（China）	2021	上海海拉电子有限公司	盲区辅助检测（BSD）
	宋 MAX EV（China）	2021	上海海拉电子有限公司	盲区辅助检测（BSD）
	宋 PLUS DM-i（China）	2021	上海海拉电子有限公司	盲区辅助检测（BSD）
	宋 Pro（China）	2021	上海海拉电子有限公司	盲区辅助检测（BSD）

（续）

整车厂商	车型	车型年份	供应商	零部件名称
比亚迪	宋 Pro DM（China）	2021	上海海拉电子有限公司	盲区辅助检测（BSD）
	宋 Pro EV（FF）（China）	2021	上海海拉电子有限公司	盲区辅助检测（BSD）
	汉 EV（FF）（China）	2021	维宁尔（中国）电子有限公司（原奥托立夫（中国）电子有限公司）	毫米波雷达
	秦 PLUS DM-i（FF）（China）	2021	上海海拉电子有限公司	盲区辅助检测（BSD）
	秦 PLUS EV（FF）（China）	2021	上海海拉电子有限公司	盲区辅助检测（BSD）
	秦 Pro DM（FF）（China）	2021	上海海拉电子有限公司	盲区辅助检测（BSD）
	宋 Pro DM（China）	2020	博世汽车部件（苏州）有限公司	毫米波雷达
	秦 Pro EV（FF）（China）	2020	博世汽车部件（苏州）有限公司	雷达
	唐（FF）（China）	2019	上海海拉电子有限公司	盲区辅助检测（BSD）
	唐 DM（4WD）（China）	2019	博世汽车部件（苏州）有限公司	雷达（2.0T，6DCT）
	唐 DM（FF）（China）	2019	上海海拉电子有限公司	盲区辅助检测（BSD）
	唐 DM（FF）（China）	2019	博世汽车部件（苏州）有限公司	雷达
	唐 EV600（China）	2019	上海海拉电子有限公司	盲区辅助检测（BSD）
	唐 EV600d（China）	2019	上海海拉电子有限公司	盲区辅助检测（BSD）
	宋 MAX DM（China）	2019	博世汽车部件（苏州）有限公司	盲区辅助检测（BSD）
	秦 Pro（FF）（China）	2019	上海海拉电子有限公司	盲区辅助检测（BSD）
	秦 Pro DM（FF）（China）	2019	上海海拉电子有限公司	盲区辅助检测（BSD）
	秦 Pro EV（FF）（China）	2019	上海海拉电子有限公司	盲区辅助检测（BSD）
	唐（FF）（China）	2018	罗伯特博世	前方碰撞预警系统（FCW）
北汽（广州）	X7（FF）（China）	2022	博世汽车部件（苏州）有限公司常州分公司	毫米波雷达（1.5T，7DCT）
	X7（FF）（China）	2021	博世汽车部件（苏州）有限公司	毫米波雷达（1.5T，DCT）
北京现代	索纳塔（FF）（China）	2022	HL 万都（原 Mando Corporation）	毫米波雷达（1.5T，7DCT）
	索纳塔（FF）（China）	2021	HL 万都（原 Mando Corporation）	毫米波雷达（2.0T，8AMT）
	索纳塔（FF）（China）	2021	HL 万都（原 Mando Corporation）	毫米波雷达（1.5T，7DCT）
	胜达（FF）（China）	2020	HL 万都（原 Mando Corporation）	雷达
	名图（FF）（China）	2018	同致电子科技（昆山）有限公司	倒车雷达

（续）

整车厂商	车型	车型年份	供应商	零部件名称
北京奔驰	C 180 L（FR）（China）	2018	大陆集团	前方碰撞预警系统（FCW）（1.6T，9AMT）
	C 200（FR）（China）	2018	大陆集团	前方碰撞预警系统（FCW）（2.0T，9AMT）
	C 200 4MATIC（4WD）（China）	2018	大陆集团	前方碰撞预警系统（FCW）（2.0T，9AMT）
	C 200 L（FR）（China）	2018	大陆集团	前方碰撞预警系统（FCW）（2.0T，9AMT）
	C 200 L 4MATIC（China）	2018	大陆集团	前方碰撞预警系统（FCW）（2.0T，9AMT）
	C 300（FR）（China）	2018	大陆集团	前方碰撞预警系统（FCW）（2.0T，9AMT）
	C 300 L（FR）（China）	2018	大陆集团	前方碰撞预警系统（FCW）（2.0T，9AMT）
爱驰	U5（FF）（China）	2022	上海禾赛科技有限公司（原上海禾赛科技股份有限公司）	激光雷达
Polestar	Polestar 2（China）	2020	Veoneer, Inc.	77GHz 雷达

数据来源：marklines。

附录 E　中国整车厂汽车导航系统供应链情况

整车厂商	车型	车型年份	供应商	零部件名称
中国一汽	E-HS3（4WD）（出口）（China）	2022	HERE Technologies	车载导航系统
	E-HS9（出口）（China）	2022	HERE Technologies	车载导航系统
	E-QM5（FF）（出口）（China）	2022	HERE Technologies	车载导航系统
	H5（FF）（出口）（China）	2022	HERE Technologies	车载导航系统（1.8T，6AT）
	H5（FF）（出口）（China）	2022	HERE Technologies	车载导航系统（1.5T，7DCT）
	H7（FR）（出口）（China）	2022	HERE Technologies	车载导航系统（2.0T，6AT）
	H7（FR）（出口）（China）	2022	HERE Technologies	车载导航系统（1.8T，6AT）
	H9（FR）（出口）（China）	2022	HERE Technologies	车载导航系统（3.0T，7DCT）
	H9（FR）（出口）（China）	2022	HERE Technologies	车载导航系统（2.0T，7DCT）
	HS5（4WD）（出口）（China）	2022	HERE Technologies	车载导航系统（2.0T，6AT）
	HS5（FF）（出口）（China）	2022	HERE Technologies	车载导航系统（2.0T，6AT）
	HS7（4WD）（出口）（China）	2022	HERE Technologies	车载导航系统（3.0T，8AT）
	HS7（FR）（出口）（China）	2022	HERE Technologies	车载导航系统（2.0T，7DCT）

（续）

整车厂商	车型	车型年份	供应商	零部件名称
长城	闪电猫（China）	2023	东软集团股份有限公司	车载导航系统
	H6（4WD）（China）	2022	东软集团股份有限公司	车载导航系统（2.0T，7DCT）
	H6（FF）（China）	2022	东软集团股份有限公司	车载导航系统（1.5T，7DCT）
	H6（FF）（China）	2022	东软集团股份有限公司	车载导航系统（2.0T，7DCT）
	好猫（FF）（China）	2022	东软集团股份有限公司	车载导航系统
	好猫 GT（FF）（China）	2022	东软集团股份有限公司	车载导航系统
	玛奇朵（FF）（China）	2022	高德软件有限公司	导航地图
	芭蕾猫（FF）（China）	2022	东软集团股份有限公司	车载导航系统
	大狗（4WD）（China）	2021	高德软件有限公司	导航地图（2.0T，7DCT）
	大狗（FF）（China）	2021	高德软件有限公司	导航地图（2.0T，7DCT）
	大狗（FF）（China）	2021	高德软件有限公司	导航地图（1.5T，7DCT）
	好猫（FF）（China）	2021	高德软件有限公司	导航地图
长安福特	EVOS（FF）（China）	2022	易图通科技（北京）有限公司	车载导航系统（2.0T，8AT）
	Mustang Mach-E（China）	2022	易图通科技（北京）有限公司	车载导航系统
	Mustang Mach-E GT（China）	2022	易图通科技（北京）有限公司	车载导航系统
长安	UNI-T（FF）（China）	2022	腾讯科技（深圳）有限公司	导航地图（2.0T，8AT）
	UNI-T（FF）（China）	2022	腾讯科技（深圳）有限公司	导航地图（1.5T，7DCT）
	UNI-T（FF）（China）	2022	高德软件有限公司	导航地图（2.0T，8AT）
	UNI-T（FF）（China）	2022	高德软件有限公司	导航地图（1.5T，7DCT）
	UNI-V（China）	2022	高德软件有限公司	导航地图
	逸动 PLUS（China）	2022	高德软件有限公司	车载导航系统（1.6L，5MT）
	逸动 PLUS（China）	2022	高德软件有限公司	车载导航系统（1.6L，CVT8）
	逸动 PLUS（China）	2022	高德软件有限公司	车载导航系统（1.4T，7DCT）
一汽 - 大众	捷达（FF）（China）	2017	深圳市航盛电子股份有限公司	GPS 导航系统
	速腾（FF）（China）	2017	深圳市航盛电子股份有限公司	GPS 导航系统
	Q5（China）	2016	阿尔卑斯阿尔派（原阿尔派电子）	汽车导航系统
	高尔夫（China）	2016	阿尔卑斯阿尔派（原阿尔派电子）	汽车导航系统

（续）

整车厂商	车型	车型年份	供应商	零部件名称
一汽奔腾	T99（FF）（China）	2022	南京四维智联科技有限公司	AR（增强现实）导航（2.0T，6AT）
	T99（FF）（China）	2022	南京四维智联科技有限公司	AR（增强现实）导航（2.0T，8AT）
小鹏汽车	G3i 460G（FF）（China）	2022	高德软件有限公司	车载导航系统
	G3i 460N（FF）（China）	2022	高德软件有限公司	车载导航系统
	G3i 520G（FF）（China）	2022	高德软件有限公司	车载导航系统
	G3i 520N（FF）（China）	2022	高德软件有限公司	车载导航系统
	G9（China）	2022	高德软件有限公司	导航地图
	G9（China）	2022	广州导远电子科技有限公司（原广州艾宝信息科技有限公司）	高清定位器
	P5（FF）（China）	2022	高德软件有限公司	导航地图
	P7（4WD）（China）	2022	高德软件有限公司	车载导航系统
	P7（RR）（China）	2022	高德软件有限公司	车载导航系统
	G3 460c（FF）（China）	2021	高德软件有限公司	车载导航系统
	G3 460i（FF）（China）	2021	高德软件有限公司	车载导航系统
	G3 520i（FF）（China）	2021	高德软件有限公司	车载导航系统
沃尔沃亚太	XC60 T8 混动（4WD）（China）	2023	高德软件有限公司	车载导航系统（2.0T，8AT）
	XC60 T8 混动（4WD）（China）	2022	高德软件有限公司	车载导航系统（2.0T，8AT）
蔚来	EC6（4WD）（China）	2022	高德软件有限公司	车载导航系统
	ES7（4WD）（China）	2022	高德软件有限公司	车载导航系统
	ES8（4WD）（China）	2022	高德软件有限公司	车载导航系统
	ES8（4WD）（China）	2022	北京四维图新科技股份有限公司	车载导航系统
	ET5（4WD）（China）	2022	高德软件有限公司	车载导航系统
	ET7（4WD）（China）	2022	高德软件有限公司	车载导航系统
威马汽车	M7（China）	2022	北京六分科技有限公司	GPS 导航系统
	EX5（FF）（China）	2021	百度在线网络技术（北京）有限公司	车载导航系统

（续）

整车厂商	车型	车型年份	供应商	零部件名称
特斯拉中国	Model 3（RR）（China）	2022	北京四维图新科技股份有限公司	导航地图
	Model 3（RR）（China）	2021	北京四维图新科技股份有限公司	导航地图
	Model Y（RR）（China）	2021	北京四维图新科技股份有限公司	导航地图
	Model 3（RR）（China）	2020	北京四维图新科技股份有限公司	导航地图
	Model Y（RR）（China）	2020	北京四维图新科技股份有限公司	导航地图
	Model 3（RR）（China）	2019	北京四维图新科技股份有限公司	车载导航系统
上汽通用	科鲁泽（FF）（China）	2023	上海索菱实业有限公司	车载导航系统（1.3T，6AMT）
	科鲁泽（FF）（China）	2023	上海索菱实业有限公司	车载导航系统（1.5L，6DCT）
	CT6（FR）（China）	2022	高德软件有限公司	车载导航系统（2.0T，10AT）
	GL8 ES 陆尊（FF）（China）	2022	高德软件有限公司	车载导航系统（2.0T，9AT）
	GL8 艾维亚（FF）（China）	2022	高德软件有限公司	车载导航系统（2.0T，9AT）
	GL8 陆上公务舱（FF）（China）	2022	高德软件有限公司	车载导航系统（2.0T，9AT）
	微蓝 7 纯电动（FF）（China）	2022	百度在线网络技术（北京）有限公司	车载导航系统
	昂科威 PLUS（4WD）（China）	2022	百度在线网络技术（北京）有限公司	车载导航系统（2.0T，9AT）
	昂科威 PLUS（FF）（China）	2022	百度在线网络技术（北京）有限公司	车载导航系统（2.0T，9AT）
	昂科威 PLUS（FF）（China）	2022	百度在线网络技术（北京）有限公司	车载导航系统（1.5T，9AT）
	昂科威 Plus 艾维亚（4WD）（China）	2022	百度在线网络技术（北京）有限公司	车载导航系统
	昂科威 S（4WD）（China）	2022	百度在线网络技术（北京）有限公司	车载导航系统（2.0T，9AT）
	昂科威 S（FF）（China）	2022	百度在线网络技术（北京）有限公司	车载导航系统（2.0T，9AT）
	昂科威 S（FF）（China）	2022	百度在线网络技术（北京）有限公司	车载导航系统（1.5T，9AT）
	昂科威 S GS（4WD）（China）	2022	百度在线网络技术（北京）有限公司	车载导航系统（2.0T，9AT）

（续）

整车厂商	车型	车型年份	供应商	零部件名称
上汽通用	昂科威 S GS（FF）（China）	2022	百度在线网络技术（北京）有限公司	车载导航系统（2.0T，9AT）
	昂科威 S 艾维亚（4WD）（China）	2022	百度在线网络技术（北京）有限公司	车载导航系统
	科鲁泽（FF）（China）	2022	上海索菱实业有限公司	车载导航系统
	英朗（FF）（China）	2022	高德软件有限公司	车载导航系统（1.3T，6AT）
	英朗 XT（FF）（China）	2022	高德软件有限公司	车载导航系统（1.5L，6AT）
	科鲁泽（FF）（China）	2021	上海索菱实业有限公司	车载导航系统
上汽乘用车	RX5（FF）（China）	2018	高德软件有限公司	导航地图（1.5T，6MT）
	RX5（FF）（China）	2018	高德软件有限公司	导航地图（1.5T，7DCT）
奇瑞新能源	无界 Pro（RR）（China）	2023	腾讯科技（深圳）有限公司	导航地图
	无界 Pro（RR）（China）	2023	高德软件有限公司	导航地图
奇瑞捷豹路虎	揽胜极光（4WD）（China）	2018	电装	车载导航系统
奇瑞	大圣（FF）（China）	2022	腾讯科技（深圳）有限公司	导航地图（1.6T，7DCT）
	大圣（FF）（China）	2022	百度在线网络技术（北京）有限公司	导航地图（1.6T，7DCT）
	大圣（FF）（China）	2022	高德软件有限公司	导航地图（1.6T，7DCT）
	大圣（FF）（China）	2022	北京北斗星通导航技术股份有限公司	车载导航系统（1.6T，7DCT）
	艾瑞泽 8（FF）（China）	2022	THINKWARE Corporation	AR（增强现实）导航
	X70 PLUS（FF）（China）	2021	THINKWARE Corporation	AR（增强现实）导航
	瑞虎 8 PLUS MHEV（FF）（China）	2021	THINKWARE Corporation	AR（增强现实）导航
	瑞虎 3（FF）（China）	2018	惠州市德赛西威汽车电子股份有限公司	车载导航系统（1.6L，7CVT）
	瑞虎 3（FF）（China）	2018	惠州市德赛西威汽车电子股份有限公司	车载导航系统（1.6L，5MT）
岚图汽车	FREE 增程版（FF）（China）	2021	博泰车联网科技（上海）股份有限公司（原上海博泰悦臻电子设备制造有限公司）	导航地图
江汽集团	X8 PLUS（FF）（China）	2023	高德软件有限公司	导航地图（1.5T，7DCT）
	爱跑（FF）（China）	2022	高德软件有限公司	车载导航系统
	爱跑 S（FF）（China）	2022	腾讯科技（深圳）有限公司	车载导航系统

（续）

整车厂商	车型	车型年份	供应商	零部件名称
极狐	阿尔法 S（4WD）（China）	2021	百度在线网络技术（北京）有限公司	导航地图
	阿尔法 S（FF）（China）	2021	百度在线网络技术（北京）有限公司	导航地图
吉利	E（China）	2022	高德软件有限公司	车载导航系统
	嘉际（FF）（China）	2022	高德软件有限公司	车载导航系统（1.8T，7DCT）
	嘉际 PHEV（FF）（China）	2022	高德软件有限公司	车载导航系统（1.5T，7DCT）
	01（FF）（China）	2021	HERE Technologies	地图数据
华晨宝马	3 系（China）	2018	大连阿尔派电子有限公司	车载导航系统
	5 系（China）	2018	大连阿尔派电子有限公司	车载导航系统
恒大新能源	5（FF）（China）	2022	百度在线网络技术（北京）有限公司	导航地图
合众新能源	U（China）	2022	高德软件有限公司	车载导航系统
	U Pro（China）	2022	高德软件有限公司	车载导航系统
广汽三菱	劲炫 ASX（FF）（China）	2016	长沙广汽东阳汽车零部件有限公司	导航机罩
	帕杰罗·劲畅（China）	2016	长沙广汽东阳汽车零部件有限公司	导航机罩
广汽丰田	凯美瑞（FF）（China）	2016	阿尔卑斯阿尔派（原阿尔派电子）	汽车导航系统
广汽菲克	自由光（FF）（China）	2016	长沙广汽东阳汽车零部件有限公司	导航机罩
	致悦（FF）（China）	2016	长沙广汽东阳汽车零部件有限公司	导航机罩
	菲翔（FF）（China）	2016	长沙广汽东阳汽车零部件有限公司	导航机罩
广汽乘用车	GA4 PLUS（China）	2022	北京北斗星通导航技术股份有限公司	GPS 导航系统（1.5T，7DCT）
	GA4 PLUS（China）	2022	深圳市赛格导航科技股份有限公司	GPS 导航系统（1.5T，7DCT）
	GA4 PLUS（China）	2022	高德软件有限公司	车载导航系统（1.5T，7DCT）
	GA6（FF）（China）	2022	腾讯科技（深圳）有限公司	导航地图（1.5T，6AT）
	GA6（FF）（China）	2022	高德软件有限公司	车载导航系统（1.5T，6AT）
	GA8（FF）（China）	2022	腾讯科技（深圳）有限公司	导航地图（2.0T，6AT）
	GA8（FF）（China）	2022	高德软件有限公司	车载导航系统（2.0T，6AT）
	GS3 POWER（FF）（China）	2022	高德软件有限公司	车载导航系统（1.5T，6AT）
	GS4（FF）（China）	2022	北京北斗星通导航技术股份有限公司	GPS 导航系统（1.5T，6AT）

（续）

整车厂商	车型	车型年份	供应商	零部件名称
广汽乘用车	GS4（FF）（China）	2022	深圳市赛格导航科技股份有限公司	GPS 导航系统（1.5T，6AT）
	GS4（FF）（China）	2022	腾讯科技（深圳）有限公司	导航地图（1.5T，6AT）
	GS4（FF）（China）	2022	高德软件有限公司	车载导航系统（1.5T，6AT）
	GS4 Coupe（FF）（China）	2022	北京北斗星通导航技术股份有限公司	GPS 导航系统（2.0T，7DCT）
	GS4 Coupe（FF）（China）	2022	深圳市赛格导航科技股份有限公司	GPS 导航系统（2.0T，7DCT）
	GS4 Coupe（FF）（China）	2022	腾讯科技（深圳）有限公司	导航地图（2.0T，7DCT）
	GS4 Coupe（FF）（China）	2022	高德软件有限公司	车载导航系统（2.0T，7DCT）
	GS4 PHEV（FF）（China）	2022	北京北斗星通导航技术股份有限公司	GPS 导航系统（1.5T）
	GS4 PHEV（FF）（China）	2022	深圳市赛格导航科技股份有限公司	GPS 导航系统（1.5T）
	GS4 PHEV（FF）（China）	2022	腾讯科技（深圳）有限公司	导航地图（1.5T）
	GS4 PHEV（FF）（China）	2022	高德软件有限公司	车载导航系统（1.5T）
	GS4 PLUS（FF）（China）	2022	高德软件有限公司	车载导航系统（2.0T，6AT）
	GS4 PLUS（FF）（China）	2022	高德软件有限公司	车载导航系统（1.5T，6AT）
	GS8（4WD）（China）	2022	高德软件有限公司	车载导航系统（2.0T，8AT）
	GS8（FF）（China）	2022	高德软件有限公司	车载导航系统（2.0T，8AT）
	GS8（FF）（China）	2022	高德软件有限公司	车载导航系统（1.8T，8AT）
	GS8 双擎（4WD）（China）	2022	高德软件有限公司	车载导航系统（2.0T，E-CVT）
	GS8 双擎（FF）（China）	2022	高德软件有限公司	车载导航系统（2.0T，E-CVT）
	M6（FF）（China）	2022	高德软件有限公司	车载导航系统（1.5T，6AT）
	M8（FF）（China）	2022	北京北斗星通导航技术股份有限公司	GPS 导航系统（2.0T，8AT）
	M8（FF）（China）	2022	深圳市赛格导航科技股份有限公司	GPS 导航系统（2.0T，8AT）
广汽本田	TLX-L（FF）（China）	2018	大连阿尔派电子有限公司	DVD 导航系统
	TLX-L（FF）（China）	2018	大连阿尔派电子有限公司	车载导航系统
	奥德赛（FF）（China）	2018	大连阿尔派电子有限公司	车载导航系统
	雅阁（FF）（China）	2018	大连阿尔派电子有限公司	车载导航系统
	飞度（FF）（China）	2018	大连阿尔派电子有限公司	车载导航系统

（续）

整车厂商	车型	车型年份	供应商	零部件名称
观致	3（FF）（China）	2018	太仓阿尔派电子有限公司	车载导航系统
高合汽车	HiPhi X（China）	2022	高德软件有限公司	导航地图
东风悦达起亚	K3 EV（China）	2022	百度在线网络技术（北京）有限公司	车载导航系统
东风乘用车	皓极（FF）（China）	2023	百度在线网络技术（北京）有限公司	车载导航系统（1.5T，E-CVT）
	皓极（FF）（China）	2023	百度在线网络技术（北京）有限公司	车载导航系统（1.5T，7DCT）
	奕炫 MAX（FF）（China）	2022	百度在线网络技术（北京）有限公司	车载导航系统（1.5T，E-CVT）
	奕炫 MAX（FF）（China）	2022	百度在线网络技术（北京）有限公司	车载导航系统（1.5T，7DCT）
东风本田	CR-V（FF）（China）	2018	太仓阿尔派电子有限公司	车载导航系统
	思域（FF）（China）	2018	太仓阿尔派电子有限公司	车载导航系统
比亚迪	海豚（FF）（China）	2022	高德软件有限公司	导航地图
北京汽车	D70（FF）（China）	2018	大连阿尔派电子有限公司	车载导航系统
北京奔驰	A 180 L（FF）（China）	2022	高德软件有限公司	车载导航系统（1.3T，7DCT）
	A 200（China）	2022	高德软件有限公司	车载导航系统（1.3T，7DCT）
	A 200 L（China）	2022	高德软件有限公司	车载导航系统（1.3T，7DCT）
	E 260（China）	2022	高德软件有限公司	车载导航系统（2.0T，9AT）
	E 260 L（FR）（China）	2022	高德软件有限公司	车载导航系统（2.0T，9AT）
	E 260 L 4MATIC（4WD）（China）	2022	高德软件有限公司	车载导航系统（2.0T，9AT）
	E 300（FR）（China）	2022	高德软件有限公司	车载导航系统（2.0T，9AT）
	E 300 L（FR）（China）	2022	高德软件有限公司	车载导航系统（2.0T，9AT）
	E 350 e L（China）	2022	高德软件有限公司	车载导航系统（2.0T，9AT）
	EQA（China）	2022	高德软件有限公司	车载导航系统
	EQB（China）	2022	高德软件有限公司	车载导航系统
	EQB 350 4MATIC（4WD）（China）	2022	高德软件有限公司	车载导航系统
	EQC 350 4MATIC（4WD）（China）	2022	高德软件有限公司	车载导航系统
	EQC 400 4MATIC（4WD）（China）	2022	高德软件有限公司	车载导航系统

（续）

整车厂商	车型	车型年份	供应商	零部件名称
smart	精灵 #1（RR）（China）	2022	HERE Technologies	导航地图
Polestar	Polestar 2（China）	2021	安波福电气系统有限公司（原德尔福派克电气系统有限公司）	导航模块

数据来源：marklines。

附录 F　中国整车厂显示屏供应链情况

整车厂商	车型	车型年份	供应商	零部件名称
长城	H6（FF）（China）	2022	惠州市华阳集团股份有限公司	显示屏（2.0T，7DCT）
	大将军 G7（4WD）（China）	2022	惠州华阳通用电子有限公司	显示屏（2.0T，8AT）
	大将军 G7（4WD）（China）	2022	惠州华阳通用电子有限公司	显示屏（2.0T，6MT）
	大将军 G9（4WD）（China）	2022	惠州华阳通用电子有限公司	显示屏（2.0T，8AT）
	大将军 G9（FR）（China）	2022	惠州华阳通用电子有限公司	显示屏（2.0T，8AT）
	神兽（4WD）（China）	2022	大陆汽车车身电子系统（芜湖）有限公司	中控显示屏（2.0T，7DCT）
	神兽（FF）（China）	2022	大陆汽车车身电子系统（芜湖）有限公司	中控显示屏（2.0T，7DCT）
	神兽（FF）（China）	2022	大陆汽车车身电子系统（芜湖）有限公司	中控显示屏（1.5T，7DCT）
	神兽（FF）（China）	2022	大陆汽车车身电子系统（芜湖）有限公司	中控显示屏（1.5T，2DHT）
	M6 PLUS（China）	2021	惠州华阳通用电子有限公司	中控显示屏（1.5T，7DCT）
	M6 PLUS（China）	2021	惠州华阳通用电子有限公司	中控显示屏（1.5T，6MT）
	大狗（4WD）（China）	2021	惠州市德赛西威汽车电子股份有限公司	显示屏（2.0T，7DCT）
	大狗（FF）（China）	2021	惠州市德赛西威汽车电子股份有限公司	显示屏（2.0T，7DCT）
	大狗（FF）（China）	2021	惠州市德赛西威汽车电子股份有限公司	显示屏（1.5T，7DCT）
	好猫（FF）（China）	2021	上海天马微电子有限公司	显示屏面板
	好猫（FF）（China）	2021	惠州市德赛西威汽车电子股份有限公司	高清显示屏
	赤兔（FF）（China）	2021	惠州市华阳集团股份有限公司	中控显示屏（1.5L，7DCT）
长安	011（China）	2022	华为技术有限公司	中控显示屏
	11（China）	2022	华为技术有限公司	中控显示屏
	UNI-T（FF）（China）	2021	惠州华阳通用电子有限公司	高清显示屏（1.5L，7DCT）
一汽 - 大众	A4L（FF）（China）	2018	大连阿尔派电子有限公司	Liquid crystal display
	A6L（FF）（China）	2018	大连阿尔派电子有限公司	Liquid crystal display
	迈腾（China）	2018	大连阿尔派电子有限公司	多点触液晶显示屏
	高尔夫（China）	2018	大连阿尔派电子有限公司	多点触液晶显示屏

（续）

整车厂商	车型	车型年份	供应商	零部件名称
小鹏汽车	G3i 460G（FF）(China)	2022	芜湖长信科技股份有限公司	中控显示屏
	G3i 460G（FF）(China)	2022	LG 伊诺特（惠州）有限公司	中控显示屏
	G3i 460N（FF）(China)	2022	芜湖长信科技股份有限公司	中控显示屏
	G3i 460N（FF）(China)	2022	LG 伊诺特（惠州）有限公司	中控显示屏
	G3i 520G（FF）(China)	2022	芜湖长信科技股份有限公司	中控显示屏
	G3i 520G（FF）(China)	2022	LG 伊诺特（惠州）有限公司	中控显示屏
	G3i 520N（FF）(China)	2022	芜湖长信科技股份有限公司	中控显示屏
	G3i 520N（FF）(China)	2022	LG 伊诺特（惠州）有限公司	中控显示屏
	P7（4WD）(China)	2022	群创科技（南海）有限公司	中控显示屏
	P7（RR）(China)	2022	群创科技（南海）有限公司	中控显示屏
	P7（4WD）(China)	2021	群创科技（南海）有限公司	中控显示屏
	P7（RR）(China)	2021	群创科技（南海）有限公司	中控显示屏
沃尔沃亚太	S90（FF）(China)	2018	大连阿尔派电子有限公司	Liquid crystal display
蔚来	ET7（4WD）(China)	2021	京东方科技集团股份有限公司	OLED 屏
	ET7（4WD）(China)	2021	武汉海微科技有限公司	中控屏
特斯拉中国	Model 3（RR）(China)	2022	芜湖长信科技股份有限公司	中控屏模组
	Model 3（RR）(China)	2022	康宁汽车玻璃系统（合肥）有限公司	中控屏玻璃盖板
	Model 3（RR）(China)	2022	Cypress Semiconductor Corporation	中控屏驱动电路
	Model 3（RR）(China)	2022	京东方科技集团股份有限公司	中控显示屏
	Model 3（RR）(China)	2022	无锡夏普显示科技有限公司	中控显示屏
	Model 3（RR）(China)	2022	鸿腾精密科技股份有限公司	电子仪表显示屏
	Model 3（RR）(China)	2022	宸鸿电子材料（厦门）有限公司	触控屏
	Model 3（RR）(China)	2022	深圳莱宝高科技股份有限公司（原深圳莱宝真空技术有限公司）	触控屏零部件
	Model 3（RR）(China)	2022	晶瑞电子材料股份有限公司（原苏州晶瑞化学股份有限公司）	触控屏零部件
	Model 3（RR）(China)	2021	芜湖长信科技股份有限公司	中控屏模组
	Model Y（RR）(China)	2021	芜湖长信科技股份有限公司	中控屏模组
	Model 3（RR）(China)	2020	芜湖长信科技股份有限公司	中控屏模组
	Model 3（RR）(China)	2020	康宁汽车玻璃系统（合肥）有限公司	玻璃面板
	Model Y（RR）(China)	2020	芜湖长信科技股份有限公司	中控屏
	Model 3（RR）(China)	2019	鸿海精密工业股份有限公司	中控显示屏
神龙	C3-XR（FF）(China)	2016	东莞广泽汽车饰件有限公司	视频框

（续）

整车厂商	车型	车型年份	供应商	零部件名称
上汽通用五菱	星辰（FF）(China）	2021	惠州华阳通用电子有限公司	中控屏（1.5T，CVT）
	星辰（FF）(China）	2021	惠州华阳通用电子有限公司	中控屏（1.5T，6MT）
上汽通用	探界者（China）	2018	大连阿尔派电子有限公司	多点触液晶显示屏
	迈锐宝（FF）(China）	2018	大连阿尔派电子有限公司	显示屏
奇瑞捷豹路虎	揽胜极光（4WD）(China）	2018	罗伯特博世	触控屏
理想汽车	L9（4WD）(China）	2022	武汉海微科技有限公司	多功能显示屏（1.5T）
	ONE（China）	2021	京东方精电有限公司（原精电国际有限公司）	中控显示屏
岚图汽车	FREE 增程版（FF）(China）	2021	惠州市华阳多媒体电子有限公司	中控屏
吉利	001（4WD）(China）	2023	惠州市华阳集团股份有限公司	显示屏
	001（RR）(China）	2023	惠州市华阳集团股份有限公司	显示屏
恒大新能源	5（FF）(China）	2022	艾杰旭显示玻璃（深圳）有限公司（原旭硝子新型电子显示玻璃（深圳）有限公司）	显示屏玻璃材料
合众新能源	S（China）	2022	惠州市德赛西威汽车电子股份有限公司	中控显示屏
广汽乘用车	GS4 PLUS（FF）(China）	2021	惠州市华阳集团股份有限公司	中控显示屏（1.5L，6AT）
广汽埃安	V（China）	2021	马瑞利汽车电子（广州）有限公司	仪表板显示器
高合汽车	HiPhi X（China）	2022	京东方科技集团股份有限公司	中控显示屏
飞凡汽车	R7（RR）(China）	2022	京东方科技集团股份有限公司	显示屏
北汽福田	大将军 G7（FR）(China）	2022	惠州华阳通用电子有限公司	显示屏（2.0T，6MT）
	大将军 G7（FR）(China）	2022	惠州华阳通用电子有限公司	显示屏（2.0T，8AT）
北京汽车	B20（China）	2016	北京海纳川汽车部件股份有限公司	大屏 10.1 寸导航
	D50（FF）(China）	2016	北京海纳川汽车部件股份有限公司	大屏 9 寸导航

数据来源：marklines。

附录 G 中国整车厂驻车辅助供应链情况

整车厂商	车型	车型年份	供应商	零部件名称
中国一汽	H7（FR）(China）	2022	纵目科技（上海）股份有限公司（原上海纵目科技有限公司）	自动泊车系统（2.0T，6AT）
	H7（FR）(China）	2022	纵目科技（上海）股份有限公司（原上海纵目科技有限公司）	自动泊车系统（1.8T，6AT）
	H9（FR）(China）	2022	纵目科技（上海）股份有限公司（原上海纵目科技有限公司）	自动泊车系统（3.0T，7DCT）
	H9（FR）(China）	2022	纵目科技（上海）股份有限公司（原上海纵目科技有限公司）	自动泊车系统（2.0T，7DCT）
	HS5（4WD）(China）	2022	纵目科技（上海）股份有限公司（原上海纵目科技有限公司）	自动泊车系统（2.0T，6AT）
	HS5（FF）(China）	2022	纵目科技（上海）股份有限公司（原上海纵目科技有限公司）	自动泊车系统（2.0T，6AT）
	HS7（4WD）(China）	2022	纵目科技（上海）股份有限公司（原上海纵目科技有限公司）	自动泊车系统（3.0T，8AT）
	HS7（FR）(China）	2022	纵目科技（上海）股份有限公司（原上海纵目科技有限公司）	自动泊车系统（2.0T，7DCT）

（续）

整车厂商	车型	车型年份	供应商	零部件名称
长城	坦克 500（4WD）（China）	2022	惠州市德赛西威汽车电子股份有限公司	自动泊车系统（3.0T，9AT）
长城	好猫（FF）（China）	2022	惠州市德赛西威汽车电子股份有限公司	自动泊车系统
长城	神兽（4WD）（China）	2022	惠州市德赛西威汽车电子股份有限公司	自动泊车系统（2.0T，7DCT）
长城	神兽（FF）（China）	2022	惠州市德赛西威汽车电子股份有限公司	自动泊车系统（1.5T，7DCT）
长城	神兽（FF）（China）	2022	惠州市德赛西威汽车电子股份有限公司	自动泊车系统（1.5T，2DHT）
长城	神兽（FF）（China）	2022	惠州市德赛西威汽车电子股份有限公司	自动泊车系统（2.0T，7DCT）
长城	iQ（FF）（China）	2021	博世汽车部件（苏州）有限公司	驻车制动减速度控制系统（CDP）
长城	VV5（FF）（China）	2021	博世汽车部件（苏州）有限公司	驻车制动减速度控制系统（CDP）（1.5T，7DCT）
长安	011（China）	2022	华为技术有限公司	自动泊车系统
长安	011（China）	2022	华为技术有限公司	超声波传感器
长安	11（China）	2022	华为技术有限公司	自动泊车系统
长安	11（China）	2022	华为技术有限公司	超声波传感器
长安	UNI-V（China）	2022	纵目科技（上海）股份有限公司（原上海纵目科技有限公司）	全景泊车影像系统（AVM）
长安	UNI-V（China）	2022	纵目科技（上海）股份有限公司（原上海纵目科技有限公司）	自动泊车辅助系统（APA）
一汽-大众	CC 猎装车（FF）（China）	2021	大陆泰密克汽车系统（上海）有限公司	全景可视泊车系统（2.0T，7DCT）
一汽-大众	e-tron（4WD）（China）	2021	博世汽车部件（苏州）有限公司	全景可视泊车系统
一汽-大众	Q5L Sportback（FF）（China）	2021	博世汽车部件（苏州）有限公司	全景可视泊车系统（2.0T，7DCT）
一汽-大众	迈腾 GTE 插电式混合动力（FF）（China）	2021	大陆泰密克汽车系统（上海）有限公司	全景可视泊车系统（1.4T，6DCT）
一汽-大众	迈腾（FF）（China）	2018	惠州市德赛西威汽车电子股份有限公司	AVM 环视影像系统（2.0T，7DCT）
威马汽车	W6（FF）（China）	2021	惠州市德赛西威汽车电子股份有限公司	自动泊车系统
特斯拉中国	Model 3（RR）（China）	2022	法雷奥集团	超声波传感器
特斯拉中国	Model 3（RR）（China）	2021	法雷奥（中国）	超声波传感器
特斯拉中国	Model Y（RR）（China）	2021	法雷奥（中国）	超声波传感器
上汽通用五菱	KiWi EV（RR）（China）	2023	大疆车载	智能泊车系统
上汽通用五菱	E300（RR）（China）	2021	博世汽车部件（苏州）有限公司	APP 遥控泊车（RPA）
上汽通用五菱	E300（RR）（China）	2021	博世汽车部件（苏州）有限公司	自动泊车辅助系统（APA）
上汽通用五菱	E300 Plus（RR）（China）	2021	联创汽车电子有限公司	APP 遥控泊车（RPA）
上汽通用五菱	E300 Plus（RR）（China）	2021	联创汽车电子有限公司	自动泊车辅助系统（APA）

（续）

整车厂商	车型	车型年份	供应商	零部件名称
上汽通用	昂科威（4WD）（China）	2022	博世汽车部件（苏州）有限公司	泊车辅助 ECU
	昂科威（FF）（China）	2022	博世汽车部件（苏州）有限公司	泊车辅助 ECU
	昂科威（4WD）（China）	2021	博世汽车部件（苏州）有限公司	泊车辅助 ECU
	昂科威（FF）（China）	2021	博世汽车部件（苏州）有限公司	泊车辅助 ECU
	昂科拉（FF）（China）	2021	博世（中国）投资有限公司	超声波传感器
	君威（FF）（China）	2020	博世（中国）投资有限公司	超声波传感器
	昂科拉（FF）（China）	2020	博世（中国）投资有限公司	超声波传感器
	君威（FF）（China）	2019	博世（中国）投资有限公司	超声波传感器
	昂科拉（FF）（China）	2019	博世（中国）投资有限公司	超声波传感器
上汽大众	明锐（FF）（China）	2021	大陆泰密克汽车系统（上海）有限公司	自动驻车系统（1.4T，7DCT）
赛力斯	SF5（4WD）（China）	2022	纵目科技（上海）股份有限公司（原上海纵目科技有限公司）	自动泊车系统
	SF5（RR）（China）	2022	纵目科技（上海）股份有限公司（原上海纵目科技有限公司）	自动泊车系统
奇瑞	凌云（4WD）（China）	2022	惠州市德赛西威汽车电子股份有限公司	自动泊车系统（2.0T，7DCT）
	凌云（FF）（China）	2022	惠州市德赛西威汽车电子股份有限公司	自动泊车系统（2.0T，7DCT）
	凌云（4WD）（China）	2021	惠州市德赛西威汽车电子股份有限公司	自动泊车系统（2.0T，7DCT）
	凌云（FF）（China）	2021	惠州市德赛西威汽车电子股份有限公司	自动泊车系统
	凌云（FF）（China）	2021	惠州市德赛西威汽车电子股份有限公司	自动泊车系统（1.6T，7DCT）
理想汽车	ONE（China）	2021	罗伯特博世	超声波传感器
岚图汽车	FREE（FF）（China）	2022	纵目科技（上海）股份有限公司（原上海纵目科技有限公司）	自动泊车系统
	FREE 增程版（4WD）（China）	2022	纵目科技（上海）股份有限公司（原上海纵目科技有限公司）	自动泊车系统（1.5T）
吉利	博瑞（FF）（China）	2018	罗伯特博世	AVM 环视影像系统（1.8T，6AMT）
华晨宝马	iX3（RR）（China）	2022	法雷奥汽车内部控制（深圳）有限公司（原深圳法雷奥航盛汽车开关及探测系统有限公司）	超声波传感器
合创	Z03（China）	2022	博世汽车部件（苏州）有限公司	自动泊车系统

（续）

整车厂商	车型	车型年份	供应商	零部件名称
广汽乘用车	GA6（FF）（China）	2021	博世汽车部件（苏州）有限公司	自动泊车辅助系统（APA）（1.5T，6AMT）
	GS8（FF）（China）	2021	博世汽车部件（苏州）有限公司	自动泊车辅助系统（APA）（2.0T，6AT）
	GS8（FF）（China）	2021	博世汽车部件（苏州）有限公司	驻车制动减速度控制系统（CDP）
广汽埃安	LX Plus（FF）（China）	2022	惠州市德赛西威汽车电子股份有限公司	自动泊车系统
	S（FF）（China）	2022	惠州市德赛西威汽车电子股份有限公司	自动泊车系统
	S Plus（FF）（China）	2022	惠州市德赛西威汽车电子股份有限公司	自动泊车系统
	V Plus（FF）（China）	2022	惠州市德赛西威汽车电子股份有限公司	自动泊车系统
	Y（FF）（China）	2022	惠州市德赛西威汽车电子股份有限公司	自动泊车系统
高合汽车	HiPhi X（China）	2022	博世汽车部件（苏州）有限公司	全景泊车影像系统（AVM）
	HiPhi X（China）	2022	博世汽车部件（苏州）有限公司	自动泊车辅助系统（APA）
	HiPhi Z（China）	2022	德州仪器半导体技术（上海）有限公司	泊车辅助芯片
东风柳汽	F600（FR）（China）	2016	罗伯特博世	停车辅助系统（1.5T，6MT）
	F600（FR）（China）	2016	罗伯特博世	停车辅助系统（2.0L，6MT）
比亚迪	元 Pro（FF）（China）	2022	博世汽车部件（苏州）有限公司	驻车制动减速度控制系统（CDP）
	唐 DM（FF）（China）	2022	博世汽车部件（苏州）有限公司	驻车制动减速度控制系统（CDP）
	唐 DM-i（FF）（China）	2022	博世汽车部件（苏州）有限公司	驻车制动减速度控制系统（CDP）
	宋 MAX DM（FF）（China）	2022	博世汽车部件（苏州）有限公司	驻车制动减速度控制系统（CDP）
	宋 Pro DM（4WD）（China）	2022	博世汽车部件（苏州）有限公司	驻车制动减速度控制系统（CDP）
	宋 Pro DM-i（FF）（China）	2022	博世汽车部件（苏州）有限公司	驻车制动减速度控制系统（CDP）
	汉 DM-i（FF）（China）	2022	惠州市德赛西威汽车电子股份有限公司	自动泊车系统（1.5T）
	汉 DM-p（4WD）（China）	2022	惠州市德赛西威汽车电子股份有限公司	自动泊车系统（1.5T）
	汉 EV（4WD）（China）	2022	惠州市德赛西威汽车电子股份有限公司	自动泊车系统
	汉 EV（4WD）（China）	2022	博世汽车部件（苏州）有限公司	驻车制动减速度控制系统（CDP）
	汉 EV（FF）（China）	2022	惠州市德赛西威汽车电子股份有限公司	自动泊车系统
	汉 EV（FF）（China）	2022	博世汽车部件（苏州）有限公司	驻车制动减速度控制系统（CDP）

（续）

整车厂商	车型	车型年份	供应商	零部件名称
比亚迪	秦 EV（FF）（China）	2022	博世汽车部件（苏州）有限公司	驻车制动减速度控制系统（CDP）
	秦 PLUS DM-i（FF）（China）	2022	博世汽车部件（苏州）有限公司	驻车制动减速度控制系统（CDP）
	秦 PLUS EV（FF）（China）	2022	博世汽车部件（苏州）有限公司	驻车制动减速度控制系统（CDP）
	秦 Pro DM（FF）（China）	2022	博世汽车部件（苏州）有限公司	驻车制动减速度控制系统（CDP）
	秦 Pro EV（FF）（China）	2022	博世汽车部件（苏州）有限公司	驻车制动减速度控制系统（CDP）
	元 EV（China）	2021	博世汽车部件（苏州）有限公司	驻车制动减速度控制系统（CDP）
	元 Pro（China）	2021	博世汽车部件（苏州）有限公司	驻车制动减速度控制系统（CDP）
	唐（FF）（China）	2021	博世汽车部件（苏州）有限公司	驻车制动减速度控制系统（CDP）
	唐 DM（FF）（China）	2021	博世汽车部件（苏州）有限公司	驻车制动减速度控制系统（CDP）
	唐 EV（FF）（China）	2021	博世汽车部件（苏州）有限公司	驻车制动减速度控制系统（CDP）
	宋 MAX DM（China）	2021	博世汽车部件（苏州）有限公司	驻车制动减速度控制系统（CDP）
	宋 MAX EV（China）	2021	博世汽车部件（苏州）有限公司	驻车制动减速度控制系统（CDP）
	宋 Pro（China）	2021	博世汽车部件（苏州）有限公司	驻车制动减速度控制系统（CDP）
	宋 Pro DM（China）	2021	博世汽车部件（苏州）有限公司	驻车制动减速度控制系统（CDP）
	宋 Pro EV（FF）（China）	2021	博世汽车部件（苏州）有限公司	驻车制动减速度控制系统（CDP）
	汉 DM（China）	2021	博世汽车部件（苏州）有限公司	驻车制动减速度控制系统（CDP）
	汉 EV（FF）（China）	2021	博世汽车部件（苏州）有限公司	驻车制动减速度控制系统（CDP）
	秦 EV（FF）（China）	2021	博世汽车部件（苏州）有限公司	驻车制动减速度控制系统（CDP）
	秦 PLUS DM-i（FF）（China）	2021	博世汽车部件（苏州）有限公司	驻车制动减速度控制系统（CDP）
	秦 PLUS EV（FF）（China）	2021	博世汽车部件（苏州）有限公司	驻车制动减速度控制系统（CDP）

（续）

整车厂商	车型	车型年份	供应商	零部件名称
比亚迪	秦 Pro DM（FF）（China）	2021	博世汽车部件（苏州）有限公司	驻车制动减速度控制系统（CDP）
	唐 DM（FF）（China）	2019	博世汽车部件（苏州）有限公司	驻车制动减速度控制系统（CDP）
	唐 EV600（China）	2019	博世汽车部件（苏州）有限公司	驻车制动减速度控制系统（CDP）
	唐 EV600d（China）	2019	博世汽车部件（苏州）有限公司	驻车制动减速度控制系统（CDP）
	宋 DM（China）	2019	博世汽车部件（苏州）有限公司	驻车制动减速度控制系统（CDP）
	宋 EV500（China）	2019	博世汽车部件（苏州）有限公司	驻车制动减速度控制系统（CDP）
	宋 MAX DM（China）	2019	博世汽车部件（苏州）有限公司	驻车制动减速度控制系统（CDP）
	秦 Pro DM（FF）（China）	2019	博世汽车部件（苏州）有限公司	驻车制动减速度控制系统（CDP）
	秦 Pro EV（FF）（China）	2019	上海海拉电子有限公司	驻车制动减速度控制系统（CDP）
	秦 Pro EV500（FF）（China）	2019	博世汽车部件（苏州）有限公司	驻车制动减速度控制系统（CDP）

数据来源：marklines。

广告

广告

千里「智」行，始于

AITO

Adding Intelligence to Auto

赛力斯汽车 | 华为 联合设计

车型图片信息（外观、色彩）可能与最终量产车型存在差异，请以实际销售车型为准。

津发科技
KINGFAR

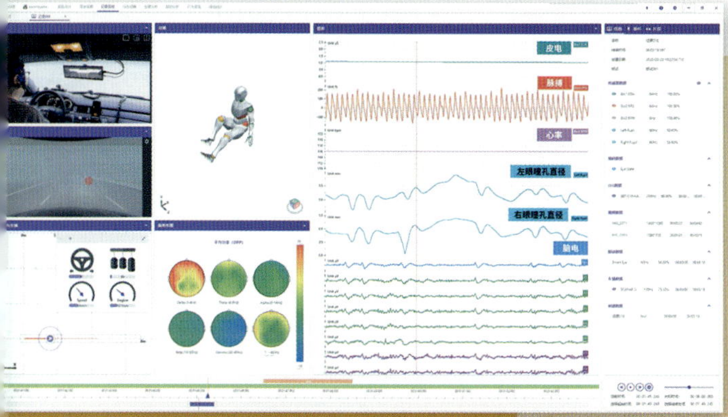

ErgoHMI智能驾驶模拟人机交互测评方案由ErgoSIM智能座舱模拟器、HMI原型设计平台、ErgoHCI多通道人机交互系统、ErgoAI智能座舱控制系统与ErgoLAB人机交互与人因工效分析平台等组成。方案基于智能座舱驾驶模拟器，对接HMI设计原型，以ErgoLAB人车路环境同步云平台为核心，在不同驾驶模拟环境与任务下，对人、HMI界面、交互、车辆、道路与环境等多维度数据进行实时同步采集、处理与综合分析，从人员的状态与体验出发，对智能座舱HMI进行主客观结合的定量化人因测评。

北京津发科技股份有限公司旗下包含北京人因智能工程技术研究院、北京人因工程技术研究院有限公司和北京人因工程设计院有限公司。

公司是高新技术企业、专精特新“小巨人”企业、高新区瞪羚企业、科技部科技型中小企业、北京市“专精特新”中小企业、北京市知识产权示范单位、北京市知识产权试点单位、中关村高新技术企业、中关村瞪羚企业参与多项国家自然科学基金、国家重点研发计划、重大科技项目、国家和团体标准制订等。

津发科技自主研发了具备完全国产化和自主知识产权的人因工程与工效学相关产品、技术与服务，荣获多项省部级科学技术奖励、省部级新技术新产品认证、软件著作权（国家版权局登记），以及国家知识产权局授予的发明专利证书和商标注册证；通过了欧洲CE、美国FCC、欧盟RoHS、ISO9001、ISO14001、ISO45001等多项国际认证和国家防爆认证。

网址：http://www.kingfar.cn　　邮箱：kingfar@kingfar.cn　　服务热线：400-811-3950

地址：北京市海淀区安宁庄东路18号光华创业园16号楼四层，17号楼一层、二层

广告

DIGAUTO
上海测迅汽车科技有限公司

VTEHIL 整车交通环境在环系统解决方案

[车辆，交通，环境，硬件在环]

VTEHIL是通过物理模拟的环境和交通流为整车及车载传感器提供了一种高效、可靠的室内测试验证方法。作为专为自动驾驶、辅助驾驶安全的设计开发和校准开发的创新方案，不仅能够加速Euro NCAP和C-NCAP场景测试的效率，还可以灵活实现由多个交通参与者和要素构成的复杂、危险场景，适用于ADAS/ADS的整车安全性能测试评价的创新解决方案。

一种用于评估智能和自动驾驶场景下车辆全要素安全性能的创新技术！

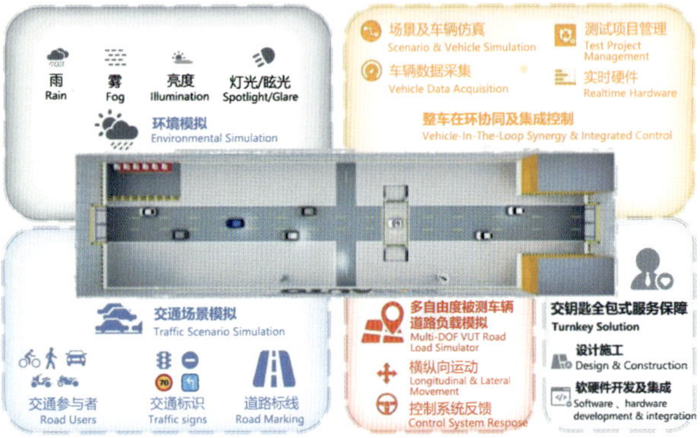

ADAS & ADS实验室解方案：提供高效、因素可控的基于场景的测试

室内尺寸：长300m，宽20~4

- 被测车辆固定于X轴，支持横向、纵向、变道等运动
- 交通和环境相对于被测车辆进行运动
- 最高车速：120 km/h
  最高相对车速：80 km/h
- 为M1、N1级别车辆的测试验证设计
- 集成国际领先测试技术方案

- 技术优势 -

- 高重复性、高效、安全、可靠且快捷的场景构建
- 支持单目标或多目标物的集群测试
- 预设Euro NCAP和C-NCAP标准场景
- 所有交通流要素、环境要素可控且独立于外部环境

- 地址：上海市嘉定区安亭国际汽车城
  于田南路36号ICVIC大楼809室
- 官网：http://www.digauto.biz/
- 邮箱：info@digauto.biz
- 电话：021-31572080